谨以此书献给

陕西省考古研究院成立六十周年

本报告出版得到

国家重点文物保护专项补助经费资助


本报告系 2012 年度国家社会科学基金一般项目

（编号：12BKG014）成果

陕西省考古研究院田野考古报告　第 80 号

# 蓝田吕氏家族墓园

## （一）

陕 西 省 考 古 研 究 院
西安市文物保护考古研究院　编著
陕 西 历 史 博 物 馆

文物出版社

图书在版编目（CIP）数据

蓝田吕氏家族墓园 / 陕西省考古研究院，西安市文物保护考古研究院，陕西历史博物馆编著. -- 北京：文物出版社，2018.9

ISBN 978-7-5010-5662-0

Ⅰ.①蓝… Ⅱ.①陕… ②西… ③陕… Ⅲ.①家族—墓葬（考古）—发掘报告—蓝田县—北宋 Ⅳ.①K878.85

中国版本图书馆CIP数据核字（2018）第192282号

# 蓝 田 吕 氏 家 族 墓 园

编　　著：陕 西 省 考 古 研 究 院
　　　　　西安市文物保护考古研究院
　　　　　陕 西 历 史 博 物 馆

版式设计：秦　彧
责任编辑：秦　彧
责任印制：梁秋卉

出版发行：文物出版社
社　　址：北京市东直门内北小街2号楼
邮　　编：100007
网　　址：http://www.wenwu.com
邮　　箱：web@wenwu.com
经　　销：新华书店
印　　刷：鑫艺佳利（天津）印刷有限公司
开　　本：889mm×1194mm　1/16
印　　张：80
版　　次：2018年9月第1版
印　　次：2018年9月第1次印刷
书　　号：ISBN 978-7-5010-5662-0
定　　价：1880.00元（全四册）

# Lü Family Graveyard in Lantian (I)

*by*

Shaanxi Provincial Institute of Archaeology

Xi'an Institute of Archaeology and Cultural Relics Protection

Shaanxi History Museum

**Cultural Relics Press**

# 内容简介

蓝田北宋吕氏家族墓园位于今陕西省蓝田县三里镇五里头村北四组责任田中，坐东北朝西南、依塬面水，面积约84000平方米。园内建有家庙、神道、石刻、兆沟等完整墓园配置，北部乃家族墓地。

墓园形制呈东北高西南低、东北宽西南窄"倒置酒瓶"状，入口开于西南端。周围环绕兆沟，兆沟宽5、深1.7米左右，沟内引西侧河水注入形成水流环绕之势，故兆沟既为墓园边界，也是护卫墓园的基础保障，同时还有排水防涝功能。

家庙位于墓园入口之北，属吕氏族人祭祀场所，始建于墓园落成之时，因延续使用时间长达近千年，期间反复重建与维修，形成自下而上9层叠压，跨北宋、明、清、民国四个历史时期。诸朝历代，家庙主殿皆为3~5开间殿堂，两侧及前方均有配属建筑，因时间等各种因素，本次考古发掘主要针对主殿遗址进行了全面揭示和遗物采集、整理。

神道是连接家庙与墓葬群的唯一通道，居于墓园中轴线中部，原宽6米左右，路面经夯筑且踩踏迹象清晰，道旁两侧排列石象生。

墓葬群位于墓园北部正中，自南向北横向分为4排，辈份明确、长幼有秩，形制多样，在北宋已发掘的墓葬中具有特殊性。共埋葬吕氏嫡系家族成员5代人29座墓。

因出土墓葬绝大部分具备明确纪年，故知该墓园营造于北宋哲宗熙宁七年（1074年），使用至徽宗政和六年（1116年）。迄今为止，如此完整的北宋贵族家族墓园在考古发掘中尚属首例。

遗址及墓葬中共计出土各类文物3271件（组），其中墓葬发掘出土的随葬品774件（组），被盗回收文物93件（组），共计867件（组）。以瓷器、铜器、石器为主。种类繁多、涉及面广，突出表现是：以大量实用器皿为陪葬；同时，出土众多墓志与《宋史》等文献资料相得益彰、互辅互补。

《蓝田吕氏家族墓园》是一部专题报告，主要内容如下：

前言：概述蓝田县地理位置、历史沿革、太尉塬与北宋吕氏墓园、北宋吕氏家族略述以及考古发掘方案。

墓园兆沟：详述了墓园兆沟位置与现状，工作方法和步骤，并通过考古调查、考古勘探、探沟解剖的田野考古学基本方法，阐明了北宋吕氏家族墓园兆沟的基本形制。

家庙遗址：分家庙遗址概述、地层划分，并以地层为单位对包含其中的家庙遗址分别编号叙述，包括家庙形制、出土文物等，最终对不同时期吕氏家庙遗址特点进行了总结概括。

墓园神道：描述了神道位置，以及对神道南端的探沟解剖、神道中部的调查与勘探情况，确定了神道基本形制与走向，并介绍了出土遗物。

家族墓葬：详细描述了 29 座家族墓葬的形制、出土器物、墓志考释等，并附有形制图、出土器物图以及相应照片，同时附上出土墓志录文与释文。

馆藏文物：部分吕氏墓葬被盗后追缴的文物现收藏于陕西历史博物馆，本部分按照器物质地分类进行了描述。

检测报告：共计 4 个，包含：瓷器无损分析检测，玉石器、玻璃器及陶器无损分析检测，包含物分析检测，纺织品检测。期望通过科技方法获取更多出土文物的信息。

出土器物修复报告：详述了陕西省考古研究院文保室专家对出土文物的修复方案、修复过程及修复成果。

相关调查报告：包括骊山西塬北宋吕氏墓地调查报告、山西夏县司马氏家族墓园调查报告、北宋皇陵与安徽歙县调查报告、吕大防流放路线及埋葬地点调查报告。通过上述调查，对蓝田北宋吕氏墓园的选址、布局、特性做了对比研究，并对吕大防最终埋葬地点进行了确认。

结语：作者就墓园选址、墓葬分布规律、墓葬形制分型、出土器物用途分类、吕氏家族源流、出土器物与《考古图》比较、吕大临生卒年等相关课题进行了考证研究。

《蓝田吕氏家族墓园》发掘报告主要成果可概括为以下几点：

首先，通过对蓝田北宋吕氏家族墓园的全面勘探，重点发掘揭示了该墓园的完整结构，并在对同时期、同身份家族墓葬及其北宋皇陵考查对比的前题下就墓园选址理念、形制规格、结构布局等方面进行了探讨，这一成果为研究宋代葬地选择理念具有重要意义。

其次，全面、详尽、图文并茂的介绍了北宋吕氏家族墓园全貌。第一次系统的将一个北宋关中世家大族墓葬园区及内涵揭晓于世，并使用考古学理论方法对墓园构成因素做了分别叙述，为研究北宋墓葬、建筑、民俗等方面提供了不可多得的第一手资料。

第三，概括总结了墓葬群分布排列规律，提出了吕氏家族葬制原则和独到之处，阐述了吕氏家族异于同时期其他家族墓葬之丧葬理念。

第四，全面系统的对随葬品进行了分类分型整理，对其工艺、产地、材质、形制等做了探讨。这些资料的公布以及初步的研究成果，对宋代瓷器、铜器、石器、玻璃器、竹木器工艺的分期研究和宋墓随葬品制度的研究提供了考古依据。

综上所述，由于蓝田北宋吕氏家族墓园资料的完整性、珍贵性，在发掘过程，就倍受学术界与社会的广泛关注，本报告出版之后，家族墓园考古资料的完整公布以及报告的研究成果，都将会产生新的、较大的反响，成为宋代墓葬制度、宋代随葬器物、宋代墓志、宋代社会生活、宋代官制、宋代行政区域划分等方面研究的重要参考，为宋代历史文化、考古等领域提供了丰富的研究资料。

# Abstract

The Northern Song cemetery of Lü family is located in Wulitou village, Sanli Town, Lantian County, Shaanxi Province. The cemetery covers an area of about 84,000 square meters. The graveyard complex, is composed of, in the south, family temple, spirit path, stone tablet and the surrounding ditches, with family cemetery in the north.

With the entrance at the southwest corner, the terrain of the irregular graveyard is higher and wider in the northeast and lower and narrow in the southwest. Fed by the river to the west, an encircled ditch, with a width of five meters and a depth of some 1.7 meters, served both as the boundary of the graveyard and a defensive infrastructure with the function of drainage and waterlogging.

The family temple complex is located to the north of the graveyard entrance, where the clansmen used to offer sacrifice to the ancestors. The complex was built at the building time of the whole graveyard and had been used for nearly one thousand years, covering Northern Song, Ming, Qing and Republic Period. The reconstruction and maintenance over years result in nine layers in the foundation ruins. The principle palace-temple was affiliated with chambers in front or on both sides. Due to the tight schedule and other reasons, in the whole complex, the archaeological excavations were merely carried out at the site of the principle palace-temple.

The spirit path, located on the central axis, with a width of some six meters, is the only passageway linking the family temple to the graves. One can observe the sign of tamping or trampling on the road. Stone figures were arranged along the both sides of the road.

Graves, located in the middle of the northern part, were interred in four rows, all cardinally oriented to the south. The dead were buried orderly according to generation and age, including twenty-nine Lü family members from five generations.

Most of the unearthed tombs bear a definite date, we thus know the graveyard was initially constructed on the seventh year of Xining of Zhezong's reign (1074) in the Northern Song, and it was in use until the sixth year of Zhenghe of Huizong's reign (1116). It is the first time for such a complete elite family cemetery of Northern Song to be excavated by archaeologists.

A total of 3,271 pieces or sets cultural relics were unearthed from the graveyard site and the tombs. Among the total 867 pieces or sets artifacts, 774 were unearthed from the excavation, and extra 93 were once stolen but taken back by public security bureau. With a great variety, these objects give priority to porcelain, copperware, stoneware, featured with a lot of practical utensils. The inscriptions on the epitaphs can proved or complemented the records in the official histories of Song Dynasty.

This report is composed of ten parts. In the first part or the preface, the reporter summarized the geographical position, the evolution of administrative zones, the terrain of the cemetery site, the history of Lü family and the working formulation of the archaeological excavation.

The second part dwells on the ditch, including its location, plan and structure, current situation, archaeological working method and procedure.

The third part gives a summary of the family temple site, introduces the architectural remains and the unearthed relics contained in each layer, and summarizes architectural characteristics of the temple remains in each phrase.

Based on the excavation of the southern section and the survey of the middle section, the forth part of the report focuses on the plan and unearthed relics of the spirit path.

The fifth part illustrates the twenty-nine tombs in the family cemetery, including the architecture, burial objects and the epitaphs. The epitaph inscriptions and the interpretation are also published in this part.

Some burial goods from the cemetery had once been stolen and preserved in Shaanxi Historical Museum after being taken back. The six part illustrates these objects according to their texture.

To gain more historical information from the unearthed relics, four reports of scientific test on the porcelain, jade, glass, pottery and textile, are published in the seventh part.

The eight part has a repairing report of the unearthed objects by experts at Shaanxi Provincial Institute of archaeology.

The ninth part is composed of five relevant investigation reports: *Surveys on Lü Family Cemetery of Northen Song at Xiyuan, Lishan*; *Surveys of Sima Family Cemetery in Xiaxian, Shanxi*; *Surveys of Imperial Mausoleum of Northern Song*; *An Investigation Report in She County, Anhui*; *Report on Exile Route and Burial Place of Lü Dafang*. By a comparative research on the siting, layout and other features, the author gave a confirmation on the final burial place of Lü Dafang.

In the tenth part or the epilogue, the author sums up the siting of the cemetery, the features of layout of the graveyard, the types of tomb architecture, the categories of the burial goods concerning their purpose as well as the genealogy of Lü family. A comparative research between the burial objects and artifact images in *Kaogu tu* and a textual study on the dates of birth and death of Lü Dalin are also included in this part.

The main products of the this report can be summarized as follows :

First of all, through a comprehensive survey and excavations on some key sections, the entire layout and structure of the graveyard has been revealed. By comparing with the contemporary family cemetery of the same social status in, as well as with the imperial mausoleum of Northern Song, the author gave a discussion on the ideas of siting, type and scale of the cemetery, which is of importance significance of the research of siting ideas of burial place in the Song Dynasty.

Secondly, this report comprehensively illustrated of Lü family graveyard. It is the first time for such kind of elite family cemetery of Northern Song was revealed. Applying the archaeological method, the author analyzed the important feathers in the graveyard, providing a firsthand material for study of tomb, architecture and funeral custom in the Northern Song.

Third, the author featured the distribution and arrangement of the tombs, pointed out the originality of the burial system of Lü family cemetery as well as the unique ideas of the funeral concepts of Lü family.

Fourth, a classification and organization of the funerary objects are carried out as well as a study on the craft, producing place, texture and type of the objects. This data and the relevant research will provide archaeological evidence for the study of porcelain, bronze, stone or glass wares and bamboo or wooden wares as well as the system of burying goods.

To sum up, due to the completeness and rarity of the data from the Lü family cemetery, this excavation has attracted universal attention either from the academia or from other people in the society. The publication of this archaeological report and its relevant researches will raise more attention and gain greater repercussion. The data from this report will provide important reference for the study of burial system, funerary goods, epitaph as well as the social life, bureaucratic system, division of administrative regions. It is of great importance for the research of the history, culture and archaeology of the Song Dynasty.

# 目　录

（以上第四册）

# 插图目录

# 插表目录

# 彩版目录

# 壹　前言

陕西蓝田自古以盛产美玉著称，相传远古混沌初开、西北天漏，女娲炼五彩石以补之，事毕携所剩彩石周游寰宇，途经蓝田因爱其秀美河川、壮丽山峦、质朴百姓而将彩石种于山上，从此蓝田便成为玉的故乡，以玉种蓝田闻名天下。本次考古发掘便发生在这块美丽而充满神奇色彩的土地上。

## 一　地理位置与地形地貌

蓝田县位于陕西省关中地区东部，东有秦岭，西邻骊山，东、南两面以秦岭为界与渭南、华县、洛南、商县、柞水等县相望，北部以横岭为界与临潼比邻，西部和长安延绵接壤，县城蓝关镇西距省城西安45千米。自置县以来，历代边界虽有分割归并，但界域基本稳定。据民国《续修蓝田县志》载：县境东西距104里，南北距122里，县治东至洛南县治240里，西至咸宁县治100里，南至镇安县治340里，北至临潼县治225里，东北至渭南县治90里。今之蓝田县境最南至67千米处的红门寺乡狮子沟与柞水县高桥乡相接；最北至29千米处的金山乡胡家窑村与临潼小金山乡为邻；最东至67千米处的灞源乡羊圈村（今羊家堡）与商县东峪乡接壤；最西至30千米处史家寨乡敬家村与长安魏家寨相连，总面积1969平方千米。

其地形属骊山—秦岭间山前断陷盆地，新生代以来，由于骊山、秦岭上升之侧向挤压，从而形成宽缓西向倾斜貌若簸箕的总体地势。因东、南、北依山靠岭故地势较高；中、西部川、原相间，向西北方倾斜，并包含灞河、浐河水系，是蓝田县较为富庶之处，乃县治所在，也是人烟稠密、经济繁荣之所（图1-1）。

纵观蓝田地貌状况，大致可分为四种类型：第一，河谷冲积阶地。第二，黄土台原。第三，黄土丘陵。第四，秦岭山地。其中黄土丘陵中又可划分为半岭与高岭两型，半岭主要包括灞河北岸二、三、四级河流冲击阶地，东西长约40、南北宽2~4千米，海拔600米左右，形成于早更新世时期，因骊山掀斜式上升，促使它呈东南—西北向倾斜。同时，由于堆积作用，使早更新世和第三纪的剥蚀面上堆积了一层百米厚的土状物翯——砂砾层，形成了现代的半岭。半岭地区土层深厚，土质致密，柱状结构强，深挖之下不易坍塌，北宋吕氏家族墓园就坐落于灞水北岸河流冲积阶地即黄土半岭之上。

## 二　蓝田县置县沿革

据传，马家窑文化到龙山文化时期（公元前50~前40世纪），尧被推为各部落共主，《竹书纪年》载，蓝田时属雍州，乃传说中的三皇故居。

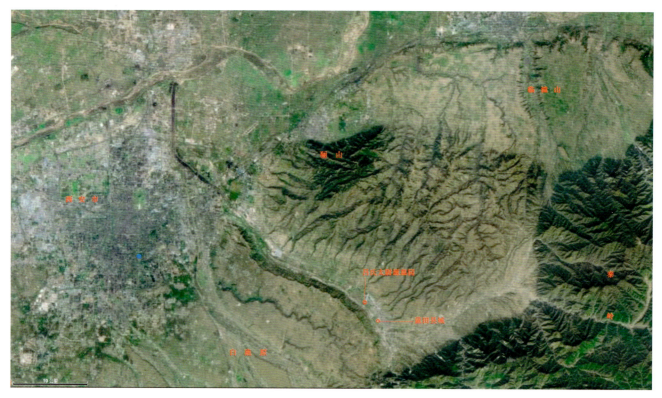

图 1-1　蓝田县地形地貌图

夏启之时（约公元前 21~ 前 16 世纪），现蓝田隶雍州属有扈氏。

商代（公元前 17~ 前 11 世纪），蓝田仍隶雍州，属古丰国。

西周（公元前 1046~ 前 771 年），蓝田属畿内，时称"弭"。

战国时期（公元前 475~ 前 211 年），蓝田属秦管辖，大寨乡寺坡一带出土的"弭侵疆、弭侯趣"等文物均为实证。《战国策》记，周安王二十三年（秦献公六年，公元前 379 年）。秦初置县，因其盛产美玉，以《周礼》玉之美者为蓝，而得名蓝田。县治于今县城西荆峪沟右岸（具体城址无考），这是最早有关县治的记载，距今已 2368 年。

两千余年来，历代县名时有更易，秦孝公改为芷阳，汉为南陵，北魏易杜县，北周更县为郡，原地分玉山、白鹿二县，武帝建德二年（573 年），又将玉山、白鹿并为蓝田县；唐武德三年（620年）改白鹿为宁民县；贞观元年（627 年）并玉山、宁民为蓝田县。汉、魏、晋、唐隶属京兆；宋为京西北路京兆府管辖；元属奉元路；明、清均辖于西安府，民国初年归关中道。

# 三　太尉塬与北宋吕氏墓园

太尉塬是北宋吕氏家族墓中出土墓志对其葬地的称谓，也是北宋时期此处地名，位于如今县城西北五里，南面灞水、北依临潼山，东、西两侧分别与秦岭、骊山相望，呈东北—西南走向，南沿为灞河北岸河流阶地，属半岭范畴；北部为高岭区域。塬区表面黄土层深厚，是蓝田县重要粮食产区。途经此塬右拐便进入蓝武古道，穿越秦岭出武关可抵湖北。据《汉书·卷四十》载，汉太尉周亚夫率兵东诛吴楚，至霸上，得赵涉之计，从此右去，辟其伏兵，走蓝田、出武关、抵雒阳，一举取胜。或因此故，后人将周亚夫入山前驻兵处称曰"太尉塬"，以纪念这次与汉政权之稳固息息相关的战争。由此推测，"太尉塬"称谓应源于西汉而至少沿用至北宋中晚期。

北宋吕氏家族墓园坐落于太尉塬南沿第二、三河流阶地上，依其地势亦呈东北高、西南低走向，自下而上逐步登高，分别为家庙、神道和墓葬区，现土地耕种权属三里镇五里头村村民四组所有。

## 四　北宋吕氏家族及其墓园略述

蓝田北宋吕氏乃关中士族之首，世代书香官宦之家，以理学研究见长，北宋中晚期名人辈出，吕大忠为金石学家，是西安碑林创始人之一；吕大防为宋哲宗时宰相，权倾朝野；吕大钧所著《吕氏乡约》是中国第一部民间自发的、规范乡里百姓道德行为准则的共守约定；吕大临为金石学家和古器物学家，编纂的《考古图》奠定了他中国考古学鼻祖的崇高地位。由于四兄弟人品、建树堪称上等，被后人誉为吕氏四贤。

吕氏家族墓园营建于宋神宗熙宁七年（1074 年），停用于宋徽宗政和七年（1117 年），距今亦有近千年之久。北宋灭亡后，其部分家族后代始终定居于墓园东北方 3 千米处的乔村，亲缘关系清楚明确，香火祭祀延绵不绝。中华人民共和国成立后，据当地文管部门及乡民反映，20 世纪50 年代墓园地面上石碑、石刻犹存，被定为县级文物保护单位。此后因屡经政治运动反复破坏及土地平整，导致墓上封土被毁，石刻部分遗失、部分转移收藏于县文物部门。五十年后的今天，县文管部门与吕氏族人仅可指出墓葬群大概方位，而墓葬数量、确切位置及墓园布局、结构、形制、配属建筑等具体细致资料已不能知晓。

2005 年底，五里头村人、世袭守墓者之子吕某某及其同伙盗掘了吕至山、吕景山等墓葬，此案被西安市公安机关侦破后引起社会哗然，鉴于各种原因，为确保国家利益和文物安全，经国家文物局批准，2007 年 3 月始对蓝田五里头村北的北宋吕氏家族墓园进行了全面考古调查与发掘。

## 五　考古发掘方案

在考古发掘之前，首要工作是制定考古发掘方案，这是整个田野考古的纲领，所有工作将在其指导下按程序逐步开展并完成，本次工作方案为：

一、收集所有已发表的宋代考古资料，了解该时期葬制特点，为下一步的田野考古发掘奠定基础；同时收集与吕氏家族相关的文献资料，了解并熟悉该家族的历史与著名人物生凭，为解决考古发掘中有关问题提供辅助资料（图1-2）。

二、对墓园周围村落和现代吕氏后人居住地——乔村进行调查走访，了解所有相关信息、遗迹、遗存与家谱及民间流传的吕氏先贤记载

图 1-2　文献收集照

和传说，以了解该家族北宋时期的社会地位、生活状况、政治背景（图1-3）。

三、踏查周边环境，了解墓园所在地形地貌状况与选址地望条件，并通过实地考察确定考古测绘与勘探范围（图1-4）。

四、以被盗掘墓葬为中心，以考古踏查为基础，对周围区域做全站仪测量并绘制地形地貌等高线图，显示预定发掘范围内、外的地形地貌状况，为下一步的考古发掘区域平面图测量绘制奠定基础（图1-5）。

五、以被盗墓葬为中心向四周辐射式进行考古普探，并根据普探资料分期分批对重点区域反复做详细勘探，以了解墓园现存状况、形制结构、配属建制位置、范围、形制及墓葬群数量、分布、具体坐标尺寸等，希望通过此项工作初步展现北宋吕氏家族墓园的大致面貌（图1-6）。

六、在上述各项工作完成或基本完成的基础上，遵照先墓葬群、次墓园兆沟、再次家庙遗址、最后神道的发掘次序，逐一进行规范化田野考古清理，在此过程中尽可能完整收集其所有考古信息资料，并在最终田野考古工作结束后妥善掩埋保护发掘现场，以示对古代先贤的敬畏及对民族文化遗产的尊重（图1-7、8）。

七、田野工作结束后选择适当地点树立蓝田吕氏家族墓园考古纪念碑，永远纪念蓝田吕氏家族对中国考古学的突出贡献，纪念这次中国考古学史上具有特殊意义的考古发掘（图1-9）。

图1-3　走访吕氏后人

图1-4　考古踏查

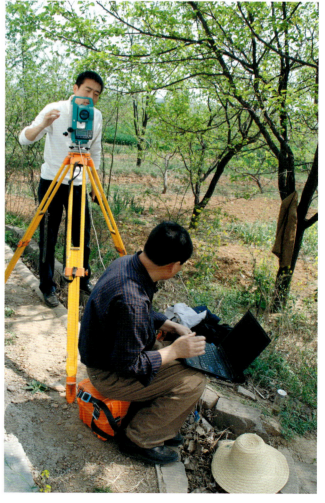

图1-5　田野测绘

图1-6　田野勘探

图1-7　田野工作

图1-8　田野工作

图1-9　考古纪念碑揭幕

　　当上述各项工作完成之时，正值2011年元月春寒料峭之际，屈指算来，本次考古起于2006年11月，至2011年1月结束，已历时50个月矣。此间，考古工作者对蓝田北宋吕氏家族墓园进行了全面田野考古调查与发掘。田野工作结束后，又于2011年至2016年，对所有考古资料做了科学、翔实、系统的整理，并最终完成了考古报告的撰写。

# 贰　墓园兆沟

　　兆沟是北宋吕氏家族墓园边沿界沟，沟内注水环绕周边，起界定与护卫墓园作用，同时也是墓园内排水防洪设施。兆沟始建于熙宁七年（1074 年），与墓葬区、家庙、神道共为墓园结构的四要素，北宋末年之后墓葬区不再使用，兆沟处于无人管理状态，明代晚期吕氏家庙脱离墓园独成体系，至此北宋所建吕氏家族墓园整体结构瓦解，兆沟完全废弃。历经千年的沧桑之后，兆沟基本被淤土堵塞，中华人民共和国成立后平整土地将其彻底填埋。本次考古发掘中通过两次普探与两次详探已确定其位置与基本形制，并选择局部适当区域做了探沟解剖印证，详情如下。

## 一　位置与现状

　　兆沟位于灞河北岸河流冲击台塬坡地上，北高南低，方向 210°，周长基本为 1440.00 米。沟内原注流水取源于兆沟之西约 745 米处的小河，该河属灞水支流，现河床仍较宽阔、水流已微弱细小，北宋时期可能水位较高且水量较大，兆沟西北角有渠道与河相连，现渠道不存，遗留大面积较厚淤土层。北兆沟位于墓葬群北约 64.00 米处，全长 194.00 米，现被麦田与果园覆盖，原形制保存状况较好；东兆沟全长为 623 米左右，在墓葬群东侧 64.65 米处；西兆沟全长约为 623 米左右，在墓葬群西侧 33.72 米处。两沟北部遗迹尚存，经勘探亦得证实，均掩埋于现代麦田下。西沟南部为平整土地及五里头砖厂取土所毁，现仅见砖厂取土壕南、北壁上沟体剖面，沟体南端斜向进入现五里头小学操场内，因怕影响学生正常课业及人身安全，校方不允许发掘，经反复勘探后就其开口层位和形制最终判定确为墓园西兆沟南端无疑。至此，墓园西兆沟自北到南可基本连接完整。东兆沟南部全部叠压于现五里头村落之下，只能根据中国建筑布局讲究中轴对称原则以西兆沟南部为本于图纸上复原其貌，从而得出整个墓园兆沟形制（图 2-1）。

## 二　工作方法与步骤

　　要证实与了解兆沟分布状况与形制规格，必须结合其长而残缺不全的特点采取定点解剖、重点勘探、沿线调查的不同工作方式，达到完整揭示其原貌的最终目的。勘探资料明确显示，北兆沟目前基本完整，东、西兆沟与北兆沟相交处损毁严重，东、西兆沟北部形制尚存。经研究决定首先对北兆沟、东、西兆沟北部采用探沟解剖法以证实勘探资料的成立，同时确定其所在地层位置、形制、规格、包含物等。其次，对已破坏的西兆沟南部北段进行考古调查，寻找其遗迹。第三，对不能发掘的西兆沟南部南段做详细反复勘探，最终确定兆沟位置与形制。

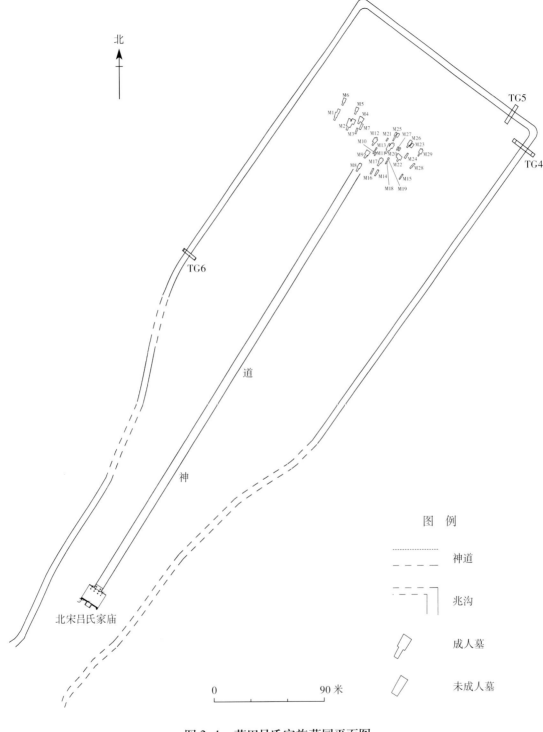

图2-1　蓝田吕氏家族墓园平面图

# 三　探沟解剖

　　探沟解剖是针对保存状况相对较好的北兆沟、东兆沟北段、西兆沟北段采取的田野工作方法。以下按顺序分别描述其发掘详情。

**1．北兆沟**

北兆沟解剖点择于沟体东部，东距北、东兆沟衔接内折角处18.35、西距北、西兆沟衔接内折角处148.90米，编号TG5（见图2-1）。

TG5平面为南北向长方形，南北长12.00、东西宽2.50、面积30平方米。沟底最深处距现地表1.70米，方向210°（图2-2）。探沟内地层叠压关系为：

第①层：耕土层，厚0.20~0.40米，浅灰黄色，质地疏松，含大量植物根茎、零星现代砖、瓦与瓷器瓷片。

第②层：淡黄土层，仅见于探方中部，最厚处达1.00米，质地坚硬，内含少量炭灰点。该层早于耕土层，晚于第③层淤土层，据地主人言，原此处低洼积水，中华人民共和国成立后平整土地特将其掩埋垫高，从而形成现存的土梁状填埋堆积层外貌，因顶面凸起不平，故未经耕种。该层中部偏北处被现代扰坑打破。

第③层：深灰褐色土层，厚0.04~0.08米，叠压于第①、②层下，为质地细密的淤土层，包含物稀少，有零星瓷器小残片。

第④层：浅灰褐色土层，厚0.08~0.50米，土质显颗粒状，该层内含大量料礓石块及瓷器残片，应属扰土层。北兆沟现开口于此层下。

第⑤层：黑褐色土层，厚度不详，质地纯净、较疏松，为原生土层。北兆沟打破该层，沟底上距该层顶面0.60~0.70米。

北兆沟现开口于探沟第④层下略偏南处，沟体剖面呈上宽下窄，敞口，斜壁，圜底梯形，现沟体开口处宽5.00、深0.70~0.80、沟底上距现地表1.60~1.70米。内填较细密暗黄色土，包含少量残瓷片，沟底有厚约0.08米灰褐色较纯净淤土。沟体中部自上而下被一现代扰沟打破，该沟开口于耕土层顶面，西端宽0.90、深1.40、东端宽1.10、深1.70米，东西长度不详，底部打破兆沟底后继续下挖0.10~0.16米形成剖面为直壁圆底状沟体，坑内填松软杂土，含零星瓦片及现代废弃物。

表现于TG5中的北兆沟解剖段形制明确，从东、西沟壁及沟底表面尚附着淤土层分析，北兆沟中、下部应基本保持原貌，开口处因坡地改梯田而受到损毁，故原深度不存（见图2-2；彩版2-1、2）。

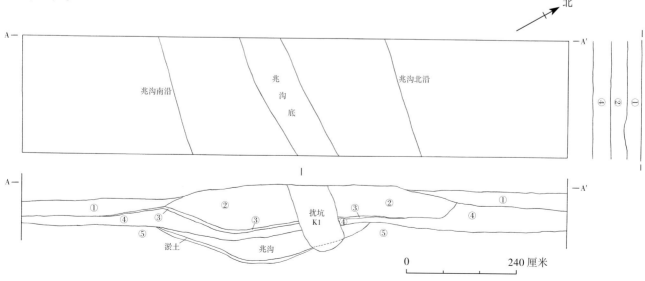

图2-2　墓园北兆沟TG5西壁平、剖面图

彩版 2-1　TG5 中北兆沟

彩版 2-2　TG5 中北兆沟

　　北兆沟解剖段内恰有农田浇灌管道由东向西通过，管道方向与北兆沟一致且架于扰土层中，位居沟体开口上方正中，故发掘时管道下方叠压的沟内填土不能取出，从而形成沟底正中间上土隔墙一道以撑托管道。因此，拍照时在无条件拍摄高空俯视照片前提下，无论自南或北不同角度皆只能拍到南沿至土隔墙或北沿至土隔墙之一半沟体，所以彩版 2-1 中北兆沟仅反映了自南向北拍摄的兆沟南沿至土隔墙间一半沟体，彩版 2-2 是结合另一半沟体照片于电脑中合成的北兆沟解剖段整体图。

　　TG5 内共出土瓷片 21 件（表 2-1），均为轮制。选择标本 4 件。

　　标本 TG5：10，出土于探沟第④层下兆沟填土中。器底残片，无法修复完整。微圆底，圈足。器内底施釉，内底外围刮釉出涩圈一周；外壁、外底施酱釉，足沿露胎。釉面有光泽。灰白色胎较粗糙。原外壁有剔釉露胎纹饰，因残片太小图案内容不明。残高 2.1、残宽 4.2 厘米（图 2-3，1；彩版 2-3）。

　　标本 TG5：1，出土于探沟第④层下兆沟填土中。碗残片，可修复成形。敞口，圆唇，浅弧腹，大圆底，圈足。内、外壁施薄釉，内底外围刮釉成涩圈一周，外底下腹以下露胎。釉色白略泛青。

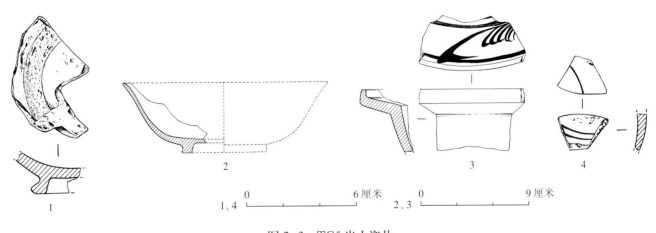

图 2-3　TG5 出土瓷片

1. 器底 TG5：10　2. 碗 TG5：1　3. 口沿 TG5：13　4. 青花瓷片 TG5：18

彩版 2-3　器底瓷片 TG5：10　　　　　　彩版 2-4　口沿瓷片 TG5：13

彩版 2-5　碗瓷片 TG5：1

釉面较亮，密布棕眼。浅土红胎坚硬致密，露胎处表面呈土黄色。高 5.7、口沿径约 16.5 厘米（图 2-3，2；彩版 2-5）。

标本 TG5：13，出土于探沟第④层中。器物口沿残片，无法修复完整。宽平折沿盘口，方圆唇，斜腹内收，其下残。内、外壁施姜黄釉。釉面明亮。土黄色胎，坚硬致密。内壁绘菊瓣纹与直线纹。残高 5.1、残宽 9.0 厘米（图 2-3，3；彩版 2-4）。

标本 TG5：18，出土于探沟第④层中。青花瓷片，器形不明。瓷片呈近三角形，内、外壁均施白色透明釉。釉色白中泛青。釉面明亮细腻。胎色白，胎质坚硬致密。残长 2.6、残宽 1.8 厘米（图 2-3，4）。

根据探沟解剖结果，参考兆沟勘探资料知：墓园北兆沟保存状况较好，现沟体开口处宽约 5.00、深 0.80 米，填土中包含物稀少，以明代瓷片为主。沟底淤土表明早期沟中确有水流存在，此处地势北高南低，坡上自然水流应自北向南泻下，北兆沟呈东西走向，自然排水不易进入，所以既较好保留了原形制，又显示沟内水流非自然形成，而是人为引入。

表 2-1 2008 年蓝田吕氏墓园兆沟 TG5 (北兆沟) 出土器物整理登记表

| 整理号 | 类别 | 名称 | 数量 | 出土位置 | 尺寸（厘米） | 时代 | 出土状态 | 现状 | 备注 |
|---|---|---|---|---|---|---|---|---|---|
| TG5：1 | 瓷 | 碗瓷片 | 1件 | 探沟第④层下兆沟内 | 高 5.0、残宽 12.5 | 明 | 残片 | 残片 | 标本 |
| TG5：2 | 瓷 | 口沿瓷片 | 1件 | 探沟第④层下兆沟内 | 残高 4.8、残宽 4.1 | 明 | 残片 | 残片 | |
| TG5：3 | 瓷 | 口沿瓷片 | 1件 | 探沟第④层下兆沟内 | 残高 2.7、残宽 3.5 | 明 | 残片 | 残片 | |
| TG5：4 | 瓷 | 口沿瓷片 | 1件 | 探沟第④层下兆沟内 | 残高 3.0、残宽 4.0 | 明 | 残片 | 残片 | |
| TG5：6 | 瓷 | 瓷片 | 1件 | 探沟第④层下兆沟内 | 残长 3.3、残宽 2.5 | 明 | 残片 | 残片 | |
| TG5：8 | 瓷 | 瓷片 | 1件 | 探沟第④层下兆沟内 | 残长 2.2、残宽 1.5 | 明 | 残片 | 残片 | |
| TG5：9 | 瓷 | 瓷片 | 1件 | 探沟第④层下兆沟内 | 残长 2.8、残宽 2.6 | 明 | 残片 | 残片 | |
| TG5：10 | 瓷 | 碗底瓷片 | 1件 | 探沟第④层下兆沟内 | 残高 2.1、残宽 4.2 | 明 | 残片 | 残片 | 标本 |
| TG5：11 | 瓷 | 碗底瓷片 | 1件 | 探沟第④层下兆沟内 | 残高 2.2、残宽 5.1 | 明 | 残片 | 残片 | |
| TG5：14 | 瓷 | 口沿瓷片 | 1件 | 探沟第④层下兆沟内 | 残高 2.0、残宽 3.7 | 明 | 残片 | 残片 | |
| TG5：15 | 瓷 | 口沿瓷片 | 1件 | 探沟第④层下兆沟内 | 残高 2.5、残宽 4.8 | 明 | 残片 | 残片 | |
| TG5：17 | 瓷 | 瓷片 | 1件 | 探沟第④层下兆沟内 | 残长 3.3、残宽 2.3 | 明 | 残片 | 残片 | |
| TG5：19 | 瓷 | 瓷片 | 1件 | 探沟第④层下兆沟内 | 残长 3.2、残宽 2.6 | 明 | 残片 | 残片 | |
| TG5：21 | 瓷 | 口沿瓷片 | 1件 | 探沟第④层下兆沟内 | 残高 3.5、残宽 4.0 | 明 | 残片 | 残片 | |
| TG5：5 | 瓷 | 瓷片 | 1件 | 探沟第④层中 | 残长 4.5、残宽 4.1 | 明清 | 残片 | 残片 | |
| TG5：7 | 瓷 | 瓷片 | 1件 | 探沟第④层中 | 残长 3.1、残宽 2.0 | 清 | 残片 | 残片 | |
| TG5：13 | 瓷 | 口沿瓷片 | 1件 | 探沟第④层中 | 残高 6.5、残宽 9.0 | 清 | 残片 | 残片 | 标本 |
| TG5：16 | 瓷 | 口沿瓷片 | 1件 | 探沟第④层中 | 残高 2.0、残宽 3.3 | 清 | 残片 | 残片 | |
| TG5：18 | 瓷 | 瓷片 | 1件 | 探沟第④层中 | 残长 2.6、残宽 1.8 | 清 | 残片 | 残片 | 标本 |
| TG5：12 | 陶 | 陶片 | 1件 | 探沟第④层中 | 残长 12.2、残宽 9.0 | 明清 | 残片 | 残片 | |
| TG5：20 | 玉 | 玉器残块 | 1件 | 探沟第④层中 | 残长 5.2、宽 0.7、厚 0.5 | 清 | 残片 | 残片 | |

共 21 件（组）。

## 2. 东兆沟北段

东兆沟北段勘探资料显示，其北部位置处于现五里头村通向杨村的乡间道路左侧，与道路平行，东距路沿 8.00 米，至北距五里头村 313.00 米处向西圆折角 90°与北兆沟相接。解剖点选定于东兆沟北端、北距内折角处 10.64、南距五里头村 294.65 米处，探沟编号 TG4（见图 2-1）。

TG4 平面为东西向长方形，东西长 14.00、南北宽 2.00、底部上距现地表 1.50 米，方向 300°。因沟体东、西壁垮塌严重，原开探沟不能显示兆沟西壁，故于探沟西端扩开 5 米 ×5 米探方一个，实际发掘面积为 53.00 平方米（图 2-4）。TG4 中地层叠压关系是：

第①层：耕土层，厚 0.20 米，土色灰黄、质地疏松，内含大量植物根系及零星现代残砖瓦碎片。

第②层：浅黄褐色土层，厚 0.40 米左右，质地较硬，内含料礓石块、砖块、瓷器残片与现代陶器碎片。该层为 20 世纪中期平整土地时铺垫而成的现代堆积层。

第③层：浅灰褐色土层，厚 0.20~0.50 米，质地较硬，内含少量料礓石块、残砖碎瓦、青花瓷片，为扰土层，东兆沟西边开口于该层下。

第④层：褐色土层，仅存在于探沟中部、兆沟开口之上的中、东部，质地坚硬，包含物有零星砖、

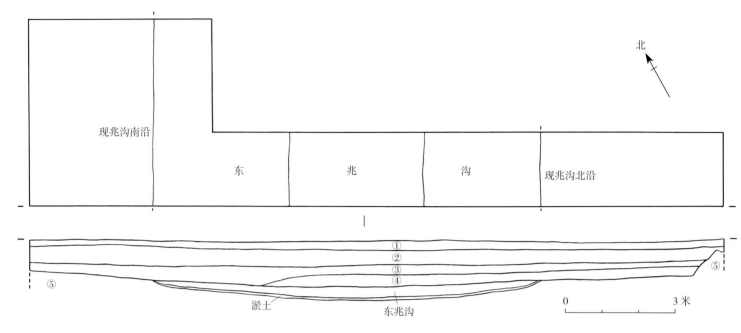

图2-4　墓园东兆沟TG4南壁平、剖面图

石块。该层为兆沟废弃后的填埋堆积。东兆沟中、东部开口叠压于此层下。

第⑤层：黑褐色土层，厚度不详，质地纯净、较松软，含大量白色丝状钙化物质。东兆沟底部位于该层顶面下约0.45米处。此层属原生土层。

故东兆沟西边开口于TG4第③层下、中、东部开口于第④层下，打破第⑤层原生土层，表现于探沟中之剖面呈上宽下窄梯形，大敞口，沟壁斜缓内收，底部近平。现开口处宽10.65、底宽约3.70、深0.50米。沟内填土呈红褐色，质地疏松，较为纯净。沟底有厚约0.06米淤土层，淤土层底沉积0.01米细沙层，纯净无包含物。

表现于TG4中的东兆沟解剖段形制明确，沟内叠压层关系清晰，从东、西两沟壁跨度较大，壁面光滑平缓的特征分析，此处原地势呈北高南低状，遭遇大雨、洪涝后水流顺坡而下，遇南北走向的墓园东兆沟便注入其中向南泻进灞河，如此长期、多次的水流冲击造成沟壁坍塌、土壤流失、沟体开口增大，因此探沟中所见并非原东兆沟开口宽度。沟底附着淤土层及细沙层表明，底部形制尚存，上部则因中华人民共和国成立后农田改造而损毁，故原深度不存（彩版2-6）。

彩版2-6　TG4中东兆沟

TG4内共出土瓷片21件（表2-2），均残碎严重。轮制而成。选择标本4件。

标本TG4∶2，出于兆沟填土中。器物口沿残片。圆唇，腹壁较平直。内、

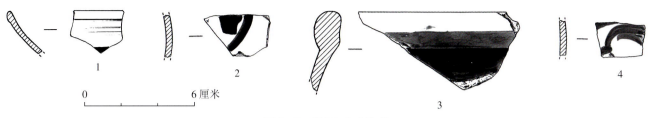

图 2-5　TG4 出土瓷片

1. 器物口沿 TG4：2　2. 器物腹部 TG4：17　3. 器物口沿 TG4：13　4. 器物腹部 TG4：18

外壁施青釉。釉色浅灰泛青。浅灰色胎坚硬致密。内、外壁口沿下有酱彩，纹饰内容不清。残高 2.8、残宽 2.2 厘米（图 2-5，1；彩版 2-7）。

　　标本 TG4：17，出土于兆沟内填土中。器物腹部残片，器形不明。瓷片为近梯形。一面施酱紫色釉，釉面粗涩无光；另一面施乳白色釉，其上饰灰褐色纹饰。浅土黄色胎，质地坚硬。残长 3.50、残宽 2.2 厘米（图 2-5，2）。

　　标本 TG4：13，出土于兆沟填土中。器物口沿残片。厚唇口，微束颈，其下残缺。内、外壁施酱釉，口沿露胎。浅土黄色胎，胎质坚硬略糙。残高 3.8、残宽 9.0 厘米（图 2-5，3）。

　　标本 TG4：18，出土于探沟第④层。青花瓷器腹壁残片。瓷片为近方形，内、外壁施釉。胎色白，胎质坚硬细密。一面绘青花图案。残长 2.7、残宽 1.9 厘米（图 2-5，4）。

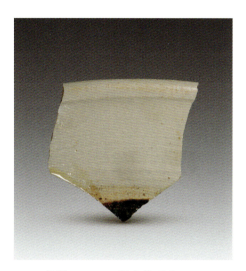

彩版 2-7　口沿瓷片 TG4：2

　　根据探沟解剖结果并参考兆沟勘探资料知，墓园东兆沟北部保存状况不够良好，沟体开口处宽约 10.65、现存深度 0.50 米，兆沟填土中包含物较少，以明代瓷片为主。沟底淤土及细沙层表明，早期沟中确有水流，前文已提及，因地势原因每逢降水东兆沟有排水防洪功能，发掘证实沟中水流量曾经较大，对沟壁有冲击破坏作用，导致兆沟壁有坍塌从而使开口处跨度增大，现仅有沟底形制基本保存。

表 2-2　2008 年蓝田吕氏墓园兆沟 TG4（东兆沟）出土器物整理登记表

| 整理号 | 类别 | 名称 | 数量 | 出土位置 | 尺寸（厘米） | 时代 | 出土状态 | 现状 | 备注 |
|---|---|---|---|---|---|---|---|---|---|
| TG4：1 | 瓷 | 碗口沿瓷片 | 1 件 | 兆沟填土中 | 残高 3.5、残宽 4.3 | 明 | 残片 | 残片 | |
| TG4：2 | 瓷 | 碗口沿瓷片 | 1 件 | 兆沟填土中 | 残高 2.8、残宽 2.7 | 明 | 残片 | 残片 | 标本 |
| TG4：3 | 瓷 | 碗口沿瓷片 | 1 件 | 兆沟填土中 | 残高 3.1、残宽 2.6 | 明 | 残片 | 残片 | |
| TG4：4 | 瓷 | 罐底瓷片 | 1 件 | 兆沟填土中 | 残高 5.5、残宽 8.2 | 明 | 残片 | 残片 | |
| TG4：5 | 瓷 | 器腹瓷片 | 1 件 | 兆沟填土中 | 残长 2.4、残宽 2.0 | 明 | 残片 | 残片 | |
| TG4：6 | 瓷 | 器腹瓷片 | 1 件 | 兆沟填土中 | 残长 2.0、残宽 1.8 | 明 | 残片 | 残片 | |
| TG4：7 | 瓷 | 器腹瓷片 | 1 件 | 兆沟填土中 | 残长 2.2、残宽 2.0 | 明 | 残片 | 残片 | |
| TG4：8 | 瓷 | 器腹瓷片 | 1 件 | 兆沟填土中 | 残长 1.7、残宽 1.3 | 明 | 残片 | 残片 | |
| TG4：9 | 瓷 | 器腹瓷片 | 1 件 | 兆沟填土中 | 残长 3.9、残宽 1.5 | 明 | 残片 | 残片 | |
| TG4：10 | 瓷 | 器底瓷片 | 1 件 | 兆沟填土中 | 残长 2.4、残宽 1.2 | 明 | 残片 | 残片 | |

续表 2-2

| TG4：11 | 瓷 | 器底瓷片 | 1 件 | 兆沟填土中 | 残高 1.0、底径 3.2 | 明 | 残片 | 残片 | |
|---|---|---|---|---|---|---|---|---|---|
| TG4：12 | 瓷 | 钵口沿瓷片 | 1 件 | 兆沟填土中 | 残高 2.7、残宽 3.2 | 明 | 残片 | 残片 | |
| TG4：13 | 瓷 | 口沿瓷片 | 1 件 | 兆沟填土中 | 残高 3.8、残宽 9.0 | 明 | 残片 | 残片 | 标本 |
| TG4：14 | 瓷 | 器腹瓷片 | 1 件 | 兆沟填土中 | 残长 3.0、残宽 2.0 | 明 | 残片 | 残片 | |
| TG4：15 | 瓷 | 器腹瓷片 | 1 件 | 兆沟填土中 | 残长 3.7、残宽 3.0 | 明 | 残片 | 残片 | |
| TG4：16 | 瓷 | 器腹瓷片 | 1 件 | 兆沟填土中 | 残长 2.6、按宽 2.0 | 明 | 残片 | 残片 | |
| TG4：17 | 瓷 | 瓷片 | 1 件 | 兆沟填土中 | 残长 3.5、残宽 2.2 | 明 | 残片 | 残片 | 标本 |
| TG4：18 | 瓷 | 瓷片 | 1 件 | 东兆沟第④层 | 残长 2.7、残宽 1.9 | 清 | 残片 | 残片 | 标本 |
| TG4：19 | 瓷 | 器腹瓷片 | 1 件 | 东兆沟第④层 | 残长 2.5、残宽 1.4 | 清 | 残片 | 残片 | |
| TG4：20 | 瓷 | 瓷片 | 1 件 | 东兆沟第③层 | 残长 3.2、残宽 2.0 | 清 | 残片 | 残片 | |
| TG4：21 | 瓷 | 罐底瓷片 | 1 件 | 东兆沟第②层 | 残高 2.3、残宽 3.0 | 清 | 残片 | 残片 | |

共 21 件（组）。

### 3．西兆沟北部

西兆沟北部位于五里头四组耕地中，东距东兆沟 169.00 米，北端与北兆沟成 90°圆折角相连接，探沟解剖点选择于西兆沟北部偏南处，东南距五里头村 94.53、北距西、北兆沟相交处内折角 243.94 米。探沟编号 TG6（见图 2-1）。

TG6 平面为东西向长方形，东西长 12.50、南北宽 2.00、底部最深处上距现地表 1.25 米，方向 120°，后因原兆沟沟底有残留迹象，为确定其形制、内涵，又向北扩方长 3.50、宽 3.00 米，仅对沟底部做延伸补充性发掘，发掘面积共计 35.50 平方米（图 2-6）。

探沟内地层叠压关系是：

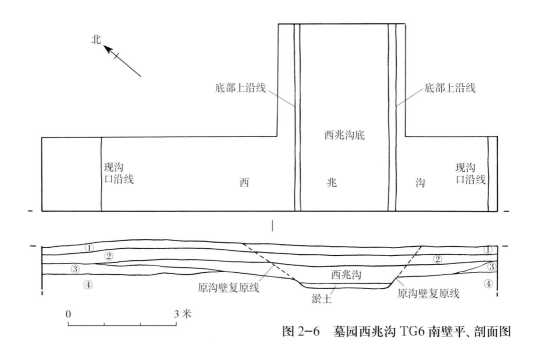

图 2-6　墓园西兆沟 TG6 南壁平、剖面图

第①层：耕土层，厚0.15~0.25米，土色灰黄、土质松软，平坦分布于地表，内含大量植物根茎及少量磷肥结块。

第②层：暗黄色土层，厚0.15~0.40米，土质坚硬，均匀分布于耕土层下，内含瓷器残片、砖瓦碎块、料礓石子等物，应为扰土层。现西兆沟开口于该层下。

第③层：浅灰黄色土层，厚约0.30米，质地较坚硬，含零星瓦片、瓷片等，属古代堆积层。西兆沟打破该层。

彩版2-8　TG6中西兆沟

第④层：黑褐色土层，厚度不详，质地坚硬呈块状，较纯净，内含白色丝状钙化物，可溶性盐粉末等，为原生土层。西兆沟沟底位于该层顶面下0.25米处。

TG6内地层叠压关系见（图2-6）。

西兆沟现开口于探沟第②层下偏东处，沟体打破第③层、第④层，剖面呈上宽下窄梯形，大敞口，斜壁，下凹平底。现沟体开口处宽10.50、沟底宽2.60、深约0.70、底部上距现地表1.25米。沟内满填细密黄褐色土，内含少量残瓷片，沟底有厚约0.10米灰褐色淤土，内掺杂细沙（见图2-6；彩版2-8）。

表现于TG6中的西兆沟北部解剖段形制明确，底部沉积淤土细沙表明原沟内确有水流，而西兆沟的大跨度开口显示原沟内水流曾经较大，导致东、西沟壁坍塌、土壤流失。西兆沟与东兆沟相同均为南北向，除界沟功能外尚有排水防涝作用。明代晚期墓园兆沟彻底废弃，开口处亦因现代坡地改梯田而受到损毁，所以原深度不存。探沟中显示的下陷沟底应是原沟残留部分，在扩方中原沟底遗留明确并向南、北方向延伸，从图上残留沟底东、西壁分别斜向上引虚线至现地表可虚拟出原西兆沟剖面大概形制，并疑其原开口处宽约4.70米，虚拟沟体剖面见（图2-6）。

TG6内共出土瓷片5件（表2-3），均轮制而成。选择标本3件。

标本TG6：1，出土于兆沟填土中。器物口沿残片。敛口，圆唇，斜弧宽沿，束颈，其下残失。内、外壁施酱釉，口内、口沿外边各刮釉露胎一周。胎色浅土黄，质地坚硬致密。残高1.6、残宽4.1厘米（图2-7，1）。

标本TG6：3，出土于兆沟填土中。器物腹壁残片。近长方形，稍有弧度。素烧，局部施酱釉。残长4.0、残宽3.5厘米（图2-7，2）。

标本TG6：5，出土于第②层内。碗底残片。弧腹，微圜底，圈足。内壁施薄釉，内底外围刮釉成涩圈一

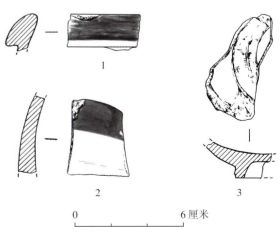

0　　　　　6厘米

图2-7　TG6出土瓷片

1. 器物口沿 TG6：1　2. 器物腹壁 TG6：3　3. 碗底 TG6：5

周；外壁施酱釉，圈足及足外围露胎。釉面光亮。胎色灰白致密。残高2.0、圈足外径6.0厘米（图2-7，3）。

通过对墓园兆沟北部东、西、北三面沟体的定点探沟解剖，确切印证了墓园兆沟位置、走向、布局、形制与现状。

表2-3　2008年蓝田吕氏墓园兆沟TG6（西兆沟）出土器物整理登记表

| 整理号 | 类别 | 名称 | 数量 | 出土位置 | 尺寸（厘米） | 时代 | 出土状态 | 现状 | 备注 |
|---|---|---|---|---|---|---|---|---|---|
| TG6：1 | 瓷 | 口沿瓷片 | 1件 | 西兆沟填土中 | 残高1.6、残宽4.1 | 明 | 残片 | 残片 | 标本 |
| TG6：2 | 瓷 | 瓷片 | 1件 | 西兆沟填土中 | 残长4.8、残宽3.2 | 明 | 残片 | 残片 | |
| TG6：3 | 瓷 | 瓷片 | 1件 | 西兆沟填土中 | 残长4.0、残宽3.5 | 明 | 残片 | 残片 | 标本 |
| TG6：4 | 瓷 | 瓷片 | 1件 | 探沟第②层 | 残高4.2、残宽7.5 | 清 | 残片 | 残片 | |
| TG6：5 | 瓷 | 碗底瓷片 | 1件 | 探沟第②层 | 残高2.0、残宽5.8 | 清 | 残片 | 残片 | 标本 |

共5件。

# 四　考古调查

考古调查主要针对西兆沟南部进行，调查中发现南部北段已在历年来多次进行的土地平整中消失殆尽，中段被五里头砖厂东西向取土壕切断并挖掉，所幸取土壕南、北两壁上挂有西兆沟沟体剖面，详情如下。

## 1．取土壕北壁上沟体剖面

现存沟体剖面北距西、北两兆沟相交内折角处367.48米，因土壁断崖较高，自壕底看沟体似开口于扰土层下，打破黑褐色垆土层，呈大敞口，斜壁缓向内收，尖圜底状。开口处上距现地表约1.50、宽约12.00、沟深约1.50米。沟内填土密实、呈黄褐色，底部有较薄灰褐色淤土及细沙。此沟体形制、沟内填土色泽、底面淤土及细沙均与西兆沟北部TG6内西兆沟解剖段基本吻合，故确定为西兆沟南部中段沟体剖面（彩版2-9）。

彩版2-9　西兆沟南部中段土壕北壁沟体剖面

## 2．取土壕南壁上沟体剖面

取土壕南壁距北壁53.75米，在与北壁西兆沟剖面对应的南偏东处土崖壁上亦有沟体剖面一处，该土崖原与取土壕以北田塬连接，后被取土机械分割独立存在，因顶面较小不能耕作，所以未经平整改造，基本保持其原地貌。沟体开口于现地表下，剖面形制呈口大底小近梯形，敞口，斜弧壁，近平底。现开口处宽7.50、上距现地表1.50、沟深1.50米。沟内填土未满，沟体下凹形制依然可见。东沟壁基本保存完整，西沟壁呈弧形外张，沟体打破黑褐色垆土层，沟底位于黄色生土层顶面上。沟壁及沟底附着的灰褐色淤土层厚约 0.10 米，内含较多细沙粒（彩版 2-10）。

将取土壕南、北壁上西兆沟剖面测绘连接后即可得出西兆沟南部中段沟体形制与走向（图2-8）。

## 五 考古勘探

西兆沟南部中段沟体向东南方延伸约 74.22 米后便进入五里头小学校后院西北墙角内，因小学沿用了前芸阁学舍故址，而芸阁学舍又建

彩版 2-10 西兆沟南部中段土壕南壁沟体剖面

于明、清两代吕氏家庙旧址之上，由于不断的铺垫建设，现北宋地层深埋地下，推测原兆沟遗迹应保存较好。但因小学生安全与教学需要，校方同意勘探调查、否定发掘揭示。所以小学校内西兆沟南部南段采用了反复详细的勘探方法，最终确定了兆沟位置、走向、形制与叠压层位。勘探资料显示：

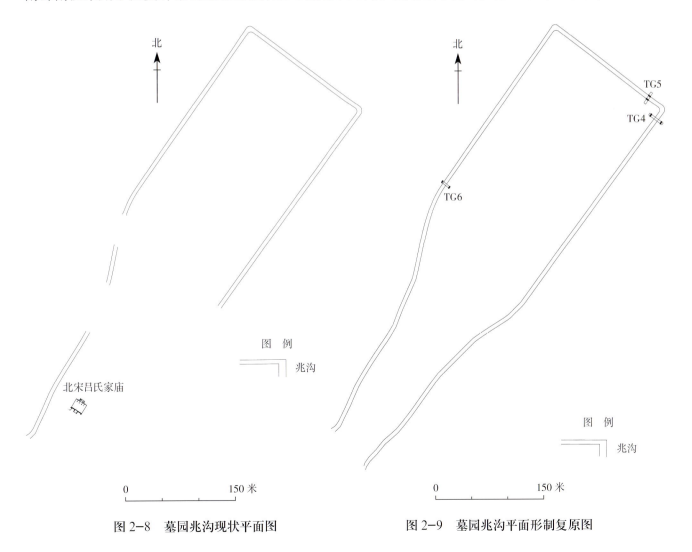

图 2-8 墓园兆沟现状平面图　　　　图 2-9 墓园兆沟平面形制复原图

西兆沟由小学后院西墙下进入后向南偏东方向继续延伸至前院操场内结束。其前方约30米即为灞河北岸古道。

　　勘探所得小学校内兆沟方向大致为150°，沟体长65.00、开口处宽4.30、上距现地表约2.00、沟深约1.50米，其内堆积大量内含细沙的灰褐色淤土。就沟体所在位置、层位、走向、形制、包含物分析确定为西兆沟南部南端，并将勘探确定的沟体以白灰线勾画于现相应地面上，并通过全站仪测绘成图（图2-8）。

# 六　北宋墓园兆沟形制

　　将探沟解剖、调查、勘探三方面资料汇总后可得出：东西走向的墓园北兆沟基本平直，两端分别与东、西兆沟北端成90°左右圆折角衔接。东、西兆沟北端在与北兆沟连通后北部基本向南垂直而下至约300米处，以五里头村村北沿为界将东、西兆沟划分为南、北两部分。东兆沟南部全数叠压于村落下；西兆沟南部经调查、勘探后大致可复原，由此使墓园西兆沟整体形制、位置、走向、长度明确、清晰。根据中国建筑格局讲究中轴对称的原则，以墓园南北中轴线为准、以西兆沟形制为本，即可复原出叠压于五里头村下的东兆沟南部，从而使东兆沟整体形制亦明确化。到此为止，整个北宋吕氏家族墓园兆沟形制已很完整：北端平直，东、西两侧北部基本垂直、南部逐渐斜向内收最终形成较窄撇沿式入口，平面似倒置酒瓶状（图2-9；彩版2-11）。

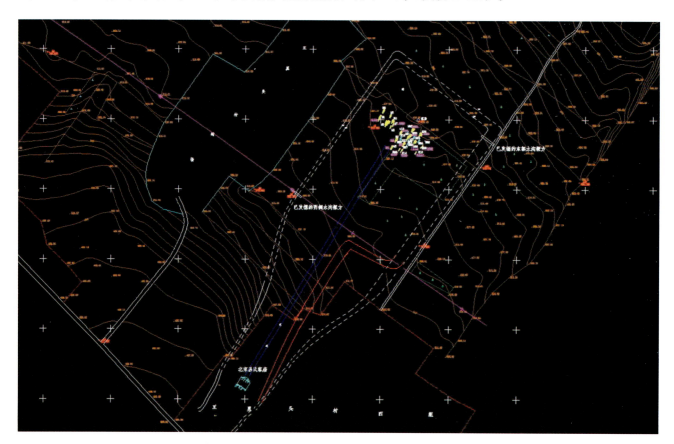

彩版 2-11　全站仪测量兆沟示意图（等高线间距为1米）

# 叁　家庙遗址

## 第一章　概述

　　吕氏家庙俗称"吕氏庵""四贤祠"，位于蓝田县三里镇五里头村西五里头小学院内，东、北两面被县畜牧养殖场包围、西邻村饲料厂、南临乡村道路。据明代蓝田县志记载，吕氏家庙始建于北宋，金代毁于战乱，明成化年间在原建筑基础上重修，后又经火灾焚烧，明万历年间再次于原址上复建。此后，明、清两代蓝田县官府曾多次主持翻修、扩建，直至民国七年（1918年）关中大儒牛兆濂先生集资倡议、陕西省国民镇政府及乡绅民众捐资扩建，并于民国二十四年（1924年）在其前院成立"芸阁学舍"，继承关学衣钵，教化乡里子弟，成为当地著名学堂，吸引本县乃至邻县众多子弟就读，颇具影响力。中华人民共和国成立后，此地被五里头小学占用至今（图3-1；彩版3-1）。

　　2010年7月15日，为完整再现蓝田北宋吕氏家族墓园全貌，深入了解和认识北宋士族墓园结构布局、丧葬习俗、选址理念，考古队在家族墓葬发掘完毕后对家庙遗址主殿进行了清理，至2011年1月10日，遗址田野考古工作结束，历时180天。

　　考古发掘证实，吕氏家庙的确始建于北宋，位于家族墓园南部，主殿南门北距墓园入口72.69米，主殿居墓园南北纵向中轴线南端，主殿北墙北距中轴线上最南

彩版3-1　现代五里头小学

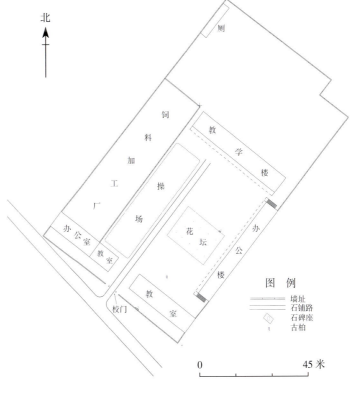

图3-1　现代五里头小学平面图

端墓葬 M8 吕通墓 391.32 米，是墓园整体结构中四个重要组成因素之一，乃家族丧葬、祭祀活动及吕氏四贤教化乡里、开课授业之所（见图 2-1）。

在北宋中晚期家庙主殿遗址之上共叠压 7 层吕氏家庙房屋建筑基址，跨越北宋、明、清、民国、现代五个不同历史时期，延续使用年代达 900 余年。该遗址的考古发掘为了解和研究北宋家族墓园布局、士族家庙建筑规格、北宋至民国庙宇主殿形制、不同时期建筑构件特征等提供了翔实宝贵的第一手资料。

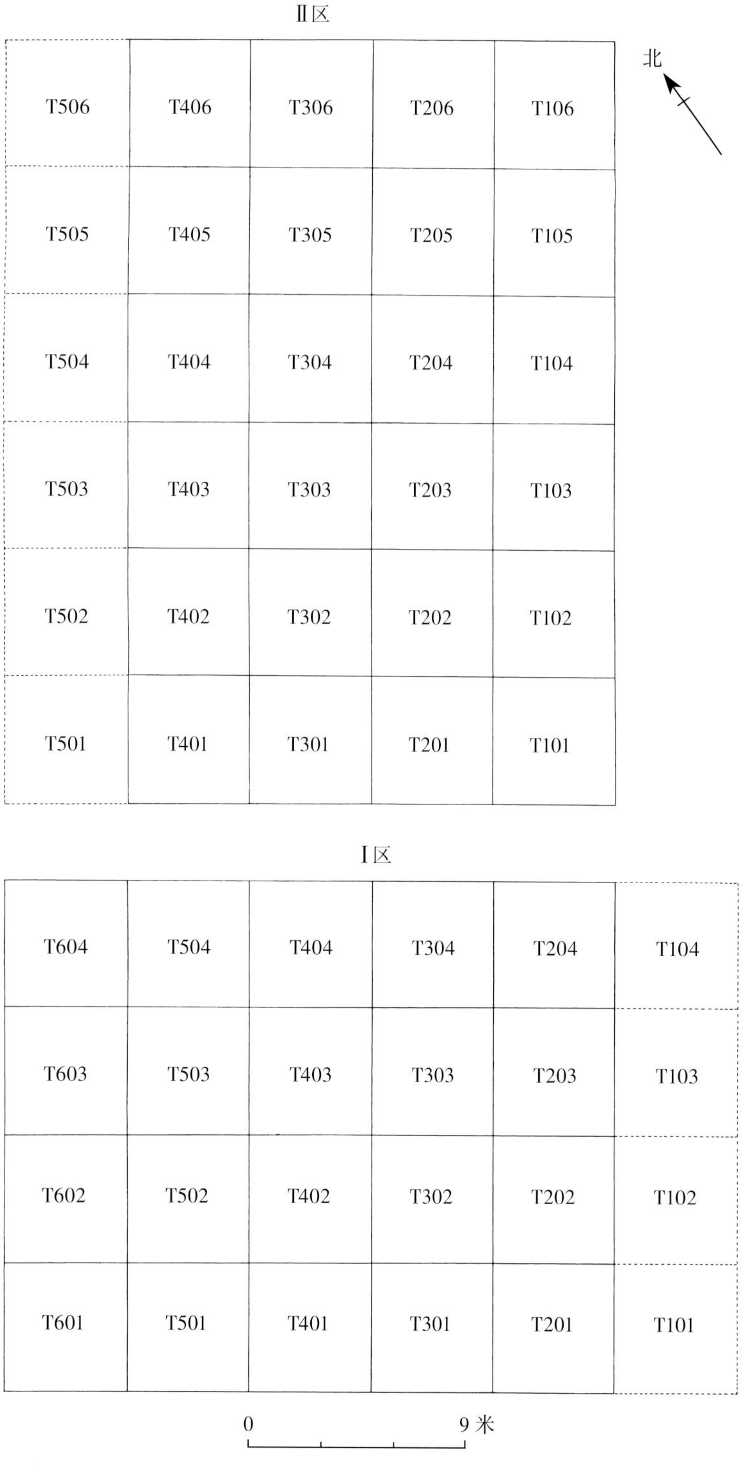

# 第二章　分区与地层

由于五里头小学内所建教学楼、办公楼、平房教室、花坛等均属不能发掘区域，故可发掘区域极其有限。况营造这些现代建筑的地基对遗址破坏很大，特别是教学楼的修建已将遗址南部破坏殆尽。经调查了解及多次考古勘探，在对现存遗址分布状况基本了解的前提下，以小学教学楼为界将发掘地域分为 1、2 两区。

## 一　分区与布方

Ⅰ区位于教学楼南 14.20 米处，东距教师办公楼 6.15、西距校园西围墙 38.76、南距校园大门 48.36 米，平面为规整东西向长方形，方向 216°，南北总宽 20、东西总长 25 米，总面积 375 平方米。区内南北向布置 5 米 ×5 米探方 5 列，每列 4 个，共计布方 20 个，探方编号按南北向顺延、东西向百位递增，分别是：T101~104、T201~204、T301~304、T401~404、T501~504（图 3-2；彩版 3-2）。

Ⅱ区位于教学楼北 4.55 米处，距东围墙 17.27、距北围墙 7.85、距西围墙 38.64 米，平面为规整南北向长方形。方向 216°，南北总长 30.00、东西总宽 25.00 米，总面积 750 平方米。区内南北向布置 5 米 ×5 米探方 5 列，每列

图 3-2　Ⅰ、Ⅱ区探方平面分布图

彩版 3-2 Ⅰ区位置图

彩版 3-3 Ⅱ区位置图

6个，共计布方30个，探方编号按南
北向顺延，东西向百位递增，分别是：
T101~106、T201~206、T301~306、
T401~406、T501~506（见图3-2；彩版
3-3、4）。

## 二 地层剖面

由于吕氏家庙历史上曾多次重修、
改造、扩建，造成遗址分布区域内地层
关系复杂，根据考古发掘所揭示的地层
剖面叠压关系可知，此地自上而下最多
可划分为9层（图3-3、4）：

彩版 3-4 Ⅱ区位置图

第①层：表土层，Ⅰ区厚0.01~0.10米，浅黄褐色，较为坚实，为现代学校踩踏面，该层分布
于全部发掘区表面；Ⅱ区①层厚0.10~0.50米，为荒地，土质疏松，灰褐色，含零星炭灰点、白灰点，
夹杂大量建筑垃圾和植物根系，分布于全部发掘区内。

第②层：黄褐色堆积层，厚0.05~016米，土质细腻、纯净密实，主要分布于发掘Ⅱ区南、北部。

第③层：浅红褐色堆积层，厚0.05~0.30米，土质细腻、密实，夹零星瓷片、建筑构件残块及
较多瓦砾残块，分布于Ⅰ、Ⅱ两个发掘区域内。

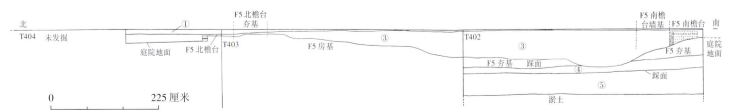

图 3-3 Ⅰ区 T402~T404 东壁地层剖面图

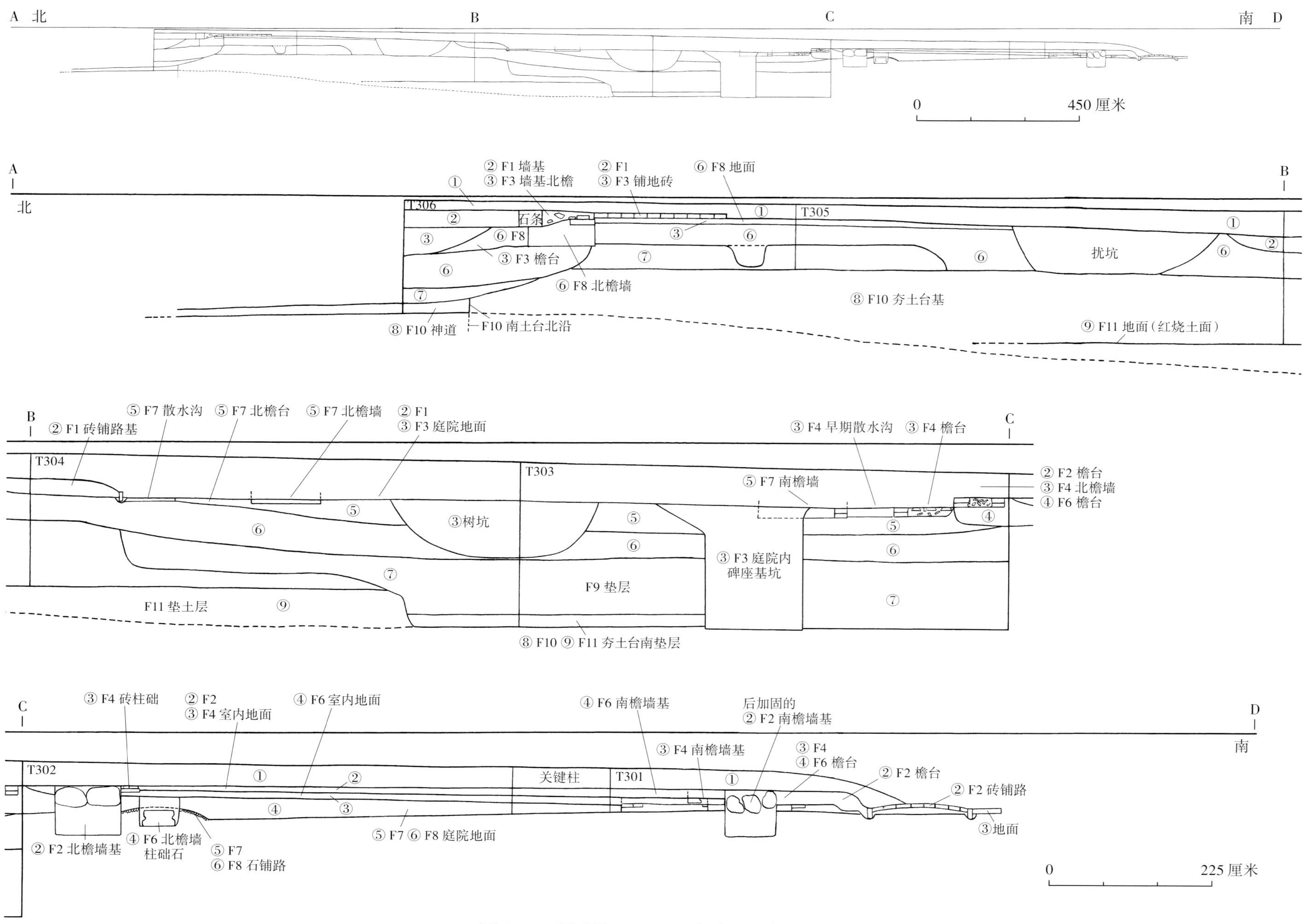

图 3-4　Ⅱ区 T301~T306 东壁地层剖面图

第④层：红褐色堆积层，厚 0.08~0.30 米，土质密实，夹零星瓷片、砖瓦残块，分布于整个发掘Ⅰ区及Ⅱ区南部。

第⑤层：褐色堆积层，厚 0.04~0.50 米，土质较为细腻、坚实，夹杂零星瓷片、较多建筑构件残块、砖瓦残块，分布于整个发掘Ⅰ区与Ⅱ区中、南部。

第⑥层：褐红色堆积层，厚 0.20~0.60 米，土质坚实，含大量白灰点、零星炭灰点，夹杂少量瓷片、较多建筑构件残块及大量瓦砾残块，主要分布于发掘Ⅱ区内。

第⑦层：红褐色堆积层，厚 0.26~0.74 米，土质坚实，含大量白灰点，夹较多瓦片、零星建筑构件残块，主要分布于Ⅱ区北、中部。

第⑧层：红棕色夯土台基堆积层，厚 0.45~0.80 米，形制明确，夯土质地较松软，夯窝不够明显，主要分布于发掘Ⅱ区北部。

第⑨层：浅褐色堆积层，厚 0.50 米左右，土质致密细腻，含较多青釉刻花瓷片，黑色炭灰、红烧土、土坯残块，仅见于Ⅱ区 TG1 中。

第⑨层下是未扰动原始河滩淤土层。

由上述可见，Ⅰ区原生土层之土共有 4 层叠压，即第①层表土层、第③层浅红褐色堆积层，第④层红褐色堆积层，第⑤层褐红色堆积层。Ⅱ区自上而下共有 9 层叠压堆积后方见未扰动原生淤土层。故地层堆积状况明确显示了 2 发掘区为吕氏家庙主体建筑所在区域。

# 第三章　重要遗迹

考古发掘证实，各地层中均包含不同时期家庙房屋建筑基址 1~3 座不等，具体如下：

第①层下Ⅱ区发现房址 2 座，分别编号 F1、F2，Ⅰ区发现房址 1 座，编号 F5。

第②层下发现房址 2 座，分别编号 F3、F4，均分布于Ⅱ区。

第③层下发现房址 1 座，编号 F6。位于Ⅰ区及Ⅱ区南部。

第④层下发现房址 1 座，编号 F7。分布于Ⅰ区及Ⅱ区中、南部。

第⑤层下发现房址 1 座，编号 F8。主要位居Ⅱ区内。

第⑥层下发现房址 1 座，编号 F9。位于Ⅱ区北部。

第⑦层下发现房址 1 座，编号 F10。位于Ⅱ区北部。

第⑧层下发现房址 1 座，编号 F11（仅做探沟解剖），应位于Ⅱ区北部。

第⑨层下为原生河滩淤土。

其地层与房址间关系可见Ⅰ、Ⅱ区地层叠压剖面图（见图 3-3、4）。

吕氏家庙遗址共计出土 11 座房屋及其相应配属建筑，分属不同时代，以下按考古发掘程序，根据从早至晚时间顺序分区域、地层、时代详细描述。

## 一　TG1 第⑥层与 F11 遗址

TG1 位于Ⅱ区中部，居 T304、T305 内，东距学校东围墙 27.66、南距教学楼 17.87、西距学校西围墙 50.33、北距学校北围墙 15.76 米。南北长 10.00、宽 2.00 米，底面至地表 1.35 米左右。方向 216°。TG1 为遗址Ⅱ区内最早的发掘单位，目的在确定发掘Ⅱ区位置与范围，剖析了解该区遗址叠压关系及文化层总厚度（因地表为瓦砾堆，无法详探）。

TG1 自上而下共有 6 层堆积（图3-5；彩版 3-5），分别为：

第①层：表土层。

第②层：黄褐色堆积层，对应Ⅱ区第②层黄褐色堆积层。

第③层：褐红色堆积层，对应Ⅱ区第⑥层褐红色堆积层。

第④层：红褐色堆积层，对应Ⅱ区第⑦层红褐色堆积层。

第⑤层：红棕色堆积层，对应Ⅱ区第⑧层红棕色夯土台基堆积层。

第⑥层：浅褐色堆积层，对应Ⅱ区第⑨层浅褐色堆积层（该层未大面积发掘，现仅见于Ⅱ区 TG1 内底部）。此层土质较为疏松，包含大量红烧土块、土坯残块、碎砖残瓦片、青釉刻花瓷器残片等，F11 位于此层中，主要遗迹为：土坯墙体一段、大面积红烧土层一片、踩踏面一片、方形及长方形青砖数块。以下分别叙述。

彩版 3-5　TG1

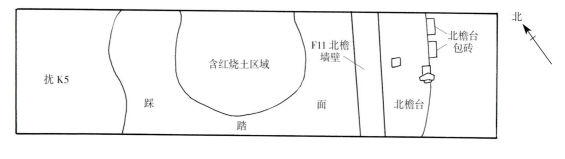

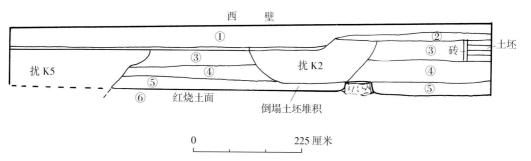

图 3-5　Ⅱ-TG1 遗迹分布平、剖面图

## （一）房址遗存

TG1 第⑥层中仅包含 F11 部分墙基、地面、红烧土遗迹、建筑用砖及垫土层。

### 1. F11 形制

自 TG1 中所揭示的 F11 部分遗迹大致推测，该房屋建于灞河北岸太尉塬南坡之上，房基下有大量垫土层形成平台，房屋为坐北朝南，"人"字屋顶，三开间式，土坯墙体，前为廊台、后有檐台，开南、北两门的殿堂建筑。方向 213°。

### 2. 土坯墙体

F11 土坯墙体见于探沟第⑤层堆积下，属吕氏家庙最早房屋基址遗存的一部分。墙体位于探方北部，东西走向，顶层上距现地表 0.80、探沟中长 2.00、宽 0.53 米左右，残高 0.24~0.50 米。墙两侧地面上发现大量草拌泥碎片，推测原墙体内、外面应加施草拌泥一层，因埋藏年久，墙体受损，现草拌泥层已全部脱落，碎片散置于墙体两侧（见图 3-5；彩版 3-6）。

彩版 3-6　F11 于 TG1 中土坯墙体

彩版 3-7　TG1 中部红烧土层

### 3. 红烧土层

位于探沟第⑤层下中部，呈不规则半圆形，最宽处 2.50、厚约 0.02、上距现地表 1.33 米，面上分布黑色小炭点，质地坚硬致密，内无其他包含物（见图 3-5；彩版 3-7）。

### 4. 踩踏地面

分布于探方第⑤层下、土坯墙体南、北两边。南部踩踏面上叠压红烧土层。踏面平整坚实，厚 0.01 米，因南部被现代扰坑 K5 打破，故南北残长 4.20 米，东西宽度不详，上距现地表 1.35 米，为 F11 屋内地面。北部踩踏面南北长 1.00 米，东西宽度亦不详，上距现地表约 1.40 米，较南部踩踏面低 0.05 米，属 F11 北檐台踏面（见图 3-5）。

### 5. 青砖遗迹

位于土坯墙体北侧 1.00 米处、居踩踏面北边沿，东西向间断分布 3 块长方形青砖，平卧式，砖长 36.0、宽 18.5、厚 7.0 厘米，据所在位置判断，应属 F11 北檐台包沿青砖（见图 3-5；彩版 3-6）。

## （二）F11垫土层

TG1中未发掘F11垫土层，对其形制、分布状况、面积尺寸均不清楚。F10发掘中为保留夯土台基的完整性，对其从顶至底亦未做解剖，故不能准确知晓台基下原始坡地形状，然台基南、北两端点均起自原始地面已于发掘中得到证实，所以连接两者后从T305、304东壁地层图中可见F11垫土层剖面为：北端自T305北壁向南1.60米处起始，延伸至距T304南壁约1.20米处结束。呈北薄南厚状、南端最高为0.40米（见图3-4）。由此知，原北高南低坡形地面被铺垫找平后再于其上营造F11建筑。

根据发掘遗迹现象分析，土坯墙体为F11北檐墙，南部踩踏面是F11内地面遗存，北部踩踏面为F11北檐台，檐台北端一排长方砖应属北檐台包沿砖。F11踩踏面下见垫土层。

## （三）出土遗物

TG1第⑥层中出土遗物共40件（组），选择标本18件（组），质地包括瓷、陶、铁三类，因残片较小，瓷器器形不明确，似有碗、盘、盏、灯盏等，陶器主要有盆、砖、瓦、建筑构件，铁器仅为铁钱。

### 1. 瓷器

共32件瓷片（表3-1），均轮制成型。选择标本10件。

（1）青釉刻花瓷片　5件。

Ⅱ-TG1⑥：8，出土于第⑥层北部、土坯墙体南侧。盘口、腹部残片，无法修复完整。敞口，厚圆唇，斜腹内收。内、外壁施青釉。釉面明亮，满布棕眼。灰胎坚硬致密，断裂露胎处表面呈浅土黄色。内壁下部似饰牡丹纹，外壁有弦纹一周。残高6.2、残宽4.2厘米（图3-6，1；彩版3-8）。

Ⅱ-TG1⑥：9，出土于TG1⑥北部、F11地面上。盏口、腹部残片，无法修复完整。敞口，微卷沿，圆唇，斜直腹。内、外壁施青釉。釉面较明亮，有棕眼。断裂处露浅灰色胎，胎质坚硬细密。内壁刻牡丹花叶纹图案，外壁素面。残高5.3、残宽3.7厘米（图3-6，2；彩版3-9）。

Ⅱ-TG1⑥：1，出土于TG1⑥中部。碗口、腹部残片，无法修复完整。侈口，圆唇，斜直腹。内、外壁施青釉。釉层均匀，釉面明亮有棕眼。露胎处表面呈浅灰色。器内壁饰菊花纹，外壁口沿下有弦纹一周。残高4.1、残宽3.3厘米（图3-6，3；彩版3-10）。

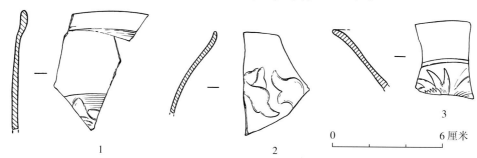

图3-6　Ⅱ-TG1出土瓷片

1~3.青釉刻花瓷片Ⅱ-TG1⑥：8、9、1

彩版 3-8　青釉刻花盘瓷片
Ⅱ-TG1 ⑥：8

彩版 3-9　青釉刻花盏瓷片
Ⅱ-TG1 ⑥：9

彩版 3-10　青釉刻花碗瓷片
Ⅱ-TG1 ⑥：1

　　Ⅱ-TG1 ⑥：2，出土于 TG1 ⑥北部 F11 土坯墙中。似为碗口沿残片，无法修复完整。卷沿，圆唇，斜弧腹。内、外壁施青釉。釉层均匀细腻。釉面明亮。浅灰色胎，胎质细密坚硬。内壁素面，外壁似有刻花，但纹饰不明。残高 2.0、残宽 4.0 厘米（图 3-7，1）。

　　Ⅱ-TG1 ⑥：10，出土于 F11 地面西南角。似为碗口、腹部残片，无法修复成形。敞口，尖圆唇，斜直腹。内、外壁施青釉。釉层均匀通透。釉面明亮，满布细碎冰裂纹。灰胎细密坚硬。内壁饰牡丹图案，外壁为折扇纹。残高 7.8、残宽 8.8 厘米（图 3-7，2；彩版 3-11）。

　　（2）青釉器底　1件。

　　Ⅱ-TG1 ⑥：3，出土于 TG1 ⑥北部堆积层中。乃器物下腹、底部残片，无法修复完整。下腹微弧、斜向内收成平底，腹壁应为六曲葵瓣式。内、外壁施青釉。釉色青灰。釉面明亮，内壁较多棕眼。灰胎内含黑色小颗粒，胎质坚硬。素面。残高 3.9、残宽 8.2 厘米（图 3-7，3；彩版 3-12）。

　　（3）青釉刻花器底　3件。

　　Ⅱ-TG1 ⑥：4，出土于 TG1 ⑥中部偏西处。盘腹、底部残片，无法修复完整。浅斜直腹，平底下凹，

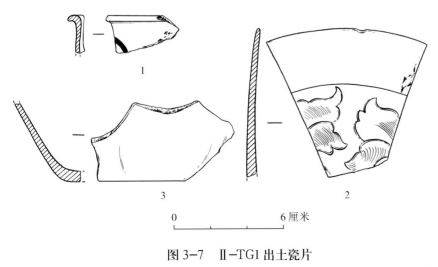

0　　　　　　　6 厘米

图 3-7　Ⅱ-TG1 出土瓷片
1、2.青釉刻花瓷片Ⅱ-TG1 ⑥：2、10　3.青釉器底Ⅱ-TG1 ⑥：3

彩版 3-11　青釉刻花碗瓷片Ⅱ-TG1 ⑥：10

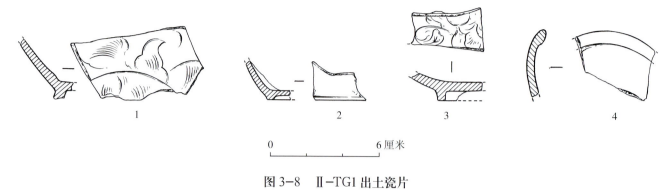

图3-8　Ⅱ-TG1 出土瓷片

1.青釉刻花盘底瓷片Ⅱ-TG1⑥：4　2.青釉器底Ⅱ-TG1⑥：5　3.青釉刻花器底Ⅱ-TG1⑥：6　4.黑釉瓷片Ⅱ-TG1⑥：7

圈足。内、外壁施青釉。釉色青中泛绿。釉面闪木光，满布细碎冰裂纹，外面局部存火石红条状斑。灰胎，胎质坚硬细密。内腹壁饰牡丹图案，内底外围绕莲瓣纹一周，外壁素面。残高3.6、残宽7.4厘米（图3-8，1；彩版3-13）。

Ⅱ-TG1⑥：5，出土于F11土坯墙体南面底部。似为小杯类下腹、底部残片，无法修复完整。斜弧腹，平底，隐圈足。内、外壁施青釉。釉面细腻明亮，内、外腹底相交处有积釉。灰胎坚硬致密。素面，圈足沿及足内墙有粘砂，足底有浅焦黄斑。残高1.6、底径3.1厘米（图3-8，2；彩版3-14）。

Ⅱ-TG1⑥：6，出土于TG1⑥东南部。盘底残片，无法修复成形。弧腹，微圜底，圈足，足沿外撇。内、外壁均施青釉，足底刮釉露胎。釉色灰绿。釉面闪木光。浅灰色胎坚硬致密，露胎处表面呈褐色。内底饰牡丹团花纹。残高1.5、残宽3.4厘米（图3-8，3）。

（4）黑釉瓷片　1件。

Ⅱ-TG1⑥：7，出土于TG1⑥红烧土北边沿。灯盏残片，无法修复成形。敞口，厚圆唇，浅弧腹。内壁口沿下施黑釉，口沿、外壁均露胎。釉色黑褐，局部为红褐色。釉面闪木光，含土黄色小斑点。浅灰色胎坚硬、较粗糙，内含黑、白色小颗粒，外面胎表呈砖红色。残高3.8、残宽4.1厘米（图3-8，4；彩版3-15）。

彩版3-12　青釉器底瓷片
Ⅱ-TG1⑥：3

彩版3-13　青釉刻花盘底瓷片
Ⅱ-TG1⑥：4

彩版3-14　青釉小杯底瓷片
Ⅱ-TG1⑥：5

彩版3-15　黑釉瓷片
Ⅱ-TG1⑥：7

表 3-1 2010 年蓝田吕氏家庙遗址Ⅱ区 TG1 ⑥层出土瓷器整理登记表

| 整理号 | 类别 | 名称 | 数量 | 出土位置 | 尺寸（厘米） | 时代 | 出土状态 | 现状 | 备注 |
|---|---|---|---|---|---|---|---|---|---|
| Ⅱ-TG1⑥：1 | 青釉 | 刻花瓷片 | 1件 | TG1⑥中部 | 残高4.1、残宽3.3 | 北宋 | 残 | 残 | 标本 |
| Ⅱ-TG1⑥：2 | 青釉 | 刻花瓷片 | 1件 | TG1⑥北部 F11 土坯墙中 | 残高2.0、残宽4.0 | 北宋 | 残 | 残 | 标本 |
| Ⅱ-TG1⑥：3 | 青釉 | 器底瓷片 | 1件 | TG1⑥北部积层中 | 残高3.9、残宽8.2 | 北宋 | 残 | 残 | 标本 |
| Ⅱ-TG1⑥：4 | 青釉 | 刻花器底瓷片 | 1件 | TG1⑥中部偏西处 | 残高2.9、残宽6.9 | 北宋 | 残 | 残 | 标本 |
| Ⅱ-TG1⑥：5 | 青釉 | 器底瓷片 | 1件 | F11 土坯墙体南面底部 | 残高1.6、底径3.1 | 北宋 | 残 | 残 | 标本 |
| Ⅱ-TG1⑥：6 | 青釉 | 刻花器底瓷片 | 1件 | TG1⑥东南部 | 残高1.5、残宽3.4 | 北宋 | 残 | 残 | 标本 |
| Ⅱ-TG1⑥：7 | 黑釉 | 灯盏瓷片 | 1件 | TG1⑥红烧土北边沿 | 残高3.8、残宽4.1 | 北宋 | 残 | 残 | 标本 |
| Ⅱ-TG1⑥：8 | 青釉 | 刻花瓷片 | 1件 | 第⑥层北部、土坯墙体南侧 | 残高6.2、残宽6.0 | 北宋 | 残 | 残 | 标本 |
| Ⅱ-TG1⑥：9 | 青釉 | 刻花瓷片 | 1件 | TG1⑥北部、F11 地面上 | 残高5.3、残宽3.7 | 北宋 | 残 | 残 | 标本 |
| Ⅱ-TG1⑥：10 | 青釉 | 刻花瓷片 | 1件 | F11 地面西南角 | 残高7.8、残宽8.8 | 北宋 | 残 | 残 | 标本 |
| Ⅱ-TG1⑥：11 | 青釉 | 碗口沿瓷片 | 1件 | TG1⑥中部 | 残高4.7、残宽2.2 | 北宋 | 残 | 残 | |
| Ⅱ-TG1⑥：12 | 青釉 | 碗口沿瓷片 | 1件 | TG1⑥中部 | 残高3.6、残宽1.8 | 北宋 | 残 | 残 | |
| Ⅱ-TG1⑥：13 | 青釉 | 碗口沿瓷片 | 1件 | TG1⑥中部 | 残高2.6、残宽3.5 | 北宋 | 残 | 残 | |
| Ⅱ-TG1⑥：14 | 青釉 | 碗口沿瓷片 | 1件 | TG1⑥中部 | 残高4.0、残宽2.4 | 北宋 | 残 | 残 | |
| Ⅱ-TG1⑥：15 | 青釉 | 碟口沿瓷片 | 1件 | TG1⑥中部 | 残高6.9、残宽11.3 | 北宋 | 残 | 残 | |
| Ⅱ-TG1⑥：16 | 青釉 | 碟口沿瓷片 | 1件 | TG1⑥中部 | 残高4.6、残宽6.7 | 北宋 | 残 | 残 | |
| Ⅱ-TG1⑥：17 | 青釉 | 盏口沿瓷片 | 1件 | TG1⑥中部 | 残高3.7、残宽4.0 | 北宋 | 残 | 残 | |
| Ⅱ-TG1⑥：18 | 青釉 | 器腹瓷片 | 1件 | TG1⑥中部 | 残长5.8、残宽4.1 | 北宋 | 残 | 残 | |
| Ⅱ-TG1⑥：19 | 青釉 | 器腹瓷片 | 1件 | TG1⑥中部 | 残长5.0、残宽3.7 | 北宋 | 残 | 残 | |
| Ⅱ-TG1⑥：20 | 青釉 | 器腹瓷片 | 1件 | TG1⑥中部 | 残长3.1、残宽2.2 | 北宋 | 残 | 残 | |
| Ⅱ-TG1⑥：21 | 青釉 | 器腹瓷片 | 1件 | TG1⑥中部 | 残长3.3、残宽2.7 | 北宋 | 残 | 残 | |
| Ⅱ-TG1⑥：22 | 青釉 | 器腹瓷片 | 1件 | TG1⑥中部 | 残长3.5、残宽2.6 | 北宋 | 残 | 残 | |
| Ⅱ-TG1⑥：23 | 青釉 | 器腹瓷片 | 1件 | TG1⑥中部 | 残长3.5、残宽2.0 | 北宋 | 残 | 残 | |
| Ⅱ-TG1⑥：24 | 青釉 | 器腹瓷片 | 1件 | TG1⑥中部 | 残长2.3、残宽2.2 | 北宋 | 残 | 残 | |
| Ⅱ-TG1⑥：25 | 青釉 | 器腹瓷片 | 1件 | TG1⑥中部 | 残长4.7、残宽2.5 | 北宋 | 残 | 残 | |
| Ⅱ-TG1⑥：26 | 青釉 | 器腹瓷片 | 1件 | TG1⑥中部 | 残长2.6、残宽1.7 | 北宋 | 残 | 残 | |
| Ⅱ-TG1⑥：27 | 青釉 | 器腹瓷片 | 1件 | TG1⑥中部 | 残长2.4、残宽2.0 | 北宋 | 残 | 残 | |
| Ⅱ-TG1⑥：28 | 青釉 | 碗口沿瓷片 | 1件 | TG1⑥中部 | 残高3.0、残宽4.8 | 北宋 | 残 | 残 | |
| Ⅱ-TG1⑥：29 | 青釉 | 碟口沿瓷片 | 1件 | TG1⑥中部 | 残高3.0、残宽2.8 | 北宋 | 残 | 残 | |
| Ⅱ-TG1⑥：30 | 青釉 | 器腹瓷片 | 1件 | TG1⑥中部 | 残长3.1、残宽1.5 | 北宋 | 残 | 残 | |
| Ⅱ-TG1⑥：31 | 青釉 | 器腹瓷片 | 1件 | TG1⑥中部 | 残长3.7、残宽2.2 | 北宋 | 残 | 残 | |
| Ⅱ-TG1⑥：32 | 青釉 | 碗口沿瓷片 | 1件 | TG1⑥中部 | 残高2.3、残宽4.6 | 北宋 | 残 | 残 | |

共 32 件（组）。

### 2．陶器

TG1 第⑥层内仅出土 1 件陶盆残片（表 3-2）。

陶盆残片　1 件。

Ⅱ-TG1 ⑥：33，出土于 F11 土坯墙体北侧偏东处。盆下腹、底部残片，无法修复成形。泥质灰陶。斜腹微弧，平底。素面，腹壁轮制旋痕明显。残高 7.4、底径 14.0 厘米（图 3-9）。

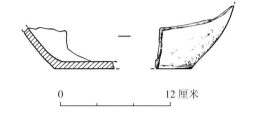

图 3-9　Ⅱ-TG1 出土陶盆Ⅱ-TG1 ⑥：33

表 3-2　2010 年蓝田吕氏家庙遗址Ⅱ区 TG1 ⑥层出土陶器整理登记表

| 整理号 | 类别 | 名称 | 数量 | 出土位置 | 尺寸（厘米） | 时代 | 出土状态 | 现状 | 备注 |
|---|---|---|---|---|---|---|---|---|---|
| Ⅱ-TG1 ⑥：33 | 陶 | 陶盆残片 | 1 件 | F11 土坯墙体北侧偏东处 | 残高 7.4、底径 14.0 | 北宋 | 残 | 残 | 标本 |

共 1 件（组）。

### 3．建筑构件

共 4 件（组）。有眉子残件和青砖。砖均为泥质灰陶，模制烧造而成，分方形与长方形两种（表 3-3）。

（1）眉子残件　1 组 3 件。

眉子是套扣于房脊上，起保护房脊、防止缝隙漏水且有美化装饰作用的建筑构件，完整眉子应制成相等长条状，截面呈 "Π" 形直折角覆槽式，以便套扣屋脊之上[1]。

Ⅱ-TG1 ⑥：35-1~3，出土于 TG1 ⑥红烧土南沿外。已断为不能连接的 3 截，每截均残缺不全。泥质红陶。正面为横向瓦棱状，背面光素无纹。正面涂白衣，其上再施绿釉，现仍遗留少许绿色彩釉痕迹，但粉化极为严重。

Ⅱ-TG1 ⑥：35-1，不规则长方形，上、下、左、右均有缺。残长 35.0、残宽 16.8、厚 3.0 厘米（图 3-10，1；彩版 3-16）。

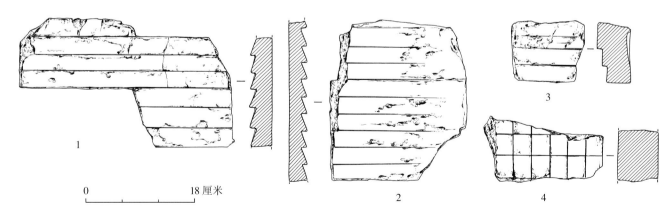

图 3-10　Ⅱ-TG1 出土建筑构件

1~3.眉子Ⅱ-TG1 ⑥：35-1、-2、-3　4.方形残砖Ⅱ-TG1 ⑥：34

---

[1] 详见《中国古建筑瓦石营法》，中国建筑工业出版社，1993 年，第 99、100 页，图 3-41、42。

Ⅱ-TG1⑥：35-2，长方形，上、下、左、右均残，正面绿釉遗留较多。残长21.5、残宽24.7、厚3.2厘米（图3-10，2；彩版3-16）。

Ⅱ-TG1⑥：35-3，呈不规则梯形，周边均残缺。残长11.9、残宽9.6、厚5.1厘米（图3-10，3）。

（2）方形青砖　1件。

Ⅱ-TG1⑥：34，出土于TG1⑥内土坯墙体北侧正中。残缺较甚，推测为方形。残块呈不规则长方体，只有一侧为原边，砖上面刻规整方格纹饰，立沿面与底面均素净。残长18.8、残宽10.7、厚6.8、方格纹边长3.1厘米（图3-10，4；彩版3-17）。

（3）长方形青砖　2件。

Ⅱ-TG1⑥：36、37，为F11北檐台包砖。完整，模制。泥质灰陶。2件形制、质地、颜色相同，尺寸稍有差异。规整长方形，素面。

Ⅱ-TG1⑥：36，长35.8、宽17.9、厚7.6厘米（彩版3-18）。

Ⅱ-TG1⑥：37，表面微泛红色。长35.4、宽18.5、厚6.6厘米（彩版3-19）。

彩版3-16　眉子Ⅱ-TG1⑥：35-1、-2

彩版3-17　方形方砖Ⅱ-TG1⑥：34

彩版3-18　长方形青砖Ⅱ-TG1⑥：36

彩版3-19　长方形青砖Ⅱ-TG1⑥：37

表3-3　　2010年蓝田吕氏家庙遗址Ⅱ区TG1⑥层出土建筑构件整理登记表

| 整理号 | 类别 | 名称 | 数量 | 出土位置 | 尺寸（厘米） | 时代 | 出土状态 | 现状 | 备注 |
|---|---|---|---|---|---|---|---|---|---|
| Ⅱ-TG1⑥：35-1 | 陶 | 眉子 | 1件 | TG1⑥红烧土南沿外 | 残长35.0、残宽16.8、厚3.0 | 北宋 | 残 | 残 | 标本 |
| Ⅱ-TG1⑥：35-2 | 陶 | 眉子 | 1件 | TG1⑥红烧土南沿外 | 残长21.5、残宽24.7、厚3.2 | 北宋 | 残 | 残 | 标本 |
| Ⅱ-TG1⑥：35-3 | 陶 | 眉子 | 1件 | TG1⑥红烧土南沿外 | 残长11.9、残宽9.6、厚5.1 | 北宋 | 残 | 残 | 标本 |
| Ⅱ-TG1⑥：34 | 陶 | 方格纹残砖 | 1件 | TG1⑥土坯墙北侧正中 | 残长18.8、残宽10.7、厚6.8、方格纹边长3.1 | 北宋 | 残 | 残 | 标本 |
| Ⅱ-TG1⑥：36 | 陶 | 长方形青砖 | 1件 | F11北檐台 | 长35.8、宽17.9、厚7.6 | 北宋 | 完整 | 完整 | 标本 |
| Ⅱ-TG1⑥：37 | 陶 | 长方形青砖 | 1件 | F11北檐台 | 长35.4、宽18.5、厚6.6 | 北宋 | 完整 | 完整 | 标本 |

共4件（组）。


### 4. 铁钱

共3枚（表3-4）。为元丰通宝、政和通宝。浇铸而成。经除锈保护，均选为标本。

（1）元丰通宝　1枚。

Ⅱ-TG1⑥：40，出土于F11堆积层中。基本完整。钱体较大，正、反两面内、外廓宽而低平，方穿较小且不方正。正面篆书钱文顺时针旋读，字迹模糊不清。背面光素无纹。钱径3.2、穿边长0.7厘米，重11.0克（图3-11，1；彩版3-20）。

（2）政和通宝　2枚。

Ⅱ-TG1⑥：38、39，出土于土坯墙体南侧墙根下。

Ⅱ-TG1⑥：38完整，Ⅱ-TG1⑥：39边沿有缺损。钱体较大而规整，正面内、外廓沿窄而凸出，方穿稍有歪斜，篆书钱文顺时针旋读，笔画较粗，字迹显模糊。背面光素无纹，廓沿宽而低平。

标本Ⅱ-TG1⑥：38，钱径3.2、穿边长0.7厘米，重7.0克（图3-11，2；彩版3-21）。

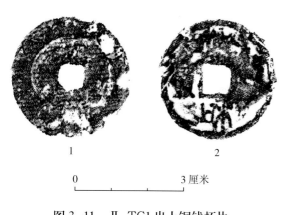

0　　　　　　　3厘米

图3-11　Ⅱ-TG1出土铜钱拓片

1.元丰通宝Ⅱ-TG1⑥：40　2.政和通宝Ⅱ-TG1⑥：38

彩版3-20　元丰通宝
Ⅱ-TG1⑥：40

彩版3-21　政和通宝
Ⅱ-TG1⑥：38

表3-4 2010年蓝田吕氏家庙遗址Ⅱ区TG1⑥层出土铁钱整理登记表

| 整理号 | 类别 | 名称 | 数量 | 出土位置 | 尺寸（厘米） | 时代 | 出土状态 | 现状 | 备注 |
|---|---|---|---|---|---|---|---|---|---|
| Ⅱ-TG1⑥：38 | 铁 | 政和通宝 | 1枚 | TG1⑥土坯墙南侧墙根下 | 钱径3.2、穿边长0.7，重7.0克 | 北宋 | 完整 | 完整 | 标本 |
| Ⅱ-TG1⑥：39 | 铁 | 政和通宝 | 1枚 | TG1⑥土坯墙南侧墙根下 | 钱径3.3、穿边长0.7，重14.0克 | 北宋 | 基本完整 | 基本完整 | 标本 |
| Ⅱ-TG1⑥：40 | 铁 | 元丰通宝 | 1枚 | F11堆积层中 | 钱径3.2、穿边长0.7，重11.0克 | 北宋 | 基本完整 | 基本完整 | 标本 |

共3件（组）。

## （四）年代判定

上述出土物，特别是瓷片形制、纹饰特征以及铁钱均为北宋中晚期遗物，而TG1第⑥层又属沟内最下层叠压，再下即为原生土。结合家族墓园营造于熙宁七年（1074年）的墓志铭文记载判定，F11应是熙宁七年前后与墓园同时建成的最早期吕氏家庙遗址主殿，TG1⑥层亦属于该房址同时代堆积层。因F11内地面上有大面积较厚红烧土层分布，故认为该房屋可能毁于火灾。

由于探沟所揭示面积有限，F11规格、尺寸、内部结构布局均不甚明确。

# 二 Ⅱ区第⑧层与F10遗址

Ⅱ区第⑧层主要位于Ⅱ区北部，其上北端叠压第⑥层、南部叠压第⑦层，其下叠压TG1⑥层，堆积层中遗迹主要包含F10及周围踩踏面、垫土层，其时代均与F10相同。

F10位于发掘Ⅱ区北部，T204~206、T304~306、T404~406、T504~506第⑧层中，其上为Ⅱ区⑦层F9，其下叠压TG1内第⑥层F11（见图3-2、4）。

## （一）房址遗存

F10遗址是Ⅱ区第⑧层中唯一进行考古发掘清理的房屋遗存，F10位置及规格充分显示其为家庙主殿所在，而侧面及前面应有与之配套的其他建筑与为遗迹存在，但因发掘区域所限，不能全面揭示。以下根据发掘资料对F10做详细描述。

### 1.F10形制

F10是建于高台之上，方向210°，坐北朝南，"人"字屋顶，五开间规格，出前、后廊台，为南、北两门的殿堂建筑，为发掘区域内规模最大、等级最高、最有气魄的吕氏家庙主殿基址（图3-12），其形制规模可参见复原示意图（图3-13）。

### 2.夯土台基

夯土台基是F10建筑的底基，台基较高大，将F11废墟及垫土层包含其中，为土夯砖包结构，平面呈东西向长方形，东西长16.15、南北宽13.00、上距现地表0.75米，方向209°。因原始地面

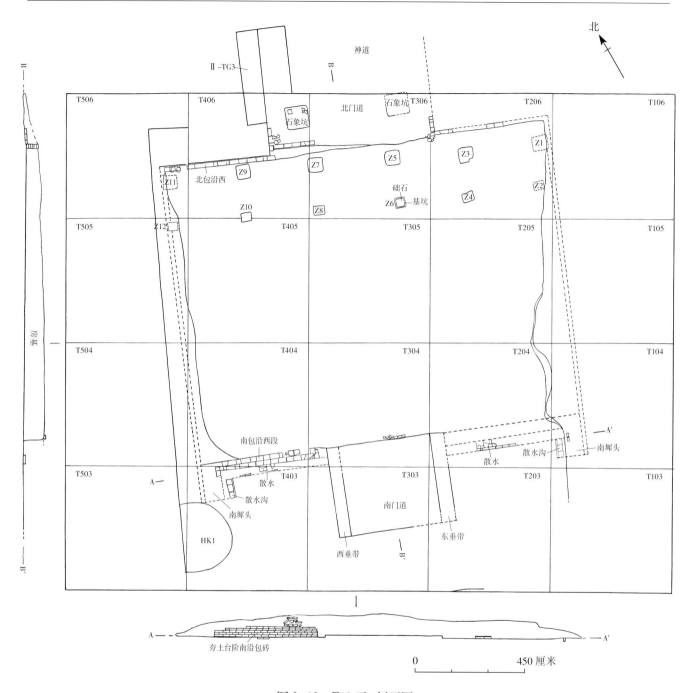

图 3-12　F10 平、剖面图

为灞河东岸河滩坡地、自然呈北高南低势，台基南、北两端沿均起于原始地面之上，故须南高 0.80、北高 0.45 米方可保持顶面平坦。台基夯土呈红褐色，夯层厚 0.25 米，致密较纯净，尖圆形夯窝直径 0.06~0.10、深 0.02 米。顶面上踩踏层明显而坚实，剥离清晰，厚约 0.02 米。

台基南端东、西两头原各出墀头 1，平面均为南北向长方形（图 3-12；彩版 3-22），东墀头南北长约 1.60、东西宽约 1.25、高 0.80 米；西墀头南北长 1.50、东西宽 1.20、高 0.80 米。周边亦用青砖包砌。因后期破坏，现残高 0.12 米，包砖仅存西墀头底东边 1 块。但墀头内侧散水遗迹尚存。

台基四周立沿由青砖包砌，北沿包砖墙分东、西两段砌筑，中间因与神道相连而断开。各段

图 3-13　F10 建筑复原示意图

彩版 3-22　F10 形制

彩版 3-23　F10 夯土台基北立沿形制与包砖

彩版 3-24　F10 夯土台基南立沿包砖砌筑技法

彩版 3-25　F10 夯土台基南立沿形制与包砖

均长 4.65、宽 0.185、高 0.45 米。以长方形青砖单层横向错缝平砌而成，用砖规格长 36.5、宽 18.5、厚 7.0 厘米。废弃后在重建 F9 时仍被利用，此后西段遭破坏至长 4.40 米，东段残长 2.80、残高 0.07~0.30 米（彩版 3-23）。

南立沿包砖墙亦分东、西两段砌筑，中间被 F10 南门门道隔断，两段高 0.80、宽 0.35 米，西段长 4.65、东段长 4.90 米。东、西段下部以方砖与纵向条砖相间错缝平砌至高 0.50 米处后内收 0.05 米，形成棱台一周，再于台上以长方条砖横向错缝平砌 0.30 米，以达到 0.80 米的总高度（彩版 3-24）。所用方砖边长 30.0、厚 5.5 厘米，其内杂有手印纹方砖少许；长方条砖长 36.5、宽 18.5、厚 7.0 厘米。墙内侧、台基南端垒砌填补较多残碎砖块以加固墙体及夯土台。F10 废弃后，现西段包砖墙残长 4.15、高 0.32~0.70 米，东段包砖墙经晚期扰动后砖已无残存（彩版 3-25）。

在经历金代战乱，又遭洪水冲击后（F10 上覆盖有淤土层），现台基东、西两侧严重受损，呈斜坡状，包砖无一幸存。相比之下，南、北两立沿保存状况相对较好，包沿砖尚部分残留。

台基中央部位有不规则晚期扰坑 1 个，较晚时期东南部亦被大面积扰动破坏，致使廊下散水铺砖亦所剩无几。台基外围以红褐色净土顺北高南低自然坡势铺垫地面。

### 3. F10 墙基

F10 墙体现已完全无存，凭其柱础和南、北门道遗迹推定，平面呈东西向长方形，结构为"Ｈ"状，东西长 16.15、南北宽 13.00 米（图 3-12）。东、西山墙紧贴夯土台基东、西边沿而建，墙体南、北两端与夯土台基南、北沿等齐为 13.00、宽约 0.50 米。北檐墙北边沿由墙内所夹柱础遗迹推断，当在夯土台基北沿南 2.25 米处，墙体宽度应与柱础坑相当，为 0.40 米左右。南檐墙及内夹柱础均被彻底破坏，参考北檐墙位置推测，其墙体南沿至少在夯土台基南沿向北约 2.25 米处，根据古代建筑营造特点判断，F10 南檐墙墙基为砖包土夯结构，其上为木板墙体。整座殿堂内全长约 15.15、南北进深约 6.10、中间宽 3.25、次间、边间各宽约 3.00 米，殿内无间隔墙体。

### 4. 廊台遗迹

F10 北部残留的双排柱础及南、北门道位置表明，该殿堂为南、北双廊台（图 3-12）。北廊台宽度等于夯土台基北沿至北檐墙北沿，共计约 2.25 米；长度为夯土台基长减去东、西山墙厚度，为 15.15 米。南廊台属殿堂正门所在，长度仍为 15.15 米，宽度虽不能确知，但至少应与北廊台同宽亦为 2.25 米左右。

### 5. 柱础遗迹

由于后期破坏，现仅残存台基北部东西向分布的 2 排，每排 4 个，共计 8 个，编号 F10-Z3~Z10（图 3-12；彩版 3-26）。清理时仅有 F10-Z6 柱础石犹存，其余均剩柱础基坑，但位置、形制非常明确。其中 F10-Z3、5、7、9 位于夯土台基北沿南 1.00 米处，发掘定为北 1 排柱础，其柱础基坑平面呈南北向或东西向长方形，规格为长 0.57~0.60、宽 0.55~0.60 米。当属 F10 北檐下立柱基础，起支撑北房檐作用。F10-Z4、6、8、10 分置于北 1 排柱础基坑南 1.35 米处，位置相互对应，发掘定为北 2 排，柱础基坑平面亦为南北向或东西向长方形，规格大致是：长 0.40~0.50、宽 0.35~0.40 米。相比之下，北 2 排柱础基坑面积稍小于北 1 排柱础基坑，属 F10 北檐墙内立柱柱础基坑，起加固墙体、辅助檐墙支撑房顶北坡的作用。

因夯土台基被后期 F9 再利用，其规格属三开间，所以东、西两端北一排 F10-Z1、11，北二排 F10-Z2、12 四柱础坑均废弃填平。F9 后期夯土台基东、西两侧遭严重破坏，呈斜坡状，导致被填柱础坑遗迹全失。由田野发掘所显示 F10 建筑特点、柱础间距、殿堂开间不难判断遗失 4 柱础位置与规格，并将其标注于图。

以下就现存柱础分排逐一描述。

（1）北 1 排

自东向西分别包括 F10-Z3、5、7、9（图 3-12）。

F10-Z3：位于北 1 排现存东北角，平面呈南北向不规则长方形，长 0.58、宽 0.55、深 0.18 米，坑壁较为垂直，底部不够平整，坑内遗存工具挖掘痕迹。

F10-Z5：位于北 1 排现存自东向西第 2 个，平面呈正方形，边长 0.60、深 0.28 米，开口处破坏严重，下部壁面较为垂直，底部平整。

彩版 3-26　F10 北部柱础

F10-Z7：位于北1排现存自东向西第3个，平面呈东西向长方形，长0.60、宽0.57、深0.18米，开口处破坏较为严重，下部壁面较直，底部平整。

F10-Z9：位于北1排现存自东向西第4个，北半部有残损，平面呈东西向长方形，长0.60、宽0.57、深0.08米，壁面垂直，底面呈北低南高状。

（2）北2排

自东向西分别包括F10-Z4、6、8、10（图3-12）。

F10-Z4：位于现存北2排东北角，平面呈东西向不规则长方形，长0.50、宽0.35、深0.10米，壁面垂直，底部较为平整。

F10-Z6：位于现存北2排自东向西第2个，柱础基坑平面呈正方形，边长0.40、深0.12米，壁面垂直，底面平整。基坑内柱础石尚存，扁正方体，形制规整，顶部平坦，加工痕迹明显，边长0.38、厚0.135米，础石高出夯土台基地面0.02米（彩版3-27）。

F10-Z8：位于现存北2排自东向西第3个，柱础基坑平面呈东西向长方形，长0.45、宽0.38、深0.10米，壁面、底部较为垂直平整。

F10-Z10：位于现存北2排自东向西第4个，柱础基坑平面呈东西向长方形，长0.40、宽0.35、深0.10米。壁面较规整垂直，底面平整。

彩版3-27　F10北2排柱础Z6

### 6. F10地面

F10内地面踩踏层厚约0.015米，平整光滑，踩踏迹象清晰，因后期破坏致使大部分缺失，仅东数第二开间北部尚存留较好。

### 7. 门道遗迹

门道共有南、北两个，均开于夯土台基南、北沿正中，北门道保存较好；南门道已遭破坏，现仅见底面基础。

（1）南门门道

位于夯土台基南立沿居中处，北端与台基相连，因后期扰坑破坏，现仅见底面遗存，以红褐色土修筑，土内含少量炭点、大量白灰点及零星瓷器残片，平面呈东西向长方形，东西长4.85、南北宽3.60、残高0.12米。门道东、西两边沿各筑垂带，西垂带宽0.50米，用青灰色夯土筑就；东垂带宽 0.60 米，以红褐色夯土筑成。

门道上部被破坏，形制不明，从建筑特点分析，南门道应是北高南低台阶式，东、西两侧各有垂带规范。北端高 0.80 米，与夯土台基等平，台阶数量、尺寸已不能知（图 3-12、13；彩版 3-28）。

（2）北门门道

位于夯土台基北部正中，较南门道保存状况略好，建筑形制清晰，南部尚存，北部破坏严重。平面呈东西向长方形，东西长 6.80、南北宽 3.00 米，南端与夯基同高，为南高北低斜坡式，以红褐色土筑成，内夹杂较多瓦砾残片，东西两端头用单层条砖错缝平砌成门道垂带包沿（图 3-12；彩版 3-29）。稍晚时期被 F9 再利用，此后惨遭破坏，现存门道南部最高处为 0.38 米，踩踏面亦被损毁。

门道中部东、西两侧各遗存基坑 1 个，平面呈圆角东西向长方形，长 0.95、宽 0.80、深 0.10 米，南距夯土台基北立沿 0.95 米，分别距门道东、西垂带边缘 0.80~0.85 米，坑内壁面较为竖直，底面平整，内填红褐色土并杂大量青石碎片，故认为北门门道亦乃神道的起点，所发

彩版 3-28　F10 南门门道

彩版 3-29　F10 北门门道

掘碎石基坑应是原置神道旁石象生所留基坑，石象生已于宋末金初战乱中毁坏，F9 时期将基坑填平。现东坑破坏严重，坑边沿残缺不全（图 3-12；彩版 3-29）。

**8. 散水遗迹**

位于夯土台基南立沿下及东、西墀头内侧，因为南门道台阶而分为两段。平面呈" ⌐¬ "形分布。先用单层方砖一排并列平铺、再以条砖一排侧立砌成外沿。由于后期扰动破坏，现仅有部分残存。宽度均为 0.35~0.38 米，西段剩余西墀头下内侧、南北长 0.67 米一段与台基下东西长 1.90 米一段（彩版 3-30）；东段东墀头下已全部无存，仅剩台基下东西长 1.65 米一段。

**（二）灰坑遗迹**

Ⅱ区第⑧层中发现灰坑 1 个，编号Ⅱ-HK1（图 3-12；彩版 3-31）。开口于⑦层下，打破第

⑧、⑨层与原生土层，位居 F10
夯土台基西墀头西南角下。坑中
一次性掩埋体积较大的砖、瓦、
建筑构件多个，坑上覆盖第⑦层
垫土与踩踏面，坑中包含物与第
⑧层夯土台基所用砖及周边散落
遗物同属一个历史时期，故认定
Ⅱ-HK1 是唯一与Ⅱ区⑧层同时
期、包含物单纯、一次性填埋的
灰坑。现场仅发掘了 T403 内所含
之一部分，余者叠压于探方西壁
下。HK1 现开口处平面呈半圆形，
直径约 2.50、上距现地表 1.50 米，
自上而下坑壁斜向内收成口大底
小状，壁面粗糙，底面平坦。坑
内一次性满填红褐色土，质地较
松软，底部西侧出土三彩龙头脊
兽、长方形手印砖、筒瓦、龙纹
滴水与瓦当、瓷片等。

彩版 3-30　F10 南檐下西部散水

（三）出土遗物

第⑧层及 F10、HK1 内出土
包含物共 124 件（组），质地有瓷、
陶、铁三类，形制为容器、建筑
构件、铁钱等。现场提取 34 件，
经整理选择标本 16 件。

彩版 3-31　HK1 位置与形制

**1. 瓷器**

共 8 件瓷器残片（表 3-5）。包括器物口沿、底、腹壁残片等，选择标本 4 件。

（1）青釉刻花瓷片　2 件。

F10:4，出土于 F10 夯土台基顶面西北角。盘底残片，无法修复成形。轮制。浅斜弧腹，微圜底，似有圈足，但绝大部分缺失，仅余少许足外墙顶部。内、外壁施青釉。釉色青绿。釉层均匀。釉面明亮。灰胎，胎质坚硬细密。内壁饰折枝牡丹纹，外壁素面。残宽 5.3、残长 8.4 厘米（图 3-14，1；彩版 3-32）。

F10:5，出土于 F10 夯土台基东边沿中部。碗下腹、底部残片，无法修复成形。轮制。斜弧腹，圈足。内、外壁施青釉，足沿刮釉露胎。釉面明亮，内壁釉面有小焦疤，外壁下腹、足底有焦黄斑。灰胎，胎质坚硬细密。内壁似刻饰阔叶牡丹图案，外壁素面。残高 2.5、残宽 4.7 厘米（图 3-14，2；彩版 3-33）。

彩版 3-32 青釉刻花盘瓷片 F10：4

彩版 3-33 青釉刻花碗瓷片 F10：5

（2）天青釉瓷片 1件。

Ⅱ-HK1：2，出土于 HK1 底部居中。碗底残片，无法修复成形。轮制。弧腹，矮圈足，足沿宽平。内壁施满釉，外壁施釉至腹下，其下露胎，露胎处表面显浅土黄色。釉色天青。釉层厚而均匀。釉面明亮、闪玻璃光泽。断碴处白胎略泛红色，内杂褐色小颗粒，胎质坚硬致密。素面。残高1.4、残宽5.2厘米（彩版 3-34）。

（3）黑釉瓷片 1件。

F10：2，出土于 F10 中部偏西处。盏口、腹部残片，无法修复成形。轮制。敞口，尖圆唇，斜直腹。内、外壁施黑釉。釉面明亮，内壁多土渍斑。胎质坚硬，内含黑色小颗粒，断碴露胎处表面显灰白色。素面，外壁有模糊轮制痕迹。残高2.9、残宽3.8厘米（图3-14，3）。

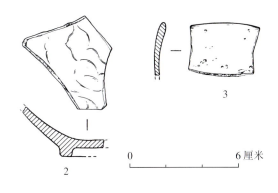

图 3-14 F10 出土瓷片

1.青釉刻花瓷片 F10：4 2.青釉刻花碗残片 F10：5 3.黑釉盏残片 F10：2

彩版 3-34 天青釉瓷片 Ⅱ-HK1：2

表 3-5　2010 年蓝田吕氏家庙遗址Ⅱ区第⑧层出土瓷器整理登记表

| 整理号 | 类别 | 名称 | 数量 | 出土位置 | 尺寸（厘米） | 时代 | 出土状态 | 现状 | 备注 |
|---|---|---|---|---|---|---|---|---|---|
| F10：6 | 白釉 | 碗底瓷片 | 1件 | F10 夯土台基东边沿中部 | 残高 3.9、残宽 8.0、底径 7.5 | 唐 | 残 | 残 | |
| Ⅱ-HK1：1 | 白釉 | 钵口沿瓷片 | 1件 | HK1 底部东侧 | 残高 8.5、残宽 10.7 | 北宋 | 残 | 残 | |
| Ⅱ-HK1：2 | 天青瓷 | 碗底瓷片 | 1件 | HK1 底部中 | 残高 1.4、残宽 5.2 | 北宋 | 残 | 残 | |
| Ⅱ-HK1：3 | 青釉 | 碗底瓷片 | 1件 | HK1 底部东侧 | 残高 1.3、残宽 2.9 | 北宋 | 残 | 残 | |
| F10：2 | 黑釉 | 盏瓷片 | 1件 | F10 中部偏西处 | 残高 2.9、残宽 3.8 | 北宋 | 残 | 残 | 标本 |
| F10：4 | 青釉 | 刻花盘瓷片 | 1件 | F10 夯土台基顶面西北角 | 残高 3.2、残宽 8.2 | 北宋 | 残 | 残 | 标本 |
| F10：5 | 青釉 | 刻花碗瓷片 | 1件 | F10 夯土台基东边沿中部 | 残高 2.5、残宽 4.7 | 北宋 | 残 | 残 | 标本 |
| F10：3 | 青釉 | 刻花碗瓷片 | 1件 | F10 内东北角 | 残长 7.5、残宽 5.6 | 北宋 | 残 | 残 | |

共 8 件（组）。

## 2. 建筑构件

共 133 件（表 3-6）。有筒瓦、瓦当、滴水、脊兽与眉子。Ⅱ区第⑧层及 F10 遗址中出土青砖 116 件，出土地点为夯土台基立沿、南檐下散水及Ⅱ-HK1 内。模制烧造而成。均为泥质灰陶。现场提取 8 件，经整理选择标本 5 件。

（1）筒瓦　2 件。

均出土于Ⅱ-HK1 底部西侧。残碎断裂严重。模制烧造而成。泥质灰陶。瓦面高拱，后端为雄头，外表光素，内面满饰布纹。根据形制分两型。

A 型：1 件。编号Ⅱ-HK1：21，前部基本完整，后部断裂粘接。瓦末端出雄头。全长 32.5、雄头长 2.5、拱高 7.7、壁厚 1.8 厘米（图 3-15，1；彩版 3-35）。

B 型：1 件。编号Ⅱ-HK1：10，基本完整。雄头较薄，前端居中为圆形瓦钉孔，以承套前方筒瓦尾内面正中瓦钉，该瓦所在位置特殊，应紧随勾头筒瓦之后，起稳定前瓦、防止下滑的作用。全长 41.5、雄头长 2.5、拱高 8.0、壁厚 1.1 厘米（图 3-15，2；彩版 3-36）。

彩版 3-35　筒瓦Ⅱ-HK1：21

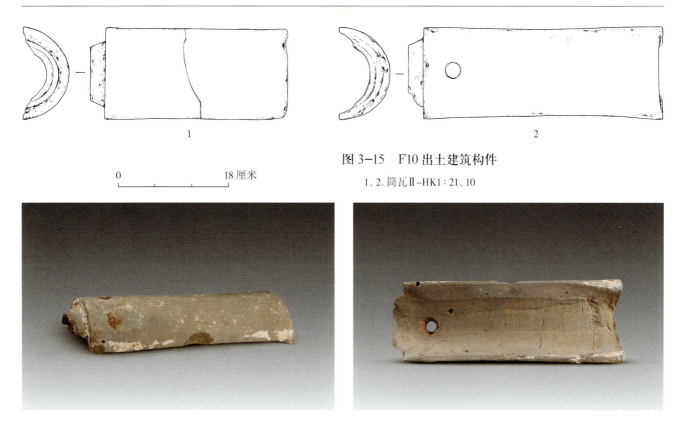

图 3-15 F10 出土建筑构件

0 _____ 18 厘米

1、2. 筒瓦Ⅱ-HK1：21、10

彩版 3-36 筒瓦Ⅱ-HK1：10

（2）瓦当 1件。

编号Ⅱ-HK1：4，龙纹瓦当，出土于Ⅱ-HK1底层西侧。后部筒瓦已失，当面边沿部分残缺，修复完整。泥质灰陶。模制而成。当面宽沿内有双重凸起廓线，廓内龙纹昂首、瞠目、张口、吐舌、梗颈，挺胸，身体上曲蜿蜒呈弧状，四肢张扬、三爪叉开，通体饰鳞片。原当面尚涂白衣，现已基本脱落，仅有少许斑驳残留。瓦当直径 14.0~14.7、厚 1.2、筒瓦残长 3.5 厘米（图 3-16，1；彩版 3-37）。

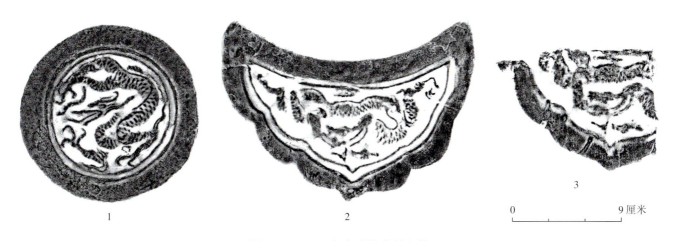

0 _____ 9 厘米

图 3-16 F10 出土建筑构件拓片

1. 龙纹瓦当Ⅱ-HK1：4 2. 龙纹滴水Ⅱ-HK1：9 3. 龙纹滴水Ⅱ-HK1：8

彩版 3-37　龙纹瓦当Ⅱ-HK1：4　　　彩版 3-38　龙纹滴水Ⅱ-HK1：9　　　彩版 3-39　龙纹滴水Ⅱ-HK1：8

（3）滴水　6件。

龙纹滴水，均出土于Ⅱ-HK1底层堆积内。后部板瓦全部或大部分缺失，滴水亦残缺不全。模制烧造而成。滴水面周边为宽沿，沿内有双重凸起廓线，廓内龙纹头部上昂，身体纤长，盘绕复杂，前肢做曲肘张爪蹬跃式，通体饰鳞片。原滴水及板瓦表面均涂白衣。现择标本2件，因形制差异而分两型。

A型：4件。泥质灰陶。滴水后部板瓦为下凹弧面，故滴水上沿亦呈下凹弧型与板瓦形制相应。标本Ⅱ-HK1：9，板瓦前部尚存，滴水边沿有缺失，修复完整。滴水高11.3、宽21.0、壁厚1.3、瓦残长12.5厘米（图3-16，2；彩版3-38）。

B型：2件，泥质红陶。滴水后部板瓦应为平底凹槽式，所以滴水上沿平直。龙纹图案外轮廓清晰，细处刻画不明确。标本Ⅱ-HK1：8，后部板瓦整个缺失，滴水仅余五分之三，可修复成形。顶边沿平直，显示与其相接的板瓦为平底。滴水高9.5、残宽13.3、壁厚1.7厘米（图3-16，3；彩版3-39）。

（4）脊兽　6件。

出土于Ⅱ-HK1底层堆积中。模制烧造而成。泥质红陶。均残为碎块。内容包括龙头、动物尾部残片、云纹图案等，均属房脊上装饰物，表面施三彩釉。选择标本1件。

标本Ⅱ-HK1：12，为插套于垂脊下端头上之三彩龙头饰件，现剩余龙头前部，后部缺失、形制不明。龙首顶生双角，前额微凸，点漆双睛爆出，张口露齿，吻长而上卷，其上居中对生两鼻孔，吻内上颚面呈瓦棱状，顶上、腮边、颂下鬃毛刻画清晰。通施黄、绿、酱黄色三彩釉，眼白、牙齿为白彩。残高28.0、残长36.0厘米（图3-17，1；彩版3-40）。

（5）眉子　2件。

共2件残块。套扣于房脊上，起保护、防漏和装饰作用。均出土于Ⅱ-HK1底层。残缺严重。模制烧造而成。泥质红陶。覆槽式，表面涂白衣。

标本Ⅱ-HK1：13，下部残失，原形制不够明确。应套于脊头处，立面显上窄下宽梯形，面上刻饰花朵纹样，顶面原似粘接脊兽类饰件，现虽不存，但粘接面仍较清晰。表面通施白衣。残高20.0、顶面残长22.5、下部最宽处23.0、壁厚1.5厘米（图3-17，2；彩版3-41）。

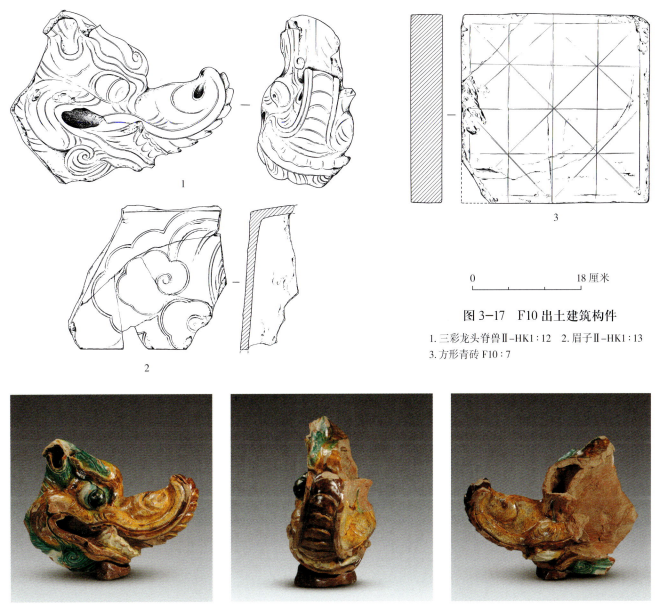

0　　　　　　　　　　18 厘米

**图 3-17　F10 出土建筑构件**

1. 三彩龙头脊兽Ⅱ-HK1：12　2. 眉子Ⅱ-HK1：13
3. 方形青砖 F10：7

彩版 3-40　三彩龙头脊兽Ⅱ-HK1：12

彩版 3-41　眉子Ⅱ-HK1：13　　　　　　彩版 3-42　方形青砖 F10：7

（6）方形青砖　23块。

均出土于F10夯土台基南立沿西侧。现场提取4件，因形制、尺寸不同，分两型。选择标本3件。

A型：2件，包括F10：7、13，其中F10：13断裂为四块，F10：7基本完整。标本F10：7，边角处有损。表面似被火焚烧而呈红褐色。一面阴刻方格纹4行、每行4格，其间穿插"米"字形斜线。边长30.0、厚5.3厘米（图3-17，3；彩版3-42）。

B型：2件。均为手印方砖，两者形制略有差异，分为两亚型。

Ba型：1件。编号F10：8，一侧边沿损伤。形制略显长方形，一面遍布黑灰色炭痕、居中拓手印纹样，另一面素净无纹。长30.2、宽28.5、厚5.3厘米（彩版3-43）。

Bb型：1件。编号F10：12，出于夯筑台基南立沿下为散水铺砖。一角断裂，粘接基本完整。器形稍小而较薄，一面居中有手印纹样，另一面素净无饰。边长29.8、厚5.0厘米（彩版3-44）。

（7）长方形青砖　93件。

大部分出于夯土台基南、北立沿包墙中，形制、尺寸、质地、颜色相同。现场提取4件，分两型。

A型：3件，选标本1件。标本F10：9，完整。形制规矩，表面素净。长36.0、宽18.0、厚6.3厘米（彩版3-45）。

B型：1件。编号Ⅱ-HK1：11，出土于Ⅱ-HK1底部西侧。器形较厚重，一面光素无纹，另一面按压手印。长36.5、宽19.5、厚7.5厘米（彩版3-46）。

彩版3-43　方形青砖F10：8

彩版3-44　方形青砖F10：12

彩版3-45　长方形青砖F10：9

彩版3-46　长方形青砖Ⅱ-HK1：11

表 3-6  2010 年蓝田吕氏家庙遗址 II 区第⑧层出土建筑构件整理登记表

| 整理号 | 类别 | 名称 | 数量 | 出土位置 | 尺寸（厘米） | 时代 | 出土状态 | 现状 | 备注 |
|---|---|---|---|---|---|---|---|---|---|
| II-HK1：11 | 陶 | 长方形青砖 | 1 件 | HK1 底部西侧 | 长 36.5、宽 19.5、厚 7.5 | 北宋 | 残 | 残 | B 型标本 |
| II-HK1：10 | 陶 | 筒瓦 | 1 件 | HK1 底部西侧 | 全长 41.5、雄头长 2.5、拱高 8.0、壁厚 1.1 | 北宋 | 基本完整 | 基本完整 | B 型标本 |
| II-HK1：21 | 陶 | 筒瓦 | 1 件 | HK1 底部西侧 | 全长 32.5、雄头长 2.5、拱高 7.7、壁厚 1.8 | 北宋 | 残 | 修复基本完整 | A 型标本 |
| II-HK1：4 | 陶 | 龙纹瓦当 | 1 件 | HK1 底层西侧 | 筒瓦残长 3.5、瓦当直径 14.0~14.7、壁厚 1.2 | 北宋 | 残 | 修复完整 | 标本 |
| II-HK1：12 | 陶 | 三彩龙头饰件 | 1 件 | HK1 底层堆积中 | 残高 28.0、残长 36.0 | 北宋 | 残 | 残 | 标本 |
| II-HK1：15 | 陶 | 脊兽残块 | 1 件 | HK1 底层堆积中 | 残长 10.7、残宽 9.0、厚 2.2 | 北宋 | 残 | 残 | |
| II-HK1：16 | 陶 | 脊兽残块 | 1 件 | HK1 底层堆积中 | 残长 8.5、残宽 6.1 | 北宋 | 残 | 残 | |
| II-HK1：17 | 陶 | 脊兽残块 | 1 件 | HK1 底层堆积中 | 残长 9.0、残宽 7.0 | 北宋 | 残 | 残 | 检测标本 |
| II-HK1：18 | 陶 | 脊兽残块 | 1 件 | HK1 底层堆积中 | 残长 16.0、残宽 7.5 | 北宋 | 残 | 残 | |
| II-HK1：20 | 陶 | 脊兽残块 | 1 件 | HK1 底层堆积中 | 残长 6.0、残宽 3.5 | 北宋 | 残 | 残 | |
| II-HK1：5 | 陶 | 龙纹滴水 | 1 件 | HK1 底层堆积内 | 高 12.1、残宽 18.3、壁厚 1.1 | 北宋 | 残 | 残 | |
| II-HK1：6 | 陶 | 龙纹滴水残块 | 1 件 | HK1 底层堆积内 | 瓦残长 6.8 滴水高 7.0、残宽 12.3 壁厚 1.1 | 北宋 | 残 | 残 | |
| II-HK1：7 | 陶 | 龙纹滴水残 | 1 件 | HK1 底层堆积内 | 滴水残高 10.8、残宽 12.0 壁厚 1.1 | 北宋 | 残 | 残 | |
| II-HK1：9 | 陶 | 龙纹滴水瓦 | 1 件 | HK1 底层堆积内 | 瓦残长 12.5、滴水高 11.3、宽 21.0、壁厚 1.3 | 北宋 | 残 | 修复完整 | A 型标本 |
| II-HK1：8 | 陶 | 龙纹滴水（残） | 1 件 | HK1 底层堆积内 | 滴水高 9.5、残宽 13.3、壁厚 1.7 | 北宋 | 残 | 残 | B 型标本 |
| II-HK1：19 | 陶 | 龙纹滴水（残） | 1 件 | HK1 底层堆积内 | 残高 4.0、残宽 12.0 | 北宋 | 残 | 残 | 检测标本 |
| II-HK1：13 | 陶 | 眉子 | 1 件 | HK1 底层 | 残高 20.0、顶面残长 22.5、下部最宽处 23.0、壁厚 1.5 | 北宋 | 残 | 残 | 标本 |
| II-HK1：14 | 陶 | 眉子 | 1 件 | HK1 底层 | 高 11.0、顶面残长 18.7、残宽 14.8 | 北宋 | 残 | 残 | |
| F10：7 | 陶 | 方形青砖 | 1 件 | F10 夯土台基南立沿西侧 | 砖边长 30.0、厚 5.3 | 北宋 | 基本完整 | 基本完整 | A 型标本 |
| F10：8 | 陶 | 方形青砖 | 1 件 | F10 夯土台基南立沿西侧 | 长 30.2、宽 28.5、厚 5.3 | 北宋 | 基本完整 | 基本完整 | Ba 型标本 |
| F10：9 | 陶 | 长方形青砖 | 1 件 | F10 夯土台基南、北立沿包墙中 | 长 36.0、宽 18.0、厚 6.3 | 北宋 | 完整 | 完整 | A 型标本 |
| F10：10 | 陶 | 长方形青砖 | 1 件 | F10 夯土台基南、北立沿包墙中 | 长 36.3、宽 18.2、厚 6.5 | 北宋 | 基本完整 | 基本完整 | |
| F10：11 | 陶 | 长方形青砖 | 1 件 | F10 夯土台基南、北立沿包墙中 | 长 36.8 宽 18.0 厚 6.7 | 北宋 | 残 | 残 | |
| F10：12 | 陶 | 方形青砖 | 1 件 | F10 夯土台基南立沿下 | 边长 29.8、厚 5.0 | 北宋 | 残 | 修复基本完整 | Bb 型标本 |
| F10：13 | 陶 | 方形青砖 | 1 件 | F10 夯土台基南立沿西侧 | 边长 30.5、厚 4.8 | 北宋 | 残 | 残 | |

共 25 件（组）。

### 3. 铁钱

仅 1 枚大观通宝（表 3-7）。

大观通宝　1 枚。

F10：1，出土于 F10 夯土台基南沿砖包墙中。完整，锈蚀严重。浇铸而成。钱体较轻薄，正、背两面内、外廓沿窄而凸出，穿孔不够方正。正面楷书钱文顺时针旋读，笔画较粗，因锈蚀字迹模糊。背面光素。钱径 3.2、穿边长 0.65 厘米，重 8.0 克（图 3-18；彩版 3-47）。

0　　　　　　3 厘米

图 3-18　F10 出土大观通宝铁钱 F10：1 拓片

彩版 3-47　大观通宝铁钱 F10：1

表 3-7　2010 年蓝田吕氏家庙遗址Ⅱ区第⑧层出土铁钱整理登记表

| 整理号 | 类别 | 名称 | 数量 | 出土位置 | 尺寸（厘米） | 时代 | 出土状态 | 现状 | 备注 |
|---|---|---|---|---|---|---|---|---|---|
| F10：1 | 铁 | 大观通宝 | 1 枚 | F10 夯土台基南沿砖包墙中 | 钱径 3.2、穿边长 0.65，重 8.0 克 | 北宋 | 基本完整 | 基本完整 | 标本 |

共 1 件（组）。

## （四）年代判定

Ⅱ区第⑧层中有两个重要遗迹：F10 及Ⅱ-HK1，两者所出包含物，特别是瓷片、瓦当、滴水等建筑构件均具备北宋晚期特征，包墙内夹铁钱为北宋晚期大观年间制币，从而充分说明Ⅱ区⑧层应为北宋晚期堆积。F10 的所在位置、朝向与建筑特点显示，其为吕氏家庙主体建筑。Ⅱ-HK1 叠压于第⑦层下，应是 F9 重建时为清理 F10 较大规模垃圾而挖掘的一次性掩埋坑，用毕掩埋后口上叠压第⑦层堆积。

# 三　Ⅱ区⑦层与 F9 遗址

Ⅱ区⑦层主要分布于Ⅱ区北、中部，其上为⑥层堆积，其下叠压第⑧层。该层中主要遗存为北部的 F9 基址，F9 废弃后其垃圾被丢置于已残损的夯土台基南侧，形成Ⅱ区中部的第⑦层堆积。

F9 位于发掘Ⅱ区 T204~206、T304~306、T404~406 第⑦层中，其下叠压Ⅱ区第⑧层中 F10 遗址，其上为第⑥层 F8 遗址（见图 3-2、4）。

## （一）房址遗存

F9 是Ⅱ区第⑦层中唯一发掘的房址遗存，也是利用前期 F10 夯土台基为基础改建的家庙主殿建筑（图 3-19、20）。

### 1. F9 形制

F9 为坐北朝南、"人"字屋顶、三开间式，设前、后廊台，置南、北双门的高台殿堂建筑，

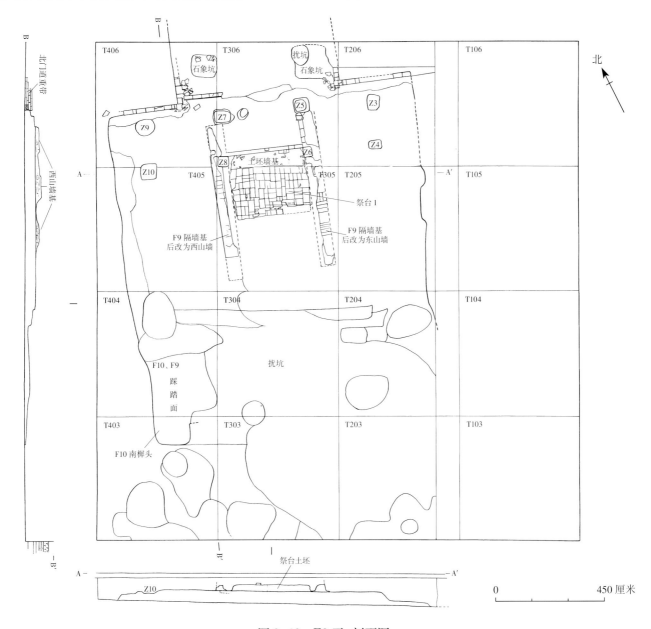

图 3-19　F9 平、剖面图

方向 209°。现建筑遗存为：夯土台基、房屋基础、檐台、祭台、门道，包含物遗存有瓷片、陶片、建筑构件等。

## 2. 夯土台基

F9 利用了早期 F10 所建夯土台基的北部，平面为长方形，东西长 16.10、南北宽 13.00、高 0.45 米，方向 209°，上距现地表 0.40 米。表面踩踏迹象明显，剥离清晰。原台基所用为红褐色夯土，夯筑坚实，四周立沿以砖包砌，南、北两边居中均设门道。废弃后，台基东、西两侧破坏严重，中央部位亦有不规则圆形扰坑，最大直径约 6.00 米，深度不详（未发掘）。本次再利用夯土台基时，则往扰坑内填入较多黄褐色土块并加以轻夯进行修补。台基南部所遭破坏最为严重，原边沿已失，F9 时期有否修缮不明确，但北立沿包砖、门道左右砖砌垂带都被再利用，并有明显修补痕迹（彩版 3-48）。

原 F10 废墟中较大建筑构件残块一次性掩埋于 HK1 中，较小者掺在土内一同铺垫于夯土台基下东、西两侧，使两侧地面增高。

F9 夯土台基北立沿残留包砖是以单层青灰色条砖错缝平砌而成，现残存 1~4 层，最高为 0.26 米。条砖规格长 36.0、宽 18.0、厚 6.5 厘米（彩版 3-49）。

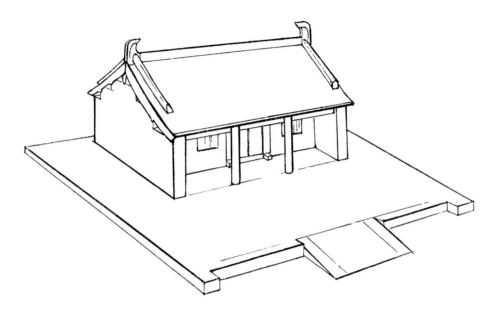

图 3-20　F9 建筑复原示意图

彩版 3-48　F9 形制

### 3. F9 基址

F9 残存基址平面呈东西向长方形，东西总长约 10.10、南北残宽约 7.50 米。东山墙位置应在 F10 基址所遗柱础 Z3、Z4 及其延长线上；西山墙位置应在 F10 柱础 Z9、Z10 及其延长线上；北檐墙当设于夯土台基上北二排柱础 Z4~Z10 位置上；南檐墙基随夯土台基南部被毁而损失，推测仍是土坯砖包墙基上竖立木质墙体。殿堂进深根据洪水之后改建的 F9 东、西山墙基长度推测约 5.10 米，中间宽 3.25、边间宽 3.00 米。南、北设前、后廊台，前廊台已毁，尺寸不清；后廊台进深 2.25 米。房屋前、后居中应开设南、北两门。殿内遗存的踩踏面显示，三开间的 F9 内并无间隔墙体。中间偏北设长方形祭台（图 3-19）。

彩版 3-49　F9 夯土台基北立沿包砖

该房屋在建成并使用一段后，因被洪水冲淹，导致边间及夯土台基东、西、南边坍塌损毁，洪水退后在夯土台基顶面中间房外围遗留厚约 0.01 米的淤土层，表明经历洪水冲击后，边间受损严重、中间尚可修复。所以水灾之后 F9 格局发生较大改变，严重受损的边间被放弃，仅剩的中间在东、西两侧筑起山墙成为独立单间。后筑山墙基长 5.10、应宽 0.65、现残宽 0.38、残高 0.25 米。以红褐色土坯三平一立垒砌，草拌泥粘接，瓷、瓦碎片封堵墙缝，再以厚约 0.01 米的草拌泥涂抹内、外墙面。墙体内面根基以单层条砖包砌，用砖规格为长 36.50、宽 18.50、厚 7.00 米。垒墙所用土坯长 0.38、宽 0.28、厚 0.06 米，坯体夯筑坚实、土质纯净。

稍后又将中间东、西山墙北端增补加长 1.50 米，使其延伸至廊檐，并对北二排柱础 Z6~Z8 间、原北檐墙土坯墙体进行修补加筑，并以此为准将 F9 分割为南大、北小两室。南室规格不变，南北进深仍为 5.10、东西宽亦为 3.25 米，地面铺设条砖；北室南北进深 2.00、东西宽度保持 3.25 米不变，东、西、南墙体亦为土坯垒筑，技法同上，墙内面根基仍以单层条砖包砌，未设北墙，紧贴南墙处曾增修较小祭台，弃后经破坏仅依稀留少许印迹。所用土坯、条砖规格如上述。

由于后期破坏，现仅余早期 F9 北部柱础、北门道和改造后的 F9 北墙基及贴墙而设的祭台与南端被毁现残长 4.50 米左右的东、西山墙基础。原墙基包砖残存无几，南室铺地砖也被人为破坏揭取，仅有部分砖痕犹存。

### 4. 柱础遗迹

F9 只利用了台基上北一排 Z3、5、7、9 及北二排 Z4、6、8、10，八个柱础基坑，而将北部东边沿的 Z1、Z2，西边沿的 Z11、Z12 废弃填埋。被利用的柱础基坑形制、尺寸同 F10 所述，此处不做详细描写（彩版 3-50）。

### 5. F9 地面

F9 地面仍旧沿用 F10 地面，迹象明确，未经任何修改。

### 6. 北门道

F9 仅余北门道遗迹，亦是 F10 北门道的再利用。位于夯土台基北立沿中部，南端与台基包砖相接，平面呈东西向长方形，东西长 6.75、南北宽 3.00 米，呈南高北低坡状，南端与夯土台基等高，为 0.45、现残存高度是 0.30 米，北接地面，以红褐色夯土修筑，内杂较多瓦砾残块，左、右两边用单层青灰色条砖错缝平砌成门道垂带。因后期破坏，门道表面未见踩踏迹象（彩版 3-51）。

### 7. 祭台遗址

F9 内共有祭台两座，分别修建于改造前、后，编号为 J1、J2。

J1 位于原 F9 中间北部，平面呈长方形，长 3.25、宽 2.00、残高 0.25 米。四周用土坯纵向包砌，内填充夹杂大量瓦片、瓷器残片、砖块及红褐色土，至 0.25 米高后再以土坯错缝平铺叠砌而成（原土坯层均失，但坯印痕迹清晰）。祭台南、北两壁均涂抹厚 0.01 米的草拌泥面。F9 被改造后 J1 仍继续使用，位居南室内北端，北面与北墙体紧密对接。现保存状况较好，形制、尺寸、砌法均清晰（彩版 3-52）。

J2 位于改造后 F9 北室南部，现已全部毁坏，仅剩底面少许土坯印迹，形制、尺寸不清。

### 8. F9 南门前垫土层

该垫土层位于 F9 南部空地上，因 F9 所居夯土台基南沿下低洼较甚，为使 F9 门前地形较为平缓，F9 建设之前先以红褐色土将夯台南部洼地铺垫成北高南低缓坡状，以便出入。垫土层北部厚约 0.30、南部厚达 0.80 米（详见图 3-4）。

彩版 3-50　F9 柱础

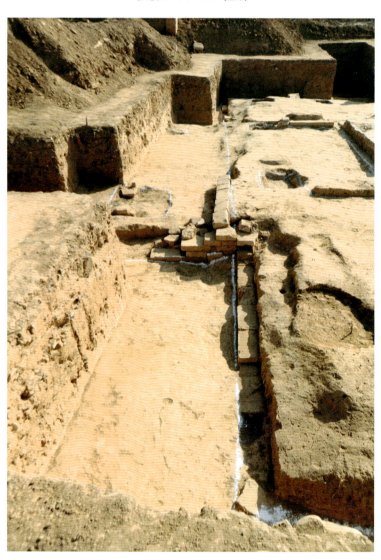

彩版 3-51　F9 北门道

彩版 3-52　F9 内祭台 J1

（二）出土遗物

Ⅱ区⑦层内出土包含物 388 件（组），内容丰富，主要有瓷器残片、陶器残片、建筑构件、金属钱币等。现场提取 317 件，经整理选择标本 47 件。

**1. 瓷器**

共 156 件瓷片（表 3-8）。数量多，残碎严重，器形不够明确。经整理后选择标本 12 件。

（1）青釉刻花瓷片　1 件。

Ⅱ-T203 ⑦：3，出土于探方⑦层北壁下。盘底部残片，无法修复成形。轮制。微圜底，圈足。内壁满施浅灰绿色釉，外壁施釉至下腹，其下露胎。釉面较光亮，密布细碎冰裂纹。浅灰色胎，坚硬稍显粗糙。内面花卉纹样为刮釉露胎而成。残高 1.4、残宽 8.5 厘米（图 3-21，1；彩版 3-53）。

（2）青釉刻划花瓷片　1 件。

Ⅱ-T303 ⑦：16，出土于探方⑦层南壁下。碗腹、底部残片，无法修复成形。轮制。斜弧腹，圈足。内、外壁均施青釉，内底外围刮釉成涩圈一周，圈足露胎。釉色浅绿泛黄。釉面无光。浅灰色胎，胎质坚硬略粗。器内壁刻花，纹饰不清。残高 4.0、残宽 8.5 厘米（图 3-21，2；彩版 3-54）。

（3）青釉瓷片　4 件。

Ⅱ-T303 ⑦：13，出土于探方⑦层南壁下。器物下腹、圈足残片，无法修复完整。轮制。斜弧腹，圈足。内壁施薄釉，外壁施青釉不及足，其下露胎。釉面有光泽。土黄色胎，坚硬粗糙。内

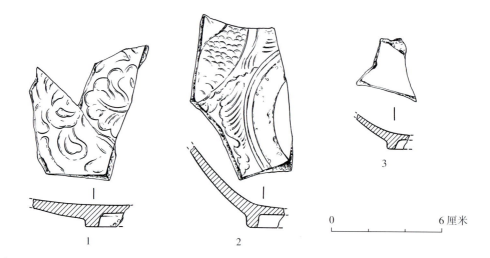

图 3-21　F9 出土瓷片

1. 青釉刻花瓷片Ⅱ-T203⑦：3　2. 青釉刻划花瓷片Ⅱ-T303⑦：16　3. 钧釉瓷片Ⅱ-T303⑦：43

彩版 3-53　青釉刻花瓷片Ⅱ-T203⑦：3

彩版 3-54　青釉刻划花瓷片Ⅱ-T303⑦：16

彩版 3-55　青釉瓷片Ⅱ-T303⑦：13

彩版 3-56　青釉瓷片Ⅱ-T305⑦：1

底外围绕粗弦纹一周。残高 2.9、残宽 6.2 厘米（彩版 3-55）。

　　Ⅱ-T305⑦：1，出于探方⑦层西北角。器物口、腹部残片，无法修复完整。轮制。敞口，圆唇，斜弧腹。内、外壁施青釉。釉面较光亮。浅灰色胎坚硬，内含黑、白色小颗粒，露胎处表面呈浅土红色。素面。残高 5.5、残宽 6.5 厘米（彩版 3-56）。

Ⅱ–T303⑦：2，出于探方⑦层中部偏北。似为碗口沿残片，无法修复成形。轮制。薄唇口，弧腹。内、外壁施釉。釉面无光泽。浅灰色胎较致密。素面。残高3.5、残宽5.8厘米。

Ⅱ–T206⑦：2，出土于探方⑦层西南角。似为盏口沿残片，无法修复成形。轮制。圆唇，斜腹微弧。内、外壁均施青釉。釉色浅灰。釉面明亮。浅灰色胎，较细密。素面，外壁口沿下有酱黄色土渍。残高3.6、残宽3.8厘米。

（4）天青釉瓷片　1件。

Ⅱ–T303⑦：43，出土于探方⑦层西部。碗下腹、底部残片，无法修复成形。轮制。原器形较厚重。弧腹，圈足。内壁施天青釉，外壁施天青釉至腹下，其下露胎。釉面匀净有光泽。浅土红色胎，胎质坚硬。残高3.0、残宽7.0厘米（图3–21，3；彩版3–57）。该瓷片与第⑧层HK1中所出天青釉残片同属一件器物上可粘接残片。

彩版3–57　钧釉瓷片Ⅱ–T303⑦：43　　　　　　　　彩版3–58　黑釉瓷片Ⅱ–T303⑦：50

（5）茶叶末釉瓷片　1件。

Ⅱ–T403⑦：15，出土于夯土台基下西南部。小口瓶肩、腹部残片，无法修复成形。轮制。斜弧肩，深腹。器内施满釉，外面肩以下施釉，肩部露胎。茶叶末釉色泽暗淡，釉面半木光。白胎粗糙，内夹较大砂粒，露胎处遍布土黄色斑。残高13.2、残宽10.2厘米（图3–22，1）。

（6）黑釉瓷片　2件。

Ⅱ–T303⑦：50，出土于探方⑦层西南角。碗腹、底部残片，无法修复成形。轮制。弧腹，圈足，足沿稍外撇，内底、腹相交处有凸棱一周。内、外壁施黑釉，内底外围刮釉成涩圈一周，圈足露胎。浅灰色胎，坚硬略粗糙。残高2.7、残宽6.0厘米（图3–22，2；彩版3–58）。

Ⅱ–T303⑦：48，出土于探方⑦层东南角。碗下腹、底残片，无法修复成形。轮制。弧腹，浅圜底，圈足。内壁施黑釉，底外围刮釉成涩圈，外壁施黑釉至腹下部。釉面闪木光。浅灰色胎坚硬，内含黑、褐色小颗粒。残高2.5、残宽7.5厘米（图3–22，3）。

（7）酱釉口沿瓷片　1件。

Ⅱ–T406⑦：9，出土于探方⑦层东壁下。小口瓶口沿残片，无法修复完整。轮制。厚唇口，束颈。内、外壁施酱釉。釉面有木光。浅土红色胎，胎质坚硬。残高1.6、口沿径3.0厘米（图3–22，4）。

（8）酱釉瓷片　1件。

Ⅱ-T203 ⑦：11，出土于探方⑦层西壁偏北处。器物口沿残片，无法修复成形。轮制。敛口，厚圆唇，圆肩下残。口沿外边、外壁施酱釉。浅灰色胎，坚硬粗糙。残高3.2、残宽5.0厘米。

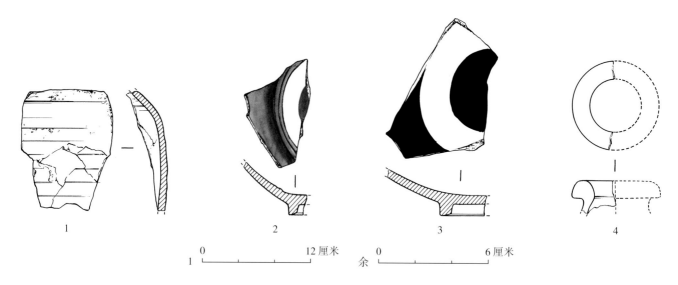

图3-22　F9出土瓷片

1.茶叶末釉瓷片Ⅱ-T403⑦：15　2、3.黑釉瓷片Ⅱ-T303⑦：50、48　4.酱釉口沿瓷片Ⅱ-T406⑦：9

表3-8　2010年蓝田吕氏家庙遗址Ⅱ区第⑦层出土瓷器整理登记表

| 整理号 | 类别 | 名称 | 数量 | 出土位置 | 尺寸（厘米） | 时代 | 出土状态 | 现状 | 备注 |
|---|---|---|---|---|---|---|---|---|---|
| Ⅱ-T203 ⑦：10 | 白釉 | 碗底瓷片 | 1件 | 探方中部 | 残高4.2、底径6.3 | 唐 | 残 | 残 | |
| Ⅱ-T405 ⑦：20 | 青釉 | 碟口沿瓷片 | 1件 | F9祭台西墙内 | 残高2.0、残宽4.2 | 宋 | 残 | 残 | |
| Ⅱ-T405 ⑦：23 | 黑釉 | 碗底瓷片 | 1件 | F9祭台西墙内 | 残高2.8、残宽5.5 | 宋 | 残 | 残 | 检测样品 |
| Ⅱ-T405 ⑦：22 | 白釉 | 碗腹瓷片 | 1件 | F9西墙中 | 残长2.2、残宽2.1 | 宋 | 残 | 残 | |
| Ⅱ-T405 ⑦：24 | 淡黄釉 | 器底瓷片 | 1件 | F9西墙中 | 残高1.5、残宽3.8 | 宋 | 残 | 残 | |
| Ⅱ-T305 ⑦：2 | 青釉 | 碗口沿瓷片 | 1件 | F9祭台内 | 残高4.7、残宽5.3 | 宋 | 残 | 残 | |
| Ⅱ-T305 ⑦：3 | 青釉 | 口沿瓷片 | 1件 | F9祭台内 | 残高1.4、残宽8.5 | 宋 | 残 | 残 | |
| Ⅱ-T305 ⑦：4 | 青釉 | 口沿瓷片 | 1件 | F9祭台内 | 残高3.4、残宽3.7 | 宋 | 残 | 残 | |
| Ⅱ-T305 ⑦：5 | 青釉 | 口沿瓷片 | 1件 | F9祭台内 | 残高1.7、残宽3.6 | 宋 | 残 | 残 | |
| Ⅱ-T305 ⑦：6 | 青釉 | 口沿瓷片 | 1件 | F9祭台内 | 残高2.0、残宽2.0 | 宋 | 残 | 残 | |
| Ⅱ-T305 ⑦：15 | 青釉 | 碗底瓷片 | 1件 | F9祭台内 | 残高3.4、残宽4.9 | 宋 | 残 | 残 | |
| Ⅱ-T305 ⑦：16 | 青釉 | 碗底瓷片 | 1件 | F9祭台内 | 残高1.1、残宽3.2 | 宋 | 残 | 残 | 检测样品 |
| Ⅱ-T305 ⑦：7 | 白釉 | 口沿瓷片 | 1件 | F9祭台内 | 残高4.1、残宽3.7 | 宋 | 残 | 残 | 检测样品 |
| Ⅱ-T305 ⑦：9 | 黑釉 | 碗底瓷片 | 1件 | F9祭台内 | 残高6.7、残宽6.3 | 宋 | 残 | 残 | |
| Ⅱ-T206 ⑦：1 | 青釉 | 盏口沿瓷片 | 1件 | F9柱洞1 | 残高3.7、残宽3.7 | 宋 | 残 | 残 | |

续表 3-8

| 整理号 | 类别 | 名称 | 数量 | 出土位置 | 尺寸（厘米） | 时代 | 出土状态 | 现状 | 备注 |
|---|---|---|---|---|---|---|---|---|---|
| Ⅱ-T206⑦：4 | 青釉 | 瓷片 | 1件 | F9柱洞1 | 残长5.8、残宽4.2 | 宋 | 残 | 残 | |
| Ⅱ-T206⑦：6 | 青釉 | 瓷片 | 1件 | F9柱洞1 | 残长3.3、残宽2.0 | 宋 | 残 | 残 | |
| Ⅱ-T206⑦：7 | 酱釉 | 瓶底瓷片 | 1件 | F9柱洞1 | 残高4.1、残宽9.2 | 宋 | 残 | 残 | |
| Ⅱ-T305⑦：17 | 青釉 | 瓷片 | 1件 | F9祭台东墙内 | 残长2.5、残宽2.0 | 宋 | 残 | 残 | |
| Ⅱ-T305⑦：18 | 青釉 | 瓷片 | 1件 | F9祭台东墙内 | 残长3.4、残宽3.0 | 宋 | 残 | 残 | |
| Ⅱ-T305⑦：19 | 青釉 | 瓷片 | 1件 | F9祭台东墙内 | 残长2.4、残宽1.6 | 宋 | 残 | 残 | |
| Ⅱ-T305⑦：20 | 青釉 | 瓷片 | 1件 | F9祭台东墙内 | 残长1.8、残宽1.0 | 宋 | 残 | 残 | |
| Ⅱ-T305⑦：21 | 青釉 | 瓷片 | 1件 | F9祭台东墙内 | 残长2.4、残宽1.4 | 宋 | 残 | 残 | |
| Ⅱ-T305⑦：22 | 青釉 | 瓷片 | 1件 | F9祭台东墙内 | 残长1.8、残宽1.3 | 宋 | 残 | 残 | 检测样品 |
| Ⅱ-T305⑦：23 | 青釉 | 瓷片 | 1件 | F9祭台东墙内 | 残长3.0、残宽1.3 | 宋 | 残 | 残 | |
| Ⅱ-T305⑦：24 | 青釉 | 碗底瓷片 | 1件 | F9祭台东墙内 | 残高2.0、残宽3.0 | 宋 | 残 | 残 | |
| Ⅱ-T203⑦：5 | 青釉 | 器底瓷片 | 1件 | 探方北壁下中部 | 残高2.0、残宽7.0 | 宋 | 残 | 残 | |
| Ⅱ-T203⑦：6 | 青釉 | 瓷片 | 1件 | 探方东北角 | 残长5.5、残宽5.1 | 宋 | 残 | 残 | |
| Ⅱ-T303⑦：8 | 青釉 | 器底瓷片 | 1件 | 探方北壁下偏东处 | 残高3.2、残宽9.0 | 宋 | 残 | 残 | |
| Ⅱ-T303⑦：40 | 青釉 | 器底瓷片 | 1件 | 探方南壁下偏西处 | 残高1.8、残宽4.0 | 宋 | 残 | 残 | |
| Ⅱ-T405⑦：1 | 酱釉 | 盏口沿瓷片 | 1件 | 探方东部 | 残高7.0、残宽5.5 | 宋 | 残 | 残 | |
| Ⅱ-T406⑦：11 | 酱釉 | 罐瓷片 | 1件 | 西部扩方处 | 残高3.2、残宽3.1 | 宋 | 残 | 残 | |
| Ⅱ-T203⑦：7 | 青釉 | 瓷片 | 1件 | 探方北壁下中部 | 残长7.0、残宽2.8 | 宋 | 残 | 残 | |
| Ⅱ-T303⑦：3 | 青釉 | 瓷片 | 1件 | 探方北壁下偏东处 | 残长5.2、残宽4.4 | 宋 | 残 | 残 | |
| Ⅱ-T303⑦：9 | 青釉 | 器底瓷片 | 1件 | 探方东北角 | 残高4.8、残宽3.9 | 宋 | 残 | 残 | |
| Ⅱ-T303⑦：17 | 青釉 | 盘口沿瓷片 | 1件 | 探方南壁下偏东处 | 残高4.5、残宽6.0 | 宋 | 残 | 残 | |
| Ⅱ-T303⑦：18 | 青釉 | 碗口沿瓷片 | 1件 | 探方南壁下中部 | 残高5.2、残宽5.6 | 宋 | 残 | 残 | |
| Ⅱ-T303⑦：31 | 青釉 | 瓷片 | 1件 | 探方西壁下偏北处 | 残长3.0、残宽2.6 | 宋 | 残 | 残 | |
| Ⅱ-T303⑦：38 | 青釉 | 瓷片 | 1件 | 探方北壁下偏西处 | 残长3.4、残宽2.5 | 宋 | 残 | 残 | |
| Ⅱ-T403⑦：8 | 青釉 | 瓷片 | 1件 | 探方西南角 | 残长4.4、残宽3.3 | 宋 | 残 | 残 | |
| Ⅱ-T403⑦：14 | 青釉 | 瓷片 | 1件 | 探方中部 | 残长3.0、残宽1.9 | 宋 | 残 | 残 | |
| Ⅱ-T406⑦：6 | 青釉 | 口沿瓷片 | 1件 | 西部扩方处 | 残高3.1、残宽2.0 | 宋 | 残 | 残 | |
| Ⅱ-T406⑦：7 | 青釉 | 口沿瓷片 | 1件 | 西部扩方处 | 残高1.6、残宽3.5 | 宋 | 残 | 残 | |
| Ⅱ-T406⑦：8 | 青釉 | 瓷片 | 1件 | 西部扩方处 | 残长3.5、残宽1.9 | 宋 | 残 | 残 | |
| Ⅱ-T406⑦：15 | 青釉 | 瓷片 | 1件 | 西部扩方处 | 残长3.6、残宽2.5 | 宋 | 残 | 残 | |
| Ⅱ-T406⑦：17 | 青釉 | 瓷片 | 1件 | 西部扩方处 | 残长3.8、残宽3.3 | 宋 | 残 | 残 | |
| Ⅱ-T406⑦：19 | 黑釉 | 瓶瓷片 | 1件 | 西部扩方处 | 残高4.9、残宽5.0 | 宋 | 残 | 残 | |
| Ⅱ-T206⑦：2 | 青釉 | 瓷片 | 1件 | 探方第⑦层西南角 | 残高3.6、残宽3.8 | 金 | 残 | 残 | 标本 |
| Ⅱ-T303⑦：16 | 青釉 | 刻花瓷片 | 1件 | 探方第⑦层南壁下 | 残高4.0、残宽8.5 | 金 | 残 | 残 | 标本 |
| Ⅱ-T303⑦：43 | 天青釉 | 瓷片 | 1件 | 探方第⑦层西部 | 残高3.0、残宽7.0 | 北宋 | 残 | 残 | 标本 |

续表 3-8

| 整理号 | 类别 | 名称 | 数量 | 出土位置 | 尺寸（厘米） | 时代 | 出土状态 | 现状 | 备注 |
|---|---|---|---|---|---|---|---|---|---|
| II-T303⑦：50 | 黑釉 | 瓷片 | 1件 | 探方第⑦层西南角 | 残高2.7、残宽6.0 | 金 | 残 | 残 | 标本 |
| II-T403⑦：15 | 茶叶末釉 | 瓷片 | 1件 | 夯土台基下西南部 | 残高13.2、残宽10.2 | 金 | 残 | 残 | 标本 |
| F9⑦：1 | 白釉 | 碗口沿瓷片 | 1件 | 西山墙东侧偏南处 | 残高3.1、残宽3.5 | 金 | 残 | 残 | |
| II-T203⑦：1 | 白釉 | 口沿瓷片 | 1件 | 探方北壁下中部 | 残长3.5、残宽3.1 | 金 | 残 | 残 | |
| II-T203⑦：2 | 青釉 | 口沿瓷片 | 1件 | 探方南壁下中部 | 残高5.3、残宽6.1 | 金 | 残 | 残 | |
| II-T203⑦：4 | 青釉 | 碗底瓷片 | 1件 | 探方西北角 | 残高3.0、残宽5.8 | 金 | 残 | 残 | |
| II-T203⑦：8 | 青釉 | 瓷片 | 1件 | 探方西壁下中部 | 残长6.3、残宽2.7 | 金 | 残 | 残 | |
| II-T203⑦：9 | 白釉 | 瓷片 | 1件 | 探方北壁下偏东处 | 残长3.8、残宽3.2 | 金 | 残 | 残 | |
| II-T206⑦：3 | 青绿釉 | 瓷片 | 1件 | F9柱洞1 | 残长5.1、残宽2.7 | 金 | 残 | 残 | |
| II-T206⑦：5 | 酱釉 | 瓷片 | 1件 | F9柱洞1 | 残长2.8、残宽2.2 | 金 | 残 | 残 | |
| II-T303⑦：4 | 青釉 | 瓷片 | 1件 | 探方中部 | 残长3.9、残宽3.0 | 金 | 残 | 残 | |
| II-T303⑦：5 | 青釉 | 瓷片 | 1件 | 探方南部 | 残长3.9、残宽2.3 | 金 | 残 | 残 | |
| II-T303⑦：6 | 青釉 | 瓷片 | 1件 | 探方东壁下偏北处 | 残长2.1、残宽2.0 | 金 | 残 | 残 | |
| II-T303⑦：10 | 青釉 | 器底瓷片 | 1件 | 探方西北角 | 残高2.5、残宽4.0 | 金 | 残 | 残 | |
| II-T303⑦：11 | 青釉 | 碗底瓷片 | 1件 | 探方西壁下偏北处 | 残高1.5、残宽2.3 | 金 | 残 | 残 | |
| II-T303⑦：12 | 青釉 | 碗底瓷片 | 1件 | 探方东壁下中部 | 残高2.9、残宽6.0 | 金 | 残 | 残 | |
| II-T303⑦：15 | 青釉 | 碗底瓷片 | 1件 | 探方西南角 | 残高3.1、残宽6.5 | 金 | 残 | 残 | |
| II-T303⑦：19 | 青釉 | 口沿瓷片 | 1件 | 探方北壁下偏西处 | 残高2.8、残宽3.6 | 金 | 残 | 残 | |
| II-T303⑦：20 | 青釉 | 碗口沿瓷片 | 1件 | 探方东北角 | 残高2.2、残宽5.1 | 金 | 残 | 残 | |
| II-T303⑦：21 | 白釉 | 口沿瓷片 | 1件 | 探方西部 | 残高4.5、残宽5.4 | 金 | 残 | 残 | |
| II-T303⑦：22 | 白釉 | 口沿瓷片 | 1件 | 探方南壁下偏东处 | 残高3.5、残宽3.0 | 金 | 残 | 残 | |
| II-T303⑦：23 | 白釉 | 口沿瓷片 | 1件 | 探方西壁下中部 | 残高3.4、残宽4.7 | 金 | 残 | 残 | |
| II-T303⑦：26 | 青釉 | 口沿瓷片 | 1件 | 探方北壁下偏东处 | 残高2.2、残宽2.7 | 金 | 残 | 残 | |
| II-T303⑦：27 | 青釉 | 口沿瓷片 | 1件 | 探方南部偏中 | 残高2.4、残宽3.0 | 金 | 残 | 残 | |
| II-T303⑦：28 | 蓝釉 | 口沿瓷片 | 1件 | 探方西部 | 残高2.8、残宽2.5 | 金 | 残 | 残 | |
| II-T303⑦：29 | 白釉 | 口沿瓷片 | 1件 | 探方东北角 | 残高2.7、残宽2.6 | 金 | 残 | 残 | |
| II-T303⑦：30 | 白釉 | 瓷片 | 1件 | 探方西壁下偏南处 | 残长4.8、残宽4.2 | 金 | 残 | 残 | |
| II-T303⑦：32 | 白釉 | 瓷片 | 1件 | 探方西南角 | 残长3.7、残宽3.6 | 金 | 残 | 残 | |
| II-T303⑦：33 | 青釉 | 瓷片 | 1件 | 探方中部 | 残长5.0、残宽3.7 | 金 | 残 | 残 | |
| II-T303⑦：35 | 白釉 | 瓷片 | 1件 | 探方西南角 | 残长3.0、残宽2.2 | 金 | 残 | 残 | |
| II-T303⑦：37 | 青釉 | 瓷片 | 1件 | 探方北壁下中部 | 残长4.1、残宽2.8 | 金 | 残 | 残 | |
| II-T303⑦：41 | 蓝釉 | 口沿瓷片 | 1件 | 探方西南角 | 残高3.5、残宽4.7 | 金 | 残 | 残 | |
| II-T303⑦：42 | 蓝釉 | 瓷片 | 1件 | 探方南壁下中部 | 残长5.6、残宽3.0 | 金 | 残 | 残 | |
| II-T303⑦：44 | 紫釉 | 瓷片 | 1件 | 探方西北角 | 残长2.9、残宽2.2 | 金 | 残 | 残 | |
| II-T303⑦：45 | 青釉 | 碗底瓷片 | 1件 | 探方西部 | 残高2.3、残宽2.8 | 金 | 残 | 残 | |

续表 3-8

| 整理号 | 类别 | 名称 | 数量 | 出土位置 | 尺寸（厘米） | 时代 | 出土状态 | 现状 | 备注 |
|---|---|---|---|---|---|---|---|---|---|
| Ⅱ-T305⑦：8 | 白釉 | 口沿瓷片 | 1件 | F9祭台内 | 残高2.8、残宽3.2 | 金 | 残 | 残 | |
| Ⅱ-T305⑦：10 | 白釉 | 瓷片 | 1件 | F9祭台内 | 残长5.3、残宽4.3 | 金 | 残 | 残 | |
| Ⅱ-T305⑦：11 | 淡黄釉 | 瓷片 | 1件 | F9祭台内 | 残长4.5、残宽3.0 | 金 | 残 | 残 | |
| Ⅱ-T305⑦：12 | 淡黄釉 | 瓷片 | 1件 | F9祭台内 | 残长4.1、残宽2.8 | 金 | 残 | 残 | |
| Ⅱ-T305⑦：13 | 淡黄釉 | 瓷片 | 1件 | F9祭台内 | 残长4.4、残宽2.0 | 金 | 残 | 残 | |
| Ⅱ-T305⑦：14 | 白釉 | 瓷片 | 1件 | F9祭台内 | 残长3.9、残宽2.7 | 金 | 残 | 残 | |
| Ⅱ-T403⑦：3 | 酱釉 | 口沿瓷片 | 1件 | 探方西南部 | 残高4.7、残宽3.9 | 金 | 残 | 残 | |
| Ⅱ-T403⑦：9 | 青釉 | 瓷片 | 1件 | 探方中部 | 残长3.8、残宽2.9 | 金 | 残 | 残 | |
| Ⅱ-T403⑦：12 | 白釉 | 瓷片 | 1件 | 探方北壁下偏西处 | 残长3.6、残宽2.6 | 金 | 残 | 残 | |
| Ⅱ-T405⑦：2 | 白釉 | 口沿瓷片 | 1件 | 探方东部 | 残高3.2、残宽4.3 | 金 | 残 | 残 | |
| Ⅱ-T405⑦：3 | 青釉 | 口沿瓷片 | 1件 | 探方东部 | 残高3.9、残宽3.3 | 金 | 残 | 残 | |
| Ⅱ-T405⑦：4 | 白釉 | 盘口沿瓷片 | 1件 | 探方东部 | 残高4.0、残宽6.3 | 金 | 残 | 残 | |
| Ⅱ-T405⑦：21 | 青釉 | 口沿瓷片 | 1件 | F9西墙中 | 残高2.5、残宽2.3 | 金 | 残 | 残 | |
| Ⅱ-T406⑦：2 | 青釉 | 口沿瓷片 | 1件 | 探方西部 | 残高2.2、残宽4.8 | 金 | 残 | 残 | |
| Ⅱ-T406⑦：3 | 青釉 | 口沿瓷片 | 1件 | 西部扩方处 | 残高2.3、残宽5.2 | 金 | 残 | 残 | |
| Ⅱ-T406⑦：4 | 青釉 | 口沿瓷片 | 1件 | 西部扩方处 | 残高4.3、残宽2.2 | 金 | 残 | 残 | |
| Ⅱ-T406⑦：5 | 白釉 | 口沿瓷片 | 1件 | 西部扩方处 | 残高2.2、残宽3.2 | 金 | 残 | 残 | |
| Ⅱ-T406⑦：10 | 蓝釉 | 碗口沿瓷片 | 1件 | 西部扩方处 | 残高1.4、残宽1.7 | 金 | 残 | 残 | |
| Ⅱ-T406⑦：12 | 白釉 | 瓷片 | 1件 | 西部扩方处 | 残长4.3、残宽4.0 | 金 | 残 | 残 | |
| Ⅱ-T406⑦：13 | 白釉 | 瓷片 | 1件 | 西部扩方处 | 残长3.9、残宽2.7 | 金 | 残 | 残 | |
| Ⅱ-T406⑦：16 | 青釉 | 瓷片 | 1件 | 西部扩方处 | 残长4.3、残宽2.2 | 金 | 残 | 残 | |
| Ⅱ-T406⑦：20 | 黑釉 | 瓷片 | 1件 | 西部扩方处 | 残长8.4、残宽6.7 | 金 | 残 | 残 | |
| Ⅱ-T406⑦：21 | 青釉 | 碗底瓷片 | 1件 | 西部扩方处 | 残高3.5、残宽6.0 | 金 | 残 | 残 | |
| Ⅱ-T306⑦：4 | 青釉 | 口沿瓷片 | 1件 | F9祭台北隔墙 | 残高4.2、残宽5.0 | 金末元初 | 残 | 残 | |
| Ⅱ-T306⑦：5 | 青釉 | 口沿瓷片 | 1件 | F9祭台北隔墙 | 残高5.2、残宽6.6 | 金末元初 | 残 | 残 | |
| Ⅱ-T306⑦：6 | 青釉 | 口沿瓷片 | 1件 | F9祭台北隔墙 | 残高4.6、残宽3.4 | 金末元初 | 残 | 残 | |
| Ⅱ-T306⑦：7 | 黑釉 | 瓷片 | 1件 | F9祭台北隔墙 | 残长6.0、残宽2.8 | 金末元初 | 残 | 残 | |
| Ⅱ-T306⑦：8 | 黑釉 | 瓷片 | 1件 | F9祭台北隔墙 | 残长1.7、残宽1.7 | 金末元初 | 残 | 残 | |
| Ⅱ-T203⑦：3 | 青釉 | 刮花瓷片 | 1件 | 探方第⑦层北壁下 | 残长1.4、残宽8.0 | 元 | 残 | 残 | 标本 |
| Ⅱ-T203⑦：11 | 酱釉 | 瓷片 | 1件 | 探方第⑦层西壁偏北处 | 残高3.2、残宽5.0 | 元 | 残 | 残 | 标本 |
| Ⅱ-T303⑦：13 | 青釉 | 瓷片 | 1件 | 探方第⑦层南壁下 | 残长2.9、残宽6.2 | 元 | 残 | 残 | 标本 |
| Ⅱ-T303⑦：24 | 青釉 | 口沿瓷片 | 1件 | 探方第⑦层南壁下 | 残高2.7、残宽2.1 | 元 | 残 | 残 | |

续表 3-8

| 整理号 | 类别 | 名称 | 数量 | 出土位置 | 尺寸（厘米） | 时代 | 出土状态 | 现状 | 备注 |
|---|---|---|---|---|---|---|---|---|---|
| II-T303⑦：48 | 黑釉 | 瓷片 | 1件 | 探方第⑦层东南角 | 残高2.5、残宽7.5 | 元 | 残 | 残 | 标本 |
| II-T305⑦：1 | 青釉 | 瓷片 | 1件 | 探方第⑦层西北角 | 残高5.5、残宽6.5 | 元 | 残 | 残 | 标本 |
| II-T203⑦：13 | 黑釉 | 瓷片 | 1件 | 探方第⑦层北壁下 | 残长2.6、残宽2.1 | 元 | 残 | 残 | |
| II-T303⑦：36 | 青釉 | 瓷片 | 1件 | 探方第⑦层东南角 | 残长4.3、残宽3.2 | 元 | 残 | 残 | |
| II-T303⑦：47 | 青釉 | 碗底瓷片 | 1件 | 探方第⑦层中部 | 残高1.8、底径5.4 | 元 | 残 | 残 | |
| II-T303⑦：53 | 黑釉 | 瓷片 | 1件 | 探方北壁下偏西处 | 残长3.7、残宽3.5 | 元 | 残 | 残 | |
| II-T403⑦：11 | 青釉 | 瓷片 | 1件 | 探方北壁下中部 | 残长4.3、残宽2.8 | 元 | 残 | 残 | |
| II-T403⑦：18 | 青釉 | 碗底瓷片 | 1件 | 探方西南角 | 残高1.5、底径7.0 | 元 | 残 | 残 | |
| II-T306⑦：9 | 青釉 | 碗底瓷片 | 1件 | F9祭台北隔墙 | 残高3.2、底径5.7 | 金~明初 | 残 | 残 | |
| II-T306⑦：10 | 青釉 | 碗底瓷片 | 1件 | F9祭台北隔墙 | 残高3.9、底径7.8 | 金~明初 | 残 | 残 | |
| II-T306⑦：11 | 青釉 | 碗底瓷片 | 1件 | F9祭台北隔墙 | 残高4.0、底径7.7 | 金~明初 | 残 | 残 | |
| II-T306⑦：12 | 青釉 | 碗底瓷片 | 1件 | F9祭台北隔墙 | 残高3.3、残宽7.3 | 金~明初 | 残 | 残 | |
| II-T203⑦：12 | 酱釉 | 瓷片 | 1件 | 探方中部 | 残长4.0、残宽3.3 | 元~明 | 残 | 残 | |
| II-T203⑦：14 | 茶叶末釉 | 瓷片 | 1件 | 探方南壁下中部 | 残长6.8、残宽4.9 | 元~明 | 残 | 残 | |
| II-T303⑦：2 | 青釉 | 瓷片 | 1件 | 探方第⑦层中部偏北处 | 残高3.5、残宽5.8 | 元~明 | 残 | 残 | 标本 |
| II-T303⑦：25 | 白釉 | 口沿瓷片 | 1件 | 探方西壁下中部 | 残高2.5、残宽2.6 | 元~明 | 残 | 残 | |
| II-T403⑦：6 | 黑釉 | 瓷片 | 1件 | 探方中部 | 残长5.2、残宽2.6 | 元~明 | 残 | 残 | |
| II-T403⑦：16 | 酱釉 | 器耳瓷片 | 1件 | 探方西北角 | 残高4.5、残宽1.3 | 元~明 | 残 | 残 | |
| II-T406⑦：9 | 酱釉 | 口沿瓷片 | 1件 | 探方第⑦层东壁下 | 残高1.6、口沿径3.0 | 元~明 | 残 | 残 | 标本 |
| II-T303⑦：7 | 酱釉 | 瓷片 | 1件 | 探方东壁下偏北处 | 残长6.5、残宽4.2 | 元~明 | 残 | 残 | |
| II-T303⑦：34 | 白釉 | 瓷片 | 1件 | 探方南壁下偏西处 | 残长4.2、残宽2.5 | 元~明 | 残 | 残 | |
| II-T303⑦：39 | 黑釉 | 口沿瓷片 | 1件 | 探方中部 | 残高4.4、残宽3.0 | 元~明 | 残 | 残 | |
| II-T403⑦：4 | 黑釉 | 瓷片 | 1件 | 探方北壁下偏西处 | 残长5.8、残宽3.6 | 元~明 | 残 | 残 | |
| II-T403⑦：5 | 茶叶末釉 | 瓷片 | 1件 | 探方西部 | 残长4.5、残宽3.3 | 元~明 | 残 | 残 | |
| II-T403⑦：7 | 黑釉 | 瓷片 | 1件 | 探方东南角 | 残长6.2、残宽1.7 | 元~明 | 残 | 残 | |
| II-T403⑦：10 | 白釉 | 瓷片 | 1件 | 探方东壁下偏北处 | 残长3.5、残宽1.8 | 元~明 | 残 | 残 | |
| II-T403⑦：13 | 青釉 | 瓷片 | 1件 | 探方西壁下中部 | 残长3.3、残宽2.2 | 元~明 | 残 | 残 | |
| II-T406⑦：14 | 青釉 | 瓷片 | 1件 | 西部扩方处 | 残长3.6、残宽2.3 | 元~明 | 残 | 残 | |
| II-T406⑦：18 | 黑釉 | 瓷片 | 1件 | 西部扩方处 | 残长4.4、残宽3.6 | 元~明 | 残 | 残 | |
| II-T206⑦：8 | 黑釉 | 碗底瓷片 | 1件 | F9柱洞1 | 残高3.4、残宽6.2 | 明 | 残 | 残 | |
| II-T303⑦：49 | 黑釉 | 碗底瓷片 | 1件 | 探方中部 | 残高2.5、残宽6.9 | 明 | 残 | 残 | |

续表3-8

| 整理号 | 类别 | 名称 | 数量 | 出土位置 | 尺寸（厘米） | 时代 | 出土状态 | 现状 | 备注 |
|---|---|---|---|---|---|---|---|---|---|
| Ⅱ-T303⑦:51 | 黑釉 | 碗底瓷片 | 1件 | 探方西南角 | 残高3.0、残宽6.6 | 明 | 残 | 残 | |
| Ⅱ-T303⑦:54 | 粉彩釉 | 口沿瓷片 | 1件 | 探方南壁下中部 | 残高7.3、残宽8.7 | 明 | 残 | 残 | |
| Ⅱ-T206⑦:9 | 黑釉 | 瓷片 | 1件 | F9柱洞2 | 残长6.2、残宽3.2 | 明 | 残 | 残 | |
| Ⅱ-T303⑦:14 | 白釉 | 碗底瓷片 | 1件 | 探方中部 | 残高1.8、残宽5.6 | 明 | 残 | 残 | |
| Ⅱ-T303⑦:46 | 青釉 | 碗底瓷片 | 1件 | 探方中部 | 残高2.0、残宽4.0 | 明 | 残 | 残 | |
| Ⅱ-T303⑦:52 | 黑釉 | 碗底瓷片 | 1件 | 探方中部 | 残高3.2、残宽6.6 | 明 | 残 | 残 | |
| Ⅱ-T303⑦:55 | 粉彩釉 | 瓷片 | 1件 | 探方中部 | 残长4.3、残宽4.2 | 明 | 残 | 残 | |
| Ⅱ-T403⑦:17 | 白釉 | 碗底瓷片 | 1件 | 探方西部 | 残高3.3、残宽4.8 | 明 | 残 | 残 | |

共156件（组）。

**2. 陶器**

共31件（表3-9）。体量较瓷片大，有灰陶、釉陶两种，分别出于地层中、F9祭台内、改造后F9北墙中，经整理选择标本9件。

（1）口沿残片 6件。

Ⅱ-T306⑦:13，出于探方⑦层北部。无法修复完整。轮制。泥质灰陶。卷沿，尖圆唇，束颈，广肩，其下残失。颈、肩相交处并列有凹槽两周。残高7.0、残宽15.0厘米（图3-23，1）。

Ⅱ-T303⑦:56，出于探方⑦层北壁偏西处。大体量器物口沿、颈肩部残片，无法修复完整。轮制。泥质红陶。敛口，宽平折沿，方唇，束颈，弧肩，其下残失。原口沿、外壁于白色化妆土上施浅绿色薄釉，现仅残留口沿与外颈壁釉面，余处均脱落露胎。釉面稍有光泽。唇沿刻饰二方连续花草纹样，外壁颈、肩相交处有凸棱一周，其下细线刻划花叶纹样。残高9.6、口沿径26.0、沿宽5.2厘米（图3-23，2；彩版3-59）。

Ⅱ-T305⑦:25，出土于F9祭台内。罐口沿残片，无法修复完整。轮制。泥质灰陶。敛口，卷沿，沿面正中刻凹槽一周。素面，外壁面呈浅土红色。残高5.2、残宽14.8厘米（图3-23，3）。

Ⅱ-T305⑦:29，出土于F9祭台内。疑为罐口沿残片，无法修复完整。轮制。泥质灰陶。敛口，斜沿，束颈。素面。残高2.8、残宽8.0厘米（图3-24，1）。

Ⅱ-T305⑦:27，出土于改造后的F9北墙内。似为罐口沿残片，无法修复完整。轮制。泥质灰陶。敛口，厚唇沿，束颈，应为圆肩，下残。素面，外壁陶皮局部有脱落。残高2.7、残宽4.2厘米（图

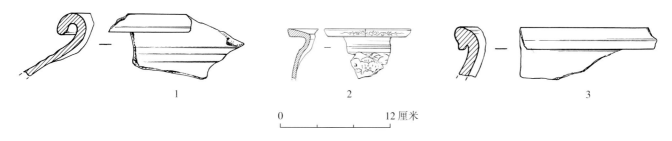

0　　　　　　　　12厘米

图3-23 F9出土陶器口沿残片

1. Ⅱ-T306⑦:13 2、3. Ⅱ-T303⑦:56、Ⅱ-T305⑦:25

彩版 3-59　陶器口沿Ⅱ-T303 ⑦：56

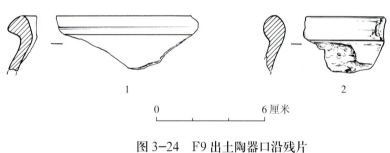

图 3-24　F9 出土陶器口沿残片

1~3. Ⅱ-T305 ⑦：29、Ⅱ-T305 ⑦：27、Ⅱ-T306 ⑦：15

3-24，2）。

　　Ⅱ-T306 ⑦：15，出土于改造后的 F9 北墙内。盆沿残片，无法修复完整。轮制。泥质灰陶。敞口，窄斜沿，唇边损伤形制不明，斜腹弧向内收，下残。素面，器壁轮制旋痕明显。残高 5.9、残宽 7.8 厘米（图 3-24，3）。

　　（2）容器残片　1 件。

　　Ⅱ-T305 ⑦：38，出于探方⑦层西北角。容器肩、腹部残片，无法修复完整。轮制。泥质灰陶。外壁饰"人"字形压印纹两周。残高 6.8、残宽 6.2 厘米（图 3-25，1）。

　　（3）罐底残片　1 件。

　　Ⅱ-T305 ⑦：41，出土于 F9 祭台内。罐底残片，无法修复完整。泥质灰陶。轮制。弧腹，平底。素面。残高 2.2 厘米（图 3-25，2）。

　　（4）陶珠　1 件。

　　Ⅱ-T203 ⑦：15，出于探方⑦层东南部。基本完整，局部有磕。手制而成。泥质灰陶。外形较浑圆，表面光滑素净。直径 1.9 厘米（图 3-25，3）。

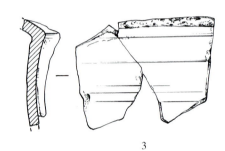

图 3-25　F9 出土陶片

1.陶容器残片Ⅱ-T305 ⑦：38　2.罐底残片Ⅱ-T305 ⑦：41　3.陶珠Ⅱ-T203 ⑦：15

表 3-9　2010 年蓝田吕氏家庙遗址Ⅱ区第⑦层出土陶器整理登记表

| 整理号 | 类别 | 名称 | 数量 | 出土位置 | 尺寸（厘米） | 时代 | 出土状态 | 现状 | 备注 |
|---|---|---|---|---|---|---|---|---|---|
| Ⅱ-T203⑦：15 | 陶 | 陶珠 | 1件 | 探方第⑦层东南部 | 直径 1.9 | 明 | 基本完整 | 基本完整 | 标本 |
| Ⅱ-T303⑦：56 | 陶 | 口沿残片 | 1件 | 探方第⑦层北壁偏西处 | 残高 9.6、口沿径 26.0、沿宽 5.2 | 明 | 残 | 残 | 标本 |
| Ⅱ-T305⑦：25 | 陶 | 陶罐口沿残片 | 1件 | F9 祭台内 | 残高 5.2、残宽 14.8 | 明 | 残 | 残 | 标本 |
| Ⅱ-T305⑦：26 | 陶 | 陶罐口沿残片 | 1件 | F9 祭台内 | 残高 3.0、残宽 9.6 | 明 | 残 | 残 | |
| Ⅱ-T305⑦：27 | 陶 | 陶罐口沿残片 | 1件 | F9 北墙内 | 残高 2.7、残宽 4.2 | 明 | 残 | 残 | 标本 |
| Ⅱ-T305⑦：29 | 陶 | 陶罐口沿残片 | 1件 | F9 祭台内 | 残高 2.8、残宽 8.0 | 明 | 残 | 残 | 标本 |
| Ⅱ-T305⑦：34 | 陶 | 陶片 | 1件 | F9 祭台内 | 残长 7.9、残宽 3.5 | 明 | 残 | 残 | |
| Ⅱ-T305⑦：38 | 陶 | 容器残片 | 1件 | 探方第⑦层西北角 | 残高 6.8、残宽 6.2 | 明 | 残 | 残 | 标本 |
| Ⅱ-T305⑦：41 | 陶 | 陶器底残片 | 1件 | F9 祭台内 | 残高 2.2、底径 12.0 | 明 | 残 | 残 | 标本 |
| Ⅱ-T306⑦：13 | 陶 | 陶瓮口沿残片 | 1件 | 探方第⑦层北部 | 残高 7.0、残宽 15.0 | 明 | 残 | 残 | 标本 |
| Ⅱ-T306⑦：15 | 陶 | 陶盆沿残片 | 1件 | F9 北墙内 | 残高 5.9、残宽 7.8 | 明 | 残 | 残 | 标本 |
| Ⅱ-T306⑦：16 | 陶 | 陶片 | 1件 | F9 祭台北墙 | 残长 9.2、残宽 8.2 | 明 | 残 | 残 | |
| Ⅱ-T306⑦：17 | 陶 | 陶片 | 1件 | F9 祭台北墙 | 残长 7.4、残宽 4.4 | 明 | 残 | 残 | |
| Ⅱ-T306⑦：18 | 陶 | 陶片 | 1件 | F9 祭台北墙 | 残长 5.6、残宽 4.3 | 明 | 残 | 残 | |
| Ⅱ-T303⑦：57 | 陶 | 陶片 | 1件 | 探方中部 | 残长 7.5、残宽 4.8 | 明 | 残 | 残 | |
| Ⅱ-T303⑦：58 | 陶 | 陶片 | 1件 | 探方东北角 | 残长 6.0、残宽 4.5 | 明 | 残 | 残 | |
| Ⅱ-T303⑦：59 | 陶 | 陶片 | 1件 | 探方北壁下中部 | 残长 6.7、残宽 5.8 | 明 | 残 | 残 | |
| Ⅱ-T305⑦：28 | 陶 | 陶罐口沿残片 | 1件 | F9 祭台内 | 残高 2.1、残宽 6.8 | 明 | 残 | 残 | |
| Ⅱ-T305⑦：30 | 陶 | 陶片 | 1件 | F9 祭台内 | 残长 8.0、残宽 7.7 | 明 | 残 | 残 | |
| Ⅱ-T305⑦：31 | 陶 | 陶片 | 1件 | F9 祭台内 | 残长 10.8、残宽 6.0 | 明 | 残 | 残 | |
| Ⅱ-T305⑦：32 | 陶 | 陶片 | 1件 | F9 祭台内 | 残长 6.9、残宽 6.0 | 明 | 残 | 残 | |
| Ⅱ-T305⑦：33 | 陶 | 陶片 | 1件 | F9 祭台内 | 残长 9.0、残宽 4.3 | 明 | 残 | 残 | |
| Ⅱ-T305⑦：35 | 陶 | 陶片 | 1件 | F9 祭台内 | 残长 6.3、残宽 3.8 | 明 | 残 | 残 | |
| Ⅱ-T305⑦：36 | 陶 | 陶片 | 1件 | F9 祭台内 | 残长 5.1、残宽 4.1 | 明 | 残 | 残 | |
| Ⅱ-T305⑦：37 | 陶 | 陶片 | 1件 | F9 祭台内 | 残长 4.5、残宽 3.3 | 明 | 残 | 残 | |
| Ⅱ-T305⑦：39 | 陶 | 陶片 | 1件 | F9 祭台内 | 残长 5.0、残宽 2.2 | 明 | 残 | 残 | |
| Ⅱ-T305⑦：40 | 陶 | 陶片 | 1件 | F9 祭台内 | 残长 4.4、残宽 2.7 | 明 | 残 | 残 | |
| Ⅱ-T306⑦：14 | 陶 | 陶罐口沿残片 | 1件 | F9 祭台北墙 | 残高 3.8、残宽 6.2 | 明 | 残 | 残 | |
| Ⅱ-T306⑦：19 | 陶 | 陶罐底瓷片 | 1件 | F9 祭台北墙 | 残高 6.2、残宽 10.3 | 明 | 残 | 残 | |
| Ⅱ-T403⑦：19 | 陶 | 陶器口沿残片 | 1件 | 探方西部 | 残高 3.4、残宽 11.3 | 明 | 残 | 残 | |
| Ⅱ-T403⑦：20 | 陶 | 陶片 | 1件 | 探方西北角 | 残长 6.0、残宽 3.7 | 明 | 残 | 残 | |

共 31 件（组）。

## 3．建筑构件

共 116 件（表 3-10）。有筒瓦、瓦当、板瓦、滴水、脊兽、眉子、青砖。Ⅱ区第⑦层中出土青砖共 86 件，有方形青砖 23 件，长方形青砖 62 件。出土地点为地层中及 F9 基址内。模制而成。均为泥质灰陶，通体素面。现场提取方形青砖 1 件，长方形青砖 14 件，经整理选择标本 6 件。

（1）筒瓦　4 件。

均有残缺。模制。泥质灰陶。外面光素，内面有粗布纹。其中 3 件形制不明确，仅 1 件可为标本。

标本Ⅱ-T303⑦：60，出于探方⑦层中部。断裂，瓦尾、瓦身中部均有缺片，粘接修复完整。为勾头瓦，前带瓦当。瓦当下部缺失，当面似为龙纹。瓦身修长，左、右边沿较薄，沿面内切，后端居中有瓦钉孔，用

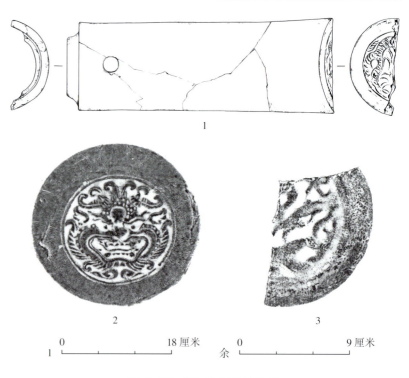

图 3-26　F9 出土建筑构件

1. 勾头筒瓦Ⅱ-T303⑦：60　2. 兽面瓦当Ⅱ-T405⑦：5 拓片　3. 龙纹半瓦当Ⅱ-T403⑦：21 拓片

来与后方筒瓦前端内面瓦钉套插，瓦尾雄头向外倾斜呈内高外低状。通长 43.0、宽 14.3、瓦钉孔径 2.3、雄头长 2.5 厘米（图 3-26，1；彩版 3-60）。

（2）瓦当　3 件。

均有残损，1 件修复完整。模制。泥质灰陶。正面施白衣，背面光素。现可分辨纹饰图案者 2 件，分别为兽面与龙纹瓦当。均作标本，分两型。

A 型：1 件。Ⅱ-T405⑦：5，出于探方⑦层北壁下东部。兽面瓦当。薄圆饼状，立沿切削整齐，当面为宽平沿，沿内有凸起单重窄廓，廓中兽面顶生分叉双角，环眼阔口，眼周、腮边有鬃毛。图案凸起部分白衣已失。直径 13.8、厚 1.2 厘米（图 3-26，2；彩版 3-61）。

彩版 3-60　筒瓦Ⅱ-T303⑦：60

彩版 3-61　兽面瓦当Ⅱ-T405 ⑦：5　　　　　　　彩版 3-62　龙纹滴水Ⅱ-T203 ⑦：16

B 型：1 件。Ⅱ-T403 ⑦：21，出于探方⑦层东部。近三分之二缺失。形制呈少半圆状，上立沿沿面平整，当面置宽平沿，廓线低而窄细，廓内图案似为龙纹，但模糊不清。半径 8.0、残宽 12.0、厚 1.1 厘米（图 3-26，3）。

（3）滴水　17 件。

Ⅱ区第⑦层出土，均残。模制而成。均为泥质灰陶，背面光素，正面图案有龙纹、兽面两种。经整理选择标本 3 件。

龙纹滴水：共 15 件。14 件残甚无法修复，1 件修复完整，形制、纹饰清晰，选为标本。标本Ⅱ-T203 ⑦：16，出于探方⑦层西北角。形制为上弦月状，上沿两头翘起，中间下凹，说明与之相连的板瓦有较大弧度，下沿为六曲半圆形，居中出垂尖。滴水面为宽平沿，其内凸起窄廓，廓中龙纹头部上昂，身体修长、缠绕复杂，上肢曲肘伸爪做力蹬势。滴水表面施白衣。高 11.4、宽 20.2、厚 1.5 厘米（图 3-27，1；彩版 3-62）。

兽面滴水：2 件。均残，修复完整。滴水面上无沿无廓。因形制、尺寸稍有差别，分两型。

A 型：1 件。Ⅱ-T303 ⑦：62，出于探方⑦层南部。滴水后带板瓦已失，滴水上立沿两端及中间局部残缺，修复完整。整体似菱角形，上沿两头翘、中间凹，沿面平滑，表明配套板瓦瓦体弧度较大。滴水面上无沿无廓，居中兽面顶生双叉角，两耳乍起，环目张口，伸舌露齿，顶、腮、颌下

彩版 3-63　兽面滴水Ⅱ-T303 ⑦：62、61

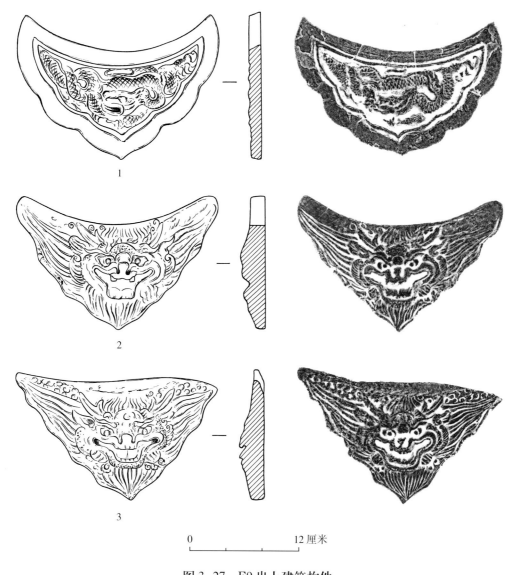

图 3-27　F9 出土建筑构件

1.龙纹滴水Ⅱ-T203⑦：16　2、3.兽面滴水Ⅱ-T303⑦：62、Ⅱ-T303⑦：61

须毛飞扬。陶色暗灰，表面施白衣、现大部分已脱落。高 10.7、宽 20.2、厚 1.5 厘米（图 3-27，2；彩版 3-63，左）。

B 型：1 件。Ⅱ-T303⑦：61，出于探方⑦层西北角。滴水后带板瓦已失，滴水上沿一端及滴水垂尖残缺，修复完整。整体若三角形，上沿两端略翘起，中部稍下弧，沿面不再平齐，而是自外向里成斜削面，表明配套板瓦瓦体弧度不大，瓦端与滴水衔接面亦呈倾斜状。兽面形制基本同 A 型，兽头顶上另加饰卷云纹一周。高 12.5、宽 22.5、厚 1.4 厘米（图 3-27，3；彩版 3-63，右）。

（4）板瓦　38 件。

Ⅱ区第⑦层中板瓦残片集中出土于 F9 祭台内及改造后 F9 北隔墙中。模制而成。皆为泥质灰陶。均残，形制规格繁多，外表光素，内面饰布纹。现根据其形制不同分为六型，选择标本 6 件。

A 型：7 件。出于祭台下部土坯包沿内垫土中。瓦体拱起弧度很小，瓦壁较厚，表面覆盖一层红褐色土渍。标本Ⅱ-T305⑦：54，出于祭台东部填土中。残长 13.9、残宽 7.7、厚 2.4 厘米（图

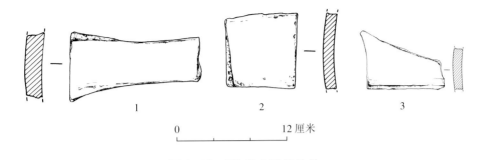

图 3-28　F9 出土建筑构件

1~3. 板瓦残片 Ⅱ-T305 ⑦：54、Ⅱ-T305 ⑦：52、Ⅱ-T305 ⑦：68

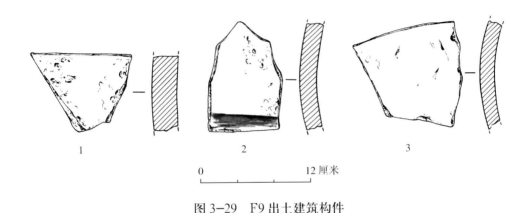

图 3-29　F9 出土建筑构件

1~3. 板瓦残片 Ⅱ-T306 ⑦：35、Ⅱ-T306 ⑦：38、Ⅱ-T306 ⑦：32

3-28，1）。

B 型：11 件。出于祭台下部土坯包沿内垫土中。器形稍小，瓦体有弧度，表面呈浅灰色。标本 Ⅱ-T305 ⑦：52，出于祭台填土中部。残长 7.4、残宽 8.2、厚 1.3 厘米（图 3-28，2）。

C 型：7 件。出于祭台下部土坯包沿内垫土中。瓦体微有弧度，瓦壁薄，边沿整齐，色泽青灰，质地较细致。标本 Ⅱ-T305 ⑦：68，出于祭台填土中部。残长 6.2、残宽 8.5、厚 1.1 厘米（图 3-28，3）。

D 型：3 件。出于改造后 F9 南、北室隔墙墙体缝隙中。瓦体弧度极小，边沿切割齐整，壁厚，整体有厚重感。标本 Ⅱ-T306 ⑦：35，出于墙体西端。残长 10.8、残宽 8.3、厚 2.9 厘米（图 3-29，1）。

E 型：4 件。瓦体微有弧度，瓦壁较厚，表面有红褐色土渍。标本 Ⅱ-T306 ⑦：38，出于墙体中部。残长 7.9、残宽 11.8、厚 2.2 厘米（图 3-29，2）。

F 型：6 件。瓦体有弧度，瓦壁较薄，两侧边沿内切。瓦内面布纹清晰。标本 Ⅱ-T306 ⑦：32，出于 F9 北墙墙体东部。残长 12.3、残宽 11.0、厚 2.0 厘米（图 3-29，3）。

（5）脊兽　33 件。

第⑦层出土残块，模制而成。均为泥质红陶，其中 1 件虽破碎严重仍可修复成形，余者均无法修复，故原形制不明。经整理共选择标本 3 件（组）。

标本 Ⅱ-T405 ⑦：19，出于探方⑦层东壁南端。断裂残缺，粘接修复基本完整。应为螭吻，中空，底部有长方形插口。龙首顶生双角，环眼、阔口、露齿，上唇长而上卷，露出瓦棱状上颚，颈部似鱼身，有鳍、鳞纹样。表面通体施绿釉，现釉面虽已斑驳，但光泽犹在。高 17.0、宽 9.7、厚 7.2 厘米（图 3-30，1；彩版 3-64）。

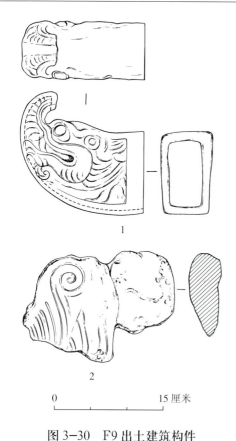

0 ————————— 15 厘米

图 3-30　F9 出土建筑构件

1. 绿釉螭吻Ⅱ-T405 ⑦：19　2. 脊兽残块Ⅱ-T203 ⑦：35

彩版 3-64　绿釉螭吻Ⅱ-T405 ⑦：19

彩版 3-65　脊兽残块Ⅱ-T203 ⑦：35

标本Ⅱ-T203 ⑦：35，出于探方⑦层东北部。经粘接修复不能成形。似为脊兽胸部残块，器形较大而厚重，蹲坐式，挺胸，前肢撑地，身侧有卷曲鬃毛。表面施绿、白、棕色三彩釉，现釉面已部分脱落。残高 16.5、残宽 19.2、残厚 10.0、壁厚 4.5厘米（图 3-30，2；彩版 3-65）。

标本Ⅱ-T405 ⑦：11、13 为 1 组 2 件，出于探方⑦层东壁下中部。应属同一器物上不能连接的两个残片。外面似为禽兽的长翎或飘飞的鬃毛，内面平坦光素，有划痕一组数十道，原应贴置于房脊某处、特制划痕以增加阻力。表面施绿、白色釉，现已斑驳脱落严重。标本Ⅱ-T405 ⑦：11，残长 18.0、残宽 12.9、厚 1.6 厘米。标本Ⅱ-T405 ⑦：13，残长 34.3、残宽 16.6、厚 1.6 厘米（彩版 3-66）。

（6）眉子　6 件。

眉子为套扣于屋脊上起保护、防漏与装饰作用的建筑构件。模制而成。均为泥质红陶，残缺严重。因形制不同分三型，选标本 3 件（组）。

A 型：1 件。标本Ⅱ-T405 ⑦：6，出于探方东部改造后 F9 西山墙外侧居中。断裂成多片，粘接修补后仍为残件，但形制基本可辨。原位于屋脊端头处，截面呈"∏"形。顶面平坦，两侧出锯齿形飞沿，左、右立面垂直、平整规矩，前端堵头立面已失，痕迹犹存，经修补而完整。顶面端头刻饰莲花纹，其后有长方形双线框栏，因残缺框栏中图案不清。表面施绿、白色彩釉，现已脱落模糊。残高 21.4、残长 28.6、宽 13.0、壁厚 1.6 厘米（图 3-31，1；彩版 3-67）。

B 型：5 件。均已残缺成片状。标本 Ⅱ-T306 ⑦：24，断裂，粘接。不规则片状，外面呈瓦棱形，内面不够平整。底沿尚存，沿面显粗涩不平，壁较厚。残高 12.2、残长 17.0、壁厚 3.7 厘米（图 3-31，2；彩版 3-68）。

C 型：为 1 组 2 件，应属同一器物上不能连接的 2 个残片，均残碎。标本 Ⅱ-T405 ⑦：11、13，出于探方⑦层东壁下中部。外面似为禽兽的长翅或飘飞的鬃毛，内面平坦光素，有划痕一组数十道，原应贴置于房脊某处、特制划痕以增加阻力。表面施绿、白色釉，现已斑驳脱落严重。标本 Ⅱ-T405 ⑦：11，残长 18.0、残宽 12.9、厚 1.6 厘米。标本 Ⅱ-T405 ⑦：13，残长 34.3、残宽 16.6、厚 1.6 厘米（彩版 3-66）。

（7）方形青砖 1 件。

Ⅱ-T303 ⑦：76，出土于 Ⅱ 区第⑦层中，基本完整。边长 31.0 厘米（彩版 3-69）。

（8）长方形青砖 14 件。

根据形制、尺寸差异分为五型。

A 型：3 件。器形规整厚重。其中 2 件完整，一件仅存三分之一。标本 F9：16，出于改造后 F9 北墙基东部。完整。表面有红褐色土渍斑。长 36.4、宽 18.4、厚 6.5 厘米（彩版 3-70，左 1）。

B 型：2 件。器形较宽大，比 A 型砖稍薄，表面有浅黄褐色土渍。标本 Ⅱ-T306 ⑦：43，出土

彩版 3-66 脊兽残块 Ⅱ-T405 ⑦：11、13

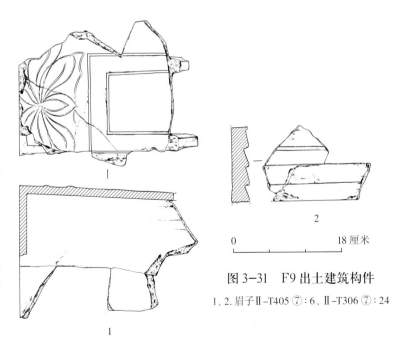

图 3-31 F9 出土建筑构件
1、2. 眉子 Ⅱ-T405 ⑦：6、Ⅱ-T306 ⑦：24

彩版 3-67　眉子Ⅱ-T405 ⑦：6

彩版 3-68　眉子Ⅱ-T306 ⑦：24

彩版 3-69　方形青砖Ⅱ-T303 ⑦：76

彩版 3-70　长方形青砖 F9：16、Ⅱ-T306 ⑦：43、2、T306：47、F9：17、15

于 F9 东山墙延长部分西侧。断裂为两截，可粘接基本完整。器形规矩。长 36.0、宽 18.0、厚 6.0 厘米（彩版 3-70，左 2）。

C 型：2 件。1 件断裂可粘接完整，另 1 件缺失一半。标本Ⅱ-T306：47，出于改造后 F9 东山墙中。中部一侧有缺。器形较前两型稍小，制作规矩。长 29.8、宽 15.5、厚 6.0 厘米（彩版 3-70，左 3）。

D 型：1 件。标本 F9：17，出土于 F9 北墙基中部。器形较小而轻薄。断裂为两截，可粘接基本完整。一面有红褐色土渍斑。长 30.8、宽 14.8、厚 5.2 厘米（彩版 3-70，左 4）。

E 型：2 件。均残缺，器形较小而窄。标本 F9：15，出土于改造后 F9 西山墙内。器形较前述各型小而薄，制造较规范，表面干净。残长 20.9、宽 14.0、厚 4.8 厘米（彩版 3-70，左 5）。

表 3-10 2010 年蓝田吕氏家庙遗址Ⅱ区第⑦层出土建筑构件整理登记表

| 整理号 | 类别 | 名称 | 数量 | 出土位置 | 尺寸（厘米） | 时代 | 出土状态 | 现状 | 备注 |
|---|---|---|---|---|---|---|---|---|---|
| Ⅱ-T403⑦：22 | 陶 | 青砖残块 | 1件 | 探方中部 | 残长15.0、残宽9.8、厚6.0 | 明 | 残 | 残 | |
| Ⅱ-T306⑦：43 | 陶 | 长方形青砖 | 1件 | F9东山墙延长部分西侧 | 长36.0、宽18.0、厚6.0 | 宋 | 残 | 修复基本完整 | B型标本 |
| Ⅱ-T306⑦：44 | 陶 | 青砖残块 | 1件 | F9祭台北隔墙 | 残长13.6、残宽14.0、厚5.5 | 明 | 残 | 残 | |
| Ⅱ-T306⑦：45 | 陶 | 青砖残块 | 1件 | F9祭台北隔墙 | 残长14.0、残宽6.0、厚6.0 | 明 | 残 | 残 | |
| Ⅱ-T306⑦：46 | 陶 | 条砖 | 1件 | F9祭台中 | 长36.2、宽18.3、厚6.0 | 宋 | 残 | 残 | |
| Ⅱ-T306⑦：47 | 陶 | 长方形青砖 | 1件 | 改造后F9东山墙中 | 长29.8、宽15.5、厚6.0 | 明 | 残 | 残 | C型标本 |
| Ⅱ-T306⑦：48 | 陶 | 青砖残块 | 1件 | 改造后F9东山墙中 | 残长10.7、残宽9.3、厚5.6 | 明 | 残 | 残 | |
| Ⅱ-T306⑦：49 | 陶 | 青砖残块 | 1件 | 改造后F9东山墙中 | 残长15.0、宽11.8、厚5.5 | 明 | 残 | 残 | |
| Ⅱ-T306⑦：50 | 陶 | 条砖（残） | 1件 | 改造后F9东山墙中 | 残长15.5、宽19.0、厚7.0 | 宋 | 残 | 残 | |
| Ⅱ-T303⑦：76 | 陶 | 方形青砖 | 1件 | 探方中部 | 边长31.0 | 明 | 基本完整 | 基本完整 | 标本 |
| F9：13 | 陶 | 青砖残块 | 1件 | F9隔墙包砖 | 残长18.7、宽13.8、厚4.5 | 明 | 残 | 残 | |
| F9：14 | 陶 | 长方形青砖 | 1件 | F9隔墙包砖 | 长36.8、宽19.5、厚6.5 | 宋 | 残 | 残 | |
| F9：15 | 陶 | 长方形青砖 | 1件 | 改造后F9西山墙内 | 残长20.9、宽14.0、厚4.8 | 明 | 残 | 残 | E型标本 |
| F9：16 | 陶 | 长方形青砖 | 1件 | 改造后F9北墙墙基东部 | 长36.4、宽18.4、厚6.5 | 宋 | 完整 | 完整 | A型标本 |
| F9：17 | 陶 | 长方形青砖 | 1件 | F9北墙墙基中部 | 长30.8、宽14.8、厚5.2 | 明 | 残 | 修复基本完整 | D型标本 |
| Ⅱ-T405⑦：6 | 陶 | 眉子 | 1件 | 探方东部改造后F9西山墙外中部 | 残高21.4、残长28.6、宽13.0、壁厚1.6 | 明 | 残 | 残 | A型标本 |
| Ⅱ-T306⑦：20 | 陶 | 眉子 | 1件 | F9祭台北隔墙 | 残高15.0、残长11.5、壁厚3.2 | 宋 | 残 | 残 | |
| Ⅱ-T306⑦：23 | 陶 | 眉子 | 1件 | F9祭台北隔墙 | 残高14.0、残长9.0、壁厚3.2 | 宋 | 残 | 残 | |
| Ⅱ-T403⑦：23 | 陶 | 眉子 | 1件 | 探方北壁偏东处 | 残高17.0、残长11.5、壁厚4.0 | 宋 | 残 | 残 | |
| Ⅱ-T306⑦：24 | 陶 | 眉子 | 1件 | F9祭台北隔墙 | 残高12.2、残长17.0、壁厚3.7 | 宋 | 残 | 残 | B型标本 |

续表 3-10

| 整理号 | 类别 | 名称 | 数量 | 出土位置 | 尺寸（厘米） | 时代 | 出土状态 | 现状 | 备注 |
|---|---|---|---|---|---|---|---|---|---|
| Ⅱ-T303⑦：74 | 陶 | 眉子 | 1件 | 探方中部 | 残高 7.0、残长 17.9、壁厚 2.6 | 宋 | 残 | 残 | |
| Ⅱ-T405⑦：5 | 陶 | 兽面瓦当 | 1件 | 探方第⑦层北壁下东部 | 直径 13.8、厚 1.2 | 明 | 残 | 修复基本完整 | A 型标本 |
| Ⅱ-T403⑦：21 | 陶 | 龙纹瓦当残块 | 1件 | 探方第⑦层东部 | 残径 8.0、残宽 12.0、厚 1.1 | 宋 | 残 | 残 | B 型标本 |
| Ⅱ-T303⑦：66 | 陶 | 龙纹瓦当残块 | 1件 | 探方第⑦层南部 | 残长 11.5、残宽 7.8、厚 1.3 | 宋 | 残 | 残 | |
| Ⅱ-T203⑦：16 | 陶 | 龙纹滴水 | 1件 | 探方第⑦层西北角 | 高 11.4、宽 20.2、厚 1.5 | 宋 | 残 | 修复完整 | 标本 |
| Ⅱ-T203⑦：27 | 陶 | 龙纹滴水残块 | 1件 | 探方中部 | 残长 10.8、残宽 6.8、厚 1.3 | 明 | 残 | 残 | |
| Ⅱ-T303⑦：63 | 陶 | 龙纹滴水残块 | 1件 | 探方南部 | 残高 8.2、残宽 15.0、厚 1.4 | 宋 | 残 | 残 | |
| Ⅱ-T303⑦：64 | 陶 | 龙纹滴水残块 | 1件 | 探方西部 | 残高 7.4、残宽 11.2、厚 1.5 | 宋 | 残 | 残 | |
| Ⅱ-T303⑦：65 | 陶 | 龙纹滴水残块 | 1件 | 探方南壁下中部 | 残高 5.5、残宽 16.5、厚 1.1 | 明 | 残 | 残 | |
| Ⅱ-T203⑦：17 | 陶 | 龙纹滴水瓦头残块 | 1件 | 探方西北角 | 残高 6.5、残宽 15.5、厚 1.4 | 明 | 残 | 残 | |
| Ⅱ-T203⑦：18 | 陶 | 龙纹滴水残块 | 1件 | 探方西部 | 残高 7.0、残宽 7.0、厚 1.3 | 宋 | 残 | 残 | |
| Ⅱ-T303⑦：62 | 陶 | 兽面滴水 | 1件 | 探方第⑦层南部 | 高 10.7、宽 20.2、厚 1.5 | 明 | 残 | 修复基本完整 | A 型标本 |
| Ⅱ-T303⑦：61 | 陶 | 兽面滴水 | 1件 | 探方第⑦层西北角 | 高 12.5、宽 22.5、厚 1.4 | 明 | 残 | 修复基本完整 | B 型标本 |
| Ⅱ-T203⑦：19 | 陶 | 龙纹滴水残块 | 1件 | 探方北壁下中部 | 残高 8.0、残宽 8.2、厚 1.4 | 宋 | 残 | 残 | |
| Ⅱ-T203⑦：20 | 陶 | 龙纹滴水残块 | 1件 | 探方北壁下西侧 | 残高 6.5、残宽 11.0、厚 1.5 | 明 | 残 | 残 | |
| Ⅱ-T203⑦：21 | 陶 | 龙纹滴水残块 | 1件 | 探方东北角 | 残高 7.5、残宽 10.5、厚 1.5 | 明 | 残 | 残 | |
| Ⅱ-T203⑦：22 | 陶 | 龙纹滴水残块 | 1件 | 探方北壁下中部 | 残高 5.0、残宽 7.0、厚 1.1 | 明 | 残 | 残 | |
| Ⅱ-T203⑦：23 | 陶 | 龙纹滴水残块 | 1件 | 探方西壁下偏南处 | 残高 6.6、残宽 11.0、厚 1.4 | 明 | 残 | 残 | |
| Ⅱ-T203⑦：24 | 陶 | 龙纹滴水残块 | 1件 | 探方西壁下中部 | 残高 5.3、残宽 8.1、厚 1.3 | 明 | 残 | 残 | |
| Ⅱ-T203⑦：25 | 陶 | 龙纹滴水残块 | 1件 | 探方北壁下偏东处 | 残高 5.2、残宽 9.5、厚 1.2 | 明 | 残 | 残 | |
| Ⅱ-T203⑦：26 | 陶 | 龙纹滴水残块 | 1件 | 探方西壁下偏北处 | 残高 7.0、残宽 8.5、厚 1.5 | 明 | 残 | 残 | |

续表 3-10

| 整理号 | 类别 | 名称 | 数量 | 出土位置 | 尺寸（厘米） | 时代 | 出土状态 | 现状 | 备注 |
|---|---|---|---|---|---|---|---|---|---|
| Ⅱ-T305⑦：44 | 陶 | 板瓦残块 | 1件 | F9 祭台内 | 残长 10.5、残宽 5.0、厚 2.0 | 宋 | 残 | 残 | |
| Ⅱ-T305⑦：46 | 陶 | 板瓦残块 | 1件 | F9 祭台内 | 残长 9.3、残宽 6.2、厚 2.0 | 宋 | 残 | 残 | |
| Ⅱ-T305⑦：47 | 陶 | 板瓦残块 | 1件 | F9 祭台内 | 残长 7.5、残宽 6.0、厚 2.0 | 宋 | 残 | 残 | |
| Ⅱ-T305⑦：49 | 陶 | 板瓦残块 | 1件 | F9 祭台内 | 残长 8.5、残宽 6.3、厚 1.8 | 宋 | 残 | 残 | |
| Ⅱ-T305⑦：50 | 陶 | 板瓦残块 | 1件 | F9 祭台内 | 残长 6.2、残宽 5.8、厚 2.0 | 宋 | 残 | 残 | |
| Ⅱ-T305⑦：51 | 陶 | 板瓦残块 | 1件 | F9 祭台内 | 残长 8.0、残宽 7.2、厚 2.0 | 宋 | 残 | 残 | |
| Ⅱ-T305⑦：54 | 陶 | 板瓦残块 | 1件 | 祭台东部填土中 | 残长 13.9、残宽 7.7、厚 2.4 | 宋 | 残 | 残 | A 型标本 |
| Ⅱ-T305⑦：45 | 陶 | 板瓦残块 | 1件 | F9 祭台内 | 残长 9.3、残宽 8.5、厚 1.9 | 明 | 残 | 残 | |
| Ⅱ-T305⑦：48 | 陶 | 板瓦残块 | 1件 | F9 祭台内 | 残长 7.2、残宽 8.8、厚 1.6 | 明 | 残 | 残 | |
| Ⅱ-T305⑦：52 | 陶 | 板瓦残块 | 1件 | 祭台填土中部 | 残长 7.4、残宽 8.2、厚 1.3 | 明 | 残 | 残 | B 型标本 |
| Ⅱ-T305⑦：53 | 陶 | 板瓦残片 | 1件 | F9 祭台内 | 残长 6.2、残宽 5.4、厚 1.5 | 明 | 残 | 残 | |
| Ⅱ-T305⑦：55 | 陶 | 板瓦残片 | 1件 | F9 祭台内 | 残长 5.5、残宽 9.0、厚 1.5 | 明 | 残 | 残 | |
| Ⅱ-T305⑦：56 | 陶 | 板瓦残片 | 1件 | F9 祭台内 | 残长 10.2、残宽 6.2、厚 1.5 | 明 | 残 | 残 | |
| Ⅱ-T305⑦：57 | 陶 | 板瓦残片 | 1件 | F9 祭台内 | 残长 7.3、残宽 5.2、厚 1.5 | 明 | 残 | 残 | |
| Ⅱ-T305⑦：58 | 陶 | 板瓦残片 | 1件 | F9 祭台内 | 残长 10.2、残宽 6.8、厚 1.3 | 明 | 残 | 残 | |
| Ⅱ-T305⑦：61 | 陶 | 板瓦残块 | 1件 | F9 祭台内 | 残长 6.2、残宽 8.5、厚 1.6 | 明 | 残 | 残 | |
| Ⅱ-T305⑦：62 | 陶 | 板瓦残块 | 1件 | F9 祭台内 | 残长 10.6、残宽 8.8、厚 1.9 | 明 | 残 | 残 | |
| Ⅱ-T305⑦：63 | 陶 | 板瓦残块 | 1件 | F9 祭台内 | 残长 9.0、残宽 4.4、厚 1.8 | 明 | 残 | 残 | |
| Ⅱ-T305⑦：64 | 陶 | 板瓦残块 | 1件 | F9 祭台内 | 残长 8.5、残宽 8.5、厚 1.8 | 明 | 残 | 残 | |
| Ⅱ-T305⑦：59 | 陶 | 板瓦残片 | 1件 | F9 祭台内 | 残长 7.0、残宽 7.0、厚 1.3 | 明 | 残 | 残 | |
| Ⅱ-T305⑦：60 | 陶 | 板瓦残片 | 1件 | F9 祭台内 | 残长 9.0、残宽 8.5、厚 1.4 | 明 | 残 | 残 | |

续表 3-10

| 整理号 | 类别 | 名称 | 数量 | 出土位置 | 尺寸（厘米） | 时代 | 出土状态 | 现状 | 备注 |
|---|---|---|---|---|---|---|---|---|---|
| Ⅱ-T305⑦：65 | 陶 | 板瓦残块 | 1件 | F9祭台内 | 残长5.9、残宽5.7、厚1.1 | 明 | 残 | 残 | |
| Ⅱ-T305⑦：66 | 陶 | 板瓦残块 | 1件 | F9祭台内 | 残长7.7、残宽5.6、厚1.0 | 明 | 残 | 残 | |
| Ⅱ-T305⑦：67 | 陶 | 板瓦残块 | 1件 | F9祭台内 | 残长7.5、残宽6.3、厚1.0 | 明 | 残 | 残 | |
| Ⅱ-T305⑦：68 | 陶 | 板瓦残块 | 1件 | F9祭台填土中部 | 残长6.2、残宽8.5、厚1.1 | 明 | 残 | 残 | C型标本 |
| Ⅱ-T306⑦：35 | 陶 | 板瓦残块 | 1件 | F9南、北室隔墙墙体西端 | 残长3.8、残宽7.7、厚2.9 | 明 | 残 | 残 | D型标本 |
| Ⅱ-T306⑦：36 | 陶 | 板瓦残块 | 1件 | F9祭台北隔墙 | 残长8.5、残宽4.7、厚2.6 | 明 | 残 | 残 | |
| Ⅱ-T306⑦：37 | 陶 | 板瓦残块 | 1件 | F9祭台北隔墙 | 残长7.0、残宽6.0、厚3.0 | 明 | 残 | 残 | |
| Ⅱ-T306⑦：38 | 陶 | 板瓦残块 | 1件 | F9南、北室隔墙墙体中部 | 残长7.9、残宽11.8、厚2.2 | 明 | 残 | 残 | E型标本 |
| Ⅱ-T306⑦：39 | 陶 | 板瓦残块 | 1件 | F9祭台北隔墙 | 残长6.0、残宽6.0、厚2.1 | 明 | 残 | 残 | |
| Ⅱ-T306⑦：40 | 陶 | 板瓦残块 | 1件 | F9祭台北隔墙 | 残长5.2、残宽5.2、厚2.0 | 明 | 残 | 残 | |
| Ⅱ-T306⑦：41 | 陶 | 板瓦残块 | 1件 | F9祭台北隔墙 | 残长5.9、残宽6.5、厚1.7 | 明 | 残 | 残 | |
| Ⅱ-T306⑦：30 | 陶 | 板瓦残块 | 1件 | F9祭台北隔墙 | 残长7.0、残宽10.4、厚1.5 | 明 | 残 | 残 | |
| Ⅱ-T306⑦：31 | 陶 | 板瓦残块 | 1件 | F9祭台北隔墙 | 残长10.8、残宽10.5、厚1.5 | 明 | 残 | 残 | |
| Ⅱ-T306⑦：32 | 陶 | 板瓦残块 | 1件 | F9北墙墙体东部 | 残长12.3、残宽11.0、厚2.0 | 明 | 残 | 残 | F型标本 |
| Ⅱ-T306⑦：33 | 陶 | 板瓦残块 | 1件 | F9祭台北隔墙 | 残长9.3、残宽7.0、厚1.5 | 明 | 残 | 残 | |
| Ⅱ-T306⑦：34 | 陶 | 板瓦残块 | 1件 | F9祭台北隔墙 | 残长5.0、残宽6.4、厚1.3 | 明 | 残 | 残 | |
| Ⅱ-T306⑦：42 | 陶 | 板瓦残块 | 1件 | F9祭台北隔墙 | 残长6.1、残宽4.0、厚1.5 | 明 | 残 | 残 | |
| Ⅱ-T303⑦：60 | 陶 | 筒瓦 | 1件 | 探方第⑦层中部 | 通长43.0、宽14.3、瓦钉孔径2.3、雄头长2.5 | 宋 | 残 | 修复完整 | 标本 |
| Ⅱ-T305⑦：43 | 陶 | 筒瓦残块 | 1件 | F9祭台内 | 残长6.5、残宽5.5 | 明 | 残 | 残 | |
| Ⅱ-T306⑦：29 | 陶 | 筒瓦残块 | 1件 | F9祭台北隔墙 | 残长9.5、残宽11.0、雄头长2.8 | 宋 | 残 | 残 | |
| Ⅱ-T305⑦：42 | 陶 | 筒瓦残块 | 1件 | F9祭台内 | 残长16.5、残宽11.8、厚1.8 | 宋 | 残 | 残 | |

续表 3-10

| 整理号 | 类别 | 名称 | 数量 | 出土位置 | 尺寸（厘米） | 时代 | 出土状态 | 现状 | 备注 |
|---|---|---|---|---|---|---|---|---|---|
| II-T405 ⑦：11 | 陶 | 脊兽残块 | 1件 | 探方第⑦层东壁下中部 | 残长 18.0、残宽 12.9、厚 1.6 | 明 | 残 | 残 | 标本、和 13 号为 1 组 |
| II-T405 ⑦：13 | 陶 | 脊兽残块 | 1件 | 探方第⑦层东壁下中部 | 残长 34.3、残宽 16.6、厚 1.6 | 明 | 残 | 残 | 标本、和 11 号为 1 组 |
| II-T405 ⑦：19 | 陶 | 脊兽 | 1件 | 探方第⑦层东壁南端 | 高 17.0、宽 9.7、厚 7.2 | 明 | 残 | 修复基本完整 | 标本 |
| II-T203 ⑦：35 | 陶 | 脊兽残块 | 1件 | 探方第⑦层东北部 | 残高 16.5、残宽 19.2、残厚 10.0、壁厚 4.5 | 明 | 残 | 残 | 标本 |
| II-T203 ⑦：36 | 陶 | 脊兽残块 | 1件 | 探方西北角 | 残长 9.0、残宽 7.5 | 明 | 残 | 残 | |
| II-T203 ⑦：37 | 陶 | 脊兽残块 | 1件 | 探方西壁下偏南处 | 残长 10.5、残宽 8.0 | 明 | 残 | 残 | |
| II-T203 ⑦：38 | 陶 | 脊兽残块 | 1件 | 探方东北角 | 残长 6.7、残宽 5.2 | 明 | 残 | 残 | |
| II-T303 ⑦：67 | 陶 | 脊兽残块 | 1件 | 探方南壁下中部 | 残高 12.0、残宽 11.5 | 明 | 残 | 残 | |
| II-T303 ⑦：68 | 陶 | 脊兽残块 | 1件 | 探方西壁下偏北处 | 残高 8.0、残宽 14.0、厚 1.8 | 明 | 残 | 残 | |
| II-T303 ⑦：69 | 陶 | 脊兽残块 | 1件 | 探方东壁下中部 | 残长 11.5、残宽 3.5 | 明 | 残 | 残 | |
| II-T303 ⑦：70 | 陶 | 脊兽残块 | 1件 | 探方东南角 | 残长 6.2、残宽 3.5 | 明 | 残 | 残 | |
| II-T303 ⑦：71 | 陶 | 脊兽残块 | 1件 | 探方北壁下中部 | 残长 9.4、残宽 6.3 | 明 | 残 | 残 | |
| II-T303 ⑦：72 | 陶 | 脊兽残块 | 1件 | 探方西南角 | 残长 7.5、残宽 7.5 | 明 | 残 | 残 | |
| II-T303 ⑦：73 | 陶 | 脊兽残块 | 1件 | 探方南壁下中部 | 残长 10.5、残宽 6.8 | 明 | 残 | 残 | |
| II-T303 ⑦：75 | 陶 | 脊兽残块 | 1件 | 探方西壁下中部偏南处 | 残长 13.0、残宽 7.5 | 明 | 残 | 残 | |
| II-T305 ⑦：69 | 陶 | 脊兽残块 | 1件 | F9 祭台内 | 残长 8.5、残宽 7.0 | 明 | 残 | 残 | |
| II-T305 ⑦：70 | 陶 | 脊兽残块 | 1件 | F9 祭台内 | 残长 13.0、残宽 7.5 | 明 | 残 | 残 | |
| II-T305 ⑦：71 | 陶 | 脊兽残块 | 1件 | F9 祭台内 | 残长 6.7、残宽 6.0 | 明 | 残 | 残 | |
| II-T306 ⑦：22 | 陶 | 脊兽残块 | 1件 | F9 祭台北隔墙 | 残长 15.0、残宽 14.3 | 明 | 残 | 残 | |
| II-T306 ⑦：25 | 陶 | 脊兽残块 | 1件 | F9 祭台北隔墙 | 残长 11.0、残宽 10.6 | 明 | 残 | 残 | |
| II-T306 ⑦：26 | 陶 | 脊兽残块 | 1件 | F9 祭台北隔墙 | 残长 11.0、残宽 10.4 | 明 | 残 | 残 | |
| II-T306 ⑦：27 | 陶 | 脊兽残块 | 1件 | F9 祭台北隔墙 | 残长 8.9、残宽 4.8 | 明 | 残 | 残 | |
| II-T306 ⑦：28 | 陶 | 脊兽残块 | 1件 | F9 祭台北隔墙 | 残长 5.0、残宽 4.0 | 明 | 残 | 残 | |
| II-T403 ⑦：24 | 陶 | 脊兽残块 | 1件 | 探方东北角 | 残长 19.0、残宽 8.5 | 明 | 残 | 残 | |
| II-T403 ⑦：25 | 陶 | 脊兽残块 | 1件 | 探方南壁下偏西处 | 残长 11.8、残宽 9.5 | 明 | 残 | 残 | |
| II-T403 ⑦：26 | 陶 | 脊兽残块 | 1件 | 探方西壁下中部 | 残长 5.0、残宽 4.5 | 明 | 残 | 残 | |

续表 3-10

| 整理号 | 类别 | 名称 | 数量 | 出土位置 | 尺寸（厘米） | 时代 | 出土状态 | 现状 | 备注 |
|---|---|---|---|---|---|---|---|---|---|
| Ⅱ-T405⑦：8 | 陶 | 脊兽残块 | 1件 | 探方东部 | 残长15.2、残宽8.0、厚1.2 | 明 | 残 | 残 | |
| Ⅱ-T405⑦：9 | 陶 | 脊兽残块 | 1件 | 探方东部 | 残长12.2、残宽7.0、厚1.4 | 明 | 残 | 残 | |
| Ⅱ-T405⑦：10 | 陶 | 脊兽残块 | 1件 | 探方东部 | 残长15.7、残宽5.4、厚1.2 | 明 | 残 | 残 | |
| Ⅱ-T405⑦：12 | 陶 | 脊兽残块 | 1件 | 探方东部 | 残长13.0、残宽11.0 | 明 | 残 | 残 | |
| Ⅱ-T405⑦：14 | 陶 | 脊兽残块 | 1件 | 探方东部 | 残长11.0、残宽5.8 | 明 | 残 | 残 | |
| Ⅱ-T405⑦：15 | 陶 | 脊兽残块 | 1件 | 探方东部 | 残长8.5、残宽4.8 | 明 | 残 | 残 | |
| Ⅱ-T405⑦：18 | 陶 | 脊兽残块 | 1件 | 探方东部 | 残高9.4、残宽17.5、厚1.2 | 明 | 残 | 残 | |
| Ⅱ-T406⑦：22 | 陶 | 脊兽残块 | 1件 | 西部扩方处 | 残高11.0、残宽12.0 | 明 | 残 | 残 | |
| Ⅱ-T406⑦：23 | 陶 | 脊兽残块 | 1件 | 西部扩方处 | 残长6.0、残宽4.0 | 明 | 残 | 残 | |

共 116 件（组）。

## 5. 铜钱

共 9 枚（表 3-11）。浇铸而成。为太平通宝、景祐元宝、皇宋通宝、元丰通宝、绍圣元宝、圣宋元宝、大观通宝、宣和通宝。从北宋早期至中期到晚期铜钱均有出土，品相较好，除 1 枚残缺外余者均保存状况良好。仅取北宋末年宣和通宝为标本描述如下。

宣和通宝　1 枚。

Ⅱ-T203⑦：28，出于探方⑦层西壁中部。品相好，钱体较轻薄，形制规整，正、背两面外廓窄而凸出，穿孔方正。正面内廓显窄，篆书钱文对读，笔画较细、字迹清楚。背面光素无纹，内廓宽平。钱径 2.3、穿边长 0.6 厘米，重 3.0 克（图 3-32，1；彩版 3-71）。

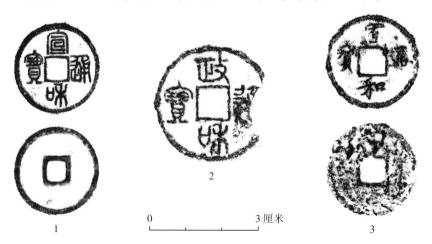

图 3-32　F9 出土钱币拓片

1.宣和通宝铜钱Ⅱ-T203⑦：28　2.政和通宝铁钱Ⅱ-T203⑦：33　3.宣和通宝铁钱Ⅱ-T306⑦：2

彩版 3-71 宣和通宝Ⅱ-T203⑦：28

表 3-11 2010 年蓝田吕氏家庙遗址Ⅱ区第⑦层出土铜钱整理登记表

| 整理号 | 类别 | 名称 | 数量 | 出土位置 | 尺寸（厘米） | 时代 | 出土状态 | 现状 | 备注 |
|---|---|---|---|---|---|---|---|---|---|
| Ⅱ-T205⑦：1 | 铜 | 景祐元宝 | 1枚 | 探方东隔梁下 | 钱径2.4、穿边长0.55，重3.0克 | 宋 | 残 | 残 | |
| Ⅱ-T303⑦：1 | 铜 | 元丰通宝 | 1枚 | 北壁下中部偏西处 | 钱径2.3、穿边长0.6，重3.0克 | 宋 | 完整 | 完整 | |
| Ⅱ-T306⑦：1 | 铜 | 大观通宝 | 1枚 | 东隔梁下柱洞3中 | 钱径2.45、穿边长0.6，重4.0克 | 宋 | 完整 | 完整 | |
| Ⅱ-T403⑦：1 | 铜 | 太平通宝 | 1枚 | 北壁下中部 | 钱径2.4、穿边长0.6，重4.0克 | 宋 | 完整 | 完整 | |
| Ⅱ-T406⑦：1 | 铜 | 元丰通宝 | 1枚 | 西部扩方处 | 钱径2.5、穿边长0.7，重3.0克 | 宋 | 基本完整 | 基本完整 | |
| Ⅱ-T403⑦：2 | 铜 | 绍圣元宝 | 1枚 | 北壁下中部 | 钱径2.3、穿边长0.6，重5.0克 | 宋 | 完整 | 完整 | |
| Ⅱ-T203⑦：28 | 铜 | 宣和通宝 | 1枚 | 探方西壁中部 | 钱径2.3、穿边长0.6，重3.0克 | 宋 | 完整 | 完整 | 标本 |
| Ⅱ-T203⑦：29 | 铜 | 圣宋元宝 | 1枚 | 探方西北角 | 钱径2.3、穿边长0.65，重4.0克 | 宋 | 完整 | 完整 | |
| Ⅱ-T203⑦：30 | 铜 | 皇宋通宝 | 1枚 | 探方南壁下中部 | 钱径2.4、穿边长0.6，重4.0克 | 宋 | 完整 | 完整 | |

共 9 件（组）。

## 6. 铁钱

共 6 枚（表 3-12）。浇铸而成。4 枚锈蚀严重，字迹不清。2 枚标本分别为政和通宝、宣和通宝。

（1）政和通宝　1 枚。

Ⅱ-T203⑦：33，出于探方⑦层中部偏东处。沿上有缺失，经除锈保护。钱体较厚重，正、背两面内、外廓窄而凸出，穿孔规矩方正。正面篆书钱文对读，笔画较细而有力，字迹清楚。背面光素无纹。钱径 3.1、穿边长 0.85 厘米，重 11.0 克（图 3-32，2）。

（2）宣和通宝　1 枚。

Ⅱ-T306⑦：2，出于 F9 北门道东南角。完整，有锈。钱体较小而轻薄，形制规整，穿孔方正，正面内、外廓窄而凸出，楷书钱文对读，笔画细，字迹清楚。背面光素无纹，无外廓，内廓窄凸。钱径 2.5、穿边长 0.65 厘米，重 3.0 克（图 3-32，3）。

表 3-12　2010 年蓝田吕氏家庙遗址Ⅱ区第⑦层出土铁钱整理登记表

| 整理号 | 类别 | 名称 | 数量 | 出土位置 | 尺寸（厘米） | 时代 | 出土状态 | 现状 | 备注 |
|---|---|---|---|---|---|---|---|---|---|
| Ⅱ-T306⑦：2 | 铁 | 宣和通宝 | 1枚 | F9北门道东南角 | 钱径2.5、穿边长0.65，重3.0克 | 宋 | 完整 | 完整 | 标本 |
| Ⅱ-T306⑦：3 | 铁 | 政和通宝 | 1枚 | F9北门道中部 | 钱径3.2、穿边长0.7，重9.0克 | 宋 | 基本完整 | 基本完整 | |
| Ⅱ-T203⑦：31 | 铁 | 大观通宝 | 1枚 | 探方中部 | 钱径3.2、穿边长0.7，重11.0克 | 宋 | 基本完整 | 基本完整 | |
| Ⅱ-T203⑦：32 | 铁 | 铁钱 | 1枚 | 探方中部 | 钱径3.4、穿边长0.6，重11.0克 | 不清 | 锈蚀严重 | 锈蚀严重 | |
| Ⅱ-T203⑦：33 | 铁 | 政和通宝 | 1枚 | 探方中部偏东处 | 钱径3.1、穿边长0.85，重11.0克 | 宋 | 基本完整 | 基本完整 | 标本 |
| Ⅱ-T203⑦：34 | 铁 | 铁钱 | 1枚 | 探方中部 | 钱径3.4、穿边长0.5，重10.0克 | 不清 | 锈蚀严重 | 锈蚀严重 | |

共 6 件（组）。

（三）年代判定

自 F9 出土的瓦当、滴水中，以龙纹为装饰图案，表面涂白衣者属下层 F10 建筑构件的再利用。以兽面为装饰的建材应属本层 F9 所有。

就出土器物残片特点而言，时代上属金、元、明初者居多；从地层关系上判断，该层晚于北宋晚期；再结合清光绪年蓝田县志言及：明代成化年间于吕氏故址上重建其家庙的记载推定，Ⅱ区⑦层及其中 F9 属明代早期遗存。此时吕氏家庙俗称——吕氏庵祠。

# 四　Ⅱ区⑥层与 F8 遗址

Ⅱ区⑥层现主要分布于Ⅱ区北、中部。Ⅱ区北部因没有④、⑤层堆积，故直接叠压于③层之下，中部、南部均叠压于⑤层之下，⑥层下为Ⅱ区第⑦层堆积。该层中主要建筑遗存为 F8 基址及与 F8 配套使用的路径、围墙等（图 3-33；彩版 3-72）。F8 废弃后于Ⅱ区北部形成较厚废墟堆积，所以 F7、F6 家庙建筑选择了 F8 南部的庭院空地。

F8 位于发掘Ⅱ区北部 T204~206、T304~306、T404~406 第⑥层中，其下叠压Ⅱ区第⑦层 F9，其上为第③层 F3 遗址（见图 3-2、4）。

（一）房址遗存

F8 为Ⅱ区第⑥层中唯一发掘的房屋基础遗存，其位置、形制、结构表明此为该时期吕氏家庙主殿遗址。F8 两侧及前部应有其他配属建筑，但发掘区域有限，不能全部揭示。

**1.F8 形制**

F8 位于发掘Ⅱ区北部，是坐北朝南，"人"字屋顶，三开间式，出南、北檐台，置单开南门的殿堂式建筑，方向 216°（图 3-33）。推测，原墙基上为土坯墙体。殿内无间隔墙，殿门前有纵、

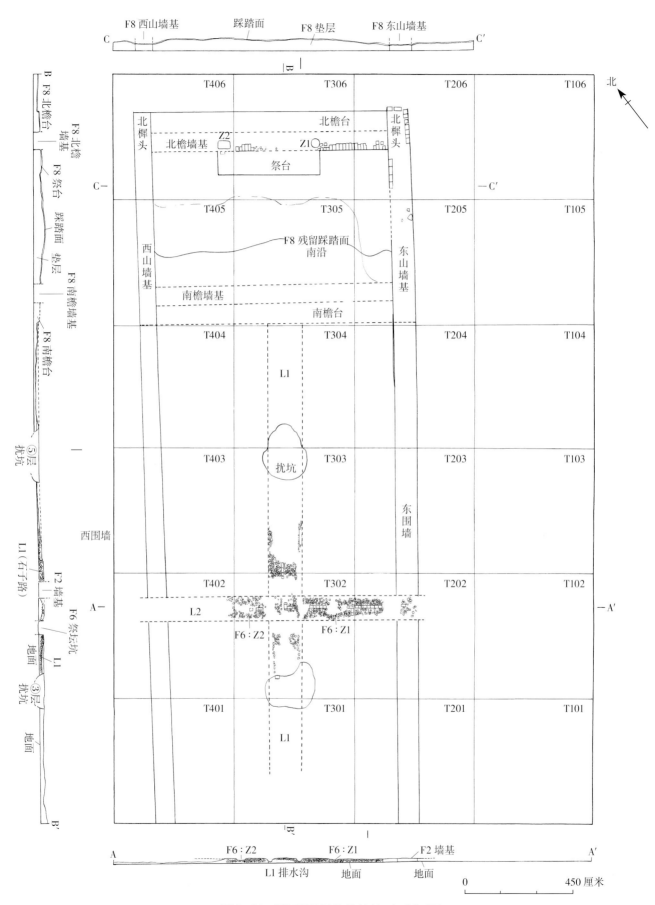

图 3-33　F8 及配属建筑遗迹平、剖面图

彩版 3-72　Ⅱ区⑥内 F8 及配属路径、院落

横鹅卵石子铺路两条，为连接家庙前后、左右的主要通道。周边设围墙，形成独立的家庙院落。由上述考古资料可大致复原该时期以 F8 为主体的吕氏家庙建筑原貌（图 3-34）。

### 2. F8 垫土层

F9 成为废墟后，周边地形亦破坏严重、坑洼不平，故 F8 建设之初，先以较纯净红褐色土铺设大面积垫层。因北部原为夯土台阶，南部是台阶下洼地，为使地形南、北落差减小，垫土层呈北薄南厚状，北部垫土层厚 0.22、南部最厚处为 0.42 米。垫土层之上开挖墙基基槽，深约 0.24 米，打破第⑦层夯土台基 0.02 米。F8 内地面位于垫土层上。

### 3. F8 基址

F8 平面呈东西向长方形，东西长 11.25、南北宽 8.45、上距现地表 0.15~0.45 米，殿堂进深为 5.40、中间宽 3.60 米，东边间宽 2.25、西边间宽 3.00 米。由于受现代五里头小学校舍建筑的破坏，东、西山墙南端、南檐墙、南门及南檐台毁坏殆尽，北檐墙墙基尚存。

东、西山墙均长约 8.50、宽 0.70~0.90、残高 0.22 米；北端墀头基础长约 0.80 米，以条砖四周包砌后内填红褐色土修筑。北檐墙长 9.75、宽 0.75、残高 0.22 米，墙基中部包藏柱础石 2 个。因南檐墙已毁，只能根据南门前石子路北端头及北檐台宽度推断：南檐墙基位于南檐台之北，长、宽尺度均与北檐墙基相当，砖包土夯墙基上仍承托传统木板墙体（彩版 3-73）。

### 4. 檐台遗迹

檐台分别位于南、北檐墙墙基外侧，北檐台长 9.75、南北宽 0.80、高 0.18 米，用红褐色土夯

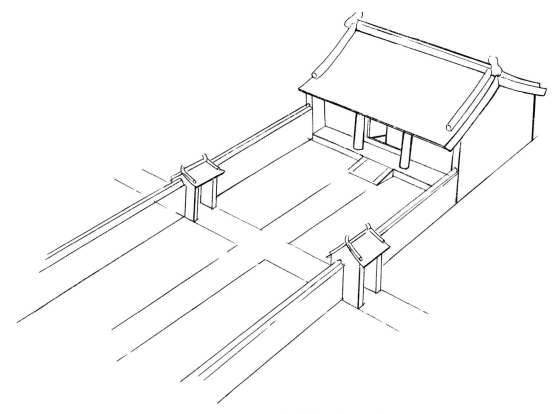

图 3-34　F8 及配属建筑复原示意图

彩版 3-73　F8 基础形制与布局

彩版 3-74　F8 北墙基及北檐台

彩版 3-75　F8 北檐墙内柱础

筑而成，其内夹零星瓷器残片。南檐台在现代小学校舍建设中已完全破坏，由南门前南北向石子路北端头所在位置可确定：其南沿起于此处，尺度应至少等同北檐台。东西长 9.75、南北宽 0.80、高 0.18 米（彩版 3-74）。

### 5. 柱础遗存

仅遗存柱础石 2 个，均分布于北檐墙墙基内中段，自东向西分别编号 F8-Z1、F8-Z2，两者间距 3.35 米。

F8-Z1：东距东山墙基 2.85、北距北檐台边沿 1.15 米，柱础石为厚圆饼形，直径 0.35、厚 0.20 米，表面较粗糙（彩版 3-75）。

F8-Z2：柱础石西距西山墙基 2.85、北距北檐台 1.15 米，为规整长方体，东西向摆放，长 0.50、宽 0.33、厚 0.18 米。两柱础石后期均被 F3 利用（彩版 3-75）。

### 6. 祭台遗迹

祭台位于中间北部、北檐墙下正中，平面呈东西向长方形，东西长 4.20、南北宽 0.95 米。因后期破坏，现仅残存底层草拌泥迹象，厚度约 0.01 米（彩版 3-76）。

### 7. 地面残留

F8 地面以红褐色土铺垫而成，现存东西长 9.75、南北宽 5.40、北部厚 0.24、南部厚 0.42 米。上部用平夯夯筑，其内夹零星瓷器、瓦当、脊兽残块及较多瓦片。F8 踩踏面北部尚存长 9.75、宽约 4.20、厚约 0.03 米的一部分。F8 废弃后地面遭到严重破坏。

F8草拌泥

彩版 3-76　F8 祭台及底部草拌泥迹象

### 8.殿门位置

F8 遗址位居家庙建筑群最北端，其北檐墙亦是家庙院落的北墙，此时墓地已停用多年，无需开设通往墓地的北门，而北檐墙内居中设置的祭台亦表明 F8 仅有南殿门。殿门位置应居于南檐墙下部正中，但南檐墙基均毁，殿门遗迹亦破坏无存。

### （二）路径遗迹

F8 南门外、庭院中有石子铺成路径两条，编号 L1、L2。两条路径于中部垂直相交成"十"字形，十字中心鼓起，四边呈缓坡状下延。路面轴线以单砖纵向平铺连接而成，横截面略显中高侧低鱼脊状。轴线所用青砖长 27.5、宽 11.3、厚 5.0 厘米（彩版 3-77）。

L1 呈南北向，北起 F8 南门前，南向应通往前殿，以小鹅卵石子平铺而成，现南北残长 6.00、宽 1.35、高 0.15~0.20 米。南、北两端被后期破坏，仅局部遗留散乱石子（彩版 3-77，上）。

L2 为东西向路径，东、西两端应分别通往 F8 配属建筑，如：跨院等，但因发掘 II 区范围有限，探方中未见其

L1

L2

彩版 3-77　F8 门前石子路

遗迹。路面仍以小鹅卵石子平铺而成，现东西残长 8.15、宽 0.95、高 0.15~0.20 米。西端亦遭晚期破坏而仅剩散乱零星石子（彩版 3-77，下）。

### （三）F8 配属院落遗存

F8 配属院落位于 F8 南门前，其内包含 L1、L2 两条路径，平面呈南北向长方形，南北残长 19.90、东西宽 9.75 米。北沿在 F8 南檐台下；东、西院墙为 F8 东、西山墙的延伸，即北部为 F8 东、西山墙，中部为院落墙基，现犹存，残长约 18.50、宽 0.80、残高 0.35 米；南部已被五里头小学教学楼基坑完全破坏。围墙墙体采用红褐色土以尖圆形夯杵夯筑而成，夯层厚度 0.20 米，墙内夹杂零星瓷器、瓦碴残片。后期家庙 F7 和 F6 东、西山墙均是在利用了 F8 院落东、西围墙中部墙基基础上经加固而建成。因前期 F9 南部地面北高南低，本期院落内以红褐色土垫高约 0.30 米，使院内地面基本持平。

### （四）家庙格局与南门位置推测

发掘 I 区第⑤层下垫土中出土较多建筑构件及瓷器碎片，其形制、风格与 II 区⑥层中出土 F8 遗物一致，就地层关系而言，I 区第⑤层与 II 区第⑤层均属 F7 建筑群所居层位，F7 南端应在现小学教学楼之下。推测 F7 建成后因南门外低洼可能将 F8 南部建筑废墟整平铺垫作为门前路面垫土层，故其中含较多 F8 建筑残件。由此知，以 F8 为主殿的吕氏家庙建筑规模较大，就残留遗迹南北间距分析，可能呈两进院式结构，前部延伸至小学教学楼南。后因晚期 F7 南门前路面平整及现在五里头小学教学楼基坑挖掘，将原 F8 建筑群南部与南围墙、南门等踪迹完全破坏。

### （五）出土遗物

该层与 F8 所出包含物丰富，有较多前期遗存，发掘现场共计清理瓷、陶器残片，建筑构件、金属钱币等遗物 565 件。经整理后提取各类标本 58 件，现根据质地用途分类叙述。

#### 1. 瓷器

II 区第⑥层中出土瓷片共 211 件（表 3-13），包括北宋、金、元、明四个历史时期，器形有碗、盘、瓶、缸等不同部位残片，共选择标本 11 件（组）。

（1）白釉口沿瓷片　1 件。

II-T303⑥：3，出于探方⑥层北部偏东处。似为碗口沿残片，无法修复成形。轮制。敞口、微卷沿、尖圆唇，斜腹微弧。内、外面施白釉。釉色白中泛青。釉面较光亮有棕眼。釉面明亮有玻璃光泽。浅土黄色胎坚硬致密。外壁口沿下有弦纹一周。残高 3.0、残宽 4.1 厘米（彩版 3-78）。

（2）白釉黑花瓷片　1 组 2 件。

II-T405⑥：46、47，出于探方⑥层西壁下。广口、弧腹特征似为缸类容器口沿与腹部残片，无法修复成形。轮制。内、外壁施白釉。釉面较明亮。白胎，胎

彩版 3-78　白釉黑花瓷片 II-T405⑥：47

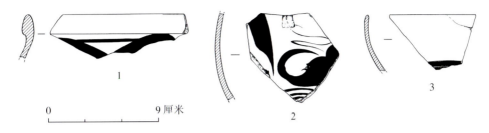

图 3-35 F8 出土瓷片

1、2. 白釉黑花瓷片Ⅱ-T405 ⑥：46、Ⅱ-T405 ⑥：47 3. 白釉酱彩瓷片Ⅱ-T303 ⑥：1

质坚硬，稍显粗糙，断碴处表面为浅土黄色。外壁绘草叶纹。

Ⅱ-T405 ⑥：46，口沿残片。侈口，厚立沿，尖圆唇，微束颈，其下残，施白釉。残高 3.6、残宽 11.8 厘米（图 3-35，1；彩版 3-79，左）。

Ⅱ-T405 ⑥：47，缸腹部残片。微有弧度，外面残留图案线条清晰、黑白分明，内面布满土渍。残高 7.0、残宽 7.7 厘米（图 3-35，2；彩版 3-79，右）。

（3）白釉酱彩瓷片 2 件。

Ⅱ-T303 ⑥：1，出于探方⑥层北壁偏西处。似为碗口沿残片，无法修复成形。轮制。敞口，圆唇，斜弧腹。内、外壁施白釉。釉色发灰，釉面有光泽。白胎较细密。外壁下腹以酱彩绘制图案，因残缺图案内容不明。残高 4.7、残宽 7.2 厘米（图 3-35，3）。

Ⅱ-T403 ⑥：5，出于探方⑥层中 F8 西围墙内侧。碗下腹与底部残片，无法修复成形。轮制。弧腹，微圜底，圈足外撇，足沿稍上卷。内、外壁施白釉，足沿露胎。釉面明亮，局部有垂釉，内底外围刮釉出涩圈一周。胎色灰白，胎质坚硬。涩圈外围饰细条状酱彩一周，外壁下腹至足施酱彩，其上有刻划线状纹样。残高 4.7、残宽 8.8 厘米（彩版 3-80）。

（4）青白釉碗底 1 件。

Ⅱ-T405 ⑥：37，出土于探方⑥层东部。碗下腹、底部残片，无法修复成形。轮制。弧腹，微圜底，圈足。内壁施青白釉，釉面较匀，有光泽，底、腹相交处刮釉成涩圈一周；外壁于下腹施酱釉一圈，釉面

彩版 3-79 白釉黑花瓷片Ⅱ-T405 ⑥：46

彩版 3-80 白釉酱彩瓷片Ⅱ-T403 ⑥：5

不匀。浅土黄色胎较粗，内含褐色小颗粒。残高 3.2、底径 6.0 厘米（图 3-36，1；彩版 3-81）。

（5）器底瓷片　1 件。

Ⅱ-T404 ⑥：31，出于探方⑥层东北部。瓶底残片，无法修复成形。轮制。深直腹，平底，圈足，内底心尖凸。内面施酱釉，有光泽。外面露胎，露胎处腹壁表面显土红色，外底面呈土黄色。灰胎坚硬。足沿有粘砂。残高 3.9、底径 10.5 厘米（图 3-36，2）。

（6）茶叶末釉覆莲式器座　1 件。

Ⅱ-T203 ⑥：16，出于探方⑥层北壁下。为某器物的底座，现仅余一半，可修复成形。轮制切削而成。原为八曲覆莲式，顶有圆孔，器壁上薄下厚，底沿宽平。外壁施釉至近底处，内壁上部有釉，余处露胎。茶叶末釉釉面较亮，有土渍。浅土黄色胎，坚硬而略粗糙。高 2.7、底沿径 6.3 厘米（图 3-36，3；彩版 3-82）。

（7）酱釉器底　1 件。

Ⅱ-T204 ⑥：22，出于探方⑥层西部偏中处。应为缸类底部残片，无法修复成形。轮制。器壁较厚，斜直腹，平底，隐圈足。器内底面施酱釉，余处露胎；外壁下腹有酱釉，其下露胎，推测上部应施酱釉，因残缺而不见。浅灰色胎较粗糙。残高 5.6、足外径 9.2 厘米（图 3-37，1）。

彩版 3-81　青白釉碗底瓷片Ⅱ-T405 ⑥：37

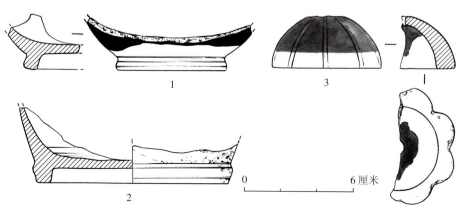
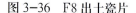

图 3-36　F8 出土瓷片

1、2. 碗底瓷片Ⅱ-T405 ⑥：37、Ⅱ-T404 ⑥：31　3. 茶叶末釉器底座瓷片Ⅱ-T203 ⑥：16

彩版 3-82　茶叶末釉覆莲式器座Ⅱ-T203 ⑥：16

（8）青花瓷片　1件。

Ⅱ-T403⑥：4，出于探方⑥层中部。形似盘底残片，无法修复成形。轮制。微弧腹，厚平底，卧足。器内面施釉，以青花绘双线圈，内绘花叶纹；外施釉不及足，足外围、足内墙局部露胎，露胎处表面显浅土黄色。白胎，断碴处显浅土黄色。残高2.2、残宽5.9、卧足高0.5厘米（图3-37，2；彩版3-83）。

（9）青花口沿瓷片　1件。

Ⅱ-T405⑥：27，出于探方⑥层东部。应属盏口沿残片，无法修复成形。轮制。敞口，微卷沿，圆唇，腹壁斜直微弧。内、外壁施釉。釉面细腻光泽。白胎纯净，胎质坚硬细密，断碴表面有土锈，呈土黄色。口沿内以青花绘斜线方格纹与点纹相间的条状带饰一周。口沿外有青花点饰纹带一周。残高2.3、残宽4.2厘米（图3-37，3）。

（10）青花器底　1件。

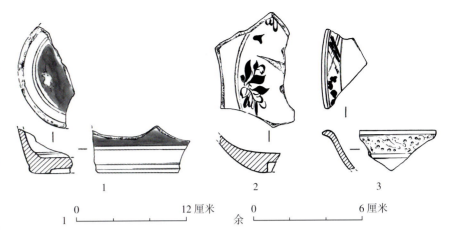

图3-37　F8出土瓷片

1.酱釉器底Ⅱ-T204⑥：22　2.青花瓷片Ⅱ-T403⑥：4　3.青花口沿瓷片Ⅱ-T405⑥：27

彩版3-83　青花瓷片Ⅱ-T403⑥：4　彩版3-84　青花器底瓷片Ⅱ-T403⑥：3

Ⅱ-T403⑥：3，出于探方⑥层东南角。似属碟底残片，无法修复成形。轮制。微圜底，圈足。内、外壁施釉。釉层均匀。釉面明亮。胎色白，胎质坚硬细密。内底绘青花双线圈，其中仍以青花绘荷叶、莲花图案。残高1.4、足外径5.4厘米（彩版3-84）。

表3-13　2010年蓝田吕氏家庙遗址Ⅱ区第⑥层出土瓷器整理登记表

| 整理号 | 类别 | 名称 | 数量 | 出土位置 | 尺寸（厘米） | 时代 | 出土状态 | 现状 | 备注 |
|---|---|---|---|---|---|---|---|---|---|
| Ⅱ-T205⑥：3 | 白釉 | 口沿瓷片 | 1件 | 探方西部 | 残高1.9、残宽3.4 | 唐 | 残 | 残 | |
| Ⅱ-T405⑥：26 | 青釉 | 小碗瓷片 | 1件 | 探方东部 | 高3.9、残宽6.9 | 唐 | 残 | 残 | |
| Ⅱ-T405⑥：53 | 白釉 | 碗底瓷片 | 1件 | F8西山墙内偏北处 | 残高1.3、底径6.3 | 唐 | 残 | 残 | |
| Ⅱ-T405⑥：56 | 白釉 | 碗底瓷片 | 1件 | 探方中部 | 残高2.0、底径8.0 | 唐 | 残 | 残 | |
| Ⅱ-T405⑥：57 | 白釉 | 碗底瓷片 | 1件 | 探方中部偏南处 | 残高1.1、底径5.6 | 唐 | 残 | 残 | |
| Ⅱ-T203⑥：18 | 青釉 | 口沿瓷片 | 1件 | 西壁下中部 | 残高3.6、残宽4.5 | 宋 | 残 | 残 | |

续表 3-13

| 整理号 | 类别 | 名称 | 数量 | 出土位置 | 尺寸（厘米） | 时代 | 出土状态 | 现状 | 备注 |
|---|---|---|---|---|---|---|---|---|---|
| II-T203⑥：20 | 青釉 | 口沿瓷片 | 1件 | 南壁下偏东处 | 残高2.9、残宽3.5 | 宋 | 残 | 残 | |
| II-T203⑥：26 | 青釉 | 器底瓷片 | 1件 | 南壁下中部 | 残高4.3、残宽12.0 | 宋 | 残 | 残 | |
| II-T203⑥：28 | 青釉 | 器底瓷片 | 1件 | 北壁下偏西处 | 残高2.5、残宽7.0 | 宋 | 残 | 残 | |
| II-T203⑥：29 | 青釉 | 器底瓷片 | 1件 | 西壁下偏南处 | 残高1.7、残宽5.6 | 宋 | 残 | 残 | |
| II-T203⑥：30 | 青釉 | 器底瓷片 | 1件 | 探方西北角 | 残高2.2、残宽5.6 | 宋 | 残 | 残 | |
| II-T203⑥：31 | 青釉 | 器底瓷片 | 1件 | 南壁下偏东处 | 残高2.7、残宽4.1 | 宋 | 残 | 残 | |
| II-T203⑥：32 | 青釉 | 器底瓷片 | 1件 | 西壁下偏南处 | 残高2.3、残宽4.6 | 宋 | 残 | 残 | |
| II-T204⑥：1 | 青釉 | 口沿瓷片 | 1件 | 北壁下偏东处 | 残高5.5、残宽8.0 | 宋 | 残 | 残 | |
| II-T204⑥：2 | 青釉 | 口沿瓷片 | 1件 | 北壁下中部 | 残高4.3、残宽5.2 | 宋 | 残 | 残 | |
| II-T204⑥：3 | 青釉 | 口沿瓷片 | 1件 | 西壁下偏北处 | 残高4.2、残宽3.1 | 宋 | 残 | 残 | |
| II-T204⑥：9 | 青釉 | 瓷片 | 1件 | 探方西南角 | 残长5.1、残宽4.1 | 宋 | 残 | 残 | |
| II-T206⑥：9 | 青釉 | 瓷片 | 1件 | 探方北部 | 残长4.3、残宽3.0 | 宋 | 残 | 残 | |
| II-T206⑥：10 | 青釉 | 碗底瓷片 | 1件 | 探方北部 | 残高2.2、底径5.2 | 宋 | 残 | 残 | |
| II-T303⑥：6 | 青釉 | 瓷托口沿瓷片 | 1件 | 探方中部 | 残高1.5、残宽3.4 | 宋 | 残 | 残 | |
| II-T303⑥：10 | 青釉 | 瓷片 | 1件 | 东壁下中部 | 残长2.9、残宽2.7 | 宋 | 残 | 残 | |
| II-T303⑥：11 | 青釉 | 瓷片 | 1件 | 南壁下偏东处 | 残长2.8、残宽2.3 | 宋 | 残 | 残 | |
| II-T305⑥：1 | 青釉 | 瓷片 | 1件 | 北壁下偏西处 | 残长6.6、残宽4.2 | 宋 | 残 | 残 | |
| II-T305⑥：2 | 青釉 | 瓷片 | 1件 | 西壁下偏北处 | 残长4.0、残宽3.2 | 宋 | 残 | 残 | |
| II-T306⑥：1 | 青釉 | 碗口沿瓷片 | 1件 | 探方中部 | 残高3.0、残宽5.3 | 宋 | 残 | 残 | |
| II-T306⑥：4 | 青釉 | 碗口沿瓷片 | 1件 | 探方中部 | 残高2.3、残宽1.6 | 宋 | 残 | 残 | |
| II-T306⑥：7 | 青釉 | 瓷片 | 1件 | 探方中部偏南部 | 残长4.4、残宽3.3 | 宋 | 残 | 残 | |
| II-T306⑥：9 | 青釉 | 瓷片 | 1件 | 探方东南部 | 残长2.9、残宽2.9 | 宋 | 残 | 残 | |
| II-T306⑥：12 | 青釉 | 碗底瓷片 | 1件 | 探方东北部 | 残高2.0、残宽4.7 | 宋 | 残 | 残 | |
| II-T306⑥：14 | 青釉 | 口沿瓷片 | 1件 | 探方西南角 | 残高2.7、残宽1.7 | 宋 | 残 | 残 | |
| II-T306⑥：15 | 青釉 | 瓷片 | 1件 | 探方西壁下中部 | 残长3.4、残宽2.6 | 宋 | 残 | 残 | |
| II-T306⑥：18 | 青釉 | 碟瓷片 | 1件 | 探方北部 | 残高1.1、残宽4.7 | 宋 | 残 | 残 | |
| II-T306⑥：19 | 青釉 | 碗底瓷片 | 1件 | 探方东壁下偏北处 | 残高1.8、残宽4.2 | 宋 | 残 | 残 | |
| II-T306⑥：20 | 青釉 | 口沿瓷片 | 1件 | 探方西北部 | 残高3.8、残宽4.2 | 宋 | 残 | 残 | |
| II-T306⑥：28 | 青釉 | 瓷片 | 1件 | 探方东壁下 | 残长4.1、残宽3.0 | 宋 | 残 | 残 | |
| II-T404⑥：23 | 青釉 | 碗底瓷片 | 1件 | 探方第⑥层 | 残高1.7、残宽5.0 | 宋 | 残 | 残 | |
| II-T405⑥：14 | 青釉 | 器腹瓷片 | 1件 | 探方西部 | 残长2.7、残宽2.5 | 宋 | 残 | 残 | |
| II-T405⑥：17 | 青釉 | 器腹瓷片 | 1件 | 探方西南部 | 残长2.7、残宽2.1 | 宋 | 残 | 残 | |
| II-T405⑥：18 | 青釉 | 碟底瓷片 | 1件 | 探方中部偏西 | 残高1.2、残宽4.5 | 宋 | 残 | 残 | |
| II-T405⑥：22 | 青釉 | 碗底瓷片 | 1件 | 探方西部 | 残高1.5、底径6.9 | 宋 | 残 | 残 | |
| II-T405⑥：25 | 青釉 | 器腹瓷片 | 1件 | 探方西南角 | 残长6.1、残宽4.8 | 宋 | 残 | 残 | |
| II-T405⑥：38 | 青釉 | 碗口沿瓷片 | 1件 | 探方西部 | 残高3.2、残宽3.7 | 宋 | 残 | 残 | |

续表 3-13

| 整理号 | 类别 | 名称 | 数量 | 出土位置 | 尺寸（厘米） | 时代 | 出土状态 | 现状 | 备注 |
|---|---|---|---|---|---|---|---|---|---|
| Ⅱ-T405⑥：40 | 青釉 | 瓶颈瓷片 | 1件 | 探方西部 | 残高4.3、残宽5.8 | 宋 | 残 | 残 | |
| Ⅱ-T405⑥：44 | 青釉 | 碟口沿瓷片 | 1件 | 探方东壁下偏北处 | 高1.8、残宽9.5 | 宋 | 残 | 残 | |
| Ⅱ-T405⑥：51 | 青釉 | 碗底瓷片 | 1件 | 探方北壁下偏西处 | 残高1.9、残宽4.2 | 宋 | 残 | 残 | |
| Ⅱ-T406⑥：13 | 青釉 | 碗口沿瓷片 | 1件 | 探方中部 | 残高2.4、残宽3.0 | 宋 | 残 | 残 | |
| Ⅱ-T406⑥：14 | 白釉 | 碗底瓷片 | 1件 | 探方中部 | 残高1.1、底径4.6 | 宋 | 残 | 残 | |
| Ⅱ-T203⑥：19 | 青釉 | 口沿瓷片 | 1件 | 探方中部 | 残高3.5、残宽4.4 | 金 | 残 | 残 | |
| Ⅱ-T203⑥：21 | 青釉 | 口沿瓷片 | 1件 | 探方西壁下偏北处 | 残高2.2、残宽3.7 | 金 | 残 | 残 | |
| Ⅱ-T203⑥：22 | 青釉 | 口沿瓷片 | 1件 | 探方北壁下中部 | 残高8.0、残宽2.8 | 金 | 残 | 残 | |
| Ⅱ-T203⑥：23 | 白釉 | 口沿瓷片 | 1件 | 探方南壁下中部 | 残高3.8、残宽4.3 | 金 | 残 | 残 | |
| Ⅱ-T203⑥：24 | 青釉 | 瓷片 | 1件 | 探方西壁下偏南处 | 残长6.2、残宽3.4 | 金 | 残 | 残 | |
| Ⅱ-T203⑥：27 | 青釉 | 器底瓷片 | 1件 | 探方西壁下中部 | 残高3.1、残宽5.3 | 金 | 残 | 残 | |
| Ⅱ-T203⑥：33 | 酱釉 | 碗底瓷片 | 1件 | 探方东北角 | 残高2.5、底径4.5 | 金 | 残 | 残 | |
| Ⅱ-T204⑥：4 | 青釉 | 口沿瓷片 | 1件 | 探方东壁下偏北处 | 残高2.9、残宽2.0 | 金 | 残 | 残 | |
| Ⅱ-T204⑥：6 | 青釉 | 口沿瓷片 | 1件 | 探方西南角 | 残高4.6、残宽2.9 | 金 | 残 | 残 | |
| Ⅱ-T204⑥：10 | 青釉 | 瓷片 | 1件 | 探方西壁下偏北处 | 残长3.7、残宽2.2 | 金 | 残 | 残 | |
| Ⅱ-T204⑥：11 | 青釉 | 瓷片 | 1件 | 探方东壁下中部 | 残长4.3、残宽3.1 | 金 | 残 | 残 | |
| Ⅱ-T204⑥：17 | 酱釉 | 器底瓷片 | 1件 | 探方南壁下中部 | 残高4.3、底径18.0 | 金 | 残 | 残 | |
| Ⅱ-T204⑥：18 | 酱釉 | 瓷片 | 1件 | 探方东壁下偏南处 | 残高18.0、残宽8.4 | 金 | 残 | 残 | |
| Ⅱ-T205⑥：1 | 青釉 | 碗口沿瓷片 | 1件 | 探方西部 | 残高4.2、残宽7.0 | 金 | 残 | 残 | |
| Ⅱ-T205⑥：4 | 青釉 | 瓷片 | 1件 | 探方西部 | 残长4.0、残宽3.2 | 金 | 残 | 残 | |
| Ⅱ-T205⑥：5 | 青釉 | 瓷片 | 1件 | 探方西部 | 残长2.8、残宽2.2 | 金 | 残 | 残 | |
| Ⅱ-T206⑥：8 | 青釉 | 瓷片 | 1件 | 探方北部 | 残长4.5、残宽4.0 | 金 | 残 | 残 | |
| Ⅱ-T303⑥：7 | 黑釉 | 碗口沿瓷片 | 1件 | 探方东北角 | 残高5.5、残宽5.8 | 金 | 残 | 残 | |
| Ⅱ-T303⑥：9 | 青釉 | 瓷片 | 1件 | 石子路L1东边沿中部 | 残长4.8、残宽4.7 | 金 | 残 | 残 | |
| Ⅱ-T303⑥：17 | 青釉 | 碗底瓷片 | 1件 | 探方西北角 | 残高2.3、底径5.3 | 金 | 残 | 残 | |
| Ⅱ-T303⑥：18 | 青釉 | 碗底瓷片 | 1件 | 探方东壁下偏北处 | 残高1.5、残宽3.7 | 金 | 残 | 残 | |
| Ⅱ-T305⑥：3 | 青釉 | 碗底瓷片 | 1件 | 探方北壁下中部 | 残高2.3、残宽7.0 | 金 | 残 | 残 | |
| Ⅱ-T306⑥：2 | 青釉 | 碗口沿瓷片 | 1件 | 探方中部 | 残高3.5、残宽5.4 | 金 | 残 | 残 | |
| Ⅱ-T306⑥：3 | 青釉 | 碗口沿瓷片 | 1件 | 探方中部 | 残高2.6、残宽3.6 | 金 | 残 | 残 | |
| Ⅱ-T306⑥：6 | 青釉 | 瓷片 | 1件 | 探方中部 | 残长4.2、残宽3.0 | 金 | 残 | 残 | |
| Ⅱ-T306⑥：10 | 青釉 | 瓷片 | 1件 | 探方中部 | 残长3.5、残宽2.5、 | 金 | 残 | 残 | |
| Ⅱ-T306⑥：11 | 青釉 | 瓷片 | 1件 | 探方中部 | 残长4.0、残宽3.0 | 金 | 残 | 残 | |
| Ⅱ-T306⑥：16 | 青釉 | 瓷片 | 1件 | 探方西北角 | 残长5.0、残宽3.4 | 金 | 残 | 残 | |
| Ⅱ-T306⑥：17 | 青釉 | 瓷片 | 1件 | 探方东壁下中部 | 残长6.0、残宽2.8 | 金 | 残 | 残 | |
| Ⅱ-T306⑥：26 | 青釉 | 碗口沿瓷片 | 1件 | 探方东壁下 | 残高3.0、残宽3.6 | 金 | 残 | 残 | |
| Ⅱ-T405⑥：7 | 青釉 | 碗口沿瓷片 | 1件 | 探方西部 | 残高3.1、残宽3.0 | 金 | 残 | 残 | |

续表 3-13

| 整理号 | 类别 | 名称 | 数量 | 出土位置 | 尺寸（厘米） | 时代 | 出土状态 | 现状 | 备注 |
|---|---|---|---|---|---|---|---|---|---|
| Ⅱ-T405⑥：12 | 青釉 | 器腹瓷片 | 1件 | 探方西部 | 残长2.2、残宽2.0 | 金 | 残 | 残 | |
| Ⅱ-T405⑥：13 | 青釉 | 器腹瓷片 | 1件 | 探方西部 | 残长3.1、残宽3.1 | 金 | 残 | 残 | |
| Ⅱ-T405⑥：23 | 青釉 | 碗底瓷片 | 1件 | 探方西部 | 残高2.0、残宽4.6 | 金 | 残 | 残 | |
| Ⅱ-T405⑥：36 | 青釉 | 碗底瓷片 | 1件 | 探方东部 | 残高1.9、残宽4.5 | 金 | 残 | 残 | |
| Ⅱ-T405⑥：50 | 青釉 | 碗底瓷片片 | 1件 | 探方西山墙内中部 | 残高2.5、残宽7.6 | 金 | 残 | 残 | |
| Ⅱ-T405⑥：52 | 蓝釉 | 碗底瓷片 | 1件 | 探方北壁下偏西处 | 残高4.0、残宽5.5 | 金 | 残 | 残 | |
| Ⅱ-T405⑥：58 | 黑釉 | 瓶底瓷片 | 1件 | 探方北壁下中部 | 残高2.3、底径4.2 | 金 | 残 | 残 | |
| Ⅱ-T406⑥：1 | 黑釉 | 碗口沿瓷片 | 1件 | 探方西部 | 残高4.5、残宽6.2 | 金 | 残 | 残 | |
| Ⅱ-T406⑥：2 | 黑釉 | 碗口沿瓷片 | 1件 | 探方西部 | 残高3.8、残宽3.1 | 金 | 残 | 残 | |
| Ⅱ-T406⑥：3 | 白釉 | 器腹瓷片 | 1件 | 探方中部 | 残长3.4、残宽2.4 | 金 | 残 | 残 | |
| Ⅱ-T406⑥：5 | 青釉 | 器腹瓷片 | 1件 | 探方北部 | 残长3.4、残宽2.3 | 金 | 残 | 残 | |
| Ⅱ-T406⑥：7 | 蓝釉 | 碗底瓷片 | 1件 | 探方西北部 | 残高2.3、残宽6.3 | 金 | 残 | 残 | |
| Ⅱ-T406⑥：9 | 黑釉 | 碗底瓷片 | 1件 | 探方西南部 | 残高1.6、残宽4.2 | 金 | 残 | 残 | |
| Ⅱ-T406⑥：12 | 青釉 | 碗口沿瓷片 | 1件 | 探方中部 | 残高3.6、残宽3.5 | 金 | 残 | 残 | |
| Ⅱ-T204⑥：12 | 白釉 | 器底瓷片 | 1件 | 探方西部 | 残高1.9、残宽5.6 | 金-元 | 残 | 残 | |
| Ⅱ-T405⑥：21 | 白釉 | 碗底瓷片 | 1件 | 探方西部 | 残高2.5、底径8.0 | 金-元 | 残 | 残 | |
| Ⅱ-T405⑥：34 | 白釉 | 器底瓷片 | 1件 | 探方西部 | 残高3.2、底径8.0 | 金-元 | 残 | 残 | |
| Ⅱ-T405⑥：54 | 酱釉 | 碗底瓷片 | 1件 | 探方东北角 | 残高1.8、底径6.0 | 金-元 | 残 | 残 | |
| Ⅱ-T203⑥：34 | 青釉 | 器底瓷片 | 1件 | 探方中部 | 残高3.0、底径6.5 | 元 | 残 | 残 | |
| Ⅱ-T204⑥：8 | 青釉 | 口沿瓷片 | 1件 | 探方东壁下中部 | 残高2.8、残宽3.1 | 元 | 残 | 残 | |
| Ⅱ-T205⑥：8 | 白釉 | 碗底瓷片 | 1件 | 探方西部 | 残高1.4、残宽5.5 | 元 | 残 | 残 | |
| Ⅱ-T306⑥：25 | 白釉 | 碗口沿瓷片 | 1件 | 探方东壁下 | 残高4.7、残宽5.6 | 元 | 残 | 残 | |
| Ⅱ-T403⑥：6 | 黑釉 | 碗底瓷片 | 1件 | 探方北部 | 残高3.5、底径8.6 | 元 | 残 | 残 | |
| Ⅱ-T405⑥：43 | 黑釉 | 碗底瓷片 | 1件 | 探方第⑤层下 | 残高1.8、残宽5.3 | 元 | 残 | 残 | |
| Ⅱ-T406⑥：8 | 白釉 | 碗底瓷片 | 1件 | 探方西部 | 残高1.4、底径8.0 | 元 | 残 | 残 | |
| Ⅱ-T406⑥：10 | 青釉 | 碗口沿瓷片 | 1件 | 探方中部 | 残高3.1、残宽7.8 | 元 | 残 | 残 | |
| Ⅱ-T406⑥：11 | 青釉 | 碗口沿瓷片 | 1件 | 探方中部 | 残高4.6、残宽3.5 | 元 | 残 | 残 | |
| Ⅱ-T203⑥：25 | 黑釉 | 瓷片 | 1件 | 探方中部 | 残长5.3、残宽3.9 | 元～明 | 残 | 残 | |
| Ⅱ-T204⑥：5 | 青釉 | 口沿瓷片 | 1件 | 探方西壁下中部 | 残高2.7、残宽3.5 | 元～明 | 残 | 残 | |
| Ⅱ-T204⑥：7 | 白釉 | 口沿瓷片 | 1件 | 探方东北角 | 残高2.9、残宽3.4 | 元～明 | 残 | 残 | |
| Ⅱ-T204⑥：13 | 酱釉 | 瓷片 | 1件 | 探方南壁下偏西处 | 残长5.0、残宽3.3 | 元～明 | 残 | 残 | |
| Ⅱ-T204⑥：14 | 黑釉 | 瓷片 | 1件 | 探方西北角 | 残长4.1、残宽2.9 | 元～明 | 残 | 残 | |
| Ⅱ-T204⑥：15 | 黑釉 | 瓷片 | 1件 | 探方西南角 | 残长3.7、残宽2.9 | 元～明 | 残 | 残 | |
| Ⅱ-T204⑥：16 | 黑釉 | 瓷片 | 1件 | 探方东壁下偏南处 | 残长4.0、残宽2.6 | 元～明 | 残 | 残 | |
| Ⅱ-T204⑥：19 | 酱釉 | 瓷片 | 1件 | 探方西壁下中部 | 残长4.5、残宽2.5 | 元～明 | 残 | 残 | |
| Ⅱ-T204⑥：20 | 酱釉 | 瓷片 | 1件 | 探方中部 | 残高6.0、残宽7.5 | 元～明 | 残 | 残 | |

续表 3-13

| 整理号 | 类别 | 名称 | 数量 | 出土位置 | 尺寸（厘米） | 时代 | 出土状态 | 现状 | 备注 |
|---|---|---|---|---|---|---|---|---|---|
| II-T204⑥：21 | 白釉 | 瓷片 | 1件 | 探方中部 | 残长6.6、残宽3.3 | 元~明 | 残 | 残 | |
| II-T205⑥：2 | 黑釉 | 口沿瓷片 | 1件 | 探方西部 | 残高2.3、残宽3.7 | 元~明 | 残 | 残 | |
| II-T205⑥：6 | 黑釉 | 瓷片 | 1件 | 探方西部 | 残长9.4、残宽4.4 | 元~明 | 残 | 残 | |
| II-T206⑥：6 | 青釉 | 碗口沿瓷片 | 1件 | 探方中部 | 残高4.1、残宽3.0 | 元~明 | 残 | 残 | |
| II-T303⑥：4 | 白釉 | 口沿瓷片 | 1件 | 探方石子路西边中部 | 残高3.8、残宽2.2 | 元~明 | 残 | 残 | |
| II-T303⑥：5 | 白釉 | 碗口沿瓷片 | 1件 | 探方东壁下中部 | 残高3.7、残宽3.4 | 元~明 | 残 | 残 | |
| II-T303⑥：12 | 青釉 | 瓷片 | 1件 | 探方西壁下偏南处 | 残长2.8、残宽2.4 | 元~明 | 残 | 残 | |
| II-T303⑥：13 | 白釉 | 瓷片 | 1件 | 探方东南角 | 残长3.6、残宽2.9 | 元~明 | 残 | 残 | |
| II-T303⑥：14 | 酱釉 | 瓷片 | 1件 | 探方南壁下中部 | 残长4.5、残宽3.3 | 元~明 | 残 | 残 | |
| II-T303⑥：16 | 黑釉 | 瓷片 | 1件 | 探方北壁下偏西处 | 残长2.9、残宽2.6 | 元~明 | 残 | 残 | |
| II-T306⑥：5 | 青釉 | 瓷片 | 1件 | 探方中部 | 残长4.3、残宽3.0 | 元~明 | 残 | 残 | |
| II-T306⑥：8 | 青釉 | 瓷片 | 1件 | 探方中部 | 残长3.4、残宽3.3 | 元~明 | 残 | 残 | |
| II-T306⑥：13 | 黑釉 | 瓷片 | 1件 | 探方中部 | 残长3.7、残宽1.7 | 元~明 | 残 | 残 | |
| II-T306⑥：21 | 青釉 | 瓷片 | 1件 | 探方北部 | 残长4.5、残宽2.5 | 元~明 | 残 | 残 | |
| II-T306⑥：22 | 青釉 | 瓷片 | 1件 | 探方北部 | 残长3.0、残宽1.4 | 元~明 | 残 | 残 | |
| II-T306⑥：23 | 白釉 | 瓷片 | 1件 | 探方北部 | 残长4.6、残宽4.5 | 元~明 | 残 | 残 | |
| II-T306⑥：27 | 黑釉 | 盏口沿瓷片 | 1件 | 东壁下 | 残高5.0、残宽2.5 | 元~明 | 残 | 残 | |
| II-T404⑥：1 | 白釉 | 碗口沿瓷片 | 1件 | 探方东北角 | 残高3.4、残宽6.1 | 元~明 | 残 | 残 | |
| II-T404⑥：3 | 白釉 | 碗口沿瓷片 | 1件 | 探方西壁下中部 | 残高5.4、残宽4.7 | 元~明 | 残 | 残 | |
| II-T404⑥：6 | 青釉 | 碗口沿瓷片 | 1件 | 探方南壁下偏西处 | 残高4.9、残宽1.9 | 元~明 | 残 | 残 | |
| II-T404⑥：12 | 白釉 | 瓷片 | 1件 | 探方东南角 | 残长3.5、残宽2.7 | 元~明 | 残 | 残 | |
| II-T404⑥：13 | 青釉 | 瓷片 | 1件 | 探方中部 | 残长5.5、残宽4.5 | 元~明 | 残 | 残 | |
| II-T404⑥：14 | 白釉 | 瓷片 | 1件 | 探方南壁下偏东处 | 残长3.1、残宽3.0 | 元~明 | 残 | 残 | |
| II-T404⑥：15 | 白釉 | 瓷片 | 1件 | 探方东南角 | 残长3.7、残宽3.1 | 元~明 | 残 | 残 | |
| II-T404⑥：16 | 黑釉 | 瓷片 | 1件 | 探方中部 | 残长3.5、残宽2.2 | 元~明 | 残 | 残 | |
| II-T404⑥：18 | 黑釉 | 瓷片 | 1件 | 探方西壁下偏北处 | 残长5.2、残宽4.6 | 元~明 | 残 | 残 | |
| II-T404⑥：19 | 黑釉 | 瓷片 | 1件 | 探方东壁下偏南处 | 残长5.0、残宽3.4 | 元~明 | 残 | 残 | |
| II-T404⑥：20 | 黑釉 | 瓷片 | 1件 | 探方西南角 | 残长8.3、残宽4.6 | 元~明 | 残 | 残 | |
| II-T405⑥：6 | 白釉 | 碗口沿瓷片 | 1件 | 西部 | 残高2.7、残宽1.5 | 元~明 | 残 | 残 | |
| II-T405⑥：8 | 白釉 | 碗口沿瓷片 | 1件 | 探方西部 | 残高2.5、残宽2.5 | 元~明 | 残 | 残 | |
| II-T405⑥：9 | 青釉 | 碗口沿瓷片 | 1件 | 探方西部 | 残高2.8、残宽2.0 | 元~明 | 残 | 残 | |
| II-T405⑥：10 | 白釉 | 碗口沿瓷片 | 1件 | 探方西部 | 残高4.0、残宽2.5 | 元~明 | 残 | 残 | |
| II-T405⑥：11 | 青釉 | 器盖口沿瓷片 | 1件 | 探方西部 | 残高1.5、残宽1.5 | 元~明 | 残 | 残 | |
| II-T405⑥：15 | 白釉 | 器腹瓷片 | 1件 | 探方西部 | 残长2.4、残宽2.1 | 元~明 | 残 | 残 | |
| II-T405⑥：16 | 青釉 | 器腹瓷片 | 1件 | 探方西部 | 残长2.5、残宽2.5 | 元~明 | 残 | 残 | |
| II-T405⑥：19 | 白釉 | 器底瓷片 | 1件 | 探方西部 | 残高1.5、残宽2.4 | 元~明 | 残 | 残 | |

续表 3-13

| 整理号 | 类别 | 名称 | 数量 | 出土位置 | 尺寸（厘米） | 时代 | 出土状态 | 现状 | 备注 |
|---|---|---|---|---|---|---|---|---|---|
| II–T405⑥：20 | 青釉 | 瓷片 | 1件 | 探方西部 | 残长3.3、残宽2.4 | 元～明 | 残 | 残 | |
| II–T405⑥：28 | 青釉 | 器腹瓷片 | 1件 | 探方东部 | 残长5.7、残宽4.4 | 元～明 | 残 | 残 | |
| II–T405⑥：29 | 青釉 | 瓷片 | 1件 | 探方东部 | 残长3.0、残宽2.0 | 元～明 | 残 | 残 | |
| II–T405⑥：30 | 黑釉 | 器腹瓷片 | 1件 | 探方东部 | 残长2.6、残宽2.6 | 元～明 | 残 | 残 | |
| II–T405⑥：31 | 黑釉 | 器腹瓷片 | 1件 | 探方东部 | 残长4.1、残宽3.3 | 元～明 | 残 | 残 | |
| II–T405⑥：32 | 黑釉 | 器腹瓷片 | 1件 | 探方东部 | 残长2.8、残宽2.2 | 元～明 | 残 | 残 | |
| II–T405⑥：33 | 青釉 | 器腹瓷片 | 1件 | 探方东部 | 残长3.5、残宽2.5 | 元～明 | 残 | 残 | |
| II–T405⑥：39 | 青釉 | 碗口沿瓷片 | 1件 | 探方西部 | 残高2.9、残宽4.3 | 元～明 | 残 | 残 | |
| II–T405⑥：42 | 酱釉 | 罐腹瓷片 | 1件 | 探方第⑤层下 | 残长4.9、残宽4.5 | 元～明 | 残 | 残 | |
| II–T405⑥：49 | 黑釉 | 瓷片 | 1件 | 探方第⑤层下 | 残长5.7、残宽5.3 | 元～明 | 残 | 残 | |
| II–T406⑥：4 | 青釉 | 瓷片 | 1件 | 探方西部 | 残长3.8、残宽2.0 | 元～明 | 残 | 残 | |
| II–T406⑥：6 | 黑釉 | 器腹瓷片 | 1件 | 探方西部 | 残长2.9、残宽1.8 | 元～明 | 残 | 残 | |
| II–T406⑥：15 | 黄釉 | 器腹瓷片 | 1件 | 探方中部 | 残长3.5、残宽1.7 | 元～明 | 残 | 残 | |
| II–T205⑥：7 | 白釉 | 碗底瓷片 | 1件 | 探方西部 | 残高1.4、底径7.0 | 明 | 残 | 残 | |
| II–T303⑥：3 | 白釉 | 口沿瓷片 | 1件 | 探方北部偏东处 | 残高3.0、残宽4.1 | 明 | 残 | 残 | 标本 |
| II–T403⑥：4 | 青釉 | 青花瓷片 | 1件 | 探方中部 | 残高2.2、卧足高0.5 | 明中 | 残 | 残 | 标本 |
| II–T404⑥：10 | 茶叶末釉 | 口沿瓷片 | 1件 | 探方东北部 | 残高8.2、残宽15.8 | 明 | 残 | 残 | |
| II–T404⑥：28 | 红釉 | 罐底瓷片 | 1件 | 探方东壁下中部 | 残高3.4、底径11.0 | 明 | 残 | 残 | |
| II–T404⑥：31 | 酱釉 | 器底瓷片 | 1件 | 探方东北部 | 残高3.9、底径10.5 | 明 | 残 | 残 | 标本 |
| II–T405⑥：4 | 白釉 | 碗口沿瓷片 | 1件 | 探方西部 | 残高3.0、残宽3.5 | 明 | 残 | 残 | |
| II–T405⑥：24 | 茶叶末釉 | 碗底瓷片 | 1件 | 探方西部 | 残高2.0、底径6.4 | 明 | 残 | 残 | |
| II–T405⑥：37 | 酱釉 | 碗底瓷片 | 1件 | 探方东部 | 残高3.2、底径6.0 | 明 | 残 | 残 | 标本 |
| II–T405⑥：46 | 白釉 | 白地黑花瓷片 | 1件 | 探方西壁下 | 残高3.6、残宽11.8 | 明 | 残 | 残 | 标本 |
| II–T405⑥：47 | 白釉 | 白地黑花瓷片 | 1件 | 探方西壁下 | 残高7.0、残宽7.7 | 明 | 残 | 残 | 标本 |
| II–T405⑥：48 | 白釉 | 器腹瓷片 | 1件 | 探方西壁下中部 | 残长5.8、残宽4.3 | 明 | 残 | 残 | |
| II–T405⑥：55 | 茶叶末釉 | 碗底瓷片 | 1件 | 探方南壁下偏西处 | 残高3.7、残宽7.0 | 明 | 残 | 残 | |
| II–T203⑥：17 | 茶叶末釉 | 器盖瓷片 | 1件 | 探方中部 | 残高3.5、残宽3.4 | 明 | 残 | 残 | |
| II–T203⑥：35 | 酱釉 | 器底瓷片 | 1件 | 探方西南角 | 残高3.5、残宽6.0 | 明 | 残 | 残 | |
| II–T206⑥：7 | 白釉 | 碗底瓷片 | 1件 | 探方中部 | 残高2.4、残宽3.3 | 明 | 残 | 残 | |
| II–T303⑥：2 | 白釉 | 碗口沿瓷片 | 1件 | 探方东壁下中部 | 残高3.8、残宽5.9 | 明 | 残 | 残 | |
| II–T303⑥：8 | 黑釉 | 罐口沿瓷片 | 1件 | 探方南壁下中部 | 残高2.1、残宽4.0 | 明 | 残 | 残 | |
| II–T306⑥：24 | 白釉 | 碗底瓷片 | 1件 | 探方东壁下 | 残高3.7、残宽4.5 | 明 | 残 | 残 | |
| II–T403⑥：1 | 白釉 | 碗口沿瓷片 | 1件 | 探方中部 | 残高4.0、残宽6.0 | 明 | 残 | 残 | |

续表 3-13

| 整理号 | 类别 | 名称 | 数量 | 出土位置 | 尺寸（厘米） | 时代 | 出土状态 | 现状 | 备注 |
|---|---|---|---|---|---|---|---|---|---|
| Ⅱ-T404⑥：2 | 白釉 | 碗口沿瓷片 | 1件 | 探方东壁下中部 | 残高4.6、残宽6.1 | 明 | 残 | 残 | |
| Ⅱ-T404⑥：4 | 白釉 | 碗口沿瓷片 | 1件 | 探方西南角 | 残高5.2、残宽9.6 | 明 | 残 | 残 | |
| Ⅱ-T404⑥：5 | 茶叶末釉 | 碗口沿瓷片 | 1件 | 探方南壁下中部 | 残高5.1、残宽13.8 | 明 | 残 | 残 | |
| Ⅱ-T404⑥：8 | 茶叶末釉 | 瓷片 | 1件 | 探方东壁下偏北处 | 残高7.0、残宽9.3 | 明 | 残 | 残 | |
| Ⅱ-T404⑥：9 | 酱釉 | 瓷片 | 1件 | 探方西壁下中部 | 残长8.0、残宽3.7 | 明 | 残 | 残 | |
| Ⅱ-T404⑥：11 | 茶叶末釉 | 瓷片 | 1件 | 探方东南角 | 残高7.4、残宽4.3 | 明 | 残 | 残 | |
| Ⅱ-T404⑥：17 | 黑釉 | 瓷片 | 1件 | 探方南壁下偏西处 | 残高4.5、残宽9.0 | 明 | 残 | 残 | |
| Ⅱ-T404⑥：21 | 白釉 | 碗底瓷片 | 1件 | 探方东北角 | 残高3.0、残宽6.5 | 明 | 残 | 残 | |
| Ⅱ-T404⑥：22 | 黑釉 | 碗底瓷片 | 1件 | 探方北壁下中部 | 残高2.6、残宽4.5 | 明 | 残 | 残 | |
| Ⅱ-T404⑥：26 | 茶叶末釉 | 碗底瓷片 | 1件 | 探方东壁下偏北处 | 残高2.9、残宽8.9、底径6.0 | 明 | 残 | 残 | |
| Ⅱ-T404⑥：27 | 黑釉 | 碗底瓷片 | 1件 | 探方西壁下中部 | 残高2.2、残宽7.2、底径6.1 | 明 | 残 | 残 | |
| Ⅱ-T404⑥：29 | 酱釉 | 罐底瓷片 | 1件 | 探方东南角 | 残高6.1、残宽12.9、底径16.0 | 明 | 残 | 残 | |
| Ⅱ-T404⑥：30 | 黑釉 | 罐底瓷片 | 1件 | 探方北壁下偏西处 | 残高2.9、残宽5.9、底径10.0 | 明 | 残 | 残 | |
| Ⅱ-T405⑥：35 | 青釉 | 碗底瓷片 | 1件 | 探方东部 | 残高2.8、残宽7.4、底径6.0 | 明 | 残 | 残 | |
| Ⅱ-T405⑥：41 | 酱釉 | 罐腹瓷片 | 1件 | 探方第⑤层下 | 残长9.0、残宽8.0 | 明 | 残 | 残 | |
| Ⅱ-T203⑥：16 | 茶叶末釉 | 覆莲式器座 | 1件 | 探方北壁下 | 高2.7、底径6.3 | 明晚 | 残 | 残 | 标本 |
| Ⅱ-T204⑥：22 | 酱釉 | 器底瓷片 | 1件 | 探方西部偏中处 | 残高5.6、足外径9.2 | 明晚 | 残 | 残 | 标本 |
| Ⅱ-T303⑥：1 | 白釉 | 白釉酱彩瓷片 | 1件 | 探方北壁偏西处 | 残高4.7、残宽7.2 | 明晚 | 残 | 残 | 标本 |
| Ⅱ-T303⑥：19 | 茶叶末釉 | 碗底瓷片 | 1件 | 探方中部 | 残高3.9、残宽7.6、底径7.2 | 明晚 | 残 | 残 | |
| Ⅱ-T403⑥：3 | 青花 | 器底瓷片 | 1件 | 探方东南角 | 残高1.4、足外径5.4 | 明晚 | 残 | 残 | 标本 |
| Ⅱ-T403⑥：5 | 白釉 | 白釉酱彩瓷片 | 1件 | F8西围墙内侧 | 残高4.7、残宽8.8 | 明晚 | 残 | 残 | 标本 |
| Ⅱ-T405⑥：27 | 青花 | 口沿瓷片 | 1件 | 探方东部 | 残高2.3、残宽4.2 | 明晚 | 残 | 残 | 标本 |
| Ⅱ-T303⑥：15 | 黑釉 | 瓷片 | 1件 | 探方东壁下中部 | 残长5.5、残宽4.7 | 明晚 | 残 | 残 | |
| Ⅱ-T404⑥：7 | 白釉 | 碗口沿瓷片 | 1件 | 探方中部 | 残高4.1、残宽3.7 | 明晚 | 残 | 残 | |
| Ⅱ-T404⑥：24 | 黑釉 | 碗底瓷片 | 1件 | 探方东部 | 残高2.2、底径6.4 | 明晚 | 残 | 残 | |
| Ⅱ-T404⑥：25 | 白釉 | 碗底瓷片 | 1件 | 探方西北角 | 残高2.3、底径9.4 | 明晚 | 残 | 残 | |
| Ⅱ-T405⑥：5 | 白釉 | 碗口沿瓷片 | 1件 | 探方西部 | 残高3.4、残宽4.3 | 明晚 | 残 | 残 | |
| Ⅱ-T405⑥：45 | 白釉 | 碗口沿瓷片 | 1件 | 探方西壁下中部 | 残高3.7、残宽5.5 | 明晚 | 残 | 残 | |

共211件（组）。

## 2．陶器

Ⅱ区第⑥层共出土陶器残片共25件（表3-14），轮制成型。均为泥质灰陶，整理后选择标本5件。

（1）三足器　1件。

Ⅱ-T306⑥：33，出于探方中部。断裂，粘接修复完整。敛口，宽平沿外斜，斜直腹，平底，内底中部凸起成圆台状，外底下置三兽足。通体素面。通高7.5、口沿径14.1、底径9.0、足高1.5厘米（图3-38，1；彩版3-85）。

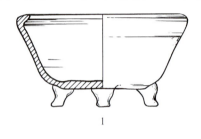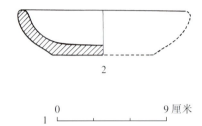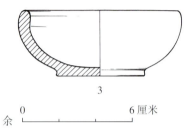

图3-38　F8出土陶器

1.陶三足器Ⅱ-T306⑥：33　2.陶小碟Ⅱ-T306⑥：30　3.陶灯盏Ⅱ-T306⑥：29

彩版3-85　三足器Ⅱ-T306⑥：33

（2）小碟　1件。

Ⅱ-T306⑥：30，出于探方内F8北檐墙南东侧。残缺，修复基本完整。敞口，圆唇，斜浅腹，平底。通体素面。高2.7、口沿径9.4、底径5.3厘米（图3-38，2）。

（3）灯盏　1件。

Ⅱ-T306⑥：29，出于探方中部。残缺，修复基本完整。敛口，圆唇，斜弧腹，薄饼足。通体素面。通高3.5、口沿径8.8、底径4.6厘米（图3-38，3）。

（4）口沿残片　1件。

Ⅱ-T404⑥：34，出于探方⑥层内L1西边沿外。似为罐口沿残片，无法修复成形。敛口，卷沿，圆唇，束颈，溜肩，其下残。颈、肩相交处有小孔一个。通体素面。残高5.2、残宽10.6厘米（图3-39，1）。

（5）器底残片 1件。

Ⅱ–T404⑥：40，出于探方⑥层西北部。仅为器底残片，无法修复成形。就残片形制分析，原器较大，为平底。素面。残高3.2、残宽14.0厘米（图3-39，2）。

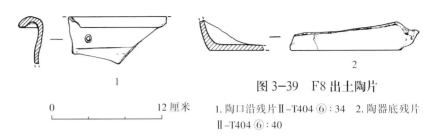

0                    12厘米

图3-39 F8出土陶片
1. 陶口沿残片Ⅱ–T404⑥：34  2. 陶器底残片Ⅱ–T404⑥：40

表3-14 2010年蓝田吕氏家庙遗址Ⅱ区第⑥层出土陶器整理登记表

| 整理号 | 类别 | 名称 | 数量 | 出土位置 | 尺寸（厘米） | 时代 | 出土状态 | 现状 | 备注 |
|---|---|---|---|---|---|---|---|---|---|
| Ⅱ–T306⑥：29 | 陶 | 灰陶灯盏 | 1件 | 探方中部 | 通高3.5、口沿径8.8、底径4.6 | 明 | 残 | 修复基本完整 | 标本 |
| Ⅱ–T306⑥：30 | 陶 | 灰陶小碟 | 1件 | 探方内F8北檐墙南东侧 | 高2.7、口沿径9.4、底径5.3 | 明 | 残 | 修复基本完整 | 标本 |
| Ⅱ–T306⑥：33 | 陶 | 灰陶三足器 | 1件 | 探方中部 | 通高7.5、口沿径14.1、足高1.5 | 明 | 残 | 修复完整 | 标本 |
| Ⅱ–T404⑥：34 | 陶 | 灰陶口沿残片 | 1件 | 探方内L1西边沿外 | 残高5.2、残宽10.6 | 明 | 残 | 残 | 标本 |
| Ⅱ–T404⑥：35 | 陶 | 灰陶口沿残片 | 1件 | 探方内L1西边沿外 | 残高5.1、残宽10.3 | 明 | 残 | 残 | |
| Ⅱ–T404⑥：39 | 陶 | 灰陶器底残片 | 1件 | 探方西北部 | 残高3.5、残宽11.0 | 明 | 残 | 残 | |
| Ⅱ–T404⑥：40 | 陶 | 灰陶器底残片 | 1件 | 探方西北部 | 残高3.2、残宽11.8 | 明 | 残 | 残 | 标本 |
| Ⅱ–T405⑥：59 | 陶 | 灰陶口沿残片 | 1件 | 探方西壁下中部 | 残高3.5、残宽10.0 | 明 | 残 | 残 | |
| Ⅱ–T204⑥：24 | 陶 | 灰陶口沿残片 | 1件 | 探方中部 | 残高3.3、残宽6.7 | 明 | 残 | 残 | |
| Ⅱ–T204⑥：25 | 陶 | 灰陶片 | 1件 | 探方中部 | 残长4.5、残宽3.0 | 明 | 残 | 残 | |
| Ⅱ–T204⑥：26 | 陶 | 灰陶片 | 1件 | 探方中部 | 残长5.5、残宽2.4 | 明 | 残 | 残 | |
| Ⅱ–T204⑥：27 | 陶 | 陶罐口沿残片 | 1件 | 探方中部 | 残高5.5、残宽8.2 | 明 | 残 | 残 | |
| Ⅱ–T204⑥：28 | 陶 | 陶盆口沿残块 | 1件 | 探方中部 | 残高4.8、残宽19.8 | 明 | 残 | 残 | |
| Ⅱ–T404⑥：32 | 陶 | 陶器腹部残片 | 1件 | 探方东壁下偏南处 | 残长3.8、残宽2.1 | 明 | 残 | 残 | |
| Ⅱ–T404⑥：33 | 陶 | 陶盆口沿残片 | 1件 | 探方内西围墙外东侧中部 | 残高3.4、残宽8.9 | 明 | 残 | 残 | |
| Ⅱ–T404⑥：36 | 陶 | 陶罐耳残片 | 1件 | 探方北壁下偏西处 | 残高7.1、残宽4.3 | 明 | 残 | 残 | |
| Ⅱ–T404⑥：37 | 陶 | 陶器腹片 | 1件 | 探方南壁下中部 | 残长5.6、残宽2.8 | 明 | 残 | 残 | |
| Ⅱ–T404⑥：38 | 陶 | 陶罐底残片 | 1件 | 探方西壁下偏北处 | 残高2.9、残宽8.8 | 明 | 残 | 残 | |
| Ⅱ–T405⑥：60 | 陶 | 陶器腹部残片 | 1件 | 探方北壁下偏东处 | 残长10.0、残宽3.7 | 明 | 残 | 残 | |
| Ⅱ–T405⑥：61 | 陶 | 陶器腹部残片 | 1件 | 探方西壁下中部 | 残长6.0、残宽5.7 | 明 | 残 | 残 | |
| Ⅱ–T405⑥：62 | 陶 | 陶器腹部残片 | 1件 | 探方西北角 | 残长6.3、残宽4.7 | 明 | 残 | 残 | |
| Ⅱ–T406⑥：16 | 陶 | 陶盆口沿残块 | 1件 | 探方西部 | 残高3.8、残宽7.5 | 明 | 残 | 残 | |
| Ⅱ–T406⑥：17 | 陶 | 陶盆口沿残块 | 1件 | 探方西部 | 残高3.8、残宽6.5 | 明 | 残 | 残 | |
| Ⅱ–T406⑥：18 | 陶 | 陶盆腹部残片 | 1件 | 探方西部 | 残长9.1、残宽4.7 | 明 | 残 | 残 | |
| Ⅱ–T406⑥：19 | 陶 | 陶盆腹部残片 | 1件 | 探方西部 | 残长5.5、残宽4.5 | 明 | 残 | 残 | |

共25件（组）。

### 3．建筑构件

共253件（表3-15）。有筒瓦、板瓦、瓦当、滴水、脊兽、眉子、青砖。模制而成。均泥质灰陶。

（1）筒瓦　11件。

本层出土瓦片很多，破损十分严重，绝大多数已不明形制，较完整者共11件，其中10件为泥质灰陶，模制而成。均残。外面光素，内面有较粗布纹。瓦体两侧有白灰泥残留痕迹。1件为琉璃瓦，与前述10件形制差别较大。经整理共选择标本5件，因形制、尺寸、工艺有别分为三型。

A型：8件。粘接修复基本完整。形制特点相同，尺寸、厚薄稍有差异，分两亚型。

Aa型：4件。瓦壁较厚，质地致密。标本Ⅱ-T403⑥：7，出土于探方⑥层东南部。雄头及前端两角有残损，修补完整。全长32.9、宽14.0、高7.2、壁厚1.7、雄头长1.8厘米（彩版3-86）。

Ab型：4件。器形略大，但重量稍轻，其质地较Aa型显疏松。标本Ⅱ-T404⑥：42，出于探方⑥层内西围墙东侧偏北处。雄头及两侧边角、边沿局部残，修补完整。全长33.5、宽14.0、高7.4、壁厚1.5、雄头长1.6厘米（彩版3-87）。

B型：共2件。均为勾头筒瓦，瓦体前部及瓦当残缺，无法修复成形。瓦体后部居中为圆形瓦钉孔一个。2件形制特点基本相同，质量、尺寸稍有差别，分为两亚型。

Ba型：1件。Ⅱ-T405⑥：122，出于探方⑥层内F8西山墙外。器体稍大而分量较轻。雄头局部亦有残缺，未修补。残长29.5、宽14.7、高7.7、壁厚2.0、雄头长2.3厘米（彩版3-88）。

Bb型：1件。Ⅱ-T405⑥：123，出于探方⑥层内西山墙外偏北处。质地较密实，尺寸略小于Ba型。残长30.0、宽13.3、高7.7、壁厚2.0、雄头长2.0厘米（彩版3-89）。

彩版3-86　筒瓦Ⅱ-T403⑥：7

彩版3-87　筒瓦Ⅱ-T404⑥：42

彩版 3-88　筒瓦 Ⅱ-T405 ⑥：122

彩版 3-89　筒瓦 Ⅱ-T405 ⑥：123　　　　　彩版 3-90　琉璃瓦 Ⅱ-T204 ⑥：47

C 型：1 件。Ⅱ-T204 ⑥：47，出于探方⑥层西部。前部、一侧边及后端雄头局部均残缺，无法修复。泥质红陶。模制。瓦体较厚重，外面施绿釉，釉面有光泽。内面不光滑，无布纹。残长 10.8、残宽 10.4、壁厚 2.5、雄头残长 1.2 厘米（彩版 3-90）。

（2）瓦当　48 件，模制而成，均泥质灰陶。分二型。

A 型：龙纹瓦当　共选标本 2 件。

标本 Ⅱ-T404 ⑥：43，出于探方⑥层北壁下。当面尚存、边沿有残，修复完整，后部筒瓦已失。当面为宽平沿，内有双重廓线，廓中为行进状盘绕式龙图案，弯角、圆目、张口、吐舌，梗颈、挺胸，身体上扬弯绕成半圆状，曲肘、伸爪做行进势。通体饰鳞片。直径 14.5、沿厚 1.3 厘米（图 3-40，1；彩版 3-91，左）。

标本 Ⅱ-T405 ⑥：117，出于探方⑥层 F8 南檐台外。当面下部残缺，筒瓦后部已失。瓦当与筒瓦成钝角粘合连接，当面残留部分较少，形制应同上述。筒瓦内面有布纹，两侧沿内切。残长 18.8、宽 14.3、高 7.4、壁厚 2.2 厘米（彩版 3-91，右）。

B 型：兽面瓦当　共选标本 3 件。

根据形制、纹饰差异分三亚型。

Ba 型：1 件。Ⅱ-T406 ⑥：20，出于探方⑥层北壁下。瓦当边沿局部有缺，修复完整，当后筒瓦已失。当面为宽平沿，沿内有双重廓线，廓中为兽面图案，顶生双叉弯角，环眼、阔口、露齿，

图 3-40　F8 出土建筑构件拓片

1.龙纹瓦当Ⅱ-T404⑥:43　2~4.兽面瓦当Ⅱ-T406⑥:20、Ⅱ-T205⑥:9、Ⅱ-T406⑥:21

顶、腮、颌下须毛飞扬。直径 12.7、沿厚 1.0 厘米（图 3-40，2；彩版 3-92，左）。

Bb 型：1 件。Ⅱ-T205⑥:9，出于探方⑥层西南角。瓦当边沿大部分缺失，修补基本完整，后带筒瓦缺失。当面沿内无廓，兽面居于正中，无角，环眼、阔口、露齿，鼻头缩小简化，口较

A 型更大，口内有獠牙一双，面部周围须毛纹理刻画相对简单。陶色深灰。直径 13.2、沿厚 1.1 厘米（图 3-40，3；彩版 3-92，右）。

B c 型：1 件。Ⅱ-T406⑥:21，出于探方⑥层东北部。瓦当仅余兽面中部，无法修复成形。圆眼、双目间距缩小，鼻简化为三角形，阔口为双唇线，獠牙凸出。残径

彩版 3-91　龙纹瓦当Ⅱ-T404⑥:43、T405⑥:117

彩版 3-92　兽面瓦当Ⅱ-T406⑥:20、21、Ⅱ-T205⑥:9

9.4、厚1.5厘米（图3–40，4；彩版3–92，中）。

（3）板瓦 6件。

发掘现场残碎瓦片甚多，大部分看不出形制。模制而成。可辨为板瓦者6件均提取，均泥质灰陶。因形制、尺寸不同分四型，选择标本4件。

A型：2件。断裂、局部有缺片，粘接修复基本完整。瓦体前宽后窄，瓦面有弧度，后端沿有凸棱一周。正面光素，背面有粗布纹。标本Ⅱ–T204⑥：41，出于探方⑥层西北角。断裂为4片，粘接修复完整。为勾头板瓦，前端滴水已残缺，瓦面前部有白灰泥面，应是房顶白灰泥面与板瓦面粘接所留。长37.5、宽21.3~24.0、高6.3、壁厚2.2厘米（图3–41）。

B型：2件。有缺损，修复基本完整。瓦面有弧度，呈前宽后窄形，正面前部有白灰泥面，背面有纵向粗布纹。标本Ⅱ–T405⑥：96，出于探方⑥层南壁下中部。角有残缺，基本修复完整。长37.6、宽19.0~22.0、高6.0、壁厚2.1厘米（彩版3–93）。

C型：1件。Ⅱ–T204⑥：23，为残片，器形小巧轻薄，瓦面有水波纹，背面布纹细密。残长5.4、残宽6.5、壁厚1.2厘米（彩版3–94）。

D型：1件。Ⅱ–T306⑥：31，出于探方⑥层内F8北檐墙外侧。似为板瓦前部，后部残失，无法修复成形。瓦体较C型更轻薄，瓦面前宽后窄，前端居中似有凸起瓦钉，现残缺仅剩底面痕迹，拱面上以中线为准向左右两边分别刻划弧线纹，推测为增加阻力而做。凹面光素，未见布纹。残长9.5、宽16.4、壁厚1.1厘米（彩版3–95）。

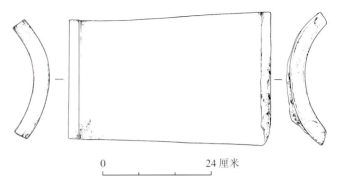

0          24厘米

图3–41 F8出土勾头板瓦Ⅱ–T204⑥：41

彩版3–93 板瓦Ⅱ–T405⑥：96

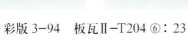
彩版3–94 板瓦Ⅱ–T204⑥：23

彩版3–95 板瓦Ⅱ–T306⑥：31

（4）滴水 79件。

Ⅱ区第⑥层现场发掘中共出土滴水残片79件，大多数残缺较甚、形制不全。模制并与板瓦前端成钝角粘接相连后烧造而成。均为泥质灰陶。经整理选择标本12件，因形制、尺寸不同分四型。

A型：9件。均为龙纹滴水。器形较厚重，滴水面为六出曲沿半圆形，中部有垂尖，其内龙纹图案基本相同：为昂首挺颈，身披鳞片、体格细长、盘绕复杂，曲肘伸爪做行走状。滴水面上通施白衣。所带板瓦凹面有布纹，拱面光素。因规格有别，又分三亚型。

Aa型：4件。器体最大，表明勾头板瓦尺寸亦最大。沿面宽平，内有凸起廓线一周。标本Ⅱ–T405⑥：63，出于探方⑥层南壁下中部。一端角损伤，修复基本完整，与之相连的板瓦后部缺失。瓦凹面满施布纹，拱面光素。滴水高11.0、宽22.5、沿厚1.63厘米；板瓦高4.5、残长13.5、宽24.5、壁厚2.4厘米（图3–42，1；彩版3–96）。

Ab型：2件。器体稍小于Aa型，高度降低，平沿稍窄，隐见双重廓线，外廓线较宽而凸出。标本Ⅱ–T405⑥：66，出于探方⑥层西南部。滴水边沿局部残，修补完整，顶端带有板瓦前部，其

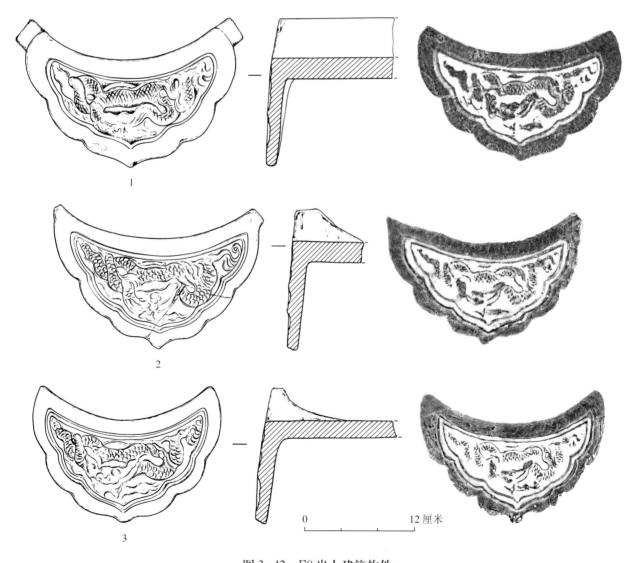

0           12厘米

图3–42 F8出土建筑构件

1~3.滴水Ⅱ–T405⑥：63、Ⅱ–T405⑥：66、Ⅱ–T405⑥：65

后缺失。面上被火熏烤而呈黑灰色，板瓦凹面施布纹，拱面光素。滴水高11.0、宽22.8、沿厚1.4厘米；板瓦高3.5、残长6.0、宽23.0、壁厚2.0厘米（图3-42，2；彩版3-97）。

Ac型：3件。器体小于Ab型，宽度递减。滴水面上平沿更窄，双重廓线明显，后部所带板瓦凹面弧度增大。标本Ⅱ-T405⑥：65，出土于探方⑥层中部。上边沿两角有残缺，修补完整，后部尚带部分板瓦。板瓦凹面上有横向布纹，拱面光素。滴水高10.5、宽20.2、沿厚1.1厘米；板瓦高3.5、残长11.8、残宽17.3、壁厚1.8厘米（图3-42，3；彩版3-98）。

B型：1件。兽面滴水。Ⅱ-T306⑥：36，出于探方⑥层北部偏西处。滴水面部分残缺，后部板瓦已矢。沿面较宽平，单重廓棱宽而凸出，其内兽面为立耳、圆眼，双眼间距较小，三角鼻形，阔口张开，双重唇线内獠牙呲出，顶、腮边鬃毛乍起，纹理简化。残高8.3、残宽13.5、沿厚1.8厘米（图3-43，1；彩版3-99）。

C型：1件。似为草叶纹滴水。Ⅱ-T404⑥：58，出于探方⑥层东壁北端。滴水为残片，其顶部尚带有小片残板瓦。器体小巧而轻薄，与板瓦成钝角相连。滴水面呈三角形，边沿窄而凸起，沿内无廓，居中图案因残缺而不清，疑为叶

彩版3-96　龙纹滴水Ⅱ-T405⑥：63

彩版3-97　龙纹滴水Ⅱ-T405⑥：66

彩版3-98　龙纹滴水Ⅱ-T405⑥：65

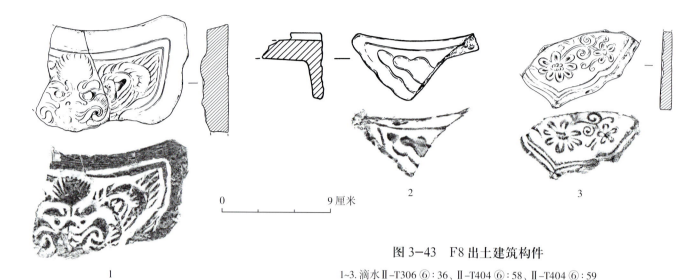

图 3-43　F8 出土建筑构件

1~3.滴水 Ⅱ-T306 ⑥：36、Ⅱ-T404 ⑥：58、Ⅱ-T404 ⑥：59

彩版 3-99　兽面滴水 Ⅱ-T306 ⑥：36　　彩版 3-100　滴水 Ⅱ-T404 ⑥：58　　彩版 3-101　滴水 Ⅱ-T404 ⑥：59

片纹。所带板瓦凹面有布纹，拱面光素。残高 4.6、残宽 9.8、沿厚 0.9 厘米（图 3-43，2；彩版 3-100）。

D 型：1 件。菊花纹滴水。Ⅱ-T404 ⑥：59，出于探方⑥层中部偏南。滴水仅剩下部残片。壁稍厚于 C 型，从残片形制推测，其器体小巧。窄平沿内有双重廓线，廓中饰菊花纹样。残高 6.4、残宽 9.8、沿厚 1.1 厘米（图 3-43，3；彩版 3-101）。

（5）脊兽　59 件。

共 59 件残片。模制而成。均为泥质红陶。表面施黄、绿、白、褐釉。残碎严重，形制不明。选择标本 5 件（组）。

标本 Ⅱ-T203 ⑥：1，出于探方⑥层西部。似为龙首残件，原为两片合模而成，现仅余其一，且下颌、后腮及身体大部分均缺失。额上置较短翘尖弯角，双角间有向后飘飞长鬃毛一缕，圆睛明亮爆凸，鬃上立耳下部残失，下颌残缺，龙顶上残片中似有鱼尾形图案。表面施绿、白、黄釉。根据形制特征分析，应属房脊两端套插的龙首鱼身螭吻。残高 23.0、残宽 28.0、壁厚 1.8 厘米（图 3-44；彩版 3-102）。

标本Ⅱ-T203⑥：2，出于探方⑥层东部偏南处。断裂，粘接。似为人物腹以下残片，原为两片合模而成，现仅存其一的残部，头、胸、双臂、双腿根处以下均残缺，原姿式不清。身着铠甲，腹部微鼓，双腿前伸，双腿间有横长方形卯孔，其下为厚平沿。通身施黄、绿、白釉。从残片特点推测，应是立于脊顶面上的嘲风残件。残高21.5、残宽19.0、壁厚1.3厘米（彩版3-103）。

标本Ⅱ-T306⑥：78，出于探方⑥层北壁东端。似为龙脊背部残件，原为双片合模成形，现仅存单片的局部残件。鬣毛处有断裂，经粘接修补。背若水波状稍有起伏，脊上鬣毛乍起下有褐釉宽条纹，余处仅见白釉。从其器形分析，可能属垂脊上龙形装饰。残高15.3、残长22.5、壁厚2.7厘米（彩版3-104）。

标本Ⅱ-T306⑥：63，出于探方⑥层北部居中处。原形制不清，但双片合模而制的痕迹比较清楚。现剩单片的局部残件，上部缺失，仰莲座仍存一半，其下造型如卷舌状，底部有圆形榫头。器表以褐釉为主，榫上施绿釉。该标本疑为插套于某物体上的房脊饰物。残高12.0、残宽15.3、榫高2.8厘米（彩版3-105）。

标本Ⅱ-T405⑥：155、162，Ⅱ-T306⑥：68、Ⅱ-T406⑥：40一组4件，属脊兽角、眼、牙

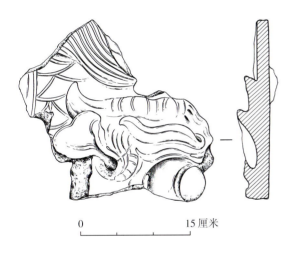

图3-44　F8出土建筑构件三彩螭吻
Ⅱ-T203⑥：1

彩版3-102　三彩螭吻Ⅱ-T203⑥：1

彩版3-103　三彩嘲风
Ⅱ-T203⑥：2

彩版3-104　三彩龙
Ⅱ-T306⑥：78

彩版3-105　三彩脊上饰物
Ⅱ-T306⑥：63

齿部位。

Ⅱ-T405⑥：155，出于探方⑥层西壁下。为动物弯角，根与尖有残损，表面顺向刻出角纹理线条。原彩釉已脱落，仅余斑驳白衣。残长10.3、最宽处3.8厘米。

Ⅱ-T405⑥：162，出于探方⑥层中部。为动物眼睛，原粘贴于动物面部。正面画凸出圆形黑眸，周边绕眼白。背面光滑略凹。残高2.6、残长6.6、厚2.6厘米。

Ⅱ-T306⑥：68，出于探方⑥层中部偏北处。属动物的另一种眼形，正面鼓起，横长圆形眼眸包含于上、下眼皮之中，神情并不凶狠。背面有凹度并刻划横向线纹，以便粘贴牢固。正面眼睛施浅绿釉，现粉化严重。残高5.0、残长7.1、厚2.7厘米。

彩版3-106 脊兽眼、角、牙齿Ⅱ-T405⑥：155、162、Ⅱ-T306⑥：68、Ⅱ-T406⑥：40

Ⅱ-T406⑥：40，为脊兽口中獠牙，尖端上挑，下端粗壮，阴森锐利。通施白釉。长9.7厘米。
上述一组脊兽部件形制详见彩版（彩版3-106）。

（6）眉子　43件。

现场发掘眉子残片43件，无一完整，且残缺严重。模制而成。泥质红陶。根据形制差异分三型，经整理选择标本5件。

A型：22件。器壁较薄，器表施黄、绿、白、褐釉，釉色较淡雅，釉层稀薄，粉化严重。

标本Ⅱ-T406⑥：49，出于探方⑥层西南角。应为"∏"字形眉子的侧立沿残片，具体位置不明。片状，内、外面均平坦，一端与一侧有边沿，沿面较平滑。正面浅浮雕云尾状图案，下衬成组刻划纹，纹饰内容因残片面积有限而不能知。云尾纹施黄釉，底纹施绿、白釉。残高15.8、残长21.5、壁厚1.0厘米（图3-45，1）。

标本Ⅱ-T406⑥：46，出于探方⑥层南壁下。应为房脊端头眉子残件，侧立面与端头立面成90°相交连接，背面均平坦光滑。侧立沿正面浅浮雕仍似云尾上部纹饰，上施黄釉；端头立沿正面沿边浮雕水波纹样，上施白釉，其他处有黄、褐、绿釉，图案已不能知。残高11.7、最宽处13.0、壁厚1.0~1.2厘米（彩版3-107）。

B型：18件。均残碎成块状，不能复其。器形厚重，基本无装饰，风格古朴而简约，与A型对照鲜明。侧立沿面饰瓦棱纹，两端头立沿面光素无纹。标本Ⅱ-T405⑥：138，出土于探方⑥层东北部。为房脊端头眉子残件，两侧立面中一侧缺失，另一侧基本完整，顶面残失。侧立沿与端

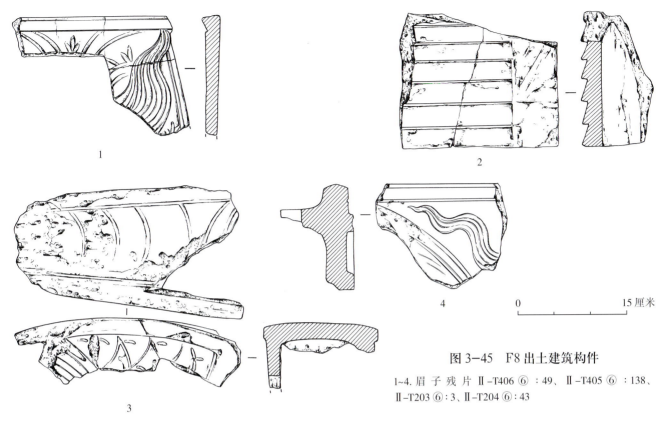

图3-45　F8出土建筑构件

1~4.眉子残片Ⅱ-T406⑥:49、Ⅱ-T405⑥:138、
Ⅱ-T203⑥:3、Ⅱ-T204⑥:43

彩版3-107　眉子Ⅱ-T406⑥:46

头立沿成90°粘接，壁厚重。侧立沿面饰横向瓦棱纹，端头立沿面光素无纹饰；背面均平整无纹。现顶面虽失但痕迹犹存，故知原顶面应粘盖于下属三立沿上端，形成一段完整截面成"∏"形眉子结构。高17.5、长21.0、残宽10.0、壁厚3.3厘米（图3-45，2；彩版3-108）。

C型：3件。器形厚重，外表华丽，釉色浓艳。表面以翠绿釉为主，少有白、褐釉。

标本Ⅱ-T203⑥:3，出于探方⑥层西南部。虽为残件，但仍可看出器形拱起，应套扣于卷棚式垂脊与正脊相交处。断裂，经粘接修补，顶面与两侧立沿局部残存。残件形制明确，前宽后窄，顶面隆起，两侧立沿自上向下稍内收，与顶成小于90°角弧向粘接。顶外面原施白釉并粘接脊兽类饰件，现虽遗失粘接面尚存。两侧立沿面残缺较甚，现仅见沿边饰白釉框栏，内有浅浮雕式飘飞须毛状纹样，底衬似刻划的龙脊鬣毛图案，均施翠绿釉。内面均平素无纹。残高8.5、残长29.0、宽10.0~16.0、壁厚1.5厘米（图3-45，3；彩版3-109）。

标本Ⅱ-T204⑥：43，出于探方⑥层东部。应为脊上眉子残件，现仅剩顶与一侧立沿的局部。制作技法有改变，顶面与两侧立沿浑然一体，不再粘接。侧立沿壁较厚，上边出棱台、台面中有脊棱，平顶边沿与侧立沿弧向光滑连接，残件一端似完整，可见两段眉子相交处为子母口式相套连接。顶面无纹饰，侧立沿面周边阴刻框栏，其内有浅浮雕的云尾状图案。表面通施翠绿釉，云尾上色彩较深。残高13.3、残长17.5、残宽9.0、壁厚1.5厘米（图3-45，4；彩版3-110）。

（7）青砖　79块。

Ⅱ区第⑥层中出土青砖79块，出土地点有两处，一为F8基础用砖，基本残碎不全；另一处则是F8南门前配属的鹅卵石子路的路基。两处所用均为灰色长方形模制素面砖，形制、尺寸有差异，现场共提取标本4件，分两型。

A型：2件。出土于F8北墙基础内。形制、尺寸相同，均有残损，基本器形尚明确。标本F8：13，出土于东山墙北墁头基础包砖内。一侧有损伤，四角基本完整。长29.2、宽13.5、厚5.0厘米（彩版3-111，左）。

B型：2件。为鹅卵石路路基，形制、尺寸完全一致，均断裂成两截，可粘接完整。砖体稍小于A型。标本L1：1，出土于南北向鹅卵石路北部。自中间断开，可拼接复原。器形轻薄，造型规整。长27.5、宽11.5、厚5.0厘米（彩版3-111，右）。

彩版3-108　眉子Ⅱ-T405⑥：138

彩版3-109　眉子Ⅱ-T203⑥：3

彩版3-110　眉子Ⅱ-T204⑥：43

彩版 3-111　长方形青砖 F8：13、L1：1

表 3-15　2010 年蓝田吕氏家庙遗址Ⅱ区第⑥层出土建筑构件整理登记表

| 整理号 | 类别 | 名称 | 数量 | 出土位置 | 尺寸（厘米） | 时代 | 出土状态 | 现状 | 备注 |
|---|---|---|---|---|---|---|---|---|---|
| L2：1 | 陶 | 长方形青砖 | 1件 | 东西向河卵石路偏西处 | 长 27.5、宽 11.5、厚 5.0 | 明 | 残 | 修复基本完整 | |
| L1：1 | 陶 | 长方形青砖 | 1件 | 南北向河卵石路北部 | 长 27.5、宽 11.5、厚 5.0 | 明 | 残 | 修复基本完整 | B型标本 |
| F8：14 | 陶 | 长方形青砖 | 1件 | 东山墙北墀头基础包砖 | 长 29.2、宽 13.5、厚 5.0 | 明 | 基本完整 | 基本完整 | |
| F8：13 | 陶 | 长方形青砖 | 1件 | 东山墙北墀头基础包砖 | 长 29.2、宽 13.5、厚 5.0 | 明 | 基本完整 | 基本完整 | A型标本 |
| Ⅱ-T206⑥：11 | 陶 | 龙纹滴水 | 1件 | 探方北部 | 滴水高 12.3、宽 22.0、厚 1.0，板瓦高 4.5、残长 17.8、宽 24.3、壁厚 2.3 | 宋 | 残 | 修复完整 | |
| Ⅱ-T405⑥：63 | 陶 | 龙纹滴水 | 1件 | 探方第⑥层南壁下中部 | 滴水高 11.0、宽 22.5、厚 1.63，板瓦高 4.5、残长 13.5、宽 24.5、壁厚 2.4 | 宋 | 残 | 修复基本完整 | Aa型标本 |
| Ⅱ-T405⑥：67 | 陶 | 龙纹滴水残块 | 1件 | 探方西部 | 滴水高 11.8、宽 22.8、厚 1.1 | 宋 | 残 | 修复完整 | |
| Ⅱ-T206⑥：13 | 陶 | 龙纹滴水残块 | 1件 | 探方北部 | 滴水高 11.4、宽 22.8、厚 1.0 | 明 | 残 | 残 | |
| Ⅱ-T405⑥：66 | 陶 | 龙纹滴水 | 1件 | 探方第⑥层西南部 | 滴水高 11.0、宽 22.8、厚 1.4、板瓦高 3.5、残长 6.0、宽 23.0、壁厚 2.0 | 明 | 残 | 修复完整 | Ab型标本 |
| Ⅱ-T405⑥：64 | 陶 | 龙纹滴水 | 1件 | 探方西部 | 滴水高 11.5、宽 21.5、厚 1.0、板瓦高 4.0、残长 8.5、宽 22.0、壁厚 2.0 | 明 | 残 | 修复完整 | |
| Ⅱ-T204⑥：32 | 陶 | 龙纹滴水 | 1件 | 探方中部 | 高 11.8、残宽 20.8、厚 1.1 | 明 | 残 | 修复完整 | |
| Ⅱ-T206⑥：12 | 陶 | 龙纹滴水（残） | 1件 | 探方北部 | 滴水残高 11.5、宽 21.0、厚 1.2、板瓦高 3.5、残长 7.5、残宽 11.0、厚 2.0 | 明 | 残 | 修复完整 | |

续表 3-15

| 整理号 | 类别 | 名称 | 数量 | 出土位置 | 尺寸（厘米） | 时代 | 出土状态 | 现状 | 备注 |
|---|---|---|---|---|---|---|---|---|---|
| Ⅱ-T405⑥：65 | 陶 | 龙纹滴水 | 1件 | 探方第⑥层中部 | 滴水高10.5、宽20.2、沿厚1.1、板瓦高3.5、残长11.8、残宽17.3、壁厚1.8 | 明 | 残 | 修复完整 | Ac型标本 |
| Ⅱ-T306⑥：36 | 陶 | 兽面滴水 | 1件 | 探方第⑥层北部偏西处 | 残高8.3、残宽13.5、厚1.8 | 明 | 残 | 残 | B型标本 |
| Ⅱ-T404⑥：58 | 陶 | 草叶纹滴水残块 | 1件 | 探方第⑥层东壁北段 | 残高4.6、残宽9.8、厚0.9，瓦残长4.0、残宽8.0、厚1.7 | 明 | 残 | 残 | C型标本 |
| Ⅱ-T404⑥：59 | 陶 | 菊花纹滴水残块 | 1件 | 探方第⑥层中部偏南 | 残高6.4、残宽9.8、厚1.1 | 明 | 残 | 残 | D型标本 |
| Ⅱ-T204⑥：33 | 陶 | 龙纹滴水残块 | 1件 | 探方中部 | 残高11.0、残宽14.5、厚1.5 | 宋 | 残 | 残 | |
| Ⅱ-T204⑥：34 | 陶 | 龙纹滴水残块 | 1件 | 探方西北部 | 残高7.0、残宽8.0、厚1.0 | 明 | 残 | 残 | |
| Ⅱ-T204⑥：35 | 陶 | 龙纹滴水残块 | 1件 | 探方北壁下偏东处 | 残高6.8、残宽8.4、厚1.0 | 宋 | 残 | 残 | |
| Ⅱ-T204⑥：36 | 陶 | 龙纹滴水残块 | 1件 | 探方东北角 | 残高9.0、残宽8.3、厚1.3 | 明 | 残 | 残 | |
| Ⅱ-T204⑥：37 | 陶 | 龙纹滴水残块 | 1件 | 探方南壁下偏西处 | 残高5.0、残宽6.5、厚1.2 | 明 | 残 | 残 | |
| Ⅱ-T204⑥：38 | 陶 | 龙纹滴水残块 | 1件 | 探方东壁下偏北处 | 残高7.6、残宽18.0、厚1.1 | 宋 | 残 | 残 | |
| Ⅱ-T204⑥：39 | 陶 | 龙纹滴水残块 | 1件 | 探方西南角 | 残高5.3、残宽10.8、厚1.0 | 宋 | 残 | 残 | |
| Ⅱ-T204⑥：40 | 陶 | 龙纹滴水残块 | 1件 | 探方西壁下偏南处 | 滴水残高8.6、宽13.0、厚1.3，瓦残长16.5、残宽16.0、厚2.3 | 宋 | 残 | 残 | |
| Ⅱ-T206⑥：14 | 陶 | 龙纹滴水残块 | 1件 | 探方北部 | 残高11.0、残宽14.7、厚1.0 | 明 | 残 | 残 | |
| Ⅱ-T206⑥：15 | 陶 | 龙纹滴水残块 | 1件 | 探方北部 | 残高6.5、残宽14.3、厚1.4 | 明 | 残 | 残 | |
| Ⅱ-T206⑥：16 | 陶 | 龙纹滴水残块 | 1件 | 探方北部 | 残高10.5、残宽11.7、厚1.3 | 明 | 残 | 残 | |
| Ⅱ-T206⑥：17 | 陶 | 龙纹滴水残块 | 1件 | 探方北部 | 滴水残高7.0、残宽7.0、厚1.2，瓦残长9.5、残宽7.0、厚1.9 | 明 | 残 | 残 | |
| Ⅱ-T206⑥：18 | 陶 | 龙纹滴水残块 | 1件 | 探方北部 | 滴水残高5.0、残宽8.5、厚1.2，瓦残长2.5、残宽8.5、厚1.8 | 明 | 残 | 残 | |
| Ⅱ-T206⑥：19 | 陶 | 龙纹滴水残块 | 1件 | 探方北部 | 残高6.5、残宽11.5、厚1.3 | 明 | 残 | 残 | |
| Ⅱ-T206⑥：20 | 陶 | 龙纹滴水残块 | 1件 | 探方北部 | 残高6.0、残宽7.5、厚1.1 | 明 | 残 | 残 | |
| Ⅱ-T306⑥：37 | 陶 | 龙纹滴水残块 | 1件 | 探方北部 | 残高8.0、残宽22.2、厚1.1 | 宋 | 残 | 残 | |

续表 3-15

| 整理号 | 类别 | 名称 | 数量 | 出土位置 | 尺寸（厘米） | 时代 | 出土状态 | 现状 | 备注 |
|---|---|---|---|---|---|---|---|---|---|
| II-T306⑥：38 | 陶 | 龙纹滴水残块 | 1件 | 探方北部居中 | 残高9.5、残宽15.0、厚1.1 | 明 | 残 | 残 | |
| II-T306⑥：39 | 陶 | 龙纹滴水残块 | 1件 | 探方西北部 | 残高9.3、残宽8.8、厚1.3 | 明 | 残 | 残 | |
| II-T306⑥：40 | 陶 | 龙纹滴水残块 | 1件 | 探方西北角 | 残高8.8、残宽9.2、厚1.4 | 明 | 残 | 残 | |
| II-T306⑥：41 | 陶 | 龙纹滴水残块 | 1件 | 探方北壁下 | 残高9.0、残宽13.5、厚1.2 | 宋 | 残 | 残 | |
| II-T306⑥：42 | 陶 | 龙纹滴水残块 | 1件 | 探方西壁北端 | 滴水残高9.7、残宽8.5、厚1.0 | 明 | 残 | 残 | |
| II-T306⑥：43 | 陶 | 龙纹滴水残块 | 1件 | 探方西北部 | 滴水残高6.0、残宽8.8、厚1.3、瓦残长2.8、残宽5.0、厚2.0 | 明 | 残 | 残 | |
| II-T306⑥：44 | 陶 | 龙纹滴水残块 | 1件 | 探方北部偏东 | 残高5.7、残宽8.6、厚1.0 | 明 | 残 | 残 | |
| II-T306⑥：45 | 陶 | 龙纹滴水残块 | 1件 | 探方北部 | 残高3.5、残宽6.5、厚1.3 | 明 | 残 | 残 | |
| II-T306⑥：46 | 陶 | 龙纹滴水残块 | 1件 | 探方北端中部 | 残高4.0、残宽6.5、厚1.2 | 明 | 残 | 残 | |
| II-T404⑥：51 | 陶 | 龙纹滴水残块 | 1件 | 探方西部 | 滴水残高6.5、宽20.4、厚1.0、瓦残长5.0、残宽10.0、厚2.0 | 明 | 残 | 残 | |
| II-T404⑥：52 | 陶 | 龙纹滴水残块 | 1件 | 探方北部 | 滴水残高8.5、残宽13.5、厚1.4、瓦残长5.2、残宽13.8、厚1.8 | 明 | 残 | 残 | |
| II-T404⑥：53 | 陶 | 龙纹滴水残块 | 1件 | 探方西东南部 | 残高8.2、残宽12.2、厚1.3 | 宋 | 残 | 残 | |
| II-T404⑥：54 | 陶 | 龙纹滴水残块 | 1件 | 探方南部 | 残高7.0、残宽6.0、厚1.5 | 明 | 残 | 残 | |
| II-T404⑥：55 | 陶 | 龙纹滴水残块 | 1件 | 探方中部 | 残高6.7、残宽8.4、厚1.2 | 宋 | 残 | 残 | |
| II-T404⑥：56 | 陶 | 龙纹滴水残块 | 1件 | 探方中部 | 残高3.8、残宽8.3、厚1.0 | 明 | 残 | 残 | |
| II-T404⑥：57 | 陶 | 龙纹滴水残块 | 1件 | 探方内西围墙东侧下 | 残高5.5、残宽7.0、厚1.0 | 明 | 残 | 残 | |
| II-T405⑥：68 | 陶 | 龙纹滴水残块 | 1件 | 探方西部 | 残高9.3、残宽16.2、厚1.0 | 明 | 残 | 残 | |
| II-T405⑥：69 | 陶 | 龙纹滴水残块 | 1件 | 探方西壁下偏中部 | 残高10.0、残宽19.0、厚1.2 | 明 | 残 | 残 | |
| II-T405⑥：70 | 陶 | 龙纹滴水残块 | 1件 | 探方西北部 | 滴水残高7.5、残宽19.8、厚1.1 | 明 | 残 | 残 | |
| II-T405⑥：71 | 陶 | 龙纹滴水残块 | 1件 | 探方西北角 | 残高8.3、残宽17.0、厚1.5 | 明 | 残 | 残 | |

续表3-15

| 整理号 | 类别 | 名称 | 数量 | 出土位置 | 尺寸（厘米） | 时代 | 出土状态 | 现状 | 备注 |
|---|---|---|---|---|---|---|---|---|---|
| Ⅱ-T405⑥：72 | 陶 | 龙纹滴水残块 | 1件 | 探方西壁下 | 残高9.5、残宽16.0、厚1.3 | 明 | 残 | 残 | |
| Ⅱ-T405⑥：73 | 陶 | 龙纹滴水残块 | 1件 | 探方西南部 | 滴水残高9.0、残宽12.5、厚1.3，瓦残长5.0、残宽12.5、厚2.7 | 宋 | 残 | 残 | |
| Ⅱ-T405⑥：74 | 陶 | 龙纹滴水残块 | 1件 | 探方西南部 | 滴水残高6.5、残宽11.5、厚1.3，瓦残长7.6、残宽12.0、厚1.7 | 宋 | 残 | 残 | |
| Ⅱ-T405⑥：75 | 陶 | 龙纹滴水残块 | 1件 | 探方西南角 | 滴水残高4.5、残宽11.0、厚1.3，瓦残长6.0、残宽11.5、厚1.8 | 明 | 残 | 残 | |
| Ⅱ-T405⑥：76 | 陶 | 龙纹滴水残块 | 1件 | 探方西壁南端 | 残高8.5、残宽10.3、厚1.3 | 明 | 残 | 残 | |
| Ⅱ-T405⑥：77 | 陶 | 龙纹滴水残块 | 1件 | 探方南部偏中 | 残高7.8、残宽8.5、厚1.1 | 明 | 残 | 残 | |
| Ⅱ-T405⑥：78 | 陶 | 龙纹滴水残块 | 1件 | 探方南部部 | 滴水残长7.0、残宽10.0、厚1.0，瓦残长5.3、残宽10.0、厚1.8 | 明 | 残 | 残 | |
| Ⅱ-T405⑥：79 | 陶 | 龙纹滴水残块 | 1件 | 探方东南角 | 滴水残高6.5、残宽8.0、厚1.1，瓦残长4.0、残宽10.5、厚2.0 | 明 | 残 | 残 | |
| Ⅱ-T405⑥：80 | 陶 | 龙纹滴水残块 | 1件 | 探方西壁下 | 残高8.4、残宽6.5、厚1.1 | 明 | 残 | 残 | |
| Ⅱ-T405⑥：81 | 陶 | 龙纹滴水残块 | 1件 | 探方西部 | 残高8.9、残宽5.0、厚1.1 | 明 | 残 | 残 | |
| Ⅱ-T405⑥：82 | 陶 | 龙纹滴水残块 | 1件 | 探方西部 | 残高5.5、残宽7.8、厚1.2 | 明 | 残 | 残 | |
| Ⅱ-T405⑥：83 | 陶 | 龙纹滴水残块 | 1件 | 探方西南部 | 残高3.8、残宽7.5、厚1.4 | 明 | 残 | 残 | |
| Ⅱ-T405⑥：84 | 陶 | 龙纹滴水残块 | 1件 | 探方南壁下 | 残高4.0、残宽5.0、厚1.2 | 明 | 残 | 残 | |
| Ⅱ-T405⑥：85 | 陶 | 龙纹滴水残块 | 1件 | 探方西南部 | 残高4.0、残宽7.5、厚1.0 | 明 | 残 | 残 | |
| Ⅱ-T405⑥：86 | 陶 | 龙纹滴水残块 | 1件 | 探方北部 | 残高3.2、残宽6.3、厚1.3 | 明 | 残 | 残 | |
| Ⅱ-T405⑥：87 | 陶 | 龙纹滴水残块 | 1件 | 探方北部 | 残高4.0、残宽5.5、厚1.2 | 明 | 残 | 残 | |
| Ⅱ-T405⑥：88 | 陶 | 龙纹滴水残块 | 1件 | 探方中部 | 残高5.4、残宽5.5、厚1.0 | 明 | 残 | 残 | |
| Ⅱ-T405⑥：89 | 陶 | 龙纹滴水残块 | 1件 | 探方中部 | 残高6.5、残宽12.0、厚1.3 | 明 | 残 | 残 | |
| Ⅱ-T405⑥：90 | 陶 | 龙纹滴水残块 | 1件 | 探方中南部 | 残高9.8、残宽10.0、厚1.4 | 明 | 残 | 残 | |

续表 3-15

| 整理号 | 类别 | 名称 | 数量 | 出土位置 | 尺寸（厘米） | 时代 | 出土状态 | 现状 | 备注 |
|---|---|---|---|---|---|---|---|---|---|
| II-T405⑥：91 | 陶 | 龙纹滴水残块 | 1件 | 探方南部 | 残高10.0、残宽18.5、厚1.0 | 明 | 残 | 残 | |
| II-T405⑥：92 | 陶 | 龙纹滴水残块 | 1件 | 探方南部偏东 | 残高8.5、残宽19.7、厚1.5 | 宋 | 残 | 残 | |
| II-T405⑥：93 | 陶 | 龙纹滴水残块 | 1件 | 探方南壁下 | 滴水残高6.5、宽20.3、厚1.1，瓦残长10.4、残宽20.0、厚2.0 | 明 | 残 | 残 | |
| II-T405⑥：94 | 陶 | 龙纹滴水残块 | 1件 | 探方南部 | 残高5.5、残宽5.5、厚1.2 | 明 | 残 | 残 | |
| II-T405⑥：95 | 陶 | 龙纹滴水残块 | 1件 | 探方东部 | 残高3.5、残宽5.8、厚1.1 | 明 | 残 | 残 | |
| II-T406⑥：22 | 陶 | 龙纹滴水残块 | 1件 | 探方东部偏南 | 残高5.2、残宽11.7、厚1.2 | 明 | 残 | 残 | |
| II-T406⑥：23 | 陶 | 龙纹滴水残块 | 1件 | 探方东南角 | 残高9.4、残宽8.2、厚1.4 | 明 | 残 | 残 | |
| II-T406⑥：24 | 陶 | 龙纹滴水残块 | 1件 | 探方北部 | 残高9.5、残宽9.5、厚1.4 | 明 | 残 | 残 | |
| II-T406⑥：25 | 陶 | 龙纹滴水残块 | 1件 | 探方西北部 | 残高11.0、残宽6.5、厚1.1 | 明 | 残 | 残 | |
| II-T406⑥：26 | 陶 | 龙纹滴水残块 | 1件 | 探方西部 | 滴水残高8.0、残宽11.7、厚1.2，瓦残长3.6、残宽8.0、厚2.0 | 明 | 残 | 残 | |
| II-T406⑥：27 | 陶 | 龙纹滴水残块 | 1件 | 探方中部 | 残高5.7、残宽8.8、厚1.2 | 明 | 残 | 残 | |
| II-T406⑥：28 | 陶 | 龙纹滴水残块 | 1件 | 探方中部偏西 | 滴水残高7.0、残宽9.0、厚1.2，瓦残长3.0、残宽7.0、厚1.8 | 明 | 残 | 残 | |
| II-T204⑥：41 | 陶 | 板瓦 | 1件 | 探方第⑥层西北角 | 高6.3、长37.5、宽21.3~24.0、壁厚2.2 | 宋 | 残 | 修复完整 | A型标本 |
| II-T306⑥：32 | 陶 | 板瓦 | 1件 | 探方北部 | 高6.6、长36.3、宽21.5~24.5、壁厚2.3 | 宋 | 残 | 修复完整 | |
| II-T405⑥：164 | 陶 | 板瓦 | 1件 | 探方西部 | 高5.9、长36.5、宽18.0~22.0、壁厚2.0 | 明 | 残 | 修复基本完整 | |
| II-T405⑥：96 | 陶 | 板瓦 | 1件 | 探方第⑥层南壁下中部 | 高6.0、长37.6、宽19.0~22.0、壁厚2.1 | 明 | 残 | 修复基本完整 | B型标本 |
| II-T204⑥：23 | 陶 | 板瓦 | 1件 | 探方第⑥层西北角 | 残长5.4、残宽6.5、壁厚1.2 | 明 | 残 | 残 | C型标本 |
| II-T306⑥：31 | 陶 | 板瓦 | 1件 | 探方第⑥层内F8北檐墙外侧 | 残长9.5、宽16.4、壁厚1.1 | 明 | 残 | 残 | D型标本 |
| II-T205⑥：9 | 陶 | 兽面瓦当 | 1件 | 探方第⑥层西南角 | 直径13.2、沿厚1.1 | 明 | 残 | 修复基本完整 | B型标本 |
| II-T404⑥：43 | 陶 | 龙纹瓦当 | 1件 | 探方第⑥层西壁下 | 直径14.5、沿厚1.3 | 宋 | 残 | 修复完整 | 标本 |
| II-T405⑥：117 | 陶 | 龙纹瓦当 | 1件 | 探方第⑥层南檐台外 | 残长18.8、宽14.3、高7.4、壁厚2.2 | 明 | 残 | 残 | 标本 |

续表 3-15

| 整理号 | 类别 | 名称 | 数量 | 出土位置 | 尺寸（厘米） | 时代 | 出土状态 | 现状 | 备注 |
|---|---|---|---|---|---|---|---|---|---|
| II-T405⑥：163 | 陶 | 兽面瓦当 | 1件 | 探方西部 | 直径 13.6、沿厚 1.0 | 疑明 | 残 | 修复完整 | |
| II-T406⑥：20 | 陶 | 兽面瓦当 | 1件 | 探方第⑥层北壁下 | 直径 12.7、沿厚 1.0 | 明 | 残 | 修复完整 | A 型标本 |
| II-T406⑥：21 | 陶 | 兽面瓦当 | 1件 | 探方第⑥层东北部 | 残径 9.4、厚 1.5 | 明 | 残 | 残 | C 型标本 |
| II-T204⑥：29 | 陶 | 龙纹瓦当残块 | 1件 | 探方西北角 | 残径 13.5、残宽 7.3、沿宽 1.2 | 明 | 残 | 残 | |
| II-T204⑥：30 | 陶 | 龙纹瓦当残块 | 1件 | 探方西壁下中部 | 直径 14.3、沿厚 1.2 | 明 | 残 | 残 | |
| II-T204⑥：31 | 陶 | 龙纹瓦当残块 | 1件 | 探方北壁下偏东处 | 残径 10.5、残宽 7.0、沿宽 1.3 | 明 | 残 | 残 | |
| II-T205⑥：10 | 陶 | 兽面瓦当残块 | 1件 | 探方西部 | 残长 5.8、残宽 5.5、沿厚 0.8 | 明 | 残 | 残 | |
| II-T306⑥：34 | 陶 | 龙纹瓦当残块 | 1件 | 探方北部 | 直径 14.5、沿厚 1.3 | 明 | 残 | 残 | |
| II-T306⑥：35 | 陶 | 龙纹瓦当残块 | 1件 | 探方北部 | 残长 6.0、残宽 6.0、沿厚 1.1 | 明 | 残 | 残 | |
| II-T306⑥：47 | 陶 | 龙纹瓦当残块 | 1件 | 探方东北部 | 直径 14.0、沿厚 1.1 | 明 | 残 | 残 | |
| II-T306⑥：48 | 陶 | 龙纹瓦当残块 | 1件 | 探方西北部 | 残长 12.5、残宽 4.7、沿厚 1.0 | 明 | 残 | 残 | |
| II-T306⑥：49 | 陶 | 龙纹瓦当残块 | 1件 | 探方西北角 | 残长 9.3、残宽 6.2、沿厚 1.1 | 明 | 残 | 残 | |
| II-T403⑥：8 | 陶 | 龙纹瓦当（残） | 1件 | 探方西围墙内中部 | 瓦残长 14.5、宽 13.5、高 7.6、壁厚 2.1 | 明 | 残 | 残 | |
| II-T403⑥：9 | 陶 | 龙纹瓦当残块 | 1件 | 探方北壁下偏西处 | 瓦当残长 13.3、残宽 9.0、沿厚 1.3 | 宋 | 残 | 残 | |
| II-T403⑥：10 | 陶 | 龙纹瓦当残块 | 1件 | 探方东北角 | 直径 13.9、沿厚 1.2、 | 宋 | 残 | 残 | |
| II-T403⑥：11 | 陶 | 龙纹瓦当残块 | 1件 | 探方东壁下中部 | 残长 13.2、残宽 8.0、沿厚 1.1 | 明 | 残 | 残 | |
| II-T404⑥：44 | 陶 | 龙纹瓦当（残） | 1件 | 探方西部 | 直径 14.7、沿厚 1.2 | 宋 | 残 | 修复完整 | |
| II-T404⑥：45 | 陶 | 龙纹瓦当残块 | 1件 | 探方西部 | 残长 11.2、残宽 8.8、沿厚 1.3 | 宋 | 残 | 残 | |
| II-T404⑥：46 | 陶 | 龙纹瓦当残块 | 1件 | 探方西北部 | 直径 14.2、沿厚 1.1 | 明 | 残 | 残 | |
| II-T404⑥：47 | 陶 | 龙纹瓦当残块 | 1件 | 探方中部 | 残长 12.0、残宽 7.0、沿厚 1.2 | 明 | 残 | 残 | |
| II-T404⑥：48 | 陶 | 龙纹瓦当残块 | 1件 | 探方西南部 | 残长 10.2、残宽 9.8、沿厚 1.1 | 明 | 残 | 残 | |
| II-T404⑥：49 | 陶 | 龙纹瓦当残块 | 1件 | 探方西部 | 残长 10.0、残宽 6.5、沿厚 1.1 | 明 | 残 | 残 | |

续表 3-15

| 整理号 | 类别 | 名称 | 数量 | 出土位置 | 尺寸（厘米） | 时代 | 出土状态 | 现状 | 备注 |
|---|---|---|---|---|---|---|---|---|---|
| II-T404⑥:50 | 陶 | 龙纹瓦当残块 | 1件 | 探方西部偏南 | 残长9.0、残宽5.7、沿厚1.1 | 明 | 残 | 残 | |
| II-T405⑥:97 | 陶 | 龙纹瓦当残块 | 1件 | 探方东部居中部 | 直径14.9、沿厚1.2 | 宋 | 残 | 残 | |
| II-T405⑥:98 | 陶 | 龙纹瓦当残块 | 1件 | 探方东南部 | 直径14.0、沿厚1.0 | 明 | 残 | 残 | |
| II-T405⑥:99 | 陶 | 龙纹瓦当残块 | 1件 | 探方东南角 | 残长14.5、残宽7.5、沿厚1.2 | 明 | 残 | 残 | |
| II-T405⑥:100 | 陶 | 龙纹瓦当残块 | 1件 | 探方南壁下 | 残长9.8、残宽8.3、沿厚1.1 | 明 | 残 | 残 | |
| II-T405⑥:101 | 陶 | 龙纹瓦当残块 | 1件 | 探方中部 | 残长11.0、残宽6.0、沿厚1.1 | 明 | 残 | 残 | |
| II-T405⑥:102 | 陶 | 龙纹瓦当残块 | 1件 | 探方中部 | 残长11.4、残宽9.0、沿厚1.3 | 明 | 残 | 残 | |
| II-T405⑥:103 | 陶 | 龙纹瓦当残块 | 1件 | 探方北部 | 残长9.0、残宽8.5、沿厚1.1 | 明 | 残 | 残 | |
| II-T405⑥:104 | 陶 | 龙纹瓦当残块 | 1件 | 探方西部 | 残长10.5、残宽6.0、沿厚1.2 | 明 | 残 | 残 | |
| II-T405⑥:105 | 陶 | 龙纹瓦当残块 | 1件 | 探方西部 | 瓦残长4.8、残宽9.3、厚1.9，瓦当残长9.0、残宽5.3、厚1.5 | 明 | 残 | 残 | |
| II-T405⑥:106 | 陶 | 龙纹瓦当残块 | 1件 | 探方西北部 | 瓦残长7.8、残宽11.5、残高5.5 | 宋 | 残 | 残 | |
| II-T405⑥:107 | 陶 | 龙纹瓦当残块 | 1件 | 探方西壁下 | 瓦残长5.0、瓦当直径14.7、沿厚1.2 | 宋 | 残 | 残 | |
| II-T405⑥:108 | 陶 | 龙纹瓦当残块 | 1件 | 探方西部 | 残长14.0、残宽7.0、沿厚1.1 | 宋 | 残 | 残 | |
| II-T405⑥:109 | 陶 | 龙纹瓦当残块 | 1件 | 探方东部 | 直径14.8、沿厚1.1 | 明 | 残 | 残 | |
| II-T405⑥:110 | 陶 | 龙纹瓦当残块 | 1件 | 探方东南部 | 直径14.2、沿厚1.2 | 宋 | 残 | 残 | |
| II-T405⑥:111 | 陶 | 龙纹瓦当残块 | 1件 | 探方南部 | 残长8.3、残宽8.0、沿厚1.2 | 明 | 残 | 残 | |
| II-T405⑥:112 | 陶 | 龙纹瓦当残块 | 1件 | 探方南壁东端 | 残长10.5、残宽5.2、沿厚1.1 | 明 | 残 | 残 | |
| II-T405⑥:113 | 陶 | 龙纹瓦当残块 | 1件 | 探方东南角 | 残长7.0、残宽6.0 | 明 | 残 | 残 | |
| II-T405⑥:114 | 陶 | 瓦当残块 | 1件 | 探方西部居中 | 残长10.0、残宽4.4、沿厚1.1 | 明 | 残 | 残 | |
| II-T405⑥:115 | 陶 | 瓦当残块 | 1件 | 探方西部 | 残长7.0、残宽7.0、沿厚1.2 | 明 | 残 | 残 | |
| II-T405⑥:116 | 陶 | 龙纹瓦当残块 | 1件 | 探方西部偏南 | 残长9.3、残宽8.8、沿厚1.1 | 明 | 残 | 残 | |
| II-T405⑥:118 | 陶 | 兽面瓦当（残） | 1件 | 探方西南部 | 直径14.0、沿厚1.3、 | 明 | 残 | 修复完整 | |

续表 3-15

| 整理号 | 类别 | 名称 | 数量 | 出土位置 | 尺寸（厘米） | 时代 | 出土状态 | 现状 | 备注 |
|---|---|---|---|---|---|---|---|---|---|
| Ⅱ-T405⑥：119 | 陶 | 兽面瓦当（残） | 1件 | 探方西南角 | 直径12.8、沿厚0.6 | 明 | 残 | 修复完整 | |
| Ⅱ-T204⑥：47 | 陶 | 筒瓦 | 1件 | 探方第⑥层西部 | 残长10.8、残宽10.4、厚2.5、雄头残长1.2 | 明 | 残 | 残 | C型标本 |
| Ⅱ-T206⑥：21 | 陶 | 筒瓦 | 1件 | 探方北部 | 全长33.0、宽13.6、高7.2、壁厚2.6、雄头长2.1 | 明 | 残 | 修复完整 | |
| Ⅱ-T206⑥：22 | 陶 | 筒瓦残块 | 1件 | 探方北部 | 残高8.0、残宽8.3、厚1.9 | 明 | 残 | 残 | |
| Ⅱ-T403⑥：7 | 陶 | 筒瓦 | 1件 | 探方第⑥层东南部 | 全长32.9、宽14.0、高7.2、壁厚1.7、雄头长1.8 | 明 | 残 | 修复完整 | Aa型标本 |
| Ⅱ-T404⑥：41 | 陶 | 筒瓦 | 1件 | 探方第⑥层内西围墙东侧 | 残长32.0、宽14.5、高7.6、壁厚1.3、雄头残长0.6 | 明 | 残 | 残 | |
| Ⅱ-T404⑥：42 | 陶 | 筒瓦 | 1件 | 探方第⑥层内西围墙东侧偏北处 | 全长33.5、宽14.0、高7.4、壁厚1.5、雄头长1.6 | 明 | 残 | 修复完整 | Ab型标本 |
| Ⅱ-T405⑥：120 | 陶 | 筒瓦（略残） | 1件 | 探方西部 | 全长33.0、宽14.4、高7.5、壁厚1.5、雄头长1.7 | 宋 | 残 | 修复基本完整 | |
| Ⅱ-T405⑥：121 | 陶 | 筒瓦（略残） | 1件 | 探方中部 | 全长33.0、宽14.5、高7.3、壁厚1.6、雄头长2.4 | 宋 | 残 | 修复基本完整 | |
| Ⅱ-T405⑥：122 | 陶 | 筒瓦 | 1件 | 探方第⑥层内F8西山墙外 | 残长29.5、宽14.7、高7.7、壁厚2.0、雄头长2.3 | 明 | 残 | 残 | Ba型标本 |
| Ⅱ-T405⑥：123 | 陶 | 筒瓦 | 1件 | 探方第⑥层内西山墙外偏北处 | 残长30.0、宽13.3、高7.7、瓦钉孔径1.8、厚2.0、雄头长2.0 | 明 | 残 | 残 | Bb型标本 |
| Ⅱ-T405⑥：124 | 陶 | 筒瓦（略残） | 1件 | 探方南部 | 全长33.0、宽14.5、高7.5、壁厚1.5、雄头长2.0 | 宋 | 残 | 修复基本完整 | |
| Ⅱ-T405⑥：125 | 陶 | 筒瓦（略残） | 1件 | 探方西南部 | 残长33.4、残宽14.0、高8.0、壁厚1.5、雄头长2.0 | 明 | 残 | 残 | |
| Ⅱ-T406⑥：29 | 陶 | 筒瓦 | 1件 | 探方西北角 | 残长31.5、宽14.5、高7.4、壁厚1.0、雄头残长1.0 | 明 | 残 | 残 | |
| Ⅱ-T406⑥：30 | 陶 | 筒瓦 | 1件 | 探方西北角 | 全长32.0、宽14.2、高7.0、壁厚1.5、雄头长1.6 | 明 | 残 | 修复基本完整 | |
| Ⅱ-T203⑥：1 | 陶 | 脊兽残块 | 1件 | 探方第⑥层西部 | 残高23.0、残宽28.0、壁厚1.8 | 明 | 残 | 残 | 标本 |
| Ⅱ-T203⑥：2 | 陶 | 脊兽残块 | 1件 | 探方第⑥层东部偏南处 | 残高21.5、残宽19.0、壁厚1.3 | 明 | 残 | 残 | 标本 |
| Ⅱ-T306⑥：76 | 陶 | 脊兽残块（垂脊小跑） | 1件 | 探方北部 | 残高9.3、残宽8.0、厚1.5 | 明 | 残 | 残 | |
| Ⅱ-T306⑥：63 | 陶 | 脊兽残块 | 1件 | 探方第⑥层北部居中处 | 残高12.0、残宽15.3、榫高2.8 | 明 | 残 | 残 | 标本 |
| Ⅱ-T306⑥：78 | 陶 | 脊兽残块 | 1件 | 探方第⑥层北壁东端 | 残高15.3、残长22.5、壁厚2.7 | 明 | 残 | 残 | 标本 |
| Ⅱ-T405⑥：155 | 陶 | 脊兽残块（角） | 1件 | 探方第⑥层西壁下 | 残高10.3、最宽处3.8、最厚处3.0 | 明 | 残 | 残 | 标本 |

续表 3-15

| 整理号 | 类别 | 名称 | 数量 | 出土位置 | 尺寸（厘米） | 时代 | 出土状态 | 现状 | 备注 |
|---|---|---|---|---|---|---|---|---|---|
| Ⅱ-T406⑥：40 | 陶 | 脊兽残块（獠牙） | 1件 | 探方西部扩方处 | 长 9.7 | 明 | 残 | 残 | 标本 |
| Ⅱ-T405⑥：162 | 陶 | 脊兽残块（眼） | 1件 | 探方第⑥层中部 | 残高 2.6、残长 6.6、厚 2.6 | 明 | 残 | 残 | 标本 |
| Ⅱ-T306⑥：68 | 陶 | 脊兽残块（眼） | 1件 | 探方第⑥层中部偏北处 | 残高 5.0、残长 7.1、厚 2.7 | 明 | 残 | 残 | 标本 |
| Ⅱ-T203⑥：4 | 陶 | 脊兽残块 | 1件 | 探方中部 | 残长 12.0、残宽 7.2、残高 5.2 | 明 | 残 | 残 | |
| Ⅱ-T203⑥：5 | 陶 | 脊兽残块 | 1件 | 探方东围墙内中部 | 残长 17.5、残宽 12.0 | 明 | 残 | 残 | |
| Ⅱ-T203⑥：6 | 陶 | 脊兽残块 | 1件 | 探方东北角 | 残长 15.0、残宽 12.5 | 明 | 残 | 残 | |
| Ⅱ-T203⑥：7 | 陶 | 脊兽残块 | 1件 | 探方西壁下中部 | 残长 9.8、残宽 3.8 | 明 | 残 | 残 | |
| Ⅱ-T203⑥：9 | 陶 | 脊兽残块 | 1件 | 探方西南角 | 残长 6.0、残宽 5.0 | 明 | 残 | 残 | |
| Ⅱ-T203⑥：10 | 陶 | 脊兽残块 | 1件 | 探方东围墙东侧中部 | 残长 7.8、残宽 5.1 | 明 | 残 | 残 | |
| Ⅱ-T203⑥：11 | 陶 | 脊兽残块 | 1件 | 探方北壁下中部 | 残长 15.3、残宽 8.0 | 明 | 残 | 残 | |
| Ⅱ-T203⑥：12 | 陶 | 脊兽残块 | 1件 | 探方南壁下偏西处 | 残长 10.8、残宽 9.5、厚 4.0 | 明 | 残 | 残 | |
| Ⅱ-T203⑥：15 | 陶 | 脊兽残块 | 1件 | 探方东壁下中部 | 残长 15.8、宽 3.5 | 明 | 残 | 残 | |
| Ⅱ-T204⑥：42 | 陶 | 脊兽残块 | 1件 | 探方东北角 | 残高 13.0、残长 16.0 | 明 | 残 | 残 | |
| Ⅱ-T204⑥：45 | 陶 | 脊兽残块 | 1件 | 探方北壁下中部 | 残长 9.8、残宽 6.3、厚 1.5 | 明 | 残 | 残 | |
| Ⅱ-T204⑥：46 | 陶 | 脊兽残块 | 1件 | 探方东围墙东侧中部 | 残长 8.5、残宽 7.5 | 明 | 残 | 残 | |
| Ⅱ-T206⑥：24 | 陶 | 脊兽残块 | 1件 | 探方北部 | 残长 10.0、残宽 6.8、厚 4.0 | 明 | 残 | 残 | |
| Ⅱ-T303⑥：22 | 陶 | 脊兽残块 | 1件 | 探方东壁下中部 | 残长 9.8、残宽 7.0 | 明 | 残 | 残 | |
| Ⅱ-T303⑥：23 | 陶 | 脊兽残块 | 1件 | 探方石子路西侧中部 | 残长 8.5、残宽 4.5、厚 2.0 | 明 | 残 | 残 | |
| Ⅱ-T306⑥：52 | 陶 | 脊兽残块 | 1件 | 探方北部 | 残高 9.5、残长 14.5、厚 3.3 | 明 | 残 | 残 | |
| Ⅱ-T306⑥：56 | 陶 | 脊兽残块（角） | 1件 | 探方北部居中 | 残高 11.5、宽 5.8、厚 2.5 | 明 | 残 | 残 | |
| Ⅱ-T306⑥：59 | 陶 | 脊兽残块 | 1件 | 探方西北部 | 残长 7.0、残宽 4.0 | 明 | 残 | 残 | |
| Ⅱ-T306⑥：60 | 陶 | 脊兽残块 | 1件 | 探方西北部 | 残长 18.5、残宽 7.8、厚 4.0 | 明 | 残 | 残 | |
| Ⅱ-T306⑥：61 | 陶 | 脊兽残块 | 1件 | 探方西北角 | 残长 9.0、残宽 6.3、厚 2.0 | 明 | 残 | 残 | |
| Ⅱ-T306⑥：64 | 陶 | 脊兽残块 | 1件 | 探方中部 | 残高 10.2、残长 14.0 | 明 | 残 | 残 | |
| Ⅱ-T306⑥：65 | 陶 | 脊兽残块（体） | 1件 | 探方中部偏北 | 残长 13.0、宽 7.0 | 明 | 残 | 残 | |
| Ⅱ-T306⑥：66 | 陶 | 脊兽残块 | 1件 | 探方西北部 | 残长 10.8、残宽 9.3、厚 2.3 | 明 | 残 | 残 | |
| Ⅱ-T306⑥：69 | 陶 | 脊兽残块 | 1件 | 探方北壁下 | 残高 6.3、残长 5.0 | 明 | 残 | 残 | |
| Ⅱ-T306⑥：70 | 陶 | 脊兽残块 | 1件 | 探方北壁下偏南 | 残长 15.0、残宽 8.0、 | 明 | 残 | 残 | |
| Ⅱ-T306⑥：71 | 陶 | 脊兽残块 | 1件 | 探方北部 | 残长 5.5、残宽 3.8、厚 2.5 | 明 | 残 | 残 | |
| Ⅱ-T306⑥：72 | 陶 | 脊兽残块 | 1件 | 探方东北部 | 残高 5.6、宽 4.0、厚 2.3 | 明 | 残 | 残 | |

续表 3-15

| 整理号 | 类别 | 名称 | 数量 | 出土位置 | 尺寸（厘米） | 时代 | 出土状态 | 现状 | 备注 |
|---|---|---|---|---|---|---|---|---|---|
| Ⅱ-T306⑥：73 | 陶 | 脊兽残块 | 1件 | 探方东北部 | 残长3.5、残宽2.5、 | 明 | 残 | 残 | |
| Ⅱ-T306⑥：74 | 陶 | 脊兽残块（眼） | 1件 | 探方东北角 | 残长7.3、宽5.0、厚2.0 | 明 | 残 | 残 | |
| Ⅱ-T306⑥：75 | 陶 | 脊兽残块 | 1件 | 探方东壁下 | 残长8.0、残宽4.2、厚1.9 | 明 | 残 | 残 | |
| Ⅱ-T306⑥：77 | 陶 | 脊兽残块 | 1件 | 探方北部 | 残高5.5、残长8.0、宽10.0 | 明 | 残 | 残 | |
| Ⅱ-T404⑥：60 | 陶 | 脊兽残块 | 1件 | 探方南部 | 残长12.5、残宽7.5 | 明 | 残 | 残 | |
| Ⅱ-T404⑥：61 | 陶 | 脊兽残块 | 1件 | 探方西南部 | 残高5.8、残长11.0、厚3.5 | 明 | 残 | 残 | |
| Ⅱ-T405⑥：142 | 陶 | 脊兽残块 | 1件 | 探方东部 | 残长25.8、残宽14.0、厚3.0 | 明 | 残 | 残 | |
| Ⅱ-T405⑥：144 | 陶 | 脊兽残块 | 1件 | 探方东北部 | 残长11.2、残宽8.2 | 明 | 残 | 残 | |
| Ⅱ-T405⑥：157 | 陶 | 脊兽残块 | 1件 | 探方中部 | 残长7.6、残宽3.6、最厚处3.8 | 明 | 残 | 残 | |
| Ⅱ-T405⑥：158 | 陶 | 脊兽残块 | 1件 | 探方西部偏南 | 残长8.5、宽4.0 | 明 | 残 | 残 | |
| Ⅱ-T405⑥：159 | 陶 | 脊兽残块（角） | 1件 | 探方南部居中 | 残高6.0、宽2.8、厚2.0 | 明 | 残 | 残 | |
| Ⅱ-T405⑥：160 | 陶 | 脊兽残块 | 1件 | 探方南部 | 残长8.5、宽4.0 | 明 | 残 | 残 | |
| Ⅱ-T405⑥：161 | 陶 | 脊兽残块 | 1件 | 探方西南角 | 残高4.8、宽10.5、厚2.0 | 明 | 残 | 残 | |
| Ⅱ-T406⑥：31 | 陶 | 脊兽残块 | 1件 | 探方中部 | 残长11.0、宽8.2、残高7.5 | 明 | 残 | 残 | |
| Ⅱ-T406⑥：32 | 陶 | 脊兽残块 | 1件 | 探方中部 | 残长16.5、宽9.0 | 明 | 残 | 残 | |
| Ⅱ-T406⑥：33 | 陶 | 脊兽残块 | 1件 | 探方北部 | 残长14.0、宽11.0、厚4.6 | 明 | 残 | 残 | |
| Ⅱ-T406⑥：34 | 陶 | 脊兽残块 | 1件 | 探方西北部 | 残长12.0、残宽6.0、厚3.5 | 明 | 残 | 残 | |
| Ⅱ-T406⑥：35 | 陶 | 脊兽残块 | 1件 | 探方东隔梁下 | 残长14.5、残宽5.5 | 明 | 残 | 残 | |
| Ⅱ-T406⑥：36 | 陶 | 脊兽残块 | 1件 | 探方东隔梁下西侧 | 残长6.4、残宽5.0、残厚4.0 | 明 | 残 | 残 | |
| Ⅱ-T406⑥：37 | 陶 | 脊兽残块 | 1件 | 探方北壁下 | 残长12.0、残宽6.0、厚5.0 | 明 | 残 | 残 | |
| Ⅱ-T406⑥：38 | 陶 | 脊兽残块 | 1件 | 探方西部 | 残长13.6、残宽10.0 | 明 | 残 | 残 | |
| Ⅱ-T406⑥：42 | 陶 | 脊兽残块 | 1件 | 探方西北部 | 残长8.8、残宽3.7 | 明 | 残 | 残 | |
| Ⅱ-T406⑥：44 | 陶 | 脊兽残块 | 1件 | 探方西南角 | 残长10.2、残宽5.0、残厚3.8 | 明 | 残 | 残 | |
| Ⅱ-T406⑥：46 | 陶 | 眉子 | 1件 | 探方第⑥层南壁下 | 残高11.7、最宽处13.0、壁厚1.0~1.2 | 明 | 残 | 残 | A型标本 |
| Ⅱ-T406⑥：49 | 陶 | 眉子 | 1件 | 探方西南角 | 残高15.8、残长21.5、壁厚1.0 | 明 | 残 | 残 | A型标本 |
| Ⅱ-T405⑥：138 | 陶 | 眉子 | 1件 | 探方东北部 | 高17.5、长21.0、残宽10.0、壁厚3.3 | 宋 | 残 | 残 | B型标本 |
| Ⅱ-T204⑥：43 | 陶 | 眉子 | 1件 | 探方东部 | 残高13.3、残长17.5、残宽9.0、壁厚1.5 | 明 | 残 | 残 | C型标本 |
| Ⅱ-T203⑥：3 | 陶 | 眉子 | 1件 | 探方西南部 | 残高8.5、残长29.0、宽10.0~16.0、壁厚1.5 | 明 | 残 | 残 | C型标本 |
| Ⅱ-T203⑥：13 | 陶 | 眉子 | 1件 | 探方西南部 | 残高14.0、残宽15.0、厚3.5 | 明 | 残 | 残 | |
| Ⅱ-T203⑥：14 | 陶 | 眉子 | 1件 | 探方中部 | 残长17.0、残宽10.8、厚2.8 | 宋 | 残 | 残 | |
| Ⅱ-T204⑥：44 | 陶 | 眉子 | 1件 | 探方东部 | 残长11.8、残宽8.4、厚3.0 | 明 | 残 | 残 | |

续表 3-15

| 整理号 | 类别 | 名称 | 数量 | 出土位置 | 尺寸（厘米） | 时代 | 出土状态 | 现状 | 备注 |
|---|---|---|---|---|---|---|---|---|---|
| Ⅱ-T206⑥：23 | 陶 | 眉子 | 1件 | 探方北部 | 残长 19.5、残宽 17.0、厚 2.0 | 明 | 残 | 残 | |
| Ⅱ-T306⑥：50 | 陶 | 眉子 | 1件 | 探方北部 | 残长 28.0、残宽 13.5、厚 5.2 | 明 | 残 | 残 | |
| Ⅱ-T306⑥：53 | 陶 | 眉子 | 1件 | 探方东北部 | 残长 12.5、残宽 12.0、壁厚 1.7 | 明 | 残 | 残 | |
| Ⅱ-T306⑥：54 | 陶 | 眉子 | 1件 | 探方东北部 | 残长 8.5、残宽 8.0、厚 2.5 | 明 | 残 | 残 | |
| Ⅱ-T306⑥：55 | 陶 | 眉子 | 1件 | 探方北部偏西 | 残长 9.5、残宽 8.0、最厚处 3.8 | 宋 | 残 | 残 | |
| Ⅱ-T306⑥：57 | 陶 | 眉子 | 1件 | 探方西北部 | 残长 7.5、残宽 6.0、厚 3.0 | 宋 | 残 | 残 | |
| Ⅱ-T306⑥：62 | 陶 | 眉子 | 1件 | 探方西北 | 残长 13.0、残宽 11.5、厚 3.3 | 宋 | 残 | 残 | |
| Ⅱ-T405⑥：126 | 陶 | 眉子 | 1件 | 探方西北角 | 残长 12.5、残宽 8.8、厚 3.0 | 宋 | 残 | 残 | |
| Ⅱ-T405⑥：127 | 陶 | 眉子 | 1件 | 探方南部 | 残长 13.5、残宽 13.0、厚 3.0 | 宋 | 残 | 残 | |
| Ⅱ-T405⑥：128 | 陶 | 眉子 | 1件 | 探方西南部 | 残长 8.5、残宽 8.0、厚 2.5 | 宋 | 残 | 残 | |
| Ⅱ-T405⑥：129 | 陶 | 眉子 | 1件 | 探方中部 | 残长 24.5、残宽 12.5、厚 3.0 | 明 | 残 | 残 | |
| Ⅱ-T405⑥：130 | 陶 | 眉子 | 1件 | 探方北部 | 残长 11.0、残宽 7.5、厚 4.8 | 宋 | 残 | 残 | |
| Ⅱ-T405⑥：131 | 陶 | 眉子 | 1件 | 探方西北部 | 残长 14.0、残宽 7.0、厚 3.5 | 宋 | 残 | 残 | |
| Ⅱ-T405⑥：132 | 陶 | 眉子 | 1件 | 探方西部偏北 | 残长 8.5、残宽 6.5、厚 2.5 | 明 | 残 | 残 | |
| Ⅱ-T405⑥：133 | 陶 | 眉子 | 1件 | 探方西北角 | 残长 14.0、残宽 8.0、厚 4.0 | 宋 | 残 | 残 | |
| Ⅱ-T405⑥：134 | 陶 | 眉子 | 1件 | 探方西南部 | 残高 12.6、残宽 10.2、壁厚 3.0 | 宋 | 残 | 残 | |
| Ⅱ-T405⑥：135 | 陶 | 眉子 | 1件 | 探方西北部 | 残长 10.0、残宽 9.5、厚 3.0 | 明 | 残 | 残 | |
| Ⅱ-T405⑥：136 | 陶 | 眉子 | 1件 | 探方西部 | 残高 10.7、残宽 13.1、壁厚 3.6 | 宋 | 残 | 残 | |
| Ⅱ-T405⑥：137 | 陶 | 眉子 | 1件 | 探方西部 | 残长 10.2、残宽 8.0、厚 3.0 | 宋 | 残 | 残 | |
| Ⅱ-T405⑥：139 | 陶 | 眉子 | 1件 | 探方北部 | 残长 17.5、残宽 13.0、厚 6.6 | 宋 | 残 | 残 | |
| Ⅱ-T405⑥：140 | 陶 | 眉子 | 1件 | 探方中部 | 残长 25.0、残宽 18.0、厚 4.2 | 明 | 残 | 残 | |
| Ⅱ-T405⑥：143 | 陶 | 眉子 | 1件 | 探方中部 | 残长 13.5、残宽 11.5、厚 3.0 | 宋 | 残 | 残 | |
| Ⅱ-T405⑥：145 | 陶 | 眉子 | 1件 | 探方中部偏南 | 残长 12.5、残宽 12.0、厚 4.0 | 明 | 残 | 残 | |
| Ⅱ-T405⑥：146 | 陶 | 眉子 | 1件 | 探方南部 | 残长 11.0、残宽 9.5、厚 2.0 | 明 | 残 | 残 | |
| Ⅱ-T405⑥：147 | 陶 | 眉子 | 1件 | 探方南壁下 | 残长 7.8、残宽 7.3、厚 1.8 | 明 | 残 | 残 | |
| Ⅱ-T405⑥：148 | 陶 | 眉子 | 1件 | 探方东南角 | 残长 8.5、残宽 8.0、厚 3.0 | 明 | 残 | 残 | |
| Ⅱ-T405⑥：149 | 陶 | 眉子 | 1件 | 探方西部 | 残长 9.0、残宽 7.5、厚 3.5 | 宋 | 残 | 残 | |
| Ⅱ-T405⑥：152 | 陶 | 眉子 | 1件 | 探方西北角 | 残长 13.0、残宽 9.0、厚 1.3 | 明 | 残 | 残 | |
| Ⅱ-T405⑥：153 | 陶 | 眉子 | 1件 | 探方南壁下偏西 | 残长 6.5、残宽 5.3、厚 2.0 | 明 | 残 | 残 | |
| Ⅱ-T405⑥：154 | 陶 | 眉子 | 1件 | 探方西部 | 残长 7.5、残宽 5.8、厚 2.5 | 明 | 残 | 残 | |
| Ⅱ-T406⑥：39 | 陶 | 眉子 | 1件 | 探方西部偏北 | 残高 17.5、残宽 11.0、厚 5.0 | 明 | 残 | 残 | |
| Ⅱ-T406⑥：41 | 陶 | 眉子 | 1件 | 探方西部正中 | 残长 12.5、残宽 6.3、厚 3.0 | 明 | 残 | 残 | |
| Ⅱ-T406⑥：43 | 陶 | 眉子 | 1件 | 探方西南部 | 残长 10.5、残宽 7.0、厚 1.6 | 明 | 残 | 残 | |
| Ⅱ-T406⑥：45 | 陶 | 眉子 | 1件 | 探方中部 | 残高 14.3、宽 16.5、厚 3.8 | 宋 | 残 | 残 | |
| Ⅱ-T406⑥：47 | 陶 | 眉子 | 1件 | 探方中部 | 残长 12.5、残宽 10.0、厚 2.0 | 明 | 残 | 残 | |

共 253 件（组）。

### 4．铜钱

仅 1 枚（表 3-16）。

Ⅱ-T206⑥：1，出土于探方第⑥层东部。锈蚀，经除锈保护，完整。钱体轻薄，正面外廓宽平，内廓窄细不明显，穿孔特大呈方圆形，楷书钱文顺时针旋读，因穿孔过大使字迹受损，疑似"祥符通宝"。背面光素，无外廓，内廓窄细。钱径 2.5、穿边长 0.8 厘米，重 3.0 克（图 3-46，1；彩版 3-112）。

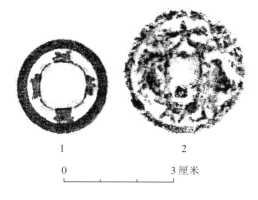

1　　　　　　　　2

0　　　　　　3 厘米

图 3-46　F8 出土钱币拓片

1．祥符通宝铜钱Ⅱ-T206⑥：1　2．大观通宝铁钱Ⅱ-T405⑥：2

彩版 3-112　铜钱
Ⅱ-T206⑥：1

表 3-16　2010 年蓝田吕氏家庙遗址Ⅱ区第⑥层出土铜钱整理登记表

| 整理号 | 类别 | 名称 | 数量 | 出土位置 | 尺寸（厘米） | 时代 | 出土状态 | 现状 | 备注 |
|---|---|---|---|---|---|---|---|---|---|
| Ⅱ-T206⑥：1 | 铜 | 祥符通宝 | 1 枚 | 探方第⑥层东部 | 钱径 2.5、穿边长 0.8，重 3.0 克 | 宋 | 完整 | 完整 | 标本 |

共 1 件（组）。

### 5．铁钱

共 7 枚（表 3-17）。其中 6 枚锈蚀严重，字迹不能辨认，仅有 1 枚字迹尚清，选为标本。

Ⅱ-T405⑥：2，出于探方⑥层北部近中处。锈蚀，完整。钱体较大，正、背两面内、外廓窄而凸出，穿孔小且不够方正。正面楷书钱文对读，似为"大观通宝"，笔画较粗，字迹清晰。背面光素无纹。钱径 3.2、穿边长 0.7 厘米，重 12.0 克（图 3-46，2）。

表 3-17　2010 年蓝田吕氏家庙遗址Ⅱ区第⑥层出土铁钱整理登记表

| 整理号 | 类别 | 名称 | 数量 | 出土位置 | 尺寸（厘米） | 时代 | 出土状态 | 现状 | 备注 |
|---|---|---|---|---|---|---|---|---|---|
| Ⅱ-T405⑥：1 | 铁 | 铁钱 | 1 枚 | 探方中部 | 钱径 3.5、穿边长 0.6，重 10.0 克 |  | 残 | 残 |  |
| Ⅱ-T405⑥：2 | 铁 | 大观通宝 | 1 枚 | 探方第⑥层北部近中处 | 钱径 3.2、穿边长 0.7，重 12.0 克 | 宋 | 完整 | 完整 | 标本 |
| Ⅱ-T206⑥：3 | 铁 | □□元宝 | 1 枚 | 探方北部 | 钱径 3.4、穿边长 0.6，重 12.0 克 | 不清 | 锈蚀严重 | 锈蚀严重 |  |
| Ⅱ-T405⑥：3 | 铁 | 铁钱 | 1 枚 | 探方西部 | 钱径 2.5、穿边长 0.6，重 3.0 克 | 不清 | 基本完整 | 基本完整 |  |
| Ⅱ-T206⑥：5 | 铁 | 政和通宝 | 1 枚 | 探方北部 | 钱径 3.1、穿边长 0.7，重 9.0 克 | 宋 | 基本完整 | 基本完整 |  |
| Ⅱ-T206⑥：2 | 铁 | □□元宝 | 1 枚 | 探方北部 | 钱径 3.4、穿边长 0.6，重 3.0 克 | 不清 | 基本完整 | 基本完整 |  |
| Ⅱ-T206⑥：4 | 铁 | □□通宝 | 1 枚 | 探方北部 | 钱径 3.4、穿边长 0.6，重 12.0 克 | 不清 | 锈蚀严重 | 锈蚀严重 |  |

共 7 件（组）。

## 6. 石器

1件（表3-18）。

Ⅱ-T405⑥：50，石器残块，出土于探方中部，时代不明。残长5.4、残宽3.0厘米。

表3-18 2010年蓝田吕氏家庙遗址Ⅱ区第⑥层出土石器整理登记表

| 整理号 | 类别 | 名称 | 数量 | 出土位置 | 尺寸（厘米） | 时代 | 出土状态 | 现状 | 备注 |
|---|---|---|---|---|---|---|---|---|---|
| Ⅱ-T405⑥：50 | 石 | 石器残块 | 1件 | 探方中部 | 残长5.4、残宽3.0 | 不明 | 残 | 残 | |

共1件（组）。

### （六）年代判定

Ⅱ区第⑥层之下为明代早期堆积，所以该层时间必然晚于明早期，出土陶、瓷残片中虽有大量宋、金、元、明早期遗物，但明代晚期残片形制、特点明确。再结合清末光绪年间蓝田县志中明成化年间所修吕氏家庙毁于火灾，万历年间在其原址上重建芸阁寺的记载推断，现Ⅱ区⑥层属明代晚期堆积，F8建筑基础当属明代晚期吕氏家庙芸阁寺主殿遗址。

## 五 Ⅰ、Ⅱ区⑤层与F7遗址

Ⅰ区⑤层分布于整个发掘Ⅰ区内（遗物见表3-19~21），Ⅱ区⑤层主要分布于Ⅱ区中、南部。该层之上，Ⅰ区覆盖第④层；Ⅱ区北部覆盖第①表土层，南部为第④层堆积。其下，Ⅰ区叠压大面积较厚淤土层；Ⅱ区叠压第⑥层。该层内主要遗址为F7建筑基础及其与F7配套使用的路径、围墙、踩踏路面等。因Ⅱ区北部F8废墟堆积较厚，所以F7避开废墟，选址于F8南部庭院中，并继续沿用了L1南部及L2两条鹅卵石子路径（图3-47；彩版3-113）。F7废弃后于Ⅱ区中部又形成较厚废墟堆积，所以F6家庙建筑则选择了F7南部的庭院空地。

F7位于发掘Ⅱ区中部T202~204、T302~304、T402~404第⑤层中，其下叠压Ⅱ区第⑥层F8庭院；其上为清末民国初吕氏家庙中F3庭院遗址，因该庭院被沿用至中华人民共和国成立后，故剖面图上显示F7北部均覆盖于表土层下（见图3-2、4）。

表3-19 2010年蓝田吕氏家庙遗址Ⅰ区第⑤层出土瓷器整理登记表

| 整理号 | 类别 | 名称 | 数量 | 出土位置 | 尺寸（厘米） | 时代 | 出土状态 | 现状 | 备注 |
|---|---|---|---|---|---|---|---|---|---|
| Ⅰ-T402⑤：3 | 淡黄釉 | 碗口沿瓷片 | 1件 | 探方北壁下中部 | 残高3.8、残宽4.4 | 清 | 残 | 残 | |
| Ⅰ-T402⑤：4 | 青釉 | 碗口沿瓷片 | 1件 | 探方西壁下偏北处 | 残高2.7、残宽3.0 | 清 | 残 | 残 | |
| Ⅰ-T402⑤：5 | 青釉 | 瓷片 | 1件 | 探方东壁下中部 | 残长4.9、残宽3.9 | 清 | 残 | 残 | |
| Ⅰ-T402⑤：6 | 蓝釉 | 瓷片 | 1件 | 探方东壁下偏北处 | 残长3.7、残宽2.8 | 清 | 残 | 残 | |
| Ⅰ-T402⑤：7 | 淡黄釉 | 瓷片 | 1件 | 探方东北角 | 残长4.4、残宽2.6 | 清 | 残 | 残 | |
| Ⅰ-T402⑤：8 | 酱釉 | 瓷片 | 1件 | 探方北壁下偏东处 | 残长4.4、残宽2.8 | 清 | 残 | 残 | |

共6件（组）。

表3-20　2010年蓝田吕氏家庙遗址 I 区第⑤层出土建筑构件整理登记表

| 整理号 | 类别 | 名称 | 数量 | 出土位置 | 尺寸（厘米） | 时代 | 出土状态 | 现状 | 备注 |
|---|---|---|---|---|---|---|---|---|---|
| I-T302⑤：1 | 陶 | 脊兽残件 | 1件 | 探方北壁下 | 残高7.2、残宽11.5、最厚处5.5 | 清 | 残 | 残 | |
| I-T302⑤：3 | 陶 | 脊兽残件 | 1件 | 探方东北角 | 残长5.8、残宽5.5、厚1.3 | 清 | 残 | 残 | |
| I-T302⑤：4 | 陶 | 脊兽残件 | 1件 | 探方东壁下 | 残长10.6、最宽处4.0、最厚处1.6 | 清 | 残 | 残 | |
| I-T302⑤：5 | 陶 | 脊兽残件 | 1件 | 探方中部 | 残高12.4、宽3.5、厚2.7 | 清 | 残 | 残 | |
| I-T302⑤：6 | 陶 | 脊兽残件 | 1件 | 探方东壁下偏南处 | 残长5.0、残宽4.4、最厚处2.0 | 清 | 残 | 残 | |
| I-T302⑤：7 | 陶 | 脊兽残件 | 1件 | 探方北壁下 | 残长8.0、残宽8.5、厚2.3 | 清 | 残 | 残 | |
| I-T402⑤：9 | 陶 | 脊兽残件 | 1件 | 探方东壁下 | 残长12.3、残宽10.5、厚3.5 | 清 | 残 | 残 | |
| I-T402⑤：10 | 陶 | 脊兽残件 | 1件 | 探方中部 | 残长6.8、残宽4.5、厚2.4 | 清 | 残 | 残 | |
| I-T402⑤：11 | 陶 | 脊兽残件 | 1件 | 探方西壁下偏北处 | 残高9.8、宽1.3~5.2、最厚处4.0 | 清 | 残 | 残 | |
| I-T402⑤：12 | 陶 | 脊兽残件 | 1件 | 探方北壁下中部 | 残长9.8、残宽6.8、厚2.3 | 清 | 残 | 残 | |

共10件（组）。

表3-21　2010年蓝田吕氏家庙遗址 I 区第⑤层出土铁钱整理登记表

| 整理号 | 类别 | 名称 | 数量 | 出土位置 | 尺寸（厘米） | 时代 | 出土状态 | 现状 | 备注 |
|---|---|---|---|---|---|---|---|---|---|
| I-T402⑤：1 | 铁 | 政和通宝 | 1枚 | 探方东壁下 | 钱径3.2、穿边长0.7、重10.0克 | 宋 | 完整 | 完整 | |
| I-T402⑤：2 | 铁 | 无法辨识 | 1枚 | 探方中部 | 钱径3.1、穿边长0.8、重8克 | 宋 | 基本完整 | 基本完整 | |

共2件（组）。

## （一）房址遗存

F7为 II 区第⑤层中唯一发掘的房屋基础遗存，其位置、形制、结构显示该房址为吕氏家庙主殿建筑，F7两侧与南部应有配属建筑，如偏殿、前殿等。受发掘区域限制与小学教学楼破坏双重因素影响而不能全面揭示。

### 1.F7 形制

F7为坐北朝南、"人"字屋顶、三开间式，设有南廊台与北檐台的殿堂建筑，方向216°。各开间无间隔墙体。南檐下立廊柱，廊台显宽，北檐下设较窄檐台。墙基包砖，其上以土坯垒砌，

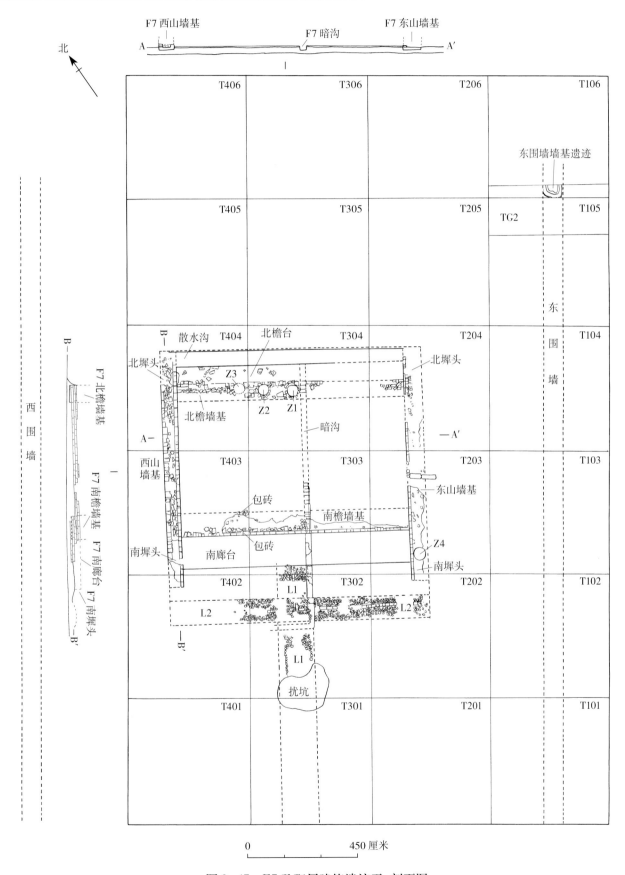

图 3-47 F7 及配属建筑遗迹平、剖面图

**彩版 3-113　F7 基础形制**

殿门开于南墙中部。因房屋北墙外即为前期 F8 废墟，为排水便利，特以北檐台中部偏东处为起点修筑南北向砖券暗沟一条，贯穿房内地面而过，以疏通流水。

　　房屋之前，将原属明晚期 F8 配置的鹅卵石路径 L1 南部与 L2 再次利用，成为 F7 庭院中主要通道。F7 东山墙外 4.90 米处是该层家庙建筑的东围墙遗迹。由上述考古资料可大致复原发掘 II 区内第⑤层中吕氏家庙主体建筑 F7 形制及其周边布局（图 3-48）。

　　**2. F7 基础**

　　F7 所占位置为 F8 庭院，F8 废弃后此处被严重破坏成低洼状。故 F7 修建之初先以红褐色土铺设垫层，垫土层最厚处达 0.32 米左右，待房屋底面持平后，再于其上开槽筑墙基。墙基基坑深 0.10 米，长、宽则以所建墙基尺度为准。

　　由于晚期破坏严重，F7 现仅见基础部分，保存状况较差。上距现地表 0.50 米，平面呈东西向长方形，东西长 10.75、南北宽 9.50 米。各开间进深 4.50 米，宽度不明确，推测中间宽 3.40、边间宽 3.00 米左右。

　　F7 墙基内、外均用单层条砖纵向错缝平铺包砌，其内填充残碎砖块。

　　东、西山墙基修筑于早期建筑 F8 围墙基础之上，全长 9.50、宽 0.60~0.65、残高 0.05~0.12、南墀头长 1.95、北墀头长 1.00 米。与南、北檐墙基衔接处下挖长约 1.75、宽 0.70、深 0.05~0.15 米基坑后，以瓦砾碎片、条砖残块铺垫其内以加强相交处承重能力。由于后期扰动，西山墙墙基南、

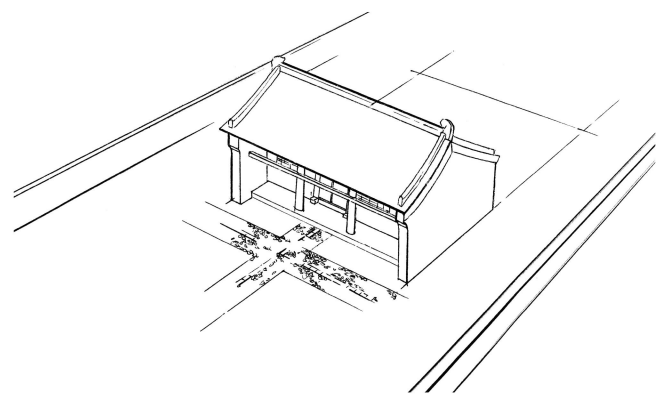

图 3-48　F7 建筑复原示意图

北两端及东山墙墙基东半边残毁。

南、北檐墙墙基长 9.45、残高 0.05、北檐墙墙基宽 0.75 米；南檐墙墙基宽 0.90 米。南檐墙墙基南边包砖犹存，北边仅残存北部长 0.50 米一段包砖。北檐墙墙基东部有 2.50 米一段被破坏不存。墙基所用长方形青砖大致分为三种规格：第一种长 28.0、宽 11.0、厚 7.0 厘米；第二种长 30.0、宽 15.0、厚 5.5 厘米；第三种长 27.0、宽 13.5、厚 5.0 厘米（见图 3-47；彩版 3-114）。

### 3. 暗沟遗存

暗沟式排水道位于房址中部略偏东处，编号 F7-g。北端起自北檐台下，东距东山墙 4.10 米，打破被压于房下的前期南北向鹅卵石子路 L1 东边沿，南北向穿过北檐台、F7 地面、南廊台下方及 L2，于 L1、L2 交汇处南部直角西拐穿过 L1 后改为明道。全长 10.75、宽 0.25、高 0.185 米。其设计与砌券方法为：北端与北檐下散水沟成垂直相接并底部持平，以条砖横向平铺一层为沟底，两侧用条砖横向侧立砌成沟沿，其上再将条砖横向并列平铺成沟顶并埋于 F7 地面之下，上端覆盖 F7 内垫土层。所用长方形青砖规格大致可分三种：第一种长 24.5、宽 11.0、厚 6.0 厘米；第二种长 27.0、宽 13.5、厚 5.0 厘米；第三种长 30.0、宽 15.0、厚 5.5 厘米（彩版 3-115）。

### 4. F7 地面

F7 内地面仍为其垫土层，红褐色，内夹零星瓷片及砖瓦残渣，东西长 9.40、南北宽 4.50、厚约 0.32 米，顶上踏面厚约 0.01 米。其下叠压 F8 庭院及鹅卵石子路 L1 北部。由于晚期此处成为 F3、F1 的庭院，在人为与自然双重作用下，原踩踏面遭受严重损坏。

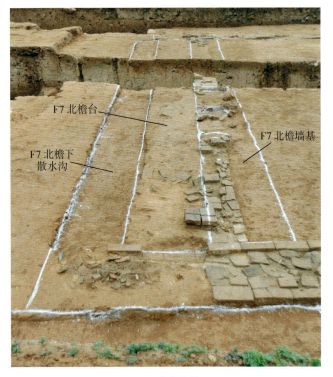

1. F7 北檐墙基

2. F7 东山墙基

3. F7 南檐墙基

4. F7 西山墙基

彩版 3-114　F7 墙基

### 5. 柱础遗迹

共发现柱础基坑 4 个，原柱础石已失。基坑平面呈圆形，直径在 0.38~0.45 米间，深约 0.10 米。原筑墙基时柱础周围空隙以残砖填补，后柱础虽失。周围填空残砖犹在，故原柱础基坑形制清晰。现坑内填充红褐色土，质地疏松纯净。

北檐墙基中部有柱础坑 3 个，自东向西分别编为：F7-Z1、-Z2、-Z3；东山墙南端仅存 1 个，

彩版 3-116 F7 柱础基坑

彩版 3-115 F7 地下排水暗沟

编号 F7-Z4（彩版 3-116）。

F7-Z1，位于北檐墙中部东端，东距东山墙墙基 4.40、西距西山墙墙基 4.55、直径 0.45 米。

F7-Z2，位于北檐墙中部东数第 2 个。东距 F7-Z1 为 0.85、西距西山墙墙基 3.35、直径 0.40 米。

F7-Z3，位于北檐墙中部西端，西距西山墙墙基 2.40、东距 F7-Z2 为 0.65、直径 0.40 米。

F7-Z4，位于东山墙墙基南端墀头内，南距墀头南沿 0.80、东距墀头东边沿 0.10、西距墀头西边沿 0.15、直径 0.45 米。

根据柱础基坑排列状况分析：F7-Z1、Z2、Z3 均为北檐墙承重立柱柱础基坑，推测已损毁的北檐墙东部亦应包含立柱，现墙基尽失，柱础基坑自然不存。F7-Z4 为南廊檐下东端柱础石所留基坑，按理相对一侧西山墙南墀头中也应包含立柱。

### 6. 南廊台与北檐台

F7 南廊台位于南檐墙外，长 9.40、宽 1.25、残高 0.18 米，以红褐色土修筑，因后期破坏，踩踏面不清楚。

北檐台位于北檐墙外，长 9.40、宽 0.80、残高 0.05 米。仍用红褐色土修筑而成，东端被后期严重破坏。

由于 F7 之后为 F8 废墟，堆积较高难以排水，故于檐台下修建东西向散水沟一条，现口沿基本损坏，下部仍存，长 9.40、宽 0.55、残深 0.05 米，横剖面呈下凹弧形。北檐滴水可落入散水沟内再从 F7–g 穿房而出排于院中。现沟内填充浅红褐色土并夹杂零星白灰点、炭灰点，底部尚留厚约 0.02 米的浅褐色淤土。

彩版 3–117　F7 庭院中路径

**7. 殿门位置**

F7 保存状况较差，原门道遗迹均无存。就该殿堂形制、所在位置及周边环境分析，殿门应设于南檐墙下部居中处，与门前 L1 鹅卵石子路径北端可对接。

## （二）F7 配属路径遗迹

发掘所见 F7 路径有两条，均是前期 F8 路径的再利用，小鹅卵石子铺成，路基微鼓、用单砖纵连镶砌成。其中原 L1 北段叠于房址下，南段北端位于 F7 南廊下中部，应与殿门对应，南端则应通往家庙大门，现残长 4.50、宽 1.35 米；东西向的 L2 基本保留前期形状，两端可能通往 F7 偏殿建筑，但因时间有限，对偏殿未做发掘。L2 残长 8.00、宽 0.95 米。两条路以 "十" 字相交，"十" 字中心较四周略高。所用长方形青砖长 27.5、宽 11.3、厚 5.0 厘米。虽遭晚期严重破坏，但两条路径相交处及周围尚存（彩版 3–117）。

## （三）家庙围墙遗迹

家庙围墙在 F7 东、西山墙外 4.90 米处，现上部均毁，墙根犹存，宽 0.88、残高 0.30、上距现地表约 0.50 米，红褐色土夯筑而成。本次发掘未全面揭示，仅于发掘 Ⅱ 区 T105 北部、T106 南部开 5 米 ×2 米 TG2 做横向解剖，探沟内出土南北向围墙墙体残长约 0.50、厚 0.90 米（彩版 3–118）。

F7 院落东围墙遗迹 ———

彩版 3–118　TG2 中 F7 东围墙

## （四）F7南端路面遗迹

路面遗迹位于发掘Ⅰ区第⑤层，其上叠压Ⅰ区④层，呈南北向分布，南北长贯穿发掘Ⅰ区为15.00、东西宽约11.00米。该路踩踏面损毁严重、坑洼不平，低凹处尚有厚0.01米左右残留，路面之下为厚0.30~0.50米浅褐色垫土层堆积，其中包含三彩脊兽、琉璃瓦碎片及北宋铁钱等遗物。

从地层关系上可见，Ⅰ区第⑤层是Ⅱ区第⑤层的延续，该层南部被小学教学楼打破，南端则显现于发掘Ⅰ区第④层下，路面遗迹属于F7建筑群南围墙及南门前空旷踩踏路面，应是F7建成后为填补南门外洼地而将遗留在此的F8建筑群南部废墟整理垫平后所形成的垫土层堆积，所以其中包含较多F8建材残片。并由此推知，该时期吕氏家庙南端边沿应位于路面之北、小学教学楼南沿前后。

## （五）出土遗物

该层共出土遗物340件，包括：陶、瓷碎片，砖、瓦残件，建筑构件残块，钱币等。现场提取108件，经整理共选择不同质地、用途标本24件（组），以下分别详述。

### 1. 瓷器

共收集瓷器残片49件（表3-22），均为器物局部残片，无法修复成形。轮制。经整理选择标本4件。

（1）白釉器底 1件。

Ⅱ-T203⑤：4，出于探方⑤层东壁下中部。碗底残片，微圆底，厚圈足，足沿宽平。内底施白釉，底外围有粘釉痕迹一周。外底露胎。浅土黄色胎坚硬，内含白色小砂粒。残高2.1、残宽4.7厘米（图3-49，1）。

（2）乳白釉瓷片 1件。

Ⅱ-T303⑤：2，出于探方⑤层西北部。似为深腹碗或杯口沿、上腹部残片。侈口，尖圆唇，腹壁较斜直。内、外壁施乳白色釉。釉色泛灰。釉面闪木光，内含黑色小斑点。白胎坚硬略粗。素面，内、外壁均有修坯旋痕。残高3.7、残宽3.8厘米（图3-49，2）。

（3）黑釉瓷片 1件。

Ⅱ-T204⑤：2，出于探方⑤层西部偏南处。碗口、腹部残片。敞口，圆唇，斜弧腹。内、外壁施黑釉。釉面有光泽，局部见棕眼。白胎坚硬，内含黑色小颗粒。素面，外壁有修坯旋痕。残高4.5、残宽4.8厘米（图3-49，3）。

（4）青花器底 1件。

F7：14，出土于F7西山

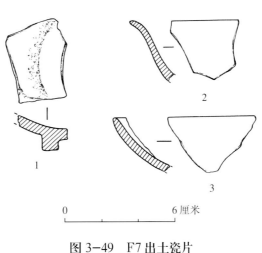

图3-49 F7出土瓷片

1.白釉器底Ⅱ-T203⑤：4 2.乳白釉瓷片Ⅱ-T303⑤：2
3.黑釉瓷片Ⅱ-T204⑤：2

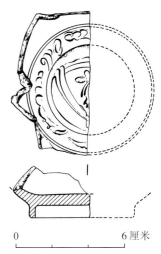

图3-50 F7出土青花器底
Ⅱ-F7：14

墙下北部。应为半边碗底残片，碗上部残缺，无法修复成形。微圜底，弧腹，圈足。内、外壁施釉。釉面细腻均匀，闪玻璃光泽。胎色洁白，胎质坚硬致密。内底以青花绘草叶、花瓣，同心圆规范，底心似画莲花图案；外底足饰青花双圈纹。残高 2.8、底径 6.8 厘米（图 3-50；彩版 3-119）。

彩版 3-119　青花器底瓷片 F7：14

表 3-22　2010 年蓝田吕氏家庙遗址 II 区第⑤层出土瓷器整理登记表

| 整理号 | 类别 | 名称 | 数量 | 出土位置 | 尺寸（厘米） | 时代 | 出土状态 | 现状 | 备注 |
|---|---|---|---|---|---|---|---|---|---|
| II-T204⑤：10 | 青釉 | 瓷片 | 1件 | 探方第⑤层中 | 残高 1.5、残宽 2.5 | 宋 | 残 | 残 | |
| II-T204⑤：18 | 青釉 | 瓷片 | 1件 | 探方第⑤层中 | 残长 3.9、残宽 2.6 | 宋 | 残 | 残 | |
| II-T204⑤：7 | 青釉 | 瓷片 | 1件 | 探方第⑤层中 | 残长 2.7、残宽 2.5 | 宋金 | 残 | 残 | |
| II-T204⑤：16 | 白釉 | 口沿瓷片 | 1件 | 探方第⑤层中 | 残高 1.6、残宽 4.8 | 宋金 | 残 | 残 | |
| II-T204⑤：8 | 青釉 | 瓷片 | 1件 | 探方第⑤层中 | 残长 2.5、残宽 1.8 | 金元 | 残 | 残 | |
| F7：13 | 青花 | 碗底瓷片 | 1件 | F7 西山墙下中部 | 残高 2.2、残宽 3.2 | 明早 | 残 | 残 | |
| F7：1 | 黑釉 | 罐口沿瓷片 | 1件 | F7 东山墙下偏北处 | 残高 5.0、残宽 6.2 | 明 | 残 | 残 | |
| F7：2 | 黑釉 | 罐口沿瓷片 | 1件 | F7 东山墙下中部 | 残高 1.9、残宽 4.1 | 明 | 残 | 残 | |
| F7：3 | 白釉 | 钵口沿瓷片 | 1件 | F7 西山墙偏南处 | 残高 2.2、残宽 3.4 | 明 | 残 | 残 | |
| F7：4 | 青花 | 碗口沿瓷片 | 1件 | F7 北檐墙外中部 | 残高 2.9、残宽 2.8 | 明 | 残 | 残 | |
| F7：5 | 白釉 | 碗口沿瓷片 | 1件 | F7 西山墙下偏北处 | 残高 3.7、残宽 3.6 | 明 | 残 | 残 | |
| F7：6 | 白釉 | 碗口沿瓷片 | 1件 | F7 西山墙下中部 | 残高 3.1、残宽 3.9 | 明 | 残 | 残 | |
| F7：7 | 黑釉 | 壶口沿瓷片 | 1件 | F7 东山墙下偏北处 | 残高 5.0、残宽 4.8、口沿径 3.3 | 明 | 残 | 残 | |
| F7：8 | 黑釉 | 罐腹瓷片 | 1件 | F7 西山墙下中部 | 残长 5.5、残宽 5.4 | 明 | 残 | 残 | |
| F7：9 | 黄釉 | 罐腹瓷片 | 1件 | F7 东山墙下中部 | 残长 3.0、残宽 2.6 | 明 | 残 | 残 | |
| F7：10 | 黄釉 | 碗腹残片 | 1件 | F7 西山墙下北部 | 残长 6.0、残宽 5.0 | 明 | 残 | 残 | |
| F7：11 | 黑釉 | 碗腹残片 | 1件 | F7 东山墙下中部 | 残高 1.7、残宽 7.1 | 明 | 残 | 残 | |
| F7：12 | 白釉 | 碗腹残片 | 1件 | F7 北檐墙下偏西处 | 残长 5.7、残宽 3.3 | 明 | 残 | 残 | |
| F7：14 | 青花 | 器底瓷片 | 1件 | F7 西山墙下北部 | 残高 2.0、底径 6.8 | 明末 | 残 | 残 | 标本 |

续表 3-22

| 整理号 | 类别 | 名称 | 数量 | 出土位置 | 尺寸（厘米） | 时代 | 出土状态 | 现状 | 备注 |
|---|---|---|---|---|---|---|---|---|---|
| Ⅱ-T203⑤：1 | 白釉 | 口沿瓷片 | 1件 | 探方西北角 | 残高 2.4、残宽 2.6 | 明 | 残 | 残 | |
| Ⅱ-T203⑤：2 | 黑釉 | 瓷片 | 1件 | F7 东山墙下内侧中部 | 残长 3.8、残宽 3.0 | 明 | 残 | 残 | |
| Ⅱ-T203⑤：3 | 黑釉 | 瓷片 | 1件 | 探方中部偏东处 | 残长 2.8、残宽 1.8 | 明 | 残 | 残 | |
| Ⅱ-T203⑤：5 | 黑釉 | 瓷片 | 1件 | F7 东山墙下内侧中部 | 残高 2.1、残宽 4.2 | 明 | 残 | 残 | |
| Ⅱ-T204⑤：3 | 青釉 | 瓷片 | 1件 | 探方第⑤层中 | 残高 3.1、残宽 2.0 | 明 | 残 | 残 | |
| Ⅱ-T204⑤：4 | 青釉 | 瓷片 | 1件 | 探方第⑤层中 | 残长 2.7、残宽 2.5 | 明 | 残 | 残 | |
| Ⅱ-T204⑤：5 | 白釉 | 瓷片 | 1件 | 探方第⑤层中 | 残长 3.0、残宽 2.4 | 明 | 残 | 残 | |
| Ⅱ-T204⑤：6 | 黄釉 | 瓷片 | 1件 | 探方第⑤层中 | 残长 3.4、残宽 1.9 | 明 | 残 | 残 | |
| Ⅱ-T204⑤：9 | 白釉 | 瓷片 | 1件 | F7 东山墙下外侧北部 | 残长 4.8、残宽 3.3 | 明 | 残 | 残 | |
| Ⅱ-T204⑤：11 | 白釉 | 碗底瓷片 | 1件 | 探方第⑤层中 | 残高 2.0、底径 5.4 | 明 | 残 | 残 | |
| Ⅱ-T204⑤：12 | 白釉 | 罐瓷片 | 1件 | 探方第⑤层中 | 残高 3.7、残宽 4.6 | 明 | 残 | 残 | |
| Ⅱ-T204⑤：13 | 酱釉 | 瓷片 | 1件 | 探方第⑤层中 | 残长 5.0、残宽 3.2 | 明 | 残 | 残 | |
| Ⅱ-T204⑤：14 | 黑釉 | 瓷片 | 1件 | 探方第⑤层中 | 残长 4.0、残宽 2.7 | 明 | 残 | 残 | |
| Ⅱ-T204⑤：15 | 黄釉 | 瓷片 | 1件 | 探方第⑤层中 | 残长 4.1、残宽 2.5 | 明 | 残 | 残 | |
| Ⅱ-T204⑤：17 | 白釉 | 口沿瓷片 | 1件 | 探方中部偏西处 | 残高 4.7、残宽 5.9 | 明 | 残 | 残 | |
| Ⅱ-T204⑤：19 | 黑釉 | 瓷片 | 1件 | F7 东山墙下内侧中部 | 残长 2.4、残宽 2.2 | 明 | 残 | 残 | |
| Ⅱ-T204⑤：20 | 黑釉 | 瓷片 | 1件 | 探方西壁下偏北处 | 残长 4.6、残宽 4.0 | 明 | 残 | 残 | |
| Ⅱ-T204⑤：21 | 黑釉 | 瓷片 | 1件 | 探方南壁下中部 | 残高 7.0、残宽 5.0 | 明 | 残 | 残 | |
| Ⅱ-T303⑤：3 | 白釉 | 瓷片 | 1件 | 探方东壁下中部 | 残长 3.8、残宽 2.7 | 明 | 残 | 残 | |
| Ⅱ-T303⑤：4 | 白釉 | 瓷片 | 1件 | 探方西南角 | 残长 3.1、残宽 3.1 | 明 | 残 | 残 | |
| Ⅱ-T303⑤：5 | 白釉 | 瓷片 | 1件 | 探方北壁下偏东处 | 残长 2.4、残宽 2.3 | 明 | 残 | 残 | |
| Ⅱ-T303⑤：6 | 黑釉 | 瓷片 | 1件 | 探方东壁下中部 | 残长 4.3、残宽 4.3 | 明 | 残 | 残 | |
| Ⅱ-T303⑤：7 | 酱釉 | 瓷片 | 1件 | 探方东壁下偏南处 | 残高 5.9、残宽 7.5 | 明 | 残 | 残 | |
| Ⅱ-T303⑤：8 | 酱釉 | 瓷片 | 1件 | 探方西壁下中部 | 残长 6.3、残宽 5.0 | 明 | 残 | 残 | |
| Ⅱ-T303⑤：9 | 酱釉 | 瓷片 | 1件 | 探方南壁下中部 | 残长 3.5、残宽 3.0 | 明 | 残 | 残 | |
| Ⅱ-T303⑤：10 | 酱釉 | 碗底瓷片 | 1件 | 探方西壁下偏北处 | 残高 3.0、底径 6.5 | 明 | 残 | 残 | |
| Ⅱ-T203⑤：4 | 白釉 | 器底瓷片 | 1件 | 探方第⑤层东壁下中部 | 残高 1.4、残宽 4.7 | 清 | 残 | 残 | 标本 |
| Ⅱ-T204⑤：2 | 黑釉 | 瓷片 | 1件 | 探方第⑤层西部偏南处 | 残高 3.7、残宽 4.8 | 清 | 残 | 残 | 标本 |
| Ⅱ-T303⑤：2 | 乳白釉 | 瓷片 | 1件 | 探方第⑤层西北部 | 残高 3.7、残宽 3.8 | 清 | 残 | 残 | 标本 |
| Ⅱ-T403⑤：2 | 蓝釉 | 碗底瓷片 | 1件 | 探方中部 | 残高 3.0、底径 4.2 | 清初 | 残 | 残 | |

共 49 件（组）。

## 2．陶器

Ⅱ区第⑤层中出土陶器残片 9 件（表 3-23），轮制成型。均为泥质灰陶，素面。分属器物局部残片，无法修复成形。经整理共选择标本 4 件。

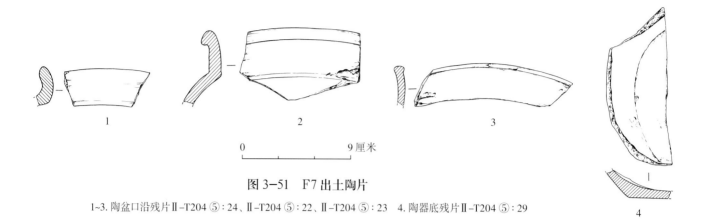

图 3-51　F7 出土陶片

1~3.陶盆口沿残片Ⅱ–T204⑤：24、Ⅱ–T204⑤：22、Ⅱ–T204⑤：23　4.陶器底残片Ⅱ–T204⑤：29

（1）盆口沿残片　3件。

因形制不同分三型。

A 型：1件。Ⅱ–T204⑤：24，出于探方⑤层北壁下偏东处。直口，宽沿微卷，圆唇。沿面为黑灰色。残高 3.0、残宽 7.1、壁厚 1.1 厘米（图 3-51，1）。

B 型：1件。Ⅱ–T204⑤：22，出于探方⑤层中部偏南处。微敛口，宽斜折沿，厚圆唇，稍束颈，斜弧腹。口沿下有内凸外凹棱线一周。残高 5.9、残宽 10.0、壁厚 1.0 厘米（图 3-51，2）。

C 型：1件。Ⅱ–T204⑤：23，出于探方⑤层东南角。宽平折沿，双重圆唇。陶色浅灰，陶质较细腻。残长 11.2、沿宽 2.5、壁厚 0.8 厘米（图 3-51，3）。

（2）器底残片　1件。

Ⅱ–T204⑤：29，出于探方⑤层南壁下。应是罐下腹及底部残片。鼓腹，腹下部斜弧内收，平底。外壁附着大片白灰泥印迹。残高 2.7、残宽 12.5、壁厚 0.6 厘米（图 3-51，4）。

表 3-23　2010 年蓝田吕氏家庙遗址Ⅱ区第⑤层出土陶器整理登记表

| 整理号 | 类别 | 名称 | 数量 | 出土位置 | 尺寸（厘米） | 时代 | 出土状态 | 现状 | 备注 |
|---|---|---|---|---|---|---|---|---|---|
| Ⅱ–T204⑤：22 | 陶 | 陶盆口沿残片 | 1件 | 探方第⑤层中部偏南处 | 残高 5.9、残宽 10.0、壁厚 1.0 | 清 | 残 | 残 | B 型标本 |
| Ⅱ–T204⑤：23 | 陶 | 陶盆口沿残片 | 1件 | 探方第⑤层东南角 | 残长 11.2、沿宽 2.5、壁厚 0.8 | 清 | 残 | 残 | C 型标本 |
| Ⅱ–T204⑤：24 | 陶 | 陶盆口沿残片 | 1件 | 探方第⑤层北壁下偏东处 | 残高 1.6、残宽 6.8、壁厚 1.1 | 清 | 残 | 残 | A 型标本 |
| Ⅱ–T204⑤：29 | 陶 | 器底残片 | 1件 | 探方第⑤层南壁下 | 残高 2.7、残宽 12.5、壁厚 0.6 | 清 | 残 | 残 | 标本 |
| Ⅱ–T203⑤：6 | 陶 | 陶器底残片 | 1件 | F7 东山墙下中部 | 残高 4.0、残宽 10.0 | 清 | 残 | 残 | |
| Ⅱ–T204⑤：25 | 陶 | 陶罐残片 | 1件 | 探方第⑤层中部偏南处 | 残高 4.0、残宽 4.0 | 清 | 残 | 残 | |
| Ⅱ–T204⑤：26 | 陶 | 陶罐残片 | 1件 | 探方第⑤层东南角 | 残长 2.8、残宽 1.8 | 清 | 残 | 残 | |
| Ⅱ–T204⑤：27 | 陶 | 陶罐残片 | 1件 | 探方第⑤层北壁下偏东处 | 残长 3.0、残宽 2.4 | 清 | 残 | 残 | |
| Ⅱ–T204⑤：28 | 陶 | 陶罐残片 | 1件 | 探方第⑤层南壁下 | 残高 4.2、残宽 10.4 | 清 | 残 | 残 | |

共 9 件（组）。

### 3. 建筑构件

共48件（组）（表3-24）。有瓦当、板瓦、滴水、脊兽、眉子、长方形青砖共计241块。第⑤层中出土板瓦与滴水均已断裂残缺。模制。泥质灰陶。大部分勾头板瓦与滴水脱离。滴水出土6件，有龙纹滴水、兽纹滴水两种类型，选择标本2件。脊兽是立于屋脊上的各种陶塑装饰，以瑞禽异兽、仙人等内容为主，在装饰美化房屋的同时拥有震慑作用。眉子是包扣于脊上，具有防水和保护功能的建筑构件。因脊兽与眉子使用范围有特殊和局限性，与砖瓦等其他建筑构件相比，不易再次利用。所以各层房屋废墟堆积中发现较多。

（1）瓦当　1件。

Ⅱ-T204⑤：30，兽面纹瓦当，见于探方⑤层中F7东北角。模制。泥质灰陶。现上半部与后部筒瓦均缺失。瓦当器形较前期明显缩小，中间厚、周边较薄。当面为平沿，单重廓线棱宽而凸起，廓内兽面轮廓不清，阔口内居中1上齿大而突出。当背光素无纹。残径9.0、中间厚1.5厘米（图3-52，1）。

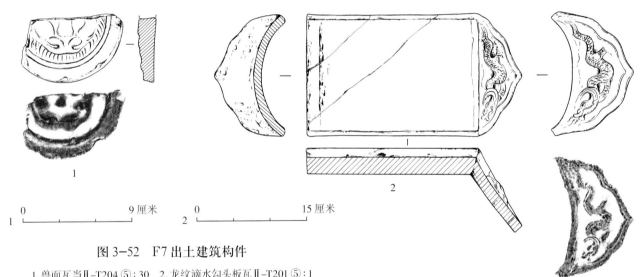

0　　　　9厘米
1

0　　　　15厘米
2

**图3-52　F7出土建筑构件**

1.兽面瓦当Ⅱ-T204⑤：30　2.龙纹滴水勾头板瓦Ⅱ-T201⑤：1

（2）勾头板瓦　3件。

现场出土3件，凹面有细布纹、拱面光素。经整理后选择标本1件。

标本Ⅱ-T201⑤：1，出于探方⑤层西北部。为龙纹滴水勾头板瓦，断裂成5块，粘接修复基本完整。凹面呈弧形，两侧边沿内切齐整，瓦尾边沿圆滑，前端呈钝角与龙纹滴水相连；滴水面为六出曲沿半圆形，中有垂尖，平沿较窄，沿内为较宽低平单重廓线，廓中浅浮雕行龙纹为昂首、张口、吐舌、挺颈、凸胸，身体弯曲后伸缠绕复杂，通体饰鳞片。瓦长23.5、宽15.7、凹深3.2厘米，滴水高8.2、最宽处14.7厘米（图3-52，2；彩版3-120，左）。

（3）滴水　6件。

分二型。

A型：3件。龙纹滴水，滴水面为六出曲沿半圆形、中有垂尖，面上为平沿，内有凸起单重廓线，廓中浅浮雕行龙纹，张口，挺颈，凸胸，身体弯曲后伸，前肢做行走状。背面平素。标本Ⅱ-T201⑤：2，出土于探方⑤层西壁下。上部有缺损，修补基本完整，后部板瓦尽失。滴水高8.6、最宽处16.5厘米（图3-53，1；彩版3-120，中）。

彩版 3-120　勾头板瓦Ⅱ-T201⑤：1、纹滴水Ⅱ-T201⑤：2、天马纹滴水Ⅱ-T203⑤：9

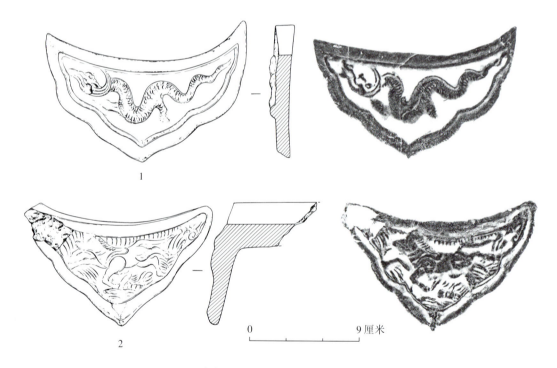

图 3-53　F7 出土建筑构件

1. 龙纹滴水Ⅱ-T201⑤：2　2. 天马纹滴水Ⅱ-T203⑤：9

B 型：3 件。天马纹滴水，滴水面为六出曲沿三角形，正面为窄平沿，其内无廓，居中凸起浅浮雕天马图案，昂首挺颈，肩生软翼，四蹄奔腾，长尾平伸。后衬山岳纹。背面平素。标本Ⅱ-T203⑤：9，出于探方⑤层中部偏东处。滴水右上角有小残损，后部所带板瓦大部分缺失。滴水高 8.6、残宽 15.2、后带板瓦残长 6.3 厘米（图 3-53，2；彩版 3-120，右）。

（4）脊兽　17 件。

第⑤层中共出土脊兽残块 17 件，模制而成。以泥质灰陶为主，从残块现状已基本不能得知原陶塑形制并分辨其所在具体位置。经整理后选择标本 4 件。

标本Ⅱ-T204⑤：47，出土于探方⑤层北壁下中部。泥质灰陶。兽头造型，后部残缺。中空，长圆眼，微张嘴，头颈上刻画鬃毛。残高 10.0、残长 8.0 厘米（图 3-54，1）。

标本Ⅱ-T204⑤：43，出土于探方⑤层西北角。泥质灰陶。似为贴置于某处、身着铠甲的人物臂膀，小臂断失，仅留上臂与臂肘。底面中空，周边平坦，局部有划痕以便粘贴牢固。残长 20.0、最宽处 8.0 厘米（图 3-54，2）。

标本Ⅱ-T204⑤：50，出土于探方⑤层东壁下北部。泥质灰陶。似双面砖雕，两面图案相同对应。前部残断缺失，后部似上卷鱼尾状，身披鳞片，外沿有锯齿形鳍。残高 21.0、长 30.2、厚 6.0 厘米（图 3-54，3；彩版 3-121，左、中）。

标本Ⅱ-T304⑤：1，出土于探方⑤层南部。泥质红陶。基本完整。形为初生荷叶尚未完全张开状，叶脉刻画细致，造型生动。现叶蒂尚在，叶柄已断裂缺失。表面原施绿釉，现粉化严重已基本脱落殆尽。残高 17.5、最宽处 16.0 厘米（图 3-54，4；彩版 3-121，右）。

（5）眉子　12 件。

该层内共出土眉子残片 12 件。模制而成。泥质灰陶。选择标本 3 件。

标本Ⅱ-T204⑤：39，出土于探方⑤层中部。为房脊端头所套扣的一段眉子中的侧立面之一，另侧立面、堵头立面及顶面均残失。现存侧立面为片状长方形，一端有损伤、边沿仍部分保存，另端断裂缺失。正面上、下沿窄而凸起，底边内饰联珠纹带，居中浅浮雕二方连续水涡纹。背面平坦，一端留有与堵头立面 90° 折角粘接痕迹。高 12.5、残长 17.0、壁厚 1.5 厘米（图 3-55，1）。

标本Ⅱ-T204⑤：32，出土于探方⑤层中部。残断，局部粘接。疑为眉子顶部残片，两侧立面、堵头立面均不存。残片呈不规则片状三角形，一端与一侧原边沿犹在，顶面四边有平沿，其内饰

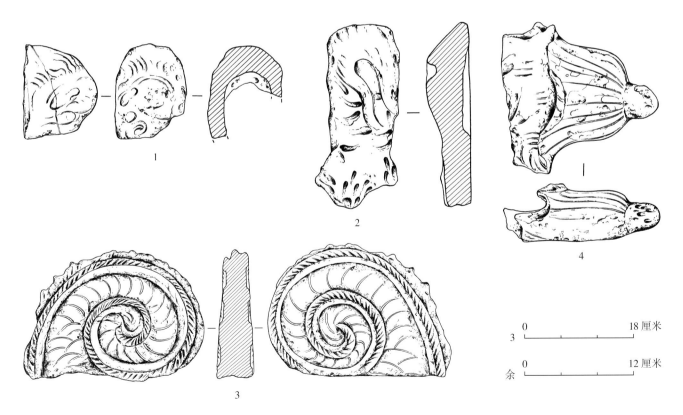

**图 3-54　F7 出土建筑构件**

1.脊兽兽头Ⅱ-T204⑤：47　2.脊兽人物臂膀Ⅱ-T204⑤：43　3.鱼尾状脊兽Ⅱ-T204⑤：50　4.荷叶形房脊装饰件Ⅱ-T304⑤：1

彩版 3-121　　鱼尾状脊兽Ⅱ-T204 ⑤：50、房脊装饰Ⅱ-T304 ⑤：1

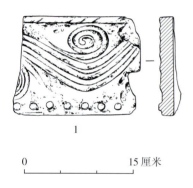
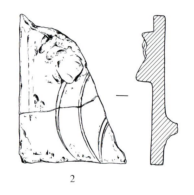
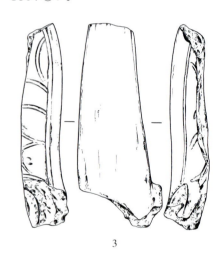

0 ———————— 15 厘米

图 3-55　F7 出土建筑构件

1. 水涡纹眉子Ⅱ-T204 ⑤：39　　2. 眉子Ⅱ-T204 ⑤：32　　3. 卷棚脊上眉子Ⅱ-T403 ⑤：3

半浮雕及刻划纹，因残损使图案内容不清，上有白灰泥痕迹。背面光素，端头成 90°与堵头立面粘接，现仅留粘接处遗痕。残长 19.0、残宽 14.3、壁厚 1.7 厘米（图 3-55，2）。

　　标本Ⅱ-T403 ⑤：3，出土于探方⑤层西壁下。残断。似为卷棚式脊上眉子，器形显前宽后窄拱弧状，顶面光滑无纹，前端应有陶塑造型，现残失。两侧立沿刻画似龙背鳍纹。内面不够平整，无装饰纹样。残高 5.4、残长 27.0、前宽 11.2、后宽 6.2、壁厚 1.8 厘米（图 3-55，3）。

　　（6）长方形青砖　241 块。

　　Ⅱ区⑤层中出土青砖 241 块，主要出土地点有 2 处，一为 F7 墙基砌砖，二为 F7 地面下暗沟用砖。青砖均为泥质灰陶模制而成的素面条砖。从发掘现场提取各类型砖 9 件，均基本完整。根据规格差异分四型。

　　A 型：3 件。器形较大，制作规整，色泽深灰。标本 F7：15，出土于 F7 西山墙墙基南部。长 29.7、宽 14.8、厚 5.0 厘米（彩版 3-122，左）。

　　B 型：2 件。体形小且薄于 A 型，做工规矩，色泽纯灰，泥料显细腻，表面光平。标本 F7：17，出土于 F7 东山墙墙基北部。长 26.9、宽 13.3、厚 4.7 厘米（彩版 3-122，右）。

　　C 型：3 件。器形厚而窄长，制作规矩，纯灰色。标本 F7：18，出土于 F7 北檐墙墙基西部。长 27.5、宽 10.7、厚 6.5 厘米（彩版 3-123，左）。

D 型：1 件。F7-g：1，出土于 F7 地面下暗沟 F7-g 南部。器形较小巧而做工细致规整，表面有均匀黄色土锈层。长 24.4、宽 10.8、厚 5.4 厘米（彩版 3-123，右）。

彩版 3-122　长方形青砖 F7：15、17

彩版 3-123　长方形青砖 F7：18、F7-g：1

表 3-24　2010 年蓝田吕氏家庙遗址Ⅱ区第⑤层出土建筑构件整理登记表

| 整理号 | 类别 | 名称 | 数量 | 出土位置 | 尺寸（厘米） | 时代 | 出土状态 | 现状 | 备注 |
|---|---|---|---|---|---|---|---|---|---|
| Ⅱ-T204⑤：32 | 陶 | 眉子 | 1 件 | 探方第⑤层中部 | 残长 19.0、残宽 14.3、壁厚 1.7 | 清 | 残 | 残 | 标本 |
| Ⅱ-T204⑤：36 | 陶 | 眉子 | 1 件 | 探方中部 | 残长 12.0、残宽 11.0、厚 2.5 | 清 | 残 | 残 | |
| Ⅱ-T204⑤：39 | 陶 | 眉子 | 1 件 | 探方第⑤层中部 | 高 12.5、残长 17.0、厚 1.5 | 清 | 残 | 残 | 标本 |
| Ⅱ-T403⑤：3 | 陶 | 眉子 | 1 件 | 探方第⑤层西壁下 | 残高 5.4、残长 27.0、前宽 11.2、后宽 6.2、壁厚 1.8 | 清 | 残 | 残 | 标本 |
| Ⅱ-T204⑤：33 | 陶 | 眉子 | 1 件 | 探方第⑤层中 | 残长 15.0、残宽 12.0、厚 1.5 | 清 | 残 | 残 | |
| Ⅱ-T204⑤：34 | 陶 | 眉子 | 1 件 | 探方第⑤层下 | 残长 21.0、残宽 16.0、厚 3.5 | 清 | 残 | 残 | |

续表 3-24

| 整理号 | 类别 | 名称 | 数量 | 出土位置 | 尺寸（厘米） | 时代 | 出土状态 | 现状 | 备注 |
|---|---|---|---|---|---|---|---|---|---|
| II-T204⑤：35 | 陶 | 眉子 | 1件 | 探方第⑤层中 | 残长9.3、残宽8.8、厚1.8 | 清 | 残 | 残 | |
| II-T204⑤：37 | 陶 | 眉子 | 1件 | 探方第⑤层中 | 残长15.0、残宽13.0、最厚处3.7 | 清 | 残 | 残 | |
| II-T204⑤：38 | 陶 | 眉子 | 1件 | 探方第⑤层中 | 残长11.0、残宽7.5、厚1.8 | 清 | 残 | 残 | |
| II-T204⑤：40 | 陶 | 眉子 | 1件 | 探方第⑤层中 | 残长9.0、残宽9.0、最厚处3.0 | 清 | 残 | 残 | |
| II-T403⑤：1 | 陶 | 眉子 | 1件 | 探方西部 | 高12.8、残宽13.0、厚1.7 | 清 | 残 | 残 | |
| II-T403⑤：2 | 陶 | 眉子 | 1件 | 探方西南角 | 残长11.5、残宽7.5、厚3.5 | 清 | 残 | 残 | |
| II-T204⑤：43 | 陶 | 脊兽残件 | 1件 | 探方第⑤层西北角 | 残长20.0、最宽处8.0 | 清 | 残 | 残 | 标本 |
| II-T204⑤：47 | 陶 | 脊兽残件 | 1件 | 探方第⑤层北壁下中部 | 残高10.0、残长8.0 | 清 | 残 | 残 | 标本 |
| II-T204⑤：50 | 陶 | 脊兽残件 | 1件 | 探方第⑤层东壁下北部 | 高21.0、残长30.2、厚6.0 | 清 | 残 | 残 | 标本 |
| II-T304⑤：1 | 陶 | 脊兽残件 | 1件 | 探方第⑤层南部 | 残高17.5、最宽处16.0 | 清 | 基本完整 | 基本完整 | 标本 |
| II-T203⑤：7 | 陶 | 脊兽残件 | 1件 | F7东山墙外中部 | 残长18.2、残宽3.3~6.2、最厚处4.6 | 清 | 残 | 残 | |
| II-T203⑤：8 | 陶 | 脊兽残件 | 1件 | F7东山墙外偏北处 | 残高8.5、残宽1.6~3.4、厚2.9 | 清 | 残 | 残 | |
| II-T204⑤：41 | 陶 | 脊兽残件 | 1件 | 探方第⑤层中 | 残长9.8、残宽7.5、最厚处4.5 | 清 | 残 | 残 | |
| II-T204⑤：42 | 陶 | 脊兽残件 | 1件 | 探方第⑤层中 | 残长10.5、残宽11.0、高5.0 | 清 | 残 | 残 | |
| II-T204⑤：44 | 陶 | 脊兽残件 | 1件 | 探方第⑤层中 | 残高12.5、残宽10.8、最厚处6.0 | 清 | 残 | 残 | |
| II-T204⑤：45 | 陶 | 脊兽残件 | 1件 | 探方第⑤层中 | 残长14.6、残宽14.0、最厚处4.8 | 清 | 残 | 残 | |
| II-T204⑤：46 | 陶 | 脊兽残件 | 1件 | 探方第⑤层中 | 残长16.5、残宽8.0、最厚处7.0 | 清 | 残 | 残 | |
| II-T204⑤：48 | 陶 | 脊兽残件 | 1件 | 探方第⑤层中 | 残高6.8、残宽8.0 | 清 | 残 | 残 | |
| II-T204⑤：49 | 陶 | 脊兽残件 | 1件 | 探方第⑤层中 | 残长4.7、最宽处4.4、厚1.8 | 清 | 残 | 残 | |
| II-T204⑤：51 | 陶 | 脊兽残件 | 1件 | 探方第⑤层中 | 残高6.8、最宽处4.5、厚2.8 | 清 | 残 | 残 | |
| II-T204⑤：52 | 陶 | 脊兽残件 | 1件 | 探方第⑤层中 | 残长8.3、残宽5.8、最厚处2.7 | 清 | 残 | 残 | |
| II-T204⑤：53 | 陶 | 脊兽残件 | 1件 | 探方第⑤层中 | 残长10.8、残宽6.3、厚3.0 | 清 | 残 | 残 | |
| II-T204⑤：54 | 陶 | 脊兽残件 | 1件 | 探方第⑤层中 | 残长4.4、残宽2.6 | 清 | 残 | 残 | |
| II-T203⑤：10 | 陶 | 天马纹滴水 | 1件 | F7东山墙下中部 | 残高7.0、残宽13.0、厚1.3 | 清 | 残 | 残 | |

续表 3-24

| 整理号 | 类别 | 名称 | 数量 | 出土位置 | 尺寸（厘米） | 时代 | 出土状态 | 现状 | 备注 |
|---|---|---|---|---|---|---|---|---|---|
| Ⅱ-T203⑤：11 | 陶 | 天马纹滴水 | 1件 | F7 西壁下偏南处 | 滴水高 7.5、残宽 13.0、厚 1.0 | 清 | 残 | 残 | |
| Ⅱ-T203⑤：9 | 陶 | 天马纹滴水 | 1件 | 探方第⑤层中部偏东处 | 滴水高 8.6、残宽 15.2、后带板瓦残长 6.3 | 清 | 基本完整 | 基本完整 | 标本 |
| Ⅱ-T204⑤：31 | 陶 | 龙纹滴水残块 | 1件 | 探方中部 | 滴水残高 7.0、残宽 15.0、厚 1.5 | 宋 | 残 | 残 | |
| Ⅱ-T201⑤：3 | 陶 | 龙纹滴水 | 1件 | 探方西壁下 | 滴水高 8.0、残宽 15.5、厚 1.1 | 清 | 基本完整 | 基本完整 | |
| Ⅱ-T201⑤：2 | 陶 | 龙纹滴水 | 1件 | 探方第⑤层西壁下 | 滴水高 8.6、最宽处 16.5 | 清 | 残 | 修复基本完整 | 标本 |
| F7：15 | 陶 | 长方形青砖 | 1件 | F7 西山墙墙基南部 | 长 29.7、宽 14.8、厚 5.0 | 清 | 基本完整 | 基本完整 | A 型标本 |
| F7-g：3 | 陶 | 长方形青砖 | 1件 | 排水暗沟 | 长 30.0、宽 15.0、厚 5.5 | 清 | 基本完整 | 基本完整 | |
| F7：16 | 陶 | 长方形青砖 | 1件 | 墙砖 | 长 30.0、宽 15.0、厚 5.5 | 清 | 基本完整 | 基本完整 | |
| F7：17 | 陶 | 长方形青砖 | 1件 | F7 东山墙墙基北部 | 长 26.9、宽 13.3、厚 4.7 | 清 | 基本完整 | 基本完整 | B 型标本 |
| F7-g：2 | 陶 | 长方形青砖 | 1件 | 排水暗沟 | 长 27.0、宽 13.8、厚 4.5 | 清 | 基本完整 | 基本完整 | |
| F7：18 | 陶 | 长方形青砖 | 1件 | F7 北檐墙墙基西部 | 长 27.5、宽 10.7、厚 6.5 | 清 | 基本完整 | 基本完整 | C 型标本 |
| F7：19 | 陶 | 长方形青砖 | 1件 | 西山墙内包砖 | 长 28.0、宽 11.0、厚 6.0 | 清 | 基本完整 | 基本完整 | |
| F7：20 | 陶 | 长方形青砖 | 1件 | 东山墙内包砖 | 长 28.0、宽 11.0、厚 6.0 | 清 | 基本完整 | 基本完整 | |
| F7-g：1 | 陶 | 长方形青砖 | 1件 | F7 地面下暗沟南部 | 长 24.4、宽 10.8、厚 5.4 | 清 | 基本完整 | 基本完整 | D 型标本 |
| Ⅱ-T201⑤：6 | 陶 | 板瓦（残） | 1件 | 探方西壁下 | 瓦残长 25.0、宽 16.0、拱高 3.0 | 清 | 残 | 修复基本完整 | |
| Ⅱ-T201⑤：5 | 陶 | 勾头板瓦（残） | 1件 | 探方西壁下 | 瓦残长 13.0、宽 14.8、拱高 3.0、滴水残高 4.0、宽 14.5 | 清 | 残 | 残 | |
| Ⅱ-T201⑤：1 | 陶 | 龙纹滴水勾头板瓦 | 1件 | 探方第⑤层西北部 | 瓦长 23.5、宽 15.7、拱高 3.2、滴水高 8.2、最宽处 14.7 | 清 | 残 | 修复基本完整 | 标本 |
| Ⅱ-T204⑤：30 | 陶 | 兽面瓦当残块 | 1件 | 探方第⑤层中 F7 东北角 | 残径 9.0、中间厚 1.5 | 清 | 残 | 残 | 标本 |

共 48 件（组）。

#### 4．铜钱

共3枚(表3-25)。均浇铸成形,保存完整。其中2枚为宋代铜钱,1枚为清代铜钱。

（1）祥符元宝　1枚。

Ⅱ-T204⑤：1,出于探方⑤层内F7北檐墙下。边沿稍有缺失。钱体规整,正、背两面外廓宽而凸出,内廓窄细,穿孔较方正。正面楷书钱文顺时针旋读,笔画较粗,字迹清晰。背面光素无纹。钱径2.5、穿边长0.6厘米,重4.0克(图3-56,1)。

（2）皇宋通宝　1枚。

Ⅱ-T303⑤：1,出土于探方⑤层北壁西端。保存状况甚好,表面金黄而有光泽。钱体规整,正、背两面外廓宽而凸出,内廓窄细,穿孔较方正。正面楷书钱文对读,笔画有力,粗细均匀,字迹清楚。背面无纹饰,下部有铸棱一道。钱径2.4、穿边长0.6厘米,重4.0克(图3-56,2;彩版3-124,上)。

（3）康熙通宝　1枚。

Ⅱ-T404⑤：1,出土于探方⑤层中F7北檐墙基内。保存状况良好。钱体较大、制作规整。正、背两面外廓宽而低平,内廓窄细凸起,穿孔相对较小、方正。正面楷书钱文对读,笔画较细,字迹清晰规矩。背面铸对读满文。钱径2.6、穿边长0.6厘米,重5.0克(图3-56,3;彩版3-124,下)。

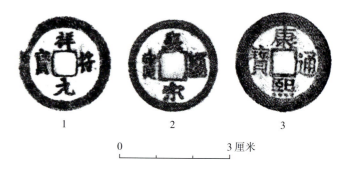

图3-56　F7出土铜钱拓片

1.祥符元宝Ⅱ-T204⑤：1　2.皇宋通宝Ⅱ-T303⑤：1　3.康熙通宝Ⅱ-T404⑤：1

彩版3-124　铜钱Ⅱ-T303⑤：1、Ⅱ-T303⑤：1、Ⅱ-T404⑤：1、Ⅱ-T404⑤：1

表3-25　2010年蓝田吕氏家庙遗址Ⅱ区第⑤层出土铜钱整理登记表

| 整理号 | 类别 | 名称 | 数量 | 出土位置 | 尺寸（厘米） | 时代 | 出土状态 | 现状 | 备注 |
|---|---|---|---|---|---|---|---|---|---|
| Ⅱ-T204⑤：1 | 铜 | 祥符元宝 | 1枚 | 探方第⑤层内F7北檐墙下 | 钱径2.5、穿边长0.6,重4.0克 | 宋 | 基本完整 | 基本完整 | 标本 |
| Ⅱ-T303⑤：1 | 铜 | 皇宋通宝 | 1枚 | 探方第⑤层北壁西端 | 钱径2.4、穿边长0.6,重4.0克 | 宋 | 完整 | 完整 | 标本 |
| Ⅱ-T404⑤：1 | 铜 | 康熙通宝 | 1枚 | 探方第⑤层中F7北檐墙基内 | 钱径2.6、穿边长0.6,重5.0克 | 清 | 完整 | 完整 | 标本 |

共3件（组）。

## （六）年代判定

Ⅱ区第⑤层位于明代晚期堆积层之上，出土瓷器残片中大部分具备明代晚期形制、釉色、纹饰特征，说明其时代在明晚期及之后，清光绪年《蓝田县志》云，清康熙四十年吕氏家庙曾于原址上重新修建，并命名四献祠。此记载因散落于村民门前清康熙四十年"重修四献祠纪念碑"碎残片与F7墙基内出土的康熙通宝铜钱而得以实物证实，同时也将该层堆积明确断代为清代早期，F7建筑群即四献祠。

关中地区至今尚有在庙宇、祠堂建筑墙基内放置钱币习惯，可见此俗源远流长。

# 六　Ⅰ、Ⅱ区④层与家庙F6遗址

发掘Ⅰ区④层覆盖整个发掘Ⅰ区（遗物见表3-26、27）。发掘Ⅱ区第④层分布于Ⅱ区南部，该层向南被五里头小学教学楼基坑破坏，再向南延伸便是显露于Ⅰ区③层下的F6建筑群门前路面

表3-26　2010年蓝田吕氏家庙遗址Ⅰ区第④层出土瓷器整理登记表

| 整理号 | 类别 | 名称 | 数量 | 出土位置 | 尺寸（厘米） | 时代 | 出土状态 | 现状 | 备注 |
|---|---|---|---|---|---|---|---|---|---|
| Ⅰ-T302④：3 | 青釉 | 碗腹瓷片 | 1件 | 探方东壁下中部 | 残长6.0、残宽4.8 | 宋 | 残 | 残 | |
| Ⅰ-T302④：4 | 青釉 | 碗腹瓷片 | 1件 | 探方东壁下偏南处 | 残长3.0、残宽2.8 | 宋 | 残 | 残 | |
| Ⅰ-T302④：5 | 青釉 | 碗腹瓷片 | 1件 | 探方北壁下中部 | 残长2.8、残宽2.7 | 宋 | 残 | 残 | |
| Ⅰ-T402④：2 | 青釉 | 碗口沿瓷片 | 1件 | 探方东壁下偏北处 | 残高2.4、残宽2.0 | 宋 | 残 | 残 | |
| Ⅰ-T402④：5 | 青釉 | 瓷片 | 1件 | 探方北壁下中部 | 残长3.0、残宽2.8 | 宋 | 残 | 残 | |
| Ⅰ-T402④：6 | 青釉 | 器腹瓷片 | 1件 | 探方西壁下偏北处 | 残长3.2、残宽2.0 | 宋 | 残 | 残 | |
| Ⅰ-T402④：7 | 青釉 | 碗腹瓷片 | 1件 | 探方北壁下偏西处 | 残长2.3、残宽2.2 | 宋 | 残 | 残 | |
| Ⅰ-T302④：1 | 青釉 | 碗口沿瓷片 | 1件 | 探方北壁下片东处 | 残高3.0、残宽2.5 | 金 | 残 | 残 | |
| Ⅰ-T402④：1 | 青釉 | 碗口沿瓷片 | 1件 | 探方东壁下中部 | 残高3.3、残宽2.3 | 金 | 残 | 残 | |
| Ⅰ-T402④：4 | 青釉 | 瓷片 | 1件 | 探方北壁下偏东处 | 残长3.0、残宽2.0 | 金 | 残 | 残 | |
| Ⅰ-T302④：2 | 青釉 | 口沿瓷片 | 1件 | 探方东壁下偏北处 | 残高8.8、残宽8.0 | 元 | 残 | 残 | |
| Ⅰ-T402④：9 | 青釉 | 器腹瓷片 | 1件 | 探方东壁下偏南处 | 残长3.7、残宽3.0 | 元 | 残 | 残 | |
| Ⅰ-T402④：3 | 白釉 | 瓷片 | 1件 | 探方北壁下中部 | 残长1.9、残宽1.3 | 明 | 残 | 残 | |
| Ⅰ-T402④：8 | 黑釉 | 器腹瓷片 | 1件 | 探方东壁下偏北处 | 残长2.8、残宽1.9 | 明 | 残 | 残 | |
| Ⅰ-T402④：10 | 白釉 | 瓷片 | 1件 | 探方北壁下偏东处 | 残长5.0、残宽2.8 | 明 | 残 | 残 | |
| Ⅰ-T402④：11 | 酱釉 | 罐腹瓷片 | 1件 | 探方东壁下中部 | 残长5.3、残宽2.5 | 明 | 残 | 残 | |
| Ⅰ-T402④：12 | 白釉 | 碗底瓷片 | 1件 | 探方西壁下偏北处 | 残高4.5、残宽4.0 | 明 | 残 | 残 | |

共17件（组）。

表 3-27　2010 年蓝田吕氏家庙遗址 I 区第④层出土建筑构件整理登记表

| 整理号 | 类别 | 名称 | 数量 | 出土位置 | 尺寸（厘米） | 时代 | 出土状态 | 现状 | 备注 |
|---|---|---|---|---|---|---|---|---|---|
| I-T302④：10 | 陶 | 脊兽残块 | 1件 | 探方东壁偏南处 | 残高8.5、残宽5.8、厚5.0 | 清 | 残 | 残 | |
| I-T302④：11 | 陶 | 脊兽残块 | 1件 | 探方西壁下中部 | 残长6.5、残宽6.7、最厚处2.5 | 清 | 残 | 残 | |
| I-T302④：12 | 陶 | 脊兽残块 | 1件 | 探方东南角 | 残长6.7、残宽6.0、最厚处2.5 | 清 | 残 | 残 | |
| I-T302④：13 | 陶 | 脊兽残块 | 1件 | 探方东壁下偏北处 | 残长9.0、残宽5.0、最厚处3.8 | 清 | 残 | 残 | |
| I-T302④：14 | 陶 | 脊兽残块 | 1件 | 探方北壁下中部 | 残长7.0、残宽4.0、最厚处3.0 | 清 | 残 | 残 | |
| I-T302④：16 | 陶 | 脊兽残块 | 1件 | 探方东壁偏南处 | 残长6.8、残宽4.2、厚2.1 | 清 | 残 | 残 | |
| I-T302④：17 | 陶 | 脊兽残块 | 1件 | 探方中部 | 残高5.8、宽3.0 | 清 | 残 | 残 | |
| I-T302④：18 | 陶 | 脊兽残块 | 1件 | 探方东壁偏南处 | 残长11.2、宽3.5、最厚处2.7 | 清 | 残 | 残 | |
| I-T302④：19 | 陶 | 脊兽残块 | 1件 | 探方北壁下偏东处 | 残高6.3、最宽处2.8 | 清 | 残 | 残 | |
| I-T402④：14 | 陶 | 脊兽残块 | 1件 | 探方东壁下中部 | 残长8.1、残宽4.7、最厚处2.7 | 清 | 残 | 残 | |
| I-T402④：15 | 陶 | 脊兽残块 | 1件 | 探方北壁下偏东处 | 残长7.5、残宽5.0、最厚处2.2 | 清 | 残 | 残 | |
| I-T402④：16 | 陶 | 脊兽残块 | 1件 | 探方东壁下偏北处 | 残长5.8、残宽5.6、厚1.8 | 清 | 残 | 残 | |
| I-T402④：17 | 陶 | 脊兽残块 | 1件 | 探方西壁下偏北处 | 残长5.3、残宽3.9、厚1.2 | 清 | 残 | 残 | |
| I-T402④：18 | 陶 | 脊兽残块 | 1件 | 探方北壁下中部 | 残长5.3、残宽4.8、最厚处2.0 | 清 | 残 | 残 | |
| I-T402④：19 | 陶 | 脊兽残块 | 1件 | 探方西壁下中部 | 残长5.3、残宽4.3、最厚处2.6 | 清 | 残 | 残 | |
| I-T402④：20 | 陶 | 脊兽残块 | 1件 | 探方西壁下东北角 | 残长7.2、残宽6.0、厚2.0 | 清 | 残 | 残 | |
| I-T402④：21 | 陶 | 脊兽残块 | 1件 | 探方东壁下中部 | 残长8.0、残宽5.0、厚1.2 | 清 | 残 | 残 | |
| I-T402④：22 | 陶 | 脊兽残块 | 1件 | 探方南壁下偏西处 | 残长4.8、残宽3.1、厚1.5 | 清 | 残 | 残 | |
| I-T402④：23 | 陶 | 脊兽残块 | 1件 | 探方西壁下中部 | 残长5.0、残宽3.5、残厚1.5 | 清 | 残 | 残 | |
| I-T402④：24 | 陶 | 脊兽残块 | 1件 | 探方西北角 | 残长3.5、残宽3.5、厚1.3 | 清 | 残 | 残 | |
| I-T402④：25 | 陶 | 脊兽残块 | 1件 | 探方东壁下中部 | 残长6.5、残宽3.6、厚2.0 | 清 | 残 | 残 | |
| I-T402④：26 | 陶 | 脊兽残块 | 1件 | 探方南壁下偏东处 | 残长4.5、残宽3.0、厚1.5 | 清 | 残 | 残 | |
| I-T402④：27 | 陶 | 脊兽残块 | 1件 | 探方西壁下中部 | 残长5.8、残宽3.3、厚2.0 | 清 | 残 | 残 | |
| I-T402④：28 | 陶 | 脊兽残块 | 1件 | 探方东南角 | 残长6.0、残宽3.6、厚1.3 | 清 | 残 | 残 | |
| I-T402④：29 | 陶 | 脊兽残块 | 1件 | 探方北壁下偏东处 | 残长4.5、残宽3.4、厚1.4 | 清 | 残 | 残 | |
| I-T402④：30 | 陶 | 脊兽残块 | 1件 | 探方西北角 | 残长4.5、残宽3.2、最厚处2.0 | 清 | 残 | 残 | |
| I-T402④：31 | 陶 | 脊兽残块 | 1件 | 探西壁下偏北处 | 残长4.3、残宽2.0、厚1.0 | 清 | 残 | 残 | |
| I-T402④：32 | 陶 | 脊兽残块 | 1件 | 探方东壁下中部 | 残高8.5、残宽3.5 | 清 | 残 | 残 | |

续表 3-27

| 整理号 | 类别 | 名称 | 数量 | 出土位置 | 尺寸（厘米） | 时代 | 出土状态 | 现状 | 备注 |
|---|---|---|---|---|---|---|---|---|---|
| I-T302④：8 | 陶 | 筒瓦残块 | 1件 | 探方南檐墙外中部 | 残高8.8、残宽10.7、壁厚2.5、雄头长2.5 | 清 | 残 | 残 | |
| I-T302④：9 | 陶 | 筒瓦残块 | 1件 | 探方西壁下偏北处 | 残长6.5、残宽10.5、壁厚2.0 | 清 | 残 | 残 | |
| I-T302④：6 | 陶 | 板瓦残块 | 1件 | 探方东北角 | 残长18.0、残宽10.4、厚2.4 | 清 | 残 | 残 | |
| I-T302④：7 | 陶 | 板瓦残块 | 1件 | 探方东壁下中部 | 残长9.2、残宽20.4、最厚处2.8 | 明 | 残 | 残 | |
| I-T402④：13 | 陶 | 板瓦残块 | 1件 | 探方南壁下偏西处 | 残长28.0、残宽16.3、厚2.0 | 清 | 残 | 残 | |

共33件（组）。

遗迹。该层之上叠压 I 、 II 区第③层，其下 I 区为第⑤层清代早期路面； II 区为第⑤层清代早期家庙主殿 F7 庭院与鹅卵石子路径。 I 、 II 区第④层中现已发掘遗迹主要为 F6 基址。

因明代晚期吕氏家庙主体建筑 F8 废墟堆积于 II 区北部，清代早期吕氏家庙主体建筑 F7 废墟又堆积于 II 区中部，所以本期吕氏家庙主体建筑 F6 选择了 II 区南部 F7 庭院空处作为建设用地（见图 3-4；彩版 3-125）。

彩版 3-125 F6 形制

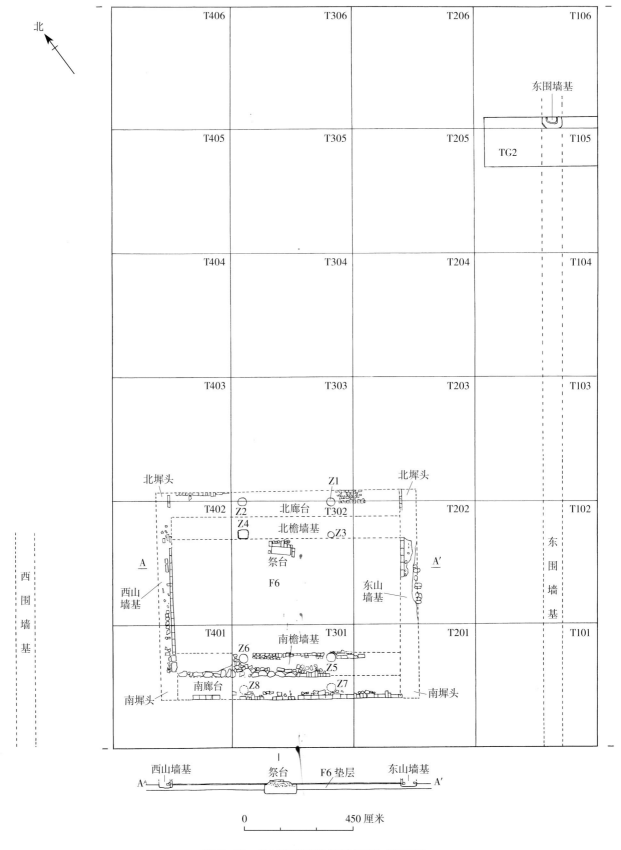

北

T406　T306　T206　T106

东围墙基

T405　T305　T205　T105

TG2

T404　T304　T204　T104

T403　T303　T203　T103

北墀头　Z1　北墀头

T402　Z2　北廊台　T302　T202　T102

Z4　北檐墙基　Z3

祭台

A　F6　东山墙基　A′

西围墙基

西山墙基　东围墙基

南檐墙基

T401　Z6　T301　T201　T101

Z5

南廊台　Z8　Z7

南墀头　南墀头

西山墙基　祭台　F6 垫层　东山墙基

A　A′

0　　　450 厘米

图 3-57　F6 及配属建筑遗迹平、剖面图

在发掘Ⅱ区内，F6基址主要分布于T201、T202、T301、T302、T401、T402第④层中，仅北檐台边沿进入T203、303、403南端少许（图3-57）。其下叠压F7庭院及路径，其上为Ⅱ区第③层中F4遗址（见图3-2）。

## （一）房址遗存

Ⅱ区第④层中仅有F6基础遗存，根据常理，F6主殿两侧及南部应有配属建筑，但小学教学楼的建设将南部遗迹全部破坏，两侧又因发掘面积限制而未做清理。F6形制、规格、布局及保存状况详见下文。

### 1.F6形制

F6为坐北朝南，"人"字屋顶，三开间式，设南、北双廊的殿堂建筑，方向216°。南、北檐下立廊柱，廊台较宽。墙基均用砖包砌，其上以土坯垒筑。殿堂正门应开于南壁下正中，殿内无间隔墙体，北檐墙内下方居中置祭台1座。详况可参见复原示意图（图3-58）。

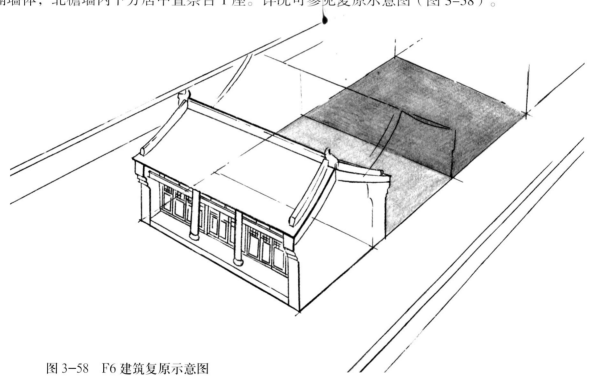

图3-58 F6建筑复原示意图

### 2.F6基础

由于长期使用后的坍塌及晚期F4的再利用，F6建筑整体已无保存，现仅剩基础部分，平面呈东西向长方形。东西长10.70、南北宽8.50、上距现地表0.38米。各房进深4.65、中间宽3.65、边间宽2.85米。由于晚期破坏，基础部分保存状况较差（彩版3-126）。

F6墙基均使用长方条砖包边，包砖内以石块或砖块填塞垒砌，基础之上原为土坯墙体。东、西山墙墙基均利用明代晚期家庙建筑F8的东、西围墙残底基修补而成，长8.50、宽0.70、残高约0.12米，南、北两端各有墀头，墀头均长0.95米。因后期F4的再利用及现代校舍基础破坏，F6西山墙基两端损毁严重，宽度亦残存0.45米；东山墙基仅余中部及北端少许。

彩版 3-126　F6 形制

南、北檐墙基长 9.45、宽 0.95、残高约 0.10 米。因后期破坏，北檐墙墙基仅存印痕，基础实体全毁；南檐墙墙基相对保存略好，两端边沿局部有缺，根据传统建制，南檐墙基之上为木质墙体（彩版 3-127）。

墙基所用条砖均为青灰色，大致有两种规格：第一种长 29.0、宽 13.5、厚 5.55 厘米；第二种长 32.0、宽 15.5、厚 4.5 厘米。南、北檐墙墙基中分别等距离包含柱础石或柱础基坑 2 个，与檐台柱础相对应。表明原建筑檐墙中夹有立柱，与墙体共同支撑屋檐。

彩版 3-127　F6 西山墙与南檐墙墙基

### 3. 柱础遗存

F6 基址中共发现柱础石或柱础基坑 8 个，分别位于南、北檐墙中与前、后廊台上。檐墙中为暗柱，廊下立明柱。现从北至南、自东向西将柱础分别编号为 F6-Z1~Z8。由于后期扰动，南廊台上 F6-Z7、-Z8 两柱础遗迹尽失。现残留柱础基坑内均填充疏松纯净的红褐色土。

F6-Z1：位于北廊台上东侧，只见柱础基坑。东距东山墙 2.65、西距 F6-Z2 为 3.30、南距 F6-Z3 为 1.00 米。平面呈不规则圆形，直径约 0.38、深 0.13 米（彩版 3-128 上）。

F6-Z2：位于北廊台上西侧，仅余柱础基坑。西距西山墙 2.80、东距 F6-Z1 为 3.30、南距 F6-Z4 为 0.95 米。平面呈不规则圆形，直径约 0.35、深 0.20 米（彩版 3-128 中）。

F6-Z3：为 F6 中唯一现存的柱础石。位于北檐墙内东侧，东距东山墙为 2.75、北距 F6-Z1 为 1.00、西距 F6-Z4 是 3.30 米。柱础石为青石质地，础、座连体，础整体呈厚圆饼形，上面平坦，以支撑立柱，立沿面显圆滑局部有磕损；下与座相连，座近圆形，较薄，边沿不齐整，为原石稍加修凿而成。残损较多。直径 0.31 米（彩版 3-128 下）。

F6-Z4：位于北檐墙内西侧，为柱础基坑。西距西山墙 2.70、北距 F6-Z2 为 0.95、东距 F6-Z3 为 3.30 米。平面呈长方形，东西长 0.40、南北宽 0.37、深 0.05 米，角隅圆弧。该坑打破明代晚期 F8 南部 L2 鹅卵石路径（彩版 3-129 上）。

F6-Z5：位于南檐墙内东侧，仅剩柱础基坑。东距东山墙 2.60、北距 F6-Z3 为 4.65、西距 F6-Z6 是 3.25 米。平面呈圆形，直径约 0.40、深 0.05 米（彩版 3-129 中）。

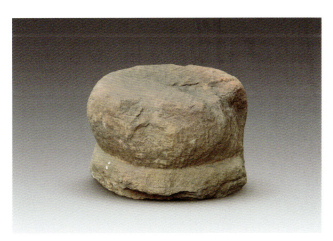

彩版 3-128　F6 柱础 Z1～Z3

F6-Z6：位于南檐墙内西侧，现只见柱础基坑。西距西山墙 2.60、北距 F6-Z4 为 4.60、东距 F6-Z5 为 3.25 米。平面呈圆形，直径 0.37、深 0.05 米（彩版 3-129 下）。

F6-Z7、F6-Z8 遗迹被现代校舍建筑破坏，根据 F6 建筑结构特点推断，二者所在位置与形制应为：

F6-Z7：位于南廊台上东侧，东距东山墙南墀头 2.60、北距 F6-Z5 是 0.90、西距西山墙南墀头 6.15 米。基坑形制应同于其他现存柱础基坑为圆形，直径 0.35~0.40、深 0.05 米。

F6-Z8：位于南廊台上西侧，西距西山墙南墀头 2.55、北距 F6-Z6 是 0.90、东距东山墙南墀头 6.25 米。基坑形制应同于其他现存柱础基坑为圆形，直径 0.35~0.40、深 0.05 米。

### 4. 南、北廊台

F6 设南、北双廊台，分别位于南、北檐墙外，南廊台长 9.15、宽 0.95 米，北廊台长 9.40、宽 1.10 米，残高均为 0.55 米左右。廊台台沿以单层条砖横向错缝平铺包砌而成，其内填充夯土。南、北廊台之上各立廊柱 2 个，基本位于廊台全长的三分之一和三分之二处，与两端墀头一齐成为支撑房檐的 4 个等距离承重点。廊柱各柱础距所在廊台台沿 0.40 米。因后期扰动及现代校舍建筑的破坏，南廊台尚存大部分沿台底层包砖，而北廊台仅留西北角与东部两段廊沿包砖底层（见图 3-57；彩版 3-130）。

廊台所用包砖规格较杂，大致分为三种：第一种长 27.0、宽 13.5、厚 4.5 厘米；第二种长 30.0、宽 15.0、厚 5.0 厘米；第三种长 28.7、宽 13.5、厚 5.5 厘米。

### 5. 殿门位置

由于后期严重破坏，门道迹象全无，根据 F6 建筑结构中南、北均设廊台的特点分析推断，该建筑应设南、北两门，南门开于南檐墙下部居中处，北门位置不明。

### 6. F6 地面

F6 内地面用红褐色土铺垫而成，东西长 9.40、南北宽 4.65、厚 0.10~0.22 米，踩踏面厚 0.01 米，踩踏迹象明显，质地坚实。其下叠压清代早期庭院空地与路径遗迹。

彩版 3-129　F6 柱础 Z4 ～ Z6

### 7. 殿内祭台

F6 祭台位于房址内北檐墙下中部，其北端紧贴北檐墙，砖包结构，平面呈东西向长方形，长 1.10、宽 0.60、残高 0.20 米，祭台基础打破早期鹅卵石路面后以砖块纵横交错砌成，其上再用条砖包砌边沿，内填石块、土坯等。由于后期破坏，现祭台内堆积大量土坯残块。祭台包沿用砖规格长 28.5、宽 13.5、厚 4.5~5.5 厘米（彩版 3-131）。

## （二）围墙遗迹

院落围墙为 F6 遗址唯一幸存的配属建筑之一。考古勘探证实，Ⅱ区第④层 F6 遗址承袭了第⑤层清代早期吕氏家庙 F7 遗址的使用空间，庭院东、西围墙位置及墙体规格与前期相同，应是在前期围墙基础上修补加固而成。墙宽 0.80 米，长度不详。分别距 F6 东、西山墙外沿 5.20 米，南、北围墙前、后部分与院门被南边小学校教学楼与北边奶牛场饲料发酵池破坏殆尽。

## （三）踩踏路面遗迹

该遗迹见于发掘Ⅰ区第③层之下，其下为第⑤层清代早期路面堆积。发掘区域中踩踏面呈南北向分布，南北长贯穿发掘Ⅰ区为 15.00、东西宽约 11.00、厚 0.01 米，虽被后期严重破坏，但踩踏迹象仍较为明显、坚实，属 F6 建筑群南门前路面踩踏遗迹。踏面下铺垫浅红褐色土垫层，内含大量白灰墙皮、零星瓷片、瓦片及彩釉脊兽碎块，堆积厚度 0.10~0.20 米。该路面铺垫层依然利用了附近大量 F8 南部建筑废弃垃圾，所以包含物丰富（见图 3-3）。

## （四）出土遗物

该地层及 F6 基址内出土遗物共 187 件，现场提取 31 件，包括：瓷器残片、建筑构件、钱币等。经整理选择标本 11 件。以下按质地、用途分别描述。

彩版 3-130　F6 南廊台

彩版 3-131　F6 内祭台

### 1．瓷器

共 13 件（表 3-28）。分别属于唐、金、明、清代四个不同历史时期器物残片，轮制。其中清代瓷片 3 件，均选为标本。

（1）青花口沿瓷片　1 件。

Ⅱ-T302④：2，出土于探方④层西壁下偏北处。器物口沿残片，器壁较薄。微敞口，圆唇。内、外壁施釉。釉面明亮，闪玻璃光泽。白胎，胎质坚硬细密。内壁为蓝地，其上有白色纵向曲波式线条图案。残高 2.8、残宽 1.9 厘米（彩版 3-132）。

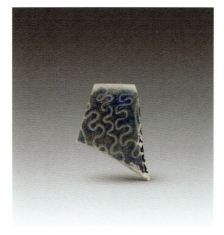

彩版 3-132　青花瓷片Ⅱ-T302 ④：2　　　　　　　彩版 3-133　青花瓷片Ⅱ-T302 ④：4

彩版 3-134　青花瓷片Ⅱ-T302 ④：6

（2）青花瓷片　1件。

Ⅱ-T302 ④：4，出土于探方④层西壁下偏北处。器形不明。内、外面均施釉，釉色白中泛青。釉面闪玻璃光泽，有棕眼。白胎微显青色，胎质较细腻而坚硬。瓷片一面绘有较多青花，另一面以青花画同心双线圈纹。残长 3.4、残宽 2.7 厘米（彩版 3-133）。

（3）青花盘底瓷片　1件。

Ⅱ-T302 ④：6，出土于探方④层西壁下偏北处。盘底残片。浅弧腹，微圜底，矮圈足。内、外面均施釉。釉色青白。釉面明亮，闪玻璃光泽。白胎泛青色，胎质坚硬而细密。内壁绘蓝地青花，外底画青花同心双圈纹，底面似有支点痕 1 枚，外底面、圈足沿均有黄色渍。残高 1.0、底径 8.0 厘米（图 3-59，1；彩版 3-134）。

Ⅱ-T302 ④：4、6，2 件残片从出土位置、纹饰特点、器壁厚薄、胎质色泽等方面分析，应属同一盘底上位置不同的 2 块残片。

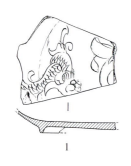
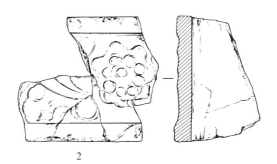

| 0 | | 9 厘米 |
| 0 | | 15 厘米 |

图 3-59　F6 出土遗物

1. 青花盘底Ⅱ-T302 ④：6　2. 眉子Ⅱ-T404 ④：3

表3-28　2010年蓝田吕氏家庙遗址Ⅱ区第④层出土瓷器整理登记表

| 整理号 | 类别 | 名称 | 数量 | 出土位置 | 尺寸（厘米） | 时代 | 出土状态 | 现状 | 备注 |
|---|---|---|---|---|---|---|---|---|---|
| Ⅱ-T302④：5 | 白釉 | 碗底瓷片 | 1件 | 探方西壁下偏北处 | 残高1.9、残宽5.7 | 唐 | 残 | 残 | |
| Ⅱ-T302④：3 | 青釉 | 瓷片 | 1件 | 探方西壁下偏北处 | 残高4.2、残宽2.5 | 金 | 残 | 残 | |
| Ⅱ-T203④：1 | 淡黄釉 | 小碗瓷片 | 1件 | F6北檐墙下垫土中 | 高3.6、口径7.7、底径3.8 | 明 | 残 | 修复完整 | |
| Ⅱ-T203④：2 | 白釉 | 口沿瓷片 | 1件 | F6北檐墙外中部 | 残高2.3、残宽3.1 | 明 | 残 | 残 | |
| Ⅱ-T203④：3 | 淡黄釉 | 瓷片 | 1件 | 探方南壁下中部 | 残长4.0、残宽3.5 | 明 | 残 | 残 | |
| Ⅱ-T203④：4 | 青釉 | 瓷片 | 1件 | 探方东壁下偏南处 | 残长4.5、残宽2.5 | 明 | 残 | 残 | |
| Ⅱ-T203④：5 | 酱釉 | 瓷片 | 1件 | 探方北壁下偏西处 | 残高2.5、残宽3.0 | 明 | 残 | 残 | |
| Ⅱ-T302④：1 | 白釉 | 碗口瓷片 | 1件 | 探方西壁下偏北处 | 残高5.2、残宽6.1 | 明 | 残 | 残 | |
| Ⅱ-T404④：1 | 白釉 | 碗腹残片 | 1件 | 探方北壁下中部 | 残长4.5、残宽2.7 | 明 | 残 | 残 | |
| Ⅱ-T404④：2 | 黑釉 | 碗底瓷片 | 1件 | 探方南壁下偏东处 | 残高2.8、底径6.5 | 明 | 残 | 残 | |
| Ⅱ-T302④：2 | 青花 | 口沿瓷片 | 1件 | 探方西壁下中部偏北处 | 残高2.8、残宽1.9 | 清 | 残 | 残 | 标本 |
| Ⅱ-T302④：4 | 青花 | 瓷片 | 1件 | 探方西壁下偏北处 | 残长3.4、残宽2.7 | 清 | 残 | 残 | 标本 |
| Ⅱ-T302④：6 | 青花 | 盘底瓷片 | 1件 | 探方西壁下偏北处 | 残高1.0、底径8.0 | 清 | 残 | 残 | 标本 |

共13件（组）。

## 2. 建筑构件

共183件（组）（表3-29）。有眉子5件（组）、长方形青砖167件。

（1）眉子　5件。

共出土眉子残片5件。模制。均为泥质灰陶，陶质较粗，色泽深灰。残碎严重。经整理选择标本1件。

标本Ⅱ-T404④：3，出土于探方④层东南部。残缺。应位于正脊端头，原粘接于两侧的立面，现均脱落。顶面两端俱残，堵头立面下部亦失。双边有凸起平沿，其内浅浮雕牡丹花、叶图案。底面较平无纹饰，一端与堵头立面成90°相粘接。残高12.0、残长19.5、宽16.2、壁厚2.1厘米（图3-59，2；彩版3-135）。

（2）长方形青砖　167件。

第④层中出土建筑用砖167件。模制而成。均为泥质灰陶，素面。长方形。主要出土地点为F6墙体、廊台、祭台用砖。因较多利用前期建筑残留材料，故规格复杂多样。经选择，于发掘现场提取各类型砖11件，按其形制、尺寸不同分为五型，各型择标本1件分别叙述。

A型：1件。F6：1，出土于东山墙墙基中部。基本完整，一面有裂隙。器形较大而厚重，表面有大片黑灰色烧烤痕及土渍，泥质显粗糙。长31.4、宽15.2、厚7.1厘米（彩版3-136，左1、

彩版 3-135　眉子Ⅱ-T404 ④：3

右 1）。

　　B 型：2 件。分别出土于 F6 墙体内与祭台中。基本完整。器形不够规整，较 A 型小而薄，表面有土渍。标本 F6：2，出土于 F6 西山墙墙基南部。完整。一面略显下凹。长 29.2、宽 12.9、厚 4.6 厘米（彩版 3-136，左 2、右 2）。

　　C 型：3 件。分别出土于 F6 墙体与廊台包沿中。2 件完整，1 件自中部斜碴断裂、可粘接完整。器形较规矩，稍大于 B 型，表面显粗糙。标本 F6：3，出土于 F6 南廊台包砖沿东端。基本完整，边角稍有损伤。表面粗糙，有粘划印迹。长 28.5、宽 13.6、厚 5.6 厘米（彩版 3-136，左 3、右 3）。

　　D 型：3 件。分别出于 F6 墙体及祭台包沿中。基本完整。造型规整，较 C 型砖稍薄而短，一面有隐约纵向粗绳纹。标本 F6：4，出土于西山墙北墀头东边沿北部。完整。表面有土渍一层。长 26.5、宽 13.3、厚 4.5 厘米（彩版 3-136，左 4、右 4）。

　　E 型：2 件。均出土于廊台边沿包砖中。基本完整。形制较 D 型宽大，做工规整，表面有划痕。标本 F6：7，出土于 F6 北廊台边沿包砖的西部。完整。一面显光平，另一面有较多划纹。长 30.2、宽 14.7、厚 4.8 厘米（彩版 3-136，左 5、右 5）。

彩版 3-136　长方形青砖 F6：1～4、7

表 3-29　2010 年蓝田吕氏家庙遗址Ⅱ区第④层出土建筑构件整理登记表

| 整理号 | 类别 | 名称 | 数量 | 出土位置 | 尺寸（厘米） | 时代 | 出土状态 | 现状 | 备注 |
|---|---|---|---|---|---|---|---|---|---|
| F6：1 | 陶 | 长方形青砖 | 1件 | 东山墙墙基中部 | 长 31.4、宽 15.2、厚 7.1 | 清 | 基本完整 | 基本完整 | A 型标本 |
| F6：2 | 陶 | 长方形青砖 | 1件 | F6 西山墙墙基南部 | 长 29.2、宽 12.9、厚 4.6 | 清 | 完整 | 完整 | B 型标本 |
| F6：3 | 陶 | 长方形青砖 | 1件 | F6 南廊台包墙沿东端 | 长 28.5、宽 13.6、厚 5.6 | 清 | 基本完整 | 基本完整 | C 型标本 |
| F6：4 | 陶 | 长方形青砖 | 1件 | 西山墙北墀头东边沿北部 | 长 26.5、宽 13.3、厚 4.5 | 清 | 完整 | 完整 | D 型标本 |
| F6：5 | 陶 | 长方形青砖 | 1件 | F6 祭台包沿砖 | 长 27.5、宽 13.5、厚 5.2 | 清 | 基本完整 | 基本完整 | |
| F6：6 | 陶 | 长方形青砖 | 1件 | F6 南廊台包沿砖 | 长 29.0、宽 14.0、厚 6.0 | 清 | 完整 | 完整 | |
| F6：7 | 陶 | 长方形青砖 | 1件 | F6 北廊台边沿包砖之西部 | 长 30.2、宽 14.7、厚 4.8 | 清 | 完整 | 完整 | E 型标本 |
| F6：8 | 陶 | 长方形青砖 | 1件 | F6 北廊台边沿包砖 | 长 30.8、宽 15.0、厚 5.2 | 清 | 基本完整 | 基本完整 | |
| F6：9 | 陶 | 长方形青砖 | 1件 | F6 祭台东沿包砖 | 长 29.0、宽 13.5、厚 5.3 | 清 | 残 | 修复基本完整 | |
| F6：10 | 陶 | 长方形青砖 | 1件 | F6 东山墙内侧北部包砖 | 长 27.0、宽 13.5、厚 4.5 | 清 | 基本完整 | 基本完整 | |
| F6：11 | 陶 | 长方形青砖 | 1件 | F6 北廊台外西部包墙 | 长 28.5、宽 14.0、厚 6.0 | 清 | 基本完整 | 基本完整 | |
| Ⅱ-T404④：3 | 陶 | 眉子 | 1件 | 探方东南部 | 残高 12.0、残长 19.5、宽 16.2、壁厚 2.1 | 清 | 残 | 残 | 标本 |
| Ⅱ-T404④：4 | 陶 | 眉子 | 1件 | 探方东南部 | 残高 10.5、残长 15.7、最厚处 5.9 | 清 | 残 | 残 | |
| Ⅱ-T404④：5 | 陶 | 眉子 | 1件 | 探方东南部 | 残高 15.0、残长 9.0、最厚处 5.0 | 清 | 残 | 残 | |
| Ⅱ-T404④：6 | 陶 | 眉子 | 1件 | 探方东南部 | 残高 9.0、残宽 10.0、厚 3.0 | 清 | 残 | 残 | |
| Ⅱ-T404④：7 | 陶 | 眉子 | 1件 | 探方东南部 | 残长 7.5、残宽 4.0、厚 4.5 | 清 | 残 | 残 | |

共 16 件（组）。

### 3. 铜钱

共 2 枚（表 3-30）。分别为半两钱与乾隆通宝。保存状况完好，无锈蚀。浇铸而成。形制规整，字迹清晰。

（1）半两　1 枚。

Ⅱ-T202④：2，出土于探方④层西南角。钱体较小而轻薄，正、背两面无内、外廓，穿孔方正。正面篆书钱文对读，笔画较粗，字迹清晰。背面光素无纹。钱径 2.3、穿边长 0.7 厘米，重 3.0 克（图 3-60，1；彩版 3-137）。该半两钱无内、外廓，穿孔相对较小，字迹工整清楚，重量 3 克左右，各方面特征均与西汉早期文帝时所铸半两铜钱相同，故推测应为文帝半两。属 F6 奠基所用古币。

（2）乾隆通宝　1枚。

Ⅱ-T202④：1，出土于F6东山墙墙基内中段。钱体较小而厚重，正、背两面外廓宽而低平，内廓窄细凸起，穿孔较小且方正。正面楷书钱文对读，笔画较细，字迹方正规矩。背面铸对读满文。钱径2.3、穿边长0.6厘米，重4.0克（图3-60，2）。

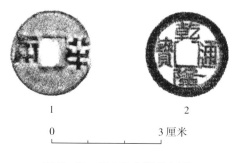

图3-60　F6出土铜钱拓片

1. 半两Ⅱ-T202④：2　2. 乾隆通宝Ⅱ-T202④：1

彩版3-137　西汉半两
Ⅱ-T202④：2

表3-30　2010年蓝田吕氏家庙遗址Ⅱ区第④层出土铜钱整理登记表

| 整理号 | 类别 | 名称 | 数量 | 出土位置 | 尺寸（厘米） | 时代 | 出土状态 | 现状 | 备注 |
| --- | --- | --- | --- | --- | --- | --- | --- | --- | --- |
| Ⅱ-T202④：2 | 铜 | 半两 | 1枚 | 探方西南角 | 钱径2.3、穿边长0.7、重3.0克 | 西汉 | 完整 | 完整 | 标本 |
| Ⅱ-T202④：1 | 铜 | 乾隆通宝 | 1枚 | F6东山墙墙基内中段 | 钱径2.3、穿边长0.6、重4.0克 | 清 | 完整 | 完整 | 标本 |

共2件（组）。

## （五）年代判定

第④层堆积分布面积较小，遗迹主要包括Ⅱ区第④层的F6建筑基础与配属庭院东、西部分围墙遗址及分布于Ⅰ区第④层的路面遗迹。该层上、下叠压关系明确：上为Ⅰ、Ⅱ区第③层，下为Ⅰ、Ⅱ区第⑤层。F6墙基内又出土乾隆通宝铜钱，从而在地层关系与出土遗物两个重要方面均清楚证实Ⅰ、Ⅱ区第④层为清代中期堆积，F6属清中期吕氏家庙主体建筑遗址，Ⅰ区内路面属F6建筑群南端门前踩踏路面。

# 七　Ⅰ、Ⅱ区第③层与F3~F5遗址

第③层分布面积广大，南至五里头小学南围墙下，东至小学东围墙下，西距现小学西围墙10米，北至现小学北围墙下。该层中包括房屋基础大、小5座，半地穴式窑洞1孔，天井1座，水井遗迹1处，残石碑底座1件及周边院落围墙墙体。发掘Ⅰ区内房屋基础现仍依稀可见（遗物见表3-31、32），其上覆盖极薄①表土层；发掘Ⅱ区内第③层上叠压第②层与20世纪70年代小学教室F1、F2基础遗迹。

Ⅰ、Ⅱ区内已发掘主体建筑共3座，自北至南分别编号F3~F5。Ⅱ区中F3、F4加两侧配属偏殿F3-1、F3-2构成四合院式建筑格局（图3-61）。Ⅰ区中F5两侧原亦有配属偏殿，后被拆除，因本次发掘区域及时间所限，未做清理。

F3、F4及偏殿构成的四合院几乎占据发掘Ⅱ区全部面积，分布于Ⅱ区T101~106、T201~206、T301~306、T401~406第③层内，其上为第②层与F1、F2基础堆积，其下北部叠压第⑥层、中部叠压第⑤层、南部叠压第④层（见图3-2、4）。

表 3-31　2010 年蓝田吕氏家庙遗址 I 区第③层出土瓷器整理登记表

| 整理号 | 类别 | 名称 | 数量 | 出土位置 | 尺寸（厘米） | 时代 | 出土状态 | 现状 | 备注 |
|---|---|---|---|---|---|---|---|---|---|
| I-T302③:1 | 酱釉 | 碗底瓷片 | 1件 | 檐台下填土中 | 残高 3.7、底径 7.0 | 清末民初 | 残 | 残 | |
| I-T302③:2 | 白釉 | 碗底瓷片 | 1件 | 檐台下填土中 | 残高 1.9、底径 4.8 | 清末民初 | 残 | 残 | |
| I-T502③:1 | 白釉 | 瓷片 | 1件 | 石墙基缝隙中 | 残长 2.8、残宽 1.5 | 清末民初 | 残 | 残 | |

共 3 件（组）。

表 3-32　2010 年蓝田吕氏家庙遗址 I 区第③层出土建筑构件整理登记表

| 整理号 | 类别 | 名称 | 数量 | 出土位置 | 尺寸（厘米） | 时代 | 出土状态 | 现状 | 备注 |
|---|---|---|---|---|---|---|---|---|---|
| I-T203③:1 | 陶 | 红陶蹲兽残件 | 1件 | F5 基础夯土中 | 残高 6.5、残宽 5.5 | 清 | 残 | 残 | 标本 |
| I-T402③:1 | 陶 | 脊兽残块 | 1件 | 房基夯土中 | 残高 5.8、残宽 7.0 | 清 | 残 | 残 | |
| F5:1 | 陶 | 长方形青砖 | 1件 | F5 东山墙中部 | 长 33.5、宽 11.5、厚 6.5 | 民国初 | 完整 | 完整 | H 型标本 |
| F5:2 | 陶 | 长方形青砖 | 1件 | F5 南檐墙基外东部 | 长 32.0、宽 11.2、厚 7.0 | 民国初 | 基本完整 | 基本完整 | |
| F5:3 | 陶 | 长方形青砖 | 1件 | F5 东山墙基用砖 | 长 31.4、宽 11.0、厚 7.2 | 民国初 | 基本完整 | 基本完整 | G 型标本 |
| F5:4 | 陶 | 长方形青砖 | 1件 | F5 北檐墙基外东部 | 长 28.0、宽 10.5、厚 5.5 | 清末 | 残 | 残 | F 型标本 |

共 6 件（组）。

F5 位于 I 区中部偏南，分布于 I 区 T202~204、T302~304、T402~404、T502~504 第③层中，其上为 I 区表土层，其下叠压清代中期踩踏面（图 3-2、3）。

## （一）房屋遗迹

第③层中原房屋均已损毁，经考古发掘共出土房屋基础 5 座，分别位于 I 、II 区之内，现根据编号顺序逐一详述。

### 1．II 区内 F3 及配属遗迹

F3 位于 II 区北部，叠于②层 F1 之下，是本期吕氏家庙的主殿建筑，其配属偏殿建筑包括：F3-1、F3-2、天井及其相关遗迹。

（1）F3 形制

F3 建于明代晚期吕氏家庙主殿 F8 之上，为坐北朝南，"人"字屋顶，三开间式，南设廊台，北有檐台的殿堂建筑，方向 214°。房基有包砖，其上为土坯垒砌，房内无间隔墙体，置砖铺地面，殿门开于南檐墙正中，南廊台较为宽大。殿内北檐墙下居中设长方形祭台 1 座。其形制可参见复原示意图（图 3-62）。

（2）F3 基础

F3 基础平面呈南北向长方形，东西宽 11.35、南北长 12.30、上距现地表 0.10 米。殿内中间宽

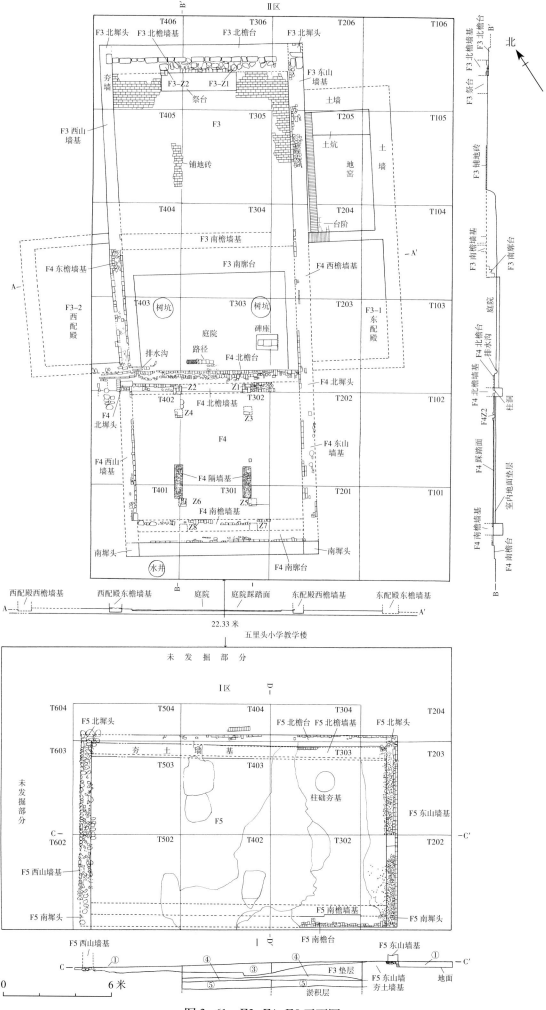

图 3-61　F3、F4、F5 平面图

约 3.80、西边间宽约 2.90、东边间宽约 3.00、进深约 8.50 米。东、西山墙及北檐墙基础均以 F8 墙体为垫基，两边包砖，中间填充残砖与大量石块造成（彩版 3-138）。

原山墙墙基两端先以石条为底，其上再砌筑砖包墙基，全长 12.30 米。现东山墙墙基残长 7.65、宽 0.90、残高 0.05 米左右（彩版 3-139）；西山墙在 20 世纪 70 年代修建小学校舍时被拆毁，现仅见墙基印迹，原长度与东山墙基厢等为 12.39、宽度是 0.75 米。山墙南、北两端各出墀头，北端墀头长 0.70、南端墀头长 1.30 米。

北檐墙墙基全长 9.75、宽 0.80、残高 0.10 米，砖包墙基外侧用石条横向排列加固，墙内夹有柱础石，表明北檐墙中包含暗柱（彩版 3-140）。南檐墙墙基拆毁于 20 世纪 70 年代，现痕迹

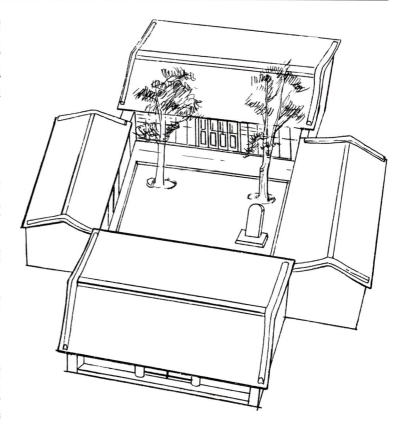

图 3-62 F3、F4 四合院式建筑复原示意图

彩版 3-138 F3 形制

彩版 3-139　F3 东山墙基

彩版 3-140　F3 北檐墙基

彩版 3-141　F3 南檐台、南檐墙基

无存。据清末至 20 世纪 70 年代前居住于此处的牛兆廉先生后裔讲述，原南檐墙为木质板墙，墙内夹立柱，与北檐墙内暗柱对应，南檐墙墙基位置及宽度亦由其后人保存的 F3 平面布局图而得知（彩版 3-141）。

墙基所用石条均为砂岩，长 0.40~0.75、宽 0.20~0.35、厚 0.20 米，少量表面凿刻斜线以防滑。墙基包砖为长方形青灰色，因尺寸不同分为三种：第一种长 28.0、宽 12.0、厚 5.0 厘米；第二种残长 20.0、宽 14.5、厚 5.5 厘米；第三种残长 22.0、宽 13.8、厚 4.5 厘米。

（3）廊台与檐台

F3 廊台位于南檐墙外，长 9.75、宽 1.30 米，由于现代校舍修建破坏，现仅存 0.05 米高的土基。据原居住者言，廊台始高 0.50 米，表面铺设石条，石条规格同上述，廊台下居中置石条 1 为台阶踏步。

北檐台位于北檐墙墙基外，保存状况较好，长 9.75、宽 0.70、高 0.18 米，以红褐色土修筑而成。因后期自然浸蚀，表面踩踏迹象不清。

（4）地面遗迹

F3 地面垫土层厚约 0.05 米，其上为砖铺地面，由于长时间踩踏，砖面磨损、坑洼不平。原面积应覆盖 F3 内地面，东西长 9.75、南北宽 8.50 米，以长方形青砖错缝平铺而成，用砖规格为：长 26.40、宽 13.3、厚 4.1 厘米。由于 20 世纪 70 年代所建小学校舍于 90 年代被拆除，原被校舍利用的 F3 及铺地砖随之废弃，后此处改为菜地，砖铺地面遭大面积揭启破坏（彩版 3-142）。

（5）F3 柱础

F3 柱础现仅见北檐墙中 2 个，包含于墙基内中段。青石制成。两柱础间距 3.80 米。由此确定 F3 为三开间式，并得知各开间的宽度。现自东向西分别编为：F3-Z1、-Z2。

F3-Z1：位于北檐墙内中部偏东处，东距东山墙 2.85 米，柱础为础、座连体式，础呈覆盆状，顶面平坦光素，面上直径 0.30、厚 0.11 米；下连础座为方形，边长 0.35、高 0.09 米（彩版 3-143，左）。

彩版 3-142　F3 残存砖铺地面

彩版 3-143　F3 北檐墙墙基内柱础

F3-Z2：位于北檐墙内中部偏西处，西距西山墙基 2.60 米，长方体，东西向放置，顶面修整显粗糙。长 0.50、宽 0.33、厚 0.18 米（彩版 3-143，右）。

（6）F3 祭台遗存

祭台位于北檐墙下居中，在早期 F8 祭台位置与基础上修建而成，平面呈东西向长方形，长 4.20、宽 1.00 米，因改建现代小学教室被拆除，原高度不详，现仅残存底部草拌泥一层，厚约 0.01 米。泥面上留有土坯遗痕，表明祭台以土坯垒筑。原居住人云：祭台外沿曾有青灰色条砖包砌，高度约 1.00 米（彩版 3-144）。

彩版 3-144　F3 内祭台

（7）殿门位置

因南檐墙墙基损毁殆尽，南檐墙体又为木质板墙，早已被拆除利用，故现场门道与殿门迹象全无。原居住者提供：殿门开于南壁正中，设内开式双扇门扉。

（8）F3 配属偏殿 F3-1 与 F3-2

F3 带有配属偏殿两座，东偏殿编号 F3-1，西偏殿编号 F3-2。

偏殿形制：F3 配属偏殿 F3-1、F3-2 分别位于 F3 南端东、西两侧，均为"人"字屋顶。二开间式偏殿，砖、石加夯土筑成山墙与檐墙墙基，土坯垒砌墙体，房内未见隔墙。殿门居中，面向天井相对开设，门前各设檐台。

F3-1、F3-2 墙基：现两座偏殿仅残留基础，平面均呈南北向长方形，南北长 7.30、东西宽 5.70、上距现地表 0.50 米，F3-1 方向 305°，F3-2 方向 125°。房内进深 4.15、间宽约 3.10 米。

东、西偏殿前檐墙墙基分别利用清代早期 F7 基础的东、西山墙墙基修补加固而成，长 7.30、宽 0.70、残高 0.05~0.10 米，北端与 F3 山墙连为一线，南端与 F4 北檐台相接。上部墙体为土坯垒砌而成。

因发掘区域与时间关系，偏殿后檐墙墙基仅对 F3-1 做了发掘清理，该墙体只余痕迹，基础结构不清，长 7.30、宽 0.80 米。

偏殿南、北山墙墙基使用碎石、残砖砌筑后，其上为土坯墙体，长 5.70、宽 0.50、残高 0.05~0.15 米。

F3-1、F3-2 檐台：两座偏殿均设前檐台，现檐台上部已毁，底部尚存，宽 0.50、长 7.30、残高 0.05 米，北端与 F3 前廊台垂直相交，南端与 F4 北檐台成直角对接。由于偏殿后檐墙紧贴 II 区东、西边沿，原偏殿是否置后檐台，檐台形制、现状如何等均因未做发掘而情况不明。

F3-1、F3-2 殿门：发掘中由于遗迹残存有限，未发现偏殿殿门迹象，就其建筑规律而言，F3-1、F3-2 殿门应面朝天井，相对开于前檐墙下部，其具体位置不明。

（9）F3 配属天井及其他遗迹

天井位于正殿 F3 之南、偏殿 F3-1、F3-2 之间、前殿 F4 之北。平面呈东西向长方形，东西长约 8.30、南北宽约 4.75、上距现地表 0.50 米。踩踏面明显、坚实，后期虽有扰动，但大部分地面保存尚好（见图 3-61）。

天井内与其同时代遗迹共有 3 处，一为树坑 2 个；二为青石碑座 1 件；三为排水暗道 1 处。

树坑：2 个，位于 F3 南廊台前 1.25 米处，东、西两侧各距东、西偏殿前檐台 1.00 米。据原居住人描述，坑内各栽种槐树一株，根深叶茂，为祖上牛兆廉先生于清末重建吕氏家庙后亲自种植。20 世纪 70 年代改为小学校舍后被砍伐。

碑座：位于天井东南部，东距东偏殿 F3-1 前檐台 0.50、南距前殿 F4 后檐台 0.85 米。深埋于地下，平面呈长方形，东西向平置式，长 1.25、宽 0.80、高 0.55 米，碑座顶面高于天井地面 0.10 米，顶面居中凿东西向长方形卯孔，长 0.44、宽 0.40、深 0.31 米。埋置碑座所挖基坑长 2.20、宽 1.10、深 1.35 米，底部以浅红褐色土夯筑高达 0.80 米后放置碑座，并于碑座两端用条砖砌筑碑楼基础，该基础长度基本等于碑座宽度，长 0.85、宽 0.25 米。现仅残存砖砌基础 4 层，残高 0.20 米。据原居住人回忆，碑座上所立石碑为清代"四献祠重修记"纪念碑。碑石现已破碎为 4 块，并挪移至五里头村某村民家院门口东侧（彩版 3-145）。

排水暗沟：暗沟位于西偏殿 F3-2 前檐台南端，紧邻 F4 北檐台西端外沿，为东西走向砖结构暗道，始修于 F3 建成之时，呈东高西低之势。全长 1.72、宽 0.14、高 0.10 米，以单层条砖纵向并列平铺底面，再用单砖横向错缝平砌 2 层构成水道两侧立沿，其上纵向覆盖并列条砖成沟顶。东与 F4 北檐台下排水明沟相接。后因使用年久水流不畅而做二次修缮，在原沟基础上西端向南扩宽至 F4 后檐台西端外，然后向西补修加长，补修砌法同上。全长 3.20、宽 0.14、高 0.11 米，同时将 F4 北檐台下排水明沟封堵填平（彩版3-146）。

始修建用砖规格长 27.0、宽 13.5、厚 5.0 厘米；二次修缮用砖规格长 28.5、宽 11.0、厚 7.0 厘米。

彩版 3-145　F3 天井中碑座

彩版3-146　F3天井中排水暗沟

### 2. Ⅱ区内F4及其配属遗迹

F4位于发掘Ⅱ区南部，叠压在第②层F2之下，其下为清代中期F6堆积。是以F3为主殿，F3-1、F3-2为偏殿，F4为前殿的四合院式结构中重要组成部分。属F4的配属遗迹于发掘中仅见水井、排水沟及残路迹。

（1）F4形制

F4为坐北朝南，"人"字屋顶，三开间式，前有廊台，后有檐台，置南、北两门的殿堂式建筑，方向214°。殿墙为条砖包基、土坯墙体，殿内设明、暗立柱8个，筑有间隔墙体，将大殿分为东、中、西三室。中堂檐墙下部正中各开南、北两门，位置相对，前后贯通。地面未见砖铺痕迹（参见图3-62）。

（2）F4基础

中华人民共和国成立后，F4曾改为小学教室，20世纪70年代进行翻修时上部拆除，地基犹存并被再利用而成为小学教室F2。考古发掘揭示，F4基础平面呈东西向长方形，东西长10.80、南北宽10.00、上距现地表0.25米。房内设间隔墙体后划分为三间，各间进深约6.75、东间宽2.80、中堂宽3.25、西间宽2.35米。因破坏严重，现保存状况较差（见图3-61；彩版3-147）。

F4修建于清代中期家庙主殿F6之上，所以东、西山墙墙基均以F6东、西山墙墙基为基础，对损毁地段仍以条砖包沿、内填碎石残砖的方式进行修补，复原后的山墙墙基全长10.65、宽0.70、

彩版 3-147　F4 形制

残高 0.05~0.15 米。北墀头长 0.75、南墀头长 1.30 米。

北檐墙墙基利用清代中期 F6 北檐台为基础加固修补而成，南檐墙墙基则以 F6 南檐台北部与南檐墙墙基南部为基础修造而成。均长 9.25、宽约 0.70、残高 0.05~0.15 米。

原殿内隔墙现仅存东隔墙南段，残长 1.60、宽 0.50、残高 0.05 米，用条砖夹杂残瓦片砌成，根基下深至前期 F6 地面之上。

墙基用砖规格有两种：第一种长 25.0、宽 10.0、厚 6.0 厘米；第二种长 31.0、宽 10.5、厚 6.5 厘米。

20 世纪 70 年代在建设现代小学教室时，西山墙墙基西半边、东山墙墙基东南角被破坏（彩版 3-148）。

（3）F4 廊台与檐台

F4 南有廊台，北设檐台。廊台位于南檐墙外，利用前期 F6 南廊台南半边并于其包沿砖外向南以浅褐色土垫高加宽 0.65 米筑成，全长 9.25、宽 1.30、高 0.10 米。台面踩踏坚实，踩踏迹象明显。廊台立沿未见条砖包砌，照理廊台立沿设置包砖方可坚固耐用，不至踩踏日久而坍塌。F4 北檐台较南廊台窄小很多，仍用条砖包沿，可见原南廊台立沿应有条砖包砌，可能被晚期破坏殆尽。

F4 北檐台位于北檐墙外，北檐台边沿用残条砖横向错缝垒砌修筑，台沿东部砌砖 3 层、西部砌砖 2 层，故台面略呈东高西低状，砖包沿内填土并夹杂残砖碎瓦。檐台全长 9.25、宽 0.75、残高 0.10~0.15 米。

（4）柱础遗迹

F4 均为砖质柱础，发掘中共清理 6 个，分别位于南、北檐墙及殿内隔墙中。用条砖纵横叠砌 2 层，第一层埋于地下，第二层露出地面，顶面平坦呈正方形，边长 0.45、高 0.10 米。所用青砖长 27.5、宽 14.5、厚 5.5 厘米。根据 F4 建筑格局推断，原应有柱础 8 个，南檐墙中两个因挖掘现代

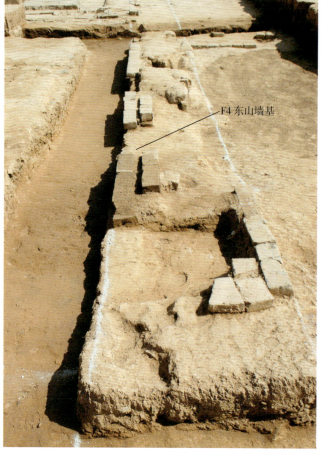

彩版 3-148　F4 墙基

小学教室基础而拆毁。现自东向西、由北至南分别编为：F4-Z1~Z8。

F4-Z1：位于北檐墙内中部偏东处，东距东山墙2.70、西距F4-Z2为3.40米。

F4-Z2：位于北檐墙内中部偏西处，西距西山墙2.35、南距F4-Z4为0.85米。

F4-Z3：位于殿内东隔墙中北部，东距东山墙2.70、北距F4-Z1为0.75米。

F4-Z4：位于殿内西隔墙中北部，西距西山墙2.35、北距F4-Z2为0.85米。

F4-Z5：位于殿内东隔墙中部偏南处，东距东山墙2.55、北距F4-Z3为4.40米。

F4-Z6：位于殿内西隔墙南部，西距西山墙2.35、北距F4-Z4为4.30米。

根据F4内柱础分布特点确定：

原F4-Z7：位于南檐墙中部偏东处，东距东山墙2.55、北距F4-Z5约0.95米。

原F4-Z8：位于南檐墙中部偏西处，西距西山墙2.50、北距F4-Z6约0.95米。

（5）地面遗迹

F4殿堂之内用浅红褐色土铺垫厚约0.10米的地面，土质较为纯净，面上踩踏迹象明显、剥离清晰，坚实平坦。

（6）殿门位置

F4设有南、北两门，南门应位于南檐墙下部正中，与北门相对，成为连接前、后院落的主要通道。后因现代小学教室改建南扩而将F4南檐墙拆除，墙基中部亦被小学教室墙基坑打破，故南门位置、形制现已不存，只能根据F4建筑特点推测。

北门位于F4北檐墙下部正中，现门道迹象虽然尽失，但北檐墙外遗留的东西向路径是北门存在的凭证之一，原居住人也证实：F4南、北两门确实存在并沿用至20世纪70年代该户人家迁走之时，此后F4被翻修改造成F2，原形制发生变化。

（7）F4配属遗迹

F4配属遗迹共有三处，一为水井、二为排水明沟、三为路径一段（见图3-61）。

水井：位于F4南廊台外西南角，北距F4廊台0.50米，开口于Ⅱ区第②层下，平面呈圆形，直径0.85、开口处上距现地表0.10米，因未做发掘，深度不详，为营建现代校舍时回填。现井内满填黄褐色土及大量瓦片、现代残砖、塑料制品，淤积现象严重。

水沟：位于北檐台下，东高西低状，残长1.13、宽0.14、深0.10米，属F4北檐下散水沟，该沟向西通入F3-2东檐台北端排水暗沟中（该暗沟上文撰写F3配属遗迹时已有详述），后于现代破坏并填平。

路径：F4北檐台下中部偏西处遗留东西向路径一条，用条砖及前期房脊上眉子残片铺垫而成，现残长1.50、残宽约0.25米。

### 3. Ⅰ区内F5建筑遗迹

F5位于五里头小学教学楼南偏东处、发掘Ⅰ区第③层中，上为Ⅰ区第①层地表土所覆盖，下叠压Ⅰ区④层清中期路面，与F3、F4同为一期建筑，风格、用材基本一致，规格较高而面积增大，据牛兆廉先生后人叙述，F3、F4建于清代末年，为牛先生倡导并主持乡绅捐助而成，F5建于民国初年，捐助者仍以士绅为主。二者时间相距七载。

（1）F5形制

F5位于发掘Ⅰ区，是Ⅰ区中唯一发掘的房屋遗迹，与F3、F4同在该期建筑中轴线上，北距 F4 南廊台 28.25 米。为坐北朝南，"人"字屋顶，五开间式，设前、后檐台的殿堂建筑，方向 223°。墙基包砖，土坯墙体，南檐墙中部置殿门，房内无间隔墙体，不见砖铺地面（图 3-63）。

（2）F5 基础

F5 建筑因成危房而被拆毁于 21 世纪初，现仅存基础遗址。F5 修建于清中期踩踏路面上，平面呈东西向长方形，长 17.70、宽 10.25、上距现地表 0.01~0.10 米，殿堂进深 7.50、各间均宽 2.60 米（图 3-61；彩版 3-149）。

为保留 F5 完整性，仅在 T202、302、402 内对 F5 地面以下部分做解剖发掘，由此知 F5 基础筑造方法为：先以质地较纯净密实的红褐色土进行大面积铺垫，因此处地形为北高南低坡状，故垫层呈南高北低势以持平，探方中显示 F5 北部垫层最薄处为 0.02 米左右，南部垫层最厚处为 0.75 米。垫土层上再于四周夯筑初步形成墙体夯基，然后用较大双排并列天然石块叠置两层做成基石底、其上再以单层条砖横向错缝平砌为外包沿，沿内填充料礓石筑起山墙基础；檐墙基础则采用包砖内填充残碎砖块之法砌起。室内又用黄土铺垫至与基础顶面持平高度，从而形成 F5 完整基础结构（图 3-64）。由于废弃后人为破坏，现檐墙墙基及山墙墙基内边沿均损毁严重。

F5 东、西山墙现仅剩墙基部分，全长 10.25、宽 0.75~0.80 米。南、北两端各出墀头，南墀头长 0.75、

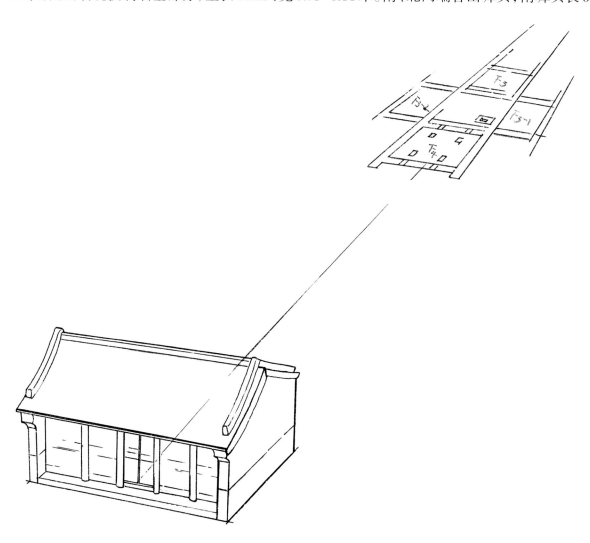

图 3-63　F5 建筑复原示意图

北墀头长 0.60 米（彩版 3-150）。

南、北檐墙基仍以条砖为外包，其内堆砌残碎砖头，再上亦为夯土墙体。现墙基全长约 16.35、宽约 0.60 米，因现代人为破坏，仅北檐墙墙基东部残存外包砖两层，长 1.20、宽 0.15 米。

墙基所用长方形青砖有三种规格：第一种长 31.5、宽 11.0、厚 7.0 厘米；第二种长 33.3、宽 11.5、厚 5.0 厘米；第三种长 27.8、宽 10.5、厚 5.5 厘米。

（3）南、北檐台

F5 檐台分别位于南、北檐墙之外，长 16.35、宽 0.65、残高 0.15~0.18 米。北檐台用残砖横向错缝平铺 2 层为包沿；南檐台底层以瓦片铺垫，上用残砖纵横交错平砌 3 层为包沿，沿内均填充浅红褐色土并加以整平压实。由于现代破坏，南檐台仅残存东部长 4.75 米一段，北檐台保存略好，西端有长 2.40 米一段被毁（见图 3-61）。

（4）F5 柱础遗迹

因 F5 所在位置后来成为小学教学楼前空地，所以原柱础及柱础遗迹基本破坏殆尽，仅在殿内东部，东距东山墙基 3.00、北距北檐墙基 1.10 米处发现夯筑柱础基础 1 个，圆形，直径 1.10 米。根据 F5 建筑特点推测，殿内可能设立明柱 4 个，南、北檐墙内是否包含暗柱因无迹象发现，尚不明确。

（5）F5 内地面

F5 内地面以较纯净红褐色土铺垫并经夯筑而成，清理中发现明显夯窝遗留痕迹（彩版 3-151）。由于现代破坏及院落内往来践踏，房内踩踏面已完全不存。

（6）殿门位置

发掘中因仅存 F5 残缺墙基，故殿门位置不明。F5 建筑时间稍迟于 F3、F4，是牛兆廉先生于民国初年倡议并由陕西省国民政府及乡绅民众捐资而建的"芸阁学舍"故址，位于吕氏家庙之前，取吕大临芸阁先生之号，意在承其衣钵、教化乡里。所以 F5 与其南部 16.40 米处另一房址（未发掘）均属芸阁学舍教室。由此推断，F5 应仅置一门，该殿拆毁于 21 世纪初，房屋形制见证人颇多，据说 F5 南檐墙居中设有内推式双开门。

彩版 3-149 F5 形制

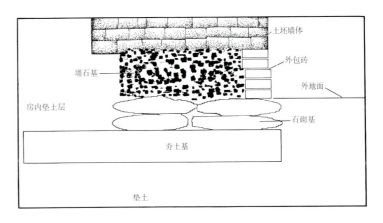

图 3-64 F5 山墙基础修筑方法示意图

F5 东山墙基

F4 西山墙基

彩版 3-150　F5 山墙基础

彩版 3-151　F5 内地面夯窝

## （二）地窖遗迹

地窖位于发掘Ⅱ区东北角，上叠压Ⅱ区②层现代小学校舍F1基础，下为Ⅱ区第⑥层明代晚期堆积，是与第③层Ⅱ区中吕氏家庙四合院同时产生而用途不同的特殊建筑。

地窖为坐北向南，面阔一间，拱形土坯券顶窑洞式建筑。西壁依F3东山墙垒砌土坯墙体，南壁借用东偏殿F3-1北山墙，北壁、东壁为夯土墙体，门道并于F3-1北山墙下西部（见图3-61）。

其营造方法为：于上距现地表0.45米深处的第③层地表向下挖掘0.60米深基坑，平面呈南北向长方形，南北长7.60、东西宽4.80米，并在坑内西边用土坯横向三平一立叠砌长6.40、宽0.45米土坯墙体；北、东二面则分别筑立夯土墙体，均宽1.25、残高0.60米，北墙长4.80、东墙长7.65米，形成进深6.40、间宽3.05米的地窖空间。窑内墙面通施草拌泥一层，其上涂抹白灰墙皮。所用土坯长45.0、宽26.0、厚7.0厘米。地面用三合土夯筑而成，厚0.05米，表面制成网格状纹饰，上距现地表1.05米。

窑顶已坍塌，据原居住者言，为土坯券成的拱形顶。地窖内现有土炕遗迹一处，位于窑室北端，呈东西向长方形，长3.05、宽1.30米，高度不详。窑室西南角尚残留用石条、残砖砌成的台阶3层，每阶宽0.72、高0.25米。

## （三）院落围墙

吕氏家庙四合院及南部芸阁学舍四周有围墙环绕，构成坐北朝南院落一座，平面呈南北向长方形，南北长约121.37、东西宽约41.40米，墙体厚度不详。所有建筑均以院落子午线为准对称分布其中。院墙为夯土筑成，北围墙南距F3为9.44、东围墙西距F3是15.01、西围墙东距F3为15.34、南围墙北距F5为56.17米。院落正门开于南围墙居中，虽未做发掘，但门道遗痕仍有迹可寻。入门后北行约22米正对芸阁学舍第一所教室（未发掘），再向北行约16.60米为芸阁学舍第二所教室，即发掘Ⅰ区中F5建筑，F5之北28.25米处正对四合院式吕氏家庙（图3-65）。

因现代五里头小学面积拓宽，将原西围墙推倒铲平改为操场，经勘探原墙基位置仍存。其他东、南、北三面围墙仍沿用民国初年围墙基础，仅于其上改土墙为砖砌墙体而已。

## （四）出土遗物

Ⅰ、Ⅱ区第③层中出土遗物共706件，种类有瓷器残片、陶器残片、金属小件、钱币、建筑构件等，以长方形青砖数量最多。现场提取97件，经整理选择标本33件，以下分质地详细描述。

**1. 瓷器**

共出土瓷片29件（表3-33），均破碎严重，包括北宋、金、明、清末民国初四个不同历史时期。整理选择标本3件。

（1）白釉器底瓷片　1件。

Ⅱ-T402③：11，出土于F4内西南角。似为瓷杯底部残片，粘接，无法修复成形。轮制。深弧腹，平底，底心微上凸，下置圈足。内、外壁施釉，釉色白中泛青。釉面光亮细润。白胎细致坚硬。残高3.2、足外径3.6厘米（图3-66，1）。

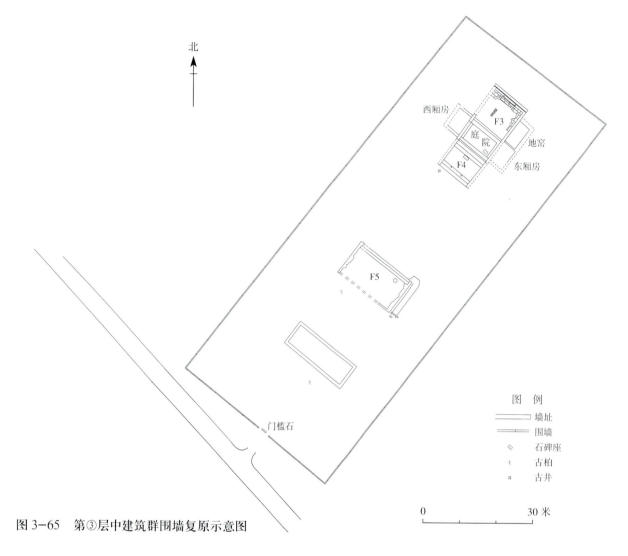

图3-65　第③层中建筑群围墙复原示意图

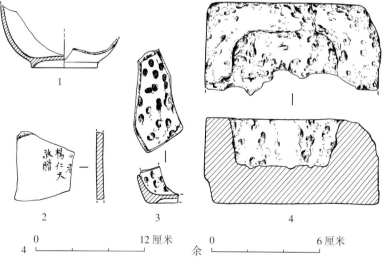

图3-66　第③层出土陶瓷器

1. 白釉器底Ⅱ-T402③：11　2. 白釉瓷片Ⅱ-T302③：4　3. 青花碟Ⅱ-T205③：1　4. 青
砖臼形器Ⅱ-T401③：15

彩版3-152　白釉瓷片Ⅱ-T302③：4

（2）白釉瓷片　1件。

Ⅱ-T302③：4，出土于 F3 祭台前。似为杯腹部残片，无法修复成形。轮制。残片面呈弧形。内、外壁施釉。釉面明亮细腻。胎质坚硬致密。外壁釉下残存纵向行楷墨题 3 行："口老 / 杨仁天 / 敬赠"[1]。残高 3.8、残宽 3.2 厘米（图 3-66，2；彩版 3-152）。

（3）青花碟瓷片　1件。

Ⅱ-T205③：1，出土于地窑废墟堆积内。原器为方形小碟，现仅残存少半部分，可修复成形。轮制。敞口，尖圆唇，浅斜腹，方平底，方卧足。内、外壁施淡青釉，足外围刮釉露胎。釉层均匀细腻。釉面明亮，闪玻璃光泽。胎色洁白，胎质坚硬细密，露胎处呈土黄色。内壁绘蓝色圆点纹，内底画蓝色图案，现因残缺使图案内容不清。高 2.1、底边长 5.5 厘米（图 3-66，3）。

表 3-33　　2010 年蓝田吕氏家庙遗址Ⅱ区第③层出土瓷器整理登记表

| 整理号 | 类别 | 名称 | 数量 | 出土位置 | 尺寸（厘米） | 时代 | 出土状态 | 现状 | 备注 |
|---|---|---|---|---|---|---|---|---|---|
| Ⅱ-T206③：2 | 青釉 | 瓷片 | 1件 | F3 地面砖下垫土中 | 残高 1.8、残宽 4.8 | 宋 | 残 | 残 | |
| Ⅱ-T306③：3 | 青釉 | 口沿瓷片 | 1件 | 神台草拌泥中 | 残高 3.2、残宽 3.7 | 宋 | 残 | 残 | |
| Ⅱ-T306③：4 | 青釉 | 口沿瓷片 | 1件 | F3 北檐墙下垫层中 | 残高 2.6、残宽 3.3 | 宋 | 残 | 残 | |
| Ⅱ-T402③：10 | 青釉 | 口沿瓷片 | 1件 | F4 内西南角 | 残高 3.7、残宽 6.4 | 宋 | 残 | 残 | |
| Ⅱ-T402③：13 | 青釉 | 碗底瓷片 | 1件 | F4 内西南角 | 残高 2.0、残宽 4.8 | 宋 | 残 | 残 | |
| Ⅱ-T403③：2 | 青釉 | 瓷片 | 1件 | 探方东壁下 | 残长 3.5、残宽 2.9 | 宋 | 残 | 残 | |
| Ⅱ-T403③：4 | 青釉 | 碗底瓷片 | 1件 | 探方西壁偏南处 | 残高 3.6、残宽 3.8 | 宋 | 残 | 残 | |
| Ⅱ-T402③：12 | 青釉 | 瓷片 | 1件 | F4 内西南角 | 残长 2.5、残宽 1.9 | 金 | 残 | 残 | |
| Ⅱ-T201③：2 | 黑釉 | 碗底瓷片 | 1件 | 北隔梁下 | 残高 3.8、底径 6.6 | 明 | 残 | 残 | |
| Ⅱ-T206③：1 | 浅黄釉 | 口沿瓷片 | 1件 | F3 地面砖下垫土中 | 残高 3.3、残宽 2.5 | 明 | 残 | 残 | |
| Ⅱ-T401③：8 | 黑釉 | 罐腹瓷片 | 1件 | 探方西部 | 残高 10.0、残宽 6.7 | 明 | 残 | 残 | |
| Ⅱ-T401③：9 | 黑釉 | 碗底瓷片 | 1件 | 探方西部 | 残高 3.5、底径 5.9 | 明 | 残 | 残 | |
| Ⅱ-T402③：14 | 白釉 | 碗瓷片 | 1件 | F4 内西南角 | 残高 3.8、残宽 6.2 | 明 | 残 | 残 | |
| Ⅱ-T403③：3 | 酱釉 | 瓷片 | 1件 | 探方中部 | 残长 3.2、残宽 2.0 | 明 | 残 | 残 | |
| Ⅱ-T403③：5 | 黑釉 | 碗底瓷片 | 1件 | 探方南壁下偏西处 | 残高 2.0、残宽 3.5 | 明 | 残 | 残 | |
| Ⅱ-T205③：3 | 白釉 | 碗口沿瓷片 | 1件 | 窑洞堆积内 | 残高 3.0、残宽 9.8 | 清末民初 | 残 | 残 | |
| Ⅱ-T205③：4 | 白釉 | 碟瓷片 | 1件 | 窑洞堆积内 | 残高 2.5、残宽 6.0 | 清末民初 | 残 | 残 | |
| Ⅱ-T204③：1 | 青釉 | 杯口沿瓷片 | 1件 | 北檐台偏东处 | 残高 4.9、残宽 4.0 | 清末民初 | 残 | 残 | |
| Ⅱ-T204③：2 | 青釉 | 碟底瓷片 | 1件 | F4 北檐墙外 | 高 2.8、底径 8.4 | 清中 | 残 | 残 | |
| Ⅱ-T204③：3 | 青釉 | 碟口沿瓷片 | 1件 | F4 内西北角 | 残高 2.9、残宽 3.8 | 清末民初 | 残 | 残 | |
| Ⅱ-T205③：5 | 白釉 | 壶柄瓷片 | 1件 | 地窑内堆积 | 残高 8.5、宽 0.9~1.9 | 清末民初 | 残 | 残 | |
| Ⅱ-T205③：2 | 白釉 | 瓷片 | 1件 | 地窑内堆积 | 残长 1.9、残宽 1.8 | 清末民初 | 残 | 残 | |
| Ⅱ-T205③：1 | 青花 | 碟瓷片 | 1件 | 地窑废墟堆积内 | 高 1.2、底边长 3.3 | 民国 | 残 | 残 | 标本 |

[1] 杨仁天是蓝田县三里镇人，早年曾就读于牛兆廉先生，1923 年任陕西省国民政府议会议员，1933 年又任监察院监察员。据牛兆廉先生嫡孙讲，此杯为杨先生自景德镇订制后专赠师长兆廉先生之物，他幼年时常见祖父使用此杯。

续表 3-33

| 整理号 | 类别 | 名称 | 数量 | 出土位置 | 尺寸（厘米） | 时代 | 出土状态 | 现状 | 备注 |
|---|---|---|---|---|---|---|---|---|---|
| Ⅱ-T302③：4 | 白釉 | 瓷片 | 1件 | F3祭台前 | 残高3.8、残宽3.2 | 民国 | 残 | 残 | 标本 |
| Ⅱ-T401③：7 | 黑釉 | 罐耳瓷片 | 1件 | 探方西部 | 残高5.0、残宽8.0 | 清末民初 | 残 | 残 | |
| Ⅱ-T402③：15 | 黑釉 | 罐底瓷片 | 1件 | F4内西南角 | 残高1.2、残宽6.3 | 清末民初 | 残 | 残 | |
| Ⅱ-T402③：16 | 白釉 | 碟底瓷片 | 1件 | F4内东南角 | 残高0.5、残宽4.8 | 清末民初 | 残 | 残 | |
| Ⅱ-T403③：1 | 白釉 | 碟口沿瓷片 | 1件 | 探方中部 | 残高2.9、残宽5.5 | 清末民初 | 残 | 残 | |
| Ⅱ-T402③：11 | 白釉 | 器底瓷片 | 1件 | F4内西南角 | 残高1.5、足径3.6 | 民国 | 残 | 残 | 标本 |

共29件（组）。

**2. 陶器**

本地层内出土陶器残块2件。1件为方形臼形残器，1件为陶兽残块。

（1）臼形器　1件。

Ⅱ-T401③：15，出土于探方③层西部。应为青砖单面挖凿而成。大半残缺，可修复成形。模制而成。泥质灰陶。正方体，一面为宽平沿后下凿方形凹坑，坑壁、底粗糙而凹凸不平，外立沿有黑色熏烤痕迹。做工粗劣，可能是门轴下垫砖。残长9.0、宽19.0、厚9.3、坑深4.4、残长6.0、宽11.5厘米（图3-66，4）。

（2）残陶兽　1件。

Ⅰ-T203③：1，出土于F5基础夯土中。破碎十分严重，粘接，无法修复成形。模制而成。泥质红陶。兽为蹲坐式，圆眼、阔口、张嘴，挺胸，似前肢撑地。残高9.5厘米，因残缺太甚未做绘图。

**3. 建筑构件**

共653件（组）（表3-32、34）。其中筒瓦、瓦当、板瓦、滴水、脊兽、眉子共计26件，青砖627件。

（1）筒瓦　2件。

均残缺。模制而成。泥质灰陶。拱形瓦面，边沿内切，拱面光素，凹面有布纹。因形制不同分两型。

A型：1件。Ⅱ-T401③：12，出土于探方第③层西部。为勾头筒瓦，后部残缺，前部瓦当断裂脱落，当面有残损，经粘接修复。前端与瓦当成钝角粘接。当面有宽平沿，内置高凸廓线，廓内浅浮雕简化兽面纹。残长18.5、宽9.0、拱高2.6、壁厚1.5厘米（彩版3-153，左）。

B型：1件。Ⅱ-T401③：14，出土于探方③层南部。一侧边沿残缺，无法修复完整。瓦体较短小，拱面因一边残损而显低矮，前、后两端内面自内向外斜削成较薄斜面。长15.3、宽8.4、拱高2.5、壁厚1.2厘米（彩版3-153，右）。

（2）瓦当　3件。

均为兽面瓦当。模制而成。泥质灰陶。原为勾头筒瓦前端构件，废弃后自筒瓦前端断裂脱落。因形制不同分两型。

A型：2件。瓦当正面为宽平沿，内有高凸廓线，廓中浅浮雕简化兽头纹样，兽面双眼成"八"字形细眯，吻部凸出而宽大，双唇张开，露出正中獠牙，周围须毛模糊简化，纹理不清，背面平素。

彩版 3-153　筒瓦Ⅱ-T401 ③：12、14

0　　　　　　　6厘米

图 3-67　第③层出土建筑构件拓片

1、2.兽面瓦当Ⅱ-T401 ③：10、Ⅱ-T403 ③：6　3.兽面滴水Ⅱ-T401 ③：11

标本Ⅱ-T401 ③：10，出土于探方③层西部。完整。上部带有筒瓦残片，与筒瓦体成钝角连接。直径 8.5、沿厚 0.8、后带筒瓦残长 2.5 厘米（图 3-67，1；彩版 3-154，左）。

B 型：1件。Ⅱ-T403 ③：6，出土于 F4 北檐墙外排水沟中。完整。窄平沿内置双重廓线，廓内兽面顶生枝叉形双角，圆眼大鼻，阔口紧抿，周边须毛乍开。背面正中有不规则三角形凹坑，上部成钝角与筒瓦连接，现筒瓦绝大部分已断裂遗失，仅连

彩版 3-154　兽面瓦当Ⅱ-T401 ③：10、Ⅱ-T403 ③：6

接处残存少许。直径 7.5、沿厚 1.2、后部筒瓦残长 3.0 厘米（图 3-67，2；彩版 3-154，右）。

（3）板瓦　2件。

发掘 I 区第③层无板瓦出土，Ⅱ区第③层内共出土板瓦 2件，均残。模制而成。泥质灰陶。两侧边沿内切，凹面有布纹，拱面光素。根据形制不同分两型。

A 型：1件。Ⅱ-T201 ③：3，出土于探方③层西壁下。为勾头板瓦。前端滴水缺半，板瓦断裂

为数片，粘接基本完整。板瓦使用时凹面向上，与前端滴水成钝角连接。滴水残留部分正面为窄平沿，内有双重凸起廓线，廓中浅浮雕图案因保存面积太小而不明。瓦长26.0、宽14.7~16.0、壁厚1.2、滴水残高6.8、残宽6.5、沿厚1.0厘米（彩版3-155，左）。

B型：1件。Ⅱ-T401③：13，出土于探方③层西部。边、角有残损，修补完整。前端较大、后端略小，凹面残留白灰泥渍点。长26.2、宽15.5~16.8、壁厚1.2厘米（彩版3-155，右）。

（4）滴水　3件。

Ⅰ区第③层中未见出土，Ⅱ区第③层内共出土3件，均残缺。其中1件龙纹滴水残片，器形大而拙朴，为北宋建材形制，应是被扰动至此的早期遗留残片。另2件属兽面滴水，模制而成。泥质灰陶，器形小巧，呈上宽下尖三角形，两侧立沿为多楣状，面上为宽平沿，其内有高凸单重廓线，廓中浅浮雕的兽面双耳斜立，瞠目咧嘴，面廓外不见须毛。顶面成钝角与板瓦相连。背面光平。现选择标本1件。

标本Ⅱ-T401③：11，出土于F4南廊台西南角外。右上角缺，修复完整。顶部所连板瓦大部分断失，现仅保存少许残片。高6.8、顶宽11.0、沿厚0.5厘米（图3-67，3；彩版3-156）。

（5）脊兽　7件。

发掘Ⅰ、Ⅱ区内第③层共出土脊兽残块7件，其中Ⅰ区1件、Ⅱ区6件。模制而成。均为泥质灰陶。

彩版3-155　板瓦Ⅱ-T201③：3、Ⅱ-T401③：13

彩版3-156　兽面滴水Ⅱ-T401③：11　　　　　彩版3-157　脊兽Ⅱ-T401③：16

表面有浅浮雕式装饰图案，但因破碎严重，大部分残块不能分辨其表面纹饰内容。经整理共选择标本1件。

标本Ⅱ-T401③：16，出土于探方③层西南部。断裂残碎，粘接。似侧立空心砖式，双面图案对应，中空，后端有窄平立面封堵，下方立沿显粗涩。两侧表面浮雕对应，均为龙首图案：顶上对生两叉双角，圆睛凸出，吻部残失，头颈处鬃毛卷曲飞扬。通体素颜无彩。内面平素，局部有细线划纹。残高23.5、残宽21.0、厚6.0厘米（图3-68，1；彩版3-157）。

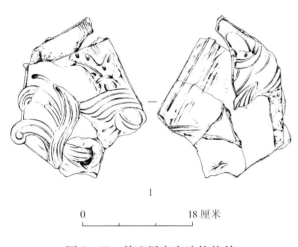

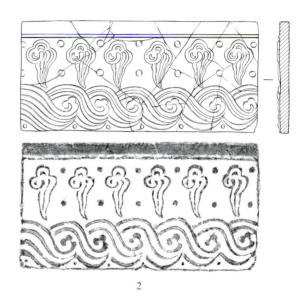

图3-68　第③层出土建筑构件

1.脊兽Ⅱ-T401③：16　2.眉子Ⅱ-T303③：3

（6）眉子　7件。

发掘Ⅰ区中未见其遗存，Ⅱ区内共出土残片7件，经整理选择标本1件。

标本Ⅱ-T303③：3，出土于F4北檐墙外。属1件完整眉子的侧立面之一，断裂，粘接完整。四周沿面窄而平坦，正面上端有凸棱框栏一周，其下置横向圆点纹2排，点纹间插饰如意云头图案；下方浅浮雕横向水浪纹。灰陶本色，无彩饰。背面两端有纵向浅凹槽各一道，为增强粘贴度而特意为之。长39.0、宽20.0、厚1.2厘米（图3-68，2；彩版3-158）。

（7）青砖　627件。

彩版3-158　眉子Ⅱ-T303③：3

发掘Ⅰ、Ⅱ区中出土青砖627件，以残缺者为主，种类繁多，造成该现象主要原因是反复利用前期、前代遗留建材所至。出土青砖位置包括：F3、F4、F5墙基用砖、铺地砖、柱础砖、碑座包砖等。模制而成。均为泥质灰陶，以长方形素面砖为主，方砖数量甚少。自现场共提取实物18件，根据其形制、尺寸不同分九型。

彩版 3-159  I、II区第③层内出土青砖标本

彩版 3-160  方砖II-T303 ③：8

A型：4件。为F3铺地砖、F3墙基用砖、F4北门外铺路砖。砖体规整、宽窄、长短、厚薄适中，与现代砖相似。标本F3：1，为F3铺地砖。基本完整。长27.0、宽13.5、厚4.3厘米（彩版3-159，左1）。

B型：4件。分别为F3墙基用砖、天井内石碑座包砖、F4柱础砖。砖体较宽，做工规矩。标本F4：2，为F4-Z3柱础用砖，基本完整，边角稍有损伤。长26.5、宽15.0、厚5.3厘米（彩版3-159，左2）。

C型：1件。F3：5，为F3北檐墙外西部包砖。自中部断裂，可粘接完整。形制显窄长，做工略粗糙。长27.5、宽12.0、厚4.8厘米（彩版3-159，左3）。

D型：2件。均为天井中石碑基座包砖，制作规整，形制窄长而较厚。标本II-T303③：6，为碑座西侧包砖。完整。长27.7、宽10.6、厚6.0厘米（彩版3-159，左4）。

E型：1件。F4：5，出土于F4北檐墙中。断裂，可粘接复原，一面有残损。形制较小，砖体显厚。长15.0、宽10.5、厚6.5厘米（彩版3-159，左5）。

F型：1件。F5：4，为F5北檐墙基外东部用砖。一端有部分残缺。形制窄长，制作规矩。长28.0、宽10.5、厚5.5厘米（彩版3-159，左6）。

G型：3件。分别出土于F4、F5墙基中。形制窄长厚重，制作不够规整。标本F5：3，为F5东山墙基用砖。基本完整。长31.4、宽11.0、厚7.2厘米（彩版3-159，左7）。

H型：1件。F5：1，出土于F5东山墙中部。完整。制造规整，形制甚窄长。长33.5、宽11.5、厚6.5厘米（彩版3-159，左8）。

I型：1件。II-T303③：8，出土于探方③层西南部，F4北檐台外砖铺路径。完整。为方形铺地砖，制作规整，形制薄而小巧。长20.0、宽19.0厘米（彩版3-160）。

表 3-34 2010 年蓝田吕氏家庙遗址Ⅱ区第③层出土建筑构件整理登记表

| 整理号 | 类别 | 名称 | 数量 | 出土位置 | 尺寸（厘米） | 时代 | 出土状态 | 现状 | 备注 |
|---|---|---|---|---|---|---|---|---|---|
| Ⅱ-T201③：3 | 陶 | 勾头板瓦 | 1件 | 探方西壁下 | 瓦长 26.0、宽 14.7~16.0、壁厚 1.2，滴水残高 6.8、残宽 6.5、沿厚 1.0 | 清 | 残 | 残 | A 型标本 |
| Ⅱ-T401③：13 | 陶 | 板瓦 | 1件 | 探方西部 | 长 26.2、宽 15.5~16.8、壁厚 1.2 | 清 | 残 | 修复基本完整 | B 型标本 |
| Ⅱ-T401③：12 | 陶 | 兽面筒瓦（残） | 1件 | 探方西部 | 残长 18.5、宽 9.0、壁厚 1.5 | 清 | 残 | 残 | A 型标本 |
| Ⅱ-T401③：14 | 陶 | 筒瓦 | 1件 | 探方南部 | 长 15.3、宽 8.4、壁厚 1.2 | 清 | 残 | 残 | B 型标本 |
| Ⅱ-T303③：5 | 陶 | 兽面瓦当 | 1件 | F4 北檐墙外中部 | 直径 9.2、沿厚 0.6 | 清 | 残 | 修复完整 | |
| Ⅱ-T401③：10 | 陶 | 兽面瓦当 | 1件 | 探方西部 | 直径 8.5、沿厚 0.8、后带筒瓦残长 2.5 | 清 | 完整 | 完整 | A 型标本 |
| Ⅱ-T403③：6 | 陶 | 兽面瓦当 | 1件 | F4 北檐墙外排水沟中 | 直径 7.5、沿厚 1.2、后部筒瓦残长 3.0 | 清 | 完整 | 完整 | B 型标本 |
| Ⅱ-T401③：16 | 陶 | 脊兽残块 | 1件 | 探方西南部 | 残高 23.5、残宽 21.0、厚 6.0 | 清 | 残 | 残 | 标本 |
| Ⅱ-T401③：19 | 陶 | 脊兽残块 | 1件 | 探方西部 | 残长 7.8、最宽处 4.0、厚 2.0 | 清 | 残 | 残 | |
| Ⅱ-T401③：21 | 陶 | 脊兽残块 | 1件 | 探方西部 | 残长 5.5、残宽 3.4、厚 1.8 | 清 | 残 | 残 | |
| Ⅱ-T401③：23 | 陶 | 脊兽残块 | 1件 | 探方西部 | 残长 10.5、残宽 8.5、厚 2.5 | 清 | 残 | 残 | |
| Ⅱ-T406③：1 | 陶 | 脊兽残块 | 1件 | 西部扩方处 | 残长 12.0、残宽 9.8、最厚处 4.2 | 清 | 残 | 残 | |
| Ⅱ-T303③：2 | 陶 | 眉子 | 1件 | F4 北檐墙外 | 残长 17.0、宽 19.7、厚 1.5 | 清 | 残 | 残 | |
| Ⅱ-T303③：3 | 陶 | 眉子 | 1件 | F4 北檐墙外 | 长 39.0、宽 20.0、厚 1.2 | 清 | 残 | 修复基本完整 | 标本 |
| Ⅱ-T303③：4 | 陶 | 眉子 | 1件 | F4 西山墙下中部 | 残长 14.0、残宽 15.5、厚 1.5 | 清 | 残 | 残 | |
| Ⅱ-T401③：17 | 陶 | 眉子 | 1件 | 探方西部 | 残长 9.5、残宽 6.5、厚 2.0 | 清 | 残 | 残 | |
| Ⅱ-T401③：18 | 陶 | 眉子 | 1件 | 探方西部 | 残长 7.8、宽 4.2、厚 2.0 | 清 | 残 | 残 | |
| Ⅱ-T401③：20 | 陶 | 眉子 | 1件 | 探方西部 | 残长 8.2、残宽 4.2、厚 1.3 | 清 | 残 | 残 | |
| Ⅱ-T401③：22 | 陶 | 眉子 | 1件 | 探方西部 | 残长 13.5、残宽 7.0、最厚处 2.0 | 清 | 残 | 残 | |
| Ⅱ-T401③：15 | 陶 | 臼形器 | 1件 | 探方西部 | 残长 9.0、宽 19.0、厚 9.3，坑深 4.4、残长 6.0、宽 11.5 | 清 | 残 | 残 | 标本 |
| Ⅱ-T303③：1 | 陶 | 兽面滴水残块 | 1件 | F4 北檐墙外东部 | 残高 6.0、残宽 8.6、沿厚 0.4 | 清 | 残 | 修复基本完整 | |
| Ⅱ-T306③：5 | 陶 | 龙纹滴水残块 | 1件 | F3 北檐墙下垫层中 | 残高 8.0、残宽 8.5、沿厚 1.1 | 明 | 残 | 残 | |
| Ⅱ-T401③：11 | 陶 | 兽面滴水 | 1件 | F4 南廊台西南角处 | 高 6.8、顶宽 11.0、沿厚 0.5 | 清 | 残 | 修复基本完整 | 标本 |
| Ⅱ-T406③：2 | 陶 | 脊兽残块 | 1件 | 西部扩方处 | 残高 4.3、残宽 15.0、厚 4.3 | 清 | 残 | 残 | |

续表 3-34

| 整理号 | 类别 | 名称 | 数量 | 出土位置 | 尺寸（厘米） | 时代 | 出土状态 | 现状 | 备注 |
|---|---|---|---|---|---|---|---|---|---|
| F3：1 | 陶 | 长方形青砖 | 1件 | F3 铺地砖 | 长 27.0、宽 13.5、厚 4.3 | 清 | 基本完整 | 基本完整 | A 型标本 |
| F3：2 | 陶 | 长方形青砖 | 1件 | F3 铺地砖 | 长 27.0、宽 13.5、厚 4.8 | 清 | 残 | 修复基本完整 | |
| F3：3 | 陶 | 长方形青砖残块 | 1件 | F3 北檐墙外东部包砖 | 残长 19.0、宽 14.5、厚 5.0 | 清 | 残 | 残 | |
| F3：4 | 陶 | 青砖残块 | 1件 | F3 东山墙基内垫砖 | 残长 16.5、宽 13.5、厚 4.5 | 清 | 残 | 残 | |
| F3：5 | 陶 | 长方形青砖 | 1件 | F3 北檐墙外西部包砖 | 长 27.5、宽 12.0、厚 4.8 | 清 | 残 | 修复基本完整 | C 型标本 |
| F4：1 | 陶 | 长方形青砖 | 1件 | F4-Z2 柱础砖 | 长 27.5、宽 14.5、厚 6.0 | 清 | 完整 | 完整 | |
| F4：2 | 陶 | 长方形青砖 | 1件 | F4-Z3 柱础砖 | 长 26.5、宽 15.0、厚 5.3 | 清 | 基本完整 | 基本完整 | B 型标本 |
| F4：3 | 陶 | 青砖残块 | 1件 | F4 北门前铺路砖 | 残长 15.0、宽 13.5、厚 4.5 | 清 | 残 | 残 | |
| F4：5 | 陶 | 长方形青砖 | 1件 | F4 北檐墙中 | 长 15.0、宽 10.5、厚 6.5 | 清 | 残 | 残 | E 型标本 |
| F4：6 | 陶 | 长方形青砖 | 1件 | F4 北檐墙外东沿包砖 | 长 31.0、宽 10.5、厚 7.0 | 清末 | 修复基本完整 | 修复基本完整 | |
| Ⅱ-T303③：6 | 陶 | 长方形青砖 | 1件 | 碑座西侧包砖 | 长 27.7、宽 10.6、厚 6.0 | 清 | 完整 | 完整 | D 型标本 |
| Ⅱ-T303③：7 | 陶 | 长方形青砖 | 1件 | 碑座包砖 | 长 26.5、宽 15.0、厚 5.0 | 清 | 完整 | 完整 | |
| Ⅱ-T303③：8 | 陶 | 方形青砖 | 1件 | 探方西南部 | 长 20.0、宽 19.0 | 清 | 完整 | 完整 | I 型标本 |
| Ⅱ-T303③：9 | 陶 | 长方形青砖 | 1件 | 碑座包砖 | 长 28.8、宽 10.8、厚 6.5 | 清末 | 基本完整 | 基本完整 | |

共 38 件（组）。

## 4. 铜器

Ⅱ区③层中尚出有铜锁残件、残铜泡共 2 件，均锈蚀，似均素面（表 3-35）。

（1）铜泡　1 件。

Ⅱ-T402③：9，出于探方西壁下。可能属门上泡钉，现仅剩铜泡。高 2.0、底径 2.8 厘米（彩版 3-161）。

（2）锁　1 件。

Ⅱ-T402③：8，出土于探方③层西北角。自中线上裂开成两片。素面。表面附着一层泥土。长 4.5、宽 3.3、厚 1.5 厘米（彩版 3-162）。

彩版 3-161　铜泡Ⅱ-T402③：9

彩版3-162 铜锁Ⅱ-T402③：8

表3-35 2010年蓝田吕氏家庙遗址Ⅱ区第③层出土铜器整理登记表

| 整理号 | 类别 | 名称 | 数量 | 出土位置 | 尺寸（厘米） | 时代 | 出土状态 | 现状 | 备注 |
|---|---|---|---|---|---|---|---|---|---|
| Ⅱ-T402③：8 | 铜 | 铜锁（残） | 1件 | 探方西北角 | 长4.5、宽3.3、厚1.5 | 清 | 残 | 残 | 标本 |
| Ⅱ-T402③：9 | 铜 | 铜泡 | 1件 | 探方西壁下 | 高2.0、底径2.8 | 清 | 残 | 残 | 标本 |

共2件（组）。

### 5. 铜钱

共16枚（表3-36）。Ⅰ、Ⅱ区第③层中共出土钱币19枚，质地有铜、铁两类。铁钱3枚（表3-37），均为北宋制熙宁通宝、大观通宝、政和通宝，属早期遗物，此处不做重复描写。铜钱16枚，分别为半两2枚、祥符通宝1枚、绍圣元宝1枚、乾隆通宝2枚、嘉庆通宝5枚、道光通宝4枚、同治通宝1枚。

（1）半两 2枚。

完整，有锈蚀。钱体规整、较轻薄，应为西汉初年所铸半两钱。正、背两面均无内、外廓，穿孔大而方正。正面篆书钱文对读，笔画粗而有力，字迹清晰。背面光素。

标本Ⅱ-T402③：2，出于F4西山墙内侧。钱径2.35、穿边长0.9厘米，重2.6克（图3-69，1）。

（2）祥符通宝 1枚。

Ⅱ-T402③：3，出于探方③层东壁下。完整，表面锈蚀。正、背两面外廓宽而低平，内廓窄平，穿孔小且方正。正面楷书钱文顺时针旋读，字迹模糊不清。背面光素。钱径2.4、穿边长0.5厘米，重3.7克（图3-69，2）。

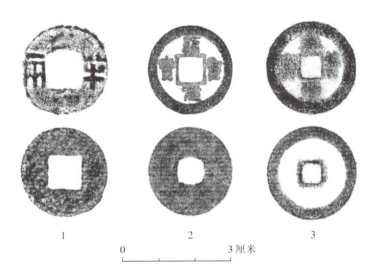

图3-69 第③层出土铜钱拓片

1.西汉半两Ⅱ-T402③：2 2.祥符通宝Ⅱ-T402③：3 3.绍圣元宝Ⅱ-T401③：6

（3）绍圣元宝　1枚。

Ⅱ-T401③：6，出于探方③层东北角。完整，表面暗黄闪亮。品相较好，正面外廓宽平，内廓窄细，穿孔小而方正。篆书钱文顺时针旋读，字迹磨损严重，不甚清晰。背面光素，无廓无纹。钱径2.35、穿边长0.6厘米，重2.5克（图3-69，3）。

（4）乾隆通宝　2枚。

完整，表面有锈蚀。钱体规整，正、背两面外廓宽而低平，内廓窄细，穿孔较小且方正。正面楷书钱文对读，笔画较粗，字迹清楚。背面铸对读满文。

标本Ⅱ-T302③：3，出于探方③层北壁下。钱径2.2、穿边长0.5厘米，重3.9克（图3-70，1）。

（5）嘉庆通宝　5枚。

完整，表面均有锈。钱体规矩，正、背两面外廓宽而低平，内廓窄平，穿孔方正。正面楷书钱文对读，笔画细而匀称，字迹清晰。背面铸对读满文。

标本Ⅱ-T201③：1，出于探方③层东南部。品相较好，表面呈暗黄色，边沿有锈。钱径2.3、穿边长0.5厘米，重3.8克（图3-70，2）。

（6）道光通宝　4枚。

1枚钱体保持原大，另3枚均为剪轮道光通宝，分两型。

A型：1枚。Ⅱ-T402③：4，出于探方③层西北角。完整，表面有锈蚀。正、背两面外廓宽而低平，内廓低而窄细，穿孔稍大，不够规矩。正面楷书钱文对读，字迹不甚清晰。背面铸对读满文。钱径2.10、穿边长0.6厘米，重3.2克（图3-70，3）。

B型：3枚。完整，表面有锈。剪轮。正、背两面内、外廓窄细低平，穿孔显大。正面楷书钱文对读，字迹不清。背面铸对读满文。标本Ⅱ-T401③：4，出于探方③层中部。保存尚好，表面有锈。钱径1.7、穿边长0.7厘米，重1.0克（图3-70，4）。

（7）同治通宝　1枚。

Ⅱ-T306③：1，出于探方③层北隔梁下。完整，表面有锈。剪轮钱。钱体小而轻薄，正、背两面内、外廓窄而低平，穿孔较大不够规矩。正面楷书钱文对读，笔画较细、字迹工整。背面铸对读满文。钱径1.6、穿边长0.6厘米，重0.75克（图3-70，5）。

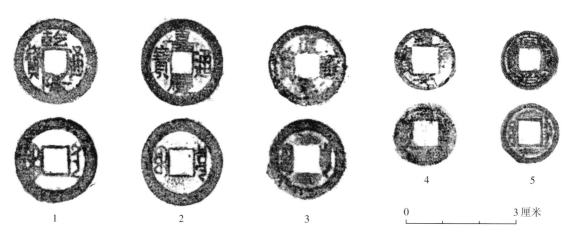

图3-70　第③层出土铜钱拓片

1.乾隆通宝Ⅱ-T302③：3　2.嘉庆通宝Ⅱ-T201③：1　3.道光通宝Ⅱ-T402③：4　4.道光通宝Ⅱ-T401③：4　5.同治通宝Ⅱ-T306③：1

表 3-36 2010 年蓝田吕氏家庙遗址Ⅱ区第③层出土铜钱整理登记表

| 整理号 | 类别 | 名称 | 数量 | 出土位置 | 尺寸（厘米） | 时代 | 出土状态 | 现状 | 备注 |
|---|---|---|---|---|---|---|---|---|---|
| Ⅱ-T401③：5 | 铜 | 半两 | 1枚 | 探方东北角 | 钱径2.2、穿边长0.8、重3.0克 | 西汉 | 基本完整 | 基本完整 | |
| Ⅱ-T402③：2 | 铜 | 半两 | 1枚 | F4西山墙内侧 | 钱径2.35、穿边长0.9、重2.6克 | 西汉 | 完整 | 完整 | 标本 |
| Ⅱ-T401③：6 | 铜 | 绍圣元宝 | 1枚 | 探方东北角 | 钱径2.35、穿边长0.6、重2.5克 | 宋 | 完整 | 完整 | 标本 |
| Ⅱ-T402③：3 | 铜 | 祥符通宝 | 1枚 | 探方东壁下 | 钱径2.4、穿边长0.5、重3.7克 | 宋 | 完整 | 完整 | 标本 |
| Ⅱ-T201③：1 | 铜 | 嘉庆通宝 | 1枚 | 探方东南部 | 钱径2.3、穿边长0.5、重3.8克 | 清 | 完整 | 完整 | 标本 |
| Ⅱ-T302③：1 | 铜 | 道光通宝 | 1枚 | 探方北壁下 | 钱径1.6、穿边长0.6、重1.0克 | 清 | 基本完整 | 基本完整 | |
| Ⅱ-T302③：2 | 铜 | 嘉庆通宝 | 1枚 | 探方东壁下偏南处 | 钱径2.3、穿边长0.5、重4.0克 | 清 | 基本完整 | 基本完整 | |
| Ⅱ-T302③：3 | 铜 | 乾隆通宝 | 1枚 | 探方北壁下 | 钱径2.2、穿边长0.5、重3.9克 | 清 | 完整 | 完整 | 标本 |
| Ⅱ-T306③：1 | 铜 | 同治通宝 | 1枚 | 北隔梁下 | 钱径1.6、穿边长0.6、重0.75克 | 清 | 完整 | 完整 | 标本 |
| Ⅱ-T401③：1 | 铜 | 嘉庆通宝 | 1枚 | 南檐墙下偏北处 | 钱径2.4、穿边长0.6、重5.0克 | 清 | 基本完整 | 基本完整 | |
| Ⅱ-T401③：2 | 铜 | 嘉庆通宝 | 1枚 | 北探方东北角 | 钱径2.3、穿边长0.5、重4.0克 | 清 | 基本完整 | 基本完整 | |
| Ⅱ-T401③：3 | 铜 | 嘉庆通宝 | 1枚 | 北隔梁下 | 钱径2.5、穿边长0.5、重4.0克 | 清 | 基本完整 | 基本完整 | |
| Ⅱ-T401③：4 | 铜 | 道光通宝 | 1枚 | 探方中部 | 钱径1.2、穿边长0.7、重1.0克 | 清 | 完整 | 完整 | B型标本 |
| Ⅱ-T402③：1 | 铜 | 道光通宝 | 1枚 | 探方东部偏南处 | 钱径1.5、穿边长0.5、重1.0克 | 清 | 基本完整 | 基本完整 | |
| Ⅱ-T402③：4 | 铜 | 道光通宝 | 1枚 | 探方西北角 | 钱径2.1、穿边长0.6、重3.2克 | 清 | 完整 | 完整 | A型标本 |
| Ⅱ-T402③：5 | 铜 | 乾隆通宝 | 1枚 | 探方西北角 | 钱径2.3、穿边长0.5、重3.0克 | 清 | 完整 | 完整 | |

共16件（组）。

表 3-37 2010 年蓝田吕氏家庙遗址Ⅱ区第③层出土铁钱整理登记表

| 整理号 | 类别 | 名称 | 数量 | 出土位置 | 尺寸（厘米） | 时代 | 出土状态 | 现状 | 备注 |
|---|---|---|---|---|---|---|---|---|---|
| Ⅱ-T306③：2 | 铁 | 政和通宝 | 1枚 | 北隔梁下 | 钱径3.2、穿边长0.8、重12.0克 | 宋 | 基本完整 | 基本完整 | |
| Ⅱ-T402③：6 | 铁 | 熙宁通宝 | 1枚 | 北隔梁下 | 钱径3.3、穿边长0.6、重15.0克 | 宋 | 基本完整 | 基本完整 | |
| Ⅱ-T402③：7 | 铁 | 大观通宝 | 1枚 | 北隔梁下 | 钱径3.1、穿边长0.7、重9.0克 | 宋 | 残 | 残 | |

共3件（组）。

（五）年代判定

根据地层叠压关系、出土遗物形制及纹饰特点、瓷杯残片题款内容、县志记载以及原居住人牛兆廉先生后裔讲述判断，F3、F4与其配属建筑构成的四合院为清代末年吕氏家庙遗址，该建筑群被沿用至20世纪70年代后拆除。F5为民国初期所建芸阁学舍故址之一，被沿用至21世纪初拆除。

## 八　发掘Ⅱ区第②层与F1、F2遗址

发掘Ⅰ区内第③层中F5一直被保留沿用至21世纪初方拆毁，此后成为学生活动空地，未建其他房舍，故Ⅰ区内无第②层堆积。Ⅱ区第②层有小学教室2座以及配属排水沟、砖铺路径等设施。均建于20世纪70年代中期，现将房址分别编为F1、F2。

F1位于Ⅱ区北部，为坐北朝南，"人"字屋顶，三开间式小学教室，是在拆除清末吕氏家庙主殿F3后完全利用其基础重新修筑的校舍，在利用F3墙基的同时，还利用了F3内砖铺地面。20世纪末小学教学楼建成后被废弃拆除，现仅余局部墙基，砖铺地面，南、北檐台及其配属设置散水、砖铺路径等。因是现代建筑并残留无几，本文不作详述。详情可参见（图3-71）。

F2位于Ⅱ区南部，为坐北朝南，"人"字屋顶，三开间式小学教室。是在拆除清末吕氏家庙前殿F4后，利用其墙基并外扩基坑加以修补才重新建设的校舍遗址。所以F2基坑对早期文化堆积层破坏严重，打破Ⅱ区③层、④层和未发掘的Ⅱ区南部④层之下局部区域。与F1相同，当20世纪末小学教学楼建成之际，F2被废弃并拆除，本次发掘中仅见残留的部分墙基、檐台与砖铺路面，详情可参见（图3-71）。

Ⅱ区第②层与F1、F2遗址中出土包含物甚少，主要有扰动进入该层的宋、金小瓷片4块；早期泥质红陶脊兽小碎块1件；以及锈蚀严重、钱文难辨的铁钱1枚；日本17世纪初至19世纪中期铜钱宽永通宝1枚；剪轮光绪通宝1枚；锈蚀铁削刀1件；圆珠笔芯1支。具体出土器物可见表（表3-37~41）。

F1、F2从地层关系、建筑特点、建材形制规格、出土遗物特征并结合当地村民与小学校长讲述均可证实为20世纪70年代房屋建筑遗址。

## 九　发掘Ⅰ、Ⅱ区第①层

第①层即表土层，覆盖整个发掘Ⅰ区与Ⅱ区顶面。Ⅰ区表土层为现代小学校教学楼南空地踩踏面，黄褐色，质地较为坚实，厚0.01~0.10米，分布于全部发掘区上。

Ⅱ区为荒地，表土层呈灰褐色，土质疏松，含零星炭灰点、白灰点，夹杂大量建筑垃圾和草木根茎。堆积厚度0.05~0.50米，分布于全部发掘区上。

表土层中包含物有：残砖、瓷片、脊兽与眉子残块、铜钱、橡皮、塑料制品残片等（表3-38~47）。

从地层位置与分布及出土遗物判断，表土层为现代人为活动堆积。

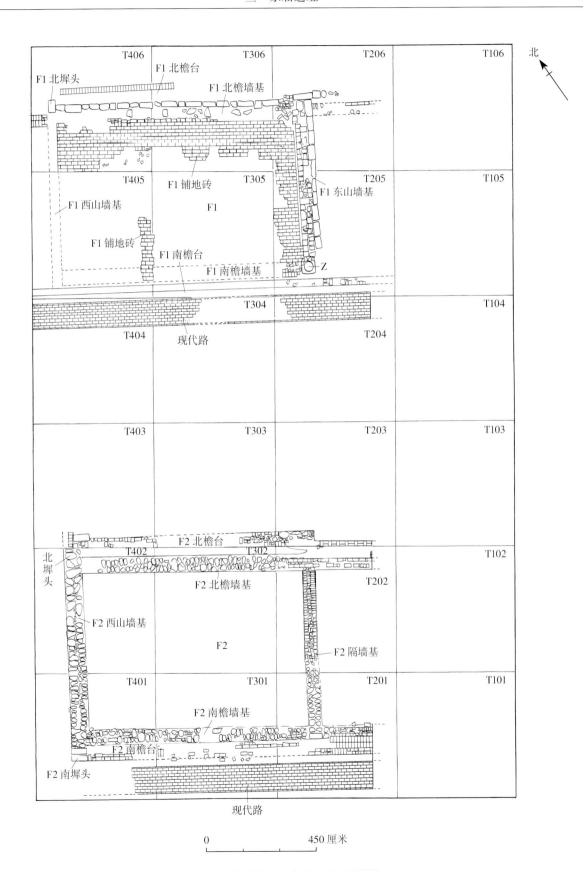

图 3-71 Ⅱ区第②层中 F1、F2 平面图

表3-38 2010年蓝田吕氏家庙遗址Ⅱ区第②层出土瓷器整理登记表

| 整理号 | 类别 | 名称 | 数量 | 出土位置 | 尺寸（厘米） | 时代 | 出土状态 | 现状 | 备注 |
|---|---|---|---|---|---|---|---|---|---|
| Ⅱ-T305②：2 | 青釉 | 碗口沿瓷片 | 1件 | 西壁下中部 | 残高3.0、残宽4.7 | 宋 | 残 | 残 | |
| Ⅱ-T305②：4 | 青釉 | 碗口沿瓷片 | 1件 | 西壁下偏北处 | 残长3.6、残宽2.8 | 宋 | 残 | 残 | |
| Ⅱ-T305②：5 | 青釉 | 碗口沿瓷片 | 1件 | 北壁下偏东处 | 残高4.5、残宽3.3 | 宋 | 残 | 残 | |
| Ⅱ-T305②：3 | 青釉 | 碗口沿瓷片 | 1件 | 南壁下中部 | 残高3.6、残宽4.4 | 金 | 残 | 残 | |

共4件（组）。

表3-39 2010年蓝田吕氏家庙遗址Ⅱ区第②层出土建筑构件整理登记表

| 整理号 | 类别 | 名称 | 数量 | 出土位置 | 尺寸（厘米） | 时代 | 出土状态 | 现状 | 备注 |
|---|---|---|---|---|---|---|---|---|---|
| Ⅱ-T305②：6 | 陶 | 脊兽残块（兽角） | 1件 | 探方中部 | 残长8.0、残宽5.0、厚3.5 | 清 | 残 | 残 | |

共1件（组）。

表3-40 2010年蓝田吕氏家庙遗址Ⅱ区第②层出土铜钱整理登记表

| 整理号 | 类别 | 名称 | 数量 | 出土位置 | 尺寸（厘米） | 时代 | 出土状态 | 现状 | 备注 |
|---|---|---|---|---|---|---|---|---|---|
| Ⅱ-T301②：1 | 铜 | 光绪通宝 | 1枚 | 探方南壁下 | 钱径1.6、穿边长0.55，重1.0克 | 清 | 基本完整 | 基本完整 | |
| Ⅱ-T401②：1 | 铜 | 宽永通宝 | 1枚 | 探方东壁下偏北 | 钱径2.2、穿边长0.7，重2.0克 | 近代日币 | 完整 | 完整 | |

共1件（组）。

表3-41 2010年蓝田吕氏家庙遗址Ⅱ区第②层出土铁器整理登记表

| 整理号 | 类别 | 名称 | 数量 | 出土位置 | 尺寸（厘米） | 时代 | 出土状态 | 现状 | 备注 |
|---|---|---|---|---|---|---|---|---|---|
| Ⅱ-T305②：1 | 铁 | 铁钱 | 1枚 | 探方中部 | 钱径2.6、穿边长0.55 | 不清 | 锈蚀严重 | 锈蚀严重 | |
| Ⅱ-T402②：1 | 铁 | 铁刻刀 | 1件 | F2墙基槽 | 通长16.0、柄长1.2、厚0.3 | 民国 | 残 | 残 | |

共2件（组）。

表3-42 2010年蓝田吕氏家庙遗址Ⅰ区第①层出土建筑构件整理登记表

| 整理号 | 类别 | 名称 | 数量 | 出土位置 | 尺寸（厘米） | 时代 | 出土状态 | 现状 | 备注 |
|---|---|---|---|---|---|---|---|---|---|
| Ⅰ-T302①：1 | 陶 | 花草纹滴水残片 | 1件 | 中部偏南 | 残高6.9、残宽7.8、最厚处2.0 | 民国初 | 残 | 残 | |
| Ⅰ-T402①：1 | 陶 | 脊兽残块 | 1件 | 瓦砾堆积中 | 残高8.5、残宽9.0、厚2.5 | 清末民初 | 残 | 残 | |

共2件（组）。

表 3-43　2010 年蓝田吕氏家庙遗址 I 区第①层出土铜钱整理登记表

| 整理号 | 类别 | 名称 | 数量 | 出土位置 | 尺寸（厘米） | 时代 | 出土状态 | 现状 | 备注 |
|---|---|---|---|---|---|---|---|---|---|
| I-T303①：1 | 铜 | 乾隆通宝 | 1 枚 | 瓦砾堆积中 | 钱径 1.9，穿边长 0.55，重 1.0 克 | 清 | 基本完整 | 基本完整 | |
| I-T502①：1 | 铜 | 光绪通宝 | 1 枚 | 瓦砾堆积中 | 钱径 2.3，穿边长 0.6，重 2.0 克 | 清 | 完整 | 完整 | |

共 2 件（组）。

表 3-44　2010 年蓝田吕氏家庙遗址 I 区第①层出土骨器整理登记表

| 整理号 | 类别 | 名称 | 数量 | 出土位置 | 尺寸（厘米） | 时代 | 出土状态 | 现状 | 备注 |
|---|---|---|---|---|---|---|---|---|---|
| I-T203①：1 | 骨 | 夏攀柱印章 | 1 件 | 瓦砾堆积中 | 长 2.5、宽 1.1、厚 1.1 | 现代（？） | 完整 | 完整 | |

共 1 件（组）。

表 3-45　2010 年蓝田吕氏家庙遗址 II 区第①层出土瓷器整理登记表

| 整理号 | 类别 | 名称 | 数量 | 出土位置 | 尺寸（厘米） | 时代 | 出土状态 | 现状 | 备注 |
|---|---|---|---|---|---|---|---|---|---|
| II-T204①：1 | 黑釉 | 瓷片 | 1 件 | II 区中部偏南 | 残长 4.2、残宽 2.1 | 近代 | 残 | 残 | |

共 1 件（组）。

表 3-46　2010 年蓝田吕氏家庙遗址 II 区第①层出土建筑构件整理登记表

| 整理号 | 类别 | 名称 | 数量 | 出土位置 | 尺寸（厘米） | 时代 | 出土状态 | 现状 | 备注 |
|---|---|---|---|---|---|---|---|---|---|
| II-T304①：1 | 陶 | 灰陶眉子 | 1 件 | 北壁下偏东处 | 残长 11.5、残宽 11.5、最厚处 3.0 | 清 | 残 | 残 | |
| II-T304①：2 | 陶 | 灰陶眉子 | 1 件 | 探方中部 | 残长 9.5、残宽 5.6、厚 1.6 | 清 | 残 | 残 | |
| II-T304①：3 | 陶 | 灰陶眉子 | 1 件 | 东壁下偏南处 | 残长 7.0、残宽 6.8、厚 1.5 | 清 | 残 | 残 | |
| II-T304①：4 | 陶 | 脊兽残块 | 1 件 | 探方西南角 | 残高 8.7、宽 3.1~3.6、最厚处 2.7 | 清 | 残 | 残 | |
| II-T304①：6 | 陶 | 脊兽残块 | 1 件 | 南壁下中部 | 残高 11.5、残宽 16.3、厚 3.0 | 清 | 残 | 残 | |
| II-T304①：7 | 陶 | 脊兽残块 | 1 件 | 东壁下偏南处 | 残高 14.5、宽 8.5、最厚处 7.0 | 清 | 残 | 残 | |

共 6 件（组）。

表 3-47　2010 年蓝田吕氏家庙遗址 II 区第①层出土铜钱整理登记表

| 整理号 | 类别 | 名称 | 数量 | 出土位置 | 尺寸（厘米） | 时代 | 出土状态 | 现状 | 备注 |
|---|---|---|---|---|---|---|---|---|---|
| II-T202①：1 | 铜 | 康熙通宝 | 1 枚 | 南壁下偏西 | 钱径 2.7，穿边长 0.5，重 4.0 克 | 清 | 完整 | 完整 | |

共 1 件（组）。

# 肆　墓园神道

墓园神道是北宋吕氏家族墓园的重要组成部分之一，神道的存在、位置、规格、两侧石象生内容均是北宋士大夫阶层地位与身份的象征。

## 一　神道位置

蓝田北宋吕氏家族墓园神道南端起始于 F10 北门道，向北延伸直达并叠压于墓葬群最南端吕通墓葬的墓道上方，是连接家庙与墓葬群的重要通道，也是整个家族墓园的中轴线。全长 400、宽 5.70~11.00 米（见图 2-1）。路面踩踏迹象明显，踏面厚约 0.01 米，表面局部有少量淤土遗存。由于墓园地势呈南低北高不平坦斜坡状，神道延伸中遇陡峭地段则下挖壕沟后铺垫路面。

## 二　神道南端考古发掘

神道的考古发掘分为两步：第一步是对 F10 北门道即神道南端起点的发掘，该工作在 II 区第八层 F10 遗址清理中已然完成，结果是：神道最南端的 F10 北门道，呈南高北低坡形，南端与 F10 夯土台基北边沿正中对接后向北缓坡式降低并与神道主路面连接，平面呈东西向长方形，东西长 6.80、南北宽 3.00 米，以红褐色土筑成，内夹杂较多瓦砾残片，东西两端头用单层条砖错缝平砌成门道垂带包沿。门道中部东、西两侧各遗存平面呈圆角东西向长方形，长 0.95、宽 0.80、深 0.10 米石象生摆放基坑 1 个，北距夯土台基北立沿 0.95 米，分别距门道东、西垂带边缘 0.80~0.85 米，坑内壁面较为竖直，底面平整，内填红褐色土并夹杂大量青石碎片。石象生已于宋末金初战乱中毁坏（图 4-1；彩版 4-1）。

由此可见，F10 北门道即神道南端起始点，排列神道两侧之石象生，由此处开始。

## 三　神道探沟解剖

神道发掘第二步是探沟解剖。由于神道遗迹较长，中华人民共和国成立后因平整土地原坡形地貌已改为台阶式梯形田原，神道大部分被彻底破坏，为了解神道与 F10 北门坡道衔接关系及保存现状较好的神道南端部分路面形制规格，特选定 II 区第⑧层 T406 北部略偏东处、F10 北门道西北角外开设南北向探沟一条，编号 II-TG3，宽 2.00 米，由于学校北围墙内树丛影响，仅长 3.75 米。探沟解剖显示：沟底面距西沟壁 0.80 米处的 F10 北门坡道西部北端与一红褐色夯土路面相连接，路面在 II-TG3 中显示宽度为 1.20 米，其东边叠压于探沟东壁下，厚 0.03~0.04 米，夯击程度甚轻，夯层不够明确，顶上踩踏迹象明显，踏面厚度在 0.01 米左右。该路向北继续延伸，推测小学北围

图 4-1 F10 平面图中神道北端启点位置图

彩版 4-1 神道南端与 TG3

神道露面

宋代地面　　　　神道剖面迹象

彩版 4-2　神道中部剖面

彩版 4-3　勘探神道中北部遗迹

墙下仍有遗存，但围墙北养牛场饲料发酵大池将其打断和破坏。虽然路面未做横向完整揭露，但依探沟中遗迹并根据中轴对称原则可知，F10 北门道北端与一宽度与其相当、约 6.80 米的较为平坦路面相接并向北偏东 30°方向继续延伸（图 4-1）。

# 四　神道调查与勘探

为了解神道中、北部目前保存状况，2011 年 1 月 17 日始于小学校北围墙的外沿、神道向北延伸方向进行考古调查与局部勘探工作，至 1 月 24 日结束，共发现下述两处遗迹。

## 1. 神道中部剖面遗迹

该遗迹位于蓝田县畜牧场西北角围墙外 81 米处、南距吕氏家庙 F10 遗址北门道 210 米的梯田坎断层面上。其地层叠压关系为：

第①层：耕土层，厚 0.20 米，灰黄色，质地疏松。

第②层：扰土层，厚 0.30 米，浅灰褐色，质地较坚硬。

第③层：古代堆积层，厚 0.30 米，浅灰黄色，质地坚硬呈颗粒状。神道位于此层之下。

第④层：原生土层，厚度不详，黑褐色。神道覆盖于该层面上。

现神道西侧路面保存状况较好、东侧模糊不清。东西残长约 4.00、厚约 0.10 米，上距现地表 0.80 米。路面平坦，其上踩踏迹象明显，踏面厚约 0.01 米，表面有少量淤土痕迹。从剖面形制分析，北宋时期此处地势较高，为保持神道南低北高相对平缓的坡度，特于该地段北宋地面（现第 3 层顶面）下挖 0.30 米后铺垫路面，故形成剖面呈"⌐"形的路基形制（彩版 4-2）。

## 2. 神道中北部路面遗迹

自梯田坎断层向北的考古勘探资料显示，神道由断层处向北缓坡式延伸约 30 米后被晚期平整土地所破坏。该段神道呈南低北高坡状，倾斜角12°，残长30.00、宽11.00、厚0.10~0.04、上距现地表0.80~0.50米。由于年久潮湿，勘探中未发现踩踏面迹象。神道上部仍叠压红褐色近、现代扰土层，下为黄褐色原生土层（彩版4-3）。

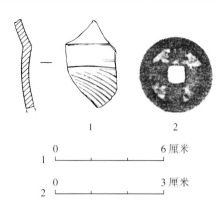

# 五　神道遗物

## 1. 出土遗物

共2件（表4-1）。出土遗物集中于Ⅱ-TG3⑧层内，1件为铜钱，另1件青釉刻花瓷片。

（1）青釉刻花残瓷片　1件。

Ⅱ-TG3⑧：2，出土于探沟第⑧层北部。器形不明，似为口沿碎片，无法修复成形。平折沿，浅弧腹。内、外壁施青釉。釉面有光泽，密布冰裂纹。灰胎坚硬致密。断碴处表面呈浅土黄色。内壁沿下有多重刻画弧线纹。残长4.7、残宽3.0厘米（图4-2，1）。

（2）祥符通宝　1枚。

Ⅱ-TG3⑧：1，出土于探沟第⑧层西部。完整，磨损严重。钱体轻薄，正、反两面外廓宽而低平，内廓窄细，穿孔较小、不够方正。正面楷书钱文顺时针旋读，字迹因磨损而不清晰。背面光素无纹。钱径2.0、穿边长0.5厘米，重1.0克（图4-2，2）。

图4-2　神道出土遗物

1.青釉刻花瓷片Ⅱ-TG3⑧：2　2.祥符通宝Ⅱ-TG3⑧：1拓片

表4-1　2008年蓝田吕氏太尉塬墓园神道出土器物整理登记表

| 整理号 | 类别 | 名称 | 数量 | 出土位置 | 尺寸（厘米） | 时代 | 出土状态 | 现状 | 备注 |
|---|---|---|---|---|---|---|---|---|---|
| Ⅱ-TG3⑧：2 | 青瓷 | 碗腹瓷片 | 1枚 | 探沟第⑧层北部 | 残高1.5、残宽3.0、残长4.7 | 北宋 | 残片 | 残片 | 标本 |
| Ⅱ-TG3⑧：1 | 铜钱 | 祥符通宝 | 1枚 | 探沟第⑧层西部 | 钱径2.0、穿边长0.5，重1.0克 | 北宋 | 完整有锈 | 完整有锈 | 标本 |

共2件（组）。

## 2. 地面遗物

共2件（表4-2）。地面遗物仅有石象生2件，现存于蓝田县蔡文姬博物馆内（原摆放位置不详，推测在神道南端、F10北门道附近，因其一直在五里头小学范围内）。保存基本完整。青石雕凿而成。

（1）石羊　1件。

跪卧式，面部五官因年久风雨残蚀而斑驳不清，双角弯曲贴于两鬓，抬头、挺颈、目视前方，身体浑圆，四肢曲跪于地，长尾下垂。下设随形较薄底座。通高123.4、长105.5、前胸宽40.0厘米；底座长90.0、宽40.0、厚13.2厘米（图4-3，1；彩版4-4）。

（2）石虎　1件。

撑坐式，双目圆睁，巨口紧抿，抬头挺胸，双前肢撑立，双后肢前曲，蹲坐于地，长尾绕左后腿上卷搭于背上。下置随形较薄底座。因久经风雨浸蚀表面显斑驳。通高120.7、长95.2、前胸宽42.5厘米；底座长96.0、宽42.0、厚14.4厘米（图4-3，2；彩版4-5）。

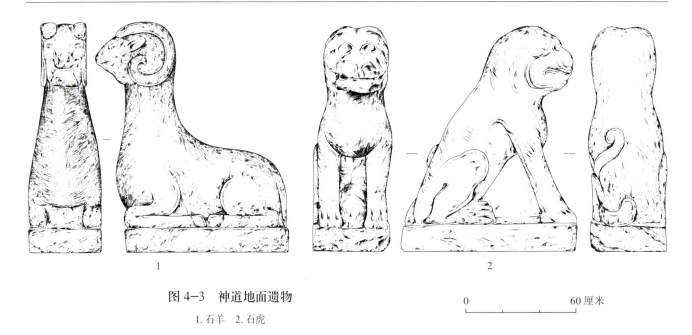

图 4-3　神道地面遗物

1. 石羊　2. 石虎

0　　　　　　　　60 厘米

彩版 4-4　神道旁石羊

彩版 4-5　神道旁石虎

表 4-2　2008 年蓝田吕氏太尉塬墓园神道旁石象生整理登记表

| 类别 | 名称 | 原位置 | 现位置 | 类别 | 数量 | 尺寸（厘米） | 时代 | 备注 |
|------|------|--------|--------|------|------|-------------|------|------|
| 青石 | 羊 | 神道两侧地面 | 蓝田县蔡文姬博物馆内 | 石象生 | 1 | 高 123.4、长 105.5、宽 40.0 | 北宋 | 标本 |
| 青石 | 虎 | 神道两侧地面 | 蓝田县蔡文姬博物馆内 | 石象生 | 1 | 高 120.7、长 95.2、宽 42.5 | 北宋 | 标本 |

共 2 件（组）。

# 六　小结

目前已发表考古资料显示，墓园神道明确见于西汉及其以后，是葬礼、祭祀等活动的主要、正式路径。在北宋蓝田吕氏太尉塬墓园设计理念中，中轴线以南偏西 30°左右向东北方延伸贯穿整个墓园，入口为轴线南端起点，其后布家庙建筑群，家庙主殿位居中轴线上，轴线穿南北门而过向北至吕通墓道一段被称为神道，道旁置石人、石兽统称石象生；再向北即家族墓区，墓葬群仍以中轴线为准有规律排列，所以神道位置为轴线之中、墓园之中。

前文已述，神道初建时因地形之故，呈南低北高缓坡状，长约 400、宽约 7.00 米左右。金代战乱时家庙被毁、坟茔失修、园内荒芜。清光绪年《蓝田县志》387 页记，明成化十九年（1483 年）知县王震重修吕氏家庙，万历二十一年（1593 年）知县王邦才复其墓地，此时家庙与墓群始分离，后世于墓地南、原神道北部建有石牌楼、碑刻等，路面可能修补拓宽，因此勘探资料显示其宽度达 11 米左右。

总之，断续存在的神道虽然保存状况不佳，但成就了北宋蓝田吕氏太尉塬家族墓园的完整性，成为构筑墓园的四个重要因素之一，墓葬区位置、家庙位置、墓园兆沟位置与形制均与其息息相关。

回首千年之前，当丧葬祭祀活动毕后，葬具由家庙北门抬出，在族人簇拥下沿神道缓缓向北进入墓地掩埋之时，便是亡者在人间走完最后一段路程之际。

# 伍 家族墓葬

## 第一章 概述

　　家族墓葬群不但是构成蓝田太尉塬北宋吕氏家族墓园的重要因素，还是决定其存在的根本。经田野考古发掘，共清理吕氏墓葬 29 座（图 5-1），其中成人墓葬 20 座，均为竖穴土圹墓道、土洞墓室，以同穴单室或多室为主，墓室形制、数量、规格随穴内安葬人数、身份差异、卒年先后、年龄长幼而显示多样性与随意性，但以男性为中心、女性居次位并分先左后右次序的布室规律是其家族丧葬的基本原则。随葬品丰富，以墓主生前用具、珍爱物品、葬礼祭器为主，质地繁多，有瓷、陶、银、铜、铁、锡、石、玉、玻璃、螺贝等多种类别，但华丽、奢侈品基本不见。少儿墓葬则形制简约，以短浅竖井式墓道、狭小土洞墓室为主，绝大多数不见随葬物或少有随葬物。

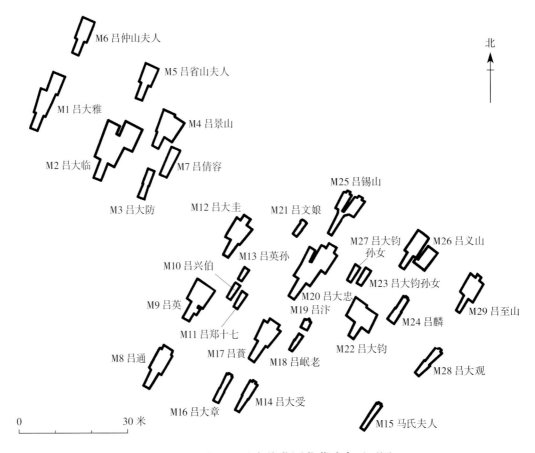

图 5-1　蓝田吕氏家族墓园墓葬分布平面图

　　29 座墓葬根据辈分先后呈自南向北横向 4 排分布，各排又以墓园中轴线上 3 座墓葬（M8、M9、M12）为准、遵"左"为上制度设置同辈间长幼不同的成员墓穴位置。少儿墓葬则附着于祖父母坟茔之侧稍后处、并分男左女右之序决定葬位。总之，29 座墓葬纵、横分布规律明确，反映了北宋关中士族葬制的基本准则与规格，而大量实用物的随葬，表现出该家族对生与死的认知。

　　经田野考古发掘，29 座墓葬的分布及其形制清晰可见。

# 第二章　成人墓

　　29 座墓葬中，20 座为成人墓葬，编号分别为：M1、M2、M3、M4、M5、M6、M7、M8、M9、M12、M14、M15、M16、M17、M20、M22、M25、M26、M28、M29。它们根据辈分不同按照南北向分为 4 排，各排又因长、次关系以墓群中轴线为准横向定位。本章按田野墓葬编号顺序逐一详细描述。

　　由于大部分墓葬出有墓志或纪年铭文器物，以此为根据并结合墓葬群纵、横两系列分布原则可得知各墓葬主人名讳、生凭及辈分等较详细资料，作者特将上述信息与现保存状况列表于下，便于读者在详阅各墓葬发掘资料之前，对 20 座成人墓葬具备总体认知与大致了解（表 5-1）。

## 一　吕大雅夫妇合葬墓（编号 M1）

### （一）位置与地层

　　该墓位于吕氏家族墓园北部墓葬群自南向北第三排最西部，西距墓园西兆沟 33.00、东距 M2 为 11.21、北距 M6 是 3.688、南距五里头村 232.07 米。墓葬田野编号为蓝田吕氏 M1（图 5-2、3）。发掘时间 2008 年 6 月 13 日至 8 月 3 日，历时 50 天。

　　墓葬所处地层剖面为（图 5-3；彩版 5-1）：

　　第①层：耕土层，厚约 0.30 米，灰黄色，质松散，含大量植物根系，夹杂少量碎石块、现代陶瓷残片等。

　　第②层：扰土层，厚约 0.45~0.50 米，浅灰褐色，土质较硬，内夹杂近代陶片、料礓石、蜗牛壳、腐朽植物根茎等。M1 现墓道开口位于该层下。

　　第③层：古代堆积层，厚 0.50 米左右，浅灰黄色，质地坚硬，呈颗粒状，夹杂少量残砖、碎瓦等。

　　第④层：黑褐色土层，厚 0.70 米左右，质地坚硬，内含大量植物根系。

　　第⑤层：黄土层，厚 3.90 米，质地松软，色泽纯黄，包含少量料礓石块。

　　第⑥层：红褐色土层，厚 0.50 米，质地坚硬，夹杂大量料礓石块。

　　第⑦层：淡黄色土层，厚 1.50 米，质地松软纯净，无包含物。M1 墓室入口开于此层面下 1.00 米处。

　　第⑧层：胶泥层，厚 1.00 米，红棕色，质地坚硬细密有韧性，内杂少量料礓石块。

　　第⑨层：黄褐色土层，厚 1.40 米，质地松软，杂大量料礓石块。墓道底面位于此层面下 0.80 米处。

　　第⑩层：密集料礓石层，厚 0.15 米左右，灰白色礓石块排列密集，质地极坚硬。

　　第⑪层：浅褐色土层，深度不详，质地细密，无包含物。M1 墓室底部位于该层面下 1.30 米处。

表 5-1　成人墓葬一览表

| 编号 | 名讳 | 身份 | 卒年 | 享年 | 始葬地 | 始葬时间 | 迁葬地 | 迁葬时间 | 墓葬形制 | 随葬品 | 墓志撰者 | 墓志书者 | 墓志镌者 | 是否被盗 | 备注 |
|---|---|---|---|---|---|---|---|---|---|---|---|---|---|---|---|
| M11 | 吕大雅（字正之）与妻贾氏 | 父吕英，母王氏。"大"字辈排行第九 | 大雅，徽宗大观三年（1109年）。贾氏，神宗元丰五年(1082年) | 大雅，六十六岁。贾氏，三十二岁 | 蓝田太尉塬祖茔 | 大雅，徽宗大观四年（1110年）。贾氏，哲宗元祐八年(1093年) | | | B型（竖穴墓道前后双墓室） | 33件（组），有陶瓷、铜、铁、石五类 | 大雅，张闶中撰。贾氏，从侄、吕至山撰 | 大雅，句德之书。贾氏，从侄、吕至山书 | 大雅，李寿永，李寿昌镌。贾氏，不详 | 是，现见早期盗洞1 | 墓志盖皆为从侄吕至山撰 |
| M2 | 吕大临（字与叔）与前妻及继妻 | 父吕蕡，母方氏。为其第五子。"大"字辈排行第七 | 吕大临，哲宗元祐八年（1093年）。两妻卒年不详 | 吕大临，五十三岁。两妻，不详 | 蓝田太尉塬祖茔 | 吕大临，哲宗元祐八年（1093年）。两妻，不详 | | | E型（竖穴墓道一前室双后室）实用墓室上叠压双重空穴 | 134件（组），有瓷、陶、铜、铁、锡、玻璃、玉、石、松香九类 | | | | 现见盗洞2 | 出土铭文石函1双 |
| M3 | 吕大防（字微仲）与妻李氏 | 父吕蕡，母方氏。为其第二子。"大"字辈排行第二 | 大防，哲宗绍圣四年（1097年）。李氏，哲宗绍圣二年(1095年) | 大防，七十一岁。李氏不详 | 大防，广东信丰县南山寺。李氏不详 | 大防，绍圣四年（1097年）。李氏不详 | 大防，先迁广东澄海东林村石鼓山，后衣冠迁回祖茔。李氏祔葬 | 绍圣五年迁澄海，疑大观二年回迁祖茔，李氏应同时回葬 | A型（竖穴墓道单土洞墓室） | 无随葬品 | | | | 未盗掘 | 应是衣冠冢，无葬具等 |
| M4 | 吕景山与妻（姓名不详） | 父大防，母李氏，为其嫡长子。"山"字辈排行似为大 | 景山，徽宗政和元年（1111年）。妻卒年不详 | 皆不详 | 蓝田太尉塬祖茔 | 景山，政和元年，妻应同时祔葬 | | | A型（竖穴墓道单土洞墓室） | 43件（组），有瓷、陶、铜、铁、玻璃、角、石七类 | | | | 现见盗洞2 | 出土有铭文器3件 |
| M5 | 吕省山（字子茂）妻（姓名不详） | 夫省山，乃大雅次子，后为大临继子 | 徽宗大观四年（1107年） | 享年不详 | 蓝田太尉塬祖茔 | 应为徽宗大观四年（1107年） | | | A型（竖穴墓道单土洞墓室） | 30件（组），有瓷、陶、铜、金、铁、水晶、石等 | | | | 未盗掘 | 无墓志，但有石砚底部墨书纪年 |

续表5-1

| 编号 | 名讳 | 身份 | 卒年 | 享年 | 始葬地 | 始葬时间 | 迁葬地 | 迁葬时间 | 墓葬形制 | 随葬品 | 墓志撰者 | 墓志书者 | 墓志镌者 | 是否被盗 | 备注 |
|---|---|---|---|---|---|---|---|---|---|---|---|---|---|---|---|
| M6 | 吕仲山妻（姓名不详） | 夫仲山，乃大雅嫡长子 | 卒年不详 | 享年不详 | 蓝田太尉塬祖茔 | 葬年不详 | | | A型（竖穴墓道单土洞墓室） | 43件（组），有瓷、银、铜、铁、石、木器等 | | | | 未盗掘 | 无墓志 |
| M7 | 吕嬬（字倩容） | 吕景山嫡生第四女，母李氏 | 徽宗大观元年(1107年) | 二十二岁 | 蓝田太尉塬祖茔 | 徽宗大观二年(1108年) | | | A型（竖穴墓道单土洞墓室） | 36件（组），有瓷、铜、铁、水晶、珍珠、石等 | 吕景山撰 | 王康期书 | 姚彦镌 | 未盗掘 | |
| M8 | 吕通（字推之）与妻张氏 | 父吕鹄，母杨氏。吕通推之葬于蓝田太尉塬祖茔第一代，即辈份最高者 | 吕通，真宗咸平五年(1002年)张氏，仁宗景祐五年(1038年) | 吕通，三十七岁。张氏，六十四岁 | 皆于河南新乡 | 不详 | 先迁蓝田骊山西塬祖茔，后迁太尉塬祖茔 | 仁宗嘉祐六年(1061年)迁骊山。神宗熙宁七年(1074年)迁葬太尉塬 | A型（竖穴墓道单土洞墓室） | 7件（组），有瓷、铜、铁、石三类 | 吕通、赵良规撰。张氏，吕大忠、吕大防撰 | 吕通，吕大防书。张氏，吕大受书 | 均为罗道成镌 | 现见盗洞1 | |
| M9 | 吕英（字德华）与妻王氏 | 父吕通，母张氏。乃吕通嫡长子 | 吕英，仁宗皇祐二年(1050年)王氏，哲宗元祐八年(1093年) | 吕英，六十五岁。王氏，八十五岁 | 吕英，应为新乡祖茔。王氏，蓝田太尉塬祖茔 | 吕英，不详。王氏，元祐八年(1093年) | 吕英，迁骊山西塬，后迁太尉塬 | 吕英，嘉祐六年(1061年)葬骊山。熙宁七年(1074年)迁葬太尉塬 | A型（竖穴墓道单土洞墓室） | 25件（组），有瓷、陶、铜、铁、石五类 | 吕英，吕大忠撰。王氏，吕大防撰 | 吕英，吕大受书。王氏，吕大防书 | 吕英，罗道成镌。王氏，不详 | 现见盗洞1 | |
| M12 | 吕大圭（字子玉）与妻张氏 | 父吕英，母王氏，为其嫡长子。字辈掌门人，排行第四"大"字门，排行第四 | 吕大圭，徽宗政和六年(1116年)。张氏，神宗熙宁六年(1073年) | 吕大圭，六十六岁。张氏，四十五岁 | 蓝田太尉塬祖茔 | 吕大圭，政和七年(1117年)。张氏，熙宁七年(1074年) | | | A型（竖穴墓道单土洞墓室）。实用墓室上叠置空穴一 | 69件（组），有瓷、陶、铜、锡、骨角、泥质、石、砖九类 | 吕大圭，岑穰撰。张氏，不明疑为大圭撰 | 吕大圭，王恕书。张氏，不明疑为大圭书 | 均不详 | 未盗掘 | |

续表 5-1

| 编号 | 名讳 | 身份 | 卒年 | 享年 | 始葬地 | 始葬时间 | 迁葬地 | 迁葬时间 | 墓葬形制 | 随葬品 | 墓志撰者 | 墓志书者 | 墓志镌者 | 是否被盗 | 备注 |
|---|---|---|---|---|---|---|---|---|---|---|---|---|---|---|---|
| M14 | 吕大受（字彦辉） | 父吕蕡，母方氏，为其第四子，"大"字辈排行第六 | 仁宗嘉祐七年（1062年） | 二十五岁 | 蓝田骊山西塬祖茔 | 熙宁二年（1069年） | 后迁于蓝田大尉塬祖茔 | 熙宁七年（1074年） | A型（竖穴墓道单土洞墓室） | 13件组，有瓷、陶、铜、铁、漆、石六类 | 范育撰 | 雷寿之书 | 翟秀镌 | 未盗掘 | |
| M15 | 马氏 | 吕蕡妻，吕大钧乳母 | 神宗熙宁八年（1075年） | 六十三～七十岁间 | 蓝田大尉塬祖茔 | 熙宁八年（1075年） | | | A型（竖穴墓道单土洞墓室） | 21件（组），有瓷、银、铜、铁、水晶、蚌、漆、石八类 | 吕大钧撰 | 吕大钧书 | 不明 | 未盗掘 | |
| M16 | 吕大章（字仲褒） | 父英，母王氏，为其次子，"大"字辈中排行第五 | 英宗治平四年（1067年） | 三十一岁 | 不详 | 不详 | 迁至蓝田大尉塬祖茔 | 熙宁七年（1074年） | A型（竖穴墓道单土洞墓室） | 8件（组），有瓷、石两类 | 秦伟节撰 | 吕景山书 | 翟秀镌 | 未盗掘 | |
| M17 | 吕蕡（字秀实）妻方氏 | 父吕通，母方氏，为嫡长子，"大"字辈排行第一 | 吕蕡，神宗熙宁七年（1074年）。方氏，仁宗庆历五年（1045年） | 吕蕡，七十五岁。方氏，享清，年不详 | 吕蕡，蓝田大尉塬祖茔。方氏，蓝田骊山西塬祖茔 | 吕蕡，神宗熙宁七年（1074年）。方氏，仁宗嘉祐六年（1061年） | 方氏，后迁于蓝田大尉塬祖茔祔葬吕蕡 | 方氏，于神宗熙宁七年（1074年）迁葬 | A型（竖穴墓道单土洞墓室） | 24件（组），有瓷、陶、铜、铁、木、石、骨六类 | 吕蕡，赵瞻撰。方氏，似为吕大防撰 | 吕蕡，雷寿之书。方氏，似为吕大防书 | 吕蕡，翟秀、武诚镌。方氏，罗道成镌 | 现见盗洞1 | |
| M20 | 吕大忠（字进伯）与前妻姚氏继妻樊氏 | 父吕蕡，母方氏，为嫡长子，"大"字辈排行第一 | 大忠，哲宗绍圣三年（1100年）。姚氏，仁宗庆历五年（1045年）。樊氏，哲宗绍圣二年（1095年） | 吕大忠，七十六岁。姚氏，年不详。樊氏，五十九岁 | 吕大忠，蓝田大尉塬祖茔。姚氏，蓝田骊山西塬祖茔。樊氏，蓝田大尉塬祖茔 | 吕大忠，哲宗元符三年（1100年）。姚氏，嘉祐六年（1061年）。樊氏，绍圣三年（1096年） | 姚氏，后迁至蓝田大尉塬祖茔同为祔葬 | 姚氏，迁葬于哲宗绍圣三年（1096年） | E型（竖穴墓道单前室双后室主墓室上叠压一重空穴） | 56件（组），有瓷、陶、铜、锡、玉、石七类 | 吕大忠，苏昞撰。姚氏，李周撰。樊氏，阎令周撰 | 大忠，应为苏昞书，似为李同书，应为李同书，吕至山补记书，樊氏，张舜民书 | 吕大忠，镌者不明。姚氏，樊成镌氏，姚文镌 | 现见盗洞1 | |

续表 5—1

| 编号 | 名讳 | 身份 | 卒年 | 享年 | 始葬地 | 始葬时间 | 迁葬地 | 迁葬时间 | 墓葬形制 | 随葬品 | 墓志撰者 | 墓志书者 | 墓志镌者 | 是否被盗 | 备注 |
|---|---|---|---|---|---|---|---|---|---|---|---|---|---|---|---|
| M22 | 吕大钧（字和叔）与前妻马氏继妻种氏 | 父吕贲，母方氏。为其三子，"大"字辈排行第三 | 吕大钧，神宗元丰五年（1082年）。马氏，仁宗至和二年（1055年）。种氏，徽宗政和二年（1112年） | 吕大钧，五十二岁。马氏，享年应是二十三岁。种氏，七十三岁 | 吕大钧，种氏葬于蓝田太尉原。马氏，始葬地不清，可能置柩于寺中 | 吕大钧应葬于元丰五年（1082年）。马氏应于二十三岁时同时祔葬，种氏，政和二年（1112年）祔葬 | | | C型（竖穴墓道并列双墓室） | 62件(组)，有瓷、陶、银、铜、铁、玻璃、骨、石八类 | 马氏，石约撰。种氏，苏昞撰 | 马氏，石约书。种氏，王恕书 | 马氏，罗道成镌。李寿昌镌 | 现见盗洞2 | 吕大钧无墓志 |
| M25 | 吕锡山前妻侯氏继妻齐氏 | 夫吕锡山，"山"字辈成员，父吕大忠，母樊氏 | 侯氏，徽宗崇宁二年（1103年）。齐氏，徽宗大观三年（1109年） | 侯氏，二十二岁。齐氏，二十五岁 | 蓝田太尉原祖茔 | 侯氏，徽宗崇宁二年（1103年）。齐氏，大观四年（1110年） | | | C型（竖穴墓道并列双墓室） | 57件(组)，有瓷、陶、银、铜、铁、贝类、水晶、漆木、石九类 | 侯氏，吕锡山撰。齐氏，吕锡山撰 | 侯氏，王康朝书。吕锡山书 | 侯氏，李寿昌镌。李寿永镌 | 未盗掘 | 墓道上部有扰坑 |
| M26 | 吕义山（字子居）与妻（姓名不详） | 父吕大钧，母马氏，为其嫡长子，"山"字辈成员 | 吕义山，徽宗崇宁元年（1102年）。妻不详 | 吕义山，四十九岁。妻不详 | 蓝田太尉原祖茔 | 吕义山，崇宁元年（1102年）。妻，不详 | | | C型（竖穴墓道并列双墓室） | 73件(组)，有瓷、陶、铜、铁、玉、石六类 | | | | 未盗掘 | 无墓志，有铭文石器4件 |
| M28 | 吕大观（字泉思）与妻雷氏（姓名不详） | 父吕贲，母方氏，为其第六子，"大"字辈排行第八 | 神宗熙宁五年（1072年） | 二十九岁 | 蓝田骊山西原祖茔 | 神宗熙宁五年（1072年） | 后迁至蓝田太尉原祖茔 | 神宗熙宁七年（1074年） | A型（竖穴墓道单土洞墓室） | 14件(组)，有瓷、陶、铜、石四类 | 范育撰 | 雷寿民书 | 镌者不详 | 未盗掘 | |
| M29 | 吕至山（字功）与妻（姓名不详） | 父吕大观，母雷氏，为其嫡长子，"山"字辈成员 | 吕至山，徽宗政和元年（1111年）妻，不详 | 吕至山与妻享年皆不详 | 蓝田太尉原祖茔 | 吕至山，徽宗政和元年（1111年）妻，不详 | | | A型（竖穴墓道单土洞墓室） | 出土8件（组），有铜、铁、银、玉四类 | | | | 现见盗洞1 | 无墓志，出土铭文铜器3件 |

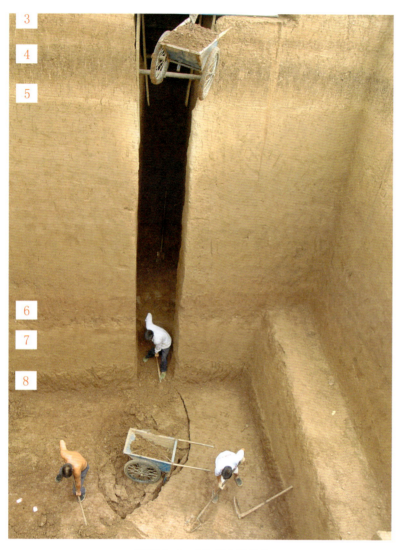

彩版 5-1　M1 地层剖面

彩版 5-2　M1 形制结构

## （二）墓葬形制

墓葬坐东北向西南，方向 200°。由竖穴墓道、土坯封门、平面呈"吕"字形结构的前后双土洞墓室、壁龛 5 部分组成。水平总长 9.65、墓室底部距现地表 11.80 米，墓道现开口距地表 0.75~0.80 米（图 5-2、3；彩版 5-2）。

### 1. 墓道

竖穴土圹墓道位于墓葬最南端。平面呈长方形，开口处南北长 2.60、南端宽 1.00、北端宽 1.10 米。墓道四壁自口至底向内略有收分，壁面虽经铲平，仍略显粗糙。底面南北长 2.40、东西宽 1.00、距现地表 9.80 米，踩踏平整，北端与前室连接。东、西两壁南部对称分布踏窝两列，两列间距 0.40 米。南列踏窝每面纵向排列 14 个，上下窝间距 0.60 米，窝呈三角形，宽 0.20、高 0.15、进深 0.15 米；北列踏窝每面纵向排列 13 个，上下间距 0.45~0.70 米，踏窝呈半弧形，底宽 0.25、高 0.18、进深 0.18 米。墓道内填深黄褐色五花土，质地较硬，未经夯筑（彩版 5-3）。

### 2. 封门

土坯封门位于墓道北壁下墓室入口处，色灰褐、质较硬，经长期渗水淤积，土坯与墓道填土粘连，难以剥离，仅可凭其印迹、质地、土色分辨与填土的差异，而结构、尺寸及土坯规格均已不清（彩版 5-4）。

### 3. 墓室

M1 为土洞式前、后双墓室，以

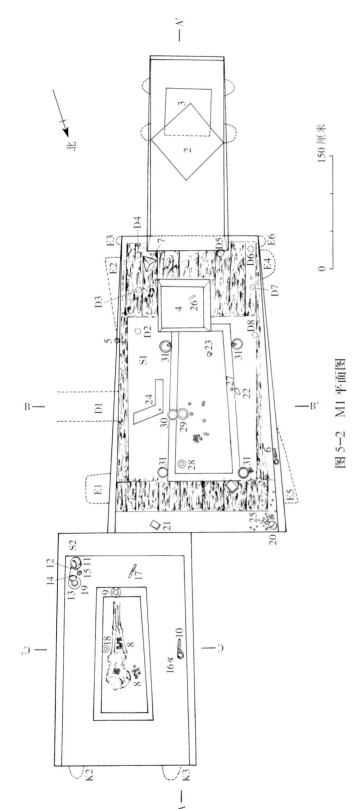

图 5-2　M1 平面图

彩版 5-3　M1 墓道

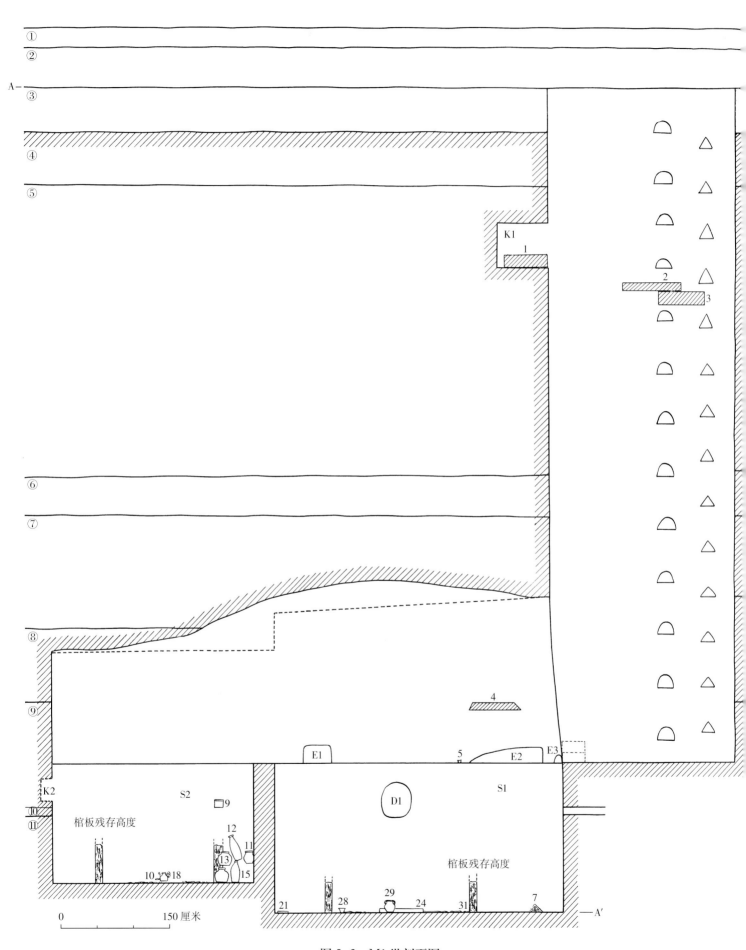

① 
② 
A—③ 
④ 
⑤ 

K1 
1 

2 
3 

⑥ 
⑦ 

4 

E1 
5 
E2 
E3 

K2 
S2 
9 
D1 
S1 
棺板残存高度 

⑩ 
⑪ 

12 
11 
13 
10 18 
15 

棺板残存高度 

21 
28 
29 
24 
31 
7 
—A′ 

0 150 厘米 

图 5-3 M1 纵剖面图

生土隔梁为前、后室分界，其平面结构似"吕"字形（彩版5-5）。

（1）前墓室

编号S1，位于墓葬中部，南接墓道，北连后室。墓室拱形入口开于墓道北部下方，宽（与墓道等宽）1.00、高2.20米。自入口始，东、西两壁外扩，底部下挖，形成低于墓道底部2米的坑式墓室，平面呈南窄北宽梯形，南宽1.86、北宽2.22、东西长4.00米，底部修整平坦，自底至顶通高4.00~4.20米。四壁垂直而上、铲修光滑无收分。东、西壁均于2.00米处外扩起拱，形成最宽处为0.10米的生土二层台；南壁上部正中开设墓室入口；北壁西部为生土壁面，东部与后室间隔宽0.30、高2.00米的生土墙而相互连接。拱形顶虽部分坍塌，但形制清晰可见，南端与入口顶高相同，向北渐趋下斜，呈南高北低之势，原高2.00~2.20、因坍塌现高2.40~2.60米（图5-2~4；彩版5-6）。

发掘时前室填满较硬的黄褐色淤土及拱顶塌土。

彩版5-4 M1土坯封门

彩版5-5 M1墓室

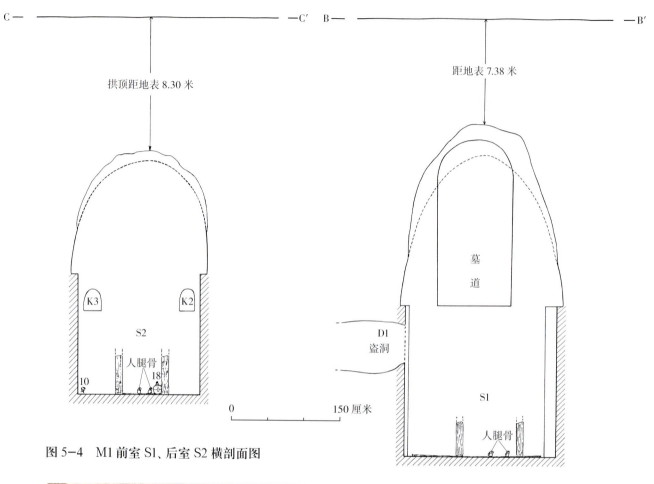

图 5-4　M1 前室 S1、后室 S2 横剖面图

彩版 5-6　M1 前墓室 S1

（2）后墓室

编号 S2，位于墓葬最北端。平面呈南窄北宽长方梯形，南部高 2.00、宽 1.82、厚 0.30 米的生土矮墙将前、后室下部隔断，使其成为上连下阻、相对独立的两个空间。后室底面高于前室 0.40 米，修整平坦，南北长 2.80、南端宽 1.64、北端宽 1.76 米。四壁垂直而上无收分且铲修光滑，东、西壁至 1.60 米处各外扩形成宽 0.10 米的生土二层台（与前室东、西壁二层台在同一水平面上）；自二层台上，东、西两壁均弧向内收成拱顶，并低于前室顶 0.50 米与前室相通，现虽大部分坍塌，但仍有残留，故知后墓室原通高 3.10、坍塌后最高处距底 3.80 米（见图 5-2~4；彩版 5-7）。

室内充满纯净而密实的黄褐色淤土与顶部坍土。

彩版 5-7　M1 后墓室 S2

### 4. 壁龛

共 3 个，编号 K1、K2、K3。K1 位于墓道北壁开口下 1.80 米处，龛平、剖面均为长方形，宽 0.80、高 0.60、进深 0.70 米，壁面粗糙未修整，内置贾夫人墓志 1 方（图 5-5）。后室北壁中下部凿并排半圆形小龛 2 个，东龛编号 K2，宽 0.20、高 0.30、进深 0.16 米；西龛编号 K3，宽 0.25、高 0.30、进深 0.20 米。两龛推测为建造墓室时置灯盏之处。

### 5. 遗迹

前室生土二层台上东壁南、北部壁面有遗迹 3 处，E1 位于北部，平面近方形，宽 0.40、高 0.25、进深 0.32 米；E2 位于南部，平面呈三角形，宽 1.00、

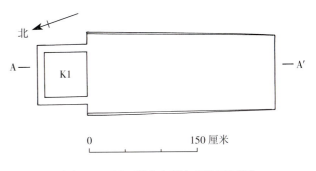

图 5-5　M1 墓道上部与 K1 平面图

高 0.20、最大进深 0.20 米；E3 位于南端，平面为半圆形，宽 0.12、高 0.10、进深 0.08 米；西壁南、北部壁面亦有遗迹 3 处，与东壁各相对应，E5 位于西壁北部，平面为三角形，宽 1.00、高 0.20、最大进深 0.20 米；E4 位于西壁南部，平面呈半圆形，宽 0.40、高 0.20、进深 0.20 米；E6 位于西壁南端，平面半圆形，宽 0.15、高 0.12、进深 0.10 米。

就现场发掘资料及前室不规则龛形遗迹中残留木灰痕迹分析，因前墓室高大且深于墓道底部，为修建后室及前、后室棺木下葬便利，前室二层台上曾横架 3 块宽窄不等、长于前室宽度的木板为横梁，搁置时须在壁面适当处掏掘凹槽将板插入，故形成 E1~E6 处遗迹，横梁固定后再纵向平铺木板形成台面，便于后室诸项操作，待所有工作完成后抽去木板、横梁，恢复原貌，所以现场未见大量板灰朽木遗存。

（三）葬具葬式

M1 为双人同穴异室单棺合葬墓，前室 S1 底部修整平坦后纵向平铺长 3.60、南端宽 1.86、北端宽 2.10 米的木底板一层，共计用板 7 块，各板宽约 0.25~0.30 米，厚度不详，现仅余板灰痕迹，其上置棺。木棺已朽，仅留浅黑色板灰痕迹，但位置、结构清晰，为南北纵向放置于底板中部偏北处，平面呈北宽南窄规整长方梯形，长 2.10、北宽 1.00、南宽 0.80、残高约 0.45 米，棺板厚 10.0 厘米。棺内底铺垫浅灰色草木灰一层。

骨架保存状况极差，因长期地下水淤浸已成黄色粉末，葬式不清。从亡者所在前室的规模、葬具摆放的前后方位、随葬器数量品相推断，前室头北足南而卧者为该墓男主人吕大雅（彩版 5-8）。

彩版 5-8　M1 前室 S1 葬具与葬式

后室 S2 木棺虽已朽成灰状，但遗痕清晰，位置、结构明确，木棺南北纵向放置于底面正中，平面呈北宽南窄规整长方梯形，长 1.80、北宽 0.84、南宽 0.70、残高约 0.52 米，棺板厚 10.0 厘米。

后室骨架保存较前室略好，头北足南仰身直肢式，现存身长约 1.20、肩宽 0.36 米，头部粉化严重，面向不清。从个体特征分析似为女性。应属吕大雅前妻贾氏夫人（彩版 5-9）。

彩版 5-9　M1 后室 S2 葬具与葬式

（四）盗洞

M1 仅见盗洞 1 个，编号 D1。该洞具有极大的隐蔽性，勘探资料和自上而下的考古发掘均未发现盗洞痕迹，然墓室随葬器物却有明显扰动迹象，而骨架、葬具仍保存原始状况，未见零乱损毁。墓葬发掘完毕，仔细寻查中发觉前室东壁中部二层台下有片土色可疑，经清理发现椭圆形小洞，最大径 0.40 米，纵深向东而去，为盗者自东邻 M2 前室西壁打洞贯穿入室行窃所为，从人骨、棺木无损及随葬瓷器犹存分析，该盗洞应开挖于较早时期（见图 5-2、3）。

在前、后室填土中发现少量铁棺钉，多已锈蚀残断，完整者呈四棱锥体，上粗下细，圆形钉帽。长 13.5、帽径 2.3 厘米。

（五）出土遗物

该墓出土遗物 31 件（组），质地有瓷、陶、铜、铁、石五类。器形有瓶、罐、壶、盒、碗、碟、盏、砚、镇纸、围棋子、钱币、带扣、铜饰、剪刀、铧、柄形器、钉状器、棺环、磬、墓志等。摆放位置大致分为三个区域：第一区为墓道壁龛及墓道填土中；第二区为前室内；第三区指后室南部及棺具内。

**1. 瓷器**

共 8 件（组）。器类有瓶、罐、盒、碗、碟。

（1）茶叶末釉小口瓶　2 件。

M1：15、12，完整。轮制成型，小直口，卷沿厚圆唇，矮颈微束，广肩平折，筒状深腹，饼足，足沿微外撇。器内满施褐色薄釉，器外施茶叶末釉至下腹，下腹及足部露胎。釉面粗涩，有木光。露胎处表面呈土黄色，有褐色麻点及小孔隙。通体素面，腹壁有明显轮制旋痕。2 件形制、釉色相同，唯尺寸有异。

M1：15，出于后室东南角。瓶腹上部有裂缝。通高 33.4、口径 4.9、腹径 12.5、底径 9.2 厘米（图 5-6，1；彩版 5-10）。

M1：12，出于后室东南角。腹壁微鼓、其上轮制旋痕模糊、遍布黑色小芒点，饼足，外底心内凸。通高 29.3、口径 5.0、腹径 12.2、底径 8.9 厘米（图 5-6，2；彩版 5-11）。

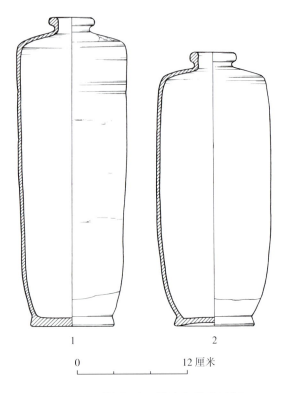

图 5-6　茶叶末釉小口瓶

1、2.M1：15、12

（2）白釉双系罐　1 件。

M1：29，出于前室棺内东侧偏北处。微残，修复完整。轮制成型。直口，圆唇，高领，溜肩，鼓腹，下腹斜向内收，玉璧底，腹、足相交处自内向外修削一周，颈、肩部对称安条形双系。器内自口至颈及腹下局部施浅褐色薄釉。外壁先着白色化妆土，然后施白釉至腹下，其下露胎。釉色白中泛黄。釉面晶莹光亮，肩部有冰裂纹。露胎处表面呈土黄色，胎质坚硬细密。通体素面，腹部有轮制旋痕。通高 9.8、口径 9.3、腹径 11.4、圈足径 6.1 厘米（图 5-7，1；彩版 5-12）。

（3）白釉圆盒　1 件。

M1：14，出于后室东南角。

彩版 5-10　茶叶末釉小口瓶 M1：15

基本完整。轮制。由盒盖与盒身扣合而成。盖为平顶微弧，周边凸起窄棱一周，立沿竖直下置母口；盒身为子口，口沿有残损，浅直腹、下腹折向内收，卧足。除子、母口沿、盖沿内壁、足部露胎外，余处均施白釉，足内有粘釉现象。釉层肥厚均匀。釉面滋润，晶莹剔透。胎色灰白，胎质坚硬细密。器表通素无纹，外腹壁有轮制旋痕三周。通高3.3、盖径8.0、口径7.0、腹径7.8、底径3.6厘米（图5-7，2；彩版5-13）。出土时盒内残存红色物质，器物成分、质地、用途详见本报告柒第三章。

（4）白釉浅腹碗 1件。

M1：16，出于后室西侧中部。破碎，腹部有缺片，可复原。轮制成型。敞口，卷沿、厚圆唇，

彩版5-11 茶叶末釉小口瓶 M1：12

浅弧腹，玉璧底，内底留有支钉痕3枚。器内与外壁上部着化妆土，器内壁施满釉，外壁施釉至沿下，下腹及足露胎。釉色乳白。釉面干涩，厚而浑浊。灰胎质粗而疏松。通体素面，腹壁有明显轮制痕迹。通高3.1、口径11.2、底径5.6厘米（图5-7，3；彩版5-14）。

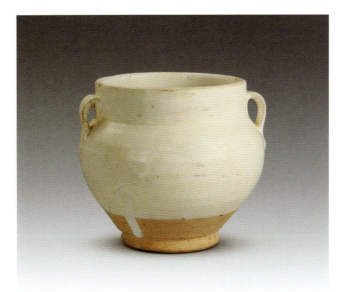

彩版5-12 白釉双系罐 M1：29

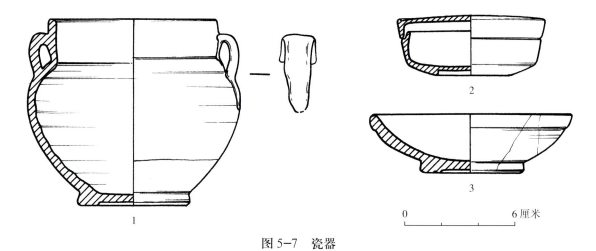

图 5-7　瓷器

1.白釉双系罐 M1：29　2.白釉圆盒 M1：14　3.白釉浅腹碗 M1：16

彩版 5-13　白釉圆盒 M1：14

彩版 5-14　白釉浅腹碗 M1：16

（5）青釉碗瓷片　1件。

M1：23，出于前室棺内南端。碗口沿残片，无法修复。尖圆唇，内、外壁均施青釉，釉色青中略泛黄。釉面有棕眼。灰色胎，胎质坚硬。素面。残长4.2、残高2.0厘米（图5-8，1）。

（6）黑釉金兔毫盏　1件。

M1：28，出于前室棺内东北角。破碎，修复完整。轮制成型。敞口，圆唇，斜腹，矮圈足，挖足甚浅。器内壁满施黑釉，外壁施黑釉至近底处，圈足露胎。釉层厚而凝重。釉面光亮，上有金色细线呈放射状分布，形似兔毫。口沿内、外因釉质较稀，施后沿器壁向底流动从而形成釉薄色淡呈酱色的特点。灰胎，胎质坚硬细密，露胎处表面光滑呈暗黄色。外底正中有墨书遗迹，似为"右"字。通高5.0、口径12.5、圈足径3.6厘米（图5-8，2；彩版5-15）。

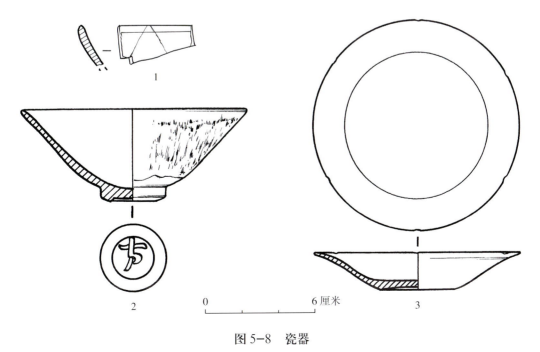

图 5-8　瓷器

1.青釉碗瓷片 M1：23　2.黑釉金兔毫盏 M1：28　3.青白釉葵口碟 M1：30

彩版 5-15　黑釉金兔毫纹盏 M1：28

彩版 5-16　青白釉葵口碟 M1：30

（7）青白釉葵口碟　1件。

M1：30，出于前室东侧偏北。完整。轮制成型。六曲敞葵口，尖唇，浅腹，平底。内、外壁满施青白釉，足底露胎。釉层均匀。釉面光洁润泽。露胎处表面呈白色，胎质坚硬细密。通体素面，内底、腹相交处有弦纹一周。通高2.2、口径11.4、底径4.1厘米（图5-8，3；彩版5-16）。

### 2.陶器

共8件（组）。器类有罐、盒、砚、盏、围棋子等。

（1）小口鼓腹罐　3件。

M1：11、13、19，均出于后室东南角。M1：11、13保存完整，M1：19残破，修复完整。轮制成型。泥质灰陶，光滑细腻。3件形制、尺寸、质地完全相同。直口，卷沿，圆唇，矮颈微束，圆肩，鼓腹，下腹斜收成小平底。

M1：11，肩、上腹部分别以褐彩绘双线纹三周，其间绘网格图案，现纹饰已模糊不清。通高19.0、口径10.2、腹径19.0、足径9.5厘米（图5-9；彩版5-17）。

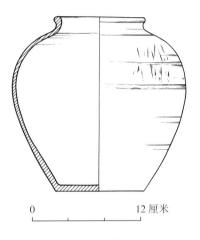

图5-9　小口鼓腹罐 M1：11

（2）"卍"字纹圆盒　1套。

由盖、盒身两部分组成。盒盖编号M2：64，出于M2墓前室北端，已断裂，修复完整。盒身编号M1：20，出于M1墓前室西北角，破碎，修复完整。泥质灰陶。因M1、M2间有盗洞相连，发掘时盒身出于M1，盖则见于M2，应为盗者扰动所至。盒盖为平顶，折立沿，下为母口，顶中镂空"卍"字纹。盒身为子口，深直腹，平底，外底心微内凸。外壁十分光滑，残留部分深灰色陶衣。通体素面。通高7.2、盖高2.4、母口径10.5、盒身高5.6、子口径10.0、底径11.0厘米（图5-10，1；彩版5-18）。

（3）素面圆盒　1件。

M1：9，出于后室东南角。完整。轮制成型。泥质灰陶。由盒盖与盒身组合而成，盖顶中部平坦、周边折向下弧使盖顶面呈台式凸起，直立沿，下为母口。盒身为子口，深腹，外腹壁上部竖直、

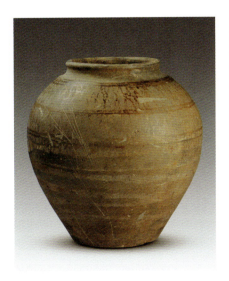

彩版5-17　小口鼓腹罐 M1：11

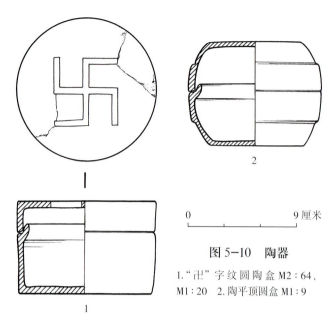

图 5-10　陶器

1. "卍"字纹圆陶盒 M2：64、M1：20　2. 陶平顶圆盒 M1：9

中部折向内收成平底。外壁有深灰黑色陶衣，光滑细腻有光泽，出土时因昔日使用摩擦而有部分脱落，露出陶胎。通体素面，外底轮制同心圆痕迹明显。通高 8.4、盒盖口径 11.1、盒身子口径 9.5、腹径 11.1、底径 7.6 厘米（图 5-10，2；彩版 5-19）。

具有深灰黑色光亮外皮的陶器于随葬品中较为多见，精工细作，品相俱佳，使用痕迹明显，应为加碳陶。

（4）风字形砚　1 件。

M1：22，出于前室西侧中部。完整。模制成器，做工细致。因形制前宽后窄似"风"字而得名。砚堂上为窄沿，墨堂微隆，墨池斜刹，

彩版 5-18　　"卍"字纹圆盒 M2：64、M1：20

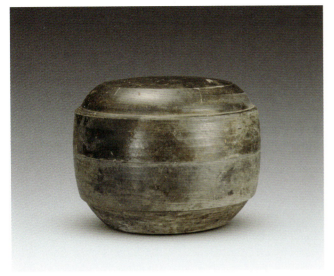

彩版 5-19　素面圆盒 M1：9

底部立沿斜向内敛。泥质灰陶胎，器表残存斑驳黑灰色光亮陶衣。通体素面。现墨池内尚残留墨汁痕迹。高2.7、面长15.9、前宽10.0、后宽11.0、底长15.5、前宽9.5、后宽10.3厘米（图5-11，1；彩版5-20）。

（5）灯盏　1件。

M1：5，出于前室东壁二层台上。保存完整。轮制成型。泥质灰陶。敞口，圆唇，浅腹，腹壁斜直内收，薄饼足。通体素面。通高2.5、口径7.2、底径4.0厘米（图5-11，2；彩版5-21）。

（6）围棋子　1组240枚。

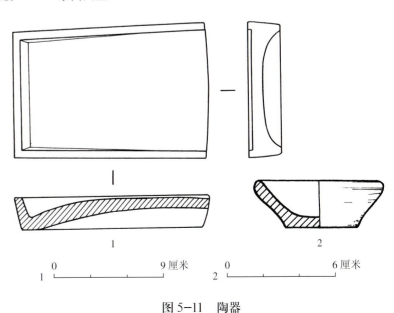

图 5-11　陶器

1.风字形陶砚 M1：22　2.陶灯盏 M1：5

彩版 5-20　风字形砚 M1：22

　　M1：25-1~240，出于前室西北侧，其中白棋子 127 枚，黑棋子 113 枚。均模制成形，保存基本完整。外貌呈圆形饼状，表面光滑。黑子为泥质灰黑陶，白子为泥质白陶制成，均质地坚硬。棋子直径 1.4~1.8、厚 0.3~0.5 厘米（彩版 5-22）。

　　标本 M1：25-1，完整。白色。直径 1.6、厚 0.5 厘米（图 5-12，1；彩版 5-22）。

　　标本 M1：25-128，完整。黑色。直径 1.7、厚 0.5 厘米（图 5-12，2；彩版 5-22）。

彩版 5-21　灯盏 M1：5

彩版 5-22　围棋子 M1：25

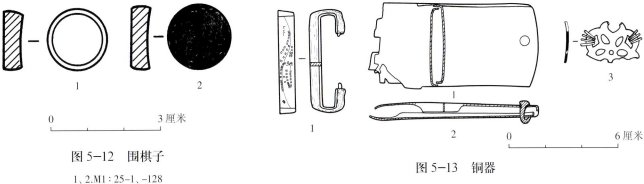

图 5-12　围棋子
1、2.M1：25-1、-128

图 5-13　铜器
1.铜带銙 M1：27-1　2.铜铊尾 M1：27-3　3.花形铜残饰件 M1：32

### 3．铜器

共 3 件（组）。器形有带饰、花形饰件等。

（1）带饰　1 组 3 件。

M1：27-1～3，出于前室西侧中部。均已锈残。分别为带銙、带首。

M1：27-1、-2，为带銙 2 件，形制规格相同。

M1：27-1，窄铜片曲折成"⌐"形卡于革带上。长 5.4、宽 1.8 厘米（图 5-13，1；彩版 5-23）。

M1：27-3，为带首 1 件，上、下两面用薄铜片捶揲成近长方形，折边后扣合而成，前端平直、分置横向卷筒式短套扣 2 个，现虽破损，然位置、形制仍可辨，而套扣中所插横轴与轴上带针均遗失，后端沿则显半弧形。上、下面微拱起，中空。面上素净无纹。长 9.0、宽 4.4、厚 0.4 厘米（图 5-13，2；彩版 5-23）。

（2）花形残件　1 枚。

M1：32，出于前室内。锈残。以铜片捶揲镂刻成形。原为镂空团花状，现一半缺失，剩余部分边沿镂孔内各套小铜环 4 个。残长 3.0、残宽 2.0 厘米，小铜环直径 0.7 厘米。该器应属香匙柄末端花形结构残件（图 5-13，3；彩版 5-24）。

### 4．铜钱

完整、可辨字迹者共 66 枚，编号为 M1：8-1～66，分别出于前室与后室。均浇铸成形。种类

彩版 5-23　带饰一组 M1：27-3、-1　　　　　　　彩版 5-24　花形残件 M1：32

有开元通宝、周元通宝、太平通宝、至道元宝、祥符元宝、天禧通宝、天圣元宝、皇宋通宝、嘉祐通宝、治平通宝、治平元宝、熙宁元宝、熙宁重宝、元丰通宝、元祐通宝、绍圣元宝、元符通宝、圣宋元宝等。另有少量残破或字迹模糊难辨钱币，此处不做详述。

（1）开元通宝　5枚。

品相较佳，分大、小两种。

大者：2枚。内、外廓规整，方穿较小。正面楷书钱文对读，笔画纤细。背面饰有不规则图案。钱径2.5、穿边长0.65厘米，重3.25克。标本M1：8-1（图5-14，1；彩版5-25，左）。

小者：3枚。正、反两面外廓低平，穿孔较大。正面钱文笔画略粗，边缘模糊。钱径2.3、穿边长0.6厘米，重2.6克。标本M1：8-3（图5-14，2；彩版5-25，右）。

（2）周元通宝　1枚。

M1：8-6，质地厚重，品相较佳，正面外廓宽而凸出，穿孔较小，楷书钱文对读，字体较大、笔画纤细清晰。背面光素、无廓。钱径2.6、穿边长0.65厘米，重4.05克（图5-14，3；彩版5-26）。

（3）太平通宝　1枚。

M1：8-7，钱体轻薄，保存较好，穿孔显小。正面内、外廓规整凸出，楷书钱文对读，笔画纤细清晰。背面光素无纹，廓沿低平。钱径2.4、穿边长0.6厘米，重3.05克（图5-14，4；彩版5-27）。

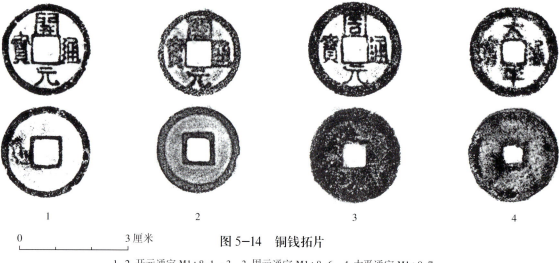

1　　　　　　2　　　　　　3　　　　　　4

0 ——————— 3厘米　　　　图5-14　铜钱拓片

1、2.开元通宝 M1：8-1、-3　3.周元通宝 M1：8-6　4.太平通宝 M1：8-7

彩版5-25　开元通宝 M1：8-1、-3　　　彩版5-26　周元通宝　　彩版5-27　太平通宝
　　　　　　　　　　　　　　　　　　　　　　　　M1：8-6　　　　　　　　M1：8-7

（4）至道元宝　1枚。

M1：8-22，钱体轻薄，品相差。正面廓宽而不规整，穿孔小且歪斜，行草钱文顺时针旋读，字体小而模糊，笔画较粗。背面光素无纹，无廓沿。钱径2.4、穿边长0.55厘米，重2.8克（图5-15，1；彩版5-28）。

（5）祥符元宝　1枚。

M1：8-23，钱体规整，品相较佳，正面内、外廓宽而凸出，穿孔方正，楷书钱文顺时针旋读，字体小而清晰，笔画较粗。背面光素无纹，廓沿宽而低平。钱径2.5、穿边长0.6厘米，重3.45克（图5-15，2；彩版5-29）。

（6）天禧通宝　2枚。

钱体大而轻薄，保存状况较好，正、背两面内、外廓宽而凸出，穿孔较大。正面楷书钱文顺时针旋读，字体大而清晰，笔画较粗。背面光素无纹。钱径2.6、穿边长0.6厘米，重3.4克。标本M1：8-24（图5-15，3；彩版5-30）。

（7）天圣元宝　1枚。

M1：8-26，钱体小而规范，品相较好，正面内、外廓窄而凸出，穿孔大，篆书钱文顺时针旋读，字体大而模糊，笔画粗。背面光素无纹，廓沿宽而凸出。钱径2.4、穿边长0.7厘米，重3.8克（图

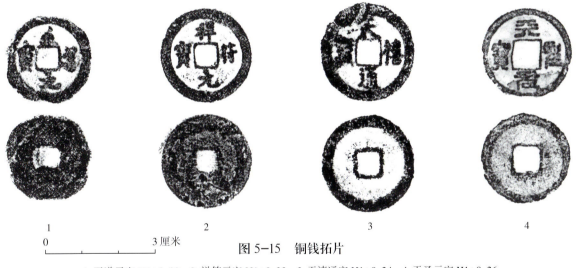

1　　　　　　　　　2　　　　　　　　　3　　　　　　　　　4

0　　　　　　3厘米

图5-15　铜钱拓片

1. 至道元宝 M1：8-22　2. 祥符元宝 M1：8-23　3. 天禧通宝 M1：8-24　4. 天圣元宝 M1：8-26

彩版5-28　至道元宝　　彩版5-29　祥符元宝　　彩版5-30　天禧通宝　　彩版5-31　天圣元宝
　　M1：8-22　　　　　　　M1：8-23　　　　　　　M1：8-24　　　　　　　M1：8-26

5-15，4；彩版5-31）。

（8）皇宋通宝　10枚。

钱文有楷、隶、篆三种书体，分三型。

A型：楷书3枚。品相较佳，内、外廓规整凸出，穿孔较大。正面楷书钱文对读，笔画略粗。背面光素，稍有错范。钱径2.45、穿边长0.75厘米，重3.35克。标本M1：8-8（图5-16，1；彩版5-32，左）。

B型：隶书2枚。钱体较薄，保存尚好，正面内、外廓宽而规整，隶书钱文对读，字体较大，笔画纤细。背面光素无纹，廓沿低平。钱径2.5、穿边长0.6厘米，重3.34克。标本M1：8-11（图5-16，2；彩版5-32，中）。

C型：篆书5枚。钱体轻薄，保存较好，穿孔略小，正面内、外廓宽而凸出，篆书钱文对读，字体较小，笔画纤细。背面光素无纹，廓沿低平。钱径2.5、穿边长0.55厘米，重3.1克、标本M1：8-13（图5-16，3；彩版5-32，右）。

（9）嘉祐通宝　3枚。

钱体轻薄规整，保存较好，正面内、外廓宽而凸出，穿孔方大，楷书钱文对读，字体小而清晰，笔画纤细。背面光素无纹，廓宽而低平。钱径2.5、穿边长0.7厘米，重3.3克。标本M1：8-27（图5-16，4；彩版5-33）。

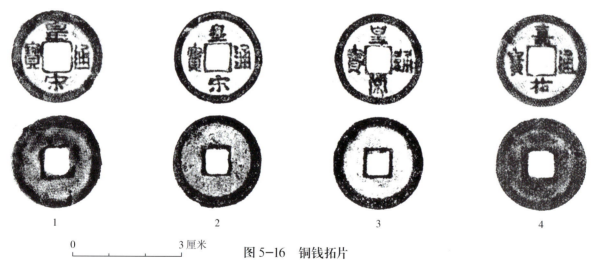

图5-16　铜钱拓片

1~3.皇宋通宝 M1：8-8、-11、-13　4.嘉祐通宝 M1：8-27

彩版5-32　皇宋通宝 M1：8-8、-11、-13　　　　彩版5-33　嘉祐通宝 M1：8-27

（10）治平通宝　1枚。

M1：8-30，钱体厚重，品相较差。正、背两面内、外廓宽而凸出，穿孔方大。正面篆书钱文对读，字体大而模糊，笔画较粗。背面光素无纹。钱径2.5、穿边长0.7厘米，重3.3克（图5-17，1；彩版5-34）。

（11）治平元宝　2枚。

品相较好，正面廓宽而凸出，穿孔较小，行楷钱文顺时针旋读，字体大而清晰，笔画较粗。背面光素无纹，廓沿宽而低平。钱径2.4、穿边长0.5厘米，重4.9克。标本M1：8-31（图5-17，2；彩版5-35）。

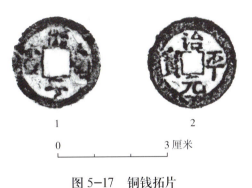

图5-17　铜钱拓片

1.治平通宝 M1：8-30　2.治平元宝 M1：8-31

彩版5-34　治平通宝 M1：8-30　　彩版5-35　治平元宝 M1：8-31

（12）熙宁元宝　8枚。

钱文有篆、楷两种书体，分两型。

A型：篆书4枚。钱体轻薄而规范，保存较好，正面廓窄而低平，穿孔较大而方正，篆书钱文顺时针旋读，字体大而清晰，笔画纤细。背面光素无纹，廓宽而低平。钱径2.5、穿边长0.7厘米，重4.0克。标本M1：8-35（图5-18，1；彩版5-36，左）。

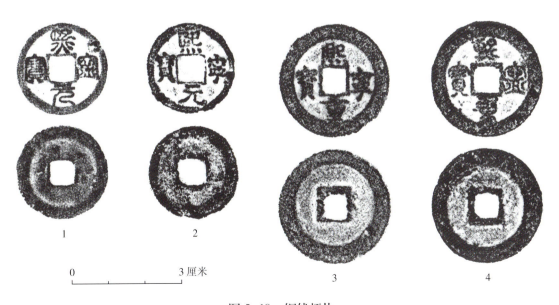

图5-18　铜钱拓片

1、2.熙宁元宝 M1：8-35、-38　3、4.熙宁重宝 M1：8-33、-34

彩版 5-36　熙宁元宝 M1：8-35、-38　　　　　　彩版 5-37　熙宁重宝 M1：8-33、-34

　　B 型：楷书 4 枚。规格同上，钱体较上轻薄，正面楷书钱文笔画较粗。钱径 2.4、穿边长 0.72 厘米，重 3.0 克。标本 M1：8-38（图 5-18，2；彩版 5-36，右）。

　　（13）熙宁重宝　2 枚。

　　钱文分楷、篆两种书体，分两型。

　　A 型：楷书 1 枚。M1：8-33，钱体大而厚重，品相尚佳。正、背两面内、外廓宽而凸出，穿孔小而方正。正面楷书钱文顺时针旋读，字体大且清晰，笔画较细。背面光素无纹。钱径 3.0、穿边长 0.6 厘米，重 7.8 克（图 5-18，3；彩版 5-37，左）。

　　B 型：篆书 1 枚。M1：8-34，品相规格与上完全相同，仅钱文为篆书。钱径 3.1、穿边长 0.7 厘米，重 7.7 克（图 5-18，4；彩版 5-37，右）。

　　（14）元丰通宝　14 枚。

　　以规格、书体之不同，分两型。

　　A 型：篆书 10 枚。分两亚型。

　　Aa 型：4 枚。钱体大而厚重，品相较佳，正面内、外廓宽而凸出，穿孔较小，篆书钱文顺时针旋读，字体大而清晰，笔画较粗。背面光素无纹，廓宽而低平。钱径 2.85、穿边长 0.6 厘米，重 7.0 克。标本 M1：8-43（图 5-19，1；彩版 5-38，左）。

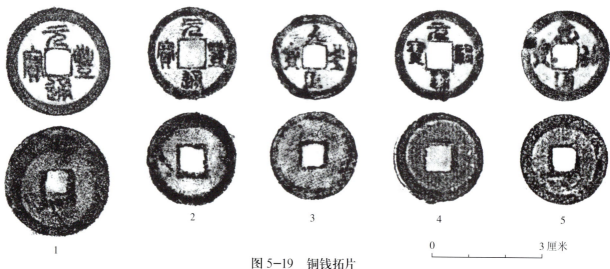

图 5-19　铜钱拓片

1~3. 元丰通宝 M1：8-43、-47、-53　　4、5. 元祐通宝 M1：8-57、-60

　　Ab 型：6 枚。钱体轻薄，品相较差，正、背两面内、外廓较宽而低平。正面钱文书体、排序同上，背面光素无纹。钱径 2.45、穿边长 0.6 厘米，重 3.7 克。标本 M1：8-47（图 5-19，2；彩版 5-38，右）。

　　B 型：行书 4 枚。钱体小而厚重，品相较好，正面廓宽而凸出，穿孔较小并方正，行书钱文顺时针旋读，字体小而清晰，笔画纤细。背面光素无纹，廓宽而低平。钱径 2.4、穿边长 0.55 厘米，重 3.9 克。标本 M1：8-53（图 5-19，3）。

　　（15）元祐通宝　6 枚。

　　钱文有篆、行两种书体，分两型。

　　A 型：篆书 3 枚。钱体轻薄，保存较好，正面廓宽而凸出，穿孔较大而方正，篆书钱文顺时针旋读，字体略小而清晰，笔画纤细。背面光素无纹，廓宽而低平。钱径 2.4、穿边长 0.6 厘米，重 3.4 克。标本 M1：8-57（图 5-19，4；彩版 5-39，左）。

　　B 型：行书 3 枚。品相规格同上，唯钱文为行书，笔画较粗。钱径 2.4、穿边长 0.65 厘米，重 3.9 克。标本 M1：8-60（图 5-19，5；彩版 5-39，右）。

　　彩版 5-38　元丰通宝 M1：8-43、-47　　　　　　彩版 5-39　元祐通宝 M1：8-57、-60

　　（16）绍圣元宝　3 枚。

　　钱体小而轻薄，保存较好，正面廓宽而凸出，穿孔较小且方正，篆书钱文顺时针旋读，字体较小而清晰，笔画纤细。背面光素无纹，不见廓沿。钱径 2.3、穿边长 0.5 厘米，重 3.0 克。标本 M1：8-63（图 5-20，1；彩版 5-40）。

　　（17）元符通宝　1 枚。

　　M1：8-66，钱体较厚重，品相尚佳，正、背两面内、外廓宽而凸出，穿孔较大且方正。正面行书钱文顺时针旋读，字体小而清晰，笔画较粗。背面光素无纹。钱径 2.4、穿边长 0.65 厘米，重 3.85 克（图 5-20，2；彩版 5-41）。

　　（18）圣宋元宝　4 枚。

　　钱文有篆、行两种书体，分两型。

　　A 型：篆书 2 枚。币小而厚重，保存状况较差，正面廓窄而低平，穿孔大，篆书钱文顺时针旋读，字体小而清晰，笔画纤细。背面光素无纹，廓宽而低平。钱径 2.4、穿边长 0.5

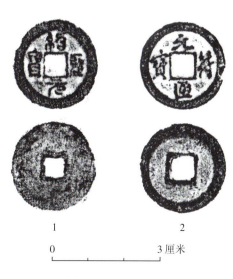

图 5-20　铜钱拓片

1. 绍圣元宝 M1：8-63　2. 元符通宝 M1：8-66

彩版 5-40　绍圣元宝　　　　彩版 5-41　元符通宝　　　　彩版 5-42　圣宋元宝 M1：8-18、-20
　　M1：8-63　　　　　　　　　　M1：8-66

厘米，重 4.2 克。标本 M1：8-18（图 5-21，1；彩版 5-42，左）。

　　B 型：行书 2 枚。品相较好，正、背两面外廓宽而凸出，穿孔大。正面行书钱文顺时针旋读，字体小而清晰，笔画较粗。背面光素无纹。钱径 2.4、穿边长 0.6 厘米，重 3.9 克。标本 M1：8-20（图 5-21，2；彩版 5-42，右）。

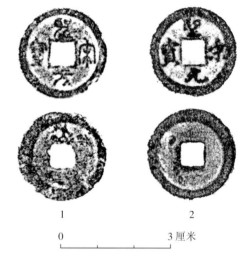

图 5-21　铜钱拓片
1、2. 圣宋元宝 M1：8-18、-20

### 5. 铁器

　　共 8 件（组）。器形有执壶、镇纸、剪刀、铧、柄形器、锥状器、棺环等。

　　（1）执壶　1 件。

　　M1：18，出于后室棺内。锈蚀严重，修复基本完整。浇铸合模成形。体貌粗矮，由壶盖、壶身组合而成。盖为母口，直立沿、平顶，顶心下凹正中为蘑菇状纽。壶置子口，短直颈，斜折肩宽平，深腹微弧，大平底，底心稍显内凸，肩侧高筜管状流、流嘴平削，相对一侧颈、腹部焊接扁条形半圆式执手，执手背居中钻小孔一个，可穿绳与盖纽连结。通体素面，肩、腹部有纵、横四道合模印迹。通高 13.4、盖高 2.9、母口径 5.6、壶高 11.2、子口径 4.9、腹径 11.0、底径 8.9、流高 3.6、流口最大径 1.5、执手高 7.0、宽 1.5 厘米（图 5-22；彩版 5-43）。

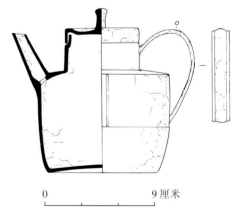

图 5-22　铁执壶 M1：18

　　（2）镇纸　1 件。

　　M1：17，出于后室西侧中部。锈蚀严重。浇铸成形。器呈窄长方体，上面正中为蘑菇状提纽，纽柄剖面呈方形，帽为四棱伞盖状。通体素面。器长 31.2、宽 1.7、厚 0.7、提纽高 4.3、帽径 1.7 厘米（图 5-23；彩版 5-44）。

　　（3）剪刀　2 件。

　　M1：6、10，2 件均铸造成形，形制规格近似，其中 M1：6 出于前室西壁二层台上，已锈蚀残断。

彩版 5-43　执壶 M1∶18

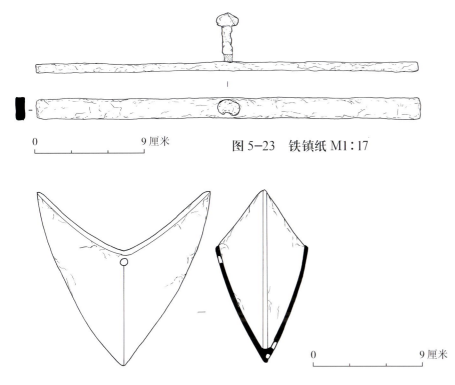

图 5-23　铁镇纸 M1∶17

图 5-25　铁铧 M1∶7

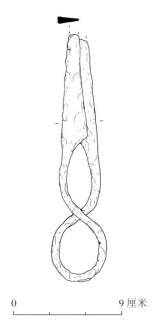

图 5-24　剪刀 M1∶10

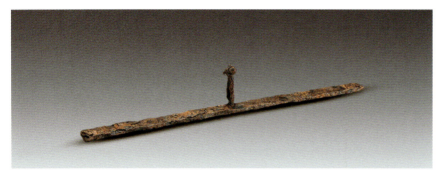

彩版 5-44　镇纸 M1：17

彩版 5-45　剪刀 M1：10

彩版 5-46　铁铧 M1：7

标本 M1：10，出于后室西侧中部。保存基本完整，尖部有残损。剪柄曲折成"8"字形交口，上、下两刀上窄下宽略呈三角形，内面启刃。残长 19.4、最宽处 4.5 厘米（图 5-24；彩版 5-45）。

（4）铁铧　1 件。

M1：7，出于前室东南角。保存完整，表面光滑。生铁浇铸成形。整体呈燕尾形，中空，两面正中脊棱凸起，正面脊棱顶端置圆孔一个，锋尖锐利。高 14.0、最宽处 14.8、厚 7.0 厘米（图 5-25；彩版 5-46）。

（5）柄形器　1 件。

M1：26，出于前室南侧。锈蚀严重。铸造成形。柄前端为中空圆筒形，前粗后细，筒内残存红色木屑痕迹，推测原套装于木质器物之上。后端呈"工"字形握手。通长 11.0、口径 1.8 厘米（图 5-26，1；彩版 5-47）。

（6）锥状器　1 件。

M1：33，出于后室。锈蚀严重。铸造成形。体呈四棱锥状，截面为方形，尖端锐利，顶端插于短筒形套管中，现套管上部已失、形制不明，仅见套置其中的锥状器顶端呈"凸"字形榫头结构。长 19.5、顶径 1.4 厘米（图 5-26，2；彩版 5-48）。

（7）棺环　1 组 4 件。

M1：31-1~4，出于前室木棺四角。锈蚀较严重。铸造成形。4 枚形制相同，环体粗壮，截面呈扁长方形，特制铁钉前端套于环上，后端钉体为和合式双股，薄而尖长，钉入棺木中后再行分开扒于棺内壁上，因而极其牢固。因其形似鸭嘴钳于环上，又称鸭嘴衔环钉。

标本 M1：31-4，环径 10.5、钉长 8.2 厘米（图 5-26，3；彩版 5-49）。

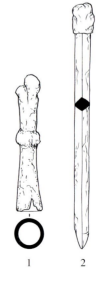
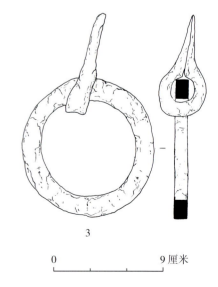

图 5-26　铁器

1. 铁柄形器 M1：26　2. 铁锥状器 M1：33　3. 铁棺环 M1：31-4

彩版 5-47　柄形器 M1：26　　　　　　　　　　　彩版 5-48　锥状器 M1：33

### 6. 石器

共 2 件。器形为磬、砚。

（1）磬　1 件。

M1：24，出于前室东侧中部。保存完整。青石凿刻制成，表面打磨光滑。勾倨与凹角均为 120° 左右钝角，以勾倨为准，较短宽部分称股、较窄长者曰鼓，磬折处置圆形穿一。正、背两面均阴刻铭文，鼓立沿上楷书鋬 2 行 6 字"林鐘　庚辰六月"，鼓正面有楷书铭文 5 行，满行 16 字（附一）；股正面刻楷书铭文 6 行，满行 15 字（附二），正面共计鋬文 161 字。鼓背面亦有楷书铭文 9 行，满行 26 字（附三），股背面共刻楷书铭文 13 行，满行 26 字（附四），

彩版 5-49　棺环 M1：31-1～4

背面共计铭文 507 字。正面字迹较背面稍大，行文过程中，遇先祖官阶、尊号前空一格。鼓长 44.5、宽 10.0~12.0、股长 39.5、宽 15.2、磬厚 5.6、穿径 1.9 厘米（图 5-27~29；彩版 5-50）。

附一　股正面铭刻录文：

有宋大觀三年歲在己丑正月庚子 /
汲郡呂君正之以疾卒于汝州之郟城 /
越明年二月丙申反葬于京兆府藍田 /
縣太尉原之先塋禮也其孤仲山斮石 /
以為林鍾之磬備物而納諸壙中從子 /
景山泣而銘之其詞曰 /

股正面铭文句读为：

有宋大观三年，岁在己丑正月庚子，汲郡吕君正之以疾卒于汝州之郟城。越明年二月丙申，反（返）葬于京兆府蓝田县太尉原之先茔，礼也。其孤仲山斮石以为林钟之磬，备物而纳诸圹中。

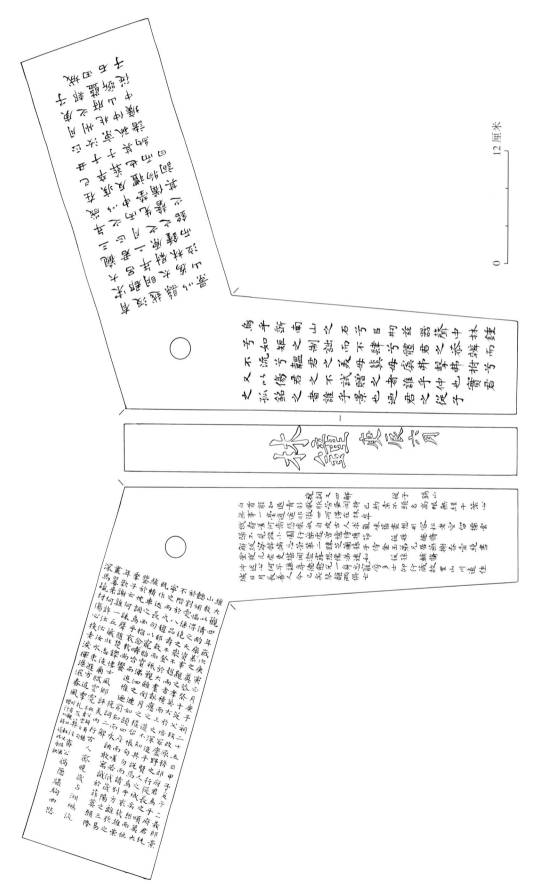

图 5-27　铭文石椁君 M1:24

烏乎斷南山之石兮巨刊茲器聲中林鍾
不如矩之制詘而不肆兮體君之恭辨而
又以流兮韞君之美爰母虞弗擊弗拊而
之孤銘之者誰乎尋也迺君之從子
實君兮

有宋大觀三年歲在己丑正月庚子
汲郡呂君正之以疾卒于汝州府監田城
越明年二月丙申反葬于京兆府斷石
縣太尉原之塋也其孤仲山斷石
以為林鍾之磬備物而納諸壙中從子
景山泣而銘之其詞曰

0 　　　　　9厘米

图 5-28　铭文石磬 M1：24 拓片

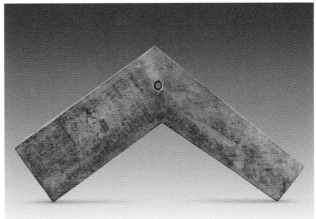

彩版 5-50　铭文磬 M1：24

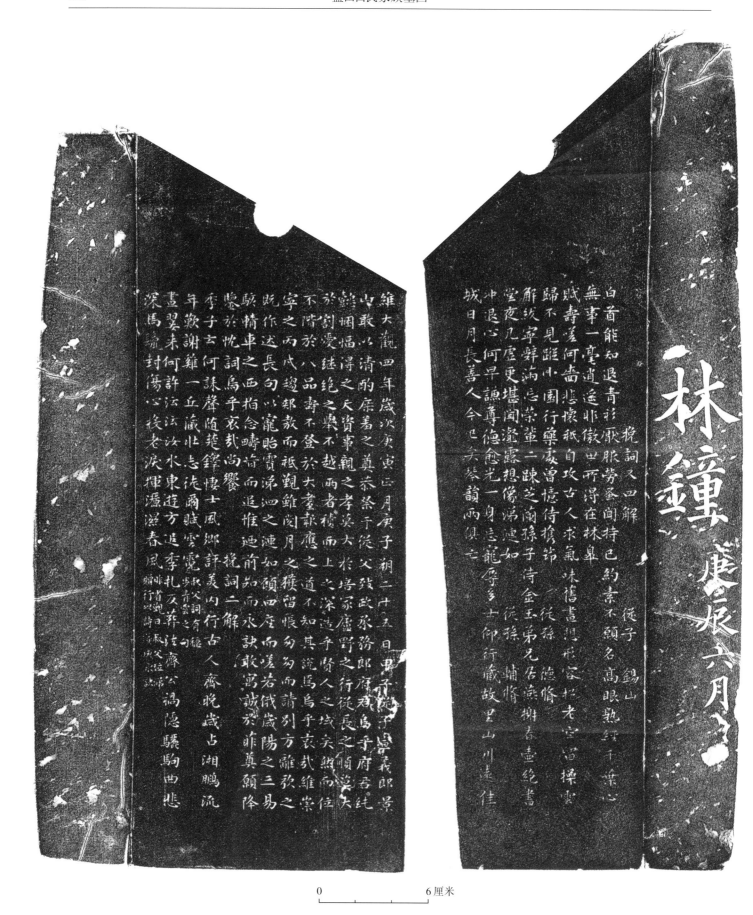

0　　　　　　6厘米

图 5-29　铭文石磬 M1：24 拓片

从子景山泣而铭之，其词曰：

附二　鼓正面铭刻录文：

烏乎斲南山之石兮以㓢兹器聲中林鍾 /

兮如矩之制訕而不肆兮體君之恭辨而 /

不流兮韞君之美毋簨毋虡弗擊弗拊兮 /

又以傷君之不試贈之者谁乎仲也實君 /

之孤銘之者谁乎景也迺君之従子 /

鼓正面铭文句读为：

乌乎！斫南山之石兮，以㓢（创）兹（此）器。声中林钟兮，如矩之制。訕而不肆兮，体君之恭。辨而不流兮，韫君之美。毋簨毋虡、弗击弗拊兮，又以伤君之不试。赠之者谁乎？仲也，实君之孤。铭之者谁乎？景也，乃君之从子。

附三　股背面铭刻录文：

維大觀四年歲次庚寅正月庚子朔二十五日甲子従子宣義郎景 /

山敢以清酌庶羞之奠恭祭于従父致政承務郎府君烏乎府君純 /

懿悃愊得之天資事親之孝莫大扵培塚廬野之行従長之順莫大 /

於割愛繼絕之舉不越兩者積而上之深造乎賢人之域矣然而位 /

不階於八品壽不登於大耊報應之道不知其說焉烏乎哀哉維崇 /

寧之丙戌趨郟敖而祇覲雖閱月之獲留悵匆匆而請別方離歌之 /

既作述長句以寵貽霣涕泗之漣如顧四座而嗟若俄歲陽之三易 /

駭輀車之西指念疇昔而追惟迺前知而永訣敢寓誠於菲奠願降 /

鑒於忱詞烏乎哀哉尚饗　　　挽詞二解 /

季子雲何諫聲隨楚鐸悽士風鄉評美內行古人齊晚歲占湘鵬流 /

年歎謝雞一丘藏壯志徒爾賦雲霓

叔父詞有穩 / 步青雲之句 /

畫翣來何許泫泫汝水東遊方追季劄反葬法齊公禍隱驪駒曲悲 /

深馬鬣封傷心投老淚揮灑濕春風

昨省覲日叔父泣涕 / 贈行以詩遂成永訣 /

股背面铭文句读为：

维大观四年岁次庚寅正月庚子朔二十五日甲子，从子宣义郎景山，敢以清酌庶羞之奠，恭祭于从父致政承务郎府君。乌乎！府君纯懿悃愊，得之天资，事亲之孝，莫大于培冢庐野之行，从长之顺，莫大于割爱继绝之举。不越两者，积而上之，深造乎贤人之域矣。然而位不阶于八品，寿不登于大耊，报应之道不知其说焉。乌乎哀哉！维崇宁之丙戌，趋郟敖而祇觐，虽阅月之获留，悵匆匆而请别，方离歌之既作，述长句以宠贻。霣涕泗之涟如，顾四座而嗟若。俄岁阳之三易，骇辀车之西指。念畴昔而追惟，乃前知而永诀。敢寓诚于菲奠，愿降鉴于忱词。乌乎哀哉！尚飨！

挽词二解

季子云何谏，声随楚铎凄。士风乡评美，内行古人齐。晚岁占湘鹏，流年叹谢鸡。一丘藏壮志，徒尔赋云霓。

叔父词有稳步青云之句。

画翟来何许，泫泫汝水东。游方追季札，反（返）葬法齐公。祸隐骊驹曲，悲深马鬣封。伤心投老泪，挥洒湿春风。

昨省觐日，叔父泣涕，赠行以诗，遂成永诀。

附四　鼓背面铭刻录文：

挽詞又四解　　　　　從子　錫山　／

白首能知退青衫厭服勞蚤聞持已約素不願名高眼熟經千葉心／

無事一毫逍遙非傲世所得在林皋／

賦壽嗟何嗇悲懷祇自攻古人求氣味舊畫想形容松老空留操雲／

歸不見蹤小園行藥處曾憶侍攜筇　從孫　德脩　　　　　／

解綬寧辭滿忘榮輩二疎（疏）芝蘭孫子侍金玉弟兄居燕榭春壺絕書／

堂夜幾虛更堪聞瀣露想像涕漣如　　從孫　輔脩　　　　　／

沖退心何早謙尊德愈光一身忘寵辱多士仰行藏故里山川遠佳／

城日月長善人今已矣琴韻兩俱亡／

鼓背面铭文句读为：

挽词又四解　　　　　　　从子　锡山

白首能知退，青衫厌服劳。蚤（早）闻持已约，素不愿名高。眼熟经千叶，心无事一毫。逍遥非傲世，所得在林皋。

赋寿嗟何啬，悲怀祇自攻。古人求气味，旧画想形容。松老空留操，云归不见踪。小园行药（乐）处，曾忆侍携筇。

从孙　德修

解绶宁辞满，忘荣辈二疏。芝兰孙子侍，金玉弟兄居。

燕榭春壶绝，书堂夜几虚。更堪闻瀣露，想象涕涟如。

从孙　辅修

冲退心何早，谦尊德愈光。一身忘宠辱，多士仰行藏。故里山川远，佳城日月长。善人今已矣，琴韵两俱亡。

（2）风字形砚　1件。

M1∶21，出于前室北侧中部。残破，修复基本完整。雕刻成形。前宽后窄呈"风"字形，砚堂周边为矮沿，墨堂微隆，墨池斜刹，外底自前向后成倾斜凹槽状，故又名抄手砚。石色赭灰，质地细密，表面磨制光滑。长13.9、前宽8.5、后宽9.0、高2.6厘米（图5-30；彩版5-51）。

**7. 墓志**

共2合。分属墓主夫妇。

（1）吕大雅墓志　1合。

由盖、志两部分组成，志盖出于墓室口内，编号M1∶4（彩版5-52），志石出于墓道开口下北侧2.7米处，编号M1∶2。均青石制作。

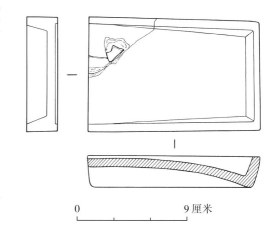

图5-30　风字形砚 M1∶21

0　　　　　　9厘米

彩版 5-51 风字形砚 M1：21

彩版 5-52 吕大雅墓志 1 合 M1：2

盖为方形，四立沿粗涩，正面抛光，篆书铭文 3 行 9 字（附五）。边长 71.0、厚 9.0 厘米。背面呈盝顶式，抛光，曾有篆书铭文 4 行 16 字，似为"大唐故定州刺史上柱国李君墓志之铭"，但经刻意打磨后现字迹极为浅淡模糊，周边阴刻连珠纹与波浪状忍冬纹，上刹及左刹面残留朱雀、青龙图案，较窄立沿上饰波浪状二方连续忍冬纹。就现状分析，为吕氏族人将唐代墓志盖背面打磨后再利用，制成吕大雅墓志盖（图 5-31；彩版 5-53）。

志石亦为方形，四立沿粗涩，面抛光。上刻行楷志文 32 行，满行 31 字，总计 862 字。行文中，见"明堂"前空三格（见附六）。边长 70.0×71.0、厚 11.0 厘米（图 5-32、33；彩版 5-54）。

附五 盖铭录文：

宋承务 / 郎致仕 / 吕君墓 /

附六 志铭录文：

0　　　　　24 厘米

图 5-31 吕大雅墓志盖 M1：4 拓片

宋承務郎致仕吕君墓誌銘 /
朝奉大夫充環慶路經略安撫使司勾當公事武騎尉張　閎中撰 /
朝請郎通判永興軍府管句學事兼管内勸農事驍騎尉賜緋魚袋句　德之書 /
承議郎充環慶路經略安撫都總管司管勾機宜文字吕　至山篆蓋 /
惟吕氏世居汲郡五代間同一祖其後派而為三起家俱至大官士族衣冠之盛 /
世莫與比當時號三院吕氏周廣順中為一時名臣者諱咸休給事中左散騎常 /
侍遷戶部侍郎所謂廣順侍郎院也咸休生鵠太子中允贈太傅鵠生通太常博 /
士贈太師通生二子長曰英著作佐郎贈朝散大夫次曰賁尚書比部郎中贈太 /
師追封莘國公莘公龗旅入關以篤行稱長者居京兆府藍田縣為其縣人大夫 /

公官于汝後居郟城子孫因家焉莘公諸子仕益顯貴追先公之志卜葬扵縣之 /
白鹿鄉太尉原自其祖太師始故家郟城者必反葬從先塋也君諱大雅字正之 /
大夫公之季子母王安定縣太君君少孤能自立安定性嚴君事之盡孝能得其 /
歡心元祐初從兄丞相大防遇　　明堂大禮奏補假承務郎調陳州南頓縣 /
主簿秩未滿丁母夫人憂徒行千里奉柩歸葬居喪哀毀氣僅相屬廬扵墓葬側不 /
忍去負土以封不知寒暑人為之感動居則燔香誦佛書語未嘗及他事也去喪 /
君殊無出仕意族人強之乃起再調鄧州順陽縣尉君笑曰是不可以已乎遂請 /
老建中靖國元年春以承務郎致仕兄朝散郎大圭以君勇扵求退故相繼謝事 /
至是與君優遊里社朝夕相從怡怡如也士大夫咸仰其高風焉大觀己丑正月 /
庚子以疾卒于寢享年六十有六將死之夕與家人酌酒敍別如平日俄頃翛然 /
而逝盖晚年益悟性理其所養人有不及知者君天資靜默惃惃無華初持一心 /
未嘗變節拯人之急惟恐不逮聞人之過絕口不道始丞相欲官之而非君素志 /
其母勉之曰吾老矣願見汝得仕由是不敢辭君試吏雖未久而更事若老扵遊 /
宦者奉公不苟以盡事上之義人以是益賢之娶賈氏先君卒繼室羅氏子十一 /
人長仲山文林郎華州蒲城縣丞次省山文林郎行定邊軍判官以省山為從兄 /
大臨之後餘皆早亡女二人長歸進士李公輔次歸進士張納言孫男三人允修 /
簡修禮修皆幼其孤扶護西歸卜明年庚寅二月丙申舉以葬焉宣德郎知醴泉 /
縣事王康朝狀其行將葬遣使來謁銘閡中實受室扵呂氏頃年從君遊且久知 /
君為詳義不得辭乃為之銘曰 /

謂君必退　　　則亦已仕　　　謂君必進　　　既仕而止 /
仕也慰母之心　止也求吾之志　優哉游哉　　　終焉以遂 /
勢利之塗　　　其轍孔異　　　聞君之風　　　亦可少愧 /
李壽永壽昌刻 /

**彩版 5-53　呂大雅墓志盖 M1：4**

0　　　　　　　　　15厘米

图 5-32　吕大雅墓志 M1：2 拓片

彩版 5-54　吕大雅墓志石

0 ———— 9厘米

图 5-33　吕大雅墓志 M1：2 拓片局部

（2）贾夫人墓志　1合。

由盖、志两部分组成，盖出于墓道开口下北侧 2.80 米处，编号 M1：3（彩版 5-55）。志石出于墓道开口下北壁 1.80 米处壁龛内，编号 M1：1。均青石制作。

盖为方形，四周立面粗涩无纹，上面抛光，篆书铭文 2 行 4 字（见附七）。边长 61.0、厚 18.0 厘米（图 5-34；彩版 5-56）。

彩版 5-55　贾夫人墓志 M1：3

彩版 5-56　贾夫人墓志盖 M1：3

志石亦方形，四边立面粗涩无文，面上抛光錾刻楷书志文 31 行，满行 31 字，最后一行结衔题名小楷 35 字，共计 743 字。行文中，见"先祖尊号、官阶名号"等，均前空一格，见"郊祀"空三格（见附八）。志石边长 61.0、厚 18.0 厘米（图 5-35、36；彩版 5-57）。

附七　盖铭录文：

贾夫／人誌

附八　志铭录文：

图 5-34　贾夫人墓志盖 M1：3 拓片

宋故賈夫人墓誌銘並序／

右宣義郎句當在京寺務司武騎尉呂景山撰／

元豐五年十一月庚辰　從叔陳州南頓縣主簿大雅之夫人賈氏卒後十一載／

是為元祐八年正月辛丑　伯祖母永壽縣太君以壽考終是年十一月甲申舉／

夫人之喪從祔於京兆府藍田縣太尉原之先塋　永壽君之兆　主簿君以其／

子仲山之狀示景山使銘　夫人之墓景山不敢辭謹按　夫人其先開封尉氏／

人也興國中四世祖伯祥為汝之郟城令沒於官因徙家焉曾大父先大父永和／

0　　　　　　　　18厘米

图 5-35　贾夫人墓志 M1：1 拓片

彩版 5-57　贾夫人墓志铭 M1：3

父世濟皆讀書晦處不事進取是故無聞于時　夫人警慧溫淑蚤失所怙而兄 /
弟皆夭　夫人事寡母撫庶娣曲盡孝友母氏由此守義不再嫁十有五歲而歸 /
主簿君是時　永壽婆居御家嚴整有法度　夫人言動謹在繩墨之內左右就 /
養服勤婦事能獲　姑之歡心其沒也　永壽念之不忘初　夫人與庶娣俱在 /
室而其母鞠養之道蓋有隆殺　夫人每以所有潛使分遺必均而已既歸呂氏 /
又為庶娣擇壻納之使奉母養其睦娣廉約如此先是　叔父祕書省正字諱大 /
臨之嗣未立　主簿君以其子孝山為　正字君後　正字君易孝山曰省山元 /
祐八年正月癸未　正字君以省山年甫及冠乃諏日具儀祇告　祖考命外姻 /
母敦常王康朝居賓贊行三加禮字之曰子茂抑欲省其躬而茂其德也　世父 /
龍圖公以　　郊祀恩任省山為郊社齋郎成　正字君之志也四月庚午不 /
幸　正字君捐館而省山實主後事焉　夫人享年三十有二生子男五人長仲 /
山舉進士次則孝山也餘皆蚤亡女一人未嫁烏乎　夫人既多男子而又能推 /
有餘以繼宗族之嗣賢於人遠矣重惟　正字君疇昔以是稱　夫人且命景山 /
記其事乃泣而銘曰 /

烏乎夫人　　　既慧且溫　　　叔氏居約　　　來嬪我門 /
移母之敬　　　以事所尊　　　推娣之愛　　　室家歡欣 /

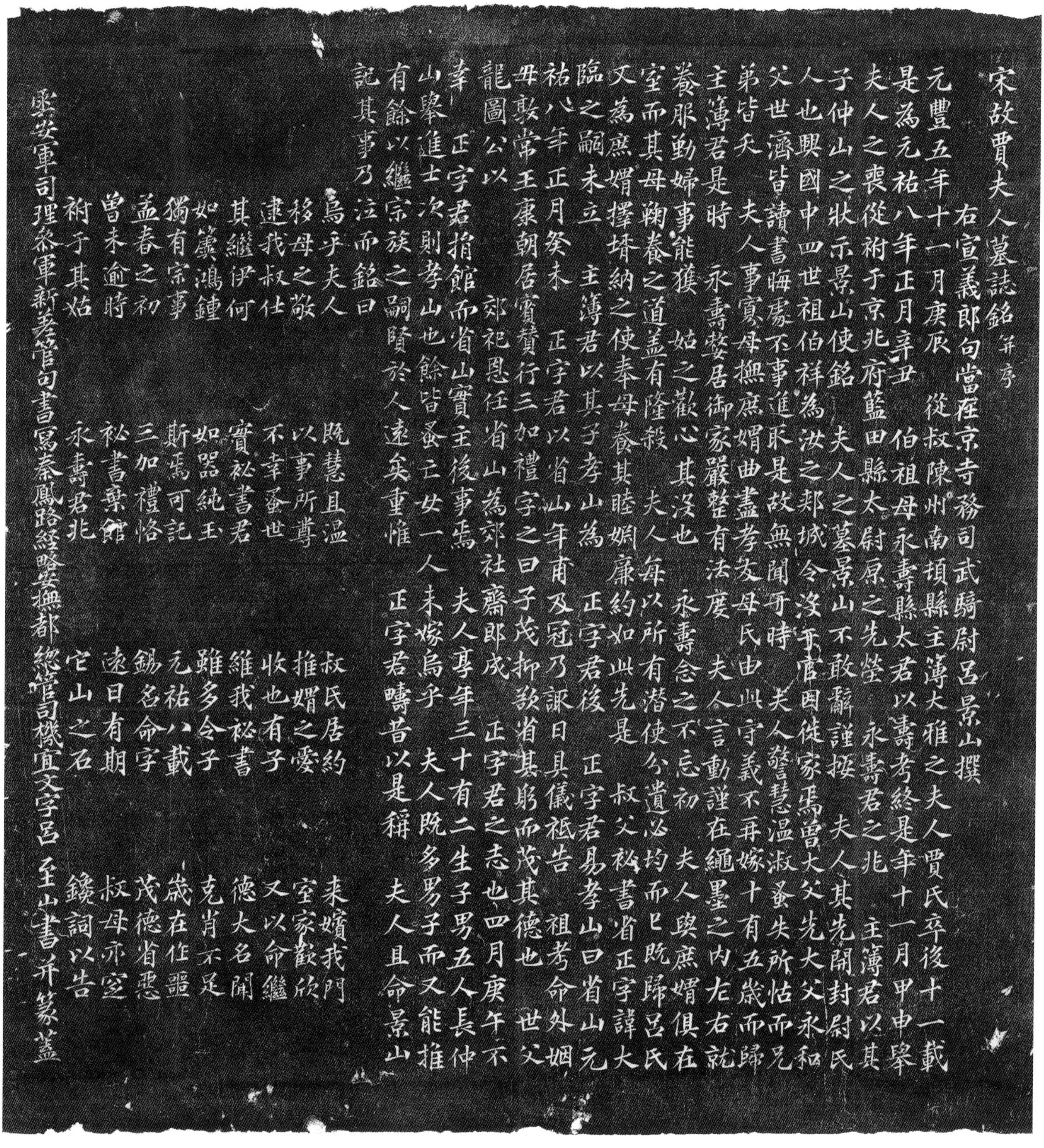

宋故賈夫人墓誌銘并序

右宣義郎句當莊京寺務司武騎尉呂景山撰

元豐五年十一月庚辰當葬京　叔陳南頊縣太君

是為元祐八年正月辛丑從祔于京北府伯祖永壽縣太君

夫人之喪示景山伯祖母不祥銘藍田縣太尉君以壽考終是年十一載其

人仲山之國中讀書晦焉不母伯祖景山縣太君永壽火開父封尉氏其　　主簿君以舉和

父皆世也濟皆時夫人事永壽婆母不事祖伯示景山原　　先登　永壽考君之　　主簿

弟世也讀是　夫人　　婆母撫事　伯祥　　登　永壽　君以舉

子皆讀書中　夫人寞寡母　祖伯祥　墓原之　不敢辭謹按　永壽考　年十

人皆讀書　夫人撫納之　姑始有隆殺其　故庶　城　不敢辭謹按　夫人其先

主簿君養而其母　正月癸未立主簿賞行三加禮字之年　　使　姻以　墓　令沒時　大人　主簿封尉氏

養蠶庶婦鞠養之道使奉母　其子孝為日　甫及冠乃字君山抑後　　歸庶婿俱在

室為其嗣　未　賞居郊祀恩任省山事為郊社齋郎　　　字君山　祖考諱呂氏　左歲而就歸

臨眡之　常以常王次　王康朝居實　　正字君　　告其祖考　和　元大先火開父封永和氏

祐八年正字君捐館而省山也餘皆蠶主一人　夫人烏壽乎年三十有二生　省山字君山　　歸庶婿　五歲而

毋敢八　正字君捐館而省山　實主　　正字君　　　其儀而祇告其德　　　翕　　　失所恬而　　

龍圖公以次則孝山也餘皆主　　正字君　其具　子　　　祖考諱呂氏　　　　淑十蠶失　先火

辛犖進士次族之嗣眡於人速蠶重惟　夫人郎　戊年　　字君抑後日其德也　正字省山外　　蠶　父　先開父封永

山犖　正字君山也餘皆速蠶重惟正　夫人烏壽乎　正字君之志也四　命世外父　　　蠶　先開父封

有餘以繼宗族之嗣眡於人速　　正字君烏　　　　致諫　　　命景山　　　　　

記其事乃泣而銘曰　　正字君　夫人既生子而又長仲　　　　　　　　景山

密安軍司理參軍新差管句書寫奏鳳路經略安撫都總管司機宜文字呂至山書并篆蓋

曾未逾時　獨有簫之宗事　如簫鴻鍾　其繼伊叔何仕敬　逮我母之敬　焉乎夫人　　　有餘以繼

祔于其姑　　　　　　　　　　　　　　　　　　　　　　　移于　　母之敬

　　　　　　祕書館　永壽君北　　　三加禮可恰記玉　　既慧且溫　　推叔氏居　　　　

　　　　　　　　三加禮　實器可世　　不章蠶所　　維我令祕　　叔媢氏居　　

　　　　速日山之　錫名命　　元祐難多有　　收也有子　　叔媢氏　約

　　　　宕山之　錫名命八字載祕書　　維我令祕書　　叔媢氏居　約

　　　　　　鑱詞以告并篆蓋

　　歲在任戌　　又媢我門　　來媢我門

　　　　克肖不足聞　　室以命繼欣　　

　　　　叔母亦室惡噩　德大名聞　　　

　　　茂德省室惡　　　　　　　

　　　夫人且命景山

　　　　夫人子而能推

图5-36　贾夫人墓志 M1:1 拓片局部

| 逮我叔仕 | 不幸蚤世 | 收也有子 | 又以命繼／ |
|---|---|---|---|
| 其繼伊何 | 實祕書君 | 維我祕書 | 德大名聞／ |
| 如簴鴻鐘 | 如器純玉 | 雖多令子 | 克肖不足／ |
| 獨有宗事 | 斯焉可託 | 元祐八載 | 歲在作噩／ |
| 孟春之初 | 三加禮恪 | 錫名命字 | 茂德省惡／ |
| 曾未逾時 | 祕書棄館 | 遠日有期 | 叔母亦窆／ |
| 祔子其姑 | 永壽君兆 | 它山之石 | 鑱詞以告／ |

雲安軍司理參軍新差管句書寫秦鳳路經略安撫都總管司機宜文字吕至山書并篆蓋／

（3）吕大雅墓志考释

志文句读：

宋承务郎[1]致仕吕君墓志铭

　　朝奉大夫[2]充环庆路经略安抚使司勾当公事[3]、武骑尉[4]张闳中撰

　　朝请郎[5]、通判永兴军府管句学事兼管内劝农事[6]、骁骑尉[7]、赐绯鱼袋句德之书

---

[1]承务郎：性质：文散官。《宋史·卷一百六十九·职官九》，中华书局，1977年，第4053页。职责：文散官，无具体职责。品秩：从八，改制后为从九品。《宋史·卷一百六十九·职官九》，中华书局，1985年，第4050页。《宋史·卷一百六十八·职官八》，中华书局，1985年，第4017页。俸禄：月俸七千，等。《宋史·卷一百七十一·职官十一》，中华书局，1985年，第4110页。

[2]朝奉大夫：性质：文散官。《宋史·卷一百六十九·职官九》，中华书局，1977年，第4053页。职责：文散官，无具体职责。品秩：正五，改制后为从六品。《宋史·卷一百六十九·职官九》，中华书局，1985年，第4050页。《宋史·卷一百六十八·职官八》，中华书局，1985年，第4015页。俸禄：月俸三十五千，等。《宋史·卷一百七十一·职官十一》，中华书局，1985年，第4110页。

[3]环庆路经略安抚使司勾当公事：性质：职事官。职责："经略安抚司　经略安抚使一人，以直秘阁以上充，掌一路兵民之事。皆帅其属而听其狱讼，颁其禁令，定其赏罚，稽其钱谷、甲械出纳之名籍而行以法。若事难专决，则具可否具奏。即干机速、边防及士卒抵罪者，听以便宜裁断。帅臣任河东、陕西、岭南路，职在绥御戎夷，则为经略安抚使兼都总管以统制军旅，有属官典领要密文书，奏达机事。河北及近地，则使事止于安抚而已，其属有干当公事、主管机宜文字、准备将领、准备差使。"《宋史·卷一百六十七·职官七》，中华书局，1985年，第3960页。品秩：正五，改制后为从六品（以朝奉大夫充环庆路经略安抚使司勾当公事，品秩随朝奉大夫）。《宋史·卷一百六十九·职官九》，中华书局，1985年，第4050页。《宋史·卷一百六十八·职官八》，中华书局，1985年，第4015页。俸禄：月俸三十五千，等（以朝奉大夫充环庆路经略安抚使司勾当公事，俸禄随朝奉大夫）。《宋史·卷一百七十一·职官十一》，中华书局，1985年，第4110页。【注】勾当公事即总理、掌管环庆路经略安抚公事之意。

[4]武骑尉：性质：勋官。"勋一十二　上柱国，柱国，上护军，护军，上轻车都尉，轻车都尉，上骑都尉，骑都尉，骁骑尉，飞骑尉，云骑尉，武骑尉。"《宋史·卷一百六十九·职官九》，中华书局，1985年，第4061页。品秩：从七品。《宋史·卷一百六十八·职官八》，中华书局，1985年，第4016页。【注】勋官无具体职责与俸禄，仅表荣誉。

[5]朝请郎：性质：文散官。《宋史·卷一百六十九·职官九》，中华书局，1977年，第4053页。职责：文散官，无具体职责。品秩：正七品。《宋史·卷一百六十八·职官八》，中华书局，1985年，第4015、4016页。俸禄：月俸三十千，等。《宋史·卷一百七十一·职官十一》，中华书局，1985年，第4110页。

[6]通判永兴军府管句学事兼管内劝农事：性质：职事官。职责："职掌倅贰郡政，凡兵民、钱谷、户口、赋役、狱讼听断之事，可否裁决，与守臣通签书施行。所部官有善否及职事修废，得刺举以闻。"《宋史·卷一百六十七·职官七》，中华书局，1985年，第3974页。品秩：正七品（以朝请郎充通判永兴军府，其品秩随朝请郎）。《宋史·卷一百六十八·职官八》，中华书局，1985年，第4015、4016页。俸禄：月俸三十千，等（以朝请郎充通判永兴军府，俸禄随朝请郎）。《宋史·卷一百七十一·职官十一》，中华书局，1985年，第4110页。【注】永兴军府中官吏构成无详载，然临安府则于《宋史·卷一百六十六·职官六》3944页有系统描述："临安府　旧为杭州，……置知府一员，通判二员，签书节度判官厅公事、节度推官、观察推官、观察判官、录事参军、左司理参军、右司理参军、司户参军、司法参军各一员。"故通判永兴军府，应是永兴军府通判，且主管永兴军府治学与农事。

[7]骁骑尉：性质：勋官。"勋一十二　上柱国，柱国，上护军，护军，上轻车都尉，轻车都尉，上骑都尉，骑都尉，骁骑尉，飞骑尉，云骑尉，武骑尉。"《宋史·卷一百六十九·职官九》，中华书局，1985年，第4061页。品秩：正六品。《宋史·卷一百六十八·职官八》，中华书局，1985年，第4015页。【注】勋官无具体职责与俸禄，仅表荣誉。

承议郎<sup>[1]</sup>、充环庆路经略安抚都总管司管勾机宜文字<sup>[2]</sup>吕　　至山篆盖

惟吕氏世居汲郡<sup>[3]</sup>，五代间同一祖，其后派而为三，起家俱至大官士族，衣冠之盛，世莫与比。当时号三院吕氏，周广顺中为一时名臣者讳咸休，给事中<sup>[4]</sup>左散骑常侍<sup>[5]</sup>，迁户部侍郎<sup>[6]</sup>，所谓广顺侍郎院也。咸休生鹄，太子中允<sup>[7]</sup>、赠太傅<sup>[8]</sup>。鹄生通，太常博士<sup>[9]</sup>、赠太师<sup>[10]</sup>，通

---

[1]承议郎：性质：文散官。《宋史·卷一百六十九·职官九》，中华书局，1977年，第4053页。职责：文散官，无具体职责。品秩：从七品。《宋史·卷一百六十八·职官八》，中华书局，1985年，第4016页。俸禄：月俸二十千，等。《宋史·卷一百七十一·职官十一》，中华书局，1985年，第4110页。

[2]环庆路经略安抚都总管司管勾机宜文字：性质：职事官。职责：管勾为主管、总管之意，机宜文字为宋代各路帅臣自行辟举的军事幕僚。职责包括有书写奏章、入呈边事、参与军事谋划、带兵作战等。品秩：从七品（承议郎充环庆路经略安抚都总管司管勾机宜文字，品秩随承议郎而定）。《宋史·卷一百六十八·职官八》，中华书局，1985年，第4016页。俸禄：月俸二十千，等（承议郎充环庆路经略安抚都总管司管勾机宜文字，俸禄随承议郎而定）。《宋史·卷一百七十一·职官十一》，中华书局，1985年，第4110页。【注】环庆路经略安抚都总管司管勾机宜文字可视为：环庆路经略安抚都总管下掌管文字之职。

[3]汲郡："（河北）西路。府四：真定，中山，信德，庆源。州九：相，浚，怀，卫，洺，深，磁，祁，保。军六：天威，北平，安肃，永宁，广信，顺安。县六十五。"《宋史·卷八十六·地理二》，中华书局，1985年，第2126页。"卫州，望，汲郡，防御。"《宋史·卷八十六·地理二》，中华书局，1985年，第2128页。【注】历史故名，西晋泰始二年（266年）始置，北宋时属河北西路隶下，治所在今河南省卫辉市附近。

[4]给事中：给事中一职《五代史》记载不详，职责、俸禄以《宋史》为参考。性质：职事官，属门下省。职责："门下省　受天下之成事，审命令，驳正违失，受发通进奏状，进请宝印。……凡官十有一：侍中、侍郎、左散骑常侍各一人，给事中四人，左谏议大夫、起居郎、左司谏、左正言各一人。"《宋史·卷一百六十一·职官一》，中华书局，1985年，第3776页。"给事中　四人，分治六房，掌读中外出纳，及判后省之事。"《宋史·卷一百六十一·职官一》，中华书局，1985年，第3779页。品秩：五品。《旧五代史·卷一百四十九·职官志》，中华书局，1976年，第2005页。俸禄：月俸四十五千，等。《宋史·卷一百七十一·职官十一》，中华书局，1985年，第4102页。

[5]左散骑常侍：左散骑常侍，《五代史》未有详述，谨以《宋史》记载供参考。性质：职事官，属门下省。职责："门下省　受天下之成事，审命令，驳正违失，受发通进奏状，进请宝印。……凡官十有一：侍中、侍郎、左散骑常侍各一人，给事中四人，左谏议大夫、起居郎、左司谏、左正言各一人。"《宋史·卷一百六十一·职官一》，中华书局，1985年，第3776页。"左散骑常侍　左谏议大夫　左司谏　左正言同掌规谏讽谕。凡朝政阙失，大臣至百官任非其人，三省至百司事有违失，皆得谏正。"《宋史·卷一百六十一·职官一》，中华书局，1985年，第3778页。品秩：正三品。《宋史·卷一百六十八·职官八》，中华书局，1985年，第4014页。俸禄：月俸六十千，等。《宋史·卷一百七十一·职官十一》，中华书局，1985年，第4102页。

[6]户部侍郎：户部侍郎，《五代史》未有详述，谨以《宋史》记载供参考。性质：职事官，属尚书省户部。职责："（户部）掌天下人户、土地、钱谷之政令，贡赋、征役之事。"《宋史·卷一百六十三·职官三》，中华书局，1985年，第3847页。"尚书　侍郎　掌军国用度，以周知其出入盈虚之数。凡州县废置，户口登耗，则稽其版籍；若贡赋征税，敛散移用，则会其数而颁其政令焉。凡四司所治之事，侍郎为之贰。"《宋史·卷一百六十三·职官三》，中华书局，1985年，第3848页。品秩：从三品。《宋史·卷一百六十八·职官八》，中华书局，1985年，第4014页。俸禄：月俸五十五千，等。《宋史·卷一百七十一·职官十一》，中华书局，1985年，第4102页。

[7]太子中允：性质：东宫官。职责：据《宋会要辑稿》引《国朝会要》载云："太师、太傅、太保、少师、少傅、少保、宾客、詹事、左、右庶子、中允、中舍、谕德、赞善、洗马、家令、率更令，皆缘旧制除授而无职司。"《宋会要辑稿·职官七》，中华书局，1957年，第2545页。品秩：应为五品。《宋史·卷一百五十二·舆服四》，中华书局，1985年，第3553页。俸禄：月俸十八千，等。《宋史·卷一百七十一·职官十一》，中华书局，1985年，第4103页。【注】此官职多用于安置前朝遗臣、别国降臣、致仕官员以及文臣转迁，无实职。

[8]太傅：性质：朝官。职责："三师　三公　宋承唐制，以太师、太傅、太保为三师，太尉、司徒、司空为三公，为宰相、亲王使相加官，其特拜者不预政事，皆赴上于尚书省。"《宋史·卷一百六十一·职官一》，中华书局，1985年，第3771页。品秩：正一品。《宋史·卷一百六十八·职官八》，中华书局，1985年，第4014页。俸禄：月俸百二十千，等。元丰改制后，为四百千，等。《宋史·卷一百七十一·职官十一》，中华书局，1985年，第4102、4109页。

[9]太常博士：性质：职事官，属太常寺。职责："太常寺　卿、少卿、丞，各一人，博士四人，主簿、协律郎、奉礼郎、太祝各一人"。《宋史·卷一百六十四·职官四》，中华书局，1985年，第3882页。"博士　掌讲定五礼仪式，有改革则据经审议。凡于法应谥者，考其行状，撰定谥文。有祠事，则监视仪物，掌凡赞导之事。"《宋史·卷一百六十四·职官四》，中华书局，1985年，第3884页。品秩：正八品。《宋史·卷一百六十八·职官八》，中华书局，1985年，第4016页。俸禄：月俸二十千，等。《宋史·卷一百七十一·职官十一》，中华书局，1985年，第4103页。

[10]太师：性质：朝官。职责："三师　三公　宋承唐制，以太师、太傅、太保为三师，太尉、司徒、司空为三公，为宰相、亲王使相加官，其特拜者不预政事，皆赴上于尚书省。"《宋史·卷一百六十一·职官一》，中华书局，1985年，第3771页。品秩：正一品。《宋史·卷一百六十八·职官八》，中华书局，1985年，第4014页。俸禄：月俸百二十千，等。元丰改制后，四百千，等。《宋史·卷一百七十一·职官十一》，中华书局，1985年，第4102、4109页。

生二子，长曰英，著作佐郎[1]，赠朝散大夫[2]；次曰蕡，尚书比部郎中[3]，赠太师，追封莘国公[4]，莘公羁旅入关，以笃行称长者，居京兆府蓝田县[5]，为其县人。大夫公官于汝[6]，后居郏城[7]，子孙因家焉。莘公诸子仕益显贵，追先公之志，卜葬于县之白鹿乡太尉原，自其祖太师始，故家郏城者必反（返）葬从先茔也。君讳大雅，字正之，大夫公之季子，母王（氏），安定县[8]太君[9]，君少孤，能自立，安定性严，君事之尽孝，能得其欢心。元祐初，从兄丞相大防遇明堂

[1]著作佐郎：性质：职事官，属秘书省。职责："秘书省　监、少监、丞各一人，监掌古今经籍图书、国史实录、天文历数之事，少监为之贰，而丞参领之。其属有五：著作郎一人，著作佐郎二人，掌修纂日历。"《宋史·卷一百六十四·职官四》，中华书局，1985年，第3873页。品秩：正八品。《宋史·卷一百六十八·职官八》，中华书局，1985年，第4016页。俸禄：月俸十七千，等。《宋史·卷一百七十一·职官十一》，中华书局，1985年，第4103页。

[2]朝散大夫：性质：文散官。《宋史·卷一百六十九·职官九》，中华书局，1977年，第4053页。职责：文散官，无具体职责。品秩：从五上，改制后为从六品。《宋史·卷一百六十九·职官九》，中华书局，1985年，第4050页。《宋史·卷一百六十八·职官八》，中华书局，1985年，第4015页。俸禄：月俸三十五千，等。《宋史·卷一百七十一·职官十一》，中华书局，1985年，第4110页。

[3]尚书比部郎中：性质：职事官，属尚书省刑部。职责："刑部　掌刑法、狱讼、奏谳、赦宥、叙复之事。……其属三：曰都官，曰比部，曰司门。设官十有三：尚书一人，侍郎二人；郎中、员外郎，刑部各二人，都官、比部、司门各一人"《宋史·卷一百六十三·职官三》，中华书局，1985年，第3857、3858页。"比部郎中　员外郎　掌勾覆中外帐籍。"《宋史·卷一百六十三·职官三》，中华书局，1985年，第3861页。品秩：从六品。《宋史·卷一百六十八·职官八》，中华书局，1985年，第4015页。俸禄：月俸三十五千，等。《宋史·卷一百七十一·职官十一》，中华书局，1985年，第4102页。

[4]莘国公：性质：爵位。"爵一十二：王、嗣王、郡王、国公、郡公、开国公、开国郡公、开国县公、开国侯、开国伯、开国子、开国男。"《宋史·卷一百六十九·职官九》，中华书局，1985年，第4061页。品秩：从一品。《宋史·卷一百六十八·职官八》，中华书局，1985年，第4014页。【注】爵位无具体职责与俸禄。

[5]京兆府蓝田县："永兴军路。府二：京兆，河中。州十五：陕、延、同、华、耀、邠、鄜、解、庆、虢、商、宁、坊、丹、环。军一：保安。县八十三。……京兆府，京兆郡，永兴军节度。本次府，大观元年升大都督府。旧领永兴军路安抚使。宣和二年，诏永兴军守臣等衔不用军额，称京兆府。……县十三：……蓝田，次畿。"《宋史·卷八十七·地理三》，中华书局，1985年，第2144页。【注】北宋属永兴军路。今为陕西省蓝田县。

[6]汝（汝州）："（京西）北路。府四：河南，颍昌，淮宁，顺昌。州五：郑，滑，孟，蔡，汝。军一，信阳。县六十三。"《宋史·卷八十五·地理一》，中华书局，1985年，第2114页。"汝州，辅，临汝郡，陆海军节度。本防御州。"《宋史·卷八十五·地理一》，中华书局，1985年，第2117页。【注】北宋属京西北路隶下，今在河南汝州市附近。

[7]郏城："（京西）北路。府四：河南，颍昌，淮宁，顺昌。州五：郑，滑，孟，蔡，汝。军一，信阳。县六十三。"《宋史·卷八十五·地理一》，中华书局，1985年，第2114页。"颍昌府，次府，许昌郡，忠武军节度。本许州。元丰三年，升为府。崇宁四年，为南辅，隶京畿。大观四年，罢辅郡。政和四年，复为辅郡，隶京畿。宣和二年，复罢辅郡，依旧隶京西北路。……县七：……郏，中。元（原）隶汝州，崇宁四年来隶。"《宋史·卷八十五·地理一》，中华书局，1985年，第2115页。【注】北宋属京西北路，原隶汝州，后改隶颍昌府，今为河南省郏县。

[8]安定：《宋史》，中有两处，分别为安定堡以及安定郡。安定堡："永兴军路。府二：京兆，河中。州十五：陕、延、同、华、耀、邠、鄜、解、庆、虢、商、宁、坊、丹、环。军一：保安。县八十三"《宋史·卷八十七·地理三》，中华书局，1985年，第2144页。"延安府，中，都督府，延安郡，彰武军节度。本延州。元祐四年，升为府。旧置鄜延路经略、安抚使，统延州、鄜州、丹州、坊州、保安军、四州一军。……县七……延川，中。熙宁八年，省延水县为镇入焉。有丹头、绥平、怀宁、顺安、白草、永平六砦，安定、黑水二堡及永宁关。"《宋史·卷八十七·地理三》，中华书局，1985年，第2146页。【注】北宋为永兴军路，今在陕西省延安市境内。安定郡："秦凤路。府一：凤翔。州十二：秦、泾、熙、陇、成、凤、岷、渭、原、阶、河、兰。军三：镇戎、德顺、通远。县三十八"《宋史·卷八十七·地理三》，中华书局，1985年，第2154页。"泾州，上，安定郡。太平兴国元年，改彰化军节度"《宋史·卷八十七·地理三》，中华书局，1985年，第2157页。【注】北宋属秦凤路隶下，今在陕西省泾阳县境内。

[9]县太君：叙封称号，"唐制，视本官阶爵。建隆三年，诏定文武郡臣母妻封号：……庶子、少卿监、司业、郎中、京府少尹、赤县令、少詹事、谕德、将军、刺史、下都督、下都护、家令、率更令、仆，母封县太君；妻，县君，其馀升朝官已上遇恩。并母封太君；妻，县君，杂五品官至三任与叙封，官当叙封者不复论阶爵。致仕同见任。亡母及亡祖母当封者并如之。"《宋史·卷一百七十·职官十》，中华书局，1985年，第4084、4085页。

大礼，奏补假承务郎，调陈州南顿县[1]主簿[2]，秩未满，丁母夫人忧，徒行千里奉枢归葬，居丧哀毁，气仅相属，庐于墓侧不忍去，负土以封，不知寒暑，人为之感动。居则爇香诵佛书，语未尝及他事也。去丧，君殊无出仕意，族人强之，乃起，再调邓州顺阳县[3]尉[4]，君笑曰：是不可以已乎。遂请老。建中靖国元年春，以承务郎致仕。兄朝散郎[5]大圭以君勇于求退，故相继谢事。至是与君优游里社，朝夕相从，怡怡如也。士大夫咸仰其高风焉，大观己丑正月庚子，以疾卒于寝，享年六十有六。将死之夕，与家人酌酒叙别如平日，俄顷，翛然而逝。盖晚年益悟性理其所养，人有不及知者。君天资静默，悃愊无华，初持一心，未尝变节，拯人之急，惟恐不逮，闻人之过，绝口不道。始丞相欲官之，而非君素志，其母勉之曰：吾老矣，愿见汝得仕。由是不敢辞。君试吏虽未久，而更事若老于游宦者，奉公不苟，以尽事上之义，人以是益贤之。娶贾氏，先君卒，继室罗氏。子十一人，长仲山，文林郎[6]、华州蒲城县[7]丞[8]；次省山，文林郎，行定边军[9]判

---

[1]陈州南顿县："（京西）北路。府四：河南，颍昌，淮宁，顺昌。州五：郑，滑，孟，蔡，汝。军一，信阳。县六十三。"《宋史·卷八十五·地理一》，中华书局，1985年，第2114页。"淮宁府，辅，淮阳郡，镇安军节度。本陈州。政和三年，改辅为上。宣和元年，升为府。……县五：……南顿。中。"《宋史·卷八十五·地理一》，中华书局，1985年，第2116页。【注】北宋时属京西北路淮宁府（本陈州）隶下，今河南项城附近。

[2]主簿：性质：职事官。职责："开宝三年，诏诸县千户以上置令、簿、尉；四百户以上置令、尉，令知主簿事；四百户以下置簿、尉，以主簿兼知县事。咸平四年，王钦若言：'川峡县五千户以上请并置簿，自馀仍以尉兼。'从之。自后川蜀及江南诸县，各增置主簿。中兴后，置簿掌出纳官物、销注簿书，凡县不置丞，则簿兼丞之事。凡批销必亲书押，不许用手记，仍不许差出，以防销注。"《宋史·卷一百六十七·职官七》，中华书局，1985年，第3978页。品秩：从九品。《宋史·卷一百六十八·职官八》，中华书局，1985年，第4017页。俸禄：月俸六千～十二千，等（县主簿以所治县户籍量分等级享受俸禄，但《宋史》对各县辖治人口无详载，故具体数额不能确定）。《宋史·卷一百七十一·职官十一》，中华书局，1985年，第4109页。

[3]邓州顺阳县："（京西）南路。府一，襄阳。州七：邓，随，金，房，均，郢，唐。军一，光化。县三十一。……邓州，望，南阳郡，武胜军节度。旧为上郡。政和二年，升为望郡。……县五：……顺阳。中下。太平兴国六年，升顺阳镇为县。"《宋史·卷八十五·地理一》，中华书局，1985年，第2113页。【注】北宋属京西南路邓州隶下，现在河南省南阳市附近。

[4]县尉：性质：职事官。职责："建隆三年，每县置尉一员，在主簿之下，奉赐并同。至和二年，开封、祥符两县各增置一员，掌阅羽弓手，戢奸禁暴。凡县不置簿，则尉兼之。"《宋史·卷一百六十七·职官七》，中华书局，1985年，第3978页。品秩：从九品。《宋史·卷一百六十八·职官八》，中华书局，1985年，第4017页。俸禄：月俸六千～十二千，等（县尉以所治县户籍量分等级享受俸禄，但《宋史》对各县辖治人口无详载，故具体数额不能确定）。《宋史·卷一百七十一·职官十一》，中华书局，1985年，第4109页。

[5]朝散郎：性质：文散官。《宋史·卷一百六十九·职官九》，中华书局，1985年，第4053页。职责：文散官，无具体职责。品秩：从七上，改制后为正七品。《宋史·卷一百六十九·职官九》，中华书局，1985年，第4050页。《宋史·卷一百六十八·职官八》，中华书局，1985年，第4015、4016页。俸禄：月俸三十千，等。《宋史·卷一百七十一·职官十一》，中华书局，1985年，第4110页。

[6]文林郎：性质：文散官。《宋史·卷一百六十九·职官九》，中华书局，1985年，第4054页。职责：文散官，无具体职责。品秩：从九上，改制后为从八品。《宋史·卷一百六十九·职官九》，中华书局，1985年，第4050页。《宋史·卷一百六十八·职官八》，中华书局，1985年，第4016、4017页。俸禄：月俸十五千，等。《宋史·卷一百七十一·职官十一》，中华书局，1985年，第4111页。

[7]华州蒲城县："永兴军路。府二：京兆，河中。州十五：陕，延，同，华，耀，邠，鄜，解，庆，虢，商，宁，坊，丹，环。军一：保安。县八十三"。《宋史·卷八十七·地理三》，中华书局，1985年，第2144页。"华州，望，华阴郡。……县五：……蒲城，望。唐奉先县。开宝四年改。建隆中，自京兆隶同州。天禧四年，自同州来隶。"《宋史·卷八十七·地理三》，中华书局，1985年，第2146页。【注】北宋永兴军路华州隶下，今为陕西省蒲城县。

[8]县丞：性质：职事官。职责：县令之佐官，"初不置，天圣中因苏耆请，开封两县始各置丞一员，在簿、尉之上，仍于有出身幕职、令录内选充。皇祐中，诏赤县丞并除新改官人。熙宁四年，编修条例所言：'诸路州、军繁剧县，令户二万以上增置丞一员，以幕职官或县令人充。'"《宋史·卷一百六十七·职官七》，中华书局，1985年，第3977、3978页。品秩：从八品。《宋史·卷一百六十八·职官八》，中华书局，1985年，第4017页。俸禄：不明。

[9]定边军："永兴军路。府二：京兆，河中。州十五：陕，延，同，华，耀，邠，鄜，解，庆，虢，商，宁，坊，丹，环。军一：保安。县八十三。其后延州、庆州改为府，又增银州、醴州及定边、绥德、清平、庆成四军"。《宋史·卷八十七·地理三》，中华书局，1985年，第2144页。"元符二年，环庆路进筑定边城，后改为军。"《宋史·卷八十七·地理三》，中华书局，1985年，第2153页。【注】北宋属永兴军路隶下，今为陕西省延安市吴起县附近。

官[1]，以省山为从兄大临之后，余皆早亡。女二人，长归进士李公辅，次归进士张纳言。孙男三人，允修、简修、礼修皆幼。其孤扶护西归，卜明年庚寅二月丙申举以葬焉。宣德郎[2]、知醴泉县[3]事[4]王康朝状其行，将葬，遣使来谒铭。闵中实受室于吕氏，顷年从君游且久，知君为详，义不得辞，乃为之铭曰：

　　谓君必退，则亦已仕。谓君必进，既仕而止。

　　仕也慰母之心，止也求吾之志。

　　优哉游哉，终焉以遂。势利之塗（途），其辙孔异。

　　闻君之风，亦可少愧。

李寿永寿昌刻。

（4）贾夫人墓志考释

志文句读：

宋故贾夫人墓志铭并序

　　　　右宣义郎[5]，句当在京寺务司[6]武骑尉[7]吕景山撰

---

[1]行定边军判官：行："除授皆视寄禄官，高一品以上者为'行'，下一品者为'守'，下二品以下者为'试'，品同者不用行、守、试，徐职准此。"《宋史·卷一百六十三·职官三》，中华书局，1985年，第3833页。定边军判官：性质：职事官。职责："签书判官厅公事　两使、防、团、军事推判官　节度掌书记　观察支使　掌裨赞郡政，总理诸案文移，斟酌可否，以白于其长而罢行。凡员数多寡，视郡小大及职务之烦简。初，政和改签书判官厅公事为司录，建炎初复旧。凡节度推、判官从军额，察推及支使从州、府名。凡诸州减罢通判处，则升判官为签判以兼之。小郡推、判官不并置，或以判官兼司法，或以推官兼支使，亦有并判官窠阙省罢，则令录参兼管。"《宋史·卷一百六十七·职官七》，中华书局，1985年，第3975页。品秩：从八品。《宋史·卷一百六十八·职官八》，中华书局，1985年，第4016、4017页。俸禄：月俸七千，等。《宋史·卷一百七十一·职官十一》，中华书局，1985年，第4108页。

[2]宣德郎：性质：文散官。又名宣教郎，"元丰本宣德，政和避宣德门改"。《宋史·卷一百六十九·职官九》，中华书局，1985年，第4053页。职责：文散官，无具体职责。品秩：正七，改制后为从八品。《宋史·卷一百六十九·职官九》，中华书局，1985年，第4050页。《宋史·卷一百六十八·职官八》，中华书局，1985年，第4016、4017页。俸禄：月俸十七千，等。《宋史·卷一百七十一·职官十一》，中华书局，1985年，第4110页。

[3]醴泉县："永兴军路。府二：京兆，河中。·州十五：陕，延，同，华，耀，邠，鄜，解，庆，虢，商，宁，坊，丹，环。军一：保安。县八十三。……京兆府，京兆郡，永兴军节度。本次府，大观元年升大都督府。旧领永兴军路安抚使。宣和二年，诏永兴军守臣等衔不用军额，称京兆府。……县十三：……醴泉，次畿。"《宋史·卷八十七·地理三》，中华书局，1985年，第2144页。【注】北宋属永兴军路京兆府，今陕西省咸阳市礼泉县附近。

[4]知县事：性质：职事官。职责："建隆元年，令天下诸县除赤、畿外，有望、紧、上、中、下。掌总治民政、劝课农、桑、平决狱讼。有德泽禁令，则宣布于治境。凡户口、赋役、钱谷、振济、给纳之事皆之，以时造户版及催理二税。有水旱则有灾伤之诉，以分数蠲免。民以水旱流记，则抚存安集之，无使失业。有孝悌行义闻于乡闾者，具事实上于州，激劝以励风谷。若京、朝、幕官则为知县事，有成兵则兼兵马都监或监押。宣教郎以下带监押。"《宋史·卷一百六十七·职官七》，中华书局，1985年，第3977页。品秩：正八品（醴泉为次畿）。《宋史·卷一百六十八·职官八》，中华书局，1985年，第4016页。俸禄：月俸十千～二十千，等（知县以所治县户籍量分等级享受俸禄，但《宋史》对各县辖治人口无详载，故具体数额不能确定）。《宋史·卷一百七十一·职官十一》，中华书局，1985年，第4109页。

[5]右宣义郎：性质：文散官。《宋史·卷一百六十九·职官九》，中华书局，1985年，第4053页。职责：文散官，无具体职责。品秩：从八品。《宋史·卷一百六十八·职官八》，中华书局，1985年，第4016、4017页。俸禄：月俸十二千，等。《宋史·卷一百七十一·职官十一》，中华书局，1985年，第4110页。【注】右与左相对，两宋以左为尊。

[6]句当在京寺务司：句当：办理、掌管之意。在京寺务司：官署名，属鸿胪寺。"鸿胪寺　旧置判寺事一人，以朝官以上充。元丰官制行，置卿一人，少卿一人，丞、主簿各一人。……其官属十有二：……在京寺务司及提点所，掌诸寺葺治之事。"《宋史·卷一百六十五·职官五》，中华书局，1985年，第3903页。

[7]武骑尉：性质：勋官。"勋一十二　上柱国，柱国，上护军，护军，上轻车都尉，轻车都尉，上骑都尉，骑都尉，骁骑尉，飞骑尉，云骑尉，武骑尉"。《宋史·卷一百六十九·职官九》，中华书局，1985年，第4061页。品秩：从七品。《宋史·卷一百六十八·职官八》，中华书局，1985年，第4016页。【注】勋官，无具体职责与俸禄。

元丰五年十一月庚辰从叔陈州南顿县[1]主簿[2]大雅之夫人贾氏卒。后十一载，是为元祐八年正月辛丑，伯祖母永寿县[3]太君[4]以寿考终。是年十一月甲申，举夫人之丧，从祔于京兆府蓝田县[5]太尉原之先茔永寿君之兆，主簿君以其子仲山之状示景山，使铭夫人之墓。景山不敢辞，谨按。夫人其先开封[6]尉氏人也，兴国中四世祖伯祥为汝之郏城[7]令[8]，没于官，因徙家焉。曾大父先，大父永和，父世济皆读书晦处，不事进取，是故无闻于时。夫人警慧温淑，蚤失所怙，而兄弟皆夭。夫人事寡母抚庶媌，曲尽孝友，母氏由此守义不再嫁。十有五岁而归主簿君，是时永寿婆居，御家严整有法度，夫人言动谨在绳墨之内，左右就养，服勤妇事，能获姑之欢心。其没也，永寿念之不忘。初夫人与庶媌俱在室，而其母鞠养之，道盖有隆杀。夫人每以所有，潜使分遗，必均而已。既归吕氏，又为庶媌择婿，纳之使奉母，养其睦媔（姻），廉约如此。先是叔父秘书省正字[9]讳大临之嗣未立，

---

[1] 陈州南顿县："（京西）北路。府四：河南，颍昌，淮宁，顺昌。州五：郑，滑，孟，蔡，汝。军一，信阳。县六十三。"《宋史·卷八十五·地理一》，中华书局，1985年，第2114页。"淮宁府，辅，淮阳郡，镇安军节度。本陈州。政和三年，改辅为上。宣和元年，升为府。……县五：……南顿。中，熙宁六年，省为镇，入商水，项城二县。元祐元年复。"《宋史·卷八十五·地理一》，中华书局，1985年，第2116页。【注】北宋属京西北路淮宁府，今为河南省项城附近。

[2] 县主簿：性质：职事官。职责："开宝三年，诏诸县千户以上置令、簿；四百户以上置令、尉，令知主簿事；四百户以下置簿、尉，以主簿兼知县事。咸平四年，王钦若言：'川峡县五千户以上请并置簿，自徐仍以尉兼。'从之。自后川蜀及江南诸县，各增置主簿。中兴后，置簿掌出纳官物、销注簿书，凡县不置丞，则簿兼丞之事。凡批销必亲书押，不许用手记，仍不许差出，以防销注。"《宋史·卷一百六十七·职官七》，中华书局，1985年，第3978页。品秩：从九品《宋史·卷一百六十八·职官八》，中华书局，1985年，第4017页。俸禄：月俸六千～十二千，等（县主簿以所治县户籍量分等级享受俸禄，但《宋史》对各县辖治人口无详载，故具体数额不能确定）。《宋史·卷一百七十一·职官十一》，中华书局，1985年，第4109页。

[3] 永寿县："永兴军路。府二：京兆，河中。州十五：陕，延，同，华，耀，邠，鄜，解，庆，虢，商，宁，坊，丹，环。军一：保安。县八十三。"《宋史·卷八十七·地理三》，中华书局，1985年，第2144页。"醴州，本京兆府奉天县。旧置乾州，熙宁五年废，以奉大达隶府。政和七年，复以县为州，更名醴。八年，割属环庆路。……县五：……永寿，下。乾德三年，自邠州来隶。熙宁五年，废乾州，永寿及麻亭、常宁二砦，俱隶邠州。政和八年复来隶。"《宋史·卷八十七·地理三》，中华书局，1985年，第2153页。【注】北宋属永兴军路先隶邠州后隶醴州，今为陕西省永寿县。

[4] 县太君：叙封称号，"唐制，视本官阶爵。建隆三年，诏定文武群臣母妻封号：……庶子、少卿监、司业、郎中、京府少尹、赤县令、少詹事、谕德、将军、刺史、下都督、下都护、家令、率更令、仆，母封县太君；妻，县君，其余升朝官已上遇恩。并母封太君；妻，县君，杂五品官至三任与叙封，官当叙封者不复论阶爵。致仕同见任。亡母及亡祖母当封者并如之。"《宋史·卷一百七十·职官十》，中华书局，1985年，第4084、4085页。

[5] 京兆府蓝田县："永兴军路。府二：京兆，河中。州十五：陕，延，同，华，耀，邠，鄜，解，庆，虢，商，宁，坊，丹，环。军一：保安。县八十三。……京兆府，京兆郡，永兴军节度。本次府，大观元年升大都督府。旧领永兴军路安抚使。宣和二年，诏永兴军守臣等衔不用军额，称京兆府。……县十三：……蓝田，次畿。"《宋史·卷八十七·地理三》，中华书局，1985年，第2144页。【注】北宋属永兴军路京府所隶，今在陕西省蓝田县境内。

[6] 开封：北宋都城，又名东京。"东京，汴之开封也。梁为东都，后唐罢，晋复为东京，宋因周之旧为都"《宋史·卷八十五·地理一》，中华书局，1985年，第2097页。"京畿路。皇祐五年，以京东之曹州，京西之陈、许、郑、滑州为辅郡，隶畿内，并开封府，合四十二县，置京畿路转运使及提点刑狱总之。"《宋史·卷八十五·地理一》，中华书局，1977年，第2106页。【注】北宋属京畿路，今在河南开封市附近。

[7] 汝之郏城："（京西）北路。府四：河南，颍昌，淮宁，顺昌。州五：郑，滑，孟，蔡，汝。军一，信阳。县六十三。"《宋史·卷八十五·地理一》，中华书局，1985年，第2114页。"汝州，辅，临汝郡，陆海军节度。"《宋史·卷八十五·地理一》，中华书局，1985年，第2117页。"颍昌府，次府，许昌郡，忠武军节度。本许。元丰三年，升为府。……县七：……郏，中，元隶汝州，崇宁四年来隶。"《宋史·卷八十五·地理一》，中华书局，1985年，第2115页。【注】汝州，北宋属京西北路，今为河南省汝州市。郏城，北宋时属京西北路，先隶汝州后改隶颍昌府，今为河南省平顶山市郏县。

[8] 郏城令：性质：职事官。职责："建隆元年，令天下诸县除赤、畿外，有望、紧、上、中、下。掌总治民政、劝课农、桑、平决狱讼。有德泽禁令，则宣布于治境。凡户口、赋役、钱谷、振济、给纳之事皆以时造户版及催理二税。有水旱则有灾伤之诉，以分数蠲免。民以水旱流记，则抚存安集之，无使失业。有孝悌行义闻于乡闾者，具事实上于州，激劝以励风俗。若京、朝、幕官则为知县事，有戍兵则兼兵马都监或监押。宣教郎以下带监押。"《宋史·卷一百六十七·职官七》，中华书局，1985年，第3977页。品秩：从八品《宋史·卷一百六十八·职官八》，中华书局，1985年，第4017页。俸禄：月俸十千～二十千，等（县令以所治县户籍量分等级享受俸禄，但《宋史》对各县辖治人口无详载，故具体数额不能确定）。《宋史·卷一百七十一·职官十一》，中华书局，1985年，第4109页。

[9] 秘书省正字：性质：职事官，属秘书省。职责："秘书省　监　少监　丞　各一人，监掌古今经籍图书、国史实录、天文历数之事，少监为之贰，而丞参领之。其属有五：……正字二人，掌校雠典籍，判正讹谬，各以其职隶于长贰。"《宋史·卷一百六十四·职官四》，中华书局，1985年，第3873页。品秩：从八品《宋史·卷一百六十八·职官八》，中华书局，1985年，第4016、4017页。俸禄：不明。

主簿君以其子孝山为正字君后，正字君易孝山曰省山。元祐八年正月癸未，正字君以省山年甫及冠，乃诹日具仪祗告祖考，命外姻母敦常、王康朝居宾赞，行三加礼，字之曰子茂，抑欲省其躬而茂其德也。世父龙图公以郊祀恩，任省山为郊社斋郎[1]，成正字君之志也。四月庚午，不幸正字君捐馆，而省山实主后事焉。夫人享年三十有二，生子男五人，长仲山举进士；次则孝山也，余皆蚤亡。女一人，未嫁。乌乎！夫人既多男子而又能推有余以继宗族之嗣，贤于人远矣。重惟正字君畴，昔以是称夫人，且命景山记其事，乃泣而铭曰：

乌乎夫人，既慧且温。叔氏居约，来嫔我门。

移母之敬，以事所尊。推媚之爱，室家欢欣。

逮我叔仕，不幸蚤世。收也有子，又以命继。

其继伊何，实秘书君。维我秘书，德大名闻。

如簴鸿钟，如器纯玉。虽多令子，克肖不足。

独有宗事，斯焉可托。元祐八载，岁在作噩。

孟春之初，三加礼恪。锡名命字，茂德省恶。

曾未逾时，秘书弃馆。远日有期，叔母亦窆。

祔子其姑，永寿君兆。它山之石，镌词以告。

云安军[2]司理参军[3]、新差管句书写秦凤路经略安抚都总管司机宜文字[4]吕至山书并篆盖。

　　M1出土墓志及石磬铭文均明确记载，墓主为吕大雅夫妇。大雅字正之，为吕英第三子，于大观三年（1106年）正月卒于汝州郏城，享年六十六岁。第二年（1107年）二月归葬于京兆府蓝田县太尉原先茔，即今陕西省蓝田县五里头村北。其嫡子仲山操办葬事并制石磬"林钟"藏于墓圹中，就石磬色泽、质地而言，恐取材于终南山，故"斫南山之石以为林钟之磬"的南山应指墓园东南方的终南山。"林钟"为古礼乐器编钟的第八位，代表死亡之声[5]。以其随葬与古士大夫之礼相合。从子景山为大雅二从兄吕大防嫡子，锡山为大雅长从兄吕大忠嫡子，德修、辅修均吕锡山之子。

---

[1]郊社斋郎：性质：职事官。职责：掌郊祀、明堂、祠祀、祈祷及茅土、衣冠等事，一般为荫任制度之下的赐官。"太祖初定任子之法，台省六品、诸司五品，登朝尝历两任，然后得请。始减岁补千牛、斋郎员额；斋郎须年貌合格，诵书精熟，乃得奏。"《宋史·卷一百五十九·选举五》，中华书局，1985年，第3727页。品秩：不明。俸禄：不明。

[2]云安军："夔州路。州十：夔、黔、施、忠、万、开、达、涪、恭、珍。军三：云安，梁山，南平。监一：大宁。县三十三。"《宋史·卷八十九·地理五》，中华书局，1985年，第2226页。"云安军，同下州。开宝六年，以夔州云安县建为军。"《宋史·卷八十九·地理五》，中华书局，1985年，第2228页。【注】北宋时属夔州路，今为重庆市云安县。

[3]司理参军：性质：职事官。职责："司理参军掌讼狱勘鞫之事。"《宋史·卷一百六十七·职官七》，中华书局，1985年，第3976页。品秩：从九品（云安军同下州，司理参军为从九品）。《宋史·卷一百六十八·职官八》，中华书局，1985年，第4016。俸禄：月俸十千，等（云安军户一万余，故司理参军俸十千）。《宋史·卷一百七十一·职官十一》，中华书局，1985年，第4108页。

[4]新差管句秦凤路经略安抚都总管司机宜文字：管句：即主管、总管之意。机宜文字：性质：职事官。职责：为宋代各路帅臣自行辟举的军事幕僚。其职责包括有书写奏章、入呈边事、参与军事谋划等。品秩：不明。俸禄：不明。秦凤路："秦凤路。府一：凤翔。州十二：秦、泾、熙、陇、成、凤、岷、渭、原、阶、河、兰。军三：镇戎，德顺，通远。县三十八。""秦州，下府，天水郡，雄武军节度。旧置秦凤路经略安抚使，统秦州、陇州、阶州、成州、凤州、通远军，凡五州一军，其后割通远军属熙河，凡统州五。"《宋史·卷八十七·地理三》，中华书局，1985年，第2154页。【注】秦凤路经略安抚都总管所指秦凤路为军事区划，应为秦州所设经略安抚使所辖的五州一军之地。经略安抚都总管司：性质：官署名。职责："经略安抚司：经略安抚使一人，以直秘阁以上充，掌一路兵民之事。皆帅其属而听其狱讼，颁其禁令，定其赏罚，稽其钱谷、甲械出纳之名籍而行以法。若事难专决，则具可否具奏。即干机速、边防及士卒抵罪者，听以便宜裁断。"《宋史·卷一百六十七·职官七》，中华书局，1985年，第3960页。

[5]《史记·卷二五·书第三·律》，中华书局，1999年，第247、248页。

陕西省考古研究院田野考古报告　第 80 号

# 蓝田吕氏家族墓园

## （二）

陕 西 省 考 古 研 究 院
西安市文物保护考古研究院　编著
陕 西 历 史 博 物 馆

文物出版社

# Lü Family Graveyard in Lantian (II)

*by*

Shaanxi Provincial Institute of Archaeology

Xi'an  Institute of Archaeology and Cultural Relics Protection

Shaanxi History Museum

**Cultural Relics Press**

.

# 二　吕大临夫妇合葬墓（编号 M2）

## （一）位置与地层

该墓位于吕氏家族墓园北部墓葬群自南向北第三排西数第二座，西距 M1 为 11.21、东距 M3 为 6.95、北距 M5 是 4.11、南距五里头村 226.22 米。墓葬田野编号为蓝田吕氏 M2（图 5-37、38）。发掘时间 2008 年 6 月 19 日至 8 月 24 日，历时 66 天。

墓葬所处地层剖面为（图 5-38；彩版 5-58）：

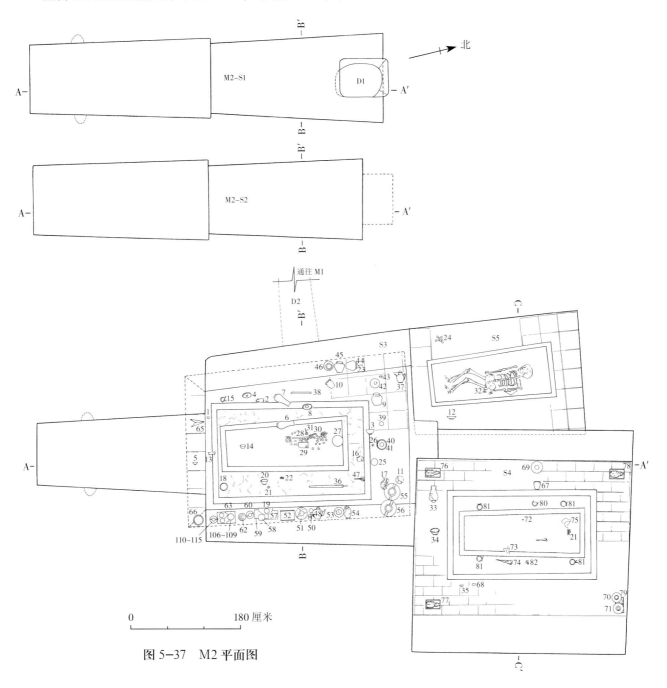

0　　　　　　　180 厘米

图 5-37　M2 平面图

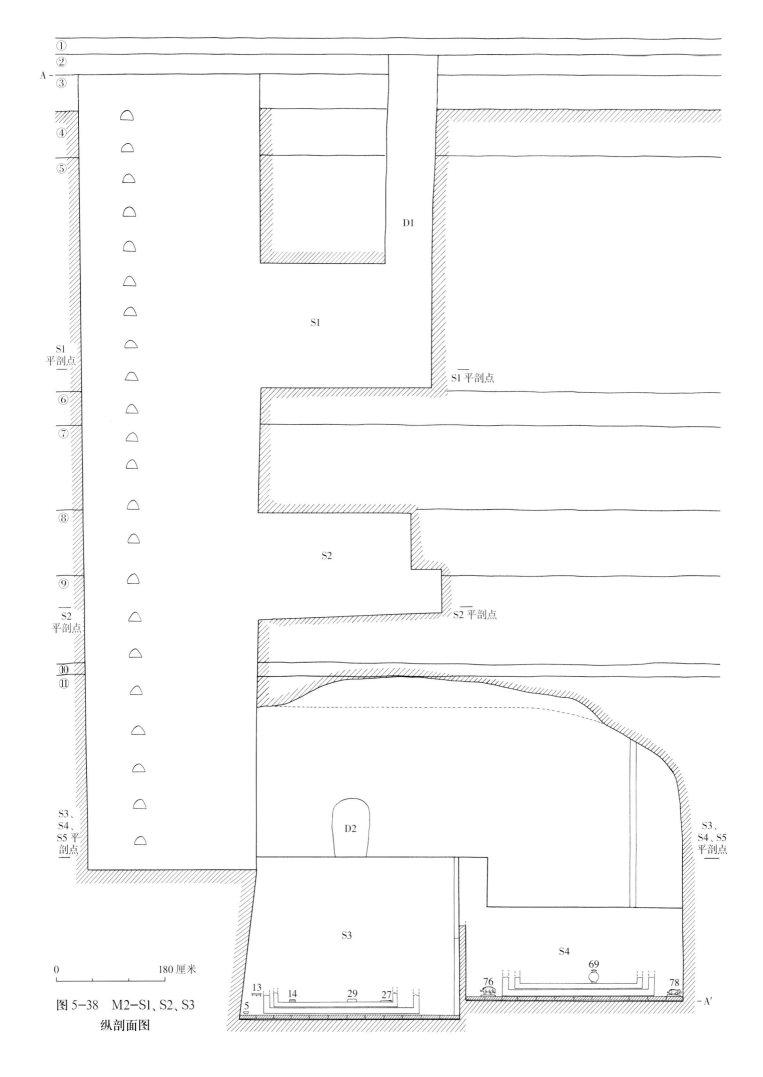

①
②
A -
③
④
⑤

S1
平剖点

⑥
⑦
⑧
⑨

S2
平剖点

⑩
⑪

S3、
S4、
S5 平
剖点

D1

S1

S1 平剖点

S2

S2 平剖点

D2

S3

13
14    29    27
5

S1 平剖点

S3、
S4、S5
平剖点

S4
69
76                78
- A′

0                180 厘米

图 5-38   M2-S1、S2、S3
纵剖面图

第①层：耕土层，厚 0.25 米，色灰黄，质松散，含大量植物根系、碎石块等。

第②层：扰土层，厚 0.35 米左右，浅灰褐色，质较硬，内夹杂少量植物根茎、大量料礓石、蜗牛壳等。现墓道开口见于该层下。

第③层：古代堆积层，厚 0.55 米，浅灰黄色，质地坚硬，呈颗粒状，夹杂少量残陶、瓷残片等。

第④层：黑褐色土层，厚 0.75 米，质地坚硬，夹杂大量白色植物根系。

第⑤层：黄土层，厚 3.78 米，质地松软，色泽纯黄，包含少量料礓石块。第一重墓室 S1 顶部位于该层面下 1.72~3.72 米处。

第⑥层：红褐色土层，厚 0.50~0.55 米，土质坚硬，内杂大量料礓石块。

第⑦层：淡黄色土层，厚 1.35 米，质地松软纯净，无包含物。

第⑧层：胶泥层，厚 1.05 米，红棕色，质地坚硬细密有韧性，夹杂少量料礓石块。第二重墓室 S2 顶部位于该层面下 0.06 米处。

第⑨层：黄褐色土层，厚 1.40 米，质地松软，含有大量料礓石块。S2 底部位于该层面下 0.60~0.70 米处。

第⑩层：密集料礓石层，厚 0.20 米左右，灰白色礓石块排列密集，质地极坚硬。第三重墓室 S3 即营造于该层下。

第⑪层：浅褐色土层，非常厚，具体尺寸不详，质地细密，无包含物。S3 底部位于该层面下 5.50 米处。

## （二）墓葬形制

该墓坐东北向西南、方向 203°。由长方形竖穴墓道、纵向叠压设置的 3 重 5 室墓穴、壁龛 7 部分组合构成。水平总长 9.86、墓室底距现地表 15.70 米，墓道现开口距地表 0.60 米（图 5-37、38；彩版 5-59）。

彩版 5-58　M2 地层剖面

彩版 5-59　M2 发掘现场

### 1. 墓道

竖穴土圹墓道位于墓葬最南端。平面呈北宽南窄长方形，开口处南北长 3.00、北宽 1.30、南宽 1.10 米。四壁经铲平修整，自开口至底南、北两壁微有收分。底面南北长 2.80、北宽 1.30、南宽 1.00、上距现地表 13.30 米，表面踩踏平整，北端与墓室连接。东、西两壁南部下深 0.56 米处、自上向下各对设踏窝一列 22 个，三角形，宽 0.18~0.24、高 0.10~0.18、进深 0.10~0.12 米，各踏窝纵向间距 0.38~0.45 米。墓道内填充较松散花杂土，未经夯筑，内杂木炭、朽木、零星红色漆皮、料礓石结核、碎石块、残骨块、陶瓷残片等（彩版 5-60）。

彩版 5-60　M2 墓道及踏窝

### 2. 墓室

共设三重，皆为土洞式，纵向叠置，开口均位于墓道北壁上。

（1）第一重墓室

编号 S1，设于墓道北壁开口下 3.00~5.00 米，入口窄于墓道北壁，故于入口处的东、西两壁形成宽 0.10 米折棱。墓室平面呈南窄北宽长方形，南北长 2.85、南端宽 1.12、北端宽 1.45 米。室内壁面修整光滑，东、西两壁自 1.40 米处起券拱顶，拱形顶高 0.60 米，局部有坍塌。室底修整平坦、至顶通高 2.00 米。墓室内填充淤土及少量塌土，内含石块、瓷片、残砖等，经发掘清理，未见任何使用痕迹与葬具，仅有方砖一块、铜铆钉 1 组 3 件，出土于室内淤土中。故确定其为空穴（图 5-37~39；彩版 5-61）。

（2）第二重墓室

编号 S2，设于墓道北壁开口下 7.00~8.70 米，上距 S1 底面落差约 2.00 米，形制结构与 S1 基本相同。因入口窄于墓道北壁，故于入口处东、西两壁形成宽

彩版 5-61　M2 第一重墓室 S1 底部

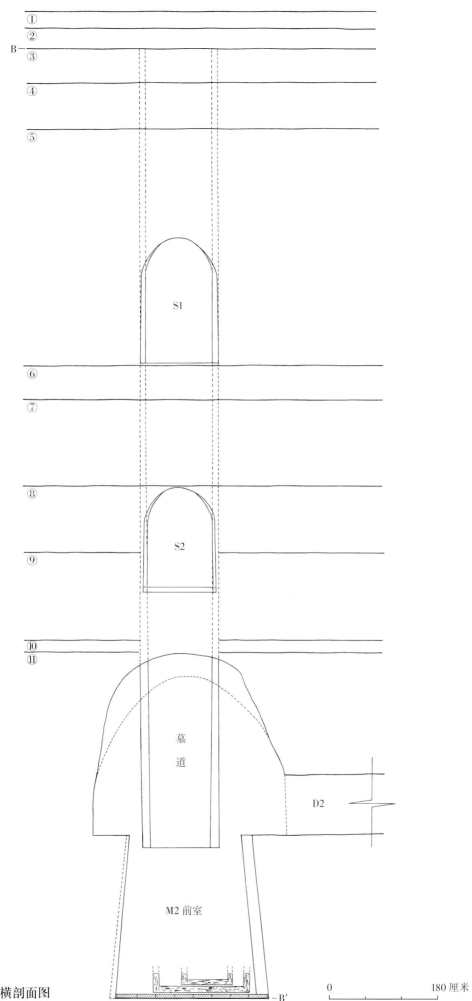

①
②
B—③
④
⑤

S1

⑥
⑦

⑧

S2

⑨

⑩
⑪

墓
道

D2

M2 前室

—B'

图 5-39　M2 横剖面图

0　　　　　　　　　180 厘米

彩版 5-62　M2 第二重墓室 S2

彩版 5-63　M2 前室 S3

0.10 米折棱。墓室平面呈南窄北宽长方形，南北长 2.55、南端宽 1.10、北端宽 1.30 米，四壁平直，东、西两壁于 1.15 米处起券拱顶，拱顶高 0.52 米，室底面经修整呈北高南低缓坡状，至顶通高 1.60~1.70 米。北壁下部正中置壁龛，平面呈横长方形，东西宽 0.80、高 0.70、进深 0.50 米，壁面及平顶未做修整，较粗糙，龛底与 S2 底面在同一平面上。室内填五花土，内夹石块、陶瓷残片、红色漆皮屑、木炭碎渣等。清理时室内未见任何使用痕迹、葬具，仅出土铁钱 1 枚，故确定亦为空穴（彩版 5-62）。

（3）第三重墓室

开口于墓道北壁底端，属最下层，为实用墓室，室内底面低于墓道底面，由一前室双后室组合构成，平面呈"品"字形分布，各室间以生土隔墙划分。

前室：编号 S3，底面低于墓道底面 2.40 米，壁、顶相交处平面为南窄北宽长方形，南北长 3.35、南端宽 1.90、北端宽 2.22 米。四壁壁面修整光滑，东、西两壁高 2.60 米，顶面设生土二层台，东壁台长 3.44、宽 0.52~0.70 米；西壁台长 3.42、宽 0.54~0.58 米，自台顶向下两壁皆逐渐外扩。北壁竖直，为前、后室间生土隔墙，宽 0.10、高 1.50 米。南壁高 2.40 米，自顶向下亦逐渐外扩。因东、西、南三壁从上往下均有外扩，故室底面积大于开口处，南北长 3.70、南端宽 2.44、北端宽 2.62 米，底面上并列平铺青灰色方砖一层，纵列 11 行、横排 8 行，共计用砖 88 块，青砖尺寸为：长 32.0、宽 31.0、厚 5.0 厘米，自底至顶原通高 5.10 米。东、西两壁于二层台上起拱，拱顶原高 2.50 米，现大部分已坍塌，最高处达 2.90 米（图 5-37~39；彩版 5-63）。

东后室：编号 S4，位于前室后北偏东处，平面呈南北向长方形，南北长 3.60、东西宽 2.50 米。四壁垂直、修整光滑，东壁自底向上 1.50 米处外扩 0.60 米成生土二层台，台面较前室二层台面低 0.80 米；西壁为东、西两后室间生土隔墙，高 1.50、宽 0.50 米，隔墙南端留有边长 0.50×0.60、高 0.80 米近方形生土立柱，顶面与前室二层台面平行，用途不明，似为支撑。南壁西部经 0.10 米宽、0.72 米长、1.50 米高的生土隔墙与前室相连。东壁于二层台上 0.11 米处起拱，拱顶前高后低略呈坡形，将东、西后室覆盖其中与前室顶部连为一体，现大部分已坍塌。底面较前室底面高 0.30 米，铲修平坦，其上南北向错缝平铺长方条砖一层，纵列 12 行、横排 17 行，共计用砖 204 块，条砖尺寸长 30.0、宽 15.0、厚 5.0 厘米，墓室底至顶最高处为 4.80 米（图 5-37、38、40；彩版 5-64）。

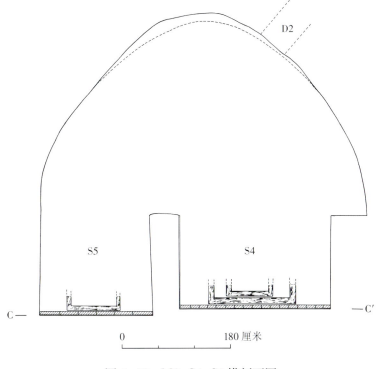

图 5-40　M2-S4、S5 横剖面图

彩版 5-64　M2 东后室 S4

西后室：编号 S5，位于前室后北偏西处，南经宽0.10、长0.90、残高1.00 米的生土隔墙与前室相连，东经宽0.50、长2.84、高1.60 米生土隔墙与东后室并列。平面为南窄北宽长方形，南北长2.84、南宽1.62、北宽1.92 米。四壁面修整光滑，南、西、北三壁竖直，唯东壁自上至底稍外扩。拱形顶由西壁1.70 米高处起拱，与东后室共用一顶并与前室拱顶连为一体，现已大部分坍塌。底面铲修平坦，较东后室底面低0.10、较前室底面高0.20 米，南北长2.84、南宽1.70、北宽2.00 米，其上并列平铺青灰色方砖一层，纵列9行、横排6行，共计用砖54块，方砖边长31.0~32.0×厚5.0 厘米，底面至顶最高处为4.90 米（图5-37、38、40；彩版5-65）。

S3、S4、S5 内充满较硬五花土、淤土及洞顶塌土，其内杂石块、碎砖块、陶瓷器残片、朽木灰迹、红黑色漆皮等。

## （三）葬具葬式

该墓为三人同穴异室合葬墓，葬具共计两椁三棺，均位于第三重墓室内。

前室：木质一椁一棺南北向置于中部略偏东南处，椁平面呈长方形，现已完全朽坏，仅余灰黑色板灰，底部灰迹清晰，长2.60、宽1.60、残高0.15~0.20 米，椁板厚10.0 厘米。

棺纵向置于椁中略偏南处，北宽南窄，平面呈长方梯形，已朽毁，仅留底部红褐色板灰痕迹，结构清晰，长2.10、北宽0.90、南宽0.75、残高0.10~0.15 米，棺板厚8.0 厘米（彩版5-66）。

椁、棺间缝隙中填充大量块状松香，应是下葬时将液态松香灌入此处试图起防水、防腐作用，现仍保存较好，墓葬清理完毕后已采集标本保存。

前室棺内骨架已朽，葬式、性别、年龄均不清，从所处位置、墓室规格、随葬品状况、器物铭文分析，前室为男主人葬所。

东后室：葬具亦为木质一椁一棺，椁平面呈长方形，南北向置于室内正中。现已朽毁，仅余黑色灰迹，长2.50、宽1.44、残高0.15 米，椁板厚8.0 厘米。

棺纵向置于木椁中间，平面呈北宽南窄长方形，原棺已朽为红褐色灰烬，印迹清晰，长2.10、北宽0.80、南宽0.70、残高0.10 米，棺板厚7.0 厘米。棺两帮前、后端各钉有对称铁环提手四个（彩版5-67）。

东后室墓主骨架已朽成粉末状，仅见头向为北及残存肢骨数节，年龄、性别、葬式均不清。从墓主所处位置、墓室规格、葬具、随葬物品分析，应为女主人葬所。

西后室：仅置木棺一，南北向放于室正中略偏南处，原棺已朽，木灰呈红褐色，痕迹清晰，平面呈北宽南窄长方形，长2.10、北宽0.90、南宽0.76、残高0.15 米，棺板厚7.0 厘米。棺内底铺垫灰白色草烬一层（彩版5-68）。

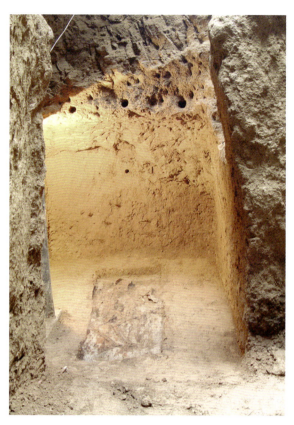

彩版5-65　M2 西后室 S5

彩版 5-66　M2 前室 S3 葬具

彩版 5-67　M2 东后室 S4 葬具

彩版 5-68　M2 西后室 S5

西后室墓主骨架保存较完整，为一成年女性，头北足南、面西侧身屈肢式，两臂自然置腹侧，两膝微曲，双腿分开，骨架长 1.50、肩宽 0.40 米。

## （四）盗洞

M2 曾被盗掘，清理时共发现盗洞 2 个，分别编为 D1、D2。

D1 位于第一重墓室 S1 顶部北端正中，口为椭圆形，南北长 0.80、东西宽 0.55 米，从现地表垂直而下进入墓室，因为空穴，故破坏程度有限（图 5-37、38）。

D2 位于第三重墓室前室 S3 西壁正中二层台上，开口呈拱顶平底半圆状，宽 0.60、高 0.96 米，向西横穿 1、2 号墓间生土壁面与 M1 前室东壁盗洞相通。该盗洞入口在 M2 东北方 M4 墓道内，盗者进入 M4 行窃后西南向打洞约 2.60 米由 M2 东后室顶部进入，将 2 号墓洗劫后又于前室西壁穿入 1 号墓继续盗扰，所以 D2 抓住家族墓葬间距近、排列有规律的特点，一次盗掘三座墓葬，危害性极大，是熟悉墓地布局者所为，从随葬品中瓷器基本存留未失的现状分析，D2 应属早期盗洞（图 5-39、40）。

## （五）出土遗物

共 123 件（组），分为瓷、陶、铜、铁、锡、玉、石、玻璃、松香 9 类。形制有壶、碗、碟、瓶、罐、盒、盏、钵、香炉、砚、钱币、镜、提手、铺首、棺环、镇纸、剪刀、剑、铧、鼎、牛、猪、梳、印坯、托盘、敦、盘、碾、勺等，器物组合不甚明确。由于该墓早年被盗且长期渗水淤积，多数随葬品原摆放位置挪动，发掘时见其主要分布于第三重墓室填土中、二层台上及木椁周围。

### 1. 瓷器

共 44 件。主要出于前室（S3）与东后室（S4）中，器形分瓶、壶、碗、碟、罐、盒、盏、钵、香炉等。

（1）青釉刻花瓶　3 件。

M2：6、7、33，轮制成型。3 件形制基本相同。瓶体瘦高，小直口，宽平折沿，尖圆唇，细矮颈紧束，平肩圆折，深筒状腹，腹壁上部微鼓，圈足，足沿微外撇。内、外壁满施青釉，足底露胎。通体刻花，腹、足相交处刻弦纹一周。

M2：33，出于东后室西南角。完整。宽折沿边饰弦纹一周，肩部为两周凸棱，足外沿自内向外斜削一周。釉色青中泛黄，外壁釉面晶莹光亮，有细碎冰裂纹。露胎处表面光滑，胎色灰白，胎质坚硬细密。腹外壁刻折枝牡丹两枝，花朵盛开，枝、茎、叶刻画生动清晰。通高 28.1、口沿径 6.4、腹径 14.5、圈足径 8.7 厘米（图 5-41；彩版 5-69）。

M2：6、7，出于前室西侧中部。腹部均有残缺。形制及纹饰布局完全相同。肩部为两周凸棱，凸棱间刻双重覆莲瓣，腹外壁斜刀刻 2 枝阔叶折枝牡丹花纹，下腹饰双重仰莲瓣。

M2：6，腹部有 2 处缺片。釉色凝重，青中泛灰。釉面浑厚，冰裂纹较明显。通高 28.5、口沿径 6.3、腹径 14.0、圈足径 8.4 厘米（图 5-42；彩版 5-70）。

M2：7，下腹近底处有 1 处缺片。釉色青中泛黄。通高 28.4、口沿径 6.2、腹径 14.0、圈足径 8.3 厘米（图 5-43；彩版 5-71）。

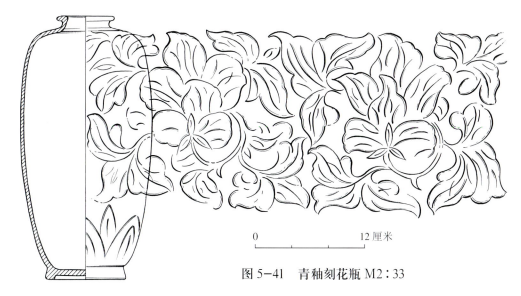

图 5-41　青釉刻花瓶 M2：33

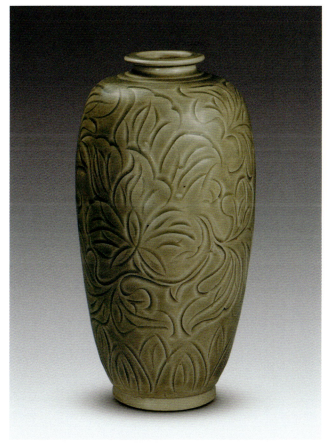

彩版 5-69　M2青釉刻花瓶 M2：33

（2）青釉瓶　2件。

编号 M2：53、54，均残破，修复基本完整。轮制成型。形制特点相同。瓶体瘦高，小直口，厚圆唇，矮束颈，平肩微耸，筒腹饼足，足沿外撇，外底心稍内凸。外壁通施青釉，釉层较薄，釉色不匀，腹下部及足露胎。胎色灰，胎质坚硬致密，内含细砂粒。通体素面，外腹壁轮制印迹明显，圈足

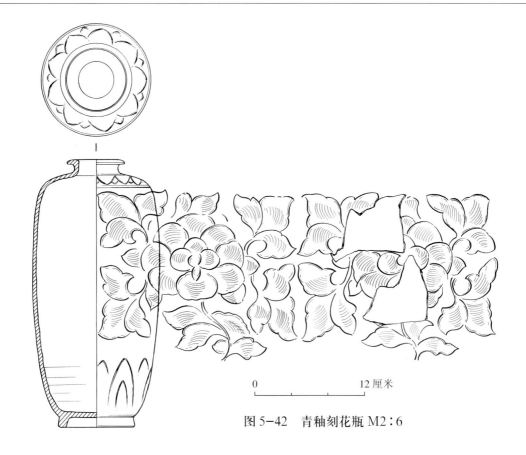

0            12 厘米

图 5-42　青釉刻花瓶 M2∶6

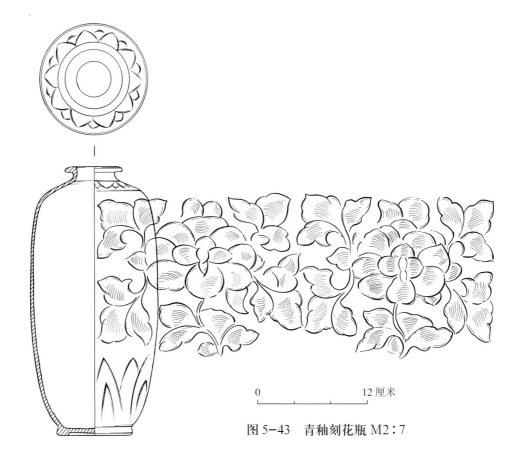

0            12 厘米

图 5-43　青釉刻花瓶 M2∶7

彩版 5-70　青釉刻花瓶 M2：6

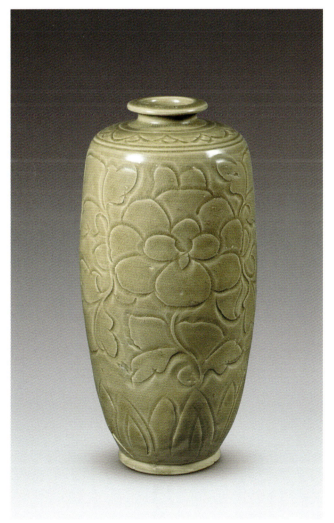

彩版 5-71　青釉刻花瓶 M2：7

外底有轮制同心圆旋痕。

M2：53，出于前室东壁下。底部有残缺。釉色青黄泛灰。通高 31.7、口沿径 4.9、腹径 12.7、足径 9.1 厘米（图 5-44，1；彩版 5-72）。

M2：54，出于前室东壁下。肩及上腹部断裂，有缺失。釉色青灰。通高 31.4、口沿径 5.1、腹径 12.6、足径 8.9 厘米（图 5-44，2；彩版 5-73）。

（3）青釉刻花鼓腹瓶　1件。

M2：69，出于东后室西壁下，腹部有缺片。轮制成型。瓶体较粗矮，小直口，宽折沿，沿面微外斜，尖圆唇，细颈较高，圆肩深鼓腹，下腹斜向内弧收，下置极矮圈足。外壁通施青绿釉，釉面匀净凝重，晶莹透亮，有玉质感，表面满布细碎冰裂纹，足底及器外底露胎，露胎处表面光滑。灰胎，胎质坚硬

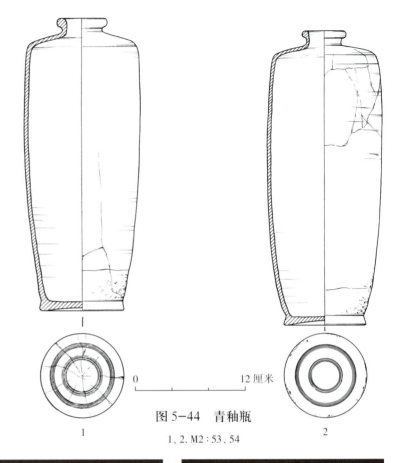

图 5-44　青釉瓶

1、2. M2：53、54

彩版 5-72　青釉瓶 M2：53　　　　　　　　　　彩版 5-73　青釉瓶 M2：54

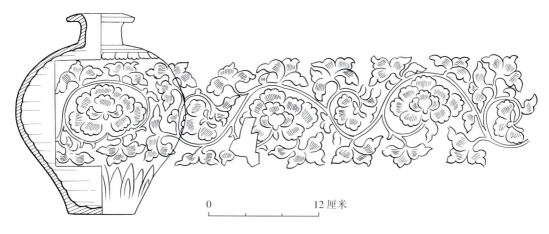

图 5-45　青釉刻花鼓腹瓶 M2：69

细密。颈、肩相交处有弦纹两周，腹部斜刀刻饰波浪状二方连续缠枝阔叶牡丹纹一组，腹下部饰双重仰莲瓣图案，莲瓣底又有弦纹两周。通高 21.6、口沿径 5.4、腹径 17.6、底径 7.6 厘米（图 5-45；彩版 5-74）。

（4）酱釉尊　2件。

M2：70、71，轮制成型，腹壁有轮制旋痕。形制、釉色均相同，尺寸稍有差异。器形敦实，小圆直口，宽折沿，圆唇，细矮颈紧束，圆肩，深腹粗微鼓，大平底。内、外壁均施酱红色釉，平底外表露胎。釉面光洁润泽，外腹壁底有垂釉现象。胎表土黄色，胎质坚硬细密。通体素面。

M2：71，出于东后室东北角。完整。通高 15.0、口沿径 6.1、腹径 17.2、底径 15.2 厘米（图 5-46，1；彩版 5-75）。

M2：70，出于东后室东北角。残碎，修复成形。通高 14.2、口沿径 6.2、腹径 16.5、底径 14.7 厘米（图 5-46，2；彩版 5-76）。

（5）青白釉瓜棱腹带盖执壶　2件。

M2：48、60，轮制兼手工整修。形制、釉色、胎质均相同。器形较粗矮，圆形壶盖面凹底凸，顶面正中为宝珠

彩版 5-74　青釉刻花鼓腹瓶 M2：69

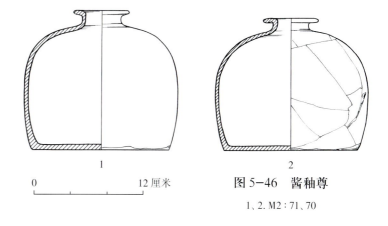

图 5-46　酱釉尊

1、2. M2：71、70

彩版 5-75　酱釉尊 M2：71

彩版 5-76　酱釉尊 M2：70

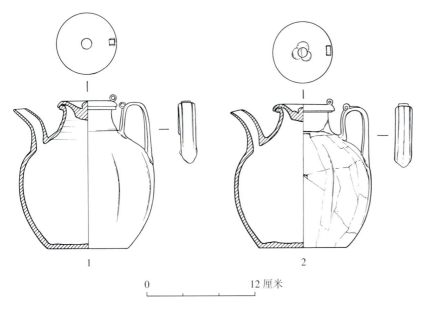

图 5-47　青白釉瓜棱腹带盖执壶

1、2. M2：60、48

状纽，盖沿上拱扣合于壶口之上，沿侧横贴短管状穿。壶身为敞口，卷沿，尖圆唇，微束颈，圆肩鼓腹，腹作十瓣瓜棱形，下腹内收成平底，肩一侧置扁条形"Γ"状执手，执手顶面横贴管状穿，可与盖上穿以绳索相连以确保盖、壶一体不易遗失或跌落破碎。肩另侧置高耸曲管状流，流嘴斜削。外底边有对称四个半弧形支垫痕。通体素面。内、外壁均施青白釉，外底面露胎。釉面晶莹光亮、剔透如玉，满布细碎冰裂纹。胎色白净，胎质坚硬细密，胎表光洁。

M2：60，出于前室东壁下。壶盖与壶口均有残破，修复完整。腹壁有裂缝一道。通高 15.6、盖径 6.5、口沿径 6.0、腹径 14.7、底径 8.7 厘米（图 5-47，1；彩版 5-77）。

M2：48，出于前室东壁下。已残破，修复成形，但壶盖、壶口缺片太多，无法复原。通高 15.2、盖径 6.8、口沿 6.4、腹径 15.2、底径 9.6 厘米（图 5-47，2；彩版 5-78）。

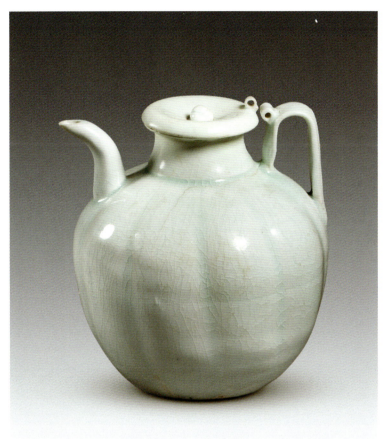

彩版 5-77　青白釉瓜棱腹带盖执壶 M2：60

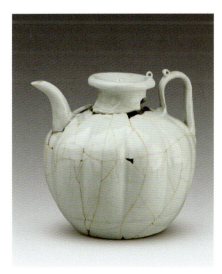
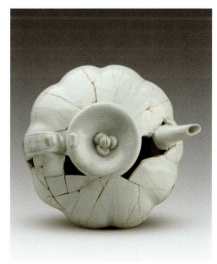

彩版 5-78　青白釉瓜棱腹带盖执壶 M2：48

（6）黑釉双系壶　1件。

M2：2，出于前室西南部。一系及肩部有残缺，基本修复完整。轮制成型。喇叭形侈口，圆唇，细颈较高，溜肩，深鼓腹，腹底斜向内削一周，圈足，足沿外撇，颈、肩部贴塑条形对称双系。器表颈、肩、腹部施黑釉，釉色黑中泛红。釉层厚而浑浊，口沿内壁刮釉，腹底、圈足、内壁口沿下露胎。

胎色黄中泛白，胎质坚硬略粗。通体素净无纹，颈中有柄轮饰。通高 12.1、口沿径 4.7、腹径 8.0、圈足径 5.5 厘米（图 5-48；彩版 5-79）。

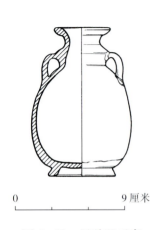

图 5-48　黑釉双系壶
M2：2

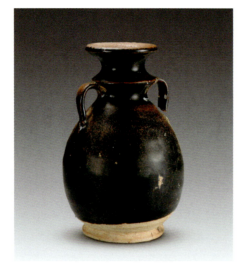

彩版 5-79　黑釉双系壶 M2：2

（7）素烧广口罐　1 件。

M2：45，出于前室西壁下。完整。轮制成型。罐体粗矮，广口，卷沿，圆唇，矮束颈，溜肩鼓腹，小平底外底心内凸。通体素烧未施釉，胎色土红，胎质坚硬纯净，胎面光滑。腹壁有明显轮制旋痕。通高 9.8、口沿径 11.5、腹径 13.7、底径 5.6 厘米（图 5-49；彩版 5-80）。

（8）黑釉双系罐　2 件。

M2：17，出于前室东北角。腹、底部残破有缺片，修复基本完整。轮制成型。罐体粗矮，广口微敛，沿边加厚，沿面外斜成尖唇，颈粗矮，窄折肩，深腹微鼓、下部斜收，矮圈足，足沿外撇，肩、颈处置对称条形半环状双系。内、外壁均施黑釉，口沿处刮削露胎。外壁釉层较厚，中腹以下呈酱色。釉面多处起泡。灰胎多孔隙，胎质较粗含白色颗粒，口沿胎表呈土黄色。通体素面，腹壁稍显轮制旋痕。通高 16.5、口沿径 14.1、腹径 18.0、圈足径 10.0 厘米（图 5-50，1；彩版 5-81）。

M2：67，出于东后室椁外西侧。完整。轮制而成。罐体略瘦高，浅盘口，圆唇，粗颈，斜折肩，深弧腹，平底，矮圈足外撇，肩、颈处置对称条形半环状小系一双。内、外壁半施黑釉，腹下露胎。釉层较厚，釉面明亮，闪金属光泽。胎表呈浅灰白色，胎质坚硬较粗，内夹焦黄色斑点。通体素面。通高 12.0、口沿径 8.2、腹径 10.6、圈足径 6.3 厘米（图 5-50，2；彩版 5-82）。

图 5-49　素烧广口罐 M2：45

彩版 5-80　素烧广口罐 M2：45

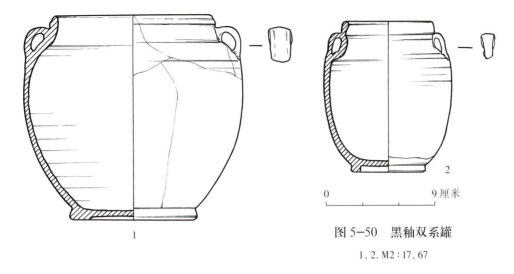

图 5-50　黑釉双系罐

1、2. M2：17、67

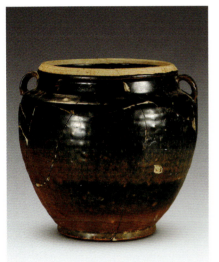

彩版 5-81　黑釉双系罐 M2：17

彩版 5-82　黑釉双系罐 M2：67

（9）酱釉双系罐　1件。

M2：10，出于前室西侧。完整。轮制成型。罐体略瘦高，浅盘口，圆唇，粗颈，窄斜肩，深弧腹，平底，矮圈足外撇，肩、颈处置对称条形半环状小系一双。内、外壁均施半釉，腹下露胎。釉色酱黄，肩、腹等处杂有黑釉。釉面明亮，闪金属光泽。胎表呈浅灰白色，胎质坚硬较粗，内夹焦黄色斑点。通体素面，腹部轮制印迹明显。通高 13.3、口沿径 8.6、腹径 10.9、圈足径 6.4 厘米（图 5-51，1；彩版 5-83）。

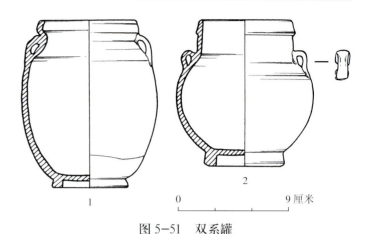

图 5-51　双系罐
1.酱釉双系罐 M2：10　2.黑釉鼓腹双系罐 M2：11

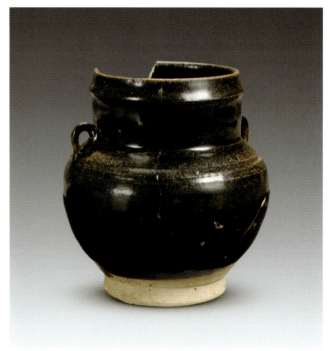

彩版 5-83　酱釉双系罐 M2：10　　　　　彩版 5-84　黑釉鼓腹双系罐 M2：11

（10）黑釉鼓腹双系罐　1件。

M2：11，出于前室东北部。口沿及肩部有缺片。轮制成型。罐体较粗矮，大直口微敛，圆唇，沿边外斜，粗高颈，折溜肩，圆鼓腹，平底，圈足微外撇，足沿自内何外斜削一周，肩、颈处置对称条形半环状小系。内、外壁满施黑釉，外腹底部、圈足、外底露胎。釉层凝重。釉面不甚光亮，有酱斑。胎表土黄，胎色浅灰白，胎质坚硬多孔隙。折肩处饰两周弦纹，腹壁略显轮制旋痕。通高11.8、口沿径8.2、腹径11.0、圈足径6.7厘米（图5-51，2；彩版5-84）。

（11）青白釉熏炉　1件。

M2：62，出于前室东壁下。口沿有裂纹，修复完整。轮制兼手工整修而成。炉分盖、体两部分，盖呈半球状扣于炉口上，顶部正中为一直径1.5厘米较大圆孔，孔外镂空菊瓣一周，再外饰以透雕网格纹，立沿微外敞，有纵向裂缝一道，下部沿边加厚，母口。炉体呈高柄深腹豆形，高子口微敛，尖唇，窄平沿，深腹圜底，座呈喇叭形，中有折棱一周，底为上卷荷叶状。外壁、盖内顶网格处、喇叭底座内均施青白色釉，釉面晶莹光亮、剔透如玉，足内釉面有较大冰裂纹。胎色洁白，胎质坚硬细密，表面光滑。通体素面，炉体下腹外壁施弦纹两周。通高13.0、盖高5.0、盖径10.1、口径8.2、腹径10.1、座径8.7厘米（图5-52；彩版5-85）。

（12）青釉圆盒　3件。

M2：39、49、50，轮制成型。形制、釉色相同。圆筒形，由盒盖、盒身两部分组合而成。盖为母口，直立沿，微鼓平顶。盒身呈高子口，窄平沿，筒形深腹，平底。器壁内、外满施青釉，釉面晶莹，润泽如玉，口沿、外底露胎。胎色灰白洁净，胎质坚硬细密，表面光滑。通体素面。

M2：39，出于前室北端。完整，盖上有细裂缝一道，周围布少许冰裂纹。通高5.5、盖高1.5、子口径5.2、腹径6.1厘米（图5-53，1，彩版5-86）。盒内有土黄色、灰色粉末与薄片状包含物，详见本报告柒第三章。

M2：49，出于前室东壁下。盖残裂，修复基本完整，盒口沿至腹部有纵向裂纹一道。通高5.6、盖高1.4、子口径5.5、腹径6.4厘米（图5-53，2；彩版5-87）。器内置黄褐色碎片状物质，详见本报告柒第三章。

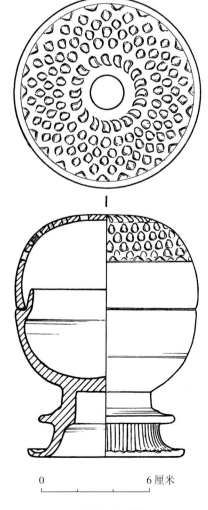

图5-52　青白釉熏炉 M2：62

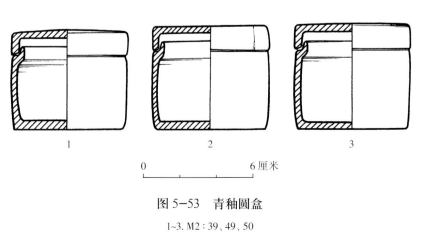

0　　　　　　6厘米

图5-53　青釉圆盒

1~3. M2：39、49、50

彩版 5-85　青白釉熏炉 M2：62

彩版 5-86　青釉圆盒 M2：39

彩版 5-87　青釉圆盒 M2：49

彩版 5-88　青釉圆盒 M2：50

M2：50，出于前室东壁下。完整，通高 5.6、盖高 1.4、子口径 5.2、腹径 6.4 厘米（图 5-53，3；彩版 5-88）。器内发现黄色、灰褐色物质，详见本报告柒第三章。

（13）酱釉钵　1件。

M2：68，出于东后室椁外东侧。破碎，基本修复完整。轮制成型。器壁较薄，敛口，窄沿内折，尖唇，斜腹，小平底，外底心稍内凸，卧足。内、外壁均施酱红色釉，唯外底及卧足露胎。

釉层均匀。釉面明亮，闪金属光泽。胎表浅土黄，胎色灰白，胎质坚硬细密，内含黑色小麻点。通体素面，腹壁有模糊轮制旋痕。通高6.4、口径18.9、底径5.7厘米（图5-54；彩版5-89）。

（14）青釉刻花碗　9件。

M2：94~102，出于前室东壁下，出土时叠置为一摞。均残破，修复完整。轮制成型。形制、大小、釉色、纹饰

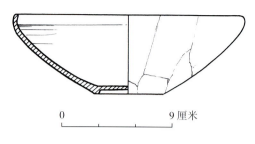

图5-54　酱釉钵 M2：68

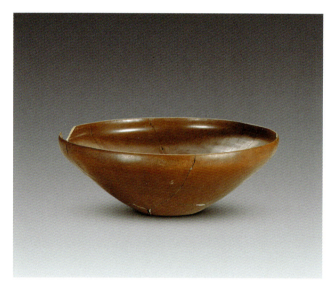

彩版5-89　酱釉钵 M2：68

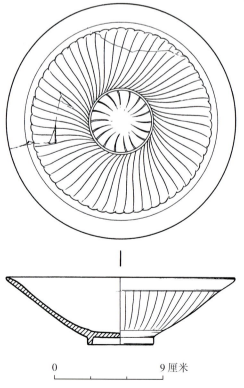

图5-55　青釉刻花碗 M2：94

完全相同。大敞口，尖圆唇，斜腹微弧、壁较厚，小平底内底下凹，圈足。内、外壁通施青绿色釉，足底刮釉露胎，足内、外墙呈火石红色。釉面晶莹润泽，多气泡且满布冰裂纹。灰胎，胎质坚硬细密。器内壁口沿下饰弦纹一周，腹及底分刻团菊纹；外壁沿下亦有弦纹一周，其下刻折扇纹。

标本M2：94，修复基本完整。腹部有三角形小缺口。通高5.3、口径19.3、圈足径5.3厘米（图5-55；彩版5-90）。

（15）黑釉金兔毫盏　1件。

M2：20，出于前室西侧棺椁间。磕沿，腹部有缺片，修复基本完整。轮制成型。敞口，撇沿，尖圆唇，斜直腹，内底略下凹，矮圈足挖足甚浅。内、外壁满施黑釉，口沿因釉层较薄呈红褐色，外底部露胎。釉面光亮多棕眼，腹壁密集分布放射状似兔毫般金色细线。胎色青灰，胎质坚硬致密，露胎处表面呈红褐色并粘有白色小颗粒。通体素面。通高5.3、口径12.4、足径3.7厘米（图5-56，1；彩版5-91）。

彩版 5-90　青釉刻花碗 M2：94

（16）黑釉银兔毫盏　1件。

M2：3，出于前室西北部。口沿与腹部有缺片。轮制成型。敞口，尖圆唇，斜腹稍弧，圈足宽扁，足底修削三周，内底心微下凹，外腹壁有模糊轮制旋痕。器壁内、外满施黑釉，口沿呈酱色，足底露胎。釉层较厚重。釉面明亮，密布棕眼，内壁放射状密集散布银白色短线，闪金属光泽，似断断续续的银色兔毫。通体素净无纹。胎色灰白纯净，胎质坚硬细密，有砂质感，胎面光滑。通高5.7、口径13.7、足径4.1厘米（图5-56，2；彩版5-92）。

彩版 5-91　黑釉金兔毫盏 M2：20

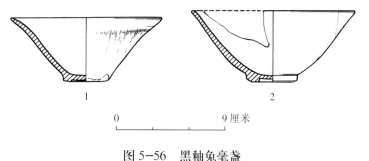

0　　　　　　　9厘米

图5-56　黑釉兔毫盏

1.黑釉金兔毫盏 M2：20　　2.黑釉银兔毫盏 M2：3

彩版5-92　黑釉银兔毫盏 M2：3

（17）姜黄釉印花盏　1件。

M2：42，出于前室椁外西北部。破碎，修复完整。轮制成型。器壁较厚，敞口，圆唇，斜腹，圜底，圈足。器内壁通施姜黄釉，内底外围刮有涩圈，外壁施釉至腹底，圈足露胎。釉面明亮。胎色浅灰白，胎质坚硬，胎面粗涩，有黑色小盲点。腹外壁有明显轮制印迹，内壁腹部上、下各饰弦纹一周，弦纹间模印荷叶莲花纹。通高4.3、口径10.7、足径4.0厘米（图5-57；彩版5-93）。

（18）姜黄釉印花莲纹盘　1件。

M2：34，出于东后室南端。口、腹部有残缺。轮制成型。敞口，圆唇，浅腹，微圜底，内底心稍下凹，矮圈足。通体施青黄色釉，内底外围刮有涩圈，足底、足外墙刮削露胎。釉面光亮，釉质不够纯净，局部呈焦黄色。胎色灰蓝，胎质坚硬细密，胎表光滑。内壁中部模印缠枝莲纹，外壁上部饰弦纹一周，外腹壁呈明显轮制旋痕，足内有粘砂。通高3.3、口径16.5、圈足径6.0厘米（图5-58，1；彩版5-94）。

（19）姜黄釉印花双鱼纹盘　1件。

M2：8，出于前室西侧中部。腹壁有残缺。轮制成型。敞口，圆唇，

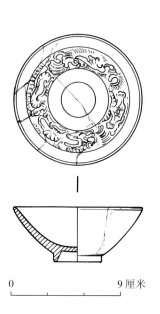

0　　　　　　　9厘米

图5-57　姜黄釉印花盏
M2：42

彩版 5-93 姜黄釉印花盏 M2：42

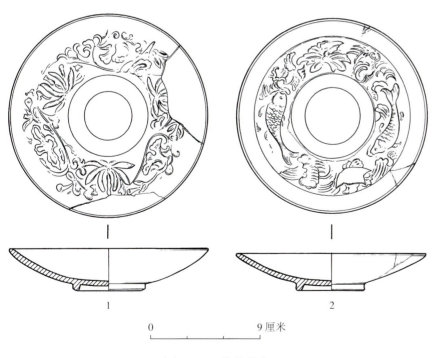

0   9厘米

图 5-58 姜黄釉盘

1. 姜黄釉印花莲纹盘 M2：34   2. 姜黄釉印花双鱼纹盘 M2：8

彩版 5-94 姜黄釉印花莲纹盘 M2：34

浅腹，微圜底，内底心稍下凹，矮圈足，足内墙下部向外斜削一周。通体施青黄色釉，内底外围刮有涩圈，足底及足外墙、足内墙下部刮釉露胎。釉色若姜黄。釉面光亮有冰裂纹。器内壁中部模印水波、莲花、鱼纹，外壁上部饰弦纹一周，外腹壁有明显轮制旋痕。通高 2.9、口径 15.7、圈足径 5.7 厘米（图 5-58，2；彩版 5-95）。

彩版 5-95　姜黄釉印花双鱼纹盘 M2：8

（20）黑釉盘　1件。

M2：12，出于西后室东南角。口沿与腹壁有缺片。轮制成型。盘壁较厚，敞口，厚沿，圆唇，浅腹，微圜底、内底心微下凹，矮圈足。器内壁施满釉，外壁施釉至腹下近底处，腹外壁底部及圈足露胎。釉色黑中泛酱红色。釉面多棕眼、被土浸而呈土黄色斑点，盘内底外围刮釉成涩圈一周。胎色灰白，胎质坚硬致密，有砂质感，含黑、白色颗粒。内壁中下部饰弦纹一周。通高 3.7、口径 16.2、圈足径 6.6 厘米（图 5-59；彩版 5-96）。

（21）青白釉六曲葵口碟　1件。

M2：4，出于前室西南部。口沿处有缺片。轮制成型。敞口，沿边微外折，削刻成六曲葵口，尖唇，浅腹，微圜底。通体施青白釉，外底刮釉露胎。釉面晶莹剔透，明亮光洁。胎色纯白，胎质坚硬细密。腹内底饰弦纹一周，外底有粘砂痕一圈。高 2.3、口径 11.1、底径 4.1 厘米（图 5-60；彩版 5-97）。该器与 M1：30 完全相同，应为一对，可能是盗掘者自 M1 带入。

（22）黑釉灯盏　2件。

M2：19、61，轮制成型。2件形制、釉色、胎质均相同，唯大小稍有不同。敞口，厚圆唇，斜弧腹，小平底。腹内壁施满釉，口沿及外壁露胎素烧。釉色黑中泛灰。釉面浑浊。胎色灰白，胎质坚硬，内含小砂粒，胎表粗涩，砂质感强。通体素面。

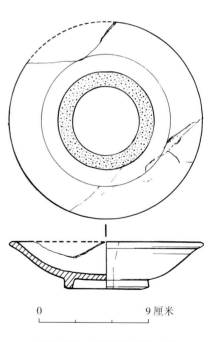

0　　　　　　　9厘米

图 5-59　黑釉盘 M2：12

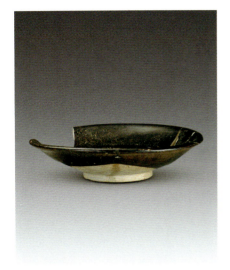

彩版 5-96　黑釉盘 M2：12

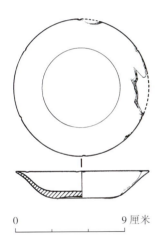

图 5-60　青白釉六曲
葵口碟 M2：4

彩版 5-97　青白釉六曲葵口碟 M2：4

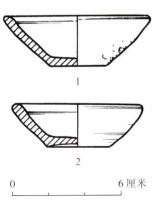

图 5-61　黑釉灯盏
1、2. M2：19、61

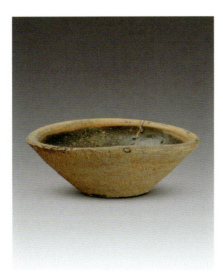

彩版 5-98　黑釉灯盏 M2：19

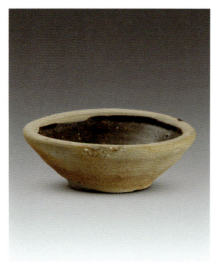

M2：19，出于前室东壁下。完整。盏体稍有变形。高2.6、口径8.4、底径3.3厘米（图5-61，1；彩版5-98）。

M2：61，出于前室东壁下。完整。高2.4、口径7.1、底径3.5厘米（图5-61，2；彩版5-99）。

（23）瓷片　5件。

均无法修复。编号M2：24、26、30、32、75。釉色分别为酱、黑、白、白釉褐彩等。

彩版5-99　黑釉灯盏 M2：61

M2：24，出于西后室淤土中。碗口、腹部残片。敞口，圆唇，浅腹。内、外壁施釉均至腹下，釉色黑中泛酱色。浅灰胎，胎质坚硬。残宽8.8、残高5.0厘米（图5-62，1；彩版5-100，上左）。

M2：26，出于东后室淤土中。灯盏残片。敞口，尖唇，浅斜腹，平底。器内壁自口沿下施满釉，釉色黑亮，外壁露胎。浅灰胎坚硬。残高4.4厘米（图5-62，2；彩版5-100，上中）。

彩版5-100　瓷片 M2：24、26、30、32、75（正、背）

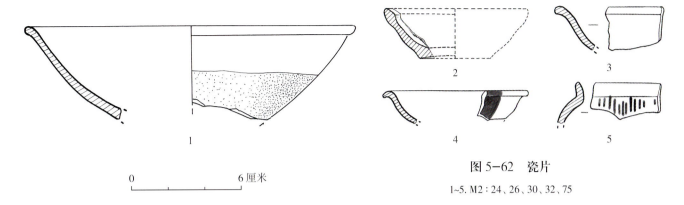

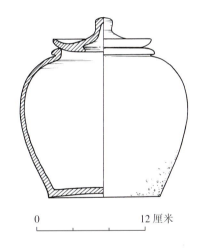

0　　　　　　　　6厘米

**图5-62　瓷片**

1~5. M2：24、26、30、32、75

M2：30，出于前墓室填土中。器物口、腹部残片。卷沿，尖圆唇，器内壁施白釉加褐彩，外壁绘褐彩但未施釉。胎色淡黄，胎质坚硬。宽2.8、高2.4厘米（图5-62，3；彩版5-100，上右）。

M2：32，出于前墓室填土中。器物口、颈部残片。卷沿圆唇，微束颈，内、外壁施乳白色釉，釉色晶莹细腻。土黄色胎，胎质坚硬。残宽2.6、残高1.6厘米（图5-62，4；彩版5-100，下左）。

M2：75，出于前墓室填土中。器物口、颈、肩部残片。侈口，尖圆唇，微束颈，外壁施白釉酱彩，内壁施白釉至口沿下。胎色灰黄，胎质坚硬。残宽4.0、残高2.0厘米（图5-62，5；彩版5-100，下中、下右）。

在墓道、墓室填土中还出土10片青、白、黑釉残碎瓷片，体量太小，无法辨认器形，此处不做详述。

**2. 陶器**

共20件。其中M2：64为"卍"字纹盒盖，该器原属M1中随葬品，与M1：20为一套，后被盗者带入M2前室内，故撰写时将其回归原主，所以现文描述仅限于剩存的20件陶器。器形有罐、盒、盏、砚、镇纸、球等。

（1）带盖罐　1件。

M2：9，出于前室西北部。轮制成型。盖沿与罐腹有损伤。由罐盖与罐身组合而成。盖沿边上卷，尖唇，顶面内凹，顶中为宝珠状纽。罐身直口，窄卷沿，圆肩，深鼓腹，腹下部斜收，平底，外底心内凸。泥质灰陶。通体素面。通高18.9、盖高3.5、盖径10.7、口沿径11.1、腹径18.4、底径12.0厘米（图5-63；彩版5-101）。

（2）罐　4件。

M2：16、18、44、46，轮制成型。均泥质灰陶。其中出于前室棺椁间北端的M2：16残存少量陶片，无法修复成形。

M2：44、46，完整。形制完全相同，尺寸稍有区别。

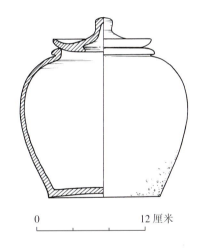

0　　　　　　　12厘米

**图5-63　带盖罐 M2：9**

**彩版5-101　带盖罐 M2：9**

罐体略瘦高，直口，卷圆唇，矮颈紧束，溜肩深鼓腹，下腹斜收成小平底，外底心稍内。腹壁有模糊轮制旋痕，肩、腹部有褐彩描画网格纹一周、弦纹五道。

M2：44，出于前室西壁下。通高 19.4、口沿径 10.3、腹径 19.3、底径 9.0 厘米（图 5-64，1，彩版 5-102，1）。

M2：46，出于前室西壁下。通高 19.4、口沿径 10.4、腹径 19.1、底径 9.5 厘米（图 5-64，2，彩版 5-102，2）。

M2：18，出于前室棺椁间东南角。肩部残裂，修复基本完整。形制、纹饰与上基本相同，唯罐体略宽扁低矮。通高 17.5、口沿径 10.5、腹径 19.9、底径 10.8 厘米（图 5-64，3；彩版 5-102，3）。

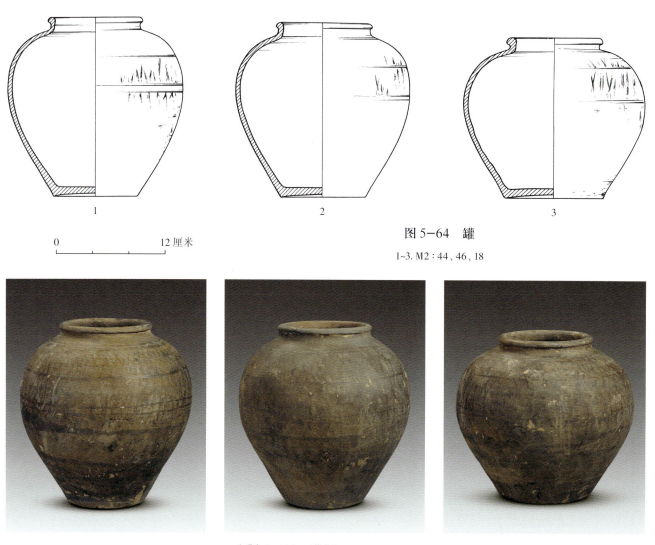

0　　　　　　　12 厘米

图 5-64　罐

1~3. M2：44、46、18

彩版 5-102　罐 M2：44、46、18

（3）圆盒　1 件。

M2：80，出于东后室西侧棺椁间。破碎，修复基本完整。轮制成型。泥质灰陶，表面光滑。由盖、身两部分构成。盖为平顶，立沿浅直，母口。盒身为子口，窄平沿，腹壁竖直，平底。外壁面添加灰黑色表皮，现已斑驳脱落。通体素面。通高 8.4、盖高 2.3、子口径 17.7、腹径 19.0 厘米（图 5-65；彩版 5-103）。

彩版 5-103　圆盒 M2：80

（4）筒形盒　4件。

M2：106~109，均轮制而成。泥质灰陶。形制相同，唯尺寸稍有别。均由盒盖与盒身两部分组合成器。盖顶面微鼓，立沿竖直，下为母口。盒身置高子口，窄平沿，筒形深腹，腹壁稍斜下收，平底。表面光滑，外壁加施黑灰色表皮，现已斑驳脱落。通体素面。

M2：106，出于前室东壁下南端。基本完整，盖立沿有小裂纹。通高 5.8、盖高 1.6、子口径 6.2、腹径 7.0、底径 6.5厘米（图 5-66，1；彩版 5-104）。

M2：107，出于前室东壁下南端。破碎，修复完整。通高 6.1、盖高 1.7、子口径 6.3、腹径 7.0、底径 6.5 厘米（图 5-66，2；彩版 5-105）。

M2：108，出于前室东壁下南端。基本完整，盖沿至顶面有裂缝一。通高 6.5、盖高 1.7、子口径 6.6、腹径 7.3、底径 6.6 厘米（图 5-67，1；彩版 5-106）。

M2：109，出于前室东壁下南端。破碎，修复完整。通高 6.0、盖高 1.4、子口径 6.1、腹径 6.9、底径 6.4 厘米（图 5-67，2；彩版 5-107）。

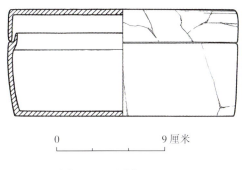

0 _____ 9厘米

图 5-65　圆盒 M2：80

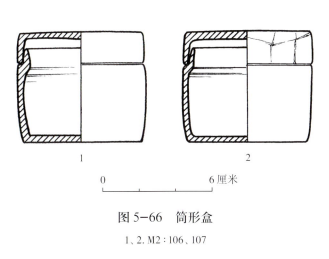

0 _____ 6厘米

图 5-66　筒形盒

1、2. M2：106、107

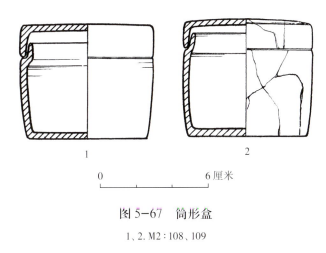

0 _____ 6厘米

图 5-67　筒形盒

1、2. M2：108、109

彩版 5-104　筒形盒 M2：106

彩版 5-105　筒形盒 M2：107

彩版 5-106　筒形盒 M2：108

彩版 5-107　筒形盒 M2：109

（5）椭圆形澄泥砚　1件。

M2：59，出于前室东壁下。完整。模制。青灰色泥质，非常细腻。砚体呈椭圆形，前宽后窄，砚堂为窄矮边沿，墨堂隆起，墨池斜注，外底面前高后低为倾斜状，四边为较宽矮足一圈。表面修磨光滑，通体素面。砚内残留少许墨迹。砚厚2.5、长19.9、最宽处16.3厘米（图5-68；彩版5-108）。

（6）风字形砚　3件。

M2：29、57，模制。均已残破，修复完整。2件形制相同，尺寸有差别。砚体呈"风"字形前宽后窄，砚堂为窄矮沿边，前端墨堂隆起，后端墨池斜刹，下部外底面上拱成"⌒"状，故又名抄手砚。泥质灰陶，表面打磨光滑。砚堂内尚残存墨色。

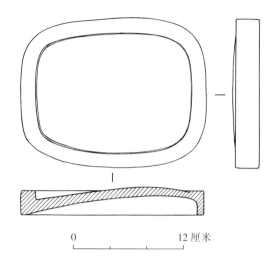

图5-68　椭圆形澄泥砚 M2：59

彩版5-108　椭圆形澄泥砚 M2：59

M2：29，出于前室棺内中部。厚3.3、顶面长15.0、前宽10.3、后宽9.5、底面长13.6、前宽9.7、后宽8.7厘米（图5-69，1；彩版5-109）。

M2：57，出于前室东壁下。厚3.4、顶面长18.8、前宽12.9、后宽12.3、底面长17.8、前宽12.3、后宽11.4厘米（图5-69，2；彩版5-110）。

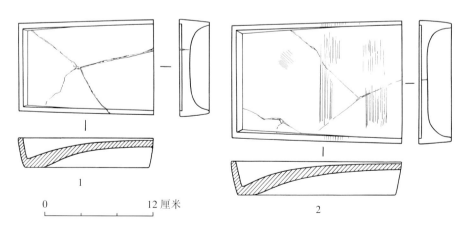

图5-69　风字形砚

1、2. M2：29、57

彩版 5-109　风字形砚 M2：29　　　　　　　　　彩版 5-110　风字形砚 M2：57

　　M2：52，出于前室东壁下。破碎，修复完整。模制成器。砚体呈前宽后窄"风"字形，砚堂为窄矮边沿，墨堂隆起，墨池下斜，外底面前高后低，左、右立沿斜向下收，形成的空间正可插手入底托起砚体，故又名抄手砚。泥质灰陶表面原有黑亮光滑表皮，现大部分脱落。砚内残留墨汁痕迹。厚 3.0、顶面长 16.0、前宽 9.8、后宽 9.3、底面长 15.0、前宽 9.0、后宽 8.2 厘米（图 5-70；彩版 5-111）。

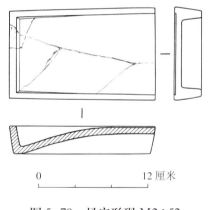
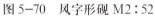

0　　　　　　　　12 厘米

图 5-70　风字形砚 M2：52

彩版 5-111　风字形砚 M2：52

（7）镇纸  1件。

M2：38，出于前室木椁外西侧中部。完整。模制。器呈窄长方体，截面为四边形。泥质灰陶外表打磨光滑并有黑灰色表皮，属加碳陶。通体素面。长33.5、宽1.8、厚1.6厘米（图5-71；彩版5-112）。

（8）灯盏  3件。

M2：5、35、43，轮制成型，做工粗糙。泥质灰陶。形制相同，器壁较厚，敞口，圆唇，浅腹，圜底，假圈足。通体素面。

M2：35，出于东后室东南角。完整。器形较小，口沿微敛。高2.8、口沿径7.4、足径3.8厘米（图5-72，1；彩版5-113）。

M2：43，出于前室西北部。完整。器形较大。高3.4、口沿径8.5、足径4.9厘米（图5-72，2；彩版5-114）。

M2：5，出于前室南端。口沿有磕豁。高2.8、口沿径8.3、足径5.6厘米（图5-72，3；彩版5-115）。

（9）球形器  1件。

M2：1，出于前室内淤土中。表面稍有残缺。手制成形。泥质灰陶。圆球状，表面粗涩。素面。直径4.2厘米（图5-73；彩版5-116）。

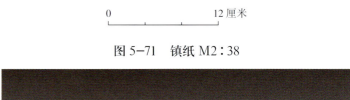

图5-71  镇纸 M2：38

彩版5-112  镇纸 M2：38

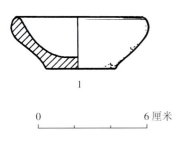
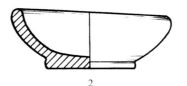
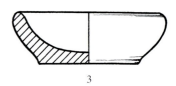

图5-72  灯盏

1~3. M2：35、43、5

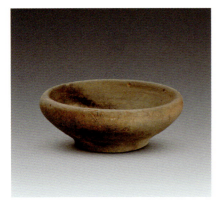

彩版5-113  灯盏 M2：35　　　　彩版5-114  灯盏 M2：43　　　　彩版5-115  灯盏 M2：5

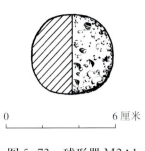

图5-73　球形器 M2∶1

彩版5-116　球形器 M2∶1　　　　彩版5-117　素面青砖 M2∶120

### 3．建筑构件

1件。

方形青砖　1件。

M2∶120，出于 S1 淤土中。修复完整。模制。泥质灰陶。长32.0、宽31.5、厚5.0厘米（彩版5-117）。

### 4．铜器

共6件（组）。器形有执壶、镜、构件、铺首衔环、提手等。

（1）瓜棱腹带盖执壶　1件。

M2∶37，出于前室西北角。破碎，锈蚀严重，修复基本完整。捶揲焊接成形。盖面成下凹平顶，顶心卯接高柄蘑菇状纽、纽柄套装窄铜片挽成的"8"字形扣环、环上连接螺旋式系链，纽下为圆形、柿蒂形双重基座，上折宽平沿形成母口。壶身为喇叭形侈口，细高颈微束，窄溜肩，六瓣瓜棱状深腹，小平底，外底心略内凸，颈、腹一则卯、焊薄铜片曲折而成的"耳"形执手，与执手对称处高耸细长曲管状流，流口斜削。壶的颈、肩部及流均为插套焊接，执手为贴焊卯接。肩部饰波浪状二方连续缠枝蔓草纹一周，执手面上两边沿及中间各有纵向凸棱一周，顶面中部套铺首衔环一，环内原套接系链与盖上系链为一体，现系链残断仅余盖上一半。通高22.9、盖径6.9、壶口径6.6、腹径12.1、底径6.6厘米（图5-74；彩版5-118）。

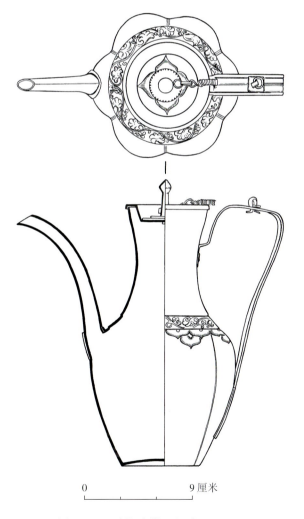

图5-74　瓜棱腹带盖执壶 M2∶37

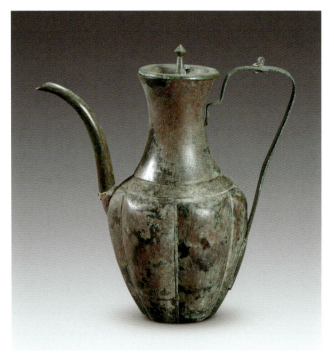
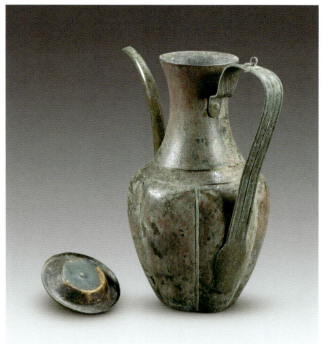

彩版 5-118　瓜棱腹带盖执壶 M2∶37

（2）漆背镜　1 面。

M2∶27，出于前室棺内北端。铸造磨制成器。断裂，修复完整，局部有锈。镜面平而光亮。镜背正中为半球形纽，镜沿宽平而凸出。通体素面，原背面附着黑色大漆一层，现大部分尚存留。镜厚 0.35、直径 18.4、镜背沿面宽 1.6、纽高 0.9、漆层厚 0.05 厘米（图 5-75；彩版 5-119）。

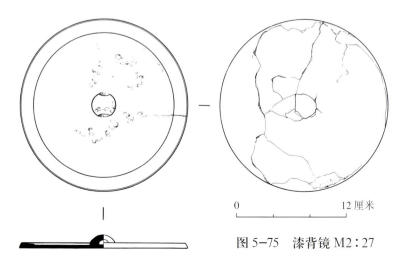

0　　　　　　　12 厘米

图 5-75　漆背镜 M2∶27

彩版 5-119　漆背镜 M2：27

（3）扁球形把手　1件。

M2：23，出于前室西侧北部。完整。铸造成形。器上部呈空心球状，下接 8 棱空心短管，管上细下粗，口沿附加宽带状箍。通体素面。通高 7.9、球径 3.6~4.5、管高 4.3、管上口内径 1.6、管下口内径 1.9、下口沿径 2.3 厘米（图 5-76，1；彩版 5-120，1）。

（4）提手　1件。

M2：104，出于东后室棺内东侧。完整。捶揲成形。提手用中间粗两端渐细的铜条弯成"几"字形，两端外曲成半环式，环尖为花蕾状。长 8.7、高 4.2 厘米（图 5-76，2；彩版 5-120，2）。

（5）环扣　1组 3件。

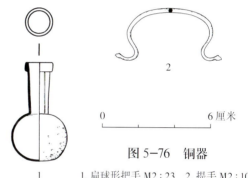

图 5-76　铜器
1. 扁球形把手 M2：23　2. 提手 M2：104

M2：105-1~3，出于东后室棺内东侧。均残，锈蚀严重。捶揲成形。现见两种形制，M2：105-1 为小铜环上套挂两个窄铜片折成的鸭嘴钉，铜环径 2.0、鸭嘴钉长 1.7 厘米（图 5-77，1）。M2：105-2 为窄铜片折成"S"形，长 2.3 厘米（图 5-77，2）。其余残碎小铜片形制不明。

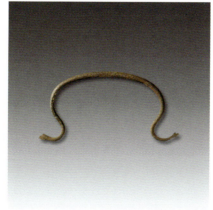

彩版 5-120　扁球形把手 M2：23、提手 M2：104、销钉 M2：119

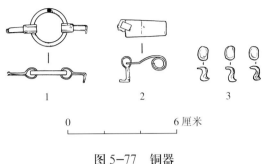

图 5-77　铜器

1、2. 环扣 M2：105-1、-2　3. 销钉 M2：119

推测应 M2：104、105 均为匣或盒上构件。

（6）销钉　1 组 3 个。

M2：119-1~3，出于 S1 淤土中。完整。捶揲成形。长 0.8、宽 0.6 厘米（图 5-77，3；彩版 5-120，3）。

### 5. 铜钱

相对完整者共 169 枚。M2：21-1~169，出于 S3、S4、S5 角落、棺底等处。浇铸成形。种类有开元通宝、"会昌"开元通宝、宋元通宝、太平通宝、至道元宝、咸平元宝、景德元宝、祥符通宝、天禧通宝、天圣元宝、景祐元宝、皇宋通宝、嘉祐通宝、嘉祐元宝、治平元宝、熙宁元宝、元丰通宝、元祐通宝等。另有残碎较甚形制不存者一包。

（1）开元通宝　5 枚。

品相较佳，有大、小两种。

大者：4 枚。其中包含偃月纹开元通宝 1 枚、会昌开元通宝 1 枚。因其形制、纹饰有别而分两型。

A 型：3 枚。正、背两面内、外廓规整，方穿较大。正面楷书钱文对读，笔画纤细，字体较小，"元"字二划右上挑。由于背面纹饰不同又分两亚型。

Aa 型：2 枚。钱体背面光素。钱径 2.5、穿边长 0.7 厘米，重 3.8 克，标本 M2：21-1（图 5-78，1）。

Ab 型：1 枚。M2：21-3，背面饰仰月纹。钱径 2.5、穿边长 0.9 厘米，重 3.0 克（图 5-78，2；彩版 5-121，1）。

B 型：1 枚。M2：21-4，为唐会昌年制开元通宝，品相较好，正、背两面内、外廓宽而高凸，穿孔歪斜不方正。正面楷书钱文对读，笔画微粗，字体较小，"元"字二划左上挑。背面上部楷书"洛"字。钱径 2.4、穿边长 0.6 厘米，重 3.22 克（图 5-78，3；彩版 5-121，2、3）。

小者：1 枚。

M2：21-5，品相较差，正、背两面外廓窄细不凸出，穿孔歪斜不正。正面钱文笔画微粗，字体较大、模糊不清。背面光素。钱径 2.25、穿边长 0.55 厘米，重 3.2 克（图 5-78，4；彩版 5-121，4）。

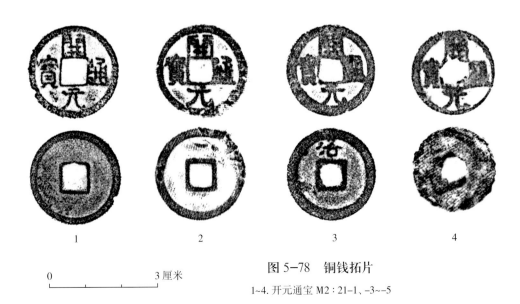

图 5-78　铜钱拓片

1~4. 开元通宝 M2：21-1、-3~-5

彩版 5-121　铜钱 M2：21-3、-4（正、背）、-5

（2）宋元通宝　1 枚。

M2：21-50，品相较佳，穿孔较小，正面内、外廓规整，宽而高凸，楷书钱文对读，笔画较粗，字体大而清晰，"元"字二划两端上挑。背面光素无背廓。钱径 2.55、穿边长 0.5 厘米，重 3.35 克（图5-79，1；彩版 5-122，1）。

（3）太平通宝　40 枚。

有大、小两种。

大者：39 枚。品相较佳，正、背两面内、外廓规整、宽而凸出，穿较小且方正，正面楷书钱文对读，笔画较粗，字体较小而清晰。背面光素。钱径 2.4、穿边长 0.55 厘米，重 3.05 克。标本 M2：21-6（图5-79，2；彩版 5-122，2）。

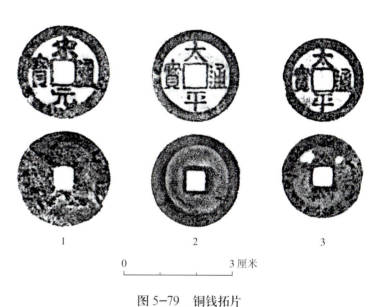

图 5-79　铜钱拓片

1. 宋元通宝 M2：21-50　2、3. 太平通宝 M2：21-6、-45

小者：1 枚。M2：21-45，钱体轻薄，品相较差，正、背两面内、外廓规整，穿孔显小。面廓宽而凸出，楷书钱文对读，笔画较粗而清晰，字体小。背面光素、廓低平。钱径 2.2、穿边长 0.5 厘米，重 1.3 克（图 5-79，3；彩版 5-122，3）。

彩版 5-122　铜钱 M2：21-50、-6、-45、-53

（4）至道元宝　4枚。

钱文分行、草两种书体，分两型。

A型：行书2枚。品相较佳，正、背两面廓宽而规整，穿孔方正。正面钱文顺时针旋读，笔画纤细，字体小而清晰。背面光素。钱径2.45、穿边长0.5厘米，重4.0克。标本M2：21-51（图5-80，1）。

B型：草书2枚。钱体略轻薄，品相较好，穿孔显小而方正。正面内、外廓规整，宽而凸出，钱文顺时针旋读，笔画纤细，字体小而清晰。背面光素，外廓宽且低平，稍有错范。钱径2.42、穿边长0.55厘米，重3.0克。标本M2：21-53（图5-80，2；彩版5-122，4）。

（5）咸平元宝　3枚。

品相极佳，正、背两面内、外廓规整、宽而凸出，穿孔方正。正面楷书钱文顺时针旋读，笔画较粗，字体大而清晰。背面光素。钱径2.5、穿边长0.6厘米，重3.6克。标本M2：21-55（图5-80，3；彩版5-123，1）。

（6）景德元宝　4枚。

品相较好，正、背两面内、外廓规整、宽而凸出，穿孔较小方正。正面楷书钱文顺时针旋读，笔画微细，字体大而清晰。背面光素。钱径2.4、穿边长0.6厘米，重3.63克。标本M2：21-58（图5-80，4；彩版5-123，2）。

（7）祥符通宝　1枚。

M2：21-62，钱体薄而较大，品相佳，穿孔较小方正，正面外廓特宽且凸出，楷书钱文顺时针旋读，笔画纤细，字体小而清晰。背面光素，外廓特宽且低平，稍有错范。钱径2.6、穿边长0.55厘米，重3.35克（图5-81，1；彩版5-124，1）。

（8）天禧通宝　6枚。

2枚完整。钱体大而轻薄，品相较佳，正、背两面内、外廓宽而凸出，穿孔较大。正面楷

彩版5-123　铜钱 M2：21-55、-58

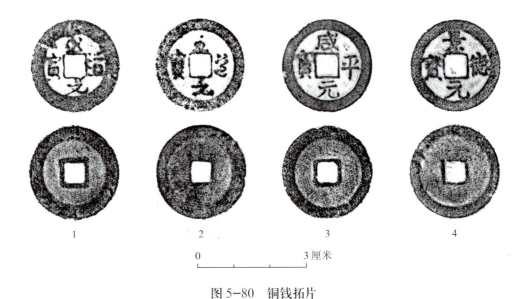

图5-80　铜钱拓片

1、2.至道元宝 M2：21-51、-53　3.咸平元宝 M2：21-55　4.景德元宝 M2：21-58

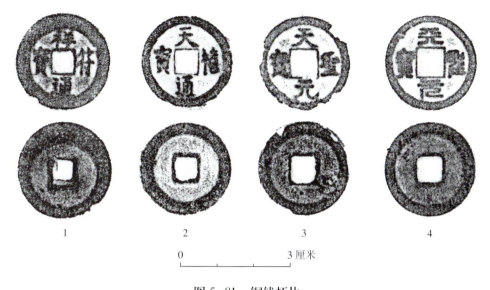

图 5-81　铜钱拓片

1. 祥符通宝 M2∶21-62　　2. 天禧通宝 M2∶21-63　　3、4. 天圣元宝 M2∶21-69、-72

彩版 5-124　铜钱 M2∶21-62、-63、-69、-72

书钱文顺时针旋读，笔画较粗，字体大而清晰。背面光素。钱径 2.5、穿边长 0.6 厘米，重 3.35 克。标本 M2∶21-63（图 5-81，2；彩版 5-124，2）。

（9）天圣元宝　5 枚。

钱文有篆、楷两种书体，分两型。

A 型：篆书 3 枚。品相较佳，穿孔方大。正面内、外廓窄而凸出，篆书钱文顺时针旋读，笔画粗，字体大而清晰。背面光素，外廓宽而低平。钱径 2.5、穿边长 0.7 厘米，重 3.3 克。标本 M2∶21-69（图 5-81，3；彩版 5-124，3）。

B 型：楷书 2 枚。均残断。钱体轻薄，品相较差。边廓不整，穿孔方大。正面外廓窄而凸出，楷书钱文顺时针旋读，笔画粗，字体小而较清晰。背面光素，外廓宽而低平，稍有错范。钱径 2.45、穿边长 0.7 厘米，重 2.4 克。标本 M2∶21-72，断裂，修复完整（图 5-81，4；彩版 5-124，4）。

（10）景祐元宝　1 枚。

M2∶21-74，品相较佳，穿孔较小方正，面廓宽而凸出，楷书钱文顺时针旋读，笔画较细，字体小而清晰，"元"字二划微左上挑。背面光素，外廓宽而低平。钱径 2.5、穿边长 0.55 厘米，重 3.7 克（图 5-82，1；彩版 5-125，1）。

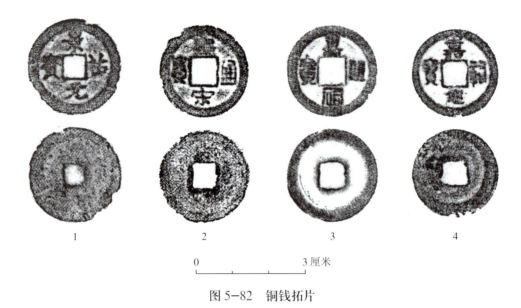

图5-82　铜钱拓片

1. 景祐元宝 M2：21-74　2. 皇宋通宝 M2：21-46　3. 嘉祐通宝 M2：21-75　4. 嘉祐元宝 M2：21-76

彩版5-125　铜钱 M2：21-74、-46、-75、-76

（11）皇宋通宝　4枚。

品相较好，穿孔方大，正面内、外廓规整且凸出，楷书钱文对读，笔画纤细，字体较小而清晰。背面光素，外廓低平。钱径2.4、穿边长0.7厘米，重3.5克。标本M2：21-46（图5-82，2；彩版5-125，2）。

（12）嘉祐通宝　1枚。

M2：21-75，钱体轻薄而规整，品相较好，穿孔方大。正面内、外廓宽而凸出，篆书钱文对读，笔画纤细，字体小而清晰。背面光素，外廓宽而低平、稍有错范。钱径2.4、穿边长0.7厘米，重4.0克（图5-82，3；彩版5-125，3）。

（13）嘉祐元宝　1枚。

M2：21-76，钱体小而轻，品相较好，面穿孔方大。正面内、外廓宽而凸出，篆书钱文顺时针旋读，笔画纤细，字体小而稍模糊。背面光素，外廓宽而低平、稍有错范。钱径2.4、穿边长0.6厘米，重3.4克（图5-82，4；彩版5-125，4）。

（14）治平元宝　2枚。

均已残断，修复完整。钱文有篆、楷两种书体，分两型。

A 型：篆书 1 枚。M2：21-77，钱体轻薄，已锈蚀，方穿规整。正面内、外廓较宽而凸出，篆书钱文顺时针旋读，笔画较粗，字体小而较清晰。背面光素，外廓宽而低平。钱径 2.4、穿边长 0.6 厘米，重 2.85 克（图 5-83，1；彩版 5-126，1）。

B 型：楷书 1 枚。M2：21-78，品相较差，穿孔不规整。面廓宽而凸出，楷书钱文顺时针旋读，笔画较粗，字体大而清晰。背面光素，外廓宽而低平。钱径 2.4、穿边长 0.55 厘米，重 3.0 克（图 5-83，2；彩版 5-126，2）。

（15）熙宁元宝　9 枚。

钱文有篆、楷两种书体。分两型。

A 型：篆书 4 枚。钱体轻薄，品相较差，边廓不整，穿孔较大方正，正、背两面外廓宽而低平。正面篆书钱文顺时针旋读，笔画纤细，字体大而清晰。背面光素，背廓严重错范。钱径 2.45、穿边长 0.6 厘米，重 2.9 克。标本 M2：21-79，断裂、粘接完整（图 5-83，3；彩版 5-126，3）。

B 型：楷书 5 枚。3 枚完整，2 枚断裂现已修复。钱体轻薄，品相较佳，穿孔较大且方正。面廓窄而凸出，楷书钱文顺时针旋读，笔画较粗，字迹清晰，“元”字二划微左上挑。背面光素背廓。钱径 2.4、穿边长 0.7 厘米，重 2.6 克。标本 M2：21-83，断裂、粘接完整（图 5-83，4；彩版 5-126，4）。

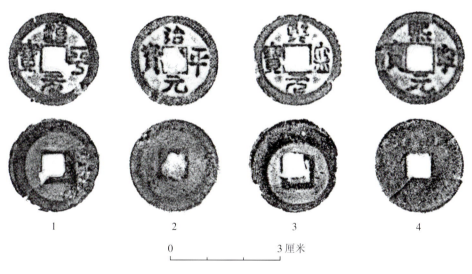

1　　　　　2　　　　　3　　　　　4

0　　　　　　　　3 厘米

图 5-83　铜钱拓片

1、2. 治平元宝 M2：21-77、-78　3、4. 熙宁元宝 M2：21-79、-83

彩版 5-126　铜钱 M2：21-77、-78、-79、-83

（16）元丰通宝　21枚。

钱文分篆、行两种书体，分两型。

A型：篆书10枚。1枚略残，余者完整。钱体轻薄，品相较佳，穿孔方大。正面内、外廓较窄而凸出，篆书钱文顺时针旋读，笔画纤细，字体大而清晰。背面光素，外廓稍宽而低平。钱径2.5、穿边长0.6厘米，重2.9克。标本M2：21-88（图5-84，1；彩版5-127，1）。

B型：行书11枚。钱体轻薄，品相较佳，穿孔较小方正。正面外廓宽而凸出，行书钱文顺时针旋读，笔画纤细，字体小而清晰。背面光素，外廓宽而低平。钱径2.4、穿边长0.6厘米，重3.3克。标本M2：21-98（图5-84，2；彩版5-127，2）。

（17）元祐通宝　61枚。

钱文有篆、行两种书体，由此划分两型。

A型：篆书27枚。完整者19枚，其余均残断。钱体轻薄，品相较佳，穿孔较大且方正。正面外廓窄而凸出，篆书钱文顺时针旋读，笔画纤细，字体较小而清晰。背面光素，外廓宽而低平，稍有错范。钱径2.4、穿边长0.7厘米，重3.5克。标本M2：21-109（图5-84，3；彩版5-127，3）。

B型：行书34枚。2枚残断。钱体较轻薄，品相、形制同上。行书钱文顺时针旋读，笔画较细，

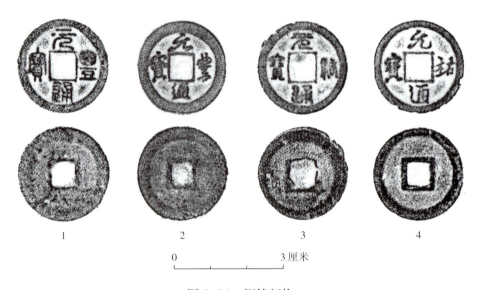

1　　　　　　2　　　　　　3　　　　　　4

0　　　　　　　　3厘米

图5-84　铜钱拓片

1、2.元丰通宝 M2：21-88、-98　3、4.元祐通宝 M2：21-109、-136

彩版5-127　铜钱 M2：21-88、-98、-109、-136

字体小而清晰。钱径2.4、穿边长0.65厘米，重3.2克。标本M2:21-136（图5-84, 4；彩版5-127, 4）。

剩余残钱片一包，无法成形及分辨种类，故不再详述。

### 6. 铁器

共16件（组）。器形有鼎、剑、剪刀、盘、镇纸、铧、牛、猪、棺环等。

（1）带盖鼎 1件。

M2:66，出于前室东南角。残破，锈蚀严重，修复基本完整。浇铸成形。由盖、身两部分组合构成。盖为伞状，口沿较薄，尖唇，顶中为环形小纽；鼎身为弇口，尖唇，鼓腹下垂，圜底，外腹下等距离焊接三个扁条形、上窄下宽、截面为窄长条状高足，沿上对竖双环耳。盖顶中部、外腹壁中上部各饰弦纹三周。通高28.3、盖径19.0、盖残高4.0、鼎口径

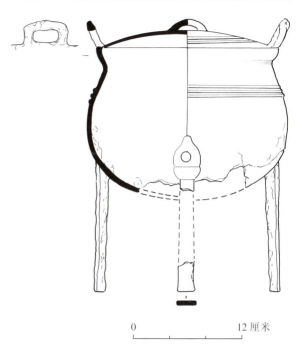

图5-85 带盖鼎 M2:66

20.5、腹径23.1、腹深16.5、足高18.5、足面宽2.2~3.0厘米（图5-85；彩版5-128）。

彩版5-128 带盖鼎 M2:66

（2）剑 1柄。

M2:36，出于前室椁内东北部。柄有残缺，锈蚀，修复基本完整。铸造成形。剑柄中空，剖面呈椭圆形，内填实木以支撑，现虽朽坏仍存遗迹。剑格（镡）为尖角菱形，剑身保存较好，刃锋尖锐，剑镡之下残留小片木质剑鞘痕迹。残长59.0、柄残长6.5、格长9.2、宽2.8、厚0.6、身长52.3、宽3.6、厚0.9厘米（图5-86；彩版5-129）。

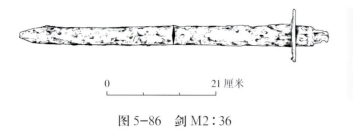

图 5-86　剑 M2：36　　　　　　　　　　彩版 5-129　剑 M2：36

（3）三足盘　1件。

M2：13，出于前室南端中部。完整。铸造成形。敞口，窄折沿，尖唇，浅腹内向斜收，大平底，下置略外撇的柱状矮足三个。通体素面。通高 3.4、口径 15.8、底径 13.0、足高 1.4、足径 1.1 厘米（图 5-87，1；彩版 5-130）。

（4）尺形镇　1件。

M2：28，出于前室棺内中部。完整，锈蚀。铸造成形，器呈窄长方体，较厚，截面为扁长方形。通体素面。长 28.7、宽 2.0、厚 1.0 厘米（图 5-87，2；彩版 5-131）。

（5）剪刀　4件。

M2：31、47、74、85，均

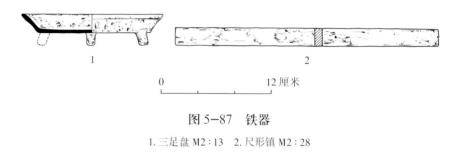

图 5-87　铁器

1. 三足盘 M2：13　2. 尺形镇 M2：28

彩版 5-131　尺形镇 M2：28

彩版 5-130　三足盘 M2：13

残缺，锈蚀严重。铸造成形。其中 M2：31 出于棺内中部，M2：85 出于前室椁外东壁下，2 件形制基本相同，柄部为曲折"U"形交口，上、下两刀略呈三角形，下宽上窄，内面启刃。仅以 M2：31 为例。

M2：31，出于前室棺内中部。刃部、柄部残缺，残全长 21.0、刀长 16.0、刀下端最宽处 3.0 厘米（图 5-88，1；彩版 5-132，1）。

M2：47，出于前室椁外东壁下。柄、刀部有残缺，柄部残缺较多形制不明，似为曲折"8"字形交口，上、下两刀略呈三角形，下宽上窄，内面启刃。残全长 25.0、刀下端最宽处 2.8、刀尖宽 1.1 厘米（图 5-88，2；彩版 5-132，2）。

M2：74，出于棺、椁间东侧。与现代剪刀形制基本相同，双柄相对外弧、末端上绕成环形，上、下两刀为窄长三角形，下宽上窄，内面启刃，交口以销钉卯接。全长 23.2、刀长 8.5、刀下端最宽 1.2 厘米（图 5-88，3；彩版 5-132，3）。

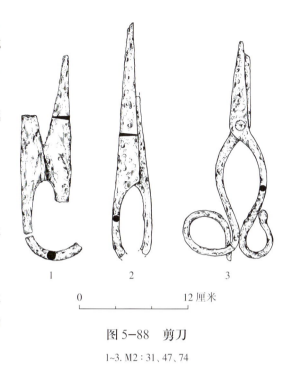

图 5-88　剪刀
1~3. M2：31、47、74

彩版 5-132　剪刀 M2：31、47、74

（6）铁铧　1 件。

M2：65，出于前室内西南角。残碎较甚，修复基本完整。生铁浇铸成形。整体呈燕尾状，中空，锋尖为三角形，两面脊棱高凸，正脊顶端置圆孔一个。长 17.0、残宽 16.0、厚 7.7 厘米（图 5-89；彩版 5-133）。

（7）铁牛　2 件。

M2：76、77，完整。锈蚀严重，经除锈保护。生铁浇铸成形。器形厚重雄健，2 件形制相同，尺寸基本一致。俯卧状，昂首、瞋目、贴耳、立角、挺颈，四肢卷曲俯地，细尾绕搭于左臀部，

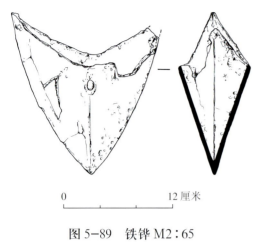

图 5-89　铁铧 M2：65

彩版 5-133　铁铧 M2：65

下置长方形底板。

M2：76，出于东后室西南角。通高 15.8、牛体全长 25.0、底板长 24.0、宽 14.0、厚 2.0 厘米，重 11700 克（图5-90，1；彩版 5-134）。

M2：77，出于东后室东南角。通高 15.6、牛体全长 25.0、底板长 23.7、宽 14.1、厚 1.8 厘米，重 11700 克（图5-90，2；彩版 5-135）。

（8）铁猪　2 件。

M2：78、79，完整。锈蚀严重，经除锈保护。生铁浇铸成形。2 件形制相同，尺寸基本一致。器形厚重肥硕，平卧状，长吻，露齿，瞠目，贴耳，两前肢曲肘平伸撑垫于颌下，后肢卷曲，长尾下弯搭于左臀，下置长方形底板。

M2：78，出于东后室西北角。通高 12.0、猪体全长 23.8、底板长 23.7、宽 15.0、厚 2.2 厘米，重 10700 克（图5-91，1；彩版 5-136）。

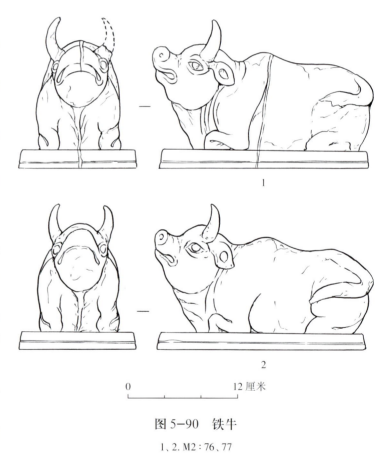

图 5-90　铁牛

1、2. M2：76、77

M2：79，出于东后室东北角。通高 11.2、猪体全长 23.0、底板长 25.0、宽 15.5、厚 2.3 厘米，重 10700 克（图 5-91，2；彩版 5-137）。

（9）棺环　3 组 12 件。

M2：15、M2：81-1~5、M2：90-1~7，铸造成形。1 件完整，其余均残，锈蚀严重。根据形制差别分两型。

A 型：8 件。M2：15、M2：90-1~7，均出于前室。形制相同，现因残损而长度有别。圆环截

彩版 5-134　铁牛 M2：76

彩版 5-135　铁牛 M2：77

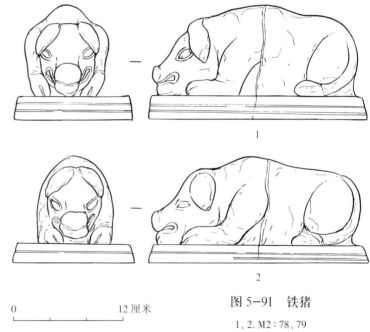

1

2

0　　　　　　　12 厘米

图 5-91　铁猪
1、2. M2：78、79

彩版 5-136　铁猪 M2：78

彩版 5-137　铁猪 M2：79

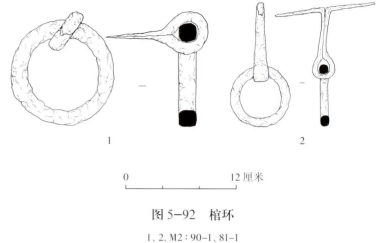

图 5-92　棺环

1、2. M2：90-1、81-1

面为圆角四边形，上套鸭嘴钉，钉后端衔于环上，钉体前粗后细似闭合鸭嘴般尖长锐利，钉透木板后将两片嘴唇分开扒于板内面上，使棺环承重时不易拔脱。现钉前部均已残断。

标本 M2：90-1，前部残断。环径 10.3、环截面边长 1.8、鸭嘴钉残长 12.5 厘米（图 5-92，1；彩版 5-138，1）。

彩版 5-138　棺环 M2：90-1、M2：81-1

B 型：5 件。M2：81-1~5，出于东后室木棺四角。1 件保存完整，余者均残。形制相同，残留长短有别。圆环截面为近圆形，上套鸭嘴钉，钉嘴尖长，上粗下细。

标本 M2：81-1，完整。长鸭嘴上部左右平外折。环径 6.5、环截面直径 0.8、鸭嘴钉通长 13.5 厘米（图 5-92，2；彩版 5-138，2）。

### 7. 铁钱

仅有 1 枚元祐通宝铁钱。

元祐通宝　1 枚。

M2：103，出于 S2 淤土中。锈蚀，经除锈保护。浇铸成形。钱体厚重，穿孔为不规则圆形。正面外廓宽而凸出，内廓窄而明显，篆书钱文对读。背面光素，外廓低平，内廓较窄。钱径 3.4、穿边长 0.9 厘米，重 13.0 克（图 5-93，1）。

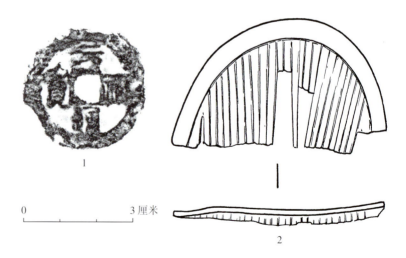

图 5-93　遗物

1. 元祐通宝铁钱 M2：103 拓片　2. 锡梳 M2：22

### 8. 锡器

仅 1 件锡梳。

梳　1 件。

M2：22，出于前室棺椁间东侧中部。已残损变形。浇铸成形。梳为弓背、密齿，现大部分梳齿残断。通体素面。通高 3.5、宽 6.0、厚 0.2 厘米（图 5-93，2；彩版 5-139）。

彩版 5-139　锡梳 M2：22

### 9. 玉器

仅 1 件白玉印坯。

白玉印坯　1 件。

M2：72，出于东后室棺内。完整。雕琢成器。印面略呈长方形，未刻印文。背上置矮柱式把柄，截面为长方形。纯白玉石，质地细腻、润泽晶莹，半透明状，表面抛光。通高 2.6、印面长 2.1、宽 1.8、厚 0.7、柄高 1.5、柄顶面长 1.2、宽 0.8 厘米（图 5-94；彩版 5-140）。

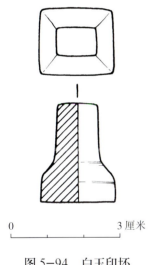

图 5-94　白玉印坯 M2：72

彩版 5-140　白玉印坯 M2：72

### 10. 石器

共 22（组）。器形有敦、茶碾、壶、托盘、钵、碗、盒、盘、勺、熏炉盖、熏炉底座等。

（1）敦　2 件。

M2：55、56，均出于前室东北角。破碎，修复完整。雕琢錾刻成形。2 件形制、尺寸、铭文完全相同。由盖、身两部分组合而成。盖顶正中置多楣状云头提手，顶面呈半球形，下为方唇，宽沿子口。敦身为母口，方唇，短领，圆肩，球腹，圜底，腹底置兽足三个，足跟外沿上翘，腹上部置对称扁条形双耳，耳外沿各有凸棱一周。青灰色石，质地疏松。通体抛光，外腹壁一侧纵向錾刻楷书铭文 7 行，满行 7 字，共计 43 字。通高 23.5、器盖子口径 9.8、提手高 2.2、长 4.5、厚 1.3、敦身高 19.3、口沿径 11.2、腹径 18.8、耳宽 2.5、足高 7.0、足宽 3.1 厘米。

M2：55，器盖缺失（图
5-95；彩版 5-141）。

外腹壁铭刻录文如下：

嗟乎吾弟任重 ／

而道遠者夫 ／

宋左奉議郎秘 ／

書省正字吕君 ／

與叔石敦元祐 ／

八年癸酉十一月 ／

辛巳從兄大圭銘 ／

外腹壁铭文句读为：

嗟乎，吾弟任重而道远者
夫！宋左奉议郎、秘书省正字
吕君与叔石敦。元祐八年癸酉
十一月辛巳从兄大圭铭。

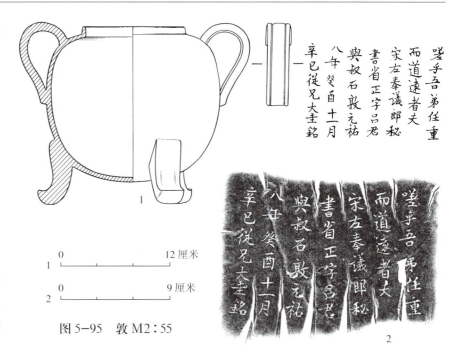

嗟乎吾弟任重
而道遠者夫
宋左奉議郎秘
書省正字吕君
與叔石敦元祐
八年癸酉十一月
辛巳從兄大圭銘

0             12 厘米
1

0            9 厘米
2

图 5-95　敦 M2：55

彩版 5-141　敦 M2：55

M2：56，外腹壁铭文内容完全同于 M2：55，排列次序稍有差别：

嗟乎吾弟任重 ／

而道遠者夫 ／

宋左奉議郎秘 ／

書省正字吕君 ／

與叔石敦元祐八 ／

年癸酉十一月辛 /

巳從兄大圭銘 /

M2：55 第 6 行上端"八"字在 M2：56 铭文中归入第 5 行最末，依次 M2：55 第 7 行前端"辛"字在 M2：56 铭文中亦归入第 6 行最末（图 5-96；彩版 5-142）。

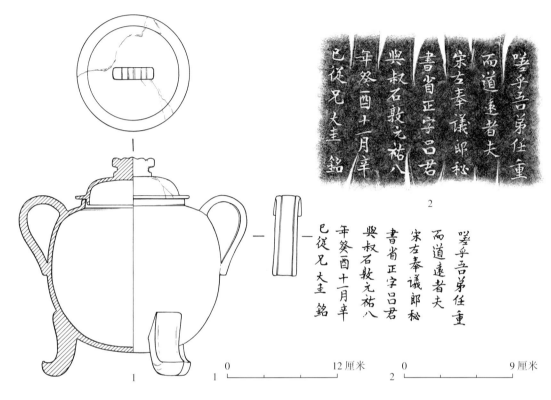

图 5-96　敦 M2：56

（2）带盖执壶　1件。

M2:25，出于前室北端。残碎为多片，修复成形。雕琢錾刻而成。圆形壶盖顶面下凹，正中为蘑菇状矮纽、纽心有小孔以透气，周边窄平沿高凸，沿边下折形成母口。壶身为直口，圆唇，高领，广折肩，鼓腹，平底，矮圈足。颈、肩一侧有条形厚折沿执手一，肩另侧置管状琉，尖嘴平斜。因壶底与壶身并非一体制成，故于圈足沿上等距离钻3小孔，以短销钉与平底周边立沿上小孔对插，将底部嵌入并固定之。青灰色石，质地疏松。通体素面，器表抛光。通高12.5、盖径8.6、壶高11.7、壶口沿径7.9、腹径15.3、足径9.1厘米（图5-97；彩版5-143）。

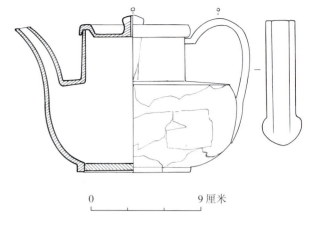

图5-97　带盖执壶 M2:25

彩版5-143　带盖执壶 M2:25

（3）小直口鼓腹罐　1件。

M2:93，出于前室南端。残破为多片，底缺失，修复成形。雕琢錾刻而成。罐原似带盖，现已不见，故不能确定。罐身为小直口，尖唇，圆肩，扁球形腹，平底。青灰色石，质地疏松。通体素面，器表抛光。高7.3、口沿径5.0、腹径10.8、底径6.2厘米（图5-98，1；彩版5-144）。

（4）盘状器　1件。

M2:41，出于前室北端。破碎，修复完整。雕琢錾刻成形。形似圆盘状，敞口，尖唇，浅弧腹，底为圆形穿孔。通体素面。青灰色石，质地疏松。素面，器表抛光。高4.0、口沿径22.8、底孔径5.2厘米（图5-98，2；彩版5-145）。

（5）茶碾　1件。

M2:83，出于前室南端。残碎，修复完整。雕琢錾刻成形。形似船状，两端翘起，中间下凹为碾槽，菱形槽腹较深，四周为窄矮立沿，腹底两端各置横剖面呈半圆形高足一。青灰色石，质地疏松。

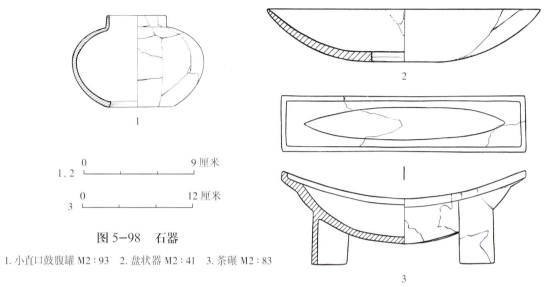

图 5—98　石器

1. 小直口鼓腹罐 M2：93　2. 盘状器 M2：41　3. 茶碾 M2：83

彩版 5—144　小直口鼓腹罐 M2：93

彩版 5—145　盘状器 M2：41

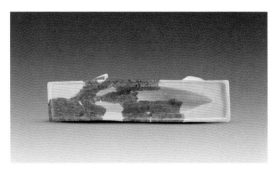

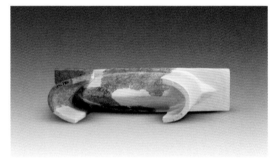

彩版 5-146　茶碾 M2:83

通体素面,表面抛光。通高 9.8、
体长 27.2、宽 6.0、腹深 3.4、
长 21.8、最宽处 4.0、足高 7.3、
足径 6.1 厘米(图 5-98,3;
彩版 5-146)。

(6)台盏　1套2件。

M2:86-1、-2,出于前
室南端。雕琢錾刻成形。青灰
色石,质地疏松。通体素面,器表抛光。

M2:86-1,盏,口、腹、底均有缺片,修补复原。器壁较薄,
直口,圆唇,弧腹,平底,矮圈足。

M2:86-2,盏托,断裂,粘接完整。浅盘状托盘置宽平折沿,
沿边凸起折棱一周,盘心凸出覆碗式托台以承接盏底,盘下置
外撇喇叭形高圈足。通高 7.2、盏高 4.0、口沿径 9.4、足径 3.9、
托高 4.6、托盘沿径 15.4、足高 2.7、足径 10.4 厘米(图 5-99;
彩版 5-147)。

(7)博山式熏炉盖　1件。

M2:92,出于前室南端。炉已失,仅存盖,保存完整。雕
琢錾刻成形。中空圆锥形,其上镂刻成参差不齐的山峰状、峰
面装饰纵向条纹并置七个孔隙以吐烟气,盖沿稍外撇,下为方
唇母口。青灰色石,质地疏松。盖口外沿面饰素面宽带纹一周。
高 5.9、口沿径 9.1 厘米(图 5-100,1;彩版 5-148)。

图 5-99　台盏 M2:86

0　　　　　　　　　9厘米

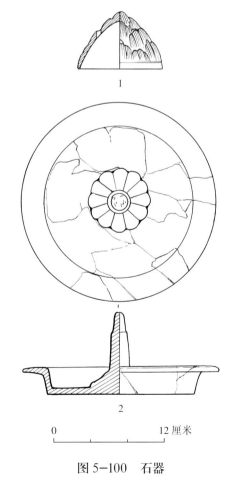

0　　　　　　　　　12厘米

图 5-100　石器

1.博山式熏炉盖 M2:92　2.熏炉底座 M2:91

彩版 5-147　台盏 M2：86

彩版 5-148　博山式熏炉盖 M2：92　　　　　　　　彩版 5-149　熏炉底座 M2：91

（8）熏炉底座　1件。

M2：91，出于前室南端。残碎，修复成形。雕琢錾刻为器。盘状，直口微侈，宽平折沿，尖唇，浅斜腹，大平底，底心錾刻六瓣覆莲一朵，莲心处置柱状柄，柄上端为卯，应套插于博山炉底某物体中。青灰色石，质地疏松。器表抛光。底盘口沿径21.8、底径16.9、盘心柱状柄残高7.6厘米（图5-100，2；彩版5-149）。

M2：91、92应为一件熏炉上残存的两部分。

（9）钵　5件。

M2：40、51、58、63、73，均已残破，有缺失。雕琢錾刻成形。5件形制基本相同，尺寸略有差异。青灰色豹班石，质地较软而细腻，通体布深灰色可透光斑点。素面，器壁光滑。

M2：40、58、51均出于前室东部。其中M2：40、58可修复成形。形制、尺寸、纹饰完全相同。均为直口微敛，方唇，垂弧腹，平底，外壁近口沿处凸起宽带一周。高7.5、口沿径15.6、底径8.2厘米。

M2：40，出于前室北端居中（图5-101，1；彩版5-150）。

M2：58，出于前室东壁下南部（图5-101，2；彩版5-151）。

M2：51，出于前室东壁下中部。残破严重，无法修复。其形制应与上述2件相同。

M2：73，出于前室南端。形制基本同上，较低矮，口沿无带状凸棱。高6.5、口沿径16.8、底径8.2厘米（图5-101，3；彩版5-152）。

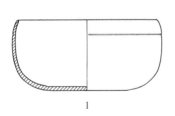

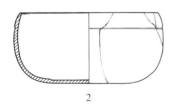

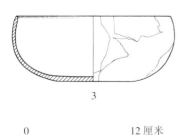

0　　　　　　　　12厘米

图5-101　钵

1~3. M2：40、58、73

彩版5-150　钵 M2：40

彩版5-151　钵 M2：58

彩版5-152　钵 M2：73

M2：63，出于前室东南角。仅余残片3块，口沿形制与M2：73相同。

（10）六曲葵瓣碗　6件。

M2：110~115，叠置于前室东壁下南端。均破碎，其中M2：110、115残碎较甚，无法修复；

M2：111~114均修复成形。雕琢錾刻成器，做工精美。可修复成形的4件形制、尺寸完全相同。六曲敞葵口，尖唇，腹浅而微弧、腹壁成六曲葵瓣式与口沿对应，外底略内凸，下置矮圈足。青灰色石，胎质疏松。通体素面，内、外壁抛光。高3.9、口沿径15.0、圈足径4.6厘米。

M2：111（图5-102，1；彩版5-153）。

M2：112（图5-102，2；彩版5-154）。

M2：113（图5-103，1，彩版5-155）。

M2：114（图5-103，2；彩

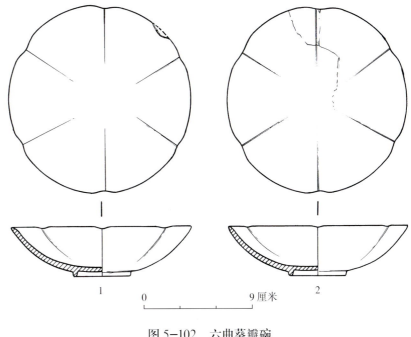

图5-102　六曲葵瓣碗

1、2. M2：111、112

彩版5-153　六曲葵瓣碗 M2：111

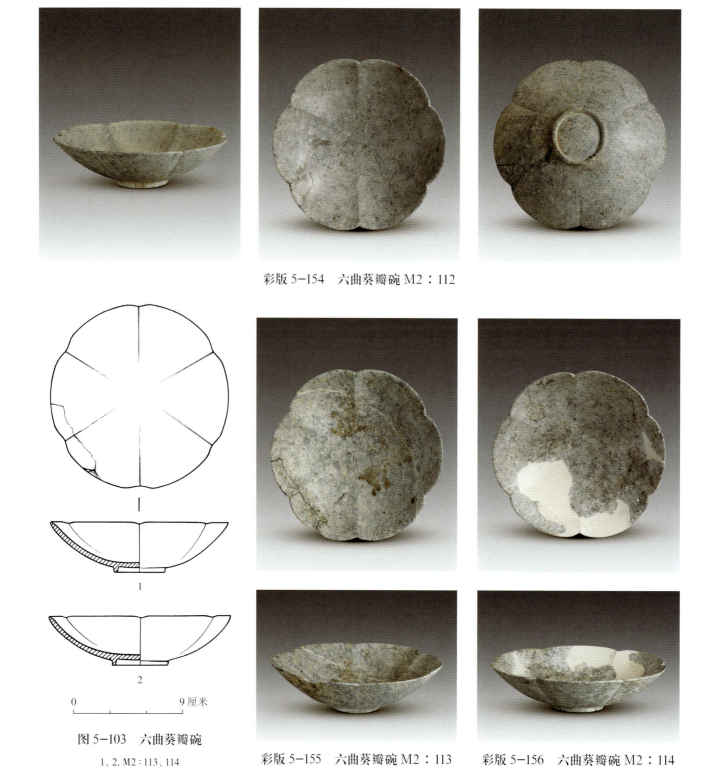

彩版 5-154　六曲葵瓣碗 M2：112

图 5-103　六曲葵瓣碗

1、2. M2：113、114

彩版 5-155　六曲葵瓣碗 M2：113　　　　彩版 5-156　六曲葵瓣碗 M2：114

版 5-156）。

（11）托杯　1件。

M2：14，出于前室棺内。残破较甚，基本修复成形。雕琢錾刻而成。杯为侈口，斜腹微亚腰，平底，圈足。下腹壁外围横出平沿一周，似杯的托沿，故器物整体呈托、杯连体式。青灰色石，质地疏松。素面，器表磨光。高 5.0、口沿径 10.5、底径 4.7、托沿残宽 1.5 厘米（图 5-104，1；彩版 5-157）。

（12）耳杯　1 件。

M2 ：84，出于前室北端。錾外沿缺失，杯体残碎，基本修复成器。雕琢錾刻而成。椭圆形，敞口，浅腹，圜底，横向一侧出宽短錾手、外沿呈半圆多楣状，现錾后端虽残、形制仍清晰。青灰色石，质地疏松。通体素面，器表光滑。

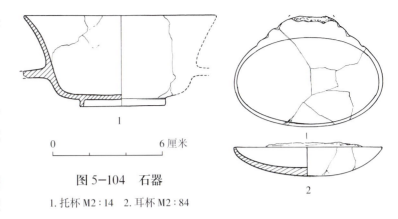

图 5-104　石器
1. 托杯 M2 ：14　2. 耳杯 M2 ：84

高 1.5、长 8.0、宽 4.7、錾残长 1.0、宽 2.5 厘米（图 5-104，2；彩版 5-158）。

该耳杯形制应同于被盗文物中编号 200635 的石耳杯（该器详见本报告陆　陕西历史博物馆藏吕氏家族墓出土文物）。

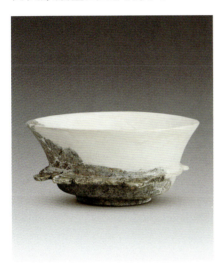

彩版 5-157　托杯 M2 ：14　　　　　　　　　彩版 5-158　耳杯 M2 ：84

### 11. 玻璃器

大致分为 10 件，出于前室淤土中。均严重残碎，基本无法修复。器形有碗、盘。

（1）六曲葵瓣玻璃碗　4 件。

M2 ：87~89、116，形制、尺寸、纹饰、色泽基本相同。敞口，圆唇，口沿为六曲葵瓣式，斜弧腹亦为六曲瓣形与口沿相对应，平底，底心内凸。腹壁模印菱形纹，底饰菊花图案。壁面有土黄色渍斑。

M2 ：87，仅剩口沿残片 5 块，质地通透。口径约 10.0 厘米（彩版 5-159）。

彩版 5-159　六曲葵瓣玻璃碗 M2 ：87

彩版 5-160　六曲葵瓣玻璃碗 M2：88

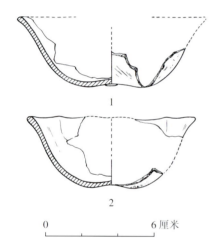

图 5-105　六曲葵瓣玻璃碗

1、2. M2：89、116

彩版 5-161　六曲葵瓣玻璃碗 M2：89

M2：88，现存口沿、底面、腹部残片 6 块，经拼对粘接不能复原。质地通透清亮。残底径约 4.5 厘米（彩版 5-160）。

M2：89，现有口沿、腹部、底部残片 8 块，可粘接修补复原。器壁较前面 M2：87 稍厚，壁面渍斑较多。高 3.7、口径 10.0、残底径 3.5 厘米（图 5-105，1；彩版 5-161）。

M2：116，腹、底部残片 19 块，经拼对粘接，无法修复。器壁较厚，壁面土黄渍斑甚多。残高 4.0、底径 4.0 厘米（图 5-105，2；彩版 5-162）。

（2）广口玻璃盘　1 件。

M2：124，严重破损，拼对粘接后无法修复，现仅有口沿残片 4 块。敞口，微卷沿，厚圆唇。素面。唇沿为绿色，余处均呈白色。质地半透明，表面遍布土黄色渍斑。口径约 14.0 厘米（彩版 5-163）。

彩版 5-162　六曲葵瓣玻璃碗 M2：116

彩版 5-163　广口玻璃盘 M2：124

（3）深腹玻璃盘　4件。

M2：117、118、122、123，严重破碎残缺，不可修复。形制、尺寸、色泽基本相同。敞口，撇沿，圆唇，弧腹内收，微圜底、底心内凸。通体素面，内口沿一周泛浅蓝色。器壁多紫褐色斑渍。

M2：117，现有残片5块，为口沿、腹壁及底部，经拼对粘接，盘底部形制基本可见。器壁满布片状紫褐色渍垢。残底径6.0厘米（图5-106，1；彩版5-164）。

M2：118，现有残片2块，均为口沿，经拼对粘接。质地通透，表面光亮，有紫褐色紫渍斑。口径14.0厘米（彩版5-165）。

M2：122，现有残片4块，均为口沿，经拼对粘接。器表多处有浅蓝色片斑及紫褐色渍斑。口径13.1厘米（彩版5-166）。

M2：123，现有残片3块，均为口沿，经拼对粘接。壁面多渍痕，质地不通透。口径13.0厘米（彩版5-167）。

（4）残棒状玻璃器　1件。

M2：82，出于东后室棺椁间东侧中部。仅残存两段。器呈细圆柱形，表面光滑。青白色，致密闪玻璃光泽（详见本报告柒第三章）。残长分别为3.0、4.2、直径0.6厘米（图5-106，2；彩版5-168）。

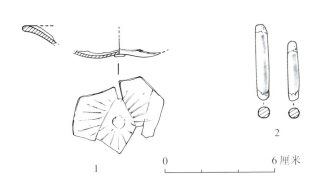

图5-106　玻璃器

1. 深腹玻璃盘 M2：117　2. 残棒状玻璃器 M2：82

彩版5-164　深腹玻璃盘 M2：117

彩版5-165　深腹玻璃盘 M2：118

彩版5-166　深腹玻璃盘 M2：122

彩版 5-167　深腹玻璃盘 M2：123

彩版 5-168　残棒状玻璃器 M2：82

彩版 5-169　松香残块 M2：121-1

### 12. 其他

仅有松香残块多件。

松香残块　多件。

原位于前室棺、椁间。均破碎，呈棕色不规则块状，与墓室填土混杂，质地细密，加热后为可流动胶质液态，有韧性，冷却后坚硬、易破碎。自现场共提取实物 3 块，M2：121-1~3，选择标本 1 块。

M2：121-1，呈不规范扁圆形，断裂，表面有光泽（彩版 5-169），详见本报告柒第三章。

M2 是本次考古发掘中最深、形制最复杂、出土器物最多的墓葬，因早年被盗，部分器物遭破坏、扰动，发掘时未见墓志出土，故墓主名讳无确凿文字记录，所以也是最神秘的墓葬之一。根据其所处位置、墓中随葬品铭文推断，应为吕大临及前、后正妻合葬墓，详细论述见结语相关内容。

# 三　吕大防墓（编号 M3）

## （一）位置与地层

该墓位于吕氏家族墓园北部墓葬群自南向北第三排西数第三座，西距 M2 为 6.95、东距 M12 是 15.54、北距 M4 为 3.30、南距五里头村 229 米。墓葬田野编号为蓝田吕氏 M3（图 5-107）。发掘时间 2008 年 9 月 18 日至 11 月 22 日，历时 65 天，因逢雨季，实际发掘 28 天。

墓葬所处地层剖面为：

第①层：耕土层，厚 0.20 米，色灰黄，质松散，含大量植物根系、碎石块等。

第②层：扰土层，厚 0.70 米左右，浅灰褐色，质较硬，内含少量青花瓷片、釉陶片等。M3 墓道开口现见于此层下。

第③层：古代堆积层，厚 0.30 米左右，浅灰黄色，质地坚硬，内含少量料礓石、蜗牛壳、陶瓷残片等。

第④层：黑褐色土层，厚 0.90 米左右，质地坚硬，夹杂大量白色植物根系。

第⑤层：黄土层，厚 3.50 米，质地松软，色泽纯黄，包含少量料礓石块。

第⑥层：红褐色土层，厚 0.60 米，土质坚硬，杂大量料礓石块。

第⑦层：淡黄色土层，厚 1.30 米，质地松软纯净，无包含物。墓室顶部位于该层面下 1.25 米处。

第⑧层：胶泥层，厚 1.50 米，红棕色，质地坚硬细密有韧性，夹少量料礓石块。墓室底位于该层面下

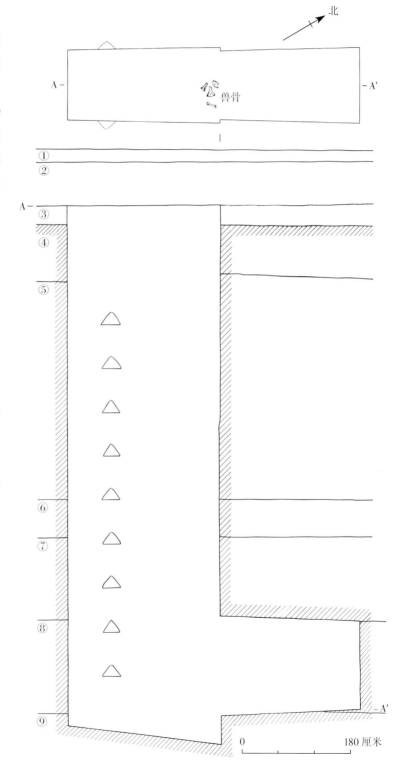

图 5-107　M3 平、剖面图

1.40 米处，南端底部打破第⑨层 0.05 米。

第⑨层：黄褐色土层，厚度不明，质地松软，含大量料礓石块。墓道底位于该层面下 0.20~0.50 米处。

### （二）墓葬形制

该墓坐东北向西南，方向 210°。由长方形竖穴墓道、长方形单土洞墓室两部分组成。水平总长 4.80、墓道底距现地表 9.50 米（图 5-107；彩版 5-170）。

彩版 5-170　M3 墓葬

#### 1. 墓道

位于墓葬南端，竖穴土圹式。平面呈南窄北宽长方形，南北长 2.50、南宽 1.10、北宽 1.20 米。四壁自开口至底基本竖直，壁面经修整。底面尺寸与开口处相同，踩踏平整，呈南高北低缓坡状，最深处距现地表 9.50 米，北端与墓室相连。东、西两壁距南壁约 0.56 米处各设踏窝一列 9 个，最顶踏窝距现墓道开口 1.70 米，各踏窝纵向间距 0.50 米左右，踏窝呈三角形，宽 0.32、高 0.20、进深 0.12 米。墓道内填充较硬五花土，未经夯筑（彩版 5-171）。

#### 2. 墓室

位于墓葬北端，南接墓道。平面呈北宽南窄长方形，南北长 2.30、南宽 1.10、北宽 1.20 米，因入口略窄于墓道北壁，故于东、西两边各形成宽 0.05 米的折棱。四壁竖直且铲修平坦，顶、壁相交处为弧形。平顶南高北低。底面基本平整，高于墓道底面 0.45 米。墓室通高 1.40~1.60 米。现入口处顶部、壁面局部有坍塌。室内填充五花土与淤土（彩版 5-172）。M3 发掘清理将结束、正准备现场拍摄之际，突遇墓道塌方，故补拍的现场照无墓葬地层剖面图等。特此说明。

考古发掘证实，该墓内未见葬具、人骨、随葬品痕迹，仅于墓室入口处底面上发现少量动物骨骸残骸，与其他墓葬比较，墓主身份必有特殊之处。根据所处位置、出土子、孙墓志铭文、吕氏家谱及相关文献记载推断，该墓主为吕大防，详见结语。

彩版 5-171　M3 墓道与踏窝　　　彩版 5-172　M3 墓室

## 四　吕景山夫妻合葬墓 （编号 M4）

### （一）位置与地层

该墓位于吕氏家族墓园北部墓葬群自南向北第四排西数第三座，西北距 M5 是 7.62、东南距 M12 为 19.64、南距 M3 为 3.30、北距墓园北兆沟 72.68 米。墓葬田野编号为蓝田吕氏 M4（图 5-108、109）。发掘时间 2008 年 9 月 1 日至 11 月 9 日，历时 70 天，中间因降雨有间断。

墓葬所处地层剖面为（图 5-109；彩版 5-173）：

第①层：耕土层，厚约 0.25 米，色灰黄，质松散，含大量植物根系、少量碎石块、现代陶瓷片等。

第②层：扰土层，厚约 0.65 米，浅灰褐色，土质较硬，内夹杂近代陶片、料礓石结核颗粒、蜗牛壳等。M4 墓道现开口于此层下。

彩版 5-173　M4 地层剖面

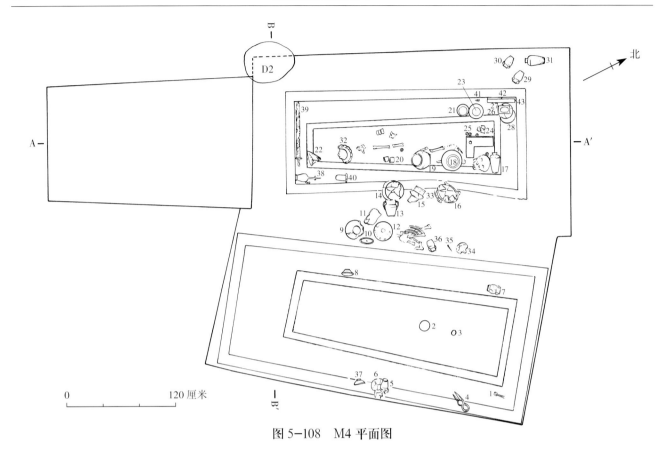

图 5-108　M4 平面图

第③层：古代堆积层，厚 0.50 米左右，浅灰黄色，质地坚硬，呈颗粒状，夹少量残砖、瓦块等。

第④层：黑褐色土层，厚 0.80 米左右，质地坚硬，杂有大量白色植物根系。

第⑤层：黄土层，厚 3.40 米，质地松软，色泽纯黄，包含少量料礓石块。

第⑥层：红褐色土层，厚 0.60 米，土质坚硬，夹杂大量料礓石块。

第⑦层：淡黄色土层，厚 1.30 米，质地松软纯净，无包含物。

第⑧层：胶泥层，厚 1.50 米，红棕色，质地坚硬细密有韧性，内含少量料礓石块。M4 墓室顶在此层面下 1.20 米处。

第⑨层：黄褐色土层，厚 1.50 米，质地松软，夹大量料礓石块。

第⑩层：密集料礓石层，厚约 0.20 米，灰白色礓石块排列密集，质地极坚硬。

第⑪层：浅褐色土层，深度不详，质地细密，无包含物。M4 墓道底位于该层面下 0.70 米处，墓室底位于该层面下 1.90 米处。

## （二）墓葬形制

该墓坐东北向西南，方向 206°。由竖穴墓道、单土洞墓室两部分构成。南北水平总长 5.72、墓室底上距现地表 12.60 米，墓道现开口距地表 0.90 米左右（图 5-109；彩版 5-174）。

### 1. 墓道

位于墓葬南端，竖穴土圹式。现开口处有口大底小、平面近椭圆形与墓道等深的盗洞 1 个，将四周壁面大部分破坏殆尽，为确保安全，墓道未做发掘清理。墓室发掘中，墓道剖面可直观于

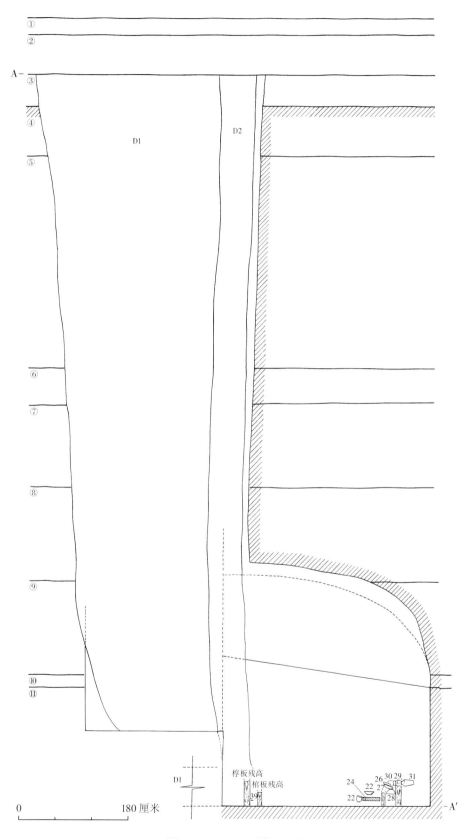

图 5-109　M4 纵剖面图

彩版 5-174　M4 墓葬

右。墓室内填塞较硬淤土及顶、壁塌土（彩版 5-175）。

## （三）葬具葬式

M4 为两椁两棺双人同室合葬墓。木质棺、椁南北向并列于室内东、西两部分的正中，葬具均已朽坏成灰状（彩版 5-176）。

东部葬具为一椁一棺，木椁紧贴墓室东壁放置，其内空间较大，现虽朽为黑色灰烬，但印迹清晰，平面呈北宽南窄梯形，长 3.40、北宽 1.70、南宽 1.40 米，原高度不清，椁板厚 12.0 厘米。棺亦南北向置于椁正中偏北处，已朽为浅黑色灰迹，平面呈北宽南窄长方形，长 2.44、北宽 0.94、南宽 0.72 米，原高度不清，棺板厚 10.0 厘米（彩版 5-176）。

西部葬具也为一椁一棺，置于墓室西部正中。椁已朽为黑色灰烬，平面呈

探方南壁上，故知在距底 1.40 米时曾稍作铲修的墓道壁面才得幸存少许，再经勘探确定，原墓道平面呈南窄北宽长方形，南北长约 2.25、南宽 1.20、北宽 1.40 米。墓道底面平整，高出墓室底面 1.20、距现地表 11.40 米。北壁下部连接墓室。现盗洞内（即墓道内）填充较松散五花土，内杂料礓石结核、陶、瓷残片等。

### 2. 墓室

位于墓葬北端，南接墓道，为土圹拱顶式。平面呈南窄北宽不规则扁方形，南北长 3.50~4.00、南端宽 3.30、北端宽 4.04 米。南、北两壁东半部稍南移、在两壁中间形成折棱，从而将墓室自然分作东、西两部分，中间无隔墙划分；东、西两壁基本竖直，入口处自 2.40 米处起券拱顶。拱顶高度不明，从残留迹象分析，应呈南高北低坡状。墓室四壁及拱顶原铲修平整光滑，后因盗扰、渗水淤积使壁面局部、拱顶全部坍塌。墓室底面平整，低于墓道底面 1.20、底面至原顶部最高处应为 3.70 米左

彩版 5-175　M4 墓室

彩版 5-176　M4 葬具

北宽南窄长方形，南北长 2.62、北宽 1.20、南宽 1.08、残高 0.40 米，椁板厚 10.0 厘米。棺南北向置于椁正中，已朽为红褐色灰烬，平面呈北宽南窄长方形，南北长 2.10、北宽 0.64、南宽 0.48、残高 0.25 米，棺板厚 6.0 厘米。

东部葬具中墓主骨架因盗扰破坏、已散乱分布于椁西侧外，葬式不清，从遗存骨骼残片、部分肢骨及随葬品看，应为一成年女性。

西部葬具内墓主骨架保存较差，仅存头骨、部分脊椎骨、牙齿及数节下肢骨，葬式似为头北足南仰身直肢。从随葬石磬铭文推定，死者为墓主吕景山。

（四）盗洞

M4 共有盗洞 2 个，编为 D1、D2，自地表直下进入墓道、墓室。

D1 位于墓道上，开口于第②层下，与墓道开口在同一层位，平面呈不规则椭圆形、口大底小、自上向下逐渐斜收至墓道底，将墓道四壁大部分破坏殆尽。开口径 3.80×3.15、底径 2.10×1.30、深 10.50 米。洞内填较松散五花土。从 D1 形制、开口层位、深度、室内无淤土翻动、骨架被整体拉出以及填土等因素分析，应属早期盗掘所为（见图 5-109），时墓室西部已坍塌，盗者将东部劫掠后自墓室西南角掏洞进入 M2 东后室顶部，将其盗掘，再自 M2 前室西壁穿洞潜入 M1 继续行窃，故该洞直接危害 3 座墓葬，破坏性极大。

D2 位于墓室西南角，开口于第②层下，平面呈圆形，口径 0.60、深 10.50 米，倾斜而下直达墓室底部。其上部将 D1 内填土打破，下部打破墓室西南角壁面进入墓室。洞内填塞淤土、石块、青花瓷片等。应属较晚期盗扰。

## （五）出土遗物

M4出土随葬品共43件（组），质地有瓷、陶、铜、铁、石、玻璃、角器等。器形分为瓶、盒、罐、盏、盂、碗、碟、砚、镜、簪、尺、带扣、器柄、钱币、剪刀、熨斗、铧、剑、杯、钵、盘、篦、磬、墨等。摆放位置大致为四个区域：第一区是墓室中部，两椁之间；第二区为西侧木椁顶上及棺、椁之间的空隙处；第三区为墓室西北角；第四区在室内东部椁内棺具两侧。由于墓室被盗，部分遗物原位置可能挪动。

### 1. 瓷器

共17件（组）。器形为瓶、盒、罐、盂、碗、盏、碟等。

（1）黑釉小口瓶　1件。

M4：31，出于墓室西部的西北角。完整。轮制成型。瓶体瘦高，小直口，宽平折沿，沿面微弧，尖唇，矮束颈，圆肩，深筒腹，圈足略外撇，颈、肩相交处外壁加厚形成棱台一周。外壁施黑釉至近足处，腹底部、足露胎；内壁施黑釉至口沿下，其下露胎。釉面透亮，含铁锈色、银灰色结晶斑。露胎处表面呈浅灰白色，胎内多杂白色颗粒，致密性较差。通体素面，腹壁有轮制旋痕。通高20.7、口沿径4.5、腹径11.3、圈足径7.6厘米（图5-110，1；彩版5-177）。

（2）酱釉小口瓶　1件。

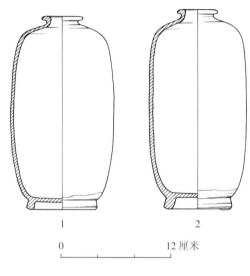

图5-110　小口瓶

1. 黑釉小口瓶 M4：31　2. 酱釉小口瓶 M4：17

M4：17，出于西棺内东北角。完整。轮制成型。小直口，宽沿微弧，束颈，圆肩，筒形深腹，圈足略外撇。外壁施釉至腹下近足处，下腹、足露胎；内壁施酱釉至肩部，其下露胎，足底有粘痕。釉面失透。露胎处胎表呈暗红色，胎质粗糙，内夹杂黑、白色小颗粒。通体素面，肩、腹部有轮制痕迹。通高21.2、口沿径4.5、腹径10.7、圈足径7.5厘米（图5-110，2；彩版5-178）。

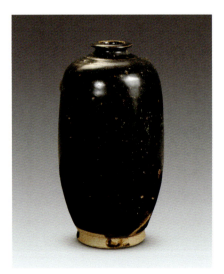

彩版5-177　黑釉小口瓶 M4：31　　　　　　　　　　彩版5-178　酱釉小口瓶 M4：17

（3）青釉刻花双系罐　2件。

M4：13，出于东、西两椁之间中部。腹、底部残破，修复完整。轮制加贴塑成器。罐体略瘦高，大口微敛，方圆唇，高筒颈，窄溜肩，深腹上部微鼓、下部斜收，圈足外撇，足沿自内向外斜削一周，颈、肩部对置半环状双系。内、外壁施满釉，足底面刮釉露胎。釉层稍厚，内壁口沿下釉层较薄。釉色青中泛灰，釉面光亮。胎色青灰，胎质坚硬细密，露胎处表面光滑。外壁颈上部饰弦纹两周，下刻尖头仰莲纹一周，腹部刻折枝牡丹两枝，双系外面饰螺纹、内面光滑。通高17.3、口沿径10.9、腹径13.8、圈足径7.7厘米（图5-111；彩版5-179）。

图5-111　青釉刻花双系罐 M4：13

0 ⊢⊣⊢⊣⊢⊣ 9厘米

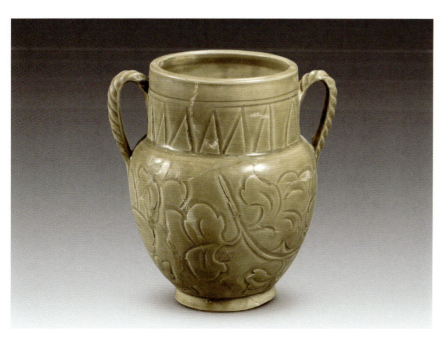

彩版5-179　青釉刻花双系罐 M4：13

M4：15，出于东、西两椁间东部。腹部有残碎，修复完整。轮制加贴塑成器，大唇口，高粗颈，窄溜肩，深腹上部微鼓、下部斜收，圈足略外撇，足外沿自内向外斜削一周，颈、肩部贴塑对称半环状双系。内、外壁通施满釉，足底面刮釉露胎。釉层较厚，内口沿以下釉层较薄。釉色青灰，釉面光亮。胎色青灰，胎质坚硬细密，露胎处表面光滑。外壁颈中部饰弦纹两周，腹部刻折枝牡丹两枝，

图 5-112　青釉刻花双系罐 M4∶15

0　　　　　　　　　　9 厘米

彩版 5-180　青釉刻花双系罐 M4∶15

系外面饰螺纹、内面光滑。通高 17.4、口沿径 11.6、腹径 14.0、圈足径 7.0 厘米（图 5-112；彩版 5-180）。

（4）黑釉双系罐　2 件。

M4∶7、30，形制、尺寸、釉色、胎质均相同。轮制成型，罐体瘦高，大直口，厚圆唇，高筒颈，斜折肩，弧深腹，圈足，足沿稍外撇，颈部对称安条形半环状双系。外壁施黑釉至腹下近足处，口沿、肩的局部呈酱色，腹下、圈足露胎；内壁施釉至口沿，其下露胎。釉面较浊，多酱色、土黄色斑点。灰白色胎，质粗，内含黑、白色颗粒。通体素面，外腹壁有模糊轮制痕迹。

M4∶30，出于墓室西部西北角。基本完整，唇部有磕豁。通高 14.40、口沿径 7.6、腹径 9.2、圈足径 5.7 厘米（图 5-113，1；彩版 5-181）。

M4：7，出于墓室内东部棺椁间西北角。腹部残破，修复完整。肩部折棱明显。通高14.40、口沿径7.6、腹径9.2、圈足径5.7厘米（图5-113，2；彩版5-182）。

（5）酱釉双系罐　1件。

M4：29，出于墓室西部西北角。颈部残破，基本修复完整。轮制成型。罐体略粗，大直口，厚圆唇，高筒颈，斜折肩，圆深腹，圈足，足沿稍外撇，颈部对称安条形半环状双系。外壁施釉至腹下，腹底、圈足露胎；内壁施釉至口沿下，其下露胎。釉黑褐色。釉面干涩。浅灰色胎，胎质坚硬致密。通

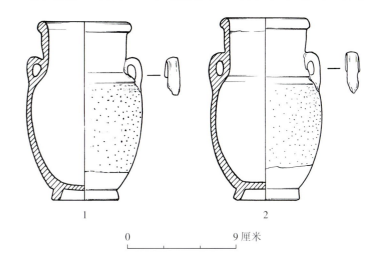

0　　　　　　　9厘米

图5-113　黑釉双系罐

1、2. M4：30、7

彩版5-181　黑釉双系罐 M4：30

彩版5-182　黑釉双系罐 M4：7　　　　　　　　彩版5-183　酱釉双系罐 M4：29

体素面，外腹壁有模糊轮制痕迹。通高 13.8、口沿径 7.6、腹径 9.2、圈足径 5.6 厘米（图 5-114，1；彩版 5-183）。

（6）黑釉微盘口双系罐　1件。

M4：36，出于东椁外西侧。腹、底部残破，修复完整。轮制成型。罐体略显宽扁，微盘口，方唇，束颈，溜肩，深鼓腹，圈足。肩部置对称条形半环状双系。外壁施黑釉至腹下，腹底、圈足露胎；内壁施黑釉至盘口处，其下露胎。釉面明亮、闪金属光泽，有较大铁锈色、银灰色结晶斑点。灰胎质粗，含白色较大颗粒。通体素面，腹壁有轮制旋痕，足内粘满土黄色砂粒。通高 12.1、口沿径 9.6、腹径 11.0、圈足径 5.4 厘米（图 5-114，2；彩版 5-184）。

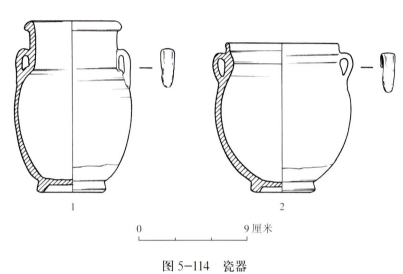

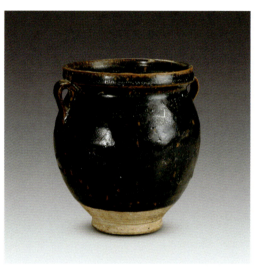

图 5-114　瓷器

1.酱釉双系罐 M4：29　2.黑釉微盘口双系罐 M4：36

彩版 5-184　黑釉微盘口双系罐 M4：36

（7）白釉圆盒盖　1件。

M4：3，出于东棺内北部。完整，盒身已失。轮制而成。盖面微鼓，立沿略内收，母口口沿面由外至内斜削。外壁施白釉，内壁仅顶中心施薄釉，口沿、内壁大部分露胎。釉面明亮闪珍珠光泽，遍布细碎冰裂纹。露胎处表面呈灰白色，胎质坚硬细密。素面，顶、口部有土黄斑。高 1.1、口沿径 4.7 厘米（图 5-115；彩版 5-185）。

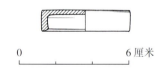

图 5-115　白釉圆盒盖 M4：3

（8）青釉刻花牡丹纹碗　1件。

M4：12，出于东、西两椁间中部。腹部破碎，修复基本完整。轮制成型。敞口，尖唇，斜腹，内底心下凹，圈足。内、外壁通施青釉，足底刮釉露胎。釉面较明亮，遍布细碎冰裂纹。灰色胎，胎质坚硬细密，露胎处表面光滑。器内壁刻折枝牡丹纹两枝，外壁口沿下、腹下各饰弦纹一周，两者间刻阔叶牡丹花图案。通高 5.4、口径 17.9、圈足径 4.8 厘米（图 5-116；彩版 5-186）。

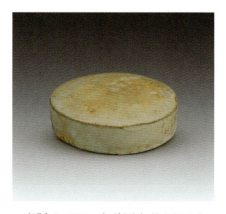

彩版 5-185　白釉圆盒盖 M4：3

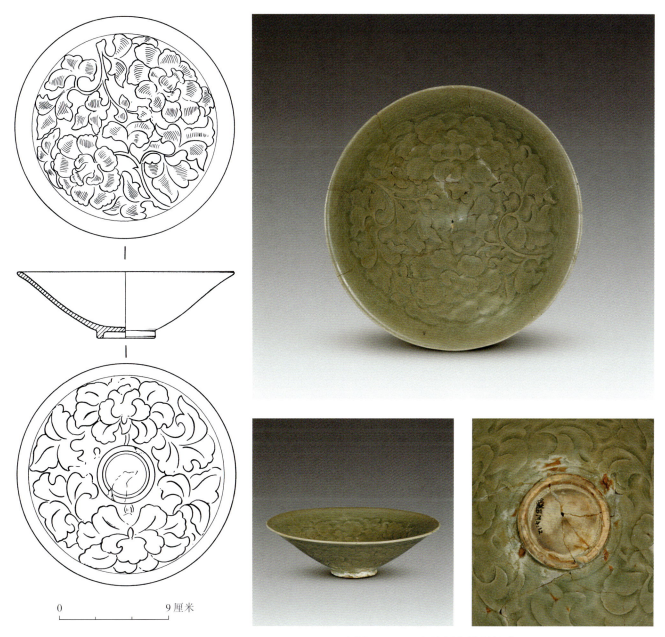

图5-116　青釉刻花牡丹纹碗 M4∶12　　　　　　彩版5-186　青釉刻花牡丹纹碗 M4∶12

0　　　　　　9厘米

（9）青白釉印花六曲葵口碗　1件。

M4∶8，出于东部棺、椁间西侧偏南处。口沿有缺失、腹部破碎，修复基本成形。轮制成型。器壁较薄，六曲敞葵口，尖唇，浅腹内斜，平底下凹、底心微尖凸，圈足稍外撇。器内壁模印缠枝牡丹纹，花瓣及叶脉刻画繁缛。通体施青白釉，足底刮釉露胎。釉面光亮剔透。胎色洁白，胎质坚硬致密。外底面有焦黄色斑。通高7.8、口沿径21.4、圈足径6.2厘米（图5-117；彩版5-187）。

（10）黑釉金兔毫盏　1件。

M4∶28，出于西棺内西北角。腹部破碎，修复完整。轮制成型，敛口，尖唇，斜腹，内底心下凹，圈足，足底面外斜，挖足极浅。内、外满施黑釉，足露胎。釉面晶莹光亮，遍布放射状金色有间断细线，口沿处因釉层薄而呈酱紫色。胎色深灰，胎质坚硬细密，足部露胎处表面呈黄褐色。外腹壁有模

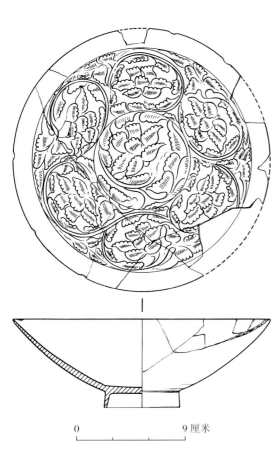

图 5-117　青白釉印花六曲葵口碗 M4：8

彩版 5-187　青白釉印花六曲葵口碗 M4：8

糊轮制旋痕。高 4.4、口沿径 12.6、圈足径 3.8 厘米（图 5-118，1；彩版 5-188）。

（11）黑釉银兔毫盏　1件。

M4：37，出于东樟内东部。口沿及腹部残碎，修复完整。弇口，尖唇，斜腹，圈足，挖足极浅。内、外满施黑釉，口沿处呈酱紫色，足露胎。釉层较厚，口沿釉层显薄。釉面光亮多棕眼并散布放射状银灰色有间断细线，现部分已不够清晰。深灰色胎，胎质坚硬细密。外腹壁有轮制旋痕。高 5.2、口沿径 12.7、圈足径 3.8 厘米（图 5-118，2；彩版 5-189）。

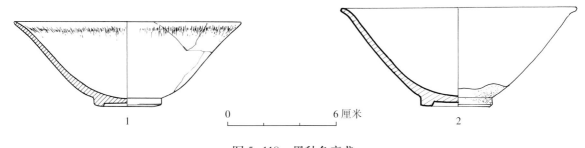

图 5-118　黑釉兔毫盏

1. 黑釉金兔毫盏 M4：28　2. 黑釉银兔毫盏 M4：37

彩版 5-188　黑釉金兔毫盏 M4：28

彩版 5-189　黑釉银兔毫盏 M4：37

（12）白釉盘　2件。

M4：23、27，形制、尺寸、釉色、胎质基本相同。轮制成型，敞口，尖唇，微弧腹，平底，圈足略外撇。内、外壁通施白釉，芒口，足底露胎。釉色明亮。釉面细腻而光滑。胎色洁白，胎质坚硬致密。通体素面。

M4：23，出于西棺外西北部。完整。高 3.9、口沿径 15.5、圈足径 5.7 厘米（图 5-119，1；彩版 5-190）。

图 5-119　白釉盘
1、2. M4：23、27

彩版 5-190　白釉盘 M4：23

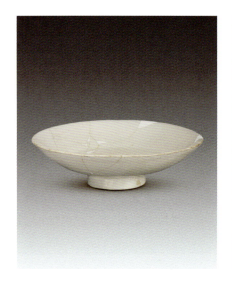

彩版 5-191　白釉盘 M4：27

M4：27，出于西棺外西北角。口沿及腹部残破，修复完整。器底部不规整、稍有变形。高4.1、口沿径15.3、圈足径5.5厘米（图5-119，2；彩版5-191）。

（13）青白釉六曲葵口碟 1件。

M4：34，出于东椁外西侧。口沿残破，修复完整。轮制成型。六曲敞葵口，尖唇，沿边微外撇，浅腹，平底，内底心略凸。内、外壁满施青白釉，外底刮釉露胎。釉面晶莹明亮，满布细碎冰裂纹。胎色乳白，胎质坚硬细密，露胎处表面光滑。通体素面。高2.4、口沿径11.3、底径4.0厘米（图5-120；彩版5-192）。

（14）青釉刻花团菊纹渣斗 1件。

M4：9，出于东、西两椁之间。破碎，修复基本完整，口沿有缺失。轮制成型，大敞口，尖圆唇，宽沿内斜，短颈紧束，浅腹微鼓，平底。内、外壁通施青绿色釉，外底面露胎，下腹与底相交处亦刮釉露胎一圈。釉面均匀明亮，闪玻璃光泽，多气泡与棕眼。灰胎坚硬而细密，露胎处表面光滑。渣斗宽沿内壁中部饰弦纹两周，其下刻团菊纹，外壁口沿下亦饰弦纹一周，腹壁有明显轮制旋痕。通高8.9、口沿径21.0、腹径8.6、底径6.7厘米（图5-121；彩版5-193）。

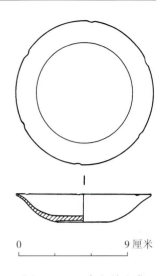

图5-120 青白釉六曲葵口碟 M4：34

彩版5-192 青白釉六曲葵口碟 M4：34

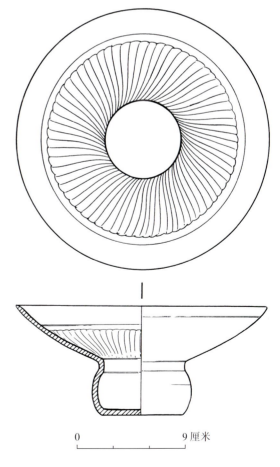

图5-121 青釉刻花团菊纹渣斗 M4：9

彩版 5-193　青釉刻花团菊纹渣斗 M4：9

## 2．陶器

共 4 件。器形有罐、盒、砚。

（1）鼓腹罐　1 件。

M4：19，出于西棺内东部。多处破碎，修复完整。轮制成型。泥质灰陶。直口，厚圆唇，矮束颈，溜肩鼓腹，腹下部斜收成小平底。通体素面，腹壁有明显轮制旋痕。通高 14.2、口沿径 13.5、腹径 16.9、底径 7.6 厘米（图 5-122；彩版 5-194）。

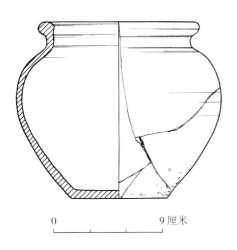

0　　　　　　9厘米

图 5-122　鼓腹罐 M4：19

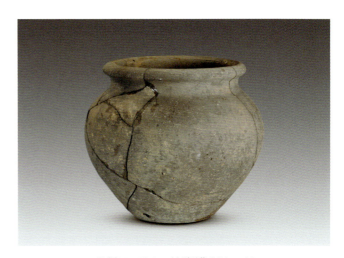

彩版 5-194　鼓腹罐 M4：19

（2）"卍"字纹圆香盒　1件。

M4：11，出于东、西两樟之间。残破断裂，修复完整。轮制粘贴成器。泥质灰陶。盒由盖、身两部分组合而成。盖为平顶，直立沿，子口，圆唇，顶面正中镂空"卍"字纹。盒为母口，方唇，浅直腹，大平底，外底沿贴附乳钉状3矮足。通体素面，顶、底均有浅淡轮制同心圆痕，器表抛光，加施灰黑色外皮。通高10.2、盖高3.2、子口径19.2、盒高7.4、口沿径21.0厘米（图5-123；彩版5-195）。

（3）带盖圆盒　1件。

M4：14，出于西樟东侧中部。盖破碎、修复完整，盒身基本完整，磕口，外腹壁表面有陶皮脱落。轮制成型。泥质灰陶。盖为平顶，立沿竖直，母口，方唇。盒为子口，浅直腹，大平底，外底心微内凸。通体素面，外底面有轮制同心圆痕，器表抛光，施黑灰色外皮。通高6.7、盖高2.4、盒高5.0、子口径18.0、底径18.5厘米（图5-124；彩版5-196）。

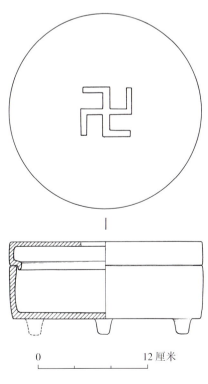

图5-123　"卍"字纹圆香盒 M4：11

彩版5-195　"卍"字纹圆香盒 M4：11

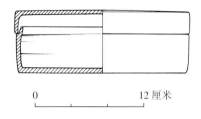

图 5-124　带盖圆盒 M4：14

彩版 5-196　带盖圆盒 M4：14

（4）风字形砚　1件。

M4：26，出于西棺外西北部。完整。模制成器。前宽后窄长方形，长圆形砚堂下凹，其内墨堂微隆，墨池下斜，四立沿向下斜收，外底面呈"一"形。泥质灰陶，表面磨制光滑，施黑灰色外皮。现墨池内残留墨迹，器表有多处土渍。砚底正中錾刻行书"遠製"两字。砚厚2.2、顶面长12.1、前宽8.2、后宽7.9、底面长11.6、前宽8.1、后宽7.6厘米（图5-125；彩版5-197）。

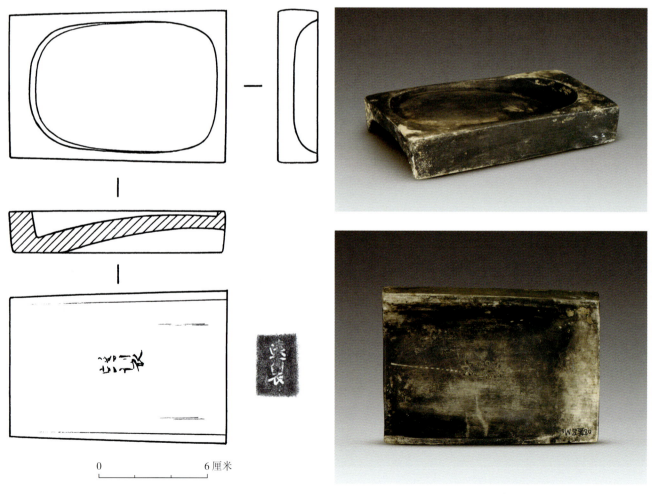

图 5-125　风字形砚 M4：26

彩版 5-197　风字形砚 M4：26

### 3．铜器

共9件（组）。器形有净瓶、镜、簪、尺、带具、器柄等。

（1）净瓶　2件。

M4：38，出于西椁内西南角。完整。铸造焊接成形。瓶嘴为细长管状，口、颈相交部出柄轮一周，细高颈略束，圆肩深腹，腹上部较鼓、下部斜收，矮圈足外撇。肩上有凹棱一周，肩、腹相交处上耸较短曲管状流，流颈紧束，流口上敞，口上一侧置以销钉转轴相连接的平顶、母口小圆盖一个，套盖于流口上，可自由开启，现销钉已失。净瓶表面光滑明亮，素净无纹。通高26.8、颈高15.5、口沿径0.9、腹径9.1、圈足径5.8、流口径2.0厘米（图5-126，1；彩版5-198）。

M4：5，出于墓室东壁下中部。颈部早年断裂，曾经以铜片焊接修复。现下腹亦残缺，修复完整。铸造焊接成形。形制基本同上、稍显

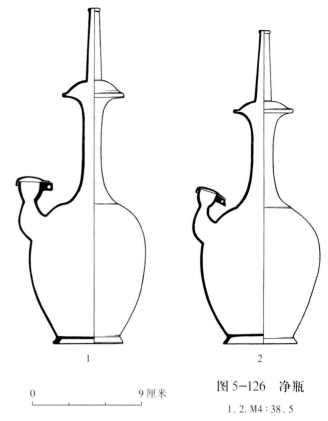

0　　　　　　　9厘米

图5-126　净瓶
1、2. M4：38、5

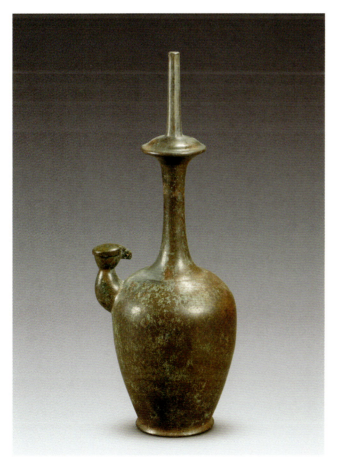

彩版5-198　净瓶 M4：38

粗矮，瓶嘴为细长管状，口、颈相交部出柄轮一周，高颈略束，圆肩深鼓腹，矮圈足外撇。肩上有凸棱一周，肩、腹相交处上耸较短曲管状流，流颈紧束、流口上敞，口上一侧设以销钉转轴相连接的平顶、母口小圆盖一个，套盖于流口上，可自由开启。净瓶表面光滑明亮，素净无纹。通高25.1、颈高14.0、口径0.9、腹径9.5、圈足径6.0、流口径1.7厘米（图5-126，2；彩版5-199）。

彩版5-199　净瓶 M4：5

（2）凤鸟纹镜　1面。

M4：10，出于东、西椁之间。完整。浇铸磨制成形。镜体较厚重，有锈蚀。镜面平整，镜背正中为半球形纽，镜沿凸出，沿面窄平，内沿斜削。纽下为柿蒂形纽座，纽座外饰草叶纹，内区为二方连续波浪式蔓草纹，其外一周弦纹成为内、外两区隔界；外区以四只口衔瑞草展翅飞翔的凤鸟为主题纹饰，凤鸟周边衬卷云纹。直径16.9、沿厚0.5厘米（图5-127；彩版5-200）。

（3）团菊纹镜　1面。

M4：2，出于东棺内中部。有变形裂缝，基本完整。浇铸磨制成形，制作粗糙。镜体轻薄，锈蚀严重。镜面较平整，镜背正中为桥形纽，镜沿窄而低平。纽下为花叶形纽座，座外饰团菊纹，内区为草叶纹一圈，外区仍饰团菊纹，沿下置三周弦纹。直径11.3、沿厚0.1厘米。原镜被布帛包裹后置于棺中，现边沿等部位仍残留布纹印迹（图5-128；彩版5-201）。

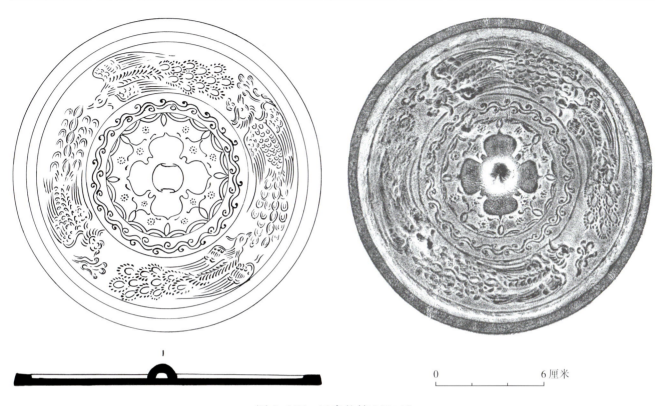

图 5-127　凤鸟纹镜 M4∶10

彩版 5-200　凤鸟纹镜 M4∶10

彩版 5-201　团菊纹镜 M4∶2

（4）衣尺　2 把。

M4∶42、43，捶揲錾刻成形，形制、尺寸相同。均有锈蚀，较薄窄长条形，正面有十寸刻度，背面光素。原表面似有鎏金，现绝大部分脱落，仅于边、角等处残留少许。

M4∶43，出于西椁内西北角。完整。长 30.9、宽 2.2、厚 0.2 厘米（图 5-129，1；彩版 5-202，上）。

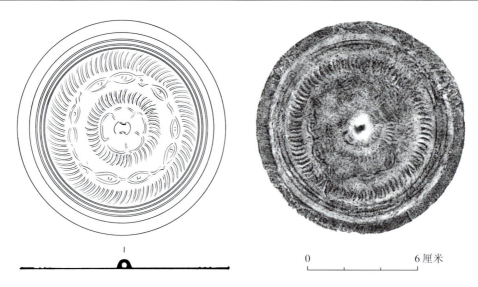

图 5-128　团菊纹镜 M4:2

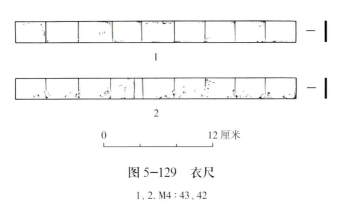

图 5-129　衣尺

1、2. M4:43、42

彩版 5-202　衣尺 M4:43、42

M4:42，出于西椁内西北角。偏中部断裂。长 30.9、宽 2.2、厚 0.2 厘米（图 5-129，2；彩版 5-202，下）。

（5）鎏金带具　1 组 3 件。

M4:40-1~3，出于西部棺、椁间东南部。捶揲成形，均残，锈蚀严重（彩版 5-203）。

M4:40-1 为带首，长方形薄铜片制成，正、背面平整，边沿分别对折并扣合，前端方正、设横向卷筒式扣两个以套插带针横轴；末端呈弧形。现正、背面开裂故露出其内残留革带碎片。正面錾刻图案为：山石青草之上两株花枝怒放、一柄荷叶昂然，四只鸿雁飞翔嬉戏其间；背面满饰鱼子纹。长 10.6、宽 6.0、厚 0.7 厘米（图 5-130，1；彩版 5-204）。

M4:40-2 为带銙，以较厚铜条曲折成"〓"形，两端头呈弧状。长 6.8、宽 1.0 厘米（图 5-130，2）。

M4:40-3 为扣针，呈舌形，下端为横向短管形，原其内插套横轴，现轴已缺失。长 1.8、尾端宽 0.9 厘米（图 5-130，3）。

（6）球形器柄　1 件。

M4:41，出于西椁内西北角。完整，表面有锈饰。铸造成形。器首造成四棱十二角球形，中空，下置上细下粗管状柄，柄面布满螺纹。

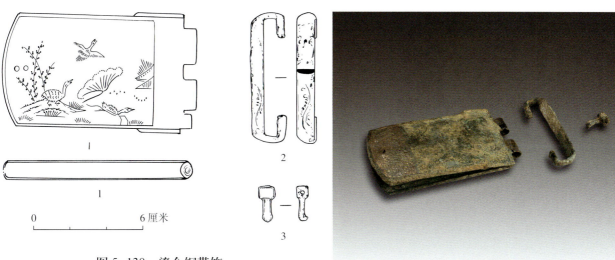

图 5-130　鎏金铜带饰

1. 带首 M4：40-1　2. 带銙 M4：40-2　3. 带扣针 M4：40-3

彩版 5-203　鎏金铜带具一组 M4：40

彩版 5-204　鎏金铜带首 M4：40-1

球、管相交处置方孔一个，另侧管口沿部有圆形小孔一个。柄管内残留深红褐色插入物，现已朽，原应自柄管直插入顶端球体内，管上两孔表明插入物以销钉固定，现残留物可分辨为多撮、似细竹篾类。通长 5.6、帽径 1.9、柄口径 1.5、现管口外残留插入物残长 0.7 厘米（图5-131，1；彩版 5-205）。插入物检测详情见本报告柒第三章。

（7）残铜器　1件。

M4：35，出于东椁外西侧。

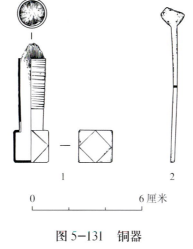

图 5-131　铜器

1. 球形器柄 M4：41　2. 残铜器 M4：35

彩版 5-205　球形器柄 M4：41

捶揲成形，上、下皆残缺。似为勺类器，现残柄为细薄长条状，一端连接的勺头亦缺失。残长 8.0 厘米（图 5-131，2）。

### 4. 铜钱

共 1 组 7 枚。M4：25-1~7，出于西棺内。均残，其中 2 枚已粉碎，钱文不能分辨。余者分为太平通宝、祥符通宝、天圣元宝三种，均为浇铸而成。

（1）太平通宝　3 枚。

钱体轻薄，品相较差，边沿残损，内、外廓规整，穿孔较小。正面外廓宽而凸出，楷书钱文对读，笔画粗且清晰，字体较大。背面光素无纹，外廓低平。钱径 2.2、穿边长 0.4 厘米，重 3.3 克。标本 M4：25-1（图 5-132，1；彩版 5-206，1）。

（2）祥符通宝　1 枚。

M4：25-4，边沿已残损。正、背两面内、外廓较宽且凸出，穿孔较小而方正。正面楷书钱文顺时针旋读，字体小而清晰，笔画较粗。背面稍有错范，光素无纹。钱径 2.4、穿边长 0.5 厘米，重 3.3 克（图 5-132，2；彩版 5-206，2）。

（3）天圣通宝　1 枚。

M4：25-5，品相较佳，正、背两面内、外廓窄而凸出，穿孔方大。正面篆书钱文顺时针旋读，字体大，笔画粗且清晰。背面光素无纹，外廓宽而低平、稍有错范。钱径 2.5、穿边长 0.7 厘米，重 3.8 克（图 5-132，3；彩版 5-206，3）。

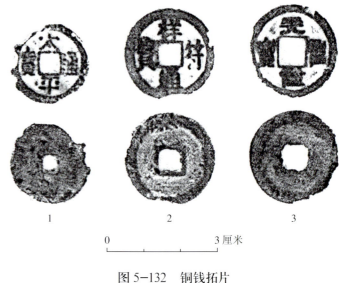

图 5-132　铜钱拓片

1. 太平通宝 M4：25-1　2. 祥符通宝 M4：25-4　3. 天圣通宝 M4：25-5

彩版 5-206　铜钱 M4：25-1、-4、-5

### 5. 铁器

共 5 件。器形有剑、熨斗、剪刀、铧等。

（1）剑　1 件。

M4：39，出于墓室西部棺椁间南端。基本完整，锈蚀严重，柄后端缺失。浇铸锻造磨制成形。柄截面为空心椭圆形，内以实木撑衬，面上置乳头状销钉两个以辖控柄腹实木，柄上原缠绕丝缑、现仅残留螺旋状痕迹。剑镡（格）为菱形，镡一端置蘑菇状镡纽以掌控剑入鞘的适当尺度。剑身截面呈棱形，双面启刃，锷刃斜直，锋尖长而锐利。剑身局部附着皮革朽痕，应属剑鞘遗留。剑身前部有"品"字形分布的镂孔三个。全长70.3、柄残长8.5、柄径3.2×2.2、镡宽7.2、剑身长61.2、宽4.0厘米（图5-133；彩版5-207）。

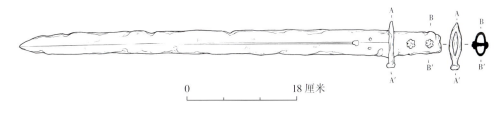

0　　　　　　　　　18厘米

图 5-133　剑 M4：39

彩版 5-207　剑 M4：39

（2）熨斗　1件。

M4：6，出于墓室东壁下中部。铸造焊接成形。残碎，锈蚀严重，修复基本完整。器身为侈侈口、尖唇，直腹内斜，平底。沿上一侧置半弧形镂空花瓣式挡火，外腹壁下部出截面呈长方形的中空短插嘴，其内套插并焊接前细后粗末端封堵的扁圆管状长柄。通高10.5、斗身高7.5、口沿径15.6、底径12.8、挡火高4.8、柄长18.0、末端粗1.8×2.3厘米（图5-134；彩版5-208）。

（3）剪刀　2件。

M4：1、4，均残，锈蚀严重。铸造成形。2件形制基本相同，剪柄部曲折成"8"字形交口，上、下两刀呈下宽上窄长三角形，内面启刃。

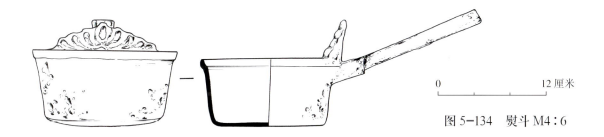

0　　　　　　　　　12厘米

图 5-134　熨斗 M4：6

　　M4：4，出于墓室东壁下北部。比较完整，一侧刀尖断裂缺失。刀体较窄长。全长24.2、刀长11.0、最宽处2.7厘米（图5-135，1；彩版5-209）。

　　M4：1，出于墓室东部棺、椁间东北角。"8"字形柄部已残缺，刀多处残断。残通长约25.0、刀残长7.5、下端最宽处2.5厘米（图5-135，2）。

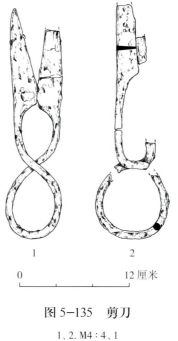

图 5-135　剪刀

1、2. M4：4、1

彩版 5-209　剪刀

M4：4

彩版 5-208　熨斗 M4：6

彩版 5-210　铁铧 M4：22

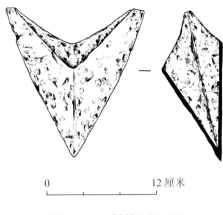

图 5-136　铁铧 M4：22

（4）铁铧　1件。

M4：22，出于墓室西部棺椁间西侧东南部。完整。生铁浇铸成形。整体呈燕尾状，中空，两面脊棱高凸。双翼刃沿较锋利，铧头尖锐。长 16.0、尾部厚 7.3、两翼间宽 15.7 厘米（图 5-136；彩版 5-210）。

#### 6. 玻璃器

共 2件。器形有钵状器、圜底刻花杯。

（1）钵状玻璃器　1件。

M4：33，出于西椁外东部。残碎严重，现仅存口沿、腹部数块残片，无法修复。吹塑成形。器壁较薄，大口微敛，窄卷沿，圆尖唇，紧束颈，窄溜肩，弧腹，底部缺失。酱黄色。质浊，半透明状，素面，内壁折肩处划弦纹一周，器壁附着钙化层。从残器形分析，应为钵类器皿。口径约 13.6 厘米（图 5-137，1；彩版 5-211）。

（2）圜底刻花玻璃杯　1件。

M4：21，出于墓室西部棺、椁间西侧北部。多处破碎，修复完整。吹塑成形。器壁较厚，直口，圆唇，深腹、腹壁斜下收，圜底，内底心上凸，外底心有吹塑棒痕。深绿色。质浊，半透明状。器内壁光滑无饰。外壁腹部中间上、下各刻划弦纹两周，弦纹间刻划双线三角形山脉，山间刻水波、花草纹；腹、底相交处戳点状纹一圈；底心刻七瓣花一朵。纹饰简单、幼稚，刻划较潦草。高 7.7、口沿径 10.4、壁厚 0.35 厘米（图 5-137，2；彩版 5-212）。

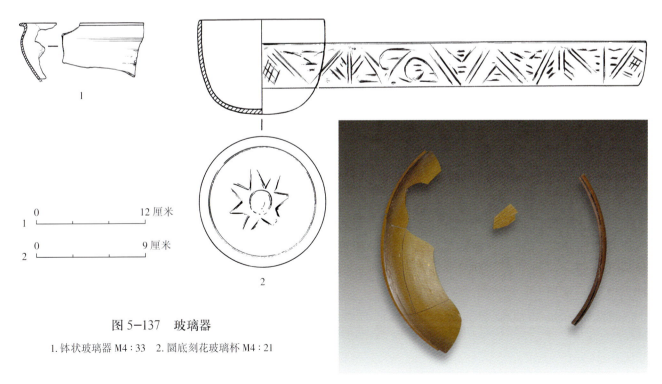

图 5-137　玻璃器

1. 钵状玻璃器 M4：33　2. 圜底刻花玻璃杯 M4：21

彩版 5-211　钵状玻璃器 M4：33

彩版 5-212　圈底刻花玻璃杯 M4：21

## 7. 石器

共 4 件（组）。器形有簋、磬、砚台、盘。

（1）铭文簋　1 件。

M4：18，出于西棺内东侧偏北。完整。錾刻成形。弇口，方唇，扁球形深腹，圈足，足沿外撇，腹部对置半环状双耳，耳截面呈长方形。青灰色石，质地疏松，器表抛光。通体素面，外底面阴刻仿金文 5 行，满行 6 字，共计 24 字[1]（附一）。通高 15.7、口沿径 14.2、腹径 23.3、圈足径 15.4 厘米（图 5-138；彩版 5-213）。

附一　器底铭刻释录文：

隹政和元年 /

十一月壬申孤 /

---

[1] 铭文簋 M4：18、铭文磬 M4：24、三足歙砚 M4：16 上仿金文铭刻均为北京大学考古文博学院董珊教授释译。

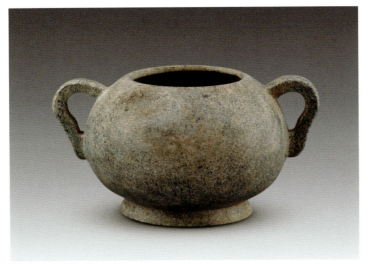

彩版 5-213　铭文簋 M4∶18

子吕為攸叚 /

考宣義郎作 /

簋以內諸壙 /

器底铭文句读为：

佳（惟）政和元年十一月壬申，孤子吕为攸（修）叚考宣義郎作簋，以內诸圹。

（2）铭文磬　1件。

M4∶24，出于西棺内北端。基本完整，部分区域被浸蚀而斑驳。勾倨与凹角均为90°，折处有圆穿一，该磬鼓较宽而长，为近长方形；

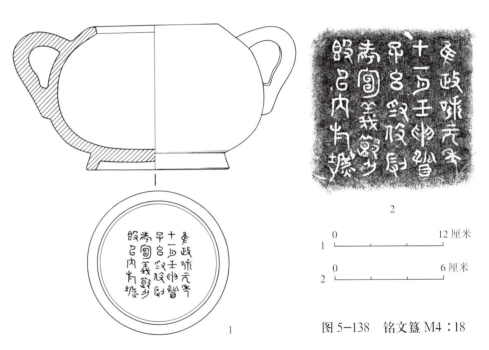

图 5-138　铭文簋 M4∶18

股则窄短，略呈下窄上宽梯形。青石制成，表面打磨光滑。正面：鼓博阴刻仿金铭文4行，满行7字，共计26字（附二），股博正中阴刻仿金铭文"磬"字。背面均素净。鼓长29.5、鼓博宽9.6~9.8、股长21.8、股博宽6.7~9.7、磬厚4.7、穿径2.2厘米（图5-139；彩版5-214）。

附二　鼓博正面铭刻释录文：

佳政和元年十弍 /

月壬申孤子吕為 /

攸叚考宣義郎乍 /

硛以內諸壙 /

鼓博正面铭文句读为：

佳（惟）政和元年十弍（一）月壬申，孤子吕为攸（修）叚考宣義郎乍（作）硛（磬），以內诸圹。

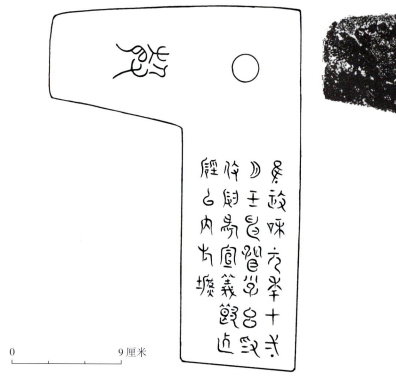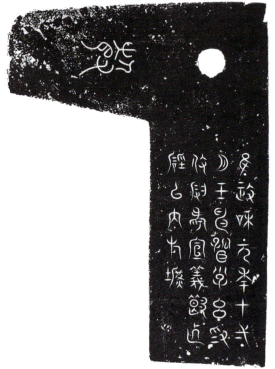

图 5-139　铭文磬 M4：24

彩版 5-214　铭文磬 M4：24

（3）三足歊砚　1 件。

M4：16，出于西椁东侧北部。完整。雕刻磨制成形。三足圆盘状，砚堂呈直口，厚方唇，浅直腹，其内一侧是隆起墨堂，一侧为倾斜墨池。外底面平坦，外腹壁雕附三个卵形矮足，足顶两面斜削成"人"字造型。黑灰色石制，质地极细腻润泽，表面抛光。素面，砚内面有多处使用磨痕，外底面阴刻仿金文 7 行，满行 7 字，共计 48 字。行文中，见"贞"字前空一格（附三）。通高 7.6、砚堂直径 22.4、沿厚 1.5、足高 5.5 厘米（图 5-140；彩版 5-215）。

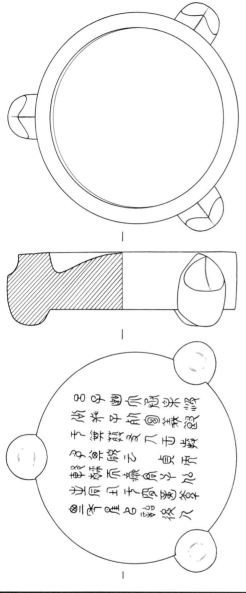

2

彩版 5-215　三足歙砚 M4∶16

1

图 5-140　三足歙砚 M4∶16

附三　砚外底面铭刻释录文：

呂子故大丞相汲 /

公之子死宣義郎 /

于其葬友人王持 /

名其硯云　貞而 /

溫淨而澤君子似 /

之同瘗於歺億萬 /

斯年惟以詒後人 /

砚外底面铭文句读为：

呂子，故大丞相汲公之子，死宣义（议）郎，于其葬，友人王持名（铭）其砚云：贞而温，净而泽，君子似之。同瘗于岁，亿万斯年，惟以诒后人。

（4）菊花形凤纹白石盘　1件。

M4：32，出于西棺内南部。口沿、腹、底部均有残缺，无法修复。雕刻成形。器壁薄而轻巧、呈盛开菊花状，花瓣式敞口，花瓣式浅腹斜下收，平底略内凸。石色乳白，胎质细腻，表面打磨光滑、现附着大片棕色浸渍。器外面光素无纹；内底雕刻图案以二周弦纹为界划分成三个区域：正中是内区，减地阴刻双凤口衔瑞草展翅飞翔图；中区阴刻童子嬉瑞兽纹一组，因缺损现见童子三个、马、狮等瑞兽三只半，完整时应有童子六个、瑞兽六只，并

彩版 5-216　菊花形凤纹白石盘 M4：32

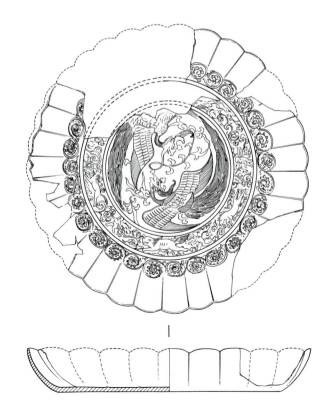

0　　　　　　　6厘米

图 5-141　菊花形凤纹白石盘 M4：32

以蔓草纹衬底；外区阴刻二方连续波浪式缠枝蔓草纹。高 2.4、口沿径 15.2、底径 12.1 厘米（图 5-141；彩版 5-216）。石质检测详见本报告柒第三章。

### 8. 其他

仅有 1 袋墨块。

墨块　1 袋。

M4：20，出于西棺内东部。现已残成碎块，原状不明（彩版 5-217）。其质地详见本报告柒第三章。

彩版 5-217　墨块 M4：20

丞相、汲公吕大防唯有吕景山一子，《宋史·吕大防传》中有提及。从墓葬所处位置、吕通墓志铭内容、随葬器物铭文所记推断，M4 为吕大防子吕景山夫妻合葬墓，景山卒于政和元年（1111 年）。生前任职为宣义郎。

簋与磬上铭文既明确了墓主生前职官、卒年又阐述了墓主持丧嫡子名曰吕为修。吕为修为"山"字辈传人，是吕通第五代孙。歙砚外底所刻铭文与前两器不同，为景山生前友人王持为纪悼墓主所作。

# 五　吕省山夫人墓（编号 M5）

## （一）位置与地层

该墓位于吕氏家族墓园北部墓葬群自南向北第四排由西向东第二座，西距 M6 为 10.30、东距 M4 为 3.70、南距 M2 为 4.00 米。墓葬田野编号为蓝田吕氏 M5（图 5-142~144）。发掘时间 2008 年 8 月 29 日至 9 月 25 日，历时 28 天。

墓葬所处地层剖面为（图 5-143；彩版 5-218）：

第①层：耕土层，厚约 0.25 米，色灰黄，质松散，含大量植物根系、少量碎石块、现代瓷、陶片等。

第②层：扰土层，厚约 0.55 米，浅灰黄色，土质较硬，内夹近代陶片、料礓石结核颗粒、蜗牛壳、植物根茎等。M5 墓道开口于该层下。

第③层：古代堆积层，厚 0.40 米左右，浅灰黄色，质地坚硬，呈颗粒状，杂少量残砖瓦块等。

第④层：黑褐色土层，厚 0.80 米左右，质地坚硬，内有大量植物根系。

第⑤层：黄土层，厚 3.50 米，质地松软，色泽纯黄，包含少量料礓石块。

第⑥层：红褐色土层，厚 0.80 米，土质坚硬，含大量料礓石块。

第⑦层：淡黄色土层，厚 1.30 米，质地松软纯净，无包含物。

第⑧层：胶泥层，厚 1.20 米，红棕色，质地坚硬细密有韧性，夹杂少量料礓石块。M5 墓室顶位于此层下 0.30~0.50 米处。

第⑨层：黄褐色土层，厚度不详，质地松软，夹杂有大量料礓石块。M5 墓室底部位于该层面下 1.10 米处。

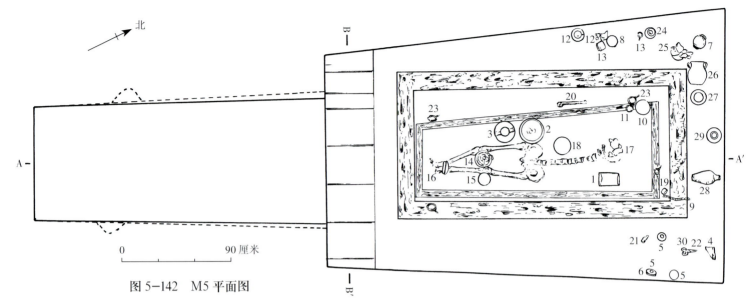

图 5-142　M5 平面图

彩版 5-218　M5 地层剖面

## （二）墓葬形制

该墓坐东北向西南，方向 210°。平面呈"甲"字形，由长方形竖穴土圹墓道、土坯封门、单土洞平顶墓室 3 部分组成。水平总长 5.66、墓室底距现地表 9.90 米，墓道现开口距地表 0.80 米左右（图 5-142；彩版 5-219）。

### 1. 墓道

位于墓葬南端，竖穴土圹式，底部北连墓室。平面呈南窄北宽长方形，南北长 2.40、南宽 0.90、北宽 1.00 米。南、北两壁从开口至底基本竖直，东、西两壁北部自开口向下稍外扩，四壁面经铲平修整。底面南北长 2.40、南宽 0.90、北宽 1.10 米，南高北低呈斜坡状，踩踏面清晰，底面最深处上距开口 9.30 米。东、西两壁距南壁约 0.60 米处各设踏窝一列，每列 11 个，三角形，宽 0.32、高 0.16、进深 0.12 米左右；顶上踏窝距开口 0.65 米，各踏窝纵向间距 0.50 米左右。墓道内填充较硬五花土，未经夯筑（图 5-142）。

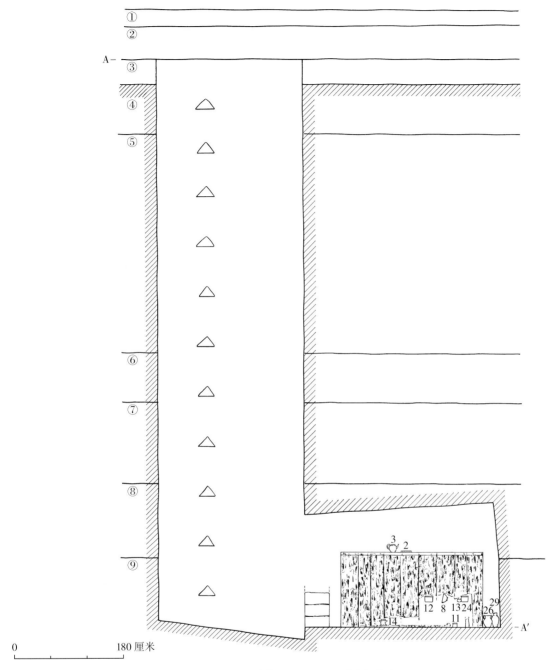

图 5-143　M5 纵剖面图

## 2. 封门

土坯封门，设于墓室入口处，土坯呈深褐色，质地较墓道填土坚硬，由于长期渗水淤积，现封门上部已坍塌，仅残存横向错缝平铺垒砌的土坯 3 层，高约 0.60 米。土坯长 40.0、宽 30.0、厚 18.0 厘米（图 5-144；彩版 5-220）。

## 3. 墓室

位于墓葬北端，南接墓道北壁下部。平面呈南窄北宽长方形，南北长 3.25、南宽 1.70、北宽 2.20

彩版 5-219　M5 墓葬

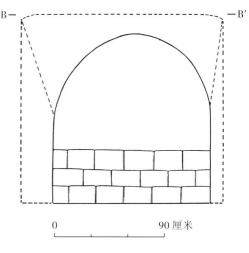

图 5-144　M5 墓室封门处横剖面图

彩版 5-220　M5 墓室

米。东、西两壁竖直，高 1.80~2.00 米。北壁自下而上向南略有倾斜，高 2.00 米。壁面均铲修平整。顶部南低北高，入口处呈弧形，此后渐为平坦，与北壁相交处棱角分明（彩版 5-221）。墓室底面高于墓道北端底面 0.20 米，修理平整，自底至顶高 1.80~2.00 米。发掘时墓室四壁及室顶基本保存完好。墓室内填充较硬淤土及少量塌土（彩版 5-220）。

（三）葬具葬式

该墓为一椁一棺单人葬，木质葬具均已朽为灰烬，但结构清晰。椁呈南北向置于墓室中部略

偏西处，整体呈长方形箱式，长 2.36、宽
1.18、高 1.20 米，椁板厚 16.0 厘米。棺亦
南北向置于椁中部，灰黑色朽痕清晰，平
面呈北宽南窄长方形，长 1.98、北宽 0.78、
南宽 0.58 米，原高度不清，棺板厚 6.0 厘
米（图 5-142；彩版 5-222）。清理时见墓
室东南角有红、黑色木棺漆皮，已无法提取。

墓主骨骼已朽，姿式为头北足南仰身
直肢，长约 1.56 米。经鉴定为一成年女性
骨架（彩版 5-222）。

彩版 5-221　M5 墓室顶、壁相交处

彩版 5-222　M5 葬具

## （四）出土遗物

该墓出土随葬品共 30 件（组），质地有瓷、陶、金、铜、铁、水晶、石等。器形分为瓶、罐、套盒、
碗、盏、蝉、片饰、镜、勺、剪刀、棺环、砚、壶、熏炉、盒等。随葬品位置大体可分为两个区域，
第一区位于墓室北壁下，第二区在椁顶及棺内墓主骨架周围。现因椁顶、棺木均朽坏坍塌而散落
于棺、椁间及棺内。

### 1. 瓷器

共 15 件（组）。器形有瓶、罐、套盒、碗、盏。

（1）青釉小口瓶　2 件。

M5：28、29，出于墓室北端。轮制成型。2 件形制、尺寸、釉色、胎质基本相同。瓶体较瘦高，直口，宽折沿，方唇，矮束颈，广弧肩，深筒腹，下腹壁斜收，圈足外撇，挖足较浅，足底外沿自内向外修削一周。外壁施满釉，足底刮釉露胎；内壁施釉至口沿下，其下露胎。釉色青灰，釉面明亮、多小灰点。足底露胎处表面呈浅灰白色。胎质坚密内有小孔隙。通体素面，颈、肩相交处微凸棱台一周，腹壁有明显轮制旋痕。

M5：29，完整。通高 22.3、口沿径 5.3、腹径 11.5、圈足径 7.1 厘米（图 5-145，1；彩版 5-223）。

M5：28，腹部有残缺。通高 22.4、口沿径 5.1、腹径 11.6、圈足径 7.0 厘米（图 5-145，2；彩版 5-224）。

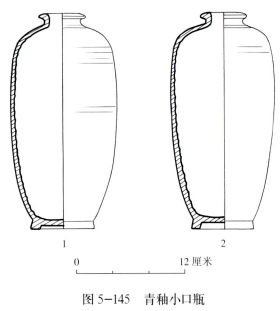

1　　　　　　　2

0　　　　　　12 厘米

图 5-145　青釉小口瓶

1、2. M5：29、28

（2）黑釉双系罐　3 件。

M5：25~27，出于墓室西北部。轮制成型。3 件形制、尺寸、釉色、胎质基本相同。罐体粗矮，大直口，厚圆唇，高粗颈，窄溜肩，深鼓腹，下腹斜收，圈足微外撇，肩、颈处对置半环形双系。外壁施黑釉至下腹近足处，腹底、圈足露胎；内壁施黑釉至口沿，其下施棕色薄釉。釉面多棕眼、釉泡，有铁锈色与银灰色结晶斑。胎表呈浅灰

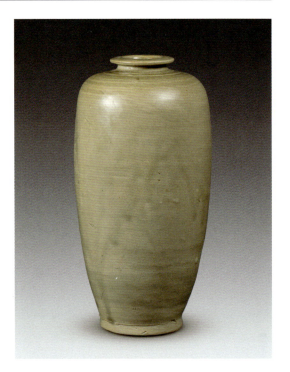

彩版 5-223　青釉小口瓶 M5：29

彩版 5-224　青釉小口瓶 M5：28

白色，胎质坚硬、内含小砂粒。素面。颈、肩相交处出弦纹一周，通体轮制旋痕明显。

M5：26，完整。双系外面正中纵向出凸棱一周，内面则光素无纹饰。釉面较亮，外腹局部流釉至足外墙。通高17.9、口沿径11.7、腹径15.2、圈足径7.6厘米（图5-146；彩版5-225）。

M5：27，完整。颈壁较直且稍内敛，内底心下凹。双系外面纵饰三道凸棱，内面光素。黑釉泛酱色。釉面闪金属光泽，颈、腹局部干涩、有褐色结晶斑。通高18.7、口沿径11.7、腹径15.8、圈足径8.1厘米（图5-147，1；彩版5-226）。

M5：25，多处破碎，修复完整。双系外沿各有凸棱一周。黑釉泛酱红色，一侧呈酱色。釉面多气泡，局部干涩。通高18.3、口沿径11.2、腹径15.5、圈足径7.5厘米（图5-147，2；彩版5-227）。

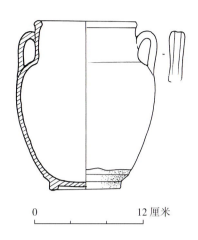

0　　　　　　　　12厘米

图5-146　黑釉双系罐 M5：26

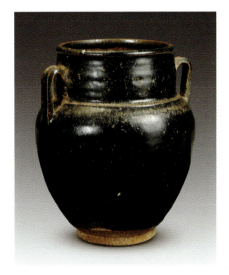

彩版5-225　黑釉双系罐 M5：26

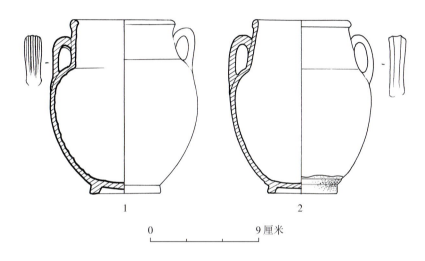

0　　　　　　　　9厘米

图5-147　黑釉双系罐

1、2. M5：27、25

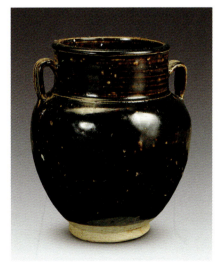

彩版5-226　黑釉双系罐 M5：27

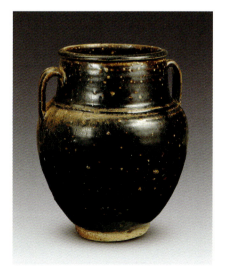

彩版5-227　黑釉双系罐 M5：25

（3）青釉刻花牡丹纹套盖盒　4件。

M5：5-1~4、M5：12-1~4、M5：13-1~4、M5：24-1~4，轮制成型。一套由外、中、内盖及盒身4部分组合而成。外观为圆筒状，4件形制、尺寸、釉色、纹饰、胎质基本相同。

外盖编号 M5：5-1、M5：12-1、M5：13-1、M5：24-1，平顶，立沿，母口，方唇。内、外壁通施青釉，口沿刮釉露胎。釉面明亮光润。胎色浅灰白，胎质坚硬细密。外顶面刻折枝牡丹花叶纹，立沿外面刻饰花瓣纹一周，篦纹划出花的筋脉。内壁光素无纹。

中盖编号 M5：5-2、M5：12-2、M5：13-2、M5：24-2，位于外盖内，扣于盒身口沿之上，形如小碟，直口，厚圆唇，窄沿下折形成子口，浅腹，平底，底心置圆形穿口，以承套内盖。口沿与内壁满施青釉，外腹壁刮釉露胎，外底露胎。釉面均匀光亮，露胎处表面光滑，呈浅灰白色，胎质坚硬。通体素面。

内盖编号 M5：5-3、M5：12-3、M5：13-3、M5：24-3，位于中盖之内、嵌于其底部圆穿中。盖为隆顶，宽平折沿，尖唇，高子口，顶正中为小圆纽。内、外壁通施青釉，唯盖内顶心露胎、子口口沿刮釉露胎。釉面均匀光润。浅灰白色胎，胎质坚硬致密。通体素面。

盒身编号 M5：5-4、M5：12-4、M5：13-4、M5：24-4，圆筒状，子口，尖唇，深筒腹，大平底。内、外壁通施青釉，口沿、外底露胎。釉面晶莹光亮。胎色灰白，胎质坚硬细密，露胎处表面光滑，有较多土黄色浸斑。外腹壁满刻缠枝牡丹花纹。

M5：12，出于墓室西侧。完整。釉色青灰泛绿。通高 7.5、外盖高 2.0、口径 8.2、中盖高 1.6、直径 7.2、内盖高 2.2、直径 4.4、盒身高 5.8、子口径 7.2、腹径 8.2、底径 8.2 厘米（图5-148；彩版5-228）。

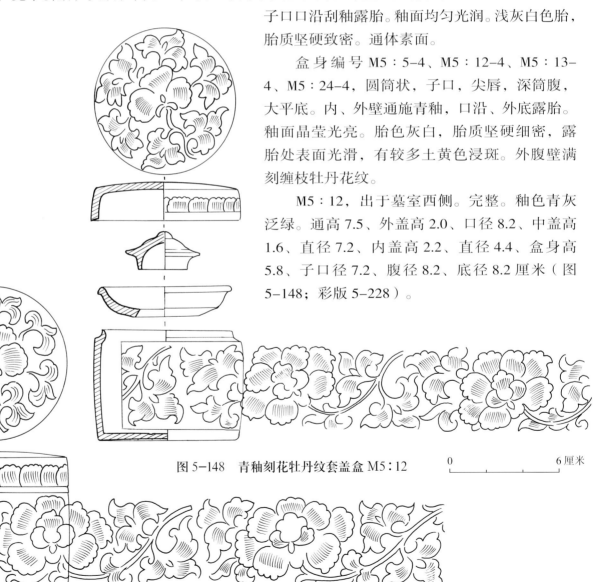

图 5-148　青釉刻花牡丹纹套盖盒 M5：12

0 ⊢———————⊣ 6厘米

图 5-149　青釉刻花牡丹纹套盖盒 M5：13

0 ⊢———————⊣ 6厘米

彩版 5-228 青釉刻花牡丹纹套盖盒 M5∶12

彩版 5-229　青釉刻花牡丹纹套盖盒 M5：13

　　M5：13，出于墓室西侧。盖断裂，粘接完整。釉色青灰稍显绿。通高 7.5、外盖高 2.0、口径 8.2、中盖高 1.6、直径 7.3、内盖高 2.2、直径 4.0、盒身高 6.0、子口径 7.4、腹径 8.2、底径 8.2 厘米（图 5-149；彩版 5-229）。

　　M5：24，出于墓室西北部。完整。釉色青灰稍泛黄。刻花略浅，牡丹花图案稍简化、枝茎明显。内底部轮制同心圆痕明显。通高 7.5、外盖高 2.0、口径 8.2、中盖高 1.7、直径 7.1、内盖高 2.2、直径 4.4、盒身高 5.6、子口径 7.2、腹径 8.2、底径 8.2 厘米（图 5-150；彩版 5-230）。

　　M5：5，出于墓室东北角。盖完整，盒身腹、底部破裂，修复完整。盖外顶面因被泥水中有害物质浸泡，釉面略显暗淡干涩。通高 7.5、外盖高 2.0、口径 8.1、中盖高 1.6、直径 7.2、内盖高 2.1、直径 4.0、盒身高 5.9、子口径 7.2、腹径 8.1 厘米（图 5-151；彩版 5-231）。

图 5-150　青釉刻花牡丹纹套盖盒 M5：24　　　0　　　　　　　6 厘米

彩版 5-230　青釉刻花牡丹纹套盖盒 M5：24

图 5-151　青釉刻花牡丹纹套盖盒 M5：5

0　　　　　　6厘米

彩版 5-231　青釉刻花牡丹纹套盖盒 M5：5

（4）青釉盖碗　1 件。

M5：16，出土于棺内南部。腹壁有断裂，粘接修复完整，盖顶面有裂纹。轮制成型。盖为隆顶，宽平折沿，子口尖唇，顶中置简化瓜蒂纽。碗为直口，圆唇，口沿下微束，深腹上直中部略鼓，内微圜底、底心稍下凹，圈足。内、外壁通施青釉，盖内壁、足底刮釉露胎。釉面均匀明亮，含气泡、细碎冰裂纹。胎质坚硬细密，露胎处表面呈土黄色。盖顶面折沿处施弦纹一周，碗外壁口沿下施弦纹三周，外腹壁有明显轮制旋痕。通高9.5、盖高 3.2、口沿径 11.3、碗高 6.7、口沿径 10.5、圈足径 4.9厘米（图 5-152；彩版 5-232）。

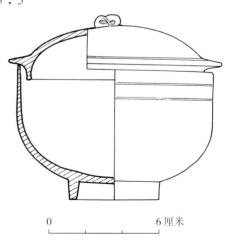

0　　　　　　　6 厘米

图 5-152　青釉盖碗 M5：16

彩版 5-232　青釉盖碗 M5：16

（5）青釉刻花团菊纹碗　1件。

M5：4，出土于墓室东北角。完整。轮制成型。敞口，圆唇，斜弧腹，内底心略下凹，小圈足，挖足较浅。内、外壁均施青釉，足底刮釉露胎。釉面晶莹光亮，玻璃质感较强，密布网格状冰裂纹，外壁有垂釉。胎质坚硬细密，露胎处表面呈土黄色。器内壁模印团菊纹，外壁口沿下饰弦纹一周，足内墙局部粘砂。通高 4.5、口沿径 15.0、圈足径 3.8 厘米（图 5-153；彩版 5-233）。

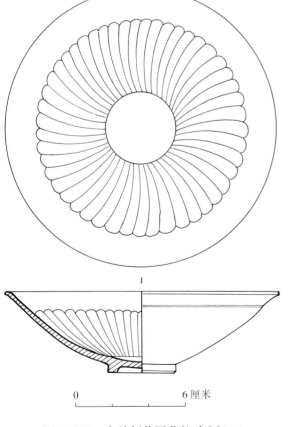

图 5-153　青釉刻花团菊纹碗 M5：4　　　　　彩版 5-233　青釉刻花团菊纹碗 M5：4

（6）黑釉金兔毫盏　1件。

M5：8，出土于墓室西侧。完整。轮制成型。弇口，尖唇，斜腹稍弧，内底心微凹，圈足，挖足较浅。器内壁施满黑釉，外壁施釉不及足，下腹垂釉现象严重，圈足露胎。口沿内、外呈棕红色。釉面润泽光亮、闪金属光泽，其上放射状密布金色有间断细线纹，宛如兔毫。胎质粗糙坚硬，表面呈褐红色。通高5.5、口沿径12.5、圈足径3.8厘米（图5-154；彩版5-234）。

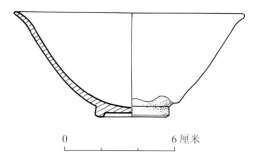

图 5-154　黑釉金兔毫盏 M5：8

彩版 5-234　黑釉金兔毫盏 M5：8

（7）青釉小圆盒　2件。

M5：6、11，完整。形制、尺寸、釉色、胎质基本相同。轮制成型，器形小而扁圆，由盖、身两部分组合而成。盖为平顶，周边沿面外弧，立沿稍外撇，母口，方唇。盒身为子口，尖唇，浅折腹，上腹竖直、下腹折收，平底，圈足。外壁施满釉，口沿露胎，足底刮釉露胎；内壁施薄釉，内底露胎。釉色青中泛绿，釉面明亮，足内墙及外底釉面较薄呈焦黄色。胎色灰白，胎质坚硬细密，露胎处表面光滑。通体素面。

M5：6，出土于墓室东北角。盖外顶近沿处有弦纹两周。通高3.7、盖高1.6、口沿径5.6、盒高2.8、子口径4.9、腹径5.5、足径3.5厘米（图5-155，1；彩版5-235）。

M5：11，出土于棺内头骨右侧。通高4.0、盖高1.3、口沿径5.9、盒高3.0、子口径5.1、腹径5.8、足径3.1厘米（图5-155，2；彩版5-236）。

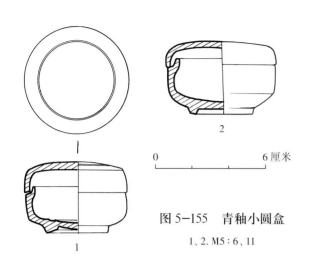

图 5-155　青釉小圆盒
1、2. M5：6、11

彩版 5-235　青釉小圆盒 M5：6

彩版 5-236　青釉小圆盒 M5：11

（8）白釉小圆盒　1 件。

M5：19，出土于棺内东北部。完整。轮制成型。由盖、身两部分组成。盖为平顶，顶周边斜折，立沿竖直，母口，方唇。盒身为子口微侈，直腹，腹底折收，平底，矮圈足。内、外壁通施白釉，子、母口及卧足外周刮釉露胎。釉色泛灰。釉面闪淡粉色光泽，不够洁净。胎色灰白，胎质致密。通体素面。通高 3.4、盖高 1.2、口沿径 4.2、盒高 2.8、子口径 3.4、腹径 4.1、底径 2.8 厘米（图 5-156；彩版 5-237）。

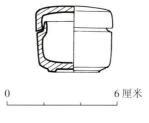

图 5-156　白釉小圆盒 M5：19

彩版 5-237　白釉小圆盒 M5：19

## 2. 陶器

共 2 件。器形有罐、蝉。

（1）花口沿罐　1 件。

M5：7，出于墓室西北角。完整。轮制成型。泥质灰陶。敛口，窄折沿，圆唇，沿边刻为花瓣形，宽肩斜溜，折腹上鼓、下部内收成小平底。通体素面，肩、腹部有轮制痕。通高 10.0、口沿径 9.4、腹径 12.4、底径 4.0 厘米（图 5-157，1；彩版 5-238）。

（2）卧蝉　1 件。

M5：21，出于墓室东北部。完整。手工捏制刻划而成。泥质灰陶。俯卧状，头部扁圆，刻画细腻，双翼贴于背脊两侧、其上附着两小翼，腹中空，尾部宽长，写实性较强。长 6.5、宽 2.5、厚 1.5 厘米（图 5-157，2；彩版 5-239）。

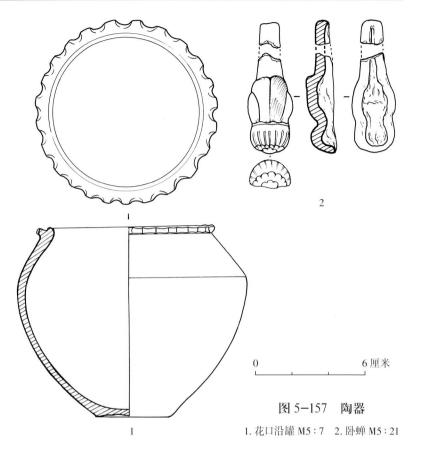

0　　　　　　　　6 厘米

图 5-157　陶器
1. 花口沿罐 M5：7　2. 卧蝉 M5：21

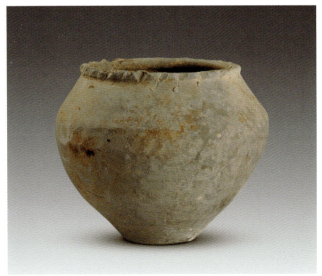

彩版 5-238　花口沿罐 M5：7

彩版 5-239　卧蝉 M5：21

## 3. 金器

仅 1 件。似为某器物的金釦边。

金釦边　1 件。

M5：9，出于墓室北端。断裂、变形。捶揲而成。不规则长条状，两沿边内卷，似镶于器物口沿上为釦边。表面錾刻鱼子纹。长约 24.0 厘米（彩版 5-240）。

#### 4. 铜器

共 4 件。器形有镜、匙两种。

（1）四乳四兽纹镜 1 面。

M5：18，出于骨架胸前。完整，镜面、背沿锈蚀较严重。浇铸模制成形。镜体较厚重，镜面微弧，镜背为宽平折沿，半球形纽。纽下为柿蒂状纽座，内区饰凸带纹一圈。外区两周短斜线纹构成的规范内设四乳钉并间插阳刻四瑞兽纹，瑞兽为龙、虎、狮等，瑞兽间衬花草纹。纹饰錾刻不够清晰、边界模糊。直径 14.0、沿厚 0.5 厘米（图 5-158；彩版 5-241）。

彩版 5-240 金钿边 M5：9

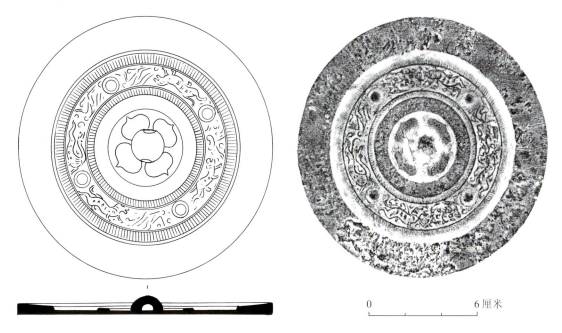

图 5-158 四乳四兽纹镜 M5：18

彩版 5-241 四乳四兽纹镜 M5：18

（2）海兽葡萄纹镜　1面。

M5：10，出于棺内西北角。完整，有锈蚀。浇铸模制成形。镜体厚重，镜面平整光滑，镜背边沿凸出，沿面内斜，正中为海兽形纽。内区浮雕4只海兽，周围衬折枝花纹，其外一圈凸弦纹成为内、外区界线，外区于浮雕缠枝葡萄纹间浮雕2只飞翔雀鸟图案，沿面饰卷草纹。整个镜背纹饰较简化。直径9.2、沿厚0.8厘米（图5-159；彩版5-242）。

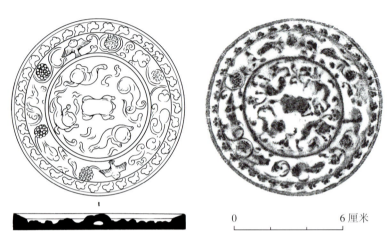

图 5-159　海兽葡萄纹镜 M5：10

彩版 5-242　海兽葡萄纹镜 M5：10

（3）素面镜　1面。

M5：2，出于椁顶中部。完整，稍有锈蚀。浇铸成形。镜体轻薄，镜面平整光滑，镜背为平折沿，沿面微外刹，正中为半球形纽。素面。直径16.5、沿厚0.25厘米（图5-160，彩版5-243）。

（4）匙　1件。

M5：20，出于椁内西侧。完整，稍有锈蚀。捶揲镂刻成形。匙体呈长圆形，微弧近平，细长柄稍曲，柄面居中纵向出筋一条，柄端捶揲镂空成九瓣花朵状，各孔间套置小环1~3个。通体素面。通长20.7、匙径3.6×2.3、柄长14.8、柄端花径3.2厘米（图5-161；彩版5-244）。

图 5-160　素面镜 M5：2

彩版 5-243　素面镜 M5：2

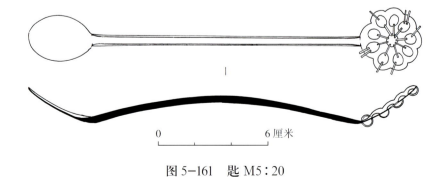

图 5-161　匙 M5：20

彩版 5-244　匙 M5：20

## 5．铁器

共 3 件（组）。器形有剪刀、棺环等。

（1）剪刀　1 件。

M5：22，出于墓室东北部。已锈蚀残断，无法修复。铸造成形，剪柄部为曲折"8"字形交口，上、下两刀呈细长三角形，下宽上窄，内面启刃。刀长 8.0、刀下端最宽处 2.6 厘米。

（2）棺环　1 组 4 件。

出于木棺四角。其中 1 件锈成渣，现存 3 件均有残缺，锈蚀严重。编号为 M5：23-1~3。铸造成形，分大、小两种。鸭嘴钉前部均残失，后部环嘴截面为圆角四边形，衔环粗壮，截面亦呈圆角四边形。大环直径 8.5、环粗 1.0、小环直径 4.4、环粗 0.7 厘米（图 5-162，1~3；彩版 5-245）。

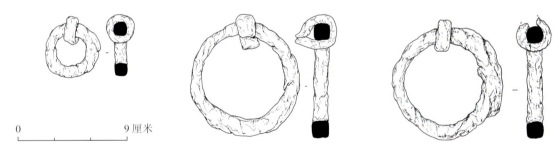

0　　　　　　　9 厘米

图 5-162　棺环 M5：23-1~3

（3）残器　1 件。

M5：30，出于墓室东北部。铸造成形，已锈蚀残断成 4 截，形制不明。残长 19.2、宽 1.2~2.0、厚 0.2 厘米。

## 6．石器

共 4 件。器形有执壶、盒、砚。

（1）执壶　1 件。

M5：3，出于椁顶中部偏南。完整。雕琢成

彩版 5-245　棺环 M5：23

形，无盖。敛口，方唇，深腹下部较鼓，平底，腹上部一侧置条状半环形执手，另侧耸短管状流、流口平削而嘴尖。青灰色石，质地疏松。器表通体打磨光滑，外壁阴刻十瓣瓜棱纹。通高11.2、口沿径6.1、腹径11.5、底径6.2、流长3.6厘米（图5-163；彩版5-246）。

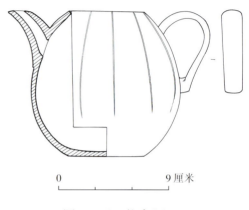

图5-163　执壶 M5：3

彩版5-246　执壶 M5：3

（2）"卍"字纹圆香炉　1件。

M5：14，出于棺内中部偏南。完整。雕琢成圆形。由盖、身两部分组成。盖顶面平整，中间镂空"卍"字纹，立沿竖直、下部饰凸折棱一周，其下为子口方唇。盒身为直口，宽平折沿，沿面微外斜，直腹，大平底，底沿置外撇兽足三个，足根上卷，足两边沿雕刻为栉齿状。青灰色石，质地疏松。通体素面，盒内及盖内壁密布黑褐色斑痕，应为使用时香料熏燃遗迹。通高7.8、盖高2.7、盖口径8.0、盒高5.6、口沿径12.0、底（腹）径9.1、足高2.4、宽4.5厘米（图5-164；彩版5-247）。

（3）圆盒　1件。

M5：15，出于棺内南部东侧。盖已失，盒身破碎，修复完整。雕琢成形。子口，方唇，

彩版5-247　　"卍"字纹圆香炉 M5：14

浅直腹，大平底。青灰色石，质地疏松。器壁打磨光滑，通体素净无纹。高3.0、口沿径8.8、底（腹）径9.5厘米（图5-165；彩版5-248）。

（4）风字形砚　1件。

M5：1，出于棺内北部偏东。完整。雕刻成形。砚体前宽后窄，砚堂上为窄矮边沿，墨堂微拱，墨池倾斜，下底立沿斜收，底面呈"一"形。灰色石质，表面因浸蚀而略显斑驳粗涩，有土黄色浸渍。底面正中纵向墨书楷体1行8字："□氏丁亥孟□□葬"。

图5-164　"卍"字纹圆香炉 M5：14

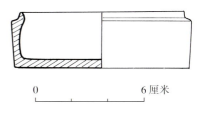

图5-165　圆盒 M5：15

彩版5-248　圆盒 M5：15

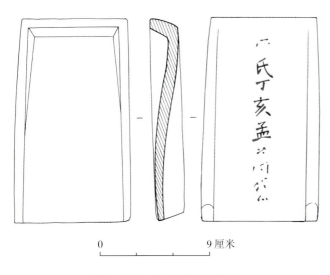

图5-166　风字形砚 M5：1

厚2.5、顶面长16.1、前宽9.6、后宽8.7、底面长15.2、前宽9.0、后宽8.0厘米（图5-166；彩版5-249）。

### 7. 水晶器

仅1件鱼形饰件。

鱼形水晶饰件　1件。

彩版5-249　风字形砚 M5：1

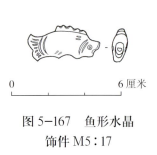

图 5-167 鱼形水晶
饰件 M5：17

彩版 5-250 鱼形水晶饰件 M5：17

　　M5：17，出于人头骨顶部。完整。整块水晶圆雕刻画而成。头小，腹圆，尾宽，似为鲤鱼，双目透穿以悬绳系。通体打磨，光滑明亮，质地剔透纯净。长 4.0、最宽处 1.7、厚 0.8 厘米（图 5-167；彩版 5-250）。

　　该墓虽未出墓志类随葬品，墓主名讳亦不明确，但根据石砚底部墨书题迹知，墓主为女性，葬于丁亥年，推算为宋徽宗大观四年，即 1107 年。根据墓葬位置并结合吕大雅墓志记载判断，墓主为吕大临继子吕省山字子茂君之妻。

　　大临从弟大雅与夫人贾氏墓志皆言及次子吕孝山过继给大临为子，并更名曰省山。大临殁，省山实主其丧。

# 六　吕仲山夫人墓（编号 M6）

## （一）位置与地层

　　该墓位于吕氏家族墓园北部墓葬群自南向北第四排由西向东第一座，南距 M1 为 3.80、东距 M5 是 10.30、西距西兆沟 50.00 米。墓葬田野编号蓝田吕氏 M6（图 5-168、169）。发掘时间 2008

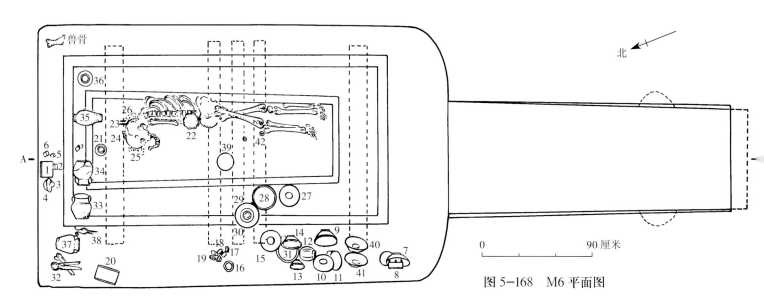

图 5-168 M6 平面图

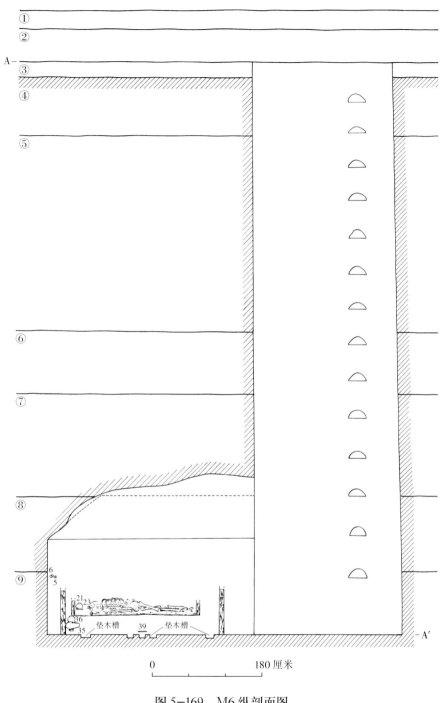

图 5-169 M6 纵剖面图

年 8 月 1 日至 25 日，历时 25 天。

墓葬所处地层剖面为（图 5-169；彩版 5-251）：

第①层：耕土层，厚约 0.30 米，色灰黄，质松散，含大量植物根系、少量碎石块、现代瓷、陶片等。

第②层：扰土层，厚约 0.50 米，浅灰褐色，土质较硬，内杂近代陶片、料礓石结核颗粒、蜗牛壳、植物根茎等。M6 墓道开口于该层下。

第③层：古代堆积层，厚约 0.30 米，浅灰黄色，质地坚硬，呈颗粒状，夹少量残砖、瓦块等。

第④层：黑褐色土层，厚 0.90 米左右，质地坚硬，夹杂大量白色植物根系。

彩版 5-251　M6 地层剖面

第⑤层：黄土层，厚 3.15 米，质地松软，色泽纯黄，包含少量料礓石块。

第⑥层：红褐色土层，厚 1.00 米，土质坚硬，内杂大量料礓石块。

第⑦层：淡黄色土层，厚 1.65 米，质地松软纯净，无包含物。M6 墓室入口开于此层面下 1.28 米处。

第⑧层：胶泥层，厚 1.20 米，褐色，质地坚硬细密有韧性，夹杂少量料礓石块。

第⑨层：黄褐色土层，厚度不详，质地松软，含大量料礓石块。M6 墓道、墓室底部均位于该层面下 1.00 米处。

## （二）墓葬形制

该墓坐东北向西南，方向 210°。平面呈"甲"字形，由长方形竖穴墓道、单土洞拱顶墓室两部分组成。水平总长 5.90、墓室底距现地表 10.00 米，墓道现开口距地表 0.85 米左右（图 5-168、169；彩版 5-252）。

### 1. 墓道

位于墓葬南端，竖穴土圹式，下部北连墓室。开口处平面呈南窄北宽长方形，南北长 2.34、南宽 0.85、北宽 0.92 米。北壁上下基本竖直，东、西两壁略有收分，南壁自开口斜向下外扩 0.15 米，壁面均铲修平整光滑。墓道底面平坦，南北长 2.48、南宽 0.80、北宽 0.91 米，踩踏面明显，底距开口 9.20 米。墓道东、西两壁距南壁 0.50~0.60 米处各设踏窝一列，每列 14 个，半圆形，面宽 0.30、高 0.12、进深 0.10 米左右，顶部踏窝距墓道开口 0.50 米，各踏窝纵向间距 0.45 米左右。墓道内填充五花土，未经夯筑，质地松软，内夹杂料礓石块及零星青灰色砖瓦残块等（彩版 5-253）。

### 2. 墓室

位于墓葬北端，南接墓道。平面呈北部略宽的长方形，东南、西南两角圆钝，南北长 3.43、南宽 2.00、北宽 2.08 米。四壁基本竖直，壁面铲修较光滑，东、西、北三壁约从 1.50 米处起券拱顶。拱顶弧高约 0.70 米，南部大部分坍塌，北部拱顶斜向下弧与北壁相接，现仅余北端少许。墓室底面平整，与墓道底面在同平面上，底面至原顶高 2.22 米。墓室内填充五花土、拱顶塌土、淤土及料礓石块（彩版 5-252）。

彩版 5-252　M6 墓葬

## （三）葬具葬式

该墓为一椁一棺单人葬，木质葬具均已朽为灰烬。由于进水淤积及拱顶坍塌导致椁室顶盖与底板结构模糊难辨，但四壁板灰迹象清晰，故知木椁南北向置于墓室中部偏东北处，平面呈长方形，长 2.70、宽 1.36、残高 0.72 米，椁板厚 8.0 厘米。椁下横向并列平铺截面呈长方形的垫木 5 根，两端较宽、中间 3 根较窄，现虽朽坏，但痕迹明确，长 1.60、宽者截面边长 0.14 米 ×0.06 米，窄者截面边长 0.10 米 ×0.06 米。木棺已朽为灰黑色印迹，但底部结构清晰，为南北向置于椁正中略偏北处，平面呈北宽南窄长方形，长 2.12、北宽 0.80、南宽 0.70、残高 0.20 米，棺板厚 6.0 厘米。由于室内进水淤积，木棺被漂起抬高约 0.30 米。

墓主骨架保存较完整，为一成年女性，头北面西侧身直肢式，两臂置腹侧、双腿上下叠压。骨架长约 1.70 米（彩版 5-254）。

彩版 5-253　M6 墓道

彩版 5-254　M6 葬具

## （四）出土遗物

该墓出土随葬品共 43 件（组），质地有瓷、银、铜、铁、石、木、珍珠等。器形有瓶、盒、罐、渣斗、钵、碗、盏、碟、簪、镜、钱币、剪刀、残圭额、珠饰、熏炉、砚、壶、梳等。由于墓室内长期渗水淤积及葬具腐塌导致部分随葬品原位挪移，发掘资料显示，出土物位置大体可分为四个区域：第一区为墓室西南角；第二区指墓室西北角；第三区为椁室顶上；第四区是木棺内。

### 1. 瓷器

共 25 件（组）。器形有瓶、罐、钵、碗、盏、碟、盒、渣斗等。

（1）青釉小口瓶　2 件。

M6：35、36，轮制成型。形制、釉色、胎质基本相同，唯尺寸稍有区别。瓶体瘦高，小直口，平折沿，沿面略外斜，矮束颈，丰肩圆折，筒形深腹，腹下部斜收，圈足外撇，挖足较浅。通体施青釉，足底刮釉露胎。露胎处表面光滑呈浅灰白色，胎质坚硬密实。通体素面，肩部出两周凸棱，腹壁有明显轮制旋痕。

M6：35，置于椁、棺间北端。完整。口沿为圆唇。釉色浑浊，有流釉痕，腹壁个别部位起泡。折肩处饰弦纹两周。通高 21.8、口沿径 5.8、腹径 11.3、圈足径 6.8 厘米（图 5-170，1；彩版 5-255）。

M6：36，置于椁、棺间东北角。腹部残裂，修复完整。瓶体较 M6：35 略瘦高，口沿为方唇，肩部有明显削坯痕迹。釉色青灰中泛黄，较为明亮，釉层略薄，流釉处有网状冰裂纹。通高 23.0、口沿径 5.6、腹径 11.6、圈足径 7.1 厘米（图 5-170，2；彩版 5-256）。

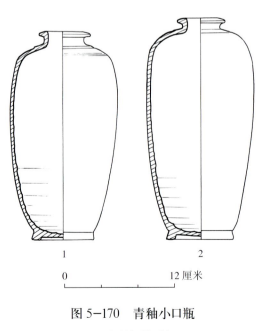

图 5-170　青釉小口瓶

1、2. M6：35、36

彩版 5-255 青釉小口瓶 M6：35

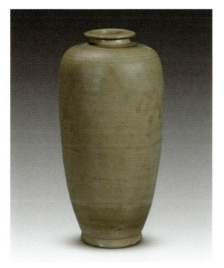

彩版 5-256 青釉小口瓶 M6：36

（2）黑釉双系罐 3件。

M6：33、34、37，均有残破，修复完整。轮制成型。形制、尺寸、釉色、胎质基本相同。罐体略显粗矮，大直口，凸圆唇，粗高颈，窄溜肩，深弧腹下部内收，圈足，肩、颈处置对称条形半环状双系，双系外面沿边斜削出凸棱两周，内面光滑。器表施黑釉不及足，其下露胎；内壁施黑釉于口沿，其下满施浅棕黄色薄釉。浅灰胎，胎质坚硬致密，内含小砂粒。通体素面，颈、肩相交处饰凸弦纹一周，颈、腹表面有明显轮制旋痕。

M6：33，出于棺、椁间西北角。一系断裂为3段，粘接修复基本完整。黑釉泛褐色。釉面多酱、白色麻点，较干涩。通高18.2、口沿径11.3、腹径15.5、圈足径8.2厘米（图5-171；彩版5-257）。

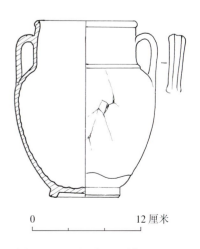

0　　　　　　　12厘米

图 5-171 黑釉双系罐 M6：33

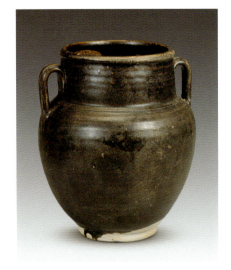

彩版 5-257　黑釉双系罐 M6：33

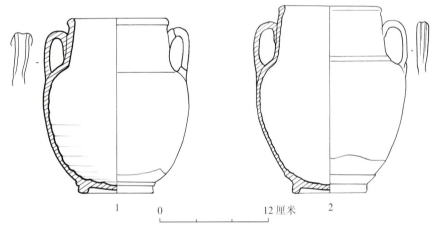

图 5-172　黑釉双系罐

1、2. M6：34、37

彩版 5-258　黑釉双系罐 M6：34　　　彩版 5-259　黑釉双系罐 M6：37

M6：34，出于椁、棺间北端。口、腹部破碎，修复基本完整。黑釉较光亮。釉面多焦黄色釉泡与酱色斑点。胎有孔隙。足底、足内有粘砂。通高 18.2、口沿径 11.3、腹径 15.5、圈足径 7.9 厘米（图 5-172，1；彩版 5-258）。

M6：37，出于墓室西北角。口、腹、底多处破碎，修复完整。釉色黑亮。器身釉面多棕黄色釉泡，一侧多酱斑。通高 18.8、口沿径 11.9、腹径 16.1、圈足径 8.1 厘米（图 5-172，2；彩版 5-259）。

（3）白釉双系小罐　1件。

M6：21，出于墓室棺内北端近中处。基本完整，磕口。轮制成型。罐体低矮，大口微侈，尖圆唇，粗直颈，圆肩，鼓腹，圈足，颈、肩处置对称条形半环状系一双，系外面呈三周凸棱，内面光素。外壁施乳白色釉至下腹，釉下加施化妆土，下腹以下露化妆土层；内壁施乳白釉至口沿，颈以下薄釉呈深灰色。釉面失透，有冰裂纹。砖红色胎，胎质坚硬略粗。通体素面，颈、腹外壁有明显轮制旋痕。通高9.0、口沿径8.6、腹径10.9、圈足径5.6厘米（图5-173；彩版5-260）。

（4）青釉刻花瓜棱腹钵　1件。

M6：30，出于棺、椁间西侧。完整。轮制兼手工修整成形。敞口，翻沿，圆唇，浅弧腹，口与腹呈八曲瓜棱形，卧足。器内壁施满釉，外壁施釉至足外围上，足底刮釉露胎，外底露胎。釉色青绿微灰。釉层较厚。釉面光亮失透，多条形冰裂纹。露胎处表面呈土黄色，胎质坚硬细密。外沿下饰弦纹三周，外壁刻牡丹花叶纹四组，内底及腹相接处饰弦纹一周，外底面流釉痕迹数处。通高6.5、口沿径14.0、底径5.8厘米（图5-174；彩版5-261）。

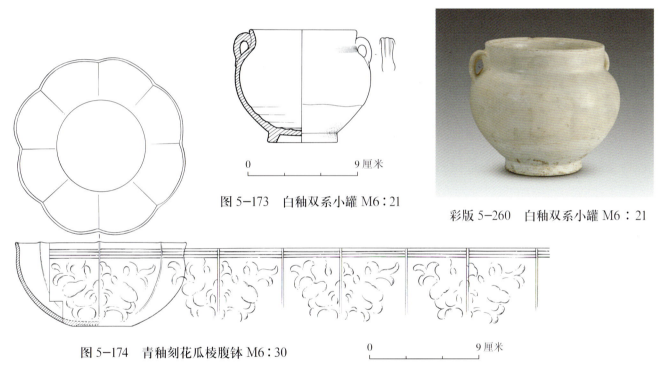

图5-173　白釉双系小罐 M6：21

彩版5-260　白釉双系小罐 M6：21

图5-174　青釉刻花瓜棱腹钵 M6：30

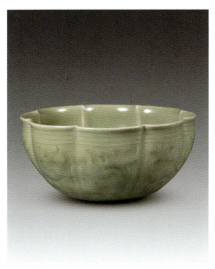

彩版5-261　青釉刻花瓜棱腹钵 M6：30

（5）青釉刻花牡丹纹碗　3件。

M6：7、9、31，轮制成型。形制、尺寸、釉色、胎质、纹饰基本相同。敞口，翻沿，尖唇，浅弧腹，圈足，挖足过肩。内、外壁施满釉，足底刮釉露胎。釉色青绿闪黄。釉面光亮，玻璃质感强，有棕眼，密布网格状冰裂纹。胎色灰白，胎质坚硬细密。内、外壁口沿下各饰弦纹一周，内壁及底刻折枝牡丹图案，外壁细线划出折扇纹。

M6：7，出于墓室西侧南部。基本完整，口沿有磕痕一处。通高4.7、口沿径19.0、圈足径6.0厘米（图5-175；彩版5-262）。

M6：9，出于墓室西侧南部。腹部残缺，修复成形。釉面有气泡。外腹壁、足底、外底有黄褐色斑。通高5.1、口沿径18.8、圈足径6.0厘米（图5-176；彩版5-263）。

M6：31，置于墓室西侧。口沿有残破，修复基本完整。外腹

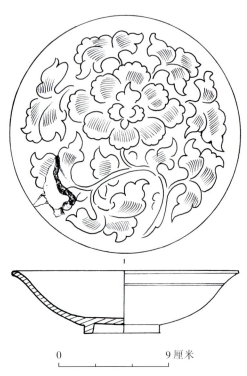

图5-175　青釉刻花牡丹纹碗 M6：7　　　图5-176　青釉刻花牡丹纹碗 M6：9

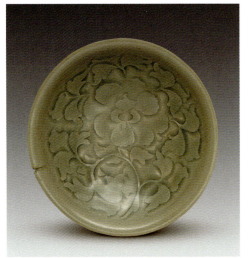

彩版5-262　青釉刻花牡丹纹碗 M6：7　　　彩版5-263　青釉刻花牡丹纹碗 M6：9

图 5-177　青釉刻花牡丹纹碗 M6：31

彩版 5-264　青釉刻花牡丹纹碗 M6：31

壁、足底、外底有黄褐色斑。通高 4.8、口沿径 18.8、圈足径 5.9 厘米（图 5-177；彩版 5-264）。

（6）青釉刻花团菊纹碗　1 件。

M6：28，出于棺、椁间西侧。口沿、腹部残破缺损，粘接修复成形。轮制成型。敞口，宽沿微外撇，尖唇，浅直腹，内底下凹、底心外凹，圈足。内、外壁通施满釉，足底刮釉露胎。釉色青绿微黄。釉面光洁润泽，玻璃质感强，密布条状或网格形冰裂纹。灰胎，胎质坚硬细密，露胎处表面光滑，足底刮釉处呈火石红色。内、外口沿下各饰弦纹一周，内壁刻饰团菊纹，内底刻菊花心纹；外壁饰折扇纹。通高 5.5、口沿径 19.0、圈足径 5.4 厘米（图 5-178；彩版 5-265）。

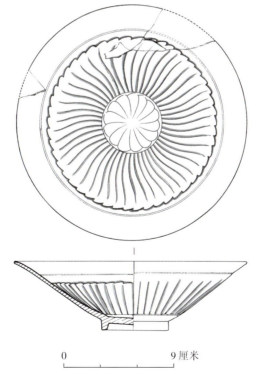

图 5-178　青釉刻花团菊纹碗 M6：28

彩版 5-265　青釉刻花团菊纹碗 M6：28

（7）青釉葵口碗　4件。

M6：14、15、40、41，均出于墓室西侧南部。形制、尺寸、釉色、胎质基本相同。轮制兼手工整修而成。敞口，尖唇，口沿削刻为六曲葵瓣形，斜浅腹略有葵瓣印痕六道与口沿对应，内底心下凹，圈足。内、外壁施满釉，足底刮釉露胎。釉色青绿泛黄。釉面闪玻璃光泽，有网状或条形冰裂纹。浅灰色胎，胎质坚硬细密，露胎处表面光滑。外壁口沿下饰弦纹一周。

M6：41，完整。通高5.8、口沿径18.9、圈足径5.7厘米（图5-179，1；彩版5-266）。

M6：14，腹部有断裂残缺，修复基本完整。通高5.7、口沿径18.5、圈足径5.5厘米（图5-179，2；彩版5-267）。

M6：15，腹部有断裂，粘接修复完整。通高5.7、口沿径18.5、圈足径5.5厘米（图5-180，1；彩版5-268）。

M6：40，口沿边有残，修复完整。通高5.5、口沿径18.9、圈足径5.6厘米（图5-180，2；彩版5-269）。

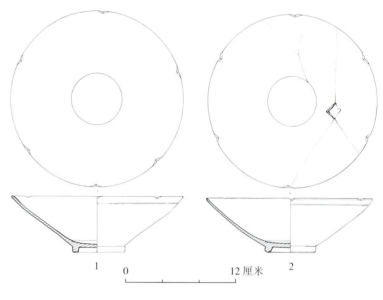

图5-179　青釉葵口碗

1、2. M6：41、14

彩版5-266　青釉葵口碗 M6：41

彩版 5-267　青釉葵口碗 M6：14

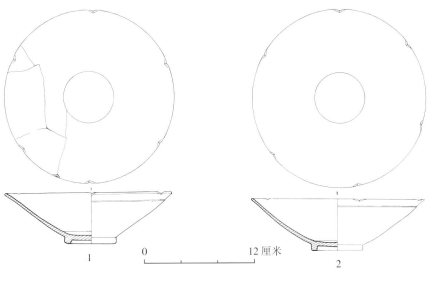
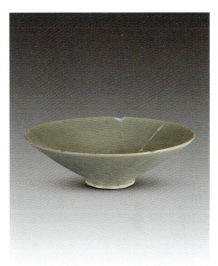

图 5-180　青釉葵口碗

1、2. M6：15、40

彩版 5-268　青釉葵口碗 M6：15

0　　　　　　　12 厘米

彩版 5-269　青釉葵口碗 M6：40

（8）青釉印花团菊纹小碗　1件。

M6：10，出于墓室西侧南部。口沿断裂为2片，粘接修复基本完整。轮制成型。敞口，尖圆唇，斜弧腹，内底下凹，圈足，挖足较浅。通体施满釉，足底刮釉露胎。釉色青绿泛黄。釉层较厚。釉面乳浊光亮。胎色浅灰，胎质坚硬细密。器内腹壁模印团菊纹；外壁口沿下轻划弦纹一周，腹上有模印痕，外底留焦黄色粘痕。通高4.5、口沿径14.9、圈足径3.8厘米（图5-181；彩版5-270）。

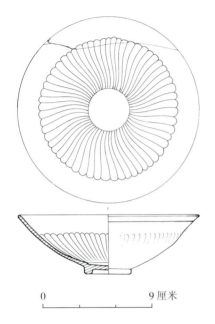

彩版5-270　青釉印花团菊纹小碗 M6：10

图5-181　青釉印花团菊纹小碗 M6：10

（9）青白釉印花盏　1件。

M6：27，出于棺、椁间西侧。断裂为多块，粘接修复基本完整，口沿残缺1处。轮制成型。器壁较薄，敞口，尖唇，斜直腹，内底心下凹，小圈足。器内壁施满釉，外壁施釉至足外墙，足内墙与外底露胎。釉色白里显青。釉面光洁透亮，玉质感强。胎色洁白纯净，坚硬细密。足内露胎处呈焦褐色。内沿下饰弦纹一周，内壁及底模印菊花叶纹，纹饰浅而不甚清晰。通高5.0、口沿径14.3、圈足径3.7厘米（图5-182；彩版5-271）。

（10）黑釉油滴盏　1件。

M6：13，出于墓室西侧南部。完整。轮制成型。敞口，沿边微外撇，尖唇，斜直腹，内底心下凹，圈足，足沿自内向外斜削一周。内、外壁满施黑釉，口沿及足内釉层较薄呈黄褐色，足底露胎。釉层显厚。釉面滋润，明亮异常，棕眼密集，外壁多釉泡，内壁、外沿上散布油滴状银白色结晶点。胎质较细，露胎处

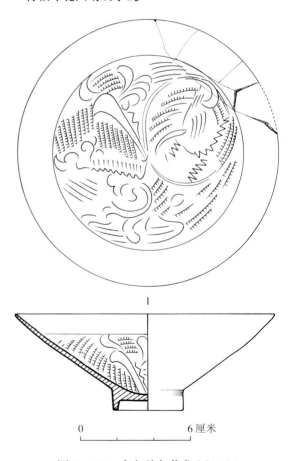

图5-182　青白釉印花盏 M6：27

彩版 5-271　青白釉印花盏 M6：27

表面呈浅灰白色。足底有粘痕。通高 5.2、口沿径 13.4、圈足径 4.1
厘米（图 5-183；彩版 5-272）。

（11）酱釉小碟　1 件。

M6：4，出于墓室北壁下中部。断裂为 2 片，粘接修复完整。
轮制成型，修坯不规整。敞口，尖唇，浅斜腹，平底，卧足。内、
外壁施满釉，卧足内刮釉露胎。酱色釉。釉面干涩半木光。浅灰白
色胎，质细，结构紧密。通体素面。高 1.8、口沿径 9.6、足径 6.1
厘米（图 5-184；彩版 5-273）。

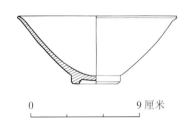

0　　　　　　　　9 厘米

图 5-183　黑釉油滴斑 M6：13

彩版 5-272　黑釉油滴盏 M6：13

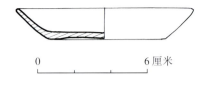

图 5-184　酱釉小蝶 M6:4

彩版 5-273　酱釉小蝶 M6:4

（12）青釉圆盒　1件。

M6:16，出于墓室西侧。盖顶有长条状缺损，修复基本完整。轮制成型。由盖与身两部分组成，盖顶微鼓，立沿稍弧外张，子口尖唇。盒身呈母口，方唇，微鼓腹，平底。内、外壁施满釉，子母口沿、内、外底露胎。内壁釉层较薄。釉色青绿泛灰。釉面光亮润泽，多气泡、棕眼。浅灰色胎，胎质坚硬细密，露胎处表面光滑，局部呈暗红色。下腹饰弦纹一周。通高5.3、盖高1.8、盖子口径6.1、盒口沿径6.6、腹径6.9、底径5.3厘米（图5-185；彩版5-274）。出土时盒内有棕褐色物质，详见本报告柒第三章。

（13）青釉小圆盒　1件。

M6:18，出于墓室西侧。完整。轮制成型。由盖、身两部分组成，盖为平顶，立沿稍弧外张，子口尖唇。盒身呈稍内敛母口，方唇，微鼓腹，平底。内、外壁通施青绿泛黄色釉，子母口沿、外底露胎。釉层较薄。釉面光亮润泽，多气泡、棕眼。浅灰色胎，胎质坚硬细密，表面光滑。下腹饰弦纹一周。通高4.1、盖高1.5、盖子口径4.4、盒口沿径5.0、腹径5.6、底径4.1厘米（图5-186；彩版5-275）。出土时盒内有残留物质，似脂粉残渣，详见本报告柒第三章。

（14）白釉小圆盒　1件。

M6:17，出于墓室西侧。基本完整，盒口有磕。轮制成型。由盖与身两部分组成。盖呈平顶，顶边沿斜削，立沿竖直，下为母口，厚方唇。盒身子口微敛，尖唇，窄沿，直腹下部折斜收，卧足。内、

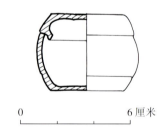

图 5-186　青釉弧腹小圆盒 M6:18

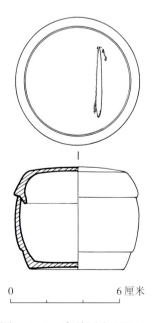

图 5-185　青釉圆盒 M6:16

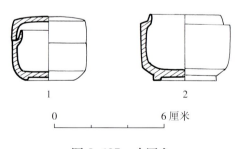

图 5-187　小圆盒

1.白釉小圆盒 M6:17　2.酱釉小圆盒 M6:3

彩版 5-274　青釉圆盒 M6：16　　　　　　彩版 5-275　青釉小圆盒 M6：18

彩版 5-276　白釉小圆盒 M6：17

外壁均施乳白色釉，母口沿、顶内壁刮釉露胎，子口沿、外腹下折收处露胎。釉面较亮，略显浑浊，外表多土锈。胎色乳白，胎质坚硬细密。通体素面。通高 3.4、盖高 1.3、母口沿径 4.2、盒子口径 3.3、腹径 4.1、底径 2.7 厘米（图 5-187，1；彩版 5-276）。

（15）酱釉小圆盒　1件。

M6：3，出于墓室北壁下中部。盒盖缺失，盒身完整，口沿有裂纹。子口微敛，尖唇，窄沿，直腹近底处斜折内收，小平底，矮圈足。外壁及内口沿以下施酱釉，子口内、外与外壁下腹部之下均露胎。釉色酱中泛褐，外腹壁釉面上、下缘均呈黑色。釉面光亮润泽。浅土黄色胎，胎质坚硬。通体素面。高 3.2、子口径 4.0、腹径 4.8、圈足径 3.5 厘米（图 5-187，2；彩版 5-277）。出土时盒内残存灰白色似脂粉类物质，详见本报告柒第三章。

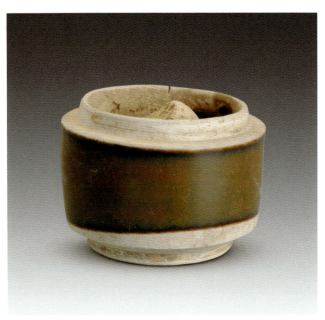

彩版 5-277　酱釉小圆盒 M6：3

（16）青白釉八曲花瓣形印纹盒　1件。

M6：19，出于墓室西侧。完整。轮制成型。盖为平顶，弧沿下折呈八瓣花形，下沿起厚折边，母口。盒身为子口，窄沿，八瓣花形腹上直、下部折内收至底与盖对应，平底。内、外壁施青白釉，子母口沿、外底及盖内壁露胎。釉色青中显白，白中有青。釉面光洁明亮。胎色洁白，胎质坚硬。盖顶面阳纹印饰"求禄"纹样，边缘以双线勾出八曲花瓣与折沿形制对应。盖与盒身器壁一侧有纵向无釉吻合线一道。通高 4.3、盖高 2.1、母口沿径 5.4、盒子口径 4.5、腹径 5.6、底径 4.2 厘米（图 5-188；彩版 5-278）。

（17）青釉刻花渣斗　1件。

M6：29，出于棺、椁间西侧。口沿断裂为 5 块，粘接修复完整。轮制成型。直口，大敞沿，圆唇，束颈，扁鼓腹，圈足，内底心微下凹。内、外壁施满釉，足底面刮釉露胎。釉色青绿。釉面匀润，玻璃质感强，密集分布气泡。灰白色胎，胎质坚硬细密。内、外口沿下各饰弦纹一周，内沿弦纹下刻折枝牡丹纹，外沿弦纹下饰折扇纹，外腹壁绕尖头双重仰莲瓣纹一周。足底有粘痕。通高 8.5、口沿径 21.0、腹径 9.9、圈足径 5.7 厘米（图 5-189；彩版 5-279）。

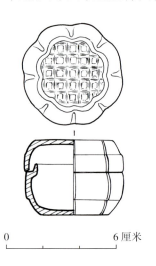

0　　　　　　　6 厘米

图 5-188　青白釉八曲
花瓣形印纹盒 M6：19

彩版 5-278　青白釉八曲花瓣形印纹盒 M6：19

彩版 5-279　青釉刻花渣斗 M6：29

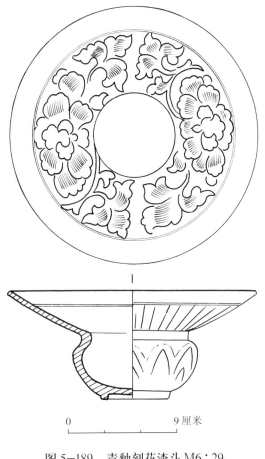

图5-189　青釉刻花渣斗 M6：29

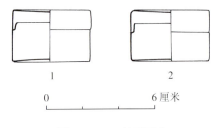

图5-190　素面圆盒

1、2. M6：2、5

### 2. 银器

共4件（组）。器形有盒、簪。

（1）素面圆盒　2件。

M6：2、5，出于墓室北壁下中部。完整，盖、底部稍有变形。捶揲而成。形制、尺寸基本相同。由盖、身两部分组成。盖顶平滑，立沿竖直，下为母口。盒身为子口，直腹，平底。通体素面。

M6：2，内、外壁均有灰黑色锈。通高2.6、盖高1.05、母口径4.5、盒子口径4.3、底径4.4厘米，重22.9克（图5-190，1；彩版5-280）。出土时盒内有棕黄色物质，详见本报告柒第三章。

M6：5，内底边沿有小孔三个。内、外壁面银白光亮。通高2.7、盖高1.1、母口径4.5、盒子口径4.3、底径4.4厘米，重24.1克（图5-190，2；彩版5-281）。

（2）牡丹纹小圆盒　1件。

M6：6，出于墓室北壁下中部。基本完整，盖一侧扣环缺失。捶揲錾刻成器。由盖、身两部分组成。盖与身等高，盖面高鼓，边沿窄平下折，立沿竖直，母口。盒身为子口，直腹、下腹内折弧收，卧足。盖、身同一侧上、下为环扣相连。盖顶錾缠枝阔叶牡丹纹并以鱼子纹衬底，立沿刻二方连续缠枝蔓草纹一周。盒身外腹壁亦饰二方连续缠枝蔓草纹一周，外底錾刻双重仰莲瓣。通高2.2、盖高1.1、母口径2.4、盒子口径2.3、底径1.1厘米，重6.7克（图5-191；彩版5-282）。出土时盒内有土黄、暗红色物质，详见本报告柒第三章。

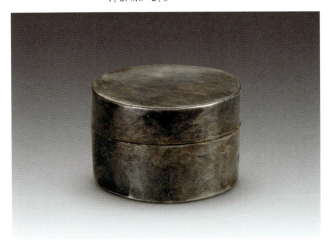

彩版5-280　素面圆盒 M6：2

彩版 5-281　素面圆盒 M6∶5

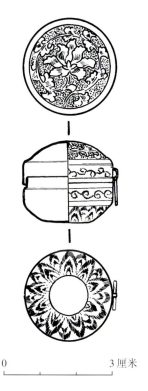

图 5-191　牡丹纹小圆盒 M6∶6

彩版 5-282　牡丹纹小圆盒 M6∶6

（3）发簪　1件。

M6∶23，出于墓主头骨顶部。残断为2截，无法修复。捶揲成形。细长，截面为不规则圆形。通体素面，外表有灰黑色锈迹。残长13.0厘米，现重5.0克（彩版5-283）。

彩版 5-283　银发簪 M6∶23

### 3. 铜器

共 3 面铜镜。

（1）菱花镜　1 面。

M6：22，出于墓主骨架腹部。完整，有锈蚀。浇铸磨制成形。镜体厚重，呈八曲菱花状，镜面光滑平整。镜背为半球形纽，窄沿凸出，色泽较银亮，纹饰分为两区：内区相间饰半浮雕仙人驾鹤、仙人乘马图案各两组，仙人双臂高举、帛带飘飞，乘于飞鹤、奔马背上，其外饰粗弦纹一周为内、外区界线；外区内仍相间饰半浮雕折枝花与如意云头各四朵。直径 11.9、沿厚 0.4 厘米（图 5-192；彩版 5-284）。

0　　　　　　　　6 厘米

图 5-192　菱花镜 M6：22

（2）花草纹镜　1 面。

M6：39，出于棺内中部。完整，大面积锈蚀。浇铸磨制成形。镜体轻薄，镜面平整，镜背为半球形纽，窄平低沿，纽下为花叶纹座，纹饰分内、外两区，内区呈方形，吊角对饰折枝花叶纹四株，其外以方形粗弦纹为内、外区之界；外区纹饰不清，若葡萄图案。镜面原明亮光滑、现大部分覆盖绿色锈，因入葬时曾用布帛包裹，故两面均残留棕色织品纹理朽痕，尤以镜背面清晰明确。直径 14.1、沿厚 0.2 厘米（图 5-193；彩版 5-285）。

（3）素面方镜　1 面。

彩版 5-284　菱花镜 M6：22

M6：1，出于墓室北壁下中部。完整，锈蚀较多。浇铸磨制成形。镜体厚重，镜面光滑平整，布满绿锈。镜背居中为半球形小纽，窄沿凸出，素面无纹，有斑驳绿锈。边长 13.3、沿厚 0.6 厘米（图 5-194；彩版 5-286）。

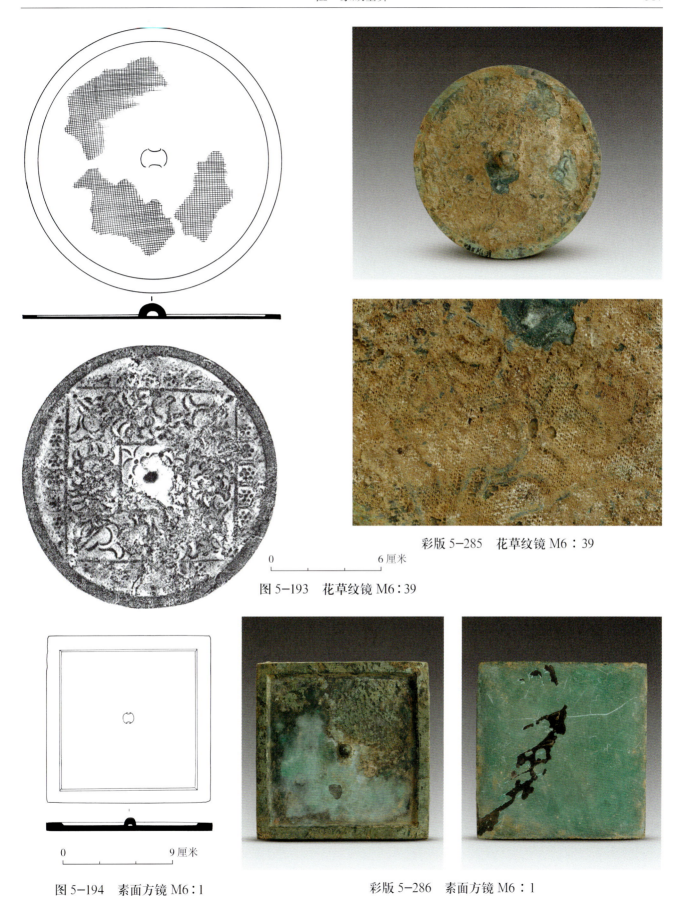

彩版 5-285 花草纹镜 M6∶39

0      6厘米

图 5-193 花草纹镜 M6∶39

0      9厘米

图 5-194 素面方镜 M6∶1

彩版 5-286 素面方镜 M6∶1

#### 4．铜钱

共6枚。M6：42-1~6，散置于棺内墓主骨架周围。均浇铸成形，种类有开元通宝、景德元宝、皇宋通宝、皇宋元宝、元祐通宝、大观通宝。

（1）开元通宝　1枚。

M6：42-1，完整。品相较佳，方穿较大。正面内、外廓规整，楷书钱文对读，笔画纤细，"元"字二划两端上挑。背面光素无纹，内、外廓较宽平、稍有错范。钱径2.4、穿边长0.6厘米，重2.75克（图5-195，1；彩版5-287，1）。

（2）景德元宝　1枚。

M6：42-4，完整，锈蚀。品相较好，正、背两面内、外廓宽而规整，穿孔较小且方正。正面楷书钱文顺时针旋读，笔画微粗，字体小而模糊。背面光素无纹。钱径2.45、穿边长0.5厘米，重3.7克（图5-195，2；彩版5-287，2）。

（3）皇宋通宝　1枚。

M6：42-2，完整。品相佳，正、背两面内、外廓规整凸出，穿孔方正。正面篆书钱文对读，笔画纤细清晰。背面光素无纹。钱径2.4、穿边长0.6厘米，重3.25克（图5-195，3；彩版5-287，3）。

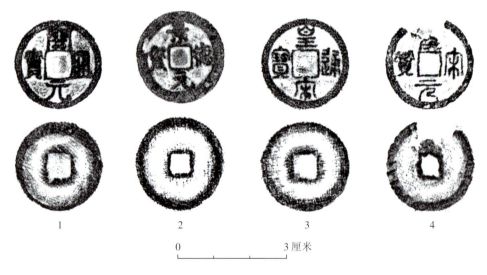

　　　　1　　　　　　　　　2　　　　　　　　　3　　　　　　　　　4

0　　　　　　　　　　3厘米

**图5-195　铜钱拓片**

1. 开元通宝 M6：42-1　2. 景德元宝 M6：42-4　3. 皇宋通宝 M6：42-2　4. 皇宋元宝 M6：42-3

**彩版5-287　铜钱 M6：42-1、-4、-2、-3**

（4）皇宋元宝　1枚。

M6：42-3，品相较佳，沿面有残缺，锈蚀。正、背两面内、外廓规整凸出，穿孔较小而不方正。正面篆书钱文顺时针旋读，笔画纤细清晰。背面光素无纹。钱径2.4、穿边长0.5厘米，残重3.1克（图5-195，4；彩版5-287，4）。

（5）元祐通宝　1枚。

M6：42-5，锈蚀。品相较差，方穿较小。正面内、外廓宽而规整，行书钱文顺时针旋读，笔画较粗，字体小而模糊。背面光素无纹，外廓宽而低平。钱径2.5、穿边长0.55厘米，重3.7克（图5-196，1；彩版5-288，1）。

（6）大观通宝　1枚。

M6：42-6，有锈蚀。品相较佳，正、背两面内、外廓窄而规整，方穿较大。正面楷书钱文对读，笔画纤细，字体大而清晰。背面光素无纹。钱径2.4、穿边长0.6厘米，重3.29克（图5-196，2；彩版5-288，2）。

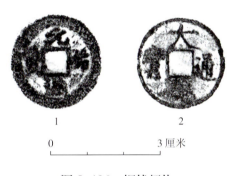

图 5-196　铜钱拓片

1. 元祐通宝 M6：42-5　2. 大观通宝 M6：42-6

彩版 5-288　铜钱 M6：42-5、-6

### 5. 铁器

共3件。器形有剪刀、片状残器。

（1）剪刀　2件。

M6：38，出于墓室西北角。基本完整，一侧剪柄末端有残，锈蚀严重。铸造成形。与现代剪刀相似，两柄曲折成椭圆形，柄端外卷为半圆状，交口以销钉铆接，上、下刃呈窄长三角形，内面启刃。通长13.5、刀长6.0厘米（图5-197；彩版5-289，左）。

M6：32，出于墓室西北角。基本完整，锈蚀严重，经除锈保护。铸造成形。剪柄曲折成"8"字形交口，上、下两刀上窄下宽呈窄三角形，内面启刃。通长29.2、刀长14.7、最宽处2.8、柄长14.5厘米（图5-198；彩版5-289，中）

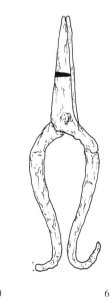

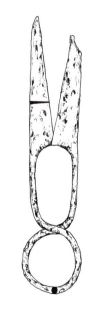

图 5-197　剪刀 M6：38　　　图 5-198　剪刀 M6：32

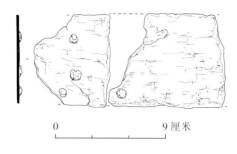

图 5-199　片状残器 M6：43

彩版 5-289　剪刀 M6：38、M6：32，片状残器 M6：43

（2）片状残器　1件。

M6：43，出于墓室内棺椁间北端中部。锈蚀严重，残断成 2 片，无法修复。铸造成形。器体呈圆首长方形薄片状，背面散点分布短销钉、并附着红色朽木残迹。正面似无纹饰、字迹。推测原应钉于棺具之上，但用途不明。残长 14.5、宽 7.5 厘米（图 5-199；彩版 5-289，右）。

### 6. 石器

共 4 件。器形有执壶、盒、砚。

（1）执壶　1件。

M6：12，出于墓室西侧偏南部。底、腹、口沿断裂，粘接修复完整，未见壶盖。雕琢磨制成形。敛口，圆鼓腹下垂，小平底，腹一侧置条形半环状执手，另侧置管状短斜流，流嘴斜削。青灰色石，质地疏松。器表抛光，外壁阴线刻划出十瓣瓜棱图案。通高 11.5、口沿径 5.8、腹径 12.0、底径 6.0、流长 4.0 厘米（图 5-200；彩版 5-290）。

（2）"卍"字纹圆香炉　1件。

M6：8，出于墓室西侧偏南部。盖、下腹、底部一侧断裂残损，粘接修复完整。雕琢磨制成形。由盖、身两部分组成。盖为平顶，正中镂空"卍"字纹，立沿竖直，母口方唇。炉身为子口，方唇，窄沿，直腹，平底，外底沿雕出半圆形矮足三个。青灰色石，质地疏松。器表抛光，素面无纹。通高 8.1、盖高 2.1、母口径 12.5、炉身子口径 11.6、底径 12.3、足高 1.0 厘米（图 5-201；彩版 5-291）。

图 5-200　执壶 M6：12

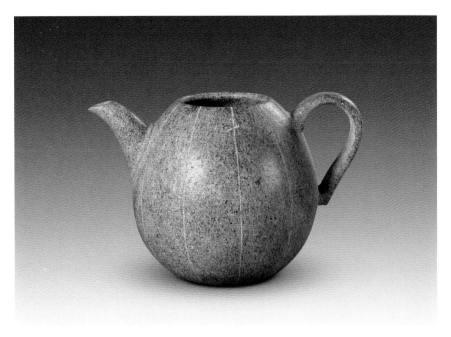

彩版 5-290　执壶 M6：12

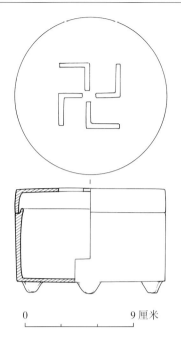

图 5-201　"卍"字纹圆香炉 M6：8

彩版 5-291　　"卍"字纹圆香炉 M6：8

（3）素面圆盒　1件。

M6：11，出于墓室西侧偏南部。盖断裂，粘接修复完整。雕琢磨制成形。由盖、身两部分组成。盖为平顶，立沿竖直，母口。盒身为微敛子口，窄平沿，浅直腹，平底，外底心内凸。青灰色石，质地疏松。器表抛光，素面无纹。通高 4.5、盖高 2.0、母口径 9.0、盒子口径 8.9、底径 9.8 厘米（图 5-202；彩版 5-292）。出土时盒内含少许土黄、棕红色粉末，详见本报告柒第三章。

（4）俏色风字形砚　1件。

M6：20，出于墓室西侧偏北部。完整。雕琢磨制成形。形制前宽后窄似"风"字，长方形砚堂为委角窄沿，其内墨堂隆起，

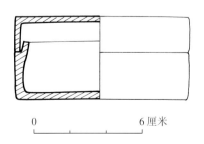

图 5-202　素面圆盒 M6：11

彩版 5-292　素面圆盒 M6：11

起正中有紫红色圆晕，墨池倾斜，底面下两侧及后端立沿斜向内收。豆绿色石，质地细腻坚实。通体表面磨制光滑，砚堂委角窄沿呈紫红色，墨堂心亦有紫红色晕斑，均属石料的天然俏色。高 2.1~2.4、面长 18.5、前宽 12.2、后宽 11.1、底长 18.3、前宽 12.2、后宽 11.1 厘米（图 5-203；彩版 5-293）。

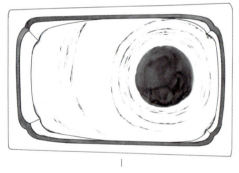
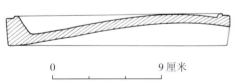

0　　　　　　　9厘米

图 5-203　俏色风字形砚 M6：20

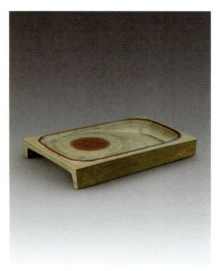

彩版 5-293　俏色风字形砚 M6：20

### 7. 木制品

仅 1 件梳。

梳　1 件。

M6：24，出于墓主头骨顶部。梳呈半月形，表面光滑。现梳齿仅留上部，弧形梳背上有等距离小穿孔三个，孔周围残留绿色铜锈，说明原梳背上曾附有饰件，以铜销钉套装固定。现木质呈驼色。长 7.3、宽 2.6、厚 0.2 厘米（图 5-204；彩版 5-294）。

彩版 5-294　木梳 M6：24

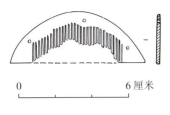

图 5-204 木梳 M6:24

### 8. 其他

仅有 2 组珍珠首饰。

珍珠首饰 2 组数百颗。

M6:25、26，出于墓主头骨顶部。保存状况不好，粉化严重，数量不能明确。珍珠原以细丝串联，结成璎珞状饰品戴于墓主头上，出土时细丝已朽、珍珠散置，故仅可依稀辨其原形而不能完整提取修复。珠体分大、小两种，大者如米粒，小者如菜籽。珠上均有穿孔（彩版 5-295）。

M6 未见明确纪年及相关墓主资料记载，根据所在位置的辈分排列与亲缘关系排列并结合吕大雅墓志铭文推断，应为吕大雅子吕仲山夫人墓。

## 七 吕倩蓉墓（编号 M7）

### （一）位置与地层

该墓位于吕氏家族墓园墓葬群自南向北数第三排 M3 左侧稍后处。应属第三排中 M3 的袝葬墓，西南距 M3 是 1.00、西北距 M4 为 2.05、东南距 M12 为 13.10 米。墓葬田野编号为蓝田吕氏 M7（图 5-205、206）。发掘时间 2008 年10 月 1 日至 11 月 3 日，历时 37 天，因雨天耽误，实际工作 19 天。

墓葬所处地层剖面为（图 5-206）：

第①层：耕土层，厚约 0.20 米，色灰黄，质松散，含大量植物根系，少量碎石块、现代瓷、陶片等。

第②层：扰土层，厚约 0.65 米，浅灰褐色，

彩版 5-295 珍珠首饰 M6:25、26

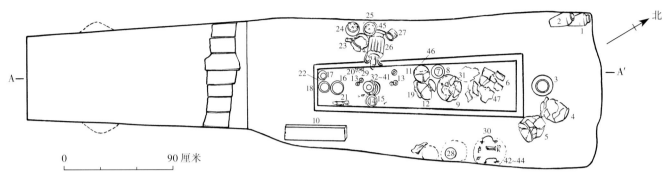

图 5-205　M7 平面图

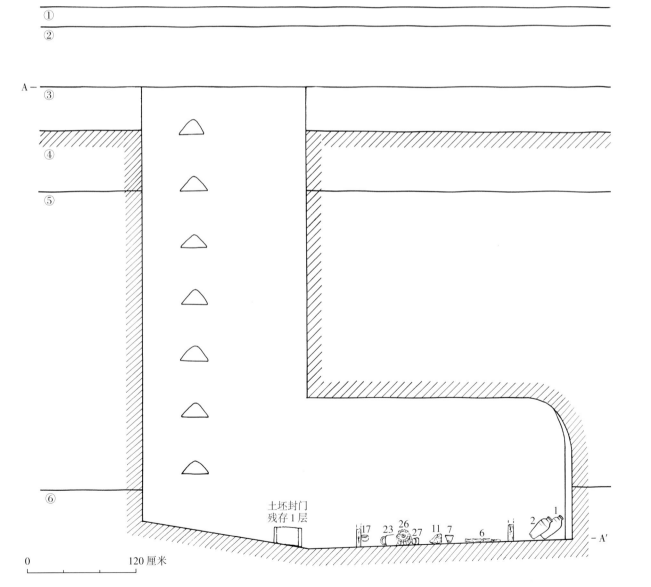

图 5-206　M7 纵剖面图

土质较硬，内杂近代陶片、料礓石结核颗粒、蜗牛壳、植物根茎等。M7 墓道开口于该层下。

第③层：古代堆积层，厚 0.45 米左右，浅灰黄色，质地坚硬，呈颗粒状，夹杂少量残砖、瓦块等。

第④层：黑褐色土层，厚 0.65 米左右，质地坚硬，杂大量白色植物根系。

第⑤层：黄土层，厚 3.15 米，质地松软，色泽纯黄，包含少量料礓石块。M7 墓室顶位于该层顶面下 2.20 米处。

第⑥层：红褐色土层，厚度不详，土质坚硬，内有大量料礓石块。M7 墓室底部位于该层面下 0.55~0.65 米处。

### （二）墓葬形制

该墓坐东北向西南，方向 210°。由长方形竖穴墓道、土坯封门、单土洞墓室 3 部分组成。水平总长 4.72、墓室底上距现地表 5.75 米，墓道现开口距地表 0.85 米左右（图 5-205；彩版 5-296）。

### 1. 墓道

位于墓葬南端，竖穴土圹式，下部北连墓室。平面呈南窄北宽长方形，南北长 1.82、南宽 0.68、北宽 0.86 米。四壁自开口至底基本竖直，壁面铲修平整。底面南高北低，呈缓坡状，表面平坦，底部最深处上距开口 4.90 米。东、西两壁距南壁 0.40 米处各设踏窝一列，每列 7 个。顶上踏窝距墓道开口 0.35、距现地表 1.18 米，各踏窝纵向间距约 0.44 米。踏窝呈三角形，宽 0.32、高 0.15、进深 0.10 米左右。墓道内填五花土，较疏松，内夹杂料礓石块、零星青灰色砖瓦块等（图 5-205、206；彩版 5-296）。

彩版 5-296 M7 墓葬

彩版 5-297 M7 墓室土坯封门

### 2. 封门

位于墓道北端，墓室入口外，土坯垒砌而成。因长期渗水淤积，现已坍塌，仅残留底部一层。为横立并列垒砌放置，每层用坯约7块，各土坯长0.30、宽0.20、厚0.14米。现封门墙面宽0.8、厚0.32、残高0.20米（彩版5-297）。

### 3. 墓室

位于墓葬北端，平顶土洞式，南接墓道。平面呈南窄北宽不规则长方形，南北长2.90、南端宽0.85、北端宽1.24米。四壁基本竖直，壁面略加铲修。室顶近平，修建较粗糙，北壁上部与顶相交处作内向弧形连接，现平顶局部已坍塌。墓室底面与墓道北端底面等平，稍呈北高南低，踩踏平整。底面至顶高1.60米。墓室内填满塌土及淤土，淤土层次分明并夹杂料礓石块（彩版5-296）。

## （三）葬具葬式

该墓为单人单棺葬，木质棺具已朽为红褐色灰烬，棺内原铺垫草木灰，现仍见灰白色遗迹。棺为南北向置于墓室正中，平面呈北宽南窄长方形，长1.72、北宽0.50、南宽0.36、残高0.20米，棺板厚6.0厘米。

彩版5-298　M7葬具

清理中，棺内仅有板灰，未见墓主遗骸，故葬式不清（彩版5-298）。据墓志记载，墓主吕倩容死于弱足之疾，据查可能是发病于脚部的一种湿热之疾，十分难愈，且亡后一年有余方入葬，所以遗骸可能因充分氧化而彻底朽毁，故棺中不见骨骼。

## （四）出土遗物

该墓出土随葬品共36件（组），质地有瓷、铜、铁、水晶、珍珠、石等。器形有瓶、罐、盘、碗、钵、盒、壶、碟、镜、钱币、构件、熨斗、剪刀、熏炉、墓志等。随葬品摆放位置可分为四个区域：第一区指棺内；第二区为墓室西壁下中部与棺西挡板外；第三区是墓室东壁下；第四区为墓室北壁下与棺前挡间。

### 1. 瓷器

共17件（组）。器形有瓶、壶、罐、盒、钵、碗、盘、碟等。

（1）青釉小口瓶　2件。

M7：1、2，轮制成型。形制、釉色、胎质基本相同。瓶体瘦高，小直口，宽折沿，沿面微外斜，方唇，矮束颈，广弧肩，筒形深腹、下腹壁斜收，圈足外撇。外壁施满釉，足底刮釉露胎；内壁施釉至肩，其下露胎。釉色青中泛灰。釉面多棕眼、局部有釉泡，外腹壁有流釉现象。浅灰蓝色胎，胎质坚硬细密，露胎处表面光滑。通体素面，颈、肩部出棱台一周，肩上有修坯痕迹，腹壁轮制旋痕明显。

M7：2，出于墓室西北角。完整，釉面较光亮。通高 22.5、口沿径 4.3、腹径 11.8、圈足径 7.3 厘米（图 5-207，1；彩版 5-299）。出土时瓶内残留白色、深褐色块状物，其性质详见本报告柒第三章。

M7：1，出于墓室西北角。口沿边残损一块，腹壁断裂破碎，粘接修复完整。釉下施白色化妆土。外壁肩、腹部一侧釉色泛黄白。釉层薄。釉面浑浊。肩部有小片压印细线纹。通高 22.8、口沿径 4.2、腹径 12.0、圈足径 7.5 厘米（图 5-207，2；彩版 5-300）。

（2）黑釉瓜棱腹双系罐　3件。

M7：3~5，均出于墓室北壁下与棺北挡间。均残，修复基本完整。轮制成型。形制、尺寸、釉色、胎质大致相同。罐体较粗矮，大直口，厚圆唇，粗颈，窄溜肩，圆鼓腹、下腹壁斜收，腹外壁模压为多瓣瓜棱形，圈足，肩、颈处立对称条形半环系一双，系面正中出纵向凸棱一周。外壁施黑釉至腹下，下腹下露胎；内壁施黑釉于口沿，余处均施棕色薄釉。外腹壁釉层较厚。釉面明亮，密布银白色结晶点。灰胎，胎质坚硬略粗，内含棕色小颗粒，露胎处表面粗涩呈土黄色。通体素面。

M7：3，口沿、腹部有断裂，粘接修复基本完整。腹壁为十八曲瓜棱形。通高 16.7、口沿径 14.1、腹径 18.8、圈足径 9.2 厘米（图 5-208；彩版 5-301）。

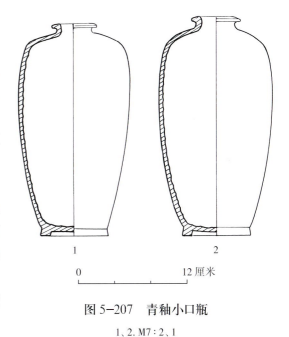

图 5-207　青釉小口瓶
1、2. M7：2、1

彩版 5-299　青釉小口瓶 M7：2

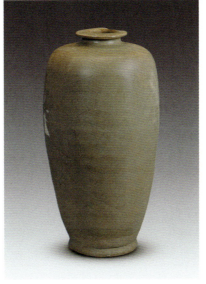

彩版 5-300　青釉小口瓶 M7：1

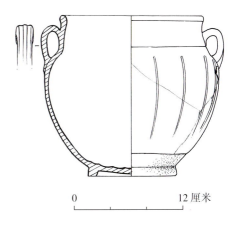

图 5-208　黑釉瓜棱腹双系罐 M7：3

彩版 5-301　黑釉瓜棱腹双系罐 M7：3

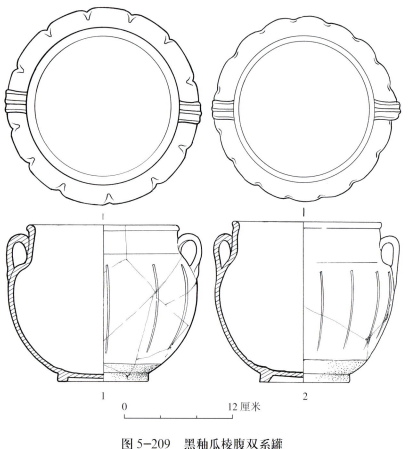

图 5-209　黑釉瓜棱腹双系罐

1、2. M7：4、5

　　M7：4，破碎为多片，粘接修复完整。器体稍有变形，腹壁为十二曲瓜棱形。通高 16.4、口沿径 15.3、腹径 19.5、圈足径 10.0 厘米（图 5-209，1；彩版 5-302）。

　　M7：5，残破为多片，粘接修复成形，腹部有缺片。腹壁为十六曲瓜棱形。通高 15.8、口沿径 15.6、腹径 18.9、圈足径 10.1 厘米（图 5-209，2；彩版 5-303）。

　　（3）青釉注子与注碗　1 套 2 件。

　　M7：26、45，出于墓室西壁下中部，出土时两器套装。均破碎，修复基本完整。轮制模压成形。通体素面（图 5-210；彩版 5-304）。

　　M7：45，青釉花口注碗，腹部一侧断裂，粘接修复完整。直口，圆唇，口沿切削为十六曲花瓣形，深筒腹亦模压成十六曲瓜棱状与口沿对应，大圆底下置卷荷状圈足，足沿微上卷，足壁中部置火焰形镂孔三个。外壁施满釉，足底刮釉露胎，底心露胎；内壁上部施釉与外壁同，下部及底釉层浅薄而色淡。釉色青中泛灰。釉面闪木光，有棕眼，密布细碎冰裂纹。灰胎，胎质坚硬细密，露胎处表面呈土黄色。通高 15.8、口沿径 14.2、圈足高 3.0、圈足径 8.01 厘米（图 5-211；彩版 5-305）。

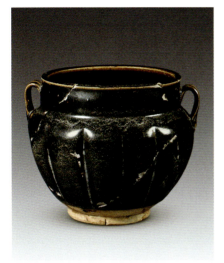  

彩版 5-302　黑釉瓜棱腹双系罐 M7：4　　　　　　　彩版 5-303　黑釉瓜棱腹双系罐 M7：5

　　M7：26，青釉瓜棱腹注子，出土时置于花口注碗内。为一组配套器具。盖纽及口沿残断，修复完整。由注盖、注身两部分构成。盖深套于注口颈上，盖面凸起，正中设蹲狮形纽，立沿竖直，下为直口方唇。沿壁一侧中部钻小孔 2 个以穿系绳索与执手相连。注身为微敛小直口，细筒状高颈，广弧肩，深鼓腹、腹外壁模压为十六曲瓜棱形，矮圈足，挖足较浅，肩、颈一侧置高耸条形半环状执手、执手外壁纵饰凸棱三道，相对一侧肩沿出高耸曲管状流，流嘴微斜削。外壁施满，足底刮釉露胎，外底心露胎；内壁施釉于口沿，其下露胎。釉色青中泛灰，肩部略泛黄。釉面闪木光，有棕眼，密布模糊细碎的冰裂纹。灰胎，胎质坚硬细密，露胎处表面呈土黄色。通高 24.5、注盖高 7.8、盖口径 4.5、注身口径 3.1、腹径 12.4、圈足径 6.4 厘米（图 5-212；彩版 5-306）。

　　（4）青釉刻花八曲葵瓣钵　1 件。

　　M7：8，出于棺内中部。多处破裂，修复基本完整，口沿、腹、底部有缺片。轮制成型。八曲葵

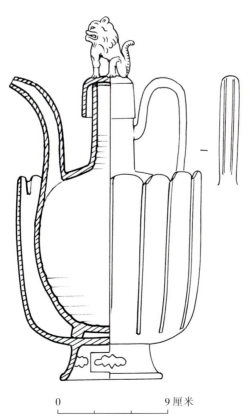

0　　　　　　9 厘米

图 5-210　青釉注子与注碗 M7：26、45

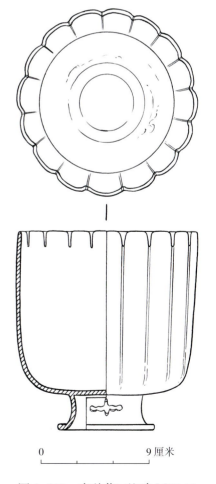

0　　　　　　9 厘米

图 5-211　青釉花口注碗 M7：45

彩版 5-304　　青釉注子与注碗 M7：26、45

彩版 5-305　　青釉花口注碗 M7：45

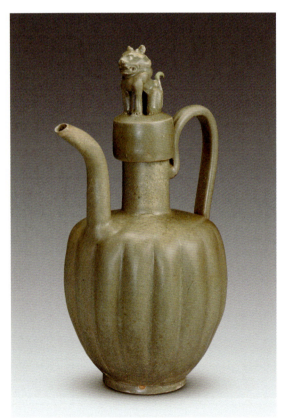

彩版 5-306　　青釉注子 M7：26

瓣式口外撇，圆唇、鼓腹、腹壁亦模压为八曲葵瓣形与口沿对应，微圜底，内底心下凹，卧足。内、外壁通施满釉，足底刮釉露胎。釉色青绿。釉面光洁明亮，晶莹如玉，密布网状冰裂纹，偶见小黑点。胎色灰白，胎质坚硬细密，露胎处表面光滑呈土黄色。外壁口沿下饰弦纹三周，其下刻折枝花 4 枝，外底心显白色化妆土，上有大片酱黄色渍斑。通高 5.9、口沿径 14.8、底径 6.2 厘米（图 5-213；彩版 5-307）。

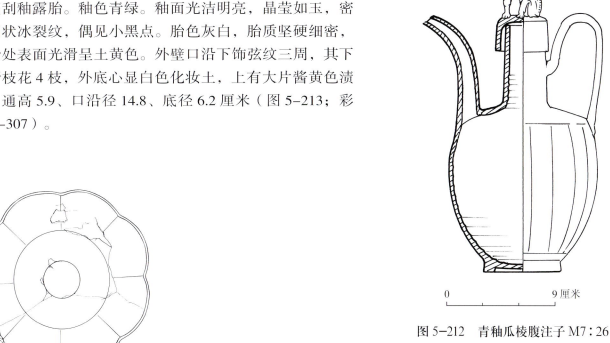

图 5-212　青釉瓜棱腹注子 M7：26

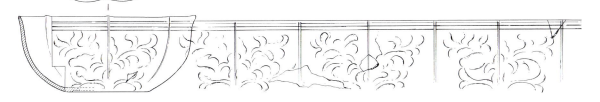

图 5-213　青釉刻花八曲葵瓣钵 M7：8

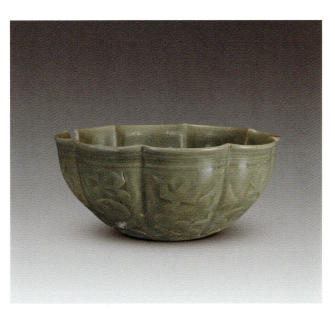

彩版 5-307　青釉刻花八曲葵瓣钵 M7：8

（5）酱釉敛口钵 1件。

M7：18，出于棺内南端。完整。轮制成型。器壁较厚，敛口，圆唇，鼓腹，上腹丰满、下腹斜内收，卧足。内、外壁施满釉，足底刮釉露胎，外底露胎。釉色酱中微泛青。釉面失透，有垂釉、积釉，口沿釉面局部脱落、形成银白色钙质。露胎处表面光滑呈灰白色，胎质坚硬细密。通体素净无纹。通高 6.5、口沿径 7.8、腹径 10.1、底径 3.9 厘米（图 5-214；彩版 5-308）。出土时器内置白、红色末状物质，详见本报告柒第三章。

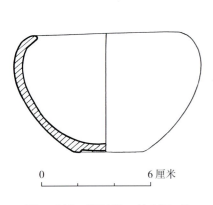

图 5-214 酱釉敛口钵 M7：18

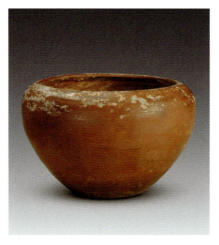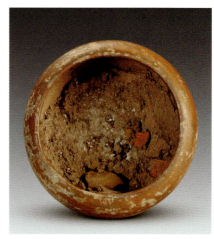

彩版 5-308 酱釉敛口钵 M7：18

（6）青釉刻花牡丹纹盖碗 2件。

M7：24、25，出于墓室西壁下。轮制成型。2件形制、尺寸、釉色、胎质、纹饰基本相同。由盖、碗两部分组成。盖顶心为简化瓜蒂纽，顶面凸起，周边为宽平沿，沿面稍向外斜，下为子口，方圆唇。碗为直口略外撇，圆唇，深鼓腹，圜底，圈足。外壁、碗内壁施满釉，足底刮釉露胎，盖内壁露胎。釉色青绿。釉面润泽，晶莹明亮，有细碎冰裂纹。胎色灰白，胎质坚硬细密，露胎处表面光滑呈土黄色。盖顶面刻牡丹花叶纹，碗外壁口沿下饰弦纹一周，其下刻阔叶牡丹花两枝，足底、足内、外墙有粘砂。

M7：24，完整。外腹壁有釉泡。盖顶牡丹花、叶上以细线浅划脉络条纹。通高 10.4、盖高 3.4、盖口沿径 11.5、碗口沿径 10.7、腹径 10.9、圈足径 5.0 厘米（图 5-215；彩版 5-309）。

M7：25，盖断裂为两半，磕沿一处，粘接修复基本完整。通高 9.9、盖高 3.2、盖口沿径 11.5、碗口沿径 10.9、腹径 11.0、圈足径 5.2 厘米（图 5-216；彩版 5-310）。

图 5-215 青釉刻花牡丹纹盖碗 M7：24

彩版 5-309　青釉刻花
牡丹纹盖碗 M7：24

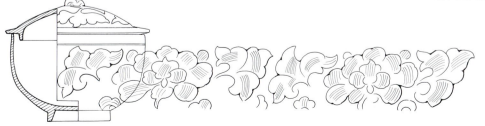

图 5-216　青釉刻花牡丹纹盖碗 M7：25

0 　　　　　　　　6厘米

彩版 5-310　青釉刻花牡丹纹盖碗 M7：25

（7）白釉六曲葵瓣碗　1件。

M7：11，出于棺内西侧中部。断裂为多片，粘接修复完整。轮制成型。六曲葵瓣式敞口，尖圆唇，浅弧腹，外腹壁亦为六曲葵瓣式与口沿相对应，内腹壁较平滑无葵瓣式印迹，小圆底略下凹、内底心凸起，矮圈足。外壁施釉至足外墙，足底刮釉露胎，外底露胎；内壁施满釉。釉色白中微泛青黄。釉面晶莹通透，有玉质感，外壁多泪痕，足内肩部有流釉。露胎处表面呈白色，胎质坚硬细密。通体素面。通高 3.4、口沿径 12.6、圈足径 3.6 厘米（图 5-217；彩版 5-311）。

彩版 5-311　白釉六曲葵瓣碗 M7：11

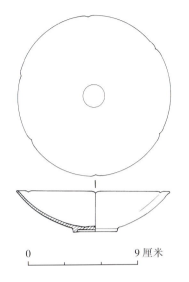

图 5-217　白釉六曲葵瓣碗 M7：11

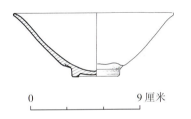

图 5-218　黑釉银兔毫盏 M7：12

（8）黑釉银兔毫盏　1件。

M7：12，出于棺内西部偏中处。破碎多处，粘接修复基本完整，腹、底有缺片。轮制而成。敞口，尖唇，斜腹，内底心下凹，圈足，挖足极浅。外壁施黑釉不及足，其下露胎；内壁满施黑釉，口沿处釉层较薄而呈酱紫色。釉面明亮光洁，密集分布放射状银灰色细线，闪金属光泽。胎色深灰，胎质坚硬细密，露胎处表面光滑。外壁底部露胎处有流釉现象。通高 5.1、口沿径 13.0、圈足径 3.8 厘米（图 5-218；彩版 5-312）。

彩版 5-312　黑釉银兔毫盏 M7：12

（9）白釉葵口碟　1组10件。

M7：32~M7：41，出于棺内南部。均残碎，仅 M7：40、41 粘接修复完整，余者口沿或腹部均有缺片，仅粘接成形。轮制加手工修削而成。10 件形制、尺寸、釉色、胎质相同。直口呈五曲葵瓣式，尖圆唇，浅弧腹，平底，内底略凹，卧足。内、外壁满施牙白釉，卧足外围刮釉露胎。釉面光洁明亮。胎色洁白，胎质坚硬细密。通体素面，腹外壁修坯弦痕明显，下腹、外底个别部位有粘砂。

标本 M7：40，破碎为多片，粘接修复完整。高 1.7、口沿径 8.6、卧足径 2.7 厘米（图 5-219；彩版 5-313）。

彩版 5-313　白釉葵口碟 M7：40

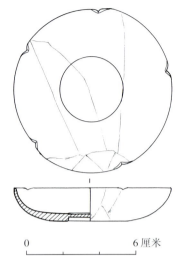

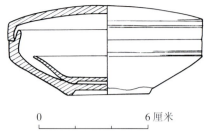

图 5-220　白釉圆盒与青白釉葵口碟
M7：16-1、-2

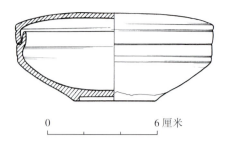

图 5-221　白釉素面圆盒 M7：16-1

图 5-219　白釉葵口碟 M7：40

（10）白釉圆盒与青白釉葵口碟　1套2件。

M7：16-1、-2，出于棺内南端。出土时盒内套装小碟，二者均完整。轮制成型（图5-220；彩版5-314）。

M7：16-1，白釉素面圆盒，由盒盖、盒身两部分构成。盖顶面微鼓，立沿短直，母口方唇。盒身为高子口，窄折沿，上腹壁竖直、下腹折斜向内收，卧足。内、外壁施满釉，盖内外围、子母口沿、卧足及其外围刮釉露胎。釉色白中泛青。釉面光洁，明亮润泽。胎色灰白，胎质坚硬细密，露胎处表面光滑。外壁盖折沿处、盒身折腹处各饰弦纹一周。通高4.5、盖高2.0、盖口沿径10.6、盒身子口径9.8、腹径10.8、足径4.5厘米（图5-221；彩版5-315）。

M7：16-2，青白釉六曲葵口碟，六曲葵瓣式敞口，撇沿，尖唇，浅弧腹，平底。内、外壁施满釉，外底刮釉露胎。釉色青中有白。釉

彩版 5-314　白釉圆盒与青白釉葵口碟 M7：16-1、-2

面光洁明亮，有网格状冰裂纹。胎色洁白，胎质坚硬细密，露胎处表面光滑。通体素面。高1.5、口沿径8.1、底径3.2厘米（图5-222；彩版5-316）。

盒及碟内皆遗存白色粉末，质地细腻松散，详见本报告柒第三章。

（11）青釉圆盒　2件。

M7：17、27，轮制成型。形制、尺寸、釉色、胎质基本相同。由盖、身两部分组成。盖为平顶，立沿斜向外撇，下为子口。盒身母口微敛，方唇，鼓腹，平底。内、外壁施满釉，子母口沿、内、外底露胎。釉色青绿，内壁略泛黄。釉面明亮，闪玻璃光泽，有气泡与条状冰裂纹。灰胎，胎质坚硬细密，露胎处表面光滑呈土黄色，内底露胎表面呈暗红色。通体素面，盒外腹壁有明显修坯痕迹，

彩版 5-315 白釉圆盒 M7：16-1

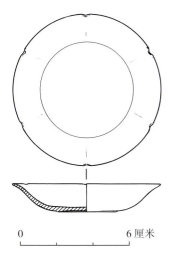

图 5-222 青白釉六曲
葵口碟 M7：16-2

彩版 5-316 青白釉葵口碟 M7：16-2

下腹出凸棱一周。

　　M7：17，出于棺内南端。完整。通高5.2、盖高1.2、盖子口径5.8、盒母口沿径6.5、腹径7.2、底径5.8厘米（图5-223，1；彩版5-317）。

　　M7：27，出于墓室西壁下。盒身有断裂，粘接修复完整。器底有火刺、上有穿透小孔一个。通高5.3、盖高1.1、盖子口径5.8、盒母口沿径6.5、腹径7.2、底径5.3厘米（图5-223，2；彩版5-318）。

　　（12）青釉刻花渣斗　1件。

　　M7：46，出于棺内中部。破碎，修复基本完整，口沿有缺片。敛口，宽斜沿外张，圆唇，束颈，鼓腹，下腹内向弧收，微圜底，圈足挖足较浅。内、外壁施满釉，圈足及足外围露胎。釉色青绿。釉层较厚略显乳浊。釉面光亮，多棕眼。灰胎，胎质坚硬细密，露胎处表面呈浅土黄色。内沿面刻折枝牡丹纹两枝；外沿下饰弦纹一周，其下为折扇纹，外腹壁刻双重仰莲瓣图案，足内墙、外底粘砂较多。通高9.0、口沿径20.9、口径6.5、腹径9.8、圈足径5.8厘米（图5-224；彩版5-319）。

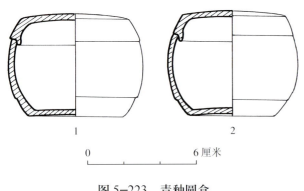

图5-223　青釉圆盒

1、2. M7：17、27

彩版5-317　青釉圆盒 M7：17

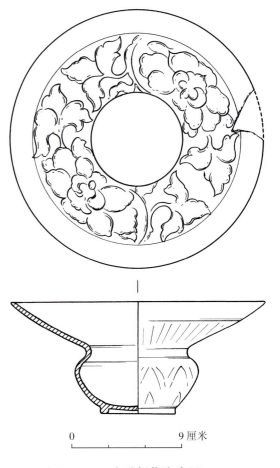

图5-224　青釉刻花渣斗 M7：46

彩版 5-318　青釉圆盒 M7：27

彩版 5-319　青釉刻花渣斗 M7：46

### 2．铜器

共 3 件（组）。器形有镜、附件。

（1）菱花镜　1 面。

M7：19，出于棺内中部。镜沿一侧有残缺，镜背锈蚀较严重。浇铸磨制成形。镜体较薄，镜面平整，镜背居中为半球形纽，八曲窄平沿凸出，沿边外斜削。镜纽下阳铸一长方形印戳，印文 2 行，每行 5 字，共计 10 字："湖州真□入金二制照子"。直径 14.5、沿厚 0.5 厘米（图 5-225；彩版 5-320）。

（2）蝴蝶纹镜　1 面。

M7：28，出于墓室东侧中部。完整。浇铸磨制成形。镜体轻薄，镜面平整光亮，现大面积有锈蚀，镜背居中为桥形纽，镜沿低平窄薄。镜背中心为菊花纹、外加联珠纹、再外加弦纹构成纽座，座外纹饰划分内、中、外三区，内区以双重联珠纹组成方形规范，四角隅各饰乳钉纹 1 枚；中区仍以单重联珠纹构成菱形规范，其内四角隅各饰飞蝶 1 只、乳钉纹 2 枚；外区等距离分布 4 朵抱合式如意云纹，其外又饰联珠纹一周。直径 11.6、沿厚 0.2 厘米（图 5-226；彩版 5-321）。

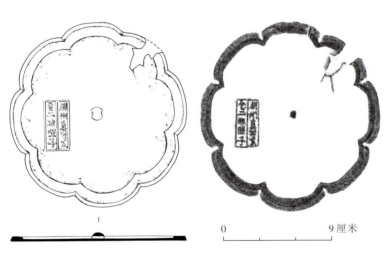

图 5-225　菱花镜 M7：19

彩版 5-320　菱花镜 M7：19

彩版 5-321　蝴蝶纹镜 M7：28

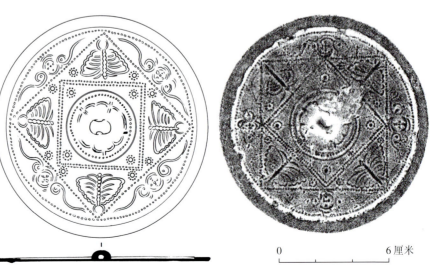

图 5-226　蝴蝶纹镜 M7：28

（3）附件　1组7件。

M7：30-1~-7，出土于墓室东侧。均锈蚀。铸造、捶揲成形。形制有提手2、系环2、锁与扣件3件，均为漆木盒上配件。

M7：30-1、-2，为2件提手，形制、尺寸相同。以铜丝折成弓形，两端向外弯曲为半环钩状，插套于两端的菱形铺首衔环内。

M7：30-1，保存完整。长12.9、宽3.8厘米（图5-227，1；彩版5-322，左上）。

M7：30-2，一端铺首衔环残断。长12.9、宽3.8厘米（图5-227，2；彩版5-322，左下）。

M7：30-3、-4，为2件系环。形制、尺寸相同，为一铜环上套连两个菱形铺首衔环。

M7：30-3，保存完整。通长约4.5、环径2.2厘米（图5-228，1；彩版5-322，中左）。

M7：30-4，一个菱形铺首衔环残断。通长约4.5、环径2.2厘米（图5-228，1；彩版5-322，中右）。

M7：30-5~-7，是锁、锁扣构件，已残断不全。形制组合不明确。锁残长3.3、菱形扣件边长1.6厘米（图5-229，1~3，彩版5-322，右）。

发掘时墓室东侧原置涂漆小木箱1件，现已朽为灰烬，附件应属箱上之物。

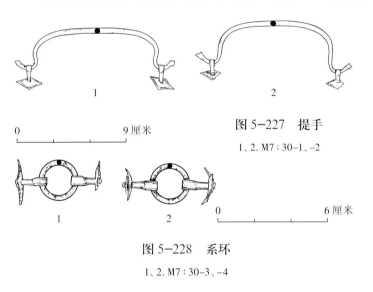

0　　　　　　9厘米

图5-227　提手

1、2. M7：30-1、-2

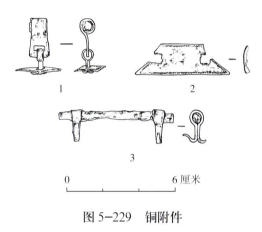

0　　　　　　6厘米

图5-229　铜附件

1. 锁 M7：30-5　2. 锁配件 M7：30-6　3. 锁扣配件 M7：30-7

0　　　　　　6厘米

图5-228　系环

1、2. M7：30-3、-4

彩版5-322　铜附件

#### 3．铜钱

共1组48枚。M7：13-1~48，主要分布于棺内。种类有开元通宝、太平通宝、淳化元宝、至道元宝、咸平元宝、景德元宝、祥符元宝、祥符通宝、天禧通宝、天圣元宝、皇宋通宝、嘉祐通宝、治平元宝、熙宁元宝、元丰通宝、元祐通宝、崇宁重宝。

（1）开元通宝　4枚。

根据其形制、文字之别分两型。

A型：3枚。品相较佳，正、背两面外廓规整，穿孔方正较大。正面楷书钱文对读，笔画纤细模糊，"元"字二划左上挑。背面光素无纹。钱径2.4、穿边长0.7厘米，重3.5克。标本M7：13-1（图5-230，1；彩版5-323，1）。

B型：1枚。M7：13-4，品相较佳，正、背两面外廓规整，穿孔较小。正面楷书钱文对读，字体较大、笔画粗而模糊，"元"字二划左上挑，背面铸阳文"平"字，外廓稍有错范。从背面所铸文字判断该钱为唐会昌年制开元通宝。钱径2.4、穿边长0.6厘米，重4.4克（图5-230，2；彩版5-323，2）。

（2）太平通宝　1枚。

M7：13-6，锈蚀严重。钱体轻薄，品相较差，穿孔较小。正面外廓规整、宽而凸出，楷书钱文对读，字体较小，笔画清晰。背面光素无纹，外廓宽而低平。钱径2.5、穿边长0.5厘米，重2.8

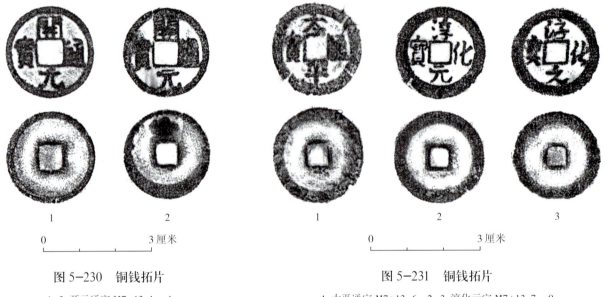

图5-230　铜钱拓片
1、2．开元通宝 M7：13-1、-4

图5-231　铜钱拓片
1．太平通宝 M7：13-6　2、3．淳化元宝 M7：13-7、-9

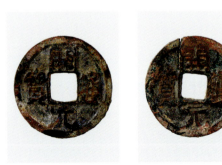

彩版5-323　铜钱 M7：13-1、-4

彩版5-324　铜钱 M7：13-6、-7、-9

克（图 5-231，1；彩版 5-324，1）。

（3）淳化元宝　3 枚。

钱文有楷、行两种书体，分两型。

A 型：楷书 2 枚。钱体轻薄，品相较佳，正、背两面内、外廓均宽而凸起，穿孔较小。正面楷书钱文顺时针旋读，字体小，笔画较粗且清晰。背面光素无纹。钱径 2.5、穿边长 0.5 厘米，重 2.5 克。标本 M7：13-7（图 5-231，2；彩版 5-324，2）。

B 型：行书 1 枚。M7：13-9，品相较好，正面外廓宽而凸出，穿孔较小，行书钱文顺时针旋读，字体小而清晰，笔画较粗。背面光素无纹，外廓宽平。钱径 2.4、穿边长 0.5 厘米，重 3.7 克（图 5-231，3；彩版 5-324，3）。

（4）至道元宝　5 枚。

钱文有楷、草两种书体，分两型。

A 型：楷书 2 枚。品相较好，正面廓宽而凸起，穿孔较小方正，楷书钱文顺时针旋读，字体小而清晰，笔画较粗。背面光素无纹，外廓宽而低平。钱径 2.5、穿边长 0.6 厘米，重 3.5 克。标本 M7：13-10（图 5-232，1；彩版 5-325，1）。

B 型：草书 3 枚。品相较好，正面外廓宽而凸出，穿孔较小，草书钱文顺时针旋读，字体小而清晰，笔画较细。背面光素无纹，外廓宽、稍有错范。钱径 2.5、穿边长 0.45 厘米，重 3.0 克。标

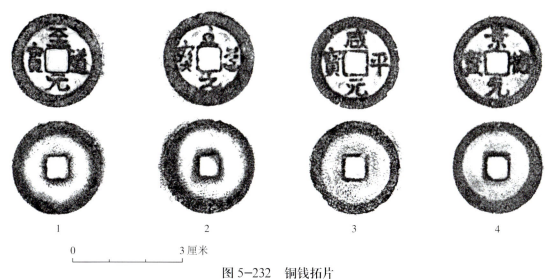

图 5-232　铜钱拓片

1、2. 至道元宝 M7：13-10、-12　3. 咸平元宝 M7：13-15　4. 景德元宝 M7：13-18

彩版 5-325　铜钱 M7：13-10、-12、-15、-18

本 M7：13-12（图 5-232，2；彩版 5-325，2）。

（5）咸平元宝 3 枚。

品相上佳，正面外廓宽而凸出，穿孔较小，楷书钱文顺时针旋读，字体大而清晰，笔画较粗。背面光素无纹，外廓宽、稍有错范。钱径 2.4、穿边长 0.55 厘米，重 3.5 克。标本 M7：13-15（图 5-232，3；彩版 5-325，3）。

（6）景德元宝 2 枚。

品相较佳，正面外廓宽而凸出，穿孔较大，楷书钱文顺时针旋读，字体小而清晰，笔画较粗。背面光素无纹，廓宽而凸出。钱径 2.5、穿边长 0.6 厘米，重 4.1 克。标本 M7：13-18（图 5-232，4；彩版 5-325，4）。

（7）祥符元宝 1 枚。

M7：13-20，钱体规整，品相较佳，正面外廓宽而凸出，穿孔较小，楷书钱文顺时针旋读，字体小而清晰，笔画较细。背面光素无纹，外廓沿宽而低平、稍有错范。钱径 2.5、穿边长 0.55 厘米，重 3.6 克（图 5-233，1；彩版 5-326，1）。

（8）祥符通宝 2 枚。

品相上佳，钱体规整，正面外廓宽而凸出，穿孔方大，楷书钱文顺时针旋读，字体小而模糊，笔画较粗。背面光素无纹，外廓沿宽且凸出。钱径 2.6、穿边长 0.6 厘米，重 4.1 克。标本 M7：13-21（图 5-233，2；彩版 5-326，2）。

（9）天禧通宝 3 枚。

品相较佳，正面外廓窄而凸出，穿孔较大，楷书钱文顺时针旋读，字体大而清晰，笔画较粗。背面光素无纹，外廓宽而凸出。钱径 2.4、穿边长 0.6 厘米，重 3.5 克。标本 M7：13-23（图 5-233，3；彩版 5-326，3）。

（10）天圣元宝 6 枚。

钱文有楷、篆两种书体，分两型。

A 型：楷书 4 枚。品相较差，正面外廓窄而凸出，穿孔特大，楷书钱文顺时针旋读，字体大而清晰，笔画较粗。背面光素无纹，外廓凸出。钱径 2.5、穿边长 0.65 厘米，重 3.3 克。标本 M7：13-26（图 5-234，1；彩版 5-327，1）。

B 型：篆书 2 枚。钱体轻薄，品相较好，正面外廓宽而低平，穿孔方正较大，篆书钱文顺时针旋读，字体

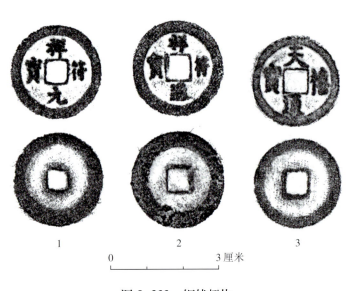

图 5-233 铜钱拓片

1. 祥符元宝 M7：13-20 2. 祥符通宝 M7：13-21 3. 天禧通宝 M7：13-23

彩版 5-326 铜钱 M7：13-20、-21、-23

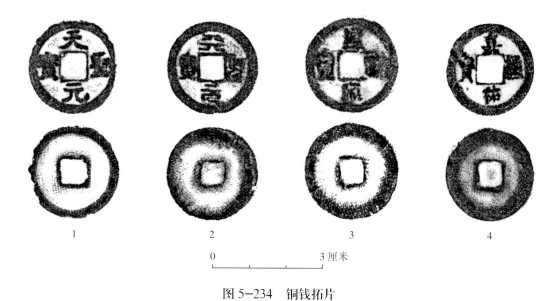

图 5-234　铜钱拓片

1、2. 天圣元宝 M7：13-26、-30　3. 皇宋通宝 M7：13-5　4. 嘉祐通宝 M7：13-32

彩版 5-327　铜钱 M7：13-26、-30、-5、-32

大而清晰，笔画较细。背面光素无纹，外廓宽而低平、稍有错范。钱径 2.4、穿边长 0.6 厘米，重 2.8 克。标本 M7：13-30（图 5-234，2；彩版 5-327，2）。

（11）皇宋通宝　1 枚。

M7：13-5，断裂，修复完整。品相较佳，正面外廓宽而凸出，穿孔略小，篆书钱文对读，字体较小，笔画纤细模糊。背面光素无纹，外廓沿宽而低平。钱径 2.5、穿边长 0.6 厘米，重 2.9 克（图 5-234，3；彩版 5-327，3）。

（12）嘉祐通宝　1 枚。

M7：13-32，钱体轻薄规整，保存较好，正面外廓宽而凸出，穿孔方大，楷书钱文对读，字体小而清晰，笔画纤细。背面光素无纹，外廓宽而低平。钱径 2.45、穿边长 0.7 厘米，重 3.3 克（图 5-234，4；彩版 5-327，4）。

（13）治平元宝　1 枚。

M7：13-33，钱体小而轻薄，品相较差，正面外廓窄而较低平，穿孔较小，篆书铸文顺时针旋读，字体大而清晰，笔画较粗。背面光素无纹，外廓沿宽而凸出。钱径 2.3、穿边长 0.55 厘米，重 2.3 克（图 5-235，1；彩版 5-328，1）。

（14）熙宁元宝　9枚。

钱文有篆、楷两种书体，分两型。

A型：楷书6枚。钱体轻薄，品相较差，锈蚀严重。正面外廓较窄而低平，穿孔小而不方正，楷书钱文顺时针旋读，笔画略细，字迹清晰。背面素净无纹，外廓宽而低平、稍错范。钱径2.4、穿边长0.6厘米，重2.7克。标本M7：13-34（图5-235，2；彩版5-328，2）。

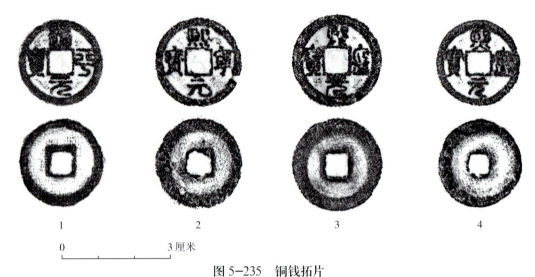

1　　　　　　　2　　　　　　　3　　　　　　　4

0　　　　　　　　　3厘米

图5-235　铜钱拓片

1.治平元宝 M7：13-33　2~4.熙宁元宝 M7：13-34、-40、-41

彩版5-328　铜钱 M7：13-33、-34、-40、-41

B型：篆书3枚，分大、小两种。

大者：2枚。钱体轻薄而规范，品相较好，正面外廓宽而低平，穿孔较大方正，篆书钱文顺时针旋读，字体大而清晰，笔画纤细。背面光素无纹，外廓宽而低平、有错范。钱径2.5、穿边长0.6厘米，重3.7克。标本M7：13-40（图5-235，3；彩版5-328，3）。

小者：1枚。M7：13-41，体小轻薄，品相较佳，正面外廓窄而凸出，穿孔小而方正，篆书铸文顺时针旋读，字体大而清晰，笔画纤细。背面光素无纹，外廓沿宽而低平。钱径2.3、穿边长0.5厘米，重3.1克（图5-235，4；彩版5-328，4）。

（15）元丰通宝　3枚。

钱文有篆、行两种书体，分两型。

A型：篆书1枚。M7：13-43，品相上佳，正面外廓宽而凸出，穿孔大而方正，篆书钱文顺时针旋读，字体大而清晰，笔画较粗。背面光素无纹，外廓宽而凸出。钱径2.4、穿边长0.7厘米，重3.7克（图5-236，1；彩版5-329，1）。

B型：行书2枚。品相较佳，正面廓规整低平，穿孔较小而方正，行书钱文顺时针旋读，字体小而清晰，笔画纤细。背面光素无纹，外廓凸出。钱径2.4、穿边长0.55厘米，重3.6克。标本M7：13-44（图5-236，2；彩版5-329，2）。

（16）元祐通宝　2枚。

品相较佳，正面外廓显窄而低平，穿孔大且方正，行书钱文顺时针旋读，字体小而清晰，笔画较粗。背面光素无纹，外廓宽而低平、稍有错范。钱径2.5、穿边长0.7厘米，重3.0克。标本M7：13-46（图5-236，3；彩版5-329，3）。

（17）崇宁重宝　1枚。

M7：13-48，钱体大而厚重，品相上佳，但保存较差，正面外廓窄而凸出，穿孔大而方正，隶书钱文对读，字体大、笔画粗而清晰。背面光素，外廓沿较窄凸出。钱径3.6、穿边长0.8厘米，重11.2克（图5-236，4；彩版5-329，4）。

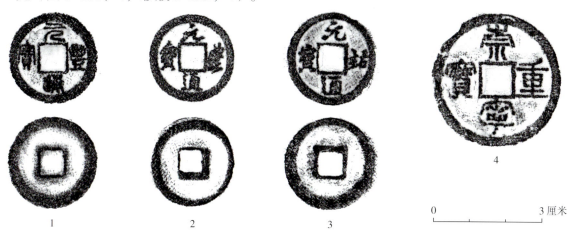

图5-236　铜钱拓片

1、2.元丰通宝 M7：13-43、-44　3.元祐通宝 M7：13-46　4.崇宁重宝 M7：13-48

彩版5-329　铜钱 M7：13-43、-44、-46、-48

**4．铁器**

共4件。器形有熨斗、剪刀。

（1）熨斗　1件。

M7：9，出于棺内偏北处。柄、挡火皆有残失，锈蚀严重。浇铸成形。侈口，宽沿微外撇，尖唇，斜直腹，平底，口沿一侧置条形、中空长柄，截面呈扁长方形，现存前端、后部已残失，柄端口沿上铸立的栅栏状挡火亦部分残断缺失。通体素面。通高 7.8、口沿径 10.3、高 4.6、底径 7.5、柄残长 3.8、宽 2.3、厚 1.1 厘米（图 5-237；彩版 5-330）。

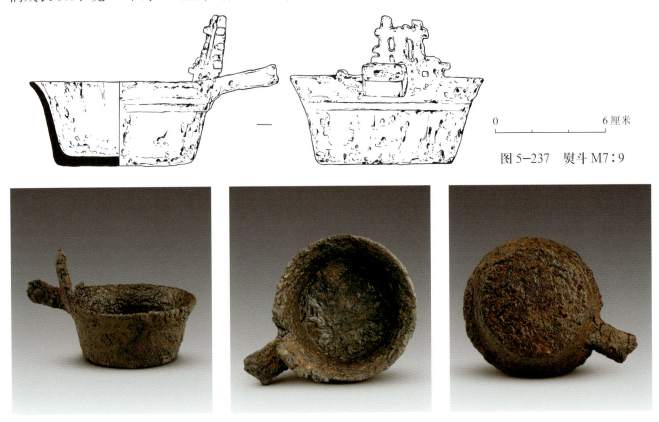

图 5-237　熨斗 M7：9

彩版 5-330　熨斗 M7：9

（2）剪刀　3件。

M7：42~44，均出于墓室东侧中部。铸造而成。均锈蚀严重，残缺不全，难以修复成形。

M7：42，经拼对，形制与现代剪刀基本相似，剪柄折成椭圆形，柄端外卷为半圆状，交口用销钉铆接。上、下刀呈窄长三角形，内面启刃。通长约 16.5、刀长 7.0 厘米（彩版 5-331，1）。

M7：43，形制不清，似为"U"形曲柄，两刀呈宽长三角形，内面启刃。通长约 14.0、刀长 7.0、最宽处 2.2 厘米（彩版 5-331，2）。

M7：44，已锈残成块状，只有一刀呈窄长三角形。刀长 6.0、最宽处 1.6 厘米。

彩版 5-331　剪刀 M7：42、43

## 5. 石器

共9件（组）。器形有执壶、盒、盘、碟等。

（1）执壶　1件。

M7：23，出于墓室西侧。断裂破碎为多片，粘接修复成形。錾刻雕琢而成。敛口，方唇，深圆腹，下腹较鼓，平底，腹壁一侧置条形半环状执手，对应面出短管状曲流，流嘴尖削。青灰色石，质地疏松。器表抛光，外腹壁纵向阴刻细线纹十条，将壶体划分为十瓣瓜棱状。通高11.5、口沿径6.3、腹径11.6、底径6.2厘米（图5-238；彩版5-332）。

彩版5-332　执壶 M7：23

（2）"卍"字纹圆香炉　1件。

M7：31，出于棺内中部偏北。断裂破碎严重，修复基本完整。錾刻雕琢成形。由盖、身两部分组成，盖顶面平整，正中镂空"卍"字纹，立沿竖直，其下外折出子口。炉体为直口，宽折沿，沿面微外斜，尖唇，直腹，平底，腹外壁近底处置外撇兽足三个，足边沿呈栉齿状，足跟外上翻。青灰色石，质地疏松。通体素面，表面打磨抛光。通高7.5、盖高2.1、子口径7.2、炉口沿径10.7、底径8.4、足高1.3厘米（图5-239；彩版5-333）。

（3）圆盒　1件。

M7：7，出于棺内中部。盒身完整，盖缺失。錾刻雕琢成形。子口，方唇，窄平沿，浅直腹，大平底。青灰色石，质地疏松。通体素面抛光。高3.0、子口径8.9、腹径9.8厘米（图5-240；彩版5-334）。出土时盒内残留粉末类物质，详见本报告柒第三章。

（4）菊花形盘　2件。

M7：6、47，出于棺内北端。残碎较甚，难以修复成形。錾刻雕琢而成。器形较大，2件质地、形制基本相同。均为白

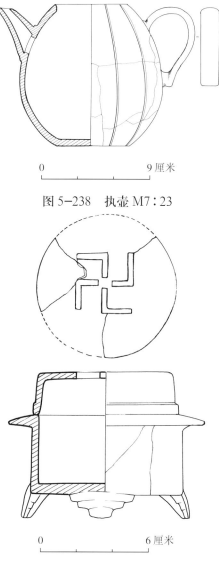

图5-238　执壶 M7：23

图5-239　"卍"字纹圆香炉 M7：31

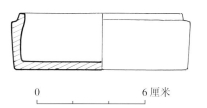

图5-240　圆盒 M7：7

彩版 5-333　　"卍"字纹圆香炉 M7：31

彩版 5-334　　圆盒 M7：7

色石料，质地较粗而结构不甚紧密，钙化严重。通体素面。

　　M7：6，敞口，宽沿平折，尖唇，浅斜腹，平底。沿面、腹壁均制成菊瓣状，使盘体呈绽开菊花式。因破碎严重瓣数、尺寸均不详（图 5-241，1；彩版 5-335）。

　　M7：47，器壁较薄，敞口，折沿略窄，尖唇，浅斜腹，平底。沿面、腹壁均制成菊瓣状，使盘体呈绽开菊花式，但菊瓣比 M7：6 显窄。残碎严重，仅知盘高约 2.0 厘米（图 5-241，2；彩版 5-336）。

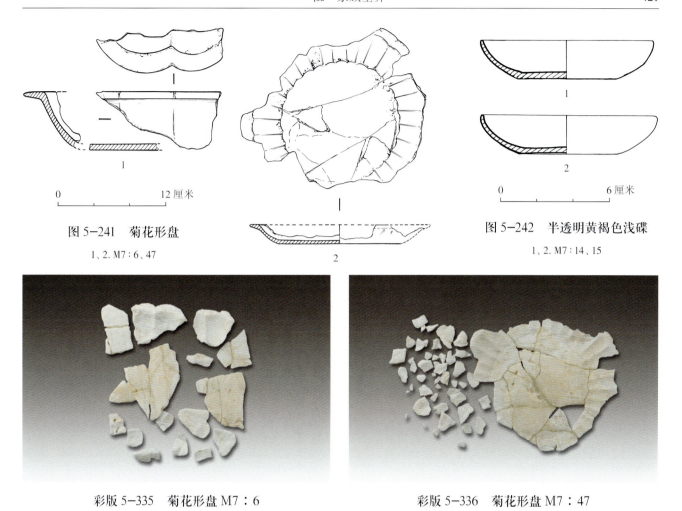

图 5-241　菊花形盘
1、2. M7：6、47

图 5-242　半透明黄褐色浅碟
1、2. M7：14、15

彩版 5-335　菊花形盘 M7：6

彩版 5-336　菊花形盘 M7：47

（5）半透明黄褐色浅碟　2件。

M7：14、15，出于棺内中部。錾刻雕琢成形。形制、尺寸、质地、色泽基本相同。均为敞口、圆唇，浅弧腹，平底。石料呈黄褐微泛绿色，质地细密、半透明状。器表素净抛光。

M7：14，腹与口沿残破，粘接修复基本完整。高 1.9、口沿径 9.6、底径 5.5 厘米（图 5-242，1；彩版 5-337）。

彩版 5-337　半透明黄褐色浅碟 M7：14

彩版 5-338　半透明黄褐色浅碟 M7：15

M7：15，断裂为多片，粘接修复基本完整，石色稍深于 M7：14，透明度亦略逊于上者。高 2.0、口沿径 9.6、底径 5.2 厘米（图 5-242，2；彩版 5-338）。

### 6. 玻璃器

仅 1 件饰品。

长方形玻璃饰品　1 件。

M7：29，出于棺内西侧偏南，与 M7：20 珍珠饰品同出，应属一件装饰品上之物。断裂为 2 片，钙化较严重。蓝绿色，器面为长方形，上饰花朵状纹样，背面平整光滑。器正中钻小孔并套装小铁环 1 个。长 1.8、宽 1.2、厚 0.2 厘米（图 5-243；彩版 5-339）。

M7 珍珠饰品上的珍珠已成粉末，不能提取与泥土混淆，仅依稀可辨。

### 7. 其他

共 3 组。有珍珠颗粒、白色块状物、墨块。

（1）珍珠颗粒　1 组 12 颗。

M7：20，出于棺内西侧偏南。银白色，形如菜籽，中有小穿孔，原似用细铜丝穿系。珠径 0.3～0.4 厘米（彩版 5-340）。

（2）白色块状物　1 组。

M7：22，出于棺内南端。白色，已结晶为块状。共计重 122.0 克（彩版 5-341）。其性质名称详见本报告柒第三章。

（3）墨块　1 组。

M7：21，出于棺内东侧南端。破碎成块、渣状。人工制造。黑色，因破碎，原状不清（详见本报告柒第三章）。重 32.0 克（彩版 5-342）。

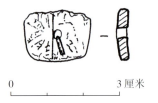

0　　　　　　　　3 厘米

图 5-243　长方形玻璃饰品 M7：29

彩版 5-339　长方形玻璃饰品 M7：29

彩版 5-340　珍珠颗粒 M7：20

彩版 5-341　白色块状物 M7：22

彩版 5-342　墨块 M7：21

### 8. 墓志

仅有石墓志 1 方。

（1）石墓志　1 方。

M7：10，出于墓室入口处东壁下。完整，无盖。青石质。方形，四立沿粗涩，素面无纹；志面抛光，錾行楷书体铭文 22 行，正文满行 22 字，最后一行字体较小，共计 451 字。行文中见"恩"字前空两格（附一）。边长 50.5×49.5、厚 9.5 厘米（图 5-244；彩版 5-343）。

附一　志铭录文：

宋汲郡呂氏第四女倩容墓誌銘并序 /
著雍困敦之歲十一月丁巳冬至汲郡呂氏用其先人之 /
禮率族人脩薦事於三世之廟而顯妣秦國夫人之室第 /
四女嫣祔焉執釁奉俎既致之以履霜之思止實設位又 /
申之以舐犢之愛禮成為之不樂者終日已而始卜得是 /
歲十二月丙申之吉歸葬于京兆府藍田縣太尉原之先 /
塋扵是父宣義郎景山泣而銘之嫣字倩容皆予所命也 /
其行第四母李氏崇德縣君乳母耿氏元祐元年九月十 /
日生於丞相府年二十二歲病足弱之疾卒于長安昇平 /
坊之第前此一歲二月二十有三日也其為人明慧異扵 /
常童凡女工儒釋音樂之事無不洞曉孝友婉娩盡得家 /
人之懽心而汲公秦國尤鍾愛焉暨汲公之南亦從至大 /
庾嶺下不幸遭離大故返葬關中往復萬里艱難百為嫣 /
實與焉汲公治命面予冠帔建中靖國元年始拜　　恩 /
賚惟加笄之日一嘗服之許嫁章郇公之曾孫壽孫者病 /
既革趣之成禮堉行次華陰而已逝矣属續前一日予誨 /

彩版 5-343　墓志 M7：10

以死生浮幻之理合掌聽受遺言大抵懼貽父母傷悲之 /
情複語自寬而巳嗚呼可哀也巳銘曰 /
慧何豐　　壽何嗇　　從王母　　即幽宅 /
其墓南直汲公之新兆其東則殤兄鄭巽弟小四合 /
住祔焉巽小四嫡子也因識于左方云大觀二年十 /
二月二十一日雲陽縣令太原王康朝書　　姚彥刊 /

图 5-244　墓志 M7：10 拓片

（2）吕倩容墓志考释

志文句读：

宋汲郡[1]吕氏第四女倩容墓志铭并序

著雍困敦之岁[2]十一月丁巳冬至，汲郡吕氏用其先人之礼，率族人修荐事于三世之庙而显妣秦国夫人[3]之室，第四女嫣祔焉。执觯奉俎，既致之以履霜[4]之思，止宾设位，又申之以舐犊之爱，礼成为之不乐者终日巳（已）而。始卜得是岁十二月丙申之吉，归葬于京兆府蓝田县[5]太尉原之先茔。于是父宣义郎[6]景山泣而铭之：嫣字倩容，皆予所命也，其行第四。母李氏，崇德县[7]君[8]，乳母耿氏。元祐元年九月十日生于丞相府，年二十二岁病足弱之疾卒于长安升平坊[9]之第，前此一岁二月二十有三日也。其为人明慧异于常童，凡女工、儒释、音乐之事无不洞晓，孝友婉娩尽得家人之欢心，而汲公[10]秦国尤钟爱焉。暨汲公之南，亦从至大庾岭[11]下，不幸遭离大故，返葬关中，往复万里、艰难百为，嫣实与焉。汲公治命面予冠帔，建中靖国元年始拜恩赉，惟加

[1]汲郡："（河北）西路。府四：真定，中山，信德，庆源。州九：相，浚，怀，卫，洺，深，磁，祁，保。军六：天威，北平，安肃，永宁，广信，顺安。县六十五。"《宋史·卷八十六·地理二》，中华书局，1985年，第2126页。"卫州，望，汲郡，防御。"《宋史·卷八十六·地理二》，中华书局，1985年，第2128页。【注】历史故名，西晋泰始二年（266年）始置，北宋时属河北西路隶下，治所在今河南省卫辉市附近。

[2]著雍困敦：中国古代历法的一种。"太岁在甲曰阏逢，在乙曰旃蒙，在丙曰柔兆，在丁曰强圉，在戊曰著雍，在己曰屠维，在庚曰上章，在辛曰重光，在壬曰玄默，在癸曰昭阳。岁阳。太岁在寅曰摄提格，在卯曰单阏，在辰曰执徐，在巳曰大荒落，在午曰敦牂，在未曰协洽，在申曰涒滩，在酉曰作噩，在戌曰阉茂，在亥曰大渊献，在子曰困敦，在丑曰赤奋若。"李学勤主编：《尔雅注释·卷第六·释天第八》，北京大学出版社，1999年，第168、169页。著雍为农历戊年，困敦为农历子年。北宋时期的农历戊子年为端拱元年（988年）、庆历八年（1048年）、大观二年（1108年）。结合志文末端所记年代可知，著雍困敦之岁为大观二年（1108年）。

[3]国夫人：叙封封号，"唐制，视本官阶爵。建隆三年，诏定文武郡臣母妻封号：……宰相、使相、三师、三公、王、侍中、中书令，旧有尚书令。曾祖母、祖母、母国太夫人；妻，国夫人。"《宋史·卷一百七十·职官十》，中华书局，1985年，第4084、4085页。

[4]履霜：谓霜冻时节怀念亲人。"霜露既降，君子履之，必有悽怆之心，非其寒之谓也。"郑玄对此作注："非其寒之谓，谓凄怆及怵惕皆为感时念亲也。"（清）朱彬：《礼记训纂·卷二十四·祭义第二十四》，中华书局，1996年，第701页。（宋）苏轼《元祐元年九月六日明堂叙文》："惕然履霜，记胜悽怆之意。"

[5]京兆府蓝田县："永兴军路。府二：京兆，河中。州十五：陕，延，同，华，耀，邠，鄜，解，庆，虢，商，宁，坊，丹，环。军一：保安。县八十三。……京兆府，京兆郡，永兴军节度。本次府，大观元年升大都督府。旧领永兴军路安抚使。宣和二年，诏永兴军守臣等衔不用军额，称京兆府。……县十三：……蓝田，次畿。"《宋史·卷八十七·地理三》，中华书局，1985年，第2144页。【注】北宋属永兴军路京兆府隶下，现在陕西省蓝田县。

[6]宣义郎：性质：文散官。《宋史·卷一百六是九·官职九》，中华书局，1977年，第4053页。职责：文散官，无具体职责。品秩：从八品。《宋史·卷一百六十八·职官八》，中华书局，1985年，第4015、4016页。俸禄：月俸十二千，等。《宋史·卷一百七十一·职官十一》，中华书局，1985年，第4110页。

[7]崇德县："两浙路。熙宁七年，分为两路，寻合为一；九年，复分；十年，复合。府二：平江、镇江。州十二：杭，越，湖，婺，明，常，温，台，处，衢，严，秀。县七十九。"《宋史·卷八十八·地理四》，中华书局，1985年，第2173页。"嘉兴府，本秀州，军事。政和七年，赐郡名曰嘉禾。庆元元年，以孝宗所生之地，升府。嘉定元年，升嘉兴军节度。……县四：……崇德。中。"《宋史·卷八十八·地理四》，中华书局，1985年，第2177页。【注】北宋属两浙路嘉兴府隶下，政和七年秀州改为嘉兴府，崇德县归其下，今浙江省桐乡县。

[8]县君：叙封称号，"唐制，视本官阶爵。建隆三年，诏定文武郡臣母妻封号：……庶子、少卿监、司业、郎中、京府少尹、赤县令、少詹事、谕德、将军、刺史、下都督、下都护、家令、率更令、仆，母封县太君；妻，县君，其馀升朝官已上遇恩。并母封县太君；妻，县君，杂五品官至三任与叙封，官当叙封者不复论阶爵。致仕同见任。亡母及亡祖母当封者如之。"《宋史·卷一百七十·职官十》，中华书局，1985年，第4084、4085页。

[9]长安升平坊：长安升平坊无文献记载，墓主吕倩容卒于此，所以升平坊应是倩容与父吕景山住所，而现蓝田乔村时为吕氏一族旧居庄园所在。

[10]汲公："元祐元年，拜（吕大防）尚书右丞，进中书侍郎，封汲郡公。"《宋史·卷三百四十·列传第九十九》，中华书局，1985年，第10842页。性质：爵位，"爵十二：王、嗣王、郡王、国公、郡公、开国公、开国郡公、开国县公、开国侯、开国伯、开国子、开国男。"《宋史·卷一百六十九·职官九》，中华书局，1977年，第4060、4061页。品秩：不明。【注】爵位表荣誉，无无具体职责与俸禄。

[11]大庾岭：中国南部山脉，位于江西与广东两省交界地区，又称梅岭。岭上有大庾关，关楼建于北宋时期，关南即古曰之岭南地区。

筓之日，一尝服之。许嫁章郇公之曾孙寿孙者，病既革，趣之成礼，壻行次华阴[1]而已逝矣。属
纩前一日，予诲以死生浮幻之理，合掌听受，遗言大抵懼贻父母伤悲之情，复语自宽而已。呜呼！
可哀也巳（已）！

铭曰：

慧何丰，寿何啬。从王母，即幽宅。

其墓南直汲公之新兆[2]，其东则殇兄郑巽（冀）、弟小四合住祔焉。巽（冀）、小四嫡子也，
因识于左方云。

大观二年十二月二十一日云阳县[3]令[4]太原王康朝书。姚彦刊。


据墓志载，墓主为吕大防孙女、吕景山的第四女吕嫣字倩容，未及嫁而患足弱之疾亡。因其
生于元祐元年（1086年）九月，没后一年方于大观二年（1108年）十二月葬，故卒年为大观元年（1107
年），其时周岁仅二十一，志文载其享年二十二岁，是以传统虚岁计之。

因未嫁且早亡，唯依古礼祔葬于祖父吕大防墓之北。吕倩容是墓园中唯一已成年的第五代族人。

# 八　吕通与妻张夫人合葬墓（编号 M8）

## （一）位置与地层

该墓位于吕氏家族墓园北部墓葬群自南向北数第一排，是坐落于墓园中轴线上最南端墓葬，
南距五里头小学内吕氏家庙395、北距 M9 为 6.05、东北距 M17 是 12.10、西距西兆沟 73.42 米。
墓葬田野编号为蓝田吕氏 M8（图 5-245、246）。发掘时间 2009 年 3 月 6 日至 23 日，历时 18 天。

墓葬所处地层剖面为（图 5-246；彩版 5-344）：

第①层：耕土层，厚约 0.30 米，色灰黄，质松散，含大量植物根系、少量碎石块、现代陶瓷片等。

第②层：扰土层，厚约 0.50 米，浅灰褐色，土质较硬，内杂近代陶片、料礓石结核颗粒、蜗牛壳、
植物根茎等。M8 墓道开口于该层下。

第③层：古代堆积层，厚 0.80 米左右，浅灰黄色，质地坚硬，呈颗粒状，杂少量残砖瓦块等。

---

[1] 华阴："永兴军路。府二：京兆，河中。州十五：陕，延，同，华，耀，邠，鄜，解，庆，虢，商，宁，坊，丹，环。军一：保安。
县八十三。"《宋史·卷八十七·地理三》，中华书局，1985 年，第 2144 页。"华州，望，华阴郡。建隆初，为镇国军节度。皇祐五年，改
镇潼军节度。……县五：……华阴，紧。"《宋史·卷八十七·地理三》，中华书局，1985 年，第 2146 页。【注】北宋属永兴军路华州隶下，
今为陕西省华阴市。

[2] 南直汲公之新兆：汲公即汲郡公，为吕倩容祖吕大防，倩容深得其崇爱，因为嫡生且未嫁，卒后可葬于祖茔，吕氏族规认定，嫡
男子祔葬于祖父母坟塚左侧，嫡女子则居右侧以示上下之别。然倩容身份特殊又受崇于秦国夫人和汲国公，故其葬位如墓志所云在汲公之新兆
正北，较嫡男身份略低而高于其他嫡女。

[3] 云阳县："永兴军路。府二：京兆，河中。州十五：陕，延，同，华，耀，邠，鄜，解，庆，虢，商，宁，坊，丹，环。军一：保安。
县八十三。"《宋史·卷八十七·地理三》，中华书局，1985 年，第 2144 页。"耀州，紧，华原郡。……县六：……云阳，上。"《宋史·
卷八十七·地理三》，中华书局，1985 年，第 2146 页。【注】北宋属永兴军路隶耀州，今在陕西省咸阳市境内。

[4] 云阳县令：性质：职事官。职责："建隆元年，令天下诸县除赤、畿外，有望、紧、上、中、下。掌总治民政、劝课农、桑、平决
狱讼。有德泽禁令，则宣布于治境。凡户口、赋役、钱谷、振济、给纳之事皆之，以时造户版及催理二税。有水旱则有灾伤之诉，以分数蠲
免。民以水旱流记，则抚存安集之，无使失业。有孝悌行义闻于乡闾者，具事实上于州，激劝以励风俗。若京、朝、幕官则为知县事，有戍兵
则兼兵马都监或监押。宣教郎以下带监押。"《宋史·卷一百六十七·职官七》，中华书局，1985 年，第 3977 页。品秩：从八品。《宋史·
卷一百六十八·职官八》，中华书局，1985 年，第 4017 页。俸禄：月俸十千～二十千，等（县令以所治县户籍量分等级享受俸禄，但《宋史》
对各县辖治人口无祥载，故具体数额不能确定）。《宋史·卷一百七十一·职官十一》，中华书局，1985 年，第 4109 页。

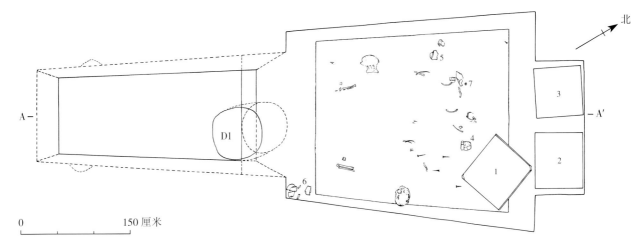

图 5-245　M8 平面图

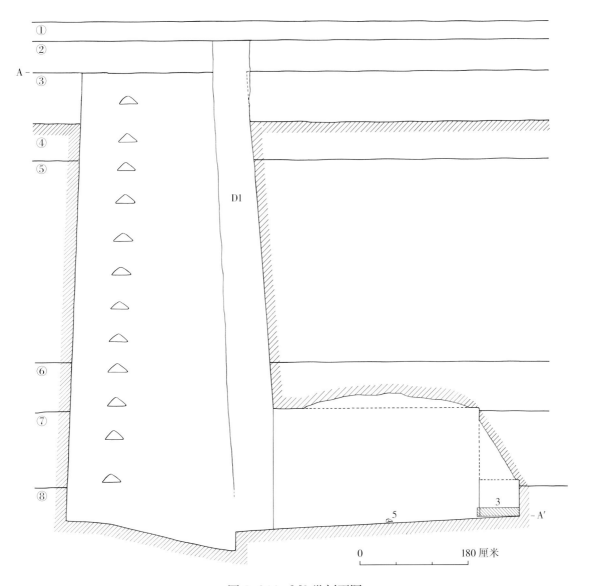

图 5-246　M8 纵剖面图

彩版 5-344　M8 地层剖面

彩版 5-345　M8 墓葬

第④层：黑褐色土层，厚 0.60 米左右，质地坚硬，内有大量白色植物根系。

第⑤层：黄土层，厚 3.20 米，质地松软，色泽纯黄，包含少量料礓石块。

第⑥层：红褐色土层，厚 0.80 米，土质坚硬，夹杂大量料礓石块。墓室顶开于该层顶面下 0.75 米处。

第⑦层：淡黄土层，厚度 1.20 米，质地松软纯净，无包含物。

第⑧层：胶泥层，厚度不明，红棕色，质地坚硬细密有韧性，内含少量料礓石块。M8 墓室底部位于该层顶面下 0.50~0.70 米处。

## （二）墓葬形制

M8 坐东北向西南，方向 210°。平面呈"甲"字形，由长方形竖穴墓道、单土洞墓室、壁龛 3 部分组成。水平总长 7.50、墓室底上距现地表 8.40 米，墓道现开口距地表 0.80 米左右（图 5-245、246；彩版 5-345）。

### 1. 墓道

位于墓葬南端，竖穴土圹式，下部北连墓室。平面呈南窄北宽长方形，开口处南北长 2.70、南宽 1.00、北宽 1.20 米。四壁铲修平滑，自开口至底逐渐外扩，呈口小底大覆斗式，底部南北长 3.40、南宽 1.24、北宽 1.64 米。墓道底面踩踏平整，南高北低缓坡状至 2.80 米后提升 0.30 米成台阶状与墓室底面相对接。底部最深处上距开口 7.60 米。东、西两壁距南壁约 0.60 米处各设纵向排列踏窝一列 12 个。最顶踏窝距现墓道开口 0.38 米，各踏窝纵向间距 0.35~0.45 米，三角形踏窝面宽 0.30、高 0.15、进深 0.10 米左右。墓道内填满五花土，质地较疏松，内夹杂料礓石块等（彩版 5-346）。

### 2. 墓室

位于墓葬北端，南接墓道。平面呈南窄北宽长方形，南北长3.42、南宽2.20、北宽2.90米。四壁基本竖直，壁面经铲平修整，现上部均坍塌，底部尚保留原状。墓室为平顶，发掘时中部已塌毁，但周边形制仍清晰保存。室底面呈北高南低坡形，踩踏平实，南端与墓道底面北端等平。墓室北端高1.75、南端高1.90米。室内填充五花土、塌土及大量淤土，并夹杂料礓石块（彩版5-347）。

墓室入口处发现倒塌的深褐色土坯残块，质地较填土硬，应属墓室原土坯封门遗迹，但难以与淤土、填土剥离，形制、尺寸皆不能知晓。

彩版5-346　M8墓道

彩版5-347　M8墓室

### 3. 壁龛

位于墓室北壁下部正中，扁长方形，南北进深0.68、东西宽1.76、高0.60米。平顶，局部已垮塌。东、西、北三壁基本竖直，壁面稍作修整仍显粗糙，残留有镢头印迹。底面平整，与墓室北部底面等同。内置吕通夫妇墓志2合3件。现龛内填充较硬淤土（彩版5-348）。

### （三）葬具葬式

该墓为双人同穴同椁异棺合葬墓，木质葬具均已朽为浅黑色灰烬。由于盗掘，葬具被扰动，结构不甚清晰，从遗留迹象分析，葬具似为一椁两棺，椁平面呈北宽南窄长方形，南北约长2.65、北宽2.40、南宽约2.00米，原高度不清。椁内南北向并列置两具棺木，其尺寸、结构已不明。在墓室底面葬具灰烬中散布大量朽残的铁棺钉。

骨架保存极差，多已朽为粉末状，两个头骨及部分肢骨散乱分布于墓室填土中，故而葬式不清（彩版5-347）。

彩版5-348　M8壁龛

## （四）盗洞

M8顶上有盗洞1个，编号D1，开口于耕土层下，位居墓道东北角，近圆形，直径约0.70米。自开口纵深而下，于0.80米处打破墓道北壁少许后基本依墓道北壁轨迹北斜下行至墓室入口。盗洞内下部填松散花土，上部约3.00米空置、无填充物。从其开口地层、形制、破坏状况及上部尚未填实判断，D1属现代盗洞，对墓室造成较大破坏与扰乱（彩版5-349）。

据吕通墓志载，其夫妇均为迁葬，又加盗扰严重，从而造成骨架不完整、保存状况极差、分布散乱的现象。

彩版5-349　M8盗洞

## （五）出土遗物

该墓出土随葬品7件（组），质地有瓷、铜、石三种。器形有瓶、罐、碗、钱、墓志等。因盗扰破坏，随葬品原摆放位置不清，出土时墓志2合3件置于壁龛及墓室东北角，其他随葬品散乱分布于墓室底部填土中。

### 1. 瓷器

共3件。器形有瓶、罐、碗。

（1）茶叶末釉盘口瓶　1件。

M8：6，出于墓室东南角。破碎断裂为多片，粘接修复成形，腹部有缺片。轮制成型。瓶体瘦高，小盘口，方圆唇，矮束颈，折肩，深筒腹，平底，底外沿自内向外斜削一周。器内壁通施棕色薄釉，外壁施褐绿色茶叶末釉至腹下，其下露胎。釉面不匀净，有光泽。灰胎，胎质坚硬细密，内含黑、白色小颗粒，露胎处表面呈浅土黄色。通体素面，腹壁轮制旋痕明显底，底部有粘痕。通高28.1、口沿径5.7、腹径12.2、底径8.4厘米（图5-247；彩版5-350）。

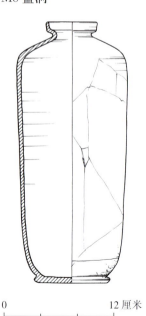

0　　　　　　12厘米

图5-247　茶叶末釉
盘口瓶 M8：6

（2）茶叶末釉双系罐 1件。

M8∶4，出于墓室北部偏中处。腹与口沿多处断裂，粘接修复基本完整。轮制成型。罐体较粗矮、大直口、厚圆唇、粗高颈、窄溜肩，肩上略出棱台一周、上腹较鼓、下腹斜内收、圈足，肩、颈处对置条形半环状系。内、外壁通施褐色薄釉，外壁再施绿色茶叶末釉，外层釉上达口沿内、下至腹下不及足，足底面刮釉露胎。釉面较光亮。灰胎，胎质坚硬细密，露胎处表面呈灰白色。通体素面，系面纵压凹槽一周，颈腹壁显修坯印迹。通高14.1、口沿径10.3、腹径13.0、圈足径6.6厘米（图5-248；彩版5-351）。

（3）青釉碗瓷片 1件。

M8∶5，出于墓室中西部。仅存底与下腹残片1件。轮制成型。斜腹，圈足，器外腹与底相交处刮削一周。内壁施满釉。外壁施釉至腰，其下露胎。釉色青灰。釉层较薄。釉面含黑、褐色麻点。浅灰胎，胎质较粗、坚硬，内含黑、白色小颗粒，有孔隙，器外腹下露胎处表面呈暗红色。素面，内底有器底粘烧痕。残高3.5、残宽8.0、足外径8.0厘米。

彩版5-350 茶叶末釉盘口瓶 M8∶6

**2.铜钱**

共2枚开元通宝铜钱。

开元通宝 1组2枚。

M8∶7-1、-2，出于墓室填土中。完整。铸造而成。品相上佳，正面内、外廓规整，窄而凸出，穿孔方正，楷书钱文对读，"元"字二划右上挑，笔画纤细清晰。背面内、外廓宽而凸出。钱径2.5、穿边长0.6厘米，重3.8克。

M8∶7-2，背面光素。

M8∶7-1，面廓稍宽，背面饰仰月纹（图5-249）。

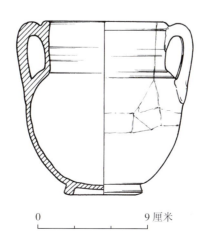

0　　　　　　9厘米

图5-248 茶叶末釉双系罐 M8∶4

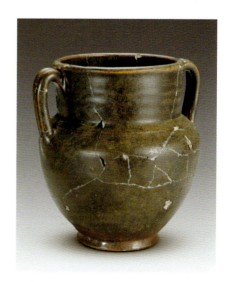

彩版5-351 茶叶末釉双系罐 M8∶4

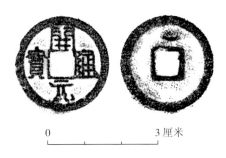

图 5-249　开元通宝 M8：7-1 拓片

### 3. 墓志

共 2 合（方）石墓志。

（1）吕通墓志　1 合。

M8：1、2，由盖、志两部分组为一合。盖出于墓室壁龛前东侧，志出于壁龛内东侧。均完整。青石凿刻打磨制成（彩版 5-352）。

盖为扁长方形，盝顶，四面斜刹较宽，立沿较薄。盝顶正中阴文篆刻 4 行 12 字（见附一），笔画粗而清晰，周边双线框内饰二方连续波浪状缠枝花叶纹。各斜刹面上以细线括出梯形规范，正中阴刻折枝牡丹花、两侧饰缠枝牡丹图案。立沿为素面抛光。盖长 73.8、宽 68.0、厚 13.3 厘米，盝顶长 44.5、宽 38.0 厘米，斜刹面宽 17.5 厘米，立沿厚 3.0 厘米（图 5-250；彩版 5-352）。

志亦呈扁长方形，面上抛光，四立沿略显粗涩。志面正中錾刻楷书铭文 42 行，满行 41 字，共计 1559 字，最后一行字体较小。行文过程中，见“真宗、太宗、上”等皇帝尊号前空二或三格，“先祖、公”等尊号前空一格（见附二）。铭文四边阴刻双线框中饰波浪状缠枝花草纹。立沿素面，未做细致加工。志石长 75.0、宽 70.0、厚 13.5 厘米（图 5-251、252；彩版 5-352）。

附一　盖铭录文：

宋故赠 / 祠部郎 / 中吕公 / 墓誌銘 /

彩版 5-352　吕通墓志一合 M8：1、2

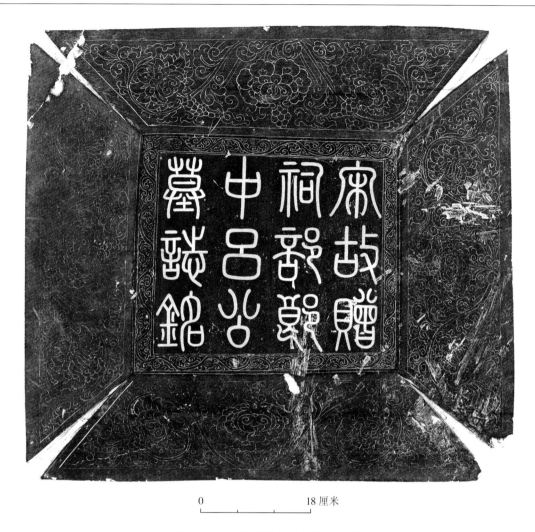

0　　　　　　　　18厘米

图 5-250　　呂通墓志盖 M8：1 拓片

附二　志銘録文：

宋故宣德郎守太常博士通判西京留守司事騎都尉借緋贈尚書祠部郎中吕公墓誌銘有序 /
朝散大夫守光禄卿直祕閣知陝州軍府事兼管内勸農使提舉銀冶務公事上護軍天水縣開國 /
子食邑六百戸賜紫金魚袋趙良規撰 /
孫承奉郎守祕書省著作佐郎知永康軍青城縣事大防書 /
右班殿直雷壽之篆蓋將仕郎守將作監主簿趙君錫填諱 /
公諱通字推之其先齊太公之後太公既封營丘其子孫入齊者為姜氏留汲者為吕氏今故汲城有太公 /
廟碑書汲郡子孫官爵至　公猶為衛州新鄉人曾祖諱珦唐睦州長史贈太子少傅曾祖妣李氏追封隴 /
西郡太夫人祖諱咸休周尚書戸部侍郎贈右僕射祖妣劉氏彭城郡夫人考諱鵠太子中允贈尚書司封 /
員外郎妣楊氏追封虢略縣太君　公舉進士登淳化二年甲科授河南府緱氏縣尉淮南轉運使奏其才 /
遷平江軍節度推官用舉者召拜祕書省著位佐郎監楚州裝卸倉轉本省丞　　　真宗即位聞其名召 /
試學士院除太常博士通判西京留守司咸平五年四月四日以疾卒官享年三十七　公方毅有守銳精 /
文學少丁司封府君之喪刻苦自立年二十遊京師當　　　太宗浸平天下求士如不及英才異人往往 /
拔用慨然有自奮之志丞相文穆公蒙正正惠公端皆以族親在顯位　公往依之章表牋疏多出公　手 /

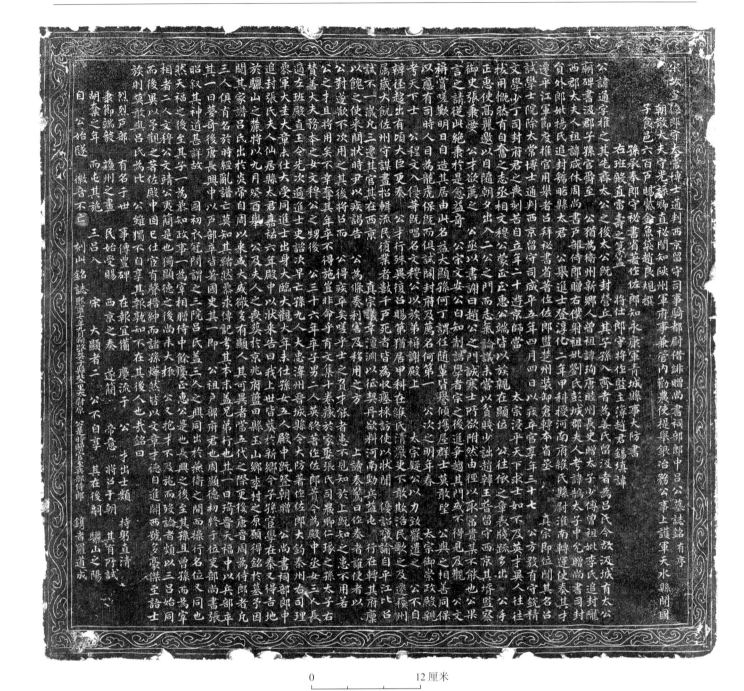

图 5-251　吕通墓志 M8：2 拓片

正惠使高麗邀以自隨朝夕出入二公之門而志氣論議未嘗以貧賤少詘趙韓王普留守西京其塈監察 /

御史張秉愛　公才欲薦之　公亟以書謝曰趙公之門誠寒士所欲附然由徑以取富貴某不能也公果 /

言之請從此絕秉扵是愈益奇　公宋文安公白知制誥學者宗之後進争趨其門或不得見及觀　公文 /

稱賞嗟歎明日自造其居由此名益大顯孫何丁謂任隨輩皆譽傾場屋群士莫敢望　公與之相善同保 /

以應有司時人目為龍虎保既而俱試開封府及薦名何第一　公次之明年春　　　太宗御崇政殿親 /

考天下士　公程文入優等既唱名文穆公以族弟稱謝殿上　　　太宗疑公以力致罷遣之　公不自 /

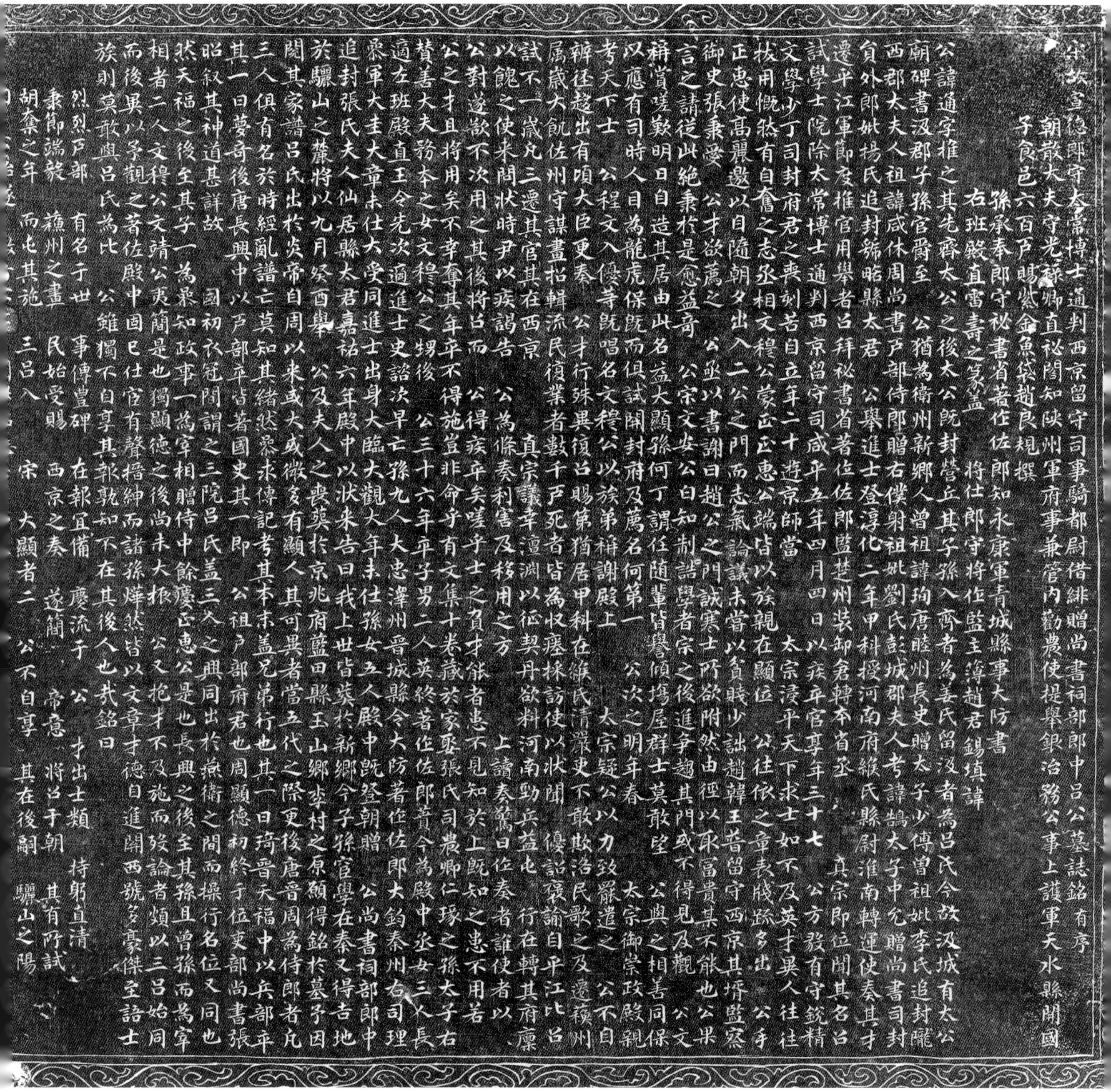

宋故宣德郎守太常博士通判西京留守司事騎都尉借緋贈尚書祠部郎中呂公墓誌銘有序

朝散大夫守光祿卿直祕閣知陝州軍府事兼管內勸農使提舉銀冶務公事上護軍天水縣開國子食邑六百戶賜紫金魚袋趙良規撰

右承奉郎祕書省著作佐郎知永康縣事大理寺丞賜緋銀魚袋……

公諱通字推之其先漢揚州人……

……

图 5-252　呂通墓誌 M8：2 拓片局部

辨径趨出有頃大臣更奏　公才行殊異復召賜第猶居甲科在緱氏清嚴吏不敢欺洛民歌之及遷蘇州 /

属歲大飢佐州守謀畫招輯流民復業者數千戶死者皆為收瘞採訪使以狀聞　優詔褒諭自平江比召 /

試不一歲凡三遷其官其在西京　　真宗議幸澶淵以征契丹欲料河南勁兵益屯行在轉其府廩 /

以餽之使來問狀時尹以疾謁告　公為條奏利害及移用之方　　上讀奏驚曰作奏者誰使者以　 /

公對遂欲不次用之其後將召而　公得疾卒矣嗟乎士之負才能者患不見知於上既知之患不用若　 /

公之才且將用矣不幸奪其年卒不得施豈非命乎有文集十卷藏於家娶張氏司農卿仁璨之孫太子右 /

贊善大夫務本之女文穆公之甥後　公三十六年卒子男二人英終著作佐郎黃今為殿中丞女三人長 /

適左班殿直王令先次適進士史諮次早亡孫九人大忠澤州晉城縣令大防著作佐郎大鈞秦州右司理 /

參軍大圭大章未仕大受同進士出身大臨大觀大年未仕孫女五人殿中既登朝贈　公尚書祠部郎中 /

追封張氏夫人仙居縣太君嘉祐六年殿中以狀來告曰我上世皆葬扵新鄉今子孫宦學在秦又得吉地 /

扵驪山之麓將以九月癸酉舉　公及夫人之喪葬扵京兆府藍田縣玉山鄉李村之原願得銘扵墓予因 /

閱其家譜吕氏出扵炎帝自周以來或大或微多有顯人其可異者當五代之際更後唐晉周為侍郎者凡 /

三人俱有名於時經亂譜亡莫知其緒然參求傳記考其本末盖兄弟行也其一曰琦晉天福中以兵部卒 /

其一曰夢奇後唐長興中以戶部卒皆著國史其一即　公祖戶部府君也周顯德初終于位吏部尚書張 /

昭敘其神道甚詳故　國初衣冠間謂之三院吕氏盖三人之興同出扵燕衛之間而操行名位又同也 /

然天福之後至其子一為參知政事一為宰相贈侍中餘慶正惠公是也長興之後至其孫且曾孫而為宰 /

相者二人文穆公文靖公夷簡是也獨顯德之後尚未大振　公又抱才不及施而歿論者頗以三吕始同 /

而後異以予觀之著佐殿中固已仕宦有聲搢紳而諸孫燁然皆以文章才德自進開西號多豪傑至語士 /

族則莫敢與吕氏為比　公雖獨不自享其報孰知不在其後人也哉銘曰 /

烈烈戶部　有名于世　事傳豐碑　在報宜備　慶流於　公才出士類　持躬直清 /

秉節端毅　蘇州之畫　民始受賜　西京之奏　遂簡　帝意　將召於朝　其有所試 /

胡奪之年　而屯其施　三吕入　宋　大顯者二　公不自享　其在後嗣　驪山之陽 /

自　公始隧　徽音不亡　刻此銘誌熙寧七年九月朔改葬於縣北五里太尉原公是時贈官至兵部侍

郎　鐫者羅道成 /

（2）吕通妻张夫人墓志　1方。

M8：3，出于壁龕内西側。完整，青石制成。无盖。正方形，志面抛光，四立沿稍作打磨，显粗涩。志面顶端阴刻长方形规范，其内横排篆书1行12字谓之额（见附三），其下纵行鏨刻楷书志文28行，满行22字，共计443字。最后一行字体较小，行文中见皇帝尊号、先祖尊号、"国（宋朝）"空行顶格或空一至二格（见附三）。铭文周边细线框中饰一整两破式团花纹。四立沿皆为素面。志石边长66.5、厚14.5厘米（图5-253；彩版5-353）。

附三　志铭录文：

篆额：

宋故仙居縣太君張氏墓誌銘 /

志文：

宋故仙居縣太君張氏夫人墓誌銘并序 /

伯孫澤州晉城令大忠撰序 /

仲孫秘書省著作佐郎大防撰銘 /

叔孫秦州右司理參軍大鈞篆額 /

图5-253　吕通妻张夫人墓志 M8：3拓片

季孫　勅賜同出身進士大受書 /
家君殿中卜以嘉祐六年九月癸酉葬我 /
王父祠部府君 /
王母仙居縣太君於京兆藍田驪山之陽命其子大忠大 /
防曰吾哀不能文惟　　仙居之先烈懿行不可不著汝 /
其敘銘之大忠等再拜承命謹按　　夫人姓張氏亳州 /
譙人祖諱仁璟以明經進尤精律學周廣順初為大理卿 /
當時朝廷無紀律執政柄者以情上下四方之獄法官偶 /

懦迎意而傅會之獨大理與其貳劇可久持法不阿有不 /

可者力爭扵朝必當而後止 /

國初為司農卿有子五人人授一經後各以其經登科務 /

本贊善大夫娶丞相文穆呂公之女弟以生　　夫人大 /

夫既卒文穆公収其孥以撫之時　　祠部府君舉進士 /

京師有名當世特為文穆公所知遂以　　夫人歸呂氏 /

生我　伯父著作君次則　家君殿中也景祐五年 /

十一月十五日後　祠部府君三十六年以疾終享壽 /

六十四嘉祐元年 /

上恭謝 /

天地用　　殿中恩追封仙居縣太君　　夫人性静而 /

專動必以禮治家教子皆有方法云銘曰 /

大農之仕　逢世之季　持法以平　挺然不倚 /

多辟立辟　從古所難　以誠行之　雖屬而安 /

翼翼仙居　餘慶其流　配賢嗣良　何德之優 /

羅道成鐫字 /

彩版 5-353　吕通妻张氏墓志 M8：3

（3）吕通墓志考释

志文句读：

宋故宣德郎[1]、守太常博士[2]、通判西京留守司事[3]、骑都尉[4]、借绯[5]、赠尚书祠部

---

[1]宣德郎：性质：文散官。又名宣教郎，"元丰本宣德，政和避宣德门改。"《宋史·卷一百六十九·职官九》，中华书局，1985年，第4053页。职责：文散官，无具体职责。品秩：正七，改制后为从八品。《宋史·卷一百六十九·职官九》，中华书局，1985年，第4050页。《宋史·卷一百六十八·职官八》，中华书局，1985年，第4016、4017页。俸禄：月俸十七千，等。《宋史·卷一百七十一·职官十一》，中华书局，1985年，第4110页。

[2]太常博士：性质：职事官，属太常寺。职责："太常寺　卿、少卿、丞、各一人，博士四人，主簿、协律郎、奉礼郎、太祝各一人。"《宋史·卷一百六十四·职官四》，中华书局，1985年，第3882页。"博士　掌讲定五礼仪式，有改革则据经审议。凡于法应谥者，考其行状，撰定谥文。有祠事，则监视仪物，掌凡赞导之事。"《宋史·卷一百六十四·职官四》，中华书局，1985年，第3884页。品秩：正八品。《宋史·卷一百六十八·职官八》，中华书局，1985年，第4016页。俸禄：月俸二十千，等。《宋史·卷一百七十一·职官十一》，中华书局，1985年，第4103页。

[3]通判西京留守司事：西京留守司，官署名。该府衙主官为"留守"，留守司职责为："留守　副留守　旧制，天子巡守、亲征，则命亲王或大臣总留守事。建隆元年，亲征泽、潞，以枢密使吴廷祚为东京留守，其西、南、北京留守各一人，以知府兼之。西京河南，南京应天，北京大名。留司管掌宫钥及京城守卫、修葺、弹压之事，畿内钱谷、兵民之政皆属焉。"《宋史·卷一百六十七·职官七》，中华书局，1985年，第3959页。通判：性质：职事官。职责："宋初惩五代藩镇之弊，乾德初，下湖南，始置诸州通判，命刑部郎中贾玭等充。建隆四年，诏知府公事并须长吏、通判签议连书，方许行下。时大郡置二员。徐置一员。州不及万户不置，武臣知州，小郡亦特置焉。其广南小州，有试秩通判兼知州者，职掌倅贰郡政，凡兵民、钱谷、户口、赋役、狱讼听断之事，可否裁决，与守臣通签书施行。所部官有善否及职事修废，得刺举以闻。元祐元年，诏知州系帅臣，其将下公事不许通判同管。元符元年，诏通判、幕职官，令日赴长官厅议事及都厅签书文檄。"《宋史·卷一百六十七·职官七》，中华书局，1985年，第3974页。品秩：正七，改制后为从八品（宣德郎、守太常博士、通判西京留守司，品秩随宣德郎）《宋史·卷一百六十九·职官九》，中华书局，1985年，第4050页。《宋史·卷一百六十八·职官八》，中华书局，1985年，第4016、4017页。俸禄：月俸十七千，等（宣德郎、守太常博士、通判西京留守司，俸禄随宣德郎）。《宋史·卷一百七十一·职官十一》，中华书局，1985年，第4110页。【注】通判西京留守司事，即指任西京河南留守司通判之职。

[4]骑都尉：性质：勋官。"勋一十二　上柱国，柱国，上护军，护军，上轻车都尉，轻车都尉，上骑都尉，骑都尉，骁骑尉，飞骑尉，云骑尉，武骑尉。"《宋史·卷一百六十九·职官九》，中华书局，1985年，第4061页。品秩：从五品。《宋史·卷一百六十八·职官八》，中华书局，1985年，第4015页。【注】勋级表身份地位，为殊荣，无具体事务及俸禄。

[5]借绯：北宋京官外出任职时的一种变通方法。北宋实行使职差遣，以地位较低的京官办理地方要务，为提高京官身份，实行借绯。"太宗太平兴国二年，诏朝官出知节镇及转运使、副，衣绯、绿者并借紫。知防御、团练、刺史州，衣绿者借绯，衣绯者借紫；其为通判、知军监，止借绯。其后，江淮发运使同转运，提点刑狱同知刺史州。雍熙初，郊祀庆成，始许升朝官服绯、绿二十年者，叙赐绯、紫。"《宋史·卷一百五十三·舆服五》，中华书局，1985年，第3561页。"仁宗景祐元年，诏军使曾任通判者借绯，曾任知州者借紫。"《宋史·卷一百五十三·舆服五》，中华书局，1985年，第3562页。

# 郎中[1]吕公墓志铭有序

朝散大夫[2]、守光禄卿[3]直秘阁[4]、知陕州[5]军府事[6]、兼管内劝农使[7]、提举银冶务公事、上护军[8]、天水县[9]开国子[10]、食邑六百户、赐紫金鱼袋[11]赵良规撰。

---

[1]尚书祠部郎中：性质：职事官，属尚书省礼部。职责："礼部掌国之礼乐、祭祀、朝会、宴飨、学校、贡举之政令。"《宋史·卷一百六十三·职官三》，中华书局，1985年，第3851页。"（礼部）其属三：曰祠部，曰主客，曰膳部。"《宋史·卷一百六十三·职官三》，中华书局，1985年，第3852页。"祠部郎中　员外郎　掌天下祀典、道释、祠庙、医药之政令。"《宋史·卷一百六十三·职官三》，中华书局，1985年，第3853页。品秩：从六品。《宋史·卷一百六十八·职官八》，中华书局，1985年，第4015页。俸禄：月俸三十五千，等。《宋史·卷一百七十一·职官十一》，中华书局，1985年，第4102页。

[2]朝散大夫：性质：文散官。《宋史·卷一百六十九·职官九》，中华书局，1985年，第4053页。职责：文散官，无具体职责。品秩：从五上，改制后为从六品。《宋史·卷一百六十九·职官九》，中华书局，1985年，第4050页。《宋史·卷一百六十八·职官八》，中华书局，1985年，第4015页。俸禄：月俸三十五千，等。《宋史·卷一百七十一·职官十一》，中华书局，1985年，第4110页。

[3]守光禄卿：守：宋朝官员的任职办法。"除授皆视寄禄官，高一品以上者为'行'，下一品者为'守'，下二品以下者为'试'，品同者不用行、守、试，馀职准此。"《宋史·卷一百六十三·职官三》，中华书局，1985年，第3833页。光禄卿：性质：职事官，属光禄寺。职责："光禄寺　卿　少卿　丞　主簿各一人。卿掌祭祀、朝会、宴乡酒醴膳羞之事，修其储备而谨其出纳之政，少卿为之贰，丞参领之。"《宋史·卷一百六十四·职官四》，中华书局，1985年，第3891页。品秩：从四品。《宋史·卷一百六十八·职官八》，中华书局，1985年，第4015页。俸禄：月俸四十五千，等。《宋史·卷一百七十一·职官十一》，中华书局，1985年，第4102页。

[4]直祕阁：性质：职事官。职责："国初，以史馆、昭文馆、集贤院为三馆，皆寓崇文院。太宗端拱元年，诏就崇文院中堂建秘阁，择三馆真本书籍万馀卷及内出古画、墨迹藏其中，以右司谏直史馆宋泌为直秘阁。直馆、直院则谓之馆职，以他官兼者谓之贴职。"《宋史·卷一百六十二·职官二》，中华书局，1985年，第3822页。品秩：正八品。《宋史·卷一百六十八·职官八》，中华书局，1985年，第4016页。俸禄：月俸三十五千，等（以朝散大夫直秘阁，俸禄随朝散大夫）。《宋史·卷一百七十一·职官十一》，中华书局，1985年，第4110页。

[5]陕州："永兴军路。府二：京兆，河中。州十五：陕，延，同，华，耀，邠，鄜，解，庆，虢，商，宁，坊，丹，环。军一：保安。县八十三。"《宋史·卷八十七·地理三》，中华书局，1985年，第2144页。"陕州，大都督府，陕郡。太平兴国初，改保平军，旧兼提举商、虢州兵马巡检事。"《宋史·卷八十七·地理三》，中华书局，1985年，第2145页。【注】北宋属永兴军路隶下，今在河南三门峡市一带。

[6]知陕州军府事：性质：职事官。职责："掌总理郡政，宣布条教，导民以善而纠其奸慝，岁时劝课农桑，旌别孝悌，其赋役、钱谷、狱讼之事，兵民之政皆总焉。凡法令条制，悉意奉行，以率所属。有赦宥则以时宣读，而班告于治境。举行祀典。察郡吏德义材能而保任之，若疲软不任事，或狴贪冒法，则按劾以闻。遇水旱，以法振济。安集流之，无使失所。"《宋史·卷一百六十七·职官七》，中华书局，1985年，第3973页。品秩：从五上，改制后为从六品（朝散大夫知陕州军府事，品秩随朝散大夫）。《宋史·卷一百六十九·职官九》，中华书局，1985年，第4050页。《宋史·卷一百六十八·职官八》，中华书局，1985年，第4015页。俸禄：月俸三十五千，等（朝散大夫知陕州军府事，俸禄随朝散大夫）。《宋史·卷一百七十一·职官十一》，中华书局，1985年，第4110页。

[7]劝农使：性质：职事官。职责："劝课农桑，则有劝农使。"《宋史·卷一百七十·职官十》，中华书局，1985年，第4078页。品秩：从五上，改制后为从六品（以朝散大夫为劝农使，品秩随朝散大夫）。《宋史·卷一百六十九·职官九》，中华书局，1985年，第4050页。《宋史·卷一百六十八·职官八》，中华书局，1985年，第4015页。俸禄：月俸三十五千，等（以朝散大夫为劝农使，俸禄随朝散大夫）。《宋史·卷一百七十一·职官十一》，中华书局，1985年，第4110页。

[8]上护军：性质：勋官。"勋十二　上柱国，柱国，上护军，护军，上轻车都尉，轻车都尉，上骑都尉，骑都尉，骁骑尉，飞骑尉，云骑尉，武骑尉。"《宋史·卷一百六十九·职官九》，中华书局，1985年，第4061页。品秩：正三品。《宋史·卷一百六十八·职官八》，中华书局，1985年，第4014页。【注】勋职，仅表荣誉，无具体职责及俸禄。

[9]天水县："秦凤路。府一：凤翔。州十二：秦，泾，熙，陇，成，凤，岷，渭，原，阶，河，兰。军三：镇戎，德顺，通远。县三十八。……秦州，下府，天水郡，雄武军节度。……县四：……天水。上。"《宋史·卷八十七·地理三》，中华书局，1985年，第2154、2155页。【注】北宋属秦凤路隶秦州，今在甘肃省天水市境内。

[10]开国子：性质：爵位。"爵十二：王、嗣王、郡王、国公、郡公、开国公、开国郡公、开国县公、开国侯、开国伯、开国子、开国男。"《宋史·卷一百六十九·职官九》，中华书局，1985年，第4060、4061页。【注】表身份，无具体事务及品秩、俸禄。

[11]赐紫金鱼袋：赐礼的一种。"赐六　剑履上殿，诏书不名，赞拜不名，入朝不趋，紫金鱼袋、绯鱼袋。右升朝官该恩。著绿二十周年赐绯鱼袋，着绯及二十周年赐紫金鱼袋。特旨者，系临时指挥。"《宋史·卷一百七十·职官十》，中华书局，1985年，第4075页。【注】仅表荣誉地位，无待遇。

孙承奉郎[1]、守秘书省著作佐郎[2]、知永康军青城县[3]事[4]大防书

右班殿直[5]雷寿之篆盖。将仕郎[6]、守将作监主簿[7]赵君锡填讳

公讳通，字推之，其先齐太公之后，太公既封营丘[8]，其子孙入齐者为姜氏；留汲者为吕氏，今故汲城有太公庙碑书。

汲郡[9]子孙官爵至公，犹为卫州新乡[10]人。曾祖讳珣，唐睦州[11]长史[12]，赠太子少

---

[1] 承奉郎：性质：文散官。《宋史·卷一百六十九·职官九》，中华书局，1985年，第4053页。职责：文散官，无具体职责。品秩：从八上，元丰改制后降为正九品。《宋史·卷一百六十九·职官九》，中华书局，1985年，第4050页。《宋史·卷一百六十八·职官八》，中华书局，1985年，第4017页。俸禄：月俸八千，等。《宋史·卷一百七十一·职官十一》，中华书局，1985年，第4110页。

[2] 祕书省著作佐郎：性质：职事官，属秘书省。职责："秘书省 监、少监、丞各一人，监掌古今经籍图书、国史实录、天文历数之事，少监为之贰，而丞参领之。其属有五：著作郎一人，著作佐郎二人，掌修纂日历。"《宋史·卷一百六十四·职官四》，中华书局，1985年，第3873页。品秩：正八品。《宋史·卷一百六十八·职官八》，中华书局，1985年，第4016页。俸禄：月俸十七千，等。《宋史·卷一百七十一·职官十一》，中华书局，1985年，第4103页。

[3] 永康军青城县："成都府路。府一：成都。州十二：眉、蜀、彭、绵、汉、嘉、邛、简、黎、雅、茂、威。军二：永康、石泉。监一：仙井。县五十八。"《宋史·卷八十九·地理五》，中华书局，1985年，第2210页。"永康军，同下州。本彭州导江县灌口镇。唐置镇静军。乾德四年，改为永安军，以蜀州之青城及导江县来隶。太平兴国三年，改为永康军。熙宁五年，废为砦；九年，复即导江县治置永康军使，隶彭州。元祐初，复故。……县二：……青城。望。乾德中，自蜀州来隶。熙宁五年军废，还隶蜀州，不知何年复来隶。"《宋史·卷八十九·地理五》，中华书局，1985年，第2215页。【注】北宋属成都府路永康军条下，今为四川省都江堰市青城镇。

[4] 知永康军青城县事：性质：职事官。职责："建隆元年，令天下诸县除赤、畿外，有望、紧、上、中、下。掌总治民政、劝课农、桑、平决狱讼。有德泽禁令，则宣布于治境。凡户口、赋役、钱谷、振济、给纳之事皆之，以时造户版及催理二税。有水旱则有灾伤之诉，以分数蠲免。民以水旱流记，则抚存安集之，无使失业。有孝悌行义闻于乡闾者，具事实上于州，激劝以励风谷。若京、朝、幕官则为知县事，有成兵则兼兵马都监或监押。宣教郎以下带监押。"《宋史·卷一百六十七·职官七》，中华书局，1985年，第3977页。品秩：从八品。《宋史·卷一百六十八·职官八》，中华书局，1985年，第4017页。俸禄：月俸十千~二十千，等（知县以所治县户籍量分等级享受俸禄，但《宋史》对各县辖治人口无详载，故具体数额不能明确）。《宋史·卷一百七十一·职官十一》，中华书局，1985年，第4109页。

[5] 右班殿直：性质：武官。职责：《宋史》无载，推测应为殿前侍卫。品秩：正九品。《宋会要辑稿·职官八》，中华书局，1957年，第2559页。俸禄：月俸五千，等。《宋史·卷一百七十一·职官十一》，中华书局，1985年，第4105页。

[6] 将仕郎：性质：文散官。又名迪功郎，"崇宁复将仕，政和再换"。《宋史·卷一百六十九·职官九》，中华书局，1985年，第4054页。职责：文散官，无具体职责。品秩：从九品。《宋史·卷一百六十八·职官八》，中华书局，1985年，第4017页。俸禄：月俸十二千，等。《宋史·卷一百七十一·职官十一》，中华书局，1985年，第4111页。

[7] 将作监主簿：性质：职事官，属将作监。职责："置监、少监各一人，丞、主簿各二人"《宋史·卷一百六十五·职官五》，中华书局，1985年，第3918页。"本监营造检计毕，长贰随事给限，丞、簿覆检。元符元年，三省言'将作监主簿二员，乞将先到任一员改充干当公事。候成资替罢'从之。"《宋史·卷一百六十五·职官五》，中华书局，1985年，第3919页。品秩：从八品。《宋史·卷一百六十八·职官八》，中华书局，1985年，第4016、4017页。俸禄：月俸五千，等。《宋史·卷一百七十一·职官十一》，中华书局，1985年，第4103页。

[8] 营丘："齐地，虚、危之分野也。东有甾川、东莱、琅邪、高密、胶东，南有泰山、城阳，北有千乘，清河以南，勃海之高乐、高城、重合、阳信，西有济南、平原，皆齐分也。少昊之世有爽鸠氏，虞、夏时有季荝，汤时有逢公柏陵，殷末有薄姑氏，皆为诸侯，国此地。至周成王时，薄姑氏与四国共作乱，成王灭之，以封师尚父，是为太公。《诗·风》齐国是也。临甾名营丘，故《齐诗》曰，'子之营兮，遭我乎嶩农之间兮。'又曰：'俟我于著乎而。'"《汉书·卷二十八下·地理志第八下》，中华书局，1962年，第1659页。【注】应为西周时期地名，在今山东淄博。"以封师尚父，是为太公。"此句指周成王将齐地营丘封于太师姜尚，故称姜太公。此前姜尚封于吕，又称吕尚、吕望，为北宋蓝田吕氏先祖。

[9] 汲郡："（河北）西路。府四：真定、中山、信德、庆源。州九：相、浚、怀、卫、洺、深、磁、祁、保。军六：天威、北平、安肃、永宁、广信、顺安。县六十五。"《宋史·卷八十六·地理二》，中华书局，1985年，第2126页。"卫州，望，汲郡，防御。"《宋史·卷八十六·地理二》，中华书局，1985年，第2128页。【注】历史故名，西晋泰始二年（266年）始置，北宋时属河北西路，治所在今河南省卫辉市附近。

[10] 卫州新乡："（河北）西路。府四：真定、中山、信德、庆源。州九：相、浚、怀、卫、洺、深、磁、祁、保。军六：天威、北平、安肃、永宁、广信、顺安。县六十五。"《宋史·卷八十六·地理二》，中华书局，1985年，第2126页。"卫州，望，汲郡，防御。……县四：……新乡，紧，熙宁六年，废入镇入汲。元祐二年复。获嘉，上。天圣四年，自怀州来隶。"《宋史·卷八十六·地理二》，中华书局，1985年，第2128页。【注】北宋属河北西路卫州隶下，今为河南省新乡市。

[11] 睦州："江南道，盖古扬州南境，汉丹杨、会稽、豫章、庐江、零陵、桂阳等郡，长沙国及牂柯、江夏、南郡地。润、升、常、苏、湖、杭、睦、越、明、衢、处、婺、温、台、宣、歙、池、洪、江、饶、虔、吉、袁、信、抚、福、建、泉、汀、漳为星纪分，岳、鄂、潭、衡、永、道、郴、邵、黔、辰、锦、施、叙、奖、夷、播、思、费、南、溪、溱为鹑尾分。为州五十一，县二百四十七。"《新唐书·卷四十一·地理五》，中华书局，1975年，第1057页。"睦州隋遂安郡。武德四年，平汪华，改为睦州，领雄山、遂安二县。七年，废严州之桐庐县来属，又改为东睦州。八年，去"东"字。旧管县三，治雄山。万岁登封二年，移治建德。天宝元年，改为新定郡。乾元元年，复为睦州。《旧唐书·卷四十·地理三》，中华书局，1975年，第1594页"两浙路。熙宁七年，分为两路，寻合为一；九年，复分；十年，复合。府二：平江、镇江。州十二：杭、越、湖、婺、明、常、温、台、处、衢、严、秀。县七十九。"《宋史·卷八十八·地理四》，中华书局，1985年，第2173页。"建德府，本严州，新定郡，遂安军节度。本睦州，军事。宣和元年，升建德军节度；三年，改州名、军额。咸淳元年，升府。"《宋史·卷八十八·地理四》，中华书局，1985年，第2177页。【注】隋谓遂安郡，唐属江南东道，天宝改为新定郡，后又复为睦州。北宋改名建德府，属两浙路隶下，今在浙江杭州一带。

[12] 唐睦州长史：性质：职事官。职责：刺史佐官，幕僚之长。品秩：从五品上。《新唐书·卷四十九下·百官四下》，中华书局，1975年，第1317页。俸禄：月俸五万，等（睦州，上）。《新唐书·卷五十五·食货五》，中华书局，1975年，第1403页。

傅[1]，曾祖妣李氏，追封陇西郡[2]太夫人[3]。祖讳咸休，周尚书户部侍郎[4]，赠右仆射[5]，祖妣刘氏，彭城郡[6]夫人[7]。考讳鹄，太子中允[8]，赠尚书司封员外郎[9]，妣杨氏，追封虢略县[10]太君[11]。公举进士，登淳化二年甲科，授河南府缑氏县[12]尉[13]，淮南[14]转运使[15]奏其才，

[1]太子少傅：性质：东宫官。职责："掌晓三师德行，以谕皇太子，奉太子以观三师之道德。"《新唐书·卷四十九上·百官四上》，中华书局，1975年，第1292页。品秩：从二品。《新唐书·卷四十九上·百官四上》，中华书局，1975年，第1292页。俸禄：月俸百万，等。《新唐书·卷五十五·食货五》，中华书局，1975年，第1402页。【注】此乃卒后增官，仅表荣耀而已。

[2]陇西郡："陇右道，盖古雍、梁二州之境，汉天水、武都、陇西、金城、武威、张掖、酒泉、敦煌等郡，总为鹑首分。为州十九，都护府二，县六十。"《新唐书·卷四十·地理四》，中华书局，1974年，第1039页。"渭州下，隋陇西郡，武德元年，置渭州。天宝元年，改为陇西郡。乾元元年，复为渭州。"《旧唐书·卷四十·地理三》，中华书局，1975年，第1631页。【注】唐属陇右道隶下，今在甘肃省陇西县一带。

[3]陇西郡太夫人：叙封封号，"唐制，视本官阶爵。建隆三年，诏定文武郡臣母妻封号：……东宫三太、文武二品、御史大夫、六尚书、两省侍郎、太常卿、留守、节度使、诸卫上将军、嗣王、郡王、国公、郡公、县公，母，郡太夫人；妻，郡夫人。"《宋史·卷一百七十·职官十》，中华书局，1985年，第4084、4085页。【注】宋代官员夫人、太夫人叙封制依唐规，故虽记载出于《宋史》则实为唐制。

[4]周尚书户部侍郎：《五代史》记载不详无法为据，唯以宋史所撰供参考。性质：职事官，属尚书省户部。职责："尚书 侍郎 掌军国用度，以周知其出入盈虚之数。凡州县废置、户口登耗，则稽其版籍；若贡赋征税，敛散移用，则会其数而颁其政令焉。凡四司所治之事，侍郎为之贰，郎中、员外郎参领之，独右曹事专隶所掌侍郎。"《宋史·卷一百六十三·职官三》，中华书局，1985年，第3848页。品秩：从三品。《宋史·卷一百六十八·职官八》，中华书局，1985年，第4014页。俸禄：月俸五十五千，等。《宋史·卷一百七十一·职官十一》，中华书局，1985年，第4102页。

[5]右仆射：《五代史》记载不详无法为据，唯以宋史所撰供参考。性质：职事官，属尚书省。职责："左仆射 右仆射 掌佐天子议大政，贰令之职，与三省长官皆为宰相之任。"《宋史·卷一百六十一·职官一》，中华书局，1985年，第3789页。品秩：不明。俸禄：月俸九十千，等。《宋史·卷一百七十一·职官十一》，中华书局，1985年，第4102页。

[6]彭城郡："楚国，高帝置，宣帝地节元年更为彭城郡，黄龙元年复故。莽曰和乐。属徐州。"《汉书·卷二十八下·地理志第八下》，中华书局，1962年，第1638页。【注】西汉之楚国，汉宣帝地节元年（公元前69年）改置为彭城郡，郡治在彭城县（今江苏徐州）。因刘邦祖籍丰县，起家于沛县，而丰县、沛县后皆属彭城郡，故天下刘氏均以彭城为祖籍，称谓彭城刘氏。"（京东）西路。府四：应天，袭庆，兴仁，东平。州五：徐，济，单，濮，拱。军一，广济。县四十三。"《宋史·卷八十五·地理一》，中华书局，1985年，第2109页。"徐州，大都督，彭城郡，武宁军节度。本属京东路，元丰元年，割属京东西路。"《宋史·卷八十五·地理一》，中华书局，1985年，第2110页。【注】北宋时彭城郡为徐州，属京东西路隶下，今在江苏徐州附近。

[7]彭城郡夫人：《五代史》记载不详无法为据，唯以宋史所载唐制仅供参考。叙封封号，"唐制，视本官阶爵。建隆三年，诏定文武郡臣母妻封号：……东宫三太、文武二品、御史大夫、六尚书、两省侍郎、太常卿、留守、节度使、诸卫上将军、嗣王、郡王、国公、郡公、县公，母，郡太夫人；妻，郡夫人。"《宋史·卷一百七十·职官十》，中华书局，1985年，第4084、4085页。

[8]太子中允：性质：东宫官。职责：据《宋会要辑稿》引《国朝会要》载云："太师、太傅、太保、少师、少傅、少保、宾客、詹事、左、右庶子、中允、中舍、谕德、赞善、洗马、家令、率更令，皆缘旧制除授而无职司。"《宋会要辑稿·职官七》，中华书局，1957年，第2545页。品秩：应为五品。《宋史·卷一百五十二·舆服四》，中华书局，1977年，第3553页。俸禄：月俸十八千，等。《宋史·卷一百七十一·职官十一》，中华书局，1985年，第4103页。【注】此官职多用于安置前朝遗臣、别国降臣、致仕官员以及文臣转迁，无实职。

[9]尚书司封员外郎：性质：职事官，属尚书省吏部。职责："吏部 掌文选官吏选试、拟注、资任、迁叙、荫补、考课之政令，封爵、策勋、赏罚殿最之法。……其属有曰司封，曰司勋，曰考功。"《宋史·卷一百六十三·职官三》，中华书局，1985年，第3831、3882页。"司封郎中 员外郎 掌官封、叙赠、承袭之事。"《宋史·卷一百六十三·职官三》，中华书局，1985年，第3836页。品秩：正七品。《宋史·卷一百六十八·职官八》，中华书局，1985年，第4015页。俸禄：月俸三十千，等。《宋史·卷一百七十一·职官十一》，中华书局，1985年，第4103页。

[10]虢略县："永兴军路。府二：京兆，河中。州十五：陕，延，同，华，耀，邠，鄜，解，庆，虢，商，宁，坊，丹，环。军一：保安。县八十三。"《宋史·卷八十七·地理三》，中华书局，1985年，第2144页。"虢州，雄，虢郡，军事。……县四：虢略，中。唐弘农县。建隆初，改常农。至道三年，改今名。熙宁四年，省玉城县为镇入焉。"《宋史·卷八十七·地理三》，中华书局，1985年，第2145页。【注】北宋属永兴军路虢州隶下，今在河南灵宝境内。

[11]虢略县太君：叙封称号，"唐制，视本官阶爵。建隆三年，诏定文武郡臣母妻封号：……庶子、少卿监、司业、郎中、京府少尹、赤县令、少詹事、谕德、将军、刺史、下都督、下都护、家令、率更令、仆，母封县太君；妻，县君，其余升朝官已上遇恩。并母封县太君；妻，县君，杂五品官至三任与叙封，官当叙封者不复论阶爵。致仕同见任。亡母及亡祖母当封者并如之。"《宋史·卷一百七十·职官十》，中华书局，1985年，第4084、4085页。

[12]河南府缑氏县："（京西）北路。府四：河南，颍昌，淮宁，顺昌。州五：郑，滑，孟，蔡，汝。军一，信阳。县六十三。"《宋史·卷八十五·地理一》，中华书局，1985年，第2114页。"河南府，洛阳郡，因梁、晋之旧为西京。熙宁五年，分隶京西北路。……县十六：……偃师，畿。庆历二年废，四年复，熙宁五年，省入缑氏，八年，复置，省缑氏县为镇隶焉。"《宋史·卷八十五·地理一》，中华书局，1985年，第2115页。【注】北宋属京西北路河南府隶下，今河南省偃师市附近。

[13]河南府缑氏县尉：性质：职事官。职责："建隆三年，每县置尉一员，在主簿之下，奉赐同。至和二年，开封、祥符两县各增置一员，掌阅羽弓手，戢奸禁暴。凡县不置簿，则尉兼之。"《宋史·卷一百六十七·职官七》，中华书局，1985年，第3978页。品秩：正九品。《宋史·卷一百六十八·职官八》，中华书局，1985年，第4017页。俸禄：月俸六千～十二千，等（县尉以所治县户籍量分等级享受俸禄，但《宋史》对各县辖治人口无详载，故具体数额不能确定）。《宋史·卷一百七十一·职官十一》，中华书局，1985年，第4109页。

[14]淮南："淮南路。旧为一路，熙宁五年，分为东、西两路。东路。州十：扬，亳，宿，楚，海，泰，泗，滁，真，通。军二：高邮，涟水。县三十八。"《宋史·卷八十八·地理四》，中华书局，1985年，第2178页。"（淮南）西路。府：寿春。州七：庐，蕲，和，舒，濠，光，黄。军二：六安，无为。县三十三。"《宋史·卷八十八·地理四》，中华书局，1985年，第2182页。【注】北宋为淮南路，约为淮河以南、长江以北地区。

[15]转运使：性质：职事官。职责："都转运使 转运使 副使 判官 掌经度一路财赋，而察其登耗有无，以足上供及郡县之费。"《宋史·卷一百六十七·职官七》，中华书局，1985年，第3964页。品秩：以京朝官充，品秩随京朝官。俸禄：以京朝官充，俸禄随京朝官。

迁平江军[1]节度推官[2]，用举者召拜秘书省著作佐郎，监楚州[3]装卸仓转本省丞。真宗即位，闻其名，召试学士院，除太常博士，通判西京留守司。咸平五年四月四日以疾卒官，享年三十七。公方毅有守，铣精文学。少丁司封府君之丧，刻苦自立，年二十游京师[4]，当太宗浸平天下，求士如不及，英才异人往往拔用，慨然有自奋之志，丞相文穆公蒙正[5]、正惠公端[6]皆以族亲在显位，公往依之，章表笺疏多出公手。正惠使高丽，邀以自随。朝夕出入二公之门而志气论议未常以贫浅少诎，赵韩王普[7]留守西京[8]，其婿监察御史[9]张秉[10]爱公才欲荐之，公丞以书谢曰：赵公之门诚寒士所欲附，然由径以取富贵，某不能也，公果言之请，从此绝秉。于是愈益奇公。宋文安公白[11]，知制诰学者宗之，后进争趋其门或不得见，及观公文，称赏嗟叹，明日自造其居，

[1]平江军："两浙路。熙宁七年，分为两路，寻合为一；九年，复分；十年，复合。府二：平江，镇江。州十二：杭、越、湖、婺、明、常、温、台、处、衢、严、秀。县七十九。"《宋史·卷八十八·地理四》，中华书局，1985年，第2173页。"平江府，望，吴郡。太平兴国三年，改平江军节度。本苏州，政和三年，升为府。"《宋史·卷八十八·地理四》，中华书局，1985年，第2174页。【注】北宋属两浙路隶下，今为江苏省苏州市。

[2]节度推官：性质：职事官。职责："签书判官厅公事　两使、防、团、军事推判官　节度掌书记　观察支使　掌笺奏赞郡政，总理诸案文移，斟酌可否，以白于其长而罢行之。凡员数多寡，视郡小大及职务之烦简。初，政和改签书判官厅公事为司录，建炎初复旧。凡节度推、判官从军额，察推及支使从州、府名。"《宋史·卷一百六十七·职官七》，中华书局，1985年，第3975页。品秩：从八品《宋史·卷一百六十八·职官八》，中华书局，1985年，第4016、4017页。俸禄：月俸十五千，等。《宋史·卷一百七十一·职官十一》，中华书局，1985年，第4108页。

[3]楚州："淮南路。旧为一路，熙宁五年，分为东、西两路。东路。州十：扬、亳、宿、楚、海、泰、泗、滁、真、通。军二：高邮、涟水。县三十六。"《宋史·卷八十八·地理四》，中华书局，1985年，第2178页。"楚州，紧，山阳郡，团练。"《宋史·卷八十八·地理四》，中华书局，1985年，第2179页。【注】北宋属淮南东路隶下，今江苏省淮安市。

[4]京师：北宋都城汴京，今河南开封。"东京，汴之开封也。梁为东都，后唐罢，晋复为东京，宋因周之旧为都。"《宋史·卷八十五·地理一》，中华书局，1985年，第2097页。

[5]丞相文穆公蒙正：丞相文穆公蒙正，即吕蒙正。"吕蒙正字圣功，河南人。祖梦奇，户部侍郎。父龟图，起居郎。蒙正，太平兴国二年擢进士第一，授将作监丞，通判升州。陛辞，有旨，民事有不便者，许骑置以闻，赐钱二十万。代还，会征太原，召见行在，授著作郎、直史馆，加左拾遗。五年，亲拜左补阙、知制诰。……李昉罢相，蒙正拜中书侍郎兼户部尚书、平章事，监修国史。……许国之命甫下而卒，年六十八。赠中书令，谥曰文穆。《宋史·卷二百六十五·列传第二十四》，中华书局，1985年，第9145、9146、9148页。

[6]正惠公端：正惠公端，即吕端。"吕端字易直，幽州安次人。父琦，晋兵部侍郎。端少敏悟好学，以荫补千牛备身。历国子主簿、太仆寺丞、秘书郎、直弘文院，换著作佐郎、直史馆。太祖即位，迁太常丞、知浚仪县、同判定州。开宝中，西上合门使郝崇信使契丹，以端为太常少卿为副。八年，知洪州，未上，改司门员外郎、知成都府，赐金紫。为政清简，远人便之。……车驾临问，端不能兴，抚慰甚至。卒，年六十六，赠司空，谥正惠，追封妻李氏泾国夫人，以其子藩为太子中舍，荀大理评事，蔚千牛备身，蔼殿中省进马。"《宋史·卷二百八十一·列传第四十》，中华书局，1985年，第9513、9516页。

[7]赵韩王普：赵韩王普，即赵普。"赵普字则平，幽州蓟人。后唐幽帅赵德钧连年用兵，民力疲弊。普父回举族徙常山，又徙河南洛阳。普沈厚寡言，镇阳豪族魏氏以女妻之。……真宗咸平初，追封韩王。二年谥曰'故太师赠尚书令、追封韩王赵普，识冠人彝，才高王佐，翊戴兴运，光启鸿图，虽吕望肆伐之勋，萧何指纵之效，殆无以过也。自辅弼两朝，周旋三纪，茂岩廊之硕量，分屏翰之剧权，正直不回，始终无玷，谋猷可复，风烈如生。宜预享于大丞，永同休于宗祐，兹为茂典，以答旧勋，其以普配飨太祖庙庭。'"《宋史·卷二百五十六·列传第十五》，中华书局，1985年，第8931、8941页。

[8]西京："西京。唐显庆间为东都，开元间改河南府，宋为西京，山陵在焉。"《宋史·卷八十五·地理一》，中华书局，1985年，第2103页。"（京西）北路。府四：河南、颍昌、淮宁、顺昌。州五：郑、滑、孟、蔡、汝。军一：信阳。县六十三。……河南府，洛阳郡，因梁、晋之旧为西京。熙宁五年，分隶京西北路。"《宋史·卷八十五·地理一》，中华书局，1985年，第2114、2115页。【注】由上知西京当为北宋时期之西京河南府，简称为西京，属京西北路隶下，今河南省洛阳市。

[9]监察御史：性质：职事官，属御史台。职责："御史台　掌纠察官邪，肃正纲纪。大事则廷辨，小事则奏弹。其属有三院：一曰台院，侍御史隶焉；二曰殿院，殿中侍御史隶焉；三曰察院，监察御史隶焉。"《宋史·卷一百六十四·职官四》，中华书局，1985年，第3869页。"监察御史六人，掌分察六曹及百司之事，纠其谬误，大事则奏劾，小事则举正。迭监祠祭。岁诣三省、枢密院以下轮治。凡六察之事，稽其多寡当否，岁终条具殿最，以诏黜陟。"《宋史·卷一百六十四·职官四》，中华书局，1985年，第3871页。品秩：从七品。《宋史·卷一百六十八·职官八》，中华书局，1985年，第4016页。俸禄：月俸二十千，等。《宋史·卷一百七十一·职官十一》，中华书局，1985年，第4103页。

[10]张秉："张秉，字孟节，歙州新安人。……迁监察御史，深为宰相赵普所器，以弟之子妻之。会有荐其才，得知郑州。"《宋史·卷三百一·列传第六十》，中华书局，1985年，第9995、9996页。

[11]宋文安公白：宋文安公白即为宋白。"宋白，字太素，大名人。年十三，善属文。多游鄂、杜间，尝馆于张琼家，琼武人，赏白有才，遇之甚厚。白豪俊，尚气节，重交友，在词场中称甚著。……会有司谥白为文宪，内出密奏言白素无检操，遂改文安。有集百卷。"《宋史·卷四百三十九·列传第一百九十八》，中华书局，1985年，第12998、13000页。

由此名益大显。孙何[1]丁谓[2]任，随辈皆誉倾场屋，群士莫敢望，公与之相善同保，以应有司，时人目为龙虎保，既而俱试开封府[3]，及荐名何第一，公次之。明年春，太宗御崇政殿亲考天下士，公程文入优等，既唱名，文穆公以族弟称谢殿上，太宗疑公，以力致罢遣之，公不自辨，径趁出，有顷，大臣更奏，公才行殊异，复召，赐第，犹居甲科。在缑氏清严，吏不敢欺，洛民歌之。及迁苏州[4]，属岁大饥，佐州守谋画，招辑流民，复业者数千户，死者皆为收瘗，采（采）访使以状闻，优诏褒谕，自平江[5]比召试，不一岁凡三迁其官其在西京。真宗议幸澶渊，以征契丹，欲料，河南劲兵益屯行，在转其府，廪以馈之，使来问状，时尹以疾谒告，公为条奏利害及移用之方，上读奏惊曰：作奏者谁？使者以公对，遂欲不次用之，其后将召，而公得疾卒矣。嗟乎！士之负才能者，患不见知于上，既知之，患不用，若公之才，且将用矣，不幸夺其年，卒不得施，岂非命乎！有文集十卷，藏于家。

娶张氏，司农卿[6]仁璪之孙、太子右赞善大夫[7]务本之女、文穆公之甥，后公三十六年卒。子男二人，英终著作佐郎，黉今为殿中丞[8]，女三人，长适左班殿直[9]王令先，次适进士史諮，

[1]孙何："孙何，字汉公，蔡州汝阳人。祖锱，唐末秦宗权据州，强以宾佐起之。锱伪疾不应，还家，以讲授为业。父庸，字鼎臣，显德中，献《赞圣策》九篇，引唐贞观所行事，以魏元成自况。得对，言曰：'武不可黩，敛不可厚，奢不可放，欲不可极。'世宗奇其言，命中书试，补开封兵曹掾。建隆初，为河南簿。太平兴国六年，鸿胪少卿刘章荐其材，改左赞善大夫。历殿中丞、知龙州而卒。"《宋史·卷三百六·列传第六十五》，中华书局，1985年，第10097页。

[2]丁谓："丁谓，字谓之，后更字公言，苏州长洲人。少与孙何友善，同袖文谒王禹偁，禹偁大惊重之，以为自唐韩愈、柳宗元后，二百年始有此作。世谓之'孙丁'。淳化三年，登进士甲科，为大理评事、通判饶州。逾年，直史馆，以太子中允为福建路采访。还，上茶盐利害，遂为转运使，除三司户部判官。峡路蛮扰边，命往体量。还奏称旨，领峡路转运使，累迁尚书工部员外郎，会分川峡为四路，改夔州路。"《宋史·卷二百八十三·列传第四十二》，中华书局，1985年，第9566页。

[3]开封府：北宋都城，又名东京。"东京，汴之开封也。梁为东都，后唐罢，晋复为东京，宋因周之就为都。"《宋史·卷八十五·地理一》，中华书局，1985年，第2097页。"京畿路。皇祐五年，以京东之曹州，京西之陈、许、郑、滑州为辅郡，隶畿内，并开封府，合四十二县，置京畿路转运使及提点刑狱总之。"《宋史·卷八十五·地理一》，中华书局，1985年，第2106页。【注】北宋属京畿路隶下，今在河南开封市附近。

[4]苏州："两浙路。熙宁七年，分为两路，寻合为一；九年，复分；十年，复合。府二：平江、镇江。州十二：杭、越、湖、婺、明、常、温、台、处、衢、严、秀。县七十九。"《宋史·卷八十八·地理四》，中华书局，1985年，第2173页。"平江府，望，吴郡。太平兴国三年，改平江军节度。本苏州，政和三年，升为府。"《宋史·卷八十八·地理四》，中华书局，1985年，第2174页。【注】北宋属两浙路隶下，今为江苏省苏州市。

[5]平江："两浙路。熙宁七年，分为两路，寻合为一；九年，复分；十年，复合。府二：平江、镇江。州十二：杭、越、湖、婺、明、常、温、台、处、衢、严、秀。县七十九。"《宋史·卷八十八·地理四》，中华书局，1985年，第2173页。"平江府，望，吴郡。太平兴国三年，改平江军节度。本苏州，政和三年，升为府。"《宋史·卷八十八·地理四》，中华书局，1985年，第2174页。【注】北宋属两浙路隶下，今为江苏省苏州市。

[6]司农卿：性质：职事官，属司农寺。职责："置卿、少卿、丞、主簿各一人。卿掌分储委积之政令，总苑囿库务之事而谨其出纳，少卿为之贰，丞参领之。"《宋史·卷一百六十五·职官五》，中华书局，1985年，第3904页。品秩：从四品。《宋史·卷一百六十八·职官八》，中华书局，1985年，第4015页。俸禄：月俸四十五千，等。《宋史·卷一百七十一·职官十一》，中华书局，1985年，第4102页。

[7]太子右赞善大夫：性质：东宫官。职责：据《宋会要辑稿》引《国朝会要》载云："太师、太傅、太保、少师、少傅、少保、宾客、詹事、左、右庶子、中允、中舍、谕德、赞善、洗马、家令、率更令，皆缘旧制除授而无职司。"《宋会要辑稿·职官七》，中华书局，1957年，第2545页。品秩：不明。俸禄：月俸十八千，等。《宋史·卷一百七十一·职官十一》，中华书局，1985年，第4103页。【注】此官职多用于安置前朝遗臣、别国降臣、致仕官员以及文臣转迁，无实职。

[8]殿中丞：性质：职事官，属殿中省。职责："殿中省　监、少监、丞各一人，监掌供奉天子玉食、医药、服御、幄帟、舆辇、舍次之政令，少监为之贰，丞参领之。"《宋史·卷一百六十四·职官四》，中华书局，1985年，第3880页。品秩：正八品。《宋史·卷一百六十八·职官八》，中华书局，1985年，第4016、4017页。俸禄：月俸二十千，等。《宋史·卷一百七十一·职官十一》，中华书局，1985年，第4103页。

[9]左班殿直：性质：武官。职责：《宋史》无载，推测应为殿前侍卫。品秩：正九品。《宋会要辑稿·职官八》，中华书局，1957年，第2559页。俸禄：月俸五千，等。《宋史·卷一百七十一·职官十一》，中华书局，1985年，第4105页。

次早亡。孙九人，大忠，泽州晋城县[1]令[2]；大防，著作佐郎；大钧，秦州[3]右司理参军[4]；大圭、大章未仕，大受同进士出身，大临、大观、大年未仕。孙女五人。殿中（指吕通次子殿中丞吕蕡）既登朝，赠公尚书祠部郎中，追封张氏夫人仙居县[5]太君[6]。嘉祐六年，殿中以状来告曰，我上世皆葬于新乡，今子孙宦学在秦，又得吉地於骊山之麓，将以九月癸酉举公及夫人之丧葬于京兆府蓝田县[7]玉山乡李村之原，愿得铭于墓。

予因阅其家谱，吕氏出于炎帝，自周以来，或大或微，多有显人，其可异者当五代之际，更后唐、晋、周为侍郎者凡三人，俱有名于时。经乱谱亡，莫知其绪，然参求传记、考其本末，盖兄弟行也。其一曰琦[8]，晋天福中以兵部卒；其一曰梦奇[9]，后唐长兴中以户部卒，皆著国史，其一即公祖户部府君也，周显德初终于位吏部尚书。张昭叙其神道甚详，故国初衣冠间谓之三院吕氏，盖三人之兴同出于燕卫之间，而操行名位又同也。然，天福之后至其子，一为吏部尚书[10]，一为宰

---

[1]泽州晋城县："河东路。府三：太原，隆德，平阳。州十四：绛，泽，代，忻，汾，辽，宪，岚，石，隰，慈，麟，府，丰。军八：庆祚，威胜，平定，岢岚，宁化，火山，保德，晋宁。县八十一。"《宋史·卷八十六·地理二》，中华书局，1985年，第2131页。"泽州，上，高平郡。……县六：晋城，紧。"《宋史·卷八十六·地理二》，中华书局，1985年，第2132、2133页。【注】晋城县北宋属河东路泽州隶下，今为山西省晋城市。

[2]晋城县令：性质：职事官。职责："建隆元年，令天下诸县除赤、畿外，有望、紧、上、中、下。掌总治民政、劝课农、桑、平决狱讼。有德泽禁令，则宣布于治境。凡户口、赋役、钱谷、振济、给纳之事皆之，以时造户版及催理二税。有水旱则有灾伤之诉，以分数蠲免。民以水旱流记，则抚存安集之，无使失业。有孝悌行义闻于乡者，具事实上于州，激劝以励风谷。若京、朝、幕官则为知县事，有戍兵则兼兵马都监或监押。宣教郎以下带监押。"《宋史·卷一百六十七·职官七》，中华书局，1985年，第3977页。品秩：从八品。《宋史·卷一百六十八·职官八》，中华书局，1985年，第4017页。俸禄：月俸十千～二十千，等（县令以所治县户籍量分等级享受俸禄，但《宋史》对各县辖治人口无详载，故具体数额不能明确）。《宋史·卷一百七十一·职官十一》，中华书局，1985年，第4109页。

[3]秦州："秦凤路。府一：凤翔。州十二：秦，泾，熙，陇，成，凤，岷，渭，原，阶，河，兰。军三：镇戎，德顺，通远。县三十八。……秦州，下府，天水郡，雄武军节度。旧置秦凤路经略安抚使，统秦州、陇州、阶州、成州、凤州、通远军，凡五州一军。"《宋史·卷八十七·地理三》，中华书局，1985年，第2154页。【注】北宋属秦凤路，今在甘肃省天水市附近。

[4]秦州右司理参军：性质：职事官。职责："司理参军掌讼狱勘鞠之事。"《宋史·卷一百六十七·职官七》，中华书局，1985年，第3976页。品秩：从八品（秦州为下府，司理参军为从八品）。《宋史·卷一百六十八·职官八》，中华书局，1985年，第4017页。俸禄：十二千，等（秦州户四万余，司理参军俸十二千）。《宋史·卷一百七十一·职官十一》，中华书局，1985年，第4108页。【注】"右"，与"左"相对，北宋以左为尊。

[5]仙居县："两浙路。熙宁七年，分为两路，寻合为一；九年，复分；十年，复合。府二：平江，镇江。州十二：杭，越，湖，婺，明，常，温，台，处，衢，严，秀。县七十九。"《宋史·卷八十八·地理四》，中华书局，1985年，第2173页。"台州，上，临海郡，军事……县五：……仙居。上。唐乐安县，梁钱镠改永安。景德四年改今名。"《宋史·卷八十八·地理四》，中华书局，1985年，第2176页。【注】北宋为两浙路台州隶下，今为浙江省仙居县。

[6]仙居县太君：叙封称号，"唐制，视本官阶爵。建隆三年，诏定文武郡臣母妻封号：……庶子、少卿监、司业、郎中、京府少尹、赤县令、少詹事、谕德、将军、刺史、下都督、下都护、家令、率更令、仆，母封县太君；妻，县君，其馀升朝官已上遇恩。并母封县太君；妻，县君，杂五品官至三任与叙封，官当叙封者不复论阶爵。致仕同见任。亡母及亡祖母当封者并如之。"《宋史·卷一百七十·职官十》，中华书局，1985年，第4084、4085页。

[7]京兆府蓝田县："永兴军路。府二：京兆，河中。州十五：陕，延，同，华，耀，邠，鄜，解，庆，虢，商，宁，坊，丹，环。军一：保安。县八十三。……京兆府，京兆郡，永兴军节度。本次府，大观元年升大都督府。旧领永兴军路安抚使。宣和二年，诏永兴军守臣等衔不用军额，称京兆府。……县十三：……蓝田，次畿。"《宋史·卷八十七·地理三》，中华书局，1985年，第2144页。【注】北宋属永兴军路京兆府隶下，今为陕西省蓝田县。

[8]琦：琦，即为吕琦。吕琦，"字辉山，幽州安次人也。祖寿，瀛洲景城主簿。父充，沧州节度判官，累至检校右庶子。……初，高祖谋求辅相，时宰相李崧力荐琦于高祖，云可大用。高祖数召琦于便殿，言及当世之事，甚奇之，方将倚之以为相，忽遇疾而逝，人皆惜之。"《旧五代史·卷九十二·晋书列传第七》，中华书局，1976年，第1215、1216页。

[9]梦奇：梦奇，全名吕梦奇。《宋史》载："吕蒙正字圣功，河南人。祖梦奇，户部侍郎。"《宋史·卷二百六十五·列传第二十四》，中华书局，1985年，第9145页。"长兴三年春正月，……庚寅，以前北京副留守吕梦奇为户部侍郎"《旧五代史·卷四十三·唐书明宗纪第九》，中华书局，1976年，第587页。

[10]吏部尚书：性质：职事官，属尚书省吏部。职责："尚书　掌文武二选之法而奉行其制命。凡序位有品，寓禄有阶，列爵有等，赐勋有给，分任有职，选官有格，考其功过，计其岁月，辨其位秩，而以序进之。凡文臣自京朝官，武臣自大使臣以上，旧内殿崇班以上。"《宋史·卷一百六十三·职官三》，中华书局，1985年，第3833、3834页。品秩：从二品。《宋史·卷一百六十八·职官八》，中华书局，1985年，第4014页。俸禄：月俸六十千，等。《宋史·卷一百七十一·职官十一》，中华书局，1985年，第4102页。

相[1]、赠侍中[2]、馀庆、正惠公是也。长兴之后，至其孙且曾孙而为宰相者二人，文穆公、文靖公夷简[3]是也。独显德之后尚未大振，公又抱才不及施而殁，论者颇以三吕始同而后异。以予观之，著佐殿中固已仕宦有声搢（缙）绅，而诸孙烨然，皆以文章才德自进，关西号多豪杰，至语士族则莫敢与吕氏为比。公虽独不自享其报，孰知不在其后人也哉！铭曰：

烈烈户部，有名于世。事传丰碑，在报宜备。

庆流于公，才出士类。持躬直清，秉节端毅。

苏州之画，民始受赐。西京之奏，遂简帝意。

将召于朝，其有所试。胡夺之年，而屯其施。

三吕入宋，大显者二。公不自享，其在后嗣。

骊山之阳，自公始隧。徽音不亡，刻此铭志。

熙宁七年九月朔，改葬于县北五里太尉原，公是时赠官至兵部侍郎[4]。

镌者罗道成。

（4）张氏夫人墓志考释

志文句读：

宋故仙居县[5]太君[6]张氏夫人墓志铭并序

孙泽州晋城[7]令[8]大忠撰序

---

[1]宰相：性质：职事官。职责："宰相之职　佐天子，总百官，平庶政，事无不统。宋承唐制，以同平章事为真相之任，无常员；有二人，则分日知印，以丞、郎以上至三师为之。"《宋史·卷一百六十一·职官一》，中华书局，1985年，第3773页。品秩：正二品（据《宋史》载，平章事、参知政事皆为真相之任，品秩为正二品）。《宋史·卷一百六十八·职官八》，中华书局，1985年，第4014页。俸禄：月俸三百千，等。《宋史·卷一百七十一·职官十一》，中华书局，1985年，第4101页。

[2]侍中：性质：职事官，属门下省。职责："侍中　掌佐天子议大政，审中外出纳之事。"《宋史·卷一百六十一·职官一》，中华书局，1985年，第3777页。品秩：正二品。《宋史·卷一百六十八·职官八》，中华书局，1985年，第3996页。俸禄：月俸四百千，等。《宋史·卷一百七十一·职官十一》，中华书局，1985年，第4101页。

[3]文靖公夷简：文靖公夷简，即吕夷简。"吕夷简，字坦夫，先世莱州人。祖龟祥知寿州，子孙遂为寿州人。……既薨，帝见群臣，涕下，曰'安得忧国忘身如夷简者'赠太师、中书令，谥文靖。"《宋史·卷三百一十一·列传第七十》，中华书局，1985年，第10206、10209页。

[4]兵部侍郎：性质：职事官，属尚书省兵部。职责："兵部　掌兵卫、仪仗、卤簿、武举、民兵、厢军、土军、蕃军，四夷官封承袭之事，舆马、器械之政，天下地土之图"。《宋史·卷一百六十三·职官三》，中华书局，1985年，第3854页。"侍郎　掌贰尚书之事。南渡，长贰互置，续置侍郎二员，绍兴常置一员。"《宋史·卷一百六十三·职官三》，中华书局，1985年，第3856页。品秩：从三品。《宋史·卷一百六十八·职官八》，中华书局，1985年，第4014页。俸禄：月俸五十五千，等。《宋史·卷一百七十一·职官十一》，中华书局，1985年，第4102页。【注】吕通卒后赠兵部侍郎，此处仅表荣誉，无其他待遇。

[5]仙居县："两浙路。熙宁七年，分为两路，寻合为一；九年，复分；十年，复合。府二：平江，镇江。州十二：杭、越、湖、婺、明、常、温、台、处、衢、严、秀。县七十九。"《宋史·卷八十八·地理四》，中华书局，1985年，第2173页。"台州，上，临海郡，军事。……县五：……仙居。上。唐乐安县，梁钱镠改永安。景德四年改今名。"《宋史·卷八十八·地理四》，中华书局，1985年，第2176页。【注】仙居县北宋属两浙路台州隶下，今为浙江省仙居县。

[6]县太君：叙封称号，"唐制，视本官阶爵。建隆三年，诏定文武郡臣母妻封号：……庶子、少卿监、司业、郎中、京府少尹、赤县令、少詹事、谕德、将军、刺史、下都督、下都护、家令、率更令、仆，母封县太君；妻，县君，其馀升朝官已上遇恩。并母封县太君；妻，县君，杂五品官至三任与叙封，官当叙封者不复论阶爵。致仕同见任。亡母及亡祖母当封者并如之。"《宋史·卷一百七十·职官十》，中华书局，1985年，第4084、4085页。

[7]泽州晋城："河东路。府三：太原，隆德，平阳。州十四：绛、泽、代、忻、汾、辽、宪、岚、石、隰、慈、麟、府、丰。军八：庆祚、威胜、平定、岢岚、宁化、火山、保德、晋宁。县八十一。"《宋史·卷八十六·地理二》，中华书局，1985年，第2131页。"泽州，上，高平郡。……县六：晋城，紧。"《宋史·卷八十六·地理二》，中华书局，1985年，第2132、2133页。【注】晋城县北宋属河东路泽州隶下，今为山西省晋城市。

[8]晋城令：性质：职事官。职责："建隆元年，令天下诸县赤、畿外，有望、紧、上、中、下。掌总治民政、劝课农、桑、平决狱讼。有德泽禁令，则宣布于治境。凡户口、赋役、钱谷、振济、给纳之事皆之，以时造户版及催理二税。有水旱则有灾伤之诉，以分数蠲免。民以水旱流记，则抚存安集之，无使失业。有孝悌行义闻于乡闾者，具实事上于州，激劝以励风谷。若京、朝、幕官则为知县事，有戍兵则兼兵马都监或监押。宣教郎以下带监押。"《宋史·卷一百六十七·职官七》，中华书局，1985年，第3977页。品秩：从八品。《宋史·卷一百六十八·职官八》，中华书局，1985年，第4017页。俸禄：月俸十千~二十千，等（县令以所治县户籍量分等级享受俸禄，但《宋史》对各县辖治人口无详载，故具体数额不能确知）。《宋史·卷一百七十一·职官十一》，中华书局，1985年，第4109页。

　　仲孙秘书省著作佐郎[1]大防撰铭

　　叔孙秦州[2]右司理参军[3]大钧篆额

　　季孙敕赐同出身进士大受书

　　家君殿中，卜以嘉祐六年九月癸酉葬我王父祠部府君、王母仙居县太君于京兆蓝田[4]骊山之阳。命其子大忠、大防曰：吾哀不能文，惟仙居之先烈懿行不可不著，汝其叙铭之。大忠等再拜承命，谨按。

　　夫人姓张氏，亳州谯[5]人。祖讳仁璲，以明经进，尤精律学，周广顺初为大理卿[6]，当时朝廷无纪律，执政柄者以情上下，四方之狱法官偈懦，迎意而傅会之。独大理与其贰，剧可久，持法不阿，有不可者力争于朝，必当而后止。国初为司农卿[7]。有子五人，人授一经后各以其经登科。务本赞善大夫[8]，娶丞相文穆吕公[9]之女弟，以生夫人，大夫既卒，文穆公收其孥，以抚之。时祠部府君举进士，京师有名，当世特为文穆公所知，遂以夫人归吕氏，生我伯父著作君，

---

　　[1]秘书省著作佐郎：性质：职事官，属秘书省。职责："秘书省　监、少监、丞各一人，监掌古今经籍图书、国史实录、天文历数之事，少监为之贰，而丞参领之。其属有五：著作郎一人，著作佐郎二人，掌修纂日历。"《宋史·卷一百六十四·职官四》，中华书局，1985年，第3873页。品秩：正八品。《宋史·卷一百六十八·职官八》，中华书局，1985年，第4016页。俸禄：月俸十七千，等。《宋史·卷一百七十一·职官十一》，中华书局，1985年，第4103页。

　　[2]秦州："秦凤路。府一：凤翔。州十二：秦、泾、熙、陇、成、凤、岷、渭、原、阶、河、兰。军三：镇戎、德顺、通远。县三十八。……秦州，下府，天水郡，雄武军节度。旧置秦凤路经略安抚使，统秦州、陇州、阶州、成州、凤州、通远军，凡五州一军。"《宋史·卷八十七·地理三》，中华书局，1985年，第2154页。【注】秦州北宋属秦凤路，今为甘肃省天水市一带。

　　[3]右司理参军：性质：职事官。职责："司理参军掌讼狱勘鞫之事。"《宋史·卷一百六十七·职官七》，中华书局，1985年，第3976页。品秩：从八品（秦州乃下府，司理参军为从八品）。《宋史·卷一百六十八·职官八》，中华书局，1985年，第4017页。俸禄：月俸十二千，等（秦州户四万余，司理参军俸为十二千）。《宋史·卷一百七十一·职官十一》，中华书局，1985年，第4108页。

　　[4]京兆蓝田："永兴军路。府二：京兆、河中。州十五：陕、延、同、华、耀、邠、鄜、解、庆、虢、商、宁、坊、丹、环。军一：保安。县八十三。……京兆府，京兆郡，永兴军节度。本次府，大观元年升大都督府。旧领永兴军路安抚使。宣和二年，诏永兴军守臣等衔不用军额，称京兆府。……县十三：……蓝田，次畿。"《宋史·卷八十七·地理三》，中华书局，1985年，第2144页。【注】北宋属永兴军路京兆府隶下，今为陕西省蓝田县。

　　[5]亳州谯县："淮南路。旧为一路，熙宁五年，分为东、西两路。东路：州十：扬、亳、宿、楚、海、泰、泗、滁、真、通。军二：高邮、涟水。县三十八。……亳州，望，谯郡，本防御。大中祥符七年，建为集庆军节度。……县七：谯，望。"《宋史·卷八十八·地理四》，中华书局，1985年，第2178页。【注】北宋属淮南东路亳州隶下，今在安徽省亳州市境内。

　　[6]大理卿：因《五代史》对大理寺卿无详述，故谨以《宋史》记载供参考。性质：职事官，属大理寺。职责："大理寺旧置判寺一人，兼少卿事一人。建隆三年，以工部尚书窦仪判寺事。凡狱讼之事，随官司决劾，本寺不复听讯，但掌断天下奏狱，送审刑院详讫，同署以上于朝。"《宋史·卷一百六十五·职官五》，中华书局，1985年，第3899页。"元丰官制行，置卿一人，少卿二人，正二人，推丞四人，断丞六人，司直六人，评事十有二人，主簿二人。卿掌折狱、详刑、鞫谳之事。同职务分左右：天下奏劾命官、将校及大辟囚以下以疑请谳者，隶左断刑，则司直、评事详断，丞议之，正审之。若在京百司事当推，或特旨委勘及系官之物应追究者，隶右治狱，则丞专推鞫。盖少卿分领其事，而卿总焉。"《宋史·卷一百六十五·职官五》，中华书局，1985年，第3900页。品秩：从四品。《宋史·卷一百六十八·职官八》，中华书局，1985年，第4015页。俸禄：月俸四十五千，等。《宋史·卷一百七十一·职官十一》，中华书局，1985年，第4102页。

　　[7]司农卿：性质：职事官，属司农寺。职责："司农寺旧置判寺事二人，以两制、朝官以上充；主簿一人，以选人充。掌供藉田九种，大中小祀供豕及蔬果、明房油，与平粜、利农之事。元丰官制行，始正职掌，置卿、少卿、丞、主簿各一人。卿掌分储委积之政令，总苑囿库务之事而谨其出纳，少卿为之贰，丞参领之。"《宋史·卷一百六十五·职官五》，中华书局，1985年，第3904页。品秩：从四品。《宋史·卷一百六十八·职官八》，中华书局，1985年，第4015页。俸禄：月俸四十五千，等。《宋史·卷一百七十一·职官十一》，中华书局，1985年，第4102页。

　　[8]赞（赞）善大夫：性质：东宫官。职责：据《宋会要辑稿》引《国朝会要》载云："太师、太傅、太保、少师、少傅、少保、宾客、詹事、左、右庶子、中允、中舍、谕德、赞善、洗马、家令、率更令，皆缘旧制除授而无职司。"《宋会要辑稿·职官七》，中华书局，1957年，第2545页。品秩：不明。俸禄：月俸十八千，等。《宋史·卷一百七十一·职官十一》，中华书局，1985年，第4103页。【注】此官职多用于安置前朝遗臣、别国降臣、致仕官员以及文臣转迁，无实职。

　　[9]丞相文穆吕公：丞相文穆吕公即吕蒙正。"吕蒙正字圣功，河南人。祖梦奇，户部侍郎。父龟图，起居郎。蒙正，太平兴国二年擢进士第一，授将作监丞，通判升州。陛辞，有旨，民事有不便者，许骑置以闻，赐钱二十万。代还，会征太原，召见行在，授著作郎、直史馆，加左拾遗。五年，亲拜左补阙、知制诰。……李昉罢相，蒙正拜中书侍郎兼户部尚书、平章事，监修国史。……许国之命甫下而卒，年六十八。赠中书令，谥曰文穆。"《宋史·卷二百六十五·列传第二十四》，中华书局，1985年，第9145、9146、9148页。

次则家君殿中也。景祐五年十一月十五日后，祠部府君三十六年以疾终享寿。六十四，嘉祐元年，上恭谢天地，用殿中恩追封仙居县太君。

夫人性静而专，动必以礼，治家教子皆有方法云。铭曰：

大农之任，逢世之季。持法以平，挺然不倚。

多辟立辟，从古所难。以诚行之，虽厉而安。

翼翼仙居，馀庆其流。配贤嗣良，何德之优。

罗道成镌字。

M8 在墓园中地位特殊，第一，是居于墓园中轴线上最南端墓葬，身后有序排列众子孙墓葬，乃辈分最高、最得敬畏的先祖。第二，吕通墓志内容丰富，尤其是详细记述了诸子、诸孙名讳、排序、职官，为蓝田北宋吕氏家族研究提供了确凿而珍贵的第一手资料。第三，吕通志文明确记其先葬骊山西原后迁于太尉原（塬），与考古发掘中的二次迁葬迹象吻合。

# 九　吕英与妻王夫人合葬墓（编号 M9）

## （一）位置与地层

该墓位于吕氏家族墓园北部墓葬群自南向北数第二排最西端，坐落于墓园中轴线上，在 M8 吕通墓北 6.00 米处，东距 M17 为 12.00、北距 M12 是 5.60、西距西兆沟 63.83 米。墓葬田野编号为蓝田吕氏 M9（图 5-254~256）。发掘时间 2009 年 3 月 8 日至 4 月 3 日，历时 26 天。

墓葬所处地层剖面为（图 5-255；彩版 5-354）：

第①层：耕土层，厚约 0.30 米，色灰黄，质松散，含大量植物根系、少量碎石块、现代陶瓷残片等。

第②层：扰土层，厚约 0.50 米，浅灰褐色，土质较硬，内杂近代陶片、料礓石结核颗粒、蜗牛壳、植物根茎等。M9 墓道开口于该层下。

第③层：古代堆积层，厚 0.80 米左右，浅灰黄色，质地坚硬，呈颗粒状，夹少量残砖瓦块等。

第④层：黑褐色土层，厚 0.60 米左右，质地坚硬，有大量白色植物根系。

第⑤层：黄土层，厚 3.20 米，质地松软，色泽纯黄，包含少量料礓石块。

第⑥层：红褐色土层，厚 0.85 米，土质坚硬，夹杂大量料礓石块。

第⑦层：淡黄色土层，厚度 1.20 米，质地松软纯净，无包含物。

第⑧层：胶泥层，厚度 1.65 米，红棕色，质地坚硬细密有韧性，包含少量料礓石块。M9 墓室顶开于该层顶面下 0.45 米处。

第⑨层：黄褐色土层，厚度不明，土质较硬，夹杂较多料礓石块。M9 墓道底位于该层面下 0.85 米；墓室底部位于该层顶面下 0.50~0.60 米处。

## （二）墓葬形制

M9 坐东北向西南，方向 210°。平面基本呈"甲"字形，由长方形竖穴墓道、土坯封门、单土洞墓室、壁龛 4 部分组合而成。水平总长 6.30、墓室底上距现地表 9.70 米，墓道修开口距地表 0.80 米（图 5-254~256；彩版 5-354）。

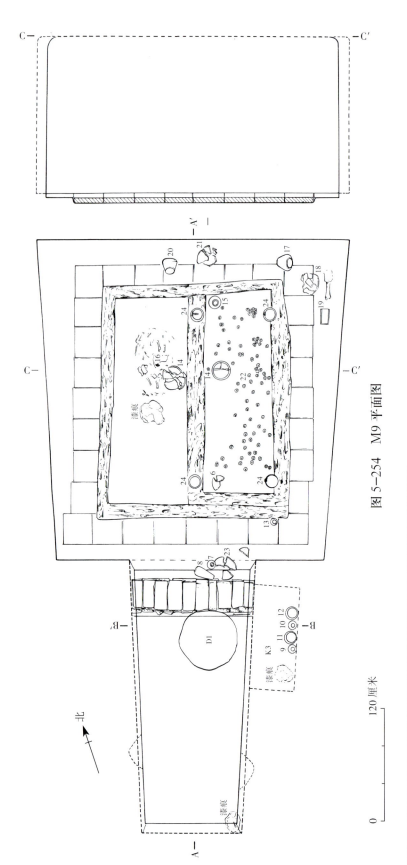

图 5-254　M9 平面图

彩版 5-354　M9

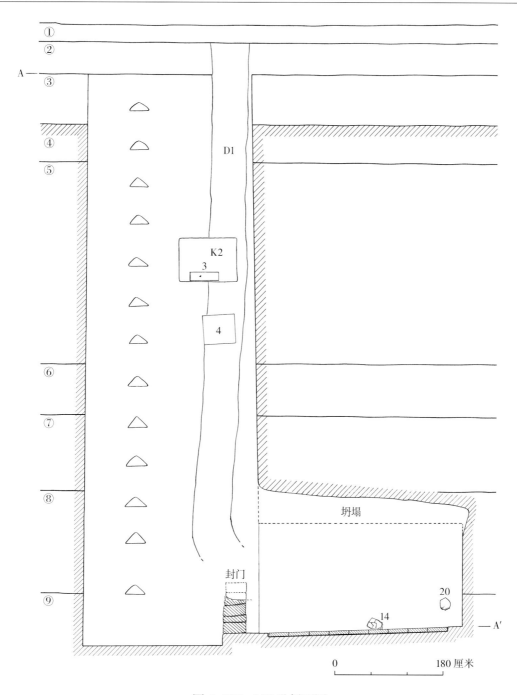

图 5-255　M9 纵剖面图

### 1．墓道

位于墓葬南端，竖穴土圹式，下部北连墓室，开口于扰土层下。平面呈南窄北宽长方形，开口处南北长 2.70、南宽 1.00、北宽 1.32 米。自开口至底，四壁稍斜外扩，成口小底大状，壁面铲修平整光滑。底面平坦，南北长 2.90、南宽 1.10、北宽 1.40 米，北端墓室入口前抬高 0.20 米，形成宽 0.60 米台阶一层，并于其上垒砌封门，底面最低处上距开口 9.10 米。东、西两壁距南壁约 0.50~0.70 米处各纵向设置踏窝一列 13 个，最顶踏窝距现墓道开口 0.45 米，各踏窝纵向间距 0.40~0.50 米间。踏窝呈三角形，面宽 0.35、高 0.18、进深 0.12 米左右。墓道内填充五花土，质地较疏松，内含料礓石块等（彩版 5-355）。

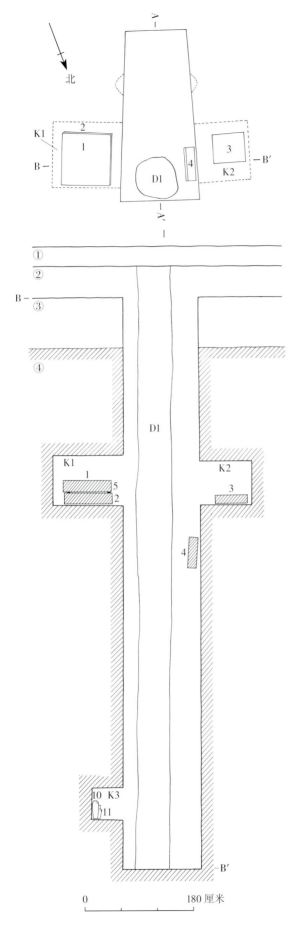

图 5-256 M9 墓道壁龛平、剖面图

彩版 5-355 M9 墓道

## 2．封门

土坯封门位于墓道北壁下，墓室入口外。残高约 0.82、宽 1.32、墙体厚 0.40米。以土坯并列横立与并列平铺相间砌成，现封门上部已坍塌，仅残存下部 5 层，每层用坯约 10 块。土坯呈深褐色，质地较坚硬，长 0.40、宽 0.20、厚 0.12米（彩版 5-356）。在土坯封门内壁、墓室入口前发现大量朽木灰迹，推测原土坯封门内紧贴墓道北壁尚设木门一道，现皆朽为灰烬，详情难知。

## 3．墓室

位于墓葬北端，南接墓道。平面呈南窄北宽长方形，南北长 3.40、南宽 2.98、北宽 3.46 米。四壁基本竖直，壁面铲修平整，因长期渗水浸泡及盗扰破坏，局部已有垮塌。顶部坍塌，四周壁面未见起拱痕迹，现壁、顶相交处局部有残存，故知原为平顶。墓室底面修平，略呈北高南低状，高差 0.10 米，南端与墓道北端台面等平，底至顶原高 1.65~1.75 米，底面居中嵌以方砖并列平铺而成的长方形砖铺底面，南北长2.98 米，用砖 9 排；东西宽 2.65 米，用砖 8 排，共计铺置方砖 72 块。砖边长 32.0、厚 6.0 厘米（彩版 5-357）。

墓室内填充五花土、塌土及大量淤土，并夹杂料礓石块。

## 4．壁龛

共 3 个，分别编号 K1、K2、K3。均开于墓道东、西两壁偏北部，现顶部均有坍塌。

K1、K2 对称布置在墓道开口下 2.60米处。K1 居东，平面为长方形，东西长 1.14、南北宽 1.05、高 0.80 米。平顶虽塌，痕迹犹在。四壁竖直，修整光滑，

彩版 5-356　M9 封门

彩版 5-357　M9 墓室

底面平整。内置吕英夫人王氏墓志1合，填土为较松散花土（图5-256；彩版5-358）。

K2位西，平面近方形，东西长0.90、南北宽0.94、高0.70米。平顶局部坍塌。四壁竖直，铲修光滑。底面平整。原内置吕英墓志1合，现志盖坠于龛下0.50米处填土中。龛内仍填松散花土（彩版5-359）。

K3在墓道东壁距底0.80米处，平面为扁长方形，东西长0.50、南北宽1.10、高0.50米。平顶部分坍塌。四壁竖直且铲修光滑。底面整平。龛内东壁下置瓷瓶2件、瓷罐2件及漆皮灰迹一堆。龛内填较松散花土（彩版5-360）。

### （三）葬具葬式

M9为双人同穴同椁单棺合葬墓，木质葬具均已朽为灰烬，但迹象结构尚清晰。椁南北向置于墓室中部砖铺面上，已成红褐色木灰，平面呈长方形，长2.50、宽2.00~2.15米，原高度不清，椁板厚约15.0厘米。

椁内东侧南北向置木棺一具，灰迹呈浅黑色，底部结构清晰，平面为南宽北窄长方形，南北长2.20、南宽约0.88、北宽约0.85米，原高度不清，板厚10.0厘米。棺四角各钉铁质棺环1个，现仍保持原状，未经扰动。

棺内骨架保存极差，皆朽为粉末，从残留头骨碎片观察，似为仰身直肢，头南足北状。骨架长约1.75米。

椁之西侧无木质棺具，仅于椁室西侧中部底面见骨骼碎渣一堆，有被火熏烧痕迹，红色漆皮残迹一片。清理时紧靠骨骼残渣东侧有仿

彩版5-358　M9壁龛K1

彩版5-359　M9壁龛K2

彩版5-360　M9壁龛K3

彩版 5-361　M9 葬具

古青釉瓦棱簋 1 件（编号 M9：14），口向骨渣堆破碎歪倒于地，故推测骨渣原应敛于簋内，簋则纳于漆盒中，后漆盒朽毁，瓷簋又被盗掘者推倒至使骨渣倾于椁底，因簋已破碎为多片，现场提取保护，所以照片中未能显示（彩版 5-361）。

据 2 合墓志记载，该墓男主人吕英乃二次迁葬，女主人王氏则始葬于此。故椁东侧棺内所葬应为王氏，西侧瓷簋中所收碎骨恐属吕英遗骸。

### （四）盗洞

M9 被盗严重，盗洞位于墓道北中部编号 D1，其开口在耕土层下，平面呈圆形，直径约 0.70 米，自开口顺墓道北壁而下直至底部，打破土坯封门上部进入墓室，并将室内随葬物品严重盗扰。洞内填充松散扰土，从开口地层、盗洞形制、盗掘遗留状况分析，D1 应为近现代盗洞（图 5-254、255）。

### （五）出土遗物

共清理随葬品 23 件（组），质地有瓷、陶、铜、铁、石五种。器形有瓶、罐、簋、托盘、碗、盏、砚、钱币、带扣、棺环、墓志等。因盗扰破坏，原随葬品摆放位置多已挪动，现出处大致分为五个区域：第一区为龛 1、龛 2 内；第二区为龛 3 内；第三区为墓室入口东侧；第四区为墓室棺具周围；第五区为棺内。

**1. 瓷器**

共 11 件（组）。分别为簋、瓶、罐、碗、托盏。

（1）青釉瓦棱簋　1 件。

M9：14，出于椁内西侧中部。破碎断裂为多片，粘接修复基本完整，口沿有数处缺失。轮制加手工修整而成。由盖、身组合为一套。盖顶心置盘口形提手，斜弧顶，折沿外撇，母口方唇。簋身为敛子口，方圆唇，窄斜沿，圆肩，鼓腹，微圜底，圈足，足外沿自内向外斜削一周，腹部对置龙首半环状双系。外壁施满釉，内壁

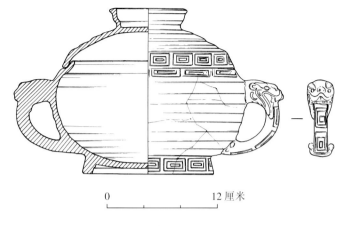

图 5-257　青釉瓦棱簋 M9：14

口沿下施薄釉，内沿周围、子母口沿露胎，足底沿刮釉露胎。外壁釉色青灰，内壁薄釉为酱黄色。釉层较厚、滞沉，盖面有缩釉现象。釉面失透，较明亮。灰胎，胎质坚硬细密，露胎处表面呈土黄色。盖顶表面制为瓦棱状，腹外表亦为多重瓦棱状与盖顶对应，口沿上下、圈足外墙均划花"回"形纹一周，双系外面亦纵向饰"回"形纹一周。通高 17.4、盖高 6.3、提手径 8.3、盖口沿径 18.8、簋身高 12.0、口沿径 16.6、腹径 21.4、足径 14.5 厘米（图 5-257；彩版 5-362）。

（2）青釉小口瓶　2 件。

M9：7、8，出于封门内侧。轮制成型。形制、尺寸、釉色、胎质基本相同。器形瘦高，小直口，厚圆唇，矮束颈，折肩，深筒腹，饼足微外撇。器内壁施满釉，外壁施釉至腹下，其下露胎。釉色青灰泛黄。釉层较薄。釉面不匀净，有斑驳感。灰胎，胎质坚硬，内含黑、白色颗粒、有孔隙，露胎处表面呈土黄色。通体素面，腹壁有明显轮制旋痕，足底留同心圆轨迹。

M9：8，完整。腹壁有釉泡，下腹有垂釉，底上有粘砂。通高 31.2、口沿径 4.9、腹径 13.0、足径 9.3 厘米（图 5-258；彩版 5-363）。

M9：7，破碎为多片，粘接修复成形，下腹有缺片。下腹有垂釉，底部有粘砂。通高 30.7、口沿径 4.8、腹径 12.2、足径 9.0 厘米（图 5-259；彩版 5-364）。

（3）茶叶末釉盘口瓶　2 件。

M9：9、10，出于 K3 内。轮制成型。形制、尺寸、釉色、胎质基本相同。小盘口，尖圆唇，折弧肩、深筒腹，饼足外撇，足沿自内向外斜削一周。器内壁施满釉，外壁施釉至下腹，以下露胎。釉色褐绿如茶叶末，釉层欠匀，局部显薄。釉面较明亮，多棕眼气泡。灰胎，胎质坚硬致密，露胎处表面呈土黄色。通体素面，外腹壁修坯痕迹明显。

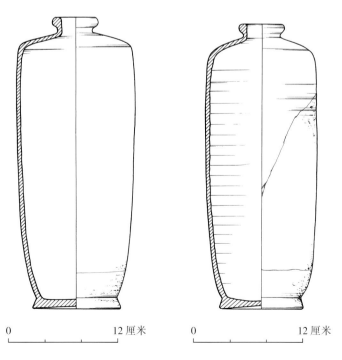

图 5-258　青釉小口瓶 M9：8　　图 5-259　青釉小口瓶 M9：7

彩版 5-362　青釉瓦棱簋 M9：14

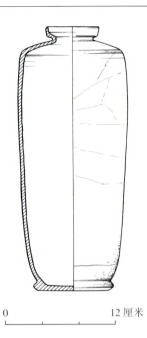

彩版 5-363 青釉小口瓶 M9：8 　　彩版 5-364 青釉小口瓶 M9：7

图 5-260 茶叶末釉
盘口瓶 M9：9

彩版 5-365 茶叶末釉盘口瓶 M9：9 　　彩版 5-366 茶叶末釉盘口瓶 M9：10

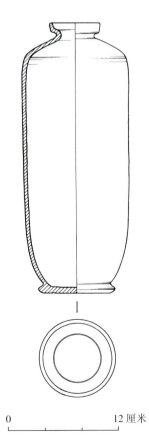

　　M9：9，破碎为多片，粘接修复基本完整，上腹有缺片。下腹露胎处有粘釉。通高 28.2、口沿径 5.7、腹径 12.0、足径 8.6 厘米（图 5-260；彩版 5-365）。

　　M9：10，腹部破碎，粘接修复完整。下腹有垂釉，足底有圆形旋痕。通高 29.1、口沿径 5.6、腹径 11.6、足径 8.3 厘米（图 5-261；彩版 5-366）。

　　（4）黑釉双系罐　2 件。

　　M9：11、12，出于 K3 内。轮制成型。形制、釉色、胎质基本相同，尺寸稍有差别。直口微敛，厚圆唇，粗高颈，窄弧肩，上腹较鼓、下腹内向斜收，圈足略外撇，颈、肩部对置扁条形"『"状系。双系内、外面正中各设纵向凹槽一周。内、外壁通施酱红色底釉，外壁又于底釉上加施黑釉，上至内口沿、下达近足处，

图 5-261 茶叶末釉盘口瓶
M9：10

足底沿刮釉露胎。釉色黑中泛酱。釉面不洁净、有棕眼及土黄色渍斑。露胎处表面呈浅灰色。通体素面,轮制旋痕明显,露胎处有粘砂。

M9：11,完整。颈、肩部有大片土黄色渍斑,似为泥水浸入所留。通高 21.4、口沿径 12.4、颈高 5.6、腹径 15.9、足径 8.2 厘米(图 5-262,1;彩版 5-367)。

M9：12,完整。釉色较明亮。口沿有粘痕。通高 20.3、口沿径 11.9、颈高 4.2、腹径 14.9、足径 7.9 厘米(图 5-262,2;彩版 5-368)。

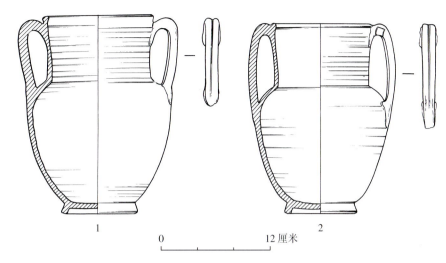

图 5-262　黑釉双系罐
1、2. M9：11、12

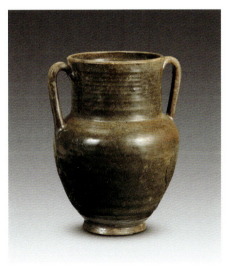

彩版 5-367　黑釉双系罐 M9：11

彩版 5-368　黑釉双系罐 M9：12

(5)酱黄釉双系罐　1件。

M9：15,出于东棺内西北角。断裂为 3 片,粘接修复完整。轮制成型。直口微敛,窄平沿,粗弧颈上小下渐大,圆肩,鼓腹,圈足,颈、肩部对立扁条形半环状双系。外壁满施棕色薄底釉,底釉上又加施黄釉,上至口沿沿面、下达下腹,其下露胎,足内墙及外底露胎;内壁底釉施至肩部,腹壁有垂釉。釉色酱黄泛青。釉面明亮,有酱色、浅黄色斑。外底露胎处表面呈土黄色,内含黑、白色颗粒,胎质坚硬粗糙。通体素面,满布修坯凸棱旋痕,足内沿不规整。通高 14.0、口沿径 10.0、腹径 13.9、足径 6.5 厘米(图 5-263;彩版 5-369)。

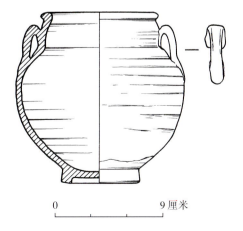

图 5-263　酱黄釉双系罐 M9：15

（6）青釉刻花碗　1件。

M9：21，出于墓室北壁下。破碎残缺，经粘接修复，现存约三分之一器形。轮制成型。侈口，圆唇，浅弧腹，微圜底，圈足。内、外壁均施满釉，足底刮釉露胎。釉色青绿闪黄。釉面厚腻欠光泽，棕眼密集，多土锈斑。灰胎，胎质坚硬有夹层，足内墙、内底露胎处为火石红色。碗内壁刻卷草、花朵与钱纹。通高7.1、残口沿径21.0、足径6.2厘米（图5-264，1；彩版5-370）。

（7）青釉盏　1件。

M9：23，出于封门内侧。多处断裂，粘接修复基本完整，口沿有缺失。轮制成型。敞口微外撇，尖圆唇，斜直腹略弧，内底稍下凹，圈足，挖足极浅。内、外壁施满釉，足底刮釉露胎。釉色青中泛黄。釉层局部不均匀。釉面明亮，内壁多条形、网格形冰裂纹。足内底为火石红色，足内墙及内底有粘痕。灰胎，胎质坚硬细密。通体素面。通高4.6、口沿径14.5、足径3.8厘米（图5-264，2；彩版5-371）。

（8）黑釉银兔毫托盏　1套2件。

M9：6，出于盗洞扰土中。破碎残缺，粘接修复基本完整。轮制成型。由盏与盏托合成一套。盏为敞口，圆唇，弧腹，圈足。盏托为中空，直口微敛，高颈稍外弧，下出圆形托盘为圆唇，浅斜腹，盘底下置高圈足。内、外壁满施黑釉，盏口沿、上腹、托口沿、足外墙釉薄处呈酱紫色，盏圈足底、托圈足底刮釉露胎。釉面透亮，多棕眼，盏腹内、外有银灰色放射状细线，闪金属光泽。灰胎，胎质坚硬细密，露胎处表面呈浅土黄色。通高7.6、盏高4.1、口沿径9.7、足径4.0、托高4.5、盘径11.0、足径4.3、足高1.5厘米（图5-265；彩版5-372）。

彩版5-369　酱黄釉双系罐 M9：15

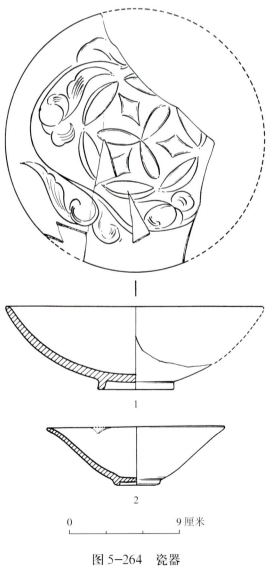

图5-264　瓷器

1.青釉刻花碗 M9：21　2.青釉盏 M9：23

彩版5-370　青釉刻花碗 M9：21

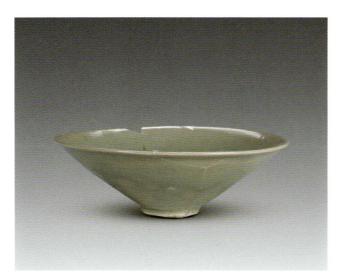

彩版 5-371　青釉盏 M9 : 23

彩版 5-372　黑釉银兔毫托盏 M9 : 6

## 2. 陶器

共5件（组）。器形为罐、砚、灯盏。

（1）罐　3件。

M9：17、18、20，轮制而成。泥质灰陶。形制、尺寸、纹饰、胎质基本相同。直口，厚唇，圆肩，鼓腹，下腹内向斜收成平底。外壁肩、腹上部以褐色画网格纹，其下轮制旋痕明显。

M9：17，出于墓室东北角。完整。通高18.3、口沿径10.3、腹径18.6、底径9.6厘米（图5-266，1；彩版5-373）。

M9：18，出于墓室东北角。破碎为多片，粘接修复基本完整。通高18.1、口沿径10.1、腹径19.0、底径10.0厘米（图5-266，2；彩版5-374）。

M9：20，出于墓室北壁下。下腹有断裂，粘接修复基本完整，底部有缺片。通高18.0、口沿径10.0、腹径18.4、底径9.4厘米（图5-266，3；彩版5-375）。

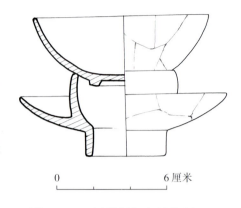

0　　　　　　6厘米

图5-265　黑釉银兔毫托盏 M9：6

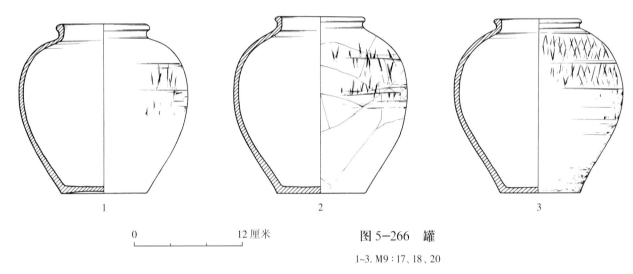

0　　　　　　12厘米

图5-266　罐

1~3. M9：17、18、20

彩版5-373　罐 M9：17

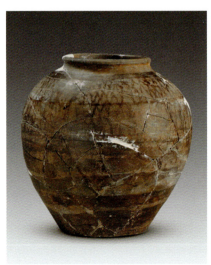

彩版5-374　罐 M9：18

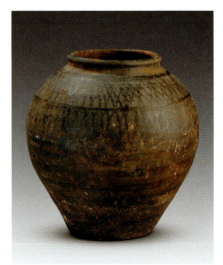

彩版5-375　罐 M9：20

（2）风字形砚 1件。

M9：19，出于墓室东北角。完整。模制而成。泥质灰陶。前宽后窄，砚堂周边为较高、内收立沿，前部墨堂隆起，后部墨池倾斜，砚外底左、右立沿内收形成前高后低空间，可抄手入内将砚端起，故又名抄手砚。通体素面，表面光滑，砚堂内有使用磨痕。顶面长15.1、前宽10.3、后宽9.1、底面长13.2、前宽9.0、后宽7.4、厚3.5厘米（图5-267，1；彩版5-376）。

（3）灯盏 1件。

M9：13，出于封门内侧。完整。轮制成型。泥质灰陶。敞口，厚圆唇，浅弧腹，平底。素面。高3.0、口沿径8.6、底径4.5厘米（图5-267，2；彩版5-377）。

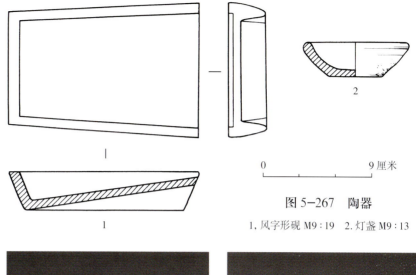

图5-267 陶器

1、风字形砚 M9：19 2.灯盏 M9：13

彩版5-376 风字形砚 M9：19

彩版5-377 灯盏 M9：13

**3．铜器**

仅1组带饰。

铜带具 1组3件。

其中带銙2件、扣针1件，分别编号M9：16-1~3，出于椁内西侧。铜条曲折而成，锈蚀。带銙呈"⊐"形，面微弧，两端头内卷扣于革带上。素面。

M9：16-1，带銙，保存完整，长3.8、宽2.1厘米（图5-268，1；彩版5-378左）。

M9：16-2，带銙，一端头缺失。残长3.7、宽2.0厘米（图5-268，2；彩版5-378中）。

M9：16-3，扣针，基本完整，针顶尖圆、下部渐粗、底部应与横轴相连。长1.8厘米（图5-268，3；彩版5-378右）。

**4．铜钱**

共1组67枚。M9：22-1~67，出于东棺内。铸造

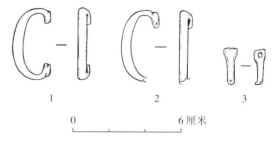

图5-268 铜带具

1、2.带銙 M9：16-1、-2 3.扣针 M9：16-3

彩版5-378 铜带具 M9：16-1～3

而成。完整。分开元通宝、至道元宝、咸平元宝、景德元宝、祥符元宝、祥符通宝、天禧通宝、天圣元宝、皇宋通宝、嘉祐通宝、治平元宝、熙宁元宝、元丰通宝、元祐通宝。

（1）开元通宝　1枚。

M9：22-1，钱体稍薄，品相较好，内、外廓规整，穿孔方正。正面廓沿略窄，楷书钱文对读，笔画清晰整齐，"元"字两横右上挑。背面有仰月纹，外廓宽平。钱径2.5、穿边长0.7厘米，重2.7克（图5-269，1；彩版5-379，1）。

（2）至道元宝　3枚。

钱文分为行、楷两种书体，分两型。

A型：楷书2枚。钱体稍薄，品相较好，正面廓规整凸出，穿孔较大，楷书钱文顺时针旋读，笔画较粗，字迹清晰。背面光素，外廓低平。钱径2.5、穿边长0.6厘米，重2.9克。标本M9：22-8（图5-269，2；彩版5-379，2）。

B型：行书1枚。M9：22-10，钱体较重，品相好，正面外廓规整宽凸，穿孔较大，行书钱文顺时针旋读，笔画粗、字迹清晰。背面光素，外廓低平。钱径2.5、穿边长0.6厘米，重2.9克（图5-269，3；彩版5-379，3）。

（3）咸平元宝　2枚。

钱体厚重，品相佳，正、背两面外廓宽而凸出，穿孔较大。正面楷书钱文顺时针旋读，笔画

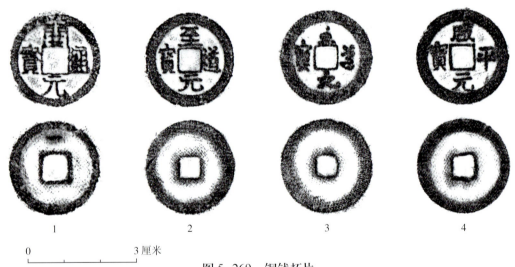

　　1　　　　　　　2　　　　　　　3　　　　　　　4

0　　　　　　　3厘米

图5-269　铜钱拓片

1. 开元通宝 M9：22-1　2、3. 至道元宝 M9：22-8、-10　4. 咸平元宝 M9：22-11

彩版5-379　铜钱 M9：22-1、-8、-10、-11

纤细规矩。背面光素。钱径 2.5、穿边长 0.6 厘米，重 3.5 克。标本 M9：22-11（图 5-269，4；彩版 5-379，4）。

（4）景德元宝　1 枚。

M9：22-13，品相较好，正、背两面外廓均宽而凸出，穿孔不够方正。正面楷书钱文顺时针旋读，笔画纤细，字迹端正清晰。背面光素。钱径 2.6、穿边长 0.6 厘米，重 3.3 克（图 5-270，1；彩版 5-380，1）。

（5）祥符元宝　2 枚。

钱体较重，品相较好，正面外廓宽而凸出，穿孔较小，楷书钱文顺时针旋读，笔画较细，字迹端正清晰。背面光素，外廓宽而低平。钱径 2.4、穿边长 0.5 厘米，重 3.4 克。标本 M9：22-14（图 5-270，2；彩版 5-380，2）。

（6）祥符通宝　2 枚。

钱体厚重，品相佳，正面外廓规整、宽而凸出，穿孔方正，楷书钱文顺时针旋读，笔画较细，字迹规整。背面光素，外廓宽而低平。钱径 2.5、穿边长 0.6 厘米，重 3.8 克。标本 M9：22-16（图 5-270，3；彩版 5-380，3）。

（7）天禧通宝　3 枚。

品相较好，正面外廓规整宽而凸出，穿孔方正，楷书钱文顺时针旋读，笔画纤细，字迹规

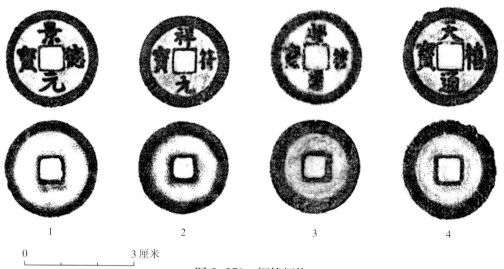

图 5-270　铜钱拓片

1. 景德元宝 M9：22-13　2. 祥符元宝 M9：22-14　3. 祥符通宝 M9：22-16　4. 天禧通宝 M9：22-18

彩版 5-380　　铜钱 M9：22-13、-14、-16、-18

整。背面光素，外廓较宽，内廓凸出。钱径 2.6、穿边长 0.6 厘米，重 3.2 克。标本 M9：22-18（图 5-270，4；彩版 5-380，4）。

（8）天圣元宝　2 枚。

钱文分为楷、篆两种书体，分两型。

A 型：楷书 1 枚。M9：22-21，钱体略重，正、反两面外廓宽且稍有凸起，穿孔较大。正面楷书钱文顺时针旋读，笔画较粗，字迹清晰。背面光素。钱径 2.5、穿边长 0.7 厘米，重 3.4 克（图 5-271，1；彩版 5-381，1）。

B 型：篆书 1 枚。M9：22-22，钱体厚重，品相佳，正面内、外廓凸出，方穿规整，篆书钱文顺时针旋读，笔画纤细，字迹清晰。背面光素，外廓宽而低平整齐。钱径 2.5、穿边长 0.6 厘米，重 3.7 克（图 5-271，2；彩版 5-381，2）。

（9）皇宋通宝　6 枚。

均锈蚀。因钱文字体有楷、隶两种书体，分两型。

A 型：楷书 5 枚。品相较好，正面内、外廓规整且凸出，穿孔较大，楷书钱文对读，笔画纤细，字体较小而清晰。背面光素，外廓低平。钱径 2.5、穿边长 0.7 厘米，重 3.9 克。标本 M9：22-2（图 5-271，3；彩版 5-381，3）。

B 型：隶书 1 枚。M9：22-7，锈蚀较严重，钱体较轻薄，品相较好，正面内、外廓规整且凸出，

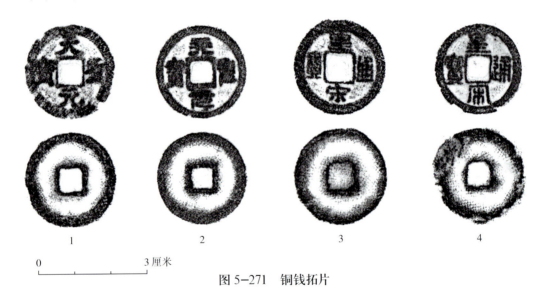

1　　　　　2　　　　　3　　　　　4

0　　　　　　　3厘米

图 5-271　铜钱拓片

1、2.天圣元宝 M9：22-21、-22　3、4.皇宋通宝 M9：22-2、-7

彩版 5-381　铜钱 M9：22-21、-22、-2、-7

穿孔略大，隶书钱文对读，笔画细而清晰。背面光素，外廓低平。钱径2.4、穿边长0.6厘米，重2.7克（图5-271，4；彩版5-381，4）。

（10）嘉祐通宝 2枚。

钱文分为楷、篆两种书体，分两型。

A型：楷书1枚。M9：22-23，钱体较重，品相较好，正面廓沿规整凸出，穿孔较大，楷书钱文对读，笔画较细，字迹清晰，"嘉祐"两字个体稍小。背面光素，外廓宽而低平。钱径2.4、穿边长0.6厘米，重3.4克（图5-272，1；彩版5-382，1）。

B型：篆书1枚。M9：22-24，钱体较重，正面外廓宽而凸出，穿孔大，篆书钱文对读，笔画细而字迹显模糊。背面光素，外廓低平不清。钱径2.5、穿边长0.7厘米，重3.3克（图5-272，2；彩版5-382，2）。

（11）治平元宝 1枚。

M9：22-25，钱体甚重，品相好，正面外廓较宽且凸出，穿孔方正，楷书钱文顺时针旋读，笔画粗而有力，字迹工整。背面光素，外廓宽平凸起。钱径2.4、穿边长0.6厘米，重4.5克（图5-272，3；彩版5-382，3）。

（12）熙宁元宝 9枚。

钱文分为楷、篆两种书体，故为两型。

A型：楷书7枚。钱体较轻薄，品相较好，正、背两面外廓较宽而略凸起，穿孔大。正面楷书钱文顺时针旋读，笔画粗，字迹清晰。背面光素。钱径2.4、穿边长0.7厘米，重2.8克。标本M9：22-26（图5-273，1；彩版5-383，1）。

B型：篆书2枚。钱体厚重，品相较好，正面外廓宽而规整凸出，穿孔较大，篆书钱文顺时针旋读，笔画粗，字体工整。背面光素，外廓宽而低平。钱径2.5、穿边长0.6厘米，重3.7克。标本M9：22-33（图5-273，2；彩版5-383，2）。

（13）元丰通宝 20枚。

分做行、篆两种书体，分两型。

0　　　　　　　　3厘米

图5-272 铜钱拓片

1、2.嘉祐通宝 M9：22-23、-24 3.治平元宝 M9：22-25

彩版5-382 铜钱 M9：22-23、-24、-25

图 5-273　铜钱拓片

1、2. 熙宁元宝 M9：22-26、-33

彩版 5-383　铜钱 M9：22-26、-33

A 型：行书 9 枚。品相较好，正面廓较宽，规整而凸出，穿孔大而近圆形，行书钱文顺时针旋读，笔画较粗，字迹清晰。背面光素，外廓宽平凸起。因钱体大、小有别，标本选择 2 枚。

大者：5 枚。钱体大而厚重。钱径 2.6、穿边长 0.7 厘米，重 3.7 克。标本 M9：22-35（图 5-274，1；彩版 5-384，1）。

小者：4 枚。钱径 2.4、穿边长 0.6 厘米，重 3.5 克。标本 M9：22-40（图 5-274，2；彩版 5-384，2）。

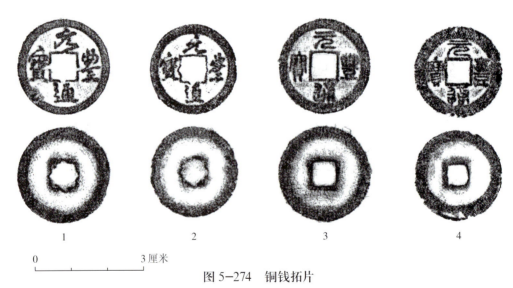

图 5-274　铜钱拓片

1~4. 元丰通宝 M9：22-35、-40、-44、-49

彩版 5-384　铜钱 M9：22-35、-40、-44、-49

B 型：篆书 11 枚。品相较好，正面廓宽而凸出，穿孔方正，篆书钱文顺时针旋读，笔画较粗，字迹清晰。背面光素，外廓低而宽平。因钱体大、小有别，标本选择 2 枚。

大者：5 枚。钱体较厚重。钱径 2.7、穿边长 0.6 厘米，重 3.5 克。标本 M9∶22-44（图 5-274，3；彩版 5-384，3）。

小者：6 枚。钱径 2.5、穿边长 0.5 厘米，重 3.3 克。标本 M9∶22-49（图 5-274，4；彩版 5-384，4）。

（14）元祐通宝　13 枚。

钱文有行、篆两种书体，分两型。

A 型：行书 8 枚。钱体较厚重，品相好，面廓规整凸出，穿孔较大，行书钱文顺时针旋读，字迹清晰，笔画较粗而字体略小。背面光素，外廓低而宽平。钱径 2.5、穿边长 0.7 厘米，重 3.5 克。标本 M9∶22-55（图 5-275，1；彩版 5-385，1）。

B 型：篆书 5 枚。钱体厚重，品相佳，正、背两面内、外廓整齐凸出，方形穿孔不够规整。正面篆书钱文顺时针旋读，字迹清晰，笔画纤细工整。背面光素。钱径 2.5、穿边长 0.7 厘米，重 3.6 克。标本 M9∶22-63（图 5-275，2；彩版 5-385，2）。

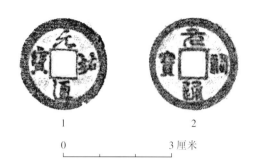

图 5-275　铜钱拓片

1、2. 元祐通宝 M9∶22-55、-63

彩版 5-385　铜钱 M9∶22-55、-63

#### 5. 铁器

共 2 件（组）。器形为棺环、棺钉。

（1）棺环　1 组 4 件。

M9∶24∶1~4，出于东棺四角。均不完整，其中 M9∶24-1~3 基本完整，鸭嘴钉尖端有残缺，M9∶24-4 仅存鸭嘴钉后部衔于环上。器表面锈饰，经除锈保护。浇铸成形。4 件形制、尺寸相同。环体粗大，截面呈四边形。鸭嘴衔于环上，截面亦为四边形，前部尖锐插于棺木中后两片唇反向分折 90°卡在木板内面（彩版 5-386）。标本 M9∶24-1，鸭嘴尖部一片残失。环径 14.5、鸭嘴钉长 10.5 厘米（图 5-276，1）。

（2）棺钉　1 组 3 枚。

M9∶25-1~3，出于东棺四周。锈蚀，经除锈保护。其中 1 枚完整、1 枚断裂可粘接、1 枚尖部残失。3 枚形制、尺寸相同。均为长方形圆角钉帽，下设上粗下尖四棱形钉体（彩版 5-387）。标本 M9∶25-1，完整。通长 12.3、钉帽长 2.3、宽 1.1 厘米（图 5-276，2）。

图 5-276　铁器

1. 棺环 M9∶24-1　2. 棺钉 M9∶25-1

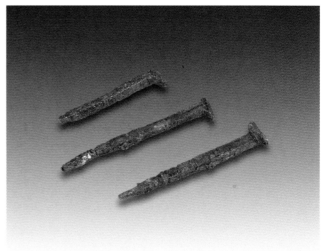

彩版 5-386　棺环 M9：24　　　　　　　　彩版 5-387　棺钉 M9：25

### 6．铁钱

共 9 枚。完整、可辨字迹者 9 枚。M9：5-1~9。夹于 K1 内平置的 1 号志盖与 2 号志石间，为其支垫。种类有元丰通宝，元祐通宝。

（1）元丰通宝　2 枚。

钱文分行、篆两种书体，分做两型。

A 型：行书 1 枚。M9：5-1，原锈蚀，已清理。钱体大而厚重，品相较好，正面外廓宽而规整凸出，穿孔方正，行书钱文顺时针旋读，笔画较粗，字迹清晰。背面光素，外廓宽而低平。钱径 3.4、穿边长 0.7 厘米，重 12.6 克（图 5-277，1；彩版 5-388，1）。

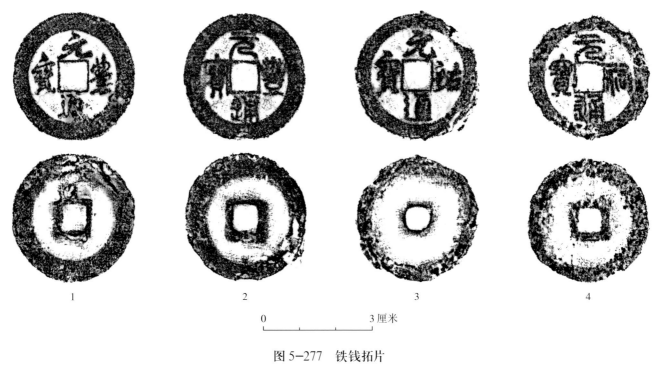

0　　　　　　　　3厘米

图 5-277　铁钱拓片

1、2. 元丰通宝 M9：5-1、-2　3、4. 元祐通宝 M9：5-3、-7

彩版 5-388　铁钱 M9：5-1、-2、-3、-7

B 型：篆书 1 枚。M9：5-2，原锈蚀，已清理。钱体大而厚重，品相较好，正面外廓宽平凸出，穿孔方正，篆书钱文顺时针旋读，笔画较细，字迹清晰。背面光素，外廓宽而低平。钱径 3.4、穿边长 0.7 厘米，重 12.7 克（图 5-277，2；彩版 5-388，2）。

（2）元祐通宝　7 枚。

钱文分行、篆两种书体，分两型。

A 型：行书 4 枚。经除锈后品相较好，钱体大而厚重，正面外廓宽平凸出，穿孔相对较小，行书钱文顺时针旋读，笔画苍劲有力，字迹清晰。背面光素，外廓低而宽平。钱径 3.3、穿边长 0.7 厘米，重 12.3 克。标本 M9：5-3，背面锈渍较多（图 5-277，3；彩版 5-388，3）。

B 型：篆书 3 枚。经除锈后品相较好，钱体大而显轻薄，正面外廓宽平凸出，穿孔方正相对较小，篆书钱文顺时针旋读，笔画粗，字迹清晰。背面光素，外廓低而宽平。钱径 3.3、穿边长 0.7 厘米，重 10.4 克。标本 M9：5-7，背面锈渍较多（图 5-277，4；彩版 5-388，4）。

### 7．墓志

共 2 合。墓志 M9：1、2，M9：3、4，属墓主吕英与王氏夫妇。

（1）吕英墓志　1 合。

完整。青石质地。由盖、志两部分组成（彩版 5-389）。

盖编号 M9：4，出于 K2 下墓道填土中。方形，面抛光，上錾篆书铭文 3 行 6 字，左边 2 行楷书小字为结衔题记，共 76 字（附一）。四立沿粗涩无纹。边长 52.0、厚 14.0 厘米（图 5-278；彩版 5-389）。

志石编号 M9：3，出于 K2 中。长方形，面抛光，上錾楷书志文 30 行，满行 26 字，共 684 字，最后一行落款纪年字体较小（附二）。行文中，见"府君、公、朝廷"等字、词前空一或二格。周边阴刻双线框栏内饰二方连续波浪式缠枝蔓草纹。四立沿粗涩。志长 54.6、宽 47.0、厚 11.5 厘米（图 5-279；彩版 5-389）。清理中见志盖、志石面上均有铁钱印迹，故推断同 M9：1、2 王夫人墓志相同，原盖、志间四角有数枚铁钱支垫。

附一　盖铭录文：

有宋 / 吕德 / 華墓 /

顯妣夫人王氏緣從兄微仲任尚書右丞用元祐丙寅　明堂恩例奏封永壽縣太君八年 /

癸酉正月辛丑　永壽君不幸以疾終以其年十有一月甲申祔因加誌石以蓋哀子大圭謹記 /

附二　志铭录文：

彩版 5-389 吕英墓志一合 M9：3、4

0          12 厘米

图 5-278 吕英墓志盖 M9：4 拓片

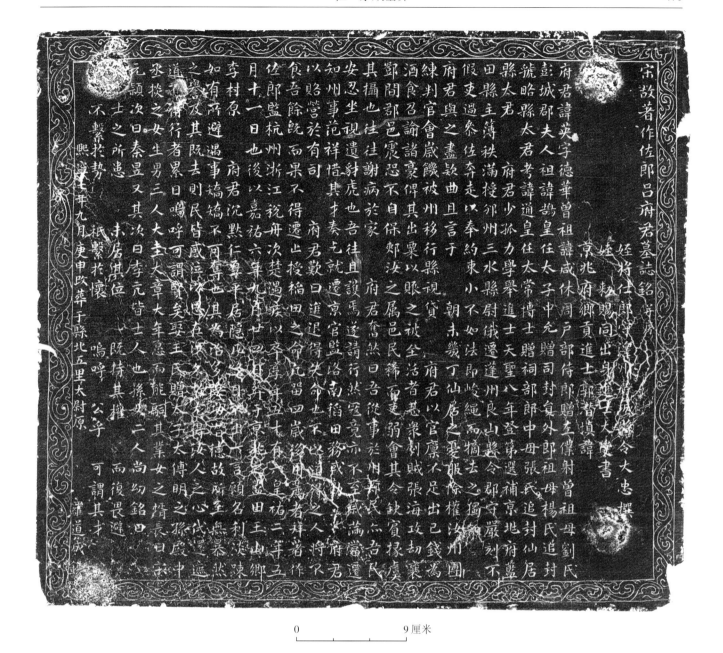

0 ————————— 9厘米

图5-279 吕英墓志 M9：3 拓片

宋故著作佐郎吕府君墓誌銘并序 /
姪将仕郎守澤州齊城縣令大忠撰 /
姪　勑賜同出身進士大受書 /
京兆府鄉貢進士郭潛填諱 /
府君諱英字德華曾祖諱咸休周户部侍郎贈左僕射曾祖母劉氏 /
彭城郡夫人祖諱鵠皇任太子中允贈司封貟外郎祖母楊氏追封 /
虢略縣太君考諱通皇任太常博士贈祠部郎中母張氏追封仙居 /
縣太君　府君少孤力學舉進士天聖八年登第選補京兆府藍 /
田縣主簿秩滿授邠州三水縣尉俄遷蓬州良山縣令郡守嚴刻不 /

假吏過參佐奔走以奉約束小不如法即峻繩而摘去之獨知　　　/
府君與之盡欵曲且言于　　　朝未幾丁仙居之憂服除權汝州團 /
練判官會歲饑被州移行縣視貸　　　府君以官廩不足出己錢為 /
酒食召諭諸豪俾其出粟以賑之被全活者甚眾劇賊張海攻劫襄 /
鄧間郡邑震恐不自保鄰汝之屬邑民稀而吏弱會其令缺實掾虞 /
其攝也往往謝病於家　　　府君奮然曰吾從事於州鄰民亦吾民 /
安忍坐視遺豺虎也吾往且護焉遂請行然寇竟亦不至歲滿當遷 /
知州事范祥惜其才奏乞就遷京官監洛南稻田務或勸　　　府君 /
以賂營於有司　　　府君歎曰進退得失命也不以道得之人將不 /
食吾餘既而果不得遷止授稻田之命凡留四歲後用薦者拜著作 /
佐郎監杭州浙江稅舟次楚遇疾以卒享年五十有六皇祐二年五 /
月十一日也後以嘉祐六年九月廿四日葬于京兆之藍田玉山鄉 /
李村原　　　府君沉黙仁厚平居隱几終日不出一言顧名利淡疏 /
如有所避遇事矯矯不可奪也其為治多陰功潛德故所至無暴然 /
之譽及其既去則民皆感泣以思在汝久故尤得汝人之心代還遮 /
道不得行者累日嗚呼可謂賢矣娶王氏贈太子太傅明之孫殿中 /
丞揆之女生男三人大圭大章大年願而能嗣其業女之壻長曰宋 /
元穎次曰秦昱又其次曰李亢皆士人也孫女二人尚幼銘曰 /
士之所患　　　未居其位　　　既持其權　　　而復畏避 /
不擊扵勢　　　秪繫扵懷　　　嗚呼　公平　　可謂其才 /
熙寧七年九月庚申改葬於縣北五裡太尉原　　　　　羅道成鐫 /

（2）王夫人墓志　1合。

王夫人（吕英妻）墓志，完整。青石质地。由盖、志两部分组成（彩版5-390）。

盖编号M9：1，出于K1内。长方形，面抛光，其上篆书铭文3行9字（附三）。四立沿粗涩无纹。
长83.0、宽79.0、厚19.0厘米（图5-280；彩版5-390）。

彩版5-390　吕英妻王氏墓志一合 M9：1、2

志编号 M9：2，出于 K1 内。方形，四立沿粗涩，面抛光，上錾楷书志文 32 行，满行 32 字，共 896 字（附四）。第二行结衔题名字体较小，共 43 字。行文中，见皇帝庙号、帝诏、"命"等字、词前空二格，先祖尊号前空一格。志边长 83.0、厚 16.3 厘米（图 5−281、282；彩版 5−390）。

附三　盖铭录文：

宋永壽／縣太君／王氏墓／

附四　志铭录文：

宋故永壽縣太君王氏墓誌銘并序／

右光祿大夫守尚　書左僕射兼門下侍郎上柱國汲郡開國公食邑六千三百戶食實封貳阡戶呂　大防撰並書／

太君姓王氏大名成安人曾祖考遷贈光祿卿妣唐氏晉昌郡太君祖考明天福中／

舉進士掌藥元福書記以言規元福元福不聽捨之去上書求仕州縣累遷右補闕／

图 5−280　吕英妻王夫人墓志盖 M9：1 拓片

為　太祖皇帝所深知王師征江嶺皆密與其謀江南將用兵除黃州刺史既而／

大兵圍金陵逾年不下唐將朱令贇者自上江以舟師數萬來援將燔采石浮梁以／

下眾以為令贇之師至則金陵之圍解矣乃於瀕江葭葵中多立幟千為疑舟以緩／

其師令贇果懼而不進諸將因大破其軍生擒令贇於陣間金陵平官至禮部侍郎／

太宗皇帝以刺史祿祿之妣傅氏南陽郡太君考拣累官殿中丞妣郭氏參知政事／

贊之女封長安縣君　太君幼孤鞠於外氏年二十二歸呂氏實我　世父祕書省／

著作佐郎英之夫人　著作府君初以羈旅京師登進士第甚貧窶　太君不以為／

不足後赴官錢塘道病卒諸孤尚幼　太君捐簪珥以治行乃護喪柩而還舟人初／

易　太君之婺弱也日益懈令之不聽　太君呼而戒之曰舟我所當乘爾輩舟所／

當役苟不恪且送之官乃聽命　著作君嘗為汝官買田扵郟而謀居之　太君以／

其孥歸於郟治田營居日以增葺叔姪之已仕者皆分祿以給之　太君遇諸子甚／

肅嘗察其所從游苟得其人矣雖貧賤親為視庖廚以待之非其人雖富貴不顧也／

由此諸子皆有立而長子大圭特以孝友之行聞於鄉既而被其叔父致仕之恩遂／

從政於郡縣又以治行聞於官元祐二年　詔封永壽縣太君賜鳳冠霞帔以寵／

之八年正月二十三日以疾卒於寢壽八十五　太君勤儉明察御下極嚴善治家／

左右莫能欺者事姑以孝視娣姒以仁年雖耄耋而聰明不衰性喜整絜而晚節不／

倦將終前數月悉屬家人以後事如知其期者男三人大圭右宣德郎大章早夭大／

雅陳州南頓縣主簿女三人長適絳州司戶宋元穎次秦昱宋紘皆士人子孫男四／

人仲山信山方從學餘幼女三人長適汝州進士薛莊次在室曾孫男一人尚幼以／

其年十一月十日祔葬於京兆藍田太尉原之先塋　著作君之墓大防幼學於／

著作君　太君視之猶子也　太君既老於郟大防方備位政事府乃請於　朝／

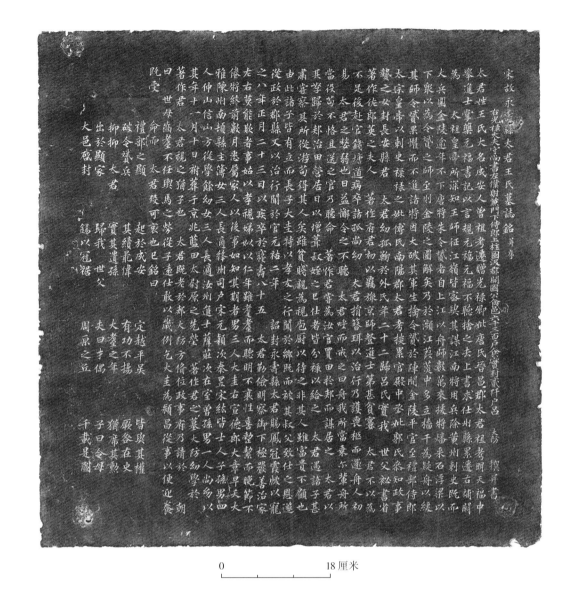

图 5-281　吕英妻王夫人墓志 M9∶2 拓片

曰　世母齿鼋不任舆马之劳从子远仕敢以岁例乞大圭为颍昌从事以便迎养／

既受　　命而　太君殁可哀也巳铭曰／

礼部之显　　　起于成安　　　定越平吴　　　皆与其权／

破令赟兵　　　其绩最伟　　　有功不扬　　　厥谷在史／

抑抑　太君　　实其遗孙　　　大鼋之年　　　犹席其勋／

出于显家　　　归我　世父　　　夫曰才偶　　　子曰令母／

大邑启封　　　锡以冠裾　　　周原之丘　　　千载是图／

（3）吕英墓志考释

志文句读：

宋故著作佐郎[1]吕府君墓志铭并序

[1]著作佐郎：性质：职事官，属秘书省。职责："秘书省　监、少监、丞各一人，监掌古今经籍图书、国史实录、天文历数之事，少监为之贰，而丞参领之。其属有五：著作郎一人，著作佐郎二人，掌修纂日历。"《宋史·卷一百六十四·职官四》，中华书局，1985 年，第 3873 页。品秩：正八品。《宋史·卷一百六十八·职官八》，中华书局，1985 年，第 4016 页。俸禄：月俸十七千，等。《宋史·卷一百七十一·职官十一》，中华书局，1985 年，第 4103 页。

宋故永壽縣太君王氏墓誌銘并序

右光祿大夫守尚書左僕射兼門下侍郎上柱國汲郡開國公食邑六千三百戶食實封貳阡戶呂大防撰并書

太君姓王氏大名成安人曾祖考遷贈光祿卿妣唐氏晉昌郡太君祖考明遷右福中而關

考贄累官閤中多立奇功為疑石浮梁以書省事郎採江於陳殿中金陵令妣郭氏世父琰不以書省事郎為

其軍太生君考贄採江於陳殿中金陵令妣郭氏世父琰不以書求仕州君祖考明遷右福中

下眾令贄果逾年不師至則金陵采石浮梁以舟師薐菱中求援干燔為礼部侍郎以綬以

大兵圍金陵逾年不下諸將朱令江嶺者皆密與其謀去上書求仕州君祖考明遷右補闕

為進士太祖皇帝所深知以言規元祐遷贈光祿卿妣唐氏晉昌郡太君祖考明遷右補闕

舉進士掌藥書記以言規元祐遷贈光祿卿妣唐氏晉昌郡太君祖考明遷天福中

太宗皇帝以長安縣君之夫人君幼於羈旅外郡氏旅京年二十二進士第甚貧買我姊郭氏世父

贄之後封英安之夫人君考贄採江於陳殿中金陵令妣郭氏世父琰不以書省事

著作佐郎英安之夫人君考贄採江於陳殿中金陵令妣郭氏世父琰不以

不足作後赴官錢塘道病卒著作姪作親之巳嘗仕宦汝南君之居太君遇不諸子君以

易役苟不恪且送之也曰益懈諸令之尚君不幼初以羈氏太君京哕籑而戒之曰買田以給之非我所

其當娶歸於邦治田營居官日乃聽命尚君不幼初以羈氏太君旅京捐簪玥以戒之曰買田以給之非我所當乘而遷舟所當

肅甞於諸子皆又以治長子其大人主元祐二年八十五詔聞太封永壽縣而裹明察君既賜鳳下極嚴而晚節以

由此政於郡縣二十三日以視游苟得其所從其人立而行聞矣特以貧賤姪之親為巳視庖於厨以待之非其人雖富貴

之八年正月月二十三日以視疾卒於官元祐二年八十五詔聞太封永壽縣君勤明不儉明性喜整緊章而早天卒四

從政者莫能欺者又以治視後孀女娶如仁年雖耋孝友之行聞於邦封太君永壽縣君勤明下冠而致仕之恩遂

雅陳州南山信山方從學餘幼女長適汝州司戶宋元穎次秦昱在室之曾孫男一人孫男尚

倭仲山頓縣主簿餘子三人女長適長蘭田太尉之先君既老於鄰之進士薝莊次次作宋之墓乃請於

左右終前數欺姑家以孝視姆卒於寢壽八十五詔封永壽縣君既明察君賜鳳下極嚴而晚節以

人年十一月十日從袝葬于京兆藍田太君既老於鄰之進士薝莊次次作宋之墓乃請於

其君十一視之猶子幼女三女長適長蘭田太尉之進士薝莊次次作在室曾孫男一人幼學於

著作仲山信山方從學餘子三人女長適司戶宋元穎次秦昱在室宋之曾孫男一人孫男尚

既受世命母齒臺命而不視太君與馬之勞也巳子遠仕敢以歲例乞大圭為潁昌從事以便迎養朝

日著其雅作仲山母齒臺命而不視太君與馬之勞也巳銘曰敢以歲例乞大圭為潁昌從事以便迎養朝

图5-282　吕英妻王夫人墓志 M9：2 拓片局部

姪（侄）将仕郎[1]守泽州晋城县[2]令[3]大忠撰

~ 姪（侄）敕赐同出身进士大受书

京兆府乡贡进士郭潜填讳

府君讳英，字德华。曾祖讳咸休，周户部侍郎[4]、赠左仆射[5]；曾祖母刘氏，彭城郡[6]夫人[7]。祖讳鹄，皇任太子中允[8]、赠司封员外郎[9]；祖母杨氏，追封虢略县[10]太君[11]。考讳

---

[1] 将仕郎：性质：文散官。又名迪功郎，"崇宁将仕，政和再换"。《宋史·卷一百六十九·职官九》，中华书局，1985年，第4054页。职责：文散官，无具体职责。品秩：从九品。《宋史·卷一百六十八·职官八》，中华书局，1985年，第4017页。俸禄：月俸十二千，等。《宋史·卷一百七十一·职官十一》，中华书局，1985年，第4111页。

[2] 泽州晋城县："河东路。府三：太原，隆德，平阳。州十四：绛，泽，代，忻，汾，辽，宪，岚，石，隰，慈，麟，府，丰。军八：庆祚，威胜，平定，岢岚，宁化，火山，保德，晋宁。县八十一。"《宋史·卷八十六·地理二》，中华书局，1985年，第2131页。"泽州，上，高平郡。……县六：晋城，紧。"《宋史·卷八十六·地理二》，中华书局，1985年，第2132、2133页。【注】晋城北宋属河东路泽州隶下，今为山西省晋城市。

[3] 晋城县令：性质：职事官。职责："建隆元年，令天下诸县除赤、畿外，有望、紧、上、中、下。掌总治民政、劝课农、桑、平决狱讼。有德泽禁令，则宣布于治境。凡户口、赋役、钱谷、振济、给纳之事皆之，以时造户版及催理二税。有水旱则有灾伤之诉，以分数蠲免。民以水旱流记，则抚存安集之，无使失业。有孝悌力义闻于乡者，具事实上于州，激劝以励风俗。若京、朝、幕官则为知县事，有戍兵则兼马都监或监押。宣教郎以下带监押。"《宋史·卷一百六十七·职官七》，中华书局，1985年，第3977页。品秩：从八品。《宋史·卷一百六十八·职官八》，中华书局，1985年，第4017页。俸禄：月俸十千～二十千，等（县令以所治县户籍量分等级享受俸禄，但《宋史》对各县辖治人口无详载，故具体数额不能确知）。《宋史·卷一百七十一·职官十一》，中华书局，1985年，第4109页。

[4] 户部侍郎：因《五代史》无详述，故谨以《宋史》记载供参考。性质：职事官，属尚书省户部。职责："尚书 侍郎 掌军国用度，以周知其出入盈虚之数。凡州县废置，户口登耗，则稽其版籍；若贡赋征税，敛散移用，则会其数而颁其政令焉。凡四司所治之事，侍郎为之贰，郎中、员外郎参领之，独右曹事专隶所掌侍郎。"《宋史·卷一百六十三·职官三》，中华书局，1985年，第3849页。品秩：从三品。《宋史·卷一百六十八·职官八》，中华书局，1985年，第4014页。俸禄：月俸五十五千，等。《宋史·卷一百七十一·职官十一》，中华书局，1985年，第4102页。

[5] 左仆射：仆射《五代史》无详述，故谨以《宋史》记载供参考。性质：职事官，属尚书省。职责："尚书省 掌施行制命，举省内纲纪程式，受付六曹文书，听 内外辞诉，奏御史失职，考百官庶府之治否，以诏废置、赏罚。"《宋史·卷一百六十一·职官一》，中华书局，1985年，第3787页。"设官九：尚书令、左右仆射、左右丞、左右司郎中、员外各一人。"《宋史·卷一百六十一·职官一》，中华书局，1985年，第3788页。"左仆射 右仆射 掌佐天子议大政，贰令之职，与三省长官皆为宰相之任"。《宋史·卷一百六十一·职官一》，中华书局，1985年，第3789页。品秩：不明。俸禄：月俸九十千，等。《宋史·卷一百七十一·职官十一》，中华书局，1985年，第4102页。

[6] 彭城郡："楚国，高帝置，宣布地节元年更为彭城郡，黄龙元年复故。莽曰和乐。属徐州。"《汉书·卷二十八下·地理志第八下》，中华书局，1962年，第1638页。"（京东）西路。府四：应天，袭庆，兴仁，东平。州五：徐，济，单，濮，拱。军一：广济。县四十三。"《宋史·卷八十五·地理一》，中华书局，1985年，第2109页。"徐州，大都督，彭城郡，武宁军节度。本属京东路，元丰元年，割属京东西路。"《宋史·卷八十五·地理一》，中华书局，1985年，第2110页。【注】西汉时的楚国，汉宣帝地节元年（公元前69年）改置为彭城郡，郡治在彭城县（今江苏徐州）。因刘邦祖籍丰县，起家于沛县，而丰县与沛县后皆属彭城郡，所以天下刘氏均以彭城为祖籍，故称彭城刘氏。北宋时彭城属京东西路徐州隶下，今为江苏省徐州市。

[7] 郡夫人：叙封封号，"唐制，视本官阶爵。建隆三年，诏定文武郡臣母妻封号：……东宫三太、文武二品、御史大夫、六尚书、两省侍郎、太常卿、留守、节度使、诸卫上将军、嗣王、郡王、国公、郡公、县公，母，郡太夫人；妻，郡夫人。"《宋史·卷一百七十·职官十》，中华书局，1985年，第4084、4085页。

[8] 太子中允：性质：东宫官。职责：据《宋会要辑稿》引《国朝会要》载云："太师、太傅、太保、少师、少傅、少保、宾客、詹事、左、右庶子、中允、中舍、谕德、赞善、洗马、家令、率更令，皆缘旧制除授而无职司。"《宋会要辑稿·职官七》，中华书局，1957年，第2545页。品秩：应为五品。《宋史·卷一百五十二·舆服四》，中华书局，1977年，第3553页。俸禄：月俸十八千，等。《宋史·卷一百七十一·职官十一》，中华书局，1985年，第4103页。【注】此官职多用于安置前朝遗臣、别国降臣、致仕官员以及文臣转迁，无实职。

[9] 司封员外郎：性质：职事官，属尚书省吏部。职责："吏部掌文武官吏选试、拟注、资任、迁叙、荫补、考课之政令，封爵、策勋、赏罚殿最之法……其属有曰司封，曰司勋，曰考功。"《宋史·卷一百六十三·职官三》，中华书局，1985年，第3831、3832页。"司封郎中 员外郎 掌官封、叙赠、承袭之事。"《宋史·卷一百六十三·职官三》，中华书局，1985年，第3836页。品秩：正七品。《宋史·卷一百六十八·职官八》，中华书局，1985年，第4015、4016页。俸禄：月俸三十千，等。《宋史·卷一百七十一·职官十一》，中华书局，1985年，第4103页。

[10] 虢略县："永兴军路。府二：京兆，河中。州十五：陕，延，同，华，耀，邠，鄜，解，庆，虢，商，宁，坊，丹，环。军一：保安。县八十三。"《宋史·卷八十七·地理三》，中华书局，1985年，第2144页。"虢州，雄，虢郡，军事。……县四：……虢略，中。唐弘农县。建隆初，改常农。至道三年，改今名。熙宁四年，省玉城县为镇焉。"《宋史·卷八十七·地理三》，中华书局，1985年，第2145页。【注】北宋属永兴军路虢州隶下，今在河南灵宝境内。

[11] 虢略县太君：叙封称号，"唐制，视本官阶爵建隆三年，诏定文武郡臣母妻封号：……庶子、少卿监、司业、郎中、京府少尹、赤县令、少詹事、谕德、将军、刺史、下都督、下都护、家令、率更令、仆，母封县太君；妻，县君，其余升朝官已上遇恩。并母封县太君；妻，县君，杂五品官至三任与叙封，官当叙封者不复论阶爵。致仕同见任。亡母及亡祖母当封者并如之。"《宋史·卷一百七十·职官十》，中华书局，1985年，第4084、4085页。

通，皇任太常博士[1]、赠祠部郎中[2]；母张氏，追封仙居县[3]太君[4]。府君少孤，力学举进士，天圣八年登第，选补京兆府蓝田县[5]主簿[6]，秩满授邠州三水县[7]尉[8]，俄迁蓬州良山县[9]令[10]，郡守严刻，不假吏过，参佐奔走，以奉约束，小不如法、即峻绳而摘去之。独知府君，与之尽颖曲，且言于朝。未几，丁仙居之忧，服除，权汝州[11]团练判官[12]，会岁饥，被州移行县视

[1]太常博士：性质：职事官，属太常寺。职责："太常寺　卿、少卿、丞、各一人，博士四人，主簿、协律郎、奉礼郎、太祝各一人。"《宋史·卷一百六十四·职官四》，中华书局，1985年，第3882页。"博士　掌讲定五礼仪式，有改革则据经审议。凡于法应谥者，考其行状，撰定谥文。有祠事，则监视仪物，掌凡赞导之事。"《宋史·卷一百六十四·职官四》，中华书局，1985年，第3884页。品秩：正八品。《宋史·卷一百六十八·职官八》，中华书局，1985年，第4016页。俸禄：月俸二十千，等。《宋史·卷一百七十一·职官十一》，中华书局，1985年，第4103页。

[2]祠部郎中：性质：职事官，属尚书省礼部。职责："礼部掌国之礼乐、祭祀、朝会、宴飨、学校、贡举之政令。……其属三：曰祠部，曰主客，曰膳部"《宋史·卷一百六十三·职官三》，中华书局，1985年，第3851、3852页。"祠部郎中、员外郎掌天下祀典、道释、祠庙、医药之政令。"《宋史·卷一百六十三·职官三》，中华书局，1985年，第3853页。品秩：从六品。《宋史·卷一百六十八·职官八》，中华书局，1985年，第4015页。俸禄：月俸三十五千，等。《宋史·卷一百七十一·职官十一》，中华书局，1985年，第4102页。

[3]仙居县："两浙路。熙宁七年，分为两路，寻合为一；九年，复分；十年，复合。府二：平江，镇江。州十二：杭，越，湖，婺，明，常，温，台，处，衢，严，秀。县七十九。"《宋史·卷八十八·地理四》，中华书局，1985年，第2173页。"台州，上，临海郡，军事。……县五：……仙居。上。唐乐安县，梁钱镠改永安。景德四年改今名。"《宋史·卷八十八·地理四》，中华书局，1985年，第2176页。【注】北宋属两浙路台州隶下，今为浙江省仙居县。

[4]仙居县太君：叙封称号，"唐制，视本官阶爵建隆三年，诏定文武郡臣母妻封号：……庶子、少卿监、司业、郎中、京府少尹、赤县令、少詹事、谕德、将军、刺史、下都督、下都护、家令、率更令、仆，母封县太君；妻，县君，其馀升朝官以上遇恩。并母封县太君；妻，县君，杂五品官至三任与叙封，官当叙封者不复论阶爵。致仕同见任。亡母及亡祖母当封者并如之。"《宋史·卷一百七十·职官十》，中华书局，1985年，第4084、4085页。

[5]京兆府蓝田县："永兴军路。府二：京兆，河中。州十五：陕，延，同，华，耀，邠，鄜，解，庆，虢，商，宁，坊，丹，环。军一：保安。县八十三。……京兆府，京兆郡，永兴军节度。本次府，大观元年升大都督府。旧领永兴军路安抚使。宣和二年，诏永兴军守臣等衔不用军额，称京兆府。……县十三：……蓝田，次畿。"《宋史·卷八十七·地理三》，中华书局，1985年，第2144页。【注】北宋属永兴军路京兆府隶下，今为陕西省蓝田县。

[6]蓝田县主簿：性质：职事官。职责："开宝三年，诏诸县千户以上置令、簿、尉；四百户以上置令、尉，令知主簿事；四百户以下置簿、尉，以主簿兼知县事。咸平四年，王钦若言：'川峡县五千户以上请并置簿，自馀仍以尉兼。'从之。自后川蜀及江南诸县，各增置主簿。中兴后，置簿掌出纳官物、销注簿书，则簿兼丞之事。凡批销必亲书押，不许用手记，仍不许差出，以防销注。"《宋史·卷一百六十七·职官七》，中华书局，1985年，第3978页。品秩：正九品。《宋史·卷一百六十八·职官八》，中华书局，1985年，第4017页。俸禄：月俸六千～十二千，等（县主簿以所治县户籍量分等级享受俸禄，但《宋史》对各县辖治人口无详载，故具体数额不能确知）。《宋史·卷一百七十一·职官十一》，中华书局，1985年，第4109页。

[7]邠州三水县："永兴军路。府二：京兆，河中。州十五：陕，延，同，华，耀，邠，鄜，解，庆，虢，商，宁，坊，丹，环。军一：保安。县八十三。"《宋史·卷八十七·地理三》，中华书局，1985年，第2144页。"邠州，紧，新平郡，静难军节度。……县五：……三水，上。"《宋史·卷八十七·地理三》，中华书局，1985年，第2153页。【注】北宋属永兴军路邠州隶下，今在陕西省旬邑县一带。

[8]邠州三水县尉：性质：职事官。职责："建隆三年，每县置尉一员，在主簿之下，奉赐并同。至和二年，开封、祥符两县各增置一员，掌阅羽弓手，戢奸禁暴。凡县不置簿，则尉兼之。"《宋史·卷一百六十七·职官七》，中华书局，1985年，第3978页。品秩：从九品。《宋史·卷一百六十八·职官八》，中华书局，1985年，第4017页。俸禄：月俸六千～十二千，等（县尉以所治县户籍量分等级享受俸禄，但《宋史》对各县辖治人口无详载，故具体数额不能确知）。《宋史·卷一百七十一·职官十一》，中华书局，1985年，第4109页。

[9]蓬州良山县："利州路。府一：兴元。州九：利，洋，阆，剑，文，兴，蓬，政，巴。县三十八。"《宋史·卷八十九·地理五》，中华书局，1985年，第2221页。"蓬州，下，咸安郡，军事。……县四：……伏虞。中下。熙宁五年，省良山县为镇入焉。"《宋史·卷八十九·地理五》，中华书局，1985年，第2223、2224页。【注】北宋属利州路蓬州隶下，今为四川省仪陇县。

[10]蓬州良山县令：性质：职事官。职责："建隆元年，令天下诸县除赤、畿外，有望、紧、上、中、下。掌总治民政、劝课农、桑、平决狱讼。有德泽禁令，则宣布于治境。凡户口、赋役、钱谷、振济、给纳之事皆之，以时造户版及催理二税。有水旱则有灾伤之诉，以分数蠲免。民以水旱流记，则抚存安集之，无使失业。有孝悌行义闻于乡闾者，具事实上于州，激劝以励风俗。若京、朝、幕官则为知县事，有戍兵则兼兵马都监或监押。宣教郎以下带监押。"《宋史·卷一百六十七·职官七》，中华书局，1985年，第3977页。品秩：从八品。《宋史·卷一百六十八·职官八》，中华书局，1985年，第4017页。俸禄：月俸十千～二十千，等（县令以所治县户籍量分等级享受俸禄，但《宋史》对各县辖治人口无祥载，故具体数额不能确知）。《宋史·卷一百七十一·职官十一》，中华书局，1985年，第4109页。

[11]汝州："（京西）北路。府四：河南，颍昌，淮宁，顺昌。州五：郑，滑，孟，蔡，汝。军一：信阳。县六十三。"《宋史·卷八十五·地理一》，中华书局，1985年，第2114页。"汝州，辅，临汝郡，陆海军节度。"《宋史·卷八十五·地理一》，中华书局，1985年，第2117页。【注】汝州北宋属京西北路隶下，今在河南省汝州市附近。

[12]权汝州团练判官：权：凡朝臣出任地方官职，号权知。故知汝州团练判官乃朝臣出仕。性质：职事官。职责："签书判官厅公事　两使、防、团、军事推判官　节度掌书记　观察支使　掌裨赞郡政，总理诸案文移，斟酌可否，以白于其长而罢行之。凡员数多寡，视郡小大及职务之烦简。初，政和改签书判官厅公事为司录，建炎初复旧。凡节度推、判官从军额，察推及支使从州、府额。凡诸州减罢通判处，则升判官为签判以兼之。"《宋史·卷一百六十七·职官七》，中华书局，1985年，第3975页。品秩：从八品。《宋史·卷一百六十八·职官八》，中华书局，1985年，第4016、4017页。俸禄：月俸十五千，等。《宋史·卷一百七十一·职官十一》，中华书局，1985年，第4108页。

贷，府君以官廪不足，出己钱为酒食，召谕诸豪，俾其出粟以赈之，被全活者甚众。剧贼张海，攻劫襄邓间，郡邑震恐不自保，郑汝之属邑民稀而吏弱，会其令缺宾掾，虞其摄也，往往谢病于家。府君奋然曰：吾从事于州郑，民亦吾民，安忍坐视遗豺虎也！吾往且护焉。遂请行，然寇竟亦不至。岁满当迁，知州事[1]范祥惜其才奏乞就迁京官，监洛南[2]稻田务[3]。或劝府君以赂营于有司，府君叹曰：进退得失，命也。不以道得之，人将不食吾馀。既而，果不得迁，止授稻田之命，凡留四岁，后用荐者拜著作佐郎，监杭州浙江[4]税[5]，舟次楚，遇疾以卒，享年五十有六，皇祐二年五月十一日也。后以嘉祐六年九月廿四日葬于京兆之蓝田玉山乡李村原。

　　府君沉默仁厚，平居隐几，终日不出一言，顾名利淡疏如有所避，遇事矫矫不可夺也。其为治多阴功潜德，故所至无暴然之誉，及其既去，则民皆感泣以思。在汝久，故尤得汝人之心，代还，遮道不得行者累日。呜呼！可谓贤矣。娶王氏，赠太子太傅[6]明[7]之孙、殿中丞[8]揆[9]之女，生男三人，大圭、大章、大年，愿而能嗣其业。女之婿长曰宋元颖，次曰秦昱，又其次曰李亢，

　　[1]知州事：性质：职事官。职责："掌总理郡政，宣布条教，导民以善而纠其奸慝，岁时劝课农桑，旌别孝悌，其赋役、钱谷、狱讼之事，兵民之政皆总焉。凡法令条制，悉意奉行，以率所属。有赦宥则以时宣读，而班告于治境。举行祀典。察郡吏德义材能而保任之，若疲软不任事，或奸贪冒法，则按劾以闻。遇水旱，以法振济。安集流之，无使失所。"《宋史·卷一百六十七·职官七》，中华书局，1985年，第3973页。品秩：品秩随所任朝官而定。俸禄：俸禄随所任朝官而定。

　　[2]洛南："永兴军路。府二：京兆，河中。州十五：陕、延、同、华、耀、邠、鄜、解、庆、虢、商、宁、坊、丹、环。军一：保安。县八十三"。《宋史·卷八十七·地理三》，中华书局，1985年，第2144页。"商州，望，上洛郡，军事。……县五：……洛南，中下。"《宋史·卷八十七·地理三》，中华书局，1985年，第2145页。【注】北宋属永兴军路商州隶下，今为陕西省洛南县附近。

　　[3]稻田务：性质：职事官。职责："是时，内外之费浸以不给，中官杨戬主后苑作，有言汝州地可为稻田者，因用其言，置务掌之，号'稻田务'。复行于府畿，易名公田。南暨襄、唐，西及滍池，北逾大河，民田有溢于初券步亩者，辄使输公田钱。政和末，又置营缮所，亦为公田。久之，后苑、营缮所公田皆并于西城所，尽山东、河朔天荒逃田与河堤退滩租税举入焉，皆内侍主其事。所括为田三万四千三百余顷，民输公田钱外，正税不复能输。"《宋史·卷一百七十四·食货上二》，中华书局，1985年，第4212页。品秩：不明。俸禄：不明。

　　[4]杭州浙江："两浙路。熙宁七年，分为两路，寻合为一；九年，复分；十年，复合。府二：平江，镇江。州十二：杭、越、湖、婺、明、常、温、台、处、衢、严、秀。县七十九。"《宋史·卷八十八·地理四》，中华书局，1985年，第2173页。"临安府，大都督府，本杭州，余杭郡。淳化五年，改宁海军节度。大观元年，升为帅府。旧领两浙西路兵马钤辖。建炎元年，带本路安抚使，领杭、湖、严、秀四州。三年，升为府，带兵马钤辖。绍兴五年，兼浙西安抚使。"《宋史·卷八十八·地理四》，中华书局，1985年，第2174页。【注】杭州北宋属两浙路隶下，今为浙江省杭州市。文中杭州"浙江"为北宋时河流名称，现名钱塘江。

　　[5]监杭州浙江税：性质：职事官。职责："监当官　掌茶、盐、酒税场务征输及冶铸之事，诸州军随事置官，其征榷场务岁有定额，岁终课其额之登耗以为举刺。凡课利所入，日具数以申于州。建炎初，诏监当官阙，许转运司具名奏辟一次，以二年为任，实有六考，方许关升。烦剧去处，许添差一员。凡交割必置历以稽其剩欠，合选差文臣处，更不差武臣。淳熙二年，诏二万贯以下库分，选有才干存留一员，指挥、诸班直、亲从事官、保义郎以下差充。建炎四年，诏每州每以五员为额。"《宋史·卷一百六十七·职官七》，中华书局，1985年，第3983页。品秩：不明。俸禄：不明。

　　[6]太子太傅：性质：东宫官。职责：据《宋会要辑稿》引《国朝会要》载云："太师、太傅、太保、少师、少傅、少保、宾客、詹事、左、右庶子、中允、中舍、谕德、赞善、洗马、家令、率更令，皆缘旧制除授而无职司。"《宋会要辑稿·职官七》，中华书局，1957年，第2545页。"国初，师傅不常设。仁宗升储，置三少各一人。参政李昉兼掌宾客。及升首相，遂进少傅，此宰相兼宫僚之始也。丁谓兼少师，冯拯兼少傅，曹利用兼少保，是时实为东宫官，馀多以前宰执为致仕官。若太子太师、太傅、太保，以待宰相官未至仆射者，及枢密使致仕，亦随本官高下除授。"《宋史·卷一百六十二·职官二》，中华书局，1985年，第3822页。品秩：从一品。《宋史·卷一百六十八·职官八》，中华书局，1985年，第4014页。俸禄：月俸九十千，等。《宋史·卷一百七十一·职官十一》，中华书局，1985年，第4102页。【注】此官职多用于安置前朝遗臣、别国降臣、致仕官员以及文臣转迁，无实职。

　　[7]明：明，即王明。"王明，字如晦，大名成安人。晋天福中，举进士不第。……金陵平，诏明安抚诸郡，因命知洪州。太宗即位，兼领江南诸路转运使。召为右谏议大夫，充三司副使。……淳化初，诏归阙，知京朝官差遣事。二年，卒，年七十三。《宋史·卷二百七十·列传二十九》，中华书局，1985年，第9265、9267页。

　　[8]殿中丞：性质：职事官，属殿中省。职责："殿中省　监、少监、丞各一人，监掌供奉天子玉食、医药、服御、幄帟、舆辇、舍次之政令，少监为之贰，丞参领之。"《宋史·卷一百六十四·职官四》，中华书局，1985年，第3880页。品秩：正八品。《宋史·卷一百六十八·职官八》，中华书局，1985年，第4016页。俸禄：月俸二十千，等。《宋史·卷一百七十一·职官十一》，中华书局，1985年，第4103页。

　　[9]揆：揆，即王明幼子王揆。"（王明）子挺、扶，并进士及第。历台省，累为转运使，皆知名。挺至殿中侍御史，扶尝直集贤院，至工部员外郎。景德中，录幼子揆为光禄寺主簿。大中祥符八年，又录其孙师颜为三班借职，揆至殿中丞。"《宋史·卷二百七十·列传二十九》，中华书局，1985年，第9267页。

皆士人也。孙女二人，尚幼。铭曰：

> 士之所患，未居其位。既持其权，而复畏避。
>
> 不击于势，秪击于怀。呜呼公乎，可谓其才。
>
> 熙宁七年九月庚申，改葬于县北五里太尉原。

罗道成镌。

（4）王夫人墓志考释

志文句读：

宋故永寿县[1]太君[2]王氏墓志铭并序

　　右光禄大夫[3]、守尚书左仆射[4]、兼门下侍郎[5]、上柱国[6]、汲郡[7]开国公[8]、食邑六千三百户、食实封贰阡户吕大防撰并书

---

[1] 永寿县："永兴军路。府二：京兆，河中。州十五：陕，延，同，华，耀，邠，鄜，解，庆，虢，商，宁，坊，丹，环。军一：保安。县八十三。"《宋史·卷八十七·地理三》，中华书局，1985年，第2144页。"醴州，本京兆府奉天县。旧置乾州，熙宁五年废，以奉天还隶府。政和七年，复以县为州，更名醴。八年，割属环庆路。……县五：……永寿，下。乾德三年，自邠州来隶。熙宁五年，废乾州，永寿及麻亭、常宁二砦，俱隶邠州。政和八年复来隶。"《宋史·卷八十七·地理三》，中华书局，1985年，第2153页。【注】北宋属永兴军路邠州隶下，今为陕西省永寿县。

[2] 县太君：叙封称号，"唐制，视本官阶爵。建隆三年，诏定文武郡臣母妻封号：……庶子、少卿监、司业、郎中、京府少尹、赤县令、少詹事、谕德、将军、刺史、下都督、下都护、家令、率更令、仆，母封县太君；妻，县君，其徐升朝官已上遇恩。并母封县太君；妻，县君，杂五品官至三任与叙封，官当叙封者不复论阶爵。致仕同见任。亡母及亡祖母当封者并如之。"《宋史·卷一百七十·职官十》，中华书局，1985年，第4084、4085页。

[3] 右光禄大夫：性质：文散官。《宋史·卷一百六十九·职官九》，中华书局，1977年，第4052页。职责：文散官，无具体职责。品秩：从二品。《宋史·卷一百六十九·职官九》，中华书局，1985年，第4049页。俸禄：月俸六十千，等。《宋史·卷一百七十一·职官十一》，中华书局，1985年，第4110页。【注】右，与左相对，两宋以左为尊。

[4] 尚书左仆射：性质：职事官，属尚书省。职责："尚书省掌施行制命，举省内纲纪程式，受付六曹文书，听内外辞诉，奏御史失职，考百官庶府之治否，以诏废置、赏罚。"《宋史·卷一百六十一·职官一》，中华书局，1985年，第3787页。"设官九：尚书令、左右仆射、左右丞、左右司郎中、员外郎各一人。"《宋史·卷一百六十一·职官一》，中华书局，1985年，第3788页。"左仆射　右仆射　掌佐天子议大政，贰令之职，与三省长官皆为宰相之任。"《宋史·卷一百六十一·职官一》，中华书局，1985年，第3789页。品秩：不明。俸禄：月俸九十千，等。《宋史·卷一百七十一·职官十一》，中华书局，1985年，第4102页。

[5] 门下侍郎：性质：职事官，属门下省。职责："门下省　受天下之成事，审命令，驳正违失，受发通进奏状，进请宝印。……凡官十有一：侍中、侍郎。"《宋史·卷一百六十一·职官一》，中华书局，1985年，第3776页。"侍郎　掌贰侍中之职，省中外出纳之事。"《宋史·卷一百六十一·职官一》，中华书局，1985年，第3777页。品秩：从三品。《宋史·卷一百六十八·职官八》，中华书局，1985年，第4014页。俸禄：月俸五十五千，等。元丰改制后为二百千，等。《宋史·卷一百七十一·职官十一》，中华书局，1985年，第4102、4109页。

[6] 上柱国：性质：勋官。"勋十二　上柱国，柱国，上护军，护军，上轻车都尉，轻车都尉，上骑都尉，骑都尉，骁骑尉，飞骑尉，云骑尉，武骑尉。"《宋史·卷一百六十九·职官九》，中华书局，1985年，第4061页。品秩：正二品。《宋史·卷一百六十八·职官八》，中华书局，1985年，第4014页。【注】勋级不职事、无俸禄，仅表身份地位。

[7] 汲郡："（河北）西路。府四：真定，中山，信德，庆源。州九：相，浚，怀，卫，洺，深，磁，祁，保。军六：天威，北平，安肃，永宁，广信，顺安。县六十五。"《宋史·卷八十六·地理二》，中华书局，1985年，第2126页。"卫州，望，汲郡，防御。"《宋史·卷八十六·地理二》，中华书局，1985年，第2128页。【注】历史故名，西晋泰始二年（266年）始置。北宋时属河北西路，治所在今河南省卫辉市附近。

[8] 开国公：性质：爵位。"爵一十二　王　嗣王　郡王　国公　郡公　开国公　开国郡公　开国县公　开国侯　开国伯　开国子　开国男。"《宋史·卷一百六十九·职官九》，中华书局，1985年，第4061页。品秩：不明。【注】爵位无职事、无俸禄，仅表身份地位。

太君姓王氏，大名成安[1]人。曾祖考迁，赠光禄卿[2]；妣唐氏，晋昌郡[3]太君[4]。祖考朗，天福中举进士，掌药元福书记[5]，以言规元福，元福不听，捨之去，上书求仕州县，累迁右补阙[6]，为太祖皇帝所深知，王师征江岭，皆密与其谋。江南将用兵，除黄州[7]刺史[8]，既而大兵围金陵[9]，逾年不下，唐将朱令赟[10]者自上江以舟师数万来援，将燔采石浮梁以下，众以为令赟之师至，则金陵之围解矣，乃于濒江葭菼中多立樯干为疑舟，以缓其师，令赟果懼而不进，

---

[1]大名成安："（河北）东路。府三：大名，开德，河间。州十一：沧，冀，博，棣，莫，雄，霸，德，滨，恩，清。军五：德清，保顺，永静，信安，保定。县五十七。"《宋史·卷八十六·地理二》，中华书局，1985年，第2121页。"大名府，魏郡。庆历二年，建为北京。八年，始置大名府路安抚使，统北京、澶、怀、卫、德、博、滨、棣、通、利、保顺军。熙宁以来并因之，六年，分属河北东路。……县十二：……成安，畿。熙宁六年，省洹水县为镇入焉。"《宋史·卷八十六·地理二》，中华书局，1985年，第2121、2122页。【注】北宋时属河北东路大名府隶下，今为河北省成安县。

[2]光禄卿：光禄卿《五代史》所述不详，故谨以宋史所载供参考。性质：职事官，属光禄寺。职责："光禄寺　卿　少卿　丞　主簿各一人。卿掌祭祀、朝会、宴乡酒醴膳羞之事，修其储备而谨其出纳之政。"《宋史·卷一百六十四·职官四》，中华书局，1985年，第3891页。品秩：从四品。《宋史·卷一百六十八·职官八》，中华书局，1985年，第4015页。俸禄：月俸四十五千，等。《宋史·卷一百七十一·职官十一》，中华书局，1985年，第4102页。

[3]晋昌："雍州，唐故上都，昭宗迁洛，废为佑国军。梁初改京兆府曰大安，佑国军曰永平。唐灭梁，复为西京。晋废为晋昌军。汉改曰永兴，周因之。"《新五代史·卷六十·职方考第三》，中华书局，1974年，第737页。【注】五代时期晋昌军即雍州（长安），为现陕西省西安市附近。

[4]郡太君：因《五代史》所述不详，北宋初年文武群臣母、妻封号仍以唐制为准，故谨以宋史所载供参考。叙封称号，"唐制，视本官阶爵。建隆三年，诏定文武郡臣母妻封号：……签书枢密院事曾祖母、祖母、母封太君；妻，郡君。……三司使祖母、母封郡太君；妻，郡君。……常侍、宾客、中丞、左右丞、侍郎、翰林学士至龙图阁直学士、给事中、谏议大夫、中书舍人、卿、监、祭酒、詹事、诸王传、大将军、都督、中都护、副都护、观察留后、观察使、防御使、团练使，并母郡太君；妻，郡君。"《宋史·卷一百七十·职官十》，中华书局，1985年，第4084、4085页。

[5]掌药元福书记："药元福，并州晋阳人。幼有胆气，善骑射。初事邢帅王檀为厅头军使，以勇敢闻。事后唐，为拱卫、威和亲从马斗军都校，天平军内外马军都指挥使。晋天福中，为深州刺史。……宋初，加检校太师。九月卒，年七十七，赠侍中。"《宋史·卷二百五十四·列传第十四》，中华书局，1985年，第8894页。由此知，药元福乃人名，为后唐将军、后晋深州刺史，宋初检校太师。掌药元福书记：性质：应为药元福幕府之僚佐。职责：应为府中职掌文案之职。品秩：不明。俸禄：不明。

[6]右补阙：性质：职事官，属中书省。又名司谏。"（端拱元年）二月乙未，改左、右补阙为左、右司谏，左、右拾遗为左、右正言。"《宋史·卷五·太宗二》，中华书局，1985年，第81页。职责："置左右补阙、拾遗，专任谏正，不任纠劾之事。"《宋史·卷一百六十一·职官一》，中华书局，1985年，第3786页。品秩：正七品。《宋史·卷一百六十八·职官八》，中华书局，1985年，第4015、4016页。俸禄：月俸三十千，等。《宋史·卷一百七十一·职官十一》，中华书局，1985年，第4103页。【注】右，与左相对，两宋以左为尊。

[7]黄州："（淮南）西路。府：寿春。州七：庐、蕲、和、舒、濠、光、黄。军二：六安，无为。县三十三。"《宋史·卷八十八·地理四》，中华书局，1985年，第2182页。"黄州，下，齐安郡，军事。"《宋史·卷八十八·地理四》，中华书局，1985年，第2184页。【注】北宋时属淮南西路隶下，今为湖北省黄冈市。

[8]黄州刺史：性质：职事官。职责：时乃北宋初建国，大局未定。州刺史之职责《宋史》记载中尚不明确。北宋刺史无实职，多以京朝官兼之。品秩：从五品。《宋史·卷一百六十八·职官八》，中华书局，1985年，第4015页。俸禄：月俸一百千，等。《宋史·卷一百七十一·职官十一》，中华书局，1985年，第4111页。

[9]金陵："江南道，盖古扬州南境，汉丹杨、会稽、豫章、庐江、零陵、桂阳等郡，长沙国及牂柯、江夏、南郡地。润、昇、常、苏、湖、杭、睦、越、明、衢、处、婺、温、台、宣、歙、池、洪、江、饶、虔、吉、袁、信、抚、福、建、泉、汀、漳为星纪分，岳、鄂、潭、衡、永、道、郴、邵、黔、辰、锦、施、叙、奖、夷、播、思、费、南、溪、溱为鹑尾分。为州五十一，县二百四十七。"《新唐书·卷第四十一·地理五》，中华书局，1975年，第1056页。"昇州江宁郡，至德二载以润州之江宁县置，上元二年废，光启二年复以上元、句容、溧水、溧阳四县置。……县四。……上元，望。本江宁，隶润州。武德三年以江宁、溧水二县置扬州，析置丹杨、溧阳、安业三县，更江宁曰归化。八年，复为扬州，又以延陵、句容隶之，省安业入归化，更归化曰金陵。"《新唐书·卷第四十一·地理五》，中华书局，1975年，第1057页。【注】金陵之称始于唐，属江南道隶下润州所辖，今为江苏省南京市。

[10]朱令赟："朱令赟，大将军业从子也。常从业军，初为小校。趫捷善射，椎额鹰目，军中号朱深眼。累迁神卫都虞侯。会林仁肇卒，以令赟为镇南军节度使。王师问罪，后主召令赟赴难。令赟至湖口，与诸将议曰：'我若前进，而王师据我后，则上江阻隔，退乏粮道，亟为虏矣。'乃以书招南都留守刘克贞，代镇湖口。克贞病不能举，令赟迟之。后主命益急，使者旁午，令赟不得已，自浔阳湖缚大筏，载军粮、器用，战舰数百艘，欲断采石浮桥，直趋金陵。或说令赟曰：'江水浅涩，不利舟筏，可俟盛夏，大江泛溢，顺流而下，势不可御。'令赟曰：'业已进，俟盛夏乎？'遂帅水陆一十五万至虎蹲洲，与王师遇。令赟不识兵机，自乘大舫，危檣重构，建大将旗帜，中流指麾。王师聚攻之。令赟先创巨舟，实葭苇，灌膏油，欲顺风纵火，谓之火油机。至此势蹙，乃以火油机前拒，而反风回煽，自焚大筏。水陆诸军不战而溃，令赟投火死，粮器俱焚，烟焰不绝者浃日。自是金陵绝无外援，以至于亡。"傅璇琮、徐海荣、徐吉军主编《五代史料汇编》之《南唐书·卷十七·义死传》，杭州出版社，2004年，第5373、5374页。

诸将因大破其军，生擒令赟于阵间。金陵平，官至礼部侍郎[1]，太宗皇帝以刺史禄禄之。姚傅氏，南阳郡[2]太君[3]，考捒[4]，累官殿中丞[5]，妣郭氏，参知政事[6]赟[7]之女，封长安县[8]郡（君）[9]。太君幼孤，鞠于外氏，年二十二归吕氏，实我世父秘书省著作佐郎[10]英之夫人。著作府君初以羁旅京师、登进士第，其贫窭，太君不以为不足。后赴官钱塘[11]，道病卒，诸孤尚幼，太君捐簪珥以治行，乃护丧枢而还，舟人初易太君之孥弱也，日益懈，令之不听，太君呼而戒之曰：舟我所当乘，尔辈舟所当役，苟不恪，且送之官！乃听命。

[1]礼部侍郎：性质：职事官，属尚书省礼部。职责："礼部　掌国之礼乐、祭祀、朝会、宴飨、学校、贡举之政令。"《宋史·卷一百六十三·职官三》，中华书局，1985年，第3851页。"尚书　掌礼乐、祭祀、朝会、宴享、学校、贡举之政令，侍郎为之贰。"《宋史·卷一百六十三·职官三》，中华书局，1985年，第3852页。"侍郎　奏中严外办，同省牲及视馔腥熟之节。"《宋史·卷一百六十三·职官三》，中华书局，1985年，第3853页。品秩：从三品。《宋史·卷一百六十八·职官八》，中华书局，1985年，第4014页。俸禄：月俸五十五千，等。《宋史·卷一百七十一·职官十一》，中华书局，1985年，第4102页。

[2]南阳郡："南阳郡，秦置。莽曰前队。属荆州。"《汉书·卷二十八上·地理志第八上》，中华书局，1962年，第1563页。"（京西）南路。府一，襄阳。州七：邓、随、金、房、均、郢、唐。军一，光化。县三十一。……邓州，望，南阳郡，武胜军节度。旧为上郡。政和二年，升为望郡。"《宋史·卷八十五·地理一》，中华书局，1985年，第2113页。【注】秦昭襄王三十五年（公元前272年）始设南阳郡，治所在宛县，北宋属京西南路，今在河南南阳一带。

[3]郡太君：叙封称号，"唐制，视本官阶爵。建隆三年，诏定文武郡臣母妻封号：……签书枢密院事曾祖母、祖母、母封郡太君；妻，郡君。……三司使祖母、母封郡太君；妻，郡君。……常侍、宾客、中丞、左右丞、侍郎、翰林学士至龙图阁直学士、给事中、谏议大夫、中书舍人、卿、监、祭酒、詹事、诸王传、大将军、都督、中都护、副都护、观察留后、观察使、防御使、团练使，并母郡太君；妻，郡君。"《宋史·卷一百七十·职官十》，中华书局，1985年，第4084、4085页。

[4]捒：捒，即王捒，王明之幼子。"（王明）子挺、扶，并进士及第。历台省，累为转运使，皆知名。挺至殿中侍御史，扶尝直集贤院，至工部员外郎。景德中，录幼子捒为光禄寺主簿。大中祥符八年，又录其孙师颜为三班借职，捒至殿中丞。"《宋史·卷二百七十·列传二十九》，中华书局，1985年，第9267页。

[5]殿中丞：性质：职事官，属殿中省。职责："殿中省监、少监、丞各一人，监掌供奉天子玉食、医药、服御、幄帟、舆辇、舍次之政令，少监为之贰，丞参领之。"《宋史·卷一百六十四·职官四》，中华书局，1985年，第3880页。品秩：正八品。《宋史·卷一百六十八·职官八》，中华书局，1985年，第4016页。俸禄：月俸二十千，等。《宋史·卷一百七十一·职官十一》，中华书局，1985年，第4103页。

[6]参知政事：性质：职事官。职责："参知政事掌副宰相，毗大政，参庶务"。《宋史·卷一百六十一·职官一》，中华书局，1985年，第3775页。品秩：正二品。《宋史·卷一百六十八·职官八》，中华书局，1985年，第4014页。俸禄：月俸二百千，等。《宋史·卷一百七十一·职官十一》，中华书局，1985年，第4101页。

[7]赟：赟即郭赟。"郭赟，字仲仪，开封襄邑人。乾德中，举进士，中首荐。太宗尹京，因事藩邸。太平兴国初，擢为著作佐郎、右赞善大夫。俄兼皇子侍讲，赐绯鱼。……七年，以本官参知政事。"《宋史·卷二百六十六·列传第二十五》，中华书局，1985年，第9174页。

[8]长安县："永兴军路。府二：京兆，河中。州十五：陕、延、同、华、耀、邠、鄜、解、庆、虢、商、宁、坊、丹、环。军一：保安。县八十三。……京兆府，京兆郡，永兴军节度。本次府，大观元年升大都督府。旧领永兴军路安抚使。宣和二年，诏永兴军守臣等衔不用军额，称京兆府。……县十三：长安，次赤。"《宋史·卷八十七·地理三》，中华书局，1985年，第2144页。【注】北宋属永兴军路京兆府隶下，今在陕西省西安市。

[9]县君：叙封称号，"唐制，视本官阶爵。建隆三年，诏定文武郡臣母妻封号：……庶子、少卿监、司业、郎中、京府少尹、赤县令、少詹事、谕德、将军、刺史、下都督、下都护、家令、率更令、仆，母封县太君；妻，县君，其馀升朝官已上遇恩。并母封县太君；妻，县君，杂五品官至三任与叙封，官当叙封者不复论阶爵。致仕同见任。亡母及亡祖母当封者并如之。"《宋史·卷一百七十·职官十》，中华书局，1985年，第4084、4085页。

[10]祕书省著作佐郎：性质：职事官，属秘书省。职责："秘书省　监、少监、丞各一人，监掌古今经籍图书、国史实录、天文历数之事，少监为之贰，而丞参领之。其属有五：著作郎一人，著作佐郎二人，掌修纂日历。"《宋史·卷一百六十四·职官四》，中华书局，1985年，第3873页。品秩：正八品。《宋史·卷一百六十八·职官八》，中华书局，1985年，第4016页。俸禄：月俸十七千，等。《宋史·卷一百七十一·职官十一》，中华书局，1985年，第4103页。

[11]钱塘："两浙路。熙宁七年，分为两路，寻合为一；九年，复分；十年，复合。府二：平江，镇江。州十二：杭、越、湖、婺、明、常、温、台、处、衢、严、秀。县七十九。"《宋史·卷八十八·地理四》，中华书局，1985年，第2173页。"临安府，大都督府，本杭州，余杭郡。……县九：钱塘，望。有盐监。"《宋史·卷八十八·地理四》，中华书局，1985年，第2174页。【注】北宋属两浙路临州府隶下，在今浙江省杭州市境内。

著作君尝（常）为汝[1]官，买田于郏[2]而谋居之，太君以其孥归于郏，治田营居，日以增葺。叔侄之已仕者，皆分禄以给之。太君遇诸子甚肃，尝（常）察其所从游，苟得其人矣，虽贫贱，亲为视庖厨以待之。非其人，虽富贵不顾也。由此诸子皆有立，而长子大圭特以孝友之行闻于乡，既而被其叔父致仕之恩，遂从政于郡县，又以治行闻于官。元祐二年诏封永寿县太君，赐凤冠霞帔以宠之。八年正月二十三日以疾卒于寝，寿八十五。太君勤俭明察，御下极严，善治家，左右莫能欺者。事姑以孝，视娣姒以仁，年虽耄耋而聪明不衰，性喜整洁而晚节不倦，将终前数月，悉属家人以后事，如知其期者。男三人，大圭，右宣德郎[3]；大章早夭；大雅陈州南顿县[4]主簿[5]。女三人，长适绛州[6]司户[7]宋元颖，次秦昱、宋紘皆士人。子孙男四人，仲山、信山方从学，馀幼；女三人，长适汝州进士薛荘，次在室。曾孙男一人，尚幼。以其年十一月十日祔葬于京兆蓝田[8]太尉原之先茔，著作君之墓。

大防幼学于著作君，太君视之犹子也。太君既老于郏，大防方备位政事府乃请于朝曰：世母齿耋，不任舆马之劳，从子远仕，敢以岁例乞大圭为颍昌[9]从事，以便迎养，既受命而太君殁，可哀也！

---

[1] 汝："（京西）北路。府四：河南，颖昌，淮宁，顺昌。州五：郑，滑，孟，蔡，汝。军一：信阳。县六十三。"《宋史·卷八十五·地理一》，中华书局，1985年，第2114页。"汝州，辅，临汝郡，陆海军节度。"《宋史·卷八十五·地理一》，中华书局，1985年，第2117页。【注】北宋属京西北路隶下，今在河南省平顶山、汝州一带。

[2] 郏："（京西）北路。府四：河南，颖昌，淮宁，顺昌。州五：郑，滑，孟，蔡，汝。军一：信阳。县六十三。"《宋史·卷八十五·地理一》，中华书局，1985年，第2114页。"颖昌府，次府，许昌郡，忠武军节度。本许州。元丰三年，升为府。崇宁四年，为南辅，隶京畿。大观四年，罢辅郡。政和四年，复为辅郡，隶京畿。宣和二年，复罢辅郡，依旧隶京西北路。……县七：……郏。中。元隶汝州，崇宁四年来隶。"《宋史·卷八十五·地理一》，中华书局，1985年，第2115页。【注】北宋属京西北路颖昌府隶下，今为河南省郏县。

[3] 右宣德郎：性质：文散官。又名宣教郎，"元丰本宣德，政和避宣德门改。"《宋史·卷一百六十九·职官九》，中华书局，1985年，第4053页。职责：文散官，无具体职责。品秩：正七，改制后为从八品。《宋史·卷一百六十九·职官九》，中华书局，1985年，第4050页。《宋史·卷一百六十八·职官八》，中华书局，1985年，第4016、4017页。俸禄：月俸十七千，等。《宋史·卷一百七十一·职官十一》，中华书局，1985年，第4110页。【注】右，与左相对。两宋以左为尊。

[4] 陈州南顿县："（京西）北路。府四：河南，颖昌，淮宁，顺昌。州五：郑，滑，孟，蔡，汝。军一：信阳。县六十三。"《宋史·卷八十五·地理一》，中华书局，1985年，第2114页。"淮宁府，辅，淮阳郡，镇安军节度。本陈州。政和三年，改辅为上。宣和元年，升为府。……县五：……南顿。中。"《宋史·卷八十五·地理一》，中华书局，1985年，第2116页。【注】北宋属京西北路淮宁府隶下，今在河南省项城附近。

[5] 南顿县主簿：性质：职事官。职责："开宝三年，诏诸县千户以上置令、簿、尉；四百户以上置令、尉，令知主簿事；四百户以下置簿、尉，以主簿兼知县事。咸平四年，王钦若言：'川峡县五千户以上请并置簿，自馀仍以尉兼。'从之。自后川蜀及江南诸县，各增置主簿。中兴后，置簿掌出纳官物、销注簿书，凡县不置丞，则簿兼丞之事。凡批销必亲书押，不许用手记，仍不许差出，以防销注。"《宋史·卷一百六十七·职官七》，中华书局，1985年，第3978页。品秩：从九品。《宋史·卷一百六十八·职官八》，中华书局，1985年，第4017页。俸禄：月俸六千~十二千，等（县主簿以所治县户籍量分等级享受俸禄，但《宋史》对各县辖治人口无详载，故具体数额不明）。《宋史·卷一百七十一·职官十一》，中华书局，1985年，第4109页。

[6] 绛州："河东路。府三：太原，隆德，平阳。州十四：绛，泽，代，忻，汾，辽，宪，岚，石，隰，慈，麟，府，丰。军八：庆祚，威胜，平定，岢岚，宁化，火山，保德，晋宁。县八十一。"《宋史·卷八十六·地理二》，中华书局，1985年，第2131页。"绛州，雄，绛郡，防御。"《宋史·卷八十六·地理二》，中华书局，1985年，第2132页。【注】北宋属河东路隶下，今为山西省新绛县。

[7] 绛州司户：性质：职事官。职责："司户初官，令专往仓库，知录依司理例以狱事为重，不兼他职。"《宋史·卷一百六十七·职官七》，中华书局，1985年，第3976页。品秩：从九品。《宋史·卷一百六十八·职官八》，中华书局，1985年，第4017页。俸禄：十千，等（绛州户五万以上，司户参军俸十千）。《宋史·卷一百七十一·职官十一》，中华书局，1985年，第4108页。

[8] 京兆蓝田："永兴军路。府二：京兆，河中。州十五：陕，延，同，华，耀，邠，鄜，解，庆，虢，商，宁，坊，丹，环。军一：保安。县八十三。……京兆府，京兆郡，永兴军节度。本次府，大观元年升大都督府。旧领永兴军路安抚使。宣和二年，诏永兴军守臣等衔不用军额，称京兆府。……县十三：……蓝田，次畿。"《宋史·卷八十七·地理三》，中华书局，1985年，第2144页。【注】北宋属永兴军路。今为陕西省蓝田县。

[9] 颍昌："（京西）北路。府四：河南，颖昌，淮宁，顺昌。州五：郑，滑，孟，蔡，汝。军一：信阳。县六十三。"《宋史·卷八十五·地理一》，中华书局，1985年，第2114页。"颍昌府，次府，许昌郡，忠武军节度。本许州。元丰三年，升为府。崇宁四年，为南辅，隶京畿。大观四年，罢辅郡。政和四年，复为辅郡，隶京畿。宣和二年，复罢辅郡，依旧隶京西北路。"《宋史·卷八十五·地理一》，中华书局，1985年，第2115页。【注】北宋属京西北路隶下，今在河南省许昌市附近。

已铭曰：

礼部之显，起于成安。定越平吴，皆与其权。

破令赟兵，其绩最伟。有功不扬，厥咎在史。

抑抑太君，实其遗孙。大耋之年，犹席其勋。

出于显家，归我世父。夫曰才偶，子曰令母。

大邑启封，锡以冠裾。周原之丘，千载是图。

吕英为吕通嫡长子，墓葬位于吕通墓北，卒年较早，原葬处不明，后葬于吕氏太尉塬墓园，属二次迁葬。骨骼经火化后敛于青釉簋中置椁内西侧正中与妻王氏合葬，二人共用一椁，分棺而置。

# 一〇　吕大圭与前妻张夫人合葬墓（编号M12）

## （一）位置与地层

该墓位于吕氏家族墓园北部墓葬群自南向北数第三排自西向东第四座，居于墓园中轴线上，西距M3为15.00、东距M20是16.6、南距M9为13.00米。墓葬田野编号为蓝田吕氏M12（图5-283、284）。发掘时间2009年3月23日至4月24日，历时32天。

墓葬所处地层剖面为（图5-284；彩版5-391）：

第①层：耕土层，厚约0.30米，色灰黄，质松散，含大量植物根系、少量碎石块、现代陶瓷残片等。

第②层：扰土层，厚约0.60米，浅灰褐色，土质较硬，内杂近代陶片、料礓石结核颗粒、蜗牛壳、植物根茎等。M12墓道现开口于该层下。

第③层：古代堆积层，厚0.50米左右，浅灰黄色，质地坚硬，呈颗粒状，夹杂少量残砖瓦块等。

第④层：黑褐色土层，厚0.80米左右，质地坚硬，夹大量白色植物根系。

第⑤层：黄土层，厚3.50米，质地松软，色泽纯黄，包含少量料礓石块。

第⑥层：红褐色土层，厚0.80米，土质坚硬，夹杂大量料礓石块。

第⑦层：淡黄土层，厚度1.20米，质地松软纯净，无包含物。S1墓室顶开于该层顶面下0.28~0.44米处。

第⑧层：胶泥层，厚度1.60米，褐色，质地坚硬细密有韧性，内有少量料礓石块。S1底面位于该层面下0.45~0.50米处。

第⑨层：黄褐色土层，厚度1.20米，土质较硬，含较多料礓石块。

第⑩层：密集料礓石层，厚0.20米，灰白色料礓石块排列密集，质地极坚硬。

第⑪层：浅褐色土层，深度不详，质地细密，无包含物。S2墓室顶开于该层顶面下0.22~0.30、底面在该层顶面下1.90~2.00米处。

## （二）墓葬形制

墓葬坐东北向西南，方向210°。平面略呈南北向"中"字形，由竖穴墓道、土坯封门、纵向叠置双重墓穴、壁龛五部分组成。水平总长6.65、墓室底部上距现地表12.70米，现墓道开口距地表0.90米（图5-283、284）。

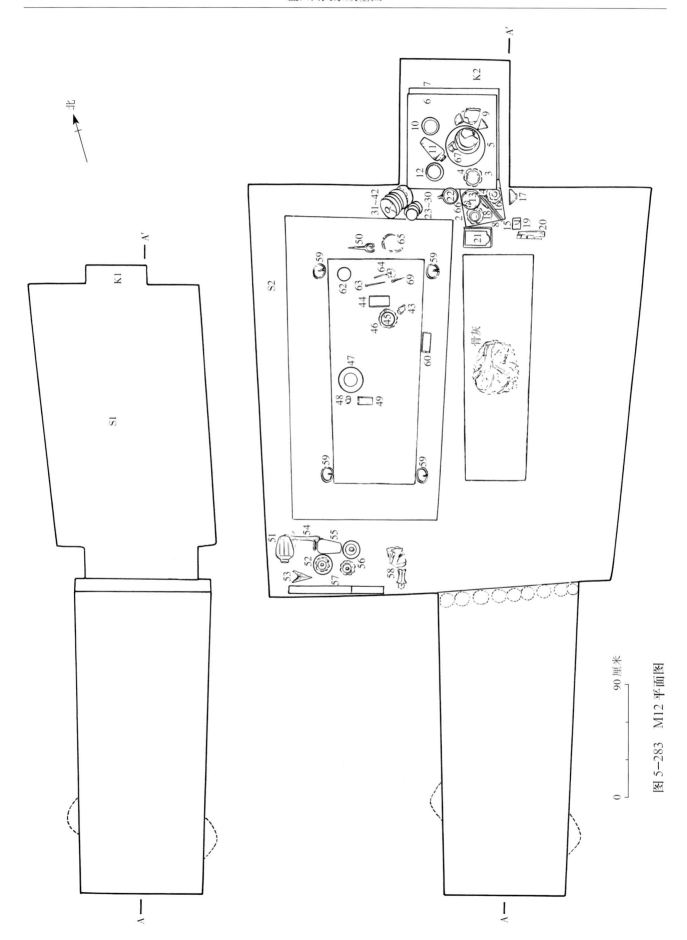

图 5-283　M12 平面图

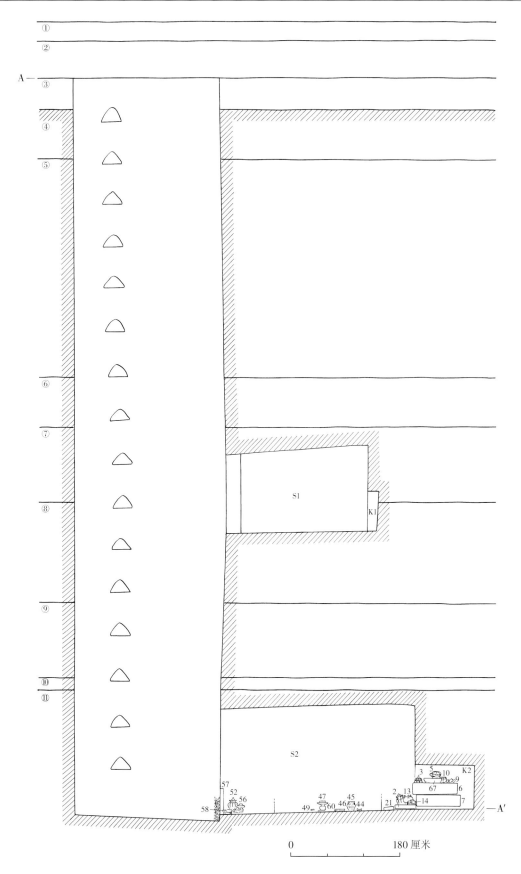

图 5-284　M12 纵剖面图

彩版 5-391　M12 地层与墓道

彩版 5-392　M12 墓室 S1 入口处

## 1. 墓道

位于墓葬南端，竖穴土圹式。开口处平面呈北宽南窄长方形，南北长 2.40、北宽 1.14、南宽 1.00 米。东、西、南三壁垂直而下，唯北壁中部微向外弧出 0.10 米，壁面铲修整齐。底面尺寸同于开口，南高北低呈缓坡状，北部与墓室连接，最深处上距开口 11.90 米。东、西两壁距南壁 0.30~0.60 米处各设对称三角形踏窝一列 16 个，顶部踏窝上距开口 0.50、各踏窝纵向间距 0.50 米，踏窝面宽 0.34、高 0.20、进深 0.12 米左右。墓道内填五花土，未夯筑，质地较疏松（彩版 5-391）。

## 2. 墓室

纵向叠置的双重墓室皆开口于墓道北壁上，均属土洞式，上层为空穴，下层为实用墓室。

（1）第一重墓室

编号 S1，位于墓道北壁开口下 6.05~7.30 米处，入口与墓室间设短甬道相连，甬道平面呈横向长方形，东西宽 0.94、南北长 0.26 米，东、西两壁基本竖直，斜平顶南低北高，底面平整，自底至顶高 1.25~1.27 米。

墓室平面略呈北宽南窄长方形，南北长 2.10、南宽 1.30、北宽 1.42 米。四壁基本竖直，修整光滑。平顶南端与甬道顶相接后斜向北逐渐提高形成南低北高斜平顶。底面平坦，亦呈南低北高势，两端落差 0.03 米。墓室高 1.27~1.40 米。室内未见任何葬具及随葬物品，亦无扰动痕迹，仅有松散黄褐色五花土及少量淤土填充（彩版 5-392）。

（2）第二重墓室

编号S2，位于墓道底部北端，平面呈北宽南窄长方形，南北长3.12~3.28、南宽2.80、北宽3.30米。四壁原基本竖直，北壁稍长于南壁，壁面曾经铲修，现已坍塌。平顶南低北高、落差0.08米，顶面上满布挖掘工具印迹，顶、壁相交处略有弧度。墓室底面平整，与顶面相呼应亦呈南低北高缓坡状，落差0.10米，室底至顶高1.70米，底部南端高于墓道底面北端0.10米。墓室内填充较松散黄褐色五花土、大量淤土及顶部坍塌的生土块（彩版5-393）。

彩版5-393 M12墓室S2

### 3．封门

该墓在第二重墓室入口处原有木质封门一道，现已朽毁，就残存灰迹推测，封门以圆木纵向排列封堵于墓室入口外，宽1.15米，高与厚度已不详（彩版5-394）。

### 4．壁龛

共设壁龛2个。K1、K2。

K1位于墓室S1北壁下部正中，横向长方形，东西宽0.50、南北长0.15、高0.65米。龛壁原竖直，表面修整光滑，现多有坍塌。平顶。底面与墓室底面等平。龛内无任何物品，仅有松散黄褐色五花土及塌土。

K2居于墓室S2北壁下部正中，平面呈长方形，南北长1.00、东西宽0.90米。东、西、北三壁原竖直，壁面经修整。平顶。发掘时顶、壁面多有坍塌。底面与墓室底面在同一水平面上，上距顶0.70米。龛内存墓志1合（彩版5-395）。

## （三）葬具葬式

该墓为双人同穴合葬墓，木质葬具均已腐朽成灰，但底部灰迹结构清晰，由此可知，两套葬具南北向并列置于墓室中部偏西处。

彩版5-394 S2门洞上部木封门灰迹

彩版 5-395　M12 壁龛 K2

西侧墓主葬具为一椁一棺，灰迹均呈红褐色。椁平面为北宽南窄长方形，南北长 2.40、北宽 1.40、南宽 1.20 米，原高度已不详。椁内纵向放置棺一具，平面亦呈北宽南窄长方形，南北长 1.80、北宽 0.80、南宽 0.68 米，原高度不清。棺外面施黑漆，现仅见棺盖下塌后遗存的少量漆皮残痕，内面施红漆，现存较多漆皮痕迹，棺内底铺垫草木灰一层，显灰白色。棺四角各置铁环一个。

东侧仅有木棺一具，灰迹呈浅红褐色，平面为北宽南窄狭长方形，南北长 1.80、北宽 0.58、南宽 0.50 米，原高度不明。

两位墓主骨架均保存极差，西侧墓主头北足南仰身直肢式，现骨骼已朽为粉末。东侧棺内残存少量骨渣，且有火烧痕迹，推测为二次焚烧后下葬（图 5-283；彩版 5-396）。

彩版 5-396　M12 葬具

## （四）出土遗物

该墓出土随葬品69件（组），质地有瓷、陶、铜、铁、锡、骨角、泥质、石、砖九类，器形为：盘、罐、瓶、盏、碟、碗、盆、勺、箸、匙、壶、釜、渣斗、盏托、砚、墨、熏炉、敦、磬、镜、簪、带銙、饰件、剪、铧、刀、棺环、车马模型、钱币、墓志等。随葬品原摆放位置大致分为三个区域：第一区为第二重墓室的西南角；第二区指西侧棺、椁内（原应放于椁及棺盖上）；第三区是墓室北壁下部正中及壁龛内：

### 1. 瓷器

共32件。器形有瓶、罐、碗、托盏、盏托、盘、碟。

（1）黑釉小口瓶　1件。

M12：11，出于K2内墓志上面西侧。完整。轮制成型。小口，宽弧沿，矮束颈，丰肩微鼓，长圆腹，宽矮圈足，足底外侧由内向外斜削一周。外壁施釉不及足，其下露胎；内壁施至肩，肩下露胎。釉色乌黑。釉面透亮，附有土锈。外壁露胎处表面呈暗红色，胎质较粗坚硬，含黑、白色麻点。通体素面。通高22.3、口沿径5.1、腹径12.0、足径7.7厘米（图5-285；彩版5-397）。

（2）黑釉盘口瓶　1件。

M12：55，出于墓室西南角。完整。轮制成型。圆唇，浅盘口，矮束颈，圆折肩，长圆腹，饼

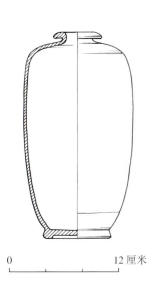

0　　　　　　　12厘米

图5-285　黑釉小口瓶
M12：11

彩版5-397　黑釉小口瓶 M12：11

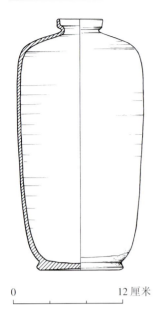

图 5-286　黑釉盘口瓶
M12：55

彩版 5-398　黑釉盘口瓶 M12：55

足微外撇，足底外侧由内向外斜削一周。器内壁施满釉，外壁施釉不及足，足部露胎。黑褐色釉。釉面透亮，有蜡质光泽，不够平滑，多土黄色麻点。露胎处表面呈暗红色，胎质较粗坚硬，含黑、白色麻点。素面，腹部轮制印迹明显。通高 26.8、口沿径 5.0、腹径 13.7、足径 10.0 厘米（图5-286；彩版 5-398）。

（3）黑釉带盖瓜棱罐　2 件。

M12：51、52，均出于墓室西南角。轮制成型。形制、尺寸、釉色、胎质基本相同。宝顶式罐盖顶心为塔状尖纽，盖沿上翘成九曲或八曲花瓣形，下置高子口，厚圆唇。罐身为直口，厚圆唇，斜矮颈上小下大，圆肩、深鼓腹、下腹斜向内收，腹壁呈十二曲或十三曲瓜棱形，圈足微外撇，颈、肩相交处有凸台一圈。内、外壁施满釉，盖外壁施釉较薄、内壁沿边施釉一周，子口内、外、盖内壁均露胎，足底刮釉露胎。釉色黑中泛酱褐色。釉面明亮润泽，有棕眼，局部有银灰色结晶斑。胎质坚硬细密，露胎处表面呈暗红色或灰白色，多黑、白色麻点。颈、肩部凸台沿上各饰弦纹一周。两罐内残存白黄色粉末状物质，其成分、性质详见本报告柒第三章。

M12：51，完整。通高 26.2、盖高 8.5、子口径 5.6、罐高 19.6、母口沿径 8.9、腹径 16.9、足径 8.8 厘米（图5-287；彩版 5-399）。

M12：52，盖沿部分残损，修复完整。通高 26.5、盖高 8.9、子口径5.5、罐高 19.4、口沿径 8.9、腹径16.8、足径 8.7 厘米（图 5-288；彩版 5-400）。

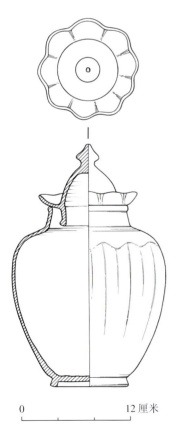

图 5-287　黑釉带盖瓜棱罐
M12：51

图 5-288　黑釉带盖瓜棱罐
M12：52

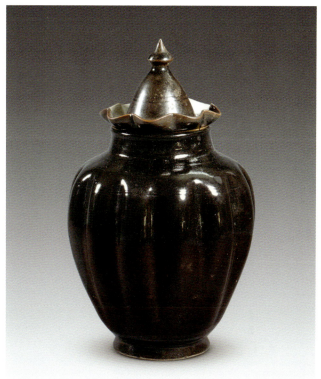

彩版 5-399　黑釉带盖瓜棱罐 M12：51　　　　　彩版 5-400　黑釉带盖瓜棱罐 M12：52

（4）白釉双系瓜棱罐　1件。

M12：46，出于西侧棺内北部。完整，轮制贴塑成形。直口、厚圆唇、粗颈、溜肩、深鼓腹呈十四曲瓜棱形，圈足，肩部置对称扁环状双系。内、外壁着白色化妆土，外壁下腹至足部又将其刻意擦去，露出暗红色胎面，但凹槽处与足内、外均有白色残留；再于其上施透明釉，上至内口沿下、下至外腹下部。釉面透亮晶莹，有玻璃质感。胎色灰白，质较粗而坚硬，露胎处表面呈暗红色，有火刺。通体素面，外底心有窑裂一道。通高 10.2、口沿径 10.1、腹径 12.8、足径 7.2 厘米（图5-289；彩版 5-401）。

图 5-289　白釉双系瓜棱罐 M12：46

彩版 5-401　白釉双系瓜棱罐 M12：46

（5）黑釉瓜棱罐　3 件。

M12：9、10、12，摆放于 K2 内墓志上面。轮制成型。形制、尺寸、釉色、胎质基本相同。大直口，方唇，窄肩平折，圆腹呈十三、十二、十四曲瓜棱形，矮圈足。器内壁满施黑釉，外壁施黑釉至腹下不及足，其下露胎，口沿露胎。胎色灰白，胎质坚硬细密，足部露胎处表面呈暗红色。通体素面。

M12：10，完整，圆腹呈十二曲瓜棱形，内底微下凹，中心稍下凹。釉面透亮，有土黄色斑点。腹下及足露胎处布满火刺。罐高 8.2、口沿径 11.8、腹径 14.4、足径 6.7 厘米（图 5-290，1；彩版 5-402）。罐内附着黑褐色物质，已提取标本，详见本报告柒第三章。

M12：12，基本完整，口沿有缺失，足心窑裂。圆腹呈十四曲瓜棱形，内底微下凹，中心稍凹。黑釉泛酱色。釉面透亮，多土黄色斑点。腹下及足露胎处布满火刺。高 7.5、口沿径 11.2、腹径 13.8、足径 6.7 厘米（图 5-290，2；彩版 5-403）。

M12：9，断裂为碎片，粘接后可复原，口沿有缺失。圆腹呈十三曲瓜棱形，内底下凹。釉色微泛酱。釉面光润透亮。罐高 8.8、口沿径 11.5、腹径 13.9、足径 6.7 厘米（图 5-290，3；彩版 5-404）。

（6）酱釉葵口碗　4 件。

M12：39~42，出于 K2 入口处西侧与西樟北壁外之间，重叠扣置于 8 件酱釉盘上。均已断裂成碎片，粘接基本完整。轮制成型。4 件形制、尺寸、釉色、胎质基本相同。六曲敞葵口，圆唇，斜弧腹，内底下凹，圈足修削规整。内、外壁施满釉，足底及内、外墙刮釉露胎。釉色酱红。釉面透亮，闪金属光泽，多棕眼，外腹下有垂釉。灰白胎，胎质坚硬致密。外沿下饰弦纹一周。

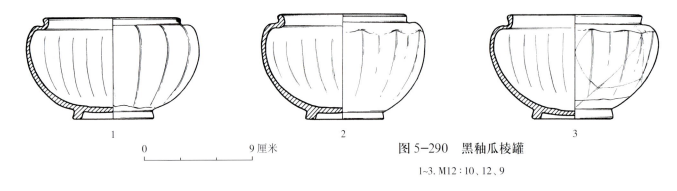

1　　　　　　　　　　　2　　　　　　　　图 5-290　黑釉瓜棱罐

0　　　　　　　　　9 厘米　　　　　　　　　　　3

1~3. M12：10、12、9

彩版 5-402　黑釉瓜棱罐 M12：10

彩版 5-403　黑釉瓜棱罐 M12：12

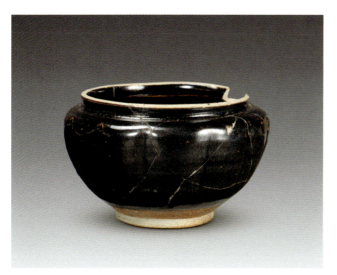

彩版 5-404　黑釉瓜棱罐 M12：9

　　M12：39，腹壁多处有缺片。通高5.3、口沿径19.5、足径5.3厘米（图5-291，1；彩版5-405）。

　　M12：40，口沿有较大缺片，修复完整。通高5.4、口沿径19.3、足径5.5厘米（图5-291，2；彩版5-406）。

　　M12：41，腹壁有数处较小缺片。通高5.3、口沿径19.5、足径5.4厘米（图5-292，1；彩版5-407）。

　　M12：42，腹壁有缺片，修复完整。通高5.3、口沿径19.5、足径5.5厘米（图5-292，2；彩版5-408）。

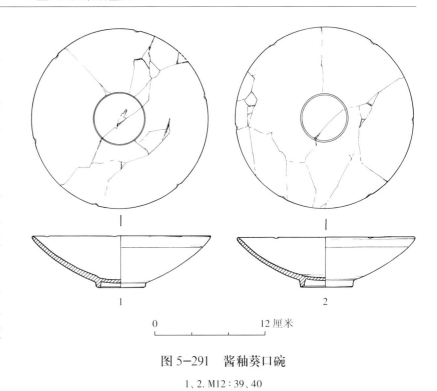

图5-291　酱釉葵口碗

1、2. M12：39、40

彩版5-405　酱釉葵口碗 M12：39

彩版5-406　酱釉葵口碗 M12：40

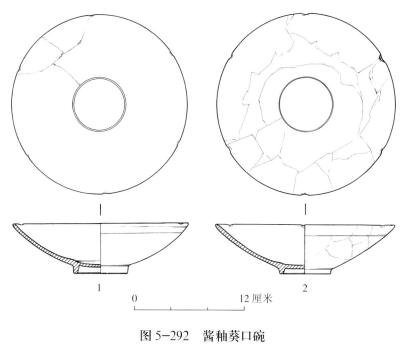

图 5-292　酱釉葵口碗

1、2.M12：41、42

彩版 5-407　酱釉葵口碗 M12：41

彩版 5-408　酱釉葵口碗 M12：42

（7）白釉台盏　1 套 2 件。

M12：56-1、-2，出于墓室西南角。盏断裂为 2 片、粘接修复完整，盏托完整。轮制成型。

M12：56-1，盏，六曲葵瓣式口，圆唇，斜弧腹，腹壁亦为六曲葵瓣式与口沿相对应，小平底，圈足，挖足过肩，足底平。器内壁施满釉，外壁局部施釉不及足，圈足、足内均露胎。釉色白中微闪乳黄。釉面透亮。白胎，胎质坚硬致密。外壁口沿下出弦纹一周，腹足相接处施较浅弦纹一周，局部有细线修坯痕。

M12：56-2，盏托，盘口，外沿呈六曲葵瓣状，浅弧腹，底心凸出顶小下大覆杯式托台，台面下凹以承接盏底，腹下置高圈足，足端外撇、沿稍上卷。内、外均施白釉，托台芒口，足底刮釉露胎。釉面亮净，积釉处呈青黄色。白胎，胎质坚硬细密。托台腹部及圈足上各饰火焰形镂空纹样 3 处。

通高 10.8、盏高 4.3、口沿径 9.2、足径 3.6、托高 6.9、盘沿径 12.9、足高 2.8、足底径 8.6 厘米（图 5-293；彩版 5-409）。

（8）白釉盏　1 件。

M12：66，置于 K2 入口处东侧砖质墓志上，叠压于石敦 M12：13 下。断裂为多片、粘接修复完整。轮制成型。

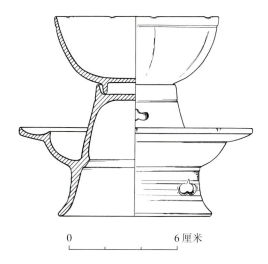

图 5-293　白釉台盏 M12：56

彩版 5-409　白釉台盏 M12：56-1、-2

敞口，圆唇，斜腹微弧，小平底，圈足，挖足过肩，足底平。器内壁施满釉，外壁局部施釉不及足，圈足底刮釉露胎，足内露胎。釉色白中微闪乳黄。釉面透亮。白胎，胎质坚硬致密。素面，器表有修坯旋痕。通高 3.6、口沿径 12.3、足径 3.6 厘米（图 5-294；彩版 5-410）。

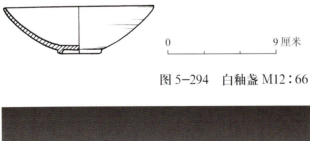

0　　　　　　　9厘米

图 5-294　白釉盏 M12：66

彩版 5-410　白釉盏 M12：66

（9）黑釉鹧鸪斑盏 1件。

M12：17，出于K2入口处东侧。完整，轮制成型。侈口微外撇，尖唇，斜直腹略弧，小圆底，圈足，足底外侧自内向外斜削一周。内、外壁施双层釉，底层通施满釉，二层釉内壁施满、外壁施至下腹，足底刮釉露胎。黑色釉上散布酱红色或银灰色大小不一结晶斑，似鹧鸪羽毛斑纹。釉面光泽明亮。胎色浅灰微褐，胎质略粗。通高4.5、口沿径13.6、足径4.1厘米（图5-295；彩版5-411）。

（10）黑釉盘 1件。

M12：1，出于墓道北部填土内。从中部断裂为两半、粘接修复完整。轮制成型。大敞口，圆唇，浅弧腹下部内收，微圆底，圈足。器内壁满施黑釉，底外围刮釉露胎一圈（又称涩圈）；外壁施黑釉至口沿，有流釉，外壁口沿下露胎。釉面显浊，有蜡质光泽，密布棕眼。胎色灰白，胎质坚硬较粗，内含白、黑小颗粒，露胎处表面局部呈暗红色。腹内壁中部饰弦纹一周。通高3.3、口沿径17.7、足径6.8厘米（图5-296；彩版5-412）。

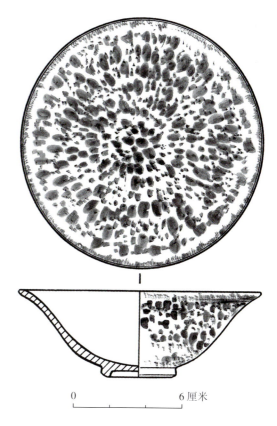

图5-295 黑釉鹧鸪斑盏 M12：17

彩版5-411 黑釉鹧鸪斑盏 M12：17

彩版 5-412　黑釉盘 M12：1

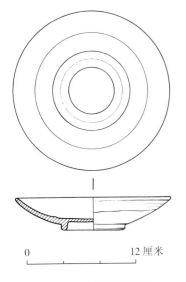

图 5-296　黑釉盘 M12：1

（11）酱釉葵口盘　8件。

M12：31~38，出于 K2 入口处西侧与西椁北壁外之间，重叠扣置于 4 件酱釉碗之下。均完整。轮制成型。8 件形制、尺寸、釉色、胎质基本相同。六曲敞葵口，口沿微外撇，圆唇，浅斜腹下部折内收，微圜底，内底微下凹，圈足修削规整。内、外壁施满釉，足底及内、外墙刮釉露胎。釉色酱红。釉面闪金属光泽，多棕眼，积釉处微泛青绿色。足部露胎处胎表呈暗红色。外沿下饰弦纹一周，腹壁依稀可见轮制痕迹。

M12：31，通高 4.2、口沿径 18.3、足径 5.5 厘米（图 5-297，1；彩版 5-413）。

M12：32，通高 4.2、口沿径 18.5、足径 5.6 厘米（图 5-297，2；彩版 5-414）。

M12：33，通高 4.2、口沿径 18.5、足径 5.6 厘米（图 5-298，1；彩版 5-415）。

M12：34，外腹壁下部有棕眼。通高 4.3、口沿径 18.5、足径 5.6 厘米（图 5-298，2；彩版 5-416）。

M12：35，通高 4.4、口沿径 18.5、足径 5.7 厘米（图 5-299，1；彩版 5-417）。

M12：36，外腹壁下部有较大棕眼。通高 4.2、口沿径 18.6、足径 5.9 厘米（图 5-299，2；彩版 5-418）。

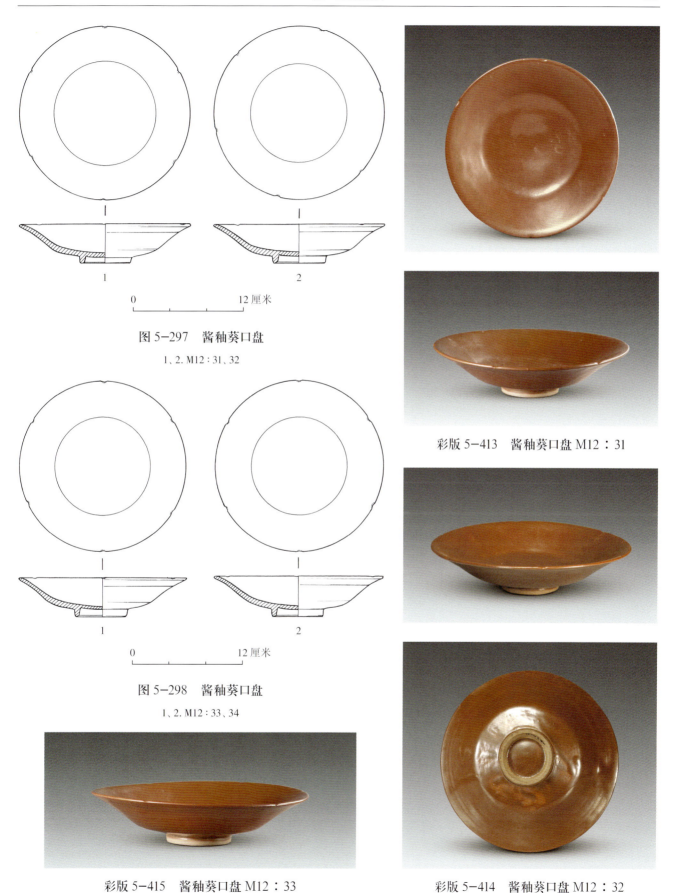

0　　　　　　　12 厘米

图 5-297　酱釉葵口盘

1、2. M12：31、32

0　　　　　　　12 厘米

图 5-298　酱釉葵口盘

1、2. M12：33、34

彩版 5-413　酱釉葵口盘 M12：31

彩版 5-414　酱釉葵口盘 M12：32

彩版 5-415　酱釉葵口盘 M12：33

彩版 5-416　酱釉葵口盘 M12：34

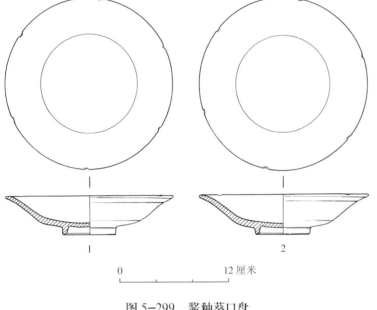

0　　　　　　12厘米

图 5-299　酱釉葵口盘

1、2. M12：35、36

彩版 5-417　酱釉葵口盘 M12：35

彩版 5-418　酱釉葵口盘 M12：36

　　M12：37，外腹壁下部有较大棕眼。通高 4.3、口沿径 18.5、足径 5.5 厘米（图 5-300，1；彩版 5-419）。

　　M12：38，外腹壁下部有粘痕一处，半弧形胎裂一道。通高 4.2、口沿径 18.8、足径 5.8 厘米（图 5-300，2；彩版 5-420）。

彩版 5-419　酱釉葵口盘 M12：37

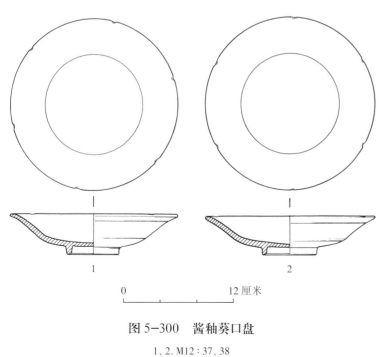

图 5-300　酱釉葵口盘

1、2. M12：37、38

彩版 5-420　酱釉葵口盘 M12：38

（12）酱釉葵瓣碟 8件。

M12：23~30，叠置于K2入口处西侧。其中M12：23、30已残破，余者均完整。轮制修削成形。8件形制、尺寸、釉色、胎质基本相同。六曲葵瓣式敞口，尖圆唇，浅弧腹亦为六曲葵瓣式与口沿相对应，内腹与底相接处有凹痕一周，卧足。内、外壁施满釉，卧足内及其外围一圈刮釉露胎。釉色酱红。釉面较匀净透亮，闪金属光泽，外壁积釉处微泛青绿色。浅灰色胎，胎质坚硬细密，闪含白、褐色小颗粒，露胎处表面呈浅灰黄色。通体素面。

M12：24，完整。高2.3、口沿径12.0、底径2.7厘米（图5-301，1；彩版5-421）。

M12：25，完整。高2.5、口沿径11.9、底径2.8厘米（图5-301，2；彩版5-422）。

M12：26，完整。高2.2、口沿径11.6、底径2.2厘米（图5-302，1；彩版5-423）。

M12：27，完整。高2.0、口

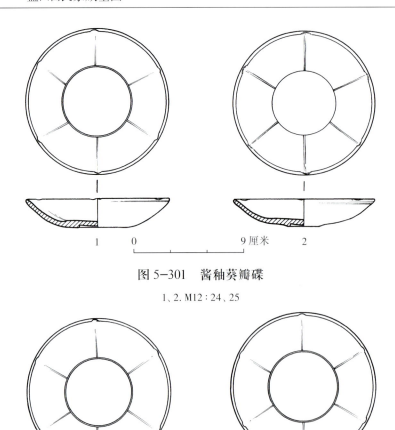

图5-301 酱釉葵瓣碟
1、2. M12：24、25

图5-302 酱釉葵瓣碟
1、2. M12：26、27

彩版5-421 酱釉葵瓣碟 M12：24

彩版 5-422　酱釉葵瓣碟 M12：25

彩版 5-423　酱釉葵瓣碟 M12：26　　　彩版 5-424　酱釉葵瓣碟 M12：27　　　彩版 5-425　酱釉葵瓣碟 M12：28

沿径 11.7、底径 2.5 厘米（图 5-302，2；彩版 5-424）。

　　M12：28，完整。高 2.3、口沿径 11.8、底径 3.0 厘米（图 5-303，1；彩版 5-425）。

　　M12：29，完整。高 2.1、口沿径 11.6、底径 2.5 厘米（图 5-303，2；彩版 5-426）。

　　M12：23，断裂，粘接修复完整。高 2.2、口沿径 11.5、底径 2.2 厘米（图 5-304，1；彩版 5-427）。

　　M12：30，断裂为 3 片，粘接修复基本完整，底部有小缺片。高 2.1、口沿径 11.5、底径 2.3 厘米（图 5-304，2；彩版 5-428）。

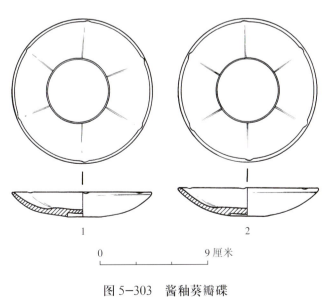

图 5-303　酱釉葵瓣碟

1、2. M12：28、29

彩版 5-426　酱釉葵瓣碟 M12∶29

彩版 5-427　酱釉葵瓣碟 M12∶23

图 5-304　酱釉葵瓣碟

1、2. M12∶23、30

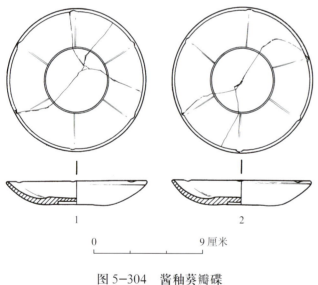

0　　　　　　9 厘米

彩版 5-428　酱釉葵瓣碟 M12∶30

## 2. 陶器

共 2 件（组）。器形有澄泥砚、泥塑。

（1）风字形澄泥砚　1 件。

编号 M12∶21，出于 K2 入口处东侧、东棺北壁外。模制成器。基本完整，一侧有横向裂纹。形制前宽后窄、前高后低，砚堂设委角椭圆形宽平矮边沿，前端墨堂微隆、后部墨池斜下，底部两侧立沿斜向内敛，底面呈"⌐"

形空间。浅土黄色陶胎，坚硬致密，表面残存斑驳黑灰色外皮。通体素面，器表滑润异常，砚堂内残留墨渍，墨堂上研磨痕迹清晰，为墓主生前实用物品。高 3.0~3.3、面长 23.6、前宽 16.2、后宽 15.3、底长 22.9、前宽 15.3、后宽 14.5 厘米（图 5-305；彩版 5-429）。

（2）泥塑 1组2件。

编号 M12：58-1、-2，车马模型，出于墓室入口处西侧。车已残碎，仅见少量残片，无法修复。泥马1件，M12：58-2，修复完整。手工捏制而成。直立状，实心，曲颈低首，面宽长，两耳上竖，五官模糊，颈上长鬃竖起，体呈圆柱形，柱状长尾下垂外翘，四条细柱状长腿外撇站立。灰褐色泥为原料，做工粗糙，表面坑洼不平。通高 9.2、体长 13.2 厘米（图 5-306；彩版 5-430）。

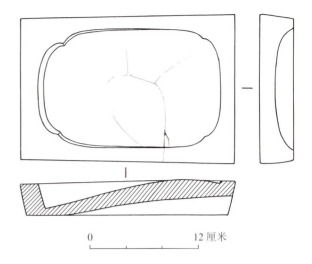

0          12 厘米

图 5-305 风字形澄泥砚 M12：21

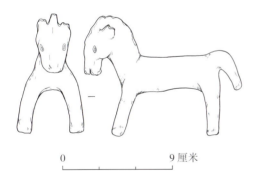

0          9 厘米

图 5-306 泥塑马 M12：58-2

彩版 5-430 泥塑马 M12：58-2

彩版 5-429 风字形澄泥砚 M12：21

### 3. 银器

仅有漆器残釦边 6 截。

银釦边　6 截。

编号 M12：65，出于西侧木椁内北部。从形制推测似为 3 件漆木器上残留釦边，由薄银片捶揲曲折成截面"7"形或"厂"形镶嵌于漆木制品口沿之上。银色泛白，部分釦边中残存褐色朽木片。现原配属器物已朽，形制不清（彩版 5-431）。

彩版 5-431　银釦边 M12：65

### 4. 铜器

共 15 件（组）。器形有盘、镜、食箸、匙、渣斗、带饰、器柄、饰件。

（1）鎏金盘　1 件。

M12：67，出于 K2 内墓志上。浇铸成形。完整，局部有锈。直口微敛，圆唇，浅腹略鼓，大平底。通体素面，内腹底相交处有弦纹一周。高 6.4、口沿径 29.1、腹径 29.3、底径 23.1 厘米（图 5-307；彩版 5-432）。该器内置茶具渣斗，表明盘应属茶事敛具。

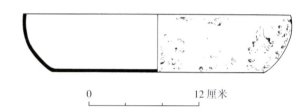

图 5-307　鎏金盘 M12：67

彩版 5-432　鎏金盘 M12：67

（2）牡丹纹镜　1面。

M12：62，出土于西侧木棺内西北角。铸造磨制成形。完整，出土后经除锈清理。镜体轻薄，镜面微微内凹，一半附着黄色纸张残片，另半原有锈现除锈后显光亮；镜背正中桥形纽已残豁，宽平沿微外倾。背面纹饰分内、外两区布置，内区饰三枝缠绕阔叶牡丹花纹，其中一花外侧铸楷书阳文"周"字；外区乃于两周弦纹间饰联珠纹一周。直径12.1、厚0.15厘米（图5-308；彩版5-433）。

（3）瑞兽纹镜　1面。

M12：45，出土于西侧木棺内北部、瓷罐M12：46上。铸造磨制成形。完整，略有锈蚀。镜面微凸，大部分有锈；镜背正中为半球形纽，窄平镜沿高凸。背面纽下为圆形纽座，座外纹饰分内、中、外三区设置：内区半浮雕瑞兽、仙人图案各四组，仙人均为踞坐或盘坐，呈弹奏琴、箜篌、琵琶等乐器状，并以云纹衬饰空处；中区介于两周弦纹间，由八朵破式团花与八个凸起方框相间构成图案一周，方框内各铸隶书阳文一字，顺时针旋读为："黄羊作竞（镜）好而光明"[1]；外区位于一圈凸棱与内立沿间，凸棱内面饰栉齿纹，区内为蔓草、禽鸟、云纹一周。直径11.5、厚0.5厘米（图5-309；彩版5-434）。

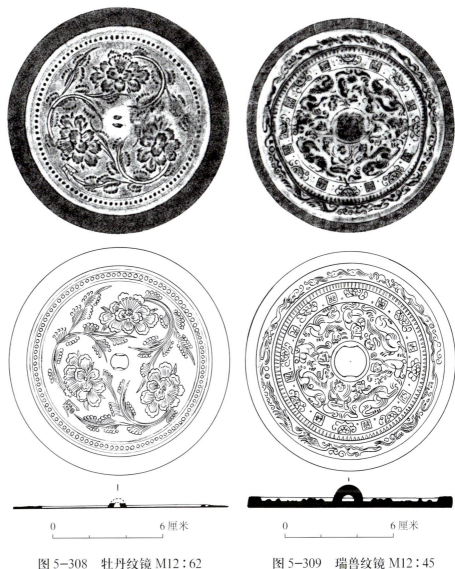

图5-308　牡丹纹镜 M12：62　　　　图5-309　瑞兽纹镜 M12：45

彩版5-433　牡丹纹镜 M12：62

[1] M12：45黄羊镜上铭文由西南大学历史学院鹏宇副教授释读。黄羊镜属东汉重要铜镜品类之一，存世量较稀少，价格昂贵。

彩版5-434　瑞兽纹镜 M12：45

（4）食箸　2双4支。

M12：15-1、-2、M12：16-1、-2，出于K2入口处东侧砖墓志上。铸造成形。均完整，表面局部有锈。圆柱状，前端细而后部渐粗。表面光滑无纹。两双形制完全相同，尺寸基本一致。

M12：15-1、-2中15-1前部有锈蚀。长23.3、直径0.2~0.4厘米（图5-310，1；彩版5-435）。

M12：16-1、-2，长23.4、直径0.2~0.4厘米（图5-310，2；彩版5-436）。

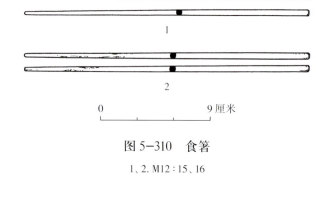

0　　　　　　　　9厘米

图5-310　食箸

1、2. M12：15、16

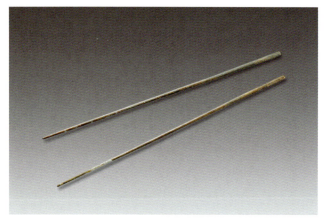

彩版5-435　食箸 M12：15

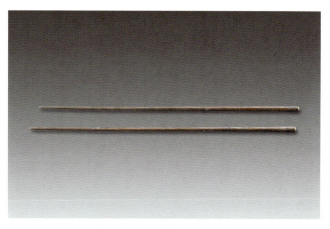

彩版5-436　食箸 M12：16

（5）匙 3件。

M12：18、64、69，捶揲成形。均素面。

M12：18，出于K2入口处东侧，M12：8墓志上。完整。勺呈卵圆形，腹稍深，细长条形曲柄，柄前部为细圆柱状，后部渐呈片状，中间有脊棱，末端呈等腰三角形。通长22.1、勺长6.2、宽2.9、柄长16.4厘米（图5-311，1；彩版5-437）。

M12：69，出于西侧木棺内北端。柄末端已残失。勺呈卵圆形，腹浅平，薄片状细长直柄。残长9.5、勺长3.5、宽1.7厘米（图5-311，3；彩版5-438）。

M12：64，出于西侧木棺内北端。完整。勺呈长椭圆形，腹较深，细长条柄中部微曲略粗而两

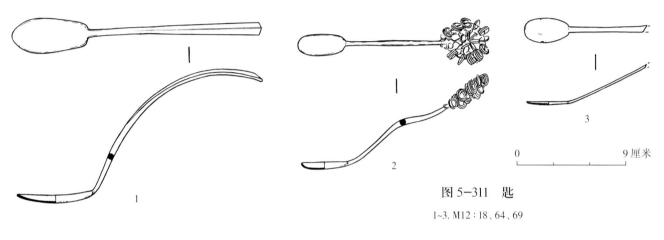

图5-311 匙
1~3. M12：18、64、69

彩版5-437 匙 M12：18

彩版5-438 匙 M12：69

彩版5-439 匙 M12：64

端渐细，末端呈圆形镂空花朵状，镂空处系满小铜环，共计 39 个。通长 16.5、勺长 4.0、宽 1.8 厘米，小环直径 0.7 厘米（图 5-311，2；彩版 5-439）。

（6）渣斗　2 套。

M12：5-1、-2，M12：47-1、-2。铸造成形。锈蚀严重。2 套形制基本相同，尺寸各异，均由斗及扣于斗口上的钵两部分组成。钵为直口微敛，直弧腹，平底，内腹与底相交处有弦纹一周。斗为直口，浅盘形宽折沿，束颈，平折肩，圆腹微鼓，大平底。通体素净无纹。

M12：5-1、-2，出土于 K2 内墓志上铜盆中。斗受挤压已变形，颈部陷入斗腹内。钵则完好无损。原全套均通体鎏金，现大部分金已脱落。残通高 12.0、钵高 4.7、口沿径 13.9、底径 8.0、斗残高 11.1、盘沿径 20.6、口径 8.3、腹径 14.8、底径 8.4 厘米（图 5-312，1；彩版 5-440）。

M12：47-1、-2，出于西侧棺内西部近中处。基本完整，钵底有残缺裂缝。扣于斗口上的钵内壁腹底相交处附着茶叶遗痕一片，共计 43 枚左右；斗口、颈、内壁有茶汤倾入时所留渍迹 9 道，内底及腹壁上亦粘贴散布茶叶叶片 10 余枚。外底发现大量布纹，表明原有布帛包裹其外。通高 13.9、钵高 4.2、口沿径 13.3、底径 8.0、斗高 11.3、盘沿径 19.4、口径 7.4、腹径 10.5、底径 7.5 厘米（图 5-312，2；彩版 5-441）。

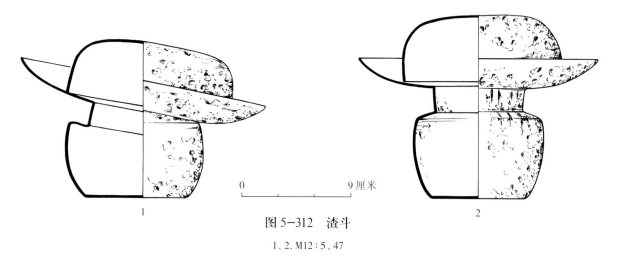

0　　　　　　　9 厘米

图 5-312　渣斗
1、2. M12：5、47

彩版 5-440　渣斗 M12：5

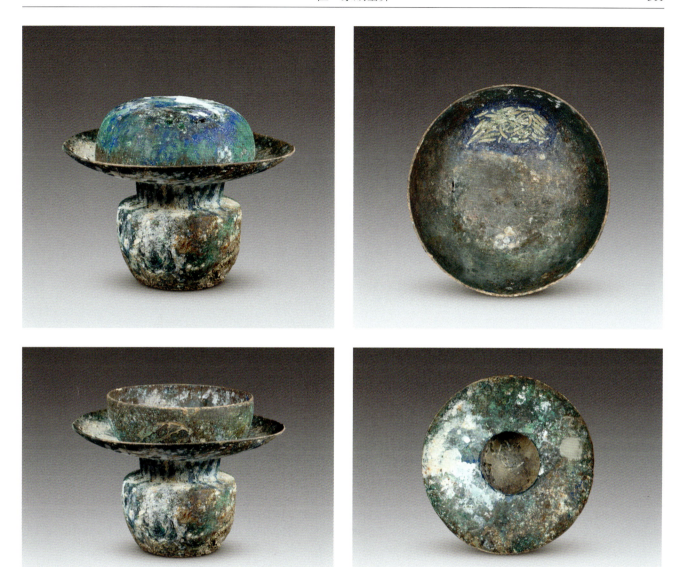

彩版5-441　渣斗 M12∶47

（7）鎏金带饰　3组7件。

包括带首2件、带扣1件、带銙4件。M12∶49、M12∶60-1~6，捶揲成形，均已残，锈蚀严重。

带首：2件。

M12∶49，出于西侧木棺内中部。为带具前端与扣针相连部位，由薄铜片曲折上下扣合而成。薄长方体形制，前端曲折成两横向环扣，细长舌形带扣针两端轴穿套于环扣内，尾端呈微弧状，正中设小孔一个、以销钉固定插入的革带，现销钉尽失。尾部亦上下开裂，露出其内插入的革带残片。带首正、背两面均微隆，正面錾刻长方形规范，内衬鱼子底纹、其上饰缠枝牡丹花；规范外錾波浪形缠枝蔓草纹一周。背面仍錾长方形规范，因被布纹覆盖，其他纹饰不清。通体鎏金。长10.8、宽5.0、厚1.1厘米（图5-313；彩版5-442）。该器及内夹革带残留物均做成分、质地取样检测分析，详见本报告柒第三章。

M12∶60-1，出于西侧木棺外中部，现已微曲变形。为带具前端与扣针相连部位，由薄铜片曲折上下扣合而成。薄长方体形制，前端曲折成两个横向环扣，环扣内套插横轴及扣针已失，两边立

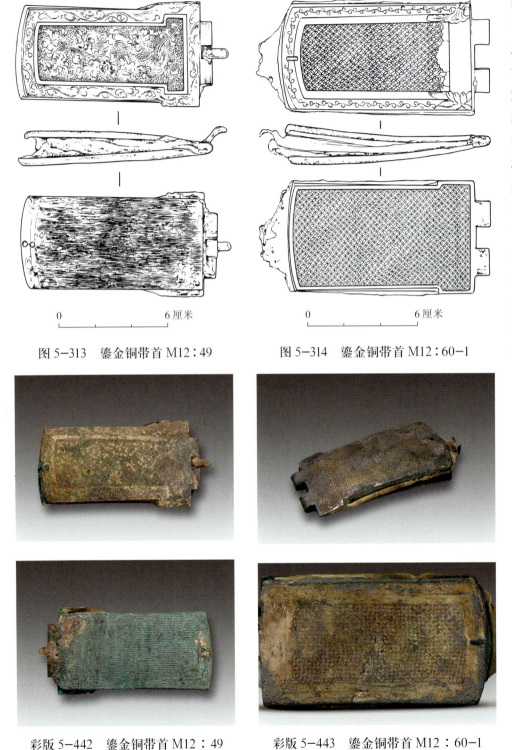

图5-313　鎏金铜带首 M12：49　　　　　　图5-314　鎏金铜带首 M12：60-1

彩版5-442　鎏金铜带首 M12：49　　　　彩版5-443　鎏金铜带首 M12：60-1

沿现已上下开裂，露出腹内所夹革带残片，尾端呈微弧状，正中设小孔插置销钉以固定内夹革带。正面錾刻长方形规范，内衬鱼子纹底，其上满饰求禄纹，规范外錾钩连纹一周，前端两侧角隅各饰莲花纹样。背面满饰求禄纹并以鱼子纹衬底。正、背面均鎏金，现背面金脱落较甚。长11.5、宽6.2、原厚0.8厘米（图5-314；彩版5-443）。

带扣：1件。M12：60-6，出于西侧木棺外中部。残件，仅余舌形带扣针及周边部分，正、背两面间夹革带残片。原鎏金，现仍有部分保留。残长3.1、残宽3.6、扣针高1.3厘米（图5-315，1；彩版5-444）。

带銙：4件。因形制不同分两型。

A型：3件，用较厚铜片曲折成"⌐"形，顶面斜倾，两端微弧，折头较短。

顶面上以错金工艺饰波浪形缠枝蔓草纹。

　　M12：60-2，长6.4、宽1.0、高1.9、壁厚0.3厘米（图5-315，2；彩版5-445）。

　　M12：60-3，顶面上纹饰保存较差，欠清晰。长6.4、宽1.2、高1.9、壁厚0.2厘米（图5-315，3；彩版5-446）。

M12：60-4，形制较上两个略窄长，锈蚀严重，纹饰依稀可见，错金基本脱落。长6.8、宽0.9、高1.8、厚0.2厘米（图5-315，4；彩版5-447）。

B型：1件，即M12：60-5。器形较小，以细铜条曲折成"⌒"形。通体素面。长3.0、最宽处1.5厘米（图5-315，5；彩版5-448）。

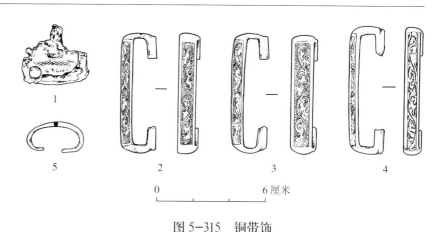

图5-315 铜带饰

1. 鎏金铜带扣 M12：60-6　2~5. 鎏金铜带銙 M12：60-2~-5

彩版5-444 鎏金铜带扣 M12：60-6

彩版5-445 鎏金铜带銙 M12：60-2

彩版5-446 鎏金铜带銙 M12：60-3

彩版5-447 鎏金铜带銙 M12：60-4

彩版5-448 鎏金铜带銙 M12：60-5

（8）鎏金铜器柄　1件。

M12：43，出于西侧棺内北部。局部已开裂。铸造成形。整体为蘑菇状，首端制成扁球体形，球面饰涡旋状纹，八棱管状长柄，上细下渐粗，柄口加箍一圈，柄腹内填装灰白色芯并于柄口处与一铜质短筒套接，其后则残缺殆尽，形制不明。原器通体鎏金，现多已脱落。器柄通长6.7、扁球状端头直径3.6、柄长4.0、柄口径2.0、短筒形箍高1.4、直径1.9厘米（图5-316；彩版5-449）。柄腹内灰白色芯成分、质地详见本报告柒第三章。

（9）残铜饰件　1组。

M12：61，散置于西侧木棺内。均已残碎，锈蚀严重。以两条细铜丝外缠裹细薄片状铜丝制成，用途不明，推测为帽冠或服饰上装饰品（彩版5-450）。

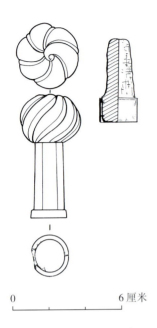

图 5-316　鎏金铜器柄
M12：43

彩版 5-449　鎏金铜器柄 M12：43

彩版 5-450　残铜饰件 M12：61

### 5. 铜钱

完整、可辨字迹者共 150 枚。M12：48-1~150，另有 3 枚残碎不计。均散置于西侧木棺内。浇铸成形。种类有开元通宝、淳化元宝、至道元宝、咸平元宝、景德元宝、祥符元宝、天禧通宝、天圣元宝、明道元宝、景祐元宝、皇宋通宝、嘉祐通宝、治平通宝、治平元宝、熙宁重宝、熙宁元宝、元丰通宝、元祐通宝、绍圣元宝、元符通宝、圣宋元宝、崇宁元宝、大观通宝等。

（1）开元通宝　9 枚。

因形制差别分两型。

A 型：8 枚。品相较佳，分大、小两种。

大者：1 枚。M12：48-1，内、外廓规整，方穿较大。正面楷书钱文对读，笔画纤细。背面光素无纹。钱径 2.6、穿边长 0.7 厘米，重 3.7 克（图 5-317，1；彩版 5-451，1）。

小者：7 枚。正、背两面外廓宽而低平，穿孔较大。正面楷书钱文对读，笔画纤细。背面光素。钱径 2.4、穿边长 0.7 厘米，重 2.4 克。标本 M12：48-2（图 5-317，2；彩版 5-451，2）。

B 型：1 枚。M12：48-9，品相较佳，形制与正面钱文特征均与标本 M12：48-2 相同，唯背面穿上铸楷书"润"字，为会昌年制开元通宝。钱径 2.3、穿边长 0.6 厘米，重 3.4 克（图 5-317，3；

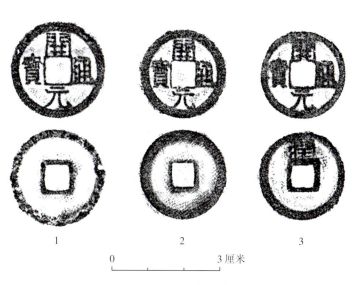

彩版5-451　铜钱 M12：48-1、-2、-9（正、背）

彩版5-451，3、4）。

（2）淳化元宝　1枚。

M12：48-25，品相较佳，正面外廓宽而凸出，穿孔小而不规整，行书钱文顺时针旋读，字体小而清晰，笔画较细。背面光素无纹，外廓宽而低平，稍有错范。钱径2.4、穿边长0.5厘米，重3.7克（图5-318，1；彩版5-452，上）。

（3）至道元宝　3枚。

钱文有行、草两种书体，分两型。

A型：行书2枚。品相较佳，正面外廓宽而凸出，穿孔小而方正，行书钱文顺时针旋读，字体小而清晰，笔画较粗。背面光素无纹，外廓宽而低平。钱径2.5、穿边长0.5

图5-317　铜钱拓片

1~3. 开元通宝 M12：48-1、-2、-9

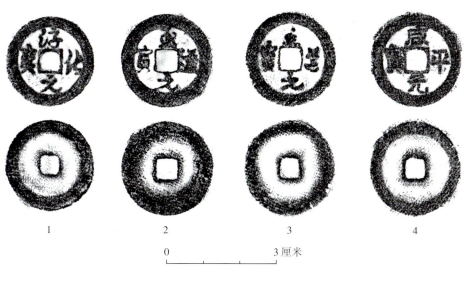

图5-318　铜钱拓片

1.淳化元宝 M12：48-25　2、3.至道元宝 M12：48-26、-28　4.咸平元宝 M12：48-29

彩版5-452　铜钱
M12：48-25、-26

厘米，重 3.2 克。标本 M12：48-26（图 5-318，2；彩版 5-452，下）。

B 型：草书 1 枚。M12：48-28，品相较佳，正面外廓宽而凸出，穿孔小而方正，草书钱文顺时针旋读，字体小而笔画粗。背面光素无纹，外廓低平。钱径 2.5、穿边长 0.5 厘米，重 3.3 克（图 5-318，3）。

（4）咸平元宝　3 枚。

钱体规整，品相较佳，正、背两面外廓宽而凸出，穿孔方正，楷书钱文顺时针旋读，笔画较粗而清晰。背面光素无纹。钱径 2.5、穿边长 0.5 厘米，重 3.3 克。标本 M12：48-29（图 5-318，4）。

（5）景德元宝　3 枚。

品相较佳，正、背两面外廓宽而凸出，穿孔较小、不方正。正面楷书钱文顺时针旋读，字体较小，笔画粗而清晰。背面光素无纹。钱径 2.5、穿边长 0.55 厘米，重 4.05 克。标本 M12：48-32（图 5-319，1；彩版 5-453，1）。

（6）祥符元宝　4 枚。

钱体规整，品相较佳，正面外廓宽而凸出，穿孔小而方正，楷书钱文顺时针旋读，字体小且清晰，笔画较粗。背面光素无纹，外廓宽而低平。钱径 2.55、穿边长 0.55 厘米，重 3.15 克。标本 M12：48-35（图 5-319，2；彩版 5-453，2）。

（7）天禧通宝　6 枚。

品相较佳，正、背两面外廓宽而凸出，穿孔较大。正面楷书钱文顺时针旋读，字体小而清晰，笔画较粗。背面光素无纹。钱径 2.4、穿边长 0.6 厘米，重 4.0 克。标本 M12：48-39（图 5-319，3；彩版 5-453，3）

（8）天圣元宝　6 枚。

钱文有篆、楷两种书体，分两型。

A 型：篆书 3 枚。钱体规范，品相较好，正面外廓较宽而凸出，穿孔大，篆书钱文顺时针旋读，字体大而清晰，笔画粗。背面光素无纹，外廓宽而凸出，稍有错范。钱径 2.55、穿边长 0.7 厘米，重 3.8 克。标本 M12：48-45（图 5-319，4；彩版 5-454，1）。

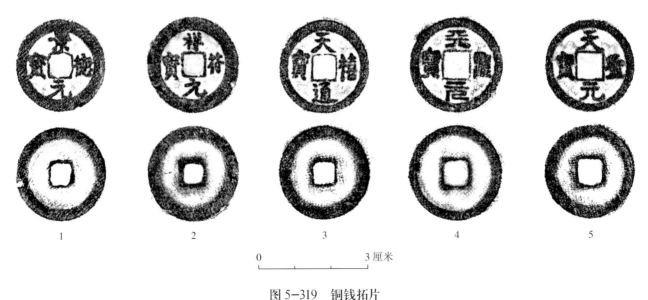

图 5-319　铜钱拓片

1. 景德元宝 M12：48-32　2. 祥符元宝 M12：48-35　3. 天禧通宝 M12：48-39　4、5. 天圣元宝 M12：48-45、-48

彩版 5-453　铜钱 M12：48-32、-35、-39　　　　　彩版 5-454　铜钱 M12：48-45、-48

B 型：楷书 3 枚。品相较佳，正面外廓较窄而凸出，穿孔大，楷书钱文顺时针旋读，字体大而清晰，笔画粗。背面光素无纹，外廓宽而凸出。钱径 2.5、穿边长 0.65 厘米，重 3.6 克。标本 M12：48-48（图 5-319，5；彩版 5-454，2）。

（9）明道元宝　1 枚。

M12：48-51，钱体大而规范，品相较好，正面外廓窄而凸出，穿孔较小，篆书钱文顺时针旋读，字体大而清晰，笔画粗。背面光素无纹，外廓宽而凸出。钱径 2.6、穿边长 0.55 厘米，重 4.0 克（图 5-320，1；彩版 5-455，1）。

（10）景祐元宝　6 枚。

钱文有篆、楷两种书体，分两型。

A 型：篆书 2 枚。品相较差，正面外廓窄而低平，穿孔大，篆书钱文顺时针旋读，字体大而模糊，笔画纤细。背面光素无纹，外廓较窄而低平。钱径 2.5、穿边长 0.7 厘米，重 3.35 克。标本 M12：48-52（图 5-320，2；彩版 5-455，2）。

B 型：楷书 4 枚。品相较差，正、背两面外廓较宽而低平，穿孔小而不方正。正面楷书钱文顺时针旋读，字体小而清晰，笔画较粗。背面光素无纹。钱径 2.5、穿边长 0.55 厘米，重 3.55 克。标本 M12：48-54（图 5-320，3；彩版 5-455，3）。

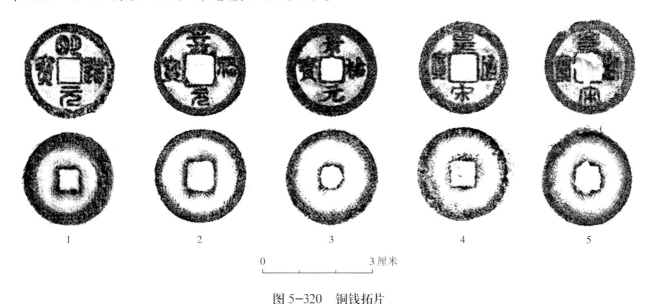

1　　　　　2　　　　　3　　　　　4　　　　　5

0　　　　　3厘米

图 5-320　铜钱拓片

1. 明道元宝 M12：48-51　2、3. 景祐元宝 M12：48-52、-54　4、5. 皇宋通宝 M12：48-11、-19

（11）皇宋通宝　14枚。

钱文有楷、篆两种书体，分两型。

A型：楷书8枚。品相较佳，正面内、外廓规整低平，穿孔较大，楷书钱文对读，笔画纤细清晰。背面光素，外廓低平。钱径2.5、穿边长0.65厘米，重3.2克。标本M12∶48-11（图5-320，4；彩版5-456，1）。

B型：篆书6枚。钱体轻薄，品相较佳，正面外廓宽而凸出，穿孔稍大而不规整，篆书钱文对读，字体较小，笔画纤细清晰。背面光素无纹，外廓低平，稍有错范。钱径2.5、穿边长0.7厘米，重2.5克。标本M12∶48-19（图5-320，5；彩版5-456，2）。

彩版5-455　铜钱M12∶48-51、-52、-54　　　　　彩版5-456　铜钱M12∶48-11、-19

（12）嘉祐通宝　2枚。

钱体轻薄规整，品相较佳，正面内、外廓窄而低平，穿孔方大，楷书钱文对读，字体小而清晰，笔画纤细。背面光素无纹，外廓宽而低平，稍有错范。钱径2.45、穿边长0.7厘米，重3.0克。标本M12∶48-58（图5-321，1；彩版5-457，1）。

（13）治平通宝　1枚。

M12∶48-60，钱体规整厚重，品相佳，正、背两面外廓宽而凸出，穿孔方大。正面楷书钱文对读，字体较小而清晰，笔画较粗。背面光素无纹。钱径2.5、穿边长0.7厘米，重3.2克（图5-321，2；彩版5-457，2）。

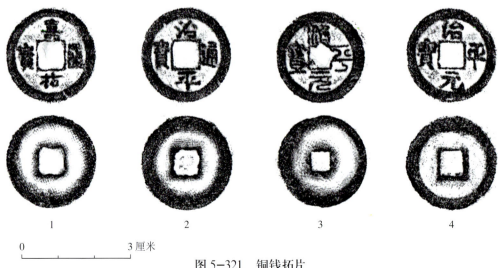

1　　　　　2　　　　　3　　　　　4

0　　　　　3厘米

图5-321　铜钱拓片

1.嘉祐通宝 M12∶48-58　2.治平通宝 M12∶48-60　3、4.治平元宝 M12∶48-61、-62

彩版 5-457　铜钱 M12：48-58、-60、-61、-62

（14）治平元宝　2 枚。

钱文有篆、楷两种书体，分两型。

A 型：篆书 1 枚。M12：48-61，品相较差，正面外廓宽而凸出，穿孔较小偏斜，篆书钱文顺时针旋读，字体大而模糊，笔画较细。背面光素无纹，内、外廓宽而低平，稍有错范。钱径 2.4、穿边长 0.5 厘米，重 3.3 克（图 5-321，3；彩版 5-457，3）。

B 型：楷书 1 枚。M12：48-62，品相较差，正、背两面外廓宽而凸出，穿孔较大。正面楷书钱文顺时针旋读，字体大而清晰，笔画粗。背面光素无纹。钱径 2.45、穿边长 0.6 厘米，重 3.5 克（图 5-321，4；彩版 5-457，4）。

（15）熙宁重宝　1 枚。

M12：48-63，钱体大而厚重，品相尚佳，正、背两面外廓宽而凸出，穿孔小而方正。正面楷书钱文顺时针旋读，字体大而清晰，笔画较细。背面光素无纹。钱径 3.0、穿边长 0.65 厘米，重 7.0 克（图 5-322，1；彩版 5-458，1）。

（16）熙宁元宝　17 枚。

钱文有篆、楷两种书体，分两型。

A 型：篆书 11 枚。以钱体的大、小及篆书字体的稍许差异分做 3 亚型。

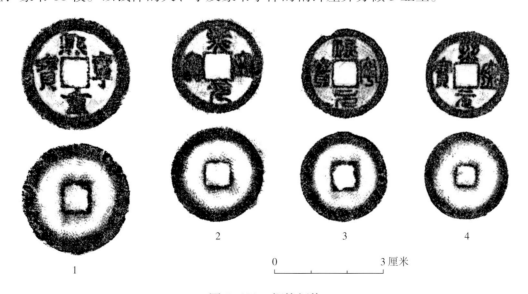

图 5-322　铜钱拓片

1. 熙宁重宝 M12：48-63　2~4. 熙宁元宝 M12：48-64~-66

Aa 型：1 枚。M12：48-64，品相较佳，正面内、外廓窄而低平，穿孔较大而方正，篆书钱文顺时针旋读，字体大而清晰，笔画纤细。背面光素无纹，外廓宽而凸出。钱径 2.5、穿边长 0.7 厘米，重 3.15 克（图 5-322，2；彩版 5-458，2）。

Ab 型：1 枚。M12：48-65，品相佳，钱体尺寸稍小，"熙宁"二字篆书体与上有所不同。钱径 2.4、穿边长 0.6 厘米，重 3.3 克（图 5-322，3；彩版 5-458，3）。

Ac 型：9 枚。品相好，钱体尺寸小于 Ab 型，其他特征与其相同。钱径 2.3、穿边长 0.55 厘米，重 3.4 克。标本 M12：48-66（图 5-322，4；彩版 5-458，4）。

彩版 5-458　铜钱 M12：48-63、-64、-65、-66

B 型：楷书 6 枚。以钱体大、小分两种。

大者：1 枚。M12：48-75，品相佳，正、背两面外廓宽而凸出，穿孔较大而方正。正面楷书钱文顺时针旋读，字体较小，笔画较粗。背面光素无纹。钱径 2.5、穿边长 0.6 厘米，重 3.6 克（图 5-323，1，彩版 5-459，1）。

小者：5 枚。品相好，正面外廓窄而低平，穿孔较大，楷书钱文顺时针旋读，字体小而清晰，笔画较细。背面光素无纹，外廓宽而凸出。钱径 2.3、穿边长 0.6 厘米，重 3.5 克。标本 M12：48-76（图 5-323，2；彩版 5-459，2）。

（17）元丰通宝　31 枚。

钱文有篆、行两种书体，分两型。

A 型：篆书 15 枚。钱体大而厚重，品相佳，正面外廓宽而凸出，穿孔较小，篆书钱文顺时针旋读，字体大而清晰，笔画较粗。背面光素无纹，外廓宽而凸出。钱径 2.55、穿边长 0.55 厘米，重 4.85 克。标本 M12：48-81（图 5-323，3；彩版 5-459，3）。

B 型：行书 16 枚。钱体较 A 型小而轻薄，品相较好，正面外廓窄而低平，穿孔大而方正，行

彩版 5-459　铜钱 M12：48-75、-76、-81、-96

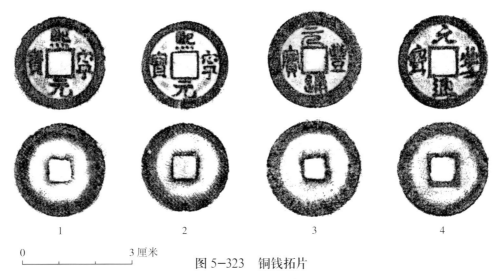

图 5-323　铜钱拓片

1、2.熙宁元宝 M12：48-75、-76　3、4.元丰通宝 M12：48-81、-96

书钱文顺时针旋读，字体大而清晰，笔画较细。背面光素无纹，外廓宽而低平。钱径2.5、穿边长0.65厘米，重3.4克。标本 M12：48-96（图5-323，4；彩版5-459，4）。

（18）元祐通宝　26枚。

钱文有篆、行两种书体，分两型。

A型：篆书15枚。钱体小而轻薄，保存较好，正面外廓窄而凸出，穿孔较大而方正，篆书钱文顺时针旋读，字体较小而清晰，笔画纤细。背面光素无纹，外廓宽而低平。钱径2.4、穿边长0.65厘米，重3.3克。标本 M12：48-112（图5-324，1；彩版5-460，1）。

B型：行书11枚。品相好，钱体较轻薄，正面外廓窄细而凸出，穿孔大而方正，行书钱文顺时针旋读，字体小而笔画纤细清晰。背面光素，外廓窄而低平。钱径2.4、穿边长0.6厘米，重4.55克。标本 M12：48-127（图5-324，2；彩版5-460，2）。

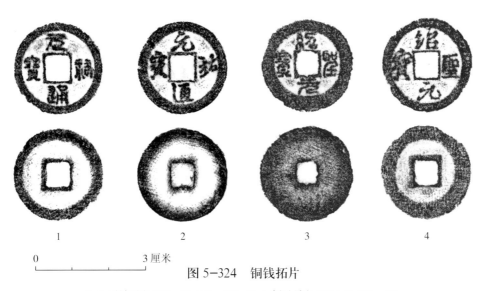

图 5-324　铜钱拓片

1、2.元祐通宝 M12：48-112、-127　3、4.绍圣元宝 M12：48-138、-141

彩版 5-460　铜钱 M12：48-112、-127、-138、-141

（19）绍圣元宝　5 枚。

钱文有篆、行两种书体，分两型。

A 型：篆书 3 枚。钱体小而轻薄，保存较好，正面廓宽而凸出，穿孔较小而不方正，篆书钱文顺时针旋读，字体较小而清晰，笔画纤细。背面光素无纹，外廓宽而低平、不够清晰。钱径 2.5、穿边长 0.5 厘米，重 3.0 克。标本 M12：48-138（图 5-324，3；彩版 5-460，3）。

B 型：行书 2 枚。品相较好，钱体小而轻薄，正面外廓窄而凸出，穿孔大且方正，行书钱文顺时针旋读，字体小而笔画纤细。背面光素，外廓宽而低平。钱径 2.5、穿边长 0.6 厘米，重 3.0 克。标本 M12：48-141（图 5-324，4；彩版 5-460，4）。

（20）元符通宝　6 枚。

钱文有篆、行两种书体，分两型。

A 型：篆书 1 枚。M12：48-143，钱体较小而轻薄，品相较差，正面外廓较窄而低平，穿孔较小而不方正，篆书钱文顺时针旋读，字体略小而模糊，笔画纤细。背面光素无纹，外廓宽而凸出。钱径 2.5、穿边长 0.55 厘米，重 3.2 克（图 5-325，1；彩版 5-461，1）。

B 型：行书 5 枚。钱体小而轻薄，品相较差，正面外廓窄而凸出，穿孔较大且方正，行书钱文顺时针旋读，字体小而清晰，笔画较粗。背面光素无纹，外廓宽而凸出，稍有错范。钱径 2.4、穿边长 0.6 厘米，重 3.7 克。标本 M12：48-144（图 5-325，2；彩版 5-461，2）。

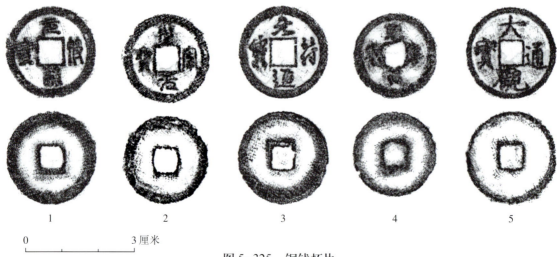

0　　　　　　3 厘米

图 5-325　铜钱拓片

1、2. 元符通宝 M12：48-143、-144　3. 圣宋元宝 M12：48-10　4. 崇宁元宝 M12：48-149　5. 大观通宝 M12：48-150

彩版 5-461　铜钱 M12：48-143、-144、-10、-150

（21）圣宋元宝　1枚。

M12：48-10，钱体轻薄，品相较差，正面内、外廓规整凸出，穿孔显大，篆书钱文顺时针旋读，笔画纤细、模糊不清。背面光素无纹，外廓宽而凸出。钱径2.35、穿边长0.6厘米，重3.5克（图5-325，3；彩版5-461，3）。

（22）崇宁元宝　1枚。

M12：48-149，钱体小而厚重，已变形，品相差，正、背两面外廓窄而低平，穿孔小而不方正。正面楷书钱文顺时针旋读，字体较小且模糊不清。背面光素。钱径2.25、穿边长0.5厘米，重4.1克（图5-325，4）。

（23）大观通宝　1枚。

M12：48-150，钱体轻薄，品相较佳，正、背两面外廓窄细凸出，穿孔较小而方正。正面楷书钱文对读，字体大而清晰，为徽宗御笔"铁划银钩瘦金体"。背面光素。钱径2.5、穿边长0.6厘米，重3.0克（图5-325，5；彩版5-461，4）。

## 6. 铁器

共5件（组）。器形有执壶、佩刀、剪刀、铧、棺环。

（1）带盖执壶　1件。

M12：22，出于壁龛入口前。铸造成器。现执手、壶肩、曲流有残损破碎，修复完整，并经除锈清理。由盖、身两部分组合而成，盖顶部正中为高耸宝珠状纽，纽下置六曲花形纽座，伞状盖面稍倾斜，小窄沿下折成母口，沿一侧焊接卷筒状横管，内套椭圆小铁环与壶执手相连。壶身为敞口，高束颈，丰肩、深腹、下腹斜向内收成平底，外底心微

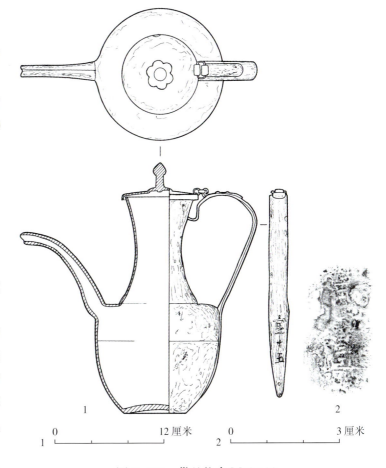

图 5-326　带盖执壶 M12：22

彩版 5-462　带盖执壶 M12：22

内凸。肩侧置细长曲管状流，流口内向下斜削；相对一侧口沿下与腹部焊接扁条形"耳"状执手，执手下端錾小楷一行 3 字"宜十五"，应为制器工匠名款。执手顶面又焊一条形铁片、末端上卷为筒状与壶盖椭圆小环套接，将盖、壶连为一体，以防壶盖失落。通体素面。通高 26.8、盖高 4.0、母口径 8.5 厘米，壶口径 7.8、腹径 13.8、底径 7.0、流长 11.0、执手高 12.0 厘米（图 5-326；彩版 5-462）。

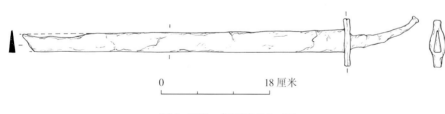

0　　　　　　　　18 厘米

图 5-327　佩刀 M12：54

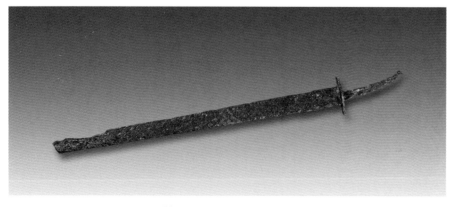

彩版 5-463　佩刀 M12：54

（2）佩刀　1 件。

M12：54，出土于墓室西南角。锈蚀严重，刀尖已残失，锋前部也有缺损。铸造成形。形制窄长，单面刃，刀背厚而平，横截面呈三角形，刀格（镡）呈椭圆状，两端平伸四棱短柱，柄为薄长条片式，末端微曲。通体素面。残长 64.5、刀身残长 52.5、最宽处 3.5、柄长 11.4、最宽处 2.0、格长 7.0、最宽处 2.7 厘米（图 5-327；彩版 5-463）。

（3）剪刀　1 件。

M12：50，出于西侧棺

榫间北部。残断、部分缺失，锈蚀严重。铸造成形。剪柄为粗铁条曲折而成，现一侧全失、由另侧残留部分推测似为"8"字形交口式，两刀形制为上窄下宽长三角形，内面启刃。剪残长 19.0、刀身长 12.3、最宽处 2.3 厘米（图 5-328）。

（4）铁铧　1件。

M12：53，出土于墓室西南角。锈蚀严重，部分残缺，一侧翼端开裂。生铁浇铸成形。整体呈燕尾状，中空，锋端尖锐，两面脊棱凸起，正面脊棱顶端为圆孔 1 个。素面。长 17.0、宽14.0、厚 8.0 厘米（图 5-329；彩版 5-464）。

（5）棺环　1组 4件。

M12：59-1~4，出土于西侧木棺四角。锈蚀严重，经除锈清理，保存基本完整。铸造成形。4件形制、尺寸相同。环体粗壮，截面呈四边形，鸭嘴式铁钉浑厚尖长，后端似鸭嘴钳于环上，前端尖利插于棺木中，故又名鸭嘴衔环。标本 M12：59-1，环径 11.3、厚 1.8、鸭嘴钉长 11.8、宽 4.2 厘米（图 5-330；彩版5-465）。

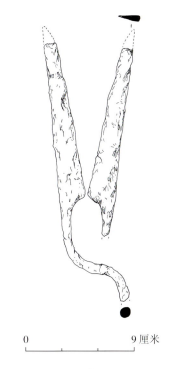

图 5-328　剪刀 M12：50

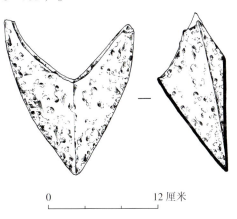

图 5-329　铁铧 M12：53

彩版 5-464　铁铧 M12：53

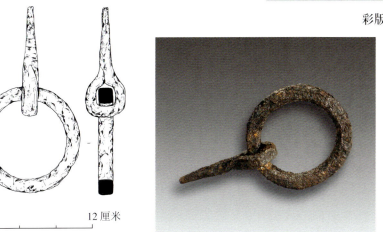

图 5-330　棺环 M12：59-1

彩版 5-465　棺环 M12：59-1

彩版 5-466　铁钱 M12：68-1

### 7. 铁钱

共 1 组 13 枚。

M12：68-1~13，散置于西侧木棺底部。锈蚀极严重，其中 7 枚粘成 3 块，不能分离。铸造成形。钱体厚重，内、外廓宽而凸出，穿孔较大而方正，正面钱文多不清晰。背面模糊。标本 M12：68-1，正面行书钱文顺时针旋读，似为"元丰通宝"。钱径 3.5、穿边长 0.8 厘米，重 12.0 克（图 5-331；彩版 5-466）。

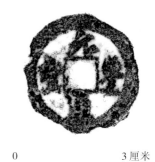

0 ———— 3 厘米

图 5-331　元丰通宝铁钱
M12：68-1 拓片

### 8. 锡器

共 4 件（组）。

（1）带盖执壶与温碗　1 组 2 件。

M12：2-1、-2，由执壶与温碗两部分组成，套置于 K2 入口处砖墓志上。稍有变形残损。铸造而成。通体素面。器表呈闪亮银灰色。

M12：2-1，带盖执壶。由盖、壶颈套管、壶体三部分组成。盖已变形，莲花宝珠式纽，其下为圆形凸台状纽座，盖面平坦，窄沿下折成母口扣盖于套管口上。筒形套管套装于壶颈外围，喇叭式敞口，窄斜折肩，深直腹，腹壁底部焊接一窄横折方钩与壶执手相套接。壶体为小直口，细高颈上细下渐粗，宽平折肩，深腹微鼓，腹底内折成假圈足。壶肩一侧高耸管状曲流、流嘴平削，另侧颈底及腹壁焊接条形凹面环状执手（图 5-332，1；彩版 5-467）。

M12：2-2，温碗，器呈深腹钵形，六曲葵瓣式直口微敛，深直腹略外斜下垂、腹壁与口沿相对应亦呈六曲葵瓣状，微圜底（图 5-332，2；彩版 5-467）。

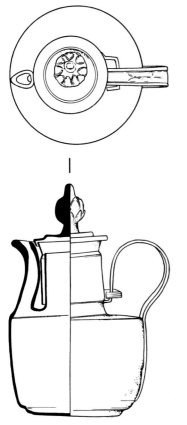

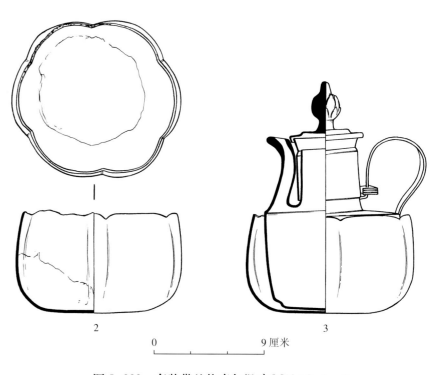

1

2

3

0 ———— 9 厘米

图 5-332　套装带盖执壶与温碗 M12：2-1、-2

彩版 5-467　套装带盖执壶与温碗 M12：2-1、-2

　　全套通高 18.5、壶通高 18.2、盖高 4.1、盖母口沿径 5.8、壶颈高 5.4、口沿径 3.9、腹径 10.7、底径 7.1、壶颈套管高 6.3、管径 5.0、温碗高 8.1、腹径 13.7、底径 9.2 厘米（图 5-332，3；彩版 5-467）。

　　（2）熏炉　1 套 3 件。

　　M12：14-1~3，出于 K2 入口处砖墓志上。由盖、炉、底座三部分组成，现炉体已残失，仅存口沿部分。铸造成形，色银灰光亮。

　　M12：14-1，炉盖。呈半球形，顶部正中置高耸莲花宝珠纽，圆形纽座为凸起台式、台面平整，盖面下弧，高直折立沿下呈母口。纽座台面上錾双重莲瓣纹；纽座与盖面相交处饰覆莲瓣一周，其下以纵向框栏等距离隔成 6 个长方空间、内各镂和合式如意云头一朵；沿面衬鱼子底纹，上刻二方连续波浪式缠枝蔓草图案。

　　M12：14-2，炉。高子口，上敛下微张，窄折肩，其下均缺失，形制不明。肩上錾覆莲瓣一周。

　　M12：14-3，底座。呈碟状，微敞口，六曲葵瓣式宽平折沿，沿边加凸棱，浅直腹略斜向内收，平底。平折沿面上錾刻花草纹，现因锈蚀模糊不清。腹内底墨书"十二两"3 字。

　　残器原通高约 11.2、盖高 8.3、盖母口径 10.0、炉口径 8.5、底座高 2.0、口沿径 14.7、底径 7.1 厘米（图 5-333；彩版 5-468）。

　　（3）托盏　2 套 4 件。

　　M12：3-1、-2 与 M12：4-1、-2，出于 K2 内石墓志上。铸造成形。通体素面。色泽银灰闪亮。2 套形制、尺寸基本相同。

　　M12：3-1、-2，盏保存完好，盏托部分残损。盏为六曲葵瓣式敞口，浅腹腹壁亦显六曲葵瓣式与口沿相对应，微圜底，圈足，足沿外撇。内壁光洁明亮，外壁锈蚀显粗涩。

　　托呈浅盘形，盘沿有部分残缺，圈足下部已失、高度不详。宽平盘沿呈六曲葵口式，盘心隆起叠置式上小下大二层圆形托台，上层台心下凹以承托盏底，喇叭形圈足。托台表面光滑、盘底因锈蚀显粗涩。

　　残通高 6.5、盏高 3.0、口沿径 7.8、足径 3.3、盏托残高 3.2、口沿径 12.6、下托台径 6.0 厘米（图 5-334，1；彩版 5-469）。

　　M12：4-1、-2，残损严重，仅存盏底与圈足，盏托亦剩顶部残片，残件虽破表面仍显光亮。从遗留部

0　　　　　　6 厘米

图 5-333　熏炉 M12：14

彩版 5-468　熏炉 M12：14

分推测，形制与 M12：3-1、-2 托
盏应一致，尺寸不详（图 5-334，2；
彩版 5-470）。

（4）方盒　1件。

M12：19，出于壁龛入口处东
侧。残损严重，仅存少半部分。铸
造成形。正方体，由盒盖、盒身两
部分组成。盖制作规矩，顶面平整
无纹饰，下折立沿成母口。盒身口
沿内焊接一周宽带、形成子口，直
腹下残，原应为平底。通体素面。
盖边长 6.7、高 1.8、盒边长 6.7、
沿内焊接条带宽 1.5、残高 2.5 厘米
（图 5-335；彩版 5-471）。

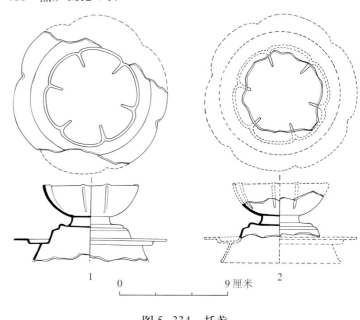

0　　　　　　9厘米

图 5-334　托盏

1、2. M12：3、4

彩版 5-470　托盏 M12：4

彩版 5-469　托盏 M12：3

彩版 5-471　方盒 M12：19

图 5-335　方盒 M12：19

0　　　　　　6厘米

## 9. 石器

共 5 件（组）。器形有敦、磬、砚等。

（1）敦　1 件。

M12：13，出于 K2 入口处东侧砖墓志上。完整。雕刻磨制成形。直口微侈，厚方唇，深弧腹，圜底，下置三矮兽足。青灰色石，质地疏松。器表磨制光滑，外壁口沿下刻仿金文一周 34 字[1]（附一），上腹部阴刻弦纹两周。通高 11.6、口沿径 16.9、腹径 16.2、足高 4.0 厘米（图 5-336，1、2；彩版 5-472）。

附一　敦壁铭刻释录文：

汲郡吕德修作敦從葬族祖父致政朝散銘曰受實惟宏致養惟備于以奠之君子所器

敦壁铭文句读为：

汲郡吕德修作敦，从葬族祖父致政朝散，铭曰：受实惟宏，致养惟备，于以奠之，君子所器。

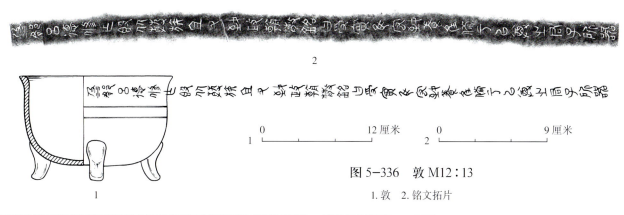

2

0　　　　　　12厘米
1

0　　　　　9厘米
2

图 5-336　敦 M12：13

1. 敦　2. 铭文拓片

彩版 5-472　敦 M12：13

（2）石磬　1 件。

M12：57，出于墓室西南角。完整。雕凿磨制而成。勾倨与凹角均为 120° 钝角，鼓长而窄、股则短且宽，磬折处为圆穿一个。鼓博楷书铭文 5 行，满行 12 字，共计 53 字（附二）。青石打制，

---

[1] M12：13 敦口沿下部仿金文铭刻为北京大学考古文博学院董珊教授释译。

通体磨光。磬厚 6.0、穿径 2.8、鼓长边长 58.5、短边长 42.5、鼓博宽 18.5、股长边长 41.8、短边长 27.0、股博宽 21.0 厘米（图 5-337，1、2；彩版 5-473）。

附二　鼓博铭刻录文：

汲郡吕君玉磬政和丁酉十月 /
癸酉蔵于京兆藍田之墓河南 /
王彦方銘曰 /
凛然其質温潤而良亮乎其聲 /
清越以長嗚呼君也斯其不忘 /

鼓博铭文句读为：

汲郡吕君玉磬，政和丁酉（1117 年）十月癸酉蔵（藏）于京兆蓝田之墓。河南王彦方铭曰：凛然其质，温润而良。亮乎其声，清越以长。呜呼君也，斯其不忘。

（3）风字形砚　1 件。

M12:44，出于西侧棺内北部。完整。雕刻磨制而成。形制前宽后窄，砚堂为窄长方形、上设窄平边沿，墨堂宽平隆起其后下斜为坡状墨池，底部立沿斜向内敛，底面呈"一"形空间。灰色石制。通体素面，砚堂内残留较多墨渍，墨堂面上有研磨痕迹，仍为墓主生前实用物品。厚 2.9、面长

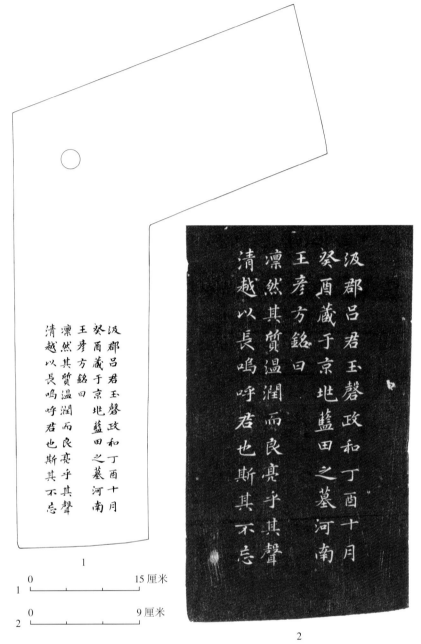

图 5-337　磬 M12:57

16.1、前宽 9.8、后宽 9.4、底长 14.6、前宽 9.0、后宽 8.6 厘米（图 5-338；彩版 5-474）。

**10. 骨器**

仅出土 1 件象牙发簪。

象牙发簪　1 件。

M12:63，出于西侧木棺内北部。尖端已残失。雕琢磨制成形。细柱状，横截面呈圆形，

彩版 5-473　磬 M12:57

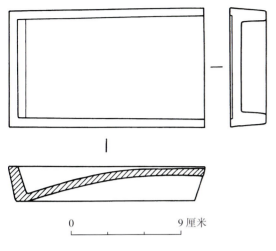

图 5-338　风字形砚 M12：44

彩版 5-474　风字形砚 M12：44

蘑菇式簪帽。通体光滑无纹。残长 16.0、帽 径 1.9、簪 径 0.5 厘 米（图 5-339；彩版 5-475）

### 11. 其他

仅有墨 1 包。

墨　1 包。

M12：20，出于东侧木棺外北部。人工制作。色黛黑，原为薄长方体，出土时已残碎为一堆（彩版 5-476）。其质地、成分详见本报告柒第三章。

### 12. 墓志

共 2 件（合）。

（1）吕大圭墓志　1 合 2 件。

属墓主吕大圭所有。M12：6、7，出于 K2 内。盖体量略小于志，青石制成。入葬时于盖、志间边沿垫衬 4 枚铁钱，现钱已锈蚀，故于盖、志面上留有残痕（彩版 5-477）。

志盖编号 M12：6，方形，四立沿粗涩，面抛光，其上篆书铭文 4 行 12 字（附三）。边长 74.0、厚 12.0 厘米（图 5-340；彩版 5-477）。

志石编号 M12：7，近方形，四立沿粗涩，面抛光，其上楷书铭文 37 行，满行 36 字，共计 1209 字（附四）。行文中，遇"今上、八宝"前空三或二格。边长 77.6×73.0、厚 13.5 厘米（图

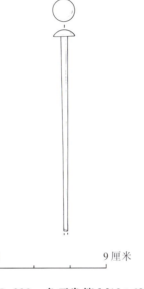

图 5-339　象牙发簪 M12：63

彩版 5-475　象牙发簪 M12：63

彩版 5-476　墨块 M12：20

彩版 5-477　吕大圭墓志 M12：6、7

0　　　　　　　30 厘米

图 5-340　吕大圭墓志盖 M12：6 拓片

5-341、342；彩版 5-477）。

附三　志盖铭刻录文：

宋故朝／散郎致／仕吕君／墓誌銘／

附四　志石铭刻录文：

宋故朝散郎致仕吕君墓誌銘并序／

朝奉大夫提點彭州冲真觀岑穰撰／

通直郎前充提轄措置陝西川路坑冶鑄錢司檢踏官王焘書／

朝散郎專切管勾永興軍耀州三白渠公事賜緋魚袋邵伯溫篆蓋／

許汝間有儒先生曰大圭吕姓君玉其字自少嗜學逮壯益勵老而不怠以勤於六藝蓋無不／

講習而禮學尤深既考明其制度宜適以慶以弔以節文冠昏喪祭行之扵家而其君臣父子／

0 ————— 18厘米

图 5-341　吕大圭墓志 M12：7 拓片

夫婦朋友所以立已接物之大要則佩服而勉趨之曰吾讀書非徒然也蹈規矩遵繩墨久而 /
安焉不以為難燕私不見惰容恭靜而和與人情篤味深不失其正必誠必信無虛諾踐言老 /
益諄諄訓迪浚進周流於忠孝道義之域請老退居十有餘年築堂苟完處而樂之飲食起居 /
自養有方恬淡寧謐心逸而神怡有田近在宅之四周命家人躬耕給食入雖不□而用之中 /
節常若有餘客至輒具酒肴挽不聽去與之論說前世得失成敗評裁人物欣慕其忠良賢德 /
而貶斥其不肖邪佞意見詞色如身履其間年八十餘猶細字抄古書閱誦不少厭聰明悍堅 /
志氣浩如也鄉人服其誠而化其德往往相勉不為非義雖遨蕩譁譃細故亦畏先生知之其 /
沒也驚悼相弔奔走會哭里巷至為之罷市野人輟耕来赴者甚衆嗚呼可謂剛正純一至誠 /
格物之君子矣穰紹聖元符間官于許與先生為同寮先生年實父我乃待我以友相與好甚 /
故得其人為詳先生病革猶顧家人曰為我寄聲岑彥休然則非穰其誰為銘吕氏自太公望 /
避紂于汲子孫或著或微卒不去其土故汲之新鄉吕姓為多先生之曾祖諱鵠故任太子中 /
允祖諱通故任太常博士皆以汲公大防貴贈太傅太師考諱英故任著作佐郎累贈中大夫 /
自太師始葬于京兆之藍田子孫因為長安藍田人中大夫官于汝既卒先生與母王夫人樂 /
其土風止汝之郟城初試藝屢為鄉貢首選不中第仲父贈汲公之考也熙寧中以虞部郎中 /

0　　　　　　　6厘米

图 5-342　吕大圭墓志 M12：7 拓片局部

致仕任先生太廟齋郎仕為嘉州洪雅主簿華州渭南尉知襄州南漳穎州沈丘縣事用舉者／
改宣德郎簽書忠武軍節度判官廳公事磨勘擬通直郎避祖諱乞守前官　　　今上登極／
覃恩轉奉議郎賜服五品尋乞折資監蔡州商稅務遷承議郎崇寧二年以朝奉郎致仕／
八寶恩授朝散郎政和六年七月二十日終于家享年八十有六始娶張氏追封安居縣君繼／
室王氏封安仁縣君男信山迪功郎女適士人何遹祖孫簡修卜以七年十月十九日歸葬藍／
田之白鹿鄉太尉原世墓之次先生居官勤力悉意孜孜扵事為邑又有以教化其民率其鄉／
人行鄉飲酒禮示以古義完學舍使羣處肄業躬為講説立之課程故所至人知務學其風一／
變穎昌事莊敏韓公他吏屬懾威屏氣莫敢出一語先生獨有所可否惟是之從韓公每改容／
聽納之汲公當國先生未嘗干以私務補益其所不至既而汲公竄謫先生年七十矣間關千／
里即貶所見焉王夫人卒廬墓左終喪纍然不勝哀育甥姪女之孤者視若已子均其奩具擇／
良士歸之禮義所宜為之率先衆人喜賦詩平易不迫能盡其意晚尤好易條列四象別以為／
圖文章質直典嚴如其為人有草堂集五十卷銘曰／

福之在人惟壽為難壽而無聞如不壽然　　初或厲操晚乃怠隳有始無終亦奚用為／
異哉先生志高行篤老益嗜學宵光自燭　　天亦畀之康寧之休聰明悍堅俾克自修／
如沈麟士火下細書如顏洪都守道晏如　　與少者言孝弟忠信與農里言恪勤善順／
惟其身之俗故訓之不為□□功利自滋　　年垂九十何咤其逝失所表儀邦人是畏／
玉山之傍泉深土完歸從□□萬世之安／

（2）張夫人墓志　1方。

M12：8，屬呂大圭妻張氏所有，出于K2入口處東側。完整，無蓋。以青灰色方磚刻制而成，磚面較粗澀，未經打磨。其上楷書銘文12行，滿行12字，共144字（附五）。邊長34.5、厚6.5厘米（圖5-343；彩版5-478）。

附五　志面銘刻錄文：

宋故陳留張氏夫人墓銘并序／
夫人姓張氏其先陳留人曾祖／
賢不仕祖清河南穎陽令父世／
基不仕夫人既笄歸嘉州洪雅／
主簿呂大圭未幾舅沒夫且未／
仕服勤不懈事寡姑以孝聞斂／
篋輤所藏以資叔妹而無吝色／
從其夫之官于蜀熙寧六年三／
月三十日以疾卒享年四十五／
明年十一月辛丑葬于京兆府／
藍田縣太尉原呂氏之兆銘曰／
無悔於勤無怨於貧賢哉夫人／

（3）呂大圭墓志考釋

志文句讀：

彩版5-478　張夫人磚志 M12：8

图 5-343　吕大圭前妻张夫人
砖志 M12：8 拓片

宋故朝散郎[1]致仕吕君墓志铭并序

　　朝奉大夫[2]提点彭州[3]冲真观[4]岑穰撰

　　通直郎[5]前充提辖措置陕西川路坑冶铸钱司检踏官[6]王愻书

---

　　[1]朝散郎：性质：文散官。《宋史·卷一百六十九·职官九》，中华书局，1985年，第4053页。职责：文散官，无具体职责。品秩：从七上，改制后为正七品。《宋史·卷一百六十九·职官九》，中华书局，1985年，第4050页。《宋史·卷一百六十八·职官八》，中华书局，1985年，第4015、4016页。俸禄：月俸三十千，等。《宋史·卷一百七十一·职官十一》，中华书局，1985年，第4110页。

　　[2]朝奉大夫：性质：文散官。《宋史·卷一百六十九·职官九》，中华书局，1985年，第4053页。职责：文散官，无具体职责。品秩：正五，改制为从六品。《宋史·卷一百六十九·职官九》，中华书局，1985年，第4050页。《宋史·卷一百六十八·职官八》，中华书局，1985年，第4015页。俸禄：月俸三十五千，等。《宋史·卷一百七十一·职官十一》，中华书局，1985年，第4110页。

　　[3]彭州："成都府路。府一：成都。州十二：眉、蜀、彭、绵、汉、嘉、邛、简、黎、雅、茂、威。军二：永康，石泉。监一：仙井。县五十八。"《宋史·卷八十九·地理五》，中华书局，1985年，第2210页。"彭州，紧，濛阳郡，军事。"《宋史·卷八十九·地理五》，中华书局，1985年，第2211页。【注】北宋属成都府路隶下，今为四川省彭州市。

　　[4]提点彭州冲真观：性质：赠官。"宋制，设祠禄之官，以佚老优贤。先时员数绝少，熙宁以后乃增置焉。在京宫观，旧制以宰相、执政充使，或丞、郎、学士以上充副使，两省或五品以上为判官，内侍官或诸司使、副政和改武臣官制，以使为大夫，以副使为郎。为都监。又有提举、提点、主管。其戚里、近属及前宰执留京师者，多除宫观，以示优礼。"《宋史·卷一百七十·职官十》，中华书局，1985年，第4080页。职责：不明。品秩：不明。俸禄：不明。

　　[5]通直郎：性质：文散官。《宋史·卷一百六十九·职官九》，中华书局，1985年，第4053页。职责：文散官，无具体职责。品秩：从六，改制后为正八品。《宋史·卷一百六十九·职官九》，中华书局，1985年，第4050页。《宋史·卷一百六十八·职官八》，中华书局，1985年，第4016页。俸禄：月俸二十千，等。《宋史·卷一百七十一·职官十一》，中华书局，1985年，第4110页。

　　[6]前充提辖措置陕西川路坑冶铸钱司检踏官：坑冶铸钱司：又称提举坑冶司，"提举坑冶司　掌收山泽之所产及铸泉化，以给邦国之用，岁有定数，视其登耗而赏罚之。……其属有干办公事二员，检踏官六员。称铜官、催纲官各一员。"《宋史·卷一百六十七·职官七》，中华书局，1985年，第3970页。坑冶铸钱司检踏官：性质：职事官。职责：检踏官在坑冶铸钱司中具体职责不详。品秩：不明。俸禄：不明。【注】①提辖：管领之意。②措置：处理、处置。③陕西川路：为陕西路、西川路合称。北宋咸平四年分西川路为益州、梓州二路，川路应为此两路之简称。④坑冶铸钱司：又称坑冶司，为官署设置，首官曰：提辖或提举。

朝散郎[1]专切管勾永兴军耀州[2]三白渠公事[3]赐绯鱼袋邵伯温篆盖

许汝间[4]有儒先生曰大圭，吕姓，君玉其字。自少嗜学，逮壮益励，老而不怠，以勤于六艺，盖无不讲习，而礼学尤深。既考明其制度宜适，以庆以吊，以节文冠婚丧祭，行之于家。而其君臣、父子、夫妇、朋友所以立己接物之大要则，佩服而勉趋之。曰：吾读书非徒然也，蹈规矩、遵绳墨，久而安焉不以为难。燕私不见惰容，恭静而和，与人情笃昧深，不失其正，必诚必信，无虚诺蓳言，老益谆谆，训迪浚进，周流于忠孝道义之域，请老退居十有余年，筑堂苟完，处而乐之，饮食起居自养有方，恬淡宁谧心逸而神怡，有田在宅之四周，命家人躬耕给食，入虽不（足），而用之中节，常若有余，客至，辄具酒肴，挽不听去。与之论说前世得失成败，评裁人物，欣慕其忠良贤德，而贬斥其不肖邪佞，意见词色，如身履其间，年八十余犹细字抄古书，阅诵不少厌，聪明悍坚，志气浩如也。乡人服其诚而化其德，往往相勉不为非义，虽邀荡哗谑细故，亦畏先生知之。其没也，惊悼相吊、奔走会哭，里巷至为之罢市，野人辍耕，来赴者甚众。呜呼！可谓刚正纯一、至诚格物之君子矣。穰，绍圣、元符间官于许，与先生为同僚，先生年实父我，乃待我以友，相与好甚，故得其人为详。先生病革，犹顾家人曰：为我寄声岑彦休！然则非穰其谁为铭？

吕氏自太公望避纣于汲，子孙或着或微，卒不去其土，故汲之新乡吕姓为多。先生之曾祖讳鹄[5]，故任太子中允[6]。祖讳通，故任太常博士[7]。皆以汲公大防贵，赠太傅[8]太师[9]。考

---

[1] 朝散郎：性质：文散官。《宋史·卷一百六十九·职官九》，中华书局，1985年，第4053页。职责：文散官，无具体职责。品秩：从七上，改制后为正七品。《宋史·卷一百六十九·职官九》，中华书局，1985年，第4050页。《宋史·卷一百六十八·职官八》，1985年，第4015、4016页。俸禄：月俸三十千，等。《宋史·卷一百七十一·职官十一》，中华书局，1985年，第4110页。

[2] 耀州："永兴军路。府二：京兆，河中。州十五：陕，延，同，华，耀，邠，鄜，解，庆，虢，商，宁，坊，丹，环。军一：保安。县八十三。"《宋史·卷八十七·地理三》，中华书局，1985年，第2144页。"耀州，紧，华原郡。开宝五年，为感义军节度。太平兴国初，改感德军。"《宋史·卷八十七·地理三》，中华书局，1985年，第2146页。【注】北宋属永兴军路隶下，今在陕西铜川一带。

[3] 三白渠公事：性质：职事官，全称提举三白渠公事。职责："掌潴泄三白渠，以给关中灌溉之利。"《宋史·卷一百六十七·职官七》，中华书局，1985年，第3972页。品秩：不明。俸禄：不明。

[4] 许汝间：指许州（颍昌府）与汝州之间。"（京西）北路。府四：河南，颍昌，淮宁，顺昌。州五：郑，滑，孟，蔡，汝。军一，信阳。县六十三。"《宋史·卷八十五·地理一》，中华书局，1985年，第2114页。许："颍昌府，次府，许昌郡，忠武军节度。本许州。"《宋史·卷八十五·地理一》，中华书局，1985年，第2115页。汝："汝州，辅，临汝郡，陆海军节度。"《宋史·卷八十五·地理一》，中华书局，1985年，第2117页。【注】许州与汝州北宋时同属京西北路隶下，许州今为河南省许昌市，汝州今为河南省汝州市。

[5] 鹄：鹄，即为吕鹄。关于此人《宋史》仅有一条记载："七年春正月庚戌，不御殿。庚申，占城国王波美税遣使献方物。齐州野蚕成茧。癸亥，左拾遗秦宣、太子中允吕鹄并坐赃，宥死，杖，除名。"《宋史·卷三·太祖三》，中华书局，1985年，第41页。

[6] 太子中允：性质：东宫官。职责：据《宋会要辑稿》引《国朝会要》载云："太师、太傅、太保、少师、少傅、少保、宾客、詹事、左、右庶子、中允、中舍、谕德、赞善、洗马、家令、率更令，皆缘旧制除授而无职司。"《宋会要辑稿·职官七》，中华书局，1957年，第2545页。品秩：应为五品。《宋史·卷一百五十二·舆服四》，中华书局，1977年，第3553页。俸禄：月俸十八千，等。《宋史·卷一百七十一·职官十一》，中华书局，1985年，第4103页。【注】此官职多用于安置前朝遗臣、别国降臣、致仕官员以及文臣转迁，无实职。

[7] 太常博士：性质：职事官，属太常寺。职责："太常寺 卿、少卿、丞，各一人，博士四人，主簿、协律郎、奉礼郎、太祝各一人。"《宋史·卷一百六十四·职官四》，中华书局，1985年，第3882页。"博士 掌讲定五礼仪式，有改革则据经审议。凡于法应谥者，考其行状，撰定谥文。有祠事，则监视仪物，掌凡赞导之事。"《宋史·卷一百六十四·职官四》，中华书局，1985年，第3884页。品秩：正八品。《宋史·卷一百六十八·职官八》，中华书局，1985年，第4016页。俸禄：月俸二十千，等。《宋史·卷一百七十一·职官十一》，中华书局，1985年，第4103页。

[8] 太傅：性质：朝官。职责：仅表荣誉，无实职。"三师 三公 宋承唐制，以太师、太傅、太保为三师，太尉、司徒、司空为三公，为宰相、亲王使相加官，其特拜者不预政事，皆赴上于尚书省。"《宋史·卷一百六十一·职官一》，中华书局，1985年，第3771页。品秩：正一品。《宋史·卷一百六十八·职官八》，中华书局，1985年，第4014页。俸禄：月俸百二十千，等。大观年增改为四百千。等。《宋史·卷一百七十一·职官十一》，中华书局，1985年，第4102、4109页。

[9] 太师：性质：朝官。职责：仅表荣誉，无实职。"三师 三公 宋承唐制，以太师、太傅太保为三师，太尉、司徒、司空为三公，为宰相、亲王使相加官，其特拜者不预政事，皆赴上于尚书省。"《宋史·卷一百六十一·职官一》，中华书局，1985年，第3771页。品秩：正一品。《宋史·卷一百六十八·职官八》，中华书局，1985年，第4014页。俸禄：月俸百二十千，等。大观年增改为四百千。等。《宋史·卷一百七十一·职官十一》，中华书局，1985年，第4102、4109页。

讳英，故任著作佐郎[1]，累赠中大夫[2]。自太师始葬于京兆之蓝田[3]，子孙因为长安蓝田人。中大夫官于汝[4]，既卒，先生与母王夫人乐其土风，止汝之郏城[5]，初试艺，屡为乡贡，首选不中第，仲父蕡、汲公之考也，熙宁中以虞部郎中[6]致士，任先生太庙斋郎[7]，仕为嘉州洪雅[8]主簿[9]，华州渭南[10]尉[11]，

[1] 著作佐郎：性质：职事官，属秘书省。职责："秘书省　监、少监、丞各一人，监掌古今经籍图书、国史实录、天文历数之事，少监为之贰，而丞参领之。其属有五：著作郎一人，著作佐郎二人，掌修纂日历"。《宋史·卷一百六十四·职官四》，中华书局，1985 年，第 3873 页。品秩：正八品。《宋史·卷一百六十八·职官八》，中华书局，1985 年，第 4016。俸禄：月俸十七千，等。《宋史·卷一百七十一·职官十一》，中华书局，1985 年，第 4103 页。

[2] 中大夫：性质：文散官。《宋史·卷一百六十九·职官九》，中华书局，1985 年，第 4052 页。职责：文散官，无具体职责。品秩：从四，改制后为正五品。《宋史·卷一百六十九·职官九》，中华书局，1985 年，第 4050 页。《宋史·卷一百六十八·职官八》，中华书局，1985 年，第 4015 页。俸禄：月俸四十五千，等。《宋史·卷一百七十一·职官十一》，中华书局，1985 年，第 4110 页。

[3] 京兆之蓝田："永兴军路。府二：京兆，河中。州十五：陕、延、同、华、耀、邠、鄜、解、庆、虢、商、宁、坊、丹、环。军一：保安。县八十三。……京兆府，京兆郡，永兴军节度。本次府，大观元年升大都督府。旧领永兴军路安抚使。宣和二年，诏永兴军守臣等衔不用军额，称京兆府。……县十三：……蓝田，次畿。"《宋史·卷八十七·地理三》，中华书局，1985 年，第 2144 页。【注】北宋属永兴军路。今为陕西省蓝田县。

[4] 汝州："（京西）北路。府四：河南、颍昌、淮宁、顺昌。州五：郑、滑、孟、蔡、汝。军一，信阳。县六十三。"《宋史·卷八十五·地理一》，中华书局，1985 年，第 2114 页。"汝州，辅，临汝郡，陆海军节度。"《宋史·卷八十五·地理一》，中华书局，1985 年，第 2117 页。【注】北宋属京西北路隶下，今为河南省汝州市。

[5] 郏城："（京西）北路。府四：河南、颍昌、淮宁、顺昌。州五：郑、滑、孟、蔡、汝。军一，信阳。县六十三。"《宋史·卷八十五·地理一》，中华书局，1985 年，第 2114 页。"颍昌府，次府，许昌郡，忠武军节度。本许州。元丰三年，升为府。崇宁四年，为南辅，隶京畿。大观四年，罢辅郡。政和四年，复为辅郡，隶京畿。宣和二年，复罢辅郡，依旧隶京西北路。……县七：……郏，中。元隶汝州，崇宁四年来隶。"《宋史·卷八十五·地理一》，中华书局，1985 年，第 2115 页。【注】郏城北宋属京西北路颍昌府隶下，今为河南省郏县。

[6] 虞部郎中：性质：职官官，属尚书省工部。职责："工部　掌天下城郭、宫室、舟车、器械、符印、钱币、山泽、苑囿、河渠之政。……其属三：曰屯田，曰虞部，曰水部"。《宋史·卷一百六十三·职官三》，中华书局，1985 年，第 3862 页。"虞部郎中　员外郎　掌山泽、苑囿、场冶之事，辨其地产而为之厉禁。"《宋史·卷一百六十三·职官三》，中华书局，1985 年，第 3863 页。品秩：从六品。《宋史·卷一百六十八·职官八》，中华书局，1985 年，第 4015 页。俸禄：月俸三十五千，等。《宋史·卷一百七十一·职官十一》，中华书局，1985 年，第 4102 页。

[7] 太庙斋郎：性质：职事官。职责：掌郊祀、明堂、祠祀、祈祷及茅土、衣冠等事，一般为荫任制度之下的赐官。"太祖初定任子之法，台省六品、诸司五品，登朝尝历两任，然后得请。始减岁补千牛、斋郎员额；斋郎须年貌合格，诵书精熟，乃得奏。"《宋史·卷一百五十九·选举五》，中华书局，1985 年，第 3727 页。俸禄：不明。品秩：不明。

[8] 嘉州洪雅："成都府路。府一：成都。州十二：眉、蜀、彭、绵、汉、嘉、邛、简、黎、雅、茂、威。军二：永康，石泉。监一：仙井。县五十八。"《宋史·卷八十九·地理五》，中华书局，1985 年，第 2210 页。"嘉定府，上，本嘉州，犍为郡，军事。乾德四年，废绥山、罗目、玉津三县。庆元二年，以宁宗潜邸，升府。开禧元年，升嘉庆军节度……县五：……洪雅，上。淳化四年，自眉州来隶。"《宋史·卷八十九·地理五》，中华书局，1985 年，第 2210、2212 页。【注】北宋属成都府路嘉州隶下，今为四川省洪雅县。

[9] 嘉州洪雅主簿：性质：职事官。职责："开宝三年，诏诸县千户以上置令、簿、尉；四百户以上置令、尉，令知主簿事；四百户以下置簿、尉，以主簿兼知县事。咸平四年，王钦若言：'川峡县五千户以上请并置簿，自馀仍以尉兼。'从之。自后川蜀及江南诸县，各增置主簿。中兴后，置簿掌出纳官物、销注簿书，凡县不置丞，则簿兼丞之事。凡批销必亲书押，不许用手记，仍不许差出，以防销注。"《宋史·卷一百六十七·职官七》，中华书局，1985 年，第 3978 页。品秩：从九品。《宋史·卷一百六十八·职官八》，中华书局，1985 年，第 4017 页。俸禄：月俸六千～十二千，等（宋诸州县令、簿、尉以域内所辖户籍之量划分为五等，并按等级不同发放俸禄。洪雅虽属上县，但户籍数量未详载，主簿俸禄不能确定）。《宋史·卷一百七十一·职官十一》，中华书局，1985 年，第 4109 页。

[10] 华州渭南："永兴军路。府二：京兆，河中。州十五：陕、延、同、华、耀、邠、鄜、解、庆、虢、商、宁、坊、丹、环。军一：保安。县八十三。"《宋史·卷八十七·地理三》，中华书局，1985 年，第 2144 页。"华州，望，华阴郡。……县五：……渭南。上。熙宁六年，省为镇入郑。元丰元年，复为县。旧京京兆府来隶。"《宋史·卷八十七·地理三》，中华书局，1985 年，第 2146 页。【注】北宋属永兴军路华州隶下，今在陕西省渭南市市区附近。

[11] 华州渭南尉：性质：职事官。职责："建隆三年，每县置尉一员，在主簿之下，奉赐并同。至和二年，开封、祥符两县各增置一员，掌阅羽弓手，戢奸禁暴。凡县不置簿，则尉兼之。"《宋史·卷一百六十七·职官七》，中华书局，1985 年，第 3978 页。品秩：从九品。《宋史·卷一百六十八·职官八》，中华书局，1985 年，第 4017 页。俸禄：月俸六千～十二千，等（宋诸州县令、簿、尉以域内所辖户籍之量划分为五等，并按等级不同发放俸禄。渭南虽属上县，但户籍数量未详载，县尉俸禄不能确定）。《宋史·卷一百七十一·职官十一》，中华书局，1985 年，第 4109 页。

知襄州南漳[1]、颍州沈丘县[2]事[3]，用举者改宣德郎[4]签书忠武军[5]节度判官厅公事[6]，磨勘拟通直郎[7]，避祖讳乞守前官。今上登极，覃恩转奉议郎[8]，赐服五品，寻乞折资，监蔡州[9]商税务[10]，迁承议郎[11]，崇宁二年以朝奉郎[12]致仕　　八宝，恩授朝散郎。政和六年七月

---

[1]襄州南漳："京西路。旧分南、北两路，后并为一路。熙宁五年，复分南、北两路。南路。府一，襄阳。州七：邓、随、金、房、均、郢、唐。军一，光化。县三十一。……襄阳府，望，襄阳郡，山南东道节度。本襄州。宣和元年，升为府。……县六：……南漳。中下。"《宋史·卷八十五·地理一》，中华书局，1985年，第2113页。【注】北宋属京西南路襄州（宣和元年升为襄阳府）隶下，今在湖北省南漳附近。

[2]颍州沈丘："（京西）北路。府四：河南、颍昌、淮宁、顺昌。州五：郑、滑、孟、蔡、汝。军一：信阳。县六十三。"《宋史·卷八十五·地理一》，中华书局，1985年，第2114页。"顺昌府，上，汝阴郡，旧防御，后为团练。开宝六年，复为防御。元丰二年，升顺昌军节度。旧颍州，政和六年，改为府。……县四：……沈丘。紧。"《宋史·卷八十五·地理一》，中华书局，1985年，第2117页。【注】北宋属京西北路顺昌府（旧曰颍州）隶下，今在安徽省临泉附近。

[3]知襄州南漳、颍州沈丘县事：性质：职事官。职责："建隆元年，令天下诸县除赤、畿外，有望、紧、上、中、下。掌总治民政、劝课农、桑、平决狱讼。有德泽禁令，则宣布于治境。凡户口、赋役、钱谷、振济、纳纳之事皆以，以时造户版及催理二税。有水旱则有灾伤之诉，以分数蠲免。民以水旱流记，则抚存安集之，无使失业。有孝悌行义闻于乡间者，具事实上于州，激劝以励风谷。若京、朝、幕官则为知县事，有成兵则兼兵马都监或监押。宣教郎以下带捉捕。"《宋史·卷一百六十七·职官七》，中华书局，1985年，第3977页。品秩：从八品。《宋史·卷一百六十八·职官八》，中华书局，1985年，第4017页。俸禄：月俸十千～二十千，等（宋诸州县令、簿、尉以域内所辖户籍之量划分为五等，并按等级不同发放俸禄。京朝官及三班知县者，亦许给县令奉。因南漳、沈丘两县户籍数量《宋史》未详载，故俸禄不能确定）。《宋史·卷一百七十一·职官十一》，中华书局，1985年，第4109页。

[4]宣德郎：性质：文散官。又名宣教郎，"元丰本宣德，政和避宣德门改"《宋史·卷一百六十九·职官九》，中华书局，1985年，第4053页。职责：文散官，无具体职责。品秩：正七，改制后为从八品。《宋史·卷一百六十九·职官九》，中华书局，1985年，第4050页。《宋史·卷一百六十八·职官八》，中华书局，1985年，第4016、4017页。俸禄：月俸十七千，等。《宋史·卷一百七十一·职官十一》，中华书局，1985年，第4110页。

[5]忠武军节度："（京西）北路。府四：河南、颍昌、淮宁、顺昌。州五：郑、滑、孟、蔡、汝。军一，信阳。县六十三。"《宋史·卷八十五·地理一》，中华书局，1977年，第2114页。"颍昌府，次府，许昌郡，忠武军节度。"《宋史·卷八十五·地理一》，中华书局，1977年，第2115页。【注】忠武军节度唐置，宋因之。北宋属京西北路隶下，今河南许昌。

[6]签书忠武军节度判官厅公事：性质：职事官。职责："签书判官厅公事　两使、防、团、军事推判官　节度掌书记　观察支使　掌神赞郡政，总理诸案文移，斟酌可否，以自于其长而罢行之。凡员数多寡，视郡小大及职务之烦简。初，政和改签书判官厅公事为司录，建炎初复旧。凡节度推、判官从军额，察推及支使从州、府名。凡诸州减罢通判处，则升判官为签判以兼之。小郡推、判官不并置，或以判官兼司法，或以推官兼支使，亦有并判官窠阙省罢。"《宋史·卷一百六十七·职官七》，中华书局，1985年，第3975页。"签书判官厅公事，简称签署（签书）判官，如果是选人充当，则称'节度判官'。该官是宋代州的下属机构签判厅的主官，位置仅次于知州与通判，通判不在时，由其代理通判职权。"鹿谞慧、曲万法、孔令纪主编《中国历代官制》，齐鲁书社，2013年，第283页。品秩：从八品。《宋史·卷一百六十八·职官八》，中华书局，1985年，第4016、4017页。月俸：月俸二十五千，等。《宋史·卷一百七十一·职官十一》，中华书局，1985年，第4107页。

[7]磨勘通直郎：性质：文散官。《宋史·卷一百六十九·职官九》，中华书局，1985年，第4053页。职责：文散官，无具体职责。品秩：从六，改制后为正八品。《宋史·卷一百六十九·职官九》，中华书局，1985年，第4050页。《宋史·卷一百六十八·职官八》，中华书局，1985年，第4016页。俸禄：月俸二十千，等。《宋史·卷一百七十一·职官十一》，中华书局，1985年，第4110页。【注】磨勘是通过勘察官员政绩，任命和使用官员的一种考核方式。磨勘通直郎即指通过磨勘欲提举为通值郎之职。

[8]奉议郎：性质：文散官。《宋史·卷一百六十九·职官九》，中华书局，1985年，第4053页。职责：文散官，无具体职责。品秩：正八品。《宋史·卷一百六十八·职官八》，中华书局，1985年，第4016页。俸禄：月俸二十千，等。《宋史·卷一百七十一·职官十一》，中华书局，1985年，第4110页。

[9]蔡州："（京西）北路。府四：河南、颍昌、淮宁、顺昌。州五：郑、滑、孟、蔡、汝。军一：信阳。县六十三。"《宋史·卷八十五·地理一》，中华书局，1985年，第2114页。"蔡州，紧，汝南郡，淮康军节度"《宋史·卷八十五·地理一》，中华书局，1985年，第2116页。【注】蔡州北宋属京西北路隶下，今河南省汝南县。

[10]蔡州商税务：性质：职事官。职责："监当官　掌茶、盐、酒税场务征输及冶铸之事，诸州军随事置官，其征榷场务岁有定额，岁终课其额之登耗以为举刺。"《宋史·卷一百六十三·职官三》，中华书局，1985年，第3983页。品秩：正八品（以奉议郎监蔡州商税务，品秩随奉议郎）。《宋史·卷一百六十八·职官八》，中华书局，1985年，第4016页。俸禄：月俸二十千，等（以奉议郎监蔡州商税务，俸禄随奉议郎）。《宋史·卷一百七十一·职官十一》，中华书局，1985年，第4110页。

[11]承议郎：性质：文散官。《宋史·卷一百六十九·职官九》，中华书局，1977年，第4053页。职责：文散官，无具体职责。品秩：从七品。《宋史·卷一百六十八·职官八》，中华书局，1985年，第4016页。俸禄：月俸二十千，等。《宋史·卷一百七十一·职官十一》，中华书局，1985年，第4110页。

[12]朝奉郎：性质：文散官。《宋史·卷一百六十九·职官九》，中华书局，1977年，第4053页。职责：文散官，无具体职责。品秩：正六上，改制后为正七品。《宋史·卷一百六十九·职官九》，中华书局，1985年，第4050页。《宋史·卷一百六十八·职官八》，中华书局，1985年，第4015、4016页。俸禄：月俸三十千，等。《宋史·卷一百七十一·职官十一》，中华书局，1985年，第4110页。

二十日终于家，享年八十有六。

　　始娶张氏，追封安居县[1]君[2]。继室王氏，封安仁县[3]君。男信山，迪功郎[4]；女适士人何通祖。孙简修。卜以七年十月十九日归葬蓝田之白鹿乡太尉原世墓之次。

　　先生居官，勤力悉意、孜孜于事。为邑，又有以教化其民，率其乡人行乡饮酒礼，示以古义，完学舍，使群处肄业，躬为讲说，立之课程，故所至人知务学，其风一变。颍昌事庄敏韩公，他吏属慑威屏气，莫敢出一语，先生独有所可否，惟是之从，韩公每改容听纳之。汲公当国，先生未尝干以私务，补益其所不至。既而汲公窜谪，先生年七十矣，间关千里，即贬所见焉。王夫人卒，庐墓左，终丧累然不胜哀。育甥侄女之孤者，视若己子，均其衾具，择良士归之。礼义所宜，为之率先众人。喜赋诗，平易不迫，能尽其意，晚尤好易，条列四象、别以为图，文章质直典严，如其为人。有草堂集五十卷。铭曰：

　　福之在人，惟寿为难。寿而无闻，如不寿然。

　　初或厉操，晚乃怠隳（惰）。有始无终，亦奚用为。

　　异哉先生，志高行笃。老益嗜学，宵光自烛。

　　天亦畀之，康宁之休。聪明悍坚，俾克自修。

　　如沈麟士，火下细书。如颜洪都，守道晏如。

　　与少者言，孝弟忠信。与农里言，恪勤善顺。

　　惟其身之，俗故训之。不为□□，功利自滋。

　　年垂九十，何咤其逝。失所表仪，邦人是畏。

　　玉山之傍，泉深土完。归从□□，万世之安。

　　（4）张夫人墓志考释

　　志文句读：

　　宋故陈留[5]张氏夫人墓铭并序

---

　　[1]安居县："潼川府路。府二：潼川，遂宁。州九：果，资，普，昌，叙，泸，合，荣，渠。军三：长宁，怀安，广安。监一：富顺。"《宋史·卷八十九·地理五》，中华书局，1985年，第2216页。"普州，上，安岳郡，军事。……县三：……安居，中。"《宋史·卷八十九·地理五》，中华书局，1985年，第2217页。【注】北宋属潼川府路普州隶下，今为四川省遂宁市安居区。

　　[2]县君：叙封称号，"唐制，视本官阶爵。建隆三年，诏定文武郡臣母妻封号：……庶子、少卿监、司业、郎中、京府少尹、赤县令、少詹事、谕德、将军、刺史、下都督、下都护、家令、率更令、仆，母封县太君；妻，县君，其馀升朝官已上遇恩。并母封县太君；妻，县君，杂五品官至三任与叙封，官当叙封者不复论阶爵。致仕同见任。亡母及亡祖母当封者并如之。"《宋史·卷一百七十·职官十》，中华书局，1985年，第4084、4085页。

　　[3]安仁县：《宋史》，中名为安仁县者有以下三种记载，分属不同路、州辖制：其一：江南东路—饶州。"（江南）东路。府一：江宁。州七：宣，徽，江，池，饶，信，太平。军二：南康，广德。县四十三。"《宋史·卷八十八·地理四》，中华书局，1985年，第2186页。"饶州，上，鄱阳郡，军事。……县六：……安仁。中。开宝八年，以余干县地置安仁场，端拱元年，升为县。"《宋史·卷八十八·地理四》，中华书局，1985年，第2187页。【注】北宋属江南东路饶州隶下，今在江西省余江县。其二：荆湖南路—衡州。"（荆湖）南路。州七：潭，衡，道，永，邵，郴，全。军一：武冈。监一：桂阳。县三十九。"《宋史·卷八十八·地理四》，中华书局，1985年，第2198页。"衡州，上，衡阳郡，军事。……县五：……安仁。中下。乾德二年，升安仁场为县。"《宋史·卷八十八·地理四》，中华书局，1985年，第2199页。【注】北宋属荆湖南路衡州隶下，今在湖南省安仁县。其三：成都府路—邛州。"成都府路。府一：成都。州十二：眉，蜀，彭，绵，汉，嘉，邛，简，黎，雅，茂，威。军二：永康，石泉。监一：仙井。县五十八"《宋史·卷八十九·地理五》，中华书局，1985年，第2210页。"邛州，上，临邛郡，军事。……县六：……安仁，望。有延贡砦。"《宋史·卷八十九·地理五》，中华书局，1985年，第2212页。【注】北宋属成都府路邛州隶下，今在四川省崇州市境内。笔者认为，第三条记载可能性较大，因《吕大圭墓志》云："始娶张氏，追封安居县君。继室王氏，封安仁县君。"安居县在潼川府路，与成都府路之安仁县地理位置较近。

　　[4]迪功郎：性质：文散官。又名将仕郎，"崇宁将仕，政和再换"《宋史·卷一百六十九·职官九》，中华书局，1985年，第4054页。职责：文散官，无具体职责。品秩：从九品。《宋史·卷一百六十八·职官八》，中华书局，1985年，第4017页。俸禄：月俸十二千，等。《宋史·卷一百七十一·职官十一》，中华书局，1985年，第4111页。

　　[5]陈留："京畿路。皇祐五年，以京东之曹州，京西之陈、许、郑、滑州为辅郡，隶畿内，并开封府，合四十二县，置京畿路转运使及提点刑狱总之。……开封府。……县十六：……陈留，畿。"《宋史·卷八十五·地理一》，中华书局，1985年，第2106、2107页。【注】北宋属京畿路开封府隶下，今在河南省开封市附近。

夫人姓张氏，其先陈留人。曾祖贤不仕；祖清，河南颍阳[1]令[2]；父世基不仕。夫人既笄，归嘉州洪雅[3]主簿[4]吕大圭。未几，舅没，夫且未仕，服勤不懈，事寡姑以孝闻。敛箧鞾所藏，以资叔妹而无吝色。从其夫之官于蜀，熙宁六年三月三十日以疾卒，享年四十五。明年十一月辛丑，葬于京兆府蓝田县[5]太尉原吕氏之兆。铭曰：

　　无悔于勤，无怨于贫，贤哉夫人！

吕大圭论年龄在"大"字辈成员中排行第四，但特殊的长子长孙身份使其居于"大"字辈成员掌门人之位，并葬身于墓园中轴线上，成为"大"字辈人墓葬横排的中心。此人一生重情明理，心境平和恬淡，是葬于太尉塬墓园中享年最长的家族成员。张氏为其原配正妻，卒年远早于大圭，是熙宁七年蓝田吕氏太尉塬墓园建成后的第一批入葬者。吕大圭夫妻定居于河南郏城，尊族规，即逝而远葬蓝田祖茔。

# 一一　吕大受墓（编号 M14）

## （一）位置与地层

该墓位于吕氏家族墓园北部墓葬群第一排最东端，西距 M16 为 2.90、东距 M15 为 18.00、西北距 M17 是 2.70 米。墓葬田野编号为蓝田吕氏 M14（图 5-344、345）。发掘时间 2009 年 4 月 7 日至 12 日，历时 6 天。

墓葬所处地层剖面为（图 5-345；彩版 5-479）：

第①层：耕土层，厚约 0.30 米，色灰褐，质松散，内含大量植物根系，残砖瓦砾等。

[1] 河南颍阳："（京西）北路。府四：河南，颍昌，淮宁，顺昌。州五：郑，滑，孟，蔡，汝。军一，信阳。县六十三。"《宋史·卷八十五·地理一》，中华书局，1985 年，第 2114 页。"河南府，洛阳郡，因梁、晋之旧为西京。熙宁五年，分隶京西北路。……县十六：……颍阳，畿。庆历二年，废为镇，四年，复。熙宁二年，省入登封，元祐二年，复置。"《宋史·卷八十五·地理一》，中华书局，1985 年，第 2115 页。【注】北宋属京西北路河南府隶下，今在河南伊川附近。

[2] 河南颍阳令：性质：职事官。职责："建隆元年，令天下诸县除赤、畿外，有望、紧、上、中、下。掌总治民政、劝课农、桑、平决狱讼。有德泽禁令，则宣布于治境。凡户口、赋役、钱谷、振济、给纳之事皆之，以时造户版及催理二税。有水旱则有灾伤之诉，以分数蠲免。民以水旱流记，则抚存安集之，无使失业。有孝悌行义闻于乡间者，具事实上于州，激劝以励风谷。若京、朝、幕官则为知县事，有戍兵则兼兵马都监或监押。宣教郎以下带监押。"《宋史·卷一百六十七·职官七》，中华书局，1985 年，第 3977 页。品秩：正八品（陈留为畿县，县令为正八品）。《宋史·卷一百六十八·职官八》，中华书局，1985 年，第 4016 页。俸禄：月俸十二千～二十二千，等（宋诸州县令、簿、尉以域内所辖户籍之量划分为五等，并按等级不同发放俸禄。颍阳虽属畿县，但户籍数量未详载，县令俸禄不能确定）。《宋史·卷一百七十一·职官十一》，中华书局，1985 年，第 4108 页。

[3] 嘉州洪雅："成都府路。府一：成都。州十二：眉，蜀，彭，绵，汉，嘉，邛，简，黎，雅，茂，威。军二：永康，石泉。监一：仙井。"《宋史·卷八十九·地理五》，中华书局，1985 年，第 2210 页。"嘉定府，上，本嘉州，犍为郡，军事。乾德四年，废绥山、罗目、玉津三县。庆元二年，以宁宗潜邸，升府。开禧元年，升嘉庆军节度。……县五：……洪雅，上。淳化四年，自眉州来隶。"《宋史·卷八十九·地理五》，中华书局，1985 年，第 2212 页。【注】北宋属成都府路嘉州隶下，今为四川省洪雅县。

[4] 嘉州洪雅主簿：性质：职事官。职责："开宝三年，诏诸县千户以上置令、簿、尉；四百户以上置令、尉，令知主簿事；四百户以下置簿、尉，以主簿兼知县事。咸平四年，王钦若言：'川峡县五千户以上请并置簿，自馀仍以尉兼。'从之。自后川蜀及江南诸县，各增置主簿。中兴后，置簿掌出纳官物、销注簿书，凡县不置丞，则簿兼丞之事。凡批销必亲书押，不许用手记，仍不许差出，以防销注。"《宋史·卷一百六十七·职官七》，中华书局，1985 年，第 3978 页。品秩：从九品。《宋史·卷一百六十八·职官八》，中华书局，1985 年，第 4017 页。俸禄：月俸六千～十二千，等（宋诸州县令、簿、尉以域内所辖户籍之量划分为五等，并按等级不同发放俸禄。洪雅虽属上县，但户籍数量未详载，主簿俸禄不能确定）。《宋史·卷一百七十一·职官十一》，中华书局，1985 年，第 4109 页。

[5] 京兆府蓝田县："永兴军路。府二：京兆，河中。州十五：陕，延，同，华，耀，邠，鄜，解，庆，虢，商，宁，坊，丹，环。军一：保安。县八十三。……京兆府，京兆郡，永兴军节度。本次府，大观元年升大都督府。旧领永兴军路安抚使。宣和二年，诏永兴守臣等衔不用军额，称京兆府。……县十三：……蓝田，次畿。"《宋史·卷八十七·地理三》，中华书局，1985 年，第 2144 页。【注】北宋属永兴军路，今为陕西省蓝田县。

　　第②层：扰土层，厚约 0.60 米，浅灰褐色，土质坚硬，内含植物根茎及现代砖瓦碎块等。墓道开口于该层下。

　　第③层：古代堆积层，厚 0.70 米，浅黄褐色，质地坚硬，内夹杂少量料礓石块、砖块等。

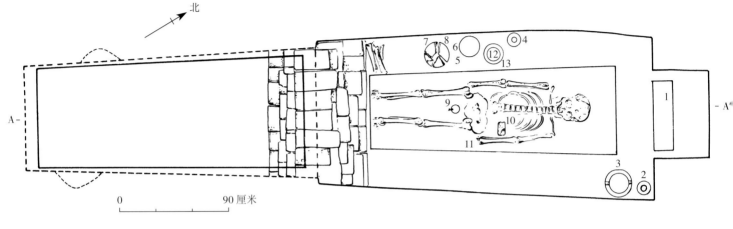

图 5-344　M14 平面图

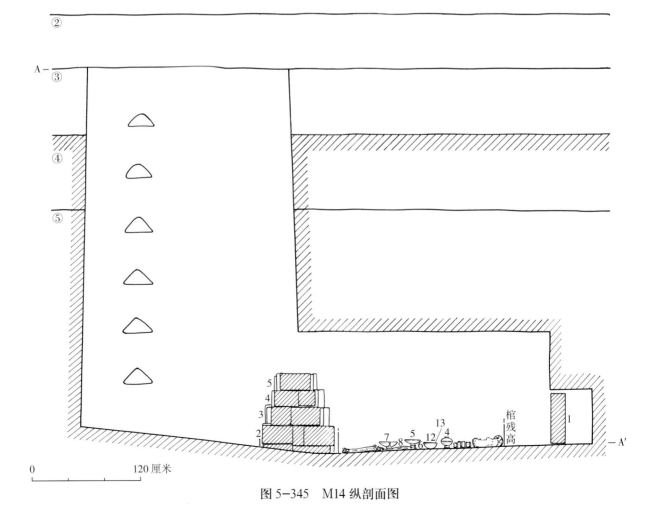

图 5-345　M14 纵剖面图

第④层：黑褐色土层，厚0.80米左右，质地较硬，呈颗粒状，含有大量白色植物根系、蜗牛壳等。

第⑤层：黄土层，具体厚度不详，质地松软较纯净，色泽灰黄，夹少量料礓石块。墓道底位于该层面下2.58米处，墓室开于此层面下1.30~2.60米处。

## （二）墓葬形制

墓葬坐东北向西南，方向210°。由竖穴墓道、土坯封门、平面呈窄长方形之单土洞墓室及壁龛4部分组合而成。水平总长5.60、墓室底上距现地表5.90米，墓道现开口距地表0.90米（图5-344、345）。

### 1. 墓道

位于墓葬南端，竖穴土圹式，下部北端连接墓室。开口处平面呈南北向窄长方形，北端稍宽于南端，南北长2.20、南宽0.80、北宽0.90米。四壁自上而下稍有外扩，至底后墓道整体呈口小底大状，壁面铲修平整。底面南高北低呈缓坡状，踩踏平实，南北长2.44、南宽0.85、北宽1.05米，

彩版5-479　M14地层剖面

上距开口处3.80~4.08米，北端与墓室连接。东、西两壁在距南壁0.36~0.45米处各设踏窝一列6个，顶端踏窝上距墓道开口0.48、各踏窝纵向间距0.40米，踏窝截面呈三角形，面宽0.38、高0.16、进深0.10米左右。墓道内填充五花土，质地较疏松，未见夯筑（彩版5-480）。

### 2. 封门

土坯封门位于墓道北壁下，嵌封于墓室入口处，因墓道与墓室底相接处有坡度故先垫土再垒砌封门。由于长期渗水淤积，顶部坍塌且与填土粘连，现残存约4层，最底层为两横夹一竖平铺而成，余者2层皆为双重坯侧卧并列错缝垒砌，顶层成单坯并列横向侧卧，自下向上逐层厚度渐收缩，宽1.00~1.20、残高0.85、厚0.48~0.80米。完整土坯长0.46、宽0.23、厚约0.16米（彩版5-481）。

彩版 5-480　M14 墓道

彩版 5-481　M14 封门

彩版 5-482　M14 墓室

### 3. 墓室

位于墓葬北部，南接墓道，北连壁龛。平面呈南窄北宽长方形，南北长 2.74、北宽 1.30、南宽 1.14 米。东、南、北壁基本竖直，西壁中部稍向外弧，壁面铲修平整，东、西两壁于 0.85 米高处起拱。拱顶高 0.35 米，保存完整。底面呈南低北高状，整理平坦，底面至顶南高 1.28、北高 1.20 米。因长期渗水浸泡，室壁多处有坍塌。室内填充较松散黄褐色五花土及少量淤土（彩版 5-482）。

### 4. 壁龛

墓室北壁下部正中设横长方形壁龛，进深 0.46、面宽 0.70、通高 0.58 米。底面平整、与墓室底面在同一水平面上，壁面垂直且经修整，龛顶近平（彩版 5-483）。

## （三）葬具葬式

该墓为单棺单人葬，木质棺具已朽，遗迹呈灰黑色，结构清晰，为纵向置于墓室中部，平面呈北宽南窄长方形，南北长 2.00、北宽 0.73、南宽 0.60、残高约 0.22 米。

墓主骨架保存较差，多数已朽为黄白色粉末，但葬式清晰，为头北足南仰身直肢式，面向上，双臂平置腹侧，双足并拢。身长 1.75、肩宽 0.45 米（彩版 5-484）。

彩版 5-483　M14 壁龛

## （四）出土遗物

M14 共出土随葬物品 13 件（组），质地有瓷、陶、铜、铁、漆、石六类。器形为瓶、碗、罐、带饰、钱币、棺环、漆器残件、墓志等。随葬品位置大体可分为四个区域：第一区为墓室西壁下中部；第二区为墓室东北角；第三区位于壁龛入口处；第四区指墓主棺内。

彩版 5-484　M14 葬具

**1. 瓷器**

共6件。器形有瓶、托盏、盘。

（1）茶叶末釉盘口瓶　1件。

M14：2，出于墓室东北角。基本完整，器身有裂痕数道。轮制成型。圆唇，浅盘口，矮束颈，折肩，长圆腹，宽矮圈足微外撇，足底外侧由内向外斜削一圈。外壁施釉至腹下不及足，内壁施釉至口沿下。釉色棕褐微泛茶绿色，釉面光泽灰暗，多棕眼。外腹壁下露胎处呈暗红色。通体素面，器表多土锈，足底面有粘砂。高26.5、口沿径5.7、腹径12.0、足径9.2厘米（图5-346；彩版5-485）。

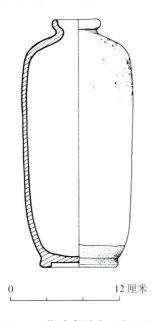
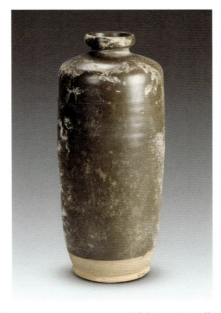

图5-346　茶叶末釉盘口瓶 M14：2　　　　　　彩版5-485　茶叶末釉盘口瓶 M14：2

（2）黑、白釉配搭托盏　1套2件。

M14：4-1、-2，出于墓室西壁下中部。轮制成型。由白釉盏和黑釉盏托组合成套。盏腹壁断裂为2片，粘接修复完整；盏托完整。

M14：4-1，为白釉盏，敞口，圆唇，斜腹微弧，平底，小圈足较矮。器内壁施满釉，外壁施釉至腹下不及足。釉色乳白。釉面透亮。露胎处呈白色，胎质纯净、坚硬。素面，外腹下有修坯细线旋痕。

M14：4-2，黑釉盏托，中空，微敛直口，圆唇，高弧颈，颈下出圆形托盘，盘为敞口，圆唇，浅弧腹，下置高圈足、足沿稍外撇。内、外壁通施黑釉，足底露胎。口沿、盘沿釉色呈酱黄。釉面透亮，有银灰色结晶斑，多棕眼。露胎处表面显灰白色，内含黑色小颗粒，胎质坚硬。通体素面。

通高10.2、盏高4.0、口沿径11.7、圈足径3.4、托高7.0、托口沿径5.2、托盘口沿径11.7、圈足径4.3厘米（图5-347；彩版5-486）。

（3）青釉盘　4件。

M14：5~8，出于墓室西壁下中部。轮制成型。4件形制、尺寸、釉色、胎质基本相同。敞口，圆唇，浅直弧腹，微圆底，圈足，

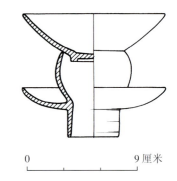

图5-347　黑、白釉配搭托盏 M14：4

彩版 5-486　黑、白釉配搭托盏 M14：4-1、-2

足内墙微外斜。内、外壁均
施满釉，足底面刮釉露胎。
釉色青绿微黄。釉面润泽光
亮。外沿下饰弦纹两周，内
腹与底相接处有凹痕一周。

　　M14：5，完整，口沿
微外撇。釉面多网格状冰裂
纹。足底刮釉处露灰白胎，
胎质坚硬细密。外壁有明显轮制旋痕，器内有土锈。通
高 5.1、口沿径 16.9、足径 6.0 厘米（图 5-348，1；彩版
5-487）。

　　M14：6，口沿处稍有残裂。灰胎，胎质坚硬细密，
足底露胎处表面呈暗红色。外壁布满轮制同心圆痕。通
高 4.6、口沿径 16.4、足径 5.7 厘米（图 5-348，2；彩版
5-488）。

　　M14：7，口、腹部有断裂、缺片，修复完整。足
底刮釉处露灰白胎，胎质坚硬细密。通高 5.2、口沿径
17.1、足径 5.9 厘米（图 5-349，1；彩版 5-489，左）。

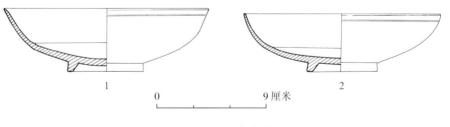

图 5-348　青釉盘

1、2. M14：5、6

彩版 5-487　青釉盘 M14：5

彩版 5-488　青釉盘 M14：6

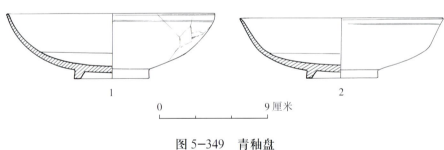

图 5-349　青釉盘

1、2. M14：7、8

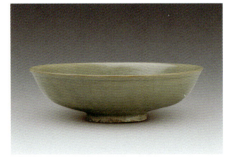

彩版 5-489　青釉盘 M14：7、8

M14：8，腹部一侧有裂隙，修复完整。足底露胎处呈暗红色。足内墙有粘痕。通高 4.8、口沿径 16.6、足径 5.7 厘米（图 5-349，2；彩版 5-489，右）。

**2. 陶器**

仅 1 件彩绘双系罐。

彩绘双系罐　1 件。

M14：3，出于墓室东北角。完整。轮制成型。泥制灰陶。微侈口，厚圆唇，矮束颈，溜肩，鼓腹，下腹斜向内收成小平底。肩部对置扁环状凹槽面双系。外腹壁施白衣，其上以黑彩描绘花朵、云气纹，现白衣与纹饰均已模糊不清。通高 19.7、口沿径 16.7、腹径 23.0、底径 11.3 厘米（图 5-350；彩版 5-490）。

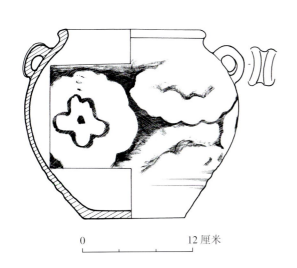

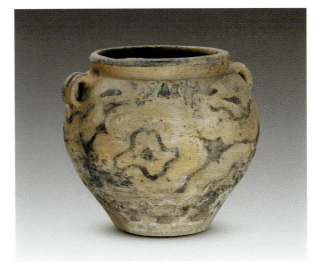

图 5-350 彩绘双系罐 M14:3

彩版 5-490 彩绘双系罐 M14:3

### 3. 铜器

仅 1 组带饰。

带饰 1 组。

M14:10-1、-2，出于墓主骨架腰部。捶揲而成。已成碎片，锈蚀严重。

M14:10-1 似为带首，长方形，由薄铜片曲折上下扣合、中间夹以革带并用泡钉固定而成，前端平直、两侧出头应是套插带扣横轴处之横向卷筒所在，现卷筒均残失，仅留根部痕迹，尾端边沿弧圆光滑。正、背两面平坦无纹饰，正面原似鎏金。长 12.6、宽 4.9 厘米（图 5-351，1；彩版 5-491）。

M14:10-2 为带扣，扁铜条曲折而成，横矩形，前端中部细轴上套舌状扣针。长 4.95、宽 2.0、舌长 2.05 厘米（图 5-351，2；彩版 5-491）。

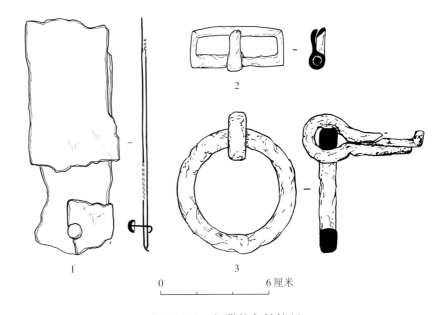

图 5-351 铜带饰与铁棺环

1. 铜带首 M14:10-1 2. 铜带扣 M14:10-2 3. 铁棺环 M14:9

彩版 5-491 铜带饰 M14:10-1、-2

**4．铜钱**

仅 1 枚咸平元宝。

咸平元宝　1 枚。

M14：11，似握于墓主左手内。浇铸成形。钱体规整，品相较佳，正、背两面外廓宽而凸出，穿孔小而方正。正面楷书钱文顺时针旋读，笔画粗而清晰。背面光素无纹。钱径 2.5、穿边长 0.55 厘米，重 3.4 克。

**5．铁器**

仅有 1 件棺环。

棺环　1 件。

M14：9，出于木棺内中部偏南。锈蚀严重，鸭嘴钉已残断。铸造成形。环体较小，截面呈四边形，鸭嘴钉后端似鸭嘴钳于环上，前端原长而尖锐插于棺木中，现前部残失仅余后部。环径 6.2、厚 0.9、鸭嘴钉残长 5.6 厘米（图 5-351，3）。

**6．漆器**

共 2 件。器形仅有漆碗。

漆碗　2 件。

编号 M14：12、13，出于墓室西壁下中部。残损严重且变形，经室内清理修复。应为碗 2 件，形制、质地、尺寸、色彩相同。六曲敞葵口，斜弧腹，微圜底，圈足略高。内壁施红漆，外壁为黑漆，似为黑色夹纻胎，胎壁极薄。

M14：12，口沿外折变形，腹部缺片较大。高 7.5、口径 16.0、足高 1.6、足径 8.0 厘米（图 5-352，1；彩版 5-492）。

M14：13，器身扁长变形，腹部缺片较大。高 7.5、口径 16.0、足高 1.5、足径 8.0 厘米（图 5-352，2；彩版 5-493）。

**7．墓志**

仅 1 方石墓志。

（1）吕大受墓志　1 方。

M14：1，出于壁龛内。青石制成，无盖。近方形，四立沿粗涩，面抛光，周边錾刻两条阴线组成的框栏，框内阴刻楷书志文 25 行，满行 23 字，共计 506 字，最后 2 行纪年、

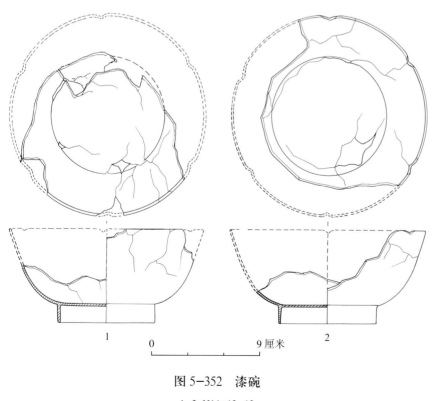

图 5-352　漆碗

1、2. M14：12、13

彩版 5–492　漆碗 M14：12

彩版 5–493　漆碗 M14：13

刻者名讳则用较小楷体书于左边框栏内（附一）。边长 55.5×56.3、厚 15.5 厘米（图 5–353；彩版 5–494）。

附一　志铭录文：

宋故前進士呂君墓誌銘并序 /

將仕郎守陝州陝縣令范育撰 /

梓州觀察推官承奉郎試大理評事雷壽之書 /

君諱大受字彥輝其先汲郡人曾祖鵠贈尚書司封員外郎 /

祖通終太常博士累贈尚書工部侍郎父黃今為尚書虞部 /

郎中知果州果州既仕徙居京兆藍田以純行著於鄉閭有 /

子六人皆賢君其弟四子也少穎晤過人弱冠有能文聲嘉 /

祐六年中進士第先是君兄三人相繼登科時人榮之而君 /

愈自刻約處眾若無能者明年君迎婦岐下時果州涖官河 /

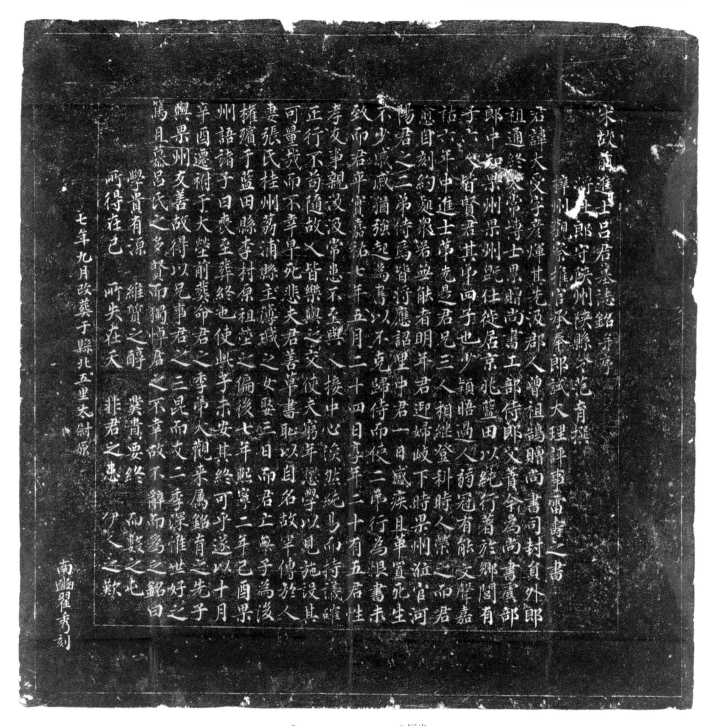

图 5-353　吕大受墓志 M14：1 拓片

陽君之二弟侍焉皆將應詔里中君一日感疾且革置死生 /
不少戚戚猶強起為書以不克歸侍而使二弟行為恨書未 /
致而君卒實嘉祐七年五月二十四日享年二十有五君性 /
孝友事親汲汲常患不至與人接中心渙然純易而持議確 /

彩版 5-494　吕大受墓志 M14：1

正行不苟隨故人皆樂與之交使夫窮年懋學以見施設其 /
可量哉而不幸早死悲夫君善草書恥以自名故罕傳於人 /
妻張氏桂州荔浦縣主簿琙之女娶三日而君亡無子為後 /
權殯于藍田縣李村原祖塋之偏後七年熙寧二年己酉果 /
州語諸子曰喪至葬終也使此子未安其終可乎遂以十月 /
辛酉遷祔於大塋前葬命君之季弟大觀来屬銘育之先子 /
與果州友善故得以兄事君之三昆而友二季深惟世好之 /
篤且慕呂氏之多賢而獨悼君之不幸故不辭而為之銘曰 /
學貴有源　維質之醇　羮貴要終　而數之屯 /
所得在己　所失在天　非君之患　伊人之歎 /
七年九月改葬于縣北五里太尉原 /
南齒翟秀刻 /

经笔体对照，志文最末一行"七年九月改葬於縣北五里太尉原"为熙宁七年改葬时添刻文字。

（2）吕大受墓志考释

志文句读：

宋故前进士吕君墓志铭并序

　　　将仕郎[1]守陕州陕县[2]令[3]范育撰

---

　　[1]将仕郎：性质：文散官。又名迪功郎，"崇宁将仕，政和再换"。《宋史·卷一百六十九·职官九》，中华书局，1985年，第4054页。职责：文散官，无具体职责。品秩：从九品。《宋史·卷一百六十八·职官八》，中华书局，1985年，第4017页。俸禄：月俸十二千，等。《宋史·卷一百七十一·职官十一》，中华书局，1985年，第4111页。

　　[2]陕州陕县："永兴军路。府二：京兆，河中。州十五：陕、延、同、华、耀、邠、鄜、解、庆、虢、商、宁、坊、丹、环。军一：保安。县八十三。"《宋史·卷八十七·地理三》，中华书局，1985年，第2144页。"陕州，大都督府，陕郡。……县七：陕，中。熙宁六年，省硖石县为石壕镇入焉。"《宋史·卷八十七·地理三》，中华书局，1985年，第2145页。【注】北宋属永兴军路陕州隶下，今在河南三门峡附近。

　　[3]陕州陕县令：性质：职事官。职责："建隆元年，令天下诸县除赤、畿外，有望、紧、上、中、下。掌总治民政、劝课农、桑、平决狱讼。有德泽禁令，则宣布于治境。凡户口、赋役、钱谷、振济、给纳之事皆之，以时造户版及催理二税。有水旱则有灾伤之诉，以分数蠲免。民以水旱流记，则抚存安集之，无使失业。有孝悌行义闻于乡间者，具事实上于州，激劝以励风谷。若京、朝、幕官则为知县事，有戍兵则兼兵马都监或监押。宣教郎以下带监押。"《宋史·卷一百六十七·职官七》，中华书局，1985年，第3977页。品秩：从八品。《宋史·卷一百六十八·职官八》，中华书局，1985年，第4017页。俸禄：月俸十千～二十千，等（县令以所治县户籍量分等级享受俸禄，但《宋史》对各县辖治人口无详载，故具体数额不明）。《宋史·卷一百七十一·职官十一》，中华书局，1985年，第4109页。

州观察推官<sup>[1]</sup>承奉郎<sup>[2]</sup>试大理评事<sup>[3]</sup>雷寿之书

君讳大受，字彦辉。其先汲郡<sup>[4]</sup>人，曾祖鹄<sup>[5]</sup>赠尚书司封员外郎<sup>[6]</sup>；祖通，终太常博士<sup>[7]</sup>、累赠尚书工部侍郎<sup>[8]</sup>；父蕡，今为尚书虞部郎中<sup>[9]</sup>、知果州<sup>[10]</sup>。果州<sup>[11]</sup>既仕，徙居京

---

　　[1]州观察推官：性质：职事官。职责："签书判官厅公事　两使、防、团、军事推判官　节度掌书记　观察支使　掌裨赞郡政，总理诸案文移，斟酌可否，以白于其长而罢行之。凡员数多寡，视郡小大及职务之烦简。初，政和改签书判官厅公事为司录，建炎初复旧。凡节度推、判官从军额，察推及支使从州、府名。凡诸州减罢通判处，则升判官为签判以兼之。"《宋史·卷一百六十七·职官七》，中华书局，1985年，第3975页。品秩：从八品。《宋史·卷一百六十八·职官八》，中华书局，1985年，第4016、4017页。俸禄：月俸十五千，等。《宋史·卷一百七十一·职官十一》，中华书局，1985年，第4108页。

　　[2]承奉郎：性质：文散官。《宋史·卷一百六十九·职官九》，中华书局，1985年，第4053页。职责：文散官，无具体职责。品秩：从八上，改制后降为正九品。《宋史·卷一百六十九·职官九》，中华书局，1985年，第4050页。《宋史·卷一百六十八·职官八》，中华书局，1985年，第4017页。俸禄：月俸八千，等。《宋史·卷一百七十一·职官十一》，中华书局，1985年，第4110页。

　　[3]试大理评事：试："除授皆视寄禄官，高一品以上者为'行'，下一品者为'守'，下二品以下者为'试'，品同者不用行、守、试，馀准此。"《宋史·卷一百六十三·职官三》，中华书局，1985年，第3833页。大理评事：性质：职事官，属大理寺。职责："置卿一人，少卿二人，正二人，推丞四人，断丞六人，司直六人，评事十有二人，主簿二人。卿掌折狱、详刑、鞫谳之事。同职务分左右：天下奏劾命官、将校及大辟因以下以疑请谳者，隶左断刑，则司直、评事详断，承议、正审之。"《宋史·卷一百六十五·职官五》，中华书局，1985年，第3900页。品秩：正八品。《宋史·卷一百六十八·职官八》，中华书局，1985年，第4016页。俸禄：月俸十千，等。《宋史·卷一百七十一·职官十一》，中华书局，1985年，第4103页。

　　[4]汲郡："（河北）西路。府四：真定，中山，信德，庆源。州九：相，浚，怀，卫，洺，深，磁，祁，保。军六：天威，北平，安肃，永宁，广信，顺安。县六十五。"《宋史·卷八十六·地理二》，中华书局，1985年，第2126页。"卫州，望，汲郡，防御。"《宋史·卷八十六·地理二》，中华书局，1985年，第2128页。【注】历史故名，西晋泰始二年（266年）始置。北宋时属河北西路隶下，治所在今河南省卫辉市附近。

　　[5]鹄：即为吕鹄，《宋史》仅有一条记载："七年春正月庚戌，不御殿。庚申，占城国王波美税遣使献方物。齐州野蚕成茧。癸亥，左拾遗秦暠、太子中允吕鹄并坐赃，宥死，杖、除名。"《宋史·卷三·太祖三》，中华书局，1985年，第41页。

　　[6]尚书司封员外郎：性质：职事官，属尚书省吏部。职责："吏部掌文武官吏选试、拟注、资任、迁叙、荫补、考课之政令，封爵、策勋、赏罚殿最之法。……其属有曰司封，曰司勋，曰司功。"《宋史·卷一百六十三·职官三》，中华书局，1985年，第3831、3882页。"司封郎中、员外郎　掌官封、叙赠、承袭之事。"《宋史·卷一百六十三·职官三》，中华书局，1985年，第3836页。品秩：正七品。《宋史·卷一百六十八·职官八》，中华书局，1985年，第4015页。俸禄：月俸三十千，等。《宋史·卷一百七十一·职官十一》，中华书局，1985年，第4103页。【注】此处司封员外郎为赠官，赠官多为卒后表殊荣地位，并非生前实际职官。

　　[7]太常博士：性质：职事官，属太常寺。职责："太常寺　卿、少卿、丞各一人，博士四人，主簿、协律郎、奉礼郎、太祝各一人。"《宋史·卷一百六十四·职官四》，中华书局，1985年，第3882页。"博士　掌讲定五礼仪式，有改革则据经审议。凡于法应谥者，考其行状，撰定谥文。有祠事，则监视仪物，掌凡赞导之事。"《宋史·卷一百六十四·职官四》，中华书局，1985年，第3884页。品秩：正八品。《宋史·卷一百六十八·职官八》，中华书局，1985年，第4016页。俸禄：月俸二十千，等。《宋史·卷一百七十一·职官十一》，中华书局，1985年，第4103页。

　　[8]尚书工部侍郎：性质：职事官，属尚书省工部。职责："工部　掌天下城郭、宫室、舟车、器械、符印、钱币、山泽、苑囿、河渠之政。……尚书掌百工水土之政令，稽其功绪以诏赏罚。总四司之事，侍郎为之贰"《宋史·卷一百六十三·职官三》，中华书局，1985年，第3862页。"侍郎　掌贰尚书之事。"《宋史·卷一百六十三·职官三》，中华书局，1985年，第3863页。品秩：从三品。《宋史·卷一百六十八·职官八》，中华书局，1985年，第4014页。俸禄：五十五千，等。《宋史·卷一百七十一·职官十一》，中华书局，1985年，第4102页。【注】此处工部侍郎为卒后赠官，所以仅表殊荣，并非生前实际职官。

　　[9]尚书虞部郎中：性质：职事官，属尚书省工部。职责："工部　掌天下城郭、宫室、舟车、器械、符印、钱币、山泽、苑囿、河渠之政……其属三：曰屯田，曰虞部，曰水部。"《宋史·卷一百六十三·职官三》，中华书局，1985年，第3862页。"虞部郎中　员外郎　掌山泽、苑囿、场冶之事，辨其地产而为之厉禁。"《宋史·卷一百六十三·职官三》，中华书局，1985年，第3863页。品秩：从六品。《宋史·卷一百六十八·职官八》，中华书局，1985年，第4015页。俸禄：月俸三十五千，等。《宋史·卷一百七十一·职官十一》，中华书局，1985年，第4102页。

　　[10]知果州：性质：职事官。职责："掌总理郡政，宣布条教，导民以善而纠其奸慝，岁时劝课农桑，旌别孝悌，其赋役、钱谷、狱讼之事，兵民之政皆总焉。凡法令条制，悉意奉行，以率所属。有赦宥则以时宣读，而班告于治境。举行祀典。察郡吏德义材能而保任之，若疲软不任事，或奸贪冒法，则按劾以闻。遇水旱，以法振济。安集流之，无使失所。"《宋史·卷一百六十七·职官七》，中华书局，1985年，第3973页。品秩：从六品（以尚书虞部郎中知果州，品秩依照尚书虞部郎中确定）。《宋史·卷一百六十八·职官八》，中华书局，1985年，第4015页。俸禄：月俸三十五千，等（以尚书虞部郎中知果州，俸禄依照尚书虞部郎中确定）。《宋史·卷一百七十一·职官十一》，中华书局，1985年，第4102页。

　　[11]果州："潼川府路。府二：潼川，遂宁。州九：果，资，普，昌，叙，泸，合，荣，渠。军三：长宁，淮安，广安。监一：富顺。"《宋史·卷八十九·地理五》，中华书局，1985年，第2216页。"顺庆府，中，本果州，南充郡，团练。宝庆三年，以理宗初潜之地，升为府"。《宋史·卷八十九·地理五》，中华书局，1985年，第2217页。【注】北宋属潼川府路隶下，今为四川省南充市。

兆蓝田[1]，以纯行著于乡间。有子六人，皆贤。君其第四子也。少颖晤过人，弱冠有能文声。嘉祐六年中进士第。先是君兄三人相继登科，时人荣之，而君愈自刻约，处众若无能者。明年，君迎妇岐下[2]，时果州莅官河阳[3]，君之二弟侍焉，皆将应诏里中，君一日感疾，且革置死生，不少戚戚，犹强起为书，以不克归侍而使二弟行为恨，书未致而君卒，实嘉祐七年五月二十四日，享年二十有五。君性孝友，事亲汲汲，常患不至，与人接，中心涣然纯易，而持议确正，行不苟随，故人皆乐与之交，使夫穷年懋学以见施设，其可量哉？而不幸早死，悲夫！君善草书，耻以自名，故罕传于人。妻张氏，桂州荔浦县[4]主簿[5]瑊之女，娶三日而君亡，无子为后。权殡于蓝田县李村原[6]祖茔之偏。后七年，熙宁二年己酉，果州语诸子曰：丧至葬，终也。使此子未安其终，可乎？遂以十月辛酉迁祔于大茔。前葬，命君之季弟大观来属铭。育之先子与果州友善，故得以兄事君之三昆而友二季，深惟世好之笃，且慕吕氏之多贤而独悼君之不幸，故不辞而为之。

铭曰：

学贵有源，维质之醇。羙贵要终，而数之屯。

所得在己，所失在天。非君之患，伊人之叹。

七年九月改葬于县北五里太尉原。

　　　　　　　　　　　　　　　　　　　　　　南豳[7]翟秀刻。


　　吕大受是吕蕡第四子，人曰吕氏五子登科，其一也。惜早亡，无子嗣。先葬李村塬（即骊山西塬）祖茔，后于熙宁七年（1074 年）改葬于县北五里太尉塬新建的吕氏墓园中祖父吕通墓穴之左。

---

[1]蓝田："永兴军路。府二：京兆，河中。州十五：陕、延、同、华、耀、邠、鄜、解、庆、虢、商、宁、坊、丹、环。军一：保安。县八十三。……京兆府，京兆郡，永兴军节度。本次府，大观元年升大都督府。旧领永兴军路安抚使。宣和二年，诏永兴军守臣等衔不用军额，称京兆府。……县十三：……蓝田，次畿。"《宋史·卷八十七·地理三》，中华书局，1985 年，第 2144 页。【注】北宋属永兴军路。今为陕西省蓝田县。

[2]岐下："秦凤路。府一：凤翔。州十二：秦、泾、熙、陇、成、凤、岷、渭、原、阶、河、兰。军三：镇戎，德顺，通远。县三十八。"《宋史·卷八十七·地理三》，中华书局，1985 年，第 2154 页。"凤翔府，次府，扶风郡，凤翔军节度。……县九：……岐山，次畿。"《宋史·卷八十七·地理三》，中华书局，1985 年，第 2156 页。【注】此处"岐下"应指岐山县，北宋岐山属秦凤路凤翔府隶下，今陕西省岐山县。

[3]河阳："（京西）北路。府四：河南，颍昌，淮宁，顺昌。州五：郑、滑、孟、蔡、汝。军一：信阳。县六十三。"《宋史·卷八十五·地理一》，中华书局，1985 年，第 2114 页。"孟州，望。河阳三城节度。政和二年，改济源郡。……县六：河阳，望。"《宋史·卷八十五·地理一》，中华书局，1985 年，第 2116 页。【注】北宋属京西北路孟州隶下，今在河南省孟县附近。

[4]桂州荔浦县："广南西路。……州二十五：桂、容、邕、融、象、昭、梧、藤、龚、浔、柳、贵、宜、宾、横、化、高、雷、钦、白、郁林、廉、琼、平、观。军三：昌化，万安，朱崖。县六十五。"《宋史·卷九十·地理六》，中华书局，1985 年，第 2239 页。"静江府。本桂州，始安郡，静江军节度。……县十一：……荔浦，望。"《宋史·卷九十·地理六》，中华书局，1985 年，第 2239、2240 页。【注】北宋属广南西路桂州隶下，今为广西荔浦县。

[5]荔浦县主簿：性质：职事官。职责："开宝三年，诏诸县千户以上置令、簿、尉；四百户以上置令、尉、令知主簿事；四百户以下置簿、尉，以主簿兼知县事。咸平四年，王钦若言：'川峡县五千户以上请并置簿，自馀仍以尉兼。'从之。自后川蜀及江南诸县，各增置主簿。中兴后，置簿掌出纳官物、销注簿书，凡县不置丞，则簿兼丞之事。凡批销必亲书押，不许用手记，仍不许差出，以防销注。"《宋史·卷一百六十七·职官七》，中华书局，1985 年，第 3978 页。品秩：从九品。《宋史·卷一百六十八·职官八》，中华书局，1985 年，第 4017 页。俸禄：月俸六千～十二千，等（县主簿以所治县户籍量分等级享受俸禄，但《宋史》对各县辖治人口无详载，故具体数额不能确定）。《宋史·卷一百七十一·职官十一》，中华书局，1985 年，第 4109 页。

[6]蓝田县李村原：蓝田县上述已考，李村原文献无载，吕氏诸多墓志铭文中记其入陕后第一处祖茔位于蓝田县城西三十里骊山西原，故笔者认为所云李村原即是骊山西原更为具体之称谓。

[7]南豳：北魏太平真君二年（441 年）置赵兴郡，皇兴二年（468 年）赵兴郡属华州，太和十一年（48 年 7）华州更名为班州，太和十四年（490 年）班州更名为豳州。西魏废帝二年（553 年），改豳州为宁州。唐武德元年（618 年）从宁州析置豳州，开元年间改称邠州。【注】豳地分南北，北豳位于今甘肃庆阳附近。南豳在今陕西省彬县、旬邑县一带。北宋文人喜以古地名自称籍贯以示风雅，故明为邠州人却自称豳州人氏。南豳属永兴军路隶下邠州，今在陕西省彬县、旬邑县一带。

# 一二　吕氏庶母马夫人墓（编号 M15）

## （一）位置与地层

该墓位于吕氏家族墓园北部墓葬群自南向北数第二排最东端，东距墓园东兆沟 57.67、东北距 M28 为 7.30、西北距 M17 是 20.00 米。墓葬田野编号为蓝田吕氏 M15（图 5-354、355）。发掘时间 2009 年 4 月 3 日至 9 日，历时 7 天。

墓葬所处地层剖面为（图 5-355；彩版 5-495）：

第①层：耕土层，厚约 0.30 米，色灰褐，质松软，内含大量植物根系、残砖瓦砾等。

第②层：扰土层，厚 0.50 米左右，淡灰褐色，土质较硬，内有植物根茎，陶瓷碎片、草木灰等。墓道开口于该层下。

第③层：古代堆积层，厚 0.80 米左右，浅灰黄色，质地坚硬密实，夹杂少量料礓石块、砖块等。

第④层：黑褐色土层，厚 0.60 米左右，质地较硬，呈颗粒状，黑褐色，杂有大量白色腐植根系、

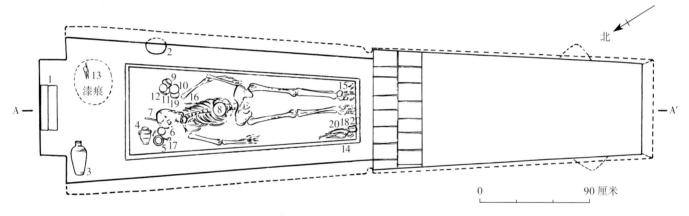

图 5-354　M15 平面图

蜗牛壳等。

第⑤层：黄土层，厚 3.50 米左右，质地松软较纯净，色泽灰黄，内含少量料礓石块。墓室顶开于该层顶面下 3.70 米处。

第⑥层：红褐色土层，厚度不详，土质坚硬，夹大量料礓石块、砂砾、蜗牛壳等。墓道底位于该层顶面下 0.80 米处，墓室底部则在此层顶面下 0.60 米处。

## （二）墓葬形制

该墓葬坐东北向西南，方向

彩版 5-495　M15 墓葬

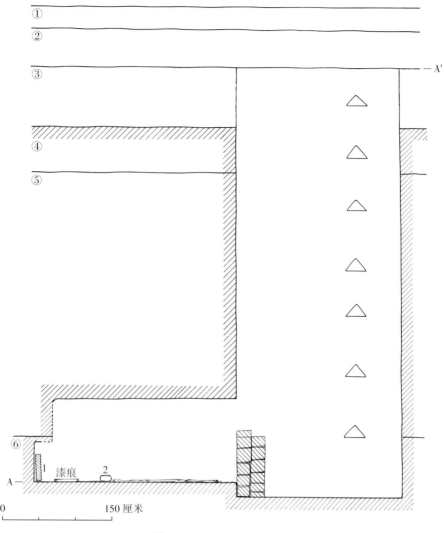

图 5-355　M15 纵剖面图

210°。由竖穴墓道、土坯封门、平面呈南窄北宽长方梯形的单土洞墓室、壁龛 4 部分组成。水平总长 5.05、墓室底上距现地表 6.30 米，墓道现开口距地表 0.80 米（图 5-354、355；彩版 5-495）。

### 1. 墓道

位于墓葬南端，竖穴土圹式。开口处平面呈南北向长方形，北端略宽于南端，南北长 2.20、南宽 0.72、北宽 0.98 米。墓道东、西、南三壁自开口至底稍有外扩、北壁基本竖直，壁面经铲修。底面整理平坦，南北长 2.30、南宽 0.80、北宽 1.02、上距开口处 5.70 米，北端与墓室相连。东、西两壁距南壁约 0.45 米处各设对称踏窝一列 7 个，最顶踏窝上距墓道开口 0.35、各踏窝纵向间距 0.42~0.64 米，踏窝截面呈三角形，面宽 0.25、高 0.18、进深 0.12 米左右。墓道内填充五花土，未经夯筑，质地较疏松，有少量砖块、瓷片等（彩版 5-496）。

### 2. 封门

土坯封门位居墓道北壁下，封堵于墓室入口外。因长期渗水淤积，封门顶部坍塌并与填土粘连。

彩版 5-496　M15 墓道

彩版 5-497　M15 封门

现存残高 0.88、宽 0.96~1.00、厚 0.40 米，约由双重土坯纵向并列平铺叠砌 6 层而成，每层用坯约 2×8 块，土坯均残碎，规格大致为长 0.20、宽 0.13、厚 0.14 米（彩版 5-497）。

### 3. 墓室

位于墓葬中部，南接墓道，北连壁龛。平面呈南北向长方梯形，南端窄于北端，南北长 2.52、南宽 0.92、

彩版 5-498　M15 墓室与壁龛

北宽 1.24 米。东、西两壁自上而下各向外扩约 0.10 米，北壁基本竖直，南端墓室入口处两侧各有 0.06 米收分，以示门道，壁面原经修整，现大部分已坍塌。底面整修平坦，南北长 2.52、南宽 1.02、北宽 1.34 米，高于墓道底面 0.20 米。东、西两壁上无明显起拱高度，顶微弓近平，弓高 0.12 米。墓室通高 1.12 米。室内填充较松散黄褐色五花土及少量淤土（彩版 5-498）。

### 4. 壁龛

位于墓室北壁下部正中，平面呈横长方形，南北宽 0.22、东西长 0.76、高 0.52 米。龛壁竖直，表面原经铲修现局部有坍塌。平顶亦有部分下塌。底面平整，与墓室底面在同一平面上（彩版 5-498）。

## （三）葬具葬式

　　该墓为单棺单人葬，木质棺具已朽，遗迹呈灰黑色，结构清晰，纵向置于墓室中部略偏南处，平面呈北宽南窄长方形，南北长1.95、北宽0.75、南宽0.50米，原高度不清，棺板厚约5.0厘米。

　　墓主骨架保存较完整，头北足南，仰身直肢式，双臂置身侧，两足并拢，身长1.65、肩宽0.34米（彩版5-499）。

彩版5-499　M15葬具

## （四）出土遗物

　　该墓出土遗物22件（组），其中漆器朽毁严重无法提取，故现存仅21件（组）。质地有瓷、银、铜、铁、水晶、蚌、漆、石八类。器形有瓶、罐、盒、碟、杯、簪、镜、钵、勺、匙、剪、剃刀、饰件、珠、蛤蜊壳、墓志等。摆放位置大体分为三个区域：第一区为墓室北部；第二区是棺内墓主头、脚周围；第三区指壁龛内。

### 1.瓷器

　　共7件。器形有瓶、罐、盅、碟、盒等。

　　（1）茶叶末釉盘口瓶　1件。

　　M15：3，出于墓室西北角。基本完整，器身有裂痕多处。轮制成型。浅盘口，束颈，方折肩，长圆腹，宽矮圈足微外撇，内底心微下凹，足底面外侧由内向外斜削一圈。器内壁施釉至口沿下，外壁施釉至腹下不及足。茶褐色釉显灰暗，釉面有棕眼，多处遭锈蚀。足部露胎处表面呈土黄色，质显粗糙，多灰、褐色麻点。腹足相接处有弦纹一周，口沿修坯不圆且薄厚欠均匀。通高 26.0、口沿径 5.7、腹径 12.2、足径 8.5 厘米（图 5-356；彩版 5-500）。

（2）茶叶末釉双系罐　1 件。

M15：4，出于棺内西北角墓主头骨西侧。完整。轮制成型。微侈口，圆唇，溜肩，长圆腹下部斜向内收，饼足，足沿外撇，外足心内凹，足底面外侧由内向外斜削一周，沿下至中腹上贴附对称条状双系。器内壁施满釉；外壁施釉至腹下不及足，下腹以下露胎，口沿刮釉露胎。茶绿色釉较灰暗。釉面土锈较多。口沿刮釉露胎处呈浅灰白色，下腹以下露胎处表面呈暗红色，胎质粗糙，多孔隙，含较大白色颗粒。通体素面，外壁修坯旋痕明显，口沿修坯不圆且薄厚不匀。通高 10.8、口沿径 7.4、腹径 8.9、足径 4.7 厘米（图 5-357；彩版 5-501）。

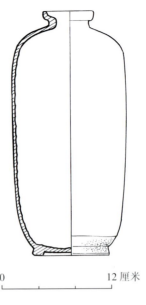

图 5-356　茶叶末釉
盘口瓶 M15：3

彩版 5-500　茶叶末釉盘口瓶
M15：3

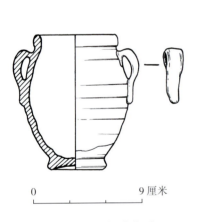

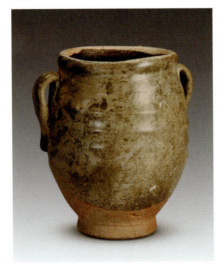

图 5-357　茶叶末釉
双系罐 M15：4

彩版 5-501　茶叶末釉双系罐 M15：4

（3）白釉小罐　1 件。

M15：5，出于棺内西北角墓主头骨西侧。完整。轮制成型。侈口，卷沿，圆唇，束颈，溜肩，鼓腹，下腹内斜收，圈足外撇，足底面外侧由内向外斜削一周。器内颈以下施釉；外壁白釉下加施化妆土，口沿无釉、露化妆土，下腹及足露胎。釉面失透。露胎处表面呈暗红泛灰色，含白色颗粒，胎质较粗。通体素面，外壁修坯旋痕明显。通高 6.3、口沿径 5.8、腹径 7.5、足径 3.9 厘米（图 5-358，1；彩版 5-502）。

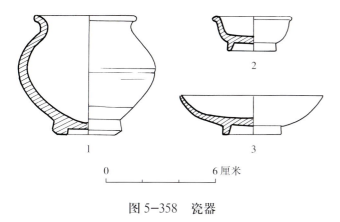

图 5-358　瓷器

1. 白釉小罐 M15：5　2. 青白釉小盅 M15：11　3. 白釉小碟 M15：10

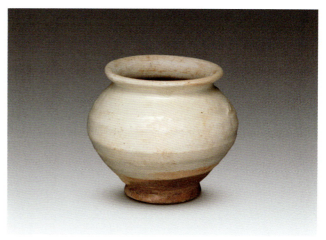

彩版 5-502　白釉小罐 M15：5

（4）青白釉小盅　1件。

M15：11，出于棺内东北角墓主头骨东侧。完整。轮制成型。侈口，窄平折沿，尖唇，浅直斜腹，平底，圈足。内、外壁均施青白釉，足内露胎。釉面光亮。白胎，胎质坚硬细密。素面，外底心有淡焦黄斑。通高 2.0、口沿径 4.5、足径 2.6 厘米（图 5-358，2，彩版 5-503）。

（5）白釉小碟　1件。

M15：10，出于棺内东北角墓主头骨东侧。完整。轮制成型。敞口，圆唇，浅弧腹，微圜底，圈足。器内壁施满釉，外壁施釉至腹下不及足。乳白色釉下加施化妆土至足底面，外底面呈黄褐色。釉面失透。胎色灰白，质稍粗坚硬，内含小砂粒。素面。通高 2.1、口沿径 8.0、足径 3.1 厘米（图 5-358，3；彩版 5-504）。

（6）青釉圆盒　1件。

M15：6，出于棺内西北角墓主头骨西侧。完整。轮制成型。由盒盖、盒身组成。盒盖为平顶，直立沿，母口，方唇。盒身为子口，窄沿，直腹较深、下腹壁稍内收，平底。内、外壁满施青釉，子母口沿、足底露胎。釉色青灰较淡。釉面润泽透亮，内壁有起泡现象。足底露胎处表面呈浅灰白色，胎质坚硬细密。通体素面，唇部有粘痕。通高 5.8、盖高 1.2、母口沿径 7.0、盒高 5.3、子口径 6.2、腹径 6.8、底径 6.2 厘米（图 5-359，1；彩版 5-505）。

彩版 5-503　青白釉小盅 M15：11

彩版 5-504　白釉小碟 M15：10

（7）青釉小圆盒　1件。

M15：9，出于棺内东北角墓主头骨东侧。完整。轮制成型。由盒盖、盒身组成。盒盖为弧顶，顶外围斜削，直立沿微弧，母口方唇。盒身为子口，窄沿，直弧腹下部折内收，圈足，外底心有小凸钉。内、外壁均施青釉，子母口沿露胎，足跟刮釉露胎。釉面明亮，有条形冰裂纹。口沿露胎处为灰白色，胎质坚硬细密，足内呈火石红色。通体素面，足底有粘砂。通高5.5、盖高2.4、母口沿径6.1、盒高3.7、子口径5.4、腹径6.0、足径4.1厘米（图5-359，2；彩版5-506）。

彩版5-505　青釉圆盒 M15：6

### 2. 银器

仅有1件银簪。

银簪　1件。

M15：7，出于棺内墓主头骨北侧。基本完整，现簪股与簪帽已脱离。捶揲成形。簪股为细柱状，稍弯变形，横截面呈圆形，股头圆钝。簪帽制成花蕾状，下端为一周仰莲瓣，顶端置菊花状蕊，中间錾凸起的双层海棠花形纹样，帽下设插孔与簪连接。通体鎏金，现簪股上金已基本脱落。通长15.3、帽径1.7×1.4厘米（图5-360；彩版5-507）。

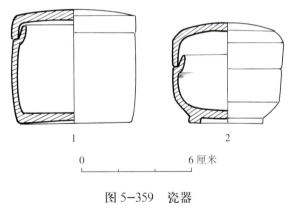

图 5-359　瓷器

1. 青釉圆盒 M15：6　2. 青釉小圆盒 M15：9

### 3. 铜器

共4件（组）。器形有镜、钵、勺、匙、菱形耳坠。

（1）龙虎纹镜　1面。

M15：8，出于墓主胸部。完整，略有锈蚀。浇铸磨制成形。镜面微凸，镜背正中为半球形纽，圆形纽座，宽沿凸起，沿面内向斜刹。镜背纹饰分内、外两区布置，内区半浮雕龙虎纹，下衬云纹；外区乃铭文带，在两周凸弦纹间铸阳文隶书35字，顺时针旋读（附一），沿下绕短竖线纹一周，沿面上置双线波折纹、弦纹、栉齿纹各一周。直径11.3、沿厚0.6、纽径1.9厘米（图5-361；彩版5-508）。

彩版 5-506　青釉小圆盒 M15：9

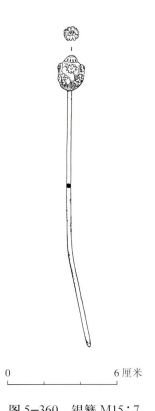

0 　　　　6 厘米

图 5-360　银簪 M15：7

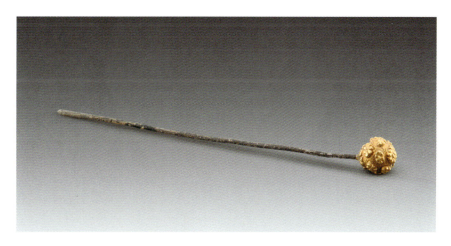

彩版 5-507　银簪 M15：7

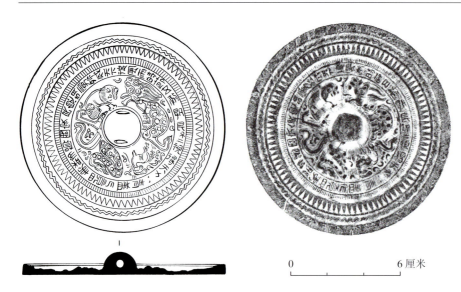

图 5-361　龙虎纹镜 M15：8

附一　镜背铭文录文：

青盖作镜四夷服多贺国家人民息胡虏殄灭天下顺风雨时节五谷朗长保二亲得天下

镜背铭文句读为：

青盖作镜四夷服，多贺国家人民息，胡虏殄灭天下顺，风雨时节五谷朗，长保二亲得天下。

（2）钵与勺　1组2件。

M15：12-1、-2，出于棺内东北角墓主头骨东侧。基本完整。捶揲成形。出土时勺置于钵内，应是配套器具。两者均为素面（图5-362，1；彩版5-509）。

M15：12-1，为钵，六曲葵瓣口微敛，弧腹腹壁亦作六曲葵瓣式与口沿相对应，平底。外口沿下錾弦纹一周。高3.9、口沿径8.3、底径4.3厘米（彩版5-509）。

M15：12-2，为勺，卵圆形勺体，薄长条状细曲柄，柄端稍残。通长9.7、勺径1.8×2.5、柄长7.5厘米（彩版5-509）。

彩版 5-508　龙虎纹镜 M15：8

彩版 5-509　钵、勺 M15：12-1、-2

（3）匙　1件。

M15：17，出于棺内西北角墓主头骨西侧。完整。捶揲成形。匙体呈弧首铲形，细长条状曲柄，柄面两端錾刻竹节式装饰，柄末为凸起花蕾状，周边围绕阔叶，叶边錾刻细密叶脉并有5个镂孔，孔内各套小环1个。通长19.3、匙径3.1×2.2、柄长13.3、阔叶花蕾径2.9×2.5厘米（图5-362，2；彩版5-510）。

（4）菱形耳坠　1组2枚。

M15：16-1、-2，出于棺内墓主肩部。完整。以较厚铜片捶揲錾刻而成。两枚形制、尺寸、纹饰完

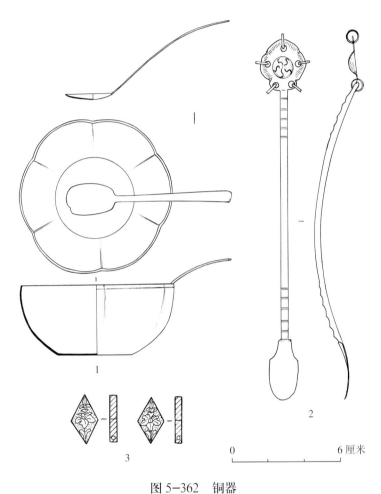

图5-362　铜器

1. 钵、勺 M15：12-1、-2　2. 匙 M15：17　3. 菱形耳坠 M15：16-1、-2

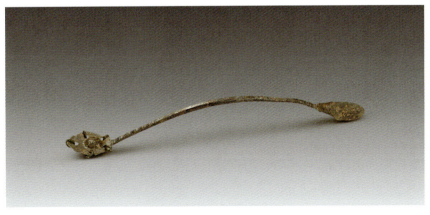

彩版5-510　匙 M15：17

彩版 5-511　菱形耳坠 M15：16-1、-2

全相同。菱形，正、背两面各錾折枝花一枝，一侧长角立沿上钻有小孔，以穿系悬垂。长 2.5、宽 1.5、厚 0.4 厘米（图 5-362，3；彩版 5-511）。

**4. 铁器**

共 4 件。器形有剪刀、剃刀、弓形器。

（1）剪刀　2 件。

M15：13、14，锈蚀严重。铸造成形。2 件形制基本相同，尺寸不等，剪柄均由四棱粗铁条曲折成"8"字形交口，两刀片上窄下宽、内面启刃。

M15：13，置于墓室东北部的漆器内。完整。刀呈窄长三角形，刀尖锐利。通长 18.3、刀长 8.0、最宽处 1.8 厘米（图 5-363，1；彩版 5-512，1）。

M15：14，出于棺内西南角墓主脚骨旁。一侧刀尖缺失。刀片较宽短，上刀尖背部平直、刃部弧圆，下刀尖端残损。通长 16.7、刀长 8.5、最宽处 1.9 厘米（图 5-363，2；彩版 5-512，2）。

（2）剃刀　1 件。

M15：21，出于棺内西南角。基本完整，锈蚀严重，木质手柄已朽。铸造成形。刀片呈上宽下窄梯形，刃薄而平直，背稍厚微弓，末端有可折叠、刻有纵向夹缝的木质短柄，出土时刀折合于木柄夹缝中，木

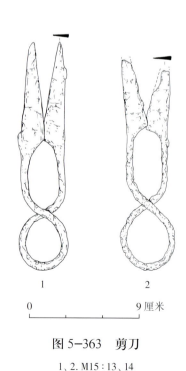

0　　　　　　　　9 厘米

图 5-363　剪刀

1、2. M15：13、14

彩版 5-512 剪刀 M15：13、14

柄已朽，刀上有木屑残留痕迹。长 8.7、最宽处 2.7、厚 0.4 厘米（图 5-364，1；彩版 5-513）。

（3）弓形器 1件。

M15：18，出于棺内西南角墓主脚骨旁。锈蚀严重，现已从中部断为两截。以四棱形细铁条曲折锤揲而成。近弓形，一端弯绕呈圆环状钩，中间为凸弓形状，两边沿捶揲出薄刃，另端制成"~"形把手。就器形分析，应为一横向刮刀类器物。通长 29.0 厘米（图 5-364，2；彩版 5-514）。

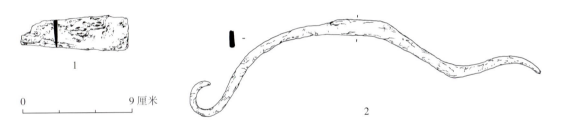

0         9厘米

图 5-364 铁器
1. 剃刀 M15：21   2. 弓形器 M15：18

彩版 5-513 剃刀 M15：21          彩版 5-514 弓形器 M15：18

### 5．石器

共 2 件。器形有钵、珠。

（1）豹斑石钵 1件。

M15：2，出于墓室东壁下北部。基本完整，口沿有磕豁。雕琢磨制成形。直口微敛，圆唇，鼓腹，平底，卧足。青灰色豹斑石，质地较疏松细腻。表面抛光，其上分布黑色半透明斑点，内壁口沿下有凸棱一周。高 7.5、口沿径 16.3、腹径 16.7、底径 8.8 厘米（图 5-365，1；彩版 5-515）。

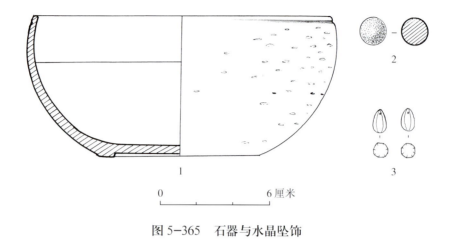

0　　　　　　6厘米

**图 5-365　石器与水晶坠饰**

1. 豹斑石钵 M15：2　2. 石珠 M15：20　3. 水晶坠饰 M15：15-1、-2

**彩版 5-515　豹斑石钵 M15：2**

彩版 5-516　石珠 M15：20

彩版 5-517　水晶坠饰 M15：15-1、-2

（2）石珠　1枚。

M15：20，出于棺内西南角墓主脚骨旁。基本完整，局部有小磕痕。雕琢磨制而成。圆形，表面附着黄褐色土锈一层。白色砂岩质地。表面光滑素净。直径 1.5 厘米（图 5-365，2；彩版 5-516）。

### 6．水晶器

仅有 1 组水晶坠饰。

水晶坠饰　1组 2 件。

M15：15-1、-2，均出土于棺内墓主左上臂外侧。完整。雕琢抛光而成。形制、尺寸完全相同。坠呈水滴状，通体晶莹透明光亮，尖头横穿小孔以穿系悬挂。长 1.3、最大径 0.7、穿径 0.1 厘米（图 5-365，3；彩版 5-517）。

### 7．漆器

仅 1 件。

见于墓室东北部壁龛入口前，现已完全朽毁与泥土混合无法采集。圆形，似为盒，仅知漆皮呈暗红色，胎似为黑色夹纻胎，其内放置铁剪刀一件（彩版 5-518）。

### 8．其他

仅 1 件蚌器。

蚌器　1 件。

编号 M15：19，出于棺内东北角墓主头骨东侧。表

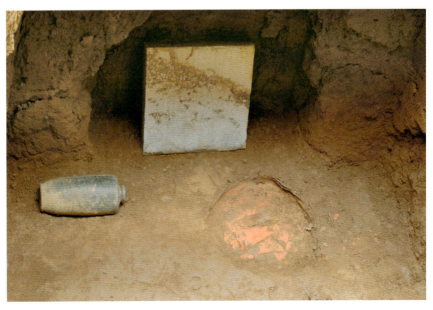

彩版 5-518　漆器

彩版 5-519　蚌器 M15：19

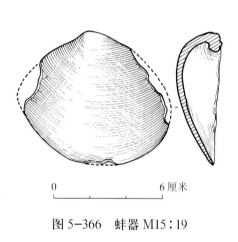

图 5-366　蚌器 M15：19

彩版 5-520　马氏墓志 M15：1

面钙化斑驳、边角有残损。为天然生成之半片蚌壳。扇形，外面光滑，有蚌诸年生长形成的同心圆弧纹印痕；内面原有透明珠光表模一层，现大部分蚀落。高 7.2、宽 8.1 厘米（图 5-366；彩版 5-519）。

### 9. 墓志

石墓志　1 方。

（1）吕氏庶母马夫人墓志　1 方。

M15：1，出于壁龛内。完整，无盖。青石制成。近方形，面抛光，上錾刻楷书铭文 18 行，满行 19 字，共计 316 字（附二），四立沿阴刻波浪状缠枝蔓草与番石榴花及石榴纹样。边长 36.0×36.5、厚 7.8 厘米（图 5-367；彩版 5-520）。

附二　志铭录文：

吕氏庶母馬氏墓誌 /

庶母馬氏者我先君比部府君夫人旌德縣君之 /

媵妾也年始十歲即從夫人歸我先君後二十二 /

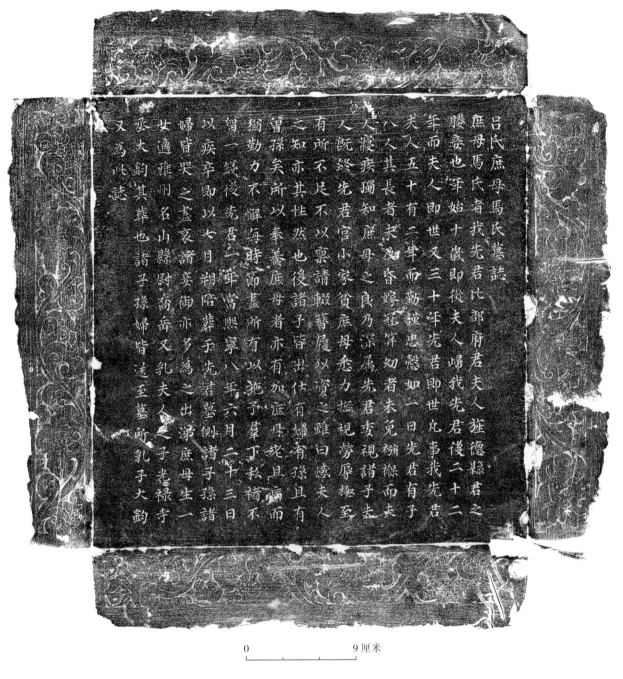

0 ⌞_____⌟ 9厘米

图5-367　马夫人墓志 M15：1 拓片

年而夫人即世又三十年先君即世凡事我先君 /
夫人五十有二年而勤謹忠愨如一日先君有子 /
八人其長者未及昏嫁冠笄幼者未免襁褓而夫 /
人寢疾獨知庶母之良乃深屬先君委視諸子夫 /
人既終先君官小家貧庶母悉力撫視勞辱極至 /
有所不足不以稟請輒簪履以資之雖曰感夫人 /
之知亦其性然也後諸子皆出仕有婦有孫且有 /

曾孫矣所以奉養庶母者亦有加庶母老且病而 /
猶勤力不懈每時節盡所有以施予羣下私褚不 /
留一錢後先君一年當熙寧八年六月二十三日 /
以疾卒即以七月朔陪葬于先君墓側諸子孫諸 /
婦皆哭之盡哀諸妾御亦多為之出涕庶母生一 /
女適雅州名山縣尉喬岳又乳夫人之子光禄寺 /
丞大鈞其葬也諸子孫婦皆送至墓所乳子大鈞 /
又為此誌 /

（2）吕氏庶母马夫人墓志考释

志文句读：

吕氏庶母马氏墓志

庶母马氏者，我先君比部府君夫人旌德县[1]君[2]之媵妾也。年始十岁即从夫人，归我先君后二十二年而夫人即世，又三十年先君即世，凡事我先君夫人五十有二年，而勤谨忠悫如一日。先君有子八人，其长者未及婚嫁冠笄，幼者未免襁褓而夫人寝疾，独知庶母之良，乃深属先君，委视诸子。夫人既终，先君官小家贫，庶母悉力抚视，劳辱极至，有所不足，不以禀请，辍簪履以资之，虽曰感夫人之知，亦其性然也。后诸子皆出仕，有妇有孙且有曾孙矣，所以奉养庶母者亦有加。庶母老且病而犹勤力不懈，每时节尽所有以施予群下，私褚不留一钱。后先君一年，当熙宁八年六月二十三日以疾卒，即以七月朔陪葬于先君墓侧。诸子孙诸妇皆哭之尽哀，诸妾御亦多为之出涕。庶母生一女，适雅州名山县[3]尉[4]乔岳，又乳夫人之子光禄寺丞[5]大钧。其葬也，诸子孙妇皆送至墓所，乳子大钧又为此志。

　　马氏身份比较特殊，她初为吕蕡正妻方氏陪嫁婢女，后收房为妾，既是吕大钧的乳母，又乃吕蕡诸子的庶母，因其身份较低，卒后本不能进入祖茔，但众养子身份地位尊贵，自身对家族贡献大，操行品格亦受人敬重，故破例陪葬于吕蕡左侧较远处。

---

[1]旌德县："（江南）东路。府一：江宁。州七：宣，徽，江，池，饶，信，太平。军二：南康，广德。县四十三。"《宋史·卷八十八·地理四》，中华书局，1985年，第2186页。"宁国府，本宣州，宣城郡，宁国军节度。乾道二年，以孝宗潜邸，升为府。……县六：……旌德，紧。"《宋史·卷八十八·地理四》，中华书局，1985年，第2187页。【注】北宋属江南东路宣州隶下，今为安徽省宣城市旌德县。

[2]县君：叙封称号，"唐制，视本官阶爵建隆三年，诏定文武郡臣母妻封号：……庶子、少卿监、司业、郎中、京府少尹、赤县令、少詹事、谕德、将军、刺史、下都督、下都护、家令、率更令、仆，母封县太君；妻，县君，其余升朝官已上遇恩。并母封县太君；妻，县君，杂五品官至三任与叙封，官当叙封者不复论阶爵。致仕同见任。亡母及亡祖母当封者并如之。"《宋史·卷一百七十·职官十》，中华书局，1985年，第4084、4085页。

[3]雅州名山县："成都府路。府一：成都。州十二：眉，蜀，彭，绵，汉，嘉，邛，简，黎，雅，茂，威。军二：永康，石泉。监一：仙井。县五十八。"《宋史·卷八十九·地理五》，中华书局，1985年，第2210页。"雅州，上，卢山郡，军事。……县五……名山，中。熙宁五年，省百丈县为镇入焉，元祐二年复。"《宋史·卷八十九·地理五》，中华书局，1985年，第2213页。【注】北宋为成都府路雅州隶下，今为四川省雅安市名山区。

[4]名山县尉：性质：职事官。职责："建隆三年，每县置尉一员，在主簿之下，奉赐并同。至和二年，开封、祥符两县各增置一员，掌阅羽弓手，戢奸禁暴。凡县不置簿，则尉兼之。"《宋史·卷一百六十七·职官七》，中华书局，1985年，第3978页。品秩：从九品。《宋史·卷一百六十八·职官八》，中华书局，1985年，第4017页。俸禄：月俸六千～十二千，等（县尉以所治县户籍量分等级享受俸禄，但《宋史》对各县辖治人口无详载，故具体数额不能确定）。《宋史·卷一百七十一·职官十一》，中华书局，1985年，第4109页。

[5]光禄寺丞：性质：职事官，属光禄寺。职责："光禄寺卿、少卿、丞、主簿各一人。卿掌祭祀、朝会、宴乡酒醴膳羞之事，修其储备而谨其出纳之政，少卿为之贰，丞参领之。"《宋史·卷一百六十四·职官四》，中华书局，1985年，第3891页。品秩：正八品。《宋史·卷一百六十八·职官八》，中华书局，1985年，第4016页。俸禄：月俸十二千，等。《宋史·卷一百七十一·职官十一》，中华书局，1985年，第4103页。

陕西省考古研究院田野考古报告　第 80 号

# 蓝田吕氏家族墓园

## （三）

陕 西 省 考 古 研 究 院
西安市文物保护考古研究院　编著
陕 西 历 史 博 物 馆

文物出版社

# Lü Family Graveyard in Lantian (III)

*by*

Shaanxi Provincial Institute of Archaeology

Xi'an  Institute of Archaeology and Cultural Relics Protection

Shaanxi History Museum

**Cultural Relics Press**

# 一三　吕大章墓（编号 M16）

## （一）位置与地层

该墓位于吕氏家族墓园北部墓葬群自南向北数第一排东侧第二位，东距 M14 为 2.90、西南距 M8 约 9.40、北距 M17 为 3.80 米。墓葬田野编号为蓝田吕氏 M16（图 5-368、369）。发掘时间 2009 年 4 月 7 日至 14 日，历时 8 天。

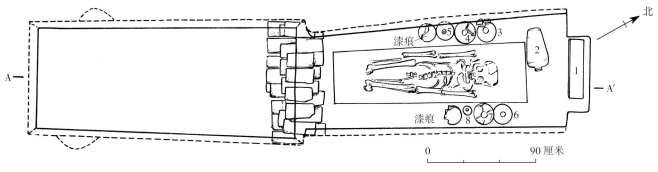

图 5-368　M16 平面图

墓葬所处地层剖面为（图 5-369；彩版 5-521）：

第①层：耕土层，厚约 0.30 米，色灰褐，质松散，内含大量植物根系、现代垃圾等。

第②层：扰土层，厚约 0.60 米，浅灰褐色，土质较硬，夹杂植物根茎、陶瓷片及料礓石块等。现墓道开口见于此层下。

第③层：古代堆积层，厚 0.70 米，浅黄褐色，质地坚硬密实，夹杂料礓石块、瓷片等。

第④层：黑褐色土层，厚 0.80 米，质地较硬，呈颗粒状，夹杂大量白色腐败植物根系、蜗牛壳等。

第⑤层：黄土层，厚度不详，质地松软，色泽灰黄，较纯净，含有少量料礓石块、蜗牛壳等。墓室开于该层顶面下 1.80~3.0 米处，墓道底与墓室底在同一水平面上。

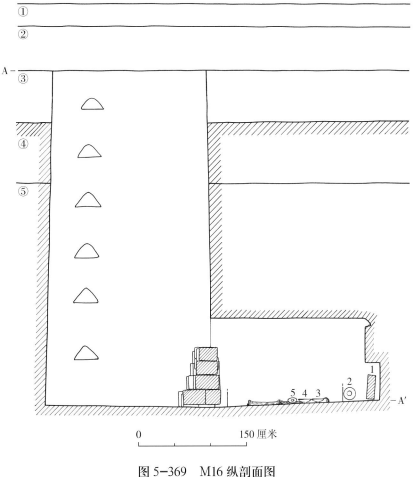

图 5-369　M16 纵剖面图

## （二）墓葬形制

墓葬坐东北向西南，方向 210°。由竖穴墓道、土坯封门、平面略呈南窄北宽长方形的单土洞墓室、壁龛 4 部分组合而成。水平总长 4.60、墓室底上距现地表 5.40 米，墓道现开口距地表 0.90 米（图 5-368、369；彩版 5-521）。

### 1. 墓道

位于墓葬南端，竖穴土圹式。开口处平面略呈南窄北宽长方形，南北长 2.10、南宽 0.80、北宽 0.94 米。四壁自开口至底稍斜向外扩，壁面虽经铲修仍显粗涩。底面平整，与墓室底面在同一平面上，北端与墓室连接，南北长 2.30、南宽 0.92、北宽 1.00 米，上距现墓道开口处 4.50 米。东、西两壁距南壁约 0.25~0.40 米处各设不对称踏窝一列，

彩版 5-521　M16 地层剖面

每列 6 个，顶部踏窝距墓道现开口 0.36、各踏窝纵向间距在 0.40~0.55 米，踏窝截面呈不规则三角形，面宽 0.36、高 0.20、进深 0.12 米左右。墓道内填充较疏松黄褐色五花土，未经夯筑（彩版 5-522）。

### 2. 封门

土坯封门置于墓道北壁下、嵌封在墓室入口处，因长期渗水浸泡，顶部已坍塌且与填土粘连难以剥离，现存 4 层，皆为土坯横卧错缝逐层收缩垒砌而成，残高 0.80、宽 1.00、厚 0.45~0.25 米，完整土坯长 0.32、宽 0.20、厚约 0.10 米（彩版 5-523）。

彩版 5-522　M16 墓道

### 3. 墓室

位于墓葬中部，南接墓道，北连壁龛。底面呈南窄北宽长方形，南北长2.16、南端宽0.84、北端宽1.00米。北壁基本竖直，上端中部有掏窝一个，面宽0.18、进深0.08、高0.10米；东、西两壁自下而上各内斜收0.05米，南端墓室入口处各窄于墓道底部北端0.10米，从而形成折棱一道，以示门道，故顶壁相交处墓室平面略显窄，南北长2.16、南端则宽0.74、北端宽0.90米，壁面原曾做修整，现局部已坍塌，东、西壁上部未见明显起拱高度。顶近平，顶、壁呈弧形相交。底面平坦、缓坡式，南端与墓道底等平，北端稍高，底面至顶为1.10~1.20米。室内填较松散黄褐色五花土及少量淤土（彩版5-524）。

### 4. 壁龛

置于墓室北壁下部正中，平面为横向长方形，东西长0.60、南北宽0.20、高0.50米，壁竖直、表面经修整，局部有坍塌。平顶，底面与墓室底面等平（彩版5-525）。

### （三）葬具葬式

M16为单棺单人葬，木质棺具已朽，灰迹呈暗红褐色，底部结构清晰，纵向放置于墓室中部略偏南处，平面呈北宽南窄长方形，南北长1.60、北宽0.50、南宽0.42、残高0.20米。

墓主骨架保存较差，为头北足南，仰身屈肢式，双臂平置腹侧，两大腿骨倒置摆放棺中，小腿骨叠压其下，不见脚骨，故推测该墓为二次迁葬。骨架长1.10、肩宽0.40米（彩版5-524）。

彩版5-523　M16封门

彩版5-524　M16墓室

彩版 5-525　M16 壁龛

（四）出土遗物

墓葬出土遗物共9件（组），1件漆器完全朽毁，无法提取，故现可见遗物8件（组），质地有瓷、石两种。器形有瓶、碗、托盏、墓志等。随葬品摆放位置大致分为二个区域：第一区为墓室东、西两壁下棺具外中部；第二区指壁龛内。

**1. 瓷器**

共7件（组）。器形为瓶、碗、托盏、盏。

（1）茶叶末釉盘口瓶　1件。

M16：2，出于棺外西北角。瓶底已断裂，修复完整。轮制成型。浅盘口，矮束颈，折肩，纺锤腹，矮圈足微外撇，足底面外侧由内向外斜削一圈。外壁施釉至腹下不及足，下腹及足露胎。茶绿色釉浓淡不匀。釉层薄厚不均。釉面干涩、半木光。露胎处表面呈浅灰白色，质较细，有空隙。素面，腹壁满布轮制旋痕，足底有粘痕。通高34.3、口沿径6.1、腹径17.7、足径12.9厘米（图5-370；彩版5-526）。

（2）青釉碗　4件。

M16：3、4、6、7，出于墓室东、西两壁下中部偏北处。轮制成型。4件形制、尺寸、胎质基本相同，釉色稍有区别。敞口，翻沿，尖唇，浅斜腹微弧，坦圜底，圈足，足内墙微外斜。内、外壁通施青釉，足底面刮釉露胎。釉层显薄。釉面光泽较亮，有气泡和棕眼。胎色灰白，胎质坚硬细密。外沿下饰弦纹一周。

M16：3，出于墓室西壁下中部偏北处。口、腹断裂为数块，粘接基本完整。青釉泛灰色，积釉处呈青绿色。器表密布网格状冰裂纹。足底露胎处呈土黄色。通高4.7、口沿径17.00、足径4.5厘米（图5-371，1；彩版5-527）。

M16：4，出于墓室西壁下中部偏北处。口、腹断裂，粘接基本完整。青釉泛灰色，积釉处略呈青绿色。器表密布网格状冰裂纹。足底露胎处呈土黄色。通高4.3、口沿径16.9、足径4.4厘米（图5-371，2；彩版5-528）。

0　　　　　　　15厘米

图 5-370　茶叶末釉盘口瓶 M16：2

彩版 5-526　茶叶末釉盘口瓶 M16：2

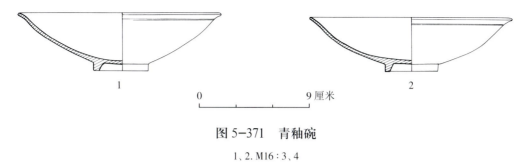

图 5-371　青釉碗

1、2. M16∶3、4

彩版 5-527　青釉碗 M16∶3

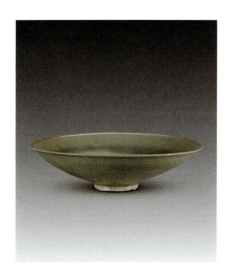

彩版 5-528　M16∶4 青釉碗

M16：6，出于墓室东壁下中部偏北处。口、腹断裂成数块，粘接基本完整。青釉泛灰色，积釉处稍呈青绿。器表密布网格状冰裂纹。足底露胎处呈土黄色。通高4.3、口沿径16.6、足径4.4厘米（图5-372，1；彩版5-529）。

M16：7，出于墓室东壁下中部偏北处。口沿处断裂，粘接修复完整。釉色青中泛绿。釉层较厚。外底为火石红色。通高4.3、口沿径16.5、足径5.3厘米（图5-372，2；彩版5-530）。

（3）青、黑釉配搭托盏 1组2件。

M16：5-1、-2，出于墓室西壁下中部。完整。轮制成型。由盏、托两部分组合而成。盏、托的圈足均稍有变形。

M16：5-1，青釉印花团菊纹盏，完整。侈口，圆唇，斜腹微弧，小圈足，足内墙稍外撇。内、外壁满施青釉，足底刮釉露胎。釉色较淡。釉面透亮，气泡密集，外底局部呈火石红色。露胎处呈土黄色。内腹壁及内底分别模印团菊纹，因器壁较薄内壁模印纹于外壁可见印迹，外沿下有弦纹一周，足内有粘砂。

M16：5-2，黑釉盏托，基本完整，沿有小磕。中空，微敛直口，圆唇，高弧颈，颈下出圆形托盘，盘为敞口，浅弧腹，下置高圈足，足沿略外撇。内、外满施黑釉，足底刮釉露胎。釉面透亮，多棕眼，有银灰色结晶斑，口沿均呈褐黄色。露胎处表面显灰白色。

通高10.6、盏高5.0、口沿径11.0、圈足径3.2、托高7.0、托口沿径5.5、托盘口沿径11.8、圈足径4.0厘米（图5-373；彩版5-531）。

（4）白釉六曲葵瓣盏 1件。

M16：8，出于墓室东壁下中部。完整。轮制成型。六曲葵瓣口微敞，直弧腹微内斜、下腹折收，腹壁亦为六曲葵瓣式与口沿相对应，平底，圈足，足内墙微外斜。器内壁施满釉，外壁施釉至足外墙，足底、足内露胎。釉色乳白。釉面透亮。白胎，坚硬致密，外底胎表呈淡土黄色。素面，外壁有修坯旋痕，内底有三个小支钉痕。通高4.5、口沿径9.00、足径3.3厘米（图5-374；彩版5-532）。

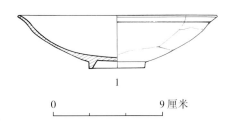
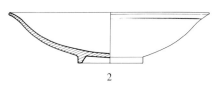

图5-372 青釉碗
1、2. M16：6、7

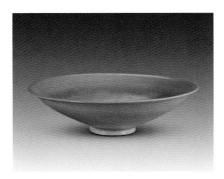

彩版5-529 青釉碗 M16：6

彩版5-530 青釉碗 M16：7

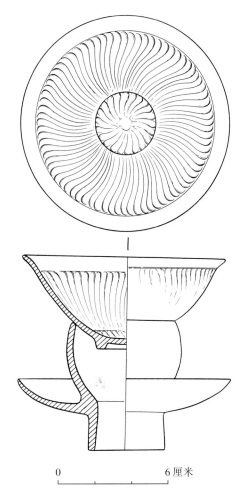

图5-373 青、黑釉配搭托盏 M16：5

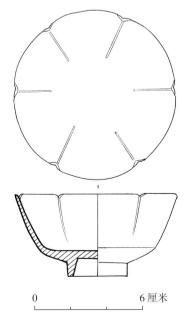

彩版 5-531　青、黑釉配搭托盏 M16∶5

图 5-374　白釉六曲葵瓣盏 M16∶8

0　　　　　6厘米

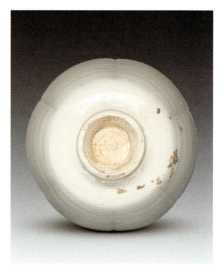

彩版 5-532 白釉六曲葵瓣盏 M16：8

### 2．漆器

共 2 件。

出于棺外、墓室东、西两壁下中部。圆形，似为盒，已朽，与泥土混淆，无法提取，漆皮呈暗红色，似为木质夹纻胎，现已成黑色（彩版 5-533）。

### 3．墓志

石墓志 1 方。属墓主吕大章所有。

（1）吕大章墓志 1 方。

编号 M16：1，出于壁龛内。青石制成，无盖。长方形，面及四立沿均抛光，志面周边阴刻双重细线纹框栏，其内楷书志文 20 行，满行 14 字，共计 229 字（附一）。长 46.0、宽 34.0、厚 9.5 厘米（图 5-375；彩版 5-534）。

附一 志铭录文：

宋故汲郡吕君墓誌銘并序 /

臨汝秦偉節撰 /

堂姪景山書 /

君諱大章字仲虁祕書省著作佐郎 /

諱英之仲子其族系見於著作府君 /

之誌銘君少而孤以質直勤儉自任 /

能攻苦食淡力治生事養親必有甘 /

旨而贍其族人亦不使不足以為親 /

彩版 5-533 M16 墓主棺外东、西侧漆器遗迹

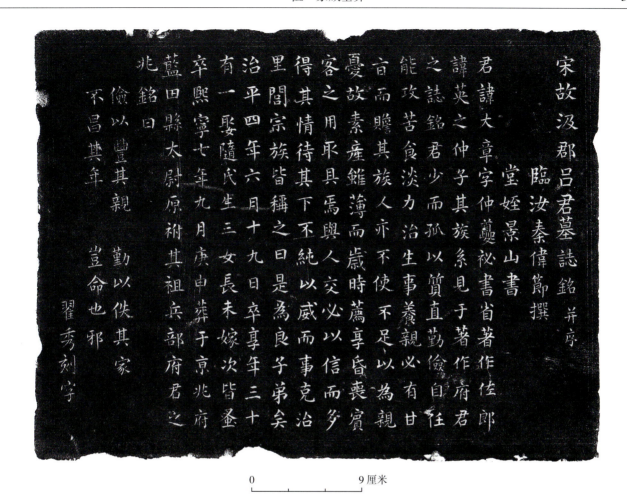

宋故汲郡吕君墓誌銘并序

臨汝秦偉節撰

堂姪景山書

君諱大章字仲夔祕書省著作佐郎

之誌銘君少而孤力治生事養親必有甘

能攻苦食淡而質直勤儉自任

謹英之仲子其族系見于著作府君

盲而贍給其族人亦不使不足以為親

憂故素産雖薄而歲時薦享昏喪賔

客之用取具焉與人交必以信而多

得其情待其下不純以威而事克治

里閭宗族皆稱之曰是為良子弟矣

治平四年六月十九日卒享年三十

有一娶隨氏生三女長未嫁次皆蚤

卒熙寧七年九月庚申葬于京兆府

藍田縣太尉原祔其祖兵部府君之

兆銘曰

儉以豊其親　勤以佚其家

不昌其年　　豈命也邪

翟秀刻字

图 5-375　吕大章墓志 M16：1 拓片

憂故素産雖薄而歲時薦享昏喪賔 /
客之用取具焉與人交必以信而多 /
得其情待其下不純以威而事克治 /
里閭宗族皆稱之曰是為良子弟矣 /
治平四年六月十九日卒享年三十 /
有一娶隨氏生三女長未嫁次皆蚤 /
卒熙寧七年九月庚申葬于京兆府 /
藍田縣太尉原祔其祖兵部府君之 /
兆銘曰 /
儉以豊其親　勤以佚其家 /
不昌其年　　豈命也邪 /
翟秀刻字 /

（2）吕大章墓志考释

志文句读：

彩版 5-534　吕大章墓志 M16：1

宋故汲郡[1]吕君墓志铭并序

　　临汝[2]秦伟节撰

　　堂侄景山书

　　君讳大章，字仲夔，秘书省著作佐郎[3]讳英之仲子。其族系见于著作府君之志铭。君少而孤，以质直勤俭自任，能攻苦食淡，力治生事，养亲必有甘旨，而赡其族人，亦不使不足以为亲忧。故素产虽薄，而岁时荐享、婚丧宾客之用取具焉。与人交，必以信，而多得其情。待其下，不纯以威，而事克治。里闾宗族皆称之曰：是为良子弟矣！

　　治平四年六月十九日卒，享年三十有一。娶随氏生三女，长未嫁，次皆早卒。熙宁七年九月庚申葬于京兆府蓝田县[4]太尉原，祔其祖兵部府君之兆。

　　铭曰：

　　俭以丰其亲，勤以佚其家。不昌其年，岂命也邪！

翟秀刻字。

　　吕大章为吕英次子，卒于宋英宗治平四年（1067年），享年三十一岁。无子，三女中仅存长女，其余早夭。世居河南郏县，亡后于宋神宗熙宁七年（1074年）迁葬于蓝田吕氏祖茔。所以部分骨骼摆放位置有误。

# 一四　吕蕡与方夫人合葬墓（编号M17）

## （一）位置与地层

　　该墓位于吕氏家族墓园北部墓葬群自南向北数第二排东侧第二位，东距M15为20.00、西距M9为9.80、北距M20为4.70米。墓葬田野编号为蓝田吕氏M17（图5-376、377）。发掘时间2009年4月18日至5月6日，历时19天。

　　墓葬所处地层剖面为（图5-377；彩版5-535）：

　　第①层：耕土层，厚0.30米，色灰褐，质松散，内含大量植物根系、现代砖、陶瓷碎片等。

　　第②层：扰土层，厚0.60米，浅灰褐色，土质较硬，杂植物根茎、陶瓷碎片、料礓石结核颗粒。M17墓道开口于该层下。

---

　　[1]汲郡："（河北）西路。府四：真定，中山，信德，庆源。州九：相，浚，怀，卫，洺，深，磁，祁，保。军六：天威，北平，安肃，永宁，广信，顺安。县六十五。"《宋史·卷八十六·地理二》，中华书局，1977年，第2126页。"卫州，望，汲郡，防御。"《宋史·卷八十六·地理二》，中华书局，1977年，第2128页。【注】北宋属河北西路隶下卫州，今为河南省卫辉市一带。

　　[2]临汝："（京西）北路。府四：河南，颍昌，淮宁，顺昌。州五：郑，滑，孟，蔡，汝。"《宋史·卷八十五·地理一》，中华书局，1977年，第2114页。"汝州，辅，临汝郡，陆海军节度。本防御州。"《宋史》卷八十五，《地理一》，中华书局，1977年，第2117页。【注】北宋属京西北路隶下，今在河南省汝州市附近。

　　[3]秘书省著作佐郎：性质：职事官。职责："秘书省监少监丞各一人，其属有五：著作郎一人，著作佐郎二人，掌修纂日历。"《宋史·卷一百六十五·职官五》，中华书局，1977年，第3873页。品秩：正八品。《宋史·卷一百六十八·职官八》，中华书局，1977年，第4016页。俸禄：月俸十七千；春冬绢各六匹，冬绵各二十两（《宋史·卷一百七十一·职官十一》，中华书局，1977年，第4103页。

　　[4]京兆府蓝田县："永兴军路。府二：京兆，河中。……京兆府，京兆郡，永兴军节度。本次府，大观元年升大都督府。旧领永兴路安抚使。宣和二年，诏永兴军守臣等衔不用军额，称京兆府。……县十三：……蓝田，次畿。"《宋史》卷八十七，《地理三》，中华书局，1977年，第2144页。【注】北宋属永兴军路京兆府隶下，今为陕西省蓝田县。

第③层：古代堆积层，厚 0.60 米，呈浅灰黄色，质地坚硬密实，内夹少量碎陶片及料礓石颗粒。

第④层：黑褐色土层，厚 0.80 米，质地较硬，呈颗粒状，夹杂大量白色腐植根系、蜗牛壳等。

第⑤层：黄土层，厚 3.20 米，质地松软较纯净，底部含少量料礓石块。

第⑥层：红褐色土层，厚 0.80 米，土质坚硬，内有大量料礓石块。

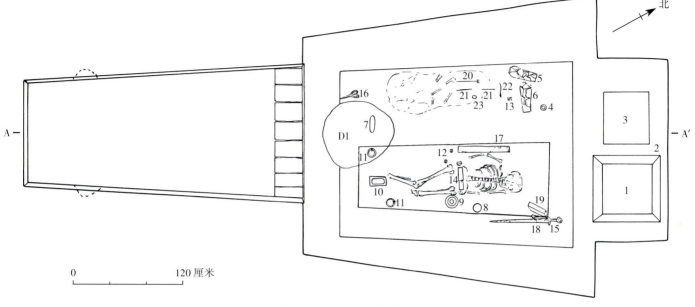

图 5-376　M17 平面图

彩版 5-535　M17 墓葬

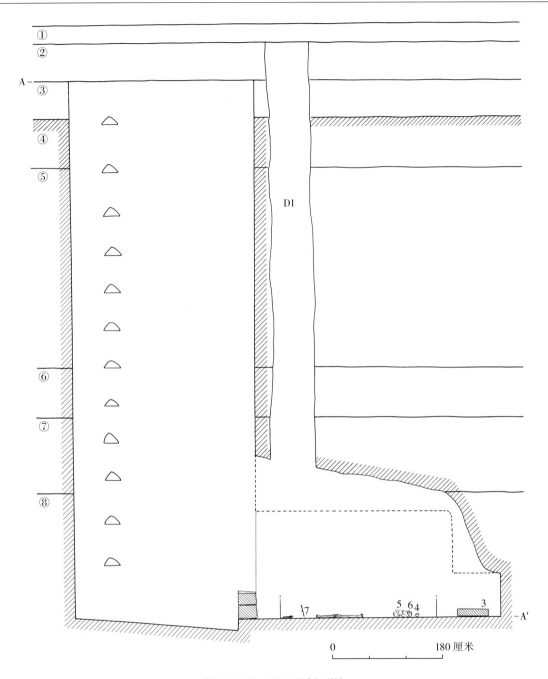

图 5-377　M17 纵剖面图

第⑦层：淡黄土层，厚 1.20 米，土质松软纯净，少见包含物。

第⑧层：褐色土层，厚度不清，质地坚硬细密，颗粒状，内夹杂少量白色钙化物质。墓道底位于该层顶面下 2.20 米处，墓室底在此层顶面下 2.00 米处。

### （二）墓葬形制

墓葬坐东北向西南，方向 210°。平面呈南北向"中"字形，由竖穴墓道、土坯封门、南窄北宽长方形单土洞墓室、壁龛 4 部分组合而成。水平总长 7.00、墓室底上距现地表 9.50 米，墓道现开口距地表 0.90 米（图 5-376、377；彩版 5-535）。

### 1. 墓道

墓道位于墓葬南端，竖穴土圹式。平面呈南窄北宽长方形，开口处南北长 3.06、南宽 1.14、北宽 1.50 米。四壁自开口至底稍有收分，形成口大底略小状，壁面经铲修。底面平整，南高北渐低至距墓室 0.30 米处起台 0.20 米与墓室底面等平，南北长 3.00、南宽 1.05、北宽 1.40 米，墓道底上距开口 8.60~8.80 米，北端与墓室连接。东、西两壁距南壁约 0.50 米处各设对称踏窝一列 12 个，顶端踏窝上距墓道开口 0.56、各踏窝纵向间距 0.45~0.65 米，踏窝截面呈不规则三角形，宽 0.30、高 0.16、进深 0.14 米左右。墓道内填充较疏松黄褐色五花土，未经夯筑（彩版 5-536）。

彩版 5-536   M17 墓道

### 2. 封门

土坯封门位居墓道北壁下、封堵于墓室入口外，因长期渗水浸泡，已坍塌并与填土粘连，难以剥离。现残存墙体由并列横卧土坯叠置 2 层而成，残高 0.42、宽 1.40、厚 0.32 米，每层用土坯约 8 块，完整土坯长 30.0、宽 22.0、厚约 18.0 厘米（彩版 5-537）。

### 3. 墓室

位于墓葬中部，南接墓道，北连壁龛。平面呈南窄北宽长方梯形，南北长 3.20、南宽 2.32、北宽 3.22 米。四壁基本竖直，无明显起拱高度，壁面虽经修整仍显粗涩，现大部分已坍塌，近底处尚完整，现残高 1.60 米。顶面因盗扰破坏及进水冲泡已全部塌毁，形制不明。底面平坦，与墓道北端底面等平。墓室高度因顶的不存而无法确知。墓室内填充较松散黄褐色五花土及大量淤土（彩版 5-538）。

### 4. 壁龛

位于墓室北壁下部正中，平面为横长方形，东西长 1.95、南北宽 0.80、高 0.70 米。龛壁基本竖直，略加修整。顶绝大部分坍塌，就残留部分推测应为平顶。底面平整，与墓室底在同一平面上（彩版 5-538）。

### （三）葬具葬式

该墓为一椁两棺双人同穴同椁分棺合葬墓，木质棺椁已朽，遗迹呈灰黑色，底部结构清晰。木椁纵向置于室内中部，平面呈北宽南窄梯形，南北长 2.54、北宽 2.00、

彩版 5-537   M17 封门

**彩版 5-538　M17 墓室及壁龛**

南宽 1.75、残高 0.30 米。椁内两棺南北向并列摆放，东棺虽朽但结构尚清，痕迹呈灰黑色，平面为北宽南窄长方形，南北长 2.08、北宽 0.80、南宽 0.64 米，原高度不详，棺内曾铺垫草木灰，现仍可见灰白色遗迹。西棺灰迹呈黑褐色，紧贴椁西壁放置，因盗扰底部结构及尺寸均失。

东棺主人骨架保存较完整，头北足南仰身屈肢式，面向上，身体微侧向东，右臂稍弯曲，左臂平置腹侧，腿略曲膝向东，脚骨不见。身长 1.50、肩宽 0.38 米，从骨骼特征判断，为一成年男性。

西棺主人骨架保存极差，仅有少量黑色残骨及朽毁骨末，葬式不详，迁葬痕迹明显。据骨骸周围出土的女性用品并对照随葬墓志推断，应为女性，为男主人的正妻（彩版 5-538）。

### （四）盗洞

M17 顶部发现盗洞一处，编号 D1。D1 位于墓室入口处顶上，开口于①层下，呈不规则圆形，直径约 0.78 米，纵向垂直而下，由已坍塌的墓室顶部进入，将墓内严重扰动。盗洞内填松散五花土。从其开口层位及形制、填土分析，D1 应属近现代盗洞。

### （五）出土遗物

共出土遗物 24 件（组），质地有瓷、陶、铜、铁、木、石、骨六类。器形有瓶、托盏、砚、镜、簪、钗、耳坠、带扣、器柄、饰件、钱币、剑、剪、棺环、笏板、墓志等。随葬品摆放位置大致可分为三个区域：第一区为东棺内；第二区是西部墓主骨骸周围；第三区指壁龛内。

### 1. 瓷器

共4件（组）。器形为瓶、托盏、壶盖。

（1）茶叶末釉盘口瓶　2件。

M17：5、6，均出于椁内西北角。均残成碎片，粘接修复基本完整，器身有多处小缺片。轮制成型。2件形制、尺寸、釉色、胎质相近。浅盘口，矮束颈，方折肩，纺锤腹，饼足微外撇，足底外侧由内向外斜削一圈。器内壁施满釉，外壁施釉至腹下不及足，其下露胎。釉面干涩。灰胎，胎质较细，内含黑色小麻点。

M17：5，釉呈茶褐色。釉面半木光。素面，腹壁有轮制旋痕。通高28.7、口沿径5.7、腹径12.6、足径8.5厘米（图5-378，1；彩版5-539）。

M17：6，釉呈茶绿色，釉层较薄，釉面灰暗，上有黑色斑点，外腹壁隐约可见四圈半失釉浅色印痕。修坯不精，瓶口不很圆。肩腹相交处有弦纹一周。通高29.0、口沿径5.9、腹径12.3、足径8.7厘米（图5-378，2；彩版5-540）。

（2）白釉台盏　1组2件。

M17：9-1、-2，由盏及托两部分组合而成，出于东侧棺内中部偏东。轮制成型。盏破碎后修复完整，托保存完好。

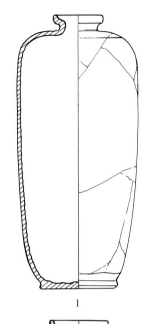
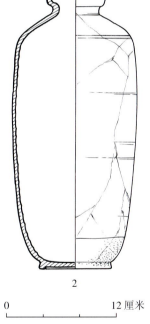

图 5-378　茶叶末釉盘口瓶
1、2. M17：5、6

彩版 5-539　茶叶末釉盘口瓶 M17：5

彩版 5-540　茶叶末釉盘口瓶 M17：6

M17：9-1，盏，口、腹断裂呈数块，口部有缺片一处，粘接修复完整。六曲葵瓣式敞口，尖圆唇，弧腹下部内收，腹壁仍呈六曲葵瓣状与口沿相对应，平底，圈足。器内壁施满釉，外壁施釉至足外墙，足底及足内露胎。白色釉微泛灰。釉面匀净而光亮。露胎处表面呈淡土黄色。素面，内底有小支钉痕三个。

M17：9-2，盏托，完整。托呈倒置小盅状，平顶周边出方唇高沿一周，以套承盏底，高直颈外斜，下出圆形托盘，敞口，宽折沿，沿面稍下凹、沿边呈六曲葵瓣形，浅弧腹，喇叭形高圈足上小下大、足根微上卷。内、外壁通施乳白色釉，芒口，足底有刮釉痕。釉面亮净。托台壁面饰等距镂空火焰状图案三个、下出凸棱一周, 圈足壁亦饰透雕火焰状图案三个、中下部置凸棱四周, 足底有细砂粘痕。

　　通高 10.8、盏高 4.4、口沿径 9.2、足径 3.4、托高 6.8、托台沿径 4.6、盘沿径 12.9、足高 2.8、足底沿径 8.3 厘米（图 5-379, 1; 彩版 5-541）。

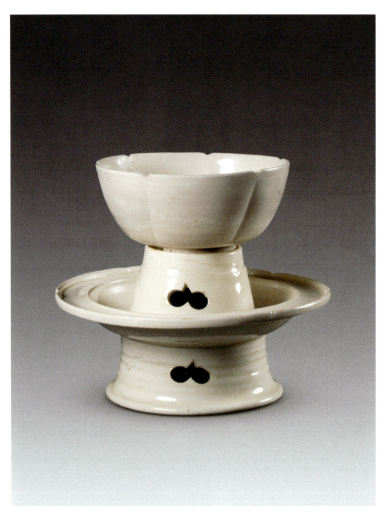

**彩版 5-541　白釉台盏 M17：9**

（3）青釉壶盖　1件。

M17：4，出于椁内西北角。盖纽残缺。轮制成型。顶中置纽、现已残失形制不明，面隆起出筋六条呈六瓣花状、沿边微外撇，下为子口。盖面下部穿小孔2个，原应系绳与壶柄相连。外壁通施青绿釉，出筋上釉层薄而色泽泛白，积釉处则显深绿色，内壁薄施酱黄釉，子口刮釉露胎。胎色灰白，胎质坚硬细密。残高2.9、口沿径6.0、子口径4.4厘米（图5-379，2；彩版5-542）。

### 2. 陶器

仅1件砚。

风字形砚　1件。

M17：10，出于东侧棺内南端。完整。模制成器。泥质灰陶。形制前宽后窄、似"风"字而得名。砚堂呈椭圆形，外为宽平沿边，前部墨堂微隆、其后墨池斜倾，外底部立沿斜向内敛，底面呈"一"形。通体素面，器表抛光。高3.3、面长17.4、前宽11.2、后宽9.8、底长14.6、前宽8.7、后宽8.1厘米（图5-380；彩版5-543）。

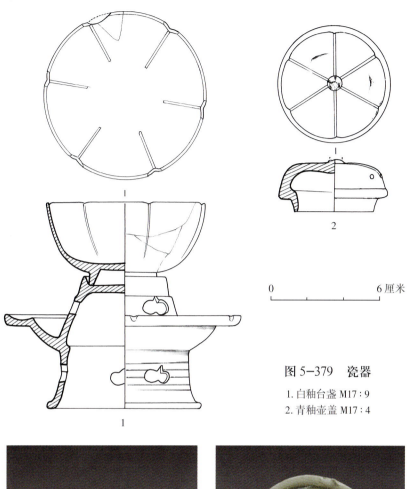

0　　　　　　6厘米

图5-379　瓷器
1. 白釉台盏 M17：9
2. 青釉壶盖 M17：4

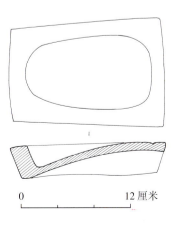

0　　　　　12厘米

图5-380　风字形砚 M17：10

彩版5-542　青釉壶盖 M17：4

彩版5-543　风字形砚 M17：10

### 3. 铜器

共 8 件（组）。器形有镜、簪、耳坠、带扣、器柄、饰件等。

（1）龙虎纹镜　1 面。

M17：8，出于墓室东棺内东边沿偏北处。完整，镜面有锈。铸造磨制成形。面微凸，镜背正中为半球形纽，宽沿凸起，沿面内向斜刹。镜背纹饰分内、外两区布置，内区半浮雕龙虎纹，以云气纹衬底；外区为铭文带，在两周弦纹间铸阳文隶书 35 字。顺时针旋读（见附一），沿下置短竖线纹一周，沿上饰双线水波纹、弦纹、栉齿纹各一周。直径 11.2、沿厚 0.5、纽径 1.9 厘米（图5-381；彩版 5-544）。

附一　镜背铭刻录文：

青盖作镜四夷服多贺国家人民息胡虏殄灭天下顺风雨时节五谷朗长保二亲得天下

镜背铭文句读为：

青盖作镜四夷服，多贺国家人民息，胡虏殄灭天下顺，风雨时节五谷朗，长保二亲得天下。

该镜与 M15 马氏夫人墓中所出铜镜 M15：8 完全相同，应为一对。

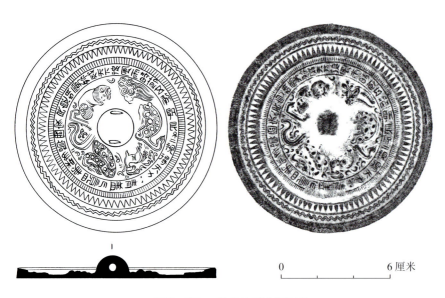

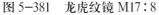
0　　　　　　6 厘米

图 5-381　龙虎纹镜 M17：8

彩版 5-544　龙虎纹镜 M17：8

（2）素面圆镜　1 面。

M17：7，出于盗洞底部偏北处。完整。铸造磨制成形。镜面平滑光亮，镜背置半球形纽，其外光素无纹，素宽沿微弧外斜。直径 18.5、沿厚 0.2、纽径 1.7 厘米（图 5-382；彩版 5-545）。

（3）簪　2 件。

M17：20、21，出于西侧棺内北部墓主头骨周围。均已残断，有锈蚀。捶揲成形。

M17：20，簪帽与簪身断离，粘接基本完整，簪尖缺失。帽呈花蕾状，下为花萼一周，顶中为凸起花蕊，周围为抱合式花瓣，底端有插孔与簪体连接。簪体制成细柱状，横截面呈圆形，尖残缺。原通体鎏金，现大部分脱落。残通长 17.0、帽径 1.1 厘米（图 5-383，1；彩版 5-546）。

M17：21，簪帽已失，簪身断为 4 截，细柱状，截面为圆形，末端稍扁而圆钝。残长约 21.0 厘米（图5-383，2）。

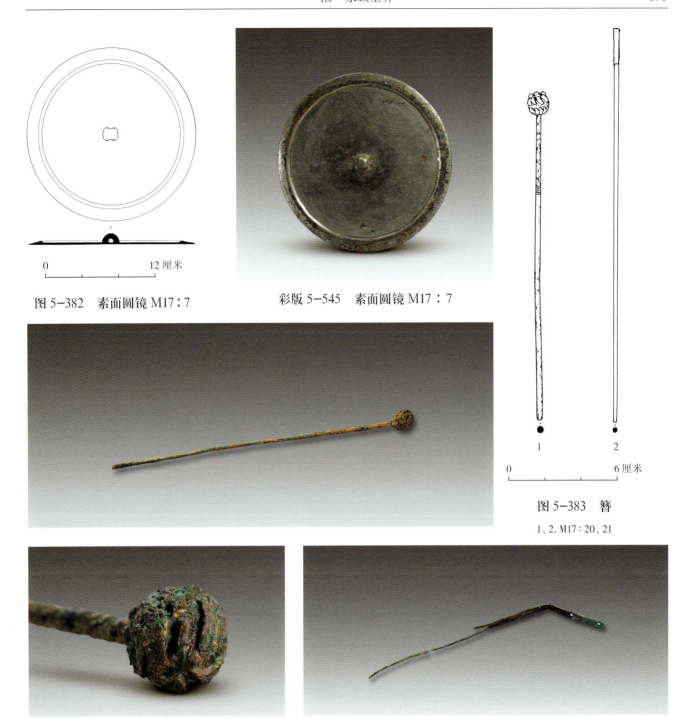

图 5-382 素面圆镜 M17：7

彩版 5-545 素面圆镜 M17：7

图 5-383 簪
1、2. M17：20、21

彩版 5-546 簪 M17：20

彩版 5-547 钗 M17：22-1

（4）钗 1组3件。

M17：22-1、-2、-3，均出于西侧棺内北部墓主头骨周围。均残断、部分缺失。捶揲成形。3件形制基本相同。

M17：22-1，一侧钗股多残失，另侧断为两截，尖端已失。钗头捶揲为首端呈圆角窄长方形片状，现已向上弯折120°，推测为外力作用变形所至，并非原状，其上钻两孔。两钗股细长、截面近圆形，由上至下渐叉开并略有弯弧。残通长12.5、钗头宽0.5厘米（图5-384，1；彩版5-547）。

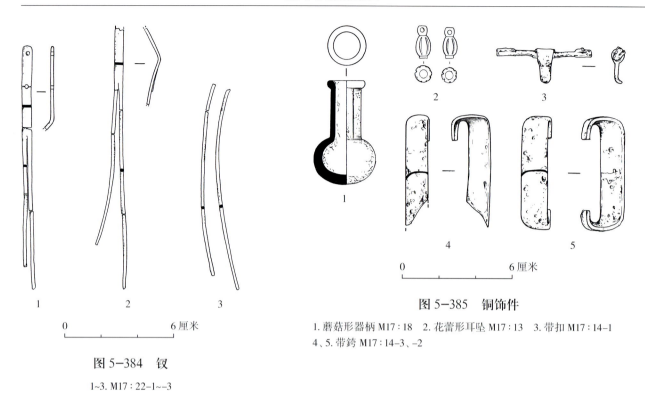

图 5-384　钗

1~3. M17：22-1~-3

图 5-385　铜饰件

1. 蘑菇形器柄 M17：18　2. 花蕾形耳坠 M17：13　3. 带扣 M17：14-1
4、5. 带銙 M17：14-3、-2

M17：22-2，前部缺失，双股均断为两截，粘接后完整。钗头仍为窄长方形片状，并上弯翘起，前部于钻孔处断失。两钗股细长，截面扁圆形，由上至下渐叉开并略有弯弧，末端圆钝。残通长约 13.3、钗头宽 0.4 厘米（图 5-384，2）。

M17：22-3，钗头完全缺损，两段残钗股为细长稍显弯弧的扁条状，末端圆钝。钗股残长 10.8 厘米（图 5-384，3）。

由钗头上小孔知，原孔内应插有饰件，现完全缺失，形制、质地不明，但并非铜质似可确定。

（5）蘑菇形器柄　1 件。

M17：18，出于椁内东北角。完整，局部有锈蚀。铸造成形。形制似蘑菇状，顶端制成扁球形，中空，下置上细下粗八棱管状柄，柄口加厚出棱一周。通体素面，扁球形手柄下部有锈蚀小穿孔一。通长 5.4、球径 3.4×2.4、柄长 3.0、柄口径 1.6 厘米（图 5-385，1；彩版 5-548）。

彩版 5-548　蘑菇形器柄 M17：18

彩版 5-549　花蕾形耳坠 M17：13

（6）花蕾形耳坠　1 对 2 枚。

M17：13-1、-2，出于西侧棺内北部墓主头骨周围。完整。铸造成形。2 枚形制、尺寸相同。八瓣花蕾形，顶心有凸出圆形蕊，萼制成片状孔鼻，以穿系悬垂。长 1.6、最大径 0.8 厘米（图5-385，2；彩版 5-549）。

（7）带饰　1 组多件。

M17：14-1~3、M17：24。均出于东棺内墓主腹部。均残碎严重，其中形制尚存者 4 件，分别为带扣 2 件、带銙 2 件。

带扣：2 件。M17：14-1、M17：24。

M17：14-1，仅存舌形扣针与横插轴。均完整，锈蚀严重。长 5.1 厘米（图 5-385，3）。

M17：24，仅余带扣的一部分，舌形带针缺失，横轴仍插于带扣前端沿两套管内，原鎏金，现绝大部分脱落。长 5.4 厘米。

带銙：2 件。M17：14-2、3，形制、尺寸相同，扁条形铜片两端曲折而成，形似"⌐"状，外面光素无纹，内面有横向对称凸起细小管状插孔一双。

M17：14-3，断裂，可拼接完整，锈蚀。长 6.0、宽 1.2 厘米（图5-385，4；彩版 5-550）。

彩版 5-550　带銙 M17：14-3

M17：14-2，一端缺失，形制同上。残长 5.9、宽 1.4 厘米（图 5-385，5）。

其余残件约 10 余枚，皆属带首正、背面碎片，有鎏金，既无法复原、亦不能区分所属部位、个体，故不详述。其背面有附着物，现已提取标本，与带饰残片取样一并检测，详见本报告柒第三章。

### 4. 铜钱

共 19 枚。均散置于椁及两棺内。2 枚残碎，完整、可辨字迹者 17 枚。M17：12-1~17，浇铸成形。种类有开元通宝、淳化元宝、至道元宝、景德元宝、天禧通宝、天圣元宝、景祐元宝、皇宋通宝、治平元宝、熙宁元宝。

（1）开元通宝　3 枚。

品相佳，因形制及背面纹饰的不同分为三型。

A 型：1 件。M17：12-1，钱体较小，正、背两面内、外廓窄而凸出，穿孔方正。正面楷书钱文对读，字体大、笔画纤细。背面光素无纹。钱径 2.35、穿边长 0.65 厘米，重 3.45 克（图 5-386，1）。

B 型：1 件。M17：12-2，钱体较大，正、背两面外廓宽而凸出，穿孔较大。正面楷书钱文对读，字体大、笔画纤细。背

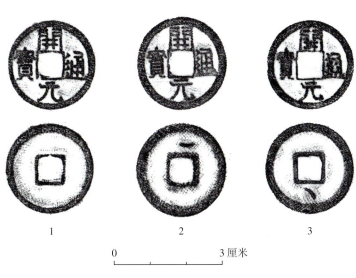

图 5-386　铜钱拓片

1~3. 开元通宝 M17：12-1~-3

彩版 5-551　铜钱 M17:12-2、-3（正、背）

面饰仰月纹一。钱径 2.45、穿边长 0.65 厘米，重 3.8 克（图 5-386，2；彩版 5-551，1）。

　　C 型：1 件。M17:12-3，钱体规格同 A 型，楷书钱文笔画粗而稍显模糊。背面有偃月纹一。钱径 2.4、穿边长 0.7 厘米，重 3.3 克（图 5-386，3；彩版 5-551，2、3）。

　　（2）淳化元宝　1 枚。

　　M17:12-5，钱体较薄，品相佳，正面外廓宽而凸出，穿孔小，楷书钱文顺时针旋读，字体小而清晰，笔画较细。背面光素无纹，外廓宽而低平。钱径 2.4、穿边长 0.5 厘米，重 3.7 克（图 5-387，1；彩版 5-552，1）。

　　（3）至道元宝　1 枚。

　　M17:12-6，钱体较薄，面上有残孔，品相较佳，正面外廓宽而凸出，穿孔小而方正，草书钱文顺时针旋读，字体小而笔画粗。背面光素无纹，外廓宽而凸出。钱径 2.4、穿边长 0.55 厘米，重 3.0 克（图 5-387，2；彩版 5-552，2）。

　　（4）景德元宝　1 枚。

　　M17:12-7，品相佳，正、背两面外廓宽而凸出，穿孔小且方正。正面楷书钱文顺时针旋读，字体较小，笔画细而清晰。背面光素无纹。钱径 2.45、穿边长 0.55 厘米，重 3.8 克（图 5-387，3；彩版 5-552，3）。

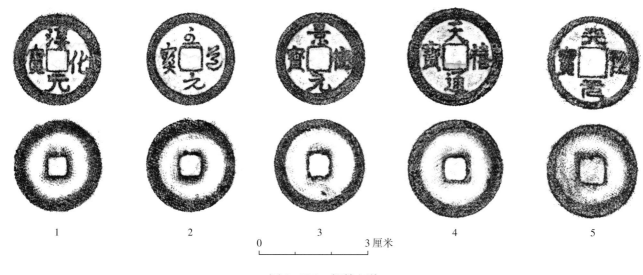

图 5-387　铜钱拓片

1. 淳化元宝 M17:12-5　2. 至道元宝 M17:12-6　3. 景德元宝 M17:12-7　4. 天禧通宝 M17:12-8　5. 天圣元宝 M17:12-10

彩版 5-552　铜钱 M17：12-5、-6、-7、-8

（5）天禧通宝　2枚。

钱体厚重，品相较佳，正、背两面外廓宽而凸出，穿孔较小不方正。正面楷书钱文顺时针旋读，字体小而清晰，笔画较粗。背面光素无纹。钱径2.6、穿边长0.55厘米，重4.6克。标本 M17：12-8（图5-387，4；彩版5-552，4）。

（6）天圣元宝　1枚。

M17：12-10，钱体规范，品相较好，正面内、外廓窄而凸出，穿孔大，篆书钱文顺时针旋读，字体大而模糊，笔画粗。背面光素无纹，外廓宽而低平，稍有错范。钱径2.5、穿边长0.7厘米，重3.4克（图5-387，5）。

（7）景祐元宝　3枚。

钱文有篆、楷两种书体，分两型。

A型：篆书1枚。M17：12-11，钱体薄，品相较佳，正面内、外廓宽而凸出，穿孔大，篆书钱文顺时针旋读，字体大而模糊，笔画纤细。背面光素无纹，外廓宽而低平。钱径2.5、穿边长0.7厘米，重3.3克（图5-388，1；彩版5-553，1）。

B型：楷书2枚。品相较佳，正、背两面外廓较宽而凸出，穿孔大而方正。正面楷书钱文顺时针旋读，字体小而清晰，笔画较粗。背面光素无纹。钱径2.5、穿边长0.7厘米，重3.2克。标本

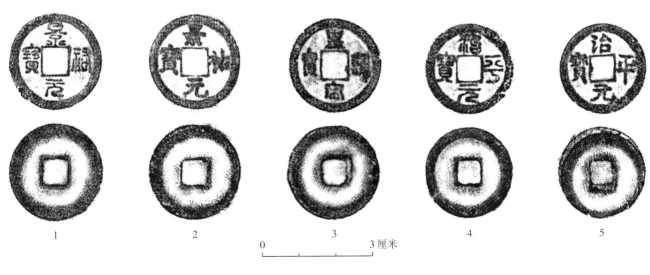

1　　　　　　2　　　　　　3　　　　　　4　　　　　　5

0　　　　　3厘米

图 5-388　铜钱拓片

1、2. 景祐元宝 M17：12-11、-12　3. 皇宋通宝 M17：12-4　4、5. 治平元宝 M17：12-14、-15

彩版 5-553　　铜钱 M17∶12-11、-12、-4、-16

M17∶12-12（图 5-388，2；彩版 5-553，2）。

（8）皇宋通宝　1枚。

M17∶12-4，品相较差。穿孔大而方正，正面外廓宽而凸出，篆书钱文对读，字体较小，笔画纤细模糊。背面光素无纹，外廓低平稍有错范。钱径 2.5、穿边长 0.65 厘米，重 3.25 克（图 5-388，3；彩版 5-553，3）。

（9）治平元宝　2枚。

钱文有篆、行两种书体，分两型。

A 型：篆书 1 枚。M17∶12-14，品相较差，正面外廓宽而凸出，穿孔较大，篆书钱文顺时针旋读，字体大而清晰，笔画较细。背面光素无纹，外廓宽而凸出。钱径 2.4、穿边长 0.65 厘米，重 3.0 克（图 5-388，4）。

B 型：楷书 1 枚。M17∶12-15，品相较佳，正、背两面外廓宽而凸出，穿孔较小。正面楷书钱文顺时针旋读，字体大而清晰，笔画粗。背面光素无纹，外廓宽而低平，稍有错范。钱径 2.4、穿边长 0.6 厘米，重 3.2 克（图 5-388，5）。

（10）熙宁元宝　2枚。

钱文有篆、楷两种书体，分两型。

A 型：篆书 1 枚。M17∶12-16，品相较差，钱体小而轻薄，面上有小孔一处，穿孔较大、方正。正面外廓窄而低平，篆书钱文顺时针旋读，字体大而模糊，笔画纤细。背面光素无纹，外廓宽而低平。钱径 2.3、穿边长 0.55 厘米，重 3.5 克（图 5-389，1；彩版 5-553，4）。

B 型：楷书 1 枚。M17∶12-17，钱体轻薄，品相较差，正面外廓窄而凸出，穿孔显大，楷书钱文顺时针旋读，字体小而模糊，笔画较粗。背面光素无纹，外廓宽而低平。钱径 2.4、穿边长 0.7 厘米，重 3.6 克（图 5-389，2）。

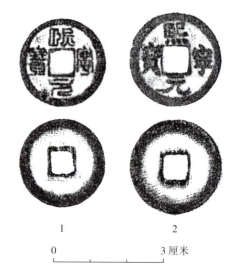

1　　　　　　2

0　　　　　　　　　　3 厘米

图 5-389　铜钱拓片
1、2. 熙宁元宝 M17∶12-16、-17

5．铁器

共 4 件（组）。器形有剑、剪刀、棺环、小环。

（1）铁剑　1件。

M17：15，出于椁内东北角。柄、尖均残断，锈蚀严重，经除锈保护。铸造成形。剑身正、背两面均出脊，横剖面呈扁菱形，双边启刃，剑尖缺失。剑格为圆角弧边窄长方形。残存剑柄芯为质柱状，仅剩与格相连的一段，外套木柄已朽。剑原插于木鞘中，现鞘朽毁，剑面附着大量朽木纹理。通体素面。残通长67.5、剑残长62.0、宽3.7~4.5、格长7.3、最宽处2.7、厚0.7、柄残长4.8、直径2.7×3.0厘米（图5-390；彩版5-554）。

0　　　　　　　　　15厘米

图5-390　铁剑 M17：15

彩版5-554　铁剑 M17：15

（2）剪刀　1件。

M17：16，出于墓室西南角。柄部断裂、部分缺失，锈蚀严重。铸造成形。剪柄由扁圆细铁条曲折成"8"字形交口，两刀面上窄下宽略呈三角形，内面启刃。通长19.7、刀长8.0、最宽处2.2厘米（图5-391；彩版5-555）。

（3）棺环　1组4件。

M17：11-1~4，出于东侧棺四角。锈蚀严重，鸭嘴钉均已残断。铸造成形。4件形制、尺寸相同。环体粗壮，截面呈四边形，钉后端似鸭嘴钳于环上，前部钉体厚而长，端头尖利插于棺木中，现前部均断失。

M17：11-1，鸭嘴钉前部大部分缺失。环径10.0、环厚1.3、鸭嘴钉残长4.5厘米（图5-392，1）。

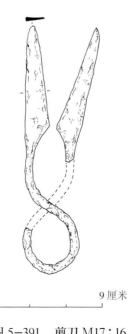

0　　　　　　　　9厘米

图5-391　剪刀 M17：16

彩版5-555　剪刀 M17：16

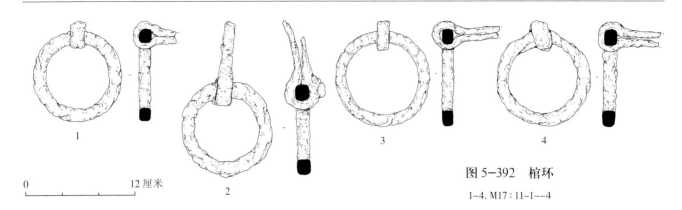

图 5-392　棺环

1~4. M17：11-1~-4

M17：11-2，鸭嘴钉大部分尚存，上、下唇微张，嘴尖断失。环径 10.0、环厚 1.2、鸭嘴钉残长 8.6 厘米（图 5-392，2）。

M17：11-3，鸭嘴钉体仅余部分，尖部缺失。环径 10.4、环厚 1.2、鸭嘴钉残长 7.4 厘米（图 5-392，3）。

M17：11-4，鸭嘴钉体残留部分，尖部缺失。环径 10.0、环厚 1.5、鸭嘴钉残长 6.8 厘米（图 5-392，4）。

（4）小环　1件。

M17：23，出于西侧棺内中部。锈蚀严重，有残断缺失。捶揲成形。细铁条曲折而成，横截面呈扁圆形。环径 2.8、环厚 0.5 厘米（图 5-393）。

图 5-393　小环 M17：23

图 5-394　象牙笏板 M17：17

### 6. 骨器

仅 1 件，为笏板。

象牙笏板　1件。

编号 M17：17，出土于墓室东棺内人骨右臂之旁。保存状况甚差，开裂严重，经室内保护后形制可见，但只能依附于原出土地点提取的黄土衬底之上。窄长方体，制作规整，表面光滑，未见字迹。从出土位置分析，属墓主生前重视之物，也是其官宦身份的象征。长 58.0、宽 11.3、厚 0.5 厘米（图 5-394；彩版 5-556）。

彩版 5-556　象牙笏板 M17：17

检测笏板为象牙质地，详见本报告柒第三章。

### 7. 木器

仅 1 件。

编号 M17：19，出于东棺内东北角。残断严重。现为窄长方形片状，两端齐整方正，面微拱、光滑、底朽坏、可见木质纹理。原器形制不明。面部以纯银锤镍成半浮雕式双鱼纹 3 组，等距离卯接其上为装饰，现存 2 组，其 1 保存完整，双鱼相对而卧，稍张口，略摆尾，鳞、鳍刻画细致，形态逼真生动。长 12.9、宽 3.0、厚 1.0、鱼长 3.8 厘米（图 5-395，1；彩版 5-557）。

另有残银饰件若干，甚碎不得复原，均为鱼形，应属该物上的装饰（图 5-395，2；彩版 5-557）。

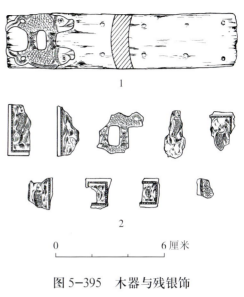

图 5-395　木器与残银饰

1. M17：19　2. 残银饰

彩版 5-557　木器 M17：19

### 8. 墓志

共 2 合（方）石墓志。

（1）吕蕡墓志　1 合。

M17：1、2，出于壁龛内东侧。完整。分别由盖、志两部分组成。青石质地，面上抛光（彩版 5-558）。

M17：1，志盖，方形，盝顶，立沿显薄，四刹较宽。顶面周边饰包含于双重阴线纹中的二方

**彩版 5-558　吕贲墓志 M17：1、2**

0　　　　　　　　　　18厘米

**图 5-396　吕贲墓志盖 M17：1 拓片**

连续波浪状缠枝蔓草框栏，框内刻划方格纵横各 4 行，格中阴刻篆书铭文 4 行 16 字（见附二）。四刹面光素无装饰。顶面边长 56.5、盖厚 15.5、刹宽 12.5、下沿边长 73.0 厘米（图 5-396；彩版 5-558）。

M17：2，志石，方形，面上楷书铭文 39 行，满行 39 字，共计 1413 字（见附三）。行文中，见"上、今上、朝廷、诏、敕、英庙"等字、词前空二格；"大王、王父、父、母、公"等先祖尊号前空一格。周边仍饰包含于双重阴线纹中的二方连续波浪状缠枝蔓草框栏。四立沿素面无纹。边长 74.0、厚 19.0 厘米（图 5-397、398；彩版 5-558）。

附二　盖铭录文：

宋故尚书 / 比部郎中 / 汲郡吕府 / 君墓誌銘 /

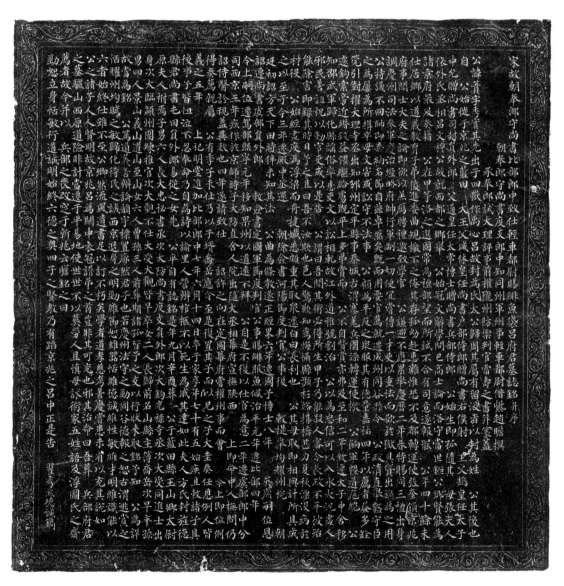

0 ⊢————————⊣ 15 厘米

图 5-397　吕賁墓志 M17：2 拓片

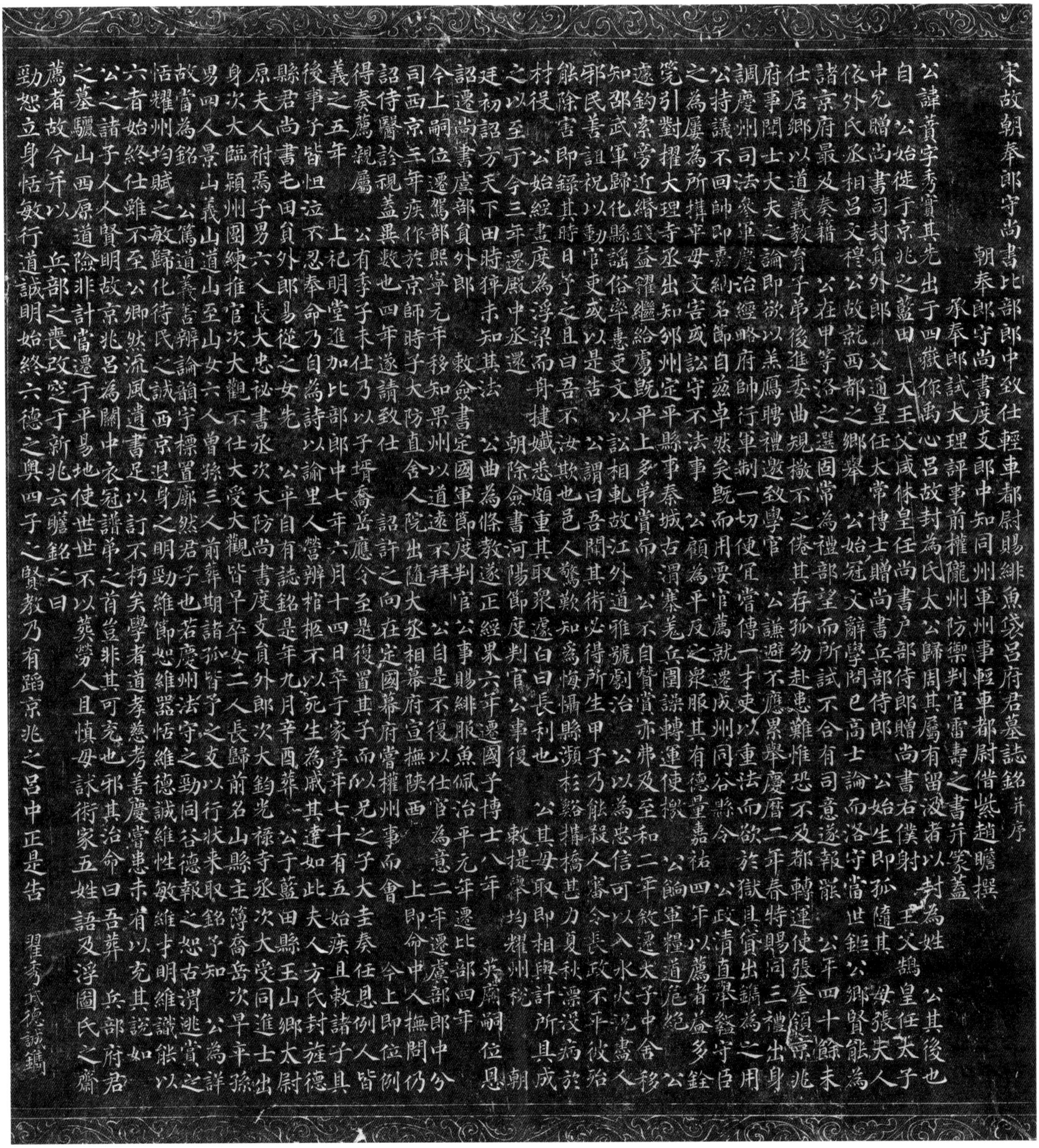

宋故朝奉郎守尚書比部郎中致仕輕車都尉同賜緋魚袋吕府君墓誌銘并序

趙瞻撰

公諱賁字秀實其先出於藍田父道大皇任大夫公其後也

朝奉郎守尚書都官郎中知權州軍州事輕車都尉賜緋魚袋吕府君墓誌銘并序

公允中自京府居京鄉府承相于兆先出于四父道皇心咸吕郎中皇任權為姓皇母張夫人子

依外氏承書相于京兆出故藏郎大你道皇心咸吕郎故公父任始贈尚書戶部侍郎贈尚書公皇母張夫人子

諸事居京鄉府聞以最承及義文論育之公外故郎西都皇王父心咸吕禮郎中博士氏贈太公皇任大夫公其後為人子

府慶事為持以司士回法大義教之公在甲芋西道大你道皇心咸吕郎中故始公母張夫人子

調持慶為對義軍之母嘉慶外公故甲芋進委洛之皇父任父道大你皇心

仕京承舉為擇為近寺卒郎母嘉慶即子弟以後芋進委洛之選舉太休常之為公始禮撤固常禮常為公始冠贈尚書戶部侍郎贈尚書公

图5-398　吕賁墓志M17:2局部拓片

附三　志铭录文：

宋故朝奉郎守尚書比部郎中致仕輕車都尉賜緋魚袋呂府君墓誌銘并序 /

朝奉郎守尚書度支郎中知同州軍州事輕車都尉借紫趙瞻撰 /

承奉郎試大理評事前權隴州防禦判官雷壽之書並篆蓋 /

公諱黃字秀實其先出于四嶽作禹心呂故封為氏太公歸周其屬有留汲者以封為姓　公其後也 /

自　公始徙於京兆之藍田　大王父咸休皇任尚書戶部侍郎贈尚書右僕射　王父鵠皇任太子 /

中允贈尚書司封員外郎　父通皇任太常博士贈尚書兵部侍郎　公始生即孤隨其母張夫人 /

依外氏丞相呂文穆公故就西都之鄉舉　公始冠文辭學問已高士論而洛守當世鉅公鄉賢能為 /

諸京府最及奏籍　公在甲等洛之選固常為禮部望而所試不合有司意遂報罷公年四十餘未 /

仕居鄉以道義教育子弟後進委曲規撒不之倦其存孤幼赴患難惟恐不及都轉運使張奎領京兆 /

府事聞士大夫之論即欲以羔雁聘禮邀致學官　公謙避不應累舉慶曆二年春特賜同三禮出身 /

調慶州司法參軍慶治經略府帥行軍制一切便宜嘗傳一才吏以重法而欲於獄具貸出鐫為之用 /

公持議不回帥即嘉納名節自茲卓然矣既而用要官薦就遷成州同谷縣令　公政清直舉鷙守臣 /

之為屢為所構牢卒母文害或訟守不法事　公顧為平反之眾服其有德量嘉祐四年以薦者益多銓 /

笵引對擢大理寺丞出知邠州定平縣事秦城古渭寨羌兵圍諜轉運使檄　公餉軍糧道危絕　公 /

遽鉤索旁近緡錢益糴繼給虜既平上多弟賞而　公不自贊賞亦弗及至和二年敘遷太子中舍移 /

知邵武軍歸化縣謠俗率憙吏文以訟相軋故江外道雅號劇治　公以為忠信可以入水火況盡人 /

邪民善詛祝以動官吏或以是告　公謂曰吾聞其術必得所生甲子乃能殺人審令長政不平彼殆 /

能除害即錄其時日予之且曰吾不汝欺也邑人驚歎知為悔懼縣瀨杉谿構橋甚力夏秋漂沒病於 /

材役　公始經畫度為浮梁而舟捷孅悉頗重其取眾遽白曰長利也　公其母取即相與計所具成 /

之以至于今三年遷殿中丞還　朝除僉書河陽節度判官公事復　敕提舉均糴耀州稅　朝 /

廷初詔方天下田時猝未知其法　公曲為條教遂正經界六年遷國子博士八年　英廟嗣位恩 /

詔遷尚書虞部員外郎　敕僉書定國軍節度判官公事賜緋服魚佩治平元年遷比部四年 /

今上嗣位遷駕部熙寧元年移知果州以道遠不拜　公自是不復以仕官為意二年遷虞部郎中分 /

司西京三年疾作於京師時子大防直舍人院出隨大丞相慕府宣撫陝西　上即命中人撫問仍 /

詔侍醫診視蓋異數也四年遂請致仕　詔許之向在定國慕府嘗權州事而會　今上即位例 /

得奏薦親屬　公有季子未仕乃以子壻喬岳應令至是複置其子而以兄之子大圭奏任恩例人皆 /

義之五年　上祀明堂進加比部郎中七年六月十四日卒于家享年七十有五始疾且敕諸子具 /

後事子皆怛泣不忍奉命乃自為詩以諭里人營辦棺柩不以死生為戚其達如此夫人方氏封旌德 /

縣君尚書屯田員外郎易從之女先　公卒自有誌銘是年九月辛酉葬　公于藍田縣玉山鄉太尉 /

原夫人祔焉子男六人長大忠秘書丞次大防尚書度支員外郎次大鈞光祿寺丞次大受同進士出 /

身次大臨潁州團練推官次大觀不仕大受大觀皆早卒女二人長歸前名山縣主簿喬岳次早卒孫 /

男四人景山義山道山至山女六人曾孫三人前葬期諸孤皆予之友以行狀來取銘予知　公為詳 /

故當為銘　公篤道義善辨論韻宇標置廓然君子也若慶州法守之勁同谷德報之恕古渭逃賞之 /

恬耀州均賦之敏歸化待民之誠西京退身之明勁維節恕維器恬維德誠維性敏維才明維識能以 /

六者始終仕雖不至公卿然流風遺書足以訂不朽矣學者道孝慈考善慶嘗患未有以充其說如 /

公之諸子人人賢明故京兆呂為關中衣冠譜弟之首豈非其可充也邪其治命曰吾葬　兵部府君 /

之墓驪山西原道險非計當遷于平易地使世世不以葬勞人且慎毋誄術家五姓語及浮圖氏之齋 /

薦者故今并以　兵部之喪改窆於新兆云瞻銘之曰 /

勁恕立身恬敏行道誠明始終六德之奧四子之賢教乃有蹈京兆之呂中正是告　翟秀武德誠鐫 /

（2）方夫人墓志　1方。

M17：3，出于壁龕内西侧。青石质地，无盖。长方形，面上原抛光、现被浸蚀严重，部分字迹模糊不清。四立沿粗涩，素净无纹。志面周边阴刻双线纹构成的窄框栏，其内楷书志文29行，满行23字，共计609字[1]，最后一行纪年为结衔小楷，书于框栏外（见附四）。行文中，遇"朝、家君、夫人、母"等字、词前空一或二格。长56.4、宽48.8、厚12.00厘米（图5-399；彩版5-559）。

附四　志铭录文：

先妣夫人方氏墓誌銘并序 /

夫人姓方氏慶曆五年九月二十七日以疾卒于慶州司法 /

椽之廨八年權厝扵京兆藍田之佛舍後十三年得嘉祐六 /

年歲次辛丑九月癸酉舉葬于縣之西北卅里驪山之原其 /

無狀子著作佐郎大防請于□□朝□臣所居官三年有司 /

來責功狀扵法應遷臣母亡將葬無封号以識墓臣謹昧死 /

請以所遷官追封亡母方氏□□報未下而葬期至而又不 /

自隕□輒敘外家之世官　　夫人之德行繼以銘所内諸 /

壙中謹扵外曾王父諱厚世家居南仕李景為饒州司戶贈 /

虞部郎中外王父諱易從始去吳鄉居華陰舉進士中景德 /

二年甲科累官權田員外郎外王母姚氏永安縣君夫 /

人無昆弟姊妹外王父愛之擇其所歸時家君殿中文 /

行有名書林遽以歸呂氏年始十六而歸遍備焉仙居 /

縣太君方在□夫人晨□般色左右無違斂其奩囊所 /

有盡以奉□□□有一錢殿中□□□□嫁貧無以行 /

夫人解□□以□之退而縵服糲食□以為不足其居　　/

仙居喪號野建□殆將不支其視姒承靈節己子其御婢妾 /

能使畏□□之諸子之未就外傳者皆穆教於夫人平 /

居之容思戒之曰汝曹它日從事扵政□□必儉無繳繞以 /

以為明甚徼幸以為智無苟以為德皆□必行之皆夫 /

人之葬□且仕者四人大忠澤州晉城令大防其次也大鈞 /

秦州右司理參軍大受同進士出身諸子未仕者二人大臨 /

京兆鄉貢進士大觀舉進士女二人長□進士喬岳次蚤亡 /

孫男二人次徽女二人並幼銘曰 /

哀哀蒼天喪我母儀良玉巳器□穆照月既絚而虧 /

哀哀蒼天胡寧忍予有母而不慕素魯烏鳥之不如 /

哀哀蒼天母兮何之窮聲索氣□神我答終天亘古 /

彩版5-559　呂蕡妻方夫人墓志 M17：3

[1] 空白方框为模糊不能辨识之字，周边带方框之字为笔画受损不清，但仍可勉强分辨者。

图 5-399　吕蕡妻方夫人墓志 M17：3 拓片

兮不聞慈誨之孜孜羅道成刊 /

熙寧七年九月朔改葬于縣北五里太尉原夫人是時追封旌德縣君 /

（3）吕蕡墓志考释

志文句读：

宋故朝奉郎[1]、守尚书比部郎中[2]、致仕轻车都尉[3]、赐绯鱼袋[4]吕府君墓志铭并序

朝奉郎、守尚书度支郎中[5]、知同州[6]军州事[7]、轻车都尉、借紫[8]赵瞻撰

承奉郎[9]、试大理评事[10]、前权陇州[11]防御判官[12]雷寿之书并篆盖

---

[1] 朝奉郎：性质：文散官。《宋史·卷一百六十九·职官九》，中华书局，1985年，第4053页。职责：文散官，无具体职责。品秩：正六上，改制后为正七品。《宋史·卷一百六十九·职官九》，中华书局，1985年，第4050页。《宋史·卷一百六十八·职官八》，中华书局，1985年，第4015、4016页。俸禄：月俸三十千，等。《宋史·卷一百七十一·职官十一》，中华书局，1985年，第4110页。

[2] 守尚书比部郎中：守："除授皆视寄禄官，高一品以上者为'行'，下一品者为'守'，下二品以下者为'试'，品同者不用行、守、试，徐职准此。"《宋史·卷一百六十三·职官三》，中华书局，1985年，第3833页。尚书比部郎中：性质：职事官，属尚书省刑部。职责："刑部 掌刑法、狱讼、奏谳、赦宥、叙复之事。……其属三：曰都官，曰比部，曰司门。"《宋史·卷一百六十三·职官三》，中华书局，1985年，第3857、3858页。"比部郎中 员外郎 掌勾覆中外帐籍。"《宋史·卷一百六十三·职官三》，中华书局，1985年，第3861页。品秩：从六品。《宋史·卷一百六十八·职官八》，中华书局，1985年，第4015页。俸禄：月俸三十五千，等。《宋史·卷一百七十一·职官十一》，中华书局，1985年，第4102页。

[3] 轻车都尉：性质：勋官。"勋十二 上柱国、柱国、上护军、护军、上轻车都尉、轻车都尉、上骑都尉、骑都尉、骁骑尉、飞骑尉、云骑尉、武骑尉。"《宋史·卷一百六十九·职官九》，中华书局，1985年，第4061页。品秩：从四品。《宋史·卷一百六十八·职官八》，中华书局，1985年，第4015页。【注】勋官，无具体职责及俸禄，仅表殊荣。

[4] 绯鱼袋：赐礼的一种。"赐六 剑履上殿，诏书不名，赞拜不名，入朝不趋，紫金鱼袋，绯鱼袋。右升朝官该恩，著绿二十周年赐绯鱼袋，着绯及二十周年赐紫金鱼袋。特旨者，系临时指挥。"《宋史·卷一百七十·职官十》，中华书局，1985年，第4075页。

[5] 尚书度支郎中：性质：职事官，属尚书省户部。职责："（户部）掌天下人户、土地、钱谷之政令，贡赋、征役之事。……其属三：曰度支，曰金部，曰仓部。"《宋史·卷一百六十三·职官三》，中华书局，1985年，第3847页。"度支郎中 员外郎 参掌计度军国之用，量贡赋税租之入以为出。"《宋史·卷一百六十三·职官三》，中华书局，1985年，第3849页。品秩：从六品。《宋史·卷一百六十八·职官八》，中华书局，1985年，第4015页。俸禄：月俸三十五千，等。《宋史·卷一百七十一·职官十一》，中华书局，1985年，第4102页。

[6] 同州："永兴军路。府二：京兆、河中。州十五：陕、延、同、华、耀、邠、鄜、解、庆、虢、商、宁、坊、丹、环。军一：保安。县八十三。"《宋史·卷八十七·地理三》，中华书局，1985年，第2144页。"同州，望，冯翊郡，定国军节度。"《宋史·卷八十七·地理三》，中华书局，1985年，第2145页。【注】北宋属永兴军路隶下，今陕西省渭南市大荔县境内。

[7] 知同州军州事：性质：职事官。职责："分命朝臣出守列郡，号权知军州事，军谓兵，州谓民政焉。其后，文武官参为知州军事，二品以上及带中书、枢密院、宣徽使职事，称判某府、州、军、监。诸府置知府事一人，州、军、监亦如之。掌总理郡政，宣布条教，导民以善而纠其奸慝，岁时劝课农桑，旌别孝悌，其赋役、钱谷、狱讼之事，兵民之政皆总焉。凡法令条制，悉意奉行，以率所属。有赦宥则以时宣读，而班告于治境。举行祀典。察郡吏德义材能而保任之，若疲软不任事，或奸贪冒法，则按劾以闻。遇水旱，以法振济。安集流亡，无使失所。"《宋史·卷一百六十七·职官七》，中华书局，1985年，第3973页。品秩：正六上，改制后为正七品（以朝奉郎知同州军州事，其品秩随朝奉郎）。《宋史·卷一百六十九·职官九》，中华书局，1985年，第4050页。《宋史·卷一百六十八·职官八》，中华书局，1985年，第4015、4016页。俸禄：月俸三十千，等（以朝奉郎知同州军州事，其俸禄随朝奉郎）。《宋史·卷一百七十一·职官十一》，中华书局，1985年，第4110页。

[8] 借紫：宋京官外出任职时的一种变通方法。北宋实行职差遣，以地位较低的京官办理地方要务，为提高京官身份，实行借紫。"太宗太平兴国二年，诏朝官出知节镇及转运使、副，衣绯、绿者并借紫。知防御、团练、刺史州，衣绿者借绯，衣绯者借紫；其为通判、知军监，止借绯。其后，江淮发运使同转运，提点刑狱同知刺史州。雍熙初，郊祀庆成，始许升朝官服绯、绿二十年者，叙赐绯、紫。"《宋史·卷一百五十三·舆服五》，中华书局，1985年，第3561页。"仁宗景祐元年，诏军使曾任通判者借绯，曾任知州者借紫。"《宋史·卷一百五十三·舆服五》，中华书局，1985年，第3562页。

[9] 承奉郎：性质：文散官。《宋史·卷一百六十九·职官九》，中华书局，1985年，第4053页。职责：文散官，无具体职责。品秩：从八上，改制后为正九品。《宋史·卷一百六十九·职官九》，中华书局，1985年，第4050页。《宋史·卷一百六十八·职官八》，中华书局，1985年，第4017页。俸禄：月俸八千，等。《宋史·卷一百七十一·职官十一》，中华书局，1985年，第4110页。

[10] 大理评事：性质：职事官，属大理寺。职责："大理寺旧置判寺一人，兼少卿事一人。建隆三年，以工部尚书窦仪判寺事。凡狱讼之事，随官司决劾，本寺不复听讯，但掌断天下奏狱，送审刑院详讫，同署以上于朝。详断官八人，以京官充，国初，大理正、丞、评事皆有定员，分掌断狱。其后，择他官明法令者，若常参官则兼正，未常参则兼丞，谓之详断官。旧六人，后加至十一人，又去兼正、丞之名。咸平二年始定置。法直官二人，以幕府、州县官充，改京官则为检法官。"《宋史·卷一百六十五·职官五》，中华书局，1985年，第3899页。"凡职务分左右：天下奏劾命官、将校及大辟囚以下以疑请谳者，隶左断刑，则司直、评事详断，丞议之，正审之。"《宋史·卷一百六十五·职官五》，中华书局，1985年，第3900页。品秩：正八品。《宋史·卷一百六十八·职官八》，中华书局，1985年，第4016页。俸禄：月俸十千，等。《宋史·卷一百七十一·职官十一》，中华书局，1985年，第4103页。

[11] 陇州："秦凤路。府一：凤翔。州十二：秦、泾、熙、陇、成、凤、岷、渭、原、阶、河、兰。军三：镇戎，德顺，通远。县三十八。"《宋史·卷八十七·地理三》，中华书局，1985年，第2154页。"陇州，上，汧阳郡，防御。"《宋史·卷八十七·地理三》，中华书局，1985年，第2156页。【注】北宋属秦凤路隶下，今在陕西省宝鸡市境内。

[12] 权陇州防御判官：性质：职事官。职责："签书判官厅公事 两使、防、团、军事推判官 节度掌书记 观察支使 掌裨赞郡政，总理诸案文移，斟酌可否，以白于其长而罢行之。凡员数多寡，视郡小大及职务之烦简。初，政和改签书判官厅公事为司录，建炎初复旧。凡节度推、判官从军额，察推及支使从州、府名。凡诸州减罢通判处，则升判官为签判以兼之。小郡推、判官不并置，或以判官兼司法，或以推官兼支使，亦有并判官窠阙省罢。则令录参兼管。"《宋史·卷一百六十七·职官七》，中华书局，1985年，第3975页。品秩：从八品。《宋史·卷一百六十八·职官八》，中华书局，1985年，第4016、4017页。俸禄：月俸十五千，等。《宋史·卷一百七十一·职官十一》，中华书局，1985年，第4108页。【注】官职前加"权"字，乃暂代之意。

公讳薲，字秀实，其先出于四岳，作禹心吕[1]，故封为氏。太公归周，其属有留汲者以封为姓，公其后也。自公始徙于京兆之蓝田[2]，大王父（曾祖）咸休，皇任尚书户部侍郎[3]、赠尚书右仆射[4]。王父（祖）鹄，皇任太子中允[5]、赠尚书司封员外郎[6]；父通，皇任太常博士[7]、赠尚书兵部侍郎[8]。公始生即孤，随其母张夫人依外氏丞相吕文穆公[9]，故就西都[10]之乡举。

--------

[1]作禹心吕："昔者太岳为禹心吕之臣，故封吕侯，凡吕之属皆从吕。"（汉）许慎：《说文解字》，中华书局，1963年，第152页。心吕（膂）：喻主要的辅佐人员。亦以喻亲信得力之人。《三国志·吴志·周瑜传》："内作心膂，出为爪牙。"《三国志·卷五十四·周瑜鲁肃吕蒙传第九》，中华书局，1985年，第1266页。【注】作禹心吕，即指禹之心腹重臣太岳受封为吕侯，故后人皆以"吕"为姓。

[2]蓝田："永兴军路。府二：京兆，河中。州十五：陕，延，同，华，耀，邠，鄜，解，庆，虢，商，宁，坊，丹，环。军一：保安。县八十三。……京兆府，京兆郡，永兴军节度。本次府，大观元年升大都督府。旧领永兴军路安抚使。宣和二年，诏永兴军守臣等衔不用军额，称京兆府。……县十三：……蓝田，次畿。"《宋史·卷八十七·地理三》，中华书局，1985年，第2144页。【注】北宋属永兴军路。今为陕西省蓝田县。

[3]尚书户部侍郎：尚书户部侍郎为其曾祖吕咸休后周所任职官，因《五代史》所述不详，谨以《宋史》记载供参考。性质：职事官，属尚书省户部。职责："（户部）掌天下人户、土地、钱谷之政令，贡赋、征役之事。"《宋史·卷一百六十三·职官三》，中华书局，1985年，第3847页。"尚书　侍郎　掌军国用度，以周知其出入盈虚之数。凡州县废置，户口登耗，则稽其版籍；若贡赋征税，敛散移用，则会其数而颁其政令焉。凡四司所治之事，侍郎为之贰。"《宋史·卷一百六十三·职官三》，中华书局，1985年，第3848页。品秩：从三品。《宋史·卷一百六十八·职官八》，中华书局，1985年，第4014页。俸禄：月俸五十五千，等。《宋史·卷一百七十一·职官十一》，中华书局，1985年，第4102页。

[4]尚书右仆射：性质：职事官，属尚书省（尚书右仆射乃其曾祖吕咸休卒后所任职官，因《五代史》所述不详，谨以《宋史》记载供参考）。职责："尚书省　掌施行制命，举省内纲纪程式，受付六曹文书，听内外辞诉，奏御史失职，考百官庶府之治否，以诏废置、赏罚。"《宋史·卷一百六十一·职官一》，中华书局，1985年，第3787页。"设官九：尚书令、左右仆射、左右丞、左右司郎中、员外郎各一人。"《宋史·卷一百六十一·职官一》，中华书局，1985年，第3788页。"左仆射　右仆射　掌佐天子议大政，贰令之职，与三省长官皆为宰相之任。"《宋史·卷一百六十一·职官一》，中华书局，1985年，第3789页。品秩：宋史未载。俸禄：月俸九十千，等。《宋史·卷一百七十一·职官十一》，中华书局，1985年，第4102页。【注】此处为卒后赠官，仅享殊荣，应无实职、实俸。

[5]太子中允：性质：东宫官。职责：据《宋会要辑稿》引《国朝会要》载云："太师、太傅、太保、少师、少傅、少保、宾客、詹事、左、右庶子、中允、中舍、谕德、赞善、洗马、家令、率更令，皆缘旧制除授而无职司。"《宋会要辑稿·职官七》，中华书局，1957年，第2545页。品秩：应为五品。《宋史·卷一百五十二·舆服四》，中华书局，1977年，第3553页。俸禄：月俸十八千，等。《宋史·卷一百七十一·职官十一》，中华书局，1985年，第4103页。【注】此官职多用于安置前朝旧臣、别国降臣、致仕官员以及文臣转迁，无实职。

[6]尚书司封员外郎：性质：职事官，属尚书省吏部。职责："吏部掌文武官吏选试、拟注、资任、迁叙、荫补、考课之政令，封爵、策勋、赏罚殿最之法。……其属有曰司封，曰司勋，曰考功。"《宋史·卷一百六十三·职官三》，中华书局，1985年，第3831、3832页。"司封郎中　员外郎掌官封、叙赠、承袭之事。"《宋史·卷一百六十三·职官三》，中华书局，1985年，第3836页。俸禄：正七品。《宋史·卷一百六十八·职官八》，中华书局，1985年，第4015、4016页。俸禄：月俸三十千，等。《宋史·卷一百七十一·职官十一》，中华书局，1985年，第4103页。【注】此处为卒后赠官，仅享殊荣，应无实职、实俸。

[7]太常博士：性质：职事官，属太常寺。职责："太常寺：卿、少卿、丞、各一人，博士四人。"《宋史·卷一百六十四·职官四》，中华书局，1985年，第3882页。"博士，掌讲定五礼仪式，有改革则据经审议。凡于法应谥者，考其行状，撰定谥文。有祠事，则监视仪物，掌凡赞导之事。"《宋史·卷一百六十四·职官四》，中华书局，1985年，第3884页。品秩：正八品。《宋史·卷一百六十八·职官八》，中华书局，1985年，第4016页。俸禄：月俸二十千，等。《宋史·卷一百七十一·职官十一》，中华书局，1985年，第4103页。

[8]尚书兵部侍郎：性质：职事官，属尚书省兵部。职责："兵部　掌兵卫、仪仗、卤簿、武举、民兵、厢军、土军、蕃军，四夷官封承袭之事，舆马、器械之政，天下地土之图"。《宋史·卷一百六十三·职官三》，中华书局，1985年，第3854页。"尚书掌兵卫、武选、车辇、甲械、厩牧之政令。以天下郡县之图而周知其地域。凡陈卤簿，设仗卫，饬官吏整肃，蕃夷除授，奉行其制命。凡军兵以名籍统隶者，阅习按试，选募迁捕，及武举、校试之事，皆总之。侍郎为之贰，郎中、员外郎参掌之。"《宋史·卷一百六十三·职官三》，中华书局，1985年，第3855页。"侍郎　掌贰尚书之事。"《宋史·卷一百六十三·职官三》，中华书局，1985年，第3856页。品秩：从三品。《宋史·卷一百六十八·职官八》，中华书局，1985年，第4014页。俸禄：月俸五十五千，等。《宋史·卷一百七十一·职官十一》，中华书局，1985年，第4102页。【注】此处为卒后赠官，仅享殊荣，应无实职、实俸。

[9]吕文穆公：吕文穆公即文穆公吕蒙正。"吕蒙正字圣功，河南人。祖梦奇，户部侍郎。父龟图，起居郎。蒙正，太平兴国二年擢进士第一，授将作监丞，通判升州。陛辞，有旨，民事有不便者，许骑置以闻，赐钱二十万。代还，会征太原，召见行在，授著作郎、直史馆，加左拾遗。五年，亲拜左补阙、知制诰。……李昉罢相，蒙正拜中书侍郎兼户部尚书、平章事，监修国史。……许国之命甫下而卒，年六十八。赠中书令，谥曰文穆。"《宋史·卷二百六十五·列传第二十四》，中华书局，1985年，第9145、9146、9148页。

[10]西都：西都即指西京。"西京。唐显庆间为东都，开元改河南府，宋为西京，山陵在焉"《宋史·卷八十五·地理一》，中华书局，1985年，第2103页。"（京西）北路。府四：河南，颍昌，淮宁，顺昌。州五：郑，滑，孟，蔡，汝。军一：信阳。县六十三。……河南府，洛阳郡，因梁、晋之旧为西京。熙宁五年，分隶京西北路。"《宋史·卷八十五·地理一》，中华书局，1985年，第2114、2115页。【注】为北宋时期的西京河南府，属京西北路隶下，今河南洛阳市。

公始冠，文辞学问已高，士论而洛守，当世钜公乡贤能为，诸京府最及奏籍，公在甲等洛之选，固常为礼部望而所试，不合有司意，遂报罢。公年四十余未仕，居乡以道义教育子弟后进，委曲规撤不之倦，其存孤幼，赴患难惟恐不及，都转运使[1]张奎[2]领京兆府事，闻士大夫之论，即欲以羔雁聘礼邀致学官，公谦避不应。累举，庆历二年春，特赐同三礼出身，调庆州[3]司法参军[4]。庆治经略府[5]，帅行军制，一切便宜，尝传一才，吏以重法而欲于狱具贷出，镌为之用，公持议不回，帅即嘉纳，名节自兹卓然矣。既而用要官荐，就迁成州同谷县[6]令[7]，公政清直，举謇守臣之为，屡为所构，牢卒。母文害，或讼守不法事，公顾为平反之，众服其有德量。嘉佑四年以荐者益多铨筦（管），引对擢大理寺丞[8]，出知邠州定平县[9]事[10]，秦城古渭[11]寨羌兵

[1] 都转运使：性质：职事官。职责："都转运使 转运使 副使 判官 掌经度一路财赋，而察其登耗有无，以足上供及郡县之费。"《宋史·卷一百六十七·职官七》，中华书局，1985年，第3964页。品秩：以两省五品以上京朝官任，品秩随京朝官。俸禄：以两省五品以上京朝官任，俸禄随京朝官。

[2] 张奎："（张）奎字仲野，先元中进士。历并、秀州推官，监衢州酒。……历陕西都转运使、知永兴军、河东都转运使，加龙图阁直学士，知澶、青、徐、扬等州，再迁吏部郎中。"《宋史·卷三百二十三·列传第八十二》，中华书局，1985年，第10490页。

[3] 庆州："永兴军路。府二：京兆，河中。州十五：陕、延、同、华、耀、邠、鄜、解、庆、虢、商、宁、坊、丹、环。军一：保安。县八十三。"《宋史·卷八十七·地理三》，中华书局，1985年，第2144页。"庆阳府，中，安化郡，庆阳军节度。庆州。"《宋史·卷八十七·地理三》，中华书局，1985年，第2150页。【注】北宋属永兴军路隶下，今在甘肃省境内。

[4] 庆州司法参军：性质：职事官。职责："司法参军掌议法断刑。"《宋史·卷一百六十七·职官七》，中华书局，1985年，第3976页。品秩：从八品（庆州后改庆阳府，司法参军为从八品）。《宋史·卷一百六十八·职官八》，中华书局，1985年，第4017页。俸禄：月俸十千，等（庆州户两万余，司法参军俸十千）。《宋史·卷一百七十一·职官十一》，中华书局，1985年，第4108页。

[5] 庆治经略府：指庆州曾为环庆路经略安抚使之治所。"庆阳府，中，安化郡，庆阳军节度。本庆州。建隆元年，升团练。乾德元年，复为军事。政和七年，升为节度，军额曰庆阳。宣和七年，改庆州为府。旧置环庆路经略、安抚使，统庆州、环州、邠州、宁州、乾州，凡五州。其后废乾州，置定边军，已而复置醴州，凡统三州一军。"《宋史·卷八十七·地理三》，中华书局，1977年，第2150页。【注】北宋属永兴军路隶下，今在甘肃省境内。

[6] 成州同谷县："秦凤路。府一：凤翔。州十二：秦、泾、熙、陇、成、凤、岷、渭、原、阶、河、兰。军三：镇戎，德顺，通远。县三十八。"《宋史·卷八十七·地理三》，中华书局，1985年，第2154页。"成州，中下，同谷郡。……县二：同谷，上。有骨鹿、马邑、赤土、平原、滔山、胡桃六砦。"《宋史·卷八十七·地理三》，中华书局，1985年，第2156页。【注】北宋属秦凤路成州隶下，今在甘肃省成县境内。

[7] 成州同谷县令：性质：职事官。职责："建隆元年，令天下诸县除赤、畿外，有望、紧、上、中、下。掌总治民政、劝课农、桑、平决狱讼。有德泽禁令，则宣布于治境。凡户口、赋役、钱谷、振济、给纳之事皆之，以时造户版及催理二税。有水旱则有灾伤之诉，以分数蠲免。民以水旱流记，则抚存安集之，无使失业。有孝悌行义闻于乡闾者，具事实上于州，激劝以励风俗。若京、朝、幕官则为知县事，有成兵则兼兵马都监或监押。宣教郎以下带监押。"《宋史·卷一百六十七·职官七》，中华书局，1985年，第3977页。品秩：从八品。《宋史·卷一百六十八·职官八》，中华书局，1985年，第4017页。俸禄：月俸十千～二十千，等（县令以所治县户籍量分等级享受俸禄，但《宋史》对各县辖治人口无详载，故具体数额不能确定）。《宋史·卷一百七十一·职官十一》，中华书局，1985年，第4109页。

[8] 大理寺丞：性质：职事官，属大理寺。职责："大理寺旧置判寺一人，兼少卿事一人。建隆三年，以工部尚书窦仪判寺事。凡狱讼之事，随官司决劾，本寺不复听讯，但掌断天下奏狱，送审刑院详讫，同署以上于朝。详断官八人，以京官充，国初，大理正、丞、评事皆有定员，分掌断狱。其后，择他官明法令者，若常参官则兼正，未常参则兼丞，谓之详断官。旧六人，后加至十一人，又去兼正、丞之名。咸平二年始定置。法直官二人，以幕府、州县官充，改京官则为检法官。"《宋史·卷一百六十五·职官五》，中华书局，1985年，第3899页。品秩：正八品。《宋史·卷一百六十八·职官八》，中华书局，1985年，第4016页。俸禄：月俸十四千，等。《宋史·卷一百七十一·职官十一》，中华书局，1985年，第4103页。

[9] 邠州定平县："永兴军路。府二：京兆，河中。州十五：陕、延、同、华、耀、邠、鄜、解、庆、虢、商、宁、坊、丹、环。军一：保安。县八十三。"《宋史·卷八十七·地理三》，中华书局，1985年，第2144页。"邠州，紧，新平郡，静难军节度。……县五：……定平，紧。熙宁五年，隶宁州。政和七年，自宁州来隶。"《宋史·卷八十七·地理三》，中华书局，1985年，第2153页。【注】北宋属永兴军路邠州隶下，今在陕西省旬邑县附近。

[10] 知邠州定平县事：性质：职事官。职责："建隆元年，令天下诸县除赤、畿外，有望、紧、上、中、下。掌总治民政、劝课农、桑、平决狱讼。有德泽禁令，则宣布于治境。凡户口、赋役、钱谷、振济、给纳之事皆之，以时造户版及催理二税。有水旱则有灾伤之诉，以分数蠲免。民以水旱流记，则抚存安集之，无使失业。有孝悌行义闻于乡闾者，具事实上于州，激劝以励风俗。若京、朝、幕官则为知县事，有成兵则兼兵马都监或监押。宣教郎以下带监押。"《宋史·卷一百六十七·职官七》，中华书局，1985年，第3977页。品秩：从八品。《宋史·卷一百六十八·职官八》，中华书局，1985年，第4017页。俸禄：月俸十千～二十千，等（知县以所治县户籍量分等级享受俸禄，但《宋史》对各县辖治人口无详载，故具体数额不能确定）。《宋史·卷一百七十一·职官十一》，中华书局，1985年，第4109页。

[11] 古渭："秦凤路。府一：凤翔。州十二：秦、泾、熙、陇、成、凤、岷、渭、原、阶、河、兰。军三：镇戎，德顺，通远。县三十八。"《宋史·卷八十七·地理三》，中华书局，1985年，第2154页。"秦州，下府，天水郡，雄武军节度。……砦七：……熙宁元年，改擦珠堡为通渭堡。五年，改古渭砦为通远军。"《宋史·卷八十七·地理三》，中华书局，1985年，第2154、2155页。"巩州，下。本通远军。熙宁五年，以秦州古渭砦为军。崇宁三年，升为州。"《宋史·卷八十七·地理三》，中华书局，1985年，第2164页。【注】北宋属秦凤路秦州隶下，后改古渭砦为通远军、又改通远军为巩州，今在甘肃省天水市境内。

围噪，转运使<sup>[1]</sup>檄公饷军粮道危绝，公遽钩索旁近，缗钱益籴继给，虏既平，上多弟赏而公不自赞，赏亦弗。及至和二年，叙迁太子中舍<sup>[2]</sup>，移知邵武军归化县<sup>[3][4]</sup>，谣俗率意，吏文以讼相轧，故江外道雅号剧治。公以为忠信可以入水火况尽人邪，民善诅祝，以动官吏或以是告，公谓曰：吾闻其术必得所生甲子乃能杀人，审令长政，不平彼殆，能除害，即录其时日予之，且曰：吾不汝欺也。邑人惊叹，知为悔，慑县。濒杉溪构桥甚力，夏秋漂没，病于材役，公始经画度为浮梁而舟捷㸒，悉颇重其取，众遽白曰长利也，公其毋取，即相与计，所具成之。以至于今三年迁殿中丞<sup>[5]</sup>，还朝，除金书河阳<sup>[6]</sup>节度判官<sup>[7]</sup>公事，复敕提举均耀州<sup>[8]</sup>税<sup>[9]</sup>。朝廷初诏，方天下田时猝未知其法，公曲为条教，遂正经界。六年迁国子博士<sup>[10]</sup>，八年英庙嗣位，恩诏迁尚书虞

---

[1]转运使：性质：职事官。职责："都转运使　转运使　副使　判官　掌经度一路财赋，而察其登耗有无，以足上供及郡县之费。"《宋史·卷一百六十七·职官七》，中华书局，1985年，第3964页。品秩：以两省五品以上京朝官任，品秩随京朝官。俸禄：以两省五品以上京朝官任，俸禄随京朝官。

[2]太子中舍：性质：东宫官。职责：据《宋会要辑稿》引《国朝会要》载云："太师、太傅、太保、少师、少傅、少保、宾客、詹事、左、右庶子、中允、中舍、谕德、赞善、洗马、家令、率更令，皆缘旧制除授而无职司。"《宋会要辑稿·职官七》，中华书局，1957年，第2545页。"太子中舍人、舍人。至道、天禧各置一人。神宗、钦宗升储，并如旧置。嘉定初，除二人。庆元以中舍人在舍人上。"《宋史·卷一百六十二·职官二》，中华书局，1985年，第3824页。品秩：从七品。《宋史·卷一百六十八·职官八》，中华书局，1985年，第4016页。俸禄：月俸十八千，等。《宋史·卷一百七十一·职官十一》，中华书局，1985年，第4103页。【注】此官职多用于安置前朝遗臣、别国降臣、致仕官员以及文臣转迁，无实职。

[3]邵武军归化县："福建路。州六：福、建、泉、南剑、漳、汀。军二：邵武、兴化。县四十七。"《宋史·卷八十九·地理五》，中华书局，1985年，第2207页。"邵武军，同下州。太平兴国五年，以建州邵武县建为军，仍以归化、建宁二县来属。……县四，……泰宁，望。南唐归化县。元祐元年，改为泰宁。有碌碌金场、江源银场。"《宋史·卷八十九·地理五》，中华书局，1985年，第2209页。【注】北宋属福建路邵武军隶下，今在福建省泰宁县附近。

[4]知邵武军归化县：性质：职事官。职责："建隆元年，令天下诸县除赤、畿外，有望、紧、上、中、下。掌总治民政、劝课农、桑、平决狱讼。有德泽禁令，则宣布于治境。凡户口、赋役、钱谷、振济、给纳之事皆之，以时造户版及催理二税。有水旱则有灾伤之诉，以分数蠲免。民以水旱流记，则抚存安集之，无使失业。有孝悌行义闻于乡闾者，具其事实上于州，激劝以励风俗。若京、朝、幕官则为知县事，有戍兵则兼兵马都监或监押。宣教郎以下带监押。"《宋史·卷一百六十七·职官七》，中华书局，1985年，第3977页。品秩：从八品。《宋史·卷一百六十八·职官八》，中华书局，1985年，第4017页。俸禄：月俸十五千～二十千，等（知县以所治县户籍量分等级享受俸禄，但《宋史》对各县辖治人口无详载，故具体数额不能确定）。《宋史·卷一百七十一·职官十一》，中华书局，1985年，第4109页。

[5]殿中丞：性质：职事官，属殿中省。职责："殿中监、少监，丞各一人，监掌供奉天子玉食、医药、服御、幄帟、舆辇、舍次之政令，少监为之贰，丞参领之。"《宋史·卷一百六十四·职官四》，中华书局，1985年，第3880页。品秩：正八品。《宋史·卷一百六十八·职官八》，中华书局，1985年，第4016页。俸禄：月俸二十千，等。《宋史·卷一百七十一·职官十一》，中华书局，1985年，第4103页。

[6]河阳："（京西）北路。府四：河南、颖昌、淮宁、顺昌。州五：郑、滑、孟、蔡、汝。军一：信阳。县六十三。"《宋史·卷八十五·地理一》，中华书局，1985年，第2114页。"孟州，望。河阳三城节度。政和二年，改济源郡。……县六：河阳，望。"《宋史·卷八十五·地理一》，中华书局，1985年，第2116页。【注】北宋属京西北路孟州隶下，今在河南省孟县附近。

[7]金书河阳节度判官："金书，同"签书"。签书判官厅公事，简称签署（书）判官，如果是选人充当，则称"节度判官"。该官是宋代州的下属机构签判厅的主官，位置仅次于知州与通判，通判不在时，由其代理通判职权。"鹿谙慧、曲万法、孔令纪主编：《中国历代官制》，齐鲁书社，2013年，第283页。性质：职事官。职责："签书判官厅公事　两使、防、团、军事推判官　节度掌书记　观察支使　掌裨赞郡政，总理诸案文移，斟酌可否，以白于其长而罢行之。凡员数多寡，视郡大小及职务之烦简。初，政和改签书判官厅公事为司录，建炎初复旧。凡节度推、判官从军额，察推及支使从州、府名。凡诸州减罢通判处，则升判官为签判以兼之。小郡推、判官不并置，或以判官兼司法，或以推官兼支使，亦有并判官窠阙省罢。"《宋史·卷一百六十七·职官七》，中华书局，1985年，第3975页。品秩：从八品。《宋史·卷一百六十八·职官八》，中华书局，1985年，第4016、4017页。俸禄：月俸二十五千，等。《宋史·卷一百七十一·职官十一》，中华书局，1985年，第4107页。

[8]耀州："永兴军路。府二：京兆、河中。州十五：陕、延、同、华、耀、邠、鄜、解、庆、虢、商、宁、坊、丹、环。军一：保安。县八十三。"《宋史·卷八十七·地理三》，中华书局，1985年，第2144页。"耀州，紧，华原郡。开宝五年，为感义军节度。太平兴国初，改感德军。"《宋史·卷八十七·地理三》，中华书局，1985年，第2146页。【注】北宋属永兴军路隶下，今在陕西省铜川一带。

[9]提举均耀州税：性质：职事官。职责：提举即总管，提举均耀州税即总管耀州地区税务。品秩：不明。俸禄：不明。

[10]国子博士：性质：职事官，属国子监。职责："博士，掌分经讲授，考校程文，以德行道艺训导学者。"《宋史·卷一百六十五·职官五》，中华书局，1985年，第3911页。品秩：正八品。《宋史·卷一百六十八·职官八》，中华书局，1985年，第4016页。俸禄：月俸二十千，等。《宋史·卷一百七十一·职官十一》，中华书局，1985年，第4103页。

部员外郎[1]，敕金书定国军[2]节度判官公事[3]，赐绯服鱼佩[4]。治平元年迁比部[5]，四年今上嗣位，迁驾部[6]。熙宁元年移知果州[7][8]，以道远不拜，公自是不复以仕官为意。二年迁虞部郎中[9]分司西京[10]，三年疾作于京师[11]，时子大防直舍人院出随大丞相幕府宣抚陕西[12]，上即命中人抚问，仍诏侍医诊视，盖异数也。四年遂请致仕，诏许之，向在定国幕府尝权州事而会。

_____

［1］尚书虞部员外郎：性质：职事官，属尚书省工部。职责："工部　掌天下城郭、宫室、舟车、器械、符印、钱币、山泽、苑囿、河渠之政。凡营缮，岁计所用财物，关度支和市；其工料，则饬少府、将作监检计其所用多寡之数。……其属三：曰屯田，曰虞部，曰水部。"《宋史·卷一百六十三·职官三》，中华书局，1985年，第3862页。"虞部郎中　员外郎　掌山泽、苑囿、场冶之事，辨其地产而为之厉禁，凡金、银、铜、铁、铅、锡、盐、矾，皆计其所入登耗以诏赏罚。分案四，置吏七。"《宋史·卷一百六十三·职官三》，中华书局，1985年，第3863页。品秩：正七品。《宋史·卷一百六十八·职官八》，中华书局，1985年，第4015、4016页。俸禄：月俸三十千，等。《宋史·卷一百七十一·职官十一》，中华书局，1985年，第4103页。

［2］定国军："永兴军路。府二：京兆，河中。州十五：陕，延，同，华，耀，邠，鄜，解，庆，虢，商，宁，坊，丹，环。军一：保安。县八十三。"《宋史·卷八十七·地理三》，中华书局，1985年，第2144页。"同州，望，冯翊郡，定国军节度。"《宋史·卷八十七·地理三》，中华书局，1985年，第2145页。【注】北宋属永兴军路隶下，今在陕西省大荔县一带。

［3］金书定国军节度判官公事：性质：职事官。"金书，同"签书"。签书判官厅公事，简称签署（签书）判官，如果是选人充当，则称"节度判官"。该官是宋代州的下属机构签判厅的主官，位置仅次于知州与通判，通判不在时，由其代理通判职权。"龚诩慧、曲万法、孔令纪主编《中国历代官制》，齐鲁书社，2013年，第283页。职责："签书判官厅公事　两使、防、团、军事推判官　节度掌书记　观察支使　掌裨赞郡政，总理诸案文移，斟酌可否，以白于其长而罢行之。凡员数多寡，视郡小大及职务之烦简。初，政和改签书判官厅公事为司录，建炎初复旧。凡节度推、判官从军额，察推及支使从州、府名。凡诸州减罢通判处，则升判官为签判以兼之。小郡推、判官不并置，或以判官兼司法，或以推官兼支使，亦有并判官窠阙者罢。"《宋史·卷一百六十七·职官七》，中华书局，1985年，第3975页。品秩：从八品。《宋史·卷一百六十八·职官八》，中华书局，1985年，第4016、4017页。俸禄：月俸二十五千，等。《宋史·卷一百七十一·职官十一》，1985年，第4106页。

［4］绯服鱼佩：表殊荣，赐礼的一种。"赐六　剑履上殿，诏书不名，赞拜不名，入朝不趋，紫金鱼袋，绯鱼袋。右升朝官该恩，著绿二十周年赐绯鱼袋，着绯及二十周年赐紫金鱼袋。特旨者，系临时指挥。"《宋史·卷一百七十·职官十》，中华书局，1985年，第4075页。

［5］比部：比部，尚书省刑部下辖部门。"刑部　掌刑法、狱讼、奏谳、赦宥、叙复之事。……其属三：曰都官，曰比部，曰司门。"《宋史·卷一百六十三·职官三》，中华书局，1985年，第3857、3858页。

［6］驾部：驾部，尚书省兵部下辖部门。"兵部　掌宿卫、仪仗、卤簿、武举、民兵、厢军、土军、蕃军，四夷官封承袭之事，舆马、器械之政，天下地土之图。……其属三：曰职方，曰驾部，曰库部。"《宋史·卷一百六十三·职官三》，中华书局，1985年，第3854、3855页。

［7］果州："潼川府路。府二：潼川，遂宁。州九：果，资，普，昌，叙，泸，合，荣，渠。军三：长宁，怀安，广安。监一：富顺。"《宋史·卷八十九·地理五》，中华书局，1985年，第2216页。"顺庆府，中，本果州，南充郡，团练。宝庆三年，以理宗初潜之地，升府。"《宋史·卷八十九·地理五》，中华书局，1985年，第2217页。【注】北宋属潼川府路隶下，今为四川省南充市。

［8］知果州：性质：职事官。职责："分命朝臣出守列郡，号权知军州事，军谓兵，州谓民政焉。其后，文武官参为知州军事，二品以上及带中书、枢密院、宣徽使职事，称判某府、州、军、监。诸府置知府事一人，州、军、监亦如之。掌总理郡政，宣布条教，导民以善而纠其奸慝，岁时劝课农桑，旌别孝悌，其赋役、钱谷、狱讼之事，兵民之政皆总焉。凡法令条制，悉意奉行，以率所属。有赦宥则以时宣读，而班告于治境。举行祀典。察郡吏德义材能而保任之，若疲软不任事，或奸贪冒法，则按劾以闻。遇水旱，以法振济。安集流之，无使失所。"《宋史·卷一百六十七·职官七》，中华书局，1985年，第3973页。品秩：朝官出仕知州，品秩随朝官。俸禄：朝官出仕知州，俸禄随朝官。

［9］虞部郎中：性质：职事官，属尚书省工部。职责："工部　掌天下城郭、宫室、舟车、器械、符印、钱币、山泽、苑囿、河渠之政。凡营缮，岁计所用财物，关度支和市；其工料，则饬少府、将作监检计其所用多寡之数。……其属三：曰屯田，曰虞部，曰水部。"《宋史·卷一百六十三·职官三》，中华书局，1985年，第3862页。"虞部郎中　员外郎　掌山泽、苑囿、场冶之事，辨其地产而为之厉禁，凡金、银、铜、铁、铅、锡、盐、矾，皆计其所入登耗以诏赏罚。分案四，置吏七。"《宋史·卷一百六十三·职官三》，中华书局，1985年，第3863页。品秩：从六品。《宋史·卷一百六十八·职官八》，中华书局，1985年，第4015页。俸禄：月俸三十五千，等。《宋史·卷一百七十一·职官十一》，中华书局，1985年，第4102页。

［10］西京："西京，唐显庆间为东都，开元改河南府，宋为西京，山陵在焉。"《宋史·卷八十五·地理一》，中华书局，1985年，第2103页。"（京西）北路。府四：河南，颍昌，淮宁，顺昌。州五：郑，滑，孟，蔡，汝。军一：信阳。县六十三。……河南府，洛阳郡，因梁、晋之旧为西京。熙宁五年，分隶京西北路。"《宋史·卷八十五·地理一》，中华书局，1985年，第2114、2115页。【注】为北宋时期的西京河南府，属京西北路隶下，今河南洛阳市。

［11］京师：北宋建都开封，因此称开封为京师。"京畿路。皇祐五年，以京东之曹州，京西之陈、许、郑、滑州为辅郡，隶畿内，并开封府，合四十二县，置京畿路转运使及提点刑狱总之。"《宋史·卷八十五·地理一》，中华书局，1985年，第2106页。"东京，汴之开封也。梁为东都，后唐罢，晋复为东京，宋因周之旧为都。"《宋史·卷八十五·地理一》，中华书局，1985年，第2096页。【注】北宋开封属京畿路，今为河南省开封市附近。

［12］直舍人院：性质：职事官，属中书省。职责："掌行命令为制词，分治六房，随房当制，事有失当及除授非其人，则论奏封还词头。国初，为所迁官，实不任职，复置知制诰及直舍人院，主行词命，与学士对掌内外制。"《宋史·卷一百六十一·职官一》，中华书局，1985年，第3785页。"元丰六年，诏中书省置点检房，令舍人通领。……他官兼摄者则称权舍人，资浅者为直舍人院。"《宋史·卷一百六十一·职官一》，中华书局，1985年，第3786页。品秩：不明。俸禄：月俸三十千，等。《宋史·卷一百七十一·职官十一》，中华书局，1985年，第4102页。

今上即位，例得奏荐亲属，公有季子未仕，乃以子壻乔岳应，令至是，复置其子，而以兄之子大圭奏任恩例，人皆义之。五年上祀明堂，进加比部郎中[1]，七年六月十四日卒于家，享年七十有五。始疾且敕诸子具后事，子皆怛泣不忍奉命，乃自为诗以谕里人，营辨棺枢，不以死生为戚，其达如此。

夫人方氏，封旌德县[2]君[3]，尚书屯田员外郎[4]易从之女，先公卒，自有志铭。

是年九月辛酉，葬公于蓝田县玉山乡[5]太尉原，夫人祔焉。子男六人，长大忠，秘书丞[6]；次大防，尚书度支员外郎[7]；次大钧，光禄寺丞[8]；次大受，同进士出身；次大临，颍州[9]团练推官[10]；

[1] 比部郎中：性质：职事官，属于尚书省刑部。职责："刑部　掌刑法、狱讼、奏谳、赦宥、叙复之事。……其属三：曰都官，曰比部，曰司门。设官十有三：尚书一人，侍郎二人；郎中、员外郎，刑部各二人，都官、比部、司门各一人。"《宋史·卷一百六十三·职官三》，中华书局，1985年，第3857、3858页。"比部郎中　员外郎　掌勾覆中外帐籍。"《宋史·卷一百六十三·职官三》，中华书局，1985年，第3861页。品秩：从六品。《宋史·卷一百六十八·职官八》，中华书局，1985年，第4015页。俸禄：月俸三十五千，等。《宋史·卷一百七十一·职官十一》，中华书局，1985年，第4102页。

[2] 旌德县："（江南）东路。府一：江宁。州七：宣、徽、江、池、饶、信、太平。军二：南康，广德。县四十三。"《宋史·卷八十八·地理四》，中华书局，1985年，第2186页。"宁国府，本宣州，宣城郡，宁国军节度。乾道二年，以孝宗潜邸，升为府。……县六：……旌德，紧。"《宋史·卷八十八·地理四》，中华书局，1985年，第2187页。【注】北宋属江南东路宣州县下，今为安徽省宣城市旌德县。

[3] 县君：叙封称号，"唐制，视本官阶爵。建隆三年，诏定文武郡臣母妻封号：……庶子、少卿监、司业、郎中、京府少尹、赤县令、少詹事、谕德、将军、刺史、下都督、下都护、家令、率更令、仆，母封县太君；妻，县君，其余升朝官已上遇恩。并母封县太君；妻，县君，杂五品官至三任与叙封，官当叙封者不复论阶爵。致仕同见任。亡母及亡祖母当封者并如之。"《宋史·卷一百七十·职官十》，中华书局，1985年，第4084、4085页。

[4] 尚书屯田员外郎：性质：职事官，属尚书省工部。职责："工部　掌天下城郭、宫室、舟车、器械、符印、钱币、山泽、苑囿、河渠之政。凡营缮，岁计所用财物，关度支和市；其工料，则饬少府、将作监检计其所用多寡之数。……其属三：曰屯田，曰虞部，曰水部"《宋史·卷一百六十三·职官三》，中华书局，1985年，第3862页。"屯田郎中　员外郎　掌屯田、营田、职田、学田、官庄之政令，及其租入、种刈、兴修、给纳之事。凡塘泺以时增减，堤堰以时修葺，并有司修葺种植之事，以赏罚诏其长贰而行之。分案三，置吏八"。《宋史·卷一百六十三·职官三》，中华书局，1985年，第3863页。品秩：正七品。《宋史·卷一百六十八·职官八》，中华书局，1985年，第4015、4016页。俸禄：月俸三十千，等。《宋史·卷一百七十一·职官十一》，中华书局，1985年，第4103页。

[5] 蓝田县玉山乡：吕蕡墓志云："是年九月辛酉，葬公于蓝田县玉山乡太尉原，夫人祔焉。"故证实今之蓝田县三里镇太尉原于北宋中晚期在玉山乡所辖域内。吕通墓志记："我上世皆葬于新乡，今子孙宦学在秦，又得吉地於骊山之麓，将以九月癸酉举公及夫人之丧葬于京兆府蓝田县玉山乡李村之原，……"由此判断，吕氏第一处墓园——骊山西原（李村原）亦属玉山乡治兆内。所以北宋蓝田县玉山乡所治范围广大，东起县城西沿，西至骊山西原。而非今蓝田县三里镇所比。

[6] 秘书丞：性质：职事官，属秘书省。职责："秘书省　监　少监　丞各一人，监掌古今经籍图书、国史实录、天文历数之事，少监为之贰，而丞参领之。"《宋史·卷一百六十四·职官四》，中华书局，1985年，第3873页。品秩：从七品。《宋史·卷一百六十八·职官八》，中华书局，1985年，第4016页。俸禄：月俸二十千，等。《宋史·卷一百七十一·职官十一》，中华书局，1985年，第4103页。

[7] 尚书度支员外郎：性质：职事官，属尚书省户部。职责："（户部）掌天下人户、土地、钱谷之政令，贡赋、征役之事。……其属三：曰度支，曰金部，曰仓部。"《宋史·卷一百六十三·职官三》，中华书局，1985年，第3847页。"度支郎中　员外郎　参掌计度军国之用，量贡赋税租之入以为出。"《宋史·卷一百六十三·职官三》，中华书局，1985年，第3849页。品秩：正七品。《宋史·卷一百六十八·职官八》，中华书局，1985年，第4015、4016页。俸禄：月俸三十千，等。《宋史·卷一百七十一·职官十一》，中华书局，1985年，第4103页。

[8] 光禄寺丞：性质：职事官，属光禄寺。职责："光禄寺　卿、少卿、丞、主簿、各一人。卿掌祭祀、朝会、宴乡酒醴膳羞之事，修其储备而谨其出纳之政，少卿为之贰，丞参领之"《宋史·卷一百六十四·职官四》，中华书局，1985年，第3891页。品秩：正八品。《宋史·卷一百六十八·职官八》，中华书局，1985年，第4016页。俸禄：月俸十二千，等。《宋史·卷一百七十一·职官十一》，中华书局，1985年，第4103页。

[9] 颍州："（京西）北路。府四：河南、颍昌、淮宁、顺昌。州五：郑、滑、孟、蔡、汝。军一：信阳。县六十三。"《宋史·卷八十五·地理一》，中华书局，1985年，第2114页。"顺昌府，上，汝阴郡，旧防御，后为团练。开宝六年，复为防御。元丰二年，升顺昌军节度。旧颍州，政和六年，改为府。"《宋史·卷八十五·地理一》，中华书局，1985年，第2117页。【注】北宋属京西北路隶下，今在安徽省临泉附近。

[10] 颍州团练推官：性质：职事官。职责："签书判官厅公事　两使、防、团、军事推判官　节度掌书记　观察支使　掌裨赞郡政，总理诸案文移，斟酌可否，以白于其长而罢行之。凡员数多寡，视府州大小及职务之烦简。初，政和改签书判官厅公事为司录，建炎初复旧。凡节度推、判官从军额，察推及支使从州、府名。凡诸州减罢通判处，则升判官为签判以兼之。小郡推、判官不并置，或以判官兼司法，或以推官兼支使，亦有并判官窠阙省罢。则令录参兼管。"《宋史·卷一百六十七·职官七》，中华书局，1985年，第3975页。品秩：从八品。《宋史·卷一百六十八·职官八》，中华书局，1985年，第4016、4017页。俸禄：月俸七千，等。《宋史·卷一百七十一·职官十一》，中华书局，1985年，第4108页。

次大观，不仕。大受、大观皆早卒。女二人，长归前名山县[1]主簿[2]乔岳，次早卒。孙男四人，景山、义山、道山、至山。女六人。曾孙三人。前葬期诸孤皆予之友，以行状来取铭，予知公为详，故当为铭。公笃道义，善辩论，韵宇标，直廓然，君子也。若庆州法守之劲，同谷庆州德报之恕，古渭逃赏之恬，耀州均赋之敏，归化待民之诚，西京退身之明，劲维节，恕维器，恬维德，诚维性，敏维才，明维识，能以六者始终仕，虽不至公卿，然流风遗书足以订不朽矣！学者道孝慈、考善庆、尝患未有以充其说，如公之诸子，人人贤明。故京兆[3]吕为关中衣冠谱弟之首，岂非其可充也邪！其治命曰：吾葬兵部府君之墓，骊山西原道险非计，当迁于平易地，使世世不以葬劳人。且慎毋詠术家五姓语及浮图氏之斋荐者，故今并以兵部之丧改窆于新兆云。瞻铭之曰：

劲恕立身，恬敏行道。诚明始终，六德之奥。

四子之贤，教乃有蹈。京兆之吕，中正是告。

　　　　　　　　　　　　　　　　　　　　　　　　翟秀武德诚镌。

（4）方氏夫人墓志考释

志文句读：

先妣夫人方氏墓志铭并序

夫人姓方氏，庆历五年九月二十七日，以疾卒于庆州[4]司法掾之廨[5]，八年权厝[6]于京兆蓝田[7]之佛舍，后十三年，得嘉祐六年岁次辛丑九月癸酉，举葬于县之西北卅里骊山之原。其无状子著作佐郎[8]大防请于□□朝，□臣所居官三年，有司来责，功状于法，应迁，臣母亡将葬，

---

[1] 名山县："成都府路。府一：成都。州十二：眉、蜀、彭、绵、汉、嘉、邛、简、黎、雅、茂、威。军二：永康、石泉。监一：仙井。县五十八。"《宋史·卷八十九·地理五》，中华书局，1985年，第2210页。"雅州，上，卢山郡，军事。……县五：……名山，中。熙宁五年，省百丈县为镇入焉，元祐二年复。"《宋史·卷八十九·地理五》，中华书局，1985年，第2213页。【注】北宋属成都府路雅州隶下，今为四川省雅安市名山区。

[2] 名山县主簿：性质：职事官。职责："开宝三年，诏诸县千户以上置令、簿、尉；四百户以上置令、尉，令知主簿事；四百户以下置簿、尉，以主簿兼知县事。咸平四年，王钦若言：'川峡县五千户以上请并置簿，自馀仍以尉兼。'从之。自后川蜀及江南诸县，各增置主簿。中兴后，置簿掌出纳官物、销注簿书，凡县不置丞，则簿兼丞之事。凡批销必亲书押，不许用手记，仍不许差出，以防销注。"《宋史·卷一百六十七·职官七》，中华书局，1985年，第3978页。品秩：从九品。《宋史·卷一百六十八·职官八》，中华书局，1985年，第4017页。俸禄：月俸六千～十二千，等（县主簿以所治县户籍量分等级享受俸禄，但《宋史》对各县辖治人口无详载，故具体数额不能确定）。《宋史·卷一百七十一·职官十一》，中华书局，1985年，第4109页。

[3] 京兆："永兴军路。府二：京兆、河中。州十五：陕、延、同、华、耀、邠、鄜、解、庆、虢、商、宁、坊、丹、环。军一：保安。县八十三。……京兆府，京兆郡，永兴军节度。本次府，大观元年升大都督府。旧领永兴军路安抚使。宣和二年，诏永兴军守臣等衔不用军额，称京兆府。"《宋史·卷八十七·地理三》，中华书局，1985年，第2144页。【注】北宋属永兴军路隶下，今为陕西省西安市附近。

[4] 庆州："永兴军路。府二：京兆、河中。州十五：陕、延、同、华、耀、邠、鄜、解、庆、虢、商、宁、坊、丹、环。军一：保安。县八十三。"《宋史·卷八十七·地理三》，中华书局，1985年，第2144页。"庆阳府，中，安化郡，庆阳军节度。本庆州。建隆元年，升团练。乾德元年，复为军事。政和七年，升为节度，军额曰庆阳。宣和七年，改庆州为府。旧置环庆路经略、安抚使，统庆州、环州、邠州、宁州、乾州，凡五州。其后废乾州，置定边军，已而复置醴州，凡统三州一军。"《宋史·卷八十七·地理三》，中华书局，1985年，第2150页。【注】北宋庆州为永兴军路隶下，今在甘肃省庆阳市附近。

[5] 庆州司法掾之廨：吕蕡于庆历二年春调庆州司法参军，此处指吕蕡妻方氏卒于蕡之官府。"掾"为古代官署属员之通称，"廨"通指古时官署。

[6] 权厝：权厝，即权厝，指临时置棺待葬。

[7] 蓝田："永兴军路。府二：京兆、河中。州十五：陕、延、同、华、耀、邠、鄜、解、庆、虢、商、宁、坊、丹、环。军一：保安。县八十三。……京兆府，京兆郡，永兴军节度。本次府，大观元年升大都督府。旧领永兴军路安抚使。宣和二年，诏永兴军守臣等衔不用军额，称京兆府。……县十三：……蓝田，次畿。"《宋史·卷八十七·地理三》，中华书局，1985年，第2144页。【注】北宋属永兴军路京兆府隶下，今为陕西省蓝田县。

[8] 著作佐郎：性质：职事官，属秘书省。职责："秘书省　监、少监、丞各一人，监掌古今经籍图书、国史实录、天文历数之事，少监为之贰，而丞参领之。其属有五：著作郎一人，著作佐郎二人，掌修纂日历。"《宋史·卷一百六十四·职官四》，中华书局，1985年，第3873页。品秩：正八品。《宋史·卷一百六十八·职官八》，中华书局，1985年，第4016页。俸禄：月俸十七千，等。《宋史·卷一百七十一·职官十一》，中华书局，1985年，第4103页。

无封号以识墓，臣谨昧死请，以所迁官追封亡母方氏，□报未下而葬期至，而又不自隤，□辙叙外家之世官、夫人之德行、继以铭所内诸圹中，谨于外曾王父讳厚，世家居南仕李景[1]，为饶州[2]司户[3]，赠虞部郎中[4]；外王父讳易从，始去吴乡居华阴[5]，举进士，中景德二年甲科，累官屯田员外郎[6]；外王母姚氏，永安县[7]君[8]。夫人无昆弟姊妹，外王父爱之，择其所归。时家君殿中，文行有名书林，遂以归吕氏，年始十六而归遍备焉。仙居县[9]太君[10]方在□，夫人晨□般色，左右无违，敛其奁橐所有，尽以奉，□□□有一钱，殿中□□□嫁（家）贫无以行，夫人解□□以□（资）之。退而缦服粝食，□以为不足。其居，仙居丧，号野建□，殆将不支，其视姒承灵节己子。其御婢妾，能使畏□□之。诸子之未就，外传者皆穆教于夫人。平居之容，思戒之曰，汝曹它日，从事于政，□□必俭，无缴绕、以以（重字，为笔误）为明，甚徼幸、以为智，无苟、

[1] 南仕李景：李景，南唐第二位皇帝，号"中主"，"昪之长子也，昪卒，乃袭伪位，改元为保大。"《旧五代史·卷一百三十四·僭伪列传第一》，中华书局，1976年，第1787页。【注】此句指方氏祖厚（墓志撰者吕大防外曾祖父）于南唐皇帝李景时期为官。

[2] 饶州："（江南）东路。府一：江宁。州七：宣，徽，江，池，饶，信，太平。军二：南康，广德。县四十三。"《宋史·卷八十八·地理四》，中华书局，1985年，第2186页。"饶州，上，鄱阳郡，军事。"《宋史·卷八十八·地理四》，中华书局，1985年，第2187页。【注】北宋属江南东路隶下，今为江西省鄱阳县。

[3] 饶州司户：性质：职事官。职责："司户初官，令专主仓库，知录依司理例以狱事为重，不兼他职。"《宋史·卷一百六十七·职官七》，中华书局，1985年，第3976页。品秩：从八品（饶州为上州，司户乃从八品）。《宋史·卷一百六十八·职官八》，中华书局，1985年，第4017页。俸禄：月俸十千，等（饶州户一十八万，司户俸十千）。《宋史·卷一百七十一·职官十一》，中华书局，1985年，第4108页。

[4] 虞部郎中：性质：职事官，属尚书省工部。职责："工部　掌天下城郭、宫室、舟车、器械、符印、钱币、山泽、苑囿、河渠之政。凡营缮，岁计所用财物，关度支和市；其工料，则饬少府、将作监检计其所用多寡之数。……其属三：曰屯田，曰虞部，曰水部。"《宋史·卷一百六十三·职官三》，中华书局，1985年，第3862页。"虞部郎中　员外郎　掌山泽、苑囿、场冶之事，辨其地产而为之厉禁，凡金、银、铜、铁、铅、锡、盐、矾，皆计其所入登耗以诏赏罚。分案四，置吏七。"《宋史·卷一百六十三·职官三》，中华书局，1985年，第3863页。品秩：从六品。《宋史·卷一百六十八·职官八》，中华书局，1985年，第4015页。俸禄：月俸三十五千，等。《宋史·卷一百七十一·职官十一》，中华书局，1985年，第4102页。

[5] 华阴："永兴军路。府二：京兆，河中。州十五：陕，延，同，华，耀，邠，鄜，解，庆，虢，商，宁，坊，丹，环。军一：保安。县八十三。"《宋史·卷八十七·地理三》，中华书局，1985年，第2144页。"华州，望，华阴郡，建隆初，为镇国军节度。皇祐五年，改镇潼军节度。……县五：……华阴，紧。"《宋史·卷八十七·地理三》，中华书局，1985年，第2146页。【注】北宋属永兴军路华州隶下，今为陕西省华阴市。

[6] 屯田员外郎：性质：职事官，属尚书省工部。职责："工部掌天下城郭、宫室、舟车、器械、符印、钱币、山泽、苑囿、河渠之政。凡营缮，岁计所用财物，关度支和市；其工料，则饬少府、将作监检计其所用多寡之数。……其属三：曰屯田，曰虞部，曰水部"《宋史·卷一百六十三·职官三》，中华书局，1985年，第3862页。"屯田郎中　员外郎　掌屯田、营田、职田、学田、官庄之政令，及其租入、种刈、兴修、给纳之事，凡塘泺以时增减，堤堰以时修葺，并有司修葺种植之事，以赏罚诏其长贰而行之。分案三，置吏八。"《宋史·卷一百六十三·职官三》，中华书局，1985年，第3863页。品秩：正七品。《宋史·卷一百六十八·职官八》，中华书局，1985年，第4015、4016页。俸禄：月俸三十千，等。《宋史·卷一百七十一·职官十一》，中华书局，1985年，第4103页。

[7] 永安县："（京西）北路。府四：河南，颍昌，淮宁，顺昌。州五：郑，滑，孟，蔡，汝。军一，信阳。县六十三。"《宋史·卷八十五·地理一》，中华书局，1985年，第2114页。"河南府，洛阳郡，因梁、晋之旧为西京。熙宁五年，分隶京西北路。……县十六：……永安，赤。奉陵寝。景德四年，升镇为县。"《宋史·卷八十五·地理一》，中华书局，1985年，第2115页。【注】北宋属京西北路河南府隶下，今在河南省偃师附近。

[8] 县君：叙封称号，"唐制，视本官阶爵。建隆三年，诏定文武郡臣母妻封号：……庶子、少卿监、司业、郎中、京府少尹、赤县令、少詹事、谕德、将军、刺史、下都督、下都护、家令、率更令、仆，母封县太君；妻，县君，其馀升朝官已上遇恩。并母封县太君；妻，县君，杂五品官至三任与叙封，官当叙封者不复论阶爵。致仕同见任。亡母及亡祖母当封者并如之。"《宋史·卷一百七十·职官十》，中华书局，1985年，第4084、4085页。

[9] 仙居县："两浙路。熙宁七年，分为两路，寻合为一；九年，复分；十年，复合。府二：平江，镇江。州十二：杭，越，湖，婺，明，常，温，台，处，衢，严，秀。县七十九。"《宋史·卷八十八·地理四》，中华书局，1985年，第2173页。"台州，上，临海郡，军事。……县五：……仙居。上。唐乐安县，梁钱镠改永安。景德四年改今名。"《宋史·卷八十八·地理四》，中华书局，1985年，第2176页。【注】仙居县北宋属两浙路台州隶下，今为浙江省仙居县。

[10] 县太君：叙封称号，"唐制，视本官阶爵。建隆三年，诏定文武郡臣母妻封号：……庶子、少卿监、司业、郎中、京府少尹、赤县令、少詹事、谕德、将军、刺史、下都督、下都护、家令、率更令、仆，母封县太君；妻，县君，其馀升朝官已上遇恩。并母封县太君；妻，县君，杂五品官至三任与叙封，官当叙封者不复论阶爵。致仕同见任。亡母及亡祖母当封者并如之。"《宋史·卷一百七十·职官十》，中华书局，1985年，第4084、4085页。

以为德，皆□必行之，皆夫人之□□。且仕者四人，大忠泽州晋城[1]令[2]，大防其次也，大钧秦州[3]右司理参军[4]，大受同进士出身，诸子未仕者二人，大临京兆乡贡进士，大观举进士。女二人，长□（适）进士乔岳，次蚤亡。孙男二人，次徽女二人并幼。铭曰：

哀哀苍天，丧我母仪，良玉巳（已）器，□穆照月，既綑而亏。

哀哀苍天，胡宁忍予，有母而不慕，素鲁鸟鸟之不如。

哀哀苍天，母兮何之，穷声索气，□神我答，终天亘古兮，不闻慈诲之孜孜。

罗道成刊。

吕蒉为吕通第二子，步入仕途较晚，享年较长，为官清正严明。共生八子，成人者六，其中第四子大受、第六子大观皆英年早逝，余下四人均有名，被后人誉为吕氏四贤。

# 一五　吕大忠与前妻姚夫人、继妻樊夫人合葬墓（编号 M20）

## （一）位置与地层

该墓位于吕氏家族墓园北部墓葬群自南向北第三排东数第三座（不计婴幼儿墓），东距 M22 是 7.51、北距 M25 为 2.35、西距 M12 为 9.65、南距 M17 约 4.72 米。墓葬田野编号为蓝田吕氏 M20（图 5-400~402）。发掘时间 2009 年 5 月 1 日至 7 月 2 日，历时 63 天，中间因遇夏收、秋种，工期略延长。

墓葬所处地层剖面为（图 5-401、402；彩版 5-560）：

第①层：耕土层，厚约 0.30 米，色灰黄，质松软，含大量植物根系、碎石块、现代陶瓷片等。

第②层：扰土层，厚约 0.60 米，浅灰褐色，土质松散，内杂少量植物根茎，大量料礓石结核颗粒。墓道开口于此层下。

第③层：古代堆积层，厚 0.60 米左右，浅灰黄色，质地较硬，夹少量植物根茎、陶瓷片等。

第④层：黑褐色土层，厚 0.80 米，质地坚硬，杂有大量植物根系、蜗牛壳等。

第⑤层：黄土层，厚 3.80 米，质地松软、纯净，底层包含少量料礓石块。

第⑥层：红褐色土层，厚 0.80 米，土质坚硬，夹杂大量料礓石块。

---

[1] 泽州晋城："河东路。府三：太原，隆德，平阳。州十四：绛，泽，代，忻，汾，辽，宪，岚，石，隰，慈，麟，府，丰。军八：庆祚，威胜，平定，岢岚，宁化，火山，保德，晋宁。县八十一。"《宋史·卷八十六·地理二》，中华书局，1985 年，第 2131 页。"泽州，上，高平郡。……县六：晋城，紧。"《宋史·卷八十六·地理二》，中华书局，1985 年，第 2132、2133 页。【注】北宋属河东路泽州隶下，今为山西省晋城市。

[2] 泽州晋城令：性质：职事官。职责："建隆元年，令天下诸县除赤、畿外，有望、紧、上、中、下。掌总治民政、劝课农、桑、平决狱讼。有德泽禁令，则宣布于治境。凡户口、赋役、钱谷、振济、给纳之事皆之，以时造户版及催理二税。有水旱则有灾伤之诉，以分数蠲免。民以水旱流记，则抚存安集之，无使失业。有孝悌行义闻于乡闾者，具事实上于州，激劝以励风俗。若京、朝、幕官则为知县事，有戍兵则兼兵马都监或监押。宣教郎以下带监押。"《宋史·卷一百六十七·职官七》，中华书局，1985 年，第 3977 页。品秩：从八品。《宋史·卷一百六十八·职官八》，中华书局，1985 年，第 4017 页。俸禄：月俸十千～二十千，等（县令以所治县户籍量分等级享受俸禄，但《宋史》对各县辖治人口无详载，故具体数额不能确定）。《宋史·卷一百七十一·职官十一》，中华书局，1985 年，第 4109 页。

[3] 秦州："秦凤路。府一：凤翔。州十二：秦，泾，熙，陇，成，凤，岷，渭，原，阶，河，兰。军三：镇戎，德顺，通远。县三十八。……秦州，下府，天水郡，雄武军节度。旧置秦凤路经略安抚使，统秦州、陇州、阶州、成州、凤州、通远军，凡五州一军，其后割通远军属熙河，凡统州五。"《宋史·卷八十七·地理三》，中华书局，1985 年，第 2154 页。【注】北宋属秦凤路隶下，今在甘肃省天水市附近。

[4] 右司理参军：性质：职事官。职责："司理参军掌讼狱勘鞫之事。"《宋史·卷一百六十七·职官七》，中华书局，1985 年，第 3976 页。品秩：从八品（秦州为下府，司理参军乃从八品）。《宋史·卷一百六十八·职官八》，中华书局，1985 年，第 4016 页。俸禄：十二千，等（秦州四万余户，司理参军俸禄为十二千）。《宋史·卷一百七十一·职官十一》，中华书局，1985 年，第 4108 页。

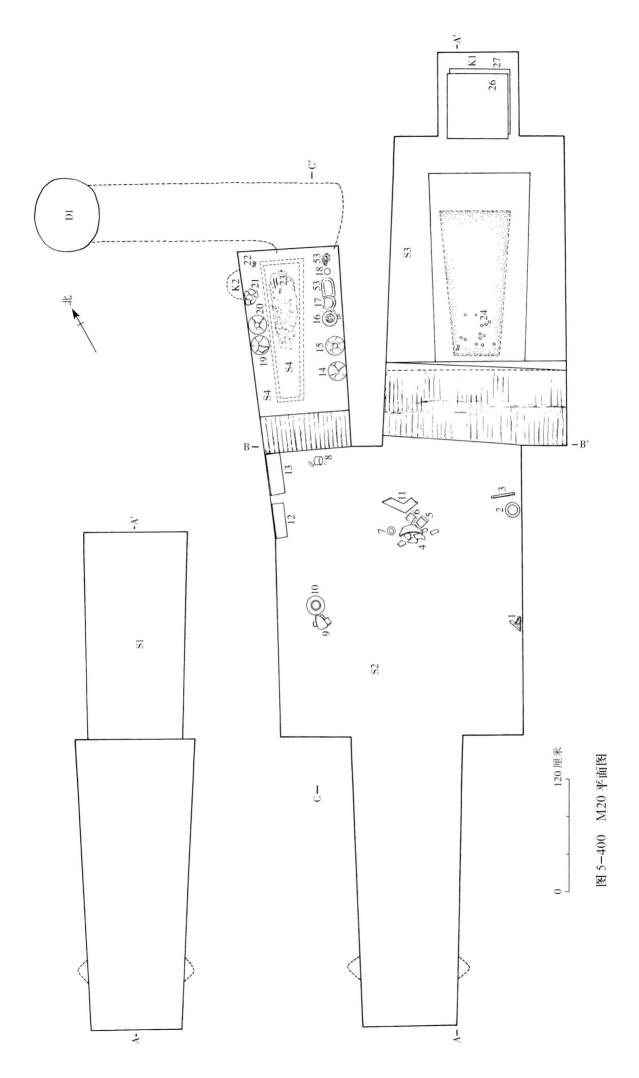

图 5-400　M20 平面图

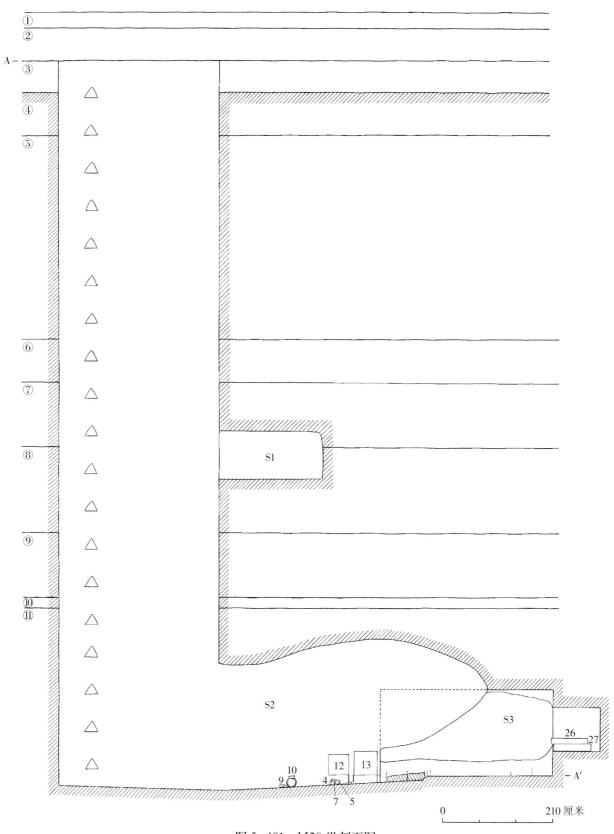

图 5-401　M20 纵剖面图

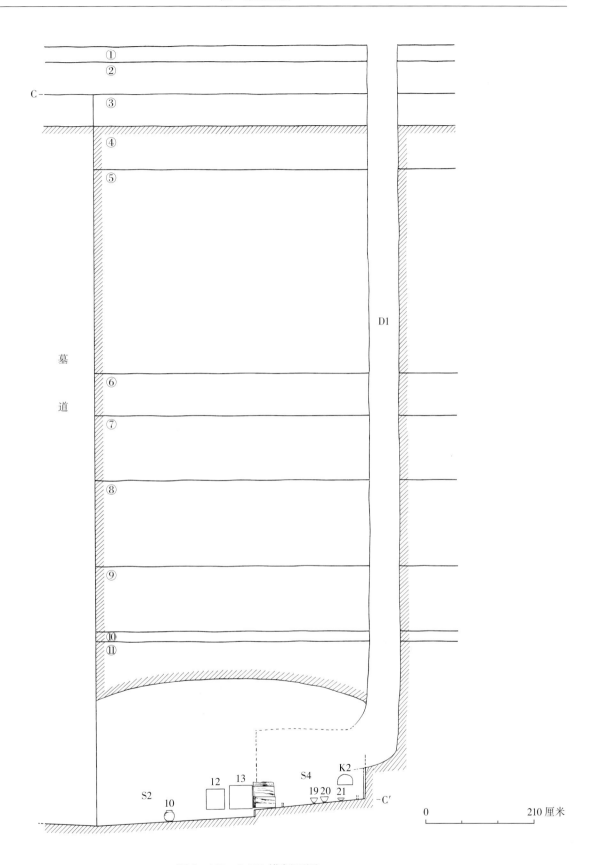

图 5-402　M20 横剖面图

彩版 5-560　M20 地层剖面

第⑦层：浅黄色土层，厚 1.20 米，质地较松软纯净。第一重墓室顶位于此层面下 0.90 米处。

第⑧层：胶泥层，厚 1.60 米，红褐色，质地坚硬细密，有粘性。第一重墓室底位于该层面下 0.60 米处。

第⑨层：黄褐色土层，厚 1.20 米，质地松散，内含少量料礓石块。

第⑩层：密集料礓石层，厚 0.20 米，灰白色料礓石块排列密集，质地极坚硬。

第⑪层：浅褐色土层，深度不详，质地坚硬细密，夹杂少量料礓石块。墓道底位于该层面下 3.40 米，第二重墓室位于该层面下 1.05~3.40 米。

（二）墓葬形制

该墓坐东北向西南，方向 210°。由长方形竖穴墓道、纵向叠压设置的 2 重 4 室墓穴、土坯封门、壁龛 7 部分组成。水平总长 10.40、第二重墓室底上距现地表 14.50 米，墓道现开口距地表 0.90 米（图 5-400~403；彩版 5-561）。

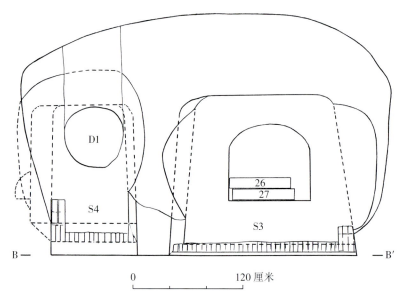

图 5-403　S3、S4 横剖面图

### 1. 墓道

位于墓葬南端，竖穴土圹式。现开口于第②层下，但开口处局部扰动不够规整，至第③层下方得其原貌。平面略呈北宽南窄长方形，南北长 3.10、南宽 1.04、北宽 1.23 米。四壁基本竖直，壁面经铲修，北壁自开口下至中部开设第一重墓室入口。底面踩踏平整，南高北稍低，上距现开口 13.50~13.60 米，北端与第二重墓室相连。东、西两壁距南壁约 0.50 米处各设对称踏窝一列 19 个，顶上踏窝上距墓道开口 0.50、各踏窝纵向间距在 0.50 米左右，踏窝截面略呈三角形，面宽 0.26、高 0.20、进深 0.15

彩版 5-561　M20 墓葬

米左右。墓道内填充浅黄色五花土，土质较疏松，未经夯筑（彩版 5-560）。

### 2. 墓室

共设二重，皆为土洞式，纵向叠置，开口均位于墓道北壁上。

（1）第一重墓室

编号 S1，位于墓道北壁开口下 6.90~7.80 米处，其入口窄于墓道北壁面，故于东、西两边各留下宽 0.14 米的折棱。墓室平面呈南窄北宽长方形，南北长 2.20、南宽 1.04、北宽 1.14 米。东、西、北三壁竖直，壁面虽有修整仍显粗涩。顶微弧近平。底面平整，上距顶面 0.90 米。室内填充五花土及少量淤土，无葬具及随葬用品，为空穴（图 5-401；彩版 5-562）。

（2）第二重墓室

编号 S2~4，位于墓道底北端，为实用墓室，由一前室两后室构成，平面呈"品"字形。因坍塌极为严重，大部分顶、壁皆损毁，各室间以生土隔梁与土坯封门划分为相对独立空间（彩版 5-563）。

前室：编号 S2，南接墓道，北连东、西后室，平面基本呈长方形，南北长 3.10、南宽 2.70、北宽 2.80 米。现东、西、南三壁下部结构尚完整，壁面竖直，曾经整平，上部已基本塌毁殆尽，高度不明。顶全部下坍，原形制无存。底面平整，北高南低斜坡状，高差 0.14 米，因顶缺失，墓室原高度不详。室内填充淤土及大量坍塌土（彩版 5-564）。

彩版 5-562　M20 之 S1 入口处

彩版 5-563　M20 之 S2~4 布局图

彩版 5-564　M20 之 S2

东后室：编号 S3，入口在前室
北端东侧，平面呈南宽北窄长方形，
南北长 3.22、南宽 2.05、北宽 1.90 米。
北壁基本完整，壁面竖直，铲修平整；
东壁底部尚存，上部均塌：西壁是与
西后室 S4 共享的前宽 0.35、后宽 0.55
米生土隔梁，已被盗者破坏，唯底部
与北端少许曾经修整的壁面仍保存
完整；南壁西部置入口，东部底面
完整，余处均坍塌。墓室顶北端残留，
故知其为微弧近平式，表面经整修，
现仍有镢铲遗痕。底面平坦，入口
处与前室底面等齐，自口至进深 0.74
米处为南低北高状、落差 0.05 米，
其后则设长 0.10 米抹坡将底面抬高
0.08 米形成低矮台面，故墓室高度为
1.60~1.73 米（见彩版 5-563）。

西后室：编号 S4，入口在前室
北壁西侧，平面呈北宽南窄长方形，
南北长 2.15、北宽 1.12、南宽 0.95 米。
西壁是前室西壁的延伸，与前室划分
于土坯封门处，壁面上部坍塌，近
底部尚存；东壁与东后室 S3 共享的
生土隔梁，壁面上部亦损毁；北壁
为现代盗洞严重破坏，所剩唯有底
部；南端为墓室入口，故西后室 S4

彩版 5-565　M20 之 S4

壁面仅剩底部保留原状。顶亦下塌，形制不能确知，就该墓地墓室结构特点推测，恐为微弧近平式。
底面平坦、入口处较前室底面高 0.14 米，台面之上又呈北高南低状，南北端落差 0.20 米，因顶的
不存，东后室 S4 高度亦不能知（彩版 5-565）。

### 3. 土坯封门

该墓封门位置与众不同，前室入口不见封门遗迹，两后室入口内却各设土坯封门与前室隔离，
因自然与人为双重破坏，封门上部损失，仅余底部残迹，皆东西向横置于后室入口内，两端直抵
东、西壁。垒砌方法是：横立并列式逐层上叠。土坯规格长 40.0、宽似 20.0、厚 5.0 厘米。东后室
S3 封门东南隅残留较高，残高 0.28、向西降低为 0.08 米，双重并列横立式，因泥水淤积浸泡，垒
砌层数、用坯数量已无法确知（见彩版 5-563）；西后室 S4 封门现存为西高东低状，最高处位于
西南角，残高 0.50、向东则降低为 0.10 米，垒砌层数、用坯数量因与泥土混粘交融而不能确知（见
彩版 5-565）。

#### 4．壁龛

共 2 个，分别位于东后室 S3 及西后室 S4，形制各异，分别描述如下：

东后室壁龛：编号为 K1，位居北壁中部，下距室底 0.46、上距室顶 0.32、左距东壁约 0.40、右距西壁约 0.45 米，营造规整，平面近方形，边长 0.90 米。东、西、北三壁竖直，壁面经整修，东、西两壁约从 0.52 米处起拱。拱形顶基本完整，拱高 0.30 米。底面平整，至顶高度为 0.82 米。龛内置吕大忠继妻樊氏墓志一合（彩版 5-566）。

彩版 5-566　M20 之 K1 位置与形制

西后室壁龛：编号 K2，位于西壁北端中部，下距室底 0.28、左距北壁 0.20 米，平面呈半圆形，入口宽 0.30、进深 0.16 米，因坍塌高度不详。龛内未见随葬物品，疑为灯龛。

### （三）葬具葬式

该墓为三人同穴异室合葬墓，均葬于第二重墓室内。

前室　盗扰严重，清理中仅发现零星棺木朽坏残渣，葬具摆放位置、形制结构、葬式均已不清。

东后室　葬具为一椁一棺，均朽，椁灰呈黑灰色夹红色漆皮碎片，纵向置于墓室中部偏北处，底部结构较清晰，平面略呈北宽南窄长方形，长 2.00、北宽 1.14、南宽 1.00 米，原高度不明。棺灰迹呈黑色，纵向置于椁中部偏南处，平面呈北宽南窄梯形，长 1.54、北宽 0.78、南宽 0.52 米，棺内残留灰白色草灰痕迹，原高度不存。

棺具内应被严重扰动，现未见墓主骨架，故葬式不清（彩版 5-567）。

西后室　仅有单棺，棺具遗迹呈黑灰色，底部结构清晰，纵向置于墓室中偏西北部，窄长，平面呈北宽南窄长方形，长 1.50、北宽 0.48、南宽 0.28 米，原高度不清，棺板厚 6.0 厘米。棺内有灰白色草灰遗迹。

墓主骨骼朽毁严重，棺内北部可见黄色骨质粉末，葬式不清，有明显迁葬痕迹（见彩版 5-565）。

彩版 5-567　M20 之 S3 葬具

（四）盗洞

M20 共有盗洞 1 个。编号 D1，开口于墓葬西后室 S4 上方西北处地表，东南距西后室 1.50 米，为现代人用炸药爆破而成。盗洞平面为圆形，直径约 0.76 米，竖直而下至洞底后再以人工向东挖掘隧道，由西后室北壁上部进入墓室，当时西后室已然坍塌，故盗者将前室、东后室几乎洗劫一空，葬具、骨骼亦扰乱破坏。室内遗留有折叠锹、圆头锹、应急灯、刀具、毛衣，帽子、手套等杂物（见彩版 5-561）。

（五）出土遗物

共出土随葬品 56 件（组），质地有瓷、陶、铜、铁、锡、玉、石七类。器形有瓶、碗、托盏、罐、盒、盘、敦、钵、碟、磬、钗、箫、墨、铧、剪、饰件、带扣、钱币、棺环、围棋子、墓志等。随葬品摆放位置大致分三个区域：第一区为前室底面与扰动过的填土中；第二区指西后室棺木两侧；第三区位于东后室棺内及壁龛中。

**1. 瓷器**

共 9 件。器形有瓶、罐、碗、托盏等。

（1）青釉刻花牡丹纹广口瓶 2 件。

M20：2，出于前室东北角、东后室入口前。完整。轮制成型。直口，平折沿，尖圆唇，粗高颈，溜肩，鼓腹，圈足较宽且外撇，足底外沿自内向外斜削一周。内、外壁施满釉，内壁颈以下釉层较薄，足底刮釉露胎。釉色青绿，内壁颈下薄釉呈棕褐色。釉面纯净润泽，富有气泡，玻璃质感强，外底釉面上有焦黄斑。露胎处表面为土黄色。外壁作满地装饰，颈部为波浪式缠枝牡丹纹；颈、肩相交处饰双层覆莲瓣纹，上层莲瓣用双勾线、下层为单勾线；腹部上、下各饰弦纹一周为边栏，其内刻折枝牡丹图案三组。足内墙局部有粘砂。通高 19.7、口沿径 13.5、颈高 5.60、腹颈 19.0、足径 12.4 厘米（图 5-404，1；彩版 5-568）。

M20：10，出于前室西壁下中部。基本完整，器表有裂纹数道。轮制成型。直口，窄平沿，粗高颈，溜肩，鼓腹，圈足较宽且外撇，足底外沿由内向外斜削一周。内、外壁通体施釉，内壁口沿下釉层较薄，足底刮釉露胎。外壁及内口处釉色青灰泛白，内壁口沿以下釉呈棕黄色。釉面浑浊，有玻璃光泽，棕眼、气泡密集，足内釉面上有焦黄斑。足底露胎处表面为土黄色。器外表饰刻划花，颈部上下各有一周纹饰为边栏，内刻波浪式缠枝花草纹；颈、肩相交处饰花瓣纹一圈；腹部为折枝牡丹图案三组，腹下部以细线隐约划出花瓣纹。足内墙局部有粘砂。通高 20.2、口沿径 11.8、颈高 5.3、腹颈 18.3、足外径 11.9 厘米（图 5-404，2；彩版 5-569）。

（2）茶叶末釉双系罐 1 件。

M20：36，出于前室入口处扰土中。断裂成数块，粘接基本完整。轮制成型。唇口，粗高颈，丰肩，斜弧腹，圈足微外撇。颈、肩部贴附对称条形凹面双系。内、外壁通施釉，足底刮釉露胎。外壁茶绿色釉泛黑，内壁沿以下釉层较薄，呈棕褐色。釉面光泽灰暗。露胎处表面呈浅灰色。通体素面，足底有粘砂。通高 21.0、口沿径 12.3、颈高 6.5、腹径 15.0、足外径 8.1 厘米（图 5-405；彩版 5-570）。

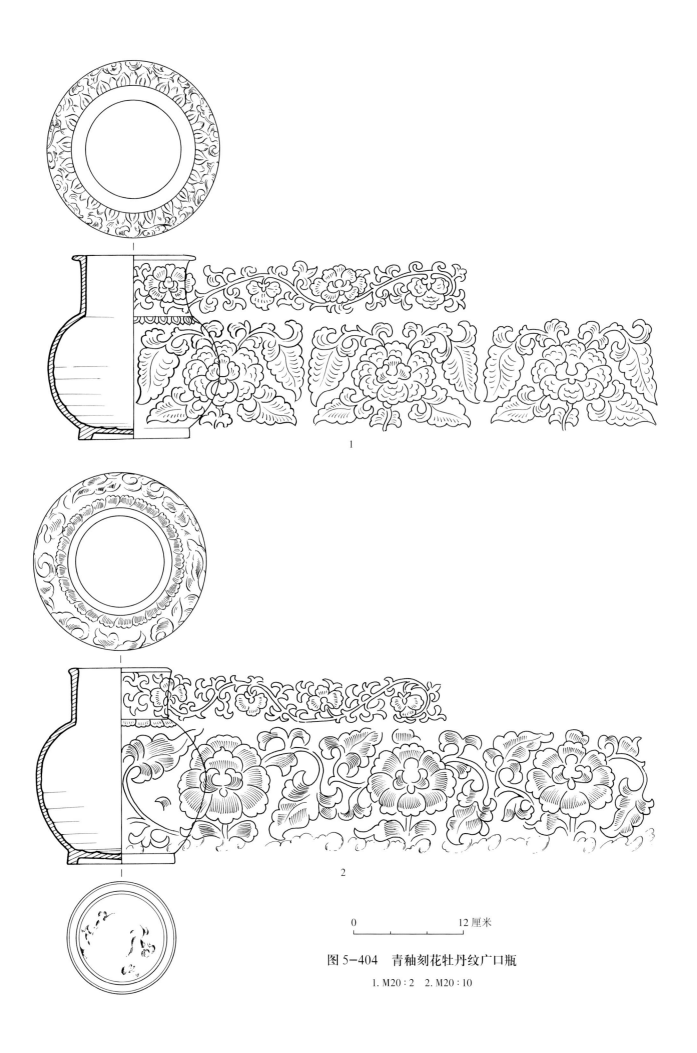

0        12 厘米

图 5-404    青釉刻花牡丹纹广口瓶

1. M20：2    2. M20：10

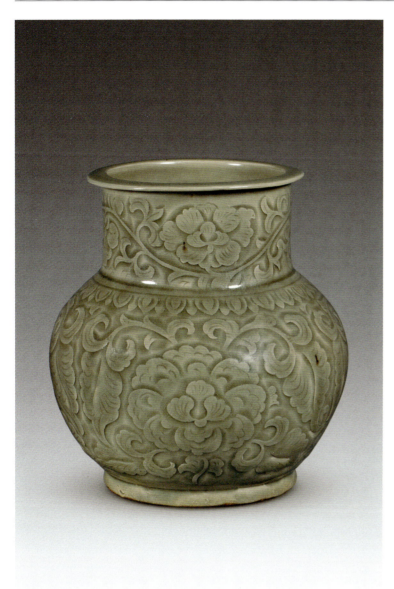

彩版 5-568　青釉刻花牡丹纹广口瓶 M20：2

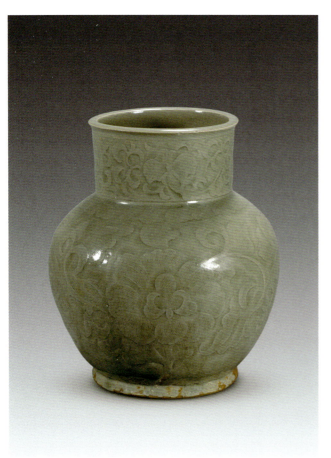

彩版 5-569　青釉刻花牡丹纹广口瓶 M20：10

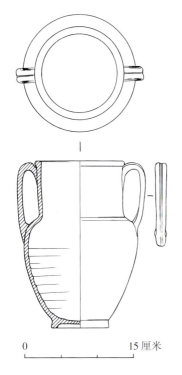

0 ————————— 15 厘米

图 5-405　茶叶末釉双系罐 M20：36

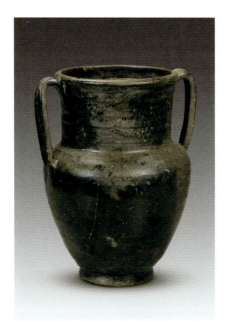

彩版 5-570　茶叶末釉双系罐 M20：36

（3）青釉六曲葵瓣浅腹碗　4件。

M20：14、15、19、20，出于西后室东、西两壁下中部。均残破，修复基本完整。轮制成型。4件形制、尺寸、胎质、釉色基本相同。六曲葵瓣式敞口，浅斜腹下部折内收，腹壁亦作六曲葵瓣式与口沿对应，坦圜底，圈足。内、外壁施满釉，足底刮釉露胎。釉色青灰。釉面光泽透亮，有网格状冰裂纹。露胎处表面呈土黄色。外沿下饰弦纹一周。

M20：14，出于西后室东壁下南部。断裂为多块，粘接，底部残缺3处。足内有粘砂。通高5.1、口沿径18.2、足径6.1厘米（图5-406，1；彩版5-571）。

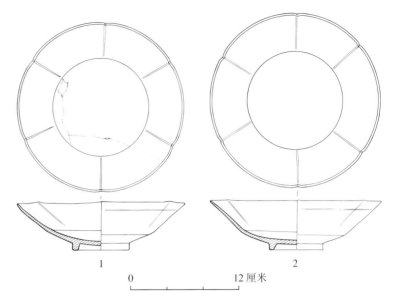

图5-406　青釉六曲葵瓣浅腹碗
1、2. M20：14、15

彩版5-571　青釉六曲葵瓣浅腹碗 M20：14

彩版5-572　青釉六曲葵瓣浅腹碗 M20：15

M20：15，出于西后室东壁下中部。口、腹、底部均有断裂，粘接修复完整，内底有缝隙。外底釉面有焦黄斑。通高5.2、口沿径18.9、足径5.9厘米（图5-406，2；彩版5-572）。

M20：19，出于西后室西壁下中部。腹部断裂，粘接。釉色青绿，釉面闪玻璃光泽，外底局部呈姜黄色。通高5.1、口沿径18.5、足外径6.0厘米（图5-407，1；彩版5-573）。

M20：20，出于西后室西壁下中部。断裂为多片，粘接，底部有小缺片。外底釉面有姜黄斑。通高4.8、口沿径18.8、足外径6.3厘米（图5-407，2；彩版5-574）。

（4）青釉深腹碗　1件。

M20：21，出于西后室西壁下偏北处。破碎，修复后缺底。轮制成型。敞口，方圆唇，深斜腹，底缺失，就现有形制推测，应为小底、圈足。内、外壁施满釉。釉色青绿。釉面透亮，遍布网格状冰裂纹，多棕眼。灰胎坚硬致密。外沿下饰弦纹一周，腹内壁出筋六条凸起明显。残高7.2、口沿径19.8、残底径约5.3厘米（图5-408；彩版5-575）。

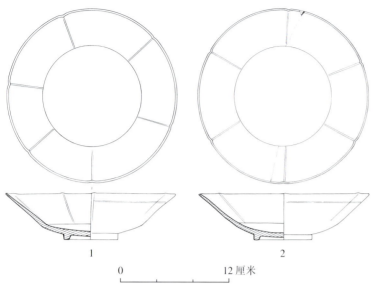

0　　　　　　　12厘米

图5-407　青釉六曲葵瓣浅腹碗

1、2. M20：19、20

彩版5-573　青釉六曲葵瓣浅腹碗 M20：19

彩版5-574　青釉六曲葵瓣浅腹碗 M20：20

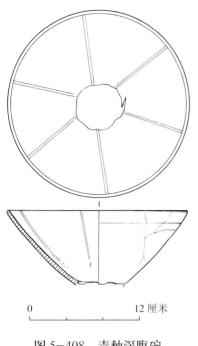

0            12厘米

图5-408 青釉深腹碗
M20：21

彩版5-575 青釉深腹碗 M20：21

（5）青釉托盏 1组2件。

M20：16-1、-2，出于西后室东壁下中部。轮制成型。由盏、盏托组合而成（图5-409，1；彩版5-576）。

M20：16-1，盏，断裂成数块，粘接，腹部残缺4处，修复完整。敞口，圆唇，斜腹，小圈足，内足心微下凹。内、外壁施满釉，足底刮釉露胎。釉色青灰。釉层较厚。釉面透亮，通体开片。灰胎，胎质坚硬细密，露胎处表面呈土黄色。外沿下饰弦纹一周，足内墙有粘砂（图5-409，2；彩版5-576）。

M20：16-2，盏托，完整。中空，直口，圆唇，弧颈较高，下出浅盘状托盘，盘设六曲荷叶状折沿，浅腹内壁出筋呈六曲葵瓣形与口沿相对应，圈足较高、足端外撇。内、外壁通

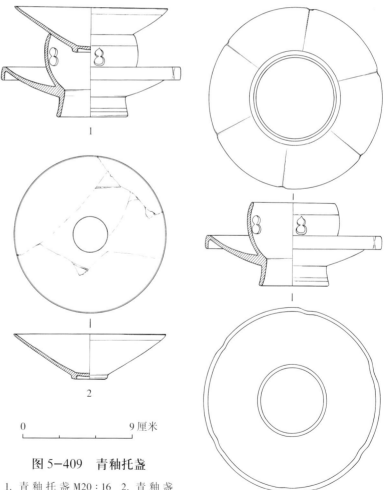

0           9厘米

图5-409 青釉托盏

1. 青釉托盏 M20：16 2. 青釉盏
M20：16-1 3. 青釉盏托 M20：16-2

施釉，足底刮釉露胎。釉色青灰。釉面透亮，通体开片。露胎处表面呈浅土黄色。颈下饰弦纹一周，颈中部等距离镂空葫芦形图案三个（图5-409，3；彩版5-576）。

彩版 5-576　青釉托盏 M20：16

　　通高 9.0、盏高 3.7、口沿径 12.5、圈足外径 2.9、托高 6.6、口沿径 7.1、盘沿径 14.4、圈足外径 6.0、足高 1.7 厘米。

### 2．陶器

　　共 8 件。器形有罐、盒等。

　　（1）双系罐　3 件。

　　M20：25、33、34，出于墓室扰土中。均残破，修复完整。轮制成型，做工粗糙。泥质灰陶。3 件形制、尺寸、质地基本相同。微侈口，厚圆唇，矮颈稍束，溜肩，鼓腹，下腹斜收，璧足外撇。肩腹部对称安条状凹面扁环系一双。

　　M20：25，底足坑洼不平。上腹部以黑彩绘短竖条纹一周，局部有缺。通高 10.7、口沿径 8.5、腹径 11.2、足外径 6.0 厘米（图 5-410，1；彩版 5-577）。

　　M20：33，足底粗涩。通高 11.7、口沿径 8.6、腹径 11.7、足外径 6.2 厘米（图 5-410，2；彩版 5-578）。

　　M20：34，表面粗涩，足底稍大，底面不平。通高 11.2、口沿径 8.4、腹径 11.6、足外径 5.5 厘米（图 5-410，3；彩版 5-579）。

1　　　　　　　　　　　2　　　　　　　　　　　3

0　　　　　　　9 厘米

图 5-410　双系罐
1~3. M20：25、33、34

彩版 5-577　双系罐 M20：25

彩版 5-578　双系罐 M20：33

彩版 5-579　双系罐 M20：34

（2）黑衣大圆盒　1件。

M20∶4，出于前室中部偏北。残碎为多块，粘接修复完整。轮制成型。泥质灰陶。盒呈扁圆体，由盖、身两部分组合而成。盖顶面平整，立沿竖直略外斜，下成方唇母口。顶内壁中部阴刻纵横方格各5行，格内刻仿金文5行，满行5字，共24字（见附一）。盒身置微敛高子口，窄平沿，直腹稍弧，大平底，外底心微内凸。通体素面，外壁抛光并加施黑色外皮、明亮细滑，内壁为灰陶本色，未做抛光，有较多深褐色片斑。盖顶、腹壁、外底局部泛白，表面有长期触摸、磨损痕迹。通高12.5、盖高3.8、盖面直径27.6、盖口沿径28.2、盒高9.7、子口沿径26.3、腹径28.2、底径26.0厘米（图5-411；彩版5-580）。

附一　盖内面铭刻释录文：

维元符三年 /

庚辰七月癸 /

酉河東毋雍 /

为　外大父 /

吕伯進甫作 /

盖内面铭刻句读为：

维元符三年庚辰七月癸酉，河东毋雍为外大父吕伯进甫作[1]。

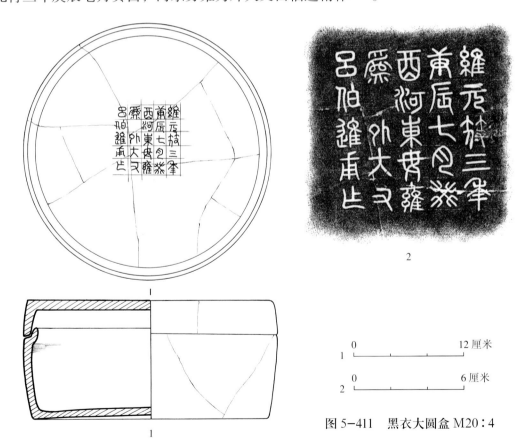

图5-411　黑衣大圆盒 M20∶4

---

[1]M20为吕大忠墓，《宋史·卷三百四·列传第九十九》记："大忠字进伯。"其墓志铭文中对此亦有明确记载。"外大父"者，外祖父也。"河东毋庸"应是吕大忠的外孙，吕大忠适于河东之女儿所生。

彩版 5-580　黑衣大圆盒 M20：4

（3）黑衣筒形盒　4件。

M20：5~8，出于前室中部偏北及西后室入口外。轮制而成。泥质灰陶。由盖、身两部分组成。其形制、尺寸、质地、色彩基本相同。盖为平顶，立沿，母口，方唇。盒身置高子口，窄平沿，深筒腹、下腹略内收，平底。通体素面，内壁为灰陶本色，未做抛光，外壁施黑色外皮，磨制光滑细腻，有使用触摸痕迹。

M20：5，基本完整，盖顶沿、盒身口沿下有磕碰所至表层脱落现象。器内壁、底附着褐色粉状物斑痕。通高9.0、盖口沿径8.0、盒身高7.8、子口径6.9、底径7.4厘米（图5-412，1；彩版5-581）。

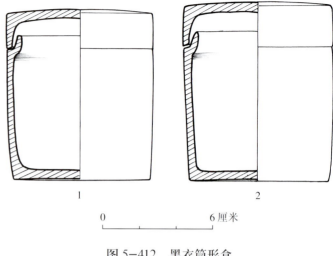

0　　　　　　　　6厘米

图5-412　黑衣筒形盒

1、2. M20：5、6

彩版5-581　黑衣筒形盒 M20：5

彩版5-582　黑衣筒形盒 M20：6

M20：6，基本完整，顶沿有磕豁。底沿磨损清晰，器表黑皮局部似因长期使用而摩擦泛白。通高9.3、盖口沿径8.2、盒身高7.9、子口径7.2、底径7.6厘米（图5-412，2；彩版5-582）。

M20：7，基本完整，子口沿内有磕豁。外腹壁下部有土锈，内腹壁附着褐色斑痕。通高9.3、盖口沿径8.1、盒身高7.6、子口径7.0、底径7.4厘米（图5-413，1；彩版5-583）。

M20：8，破碎为多片，粘接修复基本完整。内壁附着褐色斑痕，外壁似因长期触摸而导致黑皮磨损泛白。通高9.3、盖口沿径7.9、盒身高7.8、子口径6.9、底径7.5厘米（图5-413，2；彩版5-584）。

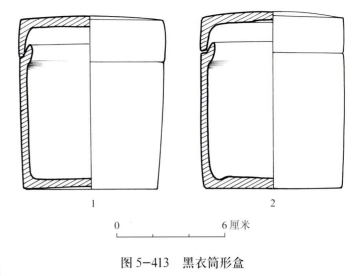

图 5-413　黑衣筒形盒

1、2. M20：7、8

彩版 5-583　黑衣筒形盒 M20：7

彩版 5-584　黑衣筒形盒 M20：8

现场清理可见，4 号大盒与 5、6、7 号筒形小盒同出一处，制作工艺相同，大盒破碎、小盒倾倒于大盒一侧并基本完整，唯 8 号小盒独存于西后室入口前且破碎较甚。故疑 4 件小盒原套装于大盒内为一组，后因坍塌、盗扰而呈现状。经套装，其各自尺寸恰能相互适合。原大盒内也许另有其他配套小器物共存（见彩版 5-580）。

### 3. 银器

仅 1 件，为孔雀童子纹圆盘。

孔雀童子纹圆盘　1 件。

编号 M20：37，出于墓室扰土中。锈蚀严重，挤压变形，整体缺失约三分之一。锤鍱模印而成。器壁单薄，敞口，窄卷沿，浅直腹，大平底。外腹壁相间模压八个海棠花式壶门与八枝折枝花，壶门内有身着花点纹肚兜、长裤，颈带项圈，飘带绕身的童子于草地上踢球、舞剑、习武、下蹲、挑担、牵马等不同姿式的图案，周围空处饰鱼子底纹；八枝折枝花分别为四枝牡丹、四枝菊花相间装饰于两壶门间。外底以大小不等的双重十一曲花瓣式规范划分为内、外两区，内区指底心部，饰共衔折枝团花、反向翱飞孔雀两只；外区环绕波浪式缠枝蔓草、菊花、桃花图案。两区空处皆填充鱼子底纹。因器壁极薄，外壁模压花纹均可于内壁见其轮廓。通体鎏金。高 3.1、口沿径 18.2、底径约 15.2 厘米（图 5-414；彩版 5-585）。

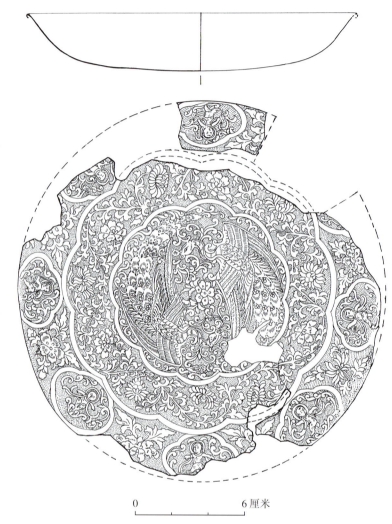

图 5-414　孔雀童子纹圆盘 M20：37

彩版 5-585　孔雀童子纹圆盘 M20：37

### 4．铜器

共 3 件（组）。器形有簪、带扣。

（1）簪　2 件。

M20：23、40，出于西后室墓主头部及扰土中。断裂。捶揲成形。2 件形制、尺寸完全相同。细条状，簪头略细，顶端圆弧，中部稍宽为片形，末端较尖，通体素面。

M20：40，簪首、末均失仅存簪身一截。残长 12.8、最宽处 0.3 厘米（图 5–415，1；彩版 5–586，上）。

M20：23，断为 2 截，可粘接复原。长 22.0、厚 0.1、最宽处 0.3 厘米（图 5–415，2；彩版 5–586，下）。

（2）带扣　1 件。

M20：55，出于东后室棺内。一侧断裂，已粘接。捶揲焊接成形。现余部分呈"⊥"形，下部为细圆柱式横轴，上套舌形扣针。长 7.1、宽 2.0 厘米（图 5–415，3；彩版 5–587）。

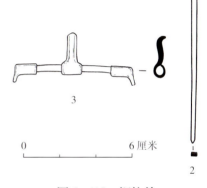

图 5–415　铜饰件

1、2. 簪 M20：40、23　3. 带扣 M20：55

彩版 5–586　簪 M20：40、23

彩版 5–587　带扣 M20：55

### 5．铜钱

完整、可辨字迹者共 67 枚。M20：24–1~67，散置于东、西后室棺内。浇铸成形。种类有货泉、开元通宝、乾元重宝、太平通宝、淳化元宝、至道元宝、咸平元宝、景德元宝、祥符元宝、天禧通宝、天圣元宝、景祐元宝、皇宋通宝、嘉祐通宝、治平通宝、治平元宝、熙宁元宝、元丰通宝等。

（1）货泉　2 枚。

钱体轻薄，品相较佳，正、背两面外廓窄而凸出，穿孔大而方正。正面外廓微内斜，篆书钱文右左对读，字体大，笔画纤细。背面光素。钱径 2.3、穿边长 0.7 厘米，重 2.8 克。标本 M20：24–1（图 5–416，1；彩版 5–588，1）。

（2）开元通宝　14 枚。

器体有大、小两种。

大者：13 枚。品相较佳，正、背两面内、外廓较窄而规整，穿孔较大。正面楷书钱文对读，笔画纤细。背面光素无纹，稍有错范。钱径 2.5、穿边长 0.7 厘米，重 3.7 克。标本 M20∶24-3（图 5-416，2；彩版 5-588，2）。

小者：1 枚。M20∶24-16，正、背两面内、外廓窄而低平，穿孔较小、歪斜。正面楷书钱文对读，笔画较粗而模糊。背面光素无纹。钱径 2.3、穿边长 0.6 厘米，重 2.4 克（图 5-416，3；彩版 5-588，3）。

（3）乾元重宝　1 枚。

M20∶24-17，钱体轻薄，品相较差，正、背两面内、外廓较窄而低平，穿孔较大。正面楷书钱文顺时针旋读，笔画较细而字迹清楚。背面光素。钱径 2.25、穿边长 0.65 厘米，重 3.45 克（图 5-416，4；彩版 5-588，4）。

（4）太平通宝　2 枚。

钱体规整，品相佳，正面外廓宽而凸出，穿孔小且方正，楷书钱文对读，字体大，笔画粗而清晰。背面光素无纹，外廓宽而低平。钱径 2.4、穿边长 0.55 厘米，重 2.8 克。标本 M20∶24-22（图 5-417，1；彩版 5-589，1）。

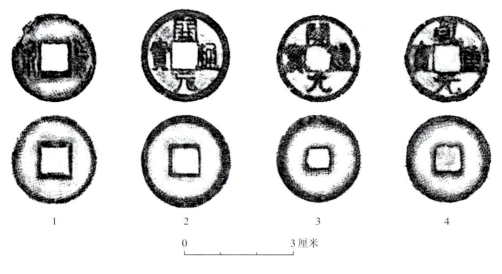

图 5-416　铜钱拓片

1. 货泉 M20∶24-1　2、3. 开元通宝 M20∶24-3、-16　4. 乾元重宝 M20∶24-17

彩版 5-588　铜钱 M20∶24-1、-3、-16、-17

（5）淳化元宝 1枚。

M20：24-24，品相较佳，正面外廓宽而凸出，穿孔小而规整，楷书钱文顺时针旋读，字体小且清晰，笔画较细。背面光素无纹，外廓宽而低平，稍有错范。钱径2.4、穿边长0.5厘米，重3.3克（图5-417，2；彩版5-589，2）。

（6）至道元宝 3枚。

钱文有楷、草两种书体，由此分做两型。

A型：楷书2枚。品相较佳，正面外廓宽而凸出，穿孔小而方正，楷书钱文顺时针旋读，字体小而清晰，笔画较细。背面光素无纹，外廓宽而凸出。钱径2.45、穿边长0.55厘米，重3.35克。标本M20：24-25（图5-417，3；彩版5-589，3）。

B型：草书1枚。M20：24-27，廓沿稍残。正面外廓宽而凸出，穿孔小而方正，草书钱文顺时针旋读，字体小，笔画较细。背面光素无纹，外廓宽且低平，稍有错范。钱径2.5、穿边长0.55厘米，重3.3克（图5-417，4）。

（7）咸平元宝 1枚。

M20：24-28，钱体规整，品相佳，正、背两面内、外廓整齐，穿孔小且方正。正面外廓宽而凸出，楷书钱文顺时针旋读，笔画较粗，字体清晰。背面光素无纹。钱径2.5、穿边长0.55厘米，重3.5克（图5-417，5；彩版5-589，4）。

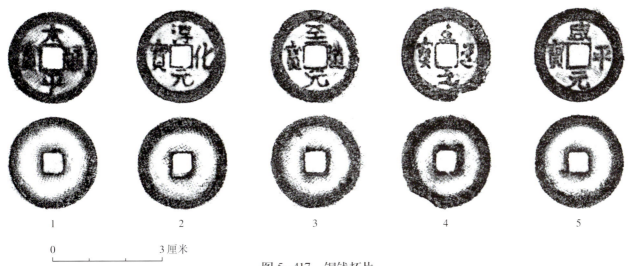

1　　　　2　　　　3　　　　4　　　　5

0　　　　　3厘米

图5-417 铜钱拓片

1.太平通宝 M20：24-22　2.淳化元宝 M20：24-24　3、4.至道元宝 M20：24-25、-27　5.咸平元宝 M20：24-28

彩版5-589 铜钱 M20：24-22、-24、-25、-28

（8）景德元宝　4枚。

品相较佳，正、背两面外廓宽而凸出，穿孔较小方正。正面楷书钱文顺时针旋读，字体小，笔画粗而清晰。背面光素无纹。钱径2.5、穿边长0.5厘米，重3.3克。标本M20：24-29（图5-418，1；彩版5-590，1）。

（9）祥符元宝　6枚。

钱体规整，品相较佳，正、背两面内、外廓规整，外廓宽而凸出，穿孔小而方正。正面楷书钱文顺时针旋读，字体小且清晰，笔画较粗。背面光素无纹。钱径2.5、穿边长0.55厘米，重3.5克。标本M20：24-33（图5-418，2；彩版5-590，2）。

（10）天禧通宝　4枚。

品相较佳。正、背两面外廓宽而凸出，穿孔较小。正面楷书钱文顺时针旋读，字体小而模糊，笔画较粗。背面光素无纹。钱径2.5、穿边长0.55厘米，重3.6克。标本M20：24-39（图5-418，3；彩版5-590，3）。

（11）天圣元宝　3枚。

钱文有楷、篆两种不同书体，分两型。

A型：篆书1枚。M20：24-43，品相较差，正面外廓较宽而凸出，穿孔大而不方正，篆书钱

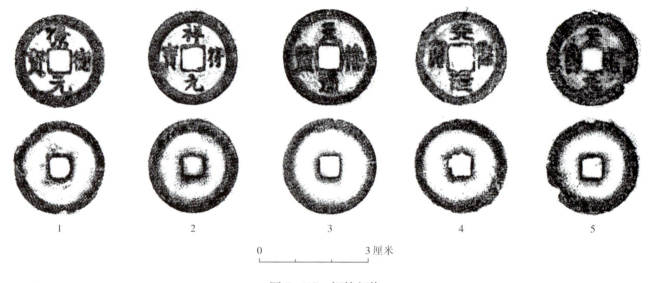

0　　　　　　3厘米

图5-418　铜钱拓片

1. 景德元宝 M20：24-29　2. 祥符元宝 M20：24-33　3. 天禧通宝 M20：24-39　4、5. 天圣元宝 M20：24-43、-44

彩版5-590　铜钱 M20：24-29、-33、-39、-43

文顺时针旋读，字体小而模糊，笔画较粗。背面光素无纹，外廓宽而凸出，稍有错范。钱径2.5、穿边长0.6厘米，重4.1克（图5-418，4；彩版5-590，4）。

B型：楷书2枚。品相较差，正面外廓宽而凸出，穿孔较小，楷书钱文顺时针旋读，字体小而模糊。背面光素无纹，外廓宽而凸出，稍有错范。钱径2.4、穿边长0.55厘米，重2.8克。标本M20：24-44（图5-418，5）。

（12）景祐元宝　1枚。

M20：24-46，钱体轻薄，品相较差，正面内、外廓窄而凸出，穿孔大而不方正，楷书钱文顺时针旋读，字体小而清晰，笔画较粗。背面光素无纹，外廓宽而低平，稍有错范。钱径2.5、穿边长0.7厘米，重2.7克（图5-419，1；彩版5-591，1）。

（13）皇宋通宝　4枚。

有楷、篆两种书体，分两型。

A型：楷书3枚。品相较佳，正、背两面内、外廓较宽低平，穿孔较大。正面楷书钱文对读，字体小，笔画较粗、清晰。背面光素。钱径2.5、穿边长0.7厘米，重3.0克。标本M20：24-18（图5-419，2；彩版5-591，2）。

B型：篆书1枚。M20：24-21，品相较佳，穿孔较大而方正，正面外廓宽而凸出，篆书钱文对读，字体较大，笔画纤细清晰。背面光素无纹，外廓沿低平，稍有错范。钱径2.5、穿边长0.7厘米，重4.0克（图5-419，3）。

（14）嘉祐通宝　1枚。

M20：24-47，钱体轻薄，品相较差，正面内、外廓窄而凸出，穿孔大，篆书铸文对读，字体小而模糊，笔画纤细。背面光素无纹，无内、外廓。钱径2.4、穿边长0.6厘米，重2.65克（图5-420，1；彩版5-592，1）。

（15）嘉祐元宝　1枚。

M20：24-48，品相较差，正面内、外廓较窄而凸出，穿孔小，楷书钱文顺时针旋读，字体小而模糊，笔画纤细。背面光素无纹，外廓宽而凸出。钱径2.5、穿边长0.55厘米，重3.3克（图5-420，2；彩版5-592，2）。

（16）治平通宝　1枚。

M20：24-49，钱体规整，品相较佳，正面外廓较宽而凸出，穿孔方大，楷书钱文对读，字体较小而清晰，笔画较细。背面光素无纹，外廓宽而低平，稍有错范。钱径2.4、穿边长0.7厘米，重3.0克（图5-420，3；彩版5-592，3）。

（17）治平元宝　3枚。

钱文有篆、行两种书体，分两型。

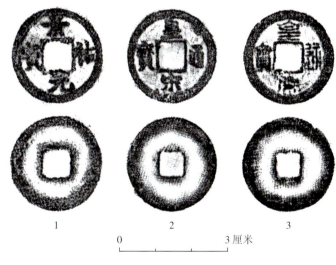

图5-419　铜钱拓片

1. 景祐元宝 M20：24-46　　2、3. 皇宋通宝 M20：24-18、-21

彩版5-591　铜钱 M20：24-46、-18

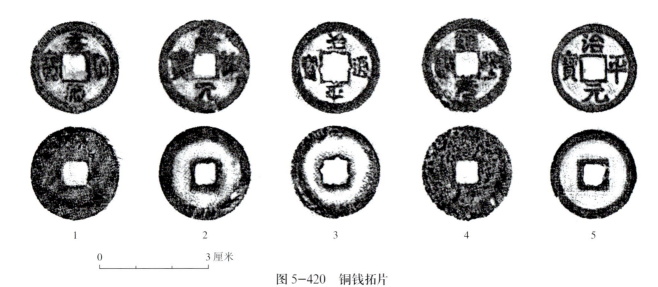

0　　　　　　　　3厘米

图5-420　铜钱拓片

1.嘉祐通宝 M20：24-47　2.嘉祐元宝 M20：24-48　3.治平通宝 M20：24-49　4、5.治平元宝 M20：24-50、-51

彩版5-592　铜钱 M20：24-47、-48、-49、-50

A型：篆书1枚。M20：24-50，品相较差，正面廓宽而凸出，穿孔较小，篆书钱文顺时针旋读，字体小而模糊，笔画较细。背面光素无纹，廓沿宽而低平。钱径2.4、穿边长0.6厘米，重3.4克（图5-420，4；彩版5-592，4）。

B型：行书2枚。钱体较小，品相好，正面廓窄而凸出，穿孔较小，行书钱文顺时针旋读，字体大而清晰，笔画粗。背面光素无纹，廓宽而凸出。钱径2.3、穿边长0.6厘米，重3.8克。标本 M20：24-51（图5-420，5）。

（18）熙宁元宝　12枚。

钱文有篆、楷两种书体，分两型。

A型：篆书8枚。品相较差，正面外廓宽而低平，穿孔较大、方正，篆书钱文顺时针旋读，字体大而清晰，笔画纤细。背面光素无纹，外廓宽而凸出。钱径2.4、穿边长0.6厘米，重3.4克。标本 M20：24-53（图5-421，1；彩版5-593，1）。

B型：楷书4枚。品相差，正面外廓宽且凸出，穿孔大而方正，楷书钱文顺时针旋读，字体较小且模糊，笔画显粗。背面光素，外廓宽而稍有叠范。钱径2.4、穿边长0.6厘米，重2.8克。标本 M20：24-61（图5-421，2；彩版5-593，2）。

（19）元丰通宝　3枚。

钱文有篆、行两种书体，分两型。

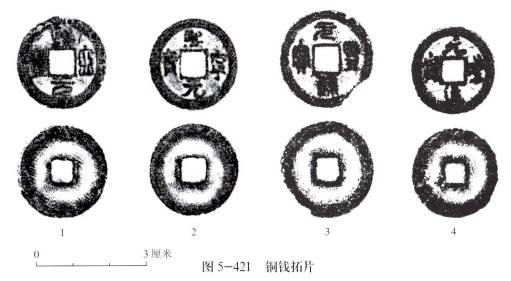

0 　　　　　　　　3厘米

图 5-421　铜钱拓片

1、2. 熙宁元宝 M20：24-53、-61　　3、4. 元丰通宝 M20：24-65、-66

彩版 5-593　铜钱 M20：24-53、-61、-65、-66

A 型：篆书 1 枚。编号 M20：24-65，钱体大而轻，品相较佳，正面外廓窄而凸出，穿孔大而方正，篆书钱文顺时针旋读，字体大且模糊，笔画较细。背面光素无纹，外廓宽而凸出。钱径 2.5、穿边长 0.65 厘米，重 2.8 克（图 5-421，3；彩版 5-593，3）。

B 型：行书 2 枚。钱体小，品相较好。正面外廓较宽而凸出，穿孔小且方正，行书钱文顺时针旋读，字体小而模糊，笔画细。背面光素无纹，外廓宽而低平。钱径 2.3、穿边长 0.55 厘米，重 2.9 克。标本 M20：24-66（图 5-421，4；彩版 5-593，4）。

### 6. 铁器

共 8 件（组）。器形有剪刀、铧、圆形器底、棺环。

（1）剪刀　5 件。

均出土于墓室扰土中。均锈蚀残断。铸造成形。现以剪柄形制不同分四型。

A 型：1 件。M20：30，一侧刀尖断失。剪柄由四棱粗铁条曲折成 "8" 字形交口，刀面上窄下宽呈窄三角形，内面启刃。通长 21.5、刀长 9.0、最宽处 2.5 厘米（图 5-422，1；彩版 5-594，1）。

B 型：2 件。M20：29、32，剪柄曲圈成尖桃形，末端外卷翻，交口以铆钉固定，两刀细短而尖利。

M20：29，下刀尖及两柄端均残失，柄截面呈扁长方形。残通长 18.6、刀长 5.0、最宽处 1.5 厘米（图 5-422，2；彩版 5-594，2）。

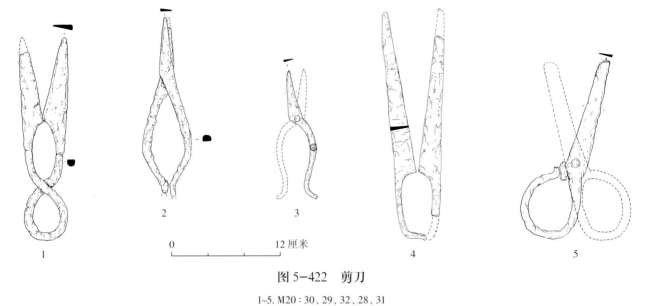

图 5-422　剪刀

1~5. M20：30、29、32、28、31

彩版 5-594　剪刀 M20：30、29、28

　　M20：32，仅残存一侧刀及柄，柄截面呈圆柱状，刀锋尖利。通长 14.0、刀长 5.4、最宽处 1.2 厘米（图 5-422，3）。

　　C 型：1 件。M20：28，剪柄以铁条折成"u"式，局部残失，两刀细长，一侧刀尖缺失，内面启刃。通长 25.0、刀长 17.5、最宽处 2.2 厘米（图图 5-422，4；彩版 5-594，3）。

　　D 型：1 件。M20：31，残存一刀及柄，刀面较宽长，尖部残缺。残通长 19.8、最宽处 2.3 厘米（图 5-422，5）。

　　（2）铁铧　1 件。

　　M20：1，出于前室东壁下偏南处。完整，锈蚀，经除锈现表面光滑。生铁浇铸成形。燕尾状，中空，两面脊棱凸起，背面脊棱顶端为圆孔一个，锋呈圆弧形，锐利。长 16.8、宽 16.8、高 7.8 厘米（图 5-423；彩版 5-595）。

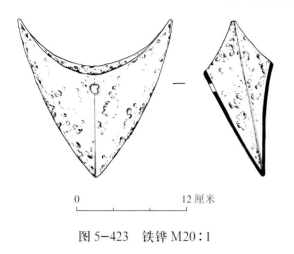

图 5-423　铁铧 M20：1

彩版 5-595　铁铧 M20：1

（3）圆形器底　1 件。

M20：18，出于西后室东北角。锈蚀严重。锤揲成形。器呈圆形薄片状，两面平整无纹饰，疑为某容器底部。直径 9.6、厚 0.1 厘米（图 5-424，1；彩版 5-596）。

（4）棺环　8 件。

M20：35-1~8，均出土于墓室扰土中。基本完整，锈蚀严重。铸造成形。就环截面的区别，8件明显分两型。

A 型：4 件。M20：35-1~4，环体较细，环横截面呈四边形，鸭嘴钉厚而长，后部衔于环上，前部两片合拢似鸭嘴般尖长。钉入棺木中后再将穿透露出部分向两边折开扒于棺内壁，使棺环极其牢固地附着于棺上。4 件形制、质地相同，尺寸基本一致。标本 M20：35-1，完整。环径 9.3、厚 1.0、鸭嘴钉长 10.5、宽 3.7 厘米（图 5-424，2）。

B 型：4 件。M20：35-5~8，环体粗壮，横截面呈椭圆形，鸭嘴钉细而尖长。4 件形制、质地相同，尺寸基本一致。标本 M20：35-5，完整。环径 10.4、厚 1.5、鸭嘴钉长 10.6、宽 3.0 厘米（图 5-424，3）。

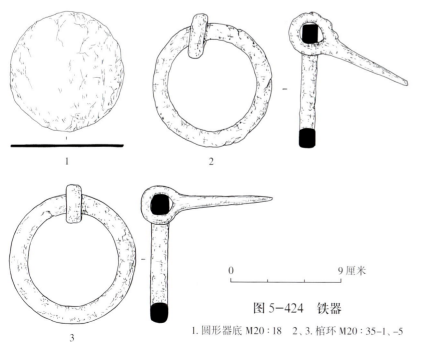

图 5-424　铁器

1. 圆形器底 M20：18　2、3. 棺环 M20：35-1、-5

彩版 5-596　圆形器底 M20：18

#### 7. 锡器

共 2 件（组）。器形有托盏、残容器。均为残片。

（1）托盏　1 组。

M20：17-1、-2，出于西后室东壁下偏北处。残损严重无法修复。浇铸模制。由盏、盏托两部分组成。

M20：17-1，盏，已变形，现仅存三分之一，敞口，方唇，浅腹微弧，平底，圈足已缺失。

M20：17-2，盏托，沿边亦残损过半，浅盘形，宽平沿，沿内凸起台面一周，台心下凹成平底，以承接盏底，下置圈足。

器表均光素无纹。盏口径约 7.6、腹深 2.7、盏托残高 3.0、托盘沿径约 15.0、托台沿内直径 5.1 厘米（图 5-425；彩版 5-597）。

（2）残容器　1 件。

M20：53，出于西后室东北角。已成多块残片，缺失太多，无法复原。模制成形。形制不明，仅见器壁上焊接扁条形系，推测应为容器（彩版 5-598）。

彩版 5-597　托盏 M20：17

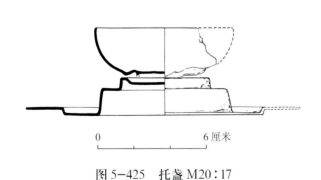

图 5-425　托盏 M20：17

彩版 5-598　残容器 M20：53

#### 8. 玉器

仅 1 件玉箫。

玉箫　1 件。

编号 M20：3，出于前室东壁下偏北处。完整。白玉雕琢成形。管状，首、尾细而中间略粗，首端沿一侧为半圆形气口，中部腹上一面纵向置等距离五个音孔，近末端又有横向并列两孔；另

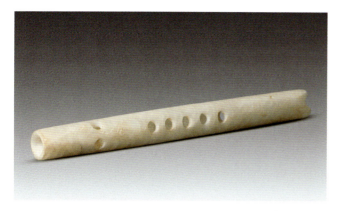

彩版 5-599　玉箫 M20∶3

一面中上部又镂圆孔一个。表面琢磨光滑，材质不够细腻，纹理结构明显。长26.3、直径 2.2~2.6、壁厚 0.3 厘米（图5-426；彩版 5-599）。

### 9. 石器

共 20 件（组）。器形有鼎、敦、磬、香熏、钵、盏、盘、碟、饰件等。因盗掘损坏严重，基本为残器。

（1）鼎　1 件。

M20∶42，出于前室西侧中部扰土中。破碎为多片，不能复原，下腹局部、底缺失。青灰色石雕琢而成。敛口，撇沿，圆唇，斜溜肩，深弧腹，底缺失，兽足。口沿至肩部对置扁条形半环状外沿起棱的双耳。石质疏松。通体素面抛光。残高 9.5、口沿径 18.5、足高 4.0 厘米（图5-427；彩版 5-600）。

（2）敦　1 件。

M20∶9，出于前室西侧中部扰土中。破碎为多片，不能复原，腹以下缺失。青灰色石雕琢而成。敛口，折沿，沿面稍凹，斜溜肩，深弧腹，腹下残缺。肩腹部对置扁条形半环状外沿起棱的双耳。石材质地疏松。外壁肩、腹部饰距离不等的粗弦纹六周。残高 13.0、口沿径13.2、腹径 15.5 厘米（图5-428；彩版 5-601）。

（3）磬　1 件。

M20∶11，出于前墓室中部偏北。股左上角缺损。雕凿磨制而成。勾倨与凹角均为 120°左右的钝角，以勾倨为准，鼓长而窄；股较短而宽，磬折处置圆形穿。正、背两面均无錾刻文字或纹饰，但一侧鼓面似有墨书

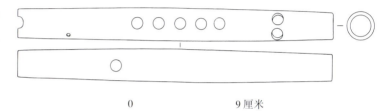

图 5-426　玉箫 M20∶3

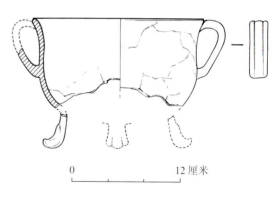

图 5-427　鼎 M20∶42

彩版 5-600　鼎 M20∶42

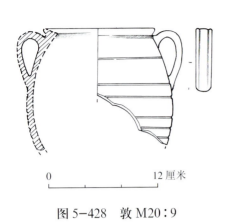

图 5-428　敦 M20：9

彩版 5-601　敦 M20：9

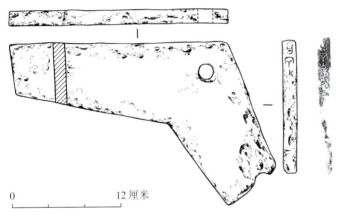

图 5-429　磬 M20：11

彩版 5-602　磬 M20：11

题迹两行，现已不能分辨字形，鼓立沿下端錾仿金文"锡山段"3字。灰色砂石质地，表面浸蚀严重、显斑驳。鼓长 18.0~24.0、宽 5.5~9.4 厘米，股长 9.0~15.5、宽 8.0~9.0 厘米，磬厚 1.5 厘米，穿直径 1.3 厘米（图 5-429；彩版 5-602）。

（4）香熏　2 件。

M20：45、46，出于前室西侧扰土中。均断残为多片，粘接，不能复原。青灰色石雕琢而成。素面。石料质地疏松。

M20：45，仅余香熏下部底盘残片 3 块，由此知底盘为敞口，宽平折沿，沿面稍内斜，浅斜直腹，大平底。底盘之上炉体已缺失。盘高 2.7、口沿径约 17.8 厘米（图 5-430，1）。

M20：46，残件 1 组 5 块，为底盘、炉柄的碎件。由此知，底盘为略敞口，宽平折沿，方唇，浅直腹微弧，大平底；炉柄仅有一段，柱状，横截面呈圆形。均素面。底盘残高约 2.7、盘沿径 20.0 厘米（图 5-430，2、3）。

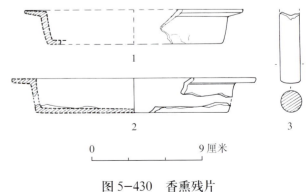

图 5-430　香熏残片

1. 香熏底盘 M20：45　2、3. 香熏残片 M20：46

（5）钵　3件。

M20：44、51、56，出于前室西侧扰土中。均破碎残缺，不能复原。青灰色石雕琢而成，质地疏松。

M20：44，现存残片4块，均属口沿。敛口，方唇，直弧腹下残缺。口沿下有弦纹一周。残高3.5、口径约为15.9厘米（图5-431，1）。

M20：51，残片1块，为口、腹部。直口，方唇，浅弧腹，其下残失。残高2.4、口径约为15.9厘米（图5-431，2）。

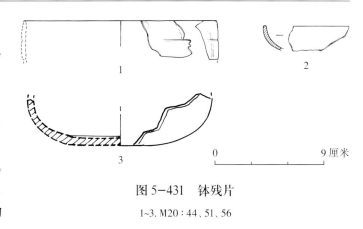

图5-431　钵残片

1~3. M20：44、51、56

M20：56，残片粘接后为腹、底局部。由此可知，原器为弧腹，大平底，内底微下凹，于底、腹相交处形成棱台一周。残高3.9、底径6.6厘米（图5-431，3）。

（6）盏形器　1件。

M20：43，出于前室西侧扰土中。仅余口、腹部残片。青灰色石雕琢而成。壁薄，敞口，尖圆唇，斜直腹，其下残失。石材质地疏松。素面，触摸光滑，应为实用器。残高2.8、口沿径14.0厘米（图5-432，1）。

（7）盘　2件。

M20：48、52，出于前室西侧扰土中。青灰色石雕琢而成。均为口沿处残片，不能复原。素面，石材质地疏松。

M20：48，口沿残片1块，直口，平折沿，沿面稍内斜，方圆唇，斜弧腹下部残缺。残高2.0、口径约为14.0厘米（图5-432，2）。

M20：52，口沿残片1块。直口，平折沿，方唇，弧腹下部残缺。残高2.0、口径约为16.0厘米（图5-432，3；彩版5-603）。

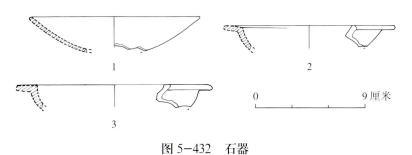

图5-432　石器

1. 盏形器 M20：43　2. 盘残片 M20：48　3. 盘口沿残片 M20：52

彩版5-603　盘口沿 M20：52

（8）菊瓣盘　1件。

M20：50，出于前墓室扰土中。现仅有口、腹部小残片5块。白石雕琢而成。盘为菊瓣式多楣直口，浅直腹，腹壁亦为菊瓣形与口沿相对应，平底、绝大部分残缺。石料洁白，质地较松散，表面因被浸蚀而显粗涩。外壁口沿下饰弦纹一周。高2.1厘米（图5-433，1）。

（9）碟　1件。

M20：41，出于前室西侧扰土中。断残为多片，粘接，不能复原。青灰色石雕琢而成。敞口，圆唇，

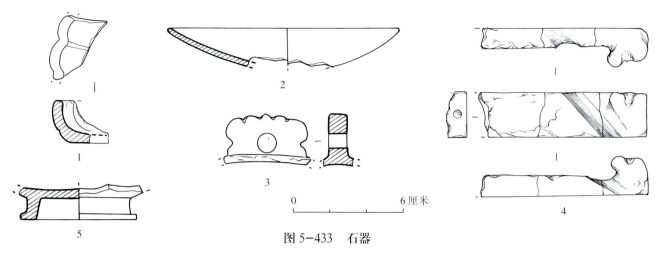

图 5-433　石器

1. 菊瓣盘碎片 M20：50　2. 残碟 M20：41　3. 器纽 M20：47　4. 饰件 M20：54　5. 残器底 M20：49

浅斜直腹，失底，推测似为小底。素面。石料质地疏松。残高 2.0、口沿径 12.5 厘米（图 5-433，2）。

（10）器纽　1 件。

M20：47，出于前室西侧扰土中。断裂，粘接，基本可复原。青灰色石雕琢而成。形制为和合式如意云头状，大致同于 M2：56 敦盖上提纽。不同处此纽中部有圆形穿孔一个可系绳索。故推测仍为敦盖提纽。素面。石料质地疏松。纽宽 4.5、高 2.0、厚 1.2、孔径 1.0 厘米（图 5-433，3）。

（11）饰件　1 件。

M20：54，出于前墓室扰土中。原器残损过甚、缺片太多而形制不明，现剩余部分断裂为 3 截，可粘接。白石雕琢而成。呈扁条形“⌐”状，横截面为窄长方矩形，一端上折残缺、另端残切面上正中有穿孔 1 个。石料洁白，质地较松散，表面因被浸蚀而显粗涩。器残长 9.5、宽 2.0、穿孔直径 0.5、深入器身约 0.5 厘米（图 5-433，4；彩版 5-604）。

（12）残器底　1 件。

M20：49，出于前室西侧扰土中。青灰色石雕琢而成。平底下置厚沿圈足，现圈足仅剩半圈。石料质地疏松。素面。残高 1.9、圈足径 6.4 厘米（图 5-433，5）。

彩版 5-604　饰件 M20：54

### 10. 玻璃器

共 3 组。

（1）黑色围棋子　1 组 2 件。

M20：57-1、-2，均出于前墓室扰土中。1 枚完整、另 1 枚残半。为黑色不透明玻璃制品。底面平坦，上面弧形隆起。色纯黑，面光亮。同现代围棋子非常接近。

标本 M20：57-1，完整。直径 1.8、厚 0.7

厘米（图5-434，1；彩版5-605）。

（2）围棋子 1组21枚。

M20：39-1~21，均出于前墓室扰土中。以墨绿色、白色不透明玻璃制成。黑子17枚，完整者10枚；白子4枚，均残缺。形制均为圆饼式，正、反面区别不明显，均光滑平坦（彩版5-605）。

黑子标本M20：39-1，完整。直径1.7、厚0.5厘米（图5-434，2；彩版5-606，1）。

白子标本M20：39-18，一半缺失。直径1.9、厚0.5厘米（图5-434，3；彩版5-606，2）。

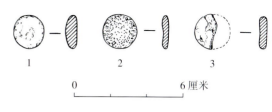

图5-434 玻璃围棋子

1、2. 黑色玻璃围棋子 M20：57-1、M20：39-1 3. 白色玻璃围棋子 M20：39-18

彩版5-605 黑色玻璃围棋子
M20：57-1

彩版5-606 玻璃围棋子 M20：39-1、-18

（3）料器残片 1包。

M20：22，出土于西侧室北部。均碎成小片或碎末，形制、个体不明。绿色半透明状，表面钙化严重。

**11. 其他**

墨块 1袋。

编号M20：38，出于前墓室扰土中。原为窄长方体，现仅剩下部一段，其余均成粉末。残墨块截面为长方形，折棱规矩，四面磨光，一侧面上有纵刻篆书"年立"两字[1]。残长3.8、截面长1.5、宽1.7厘米（图5-435；彩版5-607）。其成分、结构详见本报告柒第三章。

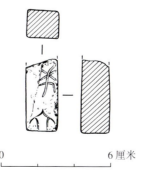

图5-435 墨块 M20：38

彩版5-607 墨块 M20：38

[1] M20：38墨上铭文由北京大学考古文博学院董珊教授释译。

## 12. 墓志

共 3 方（合）。

（1）吕大忠墓志 1 方。

M20：13，出于前室西北角。完整。青石雕凿磨制，无盖。长方形，志面抛光，其上楷书铭文 15 行，满行 15 字，共计 215 字（附二）。四立沿稍磨光，略显粗涩，素面无纹。长 46.0、宽 44.0、厚 15.0 厘米（图 5-436；彩版 5-608）。

附二 志铭录文：

宋故追復寶文閣直學士朝散大夫致 /

仕呂公之墓 /

公諱大忠字進伯其先出於汲郡後為 /

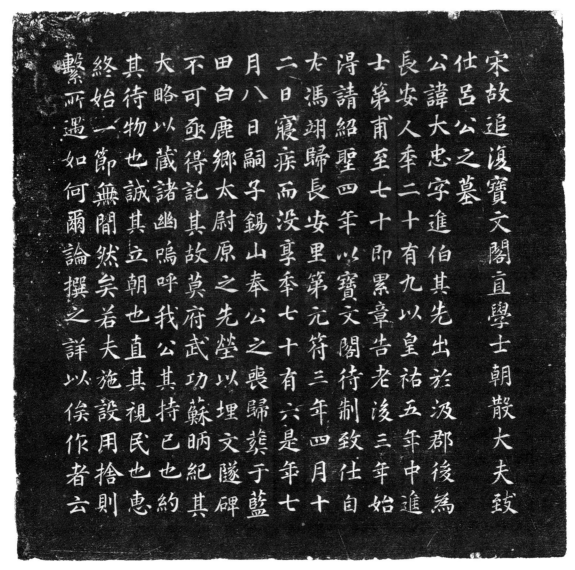

```
0          9厘米
```

图 5-436 吕大忠墓志 M20：13 拓片

長安人秊二十有九以皇祐五年中進／

士第甫至七十即累章告老後三年始／

淂請紹聖四年以寶文閣待制致仕自／

左馮翊歸長安里第元符三年四月十／

二日寢疾而没享秊七十有六是年七／

月八日嗣子錫山奉公之喪歸葬于藍／

田白鹿鄉太尉原之先塋以埋文隧碑／

不可亟得託其故莫府武功蘇晒紀其／

大略以蔵諸幽嗚呼我公其持已也約／

其待物也誠其立朝也直其視民也惠／

終始一節無間然矣若夫施設用捨則／

繋所遇如何爾論撰之詳以俟作者云／

（2）姚夫人墓志　1方。

M20：12，出土于前室西壁下北部。青石雕鑿
磨制，无盖。近方形，面抛光，其上楷书铭文18
行，正文满行15字，前3行题记与后2行纪年字
体较小，共计270字（附三）。四立沿粗涩，素面
无纹。边长37.0×36.0、厚10.0厘米（图5-437；
彩版5-609）。

附三　志铭录文：

宋故姚氏夫人墓誌銘

著作佐郎知鳳州河池縣事李周撰／

夫人姚氏世為京兆右姓祖度不羈樂／

施所交盡當世賢豪如蘇長史舜欽高／

處士懌皆從之游父鄩舉進士不第夫／

人性專靜不妄語笑年二十歸晉城令／

吕大忠晉城方少年喜賓客然病貧不／

能充所欲夫人嘗攜篋中玩好密授婢／

子以貫酒脯晉城愧其意乃曰吾祖所／

尚苟佳士日至此長物奚惜哉慶曆五／

年閏五月十五日因誕不育遂卒内外／

宗族皆相弔以泣嗚呼可無述乎銘曰／

生有所稱　　　殁有所歸／

弗迨者壽　　　夫何足悲／

羅道成刊／

嘉祐六年始葬藍田李村原熙寧七年九月改葬／

縣北五里太尉原夫人是時追封真寧縣君／

吕公為寶文閣直學士葬其繼室樊／

彩版5-608　吕大忠墓志 M20：13

彩版5-609　姚夫人墓志 M20：12

0　　　　　9厘米

图 5-437　姚夫人墓志 M20：12 拓片

氏因易夫人棺椁衣衾同祔先茔 /
绍圣三年十月二十九日侄（姪）至山記 /
（3）樊夫人墓志　1 合。

M20：26、27，出于东后室壁龛内。青石
雕凿磨制，由盖、志两部分组为一合。盖为方
形，面抛光，阴刻篆书铭文 4 行 12 字（附四），
四立沿略显粗涩，素面无纹。边长 68.5、厚
12.2 厘米。

志亦方形，面抛光，楷书铭文 25 行，正
文满行 24 字；前 2 至 4 行结衔题记字体较小，
每行 31~43 字不等；最后一行为 2 字镌刻者姓
名，字体更小而模糊，全文共计 597 字（附五）。
四立沿略显粗涩，素面无纹。边长 70.5、厚
13.0 厘米（图 5-438、439；彩版 5-610）。

0　　　　　24厘米

图 5-438　樊夫人墓志盖 M20：26 拓片

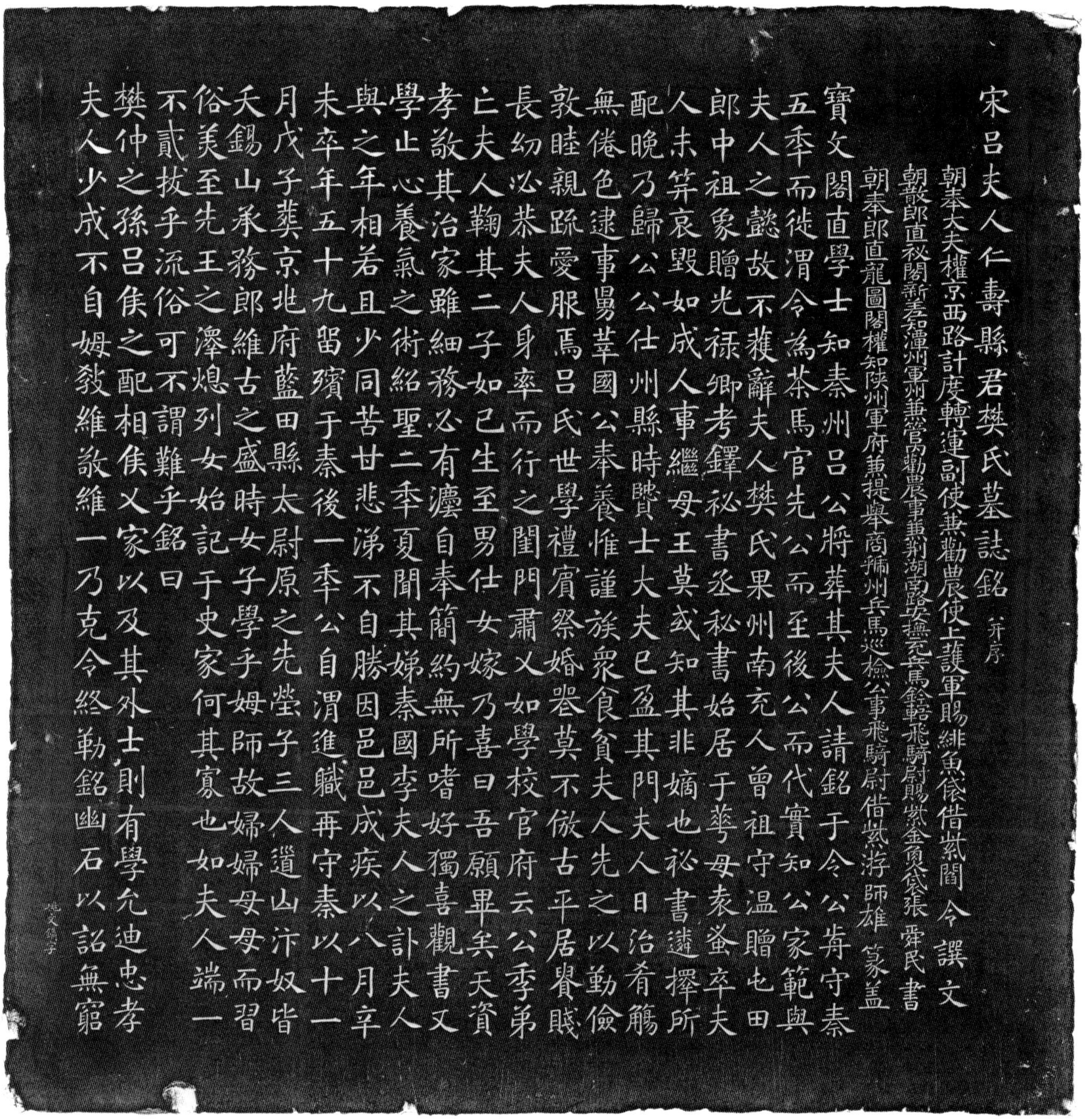

宋呂夫人仁壽縣君樊氏墓誌銘 并序

朝奉大夫權京西路計度轉運副使兼勸農使上護軍賜緋魚袋借紫閣令　撰文

縠郎直祕閣新差知潭州軍州兼管勸農事兼提舉商稫州兵巡檢公事飛騎尉賜紫游師雄　篆蓋

轂郎直龍圖閣權知陝州軍府事荊湖南路安撫兵馬鈐轄飛騎尉賜紫金魚袋張燾　書

寶文閣直學士知泰州呂公將葬其夫人請銘于令公肹守泰
文郎中祖之懿故令為泰州馬官先公而至後公而代實
五季之從徙渭令不覆薛卿夫人鐸丞秘書莫或巳知其始居于蓴母袤釜贈卒
人中晚色乃歸公如光祿人考母秘書王大夫秘書始人曾祖溫公家範與
郎未哀毀如仕成州縣時贍士惟莫盈其嫡也祕書日治肴
配無倦親踪愛馬呂氏世學養母王繼適閭宾祭眾卷貧夫人先平居勤儉
長幼必恭夫人身率而行之門女义婚如莫不古公季弟
敦睦其二子如己生至閭宾蕭祭乃學校官府云畢其天資
孝夫人治家雖細務必有後男奉仕簡約無所嗜好人獨喜觀書又
學止其心相氣且少殯于泰後一季夏自聞其自勝泰邑李再守泰以八十一辛
與之術同苦甘二悲涕不其自渭進職三人道山汙皆習
未卒之年相若且少殯于藍田縣太尉原之先女始時記子史家姆師其寡也如夫
月戊子山藍田之盛列女時始記于學子何其外士則有學允迪忠
天錫至承京府郎維古熄之盛列女始時何其寡也如夫人端一
俗美拔手先王務京郎維古熄之盛
不貳之孫呂佚之可不謂難乂家銘以及其外士則有學允迪忠孝
樊仲之孫呂流俗自姆教維敬維一乃克令終
夫人少成不自姆教維敬維一乃克令終勒銘幽石以詔無窮

0　　　　　　12厘米

图5-439　樊夫人墓志铭 M20：27 拓片

附四　盖铭录文：

有宋故 / 仁壽縣 / 君樊氏 / 墓誌銘 /

附五　志铭录文：

宋呂夫人仁壽縣君樊氏墓誌銘并序 /

朝奉大夫權京西路計度轉運副使兼勸農使上護軍賜緋魚袋借紫閣令撰文 /

朝散郎直祕閣新差知潭州軍州兼管内勸農事兼荆湖南路安撫充兵馬鈐轄飛騎尉賜紫金魚袋張舜民書／

朝奉郎直龍圖閣權知陝州軍府兼提舉商虢州兵馬巡檢公事飛騎尉借紫遊師雄篆盖／

寶文閣直學士知秦州吕公將葬其夫人請銘于令公耆守秦／

五季而徙渭令為茶馬官先公而至後公而代實知公家範與／

夫人之懿故不獲辭夫人樊氏果州南充人曾祖守温贈屯田／

郎中祖象贈光禄卿考鐸祕書丞秘書始居于莩母袁蚤卒夫／

人未笄哀毁如成人事繼母王莫或知其非嫡也祕書遴擇所／

配晚乃歸公公仕州縣時賢士大夫已盈其門夫人日治肴觴／

無倦色逮事舅莘國公奉養惟謹族眾食貧夫人先之以勤儉／

敦睦親疏愛服焉吕氏世學禮賓祭婚喪莫不倣古平居貴賤／

長幼必恭夫人身率而行之閨門蕭乂如學校官府云公季弟／

亡夫人鞠其二子如己生至男仕女嫁乃喜曰吾願畢矣天資／

孝敬其治家雖細務必有慮自奉簡約無所嗜好獨喜觀書又／

學止心養氣之術紹聖二季夏聞其娣秦國李夫人之訃夫人／

與之年相若且少同苦甘悲涕不自勝因邑邑成疾以八月辛／

未卒年五十九留殯于秦後一季公自渭進職再守秦以十一／

月戊子葬京兆府藍田縣太尉原之先塋子三人道山汧奴皆／

天錫山承務郎維古之盛時女子學乎姆師故婦婦母母而習／

俗美至先王之澤熄列女始記于史家何其寡也如夫人端一／

不貳拔乎流俗可不謂難乎銘曰／

樊仲之孫吕侯之配相侯乂家以及其外士則有學允迪忠孝／

夫人少成不自姆教維敬維一乃克令終勒銘幽石以詔無窮／

姚文鐫字／

彩版 5-610　樊夫人墓志 M20：26、27

（4）吕大忠墓志考释

志文句读：

宋故追复宝文阁直学士[1]、朝散大夫[2]致仕吕公之墓

公讳大忠，字进伯，其先出于汲郡[3]，后为长安人。年

［1］宝文阁直学士：性质：朝官。"宝文阁学士　直学士　待制　阁在天章阁之东西序，群玉、蕊珠殿之北。即旧寿昌阁，庆历改曰宝文。嘉祐八年，英宗即位，诏以仁宗御书、御集藏于阁，命王珪撰记立石。治平四年，神宗即位，始置学士、直学士、待制，恩赐如龙图。英宗御书附于阁。学士，治平四年初置，以吕公著兼。直学士，治平四年初置，以邵必为之。待制，治平四年初置。"《宋史·卷一百六十二·职官二》，中华书局，1985年，第3820页。职责：应是对饱学之士的一种较高荣誉、待遇，无实职。品秩：从三品。《宋史·卷一百六十八·职官八》，中华书局，1985年，第4014页。俸禄：不明。

［2］朝散大夫：性质：文散官。《宋史·卷一百六十九·职官九》，中华书局，1985年，第4053页。职责：文散官，无具体职责。品秩：从五上，改制后为从六品。《宋史·卷一百六十九·职官九》，中华书局，1985年，第4050页。《宋史·卷一百六十八·职官八》，中华书局，1985年，第4015页。俸禄：月俸三十五千，等。《宋史·卷一百七十一·职官十一》，中华书局，1985年，第4110页。

［3］汲郡："（河北）西路。府四：真定，中山，信德，庆源。州九：相，浚，怀，卫，洺，深，磁，祁，保。军六：天威，北平，安肃，永宁，广信，顺安。县六十五。"《宋史·卷八十六·地理二》，中华书局，1985年，第2126页。"卫州，望，汲郡，防御。"《宋史·卷八十六·地理二》，中华书局，1985年，第2128页。【注】历史故名，西晋泰始二年（266年）始置。北宋时属河北西路隶下，治所在今河南省卫辉市附近。

二十有九，以皇祐五年中进士第。甫至七十即累章告老，后三年始得请。绍圣四年以宝文阁待制[1]致仕，自左冯翊[2]归长安里第。元符三年四月十二日寝疾而没，享年七十有六。是年七月八日，嗣子锡山奉公之丧，归葬于蓝田[3]白鹿乡太尉原之先茔，以埋文隧碑不可亟得，讬其故莫府武功[4]苏晒纪其大略，以藏诸幽。呜呼！我公其持已也约，其待物也诚，其立朝也直，其视民也惠，终始一节，无间然矣。若夫施设用舍，则繫所遇如何尔。论撰之详，以俟作者云。

（5）姚夫人墓志考释

志文句读：

宋故姚氏夫人墓志铭

著作佐郎[5]、知凤州河池县[6]事[7]李周撰

夫人姚氏，世为京兆右姓。祖度，不羁乐施，所交尽当世贤豪，如苏长史舜钦[8]、高处士怪，

　　[1]宝文阁待制：性质：朝官。"宝文阁学士　直学士　待制　阁在天章阁之东西序，群玉、蕊珠殿之北。即旧寿昌阁，庆历改曰宝文。嘉祐八年，英宗即位，诏以仁宗御书、御集藏于阁，命王珪撰记立石。治平四年，神宗即位，始置学士、直学士、待制，恩赐如龙图。英宗御书附之阁。学士，治平四年初置，以吕公著兼。直学士，治平四年初置，以邵必为之。待制，治平四年初置。"《宋史·卷一百六十二·职官二》，中华书局，1985年，第3820页。职责：应是对饱学之士的一种较高荣誉、待遇，无实职。品秩：从四品。《宋史·卷一百六十八·职官八》，中华书局，1985年，第4015页。俸禄：不明。

　　[2]左冯翊："左冯翊，故秦内史，高帝元年属塞国，二年更名河上郡，九年罢，復为内史。武帝建元六年分为左内史，太初元年更名左冯翊。……县二十四。"《汉书·卷二十八上·地理志第八上》，中华书局年，1985年，第1545页。【注】历史故名，汉代所置。所辖地区大部位于今陕西关中东部一带。绍圣四年吕大忠致仕后自北宋京城开封还故里长安，途经关中东部，关中东部为汉治左冯翊辖域，故有"自左冯翊归长安里第"一说。

　　[3]蓝田："永兴军路。府二：京兆，河中。州十五：陕，延，同，华，耀，邠，鄜，解，庆，虢，商，宁，坊，丹，环。军一：保安。县八十三。……京兆府，京兆郡，永兴军节度。本次府，大观元年升大都督府。旧领永兴军路安抚使。宣和二年，诏永兴军守臣等衔不用军额，称京兆府。……县十三：……蓝田，次畿。"《宋史·卷八十七·地理三》，中华书局，1985年，第2144页。【注】北宋属永兴军路。今为陕西省蓝田县。

　　[4]武功："永兴军路。府二：京兆，河中。州十五：陕，延，同，华，耀，邠，鄜，解，庆，虢，商，宁，坊，丹，环。军一：保安。县八十三。……京兆府，京兆郡，永兴军节度。本次府，大观元年升大都督府。旧领永兴军路安抚使。宣和二年，诏永兴军守臣等衔不用军额，称京兆府。……县十三：……武功，次畿。政和八年，同醴泉拨入醴州。"《宋史·卷八十七·地理三》，中华书局，1985年，第2144页。【注】北宋属永兴军路京兆府隶下，今为陕西省武功县。

　　[5]著作佐郎：性质：职事官，属秘书省。职责："秘书省　监、少监、丞各一人，监掌古今经籍图书、国史实录、天文历数之事，少监为之贰，而丞参领之。其属有五：著作郎一人，著作佐郎二人，掌修纂日历。"《宋史·卷一百六十四·职官四》，中华书局，1985年，第3873页。品秩：正八品。《宋史·卷一百六十八·职官八》，中华书局，1985年，第4016页。俸禄：月俸十七千，等。《宋史·卷一百七十一·职官十一》，中华书局，1985年，第4103页。

　　[6]凤州河池县："秦凤路。府一：凤翔。州十二：秦，泾，熙，陇，成，凤，岷，渭，原，阶，河，兰。军三：镇戎，德顺，通远。县三十八。"《宋史·卷八十七·地理三》，中华书局，1985年，第2154页。"凤州，下，河池郡，团练。……县三：……河池，紧。开宝五年，移治固镇。有水银务。"《宋史·卷八十七·地理三》，中华书局，1985年，第2156页。【注】北宋属秦凤路凤州隶下，今为甘肃省徽县。

　　[7]知凤州河池县事：性质：职事官。职责："建隆元年，令天下诸县除赤、畿外，有望、紧、上、中、下。掌总治民政、劝课农、桑、平决狱讼。有德泽禁令，则宣布于治境。凡户口、赋役、钱谷、振济、给纳之事皆之，以时造户版及催理二税。有水旱则有灾伤之诉，以分数蠲免。民以水旱流记，则抚存安集之，无使失业。有孝悌行义闻于乡闾者，具事实上于州，激劝以励风俗。若京、朝、幕官则为知县事，有戍兵则兼兵马都监或监押。宣教郎以下带监押。"《宋史·卷一百六十七·职官七》，中华书局，1985年，第3977页。品秩：从八品。《宋史·卷一百六十八·职官八》，中华书局，1985年，第4017页。俸禄：月俸十千~二十千，等（知县以所治县户籍量分等级享受俸禄，但《宋史》对各县辖治人口无详载，故具体数额不能确定）。《宋史·卷一百七十一·职官十一》，中华书局，1985年，第4109页。

　　[8]苏长史舜钦：苏长史舜钦即苏舜钦。"苏舜钦，字子美，参知政事易简之孙。父耆，有才名，尝为工部郎中、直集贤院。舜钦少慷慨有大志，状貌怪伟。当天圣中，学者为文多病偶对，独舜钦与河南穆修好为古文、歌诗，一时豪俊多从之游。……二年，得湖州长史，卒。"《宋史·卷四百四十二·文苑四》，中华书局，1985年，第13073、13081页。

皆从之游。父鄯，举进士不第。夫人性专静，不妄语笑，年二十归晋城[1]令[2]吕大忠。晋城方少年，喜宾客，然病贫不能充所欲，夫人尝携箧中玩好，密授婢子，以贯酒脯。晋城愧其意，乃曰：吾祖所尚，苟佳士日至，此长物奚惜哉！庆历五年闰五月十五日，因诞不育遂卒，内、外宗族皆相吊以泣。呜呼可无述乎！铭曰：

生有所称，殁有所归。弗迨者寿，夫何足悲。

罗道成刊。

嘉祐六年始葬蓝田[3]李村原，熙宁七年九月改葬县北五里太尉原。夫人是时追封真宁县[4]君[5]。

吕公为宝文阁直学士[6]，葬其继室樊氏，因易夫人棺椁衣衾同祔先茔。绍圣三年十月二十九日侄至山记。

（6）樊夫人墓志考释

志文句读：

宋吕夫人仁寿县[7]君[8]樊氏墓志铭并序

---

　　[1]晋城："河东路。府三：太原，隆德，平阳。州十四：绛、泽、代、忻、汾、辽、宪、岚、石、隰、慈、麟、府、丰。军八：庆祚、威胜、平定、岢岚、宁化、火山、保德、晋宁。县八十一。"《宋史·卷八十六·地理二》，中华书局，1985年，第2131页。"泽州，上，高平郡。……县六：晋城，紧。"《宋史·卷八十六·地理二》，中华书局，1985年，第2132、2133页。【注】北宋属河东路泽州隶下，今为山西省晋城市。

　　[2]晋城令：性质：职事官。职责："建隆元年，令天下诸县除赤、畿外，有望、紧、上、中、下。掌总治民政、劝课农、桑、平决狱讼。有德泽禁令，则宣布于治境。凡户口、赋役、钱谷、振济、给纳之事皆之，以时造户版及催理二税。有水旱则有灾伤之诉，以分数蠲免。民以水旱流记，则抚存安集之，无使失业。有孝悌行义闻于乡闾者，具其事实上于州，激劝以励风谷。若京、朝、幕官则为知县事，有戍兵则兼兵马都监或监押。宣教郎以下带监押。"《宋史·卷一百六十七·职官七》，中华书局，1985年，第3977页。品秩：从八品。《宋史·卷一百六十八·职官八》，中华书局，1985年，第4017页。俸禄：月俸十千～二十千，等（县令以所治县户籍量分等级享受俸禄，但《宋史》对各县辖治人口无详载，故具体数额不能确定）。《宋史·卷一百七十一·职官十一》，中华书局，1985年，第4109页。

　　[3]蓝田："永兴军路。府二：京兆，河中。州十五：陕、延、同、华、耀、邠、鄜、解、庆、虢、商、宁、坊、丹、环。军一：保安。县八十三。……京兆府，京兆郡，永兴军节度。本次府，大观元年升大都督府。旧领永兴军路安抚使。宣和二年，诏永兴军守臣等衔不用军额，称京兆府。……县十三：……蓝田，次畿。"《宋史·卷八十七·地理三》，中华书局，1985年，第2144页。【注】北宋属永兴军路。今为陕西省蓝田县。

　　[4]真宁县："永兴军路。府二：京兆，河中。州十五：陕、延、同、华、耀、邠、鄜、解、庆、虢、商、宁、坊、丹、环。军一：保安。县八十三。"《宋史·卷八十七·地理三》，中华书局，1985年，第2144页。"宁州，望，彭原郡，兴宁军节度。……县三：……真宁，下。"《宋史·卷八十七·地理三》，中华书局，1985年，第2153页。【注】北宋属永兴军路宁州隶下，今甘肃省庆阳宁县一带。

　　[5]县君：叙封称号，"唐制，视本官阶爵。建隆三年，诏定文武郡臣母妻封号：……庶子、少卿监、司业、郎中、京府少尹、赤县令、少詹事、谕德、将军、刺史、下都督、下都护、家令、率更令、仆，母封县太君；妻，县君，其馀升朝官已上遇恩。并母封县太君；妻，县君，杂五品官至三任与叙封，官当叙封者不复论阶爵。致仕同见任。亡母及亡祖母当封者并如之。"《宋史·卷一百七十·职官十》，中华书局，1985年，第4084、4085页。

　　[6]宝文阁直学士：性质：朝官"宝文阁学士　直学士　待制　阁在天章阁之东西序，群玉、蕊珠殿之北。即旧寿昌阁，庆历改曰宝文。嘉祐八年，英宗即位，诏以仁宗御书、御集藏于阁，命王珪撰记立石。治平四年，神宗即位，始置学士、直学士、待制，恩赐如龙图。英宗御书附于阁。学士，治平四年初置，以吕公著兼。直学士，治平四年初置，以邵必为之。待制，治平四年初置。"《宋史·卷一百六十二·职官二》，中华书局，1985年，第3820页。职责：应是对饱学之士的荣誉、待遇，无实职。品秩：从三品。《宋史·卷一百六十八·职官八》，中华书局，1985年，第4014页。俸禄：不明。

　　[7]仁寿县："成都府路。府一：成都。州十二：眉、蜀、彭、绵、汉、嘉、邛、简、黎、雅、茂、威。军二：永康，石泉。监一：仙井"《宋史·卷八十九·地理五》，中华书局，1985年，第2210页。"仙井监，同下州。本陵州。至道三年，升为团练。咸平四年，废始建县。熙宁五年，废为陵井监。宣和四年，改为仙井监。隆兴元年，改为隆州。……县二：仁寿，中。"《宋史·卷八十九·地理五》，中华书局，1985年，第2215页。【注】北宋属成都府路仙井监隶下，今为四川省仁寿县。

　　[8]县君：叙封称号，"唐制，视本官阶爵。建隆三年，诏定文武郡臣母妻封号：……庶子、少卿监、司业、郎中、京府少尹、赤县令、少詹事、谕德、将军、刺史、下都督、下都护、家令、率更令、仆，母封县太君；妻，县君，其馀升朝官已上遇恩。并母封县太君；妻，县君，杂五品官至三任与叙封，官当叙封者不复论阶爵。致仕同见任。亡母及亡祖母当封者并如之。"《宋史·卷一百七十·职官十》，中华书局，1985年，第4084、4085页。

朝奉大夫[1]、权京西路[2]计度转运副使[3]、兼劝农使[4]、上护军[5]、赐绯鱼袋[6]、借紫[7]阁令撰文

朝散郎[8]、直秘阁[9]新差知潭州[10]军州[11]、兼管内劝农事、兼荆湖南路安抚[12]充兵

[1]朝奉大夫：性质：文散官。《宋史·卷一百六十九·职官九》，中华书局，1985年，第4053页。职责：文散官，无具体职责。品秩：正五，改制后为从六品。《宋史·卷一百六十九·职官九》，中华书局，1985年，第4050页。《宋史·卷一百六十八·职官八》，中华书局，1985年，第4015页。俸禄：月俸三十五千，等。《宋史·卷一百七十一·职官十一》，中华书局，1985年，第4110页。

[2]京西路："京西路，旧分南北两路，后并为一路。熙宁五年，復分南北两路。"《宋史·卷八十五·职官一》，中华书局，1985年，第2112页。"（京西）南路。府一，襄阳。州七：邓，随，金，房，均，郢，唐。军一，光化。县三十一。"《宋史·卷八十五·职官一》，中华书局，1985年，第2113页。"（京西）北路。府四：河南，颍昌，淮宁，顺昌。州五：郑，滑，孟，蔡，汝。军一，信阳。县六十三。"《宋史·卷八十五·职官一》，中华书局，1985年，第2114页。【注】京西路所辖范围在今河南及湖北北部一带。

[3]权京西路计度转运副使：权：暂代之意。京西路计度转运副使：性质：职官。职责："都转运使 转运使副使 判官 掌经度一路财赋，而察其登耗有无，以足上供及郡县之费。"《宋史·卷一百六十七·职官七》，中华书局，1985年，第3964页。品秩：正五，改制后为从六品（此处是朝奉大夫权京西路计度转运副使。因此品秩随朝奉大夫）。《宋史·卷一百六十九·职官九》，中华书局，1985年，第4050页。《宋史·卷一百六十八·职官八》，中华书局，1985年，第4015页。俸禄：月俸三十五千，等（此处是朝奉大夫权京西路计度转运副使。权：暂代之意。因此俸禄随朝奉大夫）。《宋史·卷一百七十一·职官十一》，中华书局，1985年，第4110页。

[4]劝农使：性质：职事官。职责："劝课农桑，则有劝农使。"《宋史·卷一百七十·职官十》，中华书局，1985年，第4078页。品秩：正五，改制后为从六品（以朝奉大夫兼劝农使，品秩随朝奉大夫）。《宋史·卷一百六十九·职官九》，中华书局，1985年，第4050页。《宋史·卷一百六十八·职官八》，中华书局，1985年，第4015页。俸禄：月俸三十五千，等（以朝奉大夫兼劝农使，俸禄随朝奉大夫）。《宋史·卷一百七十一·职官十一》，中华书局，1985年，第4110页。

[5]上护军：性质：勋官。"勋一十二 上柱国，柱国，上护军，护军，上轻车都尉，轻车都尉，上骑都尉，骑都尉，骁骑尉，飞骑尉，云骑尉，武骑尉。"《宋史·卷一百六十九·职官九》，中华书局，1985年，第4061页。品秩：正三品。《宋史·卷一百六十八·职官八》，中华书局，1985年，第4014页。【注】表身份、地位之殊荣，无具体职事与俸禄。

[6]绯鱼袋：赐礼的一种，"赐六，剑履上殿，诏书不名，赞拜不名，入朝不趋，紫金鱼袋，绯鱼袋。右升朝官该恩。著绿二十周年赐绯鱼袋，着绯及二十周年赐紫金鱼袋。特旨者，系临时指挥。"《宋史·卷一百七十·职官十》，中华书局，1985年，第4075页。

[7]借紫：北宋京官外出任职时的一种变通方法。北宋实行使职差遣，以地位较低的京官办理地方要务，为提高京官身份，实行借紫。"太宗太平兴国二年，诏朝官出知节镇及转运使、副，衣绯、绿者并借紫。知防御、团练、刺史州，衣绿者借绯，衣绯者借紫；其为通判、知军监，止借绯。其后，江淮发运使同转运，提点刑狱同知刺史州。雍熙初，郊祀庆成，始许升朝官服绯、绿二十年者，叙赐绯、紫"《宋史·卷一百五十三·舆服五》，中华书局，1985年，第3561页。"仁宗景祐元年，诏军使曾任通判者借绯，曾任知州者借紫。"《宋史·卷一百五十三·舆服五》，中华书局，1985年，第3562页。

[8]朝散郎：性质：文散官。《宋史·卷一百六十九·职官九》，中华书局，1985年，第4053页。职责：文散官，无具体职责。品秩：从七上，改制后为正七品。《宋史·卷一百六十九·职官九》，中华书局，1985年，第4050页。《宋史·卷一百六十八·职官八》，中华书局，1985年，第4015、4016页。俸禄：月俸三十千，等。《宋史·卷一百七十一·职官十一》，中华书局，1985年，第4110页。

[9]直秘阁：性质：职事官，属秘书省。职责："直秘阁 国初，以史馆、昭文馆、集贤院为三馆，皆寓崇文院。太宗端拱元年，诏就崇文院中堂建秘阁，择三馆真本书籍万馀卷及内出古画、墨迹藏其中，以右司谏直史馆宋泌为直秘阁。直馆、直院则谓之馆职，以他官兼者谓之贴职。"《宋史·卷一百六十二·职官二》，中华书局，1985年，第3822页。"秘阁 系端拱元年就崇文院中堂建阁，以三馆书籍真本并内出古画墨迹等藏之。淳化元年，诏次三馆置直阁、以朝官充。校理，以京朝官充。以诸司三品、两省五品以上官一人判阁事。直阁、校理通掌阁事，掌缮写校雠阁所藏。"《宋史·卷一百六十四·职官四》，中华书局，1985年，第3874页。品秩：正八品。《宋史·卷一百六十八·职官八》，中华书局，1985年，第4016页。俸禄：月俸三十千，等（以朝散郎任直秘阁，俸禄随朝散郎）。

[10]潭州："（荆湖）南路。州七：潭，衡，道，永，邵，郴，全。军一：武冈。监一：桂阳。县三十九。"《宋史·卷八十八·地理四》，中华书局，1985年，第2198页。"潭州，上，长沙郡，武安军节度。乾德元年，平湖南，降为防御。端拱元年，復为军。旧领荆湖南路安抚使。大观元年，升为帅府。建炎元年，復为总管安抚司。绍兴元年，兼东路兵马钤辖；二年，復为安抚司。"《宋史·卷八十八·地理四》，中华书局，1985年，第2198、2199页。【注】北宋属荆湖南路隶下，今为湖南省长沙市。

[11]知潭州军州：性质：职事官。职责："分命朝臣出守列郡，号权知军州事，军谓兵，州谓民政焉。其后，文武官参为知州军事，二品以上及带中书、枢密院、宣徽使职事，称判某府、州、军、监。诸府置知府事一人，州、军、监亦如之。掌总理郡政，宣布条教，导民以善而纠其奸慝，岁时劝课农桑，旌别孝悌，其赋役、钱谷、狱讼之事，兵民之政皆总焉。凡法令条制，悉意奉行，以率其属。有敕宥则以时宣读，而班告于治境。举行祀典。察郡吏德义材能而保任之，若疲软不任事，或奸贪冒法，则按劾以闻。遇水旱，以法振济。安集流，无使失所。"《宋史·卷一百六十七·职官七》，中华书局，1985年，第3973页。品秩：从七上，改制后为正七品（以朝散郎知潭州军州，品秩随朝散郎）。《宋史·卷一百六十九·职官九》，中华书局，1985年，第4050页。《宋史·卷一百六十八·职官八》，中华书局，1985年，第4015、4016页。俸禄：月俸三十千，等（以朝散郎知潭州军州，俸禄随朝散郎）。《宋史·卷一百七十一·职官十一》，中华书局，1985年，第4110页。

[12]荆湖南路安抚：性质：职事官。职责："经略安抚司 经略安抚使一人，以直秘阁以上充，掌一路兵民之事。皆帅其属而听其狱讼，颁其禁令，定其赏罚，稽其钱谷、甲械出纳之名籍而行以法。"《宋史·卷一百六十七·职官七》，中华书局，1985年，第3960页。品秩：从七上，改制后为正七品（以朝散郎兼荆湖南路安抚，品秩随朝散郎）。《宋史·卷一百六十九·职官九》，中华书局，1985年，第4050页。《宋史·卷一百六十八·职官八》，中华书局，1985年，第4015、4016页。俸禄：月俸三十千，等（以朝散郎兼荆湖南路安抚，俸禄随朝散郎）。《宋史·卷一百七十一·职官十一》，中华书局，1985年，第4110页。

马钤辖[1]、飞骑尉[2]、赐紫金鱼袋张舜民书

朝奉郎[3]、直龙图阁[4]权知陕州[5]军府[6]、兼提举商[7]虢州[8]兵马巡检[9]公事、飞骑尉、借紫游师雄篆盖

宝文阁直学士[10]、知秦州[11][12]吕公将葬其夫人，请铭于令。公前守秦，五年而徙渭，令为

[1]兵马钤辖：性质：职事官。职责：正史中多次提到此武职官，但未见详释。综其述，笔者认为：宋钤辖掌一州、一路军旅屯戍、营防、守御攻令。以朝官和诸司使以上充任，官高资深者称都钤辖，官卑资浅者称钤辖。品秩：从七上，改制后为正七品（以朝散郎兼兵马钤辖，品秩随朝散郎）。《宋史·卷一百六十九·职官九》，中华书局，1985年，第4050页。《宋史·卷一百六十八·职官八》，中华书局，1985年，第4015、4016页。俸禄：月俸三十千，等（以朝散郎兼兵马钤辖，俸禄随朝散郎）。《宋史·卷一百七十一·职官十一》，中华书局，1985年，第4110页。

[2]飞骑尉：性质：勋官。"勋一十二 上柱国，柱国，上护军，护军，上轻车都尉，轻车都尉，上骑都尉，骑都尉，骁骑尉，飞骑尉，云骑尉，武骑尉"《宋史·卷一百六十九·职官九》，中华书局，1985年，第4061页。品秩：从六品。《宋史·卷一百六十八·职官八》，中华书局，1985年，第4015页。【注】表身份、地位之荣荣，无其体职事与俸禄。

[3]朝奉郎：性质：文散官。《宋史·卷一百六十九·职官九》，中华书局，1985年，第4053页。职责：文散官，无具体职责。品秩：正六上，改制后为正七品。《宋史·卷一百六十九·职官九》，中华书局，1985年，第4050页。《宋史·卷一百六十八·职官八》，中华书局，1985年，第4015、4016页。俸禄：月俸三十千，等。《宋史·卷一百七十一·职官十一》，中华书局，1985年，第4110页。

[4]直龙图阁：性质：职事官。职责：无具体职责，是对官员的一种特殊礼遇。"祥符九年，以冯元为太子中允、直龙图阁，直阁之名始此。凡馆阁之久次者，必选直龙图阁，皆为擢待制之基也。"《宋史·卷一百六十二·职官二》，中华书局，1985年，第3821页。品秩：正七品。《宋史·卷一百六十八·职官八》，中华书局，1985年，第4015、4016页。俸禄：月俸三十千，等（以朝奉郎为直龙图阁，俸禄随朝奉郎）。《宋史·卷一百七十一·职官十一》，中华书局，1985年，第4102页。【注】应是对饱学之士的荣誉、待遇，并无实职。

[5]陕州："永兴军路。府二：京兆，河中。州十五：陕、延、同、华、耀、邠、鄜、解、庆、虢、商、宁、坊、丹、环。军一：保安。县八十三。"《宋史·卷八十七·地理三》，中华书局，1985年，第2144页。"陕州，大都督府，陕郡。太平兴国初，改保平军，旧兼提举商、虢州兵马巡检事。"《宋史·卷八十七·地理三》，中华书局，1985年，第2145页。【注】北宋属永兴军路隶下，今为河南省三门峡市陕县。

[6]权知陕州军府：性质：职事官。职责："分命朝臣出守列郡，号权知军州事，军谓兵，州谓民政焉。其后，文武官参为知州军事，二品以上及带中书、枢密院、宣徽使职事，称判某府、州、军、监。诸府置知府事一人，州、军、监亦如之。掌总理郡政，宣布条教，导民以善而纠其奸慝，岁时劝课农桑，旌别孝悌，其赋役、钱谷、狱讼之事，兵民之政皆总焉。凡法令条制，悉意奉行，以率所属。有敕有则以时宣读，而班告于治境。举行祀典。察郡吏德义材能而保任之，若疲软不任事，或奸贪冒法，则按劾以闻。遇水旱，以法振济。安集流之，无使失所。"《宋史·卷一百六十七·职官七》，中华书局，1985年，第3973页。品秩：正六上，改制后为正七品（朝奉郎权知陕州军府，品秩随朝奉郎）。《宋史·卷一百六十九·职官九》，中华书局，1985年，第4050页。《宋史·卷一百六十八·职官八》，中华书局，1985年，第4015、4016页。俸禄：月俸三十千，等（朝奉郎权知陕州军府，俸禄随朝奉郎）。《宋史·卷一百七十一·职官十一》，中华书局，1985年，第4110页。

[7]商州："永兴军路。府二：京兆，河中。州十五：陕、延、同、华、耀、邠、鄜、解、庆、虢、商、宁、坊、丹、环。军一：保安。县八十三。"《宋史·卷八十七·地理三》，中华书局，1985年，第2144页。"商州，望，上洛郡，军事。"《宋史·卷八十七·地理三》，中华书局，1985年，第2145页。【注】北宋属永兴军路隶下，今在陕西省商洛市商州区附近。

[8]虢州："永兴军路。府二：京兆，河中。州十五：陕、延、同、华、耀、邠、鄜、解、庆、虢、商、宁、坊、丹、环。军一：保安。县八十三。"《宋史·卷八十七·地理三》，中华书局，1985年，第2144页。"虢州，雄，虢郡，军事。"《宋史·卷八十七·地理三》，中华书局，1985年，第2145页。【注】北宋属永兴军路隶下，今在河南省三门峡市一带。

[9]兵马巡检：性质：职事官。职责："巡检司 有沿边溪峒都巡检，或蕃汉都巡检，或数州数县管界，或一州一县巡检，掌训治甲兵，巡逻州邑，擒捕盗贼事；又有刀鱼船战棹巡检，江、河、淮、海置捉贼巡检，及巡马递铺、巡河、巡捉私茶盐等，各视其名以修举职业，皆掌巡逻几察之事。"《宋史·卷一百六十七·职官七》，中华书局，1985年，第3982页。品秩：正六上，改制后为正七品（朝奉郎兼提举商、虢州兵马巡检公事，品秩随朝奉郎）。《宋史·卷一百六十九·职官九》，中华书局，1985年，第4050页。《宋史·卷一百六十八·职官八》，中华书局，1985年，第4015、4016页。俸禄：月俸三十千，等（朝奉郎兼提举商、虢州兵马巡检公事，俸禄随朝奉郎）。《宋史·卷一百七十一·职官十一》，中华书局，1985年，第4110页。

[10]宝文阁直学士：性质：朝官"宝文阁学士 直学士 待制 阁在天章阁之东西序，群玉、蕊珠殿之北。即旧寿昌阁，庆历改曰宝文。嘉祐八年，英宗即位，诏以仁宗御书、御集藏于阁，命王珪撰记立石。治平四年，神宗即位，始置学士、直学士、待制，恩赐如龙图。英宗御书附于阁。学士，治平四年初置，以吕公著兼。直学士，治平四年初置，以邵必为之。待制，治平四年初置。"《宋史·卷一百六十二·职官二》，中华书局，1985年，第3820页。职责：应是对饱学之士的荣誉、待遇，并无实职。品秩：从三品。《宋史·卷一百六十八·职官八》，中华书局，1985年，第4014页。俸禄：不明。

[11]秦州："秦凤路。府一：凤翔。州十二：秦、泾、熙、陇、成、凤、岷、渭、原、阶、河、兰。军三：镇戎、德顺、通远。县三十八。……秦州，下府，天水郡，雄武军节度。旧置秦凤路经略安抚使，统秦州、陇州、阶州、成州、凤州、通远军，凡五州一军，其后割通远军属熙河，凡统州五。"《宋史·卷八十七·地理三》，中华书局，1985年，第2154页。【注】北宋属秦凤路隶下，今在甘肃省天水市附近。

[12]知秦州：性质：职事官。职责："分命朝臣出守列郡，号权知军州事，军谓兵，州谓民政焉。其后，文武官参为知州军事，二品以上及带中书、枢密院、宣徽使职事，称判某府、州、军、监。诸府置知府事一人，州、军、监亦如之。掌总理郡政，宣布条教，导民以善而纠其奸慝，岁时劝课农桑，旌别孝悌，其赋役、钱谷、狱讼之事，兵民之政皆总焉。凡法令条制，悉意奉行，以率所属。有敕有则以时宣读，而班告于治境。举行祀典。察郡吏德义材能而保任之，若疲软不任事，或奸贪冒法，则按劾以闻。遇水旱，以法振济。安集流之，无使失所。"《宋史·卷一百六十七·职官七》，中华书局，1985年，第3973页。品秩：从三品（以宝文阁直学士知秦州，品秩随宝文阁直学士）。《宋史·卷一百六十八·职官八》，中华书局，1985年，第4014页。俸禄：不明。

茶马官[1]，先公而至，后公而代，实知公家范与夫人之懿，故不获辞。夫人樊氏，果州南充[2]人。曾祖守温，赠屯田郎中[3]；祖象，赠光禄卿[4]；考铎，秘书丞[5]。秘书始居于鄠，母袁蚤卒，夫人未笄，哀毁如成人。事继母王，莫或知其非嫡也。秘书遴择所配，晚乃归公。公仕州县时贤士大夫已盈其门，夫人日治肴馂无倦色。逮事舅莘国公[6]，奉养惟谨。族众食贫，夫人先之以勤俭敦睦，亲疏爱服焉。吕氏世学礼，宾、祭、婚、丧莫不仿古，平居贵贱长幼必恭，夫人身率而行之，闺门肃乂如学校官府云。公季弟亡，夫人鞠其二子如己生，至男仕女嫁，乃喜曰：吾愿毕矣。天资孝敬，其治家虽细、务必有法，自奉简约，无所嗜好。独喜观书，又学止心养气之术。绍圣二年夏，闻其娣秦国李夫人[7]之讣，夫人与之年相若且少同苦甘，悲涕不自胜，因邑邑成疾，以八月辛未卒，年五十九。留殡于秦，后一年，公自渭进职，再守秦，以十一月戊子葬京兆府蓝田县[8]太尉原之先茔。

　　子三人，道山、汴奴皆夭，锡山承务郎[9]。维古之盛时，女子学乎姆师，故妇妇母母，而习俗美至。先王之泽熄，列女始记于史家。何其寡也！如夫人端一不贰，拔乎流俗，可不谓难乎？铭曰：

　　樊仲之孙，吕侯之配。相侯乂家，以及其外。

　　士则有学，允迪忠孝。夫人少成，不自姆教。

　　维敬维一，乃克令终。勒铭幽石，以诏无穷。

　　　　　　　　　　　　　　　　　　　　　　　　　　　　　　姚文镌字。

　　[1]茶马官：性质：职事官。职责："都大提举茶马司　掌榷茶之利，以佐邦用。凡市马于四夷，率以茶易之。应产茶及市马之处，官属许自辟置，视其数之登耗，以诏赏罚。"《宋史·卷一百六十七·职官七》，中华书局，1985年，第3969页。品秩：不明。俸禄：不明。

　　[2]果州南充："潼川府路。府二：潼川，遂宁。州九：果，资，普，昌，叙，泸，合，荣，渠。军三：长宁，怀安，广安。监一：富顺。"《宋史·卷八十九·地理五》，中华书局，1985年，第2216页。"顺庆府，中，本果州，南充郡，团练。……县三：南充，望。熙宁六年，省流溪县为镇入焉；绍兴二十七年，复为县。"《宋史·卷八十九·地理五》，中华书局，1985年，第2217页。【注】北宋属潼川府路果州隶下，今为四川省南充市。

　　[3]屯田郎中：性质：职事官，属尚书省工部。职责："工部掌天下城郭、宫室、舟车、器械、符印、钱币、山泽、苑囿、河渠之政。……其属三：曰屯田，曰虞部，曰水部。"《宋史·卷一百六十三·职官三》，中华书局，1985年，第3862页。"屯田郎中　员外郎　掌屯田、营田、职田、学田、官庄之政令，及其租入、种刈、兴修、给纳之事。"《宋史·卷一百六十三·职官三》，中华书局，1985年，第3863页。品秩：从六品。《宋史·卷一百六十八·职官八》，中华书局，1985年，第4015页。俸禄：月俸三十五千，等。《宋史·卷一百七十一·职官十一》，中华书局，1985年，第4102页。

　　[4]光禄卿：性质：职事官，属光禄寺。职责："光禄寺　卿、少卿、丞、主簿各一人。卿掌祭祀、朝会、宴乡酒醴膳羞之事，修其储备而谨其出纳之政。"《宋史·卷一百六十四·职官四》，中华书局，1985年，第3891页。品秩：从四品。《宋史·卷一百六十八·职官八》，中华书局，1985年，第4015页。俸禄：月俸四十五千，等。《宋史·卷一百七十一·职官十一》，中华书局，1985年，第4102页。

　　[5]秘书丞：性质：职事官，属秘书省。职责："秘书省：监、少监、丞各一人，监掌古今经籍图书、国史实录、天文历数之事，少监为之贰，而丞参领之。"《宋史·卷一百六十四·职官四》，中华书局，1985年，第3873页。品秩：从七品。《宋史·卷一百六十八·职官八》，中华书局，1985年，第4016页。俸禄：月俸二十千，等。《宋史·卷一百七十一·职官十一》，中华书局，1985年，第4103页。

　　[6]莘国公：性质：爵位。"爵一十二：王、嗣王、郡王、国公、郡公、开国公、开国郡公、开国县公、开国侯、开国伯、开国子、开国男。"《宋史·卷一百六十九·职官九》，中华书局，1985年，第4060、4061页。品秩：从一品。《宋史·卷一百六十八·职官八》，中华书局，1985年，第4014页。【注】仅表身份地位，无具体职责及俸禄。

　　[7]秦国李夫人（李夫人即吕大防正妻，封秦国夫人）：叙封称号，"唐制，视本官阶爵。建隆三年，诏定文武郡臣母妻封号：……宰相、使相、三师、三公、王、侍中、中书令，旧曰尚书令。曾祖母、祖母、母封国太夫人；妻，国夫人。"《宋史·卷一百七十·职官十》，中华书局，1985年，第4084、4085页。

　　[8]京兆府蓝田县："永兴军路。府二：京兆，河中。州十五：陕，延，同，华，耀，邠，鄜，解，庆，虢，商，宁，坊，丹，环。军一：保安。县八十三。……京兆府，京兆郡，永兴军节度。本次府，大观元年升大都督府。旧领永兴军路安抚使。宣和二年，诏永兴军守臣等衔不用军额，称京兆府。……县十三：……蓝田，次畿。"《宋史·卷八十七·地理三》，中华书局，1985年，第2144页。【注】北宋属永兴军路，今为陕西省蓝田县。

　　[9]承务郎：性质：文散官。《宋史·卷一百六十九·职官九》，中华书局，1985年，第4054页。职责：文散官，无具体职责。品秩：从八，改制后为从九品。《宋史·卷一百六十九·职官九》，中华书局，1985年，第4050页。《宋史·卷一百六十八·职官八》，中华书局，1985年，第4017页。俸禄：月俸七千，等。《宋史·卷一百七十一·职官十一》，中华书局，1985年，第4110页。

吕大忠是吕蕡嫡长子，也是诸子中享年最长者，于金石学研究领域取得不菲成绩，在古碑刻收集、保护方面贡献突出，是西安碑林博物馆奠基人之一。墓葬中前室为其旻居，东后室属继妻樊氏，西后室为前妻姚氏所在。原墓圹中置有丰富随葬品，因盗掘破坏，残失、残损非常严重。

# 一六 吕大钧前妻马夫人、继妻种夫人合葬墓（编号 M22）

## （一）位置与地层

该墓位于吕氏家族墓园北部墓葬群自南向北第三排东数第二位（不计婴幼儿墓），东距 M28 为 9.77、北距 M26 为 7.40、西距 M20 是 8.67 米。墓葬田野编号为蓝田吕氏 M22（图 5-440~442）。发掘时间 2009 年 5 月 5 日至 7 月 21 日，历时 77 天。

墓葬所处地层剖面为（图 5-441；彩版 5-611）：

第①层：耕土层，厚约 0.30 米，色灰褐，质松软，含大量植物根系。

第②层：扰土层，厚 0.60 米左右，浅灰褐色，土质较硬，内有砖瓦碎片、料壃石结核颗粒等。墓道开口应于此层下。

第③层：古代堆积层，厚 0.60 米左右，浅灰黄色，质地坚硬，夹杂料壃石颗粒、陶瓷片等。

第④层：黑褐色土层，厚 0.80 米，质地坚硬呈块状，夹杂大量白色植物根系等。因墓道开口处损毁，现于该层下 0.70 米处方见原墓道形制。

彩版 5-611  M22

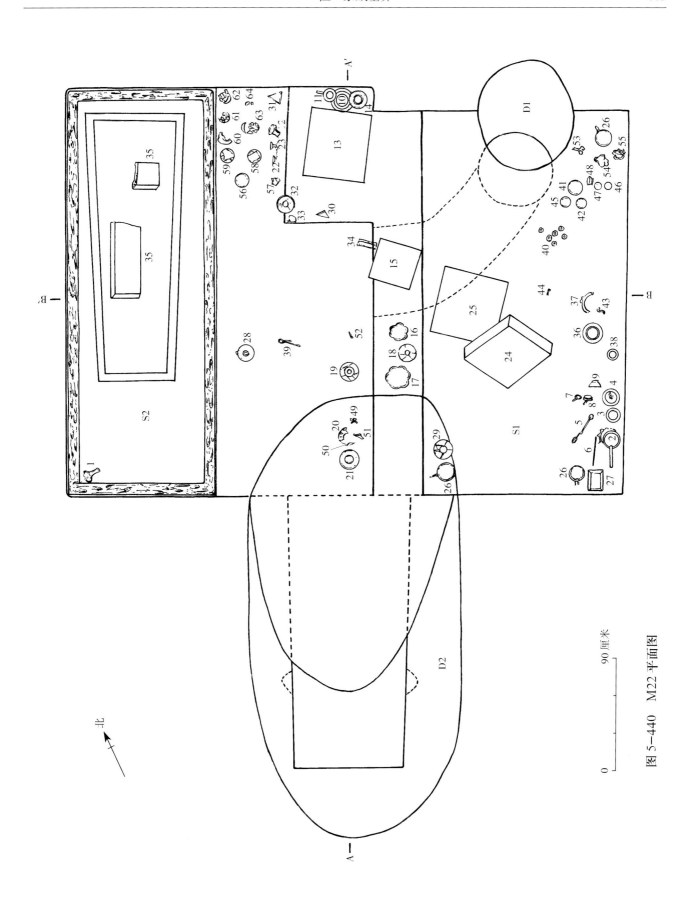

图 5-440 M22 平面图

0 90 厘米

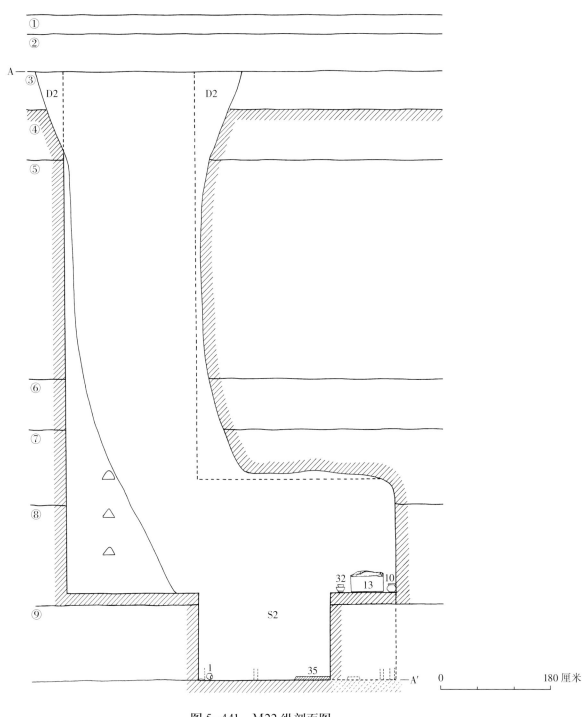

图 5-441　M22 纵剖面图

第⑤层：黄土层，厚 3.50 米，上部质地较硬，下部渐显松软，底部夹少量料礓石块等。

第⑥层：红褐色土层，厚 0.80 米，坚硬有粘性，杂大量料礓石块。

第⑦层：淡黄色土层，厚 1.20 米，质地松软纯净，无包含物。墓室顶部位于此层面下约 0.80 米处。

第⑧层：胶泥层，厚 1.60 米，红棕色，质地坚硬细密有韧性，内含料礓石块。墓道底位于该层顶面下 1.40 米处。

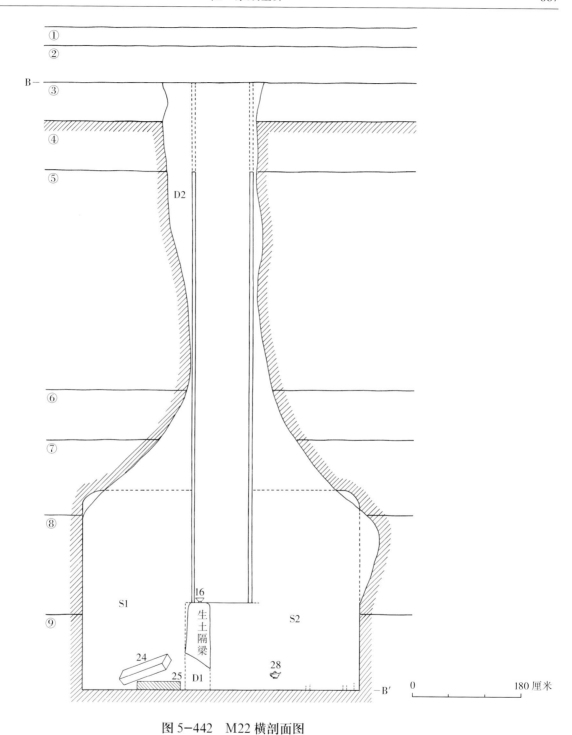

图 5-442　M22 横剖面图

第⑨层：黄褐色土层，厚 1.20 米，质地较硬，夹杂大量料礓石块。墓室底部位于此层底面上。

## （二）墓葬形制

墓葬坐东北向西南，方向 200°。平面呈"甲"字形，由竖穴墓道、并列东、西双墓室 3 部分构成。南北水平总长 5.50、墓室底上距现地表 10.60 米，墓道现开口距地表 2.20 米（图 5-440~442；彩版 5-611）。

### 1. 墓道

位于墓葬南端，竖穴土圹式。因开口部位有大型盗洞破坏，所以形制无存，至 2.20 米处见其南壁及东、西壁南部，而东、西壁北部与北壁皆破坏殆尽。底部保存完整，踩踏平整，上距现地表 9.20 米，北端与墓室连接，平面呈南窄北宽长方形，南北长 2.20、南宽 0.90、北宽 1.00 米。壁面原作铲平修整，东、西两壁底部距南壁约 0.60 米处各残留对称三角形踏窝一列，东壁 4 个、西壁 3 个，纵向间距 0.45 米左右，踏窝面宽 0.20、高 0.15、进深 0.10 米。墓道内下部填充较疏松五花土，无夯筑迹象；上部为盗洞扰土（彩版 5-612）。

### 2. 墓室

土洞墓室位于墓葬北端，南接墓道。整体平面呈横长方形，南北长 3.10~3.30、东西宽 4.60 米。四壁基本竖直，壁面铲修平整，现已多处塌毁，壁、顶相交处呈弧形。平顶微弧，大部分坍塌，仅有北端与北壁相交处尚存少许。墓室底面踩踏平整，低于墓道底面 1.40 米，形成坑式墓室，底面至顶高 3.20 米。

彩版 5-612　M22 墓道

室内以"⌐"形生土隔梁一道贯通南北，将其分为东、西两部分。形成共用一顶的 S1、S2 两间墓室，隔梁顶与墓道底面等平，高 1.40、宽 0.40~1.10 米。墓室中填充大量淤土、塌土及扰土（彩版 5-613）。

东室：编号 S1，位于东侧。平面呈南北向长方形，南北长 3.10、东西宽 1.70 米，壁面稍作修整、仍显粗糙，西壁以生土隔梁与西室划分（彩版 5-614）。

西室：编号 S2，位于墓室西侧。平面呈不规则长方形，北端略长于东室 S1，南北长 3.30 米，因东壁隔梁北端西向出头增宽成方形，故 S2 北宽

彩版 5-613　M22 墓室

彩版 5-615　M22 西墓室 S2

彩版 5-614　M22 东墓室 S1

仅 1.80、南宽 2.50 米。壁面修整铲平，东壁以生土隔梁与东室划分，隔梁顶面上放置墓志及部分随葬品。由于南壁上部土质松软，为求安全不能全面揭示，仅于局部做应急发掘找到南壁壁面即可（彩版 5-615）。

## （三）葬具葬式

该墓为二人同穴异室合葬墓，因盗掘，东室 S1 葬具、骨骼遗迹完全被扰乱破坏，仅于扰土中发现零星朽木残渣，故葬具结构、摆放位置、人骨葬式均不清。

西室 S2 恐因早年坍塌而幸免于难，所以葬具虽朽遗迹尚存，为一椁一棺南北向纵置于室内西部。椁为长方形，灰烬呈黑灰色，南北长 3.25、东西宽 1.20 米，椁板厚 10.0 厘米。木棺置于椁内中部偏北处，板灰呈红褐色，底部结构清晰，呈北宽南窄长方形，南北长 2.16、北宽 0.80、南宽 0.64 米，原高度不详，棺板厚 8.0 厘米。

人骨保存极差，棺内北部见粉末状遗存，原葬式不能明确。

从出土墓志铭文、石磬摆放位置分析，东室为吕大钧前妻马夫人所居，西室为大钧继妻种夫人。

## （四）盗洞

该墓被严重盗扰，共有现代盗洞 2 个，编号 D1、D2。D1 位于东墓室北部地表上，平面呈圆形，直径 0.80 米。纵向斜下打破东墓室北壁而入，将东室扰动后，又自生土隔梁下打洞进入西室。洞中填土夹杂塑料编织袋、塑料瓶等物，故定为现代盗洞。D2 开口于扰土层下的墓道上部，椭圆形，长径 3.50、短径 1.70 米，向北偏斜而下至墓室顶，将墓道四壁上部及整个北壁破坏殆尽，洞内所填花土质地密实，应属于早期盗扰行为。

## （五）随葬遗物

该墓出土随葬品 62 件（组），质地有瓷、陶、银、铜、铁、玻璃、骨角、石八类。器形有瓶、罐、碗、盘、碟、盒、壶、托盏、高足杯、簪、镜、铲、火箸、器盖、器柄、带扣、钱币、镶斗、棺环、锸、铧、钗、磬、墓志等。随葬品摆放位置大致分为三个区域：第一区位于东墓室东壁下；第二区原在生土隔梁上，后因盗扰而坠落在隔梁左右两边墓室内；第三区为西墓室内。

### 1. 瓷器

共 33 件（组）。器形有瓶、罐、碗、托盏、高足杯、盘、碟、盒、器盖等。

（1）茶叶末釉瓶　1 件。

M22：11，出于生土隔梁上北端。残碎，粘接修复成形、口沿全残、腹部有多处小缺片。轮制成型。小口，束颈，丰肩，纺锤腹，宽矮圈足外撇，足外沿自内向外斜削一周。内壁满施浅褐色薄釉，外壁施茶叶末釉至下腹，其下露胎。釉面半木光，有土锈。灰胎，胎质坚硬细密，露胎处灰白色。素面，腹部轮制旋痕明显。残高 27.2、腹径 12.0、足外径 8.7 厘米（图 5-443，1；彩版 5-616）。

（2）酱釉罐　1 件。

M22：14，出于生土隔梁上东北角。破碎，粘接基本完整，口沿有磕豁。轮制成型。直口，厚唇，粗颈微束，溜肩，深弧腹，下腹微斜收，薄饼足。内壁满施黄褐色薄釉，外壁施酱釉至足，底足露胎。釉色酱中泛青。釉面浑浊失透，满布白色斑点。灰胎，胎质坚硬，内含白色小颗粒。通体素面。通高 16.7、口沿径 8.6、腹径 13.2、足径 8.9 厘米（图 5-443，2；彩版 5-617）。

（3）白釉六曲葵口碗　2 件。

M22：41、45，出于东墓室东北角。均破碎断裂为多片，粘接修复成形。轮制成型。2 件形制、尺寸、釉色、胎质基本相同。六曲敞葵口，圆唇，斜弧腹、外腹壁隐约为六曲葵瓣式与口沿相对应，内腹壁光平无痕，平底稍下凹，圈足。内、外壁通施乳白釉，足底刮釉不净、部分露胎。釉面

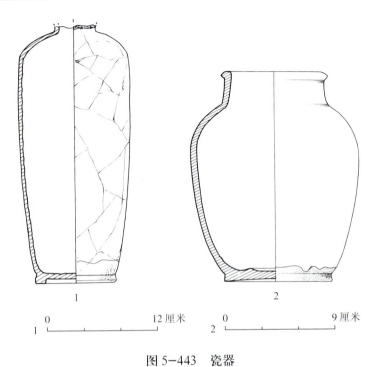

图 5-443　瓷器

1. 茶叶末釉瓶 M22：11　2. 酱釉罐 M22：14

彩版 5-616　茶叶末釉瓶 M22：11

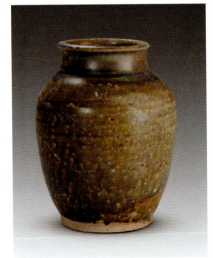

彩版 5-617　酱釉罐 M22：14

明亮，有玻璃光泽。白胎坚硬细密。通体素面。

M22：41，外腹壁六曲葵瓣痕极浅，乳白釉略泛青色。通高5.7、口沿径19.4、足外径5.3厘米（图5-444，1；彩版5-618）。

M22：45，乳白釉显灰暗，表面有气泡。通高5.8、口沿径19.2、足径5.8厘米（图5-444，2；彩版5-619）。

（4）青白釉碗 1件。

M22：56，出于西墓室东北角。粘接修复基本完整，口沿、腹部有缺片。轮制成型。敞口，

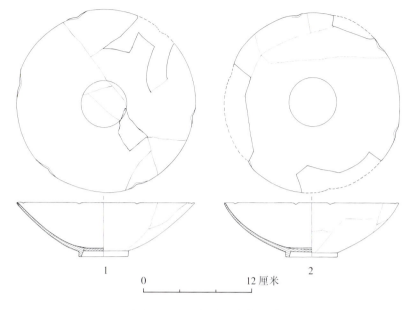

图5-444 白釉六曲葵口碗
1、2. M22：41、45

彩版5-618 白釉六曲葵口碗 M22：41

彩版5-619 白釉六曲葵口碗 M22：45

微卷沿，尖圆唇，斜弧腹，圈足。内、外壁施满釉，足内墙上部、外底露胎。釉色青中带白。釉层均匀。釉面明亮光泽，多棕眼，外壁局部有细微冰裂纹。胎色洁白，坚硬致密。通体素面，足内墙上部、外底心有黑灰色渍斑。通高5.2、口沿径11.5、足高1.2、足外径3.4厘米（图5-445；彩版5-620）。

（5）青釉印花托盏　1套2件。

M22：18、19，轮制成型。由盏、盏托组合而成（彩版5-621）。

M22：18，盏，出于生土隔梁顶面中部偏南。断裂破碎，口、底有小缺片，粘接复原。六曲葵口微外撇，尖唇，斜直腹，圜底，矮圈足。内、外壁施满釉，足底刮釉露胎。釉色青灰。釉层不匀。釉面光泽灰暗失透，外壁遍布条状冰裂纹。灰胎细密坚硬。内壁口沿下模印二方连续蔓草纹带饰，内底心印盛开折枝牡丹花（图5-446，1；彩版5-621）。

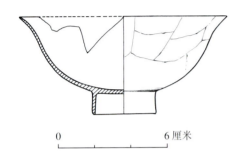

图 5-445　青白釉碗 M22：56

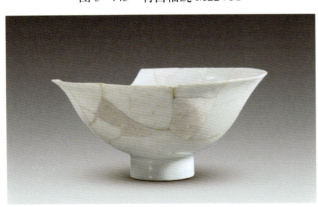

彩版 5-620　青白釉碗 M22：56

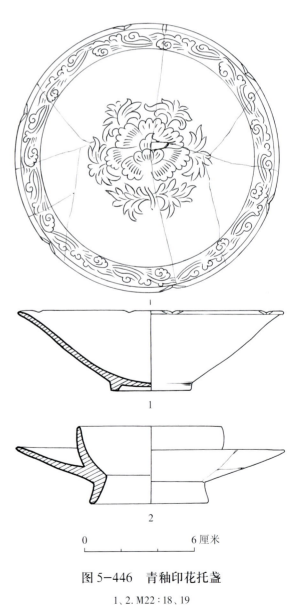

图 5-446　青釉印花托盏

1、2. M22：18、19

彩版 5-621　青釉印花托盏 M22：18、19

　　M22：19，盏托，出于西侧填土中。断裂，粘接基本完整。中空，微敛口，圆唇，矮弧颈，颈下出托盘，盘为敞口，圆唇，浅腹，下置较高圈足，足沿外撇。内、外壁施满釉，足底面刮釉露胎。釉色灰绿。釉层稍显不匀。釉面光泽灰暗失透。灰胎，胎质坚硬且密，露胎处表面呈浅褐色。素面无纹（图 5-446，2；彩版 5-621）。

　　通高 6.8、盏高 4.2、口沿径 14.2、圈足外径 4.0、盏托高 3.9、口沿径 7.8、盘沿径 14.5、圈足外径 6.4厘米。

　　（6）青白釉模印牡丹纹银釦盏　1件。

　　M22：36，出于东墓室东壁下中部。断裂为多片，粘接复原，银釦边残断脱落，氧化泛黑，仅可粘接成形。轮制成器。敞口，圆唇，斜直腹，圈足，足内墙极矮，外底平坦。内、外壁满施青白釉，足内露胎。釉色白里显青，青中有白，釉面晶莹通透，玻璃光泽。密布网格状冰裂纹。胎色洁白，纯净坚硬。器内壁及底模印缠枝牡丹纹，图案模糊不够清晰；外底心有黄、褐色焦斑；口沿原包银釦，现因脱落残缺而缩短，故暂置于盏沿内侧。通高 4.7、口沿径 13.8、圈足外径 3.5、银釦宽 1.5 厘米（图 5-447；彩版 5-622）。

图 5-447　青白釉模印牡丹纹银釦盏 M22：36

（7）酱釉托盏　1套2件。

M22：32-1、-2，出于生土隔梁顶面北部。盏口沿有磕豁、腹壁破碎残缺，粘接修补复原，盏托完整。轮制成型。由盏、盏托组合为一套。素面。

M22：32-1，盏，微敞口，圆唇，弧腹，圜底，圈足。内、外施满釉，足底沿刮釉露胎。釉呈酱褐色，口沿两侧釉色泛黄。釉面匀润，半木光。白胎，坚硬致密。

M22：32-2，盏托，完整。中空，敛口，方唇，高弧颈，颈下出六曲葵口托盘，盘为敞口，方唇，浅弧腹，下置喇叭形高圈足。内、外通施釉，足底面刮釉露胎。釉呈酱色，口沿内、外侧釉色泛黄。釉面木光。白胎，胎质坚硬。

通高9.6、盏高4.5、口沿径11.7、圈足外径3.9、盏托高6.2、口沿径5.6、盘沿径11.7、圈足外径4.7厘米（图5-448；彩版5-623）。

（8）青白釉六曲葵瓣高足杯　4件。

M22：12、22、23、57，均出于西墓室生土隔梁顶面北部西边沿。均断裂破碎，粘接修复成形。轮制成型。4件形制、尺寸、釉色、胎质基本相同。六曲

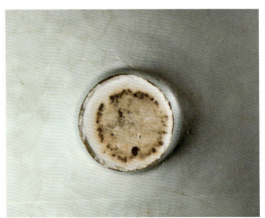

彩版 5-622　青白釉模印牡丹纹银釦盏 M22：36

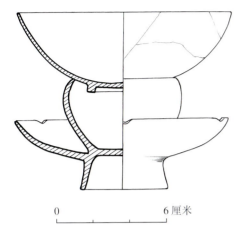

图 5-448　酱釉托盏 M22：32-1、-2

彩版 5-623　酱釉托盏 M22：32-1、-2

葵瓣式敞口，沿边略外卷，弧腹，内腹壁亦为六曲葵瓣式与口沿相对应，外腹壁则光滑无痕，微圆底，高圈足足端略大。器内壁施满釉，外壁施釉至足内墙下部，足内墙上部、器外底露胎。釉色青白。釉面透亮。胎色洁白，胎质坚硬，外底心露胎处呈浅焦黄色。通体素面。

M22：12，粘接完整。外壁釉面不匀净，有积釉。通高 6.9、口沿径 11.2、足高 2.3、足外径 4.5 厘米（图 5-449，1；彩版 5-624）。

M22：22，口沿、上腹有缺片。青白釉微泛灰色。通高 7.0、口沿径 11.2、足高 2.7、足外径 4.6 厘米（图 5-449，2；彩版 5-625）。

M22：23，粘接完整。釉色微泛青。外壁沿至

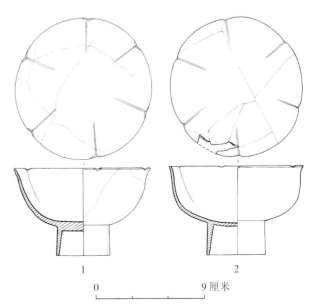

图 5-449　青白釉六曲葵瓣高足杯

1、2. M22：12、22

彩版 5-624　青白釉六曲葵瓣高足杯 M22∶12

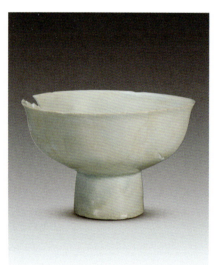

彩版 5-625　青白釉六曲葵瓣高足杯 M22∶22

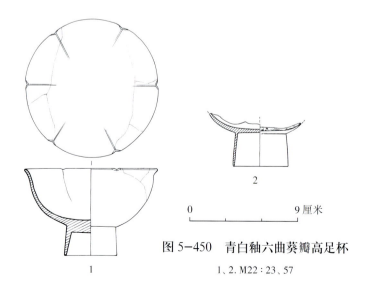

0　　　　　　　　　9厘米

图 5-450　青白釉六曲葵瓣高足杯

1

1、2. M22∶23、57

上腹釉面不够匀净，有冰裂纹。通高6.9、口沿径11.0、足高2.4、足外径4.4厘米（图5-450，1；彩版5-626）。

M22∶57，仅余杯底及高足。釉色青白微泛黄。外底与足相交处有积釉。残高4.0厘米（图5-450，2；彩版5-627）。

（9）白釉六曲葵瓣盘　4件。

M22∶17、29、42、46，均破碎断裂，3件粘接修复基本成形，1件残缺后经修补成器。轮制成型。4件形制、尺寸、

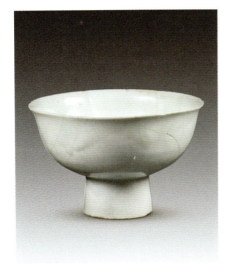

彩版 5-626　青白釉六曲葵瓣高足杯 M22：23

彩版 5-627　青白釉六曲葵瓣高足杯 M22：57

釉色、胎质类同。六曲葵瓣式口微外撇，圆唇，浅斜腹下折收，腹壁亦为六曲葵瓣式与口沿相对应，大平底，圈足微外撇。内、外壁满施乳白釉，足底刮釉露胎。釉面通透明亮，有气泡。白胎，胎质坚硬细密。通体素面。

M22：17，出于生土隔梁顶面中部偏南处。基本修复完整。器壁较厚重，乳白釉略泛青色。通高 4.6、口沿径 19.0、足外径 7.0 厘米（图 5-451，1；彩版 5-628）。

M22：29，出于东墓室西南角。口沿、腹壁缺片较多，修复成形。釉色乳白中显微黄。通高 4.2、口沿径 19.3、足外径 6.4 厘米（图 5-451，2；彩版 5-629）。

M22：42，出于东墓室东北角。残缺，后经修补成形。器壁较厚重，釉色泛青。通高 4.6、口沿径 18.8、足外径 6.9 厘米（图 5-452，1；彩版 5-630）。

M22：46，出于东墓室东北角。腹壁有缺片，修补成形。乳白釉泛青色。足沿有一处黑色粘砂。通高 4.4、口沿径 19.3、足外径 6.6 厘米（图 5-452，2；彩版 5-631）。

彩版 5-628　白釉六曲葵瓣盘 M22：17

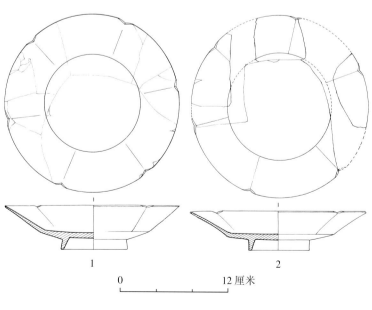

0　　　　　　12 厘米

图 5-451　白釉六曲葵瓣盘

1、2. M22：17、29

彩版 5-629　白釉六曲葵瓣盘 M22：29

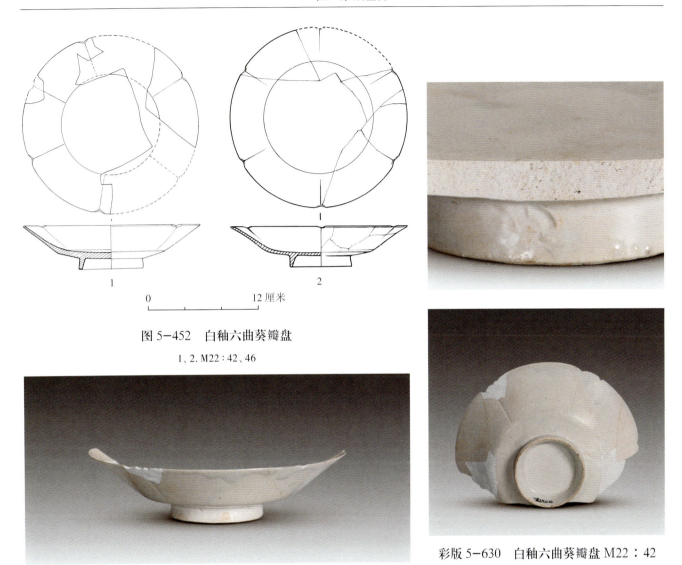

图 5-452　白釉六曲葵瓣盘

1、2. M22：42、46

彩版 5-630　白釉六曲葵瓣盘 M22：42

彩版 5-631　白釉六曲葵瓣盘 M22：46

（10）白釉五曲葵瓣小碟　1件。

M22：9，出于东墓室东壁下中部偏南处。完整。轮制成型。五曲葵瓣式敞口，圆唇，弧腹下部斜收，腹壁亦为五曲葵瓣式与口沿相对应，平底。内、外壁通施白釉，外底刮釉露胎。釉面失透。露胎处表面呈白色，上附着大片浅灰黄色污渍。外腹壁有模糊轮制旋痕，外壁有粘砂。高1.7、口沿径7.6、底径2.9厘米（图5-453；彩版5-632）。

（11）白釉六曲葵瓣碟　1件。

M22：16，出于生土隔梁顶面中部。断裂残缺，粘接修补复原。轮制成型。六曲葵瓣式敞口，浅直腹、腹壁亦为六曲葵瓣式与口沿相对应，大平底、外底沿自内向外斜削一周。内、外壁通施乳白釉，芒口。釉面光洁明亮，个别处有棕眼，高1.8、口沿径12.6、底径8.5厘米（图5-454；彩版5-633）。

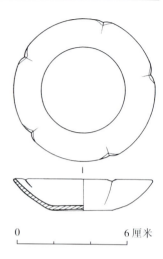

图5-453　白釉五曲葵瓣
小碟 M22：9

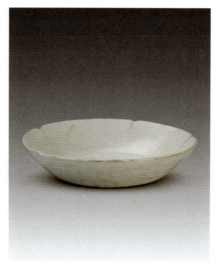

彩版5-632　白釉五曲葵瓣小碟 M22：9

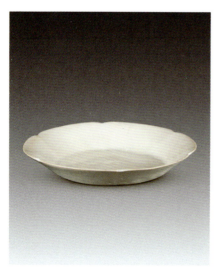

彩版5-633　白釉六曲葵瓣碟 M22：16

（12）青白釉六曲葵瓣碟　5件。

M22：47、48、53~55，均出于东墓室东北角。皆断裂破碎为多片，粘接修复基本完整者2件，分别为M22：47、48。轮制成型。2件形制、尺寸、釉色、胎质基本相同。六曲葵瓣式敞口，窄平折沿，浅弧腹、腹壁亦为六曲葵瓣式与口沿相对应，平底，卧足。器内壁施满釉，外壁施釉至足外沿，底部露胎。釉色白中有青，青中显白，外壁近足积釉处青色明显。釉面明亮，玻璃光泽，满布网格状冰裂纹。胎色洁白，胎质坚硬细密。外底面居中墨书楷体单字"丙"。余下3件严重破碎残缺，不能粘合，故无法逐一描述，但观其外形、釉色、胎质等特征应与前述2碟基本相同。

M22：47，腹壁缺片较多，修补复原。外底有淡焦黄色印渍一周，墨书字体显模糊。高2.6、口沿径10.5、足径2.4厘米（图5-455，1；彩版5-634）。

M22：48，腹部有缺片，修补复原。外底显淡焦黄色，墨书清晰。高2.3、口沿径10.7、足径2.4厘米（图5-455，2；彩版5-635）。

（13）青白釉碟　7件（袋）。

M22：58~64，均出于西墓室东北角。均破碎严重，其中M22：58、59粘接修复基本完整；M22：60粘接成形，有缺片；M22：61~64破碎为小片，无法修复，故不做详述。轮制成型。侈口，微卷沿，尖圆唇，浅腹下部弧向内收，微圜底，矮圈足，挖足较浅。内、外壁施青白釉，足内墙

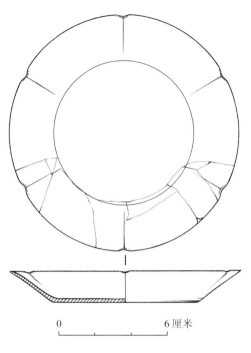

图5-454　白釉六曲葵瓣碟 M22：16

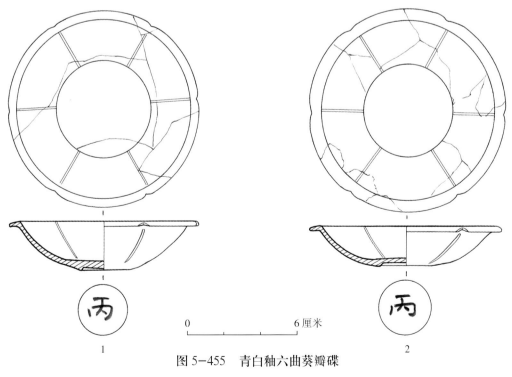

图5-455　青白釉六曲葵瓣碟

1、2. M22：47、48

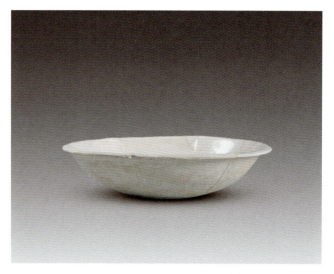

彩版 5-634　青白釉六曲葵瓣碟 M22：47

彩版 5-635　青白釉六曲葵瓣碟 M22：48

及外底露胎。釉色青中带白。釉面光亮细润，多棕眼。胎色洁白，胎质坚硬细密。内壁口沿下模印折枝牡丹花纹，外底心有焦黄圆斑。

M22：58，修复完整。器内底部釉层稍厚不匀。通高 2.5、口沿径 10.5、足外径 3.5 厘米（图5-456，1；彩版 5-636）。

M22：59，粘接基本完整，口沿有缺片。圈足外围釉层略厚不匀。通高 2.5、口沿径 10.5、足外径 3.3 厘米（图 5-456，2；彩版 5-637）。

M22：60，粘接成形，一片不能连接，口沿、底、腹部均有缺片。足外围有积釉。通高 2.5、口沿径 10.5、足外径 3.3 厘米（图 5-456，3；彩版 5-638）。

（14）白釉圆盒　1 件。

M22：8，出于东墓室东壁下偏南。盖断裂、粘接完整。轮制成型。盖顶面微鼓起，折立沿下斜收成母口。盒身为敛子口，窄平沿，浅折腹，矮圈足。足外围由内向外斜削一周。内、外壁施满釉，子母口沿、盖内沿、盒外底露胎。釉色白中泛青灰。釉层显薄。釉面浑浊，稍有光泽。胎色灰白，

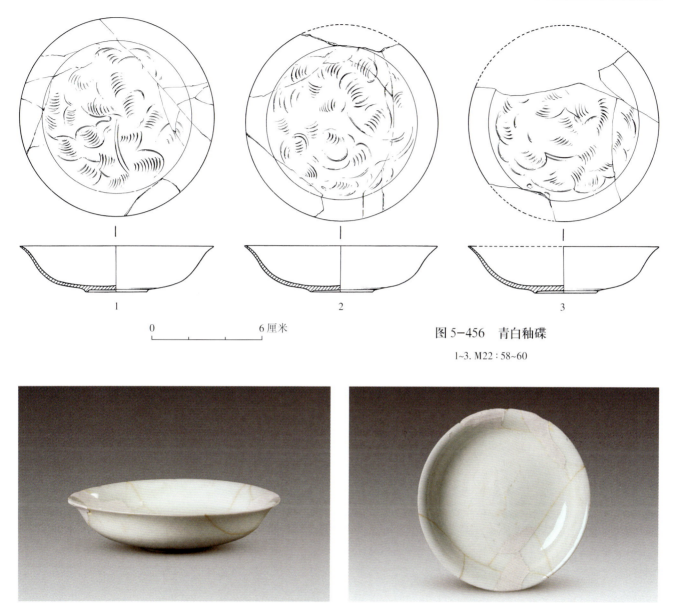

0　　　　　　　6厘米

图 5-456　青白釉碟

1~3. M22：58~60

彩版 5-636　青白釉碟 M22：58

彩版 5-637　青白釉碟 M22：59

彩版 5-638　青白釉碟 M22：60

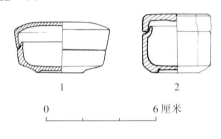

图 5-457　瓷器

1.白釉圆盒 M22：8　2.白釉小盒 M22：7

胎质坚硬。通体素面，表面多土渍。通高2.6、盖高1.5、母口沿径5.0、盒高1.5、子口径4.4、腹径4.8、圈足外径2.4厘米（图5-457，1；彩版5-639）。

（15）白釉小盒　1件。

M22：7，出于东墓室东壁下偏南处。盖断裂，口沿有缺片，粘接修复完整。轮制成型。盒盖为平顶，折立沿，母口，方唇。盒身为子口，窄平沿，直腹，卧足，足外围由内向外斜削一圈。内、外壁施乳白釉，积釉处微泛青黄色，口沿、盖沿内、外底露胎。釉面失透。白胎，胎脂坚硬。通体素面。通高3.1、盖高1.0、母口沿径3.7、盒高2.5、子口径2.8、腹径3.7、卧足径2.5厘米（图5-457，2；彩版5-640）。

（16）青釉刻划花器盖　1件。

M22：38，出土于东墓室东壁下中部。残破，修复粘接成形，有残损。轮制成型。盖呈覆杯形，顶面微鼓起，折立沿外撇，上细下渐粗。内、外壁通施青釉，底沿刮釉露胎。釉色青中泛灰。釉面晶莹光亮。青灰色胎，胎质坚硬细密，露胎处表面呈浅土黄色。外壁顶面刻划盛开菊花一朵，立沿刻划双重仰莲瓣纹；内壁有明显轮制旋痕。高5.1、顶面直径5.7、口沿径6.8厘米（图5-458；彩版5-641）。

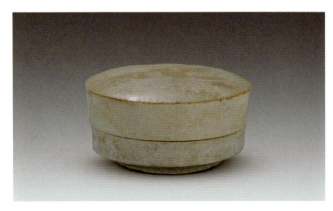

彩版 5-639　白釉圆盒 M22：8

彩版 5-640　白釉小盒 M22：7

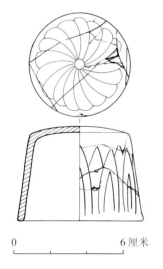

图 5-458　青釉刻划花器盖 M22：38

彩版 5-641　青釉刻划花器盖 M22：38

### 2. 陶器

共 7 件。器形有罐、砚。

（1）罐　1 件。

M22：10，出土于生土隔梁北端中部。残损严重，修复粘接成形。轮制成型。泥质灰陶。侈口，窄斜沿，尖唇，溜肩，深鼓腹，平底。通体素面。高 17.0、口沿径 16.0、腹径 21.5、底径 11.2 厘米（图 5-459；彩版 5-642）。

（2）双系罐　1 件。

M22：21，出土于生土隔梁西侧南端填土中。轮制成型。泥质灰陶。口沿处有残缺，修复完整。侈口，外下斜窄沿，尖唇，束颈，溜肩，鼓腹，下腹斜收成平底，外底心内凸，肩腹部对置条状半环形凹面双系。通体素面，腹部有明显轮制旋痕。通高

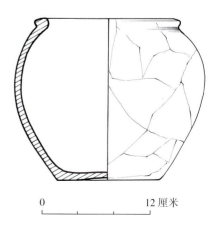

图 5-459　罐 M22：10

彩版 5-642　罐 M22：10

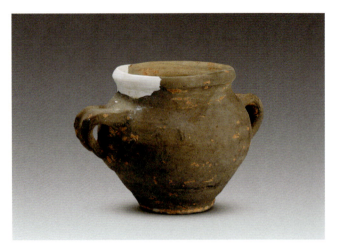

彩版 5-643　双系罐 M22：21

9.7、口沿径 8.6、腹径 10.8、底径 5.5 厘米（图 5-460；彩版 5-643）。

（3）罐残片　4 件。

M22：20、49~51，均出于生土隔梁西侧南端填土中，为盗扰所致。均剩口沿残片，无法修复。轮制成型。泥质灰陶。通体素面。

M22：20，双系罐，仅存二分之一口沿与腹部残片。侈口，方圆唇，短颈，斜弧肩其下残，肩一侧有条状半环形凹面小双系。残高 5.1、口沿径 9.5、系高 3.0 厘米（图 5-461，1）。

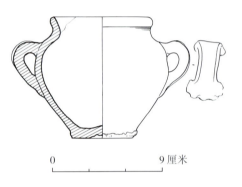

图 5-460　双系罐 M22：21

M22：49，双系罐口、肩部残片，其形制应与 M22：20 基本相同。残高 4.5 厘米（图 5-461，2）。

M22：50，罐口、肩部残片 3 块，不可连接。侈口，方唇，束颈，溜肩其下残缺。残高 5.3、口径约 8.3 厘米（图 5-461，3）。

M22：51，罐口、肩部残片，粘合。侈口，尖唇，沿面下斜，束颈，溜肩其下缺失。残高 4.2、口径约 8.0 厘米（图 5-461，4）。

（4）风字形砚　1 件。

M22：27，出土于东墓室东南角。残破，修复完整。模制。泥质灰陶，砚体呈"风"字形，前宽后窄，砚堂左、右、后三边出窄立沿，前部墨堂微隆，后部墨池倾斜，底下立沿向内略有斜收。表面磨制光滑。有磨损迹象，墨池中残存墨色。砚厚 3.3、顶面长 17.2、前宽 11.7、后宽 11.5、底面长 15.4、前宽 11.2、后宽 10.7 厘米（图 5-462；彩版 5-644）。

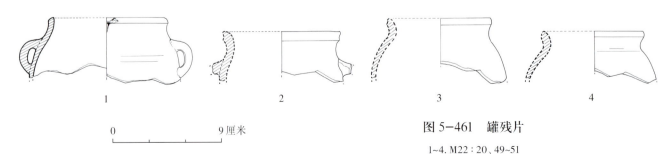

1　　　　　2　　　　　3　　　　　4

0　　　　　　9 厘米

图 5-461　罐残片

1~4. M22：20、49~51

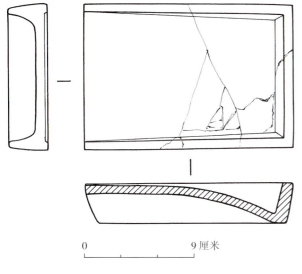

图 5-462　风字形砚 M22：27

彩版 5-644　风字形砚 M22：27

### 3. 银器

仅有 1 件银簪。

银簪　1 件。

编号 M22：39，出土于西墓室中部。簪头上部及簪尖均断裂缺失。以银条捶揲成形。簪头呈长方形薄片状，上有小孔两个，簪体为细长棍状。素面。因簪头有小孔，故推测原曾穿挂坠饰。长 15.0 厘米（图 5-463；彩版 5-645）。

彩版 5-645　银簪 M22：39

### 4. 铜器

共 9 件（组）。器形有壶、盒、镜、铲、火箸、器耳、器足、带銙。

（1）三系壶　1 件。

M22：28，出土于西墓室中部偏南填土中。系环残失。黄铜铸造捶揲成形。由壶盖、壶身两部分组成。壶盖正中为宝珠形高提纽，其下有圆形纽座，盖面平滑，折立沿下成母口。壶身为直口、粗直颈，斜折肩，深弧腹，平底，外底中横贯凸棱一周。肩腹相交处焊接桃形基座的管状流一个、及桃形基座之小系环三个，流嘴平削，系环耸立。通体素面，打磨光滑。通高 14.5、盖高 4.0、壶身口沿径 7.3、腹径 11.6、底径 7.5 厘米（图 5-464；彩版 5-646）。

（2）素面圆盒　1 件。

M22：3，出于东墓室东南角填土中。完整，有锈蚀。黄铜铸造。由盒盖、盒身两部分组成。盖为平顶，顶心稍下凹，立沿短直，下为母口。盒身置高子口，窄折沿，浅直腹，大平底，内底心微鼓。通体素面。通高 3.1、盖高 1.2、子口沿径 8.7、腹径 9.1 厘米（图 5-465；彩版 5-647）。

图 5-463　银簪 M22：39

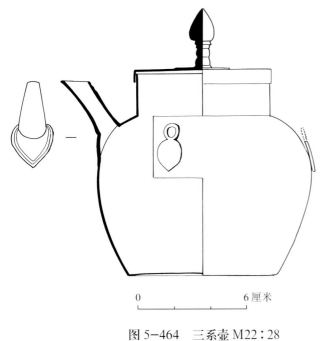

图 5-464　三系壶 M22：28

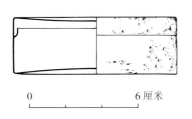

图 5-465　素面圆盒 M22：3

彩版 5-646　三系壶 M22：28

彩版 5-647　素面圆盒 M22：3

（3）牡丹纹镜　1 面。

M22：4，出土于东墓室东壁下偏南部。完整，稍有锈蚀。铸造磨制而成。镜面平滑，镜背中心为桥形纽，周边窄沿低平，沿面微外斜。镜背绕纽饰 3 枝折枝阔叶牡丹花图案。直径 11.9、沿厚 0.15 厘米（图 5-466；彩版 5-648）。

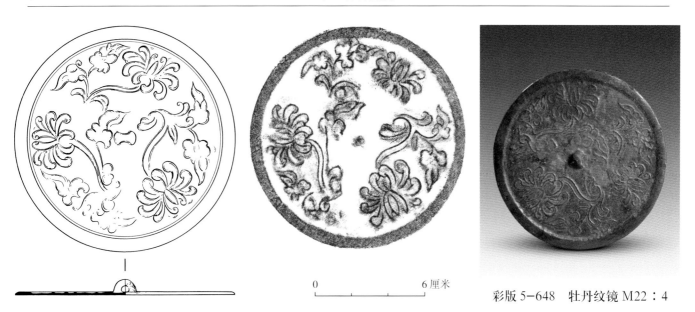

图 5-466　牡丹纹镜 M22：4

彩版 5-648　牡丹纹镜 M22：4

（4）素面炭铲　1件。

M22：5，出土于东墓室东南角。完整，有锈蚀。铸造捶揲成形。铲头呈薄圆片形，正、背面均平整。长柄前半部为长方形片状，下折成直角与铲头相连，后半部显细圆柱形，前粗后渐细，末端制成小圆球状、球面饰横线纹，两端各钻半孔，内套扁圆环，以便系挂。通长 29.0、柄长 22.6、铲径 6.3 厘米（图 5-467；彩版 5-649）。

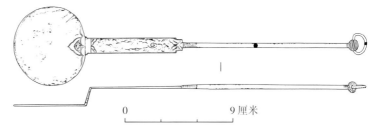

图 5-467　素面炭铲 M22：5

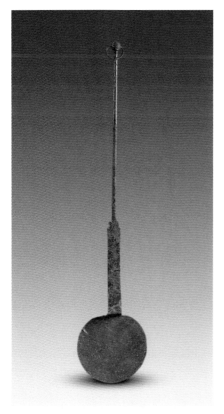

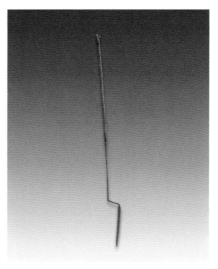

彩版 5-649　素面炭铲 M22：5

（5）火箸　1件。

M22：6，出土于东墓室东南角。完整，锈蚀。铸造捶揲而成。器呈圆柱状，顶面为圆弧形，上粗下渐细，圆尖，中上部有横凹槽一周。通体素面。长43.5、顶面直径0.7厘米（图5-468；彩版5-650）。

（6）半环形器耳　1件。

M22：37，出土于东墓室东壁下中部。基本完整。铸造錾刻成形。器呈半环状，上端有片状耳座、下端不见，横截面为长方形。耳座正面阴刻饕餮纹，底面左右各置短隼一个，并有焊接脱落的痕迹；耳外面环折处铸尖角上竖、瞋目、张口、吐舌的龙首图案，吐出长舌成为器耳下部装饰，上有竖弦纹三道，底面中亦有短隼一个。器表打磨光滑。高8.5、宽5.0、厚1.0厘米（图5-469，1；彩版5-651）。

（7）兽腿形器足　1件。

M22：43，出土于东墓室东壁下中部。完整。铸造錾刻成形。总体呈上粗下细状，截面为半圆形，顶面中有短隼1个。正面弧起，上部长毛下卷，足根脚趾张开如团花形、沿边上卷。背面平滑中部稍下凹。

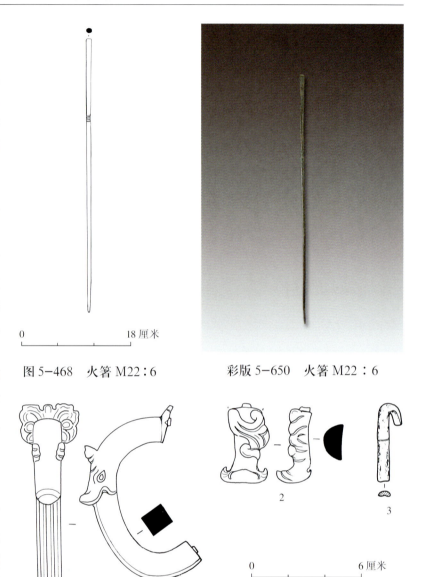

图 5-468　火箸 M22：6

彩版 5-650　火箸 M22：6

0　　　　　　　　18厘米

0　　　　　　　　6厘米

图 5-469　铜器

1.半环形器耳 M22：37　2.兽腿形器足 M22：43　3.残带鈎 M22：44

彩版 5-651　半环形器耳 M22：37

彩版 5-652　兽腿形器足 M22：43

足高 4.0、宽 2.5、厚 1.0 厘米（图 5-469，2；彩版 5-652）。

（8）残带銙　1 件。

M22：44，出土于东墓室东壁下中部。现残存 2 段，可粘接。黄铜捶揲曲折而成。外面微弧，一端曲折为钩状，内面呈凹槽形。素面。残长 4.2、宽 1.1 厘米（图 5-469，3）。

### 5. 铜钱

共 1 组 7 枚。M22：40-1~7，散置于东墓室中部。基本完整，有锈。浇铸成形。种类有开元通宝、咸平元宝、祥符元宝、天禧通宝、嘉祐元宝、熙宁元宝等。

（1）开元通宝　1 枚。

M22：40-1，品相差，钱体轻薄，廓沿有残损，穿孔磨损严重、不方正。正面外廓窄而低平，楷书钱文对读，字体较大而模糊。背面光素，无廓。钱径 2.4、穿边长 0.55 厘米，重 2.7 克（图 5-470，1；彩版 5-653，1）。

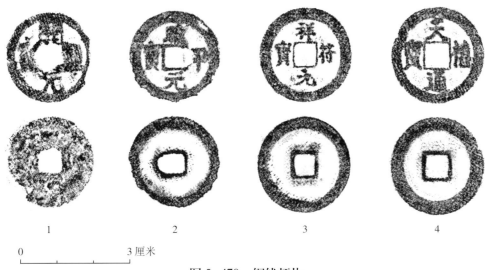

图 5-470　铜钱拓片

1. 开元通宝 M22：40-1　2. 咸平元宝 M22：40-2　3. 祥符元宝 M22：40-3　4. 天禧通宝 M22：40-4

彩版 5-653　铜钱 M22：40-1、-2、-3、-4

（2）咸平元宝　1 枚。

M22：40-2，廓沿稍有残损，钱体规整，品相较佳，正、背两面外廓宽而凸出，穿孔磨损严重。正面楷书钱文顺时针旋读，笔画较粗而清晰。背面光素无纹。钱径 2.5、穿边长 0.55 厘米，重 3.3 克（图 5-470，2；彩版 5-653，2）。

（3）祥符元宝　1 枚。

M22：40-3，钱体规整，品相佳，正、背两面外廓宽而凸出，穿孔小而方正。正面楷书钱文顺时针旋读，字体小而清晰，笔画纤细。背面光素无纹。钱径 2.55、穿边长 0.55 厘米，重 3.5 克（图 5-470，3；彩版 5-653，3）。

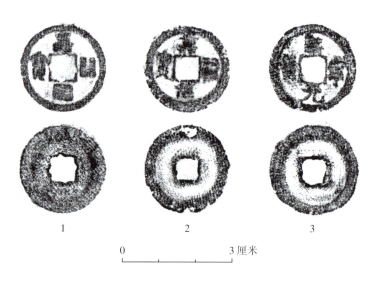

图 5-471　铜钱拓片

1. 嘉祐通宝 M22：40-5　2. 嘉祐元宝 M22：40-6　3. 熙宁元宝 M22：40-7

（4）天禧通宝　1 枚。

M22：40-4，品相较佳。正、背两面外廓宽而凸出，穿孔大而方正。正面楷书钱文顺时针旋读，字体大而清晰，笔画较粗。背面光素无纹。钱径 2.6、穿边长 0.7 厘米，重 3.3 克（图 5-470，4；彩版 5-653，4）。

（5）嘉祐通宝　1 枚。

M22：40-5，钱体小而轻薄，品相较差，正面外廓较宽而凸出，穿孔较大，篆书钱文对读，字体小而模糊。背面光素无纹，无外廓。钱径 2.3、穿边长 0.6 厘米，重 3.2 克（图 5-471，1）。

（6）嘉祐元宝　1 枚。

M22：40-6，品相差，正面内、外廓较窄而凸出，穿孔大而方正，篆书钱文对读，字体小而模糊。背面光素无纹，外廓宽而低平。钱径 2.3、穿边长 0.65 厘米，重 2.8 克（图 5-471，2）。

（7）熙宁元宝　1 枚。

M22：40-7，品相较佳，正面廓较宽而凸出，穿孔大而不方正，楷书铸文顺时针旋读，字体模糊，笔画较粗。背面光素无纹，外廓特宽而低平。钱径 2.4、穿边长 0.6 厘米，重 4.1 克（图 5-471，3）。

## 6. 铁器

共 4 件（组）。器形有熨斗、铧、叉、棺环等。

（1）熨斗与熨斗座　1 套 2 件。

M22：2-1、-2，出土于东墓室东南角上部填土中。残破，锈蚀严重，经除锈保护后修复成形。铸造而成。

M22：2-1，熨斗，器壁较厚，深弇口，尖唇，直斜腹，厚平底，一侧口沿立半圆形镂空花瓣状挡火，其后出截面为扁方形中空的器柄插座，插座内套焊截面为中空圆形长柄，柄端封堵。通体素面。通高 12.5、挡火高 4.0、口沿径 16.8、内腹径 14.6、内底径 13.0 厘米。

M22：2-2，熨斗座，敛口，鼓腹，平底、喇叭形高圈足。腹壁、底面、圈足壁皆镂空为菱形、三角、圆形等几何图案。通高 11.5、口沿径 15.2、外底径 13.0、足高 4.0、足外径 17.2 厘米。

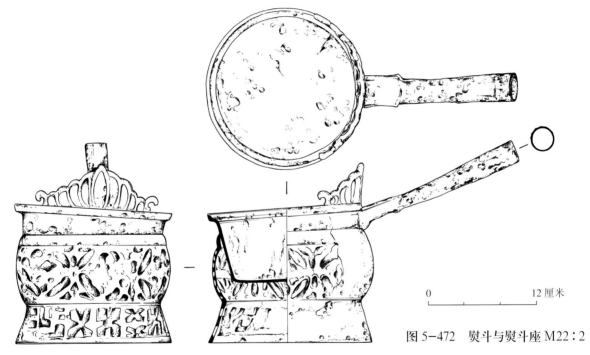

图 5-472　熨斗与熨斗座 M22：2

出土时两者套装，锈蚀粘接已不能分开（图 5-472；彩版 5-654）。

（2）铁铧　1 件。

M22：30，出土于生土隔梁上北部西南处。残断，锈蚀严重，修复完整。生铁浇铸成形。整体呈燕尾式，中空，两面脊棱凸起，底面脊棱顶端置圆形孔一个，锋部较尖利。表面光滑无纹。高 16.8、宽 15.0、厚 7.8 厘米（图 5-473；彩版 5-655）。

（3）叉　1 件。

M22：31，出土于西墓室北壁下中部。锈蚀严重，原应有 7 齿，一侧靠外 2 齿已缺，另 4 齿下部残失，仅 1 齿完整。铸造成形。叉头为长方形，由

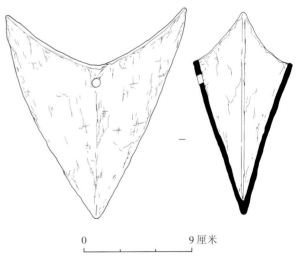

图 5-473　铁铧 M22：30

彩版 5-654　熨斗与熨斗座 M22：2

彩版 5-655　铁铧 M22：30

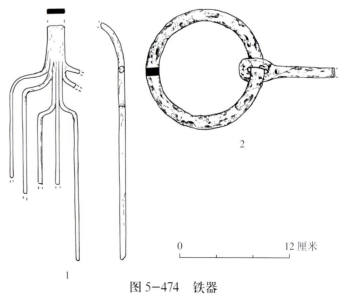

图 5-474　铁器

1. 叉 M22：31　2. 棺环 M22：26-1

0　　　　　　　　　　12 厘米

7 枚锸齿并列排布而成，齿呈细长条状，截面窄长方形，尖端锋利。叉头后端为较厚实心长条状柄，曲折上翘后残断，故柄的形制不明。叉残长 25.0、残宽 9.0、残柄长 4.0、宽 2.4 厘米（图 5-474，1；彩版 5-656）。

（4）棺环　1 组 3 件。

M22：26-1~3，出土于东墓室木棺南端及东北角。锈蚀严重，M22：26-3 鸭嘴钉缺失，M22：26-1、-2 基本完整。均铸造成形。3 件形制、大小相同。环截面为扁四边形，上套鸭嘴钉，鸭嘴后端衔于环上，前部尖长，上粗下细。

标本 M22：26-1，环径 12.0、鸭嘴钉长 10.4 厘米（图 5-474，2）。

### 7. 石器

共 6 件（组）。器形有磬、人像残块、器底、器盖纽等。

（1）磬　1 件。

M22：35，出土于西墓室内，叠压在木棺灰迹上。断为 2 截，修复粘接完整。雕琢成形。勾倨与凹角均为直角，鼓部较长而略窄，股部显宽短，磬折中有圆穿一个。青石质地。表面磨制光滑，素面无纹。鼓长边长 63.0、短边长 41.2、鼓博宽 19.5、股长边长 43.0、短边长 23.0、股博宽 21.5、磬厚 6.3、穿径 1.5 厘米（彩版 5-657）。

（2）人像残块　1 件。

M22：13，出土于生土隔梁北端。雕凿打磨而成。青石质地。似为一唐代墓前圆雕石翁仲的上半身残块，正面衣褶线条流畅，背面打磨抛光，欲改制墓志，但未完成，其上无任何文字。残高 58.0、宽 49.0、厚 25.0 厘米（图 5-475；彩版 5-658）。推测原有墨书志文，后因水泡墨迹全失。

（3）器底　1 件。

M22：33，出土于生土隔梁北部西南角。雕琢成形。为薄圆饼形，两面磨制光滑，沿面中部有凹槽一周。青灰色石料质地疏松。素面。

彩版 5-656　铁叉 M22：31

彩版 5-657　磬 M22：35

彩版 5-658　人像残块 M22：13

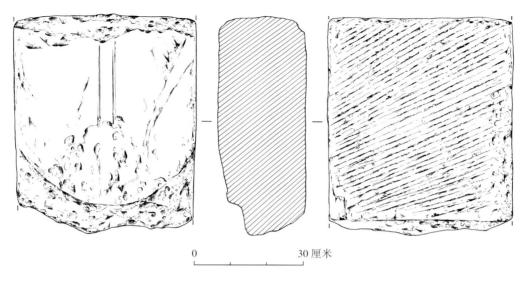

图 5-475　人像残块 M22：13

直径 5.2、厚 0.5 厘米（图 5-476，1；彩版 5-659）。

（4）器盖纽　1件。

M22：52，出土于生土隔梁西壁下中部填土中。器呈高柄蘑菇状，柄残断。面光滑。青灰色石雕琢成形，质地疏松。直径 1.2 厘米（图 5-476，2）。

### 8. 玻璃器

仅 1 件细颈鼓腹玻璃瓶。

细颈鼓腹玻璃瓶　1件。

编号 M22：1，出土于西墓室西南角上部填土中。残破，修复成形。吹塑而成。侈口沿已残损，细高颈，上细下渐粗，广肩微弧，鼓腹，饼足。颈壁浑厚失透、呈黑色，腹壁较薄、呈半透明淡黄色，故颈、肩相交处出棱台一周，足心留吹捧斑痕。腹内壁附着黑色渍斑。残高 13.3、颈高 6.5、腹径 8.8、足底径 4.6 厘米（图 5-477；彩版 5-660）。

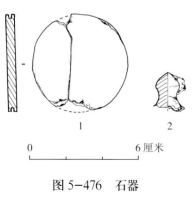

图 5-476　石器

1. 器底 M22：33　2. 器盖纽 M22：52

彩版 5-659　器底 M22：33

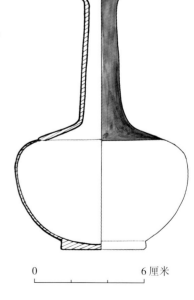

图 5-477　细颈鼓腹玻璃瓶 M22：1

彩版 5-660　细颈鼓腹玻璃瓶 M22：1

### 9. 骨器

仅 1 件骨钗。

骨钗　1 件。

编号 M22：34，出于生土隔梁西北部，原置于漆盒内，现盒已朽。钗头残断，钗尖缺失。雕磨而成。钗体为双股细圆柱状，股截面呈圆形，钗头原连坠 1 串梯形骨片约 3 块、小圆环 15 个，现钗头已折断，坠饰散置于钗侧，原整体形制已不能确定。钗通体乳白色，光滑无纹。残长 14.5、宽 1.4、横截径 0.5 厘米（图 5-478；彩版 5-661）。

### 10. 墓志

共 2 方（合）。

（1）马夫人墓志　1 方。

编号 M22：15，出土于墓室生土隔梁上中部。雕凿磨制而成。完整。无盖。志

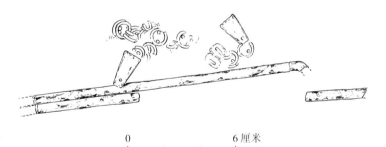

图 5-478　骨钗 M22：34

彩版 5-661　骨钗 M22：34

呈近方形，面抛光，其上楷书铭文 17 行，正文满行 16 字，共 243 字[1]，最后 2 行纪年字体较小（附一）。四立沿粗涩，素面无纹。青石质地坚硬致密。边长 35.5×34.5、厚 10.0 厘米（图 5-479；彩版 5-662）。

附一　志铭录文：

图 5-479　马夫人墓志 M22：15 拓片

0　　　　　　　　6厘米

[1] 墓志录文中方框代表损伤不能辨认之字，括号内字为贯前后文意而推测所得。

宋秦州右司理吕叅軍妻馬夫人墓誌銘 /

秦州司法叅軍石約撰 /

夫人京兆萬年人祖景直史館伯父端西 /

京左藏庫使皆顯名扵時父靖少有隱操 /

學杜甫為詩數千篇精緻可愛晚年以兄 /

端遺命屬之令仕強起為延長令以卒娶 /

蔡氏生夫人甚賢愛之過其子念無以為 /

壻者年二十始得其友人之子吕大鈞遂 /

以妻之越明年皇祐五年將見于夫廟而 /

有疾至十二月生一子徽又明年當至和 /

二年二月十日以疾卒歸其骨扵吕氏夫 /

人沉靜有識其卒也延長哭之極慟甞書 /

十六字紀其行今取以為銘云 /

如珪如璋　　　如芝如蘭 /

不幸短命　　　婦人之顔 /

羅道成刊 /

嘉祐六年始葬藍田李村原熙寧 /

七年九月改葬縣北五里太尉原 /

彩版 5-662　馬夫人墓志 M22：15

0　　　　　　　24厘米

图 5-480　种夫人墓志盖 M22：24 拓片

（2）种夫人墓志　1合。

M22：24、25，出土于东墓室中部生土隔梁下。青石雕凿。由盖、志两部分组成。志、盖间垫铁钱4枚，现已锈蚀残碎，并使局部墓志文字受到侵蚀而模糊不清。

M22：24，志盖，近方形，面抛光，其上阴刻篆书铭文3行9字（附二），四立沿略显粗涩，素面无纹。边长 56.0×54.0、厚 11.5 厘米（图 5-480；彩版 5-663）。

M22：25，志石，亦近方形，面抛光，其上刻行楷书铭文32行，满行31字，共834字（附三）；四立沿略显粗涩，素面无纹。志边长 58.5×55.0、厚 14.5 厘米（图 5-481；彩版 5-663）。

附二　盖铭录文：

宋樂壽 / 縣太君 / 种氏墓 /

附三　志铭录文：

宋故樂壽縣太君种夫人墓誌銘 /

武功蘇　晒　撰 /

琅邪王　愍　書 /

廣平程　穎　篆蓋 /

詩云妻子好合如鼓瑟琴非謂昵其私厚扵愛嬉嬉佚樂以為悅也政欲陽倡陰 /

和夫義婦順夙夜徽戒志扵相成解而更張至扵調理然後以為美也吾友叔子 /

图5-481　种夫人墓志 M22：25 拓片

鄉里之分則所事也在師門則所畏也扵夫人則晒也之妻與夫人實兄弟也固 ／
甞親見其為人以是得觀淑德之與君子偕而家道蕭雝好合之義考之古人無 ／
媿矣叔子姓吕氏諱大鈞字和叔進士中第至宣義郎晚節以三代絕學自任望 ／
聖人德業欲一朝而至焉故同門誄其志行號誠德君子夫人姓种氏世名家父 ／

彩版 5-663　种夫人墓志 M22：24、25

諱古早以隱德稱尚氣義立朝有勳績終東上閤門使夫人生而不羣閤門公嘗 /
歎曰乃不為男兒以大我家耶既歸呂氏逮事莘國公婦職以孝謹稱於娣姒娣 /
姒相愛晚益和厚故丞相汲公嘗稱曰吾家賢婦以為閨門矜式元祐間首奏冠 /
帔又封樂壽縣太君初叔子從子張子之學以謂道德性命之微則存乎致知若 /
推之行事誠之著義之實莫盛扵禮故凡喪祭冠昏至于鄉飲相見之儀莫不推 /
明講習可以想見古風自是關中士大夫班班師放寔叔子倡之而夫人同好不 /
愆不違由内以及外其助為多叔子捐館其葬其祭一本扵禮如叔子所以居莘 /
國公之喪其子承意遵教不敢怠以至從學仕官莫不舉先人為帥以成就其賢 /
不幸先夫人而没自是夫人積憂傷寢疾久之以政和二年六月辛丑卒享年七 /
十三子義山前夫人馬氏出也夫□□育之道無不盡過扵所自生終身不見其 /
間焉既寡閤門公欲奪其志夫人□□靡它以門户自任更三十年人莫得而議 /
雖諸父黨不敢以諸女處老益莊重内外姻戚見者無墮容人或諫之曰吾安扵 /
此不勞也性沉審敏扵處事治家勤儉稱其有無莫不樽節適中生平嚴扵法度 /
不尚綺麗聲樂身能之而不御謂非婦道之先燕游雖盛而不好謂終吝之道也 /
其扵媵御撫之有恩意諄諄教戒不大聲色故人人樂盡力義山宣德郎孫德修 /
將仕郎輔修從事郎卒女適宣德郎范益一在室曾孫安仁求仁居仁今其没也 /

德修實主其喪以是年九月壬申祔葬于藍田之先塋銘曰 /

　　名父之子　得氣之剛　嬪于德門　其人更良　相待如賓　蕭蕭閨房 /

　　族黨尊愛　望其色莊　夫子振古　先進扲禮　三代之遺　講修濟濟 /

　　關輔不□　繫自吾啟　風出家人　實維根抵　夫子既沒　持之益嚴 /

　　公叔文子　母儀是瞻　昊天不吊　哲淑殄殲　我銘□□　雨涕霶霈 /

　　　　　　李壽昌□ /

（3）马夫人墓志考释

志文句读：

宋秦州[1]右司理吕参军[2]妻马夫人墓志铭

　　州司法参军[3]石约撰

　　夫人京兆万年人，祖景，直史馆[4]；伯父端，西京[5]左藏库使[6]，皆显名于时。父靖，少有隐操，学杜甫为诗数千篇，精致可爱。晚年以兄端遗命属之，令仕，强起为延长[7]令[8]以卒。

　　娶蔡氏生夫人，甚贤，爱之过其子，念无以为婿者，年二十始得其友人之子吕大钧，遂以妻之。越明年，皇祐五年将见于夫庙而有疾，至十二月生一子徽，又明年当至和二年二月十日以疾卒，归其骨于吕氏。夫人沉静有识，其卒也，延长哭之极恸，尝书十六字纪其行，今取以为铭云：

　　如珪如璋，如芝如兰。不幸短命，妇人之颜。

　　　　　　　　　　　　　　　　　　　　　罗道成刊。

[1]秦州："秦凤路。府一：凤翔。州十二：秦、泾、熙、陇、成、凤、岷、渭、原、阶、河、兰。军三：镇戎，德顺，通远。县三十八。……秦州，下府，天水郡，雄武军节度。旧置秦凤路经略安抚使，统秦州、陇州、阶州、成州、凤州、通远军，凡五州一军，其后割通远军属熙河，凡统州五。"《宋史·卷八十七·地理三》，中华书局，1985年，第2154页。【注】北宋属秦凤路隶下，今在甘肃省天水市附近。

[2]州右司理参军：性质：职事官。职责："司理参军掌讼狱勘鞫之事。"《宋史·卷一百六十七·职官七》，中华书局，1985年，第3976页。品秩：从八品（秦州，下府，司理参军为八品）。《宋史·卷一百六十八·职官八》，中华书局，1985年，第4016页。俸禄：月俸十二千，等（秦州户四万余，司理参军俸十二千）。《宋史·卷一百七十一·职官十一》，中华书局，1985年，第4108页。

[3]州司法参军：性质：职事官。职责："司法参军掌议法断刑。"《宋史·卷一百六十七·职官七》，中华书局，1985年，第3976页。品秩：从八品（秦州，下府，司法参军为从八品）。《宋史·卷一百六十八·职官八》，中华书局，1985年，第4016页。俸禄：月俸十二千（秦州户四万余，司法参军俸十二千）。《宋史·卷一百七十一·职官十一》，中华书局，1985年，第4108页。

[4]直史馆：性质：职事官。职责："直秘阁　国初，以史馆、昭文馆、集贤院为三馆，皆寓崇文院。太宗端拱元年，诏就崇文院中堂建秘阁，择三馆真本书籍万余卷及内出古画、墨迹藏其中，以右司谏直史馆宋泌为直秘阁。直馆、直院则谓之馆职，以他官兼者谓之贴职。"《宋史·卷一百六十二·职官一》，中华书局，1985年，第3822页。品秩：不明。俸禄：不明。

[5]西京："西京，唐显庆间为东都，开元改河南府，宋为西京，山陵在焉。"《宋史·卷八十五·地理一》，中华书局，1985年，第2103页。"（京西）北路　府四，河南　颍昌　淮宁　顺昌　州五：郑、滑、孟、蔡、汝。军一，信阳。县六十三。……河南府，洛阳郡，因梁、晋之旧为西京。熙宁五年，分隶京西北路。"《宋史·卷八十五·地理一》，中华书局，1985年，第2114、2115页。【注】北宋属京西北路隶下，今在河南洛阳市附近。

[6]西京左藏库使：性质：武散官。元丰改制后同"武经大夫"。《宋史·卷一百六十九·职官九》，中华书局，1985年，第4056页。职责：武散官无具体职责。品秩：不明。俸禄：月俸二十五千，等（西京左藏库使，元丰改制后同武经大大）。《宋史·卷一百七十一·职官十一》，中华书局，1985年，第4112页。

[7]延长："永兴军路。府二：京兆，河中。州十五：陕、延、同、华、耀、邠、鄜、解、庆、虢、商、宁、坊、丹、环。军一：保安。县八十三。"《宋史·卷八十七·地理三》，中华书局，1985年，第2144页。"延安府，中，都督府，延安郡，彰武军节度。本延州。元祐四年，升为府。旧置鄜延路经略、安抚使，统延州、鄜州、丹州、坊州、保安军、四州一军；其后增置绥德军，又置银州，凡五州二军。……县七：……延长，中。"《宋史·卷八十七·地理三》，中华书局，1985年，第2146、2147页。【注】北宋属永兴军路延州隶下，今为陕西省延长县。

[8]延长令：性质：职事官。职责："建隆元年，令大卜诸县除赤、畿外，有望、紧、上、中、下。掌总治民政、劝课农、桑、平决狱讼。有德泽禁令，则宣布于治境。凡户口、赋役、钱谷、振济、给纳之事皆之，以时造户版及催理二税。有水旱则有灾伤之诉，以分数蠲免。民以水旱流记，则抚存安集之，无使失业。有孝悌行义闻于乡闾者，具事实上于州，激劝以励风谷。若京、朝、幕官则为知县事，有戍兵则兼兵马都监或监押。宣教郎以下带监押。"《宋史·卷一百六十七·职官七》，中华书局，1985年，第3977页。品秩：从八品。《宋史·卷一百六十八·职官八》，中华书局，1985年，第4017页。俸禄：月俸十千~二十千，等（县令以所治县户籍量分等级享受俸禄，但《宋史》对各县辖治人口无详载，故具体数额不能确定）。《宋史·卷一百七十一·职官十一》，中华书局，1985年，第4109页。

嘉祐六年始葬藍田李村原，熙寧七年九月改葬縣北五里太尉原。

（4）种夫人墓志考释

志文句读：

宋故乐寿县[1]太君[2]种夫人墓志铭

　　武功[3]　苏昞　撰

　　琅邪[4]　王毖　书

　　广平[5]　程颖　篆盖

诗云：妻子好合如鼓瑟琴。非谓昵其私厚于爱，嬉嬉佚乐以为悦也，政欲阳倡阴和，夫义妇顺，夙夜儆戒，志于相成，解而更张，至于调理，然后以为美也。吾友叔子，乡里之分，则所事也。在师门，则所畏也。于夫人，则昞也之。妻与夫人实兄弟也，固常亲见其为人，以是得观淑德之与君子偕，而家道肃雍好合之义。考之古人无媿（愧）矣。

叔子姓吕氏，讳大钧，字和叔，进士中第，至宣义郎[6]。晚节以三代绝学自任，望圣人德业欲一朝而至焉，故同门谥其志行，号诚德君子。夫人姓种氏，世名家。父讳古，早以隐德称，尚气义，立朝有勋绩，终东上合门使[7]。夫人生而不群，合门公常叹曰：乃不为男儿以大我家耶！既归吕氏，

[1]乐寿县："（河北）东路。府三：大名，开德，河间。州十一：沧，冀，博，棣，莫，雄，霸，德，滨，恩，清。军五：德清，保顺，永静，信安，保定。县五十七。"《宋史·卷八十六·地理二》，中华书局，1985年，第2121页。"河间府，上，河间郡，瀛海军节度。……县三：……乐寿，望。至道三年，自深州来隶。熙宁六年，省景城为镇入焉。"《宋史·卷八十六·地理二》，中华书局，1985年，第2123页。【注】北宋属河北东路河间府隶下，今在河北省献县附近

[2]县太君：叙封称号，"唐制，视本官阶爵。建隆三年，诏定文武郡臣母妻封号：……庶子、少卿监、司业、郎中、京府少尹、赤县令、少詹事、谕德、将军、刺史、下都督、下都护、家令、率更令、仆，母封县太君；妻，县君，其馀升朝官已上遇恩。并母封县太君；妻，县君，杂五品官至三任与叙封，官当叙封者不复论阶爵。致仕同见任。亡母及亡祖母当封者并如之。"《宋史·卷一百七十·职官十》，中华书局，1985年，第4084、4085页。

[3]武功："永兴军路。府二：京兆，河中。州十五：陕，延，同，华，耀，邠，鄜，解，庆，虢，商，宁，坊，丹，环。军一：保安。县八十三。……京兆府，京兆郡，永兴军节度。本次府，大观元年升大都督府。旧领永兴军路安抚使。宣和二年，诏永兴军守臣等衔不用军额，称京兆府。……县十三：……武功，次畿。政和八年，同醴泉拨入醴州。"《宋史·卷八十七·地理三》，中华书局，1985年，第2144页。【注】北宋属永兴军路京兆府隶下，今为陕西武功县。

[4]琅邪（琅琊）："（京东）东路。府一，济南。州七：青，密，沂，登，莱，潍，淄。军一，淮阳。县三十八。"《宋史·卷八十五·地理一》，中华书局，1985年，第2107页。"沂州，上，琅琊郡，防御。"《宋史·卷八十五·地理一》，中华书局，1985年，第2108页。【注】北宋时属京东东路隶下，今在山东临沂一带。

[5]广平：宋史中关于广平之记载共有两处。其一："（河北）西路。府四：真定，中山，信德，庆源。州九：相，浚，怀，卫，洺，深，磁，祁，保。军六：天威，北平，安肃，永宁，广信，顺安。县六十五。"《宋史·卷八十六·地理二》，中华书局，1985年，第2126页。"洺州，望，广平郡，建隆元年，升为防御。"《宋史·卷八十六·地理二》，中华书局，1985年，第2128页。【注】北宋属河北西路，今在河北永年县广府镇。其二："秦凤路。府一：凤翔。州十二：秦，泾，熙，陇，成，凤，岷，渭，原，阶，河，兰。军三：镇戎，德顺，通远。县三十八。"《宋史·卷八十七·地理三》，中华书局，1977年，第2154页。"熙州，上，临洮郡，镇洮军节度。本武胜军。……堡九：……广平堡。"《宋史·卷八十七·地理三》，中华书局，1977年，第2162页。【注】北宋属秦凤路熙州隶下，今在甘肃省渭源县。

[6]宣义郎：性质：文散官。《宋史·卷一百六十九·职官九》，中华书局，1985年，第4053页。职责：文散官，无具体职责。品秩：从八品。《宋史·卷一百六十八·职官八》，中华书局，1985年，第4015、4016页。俸禄：月俸十二千，等。《宋史·卷一百七十一·职官十一》，中华书局，1985年，第4110页。

[7]东上閤门使：性质：职事官。职责："东、西上閤门　东上閤门、西上閤门使各三人，副使各二人，宣赞舍人十人，旧名通事閤人，政和中改。祗候十有二人。掌朝会宴幸、供奉赞相礼仪之事，使、副承旨禀命，舍人传宣赞谒，祗候分佐舍人。凡文武官自宰臣、宗室自亲王、外国自契丹使以下朝见谢辞皆掌之，视其品秩以为引班、叙班之次，赞其拜舞之节而纠其违失。若庆礼奉表，则东上閤门掌之；慰礼进名，则西上閤门掌之。月具班簿，岁终一易，分东西班揭贴以进。自客省而下，因事建官，皆有定员。遂立积考序迁之法，听其领职居外，增置看班祗候六人，由看班迁至使皆五年，使以上七年，遇阙乃迁，无阙则加遥郡。"《宋史·卷一百六十六·职官六》，中华书局，1985年，第3936页。品秩：不明。俸禄：月俸二十七千，等。《宋史·卷一百七十一·职官十一》，中华书局，1985年，第4104页。

逮事莘国公[1]，妇职以孝谨称于娣姒。娣姒相爱，晚益和厚。故丞相汲公[2]常称曰：吾家贤妇，以为闺门矜式。元佑间首奏冠帔，又封乐寿县太君。初，叔子从子（于）张子[3]之学，以谓道德性命之微，则存乎致知，若推之行事诚之，着义之实，莫盛于礼，故凡丧、祭、冠、婚至于乡饮，相见之仪，莫不推明讲习，可以想见古风，自是关中士大夫班班师放，寔叔子倡之，而夫人同好，不愆不违，由内以及外，其助为多。叔子捐馆，其葬其祭，一本于礼，如叔子所以居莘国公之丧。

其子承意，遵教不敢怠，以至从学、仕官莫不举先人为帅，以成就其贤。不幸先夫人而没，自是夫人积忧伤，寝疾久之，以政和二年六月辛丑卒，享年七十三。子义山，前夫人马氏出也，夫（人）□育之，道无不尽，过于所自生，终身不见其间焉。既寡，合门公欲夺其志，夫人□□靡它，以门户自任。更三十年，人莫得而议。虽诸父党不敢以诸女处。老益庄重，内外姻戚，见者无堕容，人或谏之，曰：吾安于此不劳也。性沉审，敏于处事，治家勤俭，称其有无，莫不樽节适中。生平严于法度，不尚绮丽声乐，身能之而不御，谓非妇道之先。燕游虽盛而不好，谓终吝之道也。其于媵御，抚之有恩意，谆谆教戒，不大声色，故人人乐尽力。

义山，宣德郎[4]。孙德修，将仕郎[5]。辅修，从事郎[6]，卒。女适宣德郎范益，一在室。曾孙安仁、求仁、居仁。今其没也，德修实主其丧。以是年九月壬申祔葬于蓝田[7]之先茔。铭曰：

名父之子，得气之刚。嫔于德门，其人更良。

相待如宾，肃肃闺房。族党尊爱，望其色庄。

夫子振古，先进于礼。三代之遗，讲修济济。

关辅不□，系自吾启。风出家人，实维根抵。

夫子既没，持之益严。公叔文子，母仪是瞻。

---

［1］莘国公：辛国公为吕蕡所封爵位。性质：爵位。"爵一十二：王、嗣王、郡王、国公、郡公、开国公、开国郡公、开国县公、开国侯、开国伯、开国子、开国男。"《宋史·卷一百六十九·职官九》，中华书局，1985年，第4060、4061页。品秩：从一品。《宋史·卷一百六十八·职官八》，中华书局，1985年，第4014页。【注】表身份地位，无职事、俸禄。

［2］汲公：汲公即坂郡公，为吕大防爵位。"元佑元年，拜（吕大防）尚书右丞，进中书侍郎，封汲郡公。"《宋史·卷三百四十·列传第九十九》，中华书局，1985年，第10842页。郡公：性质：爵位。"爵一十二：王、嗣王、郡王、国公、郡公、开国公、开国郡公、开国县公、开国侯、开国伯、开国子、开国男。"《宋史·卷一百六十九·职官九》，中华书局，1985年，第4060、4061页。品秩：正二品。《宋史·卷一百六十八·职官八》，中华书局，1985年，第4014页。【注】表身份地位，无职事、俸禄。

［3］张子：张子即张子厚尊称，为北宋思想家、教育家，关中理学创始人。"张载，字子厚。长安人。少喜谈兵，至欲结客取洮西之地。年二十一，以书谒范仲淹，一见知其远器，乃警之曰：'儒者自有名教可乐，何事于兵。'因劝读中庸。载读其书，犹以为未足，又访诸释老，累年究极其说，知无所得，反而求之六经。尝坐虎皮讲易京师，听从者甚众。一夕，二程至，与论易，次日语人曰：'比见二程，深明易道，吾所弗及，汝辈可师之。'撤坐辍讲。与二程语道学之要，涣然自信曰：'吾道自足，何事旁求。'于是尽弃异学，淳如也。"《宋史·卷四百二十七·列传第一百八十六》，中华书局，1985年，第12723页。

［4］宣德郎：性质：文散官。又名宣教郎，"元丰本宣德，政和避宣德门改。"《宋史·卷一百六十九·职官九》，中华书局，1985年，第4053页。职责：文散官，无具体职责。品秩：正七品，改制后为从八品。《宋史·卷一百六十九·职官九》，中华书局，1985年，第4050页。《宋史·卷一百六十八·职官八》，中华书局，1985年，第4015、4016页。俸禄：月俸十七千，等。《宋史·卷一百七十一·职官十一》，中华书局，1985年，第4110页。

［5］将仕郎：性质：文散官。又名迪功郎，"崇宁将仕，政和再换。"《宋史·卷一百六十九·职官九》，中华书局，1985年，第4054页。职责：文散官，无具体职责。品秩：从九品。《宋史·卷一百六十八·职官八》，中华书局，1985年，第4017页。俸禄：月俸十二千，等。《宋史·卷一百七十一·职官十一》，中华书局，1985年，第4111页。

［6］从事郎：性质：文散官。应又名承直郎。"承直至此四阶，并崇宁初换"《宋史·卷一百六十九·职官九》，中华书局，1985年，第4054页。职责：文散官，无具体职责。品秩：从八品。《宋史·卷一百六十八·职官八》，中华书局，1985年，第4016页。俸禄：月俸十五千，等。《宋史·卷一百七十一·职官十一》，中华书局，1985年，第4111页。

［7］蓝田："永兴军路。府二：京兆、河中。州十五：陕、延、同、华、耀、邠、鄜、解、庆、虢、商、宁、坊、丹、环。军一：保安。县八十三。……京兆府，京兆郡，永兴军节度。本次府，大观元年升大都督府。旧领永兴军路安抚使。宣和二年，诏永兴军守臣等衔不用军额，称京兆府。……县十三：……蓝田，次畿。"《宋史·卷八十七·地理三》，中华书局，1985年，第2144页。【注】北宋属永兴军路。今为陕西省蓝田县。

昊天不吊，哲淑殄歼。我铭□□，雨涕沾沾。

李寿昌□。


　　吕大钧为吕蕡第三子，曾著《吕氏乡约》，五十二岁病故于征西夏途中，军中无法安葬，尸身可能经火化后带回，故墓葬中未见其专属墓室、葬具、遗骸，骨灰应置于某容器内与两位夫人合葬，纵观众多出土随葬品，吕大钧骨灰可能存于 M22∶10 彩绘灰陶罐内并放置在东、西墓室间生土隔梁北端居中处。因墓葬被盗扰，该器物已破碎，经修复虽成形，但罐中贮物皆遗失不见，而生土隔梁北端放置的、由唐代翁仲改制、未錾刻文字的光面墓志，恐属大钧所有。或许志文原以墨书撰写，日久已经消退殆尽。

　　依族制，马氏为前妻应葬于东墓室，种氏为继妻应居西墓室，但从墓志出土地点看，似东室为种氏所有，西室为马氏居所。也许因盗掘扰动，墓志有移位。

# 一七　吕锡山前妻侯夫人、继妻齐夫人合葬墓（编号 M25）

## （一）位置与地层

　　该墓位于吕氏家族墓园北部墓葬群自南向北第四排东数第三座（不计婴幼儿墓），北距墓园北兆沟 65.67、南距 M20 为 2.40、东距 M26 是 9.56、西距 M4 为 27.88 米。墓葬田野编号为蓝田吕氏 M25（图 5-482~484）。发掘时间 2009 年 7 月 7 日至 9 月 2 日，历时 57 天，其间因雨有间断。

　　墓葬所处地层剖面为（图 5-483；彩版 5-664）：

　　第①层：耕土层，厚 0.25 米，色灰褐，质松软，含大量植物根系、现代残砖、陶瓷片等。

　　第②层：扰土层，厚 0.55 米，浅灰褐色，质较硬，内杂植物根茎、陶瓷片、料礓石结核颗粒等。M25 现墓道开口应位于该层下。

　　第③层：古代堆积层，厚 0.60 米，淡灰黄色，质地较硬，夹少量黑、白瓷碎片及残瓦砾等。

　　第④层：黑褐色土层，厚 0.80 米，质地坚硬，呈颗粒状，夹杂大量白色植物根系。

　　第⑤层：黄土层，厚 3.80 米，质地松软，色泽纯黄，包含少量料礓石块、蜗牛壳等。经扰动破坏后，墓道开口形制见于该层面下 2.80 米处。

　　第⑥层：红褐色土层，厚 0.80 米，土质坚硬、内有大量料礓石块。

　　第⑦层：浅黄色土层，厚 1.20 米，质地较松软、纯净，包含物极少。

　　第⑧层：胶泥层，厚 1.60 米，褐色，质地坚硬细密有韧性，夹少量料礓石块。

　　第⑨层：黄褐色土层，厚 1.20 米，质地较硬，上部含有大量料礓石块，下部较纯净。

　　第⑩层：密集料礓石层，厚 0.20 米，灰白色礓石排列密集，质地极坚硬。M25 墓室即营造于该层下。

　　第⑪层：浅褐色土层，深度不详，质地细密，无包含物。M25 墓道底面在该层面下 1.10 米处，墓室则位于该层面下 0.62~2.40 米处。

## （二）墓葬形制

　　该墓坐东北向西南，方向 210°。由竖穴墓道、甬道、封门、并列双墓室、壁龛六部分组合而成，

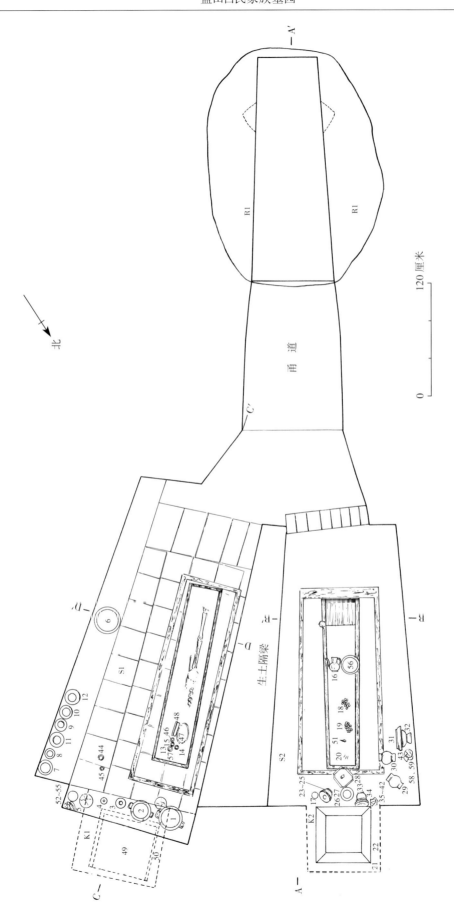

图 5－482　M25 平面图

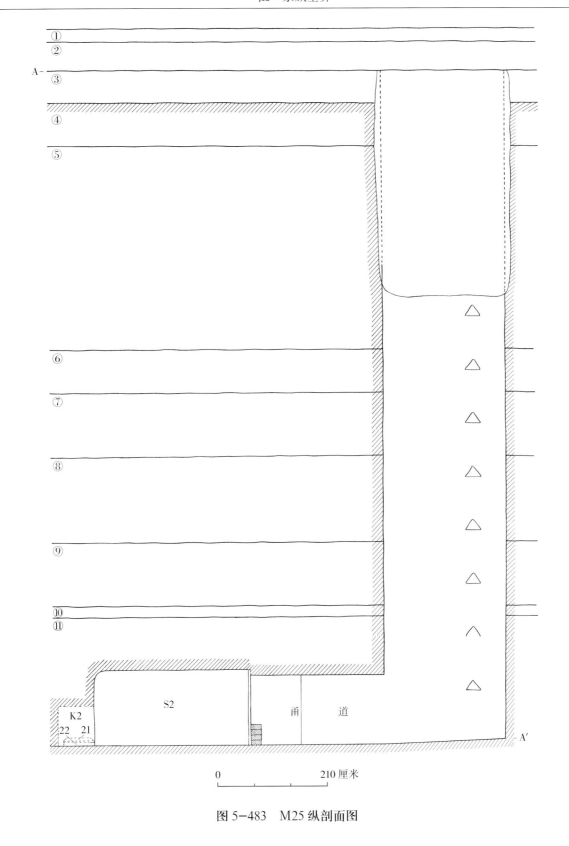

图 5-483　M25 纵剖面图

平面似铲形。南北水平总长 8.90、墓室底上距现地表 13.40 米，墓道现开口距地表 5.00 米左右（图 5-482~484；彩版 5-665）。

彩版 5-664　M25 地层剖面

彩版 5-665　M25 墓葬

## 1. 墓道

位于墓葬南端，竖穴土圹式，底部北连甬道。现开口位置有椭圆形扰坑将其破坏殆尽，直至 4.20 米处方见原墓道四壁，乃知平面呈南窄北宽长方梯形，南北长 2.40、南宽 0.65、北宽 0.90 米。四壁基本竖直，壁面虽经铲修整平仍显粗涩。底面平斜，南高北低，高差 0.10 米，墓道底上距扰动前开口位置 12.40~12.50 米。东、西两壁距南壁 0.50 米处各设纵向相错踏窝 1 列，现残存下部 8 个，各踏窝纵向间距 0.80 米左右，踏窝截面呈不规则三角形，面宽 0.30、高 0.20、进深 0.15 米。墓道内上部为扰土，下部填较硬五花土，似曾轻夯，夯层厚约 0.30 米（彩版 5-664）。

## 2. 甬道

南接墓道底北端，北连墓室。平面呈南北向不规则喇叭状，南北长约 2.34、南宽 0.90、北宽 2.30 米。东、西两壁自南端入口始向北微斜外扩至 1.60 米处各起折棱迅速外扩，使甬道北部喇叭口式张开。壁面基本竖直，铲修较平整光滑，顶壁相交处呈弧状。平顶微拱。底面修整平坦，

与墓道北端底面及双墓室底面在同一平面上，底至顶高 1.30 米。甬道内满填五花土及淤土（彩版 5-666）。

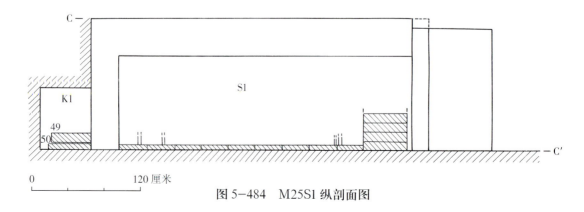

图 5-484　M25S1 纵剖面图

彩版 5-666　M25 双墓室

### 3．墓室

M25共有两座并列成倒"八"字形布局的墓室，分别编为S1、S2（图5-485；彩版5-666）。

东墓室：编号S1，整体倾斜为东北—西南走向，南接甬道、北连壁龛、西侧隔生土梁与西墓室为邻，平面基本呈北宽南窄长方形，南北长3.75、南宽1.43、北宽1.80米。东壁由底向上稍内收，自1.00米处平折外扩成南宽0.30、北宽0.40米的生土二层台；北壁竖直，自底向上1.06米处亦平折外扩成东宽0.26、西宽0.33米生土二层台；西壁为生土隔梁，平剖面呈楔形，立面竖直，高1.40、南宽0.26、北宽0.78米；南壁竖直，墓室入口开于南壁西侧，宽0.80米。四壁面皆铲修整平，较为光滑。拱形顶东边自东壁二层台之上起拱，西边起拱于西壁0.80米处，顶面近平，保存完整，高0.76米。底面平整，与甬道底地等平，上距室顶1.76米，底面南北向并列平铺青色方砖5行，每行9块，共计45块，砖边长30.0、厚6.0厘米。室内填充五花土及大量淤土（彩版5-667）。

西墓室：编号S2，南接甬道、北连壁龛、与S1隔生土梁相邻，整体呈西北—东南走向，平面为南窄北宽长方形，南北长3.00、南宽1.20、北宽1.65米。西壁山底向上内收至顶；东壁为平剖面南窄北宽楔形生土隔墙（尺寸见S1之描述），墙面自底向上略内斜至顶，东、西两壁、顶相交处呈弧形；北壁竖直；南壁亦竖直，墓室入口开于东侧、宽0.88米。平顶保存完整。底面平整，与甬道及东墓室底面等平，上距室顶1.40米。四壁面虽经铲修、仍较粗糙。室内填充五花土及大量淤土（彩版5-668）。

### 4．封门

东、西两墓室入

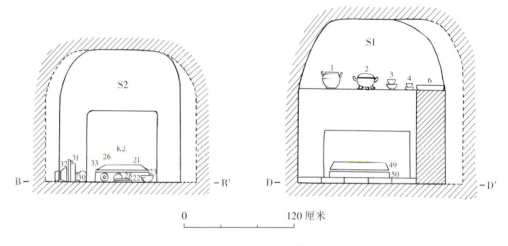

图5-485　M25S2、S1横剖面图

彩版5-667　M25东墓室S1

口处均设土坯封门，因长期渗水浸泡，上部倒塌，下部亦与填土粘连，难以剥离，但其封门形制、砌筑方法、用坯数量、残留尺寸及土坯规格均可辨别（彩版5-669）。

东墓室S1封门：位于入口内0.28米处，现残存底部4层土坯，残高0.40、宽1.20、厚0.50米。坯色深褐，质地硬于填土，单层纵向并列平卧叠砌式，每层用坯约5块，共计约20块，土坯长48.0、宽26.0、厚10.0厘米。

西墓室S2封门：位于墓室入口外，亦残存底部4层土坯，残高0.40、宽0.90、厚0.20米。坯呈深褐色，质地硬于填土，为单层纵向并列平卧叠砌而成，每层用坯约8块，共计约32块，土坯规格小于东墓室封门用坯，长20.0、宽约12.0、厚10.0厘米。

### 5. 壁龛

共2个。编号K1、K2。分别与S1、S2北端连接，开口于墓室北壁上，内贮墓志，发掘

彩版5-668　M25西墓室S2

彩版5-669　M25东、西墓室土坯封门

彩版 5-670　M25K1 形制

彩版 5-671　M25 东墓室 S1

时宽内均充满淤土。

K1：开口于东墓室北壁底部正中，平面呈横长方形，南北长 0.86、宽 0.93、高 0.65 米。壁面竖直、规矩光滑。平顶。底面与墓室底面等平，内含侯夫人墓志 1 合（彩版 5-670）。

K2：开口于西墓室北壁底部正中，平面呈横长方形，南北长 0.70、宽 0.80、高 0.75 米。壁面竖直、修理平整规矩。平顶。底面与墓室底面等平。内置齐夫人墓志 1 合。

## （三）葬具葬式

该墓为两椁两棺 2 人同穴异室合葬墓，木质棺椁均已朽为灰烬，痕迹呈灰褐色，底部结构清晰。根据墓志摆放位置确定：东墓室为吕锡山前妻侯氏葬所，西墓室为继妻齐氏所居。

东墓室 S1：为一椁一棺，木椁纵向放置于室内西侧，平面呈较窄长方形，南北长 2.30、北宽 0.75、南宽 0.70 米，原高度不详，椁板厚 8.0 厘米。木棺置于椁内偏南处，平面亦呈窄长方形，南北长 1.95、北宽 0.40、南宽 0.35 米，原高度不详，棺板厚 5.0 厘米。因墓室内早期进水淤积，室底淤土厚达 0.40 米，棺、椁均被浮起抬高，恐有挪移，推测原位置应在室内居中（彩版 5-671）。

墓主骨架保存状况差，仅见已朽的部分肋骨、盆骨及下肢骨，头北足南仰身直肢式，骨架残长约 1.30 米。

西墓室 S2：仍为一椁一棺，木椁纵向放置于室内底部正中，平面呈北宽南窄长方形，长 2.00、北宽 0.95、南宽 0.85 米，原高度不详，椁板厚 5.0 厘米。木棺纵向置于椁内正中，南、北两梆紧贴椁南、北壁，东、西两侧留有空间，平面呈南宽北窄的窄长方形，长 1.84、南宽 0.42、北宽 0.34 米，原高度不详，棺板厚 4.0 厘米。

棺内南端置木盒 1 个，已朽，余烬较厚、显灰蓝色，长 0.32、宽 0.25 米，西半部灰迹保存不好，盒内未见它物（彩版 5-672）。

墓主骨架保存极差，仅剩部分盆骨及下肢骨遗痕，为头北足南仰身直肢式，骨架残长约 0.80 米。

彩版 5-672　M25 西墓室 S2

（四）扰坑

M25 墓道上部扰土层下有椭圆形大扰坑 1 个。编号 R1，直径 2.50×1.90、深 4.20 米，将墓道四壁上部破坏殆尽，坑内满填花杂土，根据形制、所处地层及包含物推断，应属于早期行为，所幸对墓室未造成破坏。

（五）出土遗物

该墓出土随葬品 57 件（组），质地有瓷、陶、银、铜、铁、贝类、水晶、漆木、石九类。器形有罐、托盏、盒、碗、盏、碟、盂、鼎、盘、渣斗、钗、勺镜、饰件、钱币、水晶球、釜、壶、墓志等。随葬品摆放位置大致可划分为五个区域：第一区为东墓室东、北壁下的二层台上；第二区指东墓室棺椁内；第三区位于西墓室底面北部；第四区为西墓室木棺内；第五区为 K1、K2 中。

**1. 瓷器**

共 27 件（组）。器形有罐、温碗、碗、盏、托杯、盘、碟、盂、盒等。

（1）青釉刻花牡丹纹双系罐　2 件。

M25：29、30，出土于西墓室西北角。均断裂破碎，修复粘接完整。轮制成型。2 件形制、胎质、釉色、纹饰、尺寸基本相同。直口微敛，方唇，粗高颈略弧，窄折肩，深腹稍鼓，下部内收，高圈足外撇，颈、肩部置对称扁条形半环系一双。内、外壁先着化妆土，外壁及口沿内壁上部再加施青釉，圈足底刮釉露胎，外底未施釉露化妆土。釉面浑浊失透，有棕眼及棕眼。灰胎，胎质坚硬细密。双系外面饰细螺旋纹，颈部有细弦纹，腹部刻牡丹图案，腹底部亦有稍粗弦纹一周。

M25：29，颈外壁上、下各饰细弦纹两周，腹部刻波浪式牡丹花、叶纹两组。通高17.1、口沿径10.5、腹径13.4、足外径6.8厘米（图5-486；彩版5-673）。

M25：30，颈外壁沿下有弦纹两周，中部赤饰并列弦纹两周，腹壁刻阔叶牡丹图案两组。通高17.0、口沿径10.4、腹径13.5、足外径6.5厘米（图5-487；彩版5-674）。

（2）黑釉瓜棱罐　3件。

M25：8~10，出土于东墓室东侧二层台北部（彩版5-675）。轮制成型。3件形制、胎质、釉

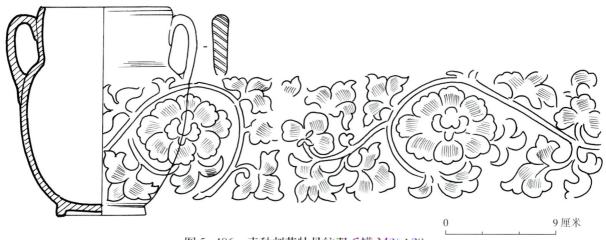

0 ⎯⎯⎯⎯⎯ 9厘米

图5-486　青釉刻花牡丹纹双系罐 M25：29

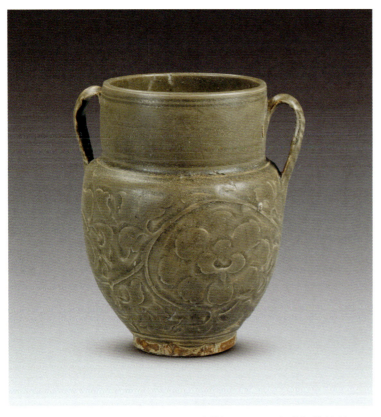

彩版5-673　青釉刻花牡丹纹双系罐 M25：29

图 5-487　青釉刻花牡丹纹双系罐 M25：30

彩版 5-674　青釉刻花牡丹纹双系罐 M25：30

彩版 5-675　M25 黑釉瓜棱罐出土位置

色基本相同，大小稍有区别。直口微敛，厚唇，粗颈上敛下微扩，圆肩，肩、颈相交处加厚出棱台一周，瓜棱形深鼓腹。内、外壁通施黑釉，釉面遍布棕眼，有褐色、土黄色、银灰色小斑点。露胎处表面呈灰白色，胎质坚硬略粗，内含小砂粒。通体素面。

M25：8，腹部有裂痕，内沿釉面有脱落。十七瓣瓜棱腹，下腹瘦削，隐圈足。釉面较浊、不够洁净，局部黑釉钙化呈褐色。内腹壁下部有明显轮制旋痕。通高 16.9、口沿径 9.7、腹径 15.7、足外径 6.2厘米（图 5-488；彩版 5-676）。

M25：9，保存完整。体形较低矮，十五瓣瓜棱腹，隐圈足。外腹壁施釉至下腹、其下露胎，足底刮釉不净，外底施釉显薄。釉面较光亮。外底有大片粘砂。内腹壁轮制旋痕明显。通高 15.2、口沿径 8.3、腹径 15.2、足外径 6.6 厘米（图 5-489；彩版 5-677）。

M25：10，保存完整。十七瓣瓜棱腹，圈足外撇，足外沿自内向外斜削一周。外壁施釉至下腹，其下露胎，釉面明亮，不匀，口沿、颈及肩部釉色泛红。内腹壁有明显轮制旋痕。通高 16.4、口沿径 7.7、腹径 15.0、足外径 7.5 厘米（图 5-490；彩版 5-678）。

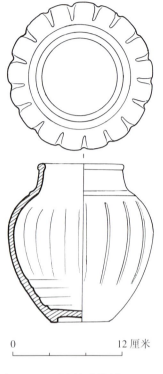

0　　　　　　12厘米

图 5-488　黑釉瓜棱罐 M25：8

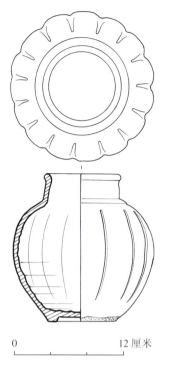

0　　　　　　12厘米

图 5-489　黑釉瓜棱罐 M25：9

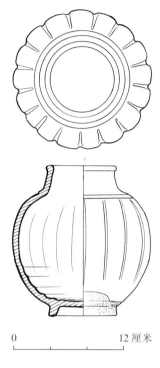

0　　　　　　12厘米

图 5-490　黑釉瓜棱罐 M25：10

彩版 5-676　黑釉瓜棱罐 M25：8

彩版 5-677　黑釉瓜棱罐 M25：9

彩版 5-678　黑釉瓜棱罐 M25：10

（3）黑釉罐　2件。

M25：11、12，出土于东墓室东侧二层台北部。基本完整。轮制成型。2件形制、胎质、釉色基本相同，尺寸稍异。直口微敛，窄弧沿，圆唇，粗颈上敛下扩，圆肩，颈、肩相交处加厚出棱台一周，深圆腹。内、外施黑釉。胎质坚硬，显粗涩，内含黑褐色小颗粒。内腹壁有明显轮制旋痕。

M25：11，口沿有磕豁。粗颈较高，隐圈足。釉面失透，玻璃质感强。足底及足内均露胎，露胎处表面呈浅土黄色。肩部饰不完整弦纹两周，足底心附着白色圆形支垫痕。通高 18.6、口沿径 10.4、腹径 17.5、足外径 8.7 厘米（图 5-491，1；彩版 5-679）。

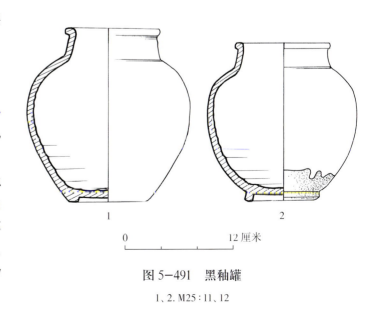

图 5-491　黑釉罐

1、2. M25：11、12

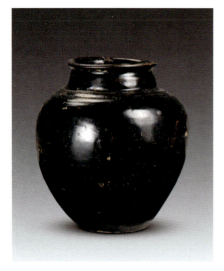
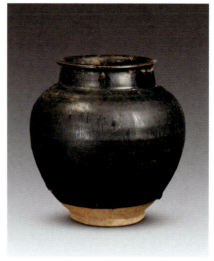
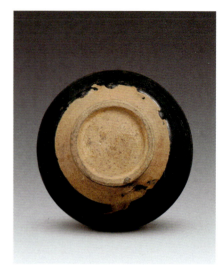

彩版 5-679　黑釉罐 M25：11　　　　　　　　　　　彩版 5-680　黑釉罐 M25：12

　　M25：12，口沿稍有残损。粗颈较矮，矮圈足外撇，足外沿自内向外斜削一周。外壁施釉至下腹，其下露胎。釉面浊而失透，腹外壁下部有滴釉。露胎处表面呈泛红的土黄色，灰胎。通高 16.4、口沿径 10.9、腹径 16.5、足外径 8.2 厘米（图 5-491，2；彩版 5-680）。

　　（4）白釉带盖小罐　1 件。

　　M25：46，出土于东墓室棺内北端。基本完整。轮制成型。罐盖为蘑菇形，顶面正中为扁圆形提纽，弧形盖顶出平折沿，圆唇，下为窄平沿、楔形塞式中空高子口，塞底面稍有破损。罐身为敛母口，窄平沿，斜直颈上细下渐粗，丰肩鼓腹，下腹内收成平底，外底心内凸。内、外壁通施乳白色釉，盖子口露胎，罐口沿刮釉露胎。釉面被浸蚀严重，开裂、粉化、脱落较甚，内底保存较好处明亮有玻璃光泽。白胎，细致坚硬。通体素面。通高 6.1、盖高 2.7、子口沿径 1.2、罐母口沿径 3.1、腹径 5.7、底径 2.2 厘米（图 5-492；彩版 5-681）。

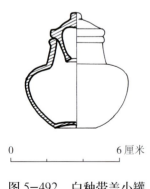

0　　　　　　　6 厘米

图 5-492　白釉带盖小罐
M25：46

彩版 5-681　白釉带盖小罐 M25：46

　　（5）白釉六曲葵瓣温碗　2 件。

　　M25：26、27，叠置于西墓室北壁下中部，壁龛入口前。完整。轮制成型。2 件形制尺寸、胎质、釉色基本相同。六曲葵瓣式直口，方唇，深直腹下部弧收，腹壁亦为六曲葵瓣式与口沿相对应，微圜底，圈足，足沿稍外撇。内、外壁通施白釉，口沿刮釉露胎。釉色白中稍泛青。釉面透亮光润。

白胎，胎质坚硬细密。通体素面，壁有模糊轮制旋痕。

M25：26，圈足根釉被擦去。通高8.2、口沿径13.5、足外径7.2厘米（图5-493，1；彩版5-682）。

M25：27，通高8.3、口沿径13.5、足外径7.3厘米（图5-493，2；彩版5-683）。

（6）白釉六曲葵瓣碗　3件。

M25：23~25，叠置于西墓室北壁下中部、壁龛入口前。轮制成型。3件形制、尺寸、胎质、釉色基本相同。六曲葵瓣式敞口，圆唇，斜弧腹腹壁亦呈六曲葵瓣式与口沿对应，下凹小平底，矮圈足，足沿自内向外斜削一周。内、外壁满施白釉，足跟刮釉露胎。釉面光洁透亮。胎色洁白，胎质坚硬细密。腹外壁有轮制旋痕。

M25：23，基本完整。内壁釉色稍显暗淡，各瓣相交的竖棱上釉色泛黄。通体素面。通高6.1、口沿径19.2、足外径5.2厘米（图5-494，1；彩版5-684）。

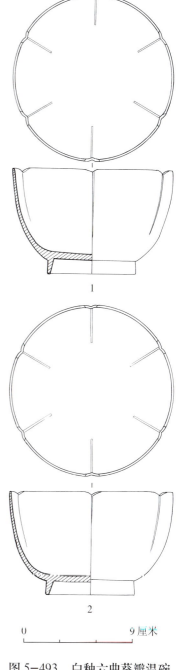

图5-493　白釉六曲葵瓣温碗

1、2. M25：26、27

彩版5-682　白釉六曲葵瓣温碗 M25：26

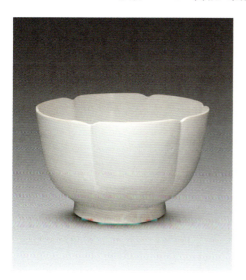

彩版5-683　白釉六曲葵瓣温碗 M25：27

M25：24，残破为数片，粘接修复完整。外壁由口沿至底部多垂流痕，积釉处釉色泛黄。外壁中部饰细弦纹三周。通高 6.2、口沿径 19.0、足外径 5.5 厘米（图 5-494，2；彩版 5-685）。

M25：25，碎为数片，粘接修复完整。外壁口沿至底局部有垂流痕，积釉处釉色泛黄。外壁中部饰细弦纹八周。通高 5.9、口沿径 19.4、足外径 5.4 厘米（图 5-495；彩版 5-686）。

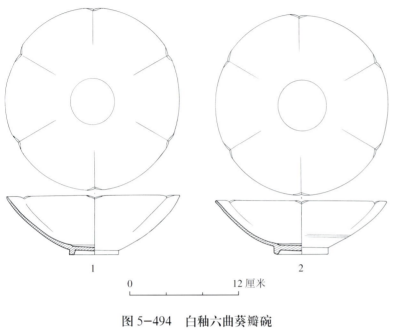

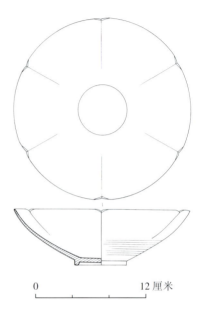

图 5-494　白釉六曲葵瓣碗

1、2. M25：23、24

图 5-495　白釉六曲葵瓣碗 M25：25

彩版 5-684　白釉六曲葵瓣碗 M25：23

彩版 5-685　白釉六曲葵瓣碗 M25：24

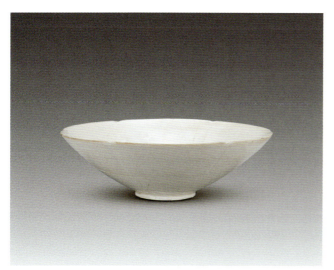

彩版 5-686　白釉六曲葵瓣碗 M25：25

（7）青釉刻花六曲葵口盏　1件。

M25：34，与M25：33一起叠置于西墓室北壁下中部、壁龛入口前。口沿断裂，粘接修复基本完整，有小缺片。轮制成型。六曲敞葵口，窄沿，尖唇，斜直腹，圈足。内、外壁施满釉，圈足底刮釉露胎。釉色青绿暗淡。外壁釉层不匀，有积釉。釉面不够明亮，遍布冰裂纹。灰胎，胎质坚硬细密，露胎处表面呈土黄色。盏内壁口沿下轻划二方连续缠枝蔓草纹，底部饰牡丹花叶图案；外壁折沿下有弦纹一周，其下刻折扇纹。通高 4.7、口沿径 14.6、足外径 3.9 厘米（图 5-496；彩版 5-687）。

（8）黑釉油滴盏　1件。

M25：33，与M25：34一起叠置于西墓室北壁下中部、壁龛入口前。完整。轮制成型。敞口，圆唇，斜直腹，圈足，足沿自内向外斜削一周。内、外壁通施黑釉，足底刮釉露胎。口沿、外腹壁下釉层较薄，呈酱黄色。釉面光洁明亮，多棕眼，有银灰色油滴状斑痕，下腹有垂釉。胎质坚硬细密，内含黑色小颗粒，露胎处表面呈浅灰黄色。外底心有粘痕。通高 5.2、口沿径 13.4、足外径 4.0 厘米（图 5-497；彩版 5-688）。

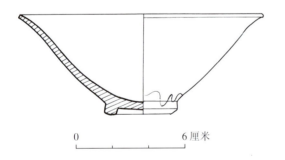

图 5-496　青釉刻花六曲葵口盏 M25：34

彩版 5-687　青釉刻花六曲葵口盏 M25：34

图 5-497　黑釉油滴盏 M25：33

彩版 5-688　黑釉油滴盏 M25：33

（9）青白釉托杯　1套2件。

M25：4-1、-2，出土于东墓室北二层台上。口沿有断裂，粘接完整。轮制成型。由杯、杯托两部分组成。内、外壁满施青白釉。釉色青中带白。釉层均匀细腻，釉面通透光亮。胎色白净，胎质坚硬致密。通体素面。

M25：4-1，杯，直口，尖唇，外壁口沿下有凸棱一周，深弧腹，圜底，卧足。足底露胎。外壁釉层稍厚，故青色较内壁微浓。露胎处表面满布土黄色小斑点。外腹壁有模糊轮制旋痕。

M25：4-2，杯托，盘形，敞口，宽沿，沿面微弧、沿边下卷，尖唇，浅腹，微圜底，圈足。釉色略深于盏，更具玉质感，内壁釉面有网格状冰裂纹。足底心留火石红色圆斑。

通高6.4、杯高4.7、口沿径7.6、底径2.4、杯托高2.8、口沿径10.4、足外径3.1厘米（图5-498；彩版5-689）。

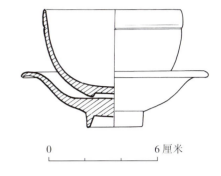

0　　　　　　　6厘米

图5-498　青白釉托杯 M25：4-1、-2

彩版5-689　青白釉托杯 M25：4-1、-2

彩版 5-690　白釉六曲葵瓣盘 M25：38

（10）白釉六曲葵瓣盘　1件。

M25：38，叠置于西墓室北壁下中部，壁龛入口前。碎为多片，粘接修复基本完整，口沿有缺片。轮制成型。六曲葵瓣式敞口，尖圆唇，浅腹为六曲葵瓣式与口沿相对应，大平底，圈足，足沿微外撇。内、外壁通施釉，圈足底刮釉露胎，足内墙及外底局部露胎。釉色乳白，釉面细腻通透，内底面局部有棕眼。白胎，胎质坚硬细密。素面。通高 4.7、口沿径 19.0、足外径 6.5 厘米（图 5-499；彩版 5-690）。

（11）白釉六曲葵瓣碟　共7件。

叠置于西墓室北壁下中部、壁龛入口前。均残破，粘接修复基本完整。均轮制成型。因大小不同分两型。

A 型：4件。M25：35~37、39，形制、釉色、胎质、尺寸基本相同。

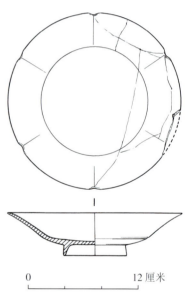

图 5-499　白釉六曲葵瓣盘
M25：38

六曲葵瓣式敞口，方圆唇，浅斜腹亦为六曲葵瓣式与口沿相对应，大平底，外底沿自内向外斜削一周。内、外壁施满釉，芒口。釉色白中略泛青。釉层匀润。釉面明亮。胎色洁白，胎质坚硬细密。通体素面。

M25：35，粘接完整。高 2.0、口沿径 13.1、底径 8.5 厘米（图 5-500，1；彩版 5-691）。

M25：36，口沿有残损。高 2.1、口沿径 13.4、底径 8.8 厘米（图 5-500，2；彩版 5-692）。

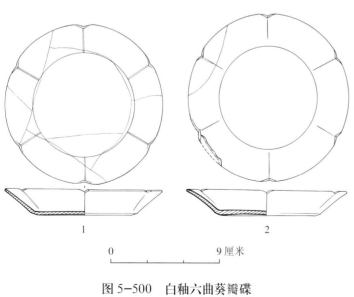

图 5-500　白釉六曲葵瓣碟

1、2. M25：35、36

彩版 5-691　白釉六曲葵瓣碟 M25：35

彩版 5-692　白釉六曲葵瓣碟 M25：36

M25：37，口沿稍有残损。高 2.3、口沿径 12.8、底径 8.2 厘米（图 5-501，1；彩版 5-693）。

M25：39，粘接完整。高 2.0、口沿径 12.8、底径 8.5 厘米（图 5-501，2；彩版 5-694）。

B 型：3 件。M25：40~42，形制、釉色、胎质同上，唯器体较大。

M25：40，口沿有小磕，腹壁有小缺片。釉色泛青灰。高 2.4、口沿径 14.3、底径 8.5 厘米（图 5-502，1；彩版 5-695）。

M25：41，粘接完整。高 2.3、口沿径 14.4、底径 8.5 厘米（图 5-502，2；彩版 5-696）。

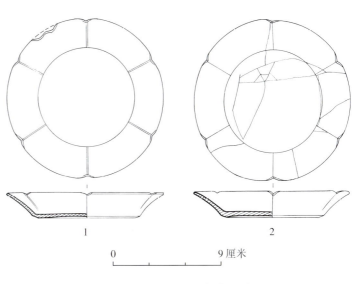

图 5-501　白釉六曲葵瓣碟

1、2. M25：37、39

彩版 5-693　白釉六曲葵瓣碟 M25：37　　　　彩版 5-694　白釉六曲葵瓣碟 M25：39

彩版 5-695　白釉六曲葵瓣碟 M25：40　　　　彩版 5-696　白釉六曲葵瓣碟 M25：41

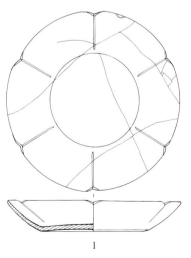
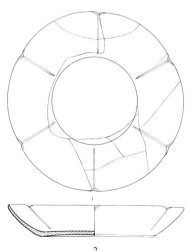
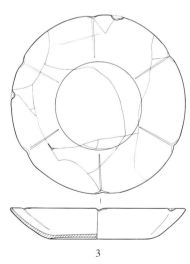

1　　　　　　　　　　　2　　　　　　　　　　　3

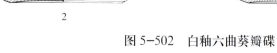

0　　　　　　　9厘米　　　　　图 5-502　白釉六曲葵瓣碟

1~3. M25：40~42

彩版 5-697　白釉六曲葵瓣碟 M25：42

M25：42，口沿有小磕，腹壁有小缺片。高 2.5、口沿径 14.2、底径 8.7 厘米（图 5-502，3；彩版 5-697）。

（12）青白釉小盂　1件。

M25：44，出土于东墓室东北角。破碎为多片，粘接修复完整。轮制成型。短直口，尖唇，丰肩鼓腹，下腹斜收，矮圈足，挖足较浅。器内壁施满釉，外壁施釉至下腹，其下露胎。釉色青中带白。釉面光亮通透，玻璃质感强。胎色洁白，胎质纯净而坚硬。通体素面。通高 4.3、口沿径 5.2、腹径 6.9、圈足外径 2.9 厘米（图 5-503；彩版 5-698）。

图 5-503　青白釉小盂 M25：44

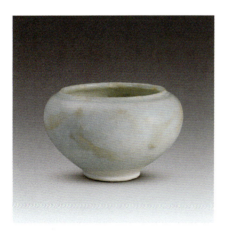

彩版 5-698　青白釉小盂 M25：44

（13）白釉小圆盒　2件。

M25：17、45，完整。轮制成型。2件形制、釉色、胎质、尺寸基本相同，均由盒盖、盒身两部分构成。盒盖为平顶微鼓，折立沿微内收，母口。盒身为高子口，窄平沿，浅直腹，平底，矮圈足。内、外壁施满釉，口沿露胎，足底沿刮釉露胎。釉色乳白泛黄。釉面明亮，有气泡、棕眼。白胎，坚硬致密，内零星散布黑色小颗粒。通体素面。

M25：17，出土于西墓室北壁下中部，壁龛入口前。器表腹、底釉面被浸蚀，局部显斑驳，外底部分脱釉。圈足沿有圆形粘痕。通高2.7、盖高1.4、母口沿径4.8、盒高1.8、子口沿径4.1、腹径4.8、足外径3.2厘米（图5-504，1；彩版5-699）。盒内残留黑色粉末状物质，详见本报告柒第三章。

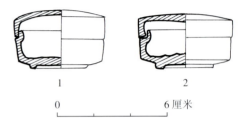

M25：45，出土于东墓室二层台下东北角。盒身外腹壁有土渍。通高3.0、盖高1.5、母口沿径5.1、盒高2.3、子口沿径4.0、腹径5.0、足外径3.2厘米（图5-504，2；彩版5-700）。

图5-504　白釉小圆盒
1、2. M25：17、45

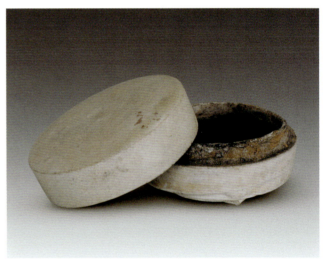

彩版5-699　白釉小圆盒 M25：17

彩版 5-700　白釉小圆盒 M25：45

### 2. 陶器

共 14 件（组）。器类有陶鼎、盏托、盘、渣斗等。

（1）绿釉鼎　1 件。

M25：2，出土于东墓室北二层台西北角。鼎盖断裂，粘接基本完整，现盖顶面稍有残损。轮制兼模制而成。泥质红陶。由鼎盖、鼎身两部分组为一体。鼎盖外壁、鼎身内、外壁均施绿釉，盖内壁露胎。鼎盖釉面有光泽，鼎身釉面浑浊，半木光。胎质较细密纯净。盖呈覆钵形，面拱起，顶心周围置等距离乳钉三个，下为母口方唇。内面有大片釉滴。外沿边及顶心周围各有粗弦纹一周，将盖面分为内、外两区，内区半浮雕四神纹，外区半浮雕山水、花草、卷云、瑞兽、飞鸟纹样。鼎身为子口，圆唇，宽折沿，沿面下凹，直腹，圜底，外底上部等距离置蹲兽足三个，口沿边相对高耸卷沿方折耳一双。方折耳外面居中有纵向凹槽，两侧饰菱形几何图案；腹壁上下各置凸棱一道；兽足似为羊形，正面蹲坐式，耳大下垂，尾上卷贴于背脊上。通高 16.7、盖高 4.4、母口沿径 18.8、鼎高 13.5、子口沿径 15.4、腹径 19.5 厘米（图 5-505；彩版 5-701）。

（2）圆托盘　2 件。

M25：6、31，均破碎断裂，粘接修复基本完整。轮制成型。泥质灰陶。2 件形制、质地、尺寸基本相同。敛口，尖唇，带状厚沿，浅斜腹，大平底，外底心稍内凹。内壁原细磨抛光并加施黑陶衣，后因使用频繁黑陶衣磨损严重显斑驳。质地较纯净致密。通体素面，外壁布满轮制同心圆痕。

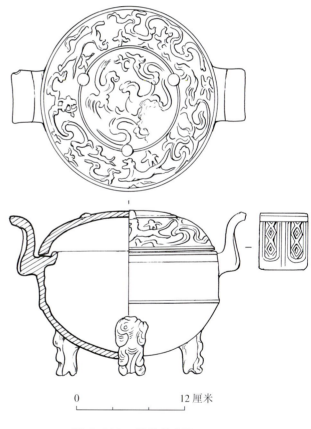

0　　　　　　　　　　12 厘米

图 5-505　绿釉鼎 M25：2

彩版 5-701　绿釉鼎 M25：2

　　M25：6，出土于东墓室东二层台中部。口沿稍有缺损。外腹壁及外底面未施黑陶衣，相对粗糙，不见磨制。高 5.2、口沿径 36.8、底径 31.8 厘米（图 5-506，1；彩版 5-702）。

　　M25：31，出土于西墓室西北角。粘接完整。陶渣斗 M25：32 置于其内。外口沿壁及外腹壁均抛光并加施黑陶衣，外底相对粗涩，无黑陶衣。外腹壁上部有弦纹一或二周。高 5.0、口沿径 36.3、底径 31.0 厘米（图 5-506，2；彩版 5-703）。

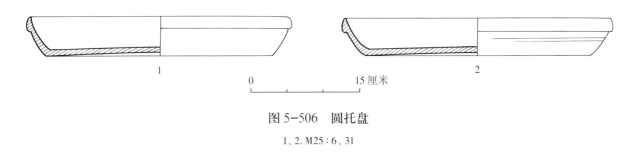

图 5-506　圆托盘

1、2. M25：6、31

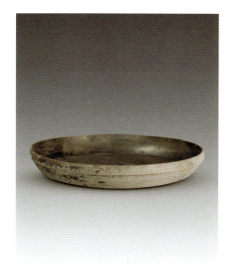

彩版 5-702　圆托盘 M25：6

彩版 5-703　圆托盘 M25：31

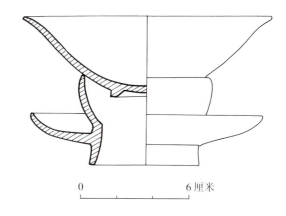

0　　　　　　　6厘米

图 5-507　托盏 M25：3-1、-2

（3）托盏　1套2件。

M25：3-1、-2，出土于东墓室北二层台中部。基本完整，盏托盘口沿有小磕豁。轮制成型。泥质灰陶。由盏、盏托两部分组为一套。通体素面。内、外壁通施黑陶衣，现盏上黑陶衣多已脱落。

M25：3-1，盏，敞口，尖圆唇，斜直腹，矮圈足，足内墙外撇。

M25：3-2，盏托，中空，敛口，方唇，高弧颈，颈下出盘状，直口，圆唇，浅腹的宽沿一周，下置圈足。

通高8.0、盏高4.1、口沿径13.9、足外径4.2、盏托高4.6、口沿径7.0、盘沿径12.9、足外径6.0厘米（图5-507；彩版5-704）。

（4）盘　8件。

轮制成型。泥质灰陶。根据形制、尺寸不同分两型。

A型：4件。深腹盘，M25：5、58、59、43，均残破断裂，粘接修复基本完整。4件形制、尺寸、质地类同。敞口，尖圆唇，斜弧腹较深，平底，矮圈足。原通体施黑陶衣，现多已脱落。通体素面，外腹壁有轮制旋痕。

M25：5，出土丁东墓室北二层台东部。口沿有磕豁。通高5.5、口沿径22.5、足外径7.6厘米（图5-508；彩版5-705）。

彩版 5-704　托盏 M25：3-1、-2

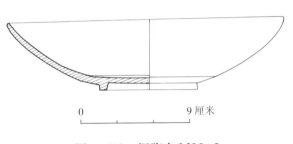

图 5-508　深腹盘 M25：5

彩版 5-705　深腹盘 M25：5

M25：58，出土于西墓室西北角。口沿有磕豁。通高 5.5、口沿径 22.1、足外径 8.0 厘米（图 5-509，1；彩版 5-706）。

M25：59，出土于西墓室西北角。粘接完整。通高 5.6、口沿径 22.0、足外径 7.2 厘米（图 5-509，2；彩版 5-707）。

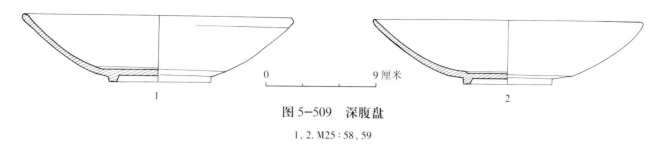

图 5-509　深腹盘

1、2. M25：58、59

彩版 5-706　深腹盘 M25：58

彩版 5-707　深腹盘 M25：59

　　M25：43，出土于西墓室西北角。粘接完整。通高 5.3、口沿径 22.7、足外径 8.2 厘米（图 5-510，1；彩版 5-708）。

　　B 型：4 件。浅腹盘，M25：52~55，叠置于东墓室北二层台东北角。形制特征基本同 A 型，唇下线明显，盘腹较浅，平底稍大，尺寸较 A 型盘稍小。

　　M25：52，完整。通高 3.6、口沿径 19.1、足外径 7.6 厘米（图 5-510，2；彩版 5-709）。

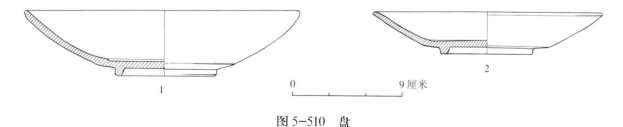

图 5-510　盘

1. 深腹盘 M25：43　2. 浅腹盘 M25：52

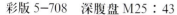

彩版 5-708　深腹盘 M25：43

彩版 5-709　浅腹盘 M25：52

M25：53，断裂，粘接修复完整。通高 3.7、口沿径 18.9、足外径 7.9 厘米（图 5-511，1；彩版 5-710）。

M25：54，完整。通高 3.4、口沿径 18.9、足外径 7.1 厘米（图 5-511，2；彩版 5-711）。

M25：55，口、腹部断裂，粘接修复完整。通高 3.6、口沿径 19.4、足外径 8.1 厘米（图 5-511，3；彩版 5-712）。

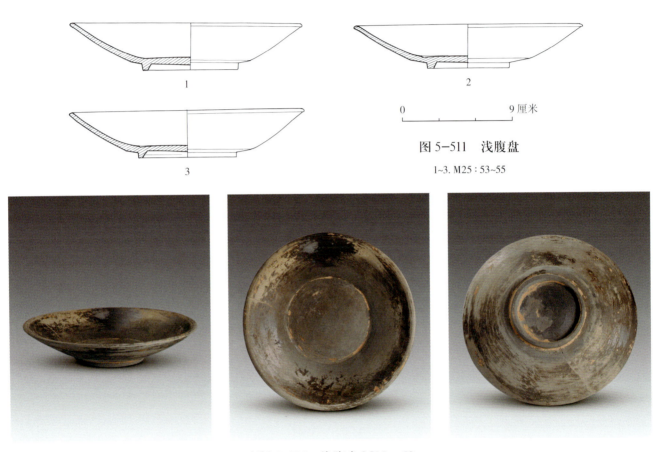

图 5-511　浅腹盘
1~3. M25：53~55

彩版 5-710　浅腹盘 M25：53

彩版 5-711　浅腹盘 M25：54

彩版 5-712　浅腹盘 M25：55

（5）渣斗　2套4件。

M25：7-1、-2，M25：32-1、-2，除M25：32-1号钵完整外，余者均破碎断裂，粘接修复基本完整。轮制成型。泥质灰陶。2套形制、质地相同，尺寸相近。皆由钵、渣斗两部分组成一套。钵为敛口，圆唇，鼓腹，平底；渣斗为直口略敞，盘式宽沿，直颈，窄斜折肩，弧腹下置极矮饼足，足沿稍外撇。素面。

M25：7-1、-2，出土于东墓室东二层台东北角。原钵内、外壁、渣斗外壁通施黑陶衣，现多已脱落，渣斗底显粗涩未见黑陶衣。通高14.5、钵高6.2、口沿径13.2、腹径14.2、底径8.3、渣斗高9.6、口径7.8、盘沿径18.4、腹径11.3、足径8.7厘米（图5-512，1；彩版5-713）。

M25：32-1、-2，出土于西墓室西壁下北部。内、外壁通施黑陶衣，现磨损脱落严重。通高13.2、钵高5.8、口沿径13.2、腹径14.1、底径8.8、渣斗高9.5、口径8.0、盘沿径19.9、腹径10.8、足径8.3厘米（图5-512，2；彩版5-714）。

彩版5-713　渣斗M25：7

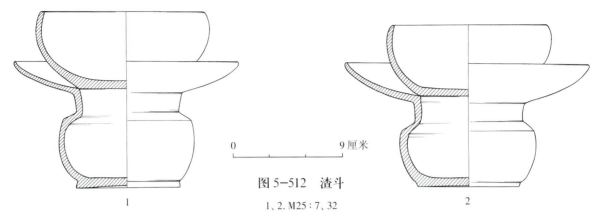

图 5-512　渣斗

1、2. M25：7、32

彩版 5-714　渣斗 M25：32

### 3. 银器

共 6 件。器形有盒、挑勺、钗。

（1）委角方形镜盒　1 件。

M25：28，出土于西墓室北侧中部，木椁北壁外。残破、压扁、变形严重，经清理修复基本形制、结构清楚。为包银漆木镜盒，由盒盖、盒身及内镶嵌铜镜三部分组合成 1 套。因埋藏日久，原漆盒完全朽坏，仅留包银外壳及壳内大量黑褐色漆皮碎片。包银外壳为捶揲錾刻而成。

盒盖为盝顶式委角方形，平顶周边为斜刹，折立沿下成母口，顶面近中处有缺片。平顶上图案分内、外两区构成：内区为顶心，正中浅浮雕八瓣团花规范，各瓣中錾菊花、蔓草图案并衬鱼子底纹，圆形花心中有振翅、翘尾、反向翱翔的凤鸟 2 只，姿态优美、刻画精细；外区指内区之外的平顶部分，均衬鱼子底纹，紧靠内区外刻折枝牡丹花一周，其外绕二方连续波浪式缠枝蔓草图案。立沿面上仍衬鱼子底纹，上錾二方连续波浪式缠枝蔓草纹。盒身亦为委角方形，高子口，窄沿，浅直腹，平底下置委角方形圈足。外腹壁上饰二方连续波浪式缠枝蔓草纹并加衬鱼子底纹，与盒盖立沿图案一致。外底面正中錾绽放莲花一朵，双重尖头窄莲瓣上饰孔雀翎状脉络图案，圆形花心已被盒内铜镜纽刺穿，原纹饰不清，花下衬密集细直线底纹；团花外绕波浪状缠枝忍冬纹带一周、下衬鱼子底纹。底面未饰图案处光亮、局部有褐色锈斑。

盒内嵌委角铜镜 1 面，镜面平坦、满布绿色铜锈；镜背窄沿凸起，居中为半球形纽。镜周边及镜下原似有布帛衬托，现镜背上布纹明显，去除部分布纹后见有双鹦鹉及折枝花装饰纹样。由于盒体挤压变形，镜纽受力而穿透镜盒底面中心嵌出于盒外底莲花心上。

　　盒通高 5.0、边长 19.5、盒内铜镜边长 15.3、沿厚 0.22 厘米（图 5-513，1、2；彩版 5-715）。银盒质地及盒内包含物性质、成分，详见本报告柒第三章。

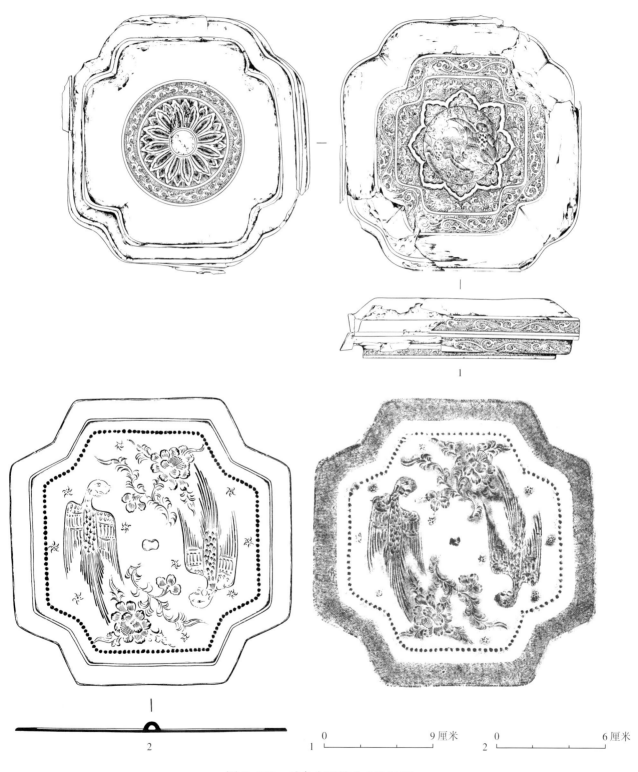

图 5-513　委角方形镜盒 M25∶28

彩版 5-715　委角方形镜盒 M25：28

（2）八曲瓜棱腹小银盒 2件。

M25：14、15，出土于东墓室木棺内北端，墓主头骨顶上。2件形制、尺寸、纹饰相同，为一对。捶揲錾刻成形。由盒盖、盒身两部分构成。盒盖呈八曲瓜棱形，平顶周围弧向下斜，折立沿下为母口。八曲平顶上錾折枝牡丹花，下衬鱼子底纹；立沿上点饰二方连续水波纹。盒身为高子口，窄沿，沿下出棱带一周，浅弧腹亦呈八曲瓜棱形与盒盖相对应，平底。沿下棱带上仍点饰二方连续水波纹。内、外壁经清理后仍显光亮银灰色。

M25：14，腹壁有缺失，底面全失，现修复完整。通高2.5、盖高1.2、母口沿径4.3、盒高1.5、子口沿径4.0、腹径4.1、底径3.1厘米，重15.82克（图5-514，1；彩版5-716）。

M25：15，底面一半缺失。通高2.5、盖高1.3、母口沿径4.2、盒高1.4、子口沿径4.0、腹径4.2、底径3.0厘米，重17.4克（图5-514，2；彩版5-717）。

彩版5-716 八曲瓜棱腹小银盒 M25：14

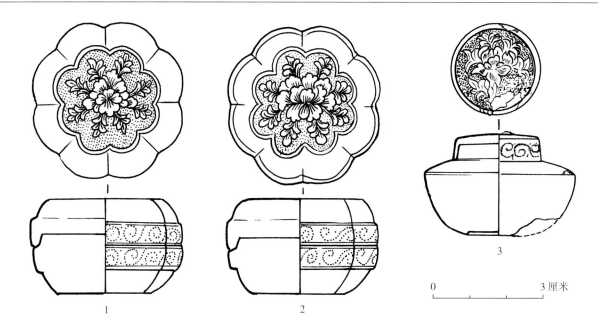

图 5-514　银器

1、2. 八曲瓜棱腹小银盒 M25:14、15　3. 鱼篓形小圆盒 M25:13

彩版 5-717　八曲瓜棱腹小银盒 M25:15

（3）鱼篓形小圆盒　1件。

M25:13，出土于东墓室木棺内北端，墓主头骨顶上。腹壁部分残缺，底面大部分缺失。捶揲錾刻成形。由盒盖、盒身两部分组成。盖呈微隆平顶，折立沿，母口。顶、沿相交处一侧原应焊接小环以穿细链与盒身肩部小环相连，现小环、链条已失。盖面正中錾折枝牡丹花、下衬鱼子底纹，周边出弦纹一周；立沿点饰二方连续水波纹。盒身为微敛子口，高颈上细下渐粗，广折肩，深弧腹，平底，卧足。肩沿一侧原应焊接小环与盖沿小环对应并穿细链将盒盖、盒身联起，以免任何部分遗失。现此处有近方形缺口1，小环残失。器表面为光亮银灰色，素净无纹；内壁未受氧化呈亮白色。通高2.7、盖高0.6、母口沿径2.3、盒高2.5、子口沿径2.1、腹径4.1、底径1.7厘米，重16.38克（图5-514，3；彩版5-718）。

彩版 5-718　鱼篓形小圆盒 M25：13

（4）挑勺　1件。

M25：57，出土于东墓室木棺内北端，墓主头骨顶上银盒 M25：13外侧，为妆盒中配套挑勺。以细银条捶揲成形。勺部分残失，细柱状柄截面呈圆形。残长 4.1、柄截面直径 0.2 厘米（图 5-515，1；彩版 5-719）。

（5）钗　1件。

M25：20，出土于西墓室木棺内北端，墓主头骨顶部。以细银条捶揲曲折成形。残为 4 截，3 截可粘接为一侧钗股，钗头缺失，形制不清。两钗股上粗下渐细、截面为圆形，末端尖圆。素面无纹。钗股长 13.1 厘米（图 5-515，2）。

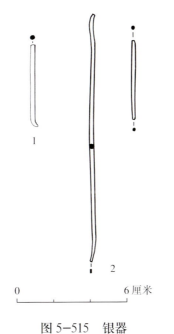

0　　　　　　　　6 厘米

图 5-515　银器

1. 挑勺 M25：57　2. 残银钗 M25：20

彩版 5-719　挑勺 M25：57

#### 4．铜器

仅 1 面铜镜。

双凤纹镜　1面。

M25：56，出土于西墓室木棺内中部。完整，局部有锈蚀。铸造磨制成形。镜体轻薄，镜面平整光滑，镜背正中为半球形纽，宽沿低平，沿面外斜。镜纽外围饰双凤图案，双凤间空处填充花头状如意云纹、折枝桃花纹；其外绕联珠纹一圈。直径 21.5、厚 0.2 厘米（图 5-516；彩版 5-720）。

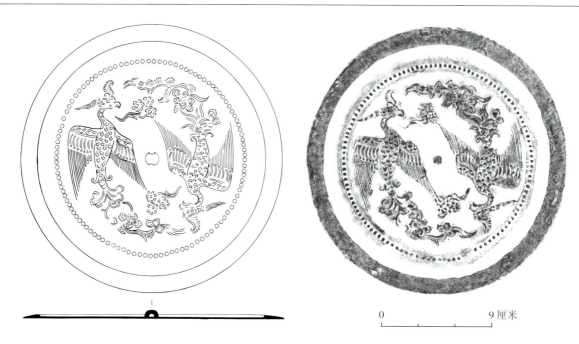

图 5-516　双凤纹镜 M25∶56

### 5. 铜钱

　　完整、可辨字迹者共 30 枚，出土于西墓室木棺内。编号 M25∶18-1~30，均浇铸成形。种类有开元通宝、太平通宝、淳化元宝、至道元宝、咸平元宝、景德元宝、祥符元宝、天禧通宝、天圣元宝、皇宋通宝、至和元宝、至和通宝、嘉祐元宝、元丰通宝、元祐通宝、绍圣元宝等。

　　（1）开元通宝　3 枚。

　　品相差，钱体轻薄，正面内、外廓窄而低平，穿孔较小不方正，楷书钱文对读，字体较大而笔画纤细。背面光素无纹，外廓略宽且凸出。钱径 2.5、穿边长 0.6 厘米，重 2.8 克。标本 M25∶18-1（图 5-517，1；彩版 5-721，1）。

　　（2）太平通宝　1 枚。

彩版 5-720　双凤纹镜 M25∶56

　　M25∶18-4，钱体轻薄，品相较差，磨损严重，币面有小圆孔一个，穿孔小而歪斜。正面外廓窄而凸出，楷书钱文对读，笔画纤细模糊。背面光素无纹，外廓宽而低平。钱径 2.4、穿边长 0.5 厘米，重 2.7 克（图 5-517，2；彩版 5-721，2）。

　　（3）淳化元宝　1 枚。

　　M25∶18-8，品相较佳，正面外廓宽而凸出，穿孔小，行书钱文顺时针旋读，字体小而清晰，笔画较粗。背面光素无纹，外廓宽而低平，稍有错范。钱径 2.4、穿边长 0.45 厘米，重 3.3 克（图 5-517，3；彩版 5-721，3）。

　　（4）至道元宝　1 枚。

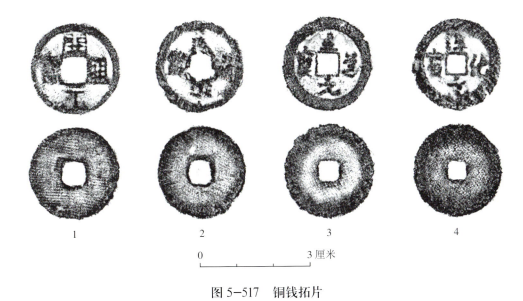

图 5-517　铜钱拓片

1. 开元通宝 M25：18-1　2. 太平通宝 M25：18-4　3. 淳化元宝 M25：18-8　4. 至道元宝 M25：18-9

彩版 5-721　铜钱 M25：18-1、-4、-8、-9

　　M25：18-9，品相佳，钱体较轻薄，正面外廓宽而凸出，穿孔小而方正，草书钱文顺时针旋读，字体小且清晰、笔画较粗。背面光素无纹，外廓宽且低平。钱径 2.5、穿边长 0.5 厘米，重 2.85 克（图 5-517，4；彩版 5-721，4）。

　　（5）咸平元宝　1 枚。

　　M25：18-10，钱体规整，品相较佳，正、背两面内、外廓宽而低平，穿孔较小，不方正。正面楷书钱文顺时针旋读，笔画较细而清晰。背面光素无纹。钱径 2.5、穿边长 0.5 厘米，重 3.2 克（图 5-518，1；彩版 5-722，1）。

　　（6）景德元宝　1 枚。

　　M25：18-11，钱体小而厚重，品相较佳，正、背两面内、外廓宽而凸出，穿孔较小。正面楷书钱文顺时针旋读，字体较小，笔画粗而清晰。背面光素无纹，稍有错范。钱径 2.4、穿边长 0.45 厘米，重 4.2 克（图 5-518，2；彩版 5-722，2）。

　　（7）祥符元宝　3 枚。

　　钱体规整，品相较佳，正面内、外廓宽而凸出，穿孔小而方正，楷书钱文顺时针旋读，字体小而清晰，笔画较粗。背面光素无纹，外廓宽而低平。钱径 2.5、穿边长 0.5 厘米，重 3.5 克。标本 M25：18-12（图 5-518，3；彩版 5-722，3）。

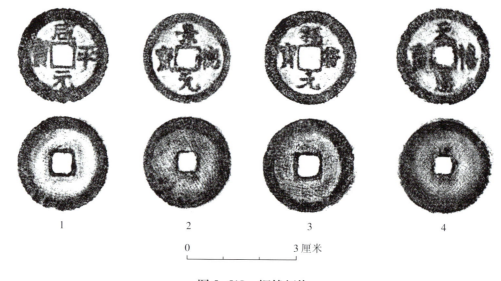

0           3厘米

图5-518　铜钱拓片

1. 咸平元宝 M25：18-10　2. 景德元宝 M25：18-11　3. 祥符元宝 M25：18-12　4. 天禧通宝 M25：18-15

彩版5-722　铜钱 M25：18-10、-11、-12、-15

（8）天禧通宝　1枚。

M25：18-15，品相较佳。正面内、外廓较宽而凸出，穿孔小而不方正，楷书钱文顺时针旋读，字体小且清晰，笔画较细。背面光素无纹，外廓宽而低平。钱径2.5、穿边长0.4厘米，重3.6克（图5-518，4；彩版5-722，4）。

（9）天圣元宝　2枚。

钱文有篆、楷两种书体，由此分两型。

A型：篆书1枚。M25：18-16，钱体规范，品相较好，正面外廓较窄而凸出，穿孔大，篆书钱文顺时针旋读，字体大而清晰，笔画粗。背面光素无纹，外廓宽而低平，稍有错范。钱径2.5、穿边长0.6厘米，重3.2克（图5-519，1；彩版5-723，1）。

B型：楷书1枚。M25：18-17，钱体轻薄，品相较佳，穿孔大。正面外廓较窄而凸出，楷书钱文顺时针旋读，字体大而清晰，笔画粗。背面光素无纹，外廓宽而凸出。钱径2.5、穿边长0.7厘米，重2.7克（图5-519，2；彩版5-723，2）。

（10）皇宋通宝　3枚。

品相较佳，正、背两面外廓宽而低平，穿孔较大。正面楷书钱文对读，笔画较粗，字体小而清晰。背面平素无纹。钱径2.5、穿边长0.6厘米，重4.3克。标本M25：18-5（图5-519，3；彩版5-723，3）。

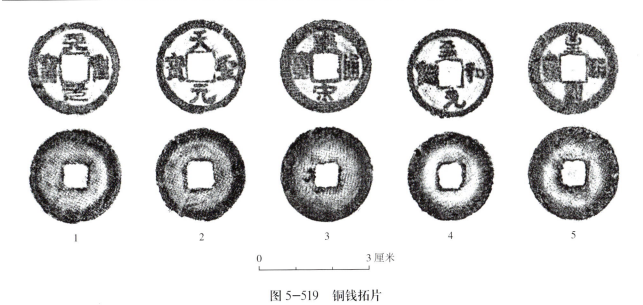

1

2

3

4

5

0　　　　　　　　3厘米

图 5-519　铜钱拓片

1、2. 天圣元宝 M25：18-16、-17　3. 皇宋通宝 M25：18-5　4. 至和元宝 M25：18-18　5. 至和通宝 M25：18-19

彩版 5-723　铜钱 M25：18-16、-17、-5

（11）至和元宝　1枚。

M25：18-18，品相较好，正面内、外廓窄而凸出，穿孔较大，楷书钱文顺时针旋读，字体小而清晰，笔画粗。背面光素无纹，外廓特宽而凸出。钱径 2.4、穿边长 0.6 厘米，重 3.3 克（图 5-519，4）。

（12）至和通宝　1枚。

M25：18-19，品相较好，正面内、外廓宽而凸出，穿孔较大，篆书钱文对读，字体小而模糊，笔画纤细。背面光素无纹，廓沿宽而低平。钱径 2.5、穿边长 0.6 厘米，重 3.2 克（图 5-519，5）。

（13）嘉祐元宝　2枚。

钱文有篆、楷两种书体，分两型。

A 型：篆书 1枚。M25：18-20，钱体小而轻薄，品相较差，穿孔较小。正面外廓较宽而凸出，篆书钱文顺时针旋读，字体小而模糊，笔画纤细。背面光素无纹，外廓宽而低平。钱径 2.3、穿边长 0.5 厘米，重 2.65 克（图 5-520，1；彩版 5-724，1）。

B 型：楷书 1枚。M25：18-21，品相较好。正、背两面外廓较宽而凸出，穿孔小而方正。正面楷书钱文顺时针旋读，字体小而较清晰，笔画粗。背面光素无纹。钱径 2.3、穿边长 0.5 厘米，重 3.7 克（图 5-520，2；彩版 5-724，2）。

（14）元丰通宝　6枚。

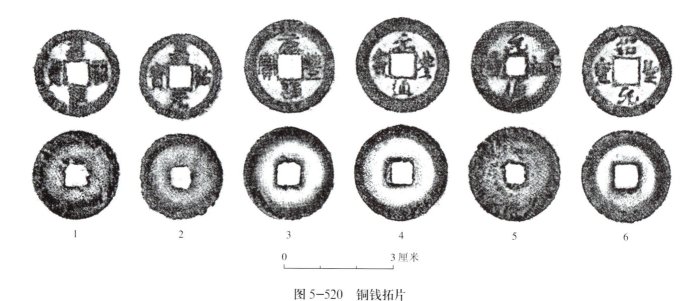

图 5-520　铜钱拓片

1、2. 嘉祐元宝 M25：18-20、-21　3、4. 元丰通宝 M25：18-22、-24　5. 元祐通宝 M25：18-28　6. 绍圣元宝 M25：18-29

彩版 5-724　铜钱 M25：18-20、-21、-22、-24

钱文有篆、行两种书体，分两型。

A 型：篆书 2 枚。钱体较大，品相佳，正面外廓宽而凸出，穿孔较大，篆书钱文顺时针旋读，字体小而清晰，笔画较粗。背面光素无纹，外廓宽而低平。钱径 2.5、穿边长 0.6 厘米，重 3.2 克。标本 M25：18-22（图 5-520，3；彩版 5-724，3）。

B 型：行书 4 枚。钱体较大，品相佳，正面外廓宽而凸出，穿孔大而方正，行书钱文顺时针旋读，字体小而清晰，笔画较细。背面光素无纹，外廓宽而低平。钱径 2.5、穿边长 0.6 厘米，重 3.5 克。标本 M25：18-24（图 5-520，4；彩版 5-724，4）。

（15）元祐通宝　1 枚。

M25：18-28，品相较佳，正面外廓宽而凸出，穿孔较小，行书钱文顺时针旋读，字体小而笔画纤细。背面素净无纹，外廓宽而低平。钱径 2.45、穿边长 0.45 厘米，重 3.3 克（图 5-520，5）。

（16）绍圣元宝　2 枚。

品相较佳，正面外廓宽而凸出，穿孔大而方正，行书钱文顺时针旋读，字体小而清晰，笔画较粗。背面光素无纹，外廓特宽而低平。钱径 2.4、穿边长 0.6 厘米，重 3.8 克。标本 M25：18-29（图 5-520，6）。

### 6. 铁钱

共 20 枚，散置于西墓室木棺内。因锈蚀，其中 4 枚粘连为 2 摞不能分离，故视为一体。所以编号为 M25：19-1~18。生铁浇铸而成。锈蚀严重，钱文多不清晰，可辨者仅有 11 枚，种类有圣宋元宝、元祐通宝、绍圣元宝、元丰通宝。

（1）圣宋元宝　1 枚。

M25：19-1，经除锈，钱体规整，品相好。正、背面外廓宽而低平，穿孔小、不方正。正面行书钱文顺时针旋读，字体清晰，笔画较细。背面光素无纹。钱径 3.4、穿边长 0.7 厘米，重 10.0 克（图 5-521，1；彩版 5-725，1）。

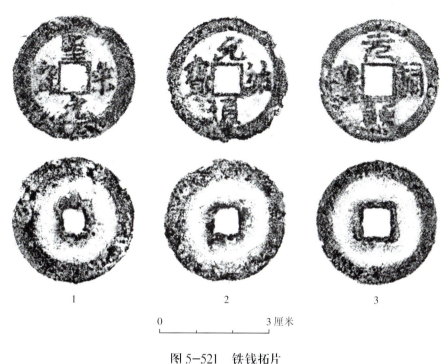

图 5-521　铁钱拓片

1. 圣宋元宝 M25：19-1　2、3. 元祐通宝 M25：19-2、-4

（2）元祐通宝　6 枚。

有楷、篆两种书体，分两型。

A 型：楷书 2 枚。经除锈，钱体规整，品相较好。正面外廓宽而凸出，内廓窄而低平，穿孔小、较方正，楷书钱文顺时针旋读，字体清晰，笔画较细。背面光素无纹，外廓宽而低平。钱径 3.3、穿边长 0.7 厘米，重 11.0 克。标本 M25：19-2（图 5-521，2；彩版 5-725，2）。

B 型：篆书 4 枚。经除锈，钱体规整，品相好。正面外廓宽而凸出，内廓窄而低平，穿孔较小、方正，篆书钱文顺时针旋读，字体较清晰，笔画显粗。背面光素无纹，外廓宽而低平，内廓窄平。钱径 3.2、穿边长 0.8 厘米，重 10.0 克。标本 M25：19-4（图 5-521，3）。

（3）绍圣元宝　2 枚。

经除锈，钱体规整，品相较好。正面外廓宽而凸出，内廓窄而低平，穿孔较小、歪斜不方正，篆书钱文顺时针旋读，字体较清晰，笔画细。背面光素无纹，外廓特宽而低平，内廓较宽凸起。

彩版 5-725　铁钱 M25：19-1、-2、-8、-10

钱径 3.4、穿边长 0.8 厘米。标本 M25：19-8，边沿部分残缺，重 8.0 克（图 5-522，1；彩版 5-725，3）。

（4）元丰通宝　2枚。

经除锈，钱体规整，品相较好。正、背面外廓特宽而低平，内廓窄而低平，穿孔小、不方正。正面篆书钱文顺时针旋读，字体较模糊，笔画粗。背面光素无纹。钱径 3.4、穿边长 0.7 厘米，重 10.0 克。标本 M25：19-10（图 5-522，2；彩版 5-725，4）。

图 5-522　铁钱拓片
1. 绍圣元宝 M25：19-8　2. 元丰通宝 M25：19-10

### 7. 石器

共 2 件。器形有釜、执壶等。

（1）釜　1件。

M25：1，出土于东墓室北二层台西北角。断裂，粘接修复完整。雕琢成器。由釜盖、釜身构成 1 套。盖呈覆钵形，凸顶正中原有圆形提纽、现已残失，宽折沿沿面外斜，尖唇，下为子口。釜身为敛口，内斜窄折沿，尖唇，低领微束，深鼓腹下垂，圜底，腹上部对置"∏"形方折耳一双，外腹中部等距离分布三枚平底乳钉、用以支架。青灰色石，质地较疏松。内、外壁打磨光滑，素面无纹。残通高 24.0、盖残高 4.6、子口沿径 17.0、釜高 22.0、母口沿径 21.0、腹径 25.8 厘米（图 5-523；彩版 5-726）。

（2）八棱执壶　1件。

M25：16，出土于西墓室木棺内中部。颈、肩部有断裂，口沿、肩上有小缺片，粘接修复完整。雕琢成器。由壶盖、壶身两部分组成。壶盖为八棱厚圆饼形，顶面中部平坦、周边下斜，立沿竖直，底面亦平，盖尺寸小于壶口，为泥质红陶烧制，表面坑洼不平，显然属后来添配。壶身为直口，方唇，八棱管状高颈，广斜折肩，八棱形深腹下部弧收，八棱形矮圈足挖足极浅。肩外侧出八棱曲管状流，上细下渐粗，流嘴斜削，流下刻八棱式矮流座；相对一侧颈、腹部置扁条形凹面"耳"状执手 1 个。青灰色石，质地疏松。壶外壁打磨光滑，腹上部有棱台一周。盖高 1.8、直径 5.0、壶高 12.7、口沿径 5.5、腹径 11.4、足外径 7.0 厘米（图 5-524；彩版 5-727）。

彩版 5-726　釜 M25：1

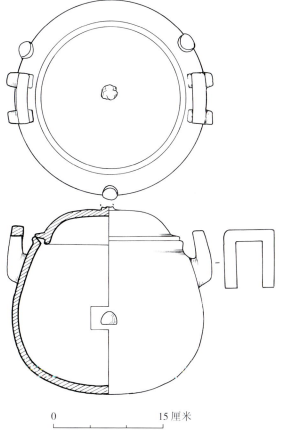

图 5-523　釜 M25：1

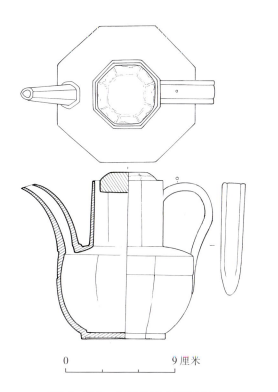

图 5-524　八棱执壶 M25：16

彩版 5-727　八棱执壶 M25：16

### 8．水晶器

仅 1 件水晶珠。

水晶珠　1 件。

编号 M25：51，出土于西墓室木棺内北部。保存完整。水晶雕琢而成。扁球形，顶面正中原有细铜丝插入珠体表面呈环状，现铜丝折断仅留珠体中少许且已锈蚀为绿色。器表光洁，晶莹透亮，素面无纹。直径 1.6 厘米 ×1.2 厘米（图 5-525；彩版 5-728）。

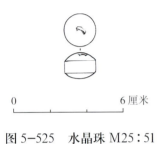

图 5-525　水晶珠 M25：51

彩版 5-728　水晶珠 M25：51

### 9．漆器

仅有 1 件圆漆盒。

圆漆盒　1 件。

编号 M25：48，出土于东墓室木棺内，墓主头骨东侧。朽毁、变形严重，经室内保护清理，可见大概形制。由盒盖、盒身两部分组成。盒盖呈平顶，折弧沿，母口。盒身为高子口，窄平折沿，较浅鼓腹，大平底。漆皮为暗红色，现仅存于盒顶面及外底面。黑褐色胎，似为已朽木质。通高 4.5、盖高 2.0、母口径 12.4、子口径 11.6、腹径 12.6、底径 9.8 厘米（图 5-526；彩版 5-729）。

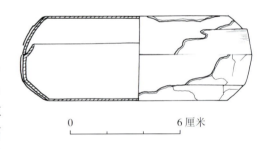

图 5-526　漆圆盒 M25：48

彩版 5-729　漆圆盒 M25：48

### 10. 其他

有贝饰残片 1 组 4 片，为镂空花饰。

贝饰残片　1 组 4 片。

编号 M25：47，出土于东墓室木棺内，墓主头骨下。以贝壳镂空
雕磨制成。残碎，仅存无法粘连之 4 小片，原形制不明。较大 2 片为
阔叶和花朵形，原应附着于整件铜质饰品某部位上。阔叶长 3.0、宽 2.1、
花朵直径 1.9 厘米（图 5-527；彩版 5-730）。

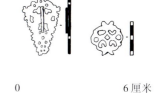

图 5-527　贝饰残件 M25：47

彩版 5-730　贝饰残片 M25：47

### 11. 墓志

共 2 合。

（1）侯夫人墓志　1 合。

M25：49、50，出土于东墓室壁龛内。青石雕凿
打磨而成，质地坚硬致密。由志盖、志石两部分叠
置为 1 合。

M25：49，志盖，尺寸稍小于志石，方形，顶面
抛光，阴刻篆书铭文 3 行 9 字（附一），四立沿粗
涩无纹。边长 60.5、厚 14.0 厘米（图 5-528；彩版
5-731）。

M25：50，志石，近方形，面抛光，其上錾楷书
铭文 29 行，满行 30 字，共计 755 字（附二）。四
立沿略显粗涩，素面无纹。边长 69.0×72.0、厚 12.3
厘米（图 5-529；彩版 5-731）。

志盖、志石间四角叠摞铁钱数枚，年久锈甚，
将志石表面局部残蚀为不规则圆斑，其下字迹受损。

附一　盖铭录文：

宋吕氏／妇侯夫／人墓銘／

附二　志铭录文：

宋侯夫人墓誌銘／

图 5-528　侯夫人墓志盖 M25：49 拓片

彩版 5-731　侯夫人墓志 M25：49、50

承奉郎呂　　錫山　撰 /
通仕郎耀州雲陽縣令王　康朝　書 /
奉議郎守殿中侍御史侯　蒙　篆蓋 /
予少時聞侯公與先公厚善嘗侍側望其風貌峻整使人斂衽知畏聽其論議 /
至及天下事是是非非挺然不阿已而得公之為人剛毅正直以節自高不肯 /
俯仰徇世好信扵鄉重扵士大夫其後予數奉公燕間公愛予許妻以女公諱 /
孝傑官止朝散郎其先高密人自公之父朝奉大夫諱中立仕關右筮宅京兆 /
徙家焉公沒夫人尚幼母崇德縣君田氏守義平居玩書史夫人有疑輒就咨 /
遂能曉其大指公之元配有子四人崇德顧複均壹夫人陰有助焉年十有六 /
歸扵予時先公致其事扵家既饋委以壼政夫人處畫知大體不煩先公晚年 /
多疾夫人夙夜伺起居狀惟謹先公棄養夫人扵祭親饎餴羞豆鉶必絜以嚴 /
嘗曰婦人所先者祭耳又況君家以為重乎人以是多之夫人天資警悟識量 /
遠言動一循扵禮雖婢使不見喜愠待人以誠人有善樂為之譽聞其過絶口 /
不道予長安大族也夫人事上以敬撫下以慈皆得其情自奉約服飾取給則 /
止事有忤扵理者他人方色改氣拂膺夫人初若不經意事帖然卒契扵理人 /

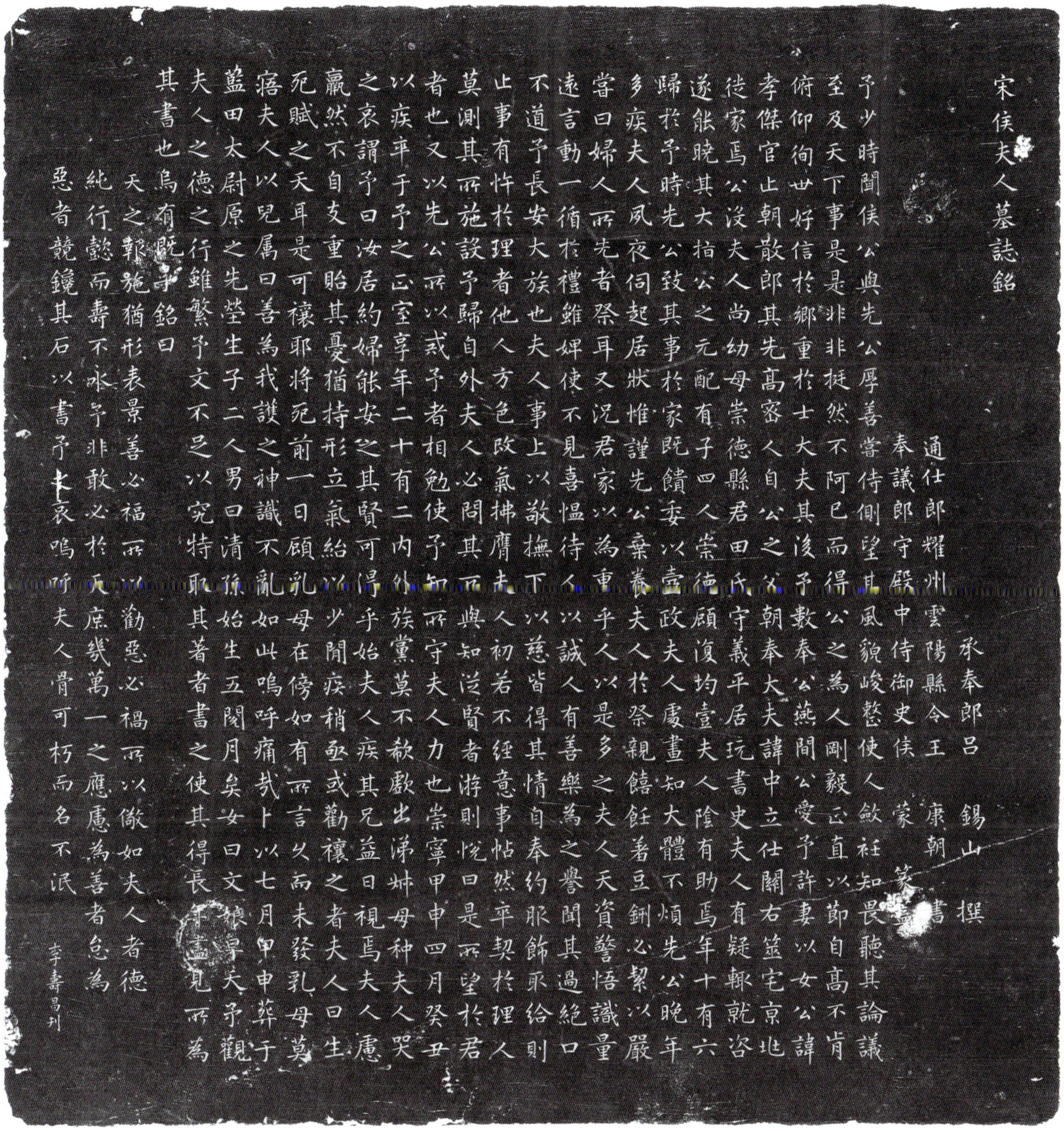

图5-529　侯夫人墓志石M25：50拓片

莫測其所施設予歸自外夫人必問其所與知從賢者游則悅曰是所望扵君／
者也又以先公所以戒予者相勉使予知所守夫人力也崇寧甲申四月癸丑／
以疾卒于予之正室享年二十有二內外族黨莫不欷歔出涕叔母种夫人哭／
之哀謂予曰汝居約婦能安之其賢可得乎始夫人疾其兄益曰視焉夫人慮／
羸然不自支重貽其憂猶持形立氣給以少閒疾稍亟或勸讓之者夫人曰生／

死賦之天耳是可禳耶將死前一日顧乳母在傍如有所言以而未發乳母莫 /

瘱夫人以兒属曰善為我護之神識不亂如此嗚呼痛哉卜以七月甲申葬于 /

藍田太尉原之先塋生子二人男曰清孫始生五閲月矣女曰文娘早夭予觀 /

夫人之德之行雖繁予文不足以究特取其著者書之使其得長年盡見所為 /

其書也烏有既乎銘曰 /

　　天之報施猶形表景善必福所以勸惡必禍所以儆如夫人者德 /

　　純行懿而壽不永予非敢必扵天庶幾萬一之應慮為善者怠為 /

　　惡者競鑱其石以書予之哀嗚呼夫人骨可朽而名不泯

　　　　　　　　　　　　　　　　　　　　　李壽昌刊 /

（2）齐夫人墓志　1合。

M25：21、22，出土于西墓室壁龛内。青石雕凿打磨而成，质地坚硬致密。由志盖、志石两部分叠置为1合。

M25：21，志盖，略大于志石，表面抛光。盝顶式，顶面阴刻楷书铭文2行4字（附三），

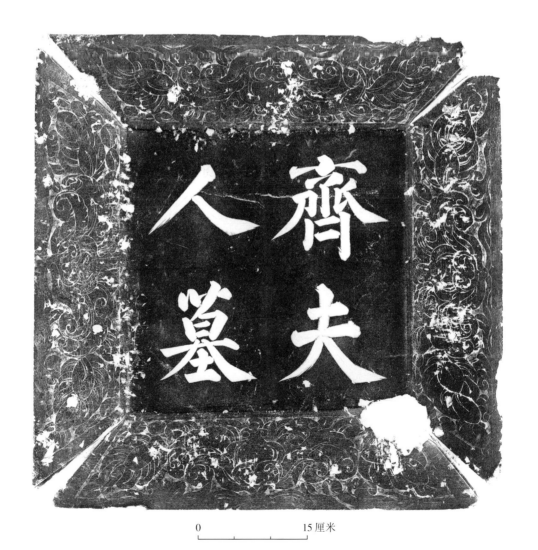

0　　　　　　　　　15厘米

图5-530　齐夫人墓志盖 M25：21拓片

彩版 5-732　齐夫人墓志 M25：21、22

四刹面各阴刻阔叶牡丹石榴纹一组，立沿素面。盝顶边长 37.3×38.0、斜刹面宽 13.0、志盖边长 64.0、厚 10.0 厘米（图 5-530；彩版 5-732）。

　　M25：22，志石，近方形。顶面抛光，上刻楷书铭文 25 行，满行 25 字，共计 571 字（附四）。四立沿粗涩无纹。边长 55.0×54.0、厚 9.0 厘米（图 5-531；彩版 5-732）。

　　附三　盖铭录文：

齐夫 / 人墓 /

　　附四　志铭录文：

宋故齐夫人墓誌銘 /

　　　　　　承事郎前監安蕭軍酒稅務吕　錫山　譔并書 /

建安趙安常以術遊四方士大夫願識者衆大觀丁亥予為安蕭 /

軍之酒官遇焉觀其定貴賤決死生若指諸掌雖其人在側言之 /

無隱一日予以休咎問之徐荅曰功名未可期歲在丑恐不利於 /

君妻予初未之信大觀己丑春三月戊午夫人果以乳死嗚呼豈 /

數已定而不可逃耶將會逢其適耶冬十月予受代舉夫人之喪 /

卜以明年春二月内申返葬於京兆府藍田縣太尉原先塋之次 /

图5-531　齐夫人墓志石 M25：22 拓片

夫人齊氏始家祁州蒲陰縣後徙居常山今為真定府人父朝請／
郎仲雍母永安縣君陳氏夫人幼失母能自修飭既長每春秋與／
祭念母之不及見涕不能止家人見而傷之性沉靜凡出一言必／
反覆思之曰得無差乎以是持其身甚謹至於女之所工不待教／

而妙絕過人時朝請公為郡孜孜於政不暇顧私閨門事無巨細 /

多委夫人畫焉平居專誦道家書頗得其指有糠粃世故意夫人 /

生于元豐之甲子至崇寧乙酉始歸于予相從三年如一日嘗勉 /

予以學又曰士之出處當自重無苟合以徼進予佩其言且喜夫 /

人之識高它日必為賢婦孰謂天奪之遽耶夫人方娠也數謂予 /

曰君其力嗣家聲弟以不得偕老為恨耳窮其所因復不咎古所 /

謂魄兆夫人其是乎生女二人皆夭銘曰 /

　　　予觀夫人兮四德純備如蘭之薰兮如玉之粹宜歸大家兮 /

　　　以貴以榮事不可期兮作予之配自憐羈蹐兮大海一萍得 /

　　　官窮塞兮誰同臭味相待如賓兮古人之流屈指何時兮匆 /

　　　匆三歲不與其壽兮識者之嗟愁雲晦日兮天為雨涕寶奩 /

　　　塵掩兮脂澤猶存音容易遠兮難求寤寐生死殊路兮纏痛 /

　　　綿綿刻石幽宮兮予辭無愧

　　李壽永刊 /

吕锡山为吕大忠嫡子（其兄道山、弟汴奴皆不幸早夭，吕大忠继妻樊氏墓志铭中有载）。属葬于太尉塬墓园中第四代人，在墓园停止使用之前尚健在，故墓室中只葬有其前、后两任正妻。推测因北宋末年战乱，家族中嫡系成员南迁避祸，关中地区为金人所据，卒后不能回归祖茔，因此锡山墓中只有早亡的二位夫人。

（3）侯夫人墓志考释

志文句读：

宋侯夫人墓志铭

　　　承奉郎[1]　吕锡山　撰

　　　通仕郎[2]　耀州云阳县[3]令[4]　王康朝　书

---

[1]承奉郎：性质：文散官。《宋史·卷一百六十九·职官九》，中华书局，1985年，第4053页。职责：文散官，无具体职责。品秩：从八上，改制后为正九品。《宋史·卷一百六十九·职官九》，中华书局，1985年，第4050页。《宋史·卷一百六十八·职官八》，中华书局，1985年，第4017页。俸禄：月俸八千，等。《宋史·卷一百七十一·职官十一》，中华书局，1985年，第4110页。

[2]通仕郎：性质：文散官，又名从政郎。"崇宁通仕，政和再换。"《宋史·卷一百六十九·职官九》，中华书局，1985年，第4054页。职责：文散官，无具体职责。品秩：从八品《宋史·卷一百六十九·职官八》，中华书局，1985年，第4016页。俸禄：月俸十五千，等。《宋史·卷一百七十一·职官十一》，中华书局，1985年，第4111页。

[3]耀州云阳县："永兴军路。府二：京兆，河中。州十五：陕，延，同，华，耀，邠，鄜，解，庆，虢，商，宁，坊，丹，环。军一：保安。县八十三。"《宋史·卷八十七·地理三》，中华书局，1985年，第2144页。"耀州，紧，华原郡。……县六：……云阳，上。"《宋史·卷八十七·地理三》，中华书局，1985年，第2146页。【注】北宋时属永兴军路耀州隶下，今在陕西省泾阳县境内。

[4]云阳县令：性质：职事官。职责："建隆元年，令天下诸县除赤、畿外，有望、紧、上、中、下。掌总治民政、劝课农、桑、平决狱讼。有德泽禁令，则宣布于治境。凡户口、赋役、钱谷、振济、给纳之事皆之，以时造户版及催理二税。有水旱则有灾伤之诉，以分数蠲免。民以水旱流记，则抚存安集之，无使失业。有孝悌行义闻于乡闾者，具事实上于州，激劝以励风谷。若京、朝、幕官则为知县事，有成兵则兼兵马都监或监押。宣教郎以下带监押。"《宋史·卷一百六十七·职官七》，中华书局，1985年，第3977页。品秩：从八品。《宋史·卷一百六十八·职官八》，中华书局，1985年，第4016、4017页。俸禄：月俸十千～二十千，等（县令以所治县户籍量分等级享受俸禄，但《宋史》对各县辖治人口无详载，故具体数额不能确定）。《宋史·卷一百七十一·职官十一》，中华书局，1985年，第4109页。

　　奉议郎[1]　守殿中侍御史[2]　侯　蒙　篆盖

　　予少时闻侯公与先公厚善，常侍侧，望其风貌峻整，使人敛衽知畏，听其论议，至及天下事，是是非非，挺然不阿。已而得公之为人，刚毅正直，以节自高，不肯俯仰徇世，好信于乡，重于士大夫。其后予数奉公燕间，公爱予，许妻以女。公讳孝杰，官止朝散郎[3]，其先高密[4]人。自公之父朝奉大夫[5]讳中立仕关右，筮宅京兆，徙家焉。公没（殁），夫人尚幼，母崇德县[6]君[7]田氏守义，平居玩书史。夫人有疑，辄就咨，遂能晓其大指。公之元配有子四人，崇德顾复均壹，夫人阴有助焉。年十有六归于予，时先公致其事于家，既馈，委以壶政，夫人处画知大体，不烦先公晚年多疾，夫人夙夜伺起居，状惟谨。先公弃养，夫人于祭，亲饎饪羞，豆铏必洁以严，常曰：妇人所先者，祭耳。又况君家以为重乎！人以是多之。夫人天资警悟，识量远，言动一循于礼，虽婢使不见喜愠。待人以诚，人有善，乐为之誉；闻其过，绝口不道。予长安[8]大族也，夫人事上以敬，抚下以慈，皆得其情。自奉约，服饰取给则止，事有忤于理者，他人方色，改气拂膺，夫人初若不经意，事帖然，卒契于理，人莫测其所施设。予归自外，夫人必问其所与，知从贤者游则悦曰：是所望于君者也。又以先公所以戒予者相勉，使予知所守，夫人力也。崇宁甲申四月癸丑，以疾卒于予之正室，享年二十有二。内外族党莫不欷歔（唏嘘）出涕，叔母种夫人哭之哀，谓予曰：汝居约妇能安之，其贤可得乎？始夫人疾，其兄益日视焉，夫人虑羸然不自支，重贻其忧，犹持形立气，给以少闲。疾稍亟，

---

　　[1]奉议郎：性质：文散官。《宋史·卷一百六十九·职官九》，中华书局，1985年，第4053页。职责：文散官，无具体职责。品秩：正八品。《宋史·卷一百六十八·职官八》，中华书局，1985年，第4016页。俸禄：月俸二十千，等。《宋史·卷一百七十一·职官十一》，中华书局，1985年，第4110页。

　　[2]守殿中侍御史守："除授皆视寄禄官，高一品以上者为'行'，下一品者为'守'，下二品以下者为'试'，品同者不用行、守、试，馀职准此。"《宋史·卷一百六十三·职官三》，中华书局，1985年，第3833页。殿中侍御史：性质：职事官，属御史台殿院。职责："御史台　掌纠察官邪，肃正纲纪。大事则廷辨，小事则奏弹。其属有三院：一曰台院，侍御史隶焉；二曰殿院，殿中侍御史隶焉；三曰察院，监察御史隶焉。凡祭祀、朝会，则率其属正百官之班序。"《宋史·卷一百六十四·职官四》，中华书局，1985年，第3869页。"殿中侍御史二人，掌以仪法纠百官之失。凡大朝会及朔望、六参，则东西对立，弹其失仪者。"《宋史·卷一百六十四·职官四》，中华书局，1985年，第3871页。品秩：正七品。《宋史·卷一百六十八·职官八》，中华书局，1985年，第4015、4016页。俸禄：月俸三十千，等。《宋史·卷一百七十一·职官十一》，中华书局，1985年，第4103页。

　　[3]朝散郎：性质：文散官。《宋史·卷一百六十九·职官九》，中华书局，1977年，第4053页。职责：文散官，无具体职责。品秩：从七上，改制后为正七品。《宋史·卷一百六十九·职官九》，中华书局，1985年，第4050页。《宋史·卷一百六十八·职官八》，中华书局，1985年，第4015、4016页。俸禄：月俸三十千，等。《宋史·卷一百七十一·职官十一》，中华书局，1985年，第4110页。

　　[4]高密："（京东）东路。府一，济南。州七：青，密，沂，登，莱，潍，淄。军一，淮阳。县三十八。"《宋史·卷八十五·地理一》，中华书局，1985年，第2107页。"密州，上。本防御州。建隆元年，复为防御。开宝五年，升为安化军节度。后降防御。六年，复为节度。……县五：……高密，上。"《宋史·卷八十五·地理一》，中华书局，1985年，第2108页。【注】北宋属京东东路密州隶下，今为山东省高密市。

　　[5]朝奉大夫：性质：文散官。《宋史·卷一百六十九·职官九》，中华书局，1985年，第4053页。职责：文散官，无具体职责。品秩：正五，改制后为从六品。《宋史·卷一百六十九·职官九》，中华书局，1985年，第4050页。《宋史·卷一百六十八·职官八》，中华书局，1985年，第4015页。俸禄：月俸三十五千，等。《宋史·卷一百七十一·职官十一》，中华书局，1985年，第4110页。

　　[6]崇德县："两浙路。熙宁七年，分为两路，寻合为一；九年，复分；十年，复合。府二：平江，镇江。州十二：杭，越，湖，婺，明，常，温，台，处，衢，严，秀。县七十九。"《宋史·卷八十八·地理四》，中华书局，1985年，第2173页。"嘉兴府，本秀州，军事。政和七年，赐郡名曰嘉禾。庆元元年，以孝宗所生之地，升府。嘉定元年，升嘉兴军节度。……县四：……崇德，中。"《宋史·卷八十八·地理四》，中华书局，1985年，第2177页。【注】北宋属两浙路秀州隶下，今在浙江省桐乡县。

　　[7]县君：叙封称号，"唐制，视本官封爵建隆三年，诏定文武郡臣母妻封号：……庶子、少卿监、司业、郎中、京府少尹、赤县令、少詹事、谕德、将军、刺史、下都督、下都护、家令、率更令、仆，母封县太君；妻，县君，其馀升朝官已上遇恩。并母封县太君；妻，县君，杂五品官至三任与叙封，官当叙封者不复论阶爵。致仕同见任。亡母及亡祖母当封者亦如之。"《宋史·卷一百七十·职官十》，中华书局，1985年，第4084、4085页。

　　[8]长安："永兴军路。府二：京兆，河中。州十五：陕，延，同，华，耀，邠，鄜，解，庆，虢，商，宁，坊，丹，环。军一：保安。县八十三。……京兆府，京兆郡，永兴军节度。本次府，大观元年升大都督府。旧领永兴军路安抚使。宣和二年，诏永兴军守臣等衔不用军额，称京兆府。……县十三：长安，次赤。"《宋史·卷八十七·地理三》，中华书局，1985年，第2144页。【注】北宋属永兴军路京兆府隶下，今在陕西省西安市附近。

或劝禳之者，夫人曰：生死赋之夭耳，是可禳耶？将死前一日，顾乳母在傍，如有所言，久而未发，乳母莫喻，夫人以儿属曰：善为我护之。神识不乱如此。呜呼！痛哉！卜以七月甲申葬于蓝田<sup>[1]</sup>太尉原之先茔。

生子二人，男曰清孙，始生五阅月矣；女曰文娘，早夭。

予观夫人之德之行，虽繁予文，不足以究，特取其著者书之，使其得长年，尽见所为，其书也乌有既乎。铭曰：

天之报施，犹形表景。

善必福，所以劝。恶必祸，所以儆。

如夫人者，德纯行懿，而寿不永。

予非敢必于天，庶几万一之应。

虑为善者，怠为恶者。竟镵其石，以书予之哀。呜呼夫人！骨可朽而名不泯！

李寿昌刊。

（4）齐夫人墓志考释

志文句读：

宋故齐夫人墓志铭

承事郎<sup>[2]</sup>、前监安肃军<sup>[3]</sup>酒税务<sup>[4]</sup>　吕锡山　撰并书

建安<sup>[5]</sup>赵安常以术游四方，士人大愿识者众。大观丁亥予为安肃军之酒官，遇焉，观其定贵贱决死生，若指诸掌。虽其人在侧，言之无隐。一日予以休咎问之，徐答曰：功名未可期，岁在丑，恐不利于君妻。予初未之信，大观己丑春三月戊午，夫人果以乳死。呜呼！岂数已定而不可逃耶。将会逢其适耶。冬十月，予受代，举夫人之丧，卜以明年春二月丙申返葬于京兆府蓝田县<sup>[6]</sup>太尉

---

[1]蓝田："永兴军路。府二：京兆，河中。州十五：陕，延，同，华，耀，邠，鄜，解，庆，虢，商，宁，坊，丹，环。军一：保安。县八十三。……京兆府，京兆郡，永兴军节度。本次府，大观元年升大都督府。旧领永兴军路安抚使。宣和二年，诏永兴军守臣等衔不用军额，称京兆府。……县十三：……蓝田，次畿。"《宋史·卷八十七·地理三》，中华书局，1985年，第2144页。【注】北宋属永兴军路。今为陕西省蓝田县。

[2]承事郎：性质：文散官。《宋史·卷一百六十九·职官九》，中华书局，1985年，第4050页。职责：散官无具体职责。品秩：正八，改制后为正九品。《宋史·卷一百六十九·职官九》，中华书局，1985年，第4050页。《宋史·卷一百六十八·职官八》，中华书局，1985年，第4017页。俸禄：月俸十千，等。《宋史·卷一百七十一·职官十一》，中华书局，1985年，第4110页。

[3]安肃军："（河北）西路。府四：真定，中山，信德，庆源。州九：相，浚，怀，卫，洺，深，磁，祁，保。军六：天威，北平，安肃，永宁，广信，顺安。县六十五。"《宋史·卷八十六·地理二》，中华书局，1985年，第2126页。"安肃军，同下州。本易州遂城县。太平兴国六年，建为静戎军，析易州遂城三乡置静戎县隶焉。景德元年并县，改安肃军。宣和七年，废军为安肃县。知县事仍兼军使，寻依旧。"《宋史·卷八十六·地理二》，中华书局，1985年，第2130页。【注】北宋属河北西路隶下，今在河北省徐水县一带。

[4]监安肃军酒税务：性质：职事官。职责："监当官　掌茶、盐、酒税场务征输及冶铸之事，诸州军随事置官，其征榷场务岁有定额，岁终课其额之登耗以为举刺。"《宋史·卷一百六十七·职官七》，中华书局，1985年，第3983页。品秩：正八，改制后为正九品（承事郎监安肃军酒税务，品秩随承事郎）。《宋史·卷一百六十九·职官九》，中华书局，1985年，第4050页。《宋史·卷一百六十八·职官八》，中华书局，1985年，第4017页。俸禄：月俸十千，等（承事郎监安肃军酒税务，俸禄随承事郎）。《宋史·卷一百七十一·职官十一》，中华书局，1985年，第4110页。

[5]建安："福建路。州六：福，建，泉，南剑，漳，汀。军二：邵武，兴化。县四十七。"《宋史·卷八十九·地理五》，中华书局，1985年，第2207页。"建宁府，上，本建州，建安郡，旧军事，端拱元年，升为建宁军节度；绍兴三十二年，以孝宗旧邸，升府。……县七：建安，望。汉县。有北苑茶焙、龙焙监库及石舍、永兴、丁地三银场。"《宋史·卷八十九·地理五》，中华书局，1985年，第2208页。【注】北宋属福建路建宁府隶下，今为福建省建瓯市。

[6]京兆府蓝田县："永兴军路。府二：京兆，河中。州十五：陕，延，同，华，耀，邠，鄜，解，庆，虢，商，宁，坊，丹，环。军一：保安。县八十三。……京兆府，京兆郡，永兴军节度。本次府，大观元年升大都督府。旧领永兴军路安抚使。宣和二年，诏永兴军守臣等衔不用军额，称京兆府。……县十三：……蓝田，次畿。"《宋史·卷八十七·地理三》，中华书局，1985年，第2144页。【注】北宋属永兴军路京兆府隶下。今为陕西省蓝田县。

原先茔之次。

夫人齐氏，始家祁州蒲阴县[1]，后徙居常山[2]，今为真定府[3]人。父朝请郎[4]仲雍，母永安县[5]君[6]陈氏，夫人幼失母，能自修饬，既长，每春秋与祭，念母之不及见，涕不能止，家人见而伤。性沈静，凡出一言，必反复思之，曰得无差乎？以是持其身甚谨。至于女之所工，不待教而妙绝过人。时朝请公为郡，孜孜于政，不暇顾私，闺门事无巨细，多委夫人划焉。平居专诵道家书，颇得其指，有糠粃世故意。夫人生于元丰之甲子，至崇宁乙酉始归于予，相从三年如一日，常勉予以学，又曰：士之出处当自重，无苟合以微进。予佩其言，且喜夫人之识高，它日必为贤妇，孰谓天夺之遽耶！夫人方娠也，数谓予曰：君其力嗣家声，弟以不得偕老为恨耳。穷其所因，复不答，古所谓魄兆，夫人其是乎？生女二人，皆夭。铭曰：

予观夫人兮，四德纯备。如兰之熏兮，如玉之粹。

宜归大家兮，以贵以荣。事不可期兮，作予之配。

自怜羁迹兮，大海一萍。得官穷塞兮，谁同臭味。

相待如宾兮，古人之流。屈指何时兮，匆匆三岁。

不与其寿兮，识者之嗟。愁云晦日兮，天为雨涕。

宝奁尘掩兮，脂泽犹存。音容易远兮，难求寤寐。

生死殊路兮，缠痛绵绵。刻石幽宫兮，予辞无愧。

　　　　　　　　　　　　　　　　　　　　　　　　　　　　　李寿永刊。

---

[1] 祁州蒲阴县："（河北）西路。府四：真定，中山，信德，庆源。州九：相，浚，怀，卫，洺，深，磁，祁，保。军六：天威，北平，安肃，永宁，广信，顺安。县六十五。"《宋史·卷八十六·地理二》，中华书局，1985年，第2126页。"祁州，中，蒲阴郡，团练。端拱初，以镇州鼓城来属。景德元年，移治于定州蒲阴，以无极隶定。熙宁六年，省深泽县为镇，入鼓城。元祐元年复。……县三：蒲阴，望。"《宋史·卷八十六·地理二》，中华书局，1985年，第2129页。【注】蒲阴县北宋属河北西路祁州隶下，今在河北省安国市附近。

[2] 常山：宋史中，常山共有两处，一处为两浙路衢州常山县，一处为河北西路真定府。其一："两浙路。熙宁七年，分为两路，寻合为一；九年，复分；十年，复合。二：平江，镇江。州十二：杭，越，湖，婺，明，常，温，台，处，衢，严，秀。县七十九。"《宋史·卷八十八·地理四》，中华书局，1985年，第2173页。"衢州，上，信安郡，军事。……县五：……信安，中。本常山县，咸淳三年改。"《宋史·卷八十八·地理四》，中华书局，1985年，第2177页。【注】北宋属两浙路衢州，今为浙江省常山县。其二："（河北）西路。府四：真定，中山，信德，庆源。州九：相，浚，怀，卫，洺，深，磁，祁，保。军六：天威，北平，安肃，永宁，广信，顺安。县六十五。"《宋史·卷八十六·地理二》，中华书局，1985年，第2126页。"真定府，次府，常山郡，唐成德军节度。"《宋史·卷八十六·地理二》，中华书局，1985年，第2126页。【注】北宋属河北西路隶下，今为河北省石家庄一带。根据墓志中所述，常山应指河北西路之真定府。

[3] 真定府："（河北）西路。府四：真定，中山，信德，庆源。州九：相，浚，怀，卫，洺，深，磁，祁，保。军六：天威，北平，安肃，永宁，广信，顺安。县六十五。"《宋史·卷八十六·地理二》，中华书局，1985年，第2126页。"真定府，次府，常山郡，唐成德军节度。"《宋史·卷八十六·地理二》，中华书局，1985年，第2126页。【注】北宋属河北西路隶下，今为河北省石家庄一带。

[4] 朝请郎：性质：文散官。《宋史·卷一百六十九·职官九》，中华书局，1985年，第4053页。职责：散官无具体职责。品秩：正七上，改制后为正七品。《宋史·卷一百六十九·职官九》，中华书局，1985年，第4050页。《宋史·卷一百六十八·职官八》，中华书局，1985年，第4015、4016页。俸禄：月俸三十千，等。《宋史·卷一百七十一·职官十一》，中华书局，1985年，第4110页。

[5] 永安县："（京西）北路。府四：河南，颍昌，淮宁，顺昌。州五：郑，滑，孟，蔡，汝。军一，信阳。县六十三。"《宋史·卷八十五·地理一》，中华书局，1985年，第2114页。"河南府，洛阳郡，因梁、晋之旧为西京。熙宁五年，分隶京西北路。……县十六：……永安，赤。奉陵寝。景德四年，升镇为县。"《宋史·卷八十五·地理一》，中华书局，1985年，第2115页。【注】北宋属京西北路河南府隶下，今在河南省偃师附近。

[6] 县君：叙封称号，"唐制，视本官阶爵。建隆三年，诏定文武郡臣母妻封号：……庶子、少卿监、司业、郎中、京府少尹、赤县令、少詹事、谕德、将军、刺史、下都督、下都护、家令、率更令、仆，母封县太君；妻，县君，其馀升朝官已上遇恩。并母封县太君；妻，县君，杂五品官至三任与叙封，官当叙封者不复论阶爵。致仕同见任。亡母及亡祖母当封者并如之。"《宋史·卷一百七十·职官十》，中华书局，1985年，第4084、4085页。

# 一八　吕义山夫妇合葬墓（编号 M26）

## （一）位置与地层

该墓位于吕氏家族墓园北部墓葬群自南向北第四排、东数第三座（不包括婴幼儿墓），东距 M29 为 6.63、南距 M22 为 7.40、西距 M25 为 9.56、北距墓园北兆沟 43 米。墓葬田野编号为蓝田吕氏 M26（图 5-532、533）。发掘时间 2009 年 7 月 20 日至 9 月 7 日，历时 57 天，因下雨等影响，实际发掘 40 天。

墓葬所处地层剖面为（图 5-533；彩版 5-733）：

第①层：耕土层，厚 0.25 米，色灰褐，质松软，含大量植物根系、现代残砖及陶瓷片等。

第②层：扰土层，厚 0.55 米，浅黄色，质较硬，内杂植物根茎、陶瓷片、料礓石结核颗粒等。墓道现开口于此层下。

第③层：古代堆积层，厚 0.60 米，淡黄色，质地较硬而密实，夹少量青釉印花瓷片、黑瓷残片。

第④层：黑褐色土层，厚 0.80 米，质地坚硬，呈颗粒状，夹杂大量白色植物根系、蜗牛壳等。

第⑤层：黄土层，厚 3.80 米，质地松软，色泽纯黄，包含少量料礓石块、蜗牛壳等。

第⑥层：红褐色土层，厚 0.80 米，土质坚硬，夹杂大量料礓石块。

第⑦层：浅黄色土层，厚 1.20 米，质地较硬，内有料礓石块。

第⑧层：胶泥层，褐色，厚 1.40 米，质地坚硬细密有韧性，夹少量料礓石块。

第⑨层：黄褐色土层，厚 1.10 米，质地较硬，上部包含大量料礓石块，下部较纯净。

第⑩层：密集料礓石层，厚 0.20 米，灰白色料礓石块排列密集，质地极坚硬。M26 墓室营造于该层下，室顶紧贴 10 层底面。

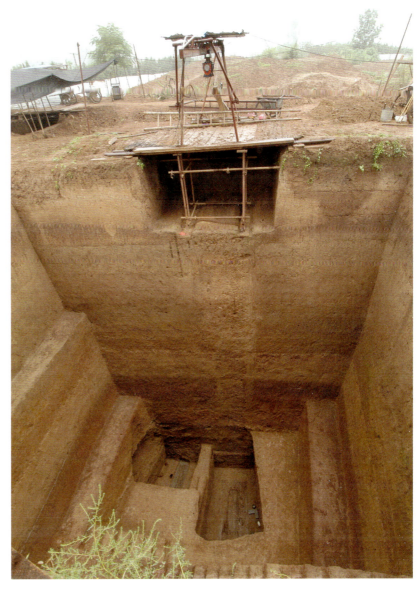

彩版 5-733　M26

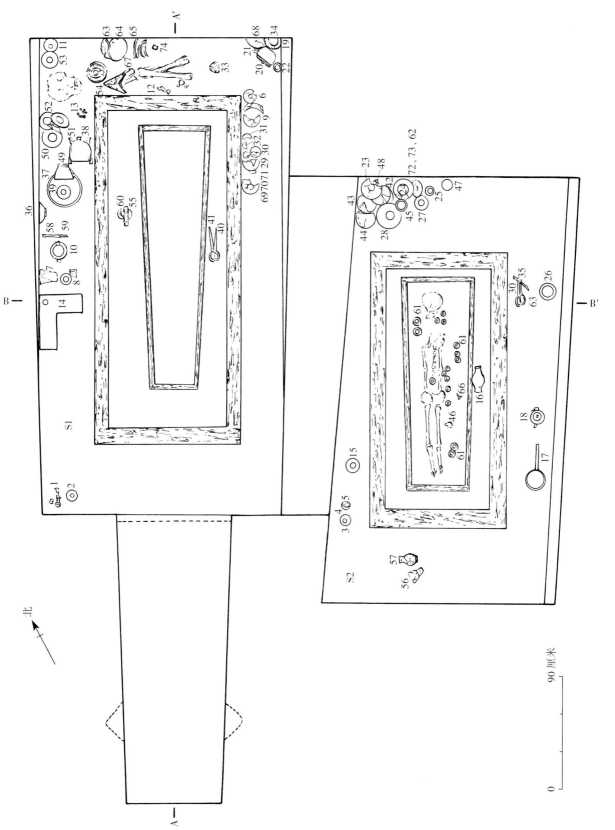

图 5-532　M26 平面图

北

90厘米

0

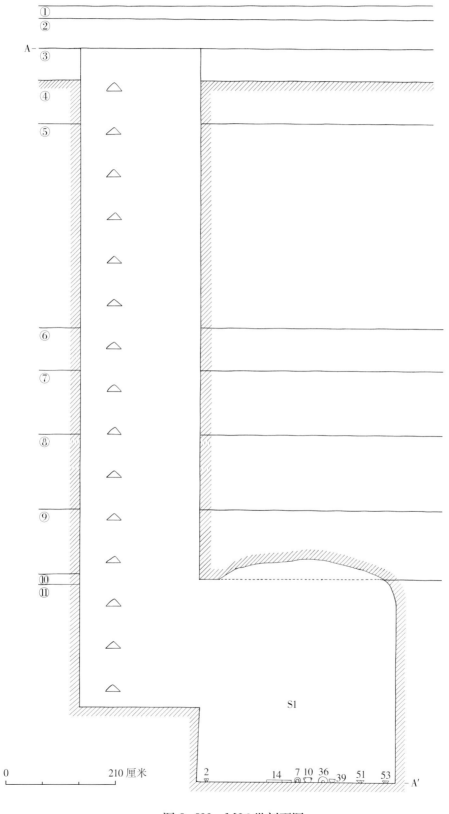

图 5-533　M26 纵剖面图

第⑪层：浅黄色土层，厚度不详，质地细密，无包含物，M26墓道底位于该层面下2.38米处，墓室底位于该层面下3.80米处。

## （二）墓葬形制

M26坐东北向西南，方向210°。为竖穴墓道、并列双墓室结构，由竖穴墓道、木质封门、并列双土洞墓室3部分组合而成。南北水平总长6.10、墓室底上距现地表14.50米，墓道现开口距地表0.80米（图5-532、533；彩版5-733）。

### 1. 墓道

位于墓葬南端，竖穴土圹式，底部北连西墓室。平面呈北宽南窄长方形，南北长2.30、南宽0.80、北宽0.96米。四壁竖直，壁面经铲平修整，较光滑。底面平整，口底同大，较西墓室底面高1.40、上距现开口12.30米。东、西两壁距南壁约0.50米处各设纵向相错踏窝1列15个，各踏窝纵向间距0.65米左右，踏窝截面呈不规则三角形，面宽0.30、高0.15、进深0.15米。墓道内填满五花土，土质较硬。

因发掘时需墓道形制与各地层间打破关系剖面图，特选择M26为标本，故墓道开始并未发掘，直到墓室发掘清理完毕后才补充发掘墓道形制，因此照片所反映为墓道剖面与墓室形制图。

### 2. 封门

位于墓道北壁下、西墓室入口外。发掘时见该位置有大量朽木灰迹，故推测原有木质封门1道。因朽毁严重，其结构、尺寸皆不详。

### 3. 墓室

由于M26墓室底低于墓道底面，故形成坑式墓室（彩版5-734）。其设置以生土隔梁为准划分为东、西两室，西墓室向北延伸，东墓室向南延伸，造成双室南、北向相错的平面布局。以生土隔梁为界，越隔梁可相互沟通。两室交汇处共用大拱顶，南、北相错处各有专属小拱顶。

（1）西墓室

编号S1，与墓道北端相连。平面呈北宽南窄长方形，南北长3.78、南宽2.00、北宽2.18米。四壁基本竖直，壁面铲修平整，西壁自北向南略有内收，高2.20米，其上起拱，顶壁相交处呈弧形；北壁高3.30米，其上弧形与顶相接；东壁自北向南亦微内收，北部高2.20米，上连拱顶，南部为长2.70、高1.70米平顶生土隔梁，平剖面呈楔形，北宽0.58、南宽0.40米；南壁高3.80米，自下向上略有收分，墓室入口位于南壁上部居中，宽0.96、高2.38米。室顶周边尚存，中间已坍塌殆尽，就遗留迹象分析，S1顶以生土隔梁为界分为南、北两部分，隔梁北是S1的较短拱形顶，高约1.10米；南部为双室共用的大拱顶，高约1.60米。底面平整，较墓道底面降低1.40、底面至顶最高处距离为3.76米。墓室内充满五花土、淤土及大量塌土（图5-532~534；彩版5-735）。

（2）东墓室

编号S2，与西墓室S1隔生土梁相邻。墓室稍歪斜，平面呈南宽北窄长方形，南北长3.40、南宽1.92、北宽1.80米。四壁竖直，铲修平滑，壁面上部多已垮塌，东壁高2.10米，距底1.40米高处折向外扩成宽0.10米的生土二层台与西壁生土隔梁等高，顶壁相交处呈弧形；北壁高3.00米，其上弧向内收与顶相交；西壁仍以生土隔梁为界分南、北两部分，北部是长2.70、高1.40米的生

彩版 5-734　M26 墓室

彩版 5-735　M26 西墓室 S1

土隔梁，南部为长 0.70、高 2.10 米的壁面，其上起拱。短拱顶高 0.90 米，北部与 S1 共用大拱顶。底面平整，较西墓室 S1 底面抬高 0.30、底面至大拱顶最高处 3.46 米。墓室内充满五花土、淤土及大量塌土（图 5-534；彩版 5-736）。

　　S2 南壁叠压于探方外，若扩方将影响墓道东壁，易造成塌方，为保障安全，S2 南壁仅作局部发掘，找到其南壁边沿即止。

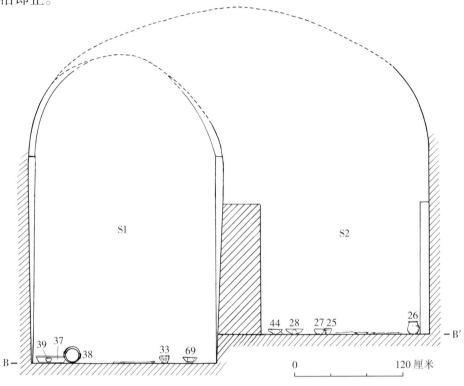

图 5-534　M26 墓室横剖面图

彩版 5-736　M26 东墓室 S2

## （三）葬具葬式

该墓为吕义山夫妻同穴异室两椁两棺合葬墓，木质葬具均朽，灰烬底部结构清晰（彩版5-734）。

西墓室S1：葬具为一椁一棺，木椁纵向放置于墓室底部正中，木灰呈黑褐色，平面为南北向长方形，南北长2.80、东西宽1.20米，原高度不详，椁板厚15.0厘米。木棺置于椁内居中稍偏东南处，灰迹呈黑褐色，平面为南窄北宽窄长方形，南北长2.10、北宽0.60、南宽0.40米，原高度不详，棺板厚5.0厘米。底部残留灰白色草木灰遗迹。

骨架保存较差，仅存头骨及部分肢骨、肋骨，并脱离原位散乱置于墓室北部、木椁北壁外，与墓室北部随葬品混为一处，推测为长期进水淤积所至，原葬式已不能知。就剩余部分骨骼特征与随葬物品推断，室主应属男性，即S1属吕义山葬所。

东墓室S2：葬具仍为一椁一棺，木椁纵向放置于墓室中部略偏西处，灰迹呈暗褐色，平面为南北向长方形，略显宽短，南北长2.20、东西宽1.10米，原高度不详，椁板厚15.0厘米。木棺置于椁内正中稍偏北处，灰迹显褐色，平面呈南窄北宽窄长方形，南北长1.70、北宽0.60、南宽0.52米，原高度不详，棺板厚5.0厘米。棺内原铺垫草木灰，现仍有遗迹。

骨架保存较差，大部分朽成黄色粉末，头北足南，仰身直肢式，双臂置腹侧，身长约1.50米。从骨骼特征及出土随葬品分析，东墓室主人为女性，乃吕义山正妻。

## （四）出土遗物

该墓出土随葬品73件（组），质地有瓷、陶、铜、铁、玉、石六类。器形有盏、碗、盘、瓶、盒、罐、碟、围棋子、佛造像、镜、尺、钵、带钩、器纽、钱币、水器、壶、剪、铲、铧、镇纸、佩饰、篦、磬、铫、熏炉、盆、洗、鼎、尊、执壶、器盖等。随葬品摆放位置大致可划分七个区域：第一区为东墓室西北角；第二区为东墓室棺椁内；第三区指东墓室西南角；第四区是东墓室东壁下；第五区为西墓室北部，木椁北壁前；第六区位于西墓室西南角；第七区指西墓室棺椁内。

### 1．瓷器

共38件（组）。器形有瓶、罐、碗、盏、盘、碟、盒。

（1）青釉刻花小口瓶　2件。

M26：7、8，出土于西墓室西壁下中部。均已断裂，粘接修复完整。轮制成型。2件形制、尺寸、釉色、胎质、纹饰基本相同。小直口，宽折沿，沿面微外斜，圆唇，细颈，圆肩，深鼓腹，下腹内弧收，隐圈足。内、外壁施满釉，足根刮釉露胎。釉色青中泛灰，口及口沿边釉层较薄，略呈淡灰色。釉面明亮通透，遍布细碎网格状冰裂纹。灰胎，胎质坚硬细密，露胎处表面呈浅灰黄色。外壁颈下饰弦纹一周，其下绕轻划的花瓣纹，腹壁满装波浪式缠枝阔叶牡丹花图案、花脉叶茎刻画细腻，下腹至底饰双重仰莲瓣纹一圈。

M26：7，通高20.4、口沿径6.9、腹径19.2、足外径8.2厘米（图5-535；彩版5-737）。

M26：8，通高19.6、口沿径6.8、腹径18.4、足外径7.9厘米（图5-536；彩版5-738）。

（2）黑釉瓶　2件。

M26：15、16，完整。轮制成型。2件形制、尺寸、釉色基本相同。小直口，宽平沿，沿面微

0　　　　　　　　12厘米

图 5-535　青釉刻花小口瓶 M26：7

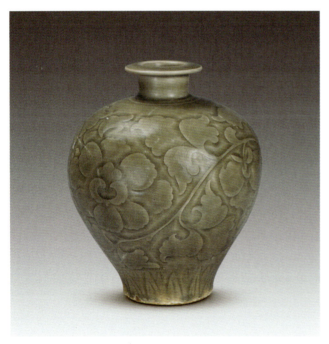

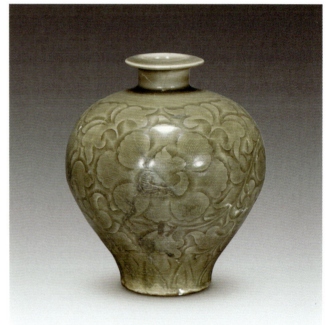

彩版 5-737　青釉刻花小口瓶 M26：7　　　　　彩版 5-738　青釉刻花小口瓶 M26：8

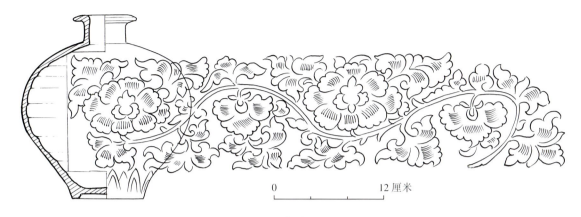

图 5-536　青釉刻花小口瓶 M26：8

外斜、方圆唇，矮束颈，平肩，
纺锤形深腹，厚圈足外撇、足
外沿自内向外斜削一周。外壁
施釉至下腹、其下露胎，内壁
施釉至肩，其下露胎。釉色黑
褐泛红。釉层较厚。釉面浊而
不匀，散布土黄、银灰色斑点。
露胎处表面呈浅黄褐色，杂黑、
白色小颗粒。素面，腹壁有明
显轮制旋痕。

M26：15，出土于东墓室
西壁下偏南处。足底有小粘痕。
通高 20.4、口沿径 4.9、腹径
11.3、圈足外径 7.5 厘米（图
5-537，1；彩版 5-739）。

M26：16，出土于东墓室
木椁内东壁下中部。足底有
裂纹两道。通高 20.1、口沿
径 4.7、腹径 11.0、圈足外径
7.10 厘米（图 5-537，2；彩版
5-740）。

（3）黑釉双系罐　3件。

M26：29、31、32，出土
于西墓室北部东壁下、木椁东
梆外。均断裂破碎，粘接有缺
片、修复基本完整。轮制成型。
3件形制、尺寸、釉色基本相同。

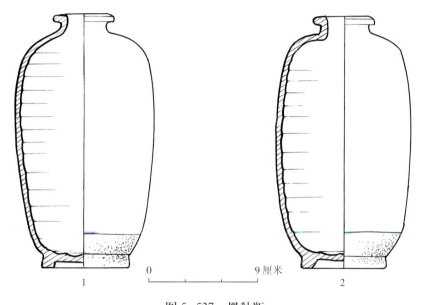

图 5-537　黑釉瓶

1、2. M26：15、16

彩版 5-739　黑釉瓶 M26：15

彩版 5-740　黑釉瓶 M26：16

微敛口，窄卷沿，尖圆唇，矮粗颈，窄溜肩，深鼓腹下部斜收，圈足挖足较浅，颈、肩部置对称扁条状凹面半环形双系，系面中出纵向凸棱一道。外壁施黑釉至下腹，内壁施黑釉至口沿下，余处露胎。釉层较厚。釉面浑浊失透，满布银白色斑点。灰白色胎，胎质坚硬较粗糙，内含大量黑色小砂粒。通体素面，内腹壁轮制旋痕明显。

　　M26：29，外腹壁为浅瓜棱形。黑釉下衬施酱色薄釉，圈足沿刮釉露胎。通高 15.9、口沿径 14.0、腹径 18.7、圈足外径 10.3 厘米（图 5-538，1；彩版 5-741）。

　　M26：31，口沿稍窄。口沿内壁有流釉，外壁下腹露胎，露胎处表面显浅土黄色。通高 15.6、口沿径 14.3、腹径 18.0、圈足外径 9.3 厘米（图 5-538，2；彩版 5-742）。

　　M26：32，口沿略宽。口沿内壁有流釉。通高 16.2、口沿径 14.4、腹径 19.4、圈足外径 9.3 厘米（图 5-538，3；彩版 5-743）。

彩版 5-741　黑釉双系罐 M26：29

彩版 5-742　黑釉双系罐 M26：31

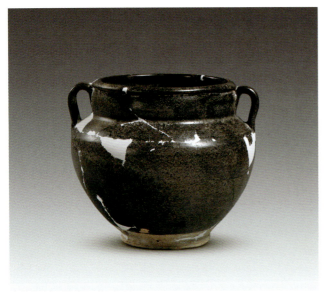

彩版 5-743　黑釉双系罐 M26：32

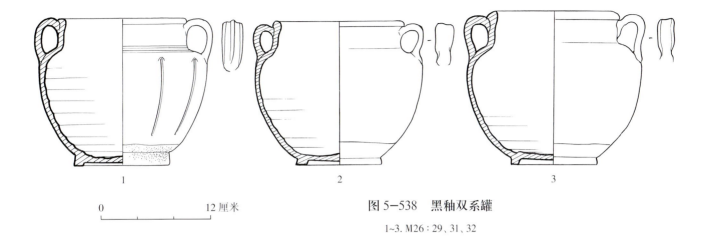

图 5-538　黑釉双系罐

1~3. M26：29、31、32

（4）黑釉盘口双系罐　1 件。

M26：57，出土于东墓室南壁下中部。完整。轮制成型。窄盘口，尖圆唇，微束颈，窄溜肩，深鼓腹，外撇圈足挖足较浅，足沿由内向外斜削一周，颈、肩部贴置对称扁条状半环形系一双。外壁施黑釉至近足部，其下露胎；内壁施黑釉丁口沿丁，余处露胎。釉层较厚，口沿釉薄泛红。釉面明亮，有银灰、土黄色小斑点，棕眼密布。露胎处表面呈浅土黄色，内含黑色小砂粒。素面，腹壁有模糊轮制旋痕。通高 11.4、口沿径 8.4、腹径 10.8、圈足外径 5.8 厘米（图 5-539；彩版 5-744）。

（5）黑釉筒形腹双系罐　1 件。

M26：56，出土于东墓室南壁下中部。破碎断裂，粘接完整。轮制成型。罐体瘦高，直口，厚唇，粗高颈，窄折肩，圆筒状深腹，圈足外撇，足沿向外斜削一周，颈、肩部对置扁条形半环系。外壁施黑釉至下腹，其下露胎；内壁施黑釉于颈下，余处露胎。釉层厚重。

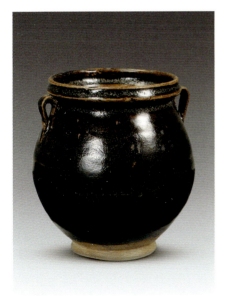

图 5-539　黑釉盘口双系罐 M26：57

彩版 5-744　黑釉盘口双系罐 M26：57

釉面有光泽，内含黄褐色小斑点，多棕眼、气泡。露胎处表面呈灰白色，内含黑、褐色小颗粒。素面，腹壁有模糊轮制旋痕，外底部胎壁有修胎痕迹。通高 13.7、口沿径 7.3、腹径 9.4、圈足外径 5.5 厘米（图 5-540；彩版 5-745）。

（6）白釉带盖深腹碗　1 件。

M26：6，出土于西墓室东北角。破碎断裂为多片，粘接修复基本完整。轮制成型。由碗盖、碗身两部分组成。盖面正中为简化瓜蒂纽，隆顶周边出宽平沿，沿下为微敛子口。碗身为直口，稍撇沿，尖圆唇，

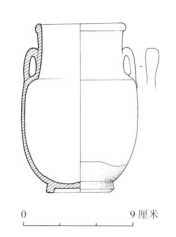

图 5-540　黑釉筒形腹双系罐
M26：56

彩版 5-745　黑釉筒形腹双系罐
M26：56

圆腹下垂，平底，圈足。内、外壁施满釉，芒口，盖沿内壁、子口露胎，足底刮釉露胎。釉色乳白。釉面透亮，外壁有垂釉。胎色白净，胎质坚硬细密。通体素面。通高 10.0、盖口沿径 12.0、碗高 7.1、口沿径 11.3、圈足外径 5.9 厘米（图 5-541；彩版 5-746）。

（7）白釉六曲葵瓣碗　共 8 件。

均断裂破碎，M26：53 缺片较多，仅可粘接成形，M26：36 完整，余者均粘接修复完整。轮制成型。8 件形制、釉色、胎质相同，尺寸有大小之别，分两型。均为六曲葵瓣式敞口，尖圆唇，斜弧腹，腹壁亦为浅六曲葵瓣形与口沿相对应，小平底、内底稍下凹，矮圈足，足沿自内向外斜削一周。内、外壁施满釉，芒口，圈足沿刮釉露胎。釉色乳白。釉层均匀。釉面洁净明亮。白胎，胎质坚硬致密。素面，腹壁有明显轮制旋痕。

A 型：7 件。M26：4、23、36、51、52、53、62。

M26：4，出土于东墓室西南角。通高 6.1、口沿径 19.2、圈足外径 5.6 厘米（图 5-542，1；彩版 5-747）。

M26：23，出土于东墓室西北角。口沿有缺片，修补完整。釉色略泛青。通高 6.2、口沿径 19.3、圈足外径 5.8 厘米（图 5-542，2；彩版 5-748）。

M26：36，出土于西墓室西侧。完整。内壁有隐见浅灰黑色磨损痕迹。通高 6.3、口沿径 19.5、圈足外径 5.4 厘米（图 5-543，1；彩版 5-749）。

M26：51，出土于西墓室西北角。足内墙有小粘痕。

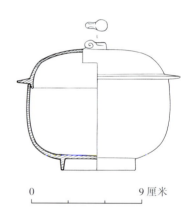

图 5-541　白釉带盖深腹碗 M26：6

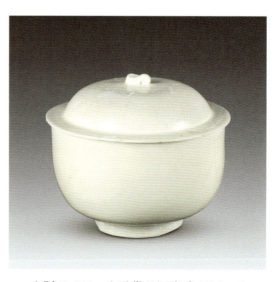

彩版 5-746　白釉带盖深腹碗 M26：6

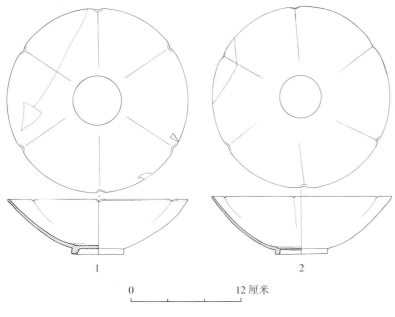

图 5-542 白釉六曲葵瓣碗

1、2. M26：4、23

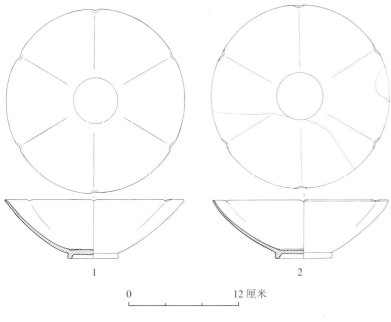

图 5-543 白釉六曲葵瓣碗

1、2. M26：36、51

彩版 5-747 白釉六曲葵瓣碗 M26：4

彩版 5-748 白釉六曲葵瓣碗 M26：23

彩版 5-749 白釉六曲葵瓣碗 M26：36

通高 6.1、口沿径 19.3、圈足外径 5.9 厘米（图 5-543，2；彩版 5-750）。

M26：52，出土于西墓室西北角。足内沿有小磕豁。圈足外围有积釉。通高 6.0、口沿径 19.6、圈足外径 5.4 厘米（图 5-544，1；彩版 5-751）。

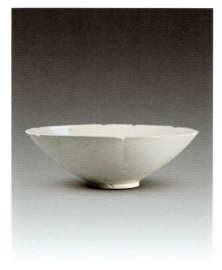

彩版 5-750　白釉六曲葵瓣碗 M26：51

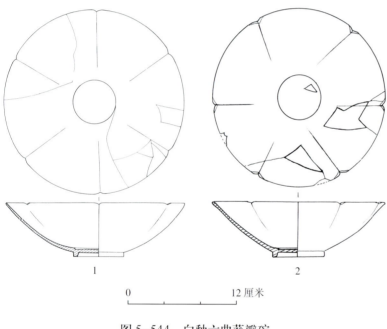

图 5-544　白釉六曲葵瓣碗

1、2. M26：52、53

M26：53，出土于西墓室西北角。破碎严重，粘接成形，腹部有缺片。通高 6.0、口沿径 19.3、圈足外径 5.7 厘米（图 5-544，2；彩版 5-752）。

M26：62，出土于东墓室西北角。破碎，粘接修复完整。釉色稍显青。通高 6.0、口沿径 19.3、圈足外径 5.7 厘米（图 5-545，1；彩版 5-753）。

B 型：1 件。M26：21，出土于西墓室东北角。体形大，可称海碗。外腹壁有较大气泡。通高 7.6、口沿径 24.8、圈足外径 7.1 厘米（图 5-545，2；彩版 5-754）。

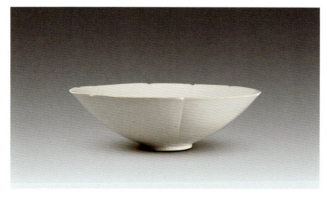

彩版 5-751　白釉六曲葵瓣碗 M26：52

彩版 5-752　白釉六曲葵瓣碗 M26：53

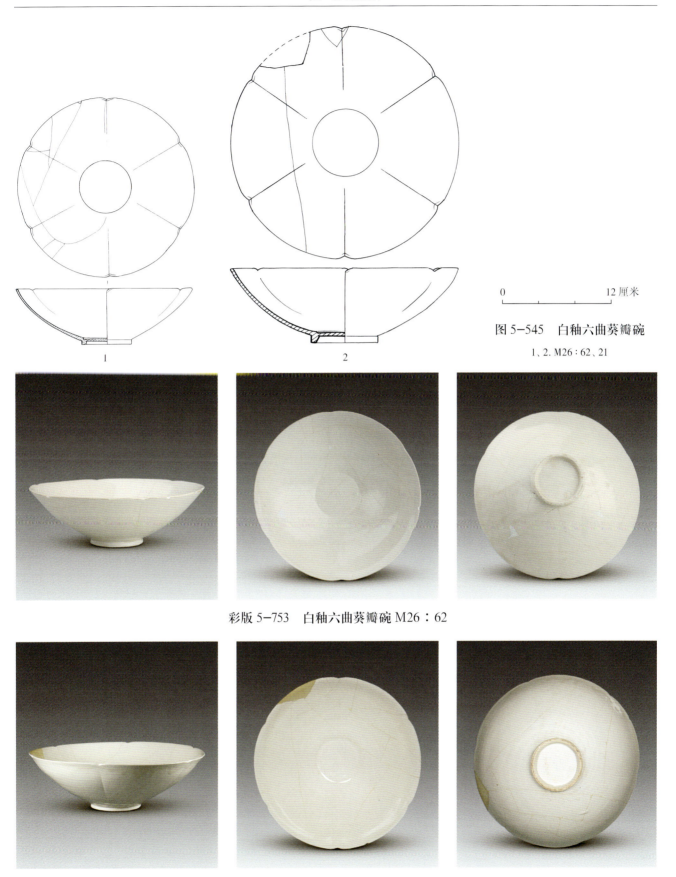

图 5-545　白釉六曲葵瓣碗

1、2. M26：62、21

0　　　　　　　　　12 厘米

彩版 5-753　白釉六曲葵瓣碗 M26：62

彩版 5-754　白釉六曲葵瓣碗 M26：21

（8）青白釉印花盏　1件。

M26：47，出土于东墓室北壁下中部。口、腹部断裂，粘接修复完整。轮制成型。敞口，尖圆唇，斜弧腹，圈足，足内墙显外撇。内、外壁施满釉，足沿刮釉露胎。釉色青中带白。釉层匀净。釉面晶莹剔透，有玻璃光泽。胎色洁白，胎质坚硬细密。外底有土黄色圆斑痕。腹内壁模印折枝牡丹2枝。通高4.9、口沿径15.8、足外径4.8厘米（图5-546；彩版5-755）。

（9）黑釉油滴盏　1件。

M26：27，出土于东墓室西北角。完整。轮制成型。敞口，尖唇，斜直腹，内底心下凹，圈足稍外撇、挖足较浅，足沿自内向外斜削一周。内、外壁通施黑釉，圈足沿刮釉露胎。釉层较厚，外壁下腹有流釉。釉面明亮，有银灰色油滴状斑点，多棕眼。露胎处呈淡土黄色。通高5.3、口沿径13.1、足外径4.2厘米（图5-547；彩版5-756）。

（10）白釉六曲葵瓣盘　10件。

均断裂破碎为多片，粘接修复完整。轮制成型。形制、釉色、胎质均相同，唯尺寸有异。器壁较厚。六曲葵瓣式敞口，方唇，腹壁斜直微内弧、壁面为浅六曲葵瓣式与口沿相对应，折平底，圈足，足内墙外斜。内、外壁施满釉，足沿刮釉露胎。釉色乳白，釉面透亮有气泡。白胎纯净多缝隙，质略疏松。通体素面。外腹壁隐见轮制痕迹。因器体不同，分三型。

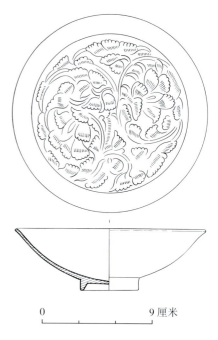

图5-546　青白釉印花盏 M26：47

彩版5-755　青白釉印花盏 M26：47

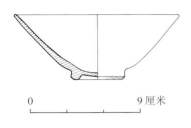

图 5-547　黑釉油滴盏 M26：27

彩版 5-756　黑釉油滴盏 M26：27

A 型：4 件。M26：42、48、50、73。

M26：42，出土于东墓室西北角。口沿下、足沿有小缺片。通高 4.5、口沿径 18.1、圈足外径 5.5 厘米（图 5-548；彩版 5-757）。

M26：48，出土于东墓室西北角。口沿、腹壁有较大缺片，粘接成形。通高 4.3、口沿径 18.3、圈足外径 5.3 厘米（图 5-549，1；彩版 5-758）。

M26：50，出土于西墓室西北角。口沿有较大缺片。足外围有白色积釉。通高 4.8、口沿径 18.3、圈足外径 5.3 厘米（图 5-549，2；彩版 5-759）。

M26：73，出土于东墓室西北角。盘体较歪斜。通高 4.5、口沿径 18.1、圈足外径 5.1 厘米（图 5-550，1；彩版 5-760）。

D 型．4 件。

M26：24、28、43、44。均出土于东墓室西北角。形制同上，唯尺寸较 A 型大。

M26：24，外腹壁局部有流釉痕。通高 5.1、口沿径 20.8、圈足外径 6.1 厘米（图 5-550，2；彩版 5-761）。

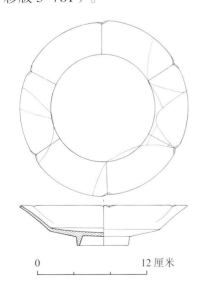

图 5-548　白釉六曲葵瓣盘 M26：42

彩版 5-757　白釉六曲葵瓣盘 M26：42

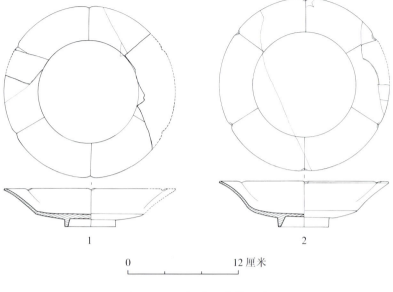

图 5-549　白釉六曲葵瓣盘

1、2. M26：48、50

彩版 5-758　白釉六曲葵瓣盘 M26：48

彩版 5-759　白釉六曲葵瓣盘 M26：50

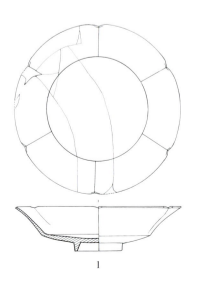

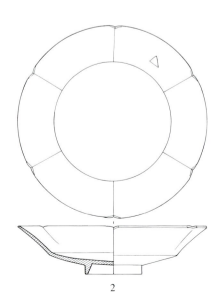

图 5-550　白釉六曲葵瓣盘

1、2. M26：73、24

彩版 5-760　白釉六曲葵瓣盘 M26：73

彩版 5-761　白釉六曲葵瓣盘 M26：24

M26：28，内底釉面有较大棕眼，外腹壁局部有流釉痕。通高 5.1、口沿径 20.6、圈足外径 6.0 厘米（图 5-551，1；彩版 5-762）。

M26：43，外沿、外底有流釉、积釉现象。通高 5.2、口沿径 21.0、圈足外径 6.3 厘米（图 5-551，2；彩版 5-763）。

M26：44，外壁局部有流釉、足外围有粘痕。通高 5.1、口沿径 20.4、圈足外径 6.2 厘米（图 5-551，3；彩版 5-764）。

C 型：2 件。

M26：5，出土于东墓室西南角。在 3 型中器体最大，但形制依然如上述。其外沿、外腹壁局部有流釉痕迹。通高 6.0、口沿径 24.2、圈足外径 7.0 厘米（图 5-552，1；彩版 5-765）。

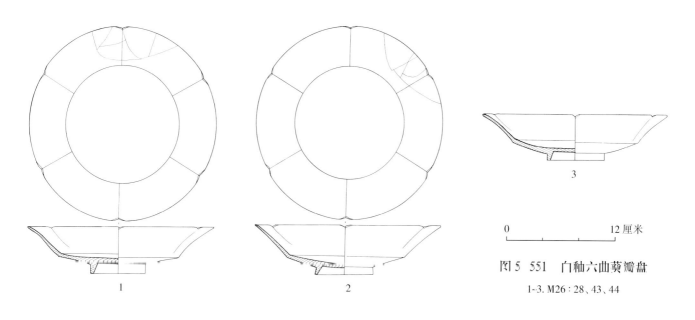

0 ————————— 12 厘米

图 5-551　白釉六曲葵瓣盘

1-3. M26：28、43、44

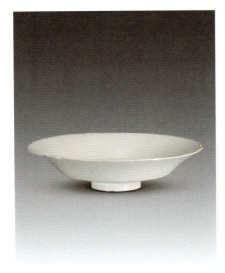

彩版 5-762　白釉六曲葵瓣盘 M26：28

彩版 5-763　白釉六曲葵瓣盘 M26：43

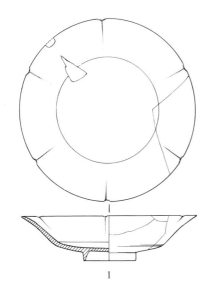

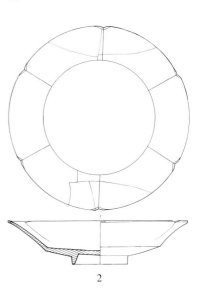

0　　　　　　　　　15厘米

图 5-552　白釉六曲葵瓣盘

1、2. M26：5、9

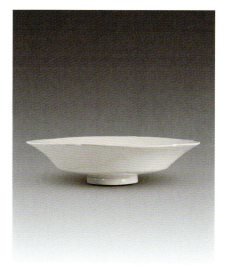

彩版 5-764　白釉六曲葵瓣盘 M26：44

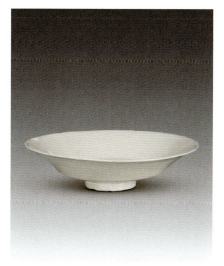

彩版 5-765　白釉六曲葵瓣盘 M26：5

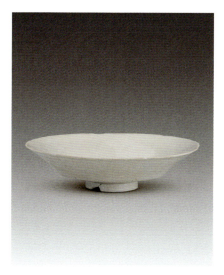

彩版 5-766　白釉六曲葵瓣盘 M26：9

M26：9，出土于西墓室东北角。足沿有磕豁。釉色略泛青。通高 6.2、口沿径 24.1、圈足外径 7.0 厘米（图 5-552，2；彩版 5-766）。

（11）黑釉盘　1件。

M26：11，出土于西墓室西北角。残存一半。轮制而成。弇口，方圆唇，浅斜腹，微圜底，圈足，足内墙外斜。外壁施黑釉至上腹部，其下露胎；内壁满施黑釉，底外围刮釉一周露胎形成宽 2.0 厘米的涩圈。釉层较厚。釉面浊而不亮。灰白色胎，胎质坚硬较粗糙，内含黑色小砂粒，露胎处表面呈灰白色，外壁局部呈淡火石红。内壁中下部饰弦纹一周，外壁轮制旋痕明显。通高 3.3、口沿复原径 15.8、足外径 7.3 厘米（图 5-553；彩版 5-767）。

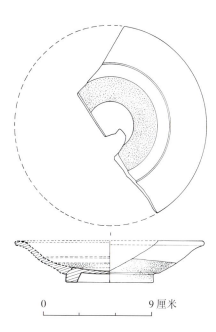

0　　　　　　9厘米

图 5-553　黑釉盘 M26：11

彩版 5-767　黑釉盘 M26：11

（12）青釉碟　2件。

M26：2、3，轮制成型。2件形制、釉色、胎质、尺寸基本相同。敞口，圆唇，弧腹，圈底，圈足略外撇，足沿由内向外斜削一周。器内壁施满釉，外壁施釉至上腹部、局部至口沿下，其下露胎。釉色浅青灰。外壁釉层厚薄不匀。釉面不洁，较为光亮。胎色浅灰，胎质坚硬显粗糙，内含大量褐、白色小颗粒，露胎处呈灰白色。素面，腹壁轮制旋痕明显，内底心外围有小砂粒叠圈粘痕一周，外壁口沿下有火石红色片斑。根据形制、胎质、做工、尺寸推测应为灯盏。

M26：2，出土于西墓室西南角。断裂，粘接修复完整。器壁显厚，表面较光滑。釉色淡青中泛黄。通高 3.7、口沿径 11.1、足外径 5.0 厘米（图 5-554，1；彩版 5-768）。

M26：3，出土于东墓室西壁下偏南。口沿有磕豁。器壁较薄。釉色青中泛灰。釉面粗涩，布满小砂粒。通高 3.2、口沿径 11.0、足外径 5.2 厘米（图 5-554，2；彩版 5-769）。

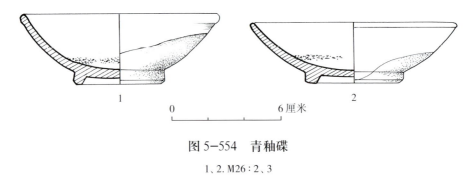

0　　　　　　　　6 厘米

图 5-554　青釉碟

1、2. M26：2、3

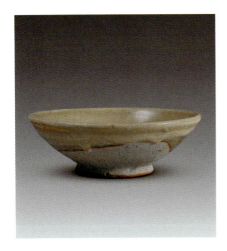

彩版 5-768　青釉碟 M26：2

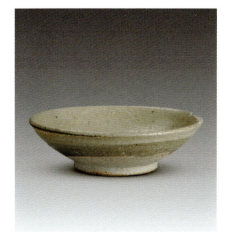

彩版 5-769　青釉碟 M26：3

（13）白釉六曲葵瓣小碟　4 件。

均断裂破碎，粘接修复基本完整。轮制成型。其中 3 件形制、尺寸、釉色、胎质基本相同。1 件形制稍有不同，分两型。

A 型：3 件。M26：69、70、71，均叠置于西墓室东侧。六曲葵瓣敞口，圆唇，浅腹外壁为六曲葵瓣形与口沿相对应、内壁则葵瓣形制模糊，平底、底沿由内向外斜削一周。通体施乳白色釉，口沿刮釉露胎。釉层均匀。釉面润泽光亮。胎色洁白，胎质坚硬细密。通体素面。

M26：69，腹壁有缺片。高 1.6、口沿径 11.2、底径 8.0 厘米（图 5-555，1；彩版 5-770）。

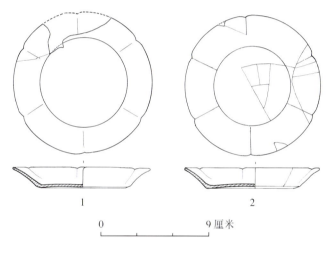

0　　　　　　　9 厘米

图 5-555　白釉六曲葵瓣小碟
1、2. M26：69、70

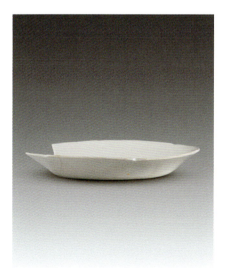

彩版 5-770　白釉六曲葵瓣小碟 M26：69

彩版 5-771　白釉六曲葵瓣小碟 M26：70

M26：70，出土于西墓室东侧。外腹壁局部有淡黄色积釉。高 1.6、口沿径 11.1、底径 7.1 厘米（图 5-555，2；彩版 5-771）。

M26：71，出土于西墓室东侧。器形有点歪斜。底面有淡黄色积釉。高 1.6、口沿径 11.2、底径 7.5 厘米（图 5-556，1；彩版 5-772）。

B 型：1 件。M26：72，出土于东墓室西北角。口沿有缺片。形制与 A 型梢有不同，六曲敞葵口，腹壁平滑内斜，外底心有小卧足。釉色稍泛青。足内露胎。通高 1.6、口沿径 10.8、底径 7.3、卧足径 6.6 厘米（图 5-556，2；彩版 5-773）。

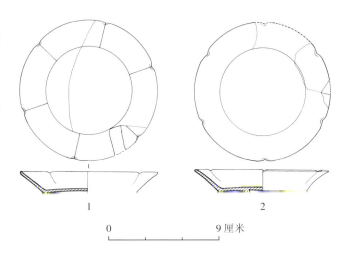

0　　　　　9厘米

图 5-556　白釉六曲葵瓣小碟
1、2. M26：71、72

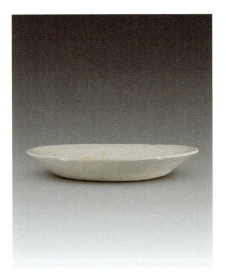

彩版 5-772　白釉六曲葵瓣小碟 M26：71

彩版 5-773　白釉六曲葵瓣小碟 M26：72

（14）青釉圆盒　1 件。

M26：25，出土于东墓室北壁下中部。基本完整，口沿略有缺。轮制成型。由盒盖、盒身两部分组成。盒盖顶面微鼓，折立沿竖直，下为母口。盒身为微敛高子口，窄平折沿，深腹较直，平底，内底心尖凸，矮圈足稍外撇，足沿较宽。外壁施青釉，口沿、内壁、圈足露胎。釉色青中泛灰。釉面光亮，多棕眼。露胎处表面呈浅土黄色。通体素面，器表轮制旋痕明显，足外墙有粘砂。通高 5.8、盖高 1.8、母口沿径 6.8、盒高 4.6、子口沿径 6.2、腹径 6.8、底径 4.5 厘米（图 5-557；彩版 5-774）。

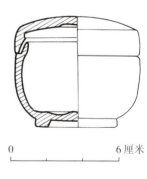

0　　　　　　6 厘米

图 5-557　青釉圆盒
M26：25

彩版 5-774　青釉圆盒 M26：25

## 2．陶器

共 2 件（组）。器形有罐、围棋子。

（1）罐 1 件。

M26：26，出土于东墓室东壁下偏北。底部破碎断裂，粘接修复完整。轮制成型。泥质灰陶。微侈口，尖圆唇，束颈，窄溜肩，深腹上部圆鼓，下部斜收成小平底。肩、腹上部有粗弦纹三周。高 12.6、口沿径 11.2、腹径 14.8、底径 6.5 厘米（图 5-558，1；彩版 5-775）。

（2）围棋子 1 组 10 枚。

M26：13-1~10，出土于西墓室西北角。完整。模制。5 枚黑子，5 枚白子，形制、尺寸均相同。呈小薄圆饼状，表面光滑。直径 1.6、厚 0.45 厘米（图 5-558，2；彩版 5-776）。

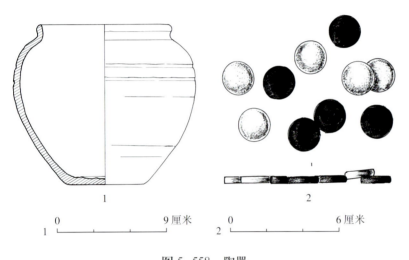

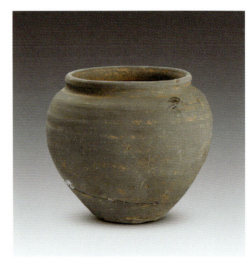

图 5-558　陶器

1.罐 M26：26　2.围棋子 M26：13

彩版 5-775　罐 M26：26

彩版 5-776　围棋子 M26：13

## 3．铜器

共 7 件（组）。器形有佛像、钵、镜、衣尺、器足、器纽等。

（1）鎏金铜佛像 1 件。

M26：1，出土于西墓室西南角。左手失，身后背光残失，底部插座亦缺，通体有锈蚀，经除锈清理。青铜铸造。体中空，半结跏趺坐式，面庞方正，五官清晰，身披袈裟，颈饰璎珞，衣褶纹理刻画细腻，右手掌心向下平置于右膝头，左臂上曲，左手已失；右腿内曲半结跏趺坐于莲花须弥座上，左跣足下踩灵芝。背面较平。双重仰莲须弥座设柱状束腰，坐基呈悬铃形，上刻双重覆莲瓣。佛像背后中上部及莲花座下均有榫头与背光及插座卯孔套插。原通体鎏金，现大部分脱落。通高 12.5、身宽 3.7 厘米（图 5-559；彩版 5-777）。

（2）素面钵 1件。

M26：60，出土于西墓室木椁内西椁下中部。残成碎片，缺失严重，难以修复成形。捶揲成形。敛口，方唇，深弧腹下残，应为圜底。通体素面。残高 4.3、口沿径 16.0、壁厚 0.15 厘米（图 5-560）。

（3）星云纹镜 1面。

M26：55，出土于西墓室木椁内西椁下中部。断裂为碎片，缺失严重。铸造磨制成形。为汉代星云纹镜，镜面

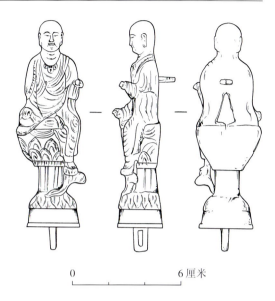

图 5-559 鎏金铜佛像 M26：1

彩版 5-777 鎏金铜佛像 M26：1

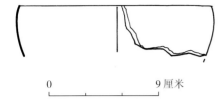

图 5-560　素面钵 M26：60

平滑，镜背正中置七峰纽，下有圆形云纹纽座，十六曲内向连弧纹镜沿高凸且顶面宽平。背面纹饰分内、外两区，以窄条带形短斜线纹两圈为界，内区纽座外饰弦纹四周，其外绕十六曲高凸内向连弧纹一圈；外区饰对称乳钉四枚下设圆形钉座，乳钉间置星云纹四组。直径11.4、沿厚0.4厘米（图5-561）。

（4）衣尺　2件。

M26：58、59，出土于西墓室西壁下中部。均已断裂，锈蚀严重，经除锈清理并粘接完整。铸造成形。2件形制、长短均相同。薄长条形，边沿平直规整，截面呈窄扁长方形，正面有10寸刻度。

M26：58，出土时断成3截，背面光素。长31.8、宽2.0、厚0.3厘米（图5-562，1；彩版5-778）。

M26：59，出土时断为2节，尺正面中心刻小梅花一朵，背面中部錾盛开牡丹花一朵。长31.6、宽2.0、厚0.3厘米（图5-562，2；彩版5-779）。

（5）器足　1件。

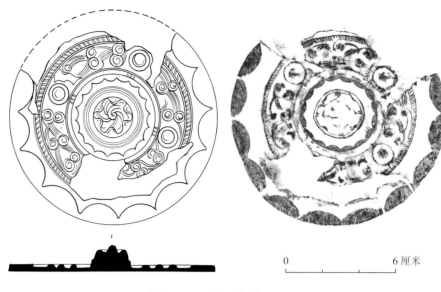

图 5-561　星云纹镜 M26：55

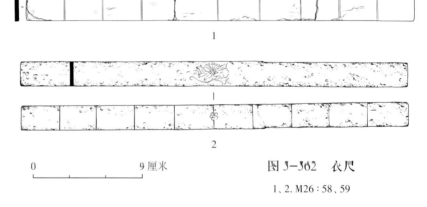

图 5-562　衣尺
1、2. M26：58、59

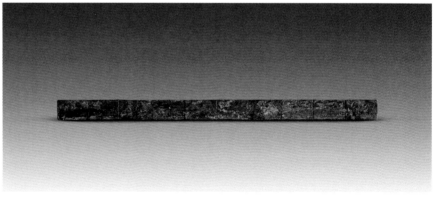

彩版 5-778　衣尺 M26：58

M26：12，出土于西墓室中北部、木椁北壁前。完整，表面有锈。铸造成形。似张口卷尾海豚形，扁长吻呈90°张开，唇尖各有铆钉一个现上唇钉犹在、下唇钉已缺失，仅留小孔一个。尾部上

彩版 5-779　衣尺 M26：59（正、背）

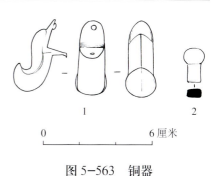

图 5-563　铜器
1. 器足 M26：12　2. 器纽 M26：66

彩版 5-780　器足 M26：12

卷成器足的支撑，尾沿呈半圆形。背部从头至尾正中有纵向脊棱一周。通体鎏金，现绝大部分脱落，仅颈胸部残存少许。长 3.9、宽 1.2~1.6、身厚 1.0 厘米（图 5-563，1；彩版 5-780）。

（6）器纽　1件。

M26：66，出土于东墓室木棺内。下部残断，表面锈蚀。铸造成形。纽呈蘑菇状，顶为扁圆球式，方柱状纽身截面呈长方形，其下残断。素面。应为容器盖上提纽。残长 1.9、圆球径 1.2 厘米（图 5-563，2）。

### 4. 铜钱

共 1 组 18 枚。M26：61-1~18，散置于东墓室木棺内及西墓室北部木椁外。锈蚀，经除锈清理，17 枚完整，1 枚崇宁通宝残缺过半。均浇铸成形。种类有开元通宝、天圣元宝、皇宋通宝、至和元宝、嘉祐元宝、治平元宝、元丰通宝、元符通宝、崇宁通宝等。

（1）开元通宝　1 枚。

M26：61-1，品相尚好，钱体小而轻薄，穿孔大而不方正。正面外廓窄而低平，楷书钱文对读，字体较大、笔画纤细。背面光素无纹，外廓较宽而低平，稍有错范。钱径 2.25、穿边长 0.6 厘米，重 2.8 克（图 5-564，1；彩版 5-781，1）。

（2）天圣元宝　1 枚。

M26：61-4，品相较佳，正面外廓较窄而凸出，穿孔大，楷书钱文顺时针旋读，字体大而清晰，笔画粗。背面光素无纹，外廓宽而凸出。钱径 2.5、穿边长 0.6 厘米，重 4.2 克（图 5-564，2；彩版 5-781，2）。

（3）皇宋通宝　2 枚。

钱文有篆、楷两种书体，分两型。

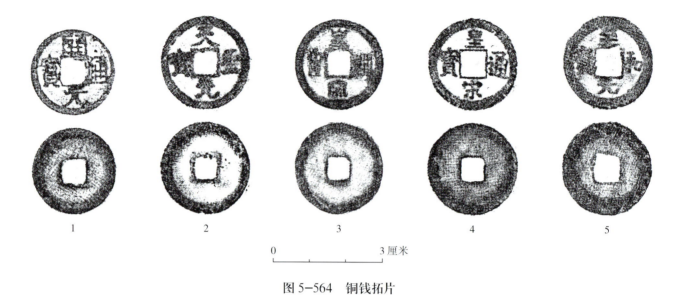

图 5-564　铜钱拓片

1. 开元通宝 M26：61-1　2. 天圣元宝 M26：61-4　3、4. 皇宋通宝 M26：61-2、-3　5. 至和元宝 M26：61-5

彩版 5-781　铜钱 M26：61-1、-4、-2、-3

　　A 型：篆书 1 枚。M26：61-2，钱体略小，品相较佳，穿孔较大方正。正面内、外廓宽而凸出，篆书钱文对读，笔画较粗，字体小而清晰。背面光素，外廓宽而低平。钱径 2.4、穿边长 0.6 厘米，重 2.9 克（图 5-564，3；彩版 5-781，3）。

　　B 型：楷书 1 枚。M26：61-3，品相较佳，正面内、外廓宽而凸出，穿孔方大，楷书钱文对读，笔画较粗，字体小而清晰。背面光素，外廓宽而低平。钱径 2.45、穿边长 0.65 厘米，重 3.9 克（图 5-564，4；彩版 5-781，4）。

　　（4）至和元宝　1 枚。

　　M26：61-5，品相较好，正面外廓宽而凸出，穿孔大而方正，楷书钱文顺时针旋读，字体小而清晰，笔画较粗。背面光素无纹，外廓特宽且低平。钱径 2.45、穿边长 0.7 厘米，重 3.2 克（图 5-564，5）。

　　（5）嘉祐元宝　2 枚。

　　钱体稍小，品相较好，穿孔略小，正面外廓较宽而凸出，楷书钱文顺时针旋读，字体小而清晰，笔画较细。背面光素无纹，外廓特宽而低平。钱径 2.3、穿边长 0.55 厘米，重 3.6 克。标本 M26：61-6（图 5-565，1；彩版 5-782，1）。

　　（6）治平元宝　1 枚。

　　M26：61-8，品相较好，正、背两面外廓宽而凸出，穿孔大。正面楷书钱文顺时针旋读，字体

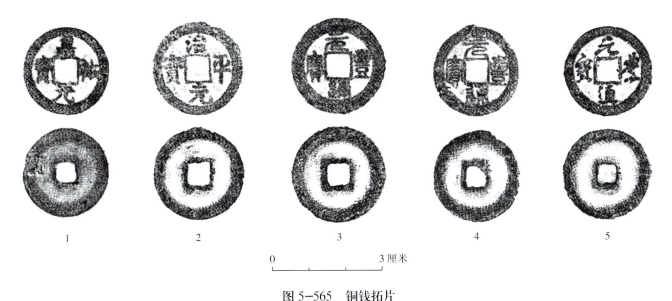

图 5-565　铜钱拓片

1. 嘉祐元宝 M26：61-6　2. 治平元宝 M26：61-8　3~5. 元丰通宝 M26：61-9~-11

彩版 5-782　铜钱 M26：61-6、-8、-9、-11

大而清晰，笔画较粗。背面光素无纹。钱径 2.4、穿边长 0.6 厘米，重 3.0 克（图 5-565，2；彩版 5-782，2）。

（7）元丰通宝　4 枚。

钱文分篆、行两种书体，分两型。

A 型：篆书 2 枚，又分大、小两种。

大者：编号 M26：61-9，品相佳，正、背两面内、外廓宽而凸出，穿孔方正。正面篆书钱文顺时针旋读，字体大而清晰，笔画较细。背面光素无纹。钱径 2.55、穿边长 0.6 厘米，重 4.3 克（图 5-565，3；彩版 5-782，3）。

小者：编号 M26：61-10，品相与上述相同，唯个体较小。钱径 2.35、穿边长 0.55 厘米，重 3.0 克（图 5-565，4）。

B 型：行书 2 枚，品相佳，正面内、外廓宽而凸出，穿孔方正，行书钱文顺时针旋读，字体小而清晰，笔画较粗。背面光素无纹，外廓宽而低平。钱径 2.4、穿边长 0.5 厘米，重 3.3 克。标本 M26：61-11（图 5-565，5；彩版 5-782，4）。

（8）元符通宝　1 枚。

M26：61-13，品相佳，正面外廓窄而凸出，穿孔大而方正，行书钱文顺时针旋读，字体小且清晰、笔画较粗。背面光素，外廓宽而低平。钱径 2.4、穿边长 0.6 厘米，重 3.3 克（图 5-566，1；彩版 5-783，1）。

（9）崇宁通宝　5 枚。

钱体大而厚重，品相佳，正、背两面外廓窄而凸出，穿孔大而方正。正面楷书钱文顺时针旋读，字体大而清晰，为宋徽宗御笔"铁画银勾瘦金体"。背面光素无纹。钱径 3.5、穿边长 0.8 厘米，重 10.7 克。标本 M26：61-14（图 5-566，2；彩版 5-783，2）。

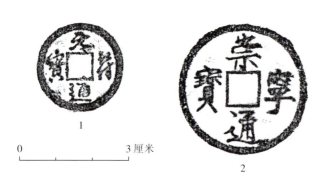  

图 5-566　铜钱拓片

1. 元符通宝 M26：61-13　2. 崇宁通宝 M26：61-14

彩版 5-783　铜钱 M26：61-13、-14

### 5. 铁器

共 9 件（组）。器形有执壶、熨斗、剪刀、铲、铧等。

（1）带盖执壶　1 件。

M26：18，出土于东墓室东壁下中部。锈蚀严重，经除锈清理后基本完整。铸造焊接成形。壶盖居中为高颈花蕾形提纽，下有花朵式纽座，顶面微微鼓起，折立沿较矮竖直，母口。壶为侈口，方唇，粗高颈，斜平折肩，深弧腹下部内收成平底，下粘接饼形足，足部分已失。肩一侧焊接细长管状曲流，流嘴斜削，相对另侧颈、肩部焊接条状薄铁片曲折而成"耳"形执手，腹中部置凸棱一周。通体素面。通高 19.5、盖高 3.7、母口沿径 6.6、壶高 17.0、口沿径 6.5、腹径 10.6、饼足径 5.9 厘米（图 5-567；彩版 5-784）。

（2）熨斗　1 件。

M26：17，出土于东墓室东壁下偏南。锈蚀严重，柄断裂，经除锈清理及粘接后基本完整。铸造焊接成形。直口，方唇，筒形深直腹，大平底，一侧口沿下焊接空心长柄，柄前端呈长方形，后端为前细后粗末端封闭的长圆管状。通体素面。高 9.5、口沿径 16.5、柄全长 21.7 厘米（图 5-568；彩版 5-785）。

（3）剪刀　5 件。

M26：30、35、40、41、63，均锈蚀严重。铸造成形。现

图 5-567　带盖执壶 M26：18

彩版 5-784　带盖执壶 M26：18

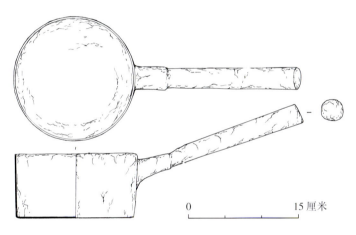

0　　　　　　　　　15 厘米

图 5-568　熨斗 M26：17

彩版 5-785　熨斗 M26：17

根据剪柄形制、尺寸的不同分两型。

A 型：3 件。剪柄由四棱或圆形细铁条曲折成"8"字形交口，上、下两刀上窄下宽略呈三角形，内面启刃。

M26：40，出土于西墓室木椁内东榔下，一刀从交口处残失。剪柄较短，刀显窄长。通长 20.0、刀长 10.2、最宽处 2.0 厘米（图 5-569，1；彩版 5-786，1）。

M26：41，出土于西墓室木椁内东榔下，基本完整，刀宽长，柄为圆铁条。通长 33.9、刀长 20.5、最宽处 2.8 厘米（图 5-569，2；彩版 5-786，2）。

M26：63，出土于东墓室木椁外东榔下北部。一刀尖部缺失，柄部较长，一侧自交口处断开，刀宽而短。通长 25.1、刀长 9.7、最宽处 2.4 厘米（图 5-569，3；彩版 5-786，3）。

B 型：2 件。剪柄曲折成桃形，末端应向外弯卷，交口用铆钉扣合。

M26：30，出土于东墓室木椁外东榔下北部。一刀尖及两柄末端均残失。两刀较细长。残通长 17.8、刀残长 10.1、最宽处 1.5 厘米（图 5-569，4；彩版 5-787）。

M26：35，出土于东墓室木椁外东榔下北部。一刀尖及两柄后半部分均残失。双刀刃细而短。残通长 12.0、刀长 5.2、最宽处 1.1 厘米（图 5-569，5）。

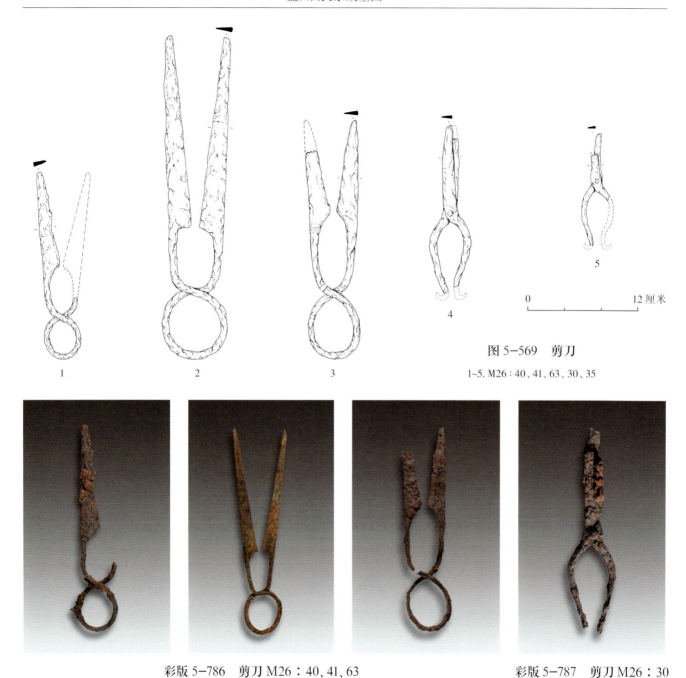

图 5-569　剪刀

1~5. M26：40、41、63、30、35

彩版 5-786　剪刀 M26：40、41、63　　　　　　　彩版 5-787　剪刀 M26：30

（4）长柄圆铲　1件。

M26：45，出土于东墓室西北角。锈蚀严重，铲头边沿有缺，除锈、修复完整。铸造成形。圆形铲头面稍下凹，一端连长柄，柄前部制成长方形薄片状，下折为直角与铲头相连；后部为细圆柱形，末端较尖锐，原似插入木柄中。素面。通长 38.5、柄长 28.6、铲头直径 9.9 厘米（图 5-570，1；彩版 5-788）。

（5）铁铧　1件。

M26：54，出土于西墓室西北角、木椁北壁前。锈蚀严重，除锈后完整，表面光滑。生铁浇铸而成。整体呈燕尾形，中空，两面脊棱凸起，锋部较尖利，背面脊棱顶端为长方形孔。高 17.4、宽 15.6、厚 7.8厘米（图 5-570，2；彩版 5-789）。

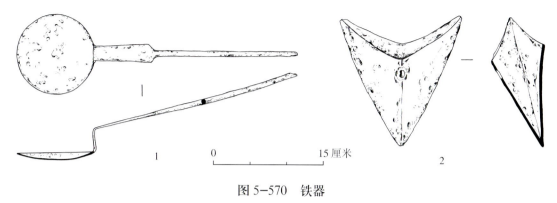

图 5-570　铁器

1. 长柄圆铲 M26：45　2. 铁铧 M26：54

彩版 5-788　长柄圆铲 M26：45

### 6. 石器

共 16 件（组）。器形鼎、簋、磬、鑑、温碗、执壶、铫、香熏、盒、小碗、器盖、子母狮镇、配饰等。

（1）铭文鼎　1 件。

M26：38，出土于西墓室西壁下偏北。完整。雕琢打磨成器。直口，方重唇，微束颈，长圆腹略鼓，圜底，三兽足，唇沿上对置方折立耳两个。青灰色石，质地疏松。器表磨平抛光、内面打磨后仍留较多凿痕，外腹壁阴刻仿金文 16 行，满行 7 字，共计 108 字[1]（见附一）。通高 20.6、耳高 2.1、口沿径 14.8、腹径 16.8、足高 7.9 厘米（图 5-571；彩版 5-790）。

彩版 5-789　铁铧 M26：54

附一　鼎外腹壁铭文释录文：

有宋安喜大夫吕／

府君之鼎以崇宁／

元年十二月庚申／

納諸墓維府君嚴／

———

[1] 铭文鼎 M26：38、铭文簋 M26：10、19 铭刻仿金文均为北京大学考古文博学院董珊教授释译。

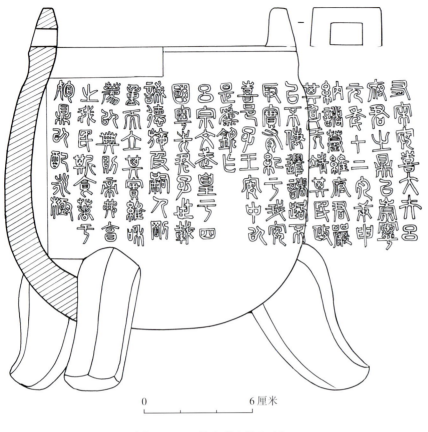

图 5-571　铭文鼎 M26：38

其身而靖其民政 /
以不侮遺諸路不 /
取實有紀于我安 /
喜邑子王安中以 /
是為銘曰 /
呂宗文武皇于四 /
國粵先君子世載 /
誠德施及嗣人剛 /
重而立其實維和 /
薦以典則帝弗享 /
之我民斯食著于 /
殉鼎以配永極 /

鼎外腹壁释文句读为：

有宋安喜大夫吕府君之鼎，以崇宁元年十二月庚申纳诸墓。维府君严其身而靖其民，政以不侮，遣（遗）诸路不取，实有纪于我安喜。邑子王安中以是为铭曰：

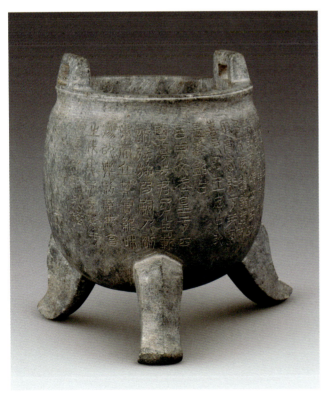

彩版 5-790　三足铭文鼎 M26：38

吕宗文武，皇于四国。粤先君子，世载诚德。

施及嗣人，刚重而立。其实维和，荐以典则。

帝弗享之，我民斯食，著于殉鼎，以配永极。

（2）铭文簋　2件。

铭者称其为敦。M26∶10、19，均破碎断裂，粘接修复完整。雕琢成器。2件形制、尺寸、质地基本相同，外腹壁铭文字数、内容、排列顺序完全一致，字体笔画稍有不同，应属一对器物、相同文字而书者各异。簋由盖、身两部分组合而成。盖似覆盘式，薄饼形平顶可为盖之提手，下为斜弧沿，母口。簋身置溜肩，扁球形鼓腹，平底，圈足，足内墙外撇，肩、腹部对置扁条形半环状双耳。青灰色石，质地疏松。外腹壁阴刻仿金文11行，满行5字，共计53字（见附二）。

附二　簋外腹壁铭文释录文：

安喜令吕君 /

子居葬以崇 /

宁元年季冬 /

之庚申子德 /

修辅修作敦 /

临河孙求識 /

之以铭 /

受實惟宏致 /

養惟裕可用 /

於人而薦諸 /

神惟其所遇 /

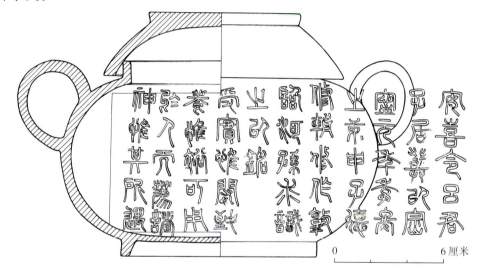

图5-572　铭文簋 M26∶10

簋外腹壁释文句读为：

安喜令吕君子居，葬以崇宁元年季冬之庚申，子德修、辅修作敦，临河孙求识之，以铭：受实惟宏，致养惟裕，可用于人，而荐诸神，惟其所遇。

M26∶10，出土于西墓室西壁下中部。盖弧沿有断裂，粘接完整。簋身为直口，圆唇。石色偏纯灰。通高13.0、盖高3.5、母口沿径13.0、簋身口沿径10.8、腹径16.6、圈足外径10.6厘米（图5-572；彩版5-791）。

M26∶19，簋盖出于西墓室北壁下偏西，簋身出土于西墓室东北角。盖大部分缺失，修补完整。簋身为侈口，尖唇，圈足沿稍外撇。石色深青灰。簋盖内面口沿下有凸棱一周。通高13.7、盖高3.0、母口沿径12.7、簋身口沿径11.2、腹径17.5、圈足径10.3厘米（图5-573；彩版5-792）。

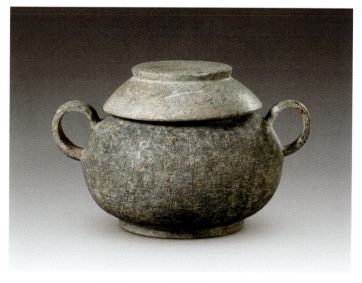

彩版5-791　铭文簋 M26∶10

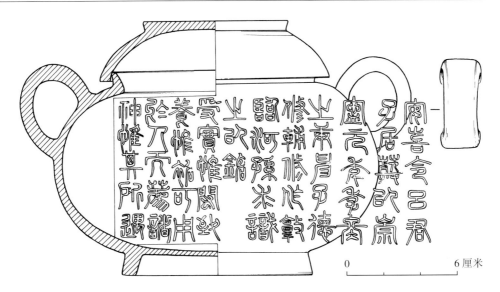

图 5-573　铭文簋 M26：19

彩版 5-792　铭文簋 M26：19

（3）铭文磬　1件。

M26：14，出土于西墓室西壁下中部。完整。青石雕琢打磨而成。勾倨与凹角均成 90°，鼓部长而略窄，股部则显宽短，磬折处有圆穿一个。各面均磨制光滑。正面股博下部居中阴刻仿金文"磬"字；鼓博阴刻楷书铭文 7 行，满行 16 字，共计 112 字（附三）。背面光素无文字。磬厚 5.5、穿径 2.5、鼓长边长 42.0、短边长 27.4、鼓博宽 14.0、股长边长 35.5、股短边长 21.0、股博宽 14.4 厘米（图 5-574；彩版 5-793）。

附三　鼓博铭文录文：

維崇寧元年十二月庚申葬汲郡吕君子 /

居扵藍田河南王康朝泣而言曰嗚呼惟 /

君事親孝治民公友于兄弟信于朋友有 /

是四德而位不過縣大夫壽止四十有九 /

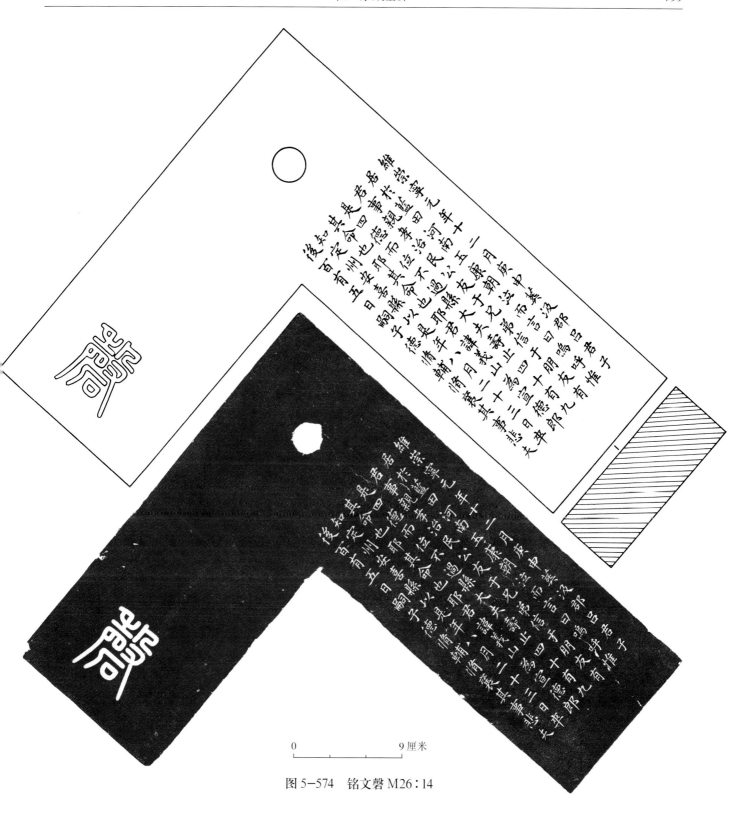

图 5-574　铭文磬 M26∶14

其命也耶其命也耶君諱義山為宣德郎 /
知定州安喜縣以是年八月二十三日卒 /
後百有五日嗣子德脩輔脩襄其事悲夫 /

磬博铭文句读为：

维崇宁元年十二月庚申，葬汲郡吕君子居于蓝田。河南王康朝泣而言曰：呜呼惟君事亲孝，治民公，友于兄弟，信于朋友，有是四德而位不过县大夫，寿止四十有九，其命也耶！其命也耶！君讳义山，为宣德郎、知定州安喜县。以是年八月二十三日卒，后百有五日嗣子德修、辅修襄其事。悲夫！

（4）鑑　1件。

M26：37，出土于西墓室西壁下偏北。口沿有残缺，修复完整。雕琢打磨而成。器壁厚重，直口微敛，宽平折沿，方唇，浅弧腹，大平底稍下凹，圈足，足沿微外撇。青灰色石，质地疏松。通体素面，内、外壁面抛光。通高8.6、口沿径25.0、沿宽3.2、圈足外径16.2厘米（图5-575，1；彩版5-794）。

（5）温碗　1件。

M26：49，出土于西墓室西壁下偏北。口、腹及圈足有残缺，粘接修复完整。雕琢打磨而成。直口微敛，尖圆唇，深弧腹，平底稍下凹，圈足，足沿外撇较甚。青灰色石，质地疏松。通体素面，内、外壁面均抛光。通高12.0、口沿径15.9、腹径16.9、圈足外径10.8厘米（图5-575，2；彩版5-795）。

（6）带盖执壶　1件。

M26：64，出土于西墓室北壁下

彩版5-793　铭文磬 M26：14

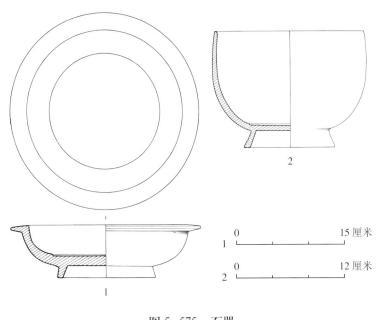

图5-575　石器

1.鑑 M26：37　2.温碗 M26：49

偏西。残碎严重，壶底脱落，粘接修复完整。雕琢打磨而成。由壶盖、壶身扣合为1套[1]。盖正中为宝珠状提纽，其下有薄圆台式纽座，顶面微鼓，折立壁高而竖直，下为母口。壶身为直口，方圆唇，直高颈，宽折肩斜平，深腹上微鼓、下弧收成平底，平底稍小、无法与壶体粘接，矮圈足，肩部一侧置上细下粗管状曲流，流嘴斜削；相对一侧颈、肩部立扁条形凹面"耳"状执手。青灰

---

[1]　该壶应与温碗 M26：49 配套成1组祭祀用酒具，无使用痕迹，亦无需如实用品般制作严谨到位。

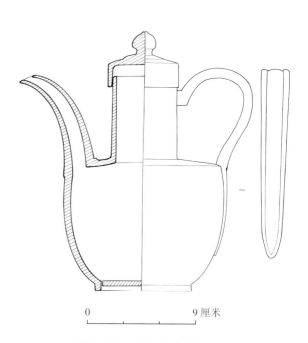

彩版 5-794　鑑 M26∶37

彩版 5-795　温碗 M26∶49

色石，质地疏松。通体素面，打磨光滑。通高 20.3、盖高 4.7、母口沿径 5.9、壶高 17.4、口沿径 5.1、腹径 13.2、底径 6.7、圈足外径 7.7 厘米（图 5-576；彩版 5-796）。

（7）八棱执壶　1 件。

M26∶65，出土于西墓室北壁下偏西。残碎严重，粘接修复完整。雕琢打磨而成。八棱形侈口，方唇，亚腰高颈，宽平折肩微斜，深腹略弧，平底，矮圈足，颈、腹、底、圈足均为八棱形与口沿相对应，肩一侧耸上细下粗八棱管状曲流，流嘴斜削；另侧颈、肩处置扁条形凹面“耳”状执手。青灰色石，质地疏松。通体素面，打磨光滑。通高 17.1、口沿径 5.3、腹径 10.6、圈足外径 5.9 厘米（图 5-577；彩版 5-797）。

（8）茶铫　1 件。

M26∶20，出土于西墓室东北角。完整。雕凿磨制。

0　　　　　　　9 厘米

图 5-576　带盖执壶 M26∶64

器壁厚重，直口微敛，方唇，深弧腹，平底，圈足，足内墙外撇，上腹一侧置管状短流，流口微斜削。青灰色石，质地疏松。通体素面，器表抛光，内壁虽经打磨仍可见较多凿痕。通高 11.8、口沿径 15.8、腹径 16.4、圈足外径 10.5、流长 5.3 厘米（图 5-578；彩版 5-798）。

（9）博山炉式香熏　1 件。

M26：22，出土于西墓室东北角。残损严重，粘接修复完整。雕琢打磨而成。由盖、炉、底盘 3 部分组合为一套。圆锥形盖上呈群峰重叠环绕之势，山峰间有镂空，表面刻竖线山脉纹，条带状盖沿下为母口。钵形炉体为矮子口，尖唇，窄平沿，沿下凸起宽带箍一周，弧腹，平底，外底加厚似薄饼状，喇叭形高圈足，足沿较厚，

彩版 5-796　带盖执壶 M26：64

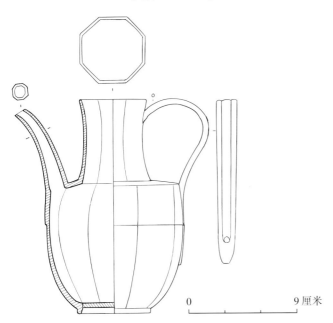

图 5-577　八棱执壶 M26：65

0 —————— 9 厘米

彩版 5-797　八棱执壶 M26：65

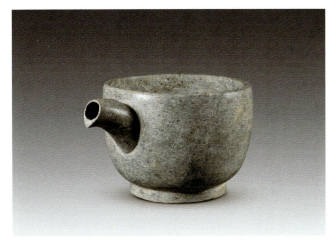

彩版 5-798 茶铫 M26：20

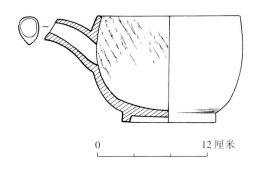

0 ————————————— 12 厘米

图 5-578 茶铫 M26：20

足心空间与底盘正中支撑柱隼头套插。底盘为敞口，宽平折沿，方唇，浅直腹微内斜，大平底，底心耸立支撑柱，柱体中部束腰，顶置隼头与炉圈足套接，柱基雕饰双重覆莲瓣图案。青灰色石，质地疏松。通体打磨光滑。通高20.6、盖高7.7、母口沿径8.9、炉高6.0、子口沿径7.3、圈足外径3.4、底盘高2.9、口沿径20.5、支撑柱高5.4厘米（图5-579；彩版5-799）。

（10）素面小碗 1件。

M26：39，出土于西墓室西壁下偏北。口沿部分缺失，修复完整。雕琢打磨而成。侈口，窄沿微卷，尖唇，深腹下垂，圜底，圈足，足沿外撇。青灰色石，质地疏松。通体素面，打磨光滑。高5.0、口沿径10.0、圈足径4.0厘米（图5-580，1；彩版5-800）。

（11）素面圆盒 1件。

0 ————————————— 9 厘米

图 5-579 博山炉式香熏 M26：22

M26：34，出土于西墓室东北角。盒盖断裂，粘接完整。雕琢打磨而成。由盒盖、盒身两部分构成。盖顶面平滑，折立沿竖直，下为母口。盒身为敛子口，方唇，窄平沿，浅直腹，平底。青灰色石，质地疏松。通体素面，打磨光滑，盒身内、外壁遍布土黄色小渍斑。通高4.8、盖高1.9、母口沿径9.2、

彩版 5-799　博山炉式香熏 M26：22

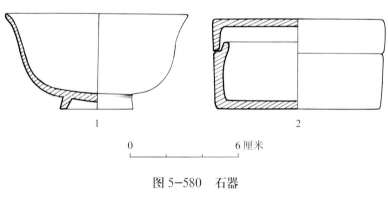

0　　　　　　　6 厘米

图 5-580　石器

1. 素面小碗 M26：39　2. 素面圆盒 M26：34

彩版 5-800　素面小碗 M26：39

盒身高 3.5、子口沿径 8.4、底径 8.8 厘米（图 5-580，2；彩版 5-801）。

（12）圆盒盖　1 件。

M26：68，出土于西墓室东北角。残碎为小片，修复拼接成形。雕琢打磨而成。平顶，折立沿，母口。青灰色石，质地较疏松。素面。高 2.2、母口沿径约 10.3 厘米（图 5-581，1）。

（13）器盖　1 件。

M26：67，出土于西墓室北壁下偏西处。基本完整，口沿有磕。雕琢打磨而成。器呈伞盖形。顶中提纽似蘑菇状、纽顶心有穿透式小孔一个，顶面凸起、上阴刻十条放射状凹线，下置矮子口。青灰色石，质地疏松。通体打磨光滑。高 2.2、子口沿径 5.7 厘米（图 5-581，2；彩版 5-802）。

彩版 5-801　素面圆盒 M26：34

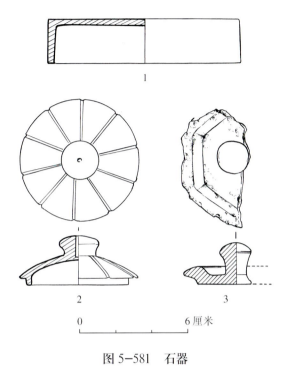

图 5-581　石器

1. 圆盒盖 M26：68　2. 器盖 M26：67　3. 六边形残器盖 M26：74

彩版 5-802　器盖 M26：67

（14）六边形残器盖　1件。

M26：74，出土于西墓室北壁下中部。破裂为碎片，难以复原。雕琢打磨而成。盖顶面下凹，中心为蘑菇式提纽，周沿凸起六边形弧面外沿，下为子口。青灰色石，质地疏松。通体素面光滑。高 2.2、残沿径 6.4 厘米（图 5-581，3）。

（15）子母狮镇　1件。

M26：33，出土于西墓室北部偏东。母狮右足缺失。圆雕而成，造型生动。母狮身体稍内圈平卧于地，抬头微张口欲衔子狮尾，子狮头前伸、腿直立，口衔母尾嬉戏。镇底面平滑。两狮颈、脊、尾部鬃毛纹理刻画精致入微。浅灰黄色滑石，质地疏松细滑。长7.8、高4.7、宽6.5厘米（图5-582；彩版5-803）。

（16）镂孔佩饰　1件。

M26：46，出土于东墓室木棺内。浸蚀严重，通体斑驳，原貌不甚清楚，一端残缺。乳黄色石雕琢成形。整体作阔叶形，正、反两面微微隆起，周身满布圆形小镂孔。表面粗涩，纹饰模糊不清。残高6.7、宽5.7厘米（图5-583；彩版5-804）。

M26无墓志出土，但4件铭文石器上铭文内容足以显示其墓葬主人为吕义山字子居，四十九岁亡，有子二人，长曰德修，次曰辅修。卒后与妻合葬。根据墓葬位置并结合吕蕡等墓志记载知晓，吕义山为吕大钧嫡长子，虽未见墓志铭，但有铭文鼎、簋、石磬简记其生凭。

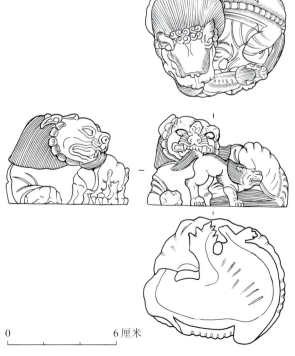

0　　　　　　　6厘米

图5-582　子母狮镇 M26：33

彩版5-803　子母狮镇 M26：33

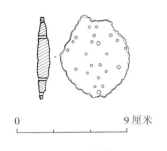

图 5-583 镂孔佩饰 M26:46

彩版 5-804 镂孔佩饰 M26:46

# 一九 吕大观墓葬（编号 M28）

## （一）位置与地层

该墓位于吕氏家族墓园墓葬群自南向北第三排最东侧，北距 M29 为 6.49、南距 M15 是 7.21、西距 M22 为 9.77、东距墓园东兆沟 63.34 米。墓葬田野编号为蓝田吕氏 M28（图 5-584、585）。发掘时间 2009 年 9 月 5 日至 22 日，历时 18 天，期间遇雨停工，实际工作 12 天。

墓葬所处地层剖面为（图 5-585；彩版 5-805）：

第①层：耕土层，厚 0.25 米，灰褐色，质松软，含大量植物根系、现代陶瓷残片。

第②层：扰土层，厚 0.45 米，浅黄色，质较硬，内杂植物根茎、残砖、陶瓷残片。现墓道开口于该层下。

第③层：古代堆积层，厚 0.40 米，黄色，质地密实较硬，夹杂瓷片、瓦砾、料礓石颗粒。

第④层：黑褐色土层，厚 0.80 米，质地坚硬，呈颗粒状，夹杂大量白色植物根系。

第⑤层：黄土层，厚 3.50 米，质地松软，包含少量料礓石块、蜗牛壳。

第⑥层：红褐色土层，厚 0.80 米，土质坚硬，杂大量料礓石块。

第⑦层：淡黄色土层，厚 1.60 米，上层质地较硬，下层较松软，含少量料礓石块。

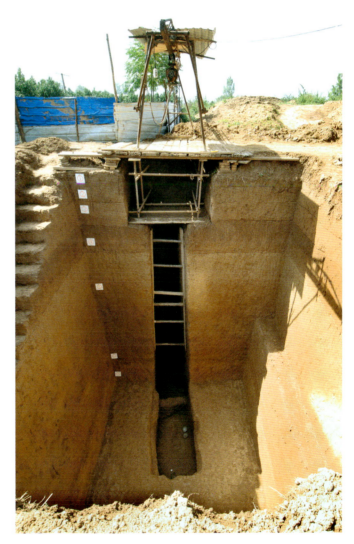

彩版 5-805 M28 所处地层

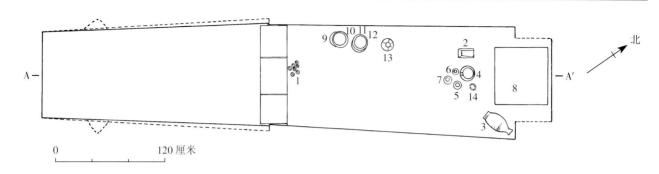

图 5-584　M28 平面图

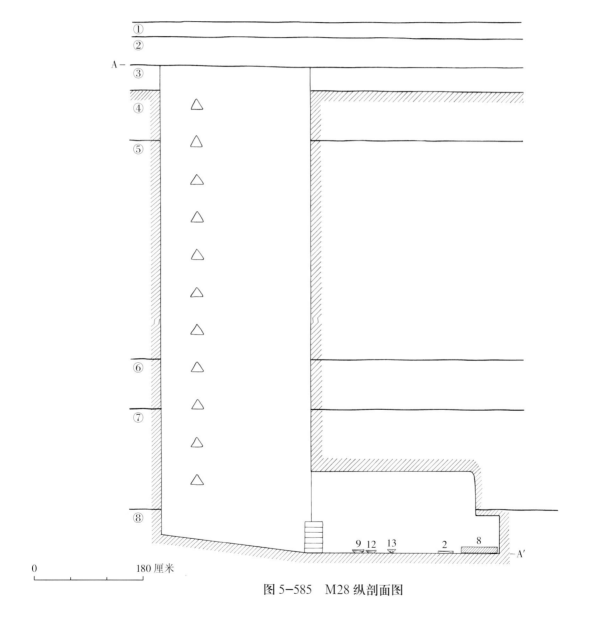

图 5-585　M28 纵剖面图

墓室顶位于此层面下 1.00 米处。

　　第⑧层：胶泥层，厚度不详，红棕色，质地坚硬细密有韧性，内有少量料礓石块。墓道底面位于该层面下 0.40~0.70 米，墓室底面位于该层面下 0.70 米处。

### （二）墓葬形制

该墓坐东北向西南，方向210°。平面呈窄长方形，由竖穴墓道、土坯封门、单土洞墓室、壁龛4部分组成，墓道与墓室基本等宽。南北水平总长5.60、墓室底上距现地表8.50米，墓道现开口距地表0.70米（图5-584、585；彩版5-805）。

#### 1.墓道

墓道位于墓葬南端，竖穴土圹式，下部北连墓室。开口处平面呈北宽南窄长方形，南北长2.50、南宽0.92、北宽1.08米。自开口向下，南、北两壁基本竖直，东、西两壁北部稍外扩，形成口小底略大的特点，壁面铲修平整。底平面大于开口，南北长仍为2.50、南宽0.92、北宽1.20米，底面平整、南高北低呈缓坡状，南、北端落差0.30米，底部距上端开口7.50~7.80米。东、西两壁距南壁0.50米处各设纵向对称踏窝1列11个，各踏窝纵向间距为0.45米左右，踏窝截面呈较规则三角形，面宽0.20、高0.15、进深0.12米。墓道内填充五花土，质地较硬，未见夯筑痕迹（彩版5-806）。

#### 2.封门

土坯封门嵌封于墓道北壁下、墓室入口处，上部已坍塌，仅存下部6层，现残高0.50、宽1.05、厚0.30米，似由方形土坯并列平铺叠砌而成，每层用坯约3块，土坯规格边长30.0、厚约7.0厘米。因长期渗水浸泡，与填土粘连，很难剥离，但其色泽深红褐、质地较硬，与填土有明显差异（彩版5-807）。

#### 3.墓室

位于墓葬中部，南接墓道，北连壁龛，南端入口处东、西两边各折收0.08米，以示门道。墓室平面呈南北向长方形，南北长2.70、南宽1.05、北宽1.20米。四壁基本竖直，顶壁相交处呈弧形，壁面原作铲修整平，但因长期渗水浸泡，现多已坍塌，较粗糙而坑洼不平。平顶基本完整。水平底面踩踏平坦，与墓道北端等平，上距室顶1.30米。室内填满较松散黄褐色五花土及大量淤土（彩版5-808）。

彩版5-806　M28墓道踏窝

彩版5-807　M28土坯封门

彩版 5-808　M28 墓室

彩版 5-809　M28 壁龛

**4．壁龛**

开口于墓室北壁下部正中，平面呈横长方形，南北长 0.40、东西宽 0.90、高 0.60 米。龛壁原经修整，发掘时东、西两壁已塌毁较甚，北壁完整。平顶尚完好。底面平整、与墓室底面在同一水平面上。龛内只平放墓志 1 方（彩版 5-809）。

## （三）葬具葬式

据墓志载，墓主吕大观为迁葬，室内未发现任何葬具痕迹，填土中仅见少量零乱下肢骨残骸，其葬具、葬式均不能确知。

## （四）出土遗物

该墓共出土随葬品 14 件（组），质地有瓷、陶、铜、石四类。器形为瓶、罐、碗、盏、盒、钱币、砚、墓志等。随葬品摆放位置大致分为三个区域：第一区为墓室北部及壁龛内；第二区指墓室西壁下中部偏南处；第三区是墓室入口内、封门墙下。

**1．瓷器**

共 10 件。器形有瓶、罐、盏、盘、盒等。

（1）茶叶末釉小口瓶　1 件。

M28：3，出土于墓室东北角。腹壁局部变形、凹陷、另侧有一块小缺片。轮制成型。瓶体较高大，小唇口，矮束颈，丰肩，纺锤形深腹，圈足、挖足甚浅，足稍宽而略外撇、外沿自内向外斜削一周。外壁施茶叶末釉至下腹，其下露胎；内壁施茶叶末釉至肩，其下露胎。釉层厚而凝重，外腹壁下有垂釉。釉面闪木光，有土黄色小斑点。露胎处表面呈浅灰白色。素面。通高 33.0、口沿径 5.9、腹径 19.3、足外径 12.0 厘米（图 5-586；彩版 5-810）。

（2）黑釉小罐　1 件。

M28：7，出土于墓室北部中间。完整。轮制成型。罐体甚小，侈口，尖圆唇，窄肩，弧腹下垂，饼足较大，足沿外撇。外壁施黑釉至腹下，其下露胎；内壁施黑釉至口沿。釉面较亮，有土黄、银灰色斑点。露胎处表面呈灰白色。通高 3.2、口沿径 2.6、腹径 3.7、足外径 3.0 厘米（图 5-587；彩版 5-811）。

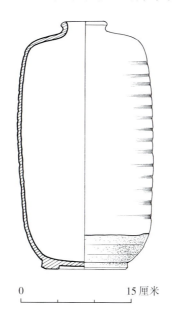

图 5-586　茶叶末釉小口瓶 M28：3

彩版 5-810　茶叶末釉小口瓶 M28：3

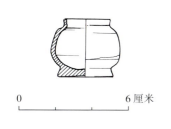

图 5-587　黑釉小罐 M28：7

彩版 5-811　黑釉小罐 M28：7

（3）白釉盏　1 件。

M28：13，出土于墓室西壁下中部。断裂为多片，粘接修复完整。轮制成型。敞口，尖圆唇，斜腹，小平底，矮圈足，足沿稍外撇。内、外壁施满釉，圈足沿及足内均露胎。釉色乳白。釉面晶莹明亮，玻璃质感。胎色洁白，胎质坚硬细密。素面，外壁有轮制旋痕。通高 3.8、口沿径 11.9、足外径 3.5 厘米（图 5-588；彩版 5-812）。

（4）青釉盘　4 件。

M28：9~12，叠置于墓室西壁下偏南处。轮制成型。4 件形制、

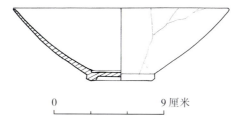

图 5-588　白釉盏 M28：13

彩版 5-812　白釉盏 M28：13

釉色、胎质、尺寸基本相同。敞口、尖圆唇、弧腹、浅圈底、圈足，足内墙稍外撇。内、外壁满施青釉，圈足沿刮釉露胎。釉面明亮。灰胎，胎质坚硬细密。内壁腹、底相交处有弦纹一周，外壁口沿下饰弦纹一周，外腹壁有明显轮制旋痕。

M28：9，口、腹部断裂1片，粘接完整。釉色青中泛黄。釉层较薄，外底部及圈足釉层更薄而泛白色。釉面满布冰裂纹。外壁有明显轮制痕，足外围见土黄色渍斑，足内墙有粘砂。高4.8、口沿径16.7、足外径5.7厘米（图5-589，1；彩版5-813）。

M28：10，断裂为多片，粘接基本完整，口、腹有较大缺片。口沿微外敞。釉色青中泛灰，足外围釉色泛白。外壁釉层较薄。釉面满布细碎冰裂纹。通高5.0、口沿径16.8、足外径5.7厘米（图5-589，2；彩版5-814）。

M28：11，口沿处有磕豁、裂痕。釉色青中微泛绿。釉面匀净。通高4.9、口沿径16.7、足外径5.8厘米（图5-590，1；彩版5-815）。

M28：12，腹部断裂1片，粘接完整。釉色青绿。釉层较厚。釉面满布细碎冰裂纹。外腹壁中部有浅弦纹一周。通高5.2、口沿径16.6、足外径6.3厘米（图5-590，2；彩版5-816）。

（5）白釉瓜棱形圆盒　1件。

M28：14，出土于墓室北部中间。盒身完整，盒盖缺失。轮制成型。盒身为内敛收高子口，窄平沿，腹壁呈八瓣瓜棱形，平底沿亦为八曲形与腹壁

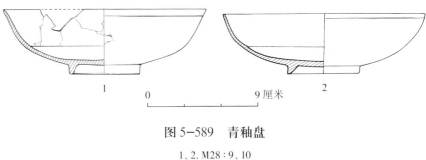

图5-589　青釉盘

1、2. M28：9、10

彩版5-813　青釉盘 M28：9　　　　彩版5-814　青釉盘 M28：10

图5-590　青釉盘

1、2. M28：11、12

彩版 5-815 青釉盘 M28：11

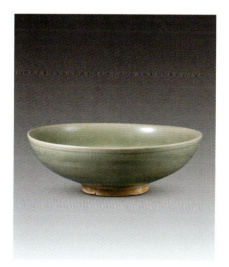

彩版 5-816 青釉盘 M28：12

对应。盒内壁施满釉，外壁仅腹部施釉，子口，腹下局部与外底露胎。釉色乳白。釉面明亮，闪玻璃光泽，有黑色晕斑。白胎，胎质坚硬细密，露胎处表面显白色。高3.5、子口沿径4.8、腹径6.2、底径4.0厘米（图5-591，1；彩版5-817）。

（6）白釉褐彩圆盒　1件。

M28：5，出土于墓室北部中间。完整。轮制成型。由盒盖、盒身两部分组合而成。盖顶心平坦，周边下斜，折立沿微敛，下为方唇母口。盒身置

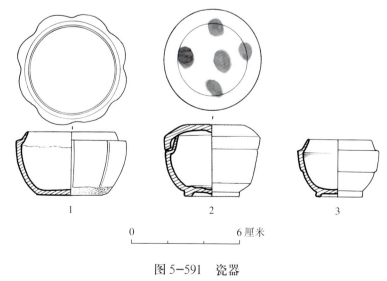

图 5-591 瓷器

1.白釉瓜棱形圆盒 M28：14　2.白釉褐彩圆盒 M28：5　3.白釉小圆盒 M28：6

内敛高子口，窄平沿，弧腹下部折斜收，平底内底心下凹，矮圈足，足沿由内向外斜削一周。内、外壁施白釉，盖内壁、子母口沿、足沿及其内露胎。釉色青白。釉面匀净，明亮润泽，盖顶面釉下饰五个圆形褐斑。胎色洁白，胎质坚硬细密。通高 3.8、盖高 1.3、母口沿径 5.3、盒子口沿径 4.2、腹径 5.5、足外径 3.0 厘米（图 5-591，2；彩版 5-818）。

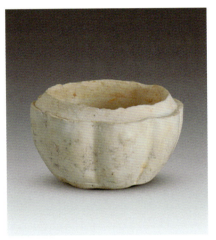

彩版 5-817　白釉瓜棱形圆盒 M28：14

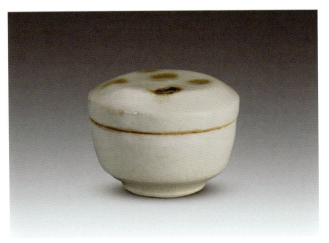

彩版 5-818　白釉褐彩圆盒 M28：5

（7）白釉小圆盒　1件。

M28：6，出于墓室北部近中处。盒身完整，盖缺失。轮制成型。盒身为内敛高子口，窄平沿，深弧腹下部斜收，矮圈足，挖足极浅，外壁口沿下至腹中部置凸起带箍一周。腹外壁施白釉，子口、内壁、足沿及其内均露胎。釉色乳白略泛青。釉层均匀。釉面光亮。白胎，胎质坚硬细密。通高3.1、子口沿径3.5、腹径4.6、足外径2.7厘米（图5-591，3；彩版5-819）。

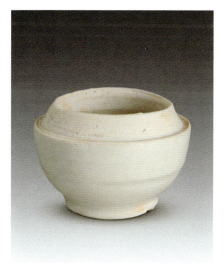

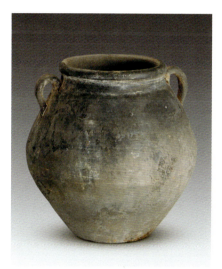

彩版5-819　白釉小圆盒 M28：6　　　　　　　　　　彩版5-820　双系罐 M28：4

**2．陶器**

仅1件双系罐。

双系罐　1件。

编号M28：4，出土于墓室北部偏中处。完整。轮制成型。泥质灰陶。唇口，矮束颈，斜肩，深鼓腹，小平底，隐圈足，肩部对置扁条形半环状双系。素面，腹壁满布轮制修坯痕。通高18.7、口沿径11.6、腹径19.0、足外径9.3厘米（图5-592；彩版5-820）。

**3．铜钱**

共1组58枚。M28：1-1~58，散置于墓室入口内、封门下。完整。均浇铸成形。种类有开元通宝、淳化元宝、至道元宝、咸平元宝、景德元宝、祥符元宝、天禧通宝、天圣元宝、皇宋通宝、至和元宝、嘉祐元宝、治平元宝等。

（1）开元通宝　10枚。

分大、小两种。

大者：7枚。品相较佳，正、背两面外廓较窄而规整，穿孔较大。正面楷书钱文对读，笔画纤细清晰。背面光素无纹，稍有错范。钱径2.5、穿边长0.6厘米，重3.2克。标本M28：1-1（图5-593，1；彩版5-821，1）。

小者：3枚。钱体轻薄，品相较差，正、背两面外廓窄而低平，穿孔较小。正面楷书钱文对读，笔画较粗而模糊。背面光素。钱径2.3、穿边长0.5厘米，重2.45克。标本M28：1-8（图5-593，2；

图5-592　双系罐 M28：4

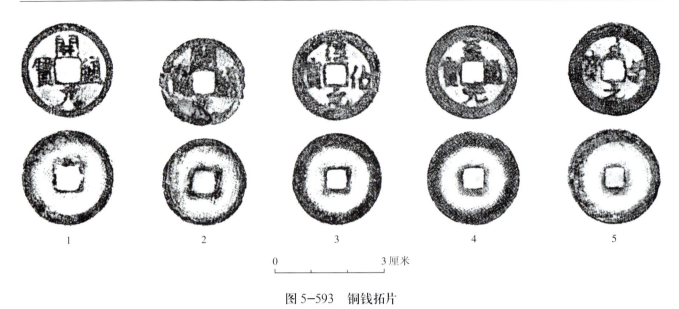

图 5-593　铜钱拓片

1、2. 开元通宝 M28：1-1、-8　3. 淳化元宝 M28：1-14　4、5. 至道元宝 M28：1-15、-18

彩版 5-821　铜钱 M28：1-1、-8、-14、-15

彩版 5-821，2）。

（2）淳化元宝　1枚。

M28：1-14，品相较佳，正、背两面外廓宽而凸出，穿孔小而规整。正面行书钱文顺时针旋读，字体小而清晰，笔画较粗。背面光素无纹。钱径 2.4、穿边长 0.5 厘米，重 3.9 克（图 5-593，3；彩版 5-821，3）。

（3）至道元宝　5枚。

钱文有楷、草两种书体，分两型。

A 型：楷书 3 枚。品相较佳，正面外廓宽而凸出，穿孔小而方正，楷书钱文顺时针旋读，字体小且清晰，笔画较细。背面光素无纹，外廓宽而低平。钱径 2.5、穿边长 0.55 厘米，重 3.7 克。标本 M28：1-15（图 5-593，4；彩版 5-821，4）。

B 型：草书 2 枚。品相较佳，正面外廓宽而凸出，穿孔小而方正，草书钱文顺时针旋读，字体小，笔画较细。背面光素无纹，外廓宽而低平，稍有错范。钱径 2.5、穿边长 0.5 厘米，重 4.2 克。标本 M28：1-18（图 5-593，5）。

（4）咸平元宝　3枚。

钱体规整较薄，品相佳，正、背两面外廓宽而凸出，穿孔小而方正。正面楷书钱文顺时针旋读，笔画较粗，字体清晰。背面光素无纹。钱径 2.5、穿边长 0.55 厘米，重 3.1 克。标本 M28：1-20（图 5-594，1；彩版 5-822，1）。

（5）景德元宝　5 枚。

品相较佳，正、背两面外廓较窄而凸出，穿孔较小且方正。正面楷书钱文顺时针旋读，字体小，笔画粗而清晰。背面光素无纹。钱径 2.5、穿边长 0.55 厘米，重 3.4 克。标本 M28：1-23（图 5-594，2；彩版 5-822，2）。

（6）祥符元宝　2 枚。

钱体规整，品相较佳，正、背两面外廓宽而凸出，穿孔小不够方正。正面楷书钱文顺时针旋读，字体小而清晰，笔画较粗。背面光素无纹。钱径 2.5、穿边长 0.5 厘米，重 3.8 克。标本 M28：1-28（图 5-594，3；彩版 5-822，3）。

（7）天禧通宝　2 枚。

钱体轻薄，品相较佳，正、背两面外廓较窄而凸出，穿孔较小。正面楷书钱文顺时针旋读，字体小而清晰，笔画较粗。背面光素无纹。钱径 2.5、穿边长 0.5 厘米，重 3.0 克。标本 M28：1-30（图 5-594，4；彩版 5-822，4）。

（8）天圣元宝　3 枚。

品相较佳，正面外廓较窄而凸出，穿孔大而方正，篆书钱文顺时针旋读，字体大而清晰，笔

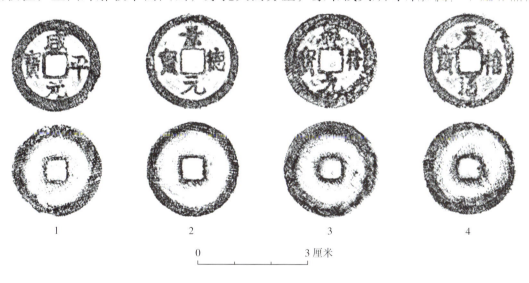

1　　　　　　　2　　　　　　　3　　　　　　　4

0　　　　　　　3 厘米

图 5-594　铜钱拓片

1. 咸平元宝 M28：1-20　2. 景德元宝 M28：1-23　3. 祥符元宝 M28：1-28　4. 天禧通宝 M28：1-30

彩版 5-822　铜钱 M28：1-20、-23、-28、-30

画较粗。背面光素无纹，外廓宽而凸出，稍有错范。钱径2.5、穿边长0.6厘米，重3.5克。标本 M28：1-32（图5-595，1；彩版5-823，1）。

（9）皇宋通宝　3枚。

品相较佳，正面外廓较宽而凸出，穿孔大，楷书钱文对读，字体小，笔画较粗而清晰。背面光素，外廓宽而低平。钱径2.5、穿边长0.7厘米，重3.2克。标本 M28：1-11（图5-595，2；彩版5-823，2）。

（10）至和元宝　2枚。

钱体小而厚重，品相较差，正面内、外廓较窄而凸出，穿孔较大，楷书钱文顺时针旋读，字体小而模糊，笔画较粗。背

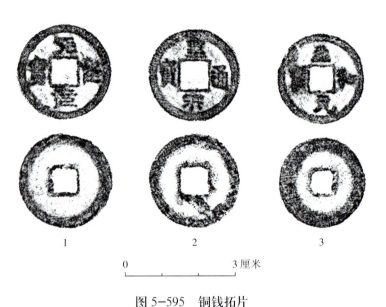

图5-595　铜钱拓片

1. 天圣元宝 M28：1-32　2. 皇宋通宝 M28：1-11　3. 至和元宝 M28：1-35

彩版5-823　铜钱 M28：1-32、-11、-35

面光素无纹，外廓宽而低平。钱径2.35、穿边长0.6厘米，重4.3克。标本 M28：1-35（图5-595，3；彩版5-823，3）。

（11）嘉祐元宝　5枚。

钱文分篆、楷两种书体，分两型。

A型：篆书1枚。M28：1-37，钱体小而厚重，品相较差，正面外廓较窄而凸出，穿孔小且不规矩，篆书钱文顺时针旋读，字体小而模糊，笔画显粗。背面光素无纹，外廓宽而低平。钱径2.3、穿边长0.5厘米，重3.8克（图5-596，1；彩版5-824，1）。

B型：楷书4枚。品相佳，正、背面外廓宽而凸出，穿孔小而不方正。正面楷书钱文顺时针旋读，字体大而清晰，笔画较粗。背面光素无纹。钱径2.55、穿边长0.5厘米，重3.5克。标本 M28：1-38（图5-596，2；彩版5-824，2）。

（12）治平元宝　17枚。

钱文有篆、楷两种书体，分两型。

A型：篆书12枚。品相佳，正面外廓宽而凸出，穿孔较小，篆书钱文顺时针旋读，字体大而清晰，笔画较细。背面光素无纹，外廓宽而低平。钱径2.4、穿边长0.55厘米，重3.2克。标本 M28：1-42（图5-596，3；彩版5-824，3）。

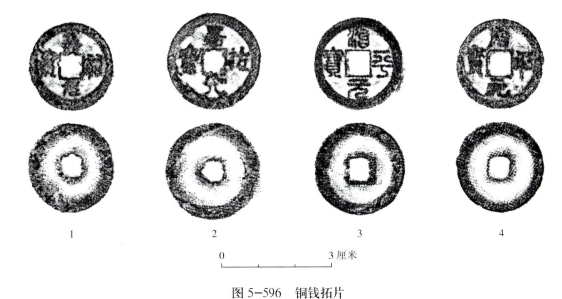

图 5-596　铜钱拓片

1、2.嘉祐元宝 M28：1-37、-38　3、4.治平元宝 M28：1-42、-54

彩版 5-824　铜钱 M28：1-37、-38、-42、-54

　　B 型：楷书 5 枚。品相较好，正面外廓较窄而低平，穿孔较小，楷书钱文顺时针旋读，字体大而清晰，笔画较粗。背面光素无纹，外廓宽而凸出，稍有错范。钱径 2.4、穿边长 0.55 厘米，重 3.3 克。标本 M28：1-54（图 5-596，4；彩版 5-824，4）。

### 4．石器

仅 1 件砚。

长方形歙砚　1 件。

M28：2，出土于墓室北部偏西。完整。雕琢成形。形制前稍宽而后略窄，砚堂设窄平沿，墨堂前隆、墨池后斜，折立沿内敛斜收，外底近平中部微上凸。黛黑色歙石，质地极细腻致密。通体素面，打磨光滑。现墨池内尚残留墨迹。高 3.0、面长 15.8、前宽 9.6、后宽 10.2、底长 14.2、前宽 8.5、后宽 9.1 厘米（图 5-597；彩版 5-825）。

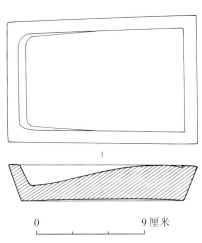

图 5-597　长方形歙砚 M28：2

彩版 5-825　长方形歙砚 M28：2

## 5．墓志

仅 1 方。

（1）吕大观墓志　1 方。

M28：8，出土于壁龛内。青石雕凿而成。无盖，只有志石。近方形，面抛光，居中楷书铭文 24 行，满行 23 字，共计 219 字（附一），周边减地錾刻二方连续波浪式缠枝蔓草纹框栏。四立沿略显粗涩，素面无纹。长 60.3、宽 56.3、厚 11.5 厘米（图 5-598；彩版 5-826）。

附一　志铭录文：

宋故處士呂君墓銘并序 /

　　　　　光祿寺丞知同州韓城縣事范育撰 /

　　　　　前同州司理參軍雷壽民書 /

處士呂君其先殷人也太公之歸周其不從者居汲故汲之 /
呂與東平河東東萊范陽之呂皆以族顯於漢唐五代之間 /
在汲而顯者周尚書戶部侍郎諱咸休於君為高祖其曾孫 /
尚書比部郎中黃始去汲家關中又葬其考贈尚書兵部侍 /
郎諱通于京兆藍田驪山之原故君之葬也不得之汲而從 /
其祖兵部府君之兆君比部君之少子也諱大觀字求思幼 /
敏給強識常童之所莫及年十餘歲讀史至律曆志轍自運 /
筭乘除達其統紀於是博習群書下至方技佛老之說莫不 /
洞解連舉進士不中第比部君憐之凡再得以恩及子而君 /
辭皆不就以推與其旁親旣長學益篤悉棄其舊習之不急 /
者一扵禮義之要而沈潛於天人性命之際或勸之求仕則 /
曰古之仕者未嘗有求故出處去就莫不為義也今之仕者 /
未嘗無求故出處去就莫不為利也士之廉鄙敦薄正在乎 /
義利之辨求與不求之分本且失之而責其末亦不足以語 /

彩版 5-826　吕大观墓志 M28：8

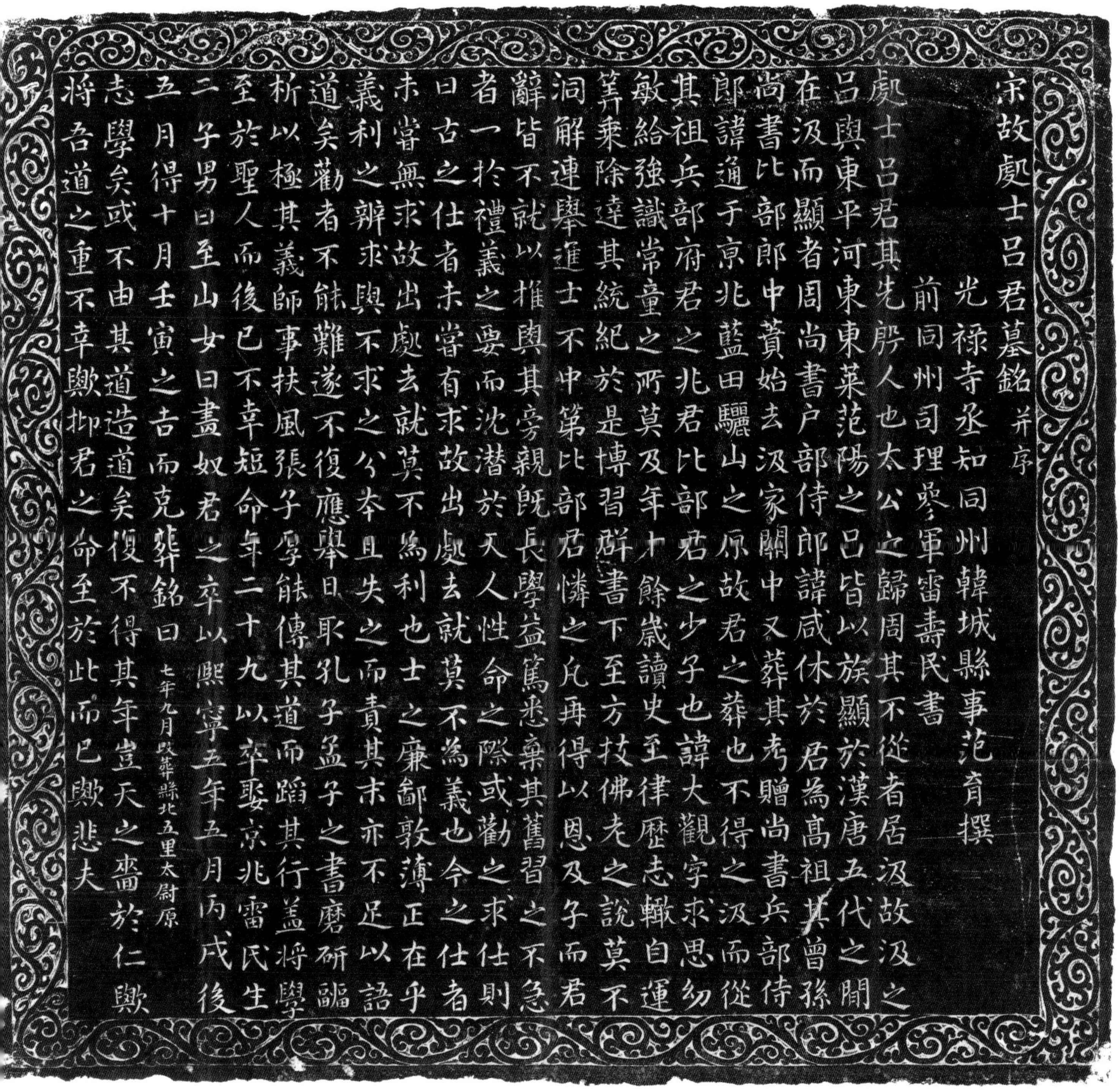

宋故處士吕君墓銘并序

光祿寺丞知同州韓城縣事范育撰

處士吕君其先邠人也太公之歸周其不從者居汲故汲之

吕與東平萊陽范陽之吕皆以族顯於漢唐五代之曾孫聞之

在汲書而顯者周尚書户部侍郎諱咸休君為高祖兵部侍

郎諱讜通識常統紀於是博習其書下至方技歷律大觀字思勿

其祖強達進士不中第比部君書讀史再得以觀志說轍自莫不運

敏乘除識其統紀莫及年十餘歲讀史再得以觀恩及子說自莫不

箕解連舉進士不中第比博習其書下至方技歷律大觀字思勿

洞一之就以禮義之要而有求沈潛於長人性命之際或或

辭皆不連舉進士不就故出為利也就之不足以在語乎

者皆連舉進士之要而有求故出莫不為利也就之不足以在語乎

日古之士未嘗無求與其出處潛於沈親於長人益篤棄其舊習之不急

未嘗無求與之出莫不為利也就之廉鄙敦薄不足以在語乎

義利之辨古之仕故出要而有求故出為利也就之不足正以在者

道矣勸者不能難遂不復應舉日取孔子孟子之書磨研齟

析以極其義師事扶風張子厚能傳其道而蹈其行蓋將學

至於聖人而後已不幸短命年二十九以卒娶京兆雷氏生

二子男曰至山女曰晝奴君之卒以熙寧五年五月丙戌後

五月得十月壬寅之吉而克葬銘曰
（七年九月戊葬于縣北五里太尉原後生）

志學矣吾道之或不由其道造而克葬君之命至於此而已歟悲夫

將吾道之重不幸歟抑君之命至於此而已歟悲夫

图 5-598　吕大观墓志 M28：8 拓片

道矣勸者不能難遂不復應舉日取孔子孟子之書磨研齟 /
析以極其義師事扶風張子厚能傳其道而蹈其行蓋將學 /
至於聖人而後已不幸短命年二十九以卒娶京兆雷氏生 /

二子男曰至山女曰畫奴君之卒以熙寧五年五月丙戌後／

五月得十月壬寅之吉而克葬銘曰／

志學矣或不由其道造道矣復不得其年豈天之嗇於仁歟／

將吾道之重不幸歟抑君之命至於此而已歟悲夫／

七年九月改葬縣北五里太尉原／

（2）吕大观墓志考释

志文句读：

宋故处士吕君墓铭并序

　　　光禄寺丞[1]、知同州韩城[2]县事[3]范育撰

　　　前同州司理参军[4]雷寿民书

处士吕君，其先殷人也。太公之归周，其不从者居汲。故汲之吕与东平[5]、河东[6]、东莱[7]、

---

　　[1]光禄寺丞：性质：职事官，属光禄寺。职责："光禄寺　卿、少卿、丞、主簿各一人。卿掌祭祀、朝会、宴乡酒醴膳羞之事，修其储备而谨其出纳之政，少卿为之贰，丞参领之。"《宋史·卷一百六十四·职官四》，中华书局，1985年，第3891页。品秩：正八品。《宋史·卷一百六十八·职官八》，中华书局，1985年，第4016页。俸禄：月俸十五千，等。《宋史·卷一百七十一·职官十一》，中华书局，1985年，第4103页。

　　[2]同州韩城："永兴军路。府二：京兆，河中。州十五：陕，延，同，华，耀，邠，鄜，解，庆，虢，商，宁，坊，丹，环。军一：保安。县八十三。"《宋史·卷八十七·地理三》，中华书局，1985年，第2144页。"同州，望，冯翊郡，定国军节度。……县六：……韩城。中。元祐二年，置铸钱监。"《宋史·卷八十七·地理三》，中华书局，1985年，第2145、2146页。【注】北宋属永兴军路同州隶下，今为陕西省韩城县。

　　[3]知同州韩城县事：性质：职事官。职责："掌总治民政、劝课农、桑、平决狱讼。有德泽禁令，则宣布于治境。凡户口、赋役、钱谷、振济、给纳之事皆之，以时造户版及催理二税。有水旱则有灾伤之诉，以分数蠲免。民以水旱流记，则抚存安集之，无使失业。有孝悌行义闻于乡闾者，具事实上于州，激劝以励风俗。若京、朝、幕官则为知县事。有戍兵则兼兵马都监或监押。宣教郎以下带监押。"《宋史·卷一百六十七·职官七》，中华书局，1985年，第3977页。品秩：正八品（光禄寺丞兼知县事，品秩随光禄寺丞）。《宋史·卷一百六十八·职官八》，中华书局，1985年，第4016页。俸禄：月俸十五千，等（光禄寺丞兼知县事，俸禄随光禄寺丞）。《宋史·卷一百七十一·职官十一》，中华书局，1985年，第4103页。

　　[4]同州司理参军：性质：职事官。职责："司理参军掌讼狱勘鞫之事。"《宋史·卷一百六十七·职官七》，中华书局，1985年，第3976页。品秩：从九品（同州为中州，司理参军乃从九品）《宋史·卷一百六十八·职官八》，中华书局，1985年，第4016页。俸禄：十二千，等（同州户八万余，司理参军月俸十二千）《宋史·卷一百七十一·职官十一》，中华书局，1985年，第4108页。

　　[5]东平："东平国，故梁国，景帝中六年别为济东国，武帝元鼎元年为大河郡，宣帝甘露二年为东平国。莽曰有盐。属兖州。……县七：……"《汉书·卷二十八下·地理志第八下》，中华书局，1962年，第1637页。"（京东）西路。府四：应天，袭庆，兴仁，东平。州五：徐，济，单，濮，拱。军一，广济。县四十三。"《宋史·卷八十五·地理一》，中华书局，1985年，第2109页。"东平府，东平郡，天平军节度。本郓州。庆历二年，初置京东西路安抚使。大观元年，升大都督府。政和四年，移安抚使于应天府。宣和元年，改为东平府。"《宋史·卷八十五·地理一》，中华书局，1985年，第2111页。【注】西汉甘露二年（公元前52年）改大河郡为东平国，南朝刘宋时改为郡。北宋时京东西路的东平府也被称之为东平郡，今在山东省济宁一带。

　　[6]河东："河东郡，秦置。莽曰兆阳。……县二十四：……"《汉书·卷二十八上·地理志第八上》，中华书局，1962年，第1550页。"河东路。府三：太原，隆德，平阳。州十四：绛，泽，代，忻，汾，辽，宪，岚，石，隰，慈，麟，府，丰。军八：庆祚，威胜，平定，岢岚，宁化，火山，保德，晋宁。县八十一。"《宋史·卷八十六·地理二》，中华书局，1985年，第2131页。【注】秦代始置河东郡，北宋时设河东路，在今山西省境内。

　　[7]东莱："东莱郡，高帝置。属青州。……县十七：……"《汉书·卷二十八上·地理志第八上》，中华书局，1962年，第1585页。"（京东）东路。府一，济南。州七：青，密，沂，登，莱，潍，淄。军一，淮阳。县三十八。"《宋史·卷八十五·地理一》，中华书局，1985年，第2107页。"莱州，中，东莱郡，防御。"《宋史·卷八十五·地理一》，中华书局，1985年，第2109页。【注】汉景帝时分胶东国置东莱郡，北宋时京东东路莱州被称为东莱郡，今在山东省烟台、威海一带。

范阳[1]之吕皆以族显于汉唐五代之间。在汲而显者,周尚书户部侍郎[2]讳咸休,于君为高祖;其曾孙,尚书比部郎中[3]蕡,始去汲家关中,又葬其考赠尚书兵部侍郎[4]讳通于京兆蓝田[5]骊山之原。故君之葬也,不得之汲而从其祖兵部府君之兆。

君比部君之少子也,讳大观、字求思,幼敏给强识,常童之所莫及,年十余岁读史至律历志,辄自运筹(算)乘除,达其统纪。于是,博习群书,下至方技佛老之说,莫不洞解。连举进士不中第,比部君怜之,凡再得以恩及子,而君辞皆不就,以推与其旁亲。既长,学益笃,悉弃其旧习之不怠者,一于礼义之要,而沈潜于天人性命之际。劝之求仕,则曰:古之仕者,未尝有求,故出处去就,莫不为义也。今之仕者,未尝无求,故出处去就,莫不为利也。士之廉鄙敦薄,正在乎义利之辨,求与不求之分。本且失之,而责其末,亦不足以语道矣。劝者不能难。遂不复应举。日取孔子孟子之书磨研龥(副)析,以极其义。师事扶风[6]张子厚[7],能传其道而蹈其行,盖将学至于圣人而后已。不幸短命,年二十九以卒。娶京兆[8]雷氏,生二子,男曰至山,女曰尽奴。君之卒以熙宁五年五月丙戌,后五月得十月壬寅之吉而克葬。铭曰:

---

[1]范阳:"幽州治蓟城。领郡三 县十八……范阳郡。汉高帝置涿郡,后汉章帝改。领县七。"《魏书·卷一百六上·地形志上》,中华书局,1974年,第2476页。"燕山府路。府一:燕山。州九、涿、檀、平、易、营、顺、蓟、景、经。县二十。宣和四年,诏山前收复州县,合置监司,以燕山府路为名,山后别名云中府路。……燕山府。唐幽州,范阳郡,卢龙军节度。"《宋史·卷九十·地理六》,中华书局,1985年,第2249页。【注】三国魏黄初七年(22年),改涿郡为范阳。北宋时燕山府又可依古制称谓范阳。今在河北省涿州一带。

[2]尚书户部侍郎:《五代史》所述不详,谨以《宋史》记载供参考。性质:职事官,属尚书省户部。职责:"(户部)掌天下人户、土地、钱谷之政令,贡赋、征役之事。"《宋史·卷一百六十三·职官三》,中华书局,1985年,第3847页。"尚书 侍郎 掌军国用度,以周知其出入盈虚之数。凡州县废置,户口登耗,则稽其版籍;若贡赋征税,敛散移用,则会其数而颁其政令焉。凡四司所治之事,侍郎为之贰,"《宋史·卷一百六十三·职官三》,中华书局,1985年,第3848页。品秩:从三品。《宋史·卷一百六十八·职官八》,中华书局,1985年,第4014页。俸禄:月俸五十五千,等。《宋史·卷一百七十一·职官十一》,中华书局,1985年,第4102页。

[3]尚书比部郎中:性质:职事官,属于尚书省刑部。职责:"刑部掌刑法、狱讼、奏谳、赦宥、叙复之事。……其属三:曰都官,曰比部,曰司门。设官十有三:尚书一人,侍郎二人;郎中、员外郎,刑部各二人,都官、比部、司门各一人。"《宋史·卷一百六十三·职官三》,中华书局,1985年,第3857、3858页。"比部郎中 员外郎 掌勾覆中外帐籍。"《宋史·卷一百六十三·职官三》,中华书局,1985年,第3861页。品秩:从六品。《宋史·卷一百六十八·职官八》,中华书局,1985年,第4015页。俸禄:月俸三十五千,等。《宋史·卷一百七十一·职官十一》,中华书局,1985年,第4102页。

[4]尚书兵部侍郎:性质:职事官,属尚书省兵部。职责:"兵部掌兵卫、仪仗、卤簿、武举、民兵、厢军、土军、蕃军,四夷官封承袭之事,舆马、器械之政,天下地土之图。……元丰设官十,尚书、侍郎各一,四司郎中、员外郎各一。"《宋史·卷一百六十三·职官三》,中华书局,1985年,第3854、3855页。"尚书掌兵卫、武选、车辇、甲械、厩牧之政令。以天下郡县之图而周知其地域。凡陈卤簿,设仪卫,饬宫吏整肃,蕃夷除授,奉行其制命。凡军民以名籍隶者,阅习按试,选募逋捕,及武举、校试之事,皆总之。侍郎为之贰,郎中、员外郎参掌之。"《宋史·卷一百六十三·职官三》,中华书局,1985年,第3855页。"侍郎 掌贰尚书之事。"《宋史·卷一百六十三·职官三》,中华书局,1985年,第3856页。品秩:从三品。《宋史·卷一百六十八·职官八》,中华书局,1985年,第4014页。俸禄:月俸五十五千,等。《宋史·卷一百七十一·职官十一》,中华书局,1985年,第4102页。【注】赠尚书兵部侍郎为卒后赠官,仅表殊荣。

[5]京兆蓝田:"永兴军路。府二:京兆,河中。州十五:陕、延、同、华、耀、邠、鄜、解、庆、虢、商、宁、坊、丹、环。军一:保安。县八十三。……京兆府,京兆郡,永兴军节度。本次府,大观元年升大都督府。旧领永兴军路安抚使。宣和二年,诏永兴军守臣等衔不用军额,称京兆府。……县十三:……蓝田,次畿。"《宋史·卷八十七·地理三》,中华书局,1985年,第2144页。【注】北宋属永兴军路。今为陕西省蓝田县。

[6]扶风:"秦凤路。府一:凤翔。州十二:秦、泾、熙、陇、成、凤、岷、渭、原、阶、河、兰。军三:镇戎、德顺、通远。县三十八。"《宋史·卷八十七·地理三》,中华书局,1985年,第2154页。"凤翔府,次府,扶风郡,凤翔军节度。……县九:……扶风,次畿。"《宋史·卷八十七·地理三》,中华书局,1985年,第2156页。【注】北宋属秦凤路凤翔府隶下,今在宝鸡市扶风县境内。

[7]张子厚:张子厚,即张载。"张载,字子厚,长安人。少喜谈兵,至欲结客取洮西之地。年二十一,以书谒范仲淹,一见知其远器,乃警之曰:'儒者自有名教可乐,何事于兵。'因劝读中庸。载读其书,犹以为未足,又访诸释、老,累年究极其说,知无所得,反而求之六经。尝坐虎皮讲易京师,听从者甚众。一夕,二程至,与论易,次日语人曰:'比见二程,深明易道,吾所弗及,汝辈可师之。'撤坐辍讲。与二程语道学之要,涣然自信曰:'吾道自足,何事旁求。'于是尽弃异学,淳如也。"《宋史·卷四百二十七·列传第一百八十六》,中华书局,1985年,第12723页。【注】张载,北宋时期思想家、教育家,关中理学创始人之一。

[8]京兆:"永兴军路。府二:京兆,河中。州十五:陕、延、同、华、耀、邠、鄜、解、庆、虢、商、宁、坊、丹、环。军一:保安。县八十三。……京兆府,京兆郡,永兴军节度。本次府,大观元年升大都督府。旧领永兴军路安抚使。宣和二年,诏永兴军守臣等衔不用军额,称京兆府。"《宋史·卷八十七·地理三》,中华书局,1985年,第2144页。【注】北宋属永兴军路隶下,今为陕西省西安市。

志学矣或不由其道，造道矣复不得其年。

岂天之啬于仁欤，将吾道之重不幸欤。

抑君之命至于此而已欤。悲夫！

七年九月改葬县北五里太尉原（塬）。

　　吕大观为吕蒉第六子，吕蒉六子中五子进士及第，人誉一门五进士，唯末子大观喜研儒学而不求科考。二十九岁英年早逝，先葬于骊山西塬，熙宁七年（1074年）改葬于太尉塬祖茔。其妻雷氏直至墓园停用时尚健在，故墓葬仅有大观所居一室。有嫡子一人名曰至山，女一人名尽奴。

# 二〇　吕至山夫妻合葬墓（编号M29）

## （一）位置与地层

　　该墓位于吕氏家族墓园墓葬群自南向北第四排东数第一座，南距M28是6.60、西距M26为10.20、北距墓园北兆沟74.39米。墓葬田野编号为蓝田吕氏M29（图5-599、600）。发掘时间2009年9月10日至11月7日，适逢雨季，遇雨则停，共历时53天。

　　墓葬所处地层剖面为（图5-600；彩版5-827）：

　　第①层：耕土层，厚0.25米，色灰黄，质松软，含大量植物根系、现代残砖、陶瓷残片。

　　第②层：扰土层，厚0.40米，色浅灰褐色，质较硬，内杂植物根茎、陶瓷残片、料礓石结核颗粒。M29墓道开口于此层下。

　　第③层：古代堆积层，厚0.55米，浅灰黄色，质地较硬而密实，夹少量青釉印花瓷片、黑瓷残片。

　　第④层：黑褐色土层，厚0.80米，质地坚硬，呈颗粒状，夹杂大量白色植物根系、蜗牛壳。

　　第⑤层：黄土层，厚3.40米，质地松软，色泽纯黄，包含少量

彩版5-827　M29地层剖面

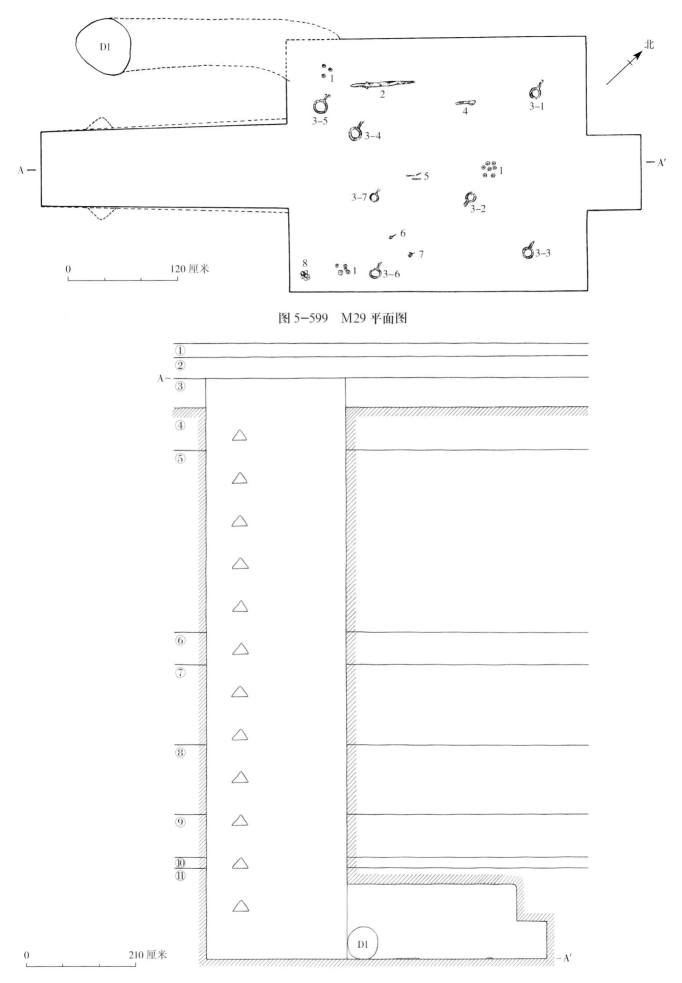

图 5-599　M29 平面图

0　　　　　120 厘米

北

图 5-600　M29 纵剖面图

0　　　　　210 厘米

料礓石块、蜗牛壳等。

　　第⑥层：红褐色土层，厚 0.60 米，土质坚硬，夹杂大量料礓石块。

　　第⑦层：浅黄色土层，厚 1.50 米，质地较硬，内含料礓石块、蜗牛壳等。

　　第⑧层：胶泥层，厚 1.30 米，红棕色，质地坚硬细密有韧性，内夹少量料礓石块。

　　第⑨层：黄褐色土层，厚 0.80 米，质地较硬，上部包含大量料礓石块，下部较纯净。

　　第⑩层：密集料礓石层，厚 0.20 米，灰白色料礓石块排列密集，质地极坚硬。

　　第⑪层：浅黄色土层，厚度不详，质地细密，无包含物。M26 墓道底面位于该层面下 1.70 米处，墓室位于该层面下 0.30~1.70 米处。

## （二）墓葬形制

　　M29 坐东北向西南，方向 210°。平面呈"中"字形，由竖穴墓道、单土洞墓室、壁龛三部分组合而成。南北水平总长 6.60、墓室底上距现地表 11.50 米，墓道现开口距地表 0.65 米（图 5-599、600）。

### 1. 墓道

　　墓道位于墓葬南端，因受西侧盗洞影响，为防坍塌墓道不能进行整体发掘，仅于剖面上选定适当部位做局部横向解剖，以了解其形制结构。竖穴土圹式，北壁下部与墓室连接。平面呈南窄北宽长方形，开口处南北长 3.30、南宽 0.80、北宽 0.88 米。南、北两壁基本竖直，东、西壁北部自开口至底斜向外扩，使墓道整体形制成口小底大状，壁面铲修平整。底面平整，南北长 3.30、南宽 0.80、北宽 1.00、上距开口 10.80 米。东、西两壁距南壁 0.50 米处各设相错踏窝 1 列 12 个，最顶踏窝距墓道现开口 1.00 米，各踏窝纵向间距在 0.60 米间，踏窝截面呈不规则三角形，面宽 0.30、高 0.20、进深 0.15 米。墓道内填满五花土，质地较松软（彩版 5-827）。

彩版 5-828　M29 墓室

### 2. 墓室

　　位于墓葬中部，南接墓道，北连壁龛。平面呈规整南北向长方形，南北长 3.30、东西宽 2.70 米。四壁基本竖直，壁面原经铲修平整，现已多处垮塌，东、西两壁自 0.90 米处起拱与室顶弧向连接。拱形顶保存较好，高 0.50 米。底面踩踏平整，与墓道底面等平，上距室顶 1.40 米。墓室内填充较松散黄褐色五花土、塌土及大量淤土（彩版 5-828）。

**3. 壁龛**

位于墓室北壁下部正中。平面为横向长方形，南北长 0.60、东西宽 0.80 米。壁面亦作修整，现已多处坍塌。平顶。底面平整与墓室底面在同一水平面上，底至顶高 0.70 米（彩版 5-829）。

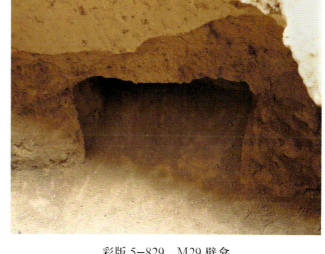

彩版 5-829　M29 壁龛

## （三）葬具葬式

因墓室严重被盗，清理时未见葬具及墓主遗骸踪迹，故葬具结构、墓主葬式均不明。就墓室形制的宽敞、出土铁棺、椁环的众多及现存位置推测，应属双人合葬墓，二人共用一椁，分棺而葬，椁较宽大，居墓室中部，两棺南北向并列置于椁内，并根据其家族葬制判断，男主人棺居西侧，女主人棺居东侧。

## （四）盗洞

墓葬遭严重盗掘，盗洞编号 D1 位于墓道西南部、距墓道西壁开口线外 0.60 米，开口于现地表，应为现代人所为。圆形，直径 0.60 米左右，垂直而下，至深约 11.45 米处向北拐，打破墓室西南角进入墓室，将室内遗迹、遗物严重扰乱、劫掠、破坏（彩版 5-827）。

## （五）出土遗物

M29 共出土随葬品 8 件（组），质地有铜、铁、银、玉四类。器形有印章、量勺、钱币、剑、棺环、饰品、玉环等。随葬品皆被扰动，散乱分布于墓室底面及填土中。

**1. 银器**

共 2 件（组）。均为饰品。

（1）剑形饰件　1 枚。

M29：5，出于墓室正中略偏南处。断裂为两截，可粘接完整。锤揲而成。剑形，扁长方条剑柄顶端置细长柱状榫，剑格下端变形偏斜，剑体细长、底平而面稍弧，剑尖圆钝，截面呈"D"形。通体素面。通长 11.6、剑格宽 1.3、剑体长 9.0、宽 0.5 厘米。就该器质地、形制推测，应为男子发笄，其榫头原应插有装饰物品（图 5-601，1；彩版 5-830）。

（2）片饰　1 组 4 片。

M29：8，出于墓室东南角。4 片同属某物品的不同部位，其中 3 片可对接为一体。锤揲錾刻而成。原物似为长方形片状，底

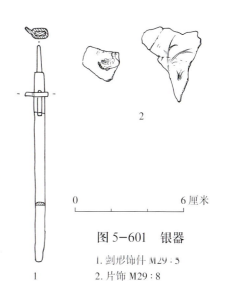

0　　　　　　　　6 厘米

图 5-601　银器

1. 剑形饰件 M29：5
2. 片饰 M29：8

彩版 5-830　剑形饰件 M29：5　　　　　　　　　彩版 5-831　片饰 M29：8

面光素，正面一侧錾瑞草、枝叶纹，另边饰鸳鸯纹。残长 4.2、残宽 2.8 厘米。就图案内容、片饰形制与其他墓葬出土遗物对比，可推测为带具上带首正面残留部分（图 5-601，2；彩版 5-831）。

#### 2. 铜器

共 2 件。器形有量勺、印章。

（1）量勺　1 件。

M29：4，出土于墓室西壁下偏北处。柄断裂，可粘接。铸造而成。勺体为敞口，方唇，斜直腹，平底。勺口沿及上腹一侧出细长直柄，柄截面为上平下尖三角形，柄末端成扁圆环状。器表通体光滑无纹。通长 7.7、勺直径 2.5、柄长 5.2、末端圆环直径 1.4×1.6 厘米（图 5-602，1；彩版 5-832）。

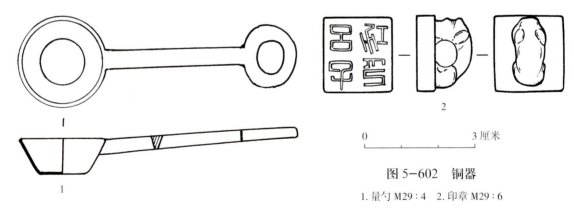

0　　　　　　　　3 厘米

图 5-602　铜器

1. 量勺 M29：4　2. 印章 M29：6

彩版 5-832　量勺 M29：4

（2）印章　1件。

M29：6，出土于墓室东壁下偏南处。完整。铸造錾刻而成。章体稍显长方形，顶居中置立兽形纽，兽为大耳、长吻、张口，拱头，提腹，蹬足，整体成弓形。章底面平滑，纵向阴刻篆书2行4字："吕子功印"。通高1.5、纽高0.9、章体长2.0、宽1.9、厚2.0厘米（图5-602，2；彩版5-833）。

彩版5-833　印章 M29：6

### 3. 铜钱

共1组61枚。M29：1-1~61，散置于墓室东南、西南角及中部。完整、可辨字迹者61枚。均浇铸成形。种类有半两、开元通宝、宋元通宝、太平通宝、咸平元宝、景德元宝、祥符元宝、天圣元宝、景祐元宝、皇宋通宝、熙宁元宝、元丰通宝、绍圣元宝、圣宋元宝、大观通宝等。

（1）半两　1枚。

M29：1-1，钱体小而轻薄，磨损严重，无内、外廓，穿孔较大方止。止面篆书钱文左右对读，字体大而模糊。背面光素。钱径2.2、穿边长0.7厘米，重2.5克（图5-603，1；彩版5-834，1）。

（2）开元通宝　22枚。

分大、小两种。

大者：14枚。品相较佳，正、背两面内、外廓宽而规整，穿孔较大。正面楷书钱文对读，笔画纤细清晰。背面光素无纹。

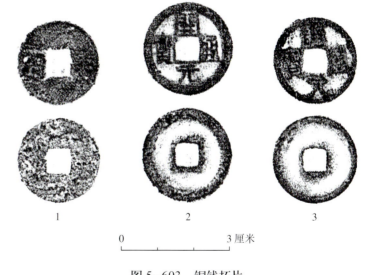

图5-603　铜钱拓片
1. 半两 M29：1-1　2、3. 开元通宝 M29：1-2、-16

彩版5-834　铜钱 M29：1-1、-2、-16

钱径 2.5、穿边长 0.6 厘米，重 3.7 克。标本 M29：1-2（图 5-603，2；彩版 5-834，2）。

　　小者：8 枚。品相较差，正、背面内、外廓窄而低平，穿孔较大。正面楷书钱文对读，笔画较粗不够清晰。背面光素。钱径 2.3、穿边长 0.65 厘米，重 3.4 克，标本 M29：1-16（图 5-603，3；彩版 5-834，3）。

　　（3）宋元通宝　1 枚。

　　M29：1-24，已残破。品相较佳，正、背两面外廓宽而凸出，穿孔小而方正。正面楷书钱文对读，字体大而清晰。背面光素。钱径 2.4、穿边长 0.55 厘米，重 3.0 克（图 5-604，1；彩版 5-835，1）。

　　（4）太平通宝　2 枚。

　　钱体轻薄，品相较佳，正、背两面外廓宽而凸出，穿孔较小方正。正面楷书钱文对读，字体小而清晰，笔画较粗。背面光素无纹。钱径 2.4、穿边长 0.55 厘米，重 2.6 克。标本 M29：1-35（图 5-604，2；彩版 5-835，2）。

　　（5）咸平元宝　5 枚。

　　钱体厚重，品相佳，正、背两面外廓宽而凸出，穿孔小而方正。正面楷书钱文顺时针旋读，笔画较粗，字体模糊。背面光素无纹。钱径 2.5、穿边长 0.5 厘米，重 4.4 克。标本 M29：1-37（图 5-604，3；彩版 5-835，3）。

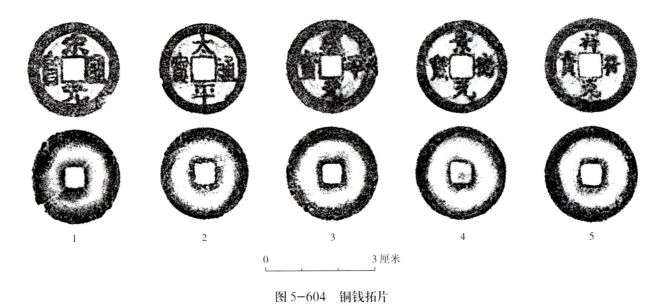

图 5-604　铜钱拓片

1. 宋元通宝 M29：1-24　2. 太平通宝 M29：1-35　3. 咸平元宝 M29：1-37　4. 景德元宝 M29：1-42　5. 祥符元宝 M29：1-45

彩版 5-835　铜钱 M29：1-24、-35、-37、-42

（6）景德元宝　3 枚。

品相佳，正、背两面外廓宽而凸出，穿孔大而方正。正面楷书钱文顺时针旋读，字体小，笔画粗而清晰。背面光素无纹。钱径 2.5、穿边长 0.6 厘米，重 3.4 克。标本 M29：1-42（图 5-604，4；彩版 5-835，4）。

（7）祥符元宝　4 枚。

钱体厚重，品相较佳，正、背两面外廓宽而凸出，穿孔小而方正，楷书钱文顺时针旋读，字体小而清晰，笔画较粗。背面光素无纹。钱径 2.5、穿边长 0.6 厘米，重 4.1 克。标本 M29：1-45（图5-604，5）。

（8）天圣元宝　4 枚。

分楷、篆两种书体，分两型。

A 型：楷书 2 枚。品相较差，钱体厚重，正面外廓较宽而凸出，穿孔大，楷书钱文顺时针旋读，字体较小，笔画粗而模糊。背面光素，外廓宽而低平，稍有错范。钱径 2.5、穿边长 0.65 厘米，重 4.0 克。标本 M29：1-49（图 5-605，1；彩版 5-836，1）。

B 型：篆书 2 枚。品相较佳，正面外廓较宽而凸出，穿孔大且方正，篆书钱文顺时针旋读，字体大而模糊，笔画较粗。背面光素无纹，外廓宽而低平。钱径 2.5、穿边长 0.7 厘米，重 3.2 克。标 本 M29：1-52（图 5-605，2；彩 版 5-836，2）。

（9）景祐元宝　1 枚。

M29：1-53，钱体大而轻薄，品相较差，正面外廓较宽而凸出，无内廓，穿孔特大，篆书钱文顺时针旋读，字体模糊，笔画较粗。背面光素无纹，外廓宽而低平。钱径 2.55、穿边长 0.8 厘米，重 3.2 克（图 5-605，3；彩版 5-836，3）。

（10）皇宋通宝　4 枚。

钱文有楷、篆两种书体，分两型。

A 型：楷书 3 枚。品相较差，钱体显大，正面外廓宽而低平，穿孔小，楷书钱文对读，字体大，笔画粗而模糊。

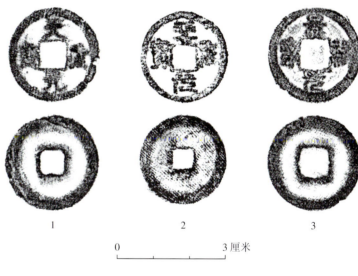

1　　　　　2　　　　　3

0 ———————— 3 厘米

图 5-605　铜钱拓片

1、2. 天圣元宝 M29：1-49、-52　3. 景祐元宝 M29：1-53

彩版 5-836　铜钱 M29：1-49、-52、-53

背面光素，外廓宽而低平，稍有错范。钱径2.5、穿边长0.6厘米，重3.2克。标本M29：1-31（图5-606，1；彩版5-837，1）。

B型：篆书1枚。M29：1-34，品相佳，正面外廓较宽而凸出，穿孔大而方正，篆书钱文对读，字体小且清晰，笔画较细。背面光素无纹，外廓宽而低平。钱径2.4、穿边长0.6厘米，重4.0克（图5-606，2；彩版5-837，2）。

（11）熙宁元宝　4枚。

钱文有篆、楷两种书体，分两型。

A型：楷书3枚。钱体小而厚重，品相佳，正面外廓宽而凸出，穿孔小而不方正，楷书钱文顺时针旋读，字体小且清晰，笔画较细。背面光素无纹，外廓宽而凸出。钱径2.45、穿边长0.6厘米，重4.3克。标本M29：1-54（图5-606，3；彩版5-837，3）。

B型：篆书1枚。钱体大而薄，品相较好，正面外廓较窄而凸出，穿孔小、方正，篆书钱文顺时针旋读，字体大而模糊，笔画较细。背面光素无纹，外廓较窄而低平。钱径2.5、穿边长0.6厘米，重3.9克。标本M29：1-57（图5-606，4；彩版5-837，4）。

（12）元丰通宝　2枚。

钱文有篆、行两种书体，分两型。

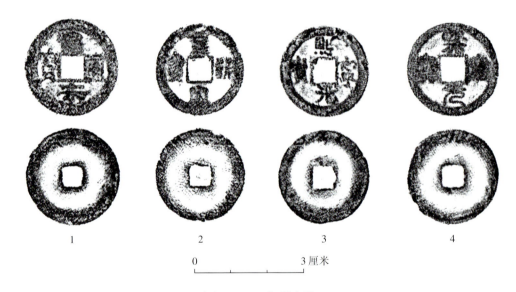

1　　　　2　　　　3　　　　4

0　　　　　3厘米

图5-606　铜钱拓片

1、2. 皇宋通宝 M29：1-31、-34　3、4. 熙宁元宝 M29：1-54、-57

彩版5-837　铜钱 M29：1-31、-34、-54、-57

彩版 5-838　铜钱 M29：1-58、-59、-25、-28

A 型：篆书 1 枚。M29：1-58，品相差，正面外廓窄而低平，穿孔小，篆书钱文顺时针旋读，字体大而模糊，笔画较粗。背面光素无纹，外廓较窄而低平。钱径 2.4、穿边长 0.4 厘米，重 3.1 克（图 5-607，1；彩版 5-838，1）。

B 型：行书 1 枚。M29：1-59，品相较好，正面外廓规整凸出，穿孔较大，行书钱文顺时针旋读，字体小而清晰，笔画较粗。背面光素无纹，外廓较宽而低平。钱径 2.4、穿边长 0.7 厘米，重 3.4 克（图 5-607，2；彩版 5-838，2）。

（13）绍圣元宝　1 枚。

M29：1-60，品相较好，正面外廓较窄而凸出，穿孔大，行书钱文顺时针旋读，字体清晰，笔画较粗。背面光素无纹，外廓低平，稍有错范。钱径 2.4、穿边长 0.6 厘米，重 4.3 克（图 5-607，3）。

（14）圣宋元宝　6 枚。

钱文有行、篆两种书体，分两型。

A 型：行书 3 枚。品相较佳，正、背两面外廓窄而凸出，穿孔小且方正。正面行书钱文顺时针旋读，字体小而十分清晰，笔画较细。背面光素无纹。钱径 2.4、穿边长 0.5 厘米，重 3.5 克。标本 M29：1-25（图 5-608，1；彩版 5-838，3）。

B 型：篆书 3 枚。品相佳，正、背两面外廓较窄而凸出，穿孔小而方正。正面篆书钱文顺时针旋读，字体小且清晰，

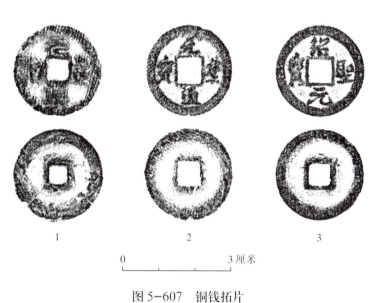

图 5-607　铜钱拓片

1、2. 元丰通宝 M29：1-58、-59　3. 绍圣元宝 M29：1-60

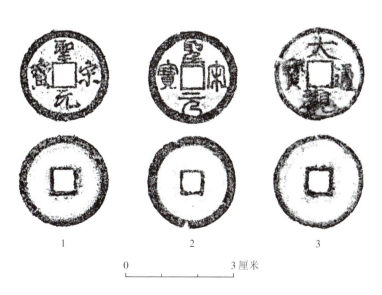

图 5-608　铜钱拓片

1、2. 圣宋元宝 M29：1-25、-28　3. 大观通宝 M29：1-61

笔画较细。背面光素无纹。钱径 2.4、穿边长 0.5 厘米，重 3.7 克。标本 M29：1-28（图 5-608，2；彩版 5-838，4）。

（15）大观通宝　2 枚。

品相佳，正、背两面外廓特窄而凸出，穿孔小而方正。正面楷书钱文顺时针旋读，字体清晰，笔画纤细，为宋徽宗御笔"铁划银钩瘦金体"。背面光素无纹。钱径 2.4、穿边长 0.6 厘米，重 3.4 克。标本 M29：1-61（图 5-608，3）。

### 4．铁器

共 2 件（组）。器形有刀、鸭嘴衔环钉。

（1）刀　1 件。

M29：2，出土于墓室西壁下偏南处。残缺，修复基本完整，锈蚀，经除锈保护。铸造而成。未见鞘，木质刀柄、刀格套皆朽。所留柄骨为下窄上粗扁条状，截面呈窄长方形。刀格骨略宽厚于刀身，截面显上窄下宽长梯形。刀身修长，单面启刃，背略宽，尖部锐利，正、背两面略弧。通长 71.5、刀身长 62.0、宽 3.3 厘米（图 5-609；彩版 5-839）。

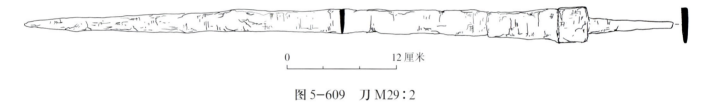

0　　　　　　　　　12 厘米

图 5-609　刀 M29：2

彩版 5-839　刀 M29：2

（2）鸭嘴衔环钉　1 组 7 件。

M29：3-1~7，锈蚀。生铁浇铸而成。环截面呈四边形，鸭嘴长钉为扁长铁条自中部绕环对折，形成鸭嘴衔环，其后上、下双唇合拢末端尖利似禽喙，其用途为钉入木板后将双唇分别外折扒于板壁上，固定铁环，再将环内穿绳启下吊葬具。7 件形制相同而尺寸有异，根据大、小不同分两型。

A 型：3 件。M29：3-1、3、5，器形较大而厚重，就出土位置而言，应属椁环。

M29：3-1，出土于墓室西北角，鸭嘴钉下部缺失。环直径 10.5、环厚 1.1、钉残长 6.2 厘米（图 5-610，1；彩版 5-840，1）。

M29：3-3，出土于墓室东北角，鸭嘴钉下部依然缺失。环直径 10.3、环厚 1.0、钉残长 8.4 厘米（图 5-610，2；彩版 5-840，2）。

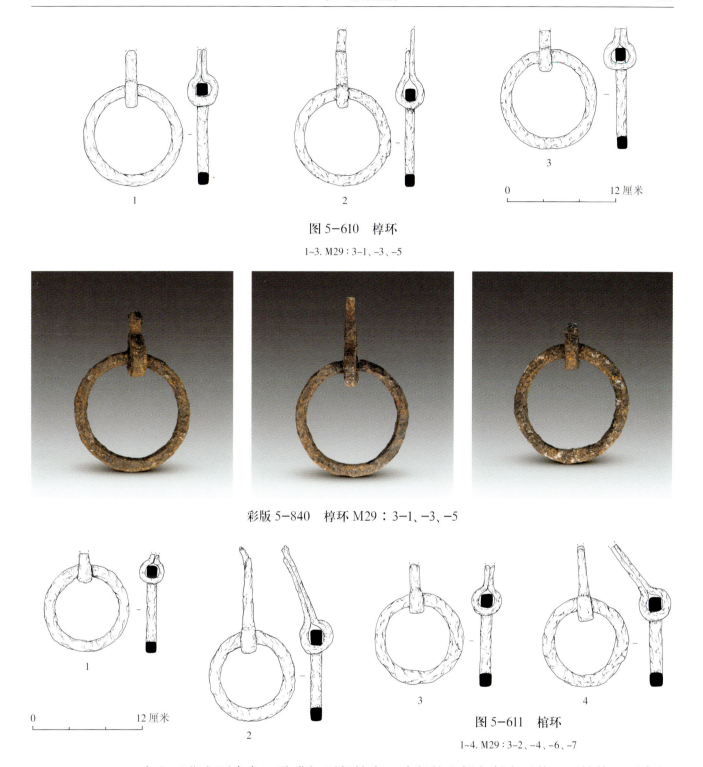

图 5-610　椁环

1~3. M29：3-1、-3、-5

0　　　　　　　　　　12 厘米

彩版 5-840　椁环 M29：3-1、-3、-5

0　　　　　　　　　　12 厘米

图 5-611　棺环

1~4. M29：3-2、-4、-6、-7

M29：3-5，出土于墓室西南角，鸭嘴钉下部缺失，残留的上部亦断为两截，可粘接。环直径 10.9、环厚 1.1、钉残长 4.4 厘米（图 5-610，3；彩版 5-840，3）。

B 型：4 件。为 M29：3-2、4、6、7，其形制同上，出土地点不同，尺寸较小，应为棺环。

M29：3-2，出土于墓室中部偏东北处，鸭嘴钉仅剩前端。环直径 9.3、环厚 1.0、钉残长 3.4 厘米（图 5-611，1；彩版 5-841，1）。

M29：3-4，出土于墓室西南部，鸭嘴钉保存较好，尖部弯折、一片尖头缺失。环直径 9.3、环

彩版 5-841　　棺环 M29：3-2、-4、-6、-7

厚 1.1、钉残长 11.9 厘米（图 5-611，2；彩版 5-841，2）。

M29：3-6，出土于墓室东壁下偏南处，鸭嘴钉剩余后部。环直径 9.6、环厚 1.1、钉残长 5.2 厘米（图 5-611，3；彩版 5-841，3）。

M29：3-7，出土于墓室中部偏南，鸭嘴钉下半部缺失。环直径 9.4、环厚 1.1、钉残长 9.4 厘米（图 5-611，4；彩版 5-841，4）。

### 5．玉器

仅 1 件坠饰。

玉坠饰　1 件。

编号 M29：7，出土于墓室东部偏南处。完整。雕琢磨制而成。圆饼形，上、下面平滑，正中穿孔，沿边斜削，立沿竖直。玉色青白，通体素面抛光。厚 0.85、直径 2.95、孔径 0.7 厘米（图 5-612；彩版 5-842）。

M29 未见墓志出土，根据其家族葬俗，北壁正中壁龛当专为放置墓志而造，现因盗掘严重，墓志遗失，所幸出土吕子功铜印章 1 枚，并有从盗掘者手中缴回歙砚底部铭文为佐证，再结合墓葬所处位置分析确定：该墓葬为吕大观嫡长子吕至山字子功夫妇共居阴宅。根据家族传统葬制，男主人居室内西侧，女主人则在夫君左侧的墓室东部。

该墓葬被盗掘文物已与家族中其他被盗墓葬出土器一同由相关部门查获，大致有瓷器、古青铜器等珍贵物品，现一并藏于陕西历史博物馆内，详见本报告"陆　陕西历史博物馆藏吕氏家族墓出土文物"。

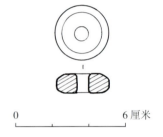

0　　　　　　6 厘米

图 5-612　玉饰品 M29：7

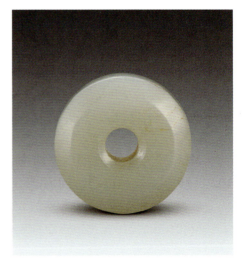

彩版 5-842　玉坠饰 M29：7

# 第三章　未成人墓

9 位未成年人各自祔葬于祖父母墓侧稍偏后处，与其祖辈同属一排，墓主多为婴、幼儿，男儿皆葬于祖父母左侧，女儿主要葬于祖父母右侧，所属关系明确清晰，其平面布局排列见前面（见图 5-1）。墓葬较浅，形制简约，以竖井土圹墓道、土洞墓室为主，仅有一例使用竖井式土圹墓室。从地层剖面上观察，墓室全部营造于第五层质地纯净细密而深厚的原生黄土层中。大部分墓主基本无随葬品。

本章仍以田野发掘编号为准，依次描述，并附上未成人墓葬一览表供查阅（表 5-2）。

表 5-2　未成人墓葬一览表

| 编号 | 名讳 | 身份 | 卒年 | 享年 | 原葬地 | 原葬时间 | 现葬地 | 现葬时间 | 墓葬形制 | 墓志撰者 | 墓志书者 | 墓志镌者 | 是否被盗 | 备注 |
|---|---|---|---|---|---|---|---|---|---|---|---|---|---|---|
| M10 | 吕兴伯 | 吕大雅次子 | 熙宁四年（1071年） | 一岁 | | | 太尉塬祖茔 | 熙宁七年（1074年） | 竖穴墓道单土洞墓室 | 不明 | 不明 | 不明 | 未盗掘 | 出土砖墓志 |
| M11 | 吕郑十七 | 吕大雅三子 | 熙宁六年（1073年） | 两岁 | | | 太尉源祖茔 | 熙宁七年（1074年） | 竖穴墓道单土洞墓室 | 不明 | 不明 | 不明 | 未盗掘 | 出土砖墓志 |
| M13 | 不明 | 疑为吕大雅幼子 | 不明 | 不明 | | | 太尉源祖茔 | 不明 | 竖穴墓道单土洞墓室 | | | | 未盗掘 | 无墓志 |
| M18 | 吕岷老 | 吕大防之子 | 治平二年（1065年） | 不详 | 骊山西塬祖茔 | 熙宁五年（1105年） | 太尉源祖茔 | 应是熙宁七年（1074年） | 竖穴墓道单土洞墓室 | 吕大防 | 吕大防 | 不明 | 未盗掘 | 出土砖墓志 |
| M19 | 吕沆 | 吕大忠之子 | 疑为元丰六年（1083年） | 两岁 | | | 太尉源祖茔 | 元丰六年（1083年） | 竖穴墓道单土洞墓室 | 不明 | 不明 | 不明 | 未盗掘 | 出土砖墓志 |
| M21 | 吕文娘 | 吕锡山长女 | 崇宁元年（1102年） | 一岁 | 蓝田褒训禅院 | 崇宁元年（1102年） | 太尉源祖茔 | 崇宁二年（1103年） | 竖穴墓道单土洞墓室 | 不明 | 不明 | 不明 | 未盗掘 | 出土石墓志 |
| M23 | 不详 | 吕义山之女 | 不明 | 不明 | | | 太尉源祖茔 | 不明 | 竖穴墓道单土洞墓室 | | | | 未盗掘 | 无墓志 |
| M24 | 吕麟 | 吕义山之子 | 元丰八年（1085年） | 十二岁 | | | 太尉源祖茔 | 元丰八年（1085年） | 竖穴墓道单土洞墓室 | 王谠 | 不明 | 不明 | 未盗掘 | 出土石墓志 |
| M27 | 不详 | 吕义山之女 | 不明 | 不明 | | | 太尉源祖茔 | 不明 | 竖穴墓道单土洞墓室 | | | | 未盗掘 | 无墓志 |

# 一　吕兴伯墓葬（编号 M10）

## （一）位置与地层

该墓位于吕氏家族墓园墓葬群自南向北第二排、由东向西数第二座 M9 吕英墓左侧稍后处，西南距 M9 为 2.17、东距 M11 是 1.11、北距 M13 为 0.60 米。墓葬田野编号为蓝田吕氏 M10（图 5-613）。发掘时间 2009 年 3 月 14 日至 18 日，历时 5 天。

墓葬所处地层剖面为（图 5-613；彩版 5-843）：

第①层：耕土层，厚 0.30 米，土质松软，土色灰褐，内含大量植物根系及现代垃圾等。

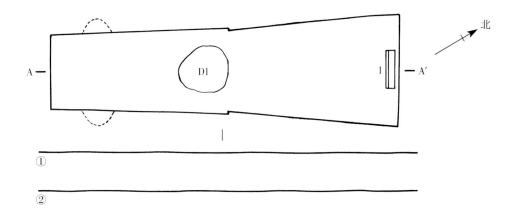

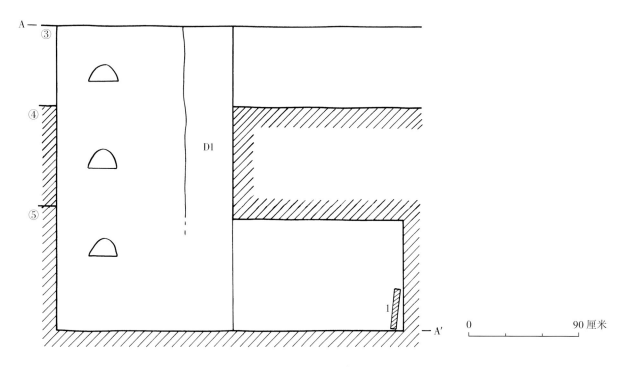

图 5-613　M10 平、剖面图

第②层：扰土层，厚0.65米，浅灰褐色，土质略硬，夹杂少量植物根茎、料礓石碎块、蜗牛壳等。M10现墓道开口位于此层下。

第③层：古代堆积层，厚0.65米，浅灰黄色，土质较硬，含零星黑、白瓷片及料礓石碎块。

第④层：黑褐色土层，厚0.80米，土质较硬，呈颗粒状，内夹植物根系等。

第⑤层：黄土层，厚度不详，质地松软，色泽纯黄，包含少量料礓石块。M10墓道底位于该层面下1.00米处，墓室位于此层面下0.10~1.00米处。

彩版5-843　M10地层

## （二）墓葬形制

墓葬坐东北向西南，方向210°。由长方形竖穴墓道、北宽南窄长方形单土洞墓室两部分构成。南北水平总长2.86、墓室底上距现地表3.40米，墓道现开口距地表0.95米（图5-613；彩版5-844）。

### 1. 墓道

墓道位于墓葬南端，土圹竖穴式，下部北连墓室。平面呈南窄北宽长方形，南北长1.46、南宽0.60、北宽0.68米。四壁基本竖直，壁面铲修齐整。底面平坦，与墓室底面等平，上距现开口2.45米。东、西两壁距南壁0.26米处原各设对称踏窝1列，每列3个，最顶踏窝上距现墓道开口0.30、各踏窝纵向间距0.55米左右，踏窝截面呈半圆形，面宽0.25、高0.14、进深0.12米左右。墓道内满填五花土，质地较疏松。

彩版5-844　M10墓葬

### 2. 墓室

土洞式单墓室位于墓葬北端，南端入口开于墓道北壁下部。平面呈北宽南窄长方形，南北长1.40、南宽0.64、北宽0.88米。东、西、北三壁竖直，壁面未做修整，原挖掘痕迹犹存，东、西两壁南端各内折收0.02米形成墓室入口，并从0.70米高处起拱与顶相连。拱顶保存较完整，高0.20米，亦未修整。底面平坦、与墓道底面等平，上距室顶0.90米。室内填充五花土及大量淤土（彩版5-844）。

## （三）葬具葬式

该墓被盗且早期进水淤积较甚，加之墓主年龄幼小骨骼稚嫩，故发掘时未见遗骸及葬具痕迹。

## （四）盗洞

M10发现盗洞1个，编号为D1，位于墓道北端、开口于扰土层下，平面为不规则圆形，直径0.40米左右，纵深垂直沿墓道北壁而下至墓道底折向墓室，自入口处进入，室内扰动痕迹不明显，对墓葬形制基本无影响，似为较早时期盗洞。洞内填充松散花杂土。

## （五）出土遗物

仅出土砖墓志1方。

砖墓志　1方。

编号M10：1，斜靠于墓室北壁下中部。完整，无盖。为方砖刻就。墓志磨制较光滑，楷书铭文4行，满行8字，共计29字（见附一）。边长32.0、厚4.5厘米（图5-614；彩版5-845）。

附一　志铭录文：

吕氏殇子兴伯之枢 /
大雅之次子一歲 /
熙寧四年八月夭 /
殁七年九月祔葬 /

志文句读为：

吕氏殇子兴伯之枢。大雅之次子，一岁，熙宁四年八月夭殁，七年九月祔葬。

0 ——————— 12厘米

图5-614　吕兴伯墓志 M10：1 拓片

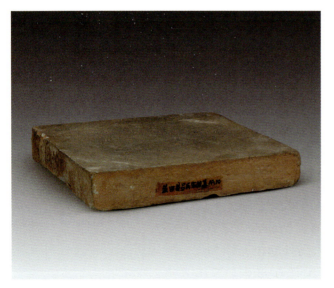

彩版5-845　吕兴伯墓志 M10：1

# 二　吕郑十七墓葬（编号 M11）

## （一）位置与地层

该墓位于吕氏家族墓园墓葬群自南向北第二排，由东向西数第二座 M9 吕英墓左侧稍后、M10 之东，西南距 M9 为 3.88、西距 M10 是 1.11、东距 M17 为 5.07 米。墓葬田野编号为蓝田吕氏 M11（图 5-615）。发掘时间 2009 年 3 月 14 日至 18 日，历时 5 天。

墓葬所处地层剖面为（图 5-615；见彩版 5-843）：

第①层：耕土层，厚 0.25 米，土质松软，土色灰黄，内含大量植物根系及现代垃圾等。

第②层：扰土层，厚 0.45~0.55 米，浅灰褐色，土质略硬，夹杂少量植物根茎、料礓石碎块、蜗牛壳等。现墓道开口于此层之下。

第③层：古代堆积层，厚 0.62~0.73 米，浅灰黄色，土质较硬，杂零星黑、白瓷片及料礓石碎块。

第④层：黑褐色土层，厚 0.58 米，土质较硬，呈颗粒状，内有白色植物根系。

第⑤层：黄土层，厚度不详，质地松软，色泽纯黄，包含少量料礓石块。墓道底位于该层面下 0.90~1.08 米处，墓室位于此层面下 0.20~1.00 米处。

## （二）墓葬形制

该墓坐东北向西南，方向 210°。平面呈南北向长方形，由竖穴墓道、单土洞墓室两部分组成。水平总长 2.80、墓室底上距现地表 3.00 米，墓道现开口距地表 0.80 米（图 5-615；彩版 5-846）。

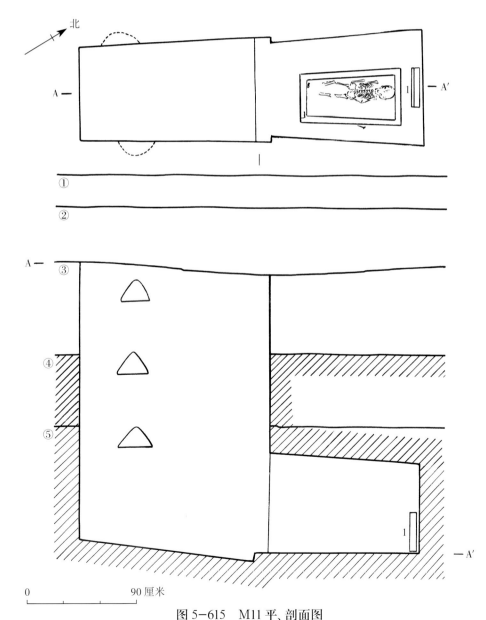

图 5-615　M11 平、剖面图

彩版 5-846　M11 墓葬

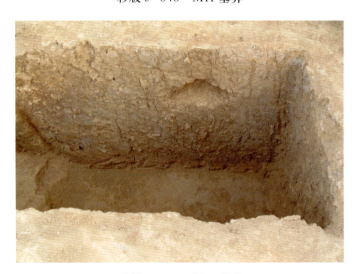

彩版 5-847　M11 墓道

彩版 5-848　M11 墓室

### 1. 墓道

墓道位于墓葬南端，竖穴土圹式，北壁下部与墓室连接。平面为南窄北宽长方形，南北长 1.57、南宽 0.76、北宽 0.84 米。四壁基本竖直，壁面经铲平整修。底面平整，呈南高北低缓坡状，最低处上距开口 2.26 米。东、西两壁距南壁约 0.30 米处各设对称踏窝 1 列 3 个，最顶踏窝上距墓道开口 0.10、各踏窝纵向间距 0.40 米左右，踏窝截面呈三角形，面宽 0.28、高 0.18、进深 0.12 米。墓道内满填五花土，土质较疏松（彩版 5-847）。

### 2. 墓室

位于墓葬北端，南端入口开于墓道北壁下方。平面呈北宽南窄长方形，南北长 1.24、南宽 0.84、北宽 0.93 米。东、西两壁竖直，南端入口处各内折收 0.04 米形成折棱一道以示入口，壁面稍有修整；北壁基本竖直，壁面未修平，原挖掘痕迹犹存。平顶微弧，顶面自南向北稍下斜。底面平整，高于墓道北端底面 0.08 米，上距墓室顶 0.72~0.80 米。室内填充五花土及大量淤土（彩版 5-848）。

## （三）葬具葬式

M11 为单棺单人葬，木棺已朽，灰迹呈红褐色，底部结构清晰，纵向置于室内中部偏东北处，平面为北宽南窄长方形，南北长 0.83、北宽 0.46、南宽 0.38 米，原高度不详，棺板厚 5.0 厘米。

墓主骨架保存较完整，头北足南仰身直肢式，双臂肘部微曲自然平置腹侧，下肢骨未并拢，身长 0.70、肩宽 0.16 米（彩版 5-848）。

## （四）出土遗物

仅出土砖墓志 1 方。

砖墓志　1 方。

编号 M11：1，直立于墓室北壁下中部、木棺北壁外。完整，无盖。方砖刻成。砖面磨制较光滑，刻楷书铭文4行，满行9字，共计31字（附一）。边长32.0、厚5.0厘米（图5-616；彩版5-849）。

附一　志铭录文：

吕氏殇子郑十七之枢 /

大雅之第三子二岁 /

熙宁六年八月夭殁 /

七年九月祔葬 /

志文句读为：

吕氏殇子郑十七之枢。大雅之第三子，二岁，熙宁六年八月夭殁，七年九月祔葬。

吕大雅为吕英幼子，应生有五子，成人者长曰仲山，次曰孝山，余者皆早夭。而M11墓主为所殇第三子。

0　　　　　　　　12厘米

图5-616　吕郑十七墓志M11：1拓片

## 三　吕英孙墓葬（编号M13）

### （一）位置与地层

该墓位于吕氏家族墓园墓葬群自南向北第二排，由东向西数第二座M9吕英墓左侧稍后处第二排，西南距M9为4.02、西北距M12是4.00、东北距M20为15.19米。墓葬田野编号为蓝田吕氏M13（图5-617）。发掘时间2009年4月8、9日，历时2天。

墓葬所处地层剖面为（图5-617）：

第①层：耕土层，厚0.30米，土色灰黄，土质松软，内含大量植物根系及现代垃圾等。

第②层：扰土层，厚0.60米，浅灰褐色，土质略硬，夹杂少量植物根茎、陶瓷片、料礓石块、蜗牛壳等。墓道现开口位于此层下。

第③层：古代堆积层，厚0.70米，浅灰黄色，土质硬而密实，杂零星瓷片、料礓石碎块等。

彩版5-849　砖墓志M11：1

第④层：黑褐色土层，厚0.85米，土质较硬，颗粒状，内夹植物根系等。

第⑤层：黄土层，厚度不详，质地松软，色泽纯黄，包含少量料礓石块。墓道底位于此层面下1.20米处，墓室位于此层面下0.36~1.20米处。

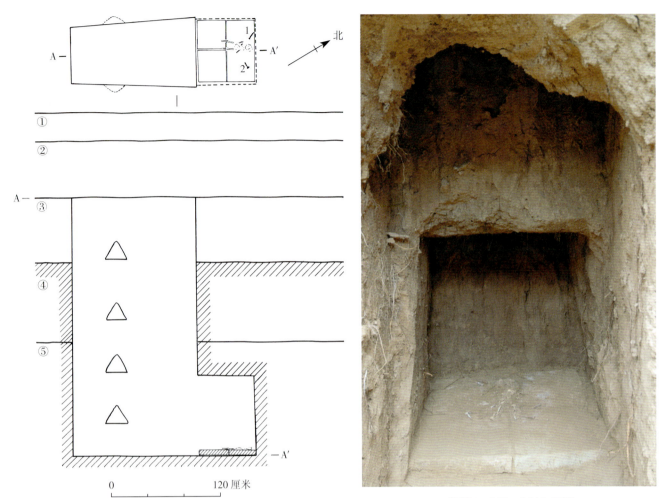

彩版 5-850　M13 墓葬

图 5-617　M13 平、剖面图

## （二）墓葬形制

该墓坐东北向西南，方向 210°。平面呈南北向长方形，由竖穴墓道、单土洞墓室两部分构成。水平总长 2.00、墓室底上距现地表 3.64 米，墓道现开口距地表 0.90 米（图 5-617；彩版 5-850）。

### 1. 墓道

墓道位于墓葬南端，土圹竖穴式，北壁下部连接墓室。平面为南窄北宽长方形，南北长 1.36、南宽 0.60、北宽 0.72 米。四壁基本竖直，壁面铲修平整，现长满树木根茎。底面平整，与墓室底面在同一水平面上，上距墓道开口 2.75 米。东、西两壁距南壁约 0.36 米处各设对称踏窝 1 列 4 个，顶端踏窝上距墓道开口 0.46、各踏窝纵向间距在 0.34~0.45 米，踏窝截面呈三角形，面宽 0.25、高 0.20、进深 0.09 米。墓道内填满五花土（墓道、墓室均叠压于隔梁下，故墓道上部形制为后期补挖，此照片仅反映前期墓道下部形制），质地较疏松（彩版 5-851）。

### 2. 墓室

位于墓葬北端，南部入口开于墓道北壁下方。平面近方形，南北长 0.66、东西宽 0.70 米。东、

彩版 5-851　M13 墓道

彩版 5-852　M13 葬具

西、北三壁从底面向上略有收分，壁面铲修平整，东、西两壁南端各内折收 0.02 米左右形成折棱两道，以示墓室入口。平顶顶面亦经修整。底面平坦，并以 4 块方砖分两排并列平铺其上，砖铺底面上距室顶 0.78 米。方砖边长 33.0、厚 5.0 厘米。墓室内填充五花土及大量淤土（见彩版 5-850）。

## （三）葬具葬式

M13 为一棺单人葬，木质棺具纵向置于室内北部居中处，现已朽，灰烬显白色。因室内早期进水淤积，故棺具底部结构不清，仅于砖铺面上发现锈残铁棺钉遗痕。

墓主为婴儿，骨架保存较差、粉化严重，头北足南仰身直肢躺于木棺内，双臂自然平置腹侧，身长 0.34、肩宽 0.10 米（彩版 5-852）。

## （四）出土遗物

仅见铁棺钉 2 枚。

棺钉　2 枚。

编号 M13：1、2，均锈蚀。生铁打造而成。钉体呈四棱锥状。

M13：1，出土于墓室砖铺底面西北部。完整。方形平顶钉帽，钉体修长上粗下细，尖部锐利。通长 13.6、钉帽边长 1.9 厘米（图 5-618，1；彩版 5-853）。

M13：2，出土于墓室砖铺底面西南部。下部缺失。钉帽为较厚横长方体，钉体较粗，下部残断缺失。残长 8.5、钉帽长 3.3、宽 1.3、厚 1.2 厘米（图 5-618，2）。

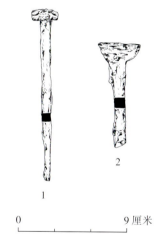

0　　　　　　　　9厘米

图 5-618　棺钉

1、2. M13：1、2

彩版 5-853　棺钉 M13：1

M13 与吕英墓同居自南向北第二排，仅位置偏左后方，就该墓园中墓葬辈分排列规律而言，祖父身侧是早夭孙辈葬身之处，故推断墓葬主人应属吕英之孙。吕英共有三子，二子大章墓志载其早亡且无子，长子大圭墓志中记嫡子信山已成年为官，而三子大雅与夫人墓志皆言其多男子，但成年者仅仲山、省山（原名孝山）余者均早殇，所以笔者认为该墓主人应属大雅早亡幼子。

# 四　吕岷老墓葬（编号 M18）

## （一）位置与地层

该墓位于吕氏家族墓园墓葬群自南向北第二排，东数第一座 M17 吕蕡墓左侧略偏后处，西距 M17 为 3.47、东距 M15 为 16.40、东北距 M22 是 7.40 米，墓葬田野编号为蓝田吕氏 M18（图 5-619）。发掘时间 2009 年 4 月 25、26 日，历时 2 天。

墓葬所处地层剖面为（图 5-619；彩版 5-854）：

第①层：耕土层，厚 0.30 米，色灰黄，质松软，内含大量植物根系、现代垃圾等。

第②层：扰土层，厚 0.60 米，浅灰褐色，土质较硬，夹杂植物根茎、陶、瓷碎片、料壃石结核颗粒。墓道开口于此层下。

第③层：古代堆积层，厚 0.60 米，浅灰黄色，质地坚硬密实，杂少量黑釉瓷片，料壃石颗粒及蜗牛壳等。

第④层：黑褐色土层，厚 0.80 米，质地较硬，呈颗粒状，夹大量白色植物根系等。

第⑤层：黄土层，厚度不详，质地松软，色泽纯黄，包含少量料壃石块。墓道底面位于此层面下 1.00~1.30 米处，墓室位于此层面下 0.40~1.20 米处。

## （二）墓葬形制

M18 坐东北向西南，方向 210°。因墓道宽于墓室，故平面呈南北向倒铲形，由竖穴墓道、土坯封门、单土洞墓室三部分组成。水平总长 2.80、墓室底上距现地表 3.50 米，墓道现开口距地表 0.90 米（图 5-619；彩版 5-855）。

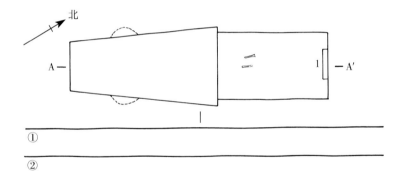

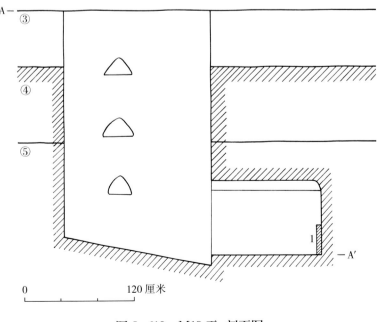

图 5-619　M18 平、剖面图

彩版 5-854　M18 地层剖面　　　　　　　　　　　　　彩版 5-855　M18 墓室

M18 位于 M17 探方中，墓道未发掘，在记录及逐层绘图的前提下与探方取土同步下挖，至墓室出现后方共同进行专门清理发掘。

### 1. 墓道

墓道位于墓葬南端，土圹竖穴式，北壁下部连接墓室。平面为南窄北宽长方梯形，南北长 1.60、南宽 0.52、北宽 0.84 米。四壁基本竖直，壁面虽经铲修仍显粗糙。底面平坦，呈南高北低缓坡状，上距墓道开口 2.40~2.70 米。东、西两壁距南壁 0.44 米处各设对称踏窝 1 列 3 个，顶端踏窝上距现墓道开口 0.50、各踏窝纵向间距 0.45 米左右，踏窝截面呈不规则三角形，面宽 0.34~0.28、高 0.20、进深 0.10 米。墓道内填满五花土，质地较疏松。

### 2. 封门

该墓原似有土坯封门，封堵于墓道北壁下墓室入口外，因长期渗水淤积，已全部倒塌，具体结构不详，仅于墓室填土中发现大量深褐色较硬的土坯残块。

### 3. 墓室

土洞墓室位于墓葬北端，开口于墓道北壁下，平面为较规整南北向长方形，南北长 1.20、东西宽 0.70 米。东、西、北壁竖直，壁面经修整仍显粗糙，东、西两壁自 0.68 米处起拱与顶相连，南端入口处两侧各折向内收 0.10 米形成窄于墓道北壁折棱两道以示墓室入口，北壁与顶相交处呈弧形。拱形顶高 0.10 米。底面平整，较墓道北端底面高 0.10、上距室顶 0.80 米。室内填充五花土及少量淤土（彩版 5-855）。

### （三）葬具葬式

M18 似为一棺单人葬，墓室底面仅发现少量锈残铁棺钉及数节朽为黄色粉末状残骨，棺具结构及墓主葬式不清，有明显迁葬痕迹。

### （四）出土遗物

仅有砖墓志 1 方。

砖墓志　1 方。

编号 M18：1，靠于墓室北壁下。完整，无盖。为方砖刻制而成。志面未经打磨，较粗涩，其上楷书铭文 4 行，共计 28 字，正文 2 行 8 字，字体较大；前、后各有纪年结衔小楷 1 行，共 20 字（附一）。墓志边长 32.0、厚 4.3 厘米（图 5-620；彩版 5-856）。

附一　志铭录文：

大防　无斋治平二年六月／

吕氏下殇／

彩版 5-856　砖墓志 M18：1

0　　　　　　　　12 厘米

图 5-620　吕岷老墓志 M18：1

岷老之枢 /

不育熙宁五年十月祔葬 /

志文句读为：

大防无斋，治平二年六月，吕氏下殇岷老之枢。不育。熙宁五年十月祔葬。

　　M18 墓主为吕大防之子，卒于治平二年（1065 年），熙宁五年（1072 年）葬，时太尉塬家族墓园尚不存，葬者只能祔于骊山西塬祖茔。熙宁七年（1074 年）祖茔迁至太尉塬，岷老墓随即迁往，仍祔葬于祖父母坟旁。墓志属熙宁五年首葬时所制，迁葬一事未补记，但从被葬人遗骸稀少散乱推断，迁葬迹象明显，应为二次葬。

# 五　吕汴墓（编号 M19）

## （一）位置与地层

　　该墓位于吕氏家族墓园墓葬群自南向北第二排、东数第一座 M17 吕蕡墓左后方，西南距 M17 是 3.35、东北距 M22 为 5.78、南距 M18 为 1.00 米。墓葬田野编号蓝田吕氏 M19（图 5-621）。发掘时间 2009 年 4 月 25、26 日，历时 2 天。

　　墓葬所处地层剖面为（图 5-621；见彩版 5-854）：

　　第①层：耕土层，厚 0.30 米，色灰黄，质松软，内含大量植物根系、砖块等。

　　第②层：扰土层，厚 0.60 米，浅灰褐色，土质较硬，夹杂植物根茎、陶、瓷碎片、料礓石结核颗粒。现墓道开口于此层下。

　　第③层：古代堆积层，厚 0.60 米，浅灰黄色，质地坚硬密实，杂料礓石颗粒及蜗牛壳等。

　　第④层：黑褐色土层，厚 0.80 米，质地较硬，呈颗粒状，含有大量白色植物根系、料礓石颗粒、钙化粉状物质等。

　　第⑤层：黄土层，厚度不详，质

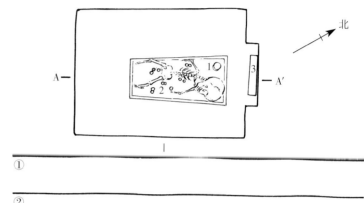

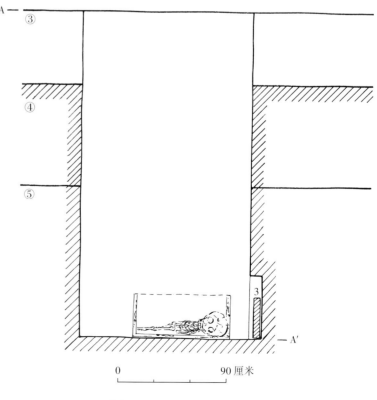

图 5-621　M19 平、剖面图

彩版 5-857　M19 墓葬

彩版 5-858　M19 壁龛

地松软，色泽纯黄，包含少量料礓石块。墓室底位于此层面下 1.20 米处。

## （二）墓葬形制

墓葬坐东北向西南，方向 210°。平面呈南北向长方形，由竖穴土圹墓室、壁龛两部分组成。水平总长 1.50、宽 1.03 米，墓室底上距现地表 3.50 米，墓道现开口距地表 0.90 米（图 5-621；彩版 5-857）。

### 1. 墓室

墓室为竖穴土圹式。平面为南北向长方形，南北长 1.40、东西宽 1.01~1.03米。因处于 M17 大探方中，故上部未作保存，下部四壁竖直，壁面未作修整，显粗糙，底面踩踏平整，上距墓道开口 2.60 米。

### 2. 壁龛

壁龛位于墓室北壁下方居中，形制较规整。平面呈横长方形，进深 0.10、面宽 0.50、高 0.50 米。壁面未作整修，平顶，底面与墓道底面等平，方砖墓志立置其中（彩版 5-858）。

## （三）葬具葬式

M19 为一棺单人葬，木质棺具南北向摆放于墓室底面居中偏北处，现虽朽

彩版 5-859　M19 葬具

毁、遗迹尚存，结构清晰，平面呈梯形，南北长 0.80、北宽 0.40、南宽 0.31、高 0.34 米，棺板厚 3.0 厘米，棺盖已塌陷未见遗迹。因木棺形制遗迹保存较完整，为采集资料便利明确，发掘时暂留周边填土，先行清理棺内迹象，使原棺形制得以完整再现，待资料采集完毕后再做下一步彻底清理，故所见木棺四周并非二层台。

墓主骨架保存较完整，头北足南仰身直肢式，头部微侧向东，双臂平置、两腿分开，左膝微曲。身长 0.75、肩宽 0.26 米（彩版 5-859）。

## （四）出土遗物

共出土随葬品 3 件，质地有瓷、铜、陶三类。器形为盒、钱币、墓志。

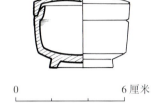

### 1. 瓷器

仅 1 件白釉圆盒。

白釉圆盒　1 件。

图 5-622　白釉圆盒 M19：1

编号 M19：1，置于棺内墓主头骨西侧。完整。轮制成型。由盒盖、盒身两部分组成。盒盖顶面凸起，折立沿微敛，母口。盒身为高子口，窄平沿，深直腹，微圜底，圈足，足沿稍外撇。内、外壁着白色化妆土，再施乳白色釉，了母口、圈足沿及足内墙露胎。釉面较光亮，有十黄色小斑点及灰色冰裂纹痕渍。露胎处表面呈土黄色。通高 3.7、盖高 1.1、母口沿径 5.3、盒子口沿径 4.4、腹径 5.2、足径 3.5 厘米（图 5-622；彩版 5-860）。盒内现遗存浅豆沙色物质，其性质、名称详见本报告柒第三章。

彩版 5-860　白釉圆盒 M19：1

### 2. 铜钱

共 1 组 21 枚。编号 M19：2-1~21，均散置于木棺内、墓主骨架周围。其中 1 枚残断，20 枚完整。铸造而成。种类有开元通宝、至道元宝、景德元宝、祥符元宝、天圣元宝、景祐元宝、皇宋通宝、嘉祐通宝、熙宁元宝。

（1）开元通宝　5 枚。

因形制、纹饰有别分为两型。

A 型：4 枚。钱体规整，正、背两面内、外廓较窄凸出，穿孔方正。正面楷书钱文对读，字迹清晰工整。背面光素无纹。钱径 2.5、穿边长 0.7 厘米，重 4.0 克。标本 M19：2-1（图 5-623，1；彩版 5-861，1）。

B 型：1 枚。M19：2-5，钱体较小而轻薄，正、背两面外廓较窄，内廓窄细，穿孔不够方正。正面楷书钱文对读，字迹清晰但有磨痕。背面磨损较甚，稍有错范。钱径 2.2、穿边长 0.7 厘米，重 3.0 克（图 5-623，2；彩版 5-861，2）。

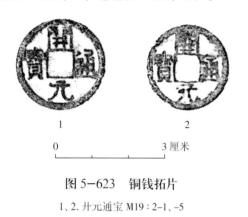

图 5-623　铜钱拓片

1、2. 卅元通宝 M19：2-1、-5

彩版 5-861　铜钱 M19：2-1、-5

（2）至道元宝　1 枚。

N19：2-6，钱体较规正，正、背两面外廓低而宽平，内廓窄细，方穿歪斜。正面草书钱文顺时针旋读，字迹有磨损。背面光素。钱径 2.4、穿边长 0.6 厘米，重 3.0 克（图 5-624，1 彩版 5-862，1）。

（3）景德元宝　1 枚。

M19：2-7，正、背两面外廓宽平凸起，内廓窄细凸出，方穿较小。正面楷书钱文顺时针旋读，字迹清晰、笔画有力。背面光素。钱径 2.5、穿边长 0.6 厘米，重 3.0 克（图 5-624，2；彩版 5-862，2）。

（4）祥符元宝　2 枚。

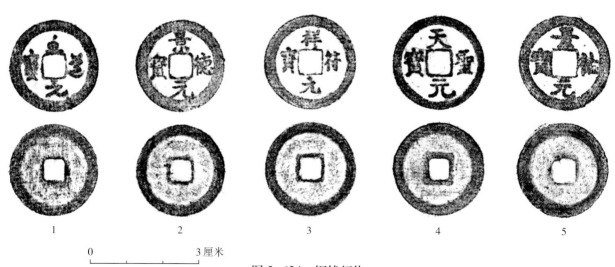

图 5-624　铜钱拓片

1. 至道元宝 M19：2-6　2. 景德元宝 M19：2-7　3. 祥符元宝 M19：2-8　4. 天圣元宝 M19：2-10　5. 景祐元宝 M19：2-11

彩版 5-862　铜钱 M19：2-6、-7、-8、-10

钱体较厚重，正、背两面外廓宽平凸起，内廓窄细，穿孔较方正。正面楷书钱文顺时针旋读，字迹清楚，笔画较细。背面光素。钱径 2.5、穿边长 0.6 厘米，重 4.0 克。标本 M19：2-8（图 5-624，3；彩版 5-862，3）。

（5）天圣元宝　1 枚。

M19：2-10，钱体较厚重规矩，正面外廓较窄而凸起，内廓窄细，穿孔方正，楷书钱文顺时针旋读，字迹清楚，笔画较粗。背面光素，外廓宽而凸起，内廓线略粗。钱径 2.5、穿边长 0.6 厘米，重 4.5 克（图 5-624，4；彩版 5-862，4）。

（6）景祐元宝　1 枚。

M19：2-11，钱体形制规整，正、背两面外廓宽平凸起，内廓窄细，穿孔较方正。正面楷书钱文顺时针旋读，笔画稍粗而有力。背面光素。钱径 2.6、穿边长 0.6 厘米，重 4.0 克（图 5-624，5）。

（7）皇宋通宝　2 枚。

钱体规整、币沿有裂，正、背两面外廓凸起，内廓正面窄细凸出、背面低而宽平，穿孔较大且方正。正面楷书钱文对读，字迹工整清楚。背面光素。钱径 2.5、穿边长 0.7 厘米，重 4.0 克。标本 M19：2-12（图 5-625，1；彩版 5-863，1）。

（8）嘉祐通宝　1 枚。

M19：2-14，钱体规矩，正、背两面外廓宽平凸起，内廓正面窄细凸出、背面低而较宽平，穿

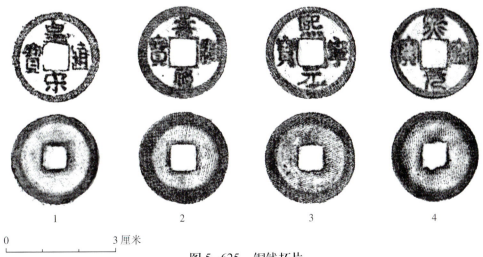

0 　　　　　3 厘米

图 5-625　铜钱拓片

1. 皇宋通宝 M19：2-12　2. 嘉祐通宝 M19：2-14　3、4. 熙宁元宝 M19：2-15、-16

彩版 5-863　铜钱 M19：2-12、-14、-15、-16

孔大而方正。正面篆书钱文对读，笔画较粗、有锈蚀。背面光素。钱径 2.5、穿边长 0.7 厘米，重 3.5 克（图 5-625，2；彩版 5-863，2）。

（9）熙宁元宝　6 枚。

根据钱文书体不同分两型。

A 型：楷书 1 枚。M19：2-15，钱体规矩，表面呈暗黄铜色，正面外廓凸起、内廓窄细，穿孔较大方正，楷书钱文顺时针旋读，笔画粗而有力。背面光素，外廓较宽平，内廓窄细。钱径 2.5、穿边长 0.7 厘米，重 3.0 克（图 5-625，3；彩版 5-863，3）。

B 型：篆书 5 枚。品相较好，钱体稍小而规整，正面外廓低平、内廓窄细凸起，穿孔大且方正，篆书钱文顺时针旋读，字迹工整。背面光素，外廓略有错范，内廓窄细。钱径 2.4、穿边长 0.75 厘米，重 4 克。标本 M19：2-16（图 5-625，4；彩版 5-863，4）。

**3. 墓志**

仅有砖墓志 1 方。

砖墓志　1 方。

编号 M19：3，立置于壁龛内。完整，无盖。为方砖刻制而成，志面较粗糙，上刻楷书铭文 5 行，满行 9 字，共计 40 字（附一）。边长 32.0、厚 5.5 厘米（图 5-626；彩版 5-864）。

附一　志铭录文：

汲郡吕氏殇子汴之墓 /
大忠之子生二岁夭于 /
大名府元豐癸亥 /
十月癸酉祔葬于 /
顯祖諫議府君之兆 /

志文句读为：

汲郡吕氏殇子汴之墓

大忠之子，生二岁，夭于大名府。元丰癸亥十月癸酉祔葬于显祖谏议府君之兆。

0 ————— 12厘米

图 5-626　吕汴墓志 M19：3 拓片

吕大忠继妻樊氏墓志提及子道山、汴奴皆早夭。故此吕汴应为樊氏墓志所云的汴奴。其葬时在元丰癸亥之年，即元丰六年（1083 年）十月癸酉，卒年未明记，推测亦应是元丰六年内。

# 六　吕文娘墓（编号 M21）

## （一）位置与地层

该墓位于吕氏家族墓园墓葬群自南向北第三排东数第三座 M20 吕大忠墓右侧稍后处，东南距 M20 为 3.70、西南距 M12 是 6.60、东北距 M25 为 3.50 米。墓葬田野编号为蓝田吕氏 M21（图 5-627）。发掘时间 2009 年 4 月 29、30 日，历时 2 天。

M21 所处地层剖面为（图 5-627）：

第①层：耕土层，厚 0.30 米，土质松软，土色灰黄，内含大量植物根系等。

第②层：扰土层，厚 0.50 米，浅灰褐色，土质较硬，夹杂少量植物根茎、料礓石碎块、草木灰等。墓道开口于此层下。

第③层：古代堆积层，厚 0.50 米，浅灰黄色，质地较硬密实，杂料礓石块、蜗牛壳等。

第④层：黑褐色土层，厚 1.00 米，土质较硬，呈颗粒状，内有白色植物根系、料礓石块等。

第⑤层：黄土层，厚度不详，质地松软，色泽纯黄，内含少量蜗牛壳。墓道底在此层面下 1.10~1.40 米处，墓室位于此层面下 0.45~1.10 米处。

## （二）墓葬形制

墓葬坐东北向西南，方向 205°。平面呈北宽南窄长方形，由竖穴墓道、单土洞墓室、壁龛三部分组成。水平总长 2.75、墓室底上距现地表 3.42 米，墓道现开口距地表 0.80 米（图 5-627；彩版 5-865）。

彩版 5-864　砖墓志 M19：3

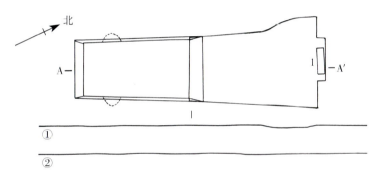

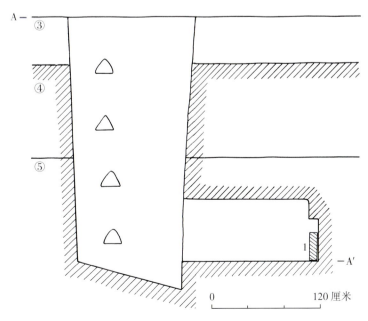

图 5-627　M21 平、剖面图

### 1. 墓道

墓道位于墓葬南端，土圹竖穴式，北壁下部连接墓室。开口处平面呈南北向长方形，南北长1.40、南宽0.62、北宽0.70米。四壁自上而下斜向内收，壁面经铲修。底面平整，南高北低呈缓坡状，因四壁皆内向斜收而下，故形成墓道口大底小状，底面南北长1.15、南宽0.56、北宽0.68米，底面上距现开口2.60~2.90米。东、西两壁距南壁0.28米处各设对称踏窝1列4个，顶上踏窝距现墓道开口0.45、各踏窝纵向间距在0.45米间，踏窝截面为不规则三角形，面宽0.2、高0.18、进深0.11米左右。墓道内填满五花土，质地较疏松（彩版5-866）。

因M21位于M20探方中，故墓道发掘中在逐层绘图、拍照、记录后与探方取土同步进行，待洞穴墓室暴露后方独立清理，因此墓道无完整照片，特注明。

### 2. 墓室

位于墓葬北端，南端入口开于墓道北壁下。平面呈北宽南窄梯形，南北长1.26、南宽0.68、北宽0.97米。墓室东、西两壁基本竖直，南端各折向内收0.03米形成折棱一道以示墓室入口，壁、顶相交处呈弧形，壁面稍作铲平修整、仍较粗糙，北壁上残留镢头印痕。平顶微弧。底面平整，高于墓道北端底面0.30、上距堂室顶0.66米。室内填充五花土及淤土。

### 3. 壁龛

位于墓室北壁中部下方，平面为横长方形，进深0.08、面宽0.45、高0.45米。龛壁表面曾作修整。

彩版5-865　M21墓葬

彩版5-866　M21墓道

平顶，现已坍塌。底面平，与墓室底面等平。

## （三）葬具葬式

据墓志记载，墓主吕文娘夭折时不足两岁，得风疾而化，暂存禅院、后迁祔于祖茔。故墓室内未见棺具及骨骸，仅于填土中发现少量朽木痕迹，推测原应使用木质葬具。

## （四）出土遗物

仅有石墓志 1 方。

石墓志 1 方。

编号 M21：1，置于壁龛内。完整，无盖。青石刻制而成。正面较光滑，其上楷书铭文 10 行，满行 9 字，共计 83 字（附一）。边长 28.0、厚 8.5 厘米（图 5-628，彩版 5-867）。

附一 志铭录文：

汲郡吕錫山長女文娘 /
建中靖國元年七月十 /
四日辰時生於長安明 /
年九月二十四日亥時 /
得風疾而化性極惠其 /
母侯甚憐之後五日歸 /
殯於藍田縣崇因褒訓 /
禪院又一年以十二月 /
四日遷祔祖寶文公之 /
墓側 /

志文句读为：

汲郡吕锡山长女文娘，建中靖国元年七月十四日辰时生于长安，明年九月二十四日亥时得风疾而化。性极惠，其母侯甚怜之。后五日归殡于蓝田县崇因褒训禅院，又一年以十二月四日迁祔祖宝文公之墓侧。

0　　　　　　　9厘米

图 5-628 吕文娘墓志 M21：1 拓片

彩版 5-867 石墓志 M21：1

吕文娘生于建中靖国元年（1101 年），殇于崇宁元年（1102 年），卒后五日暂殡于蓝田县崇因褒训禅院，第二年即崇宁二年（1103 年）十二月迁祔祖茔吕大忠墓侧。

# 七 吕大钧孙女墓（编号 M23）

## （一）位置与地层

该墓位于吕氏家族墓园墓葬群自南向北第三排东数第二座 M22 吕大钧墓右侧稍偏后处，东南距 M22 为 2.24、西距 M27 是 1.03、北距 M26 为 4.50 米。墓葬田野编号为蓝田吕氏 M23（图 5-629）。发掘时间 2009 年 5 月 23、24 日，历时 2 天。

该墓所处地层剖面为（图 5-629）：

第①层：耕土层，厚 0.30 米，土质松软，土色灰黄，内含大量植物根系及现代建筑垃圾等。

第②层：扰土层，厚 0.60 米，浅灰褐色，土质略硬，夹杂大量料礓石碎块等。现墓道开口位于此层下。

第③层：古代堆积层，厚 0.60 米，浅灰黄色，土质硬而密实，内杂料礓石碎块、蜗牛壳、黑釉瓷片等。

第④层：黑褐色土层，厚 0.70 米，土质坚硬，挖散后呈颗粒状，含有白色植物根系等。

第⑤层：黄土层，厚度不详，质地松软，色泽纯黄，包含少量料礓石块，墓道底位于此层面下 2.14 米处，墓室位于此层面下 1.20~2.14 米处。

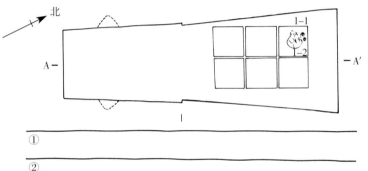

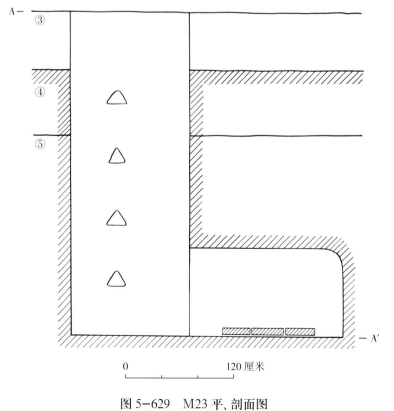

图 5-629　M23 平、剖面图

## （二）墓葬形制

墓葬坐东北向西南，方向 205°。平面呈南北向长方形，由竖穴墓道、单土洞墓室两部分组成。水平总长 3.00、墓室底上距现地表 4.34 米，墓道现开口距地表 0.90 米（图 5-629；彩版 5-868）。

### 1. 墓道

墓道位于墓葬南端，竖穴土圹式，北壁下部与墓室连接。平面为南窄北宽长方形，南北长 1.30、南宽 0.72、北宽 0.84 米。四壁竖直，壁面经铲修。底面平整，距墓道现开口 3.42 米。东、西两壁距南壁 0.36 米处各设对称踏窝

彩版 5-868　M23 墓室

彩版 5-869　M23 墓主头骨位置

1 列 4 个，顶端踏窝上距墓道开口 0.40、各踏窝纵向间距在 0.50 米间，踏窝截面呈三角形，面宽 0.20、高 0.15、进深 0.10 米左右。墓道内填充五花土，质地较疏松。

#### 2. 墓室

位于墓葬北端，南端入口开于墓道北壁下方。平面呈北宽南窄长方形，南北长 1.70、南宽 0.78、北宽 1.10 米。东、西、北三壁竖直，顶、壁相交处呈弧形，壁面稍作修整，仍较粗糙，东、西壁南端各内折收 0.03 米形成折棱两道以示入口。平顶虽经修整仍坑洼不平。底面平整，与墓道底在同一水平面上，上距墓室顶部 0.92 米，底面居中以 6 块边长 32.0、厚 7.5 厘米的方砖分两排并列平铺成长 1.02、宽 0.65 米棺床。墓室内填充五花土及大量淤土。

### （三）葬具葬式

清理中仅于墓室砖铺棺床西北角发现婴幼儿头骨，填土中见残锈铁棺钉少许。故木质葬具形制、墓主葬式均不明（彩版 5-869）。

### （四）出土遗物

仅有 2 枚铜钱，均出土于墓主头骨西北侧。

（1）皇宋通宝　1 枚。

M23：1-1，品相较佳，正、背两面外廓规整凸出，内廓窄细，穿孔大且方正。正面楷书钱文对读，字体小而清晰，笔画较粗。背面光素无纹。钱径 2.4、穿边长 0.65 厘米，重 3.0 克（图 5-630，1；彩版 5-870，1）。

图 5-630　铜钱拓片

1. 皇宋通宝 M23∶1-1　2. 景德元宝 M23∶1-2

彩版 5-870　铜钱 M23∶1-1、-2

（2）景德元宝　1枚。

M23∶1-2，品相较差，正、背两面外廓宽而低平，穿孔较小不方正。正面楷书钱文顺时针旋读，字体较小，笔画粗而模糊。背面光素无纹。钱径 2.4、穿边长 0.55 厘米，重 3.2 克（图 5-630，2；彩版 5-870，2）。

M23 未出土墓志，墓主身份不明朗，但葬位与吕大钧墓同排，在其右方稍后处，根据该家族墓葬布局规律推测，其身份当属吕大钧的孙女。大钧子吕义山墓葬中亦无墓志铭出土，其儿、女数量、生、卒状况不详，从埋葬位置分析 M23、M27 墓葬主人皆应是义山嫡生早夭之女。

# 八　吕麟墓（编号 M24）

## （一）位置与地层

该墓位于吕氏家族墓园墓葬群自南向北第三排东数第二座 M22 吕大钧墓左侧稍偏后处，西北距 M22 为 1.32、东南距 M28 是 8.20、东北距 M29 为 7.12 米。墓葬田野编号为蓝田吕氏 M24（图 5-631）。发掘时间 2009 年 7 月 4、5 日，历时 2 天。

墓葬所处地层剖面为（图 5-631）：

第①层：耕土层，厚 0.30 米，色灰黄，质松软，内含大量植物根系。

第②层：扰土层，厚 0.60 米左右，浅灰褐色，土质较硬，夹杂大量料礓石碎块。墓道开口于此层下。

第③层：古代堆积层，厚 0.60 米，浅灰黄色，质地硬，杂黑、白釉瓷片。

第④层：黑褐色土层，厚 0.80 米，质地坚硬呈块状，夹大量白色植物根系、蜗牛壳、料礓石块等。

第⑤层：黄土层，厚度不详，质地松软，内含少量蜗牛壳等。墓道底位于此层面下 3.20~3.28 米处，墓室位于该层面下 2.32~3.20 米处。

## （二）墓葬形制

墓葬坐东北向西南，方向 210°。由竖穴墓道、土坯封门、单土洞墓室、壁龛四部分组成，墓道宽于墓室。南北水平总长 4.72、墓室底上距现地表 5.40 米，墓道现开口距地表 0.90 米。

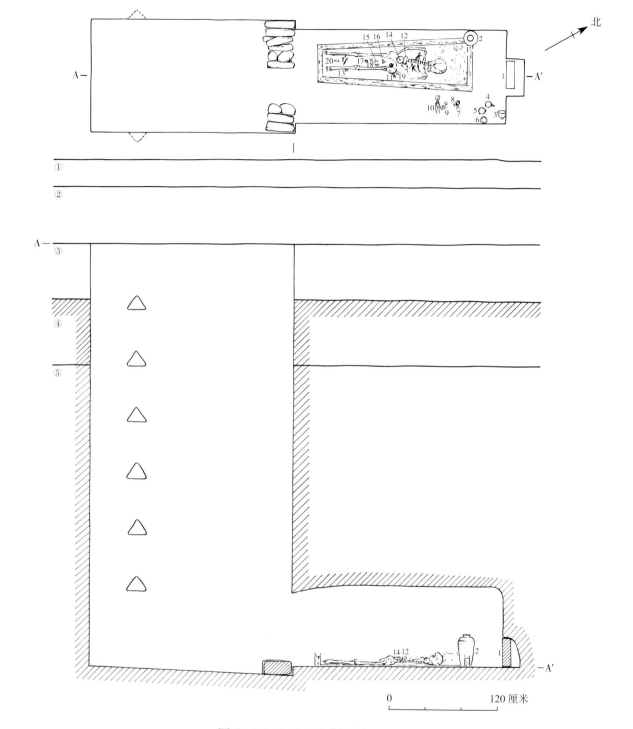

图 5-631 M24 平、剖面图

## 1. 墓道

墓道位于墓葬南端，土圹竖穴式，北壁下部与墓室连接。平面呈长方形，南北长 2.20、宽 1.20 米。四壁竖直，壁面经铲修。底面平整，呈南高北低缓坡状，南北落差 0.10、墓道底上距开口 4.50~4.60 米。东、西两壁距南壁 0.40 米处各设对称踏窝 1 列 6 个。顶部踏窝距墓道现开口 0.55、各踏窝纵向间距 0.44 米，踏窝截面呈不规则三角形，面宽 0.20、进深 0.10、高 0.15 米。墓道内填五花土，质地疏松（图 5-631）。

## 2．封门

土坯封门居墓道北壁下墓室入口外。发掘时已全部倒塌，仅残存底部一层的两侧，宽 1.20、残高 0.16、厚约 0.32 米。土坯呈深褐色，质地较填土硬，并列侧卧垒砌成封门，每层用坯约 13 块，土坯规格长 32.0、宽 16.0、厚 8.0 厘米。

## 3．墓室

位于墓葬中部，南接墓道、北连壁龛，入口开于墓道北壁下。平面为南北向长方形，南北长 2.30、东西宽 1.00 米。东、西、北三壁基本竖直，顶壁相交处呈弧形，壁面铲修平整，东、西壁南端各向内折收 0.10 米形成折棱一道，以示墓室入口。平顶南部稍下斜，顶面亦经修整。底面平坦，高于墓道北端底面 0.10、上距室顶 0.78~0.84 米。墓室内填充较松散黄褐色五花土及大量淤土。

## 4．壁龛

位于墓室北壁下中部。平面为横长方形，进深 0.20、面宽 0.40、高 0.32 米。挖凿随意，北壁弧收，壁面粗糙，底面与墓室底面等平，内置墓志 1 方。

## （三）葬具葬式

该墓为一棺单人葬，木质棺具已朽，灰烬显灰黑色，底部结构清晰，为纵向放置于墓室中部偏西处，平面呈北宽南窄长方形，南北长 1.70、北宽 0.56、南宽 0.40 米，原高度不详，棺板厚 6.0 厘米。

墓主骨架保存较完整，葬式为头北足南仰身直肢式，双臂自然置于腹侧，双手搭于腹上，身长 1.35、肩宽 0.34 米。

发掘时见骨架上有大量丝织品残痕（已无法提取），故推测墓主入殓时应覆盖有丝织品。

## （四）出土遗物

M24 出土随葬品 21 件（组），质地有瓷、银、铜、铁、蚌、玉、丝织品、石八类。器形有瓶、酒盅、盒盖、镜、钱币、带扣、器盖、印戳、权、坩埚、三足器、剪刀、贝壳、玉佩饰、玉璧、墓志等。随葬品摆放位置大致分为四个区域：第一区为墓室东北角；第二区指木棺内西北角；第三区为壁龛中；第四区是散置于墓主骨架上的装饰用具。

## 1．瓷器

共 2 件。器形有盘口瓶、花口杯。

（1）茶叶末釉盘口瓶　1 件。

M24：2，出土于木棺外西北角。基本完整，腹壁有裂缝。轮制成型。小盘口稍有歪斜变形，紧束颈，广折肩，筒形深弧腹，薄饼足沿略外撇，足沿自内向外斜削一周。器内壁施满釉，外壁施釉至腹下，其下露胎。茶叶末釉较浊。釉面显木光，满布土黄色小点。胎质坚硬，内含大量砂粒，露胎处表面为淡土黄色。通体素面，腹壁有明显轮制旋痕。通高 33.8、口沿径 6.3、腹径 18.0、足径 12.6 厘米（图 5-632；彩版 5-871）。

（2）青白釉九曲花口杯　1 件。

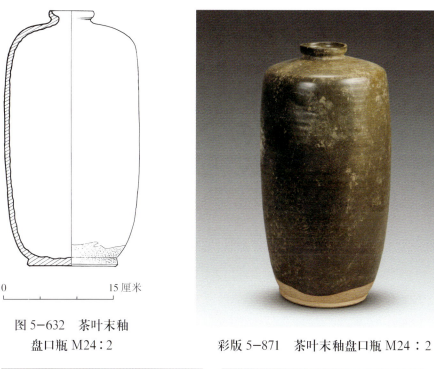

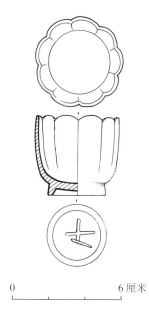

图 5-632　茶叶末釉
盘口瓶 M24：2

彩版 5-871　茶叶末釉盘口瓶 M24：2

图 5-633　青白釉九曲
花口杯 M24：9

彩版 5-872　青白釉九曲花口杯 M24：9

　　M24：9，出土于墓室东壁下北部。破碎断裂，粘接修复完整。轮制成型。九曲花直口，深直腹亦为九曲形与口沿相对，微圜底，圈足稍外撇。外壁施釉至下腹，内壁施釉于口沿下，余处露胎。釉色青白，釉面明亮。胎色洁白，质地坚硬致密。外壁露胎处局部有红褐色渍斑及灰黑色印迹，外底心刻划"士"字符号。通高 4.3、口沿径 4.5、圈足径 3.2 厘米（图 5-633；彩版 5-872）。

### 2. 银器

仅 1 件小银盒盖。

小银盒盖　1 件。

编号 M24：17，出土于墓主双腿间。原由盒盖、盒身扣合为一体，现盒身遗失，仅存盒盖，盖完整。捶揲成形。平顶，外撇斜立沿，母口。通体素面。高 0.9、顶面直径 2.2、母口沿径 2.4 厘米（图 5-634；彩版 5-873）。

图 5-634　小银盒盖 M24：17

彩版 5-873　小银盒盖 M24：17

### 3. 铜器

共 6 件（组）。器形有镜、带扣、器盖、印戳等。

（1）铭文镜　1 面。

M24：14，出土于墓主腰部。完整。铸造磨制成形。镜面平滑，镜背正中设为半球形纽，宽平沿稍内斜。镜背纹饰以两周短竖线纹为界划分内、外两区，内区半球形纽下为联珠纹纽座，其外绕浅浮雕的八曲内向连弧纹一圈；外区为铭文带，铸阳文篆书一周 19 字，顺时针旋读为："内清质而以昭明光天而象夫日月心忽扬天而愿忠然雍塞不泄"。直径 8.5、沿厚 0.4 厘米（图 5-635；彩版 5-874）。

（2）素面小镜　1 面。

M24·8，出土于墓室东壁下北部。完整，稍有锈蚀。铸造磨制成形。镜面平滑，镜背为半球形纽，中部饰弦纹一周，镜沿窄而凸起，内沿下弧。直径 2.6、沿厚 0.2 厘米（图 5-636；彩版 5-875）。

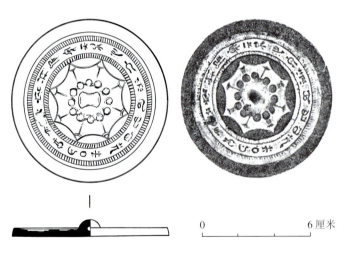

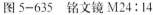

图 5-635　铭文镜 M24：14

彩版 5-874　铭文镜 M24：14

（3）带具　1 组。

M24：12，出土于墓主腰部。捶揲成形。破碎断裂，锈蚀严重，现可辨形制者有扣针、带首、带銙及残片数枚。M24：12-1、-2，为铜带扣针 2 件，均锈蚀。

M24：12-1，扣针，残缺严重，仅存缺尖的舌形扣针及少许套于扣针后部的横轴。扣针残长 0.9 厘米。

M24：12-2，扣针，保存相对完整，舌形扣针套于扁环状带扣上，扣前端平直与扣针插套，后部似带銙般面扁宽微弧。扣针长 1.6、带扣长 5.0、宽 2.1、扣面宽 0.8 厘米（图 5-637，1）。

M24：12-3，带首，原应为两长方形铜片上、下卯合而成，现两端均残缺，铆钉亦失、唯卯孔

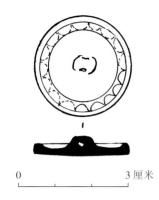

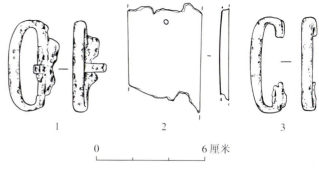

图 5-636　素面小镜 M24:8　彩版 5-875　素面小镜
M24:8

图 5-637　带饰
1. 带扣针 M24:12-2　2. 带首 M24:12-3　3. 带鐍 M24:12-4

尚存。素面无纹饰。残长 5.9、宽 4.0 厘米（图 5-637，2）。

M24:12-4，带鐍，由扁铜条两端内向曲折而成。长 5.0、宽 1.8 厘米（图 5-637，3）。

（4）饰件　1组3枚。

M24:22-1~3，出土于棺内中部。锈蚀。铸造而成。

M24:22-1，为片状四瓣花形，面微凸，花心设圆孔一个。长 1.2、宽 1.0、孔径 0.3 厘米（图 5-638，1）。

M24:22-2、3，均为圆环中套 2 个细小鸭嘴钉，其用途不能明确，似为插于木匣中环状拉手。2 件形制、尺寸基本相同。

M24:22-2，鸭嘴钉完整，尖稍歪斜。环直径 1.8、钉长 1.4 厘米（图 5-638，2）。

M24:22-3，鸭嘴钉一个尖部稍残，另一个完整但弯折为钩形。环直径 1.8、钉长 2.2 厘米（图 5-638，3）。

（5）花形提手座　1件。

M24:16，出土于墓主盆骨上。完整。捶揲成形。为覆置十瓣花形，外面凸起，上錾花瓣图案及细腻的花蒂叶脉，正中钻圆孔一个，孔内所铆套细长柱状提手，自中部分为上粗下细式，粗端直径大于孔径、上端有小圆薄饼形顶帽，细端直径小于孔径，末端设较大片状圆底，故提手可在孔内上下活动却因有底部圆片卡住而不得拔出或脱落。提手座直径 4.8、提手长 2.7 厘米（图 5-638，4；彩版 5-876）。

（6）印戳　1枚。

M24:20，出土于墓主腿骨间。完整。

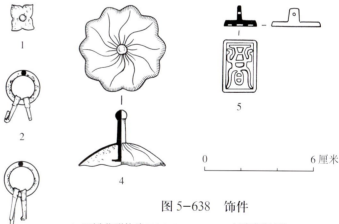

图 5-638　饰件
1. 四瓣花形饰片 M24:22-1　2、3. 小鸭嘴衔环钉 M24:22-2、-3　4. 花形提手座 M24:16　5. 印戳 M24:20

彩版 5-876　花形提手座 M24:16

彩版 5-877　印戳 M24：20

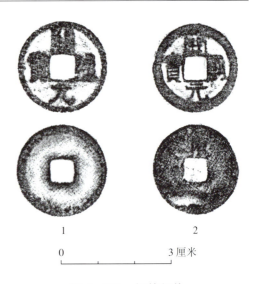

图 5-639　铜钱拓片

1. 开元通宝 M24：11-1　2. 会昌开元通宝 M24：11-2

铸造成形。长方形，面上阳文篆书"鼎"字，边廓较窄。背面平整，折立沿下斜，正中立薄片状梯形纽，纽上钻小孔一个。长 2.7、宽 1.7、高 0.85 厘米（图 5-638，5；彩版 5-877）。

### 4．铜钱

共 17 枚。M24：11-1~17，散置于木棺内墓主骨架周围。均完整。均浇铸成形。种类有开元通宝、会昌开元通宝、皇宋通宝、至道元宝、咸平元宝、祥符元宝、天圣元宝、景祐元宝、至和元宝、嘉祐元宝、治平元宝、熙宁元宝、千秋万岁等。

（1）开元通宝　2 枚。

因形制差别分两型。

A 型：1 枚。M24：11-1，品相较差，正、背两面外廓窄而低平，方穿较小歪斜。正面楷书钱文对读，笔画较粗，字体模糊。背面光素无纹。钱径 2.4、穿边长 0.65 厘米，重 3.35 克（图 5-639，1；彩版 5-878，1）。

B 型：1 枚。M24：11-2，品相较佳，正面外廓略宽而凸出，穿孔方正，楷书钱文对读，笔画纤细，字迹清晰。背面铸楷书"京"字，外廓窄而低平，为会昌年制开元通宝。钱径 2.3、穿边长 0.6 厘米，重 3.1 克（图 5-639，2；彩版 5-878，2、3）。

（2）皇宋通宝　2 枚。

钱文有楷、篆两种书体，分两型。

彩版 5-878　铜钱 M24：11-1、-2（正、背）

A 型：楷书 1 枚。M24∶11-3，品相较佳，正面外廓宽而凸出，穿孔较大，磨损成不规则圆形，楷书钱文对读，笔画纤细清晰。背面光素，外廓宽而低平，稍有错范。钱径 2.5、穿边长 0.7 厘米，重 4.0 克（图 5-640，1；彩版 5-879，1）。

B 型：篆书 1 枚。M24∶11-4，品相较佳，正面外廓窄而凸出，穿孔大，磨损严重，篆书钱文对读，字体较小，笔画纤细清晰。背面光素无纹，外廓宽而低平。钱径 2.45、穿边长 0.7 厘米，重 4.3 克（图 5-640，2；彩版 5-879，2）。

（3）至道元宝　3 枚。

钱文分行、草两种书体，分两型。

A 型：行书 2 枚。品相较佳。正面外廓宽而凸出，穿孔小而不够方正，行书钱文顺时针旋读，字体小且清晰，笔画较细。背面光素无纹，外廓较宽而低平。钱径 2.5、穿边长 0.55 厘米，重 3.4 克。标本 M24∶11-5（图 5-640，3；彩版 5-879，3）。

B 型：草书 1 枚。M24∶11-7，品相较佳，正面廓宽而凸出，穿孔小而方正，草书钱文顺时针旋读，字体小且笔画纤细。背面光素无纹，外廓较宽而低平。钱径 2.4、穿边长 0.5 厘米，重 3.3 克（图 5-640，4；彩版 5-879，4）。

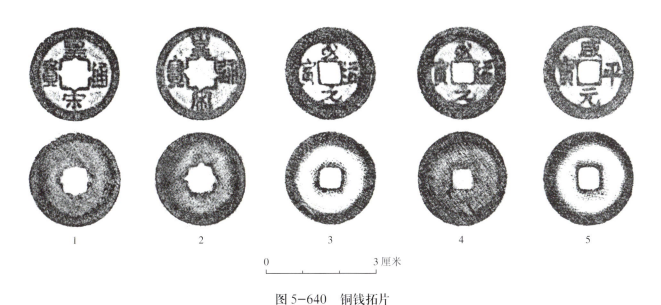

图 5-640　铜钱拓片

1、2. 皇宋通宝 M24∶11-3、-4　　3、4. 至道元宝 M24∶11-5、-7　　5. 咸平元宝 M24∶11-8

彩版 5-879　铜钱 M24∶11-3、-4、-5、-7

（4）咸平元宝　1枚。

M24：11-8，钱体规整，品相佳，正、背两面外廓宽而凸出，穿孔较小方正，正面楷书钱文顺时针旋读，笔画稍粗而清晰。背面光素无纹。钱径2.5、穿边长0.55厘米，重3.8克（图5-640，5）。

（5）祥符元宝　1枚。

M24：11-9，钱体规整，品相较佳，正面外廓宽而凸出，穿孔小而方正，楷书钱文顺时针旋读，字体小且清晰，笔画略粗。背面光素无纹，外廓较宽而低平。钱径2.5、穿边长0.55厘米，重2.9克（图5-641，1；彩版5-880，1）。

（6）天圣元宝　1枚。

M24：11-10，钱体规范，品相较好，正、背两面内、外廓规整而凸出，穿孔大。正面篆书钱文顺时针旋读，字体大而模糊，笔画粗。背面光素无纹。钱径2.5、穿边长0.6厘米，重3.7克（图5-641，2；彩版5-880，2）。

（7）景祐元宝　1枚。

M24：11-11，品相较差，边沿稍有残损，正、背两面外廓较宽而低平，穿孔小而不够方正。正面楷书钱文顺时针旋读，字体小且模糊，笔画纤细。背面光素无纹。钱径2.5、穿边长0.5厘米，重3.3克（图5-641，3；彩版5-880，3）。

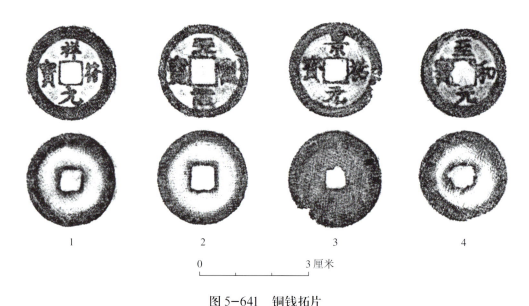

1　　　　　　2　　　　　　3　　　　　　4

0　　　　　　　3厘米

图5-641　铜钱拓片

1. 祥符元宝 M24：11-9　2. 天圣元宝 M24：11-10　3. 景祐元宝 M24：11-11　4. 至和元宝 M24：11-12

彩版5-880　铜钱 M24：11-9、-10、-11、-12

（8）至和元宝　1枚。

M24：11-12，品相差，正面外廓较宽而低平，穿孔磨损成不规则圆形，楷书钱文顺时针旋读，笔画纤细，字体小而清楚。背面光素，外廓宽而低平，稍有错范。钱径2.4、穿边长0.6厘米，重3.1克（图5-641，4；彩版5-880，4）。

（9）嘉祐元宝　2枚。

钱文有楷、篆两种书体，分两型。

A型：楷书1枚。M24：11-13，品相较差，正面外廓稍宽而凸出，穿孔方大，楷书钱文顺时针旋读，字体小较清晰，笔画纤细。背面光素无纹，外廓宽而低平，稍有错范。钱径2.4、穿边长0.6厘米，重3.6克（图5-642，1；彩版5-881，1）。

B型：篆书1枚。M24：11-14，品相较好，正面外廓稍宽而凸出，穿孔方大，篆书钱文顺时针旋读，字体小而清楚，笔画纤细。背面光素无纹，外廓宽而低平，稍有错范。钱径2.4、穿边长0.6厘米，重3.8克（图5-642，2；彩版5-881，2）。

（10）治平元宝　1枚。

M24：11-15，品相较好，正面外廓宽而凸出，穿孔较小但歪斜，楷书钱文顺时针旋读，字体大而清晰，笔画较细。背面光素无纹，外廓宽而低平，稍有错范。钱径2.4、穿边长0.5厘米，重3.9克（图5-642，3；彩版5-881，3）。

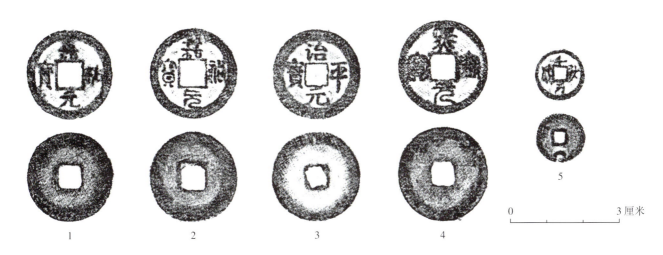

图5-642　铜钱拓片

1、2.嘉祐元宝 M24：11-13、-14　3.治平元宝 M24：11-15　4.熙宁元宝 M24：11-16　5.千秋万岁 M24：11-17

彩版5-881　铜钱 M24：11-13、-14、-15、-17

（11）熙宁元宝　1枚。

M24：11-16，品相较佳，正面外廓窄而低平，穿孔较大而方正，篆书钱文顺时针旋读，字体大且清晰，笔画纤细。背面光素无纹，外廓宽而凸出。钱径2.5、穿边长0.6厘米，重4.15克（图5-642，4）。

（12）千秋万岁　1枚。

M24：11-17，钱体小而轻，制作规整，正、背两面外廓稍宽而凸出，穿孔大而方正。正面楷书钱文顺时针旋读，字体小且工整清晰。背面穿下铸偃月纹饰。钱径1.3、穿边长0.3厘米，重1.7克（图5-642，5；彩版5-881，4）。

### 5. 铁器

共6件。器形有平底器、三足盘、三足平顶器、剪刀、权等。

（1）平底器　1件。

M24：4，出土于墓室东北角。锈蚀严重，断裂，粘接基本完整。铸造成形。圆盘状，敞弇口，浅直腹，大平底，口沿一侧焊接截面呈梯形的短柄。通体素面。通高2.7、口沿径8.4、底径6.1、柄长2.8厘米（图5-643，1；彩版5-882）。

（2）三足盘　1件。

M24：5，出土于墓室东北角。锈蚀严重，一足残失。铸造成形。器呈浅盘状，直口微侈，平折沿，尖唇，浅斜腹，平底，底沿焊接外撇、片状齿形足三个。通体素面。通高3.6、口沿径7.4、足高2.0厘米（图5-643，2；彩版5-883）。

（3）三足平顶器　1件。

M24：6，出土于墓室东北角。完整，锈蚀严重。铸造成形。呈覆圆盘式，顶面平而微凸，矮沿下折、外撇，沿底焊接外撇齿状矮足三个。外底面

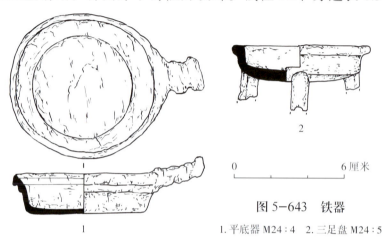

图5-643　铁器
1. 平底器 M24：4　2. 三足盘 M24：5

彩版5-882　平底器 M24：4

彩版5-883　三足盘 M24：5

彩版 5-884　三足平顶器 M24：6

居中饰仰莲纹，外绕以联珠图案。通高
2.0、面径 7.2、底径 7.7、足高 1.4 厘米（图
5-644；彩版 5-884）。

（4）剪刀　2 件。

M24：7、10，均出土于墓室东壁下
偏北处。锈蚀严重。铸造成形。2 件形制
相同，尺寸有别。剪柄由四棱细铁条曲
折成"8"字形交口，上、下两刀上窄下
宽略呈三角形，内面启刃。

M24：7，完整，上下刀刃已锈为一
体。通长 10.7、刀长 4.0、柄长 6.7 厘米（图
5-645，1；彩版 5-885，1）。

M24：10，下刀尖残缺。通长 20.7、
刀长 7.7、最宽处 2.0、柄长 13.0 厘米（图
5-645，2；彩版 5-885，2）。

（5）权　1 件。

M24：3，出土于墓室东北角。保存
完整，有裂纹，锈蚀。铸造而成。半覆球形，

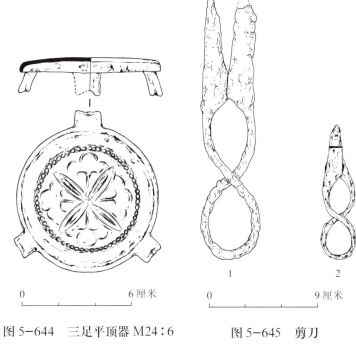

图 5-644　三足平顶器 M24：6　　　　图 5-645　剪刀

1、2. M24：7、10

中空。外面顶中置桥形纽，纽座饰覆莲纹，外绕联珠纹一周，内面素净无纹饰。通高 6.4、纽高 1.9、
权高 4.5、底口沿径 7.9 厘米（图 5-646；彩版 5-886）。

### 6. 玉器

共 3 件。皆属佩饰。

（1）双鱼戏莲佩饰　1 件。

M24：19，出土于墓主盆骨上。基本完整，中部叶茎有残断。汉白玉雕琢成器。整体呈橄榄形，

彩版 5-885　剪刀 M24：7、10

图 5-646　权 M24：3

彩版 5-886　权 M24：3

透雕出双鱼戏莲图案，刻工细腻、造型精美。器表渍为土黄色。高 4.9、最宽 3.2、厚 0.6 厘米（图 5-647，1；彩版 5-887）。

（2）残佩饰　1 件。

M24：15，出土于墓主双腿间。部分残损。白玉雕琢成器。佩饰中部呈薄圆饼形；顶端透雕背分式如意云纹图案，现一侧残失；下端亦缺损、形制不明。器表打磨光滑，大部分有土黄色印渍。残通高 4.0、厚 0.35 厘米（图5-647，2；彩版 5-888）。

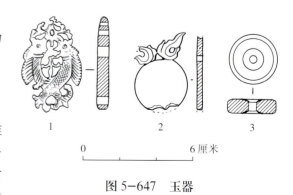

图 5-647　玉器

1. 双鱼戏莲佩饰 M24：19　2. 残佩饰 M24：15　3. 圆饼形佩饰 M24：13

彩版 5-887　双鱼戏莲佩饰 M24：19

彩版 5-888　残佩饰 M24：15　　　　　　彩版 5-889　圆饼形佩饰 M24：13

（3）圆饼形佩饰　1件。

M24：13，出土于墓主左腿外侧。完整。汉白玉雕琢成器。厚圆饼形，中心钻小孔一个，孔周围凹陷，沿边斜削，折立沿竖直。通体素面，打磨光滑，局部有土黄色渍斑。直径2.6、孔径0.4、厚0.8厘米（图5-647，3；彩版5-889）。

### 7. 其他

共2种。有蚌壳、丝织品。

（1）贝壳　1枚。

编号 M24：18，装于银盒盖内。天然生成，白色，顶部居中有黄色晕圈。长2.1、宽1.5厘米（图5-648；彩版5-890）。

（2）丝织品　1袋。

编号 M24：21，出于墓主头部。现已朽为极小残片。织造而成。应属墓主入殓时头上所裹巾帕一类丝织品，黑褐色，从采集样品分析，可能是平纹织成的纱类物质（彩版5-891）。其质地、成分详见本报告柒第三章。

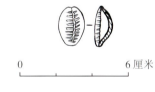

0　　　　　　　　6厘米

图 5-648　贝壳 M24：18

彩版 5-890　贝壳 M24：18

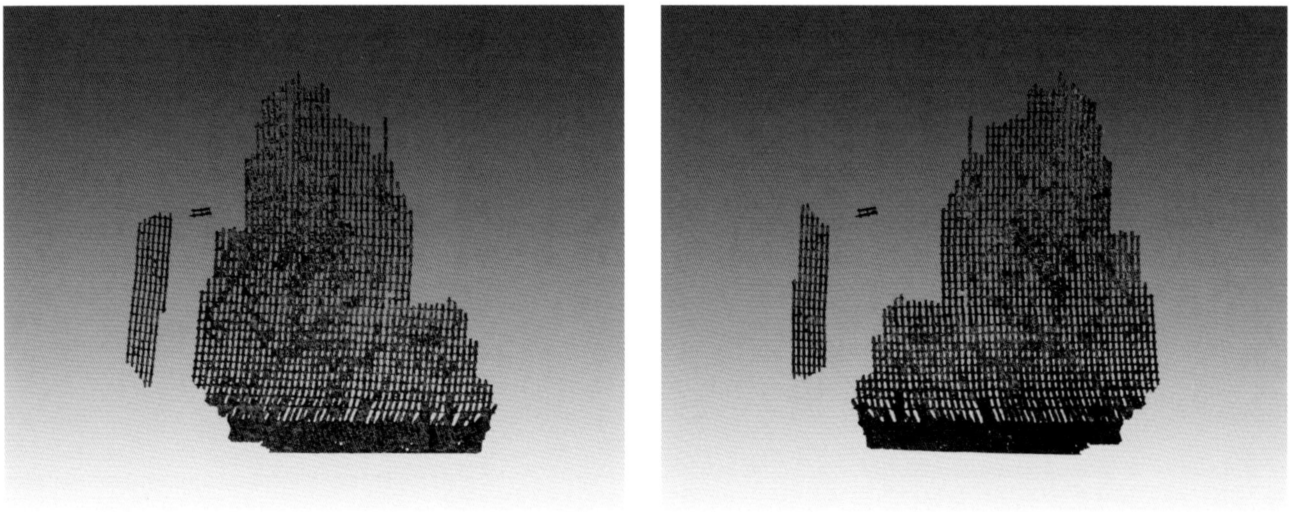

彩版 5-891　丝织品 M24：21

**8. 墓志**

仅石墓志 1 方。

石墓志　1 方。

编号 M24：1，出土于壁龛内。完整，无盖。青石凿刻而成。方形，志面抛光，其上楷书铭文 12 行，满行 10 字，共计 110 字（附一）。四立沿粗涩无纹。边长 31.5、厚 11.7 厘米（图 5-649；彩版 5-892）。

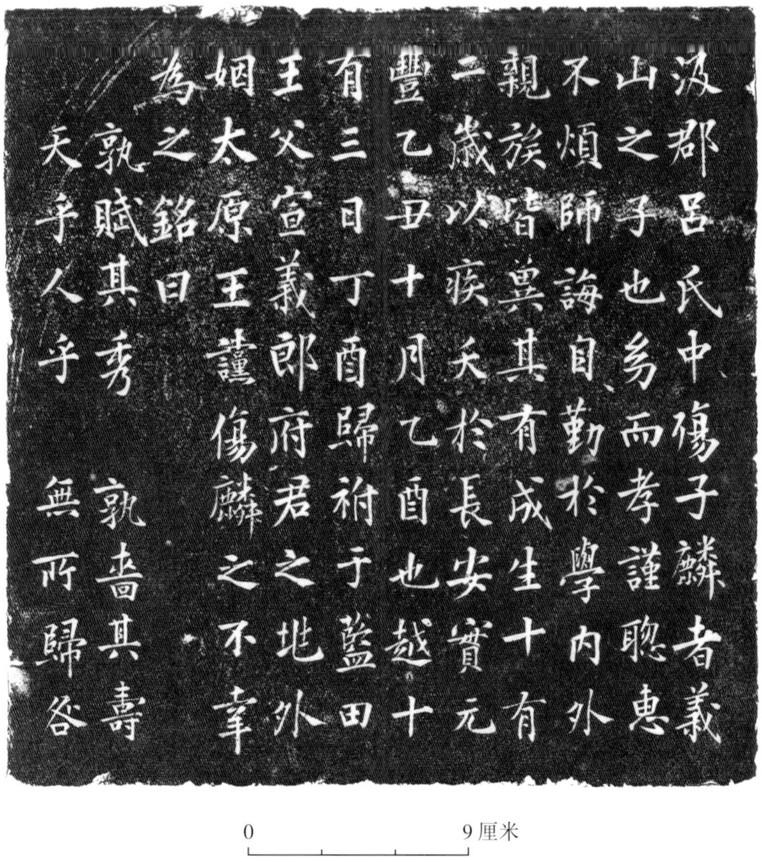


图 5-649　吕麟墓志 M24∶1 拓片

附一　志铭录文：

汲君吕氏中殇子麟者義 /
山之子也幼而孝謹聰恵 /
不煩師誨自勤扵學内外 /
親族皆異其有成生十有 /
二歲以疾夭扵長安實元 /
豐乙丑十月乙酉也越十 /
有三日丁酉歸祔于藍田 /
王父宣義郎府君之兆外 /
姻太原王讜傷麟之不幸 /
為之銘曰 /
　　孰賦其秀　孰嗇其壽 /
　　天乎人乎　無所歸咎 /

志文句读为：

汲君吕氏中殇子麟者，义山之子也。幼而孝谨聪惠（慧），不烦师诲，自勤于学，内外亲族皆冀其有成。生十有二岁，以疾夭于长安，实元丰乙丑（元丰八年，即 1085 年）十月乙酉也。越

彩版 5-892　石墓志 M24：1

十有三日丁酉，归祔于蓝田王父宣义郎府君
之兆。外姻太原王说伤麟之不幸，为之铭曰：

　　孰赋其秀，孰啬其寿。天乎人乎，九所
归咎。

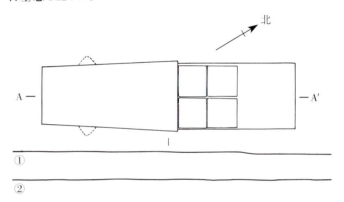

　　吕麟乃吕义山之子，吕大钧之孙，墓中
所出 M24：3~6 号器物个体小巧，用途、性
质尚待讨论，就其形制特点而言，有的可能
与饮茶相关，亦有供小儿玩耍的弄器。该墓
葬主人未成年，但随葬品与上述其他幼儿墓
葬相比，颇为丰厚。可见父母对其宠爱有加。
墓葬位于祖父吕大钧左侧稍偏后处，再次证
明吕氏丧葬礼制中尊"左"为上，孙男卒后
必葬其祖父母之左的布局原则。

# 九　吕大钧孙女墓（编号 M27）

## （一）位置与地层

　　该墓位于吕氏家族墓园墓葬群自南向北
第三排东数第三座 M22 吕大钧墓右侧稍偏
后处，东距 M23 为 1.03、东南距 M22 是 3.28、
西南距 M20 为 3.20 米。墓葬田野编号为蓝
田吕氏 M27（图 5-650）。发掘时间 2009
年 7 月 28、29 日，历时 2 天。

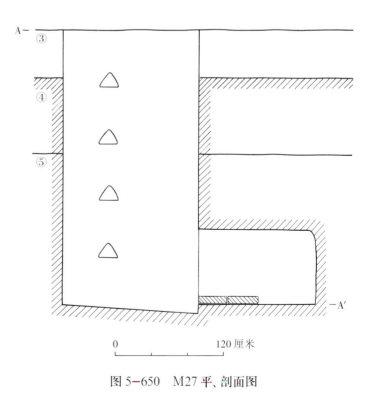

图 5-650　M27 平、剖面图

M27 所处地层剖面为（图 5-650）：

第①层：耕土层，厚 0.30 米，土色灰黄，土质松软，内含大量植物根系及料礓石块、砖、瓦碎片。

第②层：扰土层，厚 0.60 米，浅灰褐色，土质略硬，夹杂大量料礓石碎块。墓道开口位于此层下。

第③层：古代堆积层，厚 0.50 米，浅灰黄色，土质硬而密实，内杂黑、白釉瓷片。

第④层：黑褐色土层，厚 0.80 米，土质坚硬，呈颗粒状，含有白色植物根系、蜗牛壳等。

第⑤层：黄土层，厚度不详，质地松软纯净，色泽纯黄，墓道底在此层面下 1.60~1.70 米处，墓室位于此层面下 0.80~1.60 米处。

## （二）墓葬形制

墓葬坐东北向西南，方向 210°。平面呈南北向长方形，由竖穴墓道、单土洞墓室两部分组成。水平总长 2.80、墓室底面上距现地表 3.80 米，墓道现开口距地表 0.90 米（图 5-650）。

### 1. 墓道

墓道位于墓葬南端，竖穴土圹式，北壁下部连接墓室。平面呈南窄北宽长方形，南北长 1.50、南宽 0.60、北宽 0.73 米。四壁竖直，壁面经修整铲平。底面平坦，呈南高北低缓坡式，南北落差 0.10、最深处上距墓道现开口 3.00 米。东、西两壁距南壁 0.40 米处各设对称踏窝一列 4 个，顶端踏窝上距墓道开口 0.44、各踏窝纵向间距 0.45 米左右，踏窝截面呈三角形，面宽 0.20、高 0.15、进深 0.10 米。墓道内填充五花土，土质较疏松。

### 2. 墓室

位于墓葬北端，开口于墓道北壁下方。平面呈南北向长方形，南北长 1.30、东西宽 0.70 米。东、西、北三壁竖直，壁顶相交处呈弧形，壁面稍作修整，仍显粗糙，东、西壁南端各向内折收 0.02 米，形成折棱一道以示入口。平顶保存完整，顶面亦稍有整修。底面平整，高于墓道北端底面 0.10、上距墓室顶 0.80 米。墓室入口处以 4 块方砖对缝平铺，形成砖质棺床。方砖边长 32.0、厚 8.0 厘米。墓室内填充五花土及大量淤土。

## （三）葬具葬式

墓中未见葬具，砖棺床上有已朽婴儿骨骼粉末，因严重朽毁，葬式不明。

## （四）出土遗物

M27 无随葬品出土。

M27 与吕大钧墓葬同排，位于右方稍后处，与 M23 并列并紧密相邻，根据该家族墓葬布局规律推测，其身份当属吕大钧的孙女。大钧嫡子吕义山墓葬中无墓志铭出土，其儿、女数量、生、卒状况不详，从埋葬位置分析 M23、M27 墓葬主人皆应是义山嫡生早夭之女。

# 陆　陕西历史博物馆藏吕氏家族墓出土文物

2006 年，蓝田北宋吕氏家族墓园中部分墓葬被盗掘，西安市公安局破获此案并将被盗文物转交于陕西历史博物馆陈列收藏。为保证资料的完整、系统和科学性，本报告将收藏于陕西历史博物馆内所有吕氏家族墓被盗器物全部收录，总计 93 件（组），并根据文物质地分类逐一介绍。

## 一　瓷器

瓷器共计馆藏 45 件，均出土于被盗墓葬中，釉色有青、白、黑三种，器形有瓶、执壶、钵、碗、盏、盏托、盘、碟、盒、渣斗等。

### 1. 青釉瓷器

共 21 件。

（1）青釉刻花花口瓶　1 件。

200659，保存基本完整，口沿有断裂可修复完整。六瓣卷沿侈花口，细颈微束，平肩圆折，深腹亦为六曲瓜棱状与口沿对应，平底，外撇圈足，足外沿自内向外斜削一周。外壁施满釉，内壁施釉至口沿下，足底刮釉露胎，口沿内露胎。釉色灰绿。釉面较浊，口沿处较明亮，肩腹部一侧有较大长圆形焦斑。灰胎坚硬致密，露胎处局部呈浅土黄色。外壁颈中偏上处饰弦纹两周，腹部刻饰变形折枝牡丹花叶图案两组。颈部隐见轮制旋痕，底、足相交处有土渍。通高 21.7、口沿径 9.5、最大腹径 11.5、圈足外径 7.5、足高 1.1 厘米（图 6-1；彩版 6-1）。

彩版 6-1　青釉刻花花口瓶 200659

（2）青釉刻花花口瓶　1组2件。

200658、2006075，两者形制、尺寸、釉色、胎质、纹饰基本相同。六瓣卷沿侈花口，细颈微束，平肩圆折，深腹亦为六曲瓜棱状与口沿对应，平底，圈足外撇，足外沿自内向外斜削一周。外壁施满釉，内壁施釉至口沿下，足底刮釉露胎，口沿内露胎。釉色灰绿。釉面较浊，多土渍斑点，口沿处明亮。胎质坚硬致密，露胎处表面呈土黄褐色。外壁颈部上、下两周弦纹间刻双重仰莲瓣纹，肩部有覆莲瓣纹一周，腹上刻饰变形折枝牡丹花叶图案两组。

200658，完整。通高22.2、口沿径10.1、最大腹径12.6、圈足外径7.7、足高1.1厘米（图6-2；彩版6-2）。

2006075，基本完整，圈足一侧有磕豁。通高22.2、口沿径9.8、最大腹径12.6、圈足外径7.5、足高1.1厘米（图6-3；彩版6-3）。

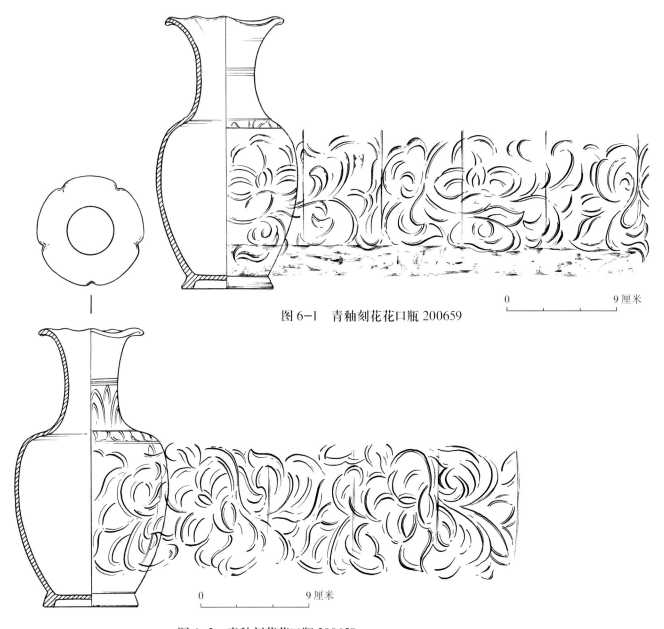

图6-1　青釉刻花花口瓶 200659

0　　　　　　　　　9厘米

0　　　　　　9厘米

图6-2　青釉刻花花口瓶 200658

彩版 6-2　青釉刻花花口瓶 200658

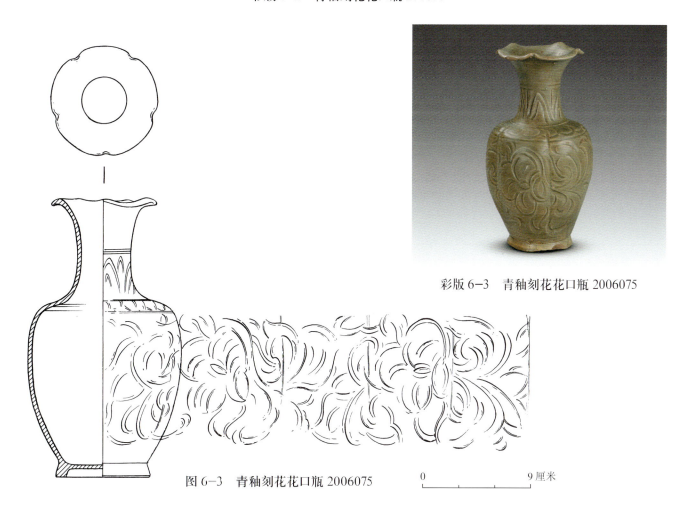

彩版 6-3　青釉刻花花口瓶 2006075

图 6-3　青釉刻花花口瓶 2006075

0　　　　　9 厘米

（3）青釉刻花牡丹纹小口鼓腹瓶　1组2件。

200650、2006071，保存完整。2件形制、尺寸、釉色、胎质、纹饰基本相同。小直口，宽平折沿稍外斜，圆唇、短细颈，圆肩鼓腹，下腹曲向内收成隐圈足，足内墙略外撇，足外沿自内向外斜削一周。外壁施满釉，内壁施釉至颈下，足底刮釉露胎，内颈下露胎。釉色青绿稍泛黄。釉层不够匀净。釉面较明亮，多棕眼。胎质坚硬致密，露胎处表面呈浅土黄色。肩、腹部外壁刻牡丹花叶纹两组，腹下部至底处饰双重仰莲瓣图案一周。

200650，通高19.5、口沿径6.7、口径3.8、最大腹径17.0、隐圈足外径7.5、内径5.8、足高0.6厘米（图6-4；彩版6-4）。

2006071，腹壁隐见横向裂纹，牡丹花叶纹图案稍显简化。通高19.6、口沿径6.6、口径3.8、最大腹径16.0、隐圈足外径7.2、内径5.3、足高1.0厘米（图6-5；彩版6-5）。

0　　　　　　　12厘米

图6-4　青釉刻花牡丹纹小口鼓腹瓶 200650

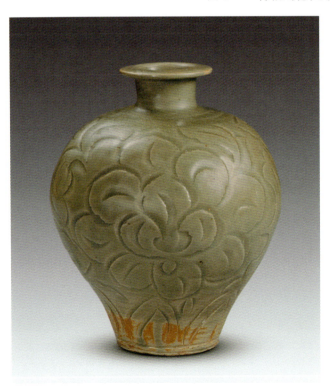

彩版6-4　青釉刻花牡丹纹小口鼓腹瓶 200650

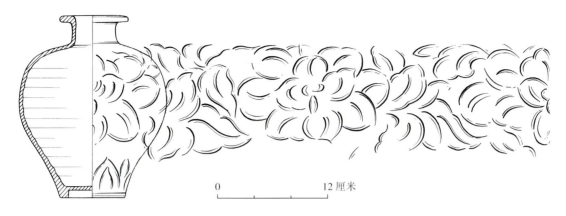

图 6-5　青釉刻花牡丹纹小口鼓腹瓶 2006071

彩版 6-5　青釉刻花牡丹纹小口鼓腹瓶 2006071

（4）青釉带盖银釦执壶　1件。

2006070，壶盖为银质圆形，顶部平坦微凸，折立沿短而竖直，下为母口，沿一侧有横向卷筒式插孔，孔内穿圆环与壶执手顶端套接使盖、壶一体不至分离。壶身为微敞口，细高颈，平弧肩，深腹微鼓，下腹弧向内收成平底，下置微撇较高圈足，壶肩一侧耸立下粗上细曲管状流，流口下斜削，相对一侧置条状"耳"形高执手。内、外壁施满釉。釉色青绿较浅。釉层匀净细腻，釉面通透明亮，闪玻璃光泽。灰胎细密坚硬。壶颈中绕弦纹三周，流跟绕浮雕仰莲瓣图案，执手面上有纵向波浪式缠枝蔓草纹样一周，末端饰双卷叶托蓓蕾图案。壶口、流口、圈足均包银釦。通高 18.0、盖高 0.4、盖口沿径 4.3、壶高 17.0、口沿径 4.2、腹径 14.4、圈足外径 7.7、足高 1.2 厘米（图 6-6；彩版 6-6）。

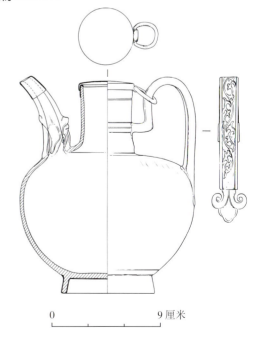

图 6-6　青釉带盖银釦执壶 2006070

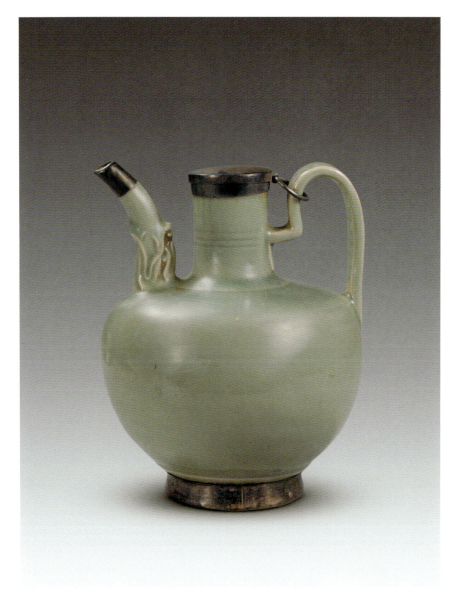

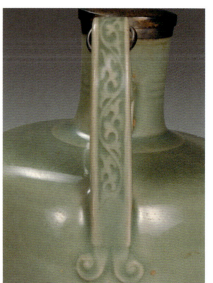

彩版 6-6　青釉带盖银钮执壶 2006070

（5）青釉十二曲葵瓣印花银釦钵　1件。

2006077，完整。十二曲葵瓣式微敛口，弧腹腹壁亦为十二曲葵瓣式与口沿相对应，微圜底，下置极矮圈足。内、外壁施满釉，圈足底、外底露胎。釉色浅青绿。釉层匀净细腻，釉面通透闪玻璃光泽。灰胎坚硬致密，外底面露胎处呈浅土黄色。口沿镶较宽闪亮银釦，器内底划花牡丹花叶纹，内腹壁划花对称交枝牡丹花叶纹两组，线条纤弱精细；外壁口沿下有弦纹四周，其下以十二曲葵瓣为规范，每瓣内模印缠枝牡丹花叶纹一组；底外围饰三重仰莲瓣纹。通高 8.0、口沿径 17.4、腹径 17.0、圈足外径 5.7、足高 0.2 厘米（图 6-7；彩版 6-7）。

彩版 6-7　青釉十二曲葵瓣印花银釦钵 2006077

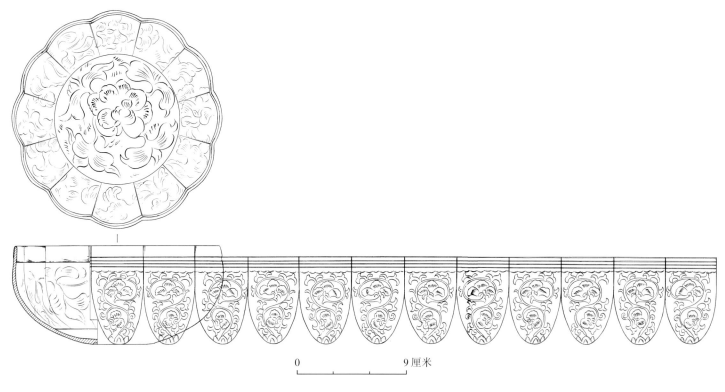

图 6-7　青釉十二曲葵瓣印花银釦钵 2006077

（6）青釉五曲葵口金釦碗　1组2件。

200643、200667，2件形制、釉色、胎质、尺寸基本相同。五曲葵口外敞，圆唇，斜弧腹，微圆底，圈足，圈足略高。内、外壁施满釉，足底刮釉露胎。浅青绿色釉匀净细腻。釉面较薄，闪玻璃光泽，内壁有条状、网格状冰裂纹。胎质坚硬细密，圈足露胎处呈浅灰色。通体素面，口沿处镶金釦。

200643，保存基本完整，碗口金釦局部缺失。通高6.2、口沿径14.7、圈足外径5.1、足高0.8、金釦外沿宽0.4、内沿宽0.8、厚0.05厘米（图6-8，1；彩版6-8）。

200667，保存完整。通高6.2、口沿径14.3、圈足外径4.7、足高0.9、金釦外沿宽0.5、内沿宽0.95厘米（图6-8，2；彩版6-9）。

（7）青釉敞口银釦碗　1组2件。
200640、2006066，保存完整。

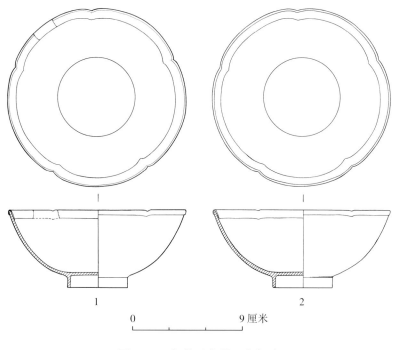

图 6-8　青釉五曲葵口金釦碗
1、2. 200643、200667

彩版 6-8　青釉五曲葵口金釦碗 200643

彩版 6-9　青釉五曲葵口金釦碗 200667

2件形制、釉色、胎质、尺寸完全相同。敞口，圆唇，深斜腹微弧，圜底，圈足略外撇。内、外壁施满釉，足底刮釉露胎。釉色青绿，外壁稍泛黄。釉层匀净。釉面明亮通透。胎质坚硬细密，露胎处表面呈土黄色。通体素面，口沿镶银釦，釦面光亮。

200640，外壁口沿下有轮制旋痕，足外围留一褐色小釉斑。通高7.8、口沿径18.6、圈足外径5.4、足高0.85，银釦外沿宽0.5、内沿宽1.0厘米（图6-9，1；彩版6-10，左、中）。

2006066，通高8.15、口沿径18.3、圈足外径5.4、足高0.7、银釦外沿宽0.4、内沿宽1.0厘米（图6-9，2；彩版6-10，右）。

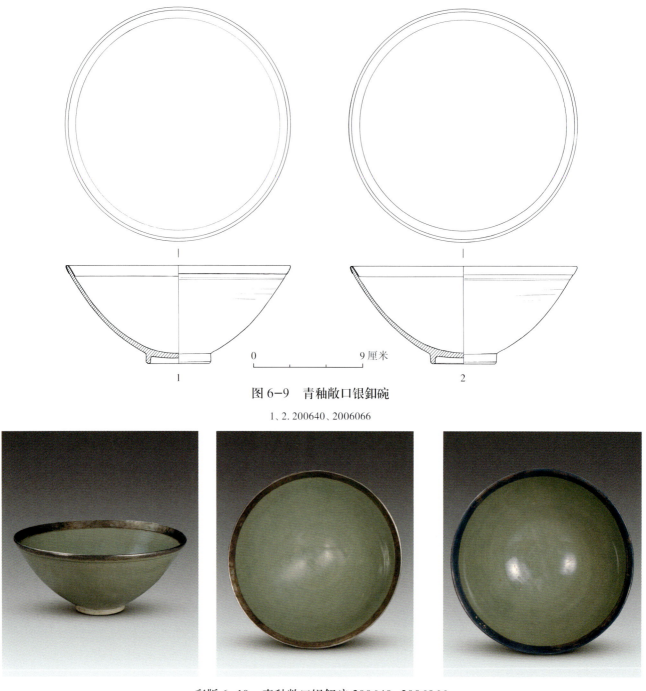

0　　　　　　　9厘米

图6-9　青釉敞口银釦碗
1、2. 200640、2006066

彩版6-10　青釉敞口银釦碗 200640、2006066

彩版6-11　青釉六曲葵瓣银釦碗 200645、2006068

（8）青釉六曲葵瓣银釦碗　1组2件。

200645、2006068，2件形制、釉色、胎质、尺寸基本相同。六曲葵瓣式微敞口，窄斜沿，弧腹亦呈六曲葵瓣式与口沿对应，平底内底心微凸，圈足足沿稍外撇。内、外壁施满釉，足底刮釉露胎。釉色青绿，外底面则青绿泛黄。釉面明亮闪玻璃光泽，内底有使用磨损印迹。灰胎坚硬细密，足底露胎处表面呈灰黄色。口沿镶银釦、釦宽而明亮，外沿下饰弦纹一周。

200645，保存基本完整，足外围留粘痕两处，圈足沿有磕碰。通高7.3、口沿径16.3、圈足外径5.9、足高1.0、银釦外沿宽0.4、内沿宽0.85厘米（图6-10，1；彩版6-11，左）。

2006068，保存完整。通高7.1、口沿径16.0、圈足外径6.3、足高1.1、银釦外沿宽0.6、内沿宽0.95厘米（图6-10，2；彩版6-11，右）。

（9）青釉十曲葵瓣碗　1组2件。

200654、2006073。保存完整。2件形制、尺寸、釉色、胎质基本相同。十曲葵瓣式敞口，尖圆唇，斜弧腹亦为十曲葵瓣式与口沿相对应，微圆底，圈足，足沿稍外撇。内、外壁施满釉，足底刮釉露胎。浅青绿色釉，釉层不甚均匀，釉面细腻通透，闪玻璃光泽，多棕眼。灰胎坚硬细密，露胎处呈浅灰黄色。通体素面，内口沿一周釉面有灰白色斑点状粘贴物，疑原镶有金属釦圈，现已脱落遗失。

200654，通高7.1、口沿径17.5、圈足外径6.2、足高1.0厘米（图6-11，1；彩版6-12）。

2006073，通高6.5、口沿径17.7、圈足外径6.2、足高0.7厘米（图6-11，2；彩版6-13）。

（10）青釉素面盏托　1组2件。

200647、2006069，保存完整。此2器本与盏配成一套，现盏已缺失仅剩盏托。托呈浅盘式，中空。

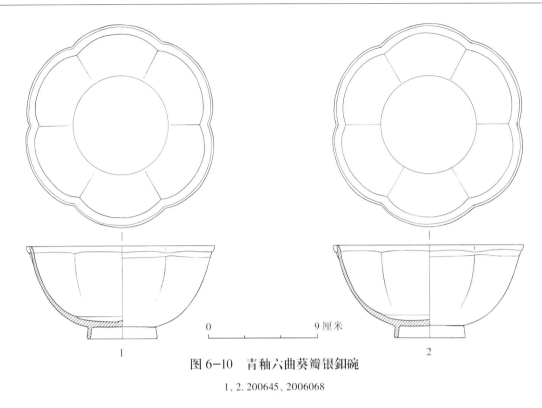

图 6-10　青釉六曲葵瓣银釦碗

1、2. 200645、2006068

彩版 6-12　青釉十曲葵瓣碗 200654

彩版6-13　青釉十曲葵瓣碗 2006073

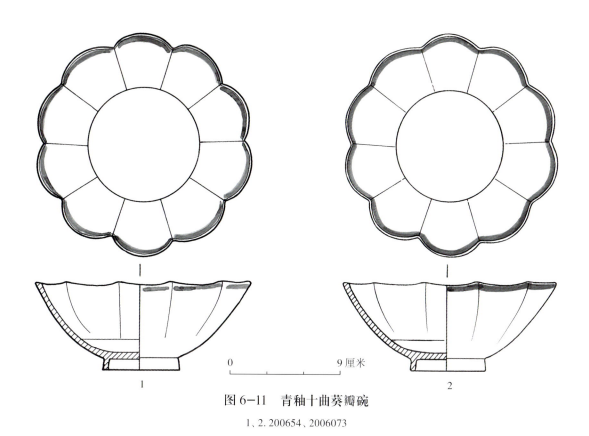

图6-11　青釉十曲葵瓣碗

1、2. 200654、2006073

托口微敛，矮弧颈，下出圆唇浅盘式宽斜沿，圈足外撇。内、外壁通施浅青绿色釉，足底沿刮釉露胎。釉面光亮匀净。胎质坚硬细密，露胎处表面呈土黄色。托口之宽斜沿口沿一周釉面有灰白色斑驳粘贴物，从遗痕推测原镶金属釦圈，现均缺失。

200647，圈足有变形。通高4.4、口沿径8.1、宽斜沿径14.4、圈足外径6.6、足高1.2厘米（图6-12，1；彩版6-14）。

2006069，通高4.2、口沿径8.0、宽斜沿径14.4、圈足外径6.6、足高1.1厘米（图6-12，2；彩版6-15）。

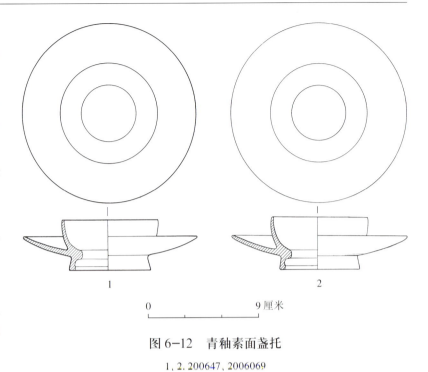

0          9厘米

图6-12 青釉素面盏托
1、2. 200647、2006069

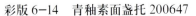

彩版6-14 青釉素面盏托 200647

彩版6-15 青釉素面盏托 2006069

（11）青釉深腹圈足银釦盘　1组2件。

200639、2006065，保存完整。2件形制、尺寸、釉色、胎质完全相同。器壁较厚，敞口，圆唇，斜弧腹，大圜底，直圈足。内、外壁施满釉，足底刮釉露胎。浅青绿色釉稍显灰。釉面均匀通透，闪玻璃光泽，有棕眼，遍布冰裂纹，外底釉层较薄泛灰。胎质坚硬细密，露胎处表面呈土黄色。通体素面，口沿镶银釦、釦面光亮。

200639，通高5.8、口沿径18.5、圈足外径8.0、足高1.0、银釦外沿宽0.6、内沿宽1.0厘米（图6-13，1；彩版6-16）。

2006065，通高5.8、口沿径18.5、圈足外径8.0、足高1.0、银釦外沿宽0.6、内沿宽1.0厘米（图6-13，2；彩版6-17）。

彩版6-16　青釉深腹圈足银釦盘 200639

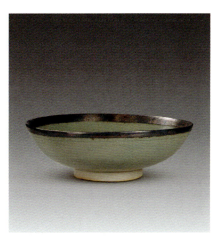

彩版6-17　青釉深腹圈足银釦盘 200665

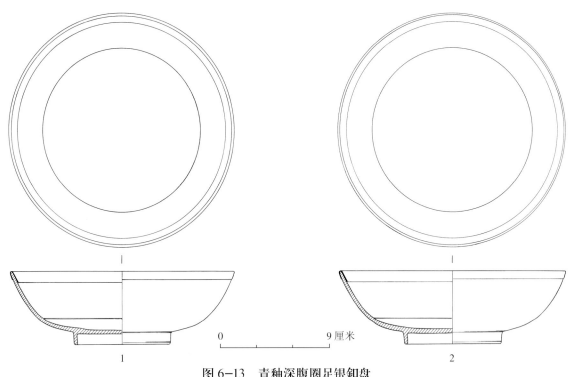

图6-13　青釉深腹圈足银釦盘

1、2. 200639、2006065

（12）青釉刻花牡丹纹渣斗　1组2件。

200652、2006072，保存完整。2件形制、纹饰、釉色、胎质、尺寸基本相同。直口微侈，喇叭形宽斜沿，尖圆唇，束颈，鼓腹，平底，矮圈足，足外沿自内向外斜削一周。内、外壁施满釉，足底刮釉露胎。釉色青绿略显黄，外底有环状火石红色印迹。釉面明亮多棕眼，口沿内、外釉层较薄。胎质坚硬，露胎处表面呈土黄色。宽沿内壁饰折枝牡丹花叶纹两组，花瓣脉络刻划清晰；口沿外壁两周弦纹间饰折扇纹，外腹壁刻三重仰莲瓣图案。口沿内、外有灰白色斑状粘贴物，推测原有金属釦镶嵌其上，现已遗失仅留粘斑。

200652，通高9.8、口沿径21.0、腹径10.2、圈足外径5.8、足高0.8厘米（图6-14；彩版6-18）。

2006072，口沿内、外粘附物较少，显洁净。通高9.8、口沿径20.5、腹径9.7、圈足外径6.0、足高0.6厘米（图6-15；彩版6-19）。

图6-14　青釉刻花牡丹纹渣斗 200652

彩版 6-18　青釉刻花牡丹纹渣斗 200652

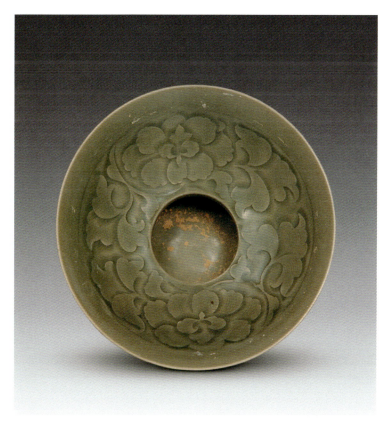

彩版 6-19　青釉刻花牡丹纹渣斗 2006072

图 6-15　青釉刻花牡丹纹渣斗 2006072

### 2. 白釉瓷器

共 22 件。

（1）白釉带盖圆盒　1 件。

200681，完整。由盖、身两部分扣合而成。盒盖顶面近平微鼓，折立沿短而稍内敛，下为方唇母口。盒身为高子口，尖圆唇，浅折腹上部竖直下部折向内收成平底，下置隐圈足。内、外壁均施乳白色釉，子母口沿、盒内顶边缘、立沿内壁、足外围露胎，圈足底沿刮釉露胎，内底外围刮釉成涩圈一周。釉面匀净透亮，闪玻璃光泽。白胎坚硬细密，露胎处表面呈土黄褐色。上腹近折处饰弦纹一周，盒顶隐见使用磨痕。通高 4.6、盒盖母口沿径 10.8、高 1.8、盒身子口径 9.9、高 3.5、折腹径 10.8、隐圈足径 4.9、隐足内高 0.25 厘米（图 6-16，1；彩版 6-20）。

（2）白釉折枝花带盖圆盒　1 件。

200682，盒盖断裂为数片，拼对粘接基本完整，母口沿有两处缺失，盒身保存完整。盒由盖、身两部分扣合而成。盒盖顶面微鼓，折立沿稍向内斜收，下为方唇母口。盒身壁面较厚，置高子口沿，尖圆唇，浅折腹，腹部上直下内折收成平底，下置隐圈足。内、外壁满施乳白色釉，盖沿内壁、子母口沿露胎，足底

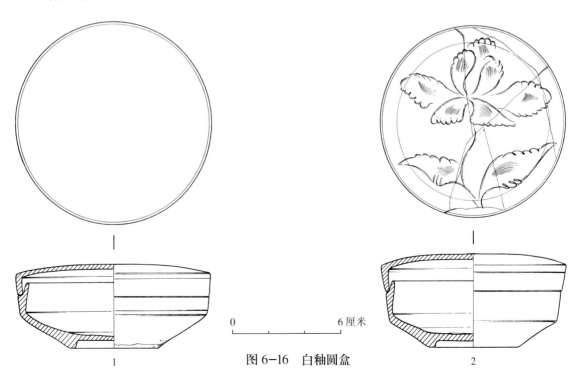

图 6-16　白釉圆盒

1. 白釉带盖圆盒 200681　2. 白釉折枝花带盖圆盒 200682

彩版 6-20　白釉带盖圆盒 200681　　　　　彩版 6-21　白釉折枝花带盖圆盒 200682

沿刮釉露胎，内底外围刮釉成涩圈一周。釉面匀净细腻，闪玻璃光泽。白胎质坚致密，露胎处表面呈土黄褐色。盒盖外顶面模印折枝花一枝。通高 5.1、盒盖母口沿径 9.8、高 2.0、盒身子口沿径 9.0、高 3.5、折腹径 9.7、隐圈足外径 4.8、足内高 0.3 厘米（图 6-16，2；彩版 6-21）。

（3）白釉六曲葵瓣碟　1 组 10 件。

200671~200680，均完整。10 件形制、尺寸、釉色、胎质基本相同。均为六曲葵瓣式敞口，圆唇，浅斜腹亦为六曲葵瓣式与口沿对应，平底，外底沿自内向外斜削一周。内、外壁通施乳白色釉。釉面光泽匀净，细腻通透。白胎，胎质坚硬致密。通体素面，口沿周边内、外附着较多灰色不规则粘贴物，疑原器口沿镶有银釦，现釦已脱落遗失，仅残留斑驳碎片痕迹。

200671，通体洁净明亮。高 2.1、口沿径 11.3、底径 4.9 厘米（图 6-17，1；彩版 6-22）。

200672，内壁口沿下附着较多灰色物质。高 1.8、口沿径 11.3、底径 5.3 厘米（图 6-17，2；彩版 6-23）。

200673，内壁着少许土渍斑点。高 2.0、口沿径 11.4、底径 5.1 厘米（图 6-17，3；彩版 6-24）。

200674，稍有变形，内、外壁略有土渍斑。高 1.8、口沿径 11.2、底径 5.8 厘米（图 6-18，1；彩版 6-26）。

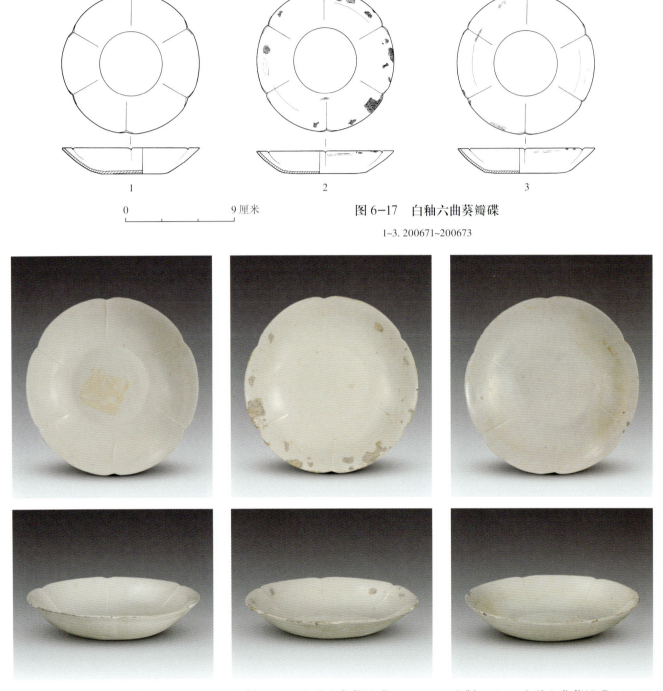

图 6-17　白釉六曲葵瓣碟

1~3. 200671~200673

彩版 6-22　白釉六曲葵瓣碟 200671　　　彩版 6-23　白釉六曲葵瓣碟 200672　　　彩版 6-24　白釉六曲葵瓣碟 200673

200675，内、外沿下有灰色粘贴物，内腹壁着模糊土渍痕。高1.8、口沿径11.6、底径4.8厘米（图6-18，2；彩版6-25）。

200676，内壁口沿下断续分布灰色不规则状附着物一圈，外腹壁有近条状失釉露胎一处。高1.8、口沿径11.5、底径5.6厘米（图6-18，3；彩版6-27）。

200677，内壁口沿下着间断灰色不规则状粘贴物一周，外腹壁局部有脱釉斑。高2.1、口沿径11.5、底径4.7厘米（图6-19，1；彩版6-28）。

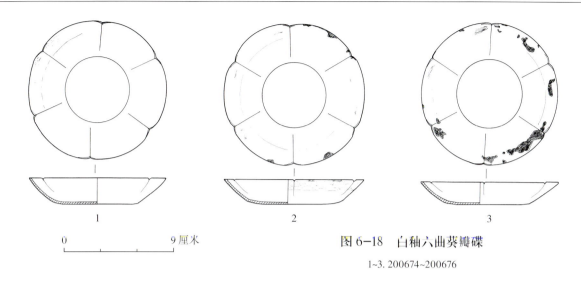

0　　　　　　9厘米

图6-18　白釉六曲葵瓣碟

1~3. 200674~200676

彩版6-25　白釉六曲葵瓣碟 200675

　　200678，内壁口沿下着较多灰色不规则状附着物。高1.7、口沿径11.2、底径5.1厘米（图6-19，2；彩版6-29）。

　　200679，内壁口沿下有灰色不规则附着物一处，外壁有气泡。高1.9、口沿径11.3、底径4.7厘米（图6-19，3；彩版6-30）。

　　200680，内、外壁口沿处着不规则灰色斑状附着物及土渍斑点。碟内遗留包含物残迹若干。高2.0、口沿径11.3、底径4.7厘米（图6-19，4；彩版6-31）。

彩版 6-26　白釉六曲葵瓣碟 200674

彩版 6-27　白釉六曲葵瓣碟 200676

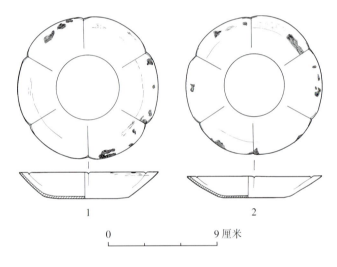

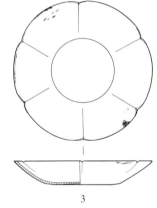

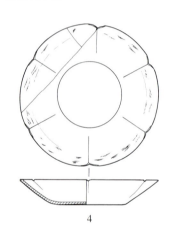

1　　　　　　2　　　　　　3　　　　　　4

0　　　　　　9厘米

图 6-19　白釉六曲葵瓣碟

1~4. 200677~200680

彩版 6-28　白釉六曲葵瓣碟 200677

彩版 6-29　白釉六曲葵瓣碟 200678

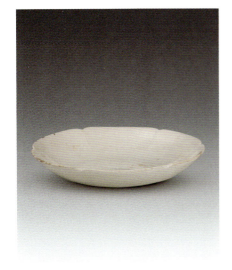

彩版 6-30　白釉六曲葵瓣碟 200679

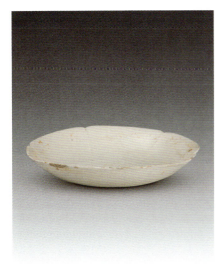

彩版 6-31　白釉六曲葵瓣碟 200680

（4）白釉六曲葵口碟　1 组 10 件。

200661~200670，完整。10 件形制、尺寸、釉色、质地基本相同。六曲敞葵口，尖圆唇，浅斜腹，大平底，底外沿自内向外斜削一周。内、外壁满施乳白色釉，口沿露胎。釉层均匀细腻。釉面明亮，闪玻璃光泽，有少许气泡。白胎坚硬致密，口沿露胎处表面呈浅土黄色。通体素面，大部分器物口沿一周内、外面上附有灰色不规则状粘贴物质，疑原器口沿上镶有银釦，现已脱落，仅留残迹。

200661，釉色略泛青，内沿局部有土渍及灰色小粘斑一处，外底见轮制旋痕。高 2.0、口沿径 13.0、底径 7.6 厘米（图 6-20，1；彩版 6-32）。

200662，釉色略泛灰，釉面洁净。高 2.3、口沿径 12.7、底径 7.5 厘米（图 6-20，2；彩版 6-33）。

200663，口沿内有间断灰色附着物斑点一周。高 2.0、口沿径 12.5、底径 7.1 厘米（图 6-20，3；彩版 6-34）。

200664，内壁口沿存间断灰色附着物一周，外腹壁有气泡，外底棕眼较多。高 2.0、口沿径

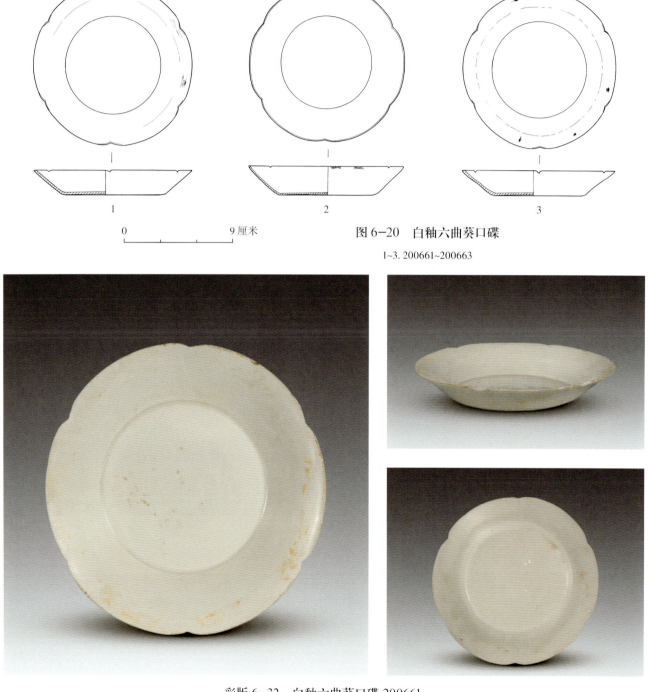

图 6-20　白釉六曲葵口碟

1~3. 200661~200663

0　　　　　　　9厘米

彩版 6-32　白釉六曲葵口碟 200661

12.6、底径 7.6 厘米（图 6-21，1；彩版 6-35）。

200665，釉色稍泛青灰，内壁口沿有间断较多灰色附着物一周，并间插土渍遗痕。高 2.3、口沿径 12.8、底径 7.5 厘米（图 6-21，2；彩版 6-36）。

200666，内壁口沿存间断灰色状附着物一周，并间插土渍遗痕，外底有轮制同心圆旋痕。高 2.0、口沿径 12.6、底径 7.3 厘米（图 6-21，3；彩版 6-37）。

200667，釉色略泛青，内壁口沿存间断灰色不规则状附着斑，外壁有粘痕、气泡。高 2.0、口

彩版 6-33　白釉六曲葵口碟 200662

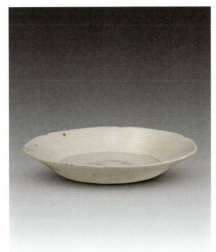

彩版 6-34　白釉六曲葵口碟 200663

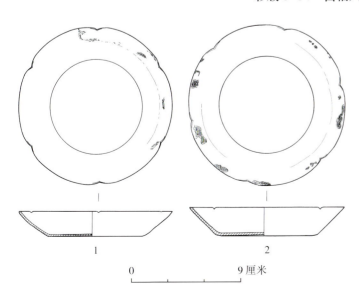

1　　　2

0　　　　　　　9厘米

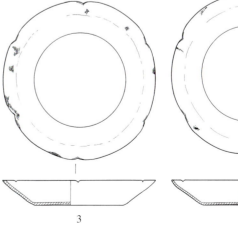
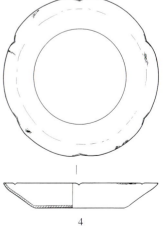

3　　　4

图 6-21　白釉六曲葵口碟

1~4. 200664~200667

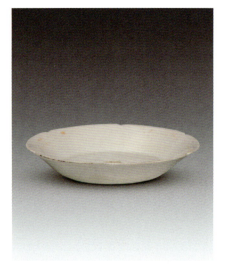

彩版 6-35　白釉六曲葵口碟 200664

彩版 6-36　白釉六曲葵口碟 200665　　　　　　　　彩版 6-37　白釉六曲葵口碟 200666

彩版 6-38　白釉六曲葵口碟 200667

彩版 6-39　白釉六曲葵口碟 200668

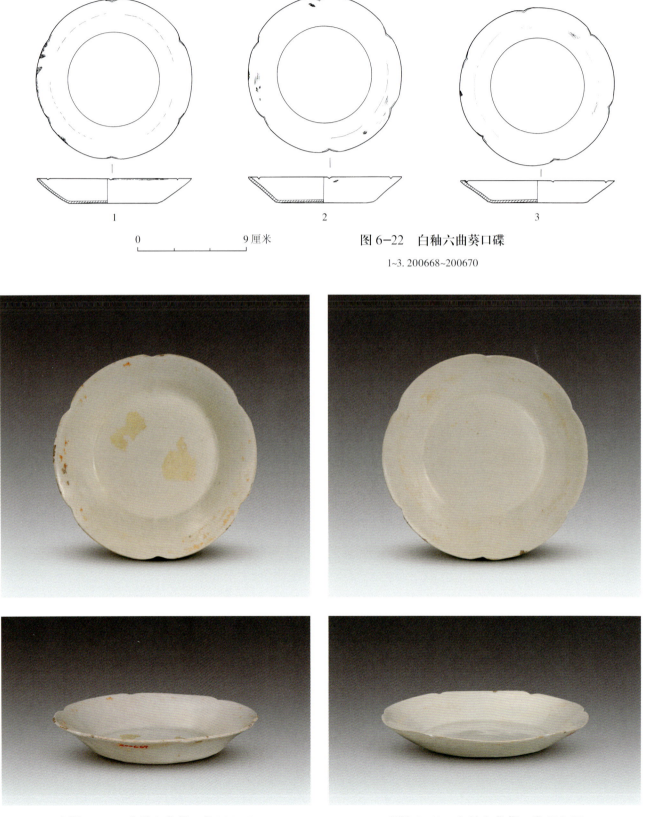

0 　　　　9厘米

图 6-22　白釉六曲葵口碟
1~3. 200668~200670

彩版 6-40　白釉六曲葵口碟 200669　　　　彩版 6-41　白釉六曲葵口碟 200670

沿径 12.8、底径 7.5 厘米（图 6-21，4；彩版 6-38）。

200668，釉色略泛青，内壁口沿一侧有灰色附着物，内底有棕眼。高 2.0、口沿径 12.8、底径 7.3 厘米（图 6-22，1；彩版 6-39）。

200669，釉色泛青，口沿内留间断灰色附着物一周，外底有气泡。高 2.1、口沿径 12.6、底径 7.1 厘米（图 6-22，2；彩版 6-40）。

200670，釉色较白，内壁有土渍，外壁见气泡。高 1.8、口沿径 12.6、底径 7.5 厘米（图 6-22，3；彩版 6-41）。

### 3. 黑釉瓷器

共 2 件。

黑釉银兔毫盏　1 组 2 件。

200655、200656，基本完整。2 件形制、尺寸、釉色、质地基本相同。均为敞口，尖圆唇，斜直腹微弧，矮圈足，足外沿自内向外斜削一周。内、外壁通施黑釉，釉中纵向分布放射状间断银线、形若兔毫，足底刮釉露胎。釉面明亮，多棕眼。口沿釉层稍薄而呈酱紫色。胎质坚硬致密。

200655，器形稍显厚重，口沿略有小磕豁，底近平，足底露胎处表面为浅土黄色。口沿内有浅灰色斑点，应为粘贴物遗痕，故推测原应包有金属釦边。通高 5.4、口沿径 13.4、圈足外径 4.3 厘米（图 6-23；彩版 6-42）。

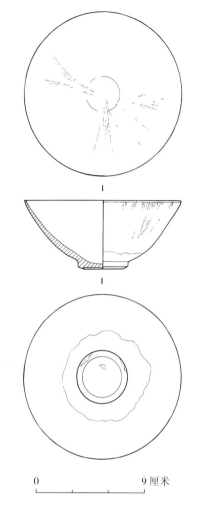

0　　　　　　　　9 厘米

图 6-23　黑釉银兔毫盏 200655

彩版 6-42　黑釉银兔毫盏 200655

　　200656，口沿有一处磕豁。尖圆底，外底下凸。足底露胎处表面为土黄色并附着火石红色斑。通高 4.8、口沿径 12.8、圈足外径 4.4 厘米（图 6-24；彩版 6-43）。

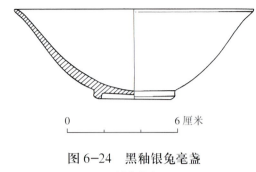

0　　　　　　6 厘米

图 6-24　黑釉银兔毫盏
200656

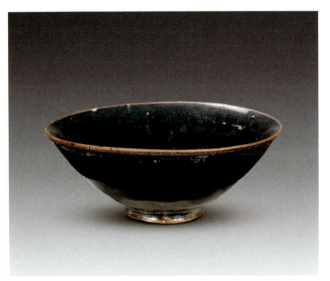

彩版 6-43　黑釉银兔毫盏 200656

陕西省考古研究院田野考古报告　第 80 号

# 蓝田吕氏家族墓园

## （四）

陕 西 省 考 古 研 究 院
西安市文物保护考古研究院　编著
陕 西 历 史 博 物 馆

文物出版社

# Lü Family Graveyard in Lantian (IV)

*by*

Shaanxi Provincial Institute of Archaeology

Xi'an  Institute of Archaeology and Cultural Relics Protection

Shaanxi History Museum

**Cultural Relics Press**

# 二　银器

仅有 1 组，为带具。银鎏金或纯银质地，捶鍱錾刻而成。

编号 200687，严重残碎，碎片残件共计 65 枚，似为四条带上饰件，因缺失损坏过甚，均无法修复。现存残件可辨形制者似有：扣针 4 件、带銙 12 件、铊尾 4 件、带首 1 件。现根据形制特点、制造工艺分别描述。

（1）带首　1 件。

200687-21，近长方形，正面两侧沿及半弧状后端沿均残，前端置等距离卷筒式套孔两个，现一残一缺。面上浮雕鸳鸯、水草、荷叶、绿洲等园林小景，其上鎏金严重脱落；背面已成碎片无法拼对成形，仅见线刻鸳鸯、花草纹样。残长 10.3、宽 6.2、残厚 0.5 厘米（图 6-25，1；彩版 6-44）。

（2）扣针　4 件。

前端为鸭舌状，后部置横向卷筒式插孔以套插横轴与带扣相连。正、反两面均鎏金，现部分已损失。

标本 200687-1，完整。套孔中尚保留横轴，正面刻几何装饰图案，背面光素。长 1.6 厘米（图 6-25，2；彩版 6-45）。

（3）带銙　12 件。

均残，较完整者 3 件。正面较宽厚而拱起，横截面呈弧形，两端圆折 180° 后与细柱状銙背焊接。正面浮雕牡丹花图案，通体鎏金。

标本 200687-5，基本完整，一端折角处失。残长 5.1、正面宽 1.3 厘米（图 6-25，3；

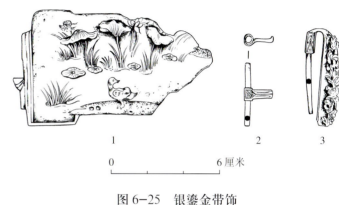

图 6-25　银鎏金带饰

1. 银鎏金腰带带首 200687-21　2. 银鎏金腰带扣针 200687-1　3. 银鎏金腰带銙 200687-5

彩版 6-44　银鎏金腰带带首 200687-21

彩版 6-45　银鎏金腰带扣针 200687-1

彩版6-46　银鎏金腰带带銙200687-5

彩版6-46）。

（4）铊尾　4件。

200687-17~20。因形制、规格不同分两型。

A型：2件。200687-17、18，保存基本完整。近扁长方形，外沿凸起，前端缘平直，上置等距离横向扁圆形小卷筒二个以套插横轴，后端缘呈弧形，角上有对称小穿孔两枚以插销钉。正、反两面均有装饰纹样；横向卷筒式穿孔上刻饰四瓣花朵图案，下衬鱼子底纹，通体鎏金。

200687-17，正面浮雕折枝牡丹花一枝；背面浅浮雕园林小景图案，绿洲之上歇一立一卧鸿雁两只，面向溪水、背衬芦苇。铊尾长3.0、宽4.2、厚1.0、横卷筒长1.2、宽0.5、厚0.6厘米（图6-26，1；彩版6-47）。

200687-18，一角有残损。正面浮雕折枝莲花、莲蓬等图案；背面浅浮雕绿洲之上两鸿雁相对而卧，面前溪水潺潺，背后碧草芦苇摇曳，一幅自然美景。铊尾长3.0、宽4.2、厚0.6、横卷筒长1.2、宽0.5、厚0.6厘米（图6-26，2；彩版6-48）。

B型：2件。200687-19、-20。2件形制特点同上，器形较宽大，正、反两面亦浮雕装饰图案；

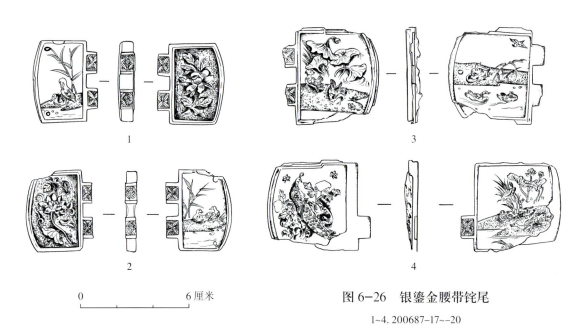

0 ⸻ 6厘米

图6-26　银鎏金腰带铊尾

1~4. 200687-17~-20

彩版 6-47　银鎏金腰带铊尾 200687-17

彩版 6-48　银鎏金腰带铊尾 200687-18　　　　彩版 6-49　银鎏金腰带铊尾 200687-19

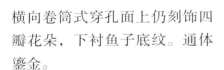横向卷筒式穿孔面上仍刻饰四瓣花朵，下衬鱼子底纹。通体鎏金。

　　200687-19，两侧沿均部分残损。后端弧形缘边内居中有小孔一。正面浮雕溪水荷花衬托着一对鸳鸯于绿洲上振翅嬉戏，洲角有小龟探头张望的生动图案；背面浅浮雕以绿洲芦苇为底的戏水、理毛、翔飞不同姿态鸿雁五只。长 4.4、宽 5.0、厚 0.6、横卷筒长 1.2、宽 0.7

彩版 6-50　银鎏金腰带铊尾 200687-20

厘米（图6-26，3；彩版6-49）。

200687-20，前端一卷筒式穿孔遗失，前沿与两侧沿有残损。正面浮雕两只孔雀栖歇于山石花丛间，一只背向直立石上，挺颈回首长尾下垂；另一只在其右下方，曲颈啄毛，无头冠及长尾，应属雌性，其左右各饰飞碟一只；背面浅浮雕鸿雁四只戏耍于绿洲、碧荷、芳草之间。长4.8、宽4.7、厚0.6、横卷筒长1.3、宽1.0、厚0.7厘米（图6-26，4；彩版6-50）。

其余碎片均不能确认所属。

# 三　铜器

共23件。浇铸成器。器形有鼎、簋、匜、盘、盆、镜、铺首、箸、匙、灯、炉、力士、狮等。

（1）折耳带盖圆鼎　1件。

20062，完整，锈蚀。鼎由盖、身两部分组成。鼎盖盖面凸起，上设"品"字形分布半环状纽三个，纽上居中立蘑菇状提手，下沿为方唇母口。鼎身为内敛高子口，方唇，鼓腹，圜底，下置3兽足，上腹部对称安条状长方形折立耳一双。盖外顶面近中有墨书印迹，似为："□□敦"三字。鼎身外腹中部有弦纹一周，底正中阴刻仿金文五行二十六字，释录为："惟政和元年十一月壬申孤子吕世修为考承议郎作敦以纳于圹"。通高17.0、纽高2.5、盖高5.5、母口沿径17.5厘米；鼎身高12.5、子口沿径15.3、腹径18.7、足高6.8、立耳高4.8、宽2.9、厚1.0厘米（图6-27；彩版6-51）。墨书与铭刻均为宋代收藏者所为。

（2）鱼虎纹带盖小鼎　1件。

2006083，完整，局部有锈蚀。由盖、身两部分扣合而成，器体较小，整体呈球状。半圆形盖上等距离置半圆穿孔小纽三个，下为方唇母口。鼎身为内敛高子口，方唇，弧腹圜底，底下置兽足三个，口沿下对称安条形圆角折耳一双。鼎盖表面三纽间分别插饰鸟、云图案三组、每组由相

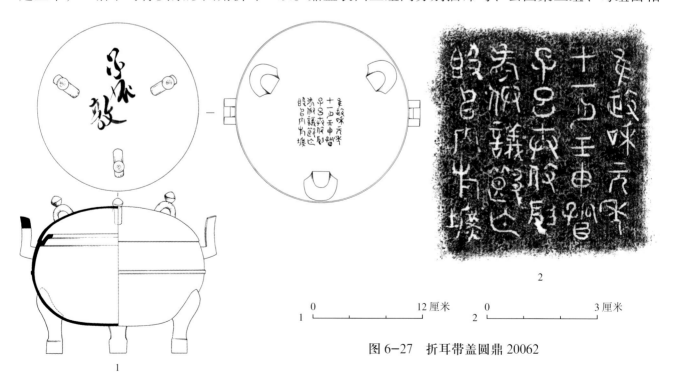

图6-27　折耳带盖圆鼎20062

彩版 6-51　折耳带盖圆鼎 20062

对直立式瑞禽一双踩踏于如意云头之上构成，沿上有首尾相接二方连续鱼纹一周，其下刻波浪式卷云纹一周。鼎身外壁口沿下有对扑虎纹一周五组，其下饰首尾相接二方连续鱼纹一周。双耳外面饰卷云纹。盖内面居中錾仿金文"牧"字。通高6.6、盖高1.7、母口沿径6.8、鼎身高6.1、子口沿径6.0、腹径7.2、足高2.65厘米（图6-28；彩版6-52）。铭文乃宋人收藏者所刻。

（3）乳钉纹簋　1件。

20061，完整，有锈。微敞口，窄平沿，深腹略弧，微圜底，喇叭形高圈足。外壁口沿下饰首尾相接的夔龙纹三组，腹壁为方格乳钉纹，乳钉细而尖长，圈足上部有饕餮纹一周，下部一侧刻仿金文"自牧"2字，外底面遍布蓝色锈。内壁素面无纹，附着绿色锈一层。通高16.3、口沿径24.8、口沿宽1.2、腹高11.5、圈足外径17.5、足高5.0厘米（图6-29；彩版6-53）。铭文为宋代收藏人篆刻仿金文字。

彩版6-52　鱼虎纹带盖小鼎 2006083

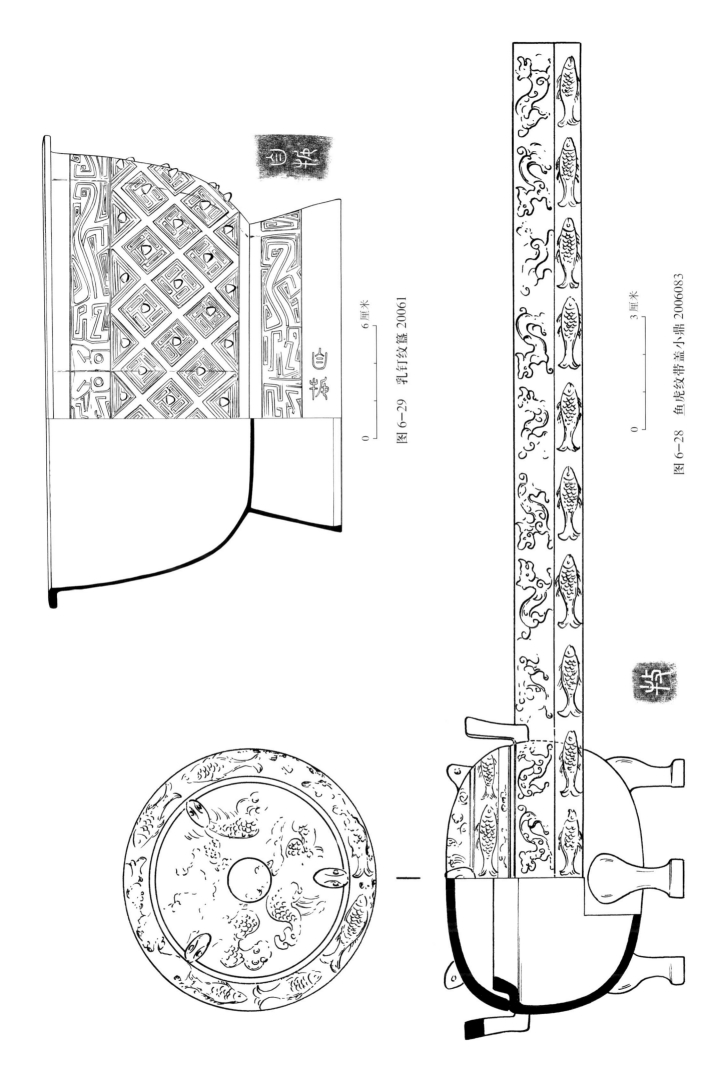

图 6—29　乳钉纹簋 20061

6 厘米

0

图 6—28　鱼虎纹带盖小鼎 2006083

3 厘米

0

彩版 6-53　乳钉纹簋 20061

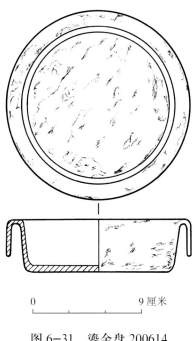

图 6-31　鎏金盘 200614

图 6-30　鎏金錾花匜 20065

（4）鎏金錾花匜　1件。

20065，保存基本完整，沿上有磕豁，通体布绿色锈。弇口，尖唇，斜弧腹，平底，外撇圈足，口沿一侧置凹槽式短流，流截面呈半圆形。器内底居中阴刻直立展翅凤纹图案，外围有覆莲瓣一周，腹部饰盛开牡丹花四朵，花间穿插叶片纹及飞蝶纹，内沿錾覆莲瓣纹样一周。外壁刻饰牡丹花叶纹及飞蝶纹四组。短流内、外壁各对饰飞蝶一双。原通体鎏金，现内壁鎏金全部脱落，外壁尚有部分保留。器外底心阴刻仿金文五行二十六字，释录为："惟政和元年十一月壬申孤子吕世修为考承议郎作匜以纳于圹"。器通高 7.8、口沿径 26.0、圈足外径 13.2、足高 1.1 厘米（图 6-30；彩版 6-54）。铭文为宋代收藏人篆刻仿金文字。

（5）鎏金盘　1件。

200614。基本完整，有变形。直口稍敞，宽卷沿，圆唇，微斜浅直腹，大平底。素面无纹，内面鎏金，外面分布较多条状、片状绿色铜锈。高 4.2、口沿径 15.2、底径 12.0 厘米（图 6-31；彩版 6-55）。

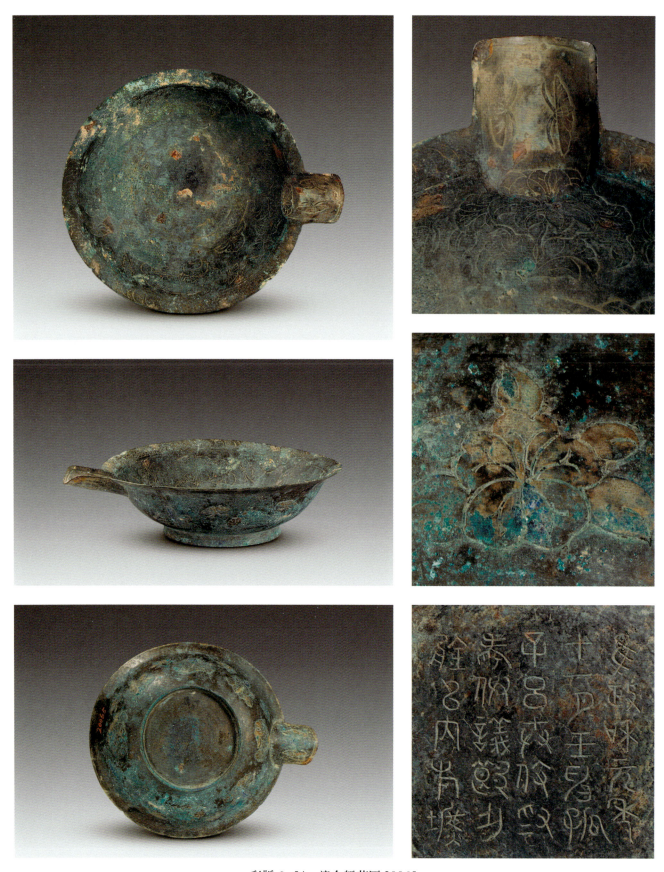

彩版 6-54　鎏金錾花匜 20065

彩版 6-55　鎏金盘 200614

（6）折腹圆盘　1件。

20064，完整，锈蚀。敞口，窄平折沿，腹部上直略内收、下腹约成 120° 折向内收成下凹小平底。通体素面，表面附绿色锈一层。外底面居中阴刻仿金文五行二十六字，释录为："惟政和元年十一月壬申孤子吕世修为考承议郎作盘以纳于圹"。高 5.4、口沿径 29.4、折沿宽 1.2、折腹径 24.6、底径 11.8 厘米（图 6-32；彩版 6-56）。铭文为宋代收藏人篆刻仿金文字。就其形制而言属典型汉代器物，为该家族收藏品。

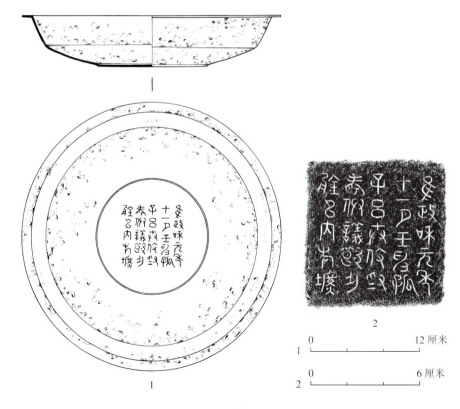

图 6-32　折腹圆盘 20064

**彩版 6-56　折腹圆盘 20064**

（7）大圆盘　1件。

20066，完整，有锈。敞口，圆唇微卷，浅腹略弧，大平底。通体素面，表面附着绿色锈一层，内底有大、小不同圆形印痕三个。比对之下确认：二个较大圆痕为同出锡质酒台圈足印迹，由此说明该盘为收盛酒具的敛器。通高6.8、口沿径32.7、底径26.5厘米（图6-33；彩版6-57）。

（8）错金折沿双环耳小盆　1件。

20067，破碎断裂严重，粘接修复完整。直口，平折沿较宽，尖唇，弧腹，平底凹陷，下置极矮圈足。上腹部外壁置对称兽面衔环铺首式双耳。内、外壁满布线条纤细精致的错金图案，因受损大部分纹饰内容难辨。折沿面错勾连卷云纹一周，沿下内壁绕三角形几何图案，腹壁饰波浪式大回旋花头云气纹，腹下与底相交处环尖锐三角形纹样，内底纹饰不清，似错翻卷云气图。外壁折沿内面饰三角形几何纹，口沿下为二方连续勾云纹，上腹部两周弦纹间起粗弦纹一周，其下饰花头状流云图案，外底錾卷云、勾云相交缠绕的繁缛纹样。铺首表面鎏金。通高5.8、口沿径17.9、沿宽1.4、腹径15.1、内底径8.1、圈足外径8.5、足高0.3、铺首高2.7、宽3.4、衔环直径2.7厘米（图6-34；彩版6-58）。

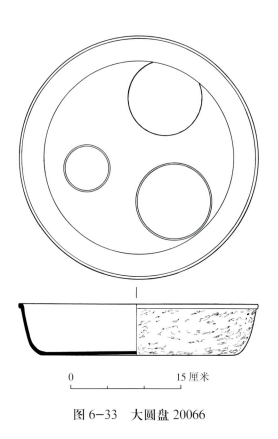

0　　　　　　　　　　15厘米

**图 6-33　大圆盘 20066**

彩版 6-57　大圆盘 20066　　　　　　　图 6-34　错金折沿双环耳小盆 20067

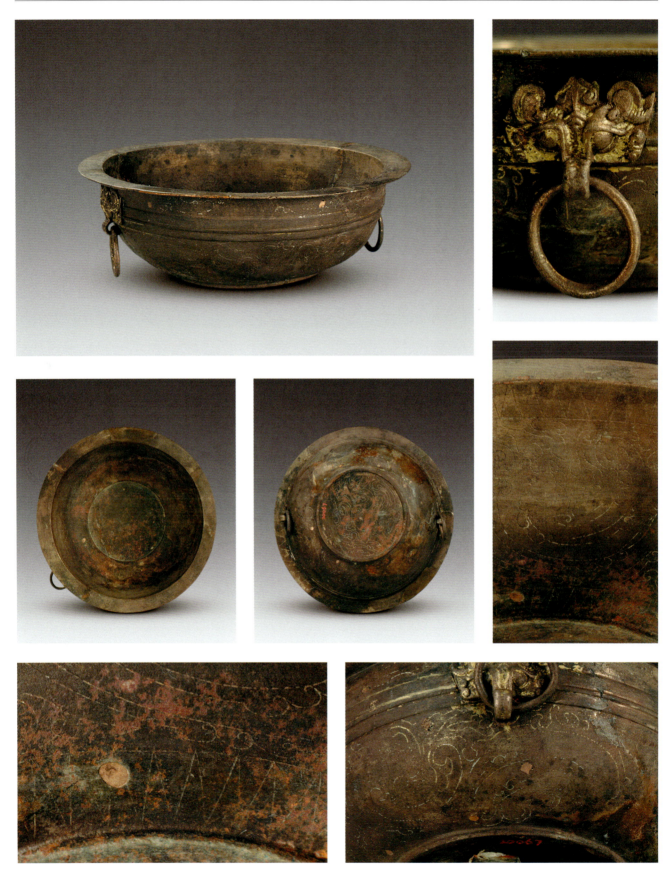

彩版 6-58　错金折沿双环耳小盆 20067

（9）仙人神兽圆镜　1面。

200617，完整，锈蚀严重。镜面平坦，宽平沿立缘斜削内收，镜背居中为扁平半球状纽、扁圆纽孔。镜背纽下有连珠纹纽座，座外顺时针环绕仙人（可能是东王公、西王母形象）、羽人、神兽等图案，其外饰栉齿纹、半圆与正方形相间几何纹各一周，沿内置栉齿纹一周，宽平沿面上居中环弦纹一周，其内为勾连云纹一圈。镜正、背面均附着布纹，表明原包裹于布帛内放置。直径18.3、沿厚0.8、纽高1.4、纽径2.9厘米（图6-35；彩版6-59）。因镜背满是布纹，故不能制拓片。盖内面所錾仿金文为此鼎宋代藏者所刻。

彩版6-59　仙人神兽圆镜 200617

0　　　　　6厘米

图6-35　仙人神兽圆镜 200617

（10）内向连弧纹圆镜　1面。

200616，完整，有锈饰。浇铸后经磨制而成。镜体厚重。镜面锈蚀不光亮，镜背正中为扁球形纽、圆形纽孔，镜沿凸起内、外两面均下斜，沿面有锈。镜背纽下置柿蒂纹纽座，座外饰凸棱及内向连弧纹各一周，其外绕短竖线纹两圈，竖线纹带间有粗弦纹三周；凸起镜沿内斜面上饰栉齿纹与勾云纹各一周。直径20.7、沿厚1.0、纽高2.1、纽孔径0.8厘米（图6-36；彩版6-60）。

（11）乳钉规矩纹圆镜　1面。

200615，完整，正、背面均锈蚀。浇铸后经磨制而成。镜面平坦满布锈痕，宽平沿立面稍斜内收，镜背居中置半球形纽、圆形纽孔。镜背纽下为双重方形线框内排列十二枚小乳钉构成之纽座，乳钉间似插铸金文，但模糊不清；座外环较大乳钉纹八枚并间插规矩纹图案；其外绕短竖线纹带一周；

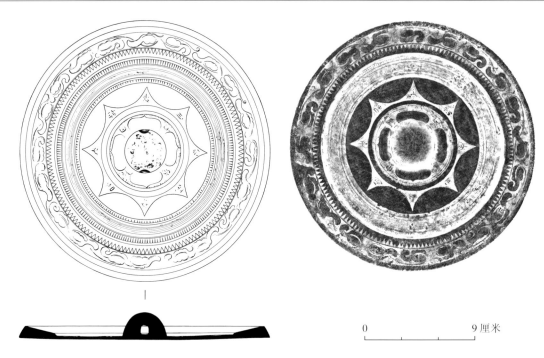

图 6-36　内向连弧纹圆镜 200616

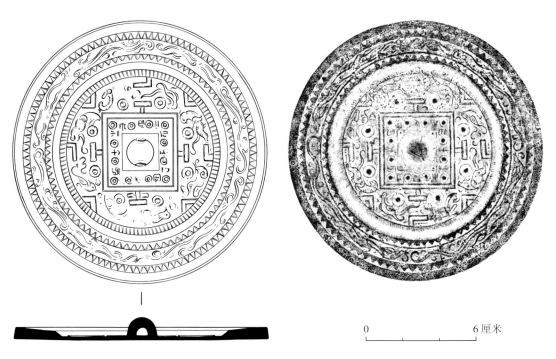

图 6-37　乳钉规矩纹圆镜 200615

镜沿下有弦纹、栉齿纹各一周。宽平沿面上饰流云纹，栉齿纹各一周。直径 14.0、沿厚 0.5、沿面宽 2.3、纽高 1.0、纽孔径 0.4 厘米（图 6-37；彩版 6-61）。

（12）菱花镜　1 组 2 面。

200618、200619，完整，有锈蚀。浇铸后经磨制而成。2 件形制、款铭均相同，尺寸稍异。八曲菱花式镜缘，镜面银白明亮，局部有绿色锈斑，镜背沿面窄平、立沿微弧内收，锈蚀较多，居

彩版 6-60　内向连弧纹圆镜 200616

彩版 6-61　乳钉规矩纹圆镜 200615

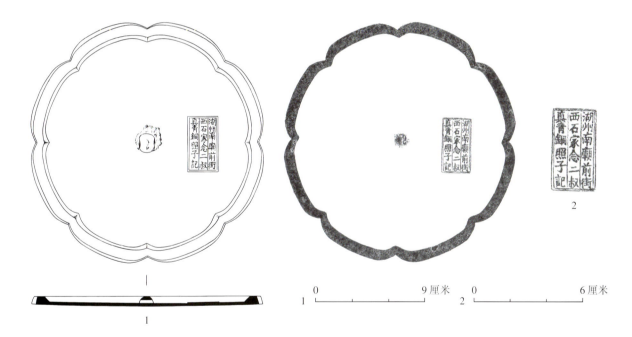

图 6-38　菱花镜 200618

中为较小桥形纽、长方形纽孔。镜背素面无纹饰，附着绿色薄锈一层，一侧有长方形凸起印款，楷书款铭为："湖州南庙前街西石家念二叔真青铜照子记"共计 18 字。

200618，背面铜锈做保护性清除，除锈后显灰黑绿色。直径 19.6、沿厚 0.45、纽高 0.6、印款长 4.4、宽 2.4 厘米（图 6-38；彩版 6-62）。

200619，镜背平折沿上锈较厚，呈土黄褐色。直径 19.7、沿厚 0.45、纽高 0.6、印款长 4.5、宽 2.5 厘米（图 6-39；彩版 6-63）。

彩版 6-62　菱花镜 200618

彩版 6-63　菱花镜 200619

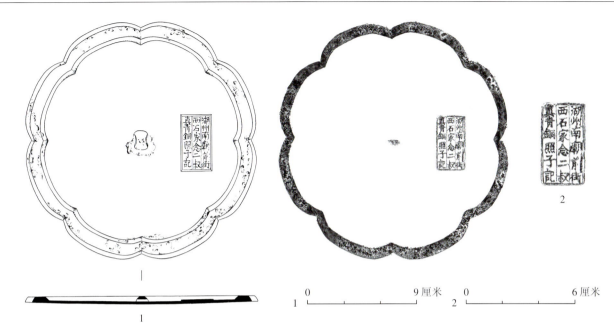

图 6-39　菱花镜 200619

（13）鎏金兽面铺首　1件。

200686，部分缺失，正、反面均有锈蚀。兽面顶生两角，双眉梢上挑，环眼爆睁，鼻孔圆睁，吻部凸出，面廓周围须毛乍起、纹理刻画清晰，口中衔环已失，背面居中有上下分布钉柱两个，两柱间为横向细圆柱支撑，出土时两钉柱前端已残断。器表鎏金，局部有损，背面较粗涩，有锈。高 7.4、宽 9.5、壁厚 0.8、体长 5.0 厘米（图 6-40；彩版 6-64）。

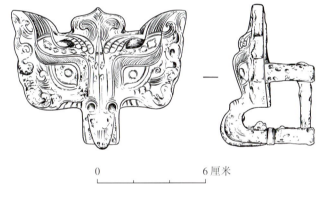

图 6-40　鎏金兽面铺首 200686

彩版 6-64　鎏金兽面铺首 200686

（14）鎏金食箸　1组2双。

20069、200610，完整，有锈。两双形制、质地、尺寸完全相同。器形细长，箸头较尖细顶面微弧，自箸头向后逐渐加粗，横截面呈圆形，至约二分之一处四周出棱横截面成四边形，箸末较粗、平顶。通体鎏金，无装饰图案。

20069-1、-2，表面鎏金基本脱落。长24.8、中部截面直径0.35厘米（图6-41，1；彩版6-65）。

200610-1、-2，表面鎏金部分保存。长24.8、中部截面直径0.35厘米（图6-41，2；彩版6-66）。

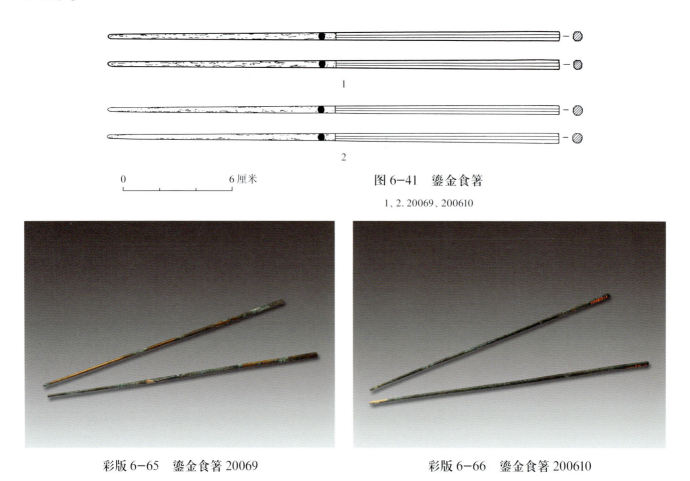

0　　　　　　6厘米

图6-41　鎏金食箸
1、2. 20069、200610

彩版6-65　鎏金食箸20069　　　　　　彩版6-66　鎏金食箸200610

（15）茶匙　1组2件。

200612、200613，完整，有锈。2件形制、质地、规格基本相同。匙首为长圆形片状，中部稍显下凹，一端连扁长条状曲拱形柄，柄匙相交处细而厚，此后则逐渐显宽扁，至三分之二处面上居中纵向出筋一条，末尾呈三角形。通体素面。

200612，曲柄弧度较大，匙首内底有蓝色片状锈。通长23.35、匙首长径6.6、短径3.0、匙柄长19.0、末端宽1.2、拱弧高3.7厘米（图6-42，1；彩版6-67）。

200613，曲柄弧度较小。通长23.7、匙首长径6.6、短径3.0、匙柄长19.0、末端宽1.2、拱弧高3.3厘米（图6-42，2；彩版6-68）。

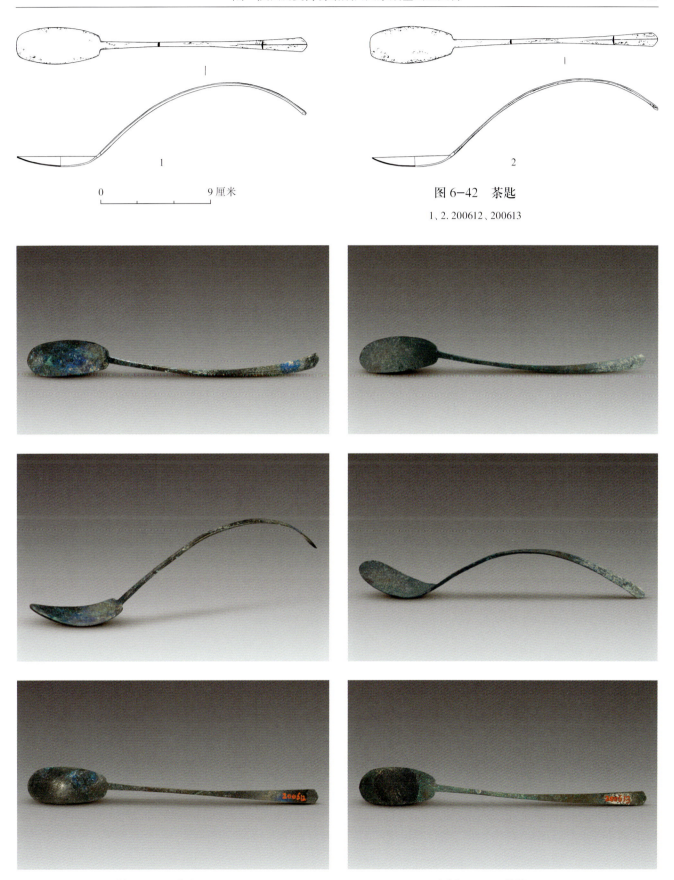

0　　　　　　　　9厘米

图6-42　茶匙

1、2. 200612、200613

彩版6-67　茶匙 200612　　　　　　　　彩版6-68　茶匙 200613

（16）圆盘式灯　1件。

200611，完整，局部有锈。灯体较厚重，直口，方唇，短直腹，大平底，一侧出半圆形片状榫头与扁条式短柄前端套合焊接相连。通体素面，外底面因使用而摩擦光滑。高2.1、通长15.5、灯盘沿径8.8、内径8.2、柄长6.4、最宽处1.2厘米（图6-43；彩版6-69）。

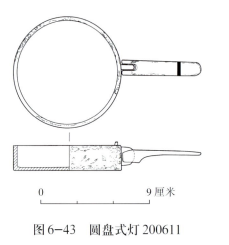

图6-43　圆盘式灯 200611

（17）朱雀熏炉　1件。

2006007，完整，表面有绿色锈。炉盖为博山式，下为方唇母口。炉膛为敛子口，方唇，下垂弧腹，微圜底。炉柄制成朱雀踏灵龟造型，朱雀做直立状，昂首、挺颈、敛翅、乍尾，双足踏于俯卧翘首灵龟背上，雀顶承托炉膛，龟下连接炉盘。盘为敞口，平折沿，浅腹上部斜直下部折向内收，大平

彩版6-69　圆盘式灯 200611

底，卧龟居盘内底正中。炉膛沿下饰凸起粗弦纹两周，炉堂外沿、炉盘平折沿一侧分别刻仿金文二字，释录为："自牧"；盘外底等距离环绕铸金文四字，顺时针旋读，释录为："丹内者盘"；对读则释录为："丹者内盘"。通高22.8、炉体高13.0、炳高9.0、盘高4.4、口沿径24.6、底径12.4厘米（图6-44；彩版6-70）。"自牧"为宋代藏者所刻仿金文，"丹内者盘"或"丹者内盘"为西汉造器时所铸金文。

（18）力士　1组2件。

2009030-1、-2，浇铸而成，完整，局部有锈。2件外形、质地、尺寸基本一致，姿式相同而左、右有别。均为坐式，顶拢圆髻，方面大耳、浓眉圆目，唇上蓄胡，颌中留短须，颈戴项圈，腰系鱼尾短裙，上身、臂、腿、足均裸露，胸、背肌肉发达。通体鎏金。

2009030-1，右臂弯曲上抬，右掌心向上做托物状，左臂微弯撑于内向平曲的左腿膝上，右腿则内向斜立曲起，右足做奋力蹬地状。双臂均戴臂钏、腕钏。高9.4厘米（图6-45，1；彩版6-71）。

2009030-2，与上者姿式相反，左臂弯曲上抬，左掌心向上做托物状，右臂微弯撑于内向平曲的右腿膝上，左腿则内向斜立曲起，左足做奋力蹬地状。双臂均戴臂钏、腕钏。高9.5厘米（图6-45，2；彩版6-72）。

彩版 6-70　朱雀熏炉 2006007

图 6-44　朱雀熏炉 2006007

1. 朱雀熏炉　2. 炉盖沿铭文拓片　3. 炉盘折沿面上铭文拓片　4~7. 炉盘外底铭文拓片

1

2

0         6厘米

图6-45 力士
1、2.2009030-1、-2

彩版6-71 力士 2009030-1

彩版 6-72　力士 2009030-2

（19）坐狮　1件。

2009031，头稍左侧，双耳立起，二目圆睁，阔口獠牙，颈披卷曲鬃毛，前胸宽阔，两前肢直立撑地，拱背坐姿，双后肢曲于胯侧，下无底座。通体鎏金。高7.0厘米（图6-46；彩版6-73）。

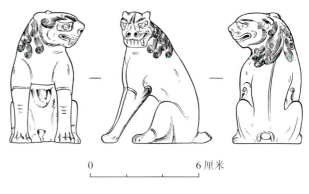

0　　　　　　6厘米

图 6-46　坐狮 2009031

## 四　锡器

共4件。浇铸成器。器形有台盏、盒。

（1）葵瓣式台盏　1组2套。

200620、200621，表面浸蚀严重，呈铅灰色并附着较多土渍。两套形制、质地、规格基本相同。由盏与托台组合而成。盏为六曲葵瓣式敞口，圆唇，斜弧腹内收，腹壁亦为六曲葵瓣式与口沿对应，下为撇沿圈足。通体素面。托台为圆形宽平沿盘式，盘缘亦为六曲葵瓣式与盏对应，盘心突起圆台顶上再设凸沿较小台面以承托盏底，下置喇叭形卷沿粗高圈足。通体素面。

200621，破损较严重、有变形，盏壁、托沿局部缺失，托底圈足变形并有缺损。通高8.7、盏高约4.4、口沿径10.0、圈足径已失、托台高5.0、盘心圆台径7.0、盘沿径15.0、圈足外径10.7、足高2.7厘米（图6-47，1；彩版6-74）。

200620，保存基本完整。通高9.0、盏高4.0、

彩版 6-73　坐狮 2009031

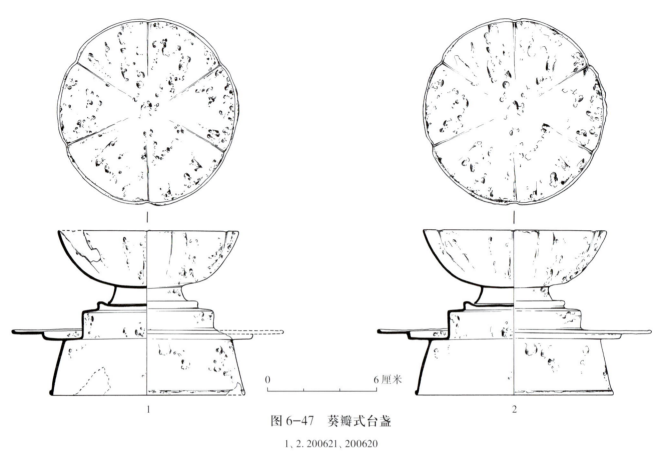

图 6-47　葵瓣式台盏

1、2. 200621、200620

彩版 6-74　葵瓣式台盏 200621

彩版6-75　葵瓣式台盏200620

口沿径10.0、圈足外径4.2、托台高5.0、盘心圆台径7.0、盘沿径15.0、圈足外径11.0、足高2.7厘米（图6-47，2；彩版6-75）。

（2）瓜棱形素面圆盒　1组2件。

200622、200623，均残损，经保护修复，不能复原。2件形制、质地相同，尺寸基本一致。由盒盖、盒身两部分扣合而成，半球形盖为十二曲瓜棱式，下为方唇母口，顶部居中置弯曲瓜蒂状提手。盒身为较高敛子口，弧腹亦为十二曲瓜棱状与盒盖对应，口腹相交处外壁加厚出棱带一周，平底亦与腹壁对应呈十二瓣花朵状。素面，通体银灰色，有光泽。

200622，器体已变形，盖上一测有不规则缺片。通高5.2、盖高3.0、母口沿径4.9、盒身高2.9、子口沿径4.4、最大腹径4.7、底径3.2厘米（图6-48，1；彩版6-76）。

200623，器体已变形，盖上破损严重，缺片共计三处；盒身口沿受损，底部有大面积缺片。残高4.6、盖残高2.4、母口沿径约4.7、盒身高2.8、子口沿径4.2、最大腹径4.8、底径3.0厘米（图6-48，2；彩版6-77）。

彩版 6-76　瓜棱形素面圆盒 200622

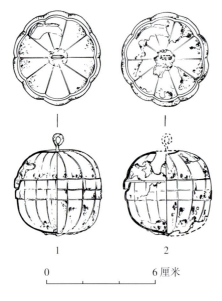

图 6-48　瓜棱形素面圆盒

1、2. 200622、200623

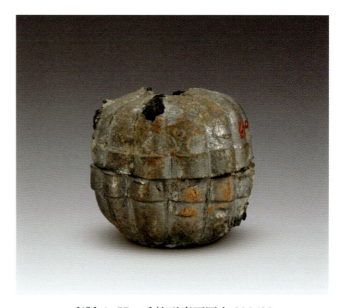

彩版 6-77　瓜棱形素面圆盒 200623

# 五　玉器

共4件（组）。均雕琢磨制而成。器形有璧、耳杯、带饰等。

（1）青玉谷纹璧　1组2件。

200683、200684，完整。2件形制、纹饰、质地基本相同，尺寸略有差别。规整圆薄饼状，好径小于肉径。质地坚硬而细腻，表面通体抛光。正、反两面沿内及好外围各有弦纹一周，弦纹间均匀刻饰菱形方格纹内錾"谷"纹。

200683，色泽青绿，通体晶莹，半透明状，面上有浅土黄、黄褐色浸。直径13.8、好径4.0、厚0.3~0.4厘米（图6-49，1；彩版6-78）。

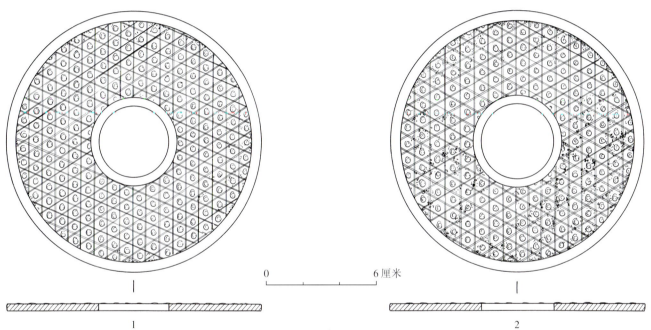

0　　　　　　　　6厘米

图6-49　青玉谷纹璧

1、2. 200683、200684

彩版6-78　青玉谷纹璧200683

彩版 6-79　青玉谷纹璧 200684

　　200684，色泽暗青，正、反面局部有片状浅土黄色浸。直径 14.0、好径 4.0、厚 0.35 厘米（图 6-49，2；彩版 6-79）。

　　（2）白玉耳杯　1 件。

　　200636，完整。长圆形敞口，窄平折沿，浅腹弧收，长圆形小平底，口沿一侧横出近三角形片状多楣式鋬手一个。玉质细腻而润泽，半透明状，内含浅灰色条纹。通体素面，器表抛光。高 1.3、长口沿径 7.6、短口沿径 4.1、长底径 4.2、短底径 1.9、鋬手最宽处 2.0、最长处 6.1 厘米（图 6-50；彩版 6-80）。

彩版 6-80　白玉耳杯 200636

（3）玉带饰　1组12件。

200624-1～-12，分别制成心形、正方形、圆角长方形玉片并于背面边角处横向钻孔以银销钉将玉片穿连坠于革带上构成完整玉带。玉色乳白。质地坚硬细密。均为素面，外表抛光。根据玉片形制分三型。

A型：1件。200624-2，完整。"心"形叶片状，上部居中有小圆孔，背面分布四对销钉孔，现孔内尚残留银销钉三个。玉质不通透。表面渍土黄色浸。高3.4、宽4.3、厚0.5、小孔径0.6厘米（图6-51，1；彩版6-81）。

B型：2件。200624-4、200624-7。均残缺。长方形，一端边沿平直，另端沿呈弧形。玉质因受浸蚀而不通透。表面有土黄色浸。其形制特征应属铊尾。

200624-4，保存较完整，一侧边角缺失。正面打磨光滑，满布土黄色浸。背面色较白，残留四对销钉孔，其中三对内尚存银销钉。长7.8、宽5.0、厚0.6厘米（图6-51，3；彩版6-82）。

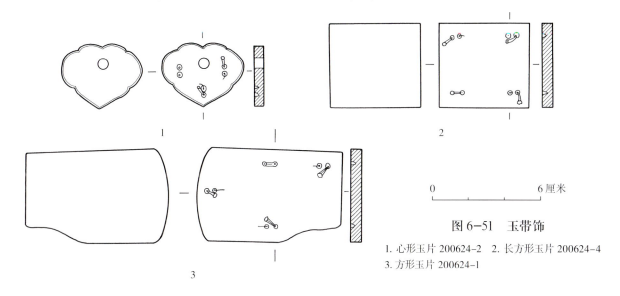

图6-50　白玉耳杯 200636

0　　　　　　　6厘米

图6-51　玉带饰

1. 心形玉片 200624-2　2. 长方形玉片 200624-4
3. 方形玉片 200624-1

彩版6-81　玉带饰 200624-2

彩版 6-82　玉带饰 200624-4

彩版 6-83　玉带饰 200624-1

　　200624-7，一端断裂缺失。正面打磨光滑明亮细致，边沿有土黄色浸。背面残留三对钉孔，其中两对内尚存银销钉。残长 5.8、宽 5.0、厚 0.6 厘米。

　　C 型：9 件。200624-1、200624-3、200624-5、200624-6、200624-8、200624-9、200624-10、200624-11、200624-12。2 件完整，余者均残缺。近方形，正面打磨光滑、明亮细致，有土黄色浸。背面残留销钉孔与银销钉。就形制而言应属带銙。

　　200624-1，完整。背面置销钉孔四对，其中三对孔中残留银销钉。长 5.0、宽 4.5、厚 0.6 厘米（图 6-51，2；彩版 6-83）。

　　200624-3，一边、一角断裂遗失。正面有灰色浸斑，背面残留销钉孔两对，孔中均留银销钉。长 5.0、残宽 4.0、厚 0.6 厘米。

　　200624-5，完整。正面较光亮，背面浸较严重而显粗涩，有销钉孔四对，孔中均无银销钉残留。长 5.0、宽 4.4、厚 0.6 厘米。

　　200624-6，一角断裂缺失。背面有销钉孔三对，其中一对孔中残留银销钉。长 5.0、宽 4.5、厚 0.6 厘米。

　　200624-8，一边断裂缺失。背面有销钉孔二对，孔中均遗银销钉。长 5.0、宽 4.5、厚 0.6 厘米。

200624-9，上、下两边断裂缺失。背面残留销钉孔两对，孔中均无银销钉遗存。长 5.0、宽 4.5、厚 0.6 厘米。

200624-10，一角断裂缺失。背面残留销钉孔三对，孔中均无银销钉遗存。长 5.0、宽 4.5、厚 0.6 厘米。

200624-11，断裂缺失较甚。背面残留销钉孔半个，孔中无银销钉遗存。残长 3.1、残宽 3.9、厚 0.6 厘米。

200624-12，一角断裂缺失。背面残留销钉孔三对，孔中均无银销钉遗存。长 5.0、宽 4.5、厚 0.6 厘米。

# 六　石器

共 12 件（组）。均雕琢打磨成器。器形有壶、铫、砚、笔架、钵、杯、盘托、盏等。

（1）带盖壶　1 件。

200631，壶盖破碎为多片，粘接修复完整，壶身完整。壶盖顶面平坦，居中为蘑菇形提纽、凸起圆台式纽座，短立沿竖直，下为方唇母口。壶身为侈口，方唇，溜肩鼓腹，下腹弧向内收成平底，肩腹一侧出微曲、平削长圆口、尖嘴、管状短流，相对一侧置条状半坏形耳。青灰色石制，质地疏松。通体素面，表面抛光并无规律分布较多深灰色小斑点。通高 13.0、盖高 4.1、折立沿高 1.9、母口沿径 10.0 厘米；壶高 10.2、口沿径 8.9、腹径 14.1、底径 4.5、流长 5.5、耳高 6.5、耳面宽 2.5 厘米（图 6-52；彩版 6-84）。

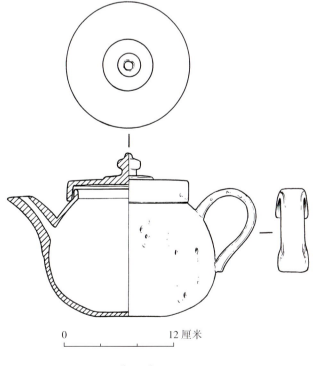

图 6-52　带盖壶 200631

彩版 6-84　带盖壶 200631

（2）带流铫　1件。

200629，完整。侈口，方圆唇，束颈，溜肩，弧腹，平底，口沿与上腹一侧出凹槽式上宽底窄短流一，流根较宽阔、流口窄而斜削，颈下等距离置片状半圆多楣式缘小錾三个，錾心各贯穿小圆孔一个、用绳索拴系吊于火上煎煮。青灰色石制，质地疏松。通体素面，器表抛光，未见使用痕迹。通高9.5、口沿径17.4、腹径16.7、流长6.0、跟部宽4.4、口部宽1.3、錾手宽2.0、最长处4.7、小孔径0.5厘米（图6-53；彩版6-85）。

（3）三足歙砚　1件。

2006020，完整。圆形砚立面竖直微弧，顶面外围留宽厚矮沿后下挖砚堂，砚堂内墨堂宽阔平坦，墨池窄细斜刹；外底面平坦，侧边沿等距离分置卵形三立足，足外侧自上而下有"人"字形弧削面。外底居中錾楷书七行满行七字"政和元年十一月壬申承议郎吕君子功葬以尝所用歙石研纳诸圹从弟锡山谨铭之曰为世之珍用不竟于人呜呼"共计四十六字。

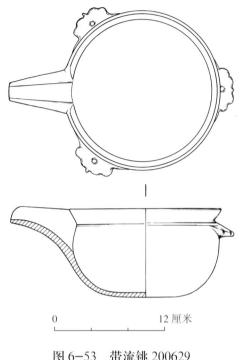

0　　　　　　　　12 厘米

图6-53　带流铫 200629

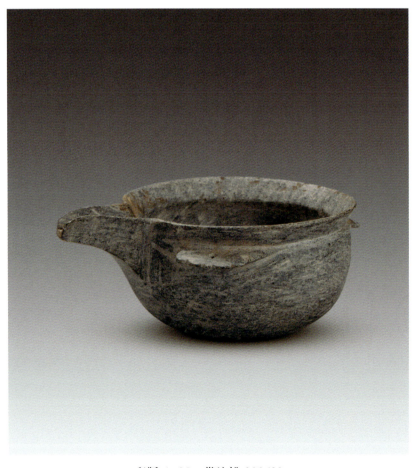

彩版6-85　带流铫 200629

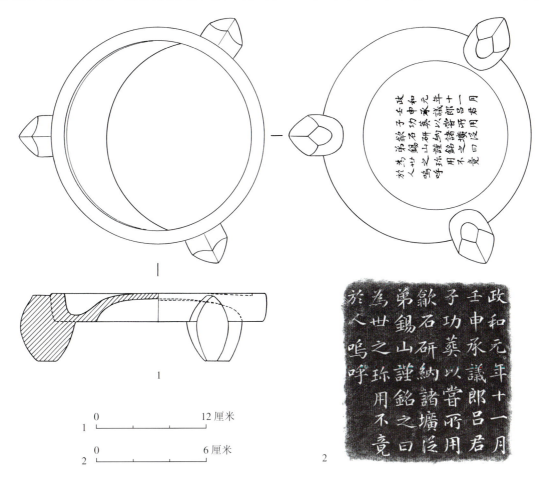

图 6-54　三足歙砚 2006020

彩版 6-86　三足歙砚 2006020

黑色歙石，质地极其致密细腻。通高 7.2、口沿径 23.0、沿宽 1.3、足高 7.2 厘米（图 6-54；彩版 6-86）。砚外底刻铭为砚主吕子功（名吕至山）从弟宋人吕锡山所篆。

（4）圆歙砚　1 件。

200628，完整。规整扁圆柱形，器体较小而厚重。周边立面微弧、自上而下稍内收，顶面留宽矮边沿后设下凹砚堂，砚堂中墨堂近平微隆，墨池斜刹；外底近平，底心略上弧。黑灰色歙石质地极致密而细腻。通体素面，打磨光滑，外底面有使用划痕。通高 2.3、砚堂沿径 9.1、底径 8.5 厘米（图 6-55；彩版 6-87）。墨堂、墨池内边沿遗留少许红色粉状物质，详见本报告柒第三章。

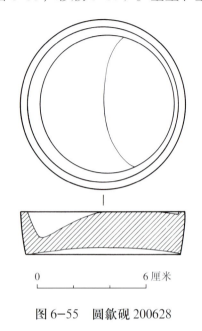

图 6-55　圆歙砚 200628

彩版 6-87　圆歙砚 200628

（5）嬉戏双狮形笔架　1 组 2 件。

200688、200689，双狮聚首分尾伏卧于地，底面平坦，颈、身、尾上鬃毛纹理刻画清晰，神态生动，做工细致。白色石英岩质地显疏松。2 件用料相同、外形相似、尺寸有别。

200688，右侧狮左前肢及左侧身体有缺失，左侧狮头部、身体右侧、右前肢、右后肢、尾梢均残断不存。笔架整体造型微呈弧状，两狮均做抿耳、瞠目、张口、露齿状，前肢彼此相拥嬉戏耍闹，后肢撒开蜷伏于胯侧，尾部上翘。高 2.5、通长 10.5、最宽处 4.0、狮个体长 6.3 厘米（图 6-56，1；彩版 6-88）。

200689，中间断裂，粘接修复基本完整。石质被浸蚀较严重，质地显疏松，经除垢后通体雪白。笔架较平直，两狮对面相视，

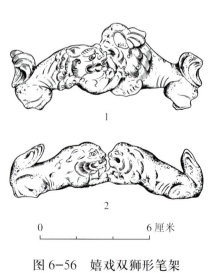

图 6-56　嬉戏双狮形笔架

1、2. 200688、200689

彩版 6-88　嬉戏双狮形笔架 200688

彩版 6-89　嬉戏双狮形笔架 200689

做抿耳、瞠目、张口、露齿、前肢彼此相拥嬉戏耍闹状，后肢蜷缩于胯侧，尾部上翘。高 2.9、通长 10.6、最宽处 2.6、狮个体长 5.7 厘米（图 6-56，2；彩版 6-89）。

（6）钵　1 件。

200630，基本完整，口沿有较大缺失，壁上存三角形缺孔。敛口，方唇，弧腹，微圜底。青灰色石制，质地疏松。通体素面，外表抛光。高 6.0、口沿径 16.7、腹径 17.2、底径 10.0、壁厚 0.3 厘米（图 6-57；彩版 6-90）。

彩版 6-90　钵 200630

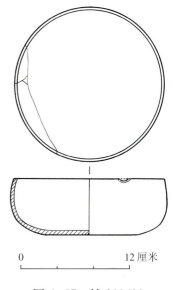

图 6-57　钵 200630

（7）托盏　1组2套。

200632、200633，2套均由盏与盏托组合而成，形制、规格、用料基本相同。盏为敞口，尖圆唇，斜直腹，小圈足。浅盘式盏托居中起圆形、中空、敛口、高弧颈托口以承托盏体，颈下出圆盘式圆唇、内斜宽沿，下设喇叭式高圈足。青灰色石制，质地疏松。通体素面，器表均抛光。

200632，保存完整。通高7.7、盏高3.5、盏口沿径12.8、圈足外径3.1厘米；托高5.3、托口沿径5.4、颈高2.5、托盘沿径13.6、圈足高2.0、圈足外径5.2厘米（图6-58，1；彩版6-91）。

200633，盏沿有修复，现存磕豁，盏托沿有较大缺片。通高7.8、盏高3.7、盏口沿径13.0、圈足外径3.3厘米；托高5.2、托口沿径6.0、颈高2.3、托盘沿径13.7、圈足高1.8、圈足外径5.1厘米（图6-58，2；彩版6-92）。

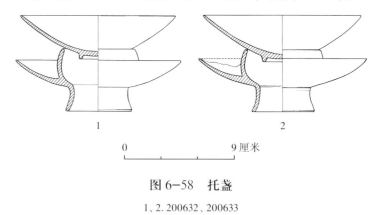

0　　　　　　　9厘米

图6-58　托盏

1、2.200632、200633

彩版6-91　托盏200632

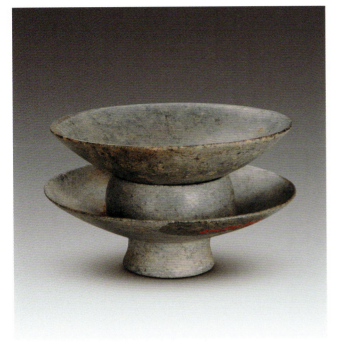

彩版 6-92　托盏 200633

（8）耳杯　1件。

200635，完整。长圆形敞口，浅腹弧收，长圆形小平底，口沿一侧横出弧形片状多楣式鋬手。青灰色石制，质地疏松。通体素面，器表抛光。高 1.8、长口沿径 11.4、短口沿径 6.6、外底长径 3.5、短径 2.0、鋬手最宽处 2.2、最长处 8.0 厘米（图 6-59；彩版 6-93）。

（9）十二曲葵瓣圆盘　1件。

200634，严重残破，局部碎为多块，粘接修复完整。敞口，宽平折沿为十二曲葵瓣式、方唇，浅腹斜直，壁面亦为十二曲葵瓣式与口沿相对应，大平底。青灰色石制，质地疏松。通体素面，器表抛光。高 3.6、口沿径 22.6、折沿宽 1.7、底径 17.1 厘米（图 6-60；彩版 6-94）。

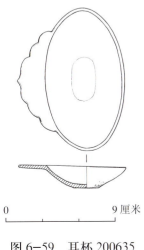

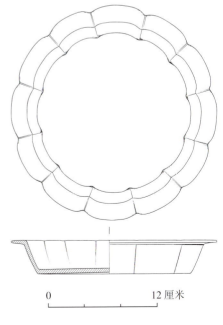

图 6-59　耳杯 200635　　　彩版 6-93　耳杯 200635　　　图 6-60　十二曲葵瓣圆盘 200634

彩版 6-94　十二曲葵瓣圆盘 200634

（10）菊瓣形龙纹白石盘　1件。

2006026，基本完整。腹壁有小孔一。三十六曲菊瓣式直口，方圆唇，浅斜弧腹下收，腹壁亦为三十六曲菊瓣式与口沿相对应，大平底。洁白色石英岩，石质显疏松，表面有粉化、不够光滑。器内底居中浅浮雕盘龙图案，外绕水波、卷云纹各一周。高 2.90、口沿径 19.60、底径 1.60 厘米（图 6-61；彩版 6-95）。

## 七　其他遗物

共 3 件（组）。有螺杯、煤精制品，器形为杯、围棋子两种，均天然螺壳、煤精石加工打磨而成。

（1）螺杯　1组2件。

200625、200626，完整。2件形制、质地、尺寸、工艺基本相同。杯由杯体与杯座组成一套，二者均为空心、淡米黄色、表面抛光的螺壳制成。杯体为较

0 ————————— 6 厘米

图 6-61　菊瓣形龙纹白石盘 200626

彩版 6—95　菊瓣形龙纹白石盘 2006026

大长圆形螺壳，敞口，弧腹，圜底。杯座亦为长圆形螺壳，形制同于杯体而器体较小，螺壳底被人为开凿长圆形洞孔并底上口下放置形成上小下大喇叭状杯座，所开洞孔用以承托杯体。通体素净，外壁有天然黄褐色斑纹。

　　200625，外壁腹部一侧存白色粉化印迹。通高 10.0、杯体高 6.8、长径 16.9、短径 11.2 厘米；杯座高 3.5、顶孔长径 7.2、短径 5.2、长底径 13.0、短底径 8.0 厘米（图 6—62，1；彩版 6—96）。

彩版 6—96　螺杯 200625

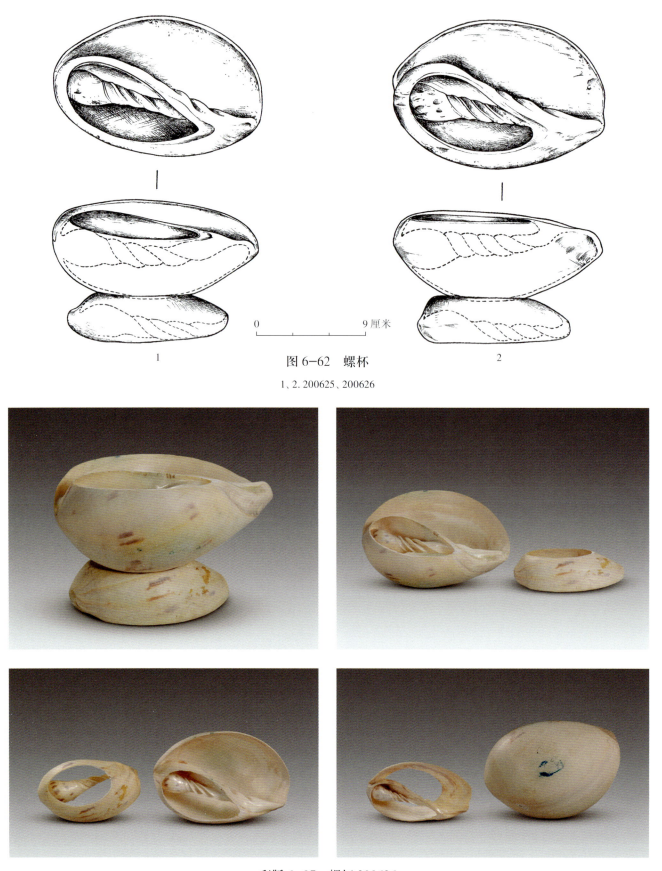

图 6-62　螺杯

1、2. 200625、200626

彩版 6-97　螺杯 200626

200626，表面光滑。通高 10.6、杯体高 7.3、长 径 16.8、短 径 11.3 厘米；杯座高 3.7、顶孔长径 7.5、短径 4.7、长底径 12.6、短底径 7.4 厘米（图 6-62，2；彩版 6-97）。

（2）围棋子 1组 314 枚。

由 黑、白 双色棋子组成（彩版 6-98）。

白 子：175 枚。200690，基本完整者 145 枚，残损者 30 枚。由白色贝壳磨制而成。圆薄饼形，沿较厚微有凸起。表面光滑闪亮有磨损使用痕迹。标本 200690-1，完整。表面有土渍。直径 2.1、厚 0.5 厘米（图 6-63，1；彩版 6-99）。

黑 子：139 枚。200691，基本完整者 128 枚，残损开裂者

图 6-63 围棋子
1. 白色贝制围棋子 200690-1
2. 黑色煤精制围棋子 200691-1

彩版 6-98 围棋子

彩版 6-99 白色贝制围棋子 200690-1

彩版 6-100 黑色煤精制围棋子 200691-1

11 枚。均由黑色煤精磨制而成。圆薄饼形，沿较厚微有凸起。表面素净有光泽及磨损痕迹。标本 200691-1，完整。一面受浸蚀而显斑驳，另一面光滑。直径 2.15、厚 0.5 厘米（图 6-63，2；彩版 6-100）。

# 八 整理小结

现藏于陕西历史博物馆内蓝田北宋吕氏家族墓园被盗文物共计 92 件（组）。其中宋人刻铭器物 7 件，铜器占 6 件，石器仅 1 件。内容可分为三种：

第一种：吕世修于政和元年十一月壬申为父承议郎陪葬古物，器形有素面鼎、盘、匜。

第二种：名曰"牧"或"自牧"的人所有古器，器形是簋、鱼虎纹鼎、熏炉。

第三种：三足石砚是吕锡山为从兄吕子功所刻铭文。

吕锡山于歙砚底所刻铭文中言及"承议郎吕君子功"；田野发掘中 M29 号墓出土吕子功铜印章 1 枚；被盗素面铜鼎、盘、錾花匜上宋人刻仿金铭文表明承议郎子世修为其葬，故综合诸记载可知：

（1）M29 墓主为吕子功。

（2）吕子功生前职官为承议郎。

（3）吕世修为承议郎吕子功嫡子。

（4）田野发掘资料显示，吕大观墓后方系吕子功墓，根据吕氏葬制推断吕子功为吕大观嫡长子。

（5）吕大观墓志明确记载其有子一人名至山。

（6）"山"字辈成员字中均含"子"字，如：义山字子居，省山字子茂。所以吕大观长子吕至山字为子功应无可置疑，其官居承议郎。嫡孙名吕世修，铜器仿金文中已有多处记载，身份清楚确凿。故凡刻有"孤子世修"字样的器物均出自 M29 主人吕至山墓内，属吕世修孝敬先父而随其圹中。吕大观在"大"字辈人中年龄排序倒数第二，而至山年龄却大于吕大忠嫡长子吕锡山，故锡山自称为从第。

"牧"或"自牧"应是同一人，将名或字刻于器物上，表明此物的归属权。即凡刻有该字之物均出同一墓中。据盗墓人自云，仅盗取 M29 吕子功墓中随葬品，但事实证明并非如此。推测"牧"或"自牧"可能是吕氏第四代"山"字辈成员，这些刻有上述字体的器物藏主显然并非子功，藏主卒后，其子即第五代"修"字辈成员则将家藏古器孝敬于父母圹中。经发掘得知"山"字辈人有：吕大圭子信山、吕大雅子仲山、吕大忠子锡山、吕大防子景山、吕大钧子义山、吕大临子省山、吕大观子至山，截止太尉塬墓园停用时，信山、仲山、锡山、省山尚在，墓园中均为其留有空处，未造墓穴或仅葬其妻。"修"字辈成人有：简修、允修、礼修、惟修、世修、德修等，简修、允修、礼修分属信山、仲山的嫡子，父母尚在不可能操办丧事。惟修主办父景山葬事，M4 吕景山墓中出土铭文石磬有载，世修为父至山操办丧事，M29 出土铭文铜器有记，义山子德修主办其丧事，亦有 M26 出土铭文石器为证，况该墓葬未被盗掘，与馆藏被盗文物无关。所以只有维修、世修有机会将被盗铭文古铜器纳于父母圹内，然 7 件铭文铜器里 3 件铭文内容、行文体例完全相同，并署名乃世修所刻，另 4 件錾有"牧"或"自牧"的铜器理当归景山墓所有，由此见 M4 亦被盗掘。因景山兄弟们字号分别为：子居、子功、子茂等，故推测景山字号可能是子牧，器上刻牧、自牧应是其简称与自称。

被盗瓷器跨北宋早、中、晚不同时期，其中青釉带金、银钿物品，做工精致、造型规范、质地釉色均为上等，其精美雅致堪称珍品，时代在北宋早、中期。该批器物绝非一般士族官吏所有，推测吕大防曾官居一品，又喜好收藏古物美器，上述之物归于其家，可谓相辅相配。将家中藏品传于子嗣并葬于墓中也是中国传统葬俗之一。而另外一些造型、工艺、质地略粗糙、釉色青中泛黄者时代可下至北宋晚期，可能出于吕至山子功之墓。

总之，根据形制、质地、工艺等特点分析，被盗文物至少来源于 2 座墓葬，它们可能分别是 M4、M29，其墓主人为吕景山夫妇及吕至山。

# 柒 出土遗物科学检测

## 第一章 瓷器科技分析检测

蓝田吕氏家族墓园为"2010年全国十大考古新发现"之一，地处陕西省蓝田县五里头村，年代为宋神宗熙宁七年（1074年）至徽宗政和八年（1117年），属北宋中晚时期。墓园出土器物共计1000余件（组），包括陶器、瓷器、石器、铜器、铁器、锡器、金银器等，皆为实用器。

陕西省考古研究院于2012、2015和2016年共选送吕氏家族墓园出土瓷器标本37件，委托中国科学院上海光学精密机械研究所科技考古中心进行分析检测。利用能量色散型X射线荧光分析技术（XRF）、激光拉曼光谱分析技术（LRS）、光学相干层析成像技术（OCT）等方法对样品进行无损分析检测，获得了样品的化学成分、物相结构、釉层断层结构等信息。依据获得的结果，对瓷器可能的窑口进行了推测。

## 一 实验方法

### 1. 能量色散型X射线荧光光谱分析技术（XRF）

便携式能量色散型X射线荧光光谱分析仪（PXRF）型号为OURSTEX 100FA。该设备采用金属钯（Pd）作为X射线源，X射线管的激发电压最高可达40kV，最大功率为50W，辐照到样品表面的X射线焦斑直径约为2.5mm。设备主要由四个单元组成：探测器单元、高压单元、控制单元和数据处理单元组成。其中，探测器单元又包括低真空探测单元和大气探测单元。本次测试采用低真空探测器单元。数据处理单元主要包括控制软件及定性、定量分析软件。仪器相关参数及定量分析方法请参阅相关文献[1]。此设备已经成功应用于新疆、广西、湖北、浙江等地出土的古代玻璃器和瓷器研究[2]。

[1] S. Liu, Q. H. Li, F. X. Gan, P. Zhang. Characterization of some ancient glass vessels fragments found in Xinjiang, China, using a portable energy dispersive XRF pectrometer, X–Ray Spectrom., 2011, 40, 364–375.

[2] S. Liu, Q. H. Li, F. X. Gan, P. Zhang, J.W. Lankton. Silk Road glass in Xinjiang, China: chemical compositional analysis and interpretation using a high–resolution portable XRF spectrometer, Journal of Archaeological Science, 2012, 39(7), 2128–2142. S. Liu, Q. H. Li, Q. Fu, F. X. Gan, Z. M. Xiong. Application of a portable XRF spectrometer for classification of potash glass beads unearthed from tombs of Han Dynasty in Guangxi, China. X–Ray Spectrometry, 2013, 42(6): 470–479. 刘松、李青会、董俊卿、干福熹：《宁波市东钱湖郭童岙窑址瓷器样品分析测试报告》，《郭童岙——越窑遗址发掘报告》，科学出版社，2011年，第247~267页。

### 2. 激光拉曼光谱分析仪（LRS）

采用 LabRAM XploRA 型激光共焦拉曼光谱仪，由法国 Horiba 公司生产。仪器采用高稳定性研究级显微镜，配有反射及透射柯勒照明，物镜包括 10×、100× 和 LWD 50×。采用 532nm 高稳定固体激光器（25mW）以及相应的滤光片组件，及计算机控制多级激光功率衰减片。同时采用了针孔共焦技术，与 100× 物镜配合，空间分辨率横向优于 1μm，纵向优于 2μm。光谱仪拉曼频移范围为 70~8000cm$^{-1}$（532nm），光谱分辨率 ≤ 2cm$^{-1}$，内置四块光栅（2400gr/mm、1800gr/mm、1200gr/mm、600gr/mm）。光谱重复性 ≤ ±0.2cm$^{-1}$。本台谱仪在中国古代玻璃化合物着色剂和玉石内包裹体的分析中得到成功应用。[1]

### 3. 分光测色仪

分光测色仪采用的是深圳 3nH 公司所生产的 NS800 型号的分光测色仪，此仪器采用了组合 LED 精密分光的原理，将光线按一定波长间隔分开，然后采用若干组传感器阵列进行感光分析。NS800 分光测色仪的精度更高，对任何颜色都非常敏感，除了准确测量 Lab 值、dE 值之外，还可以直接显示光谱反射率曲线（400~700nm）。本测试报告中反射率曲线为多次（>3 次）采样的平均值。

### 4. 超景深光学显微镜（OM）

采用基恩士 VHX-5000 型，由日本基恩士公司研制。本系统配备有两种型号的光学显微镜头，型号分别为 VH-Z20（×20~200）、VH-Z100R（×100~1000），可实现 20× 至 1000× 的显微观测。同时，本系统还具有自动对焦、全幅对焦、深度合成、多角度观测、超高分辨率和高清晰度显示、三维合成、实时观测以及三维测量等先进功能。

### 5. 多元统计分析

本文中的统计分析，包括散点图及聚类分析等，均利用 SPSS（Statistical Product and Service Solutions）多元统计分析软件（版本 20.0）完成。

## 二 样品概况

本报告中所测试瓷器样品均为陕西蓝田吕氏家族墓园出土瓷器，样品信息如表 7-1 所示。需要说明的是，2012 年、2015 年以及 2016 年 6 月所测试的样品仅对其胎釉化学成分做了定量分析，并未利用分光测试仪获取釉色反射率。同时，少量瓷器样品表面为满釉或是体积大小等其他因素，未能对胎体进行定量分析。

[1] Zhao H X, Li Q H, Liu S, Fu X G. Characterization of microcrystals in some ancient glass beads from China by means of confocal Raman microspectroscopy. Journal of Raman Spectroscopy, 2013, 44(4): 643-649.

表 7-1　选送瓷器标本信息表

| 实验编号 | 样品编号 | 名称 | 类型 | 检测时间 |
|---|---|---|---|---|
| SXKGI-2 | M12：70 | 瓷器残片 | 酱釉瓷 | 2012 年 |
| SXKGI-8 | M26：7 | 瓷瓶 | 青瓷 | |
| SXKGI-31 | M2：48 | 瓷壶残片 | 青白瓷 | 2015 年 |
| SXKGI-36 | 2-T305⑦：7 | 瓷器口沿残片 | 白瓷 | |
| SXKGI-37 | 2-T305⑦：16 | 瓷碗底残片 | 青瓷 | |
| SXKGI-38 | 2-T305⑦：22 | 瓷器残片 | 青瓷 | |
| SXKGI-39 | 2-T405⑦：23 | 瓷碗残片 | 黑釉瓷 | |
| SXKGI-42 | M12：70 | 瓷器残片 | 酱釉瓷 | |
| SXKGI-43 | M22：36 | 银钿盏残渣 | 青白瓷 | |
| SXKGII-1 | M26：69~72A | 瓷器残片 | 白瓷 | 2016 年 6 月 |
| SXKGII-2 | M26：69~72B | 瓷器残片 | 白瓷 | |
| SXKGII-3 | M7：37 | 瓷器残片 | 白瓷 | |
| SXKGII-4 | M12：56-1 | 酒托 | 白瓷 | |
| SXKGII-5 | M12：66 | 盏 | 白瓷 | 2016 年 10 月 |
| SXKGII-6 | M14：4A | 盏 | 白瓷 | |
| SXKGII-7 | M25：26 | 葵口深腹碗 | 白瓷 | |
| SXKGII-8 | M26：21 | 葵瓣海碗 | 白瓷 | |
| SXKGII-9 | M1：30 | 六瓣葵口瓷碟 | 青白瓷 | |
| SXKGII-10 | M2：48 | 瓜棱腹带盖执壶 | 青白瓷 | |
| SXKGII-11 | M2：62 | 香熏 | 青白瓷 | |
| SXKGII-12 | M6：19 | 瓜棱小瓷盒 | 青白瓷 | |
| SXKGII-13 | M6：27 | 盏 | 青白瓷 | |
| SXKGII-14 | M15：11 | 盅 | 青白瓷 | |
| SXKGII-15 | M22：12 | 六曲葵口高足杯 | 青白瓷 | |
| SXKGII-16 | M22：36 | 摸印牡丹纹银钿盏 | 青白瓷 | |
| SXKGII-17 | M22：56 | 碗 | 青白瓷 | |
| SXKGII-18 | M22：60 | 碟（残） | 青白瓷 | |
| SXKGII-19 | M25：44 | 瓷盂 | 青白瓷 | |
| SXKGII-20 | M26：47 | 印牡丹花纹盏 | 青白瓷 | |
| SXKGII-21 | 2 区 K2：8 | 瓷碗底部残片 | 青白瓷 | |
| SXKGII-22 | 2 区 K4：2 | 瓷碗底部残片 | 青白瓷 | |
| SXKGII-23 | M5：12 | 套盒 | 青瓷 | |
| SXKGII-24 | M6：30 | 刻花瓜棱钵 | 青瓷 | |
| SXKGII-25 | M12：24 | 葵瓣碟 | 酱釉瓷 | |
| SXKGII-26 | M4：28 | 金兔毫纹盏 | 黑釉瓷 | |
| SXKGII-27 | M4：37 | 银兔毫纹盏 | 黑釉瓷 | |
| SXKGII-28 | M14：4B | 托 | 黑釉瓷 | |

# 三　结果与讨论

## （一）科技分析结果

### 1.釉色反射率

图 7-1 为 2016 年 10 月份所测试的青白瓷、白瓷、青瓷、酱釉瓷、黑釉瓷釉面反射率曲线。由图 7-1 可知，青白瓷在（500~600）nm 波段内反射率较高，而在（400~500）nm 和（600~700）nm 波段反射率较低；白瓷釉面则在（600~700）nm 范围内有较高的反射率；青瓷釉面反射率较高的波段集中在（575~675）nm；酱釉在（600~700）nm 范围内反射率较高；黑釉的吸收性强，在各个波段其反射率均较低。

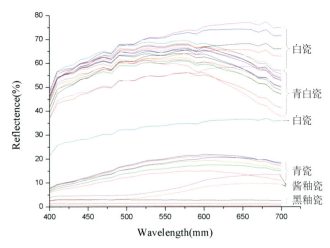

图 7-1　选送瓷器釉面反射率曲线

### 2.胎体化学成分

表 7-2 为所测试的蓝田吕氏家族墓园出土瓷器样品胎体组分的化学成分定量分析结果，图 7-2~4 为青白瓷、白瓷、青瓷、酱釉瓷和黑釉瓷胎体组分二维分布图。从表 7-2 和图 7-2~4 可以看出，总体上来说，青白瓷胎体中 $SiO_2$ 含量水平最高，$Al_2O_3$ 含量水平最低，青瓷、黑釉瓷、酱釉瓷以及少量的白瓷胎体组分中 $SiO_2$、$Al_2O_3$ 的含量水平处于中等水平，而大部分的白瓷胎体中含有最高含量水平的 $Al_2O_3$ 和最低含量水平的 $SiO_2$。青

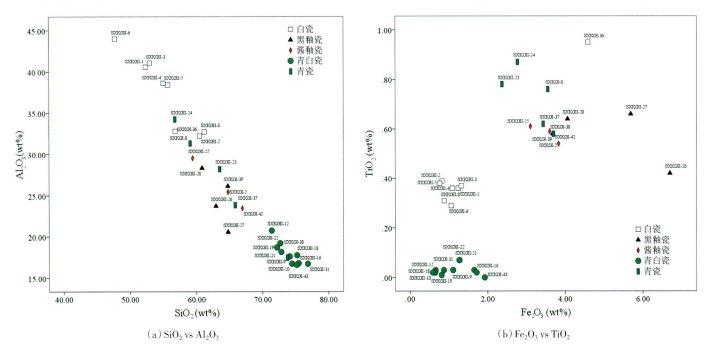

（a）$SiO_2$ vs $Al_2O_3$　　　　　　　　（b）$Fe_2O_3$ vs $TiO_2$

图 7-2　选送瓷器胎体组分二维分布图

表7-2　选送瓷器标本胎体化学成分定量分析结果

| 实验编号 | 原始编号 | 类型 | Na₂O | MgO | Al₂O₃ | SiO₂ | P₂O₅ | K₂O | CaO | TiO₂ | Fe₂O₃ | Cr | Mn | Ni | Cu | Zn | Rb | Sr | Zr | Pb |
|---|---|---|---|---|---|---|---|---|---|---|---|---|---|---|---|---|---|---|---|---|
| | | | wt% | | | | | | | | | μg/g | | | | | | | | |
| SXKGII-31 | M2:48 | 青白瓷 | 1.40 | 0.34 | 16.72 | 76.82 | 0.17 | 3.13 | 0.64 | 0.03 | 0.65 | 155 | 1000 | 10 | n.d. | 39 | 333 | 67 | / | 56 |
| SXKGII-43 | M22:36 | 青白瓷 | 1.28 | 0.27 | 16.79 | 75.43 | 0.17 | 3.43 | 0.62 | n.d. | 1.92 | 56 | 900 | 11 | n.d. | 78 | 377 | 43 | / | 34 |
| SXKGII-9 | M1:30 | 青白瓷 | 2.12 | 1.03 | 17.61 | 74.09 | 0.15 | 2.58 | 0.74 | 0.03 | 1.65 | 114 | 672 | n.d. | n.d. | 40 | 362 | 54 | 20 | 53 |
| SXKGII-10 | M2:48 | 青白瓷 | 1.81 | 1.15 | 16.73 | 74.43 | 0.18 | 2.92 | 2.13 | 0.02 | 0.64 | 99 | 854 | 13 | n.d. | 65 | 360 | 92 | 21 | 57 |
| SXKGII-12 | M6:19 | 青白瓷 | 1.90 | 1.28 | 20.74 | 71.37 | 0.15 | 2.98 | 0.68 | 0.03 | 0.87 | 99 | 767 | n.d. | n.d. | 93 | 418 | 59 | 16 | 96 |
| SXKGII-16 | M22:36 | 青白瓷 | 1.77 | 1.61 | 16.60 | 75.15 | 0.17 | 2.49 | 0.46 | 0.02 | 1.71 | 144 | 649 | 6 | 56 | 41 | 335 | 35 | 15 | 70 |
| SXKGII-18 | M22:60 | 青白瓷 | 1.84 | 1.07 | 17.76 | 75.19 | 0.15 | 2.73 | 0.66 | 0.02 | 0.58 | 77 | 784 | 7 | n.d. | 46 | 366 | 45 | 15 | 56 |
| SXKGII-19 | M25:44 | 青白瓷 | 2.54 | 1.69 | 18.70 | 72.16 | 0.10 | 3.16 | 0.83 | 0.01 | 0.81 | 103 | 929 | 19 | n.d. | 57 | 394 | 29 | 14 | 44 |
| SXKGII-21 | 2区K2:8 | 青白瓷 | 2.15 | 1.34 | 18.15 | 72.82 | 0.12 | 3.01 | 1.06 | 0.07 | 1.27 | 117 | 625 | 14 | n.d. | 36 | 330 | 100 | 20 | 47 |
| SXKGII-22 | 2区K4:2 | 青白瓷 | 2.22 | 1.18 | 19.22 | 72.67 | 0.16 | 2.95 | 0.45 | 0.03 | 1.11 | 84 | 979 | 15 | n.d. | 95 | 411 | 29 | 25 | 67 |
| SXKGI-36 | 2-T305⑦:7 | 白瓷 | 1.37 | 1.25 | 32.79 | 56.79 | n.d. | 1.06 | 1.14 | 0.95 | 4.58 | 154 | 600 | 85 | n.d. | n.d. | 60 | 88 | / | 62 |
| SXKGII-1 | M26:69~72A | 白瓷 | 1.45 | 1.29 | 40.57 | 52.35 | n.d. | 1.45 | 1.29 | 0.36 | 1.24 | 98 | 309 | 17 | n.d. | 23 | 87 | 165 | 411 | 39 |
| SXKGII-2 | M26:69~72B | 白瓷 | 1.25 | 1.89 | 32.22 | 60.45 | 0.04 | 1.56 | 1.38 | 0.39 | 0.82 | 104 | 427 | 12 | n.d. | 19 | 123 | 31 | 379 | 30 |
| SXKGII-3 | M7:37 | 白瓷 | 1.20 | 1.33 | 41.06 | 52.98 | n.d. | 1.03 | 0.70 | 0.37 | 1.32 | 105 | 351 | 32 | n.d. | 16 | 71 | 162 | 362 | 130 |
| SXKGII-4 | M12:56-1 | 白瓷 | 1.12 | 0.94 | 38.62 | 54.99 | 0.29 | 0.86 | 1.73 | 0.36 | 1.09 | 166 | 343 | 24 | n.d. | 48 | 69 | 180 | 342 | 60 |
| SXKGII-5 | M12:66 | 白瓷 | 1.15 | 0.57 | 38.39 | 55.68 | 0.12 | 0.62 | 2.32 | 0.38 | 0.76 | 199 | 360 | 42 | n.d. | 7 | 48 | 216 | 353 | 49 |
| SXKGII-6 | M14:4A | 白瓷 | 1.50 | 1.11 | 43.99 | 47.69 | n.d. | 1.72 | 2.63 | 0.29 | 1.06 | 82 | 308 | 26 | n.d. | 30 | 88 | 186 | 297 | 29 |
| SXKGII-8 | M26:21 | 白瓷 | 1.20 | 1.35 | 32.72 | 61.17 | 0.02 | 1.14 | 1.21 | 0.31 | 0.88 | 63 | 454 | 11 | n.d. | 49 | 93 | 35 | 277 | 59 |
| SXKGI-8 | M26:7 | 青瓷 | 1.06 | 1.80 | 31.33 | 59.03 | n.d. | 1.74 | 0.69 | 0.76 | 3.55 | n.d. | 300 | 45 | n.d. | 33 | 125 | 136 | / | 43 |
| SXKGII-37 | 2-T305⑦:16 | 青瓷 | 1.14 | 0.95 | 23.83 | 65.79 | 0.04 | 2.33 | 1.82 | 0.62 | 3.43 | 114 | 400 | 38 | n.d. | 52 | 116 | 139 | / | 26 |
| SXKGII-38 | 2-T305⑦:22 | 青瓷 | 1.41 | 0.41 | 17.45 | 73.74 | n.d. | 1.85 | 0.83 | 0.58 | 3.70 | 92 | 500 | 83 | n.d. | n.d. | 87 | 113 | / | 34 |
| SXKGII-24 | M6:30 | 青瓷 | 1.35 | 1.38 | 34.22 | 56.73 | n.d. | 1.48 | 1.19 | 0.87 | 2.77 | 145 | 339 | 8 | n.d. | 30 | 119 | 145 | 440 | 42 |
| SXKGII-23 | M5:12 | 青瓷 | 1.32 | 1.62 | 28.19 | 63.45 | 0.09 | 1.73 | 0.45 | 0.78 | 2.37 | 106 | 299 | 17 | 8 | n.d. | 119 | 122 | 465 | 13 |
| SXKGII-2 | M12:70 | 酱釉瓷 | 0.96 | 1.33 | 25.42 | 64.72 | 0.06 | 2.41 | 0.91 | 0.59 | 3.60 | n.d. | n.d. | 45 | 84 | 40 | 145 | 152 | / | 66 |
| SXKGII-42 | M12:70 | 酱釉瓷 | 1.23 | 0.99 | 23.45 | 66.88 | n.d. | 2.20 | 0.84 | 0.54 | 3.83 | 105 | 500 | 39 | n.d. | 59 | 112 | 101 | / | 24 |
| SXKGII-25 | M12:24 | 酱釉瓷 | 1.93 | 1.89 | 29.51 | 59.40 | 0.12 | 2.80 | 0.65 | 0.61 | 3.10 | 123 | 368 | 67 | 24 | 28 | 158 | 182 | 323 | 57 |
| SXKGII-39 | 2-T405⑦:23 | 黑釉瓷 | 1.14 | 1.07 | 26.13 | 64.68 | 0.07 | 2.17 | 0.43 | 0.58 | 3.68 | n.d. | 400 | 56 | 10 | 35 | 120 | 79 | / | 40 |
| SXKGII-26 | M4:28 | 黑釉瓷 | 1.62 | 1.41 | 23.72 | 62.89 | 0.11 | 2.81 | 0.32 | 0.42 | 6.70 | 107 | 631 | 84 | 152 | 91 | 162 | n.d. | 237 | 83 |
| SXKGII-27 | M4:37 | 黑釉瓷 | 1.95 | 1.14 | 20.56 | 64.72 | n.d. | 2.91 | 2.38 | 0.66 | 5.68 | 154 | 522 | 23 | 173 | 162 | 174 | 5 | 322 | 193 |
| SXKGII-28 | M14:4B | 黑釉瓷 | 1.70 | 1.27 | 28.31 | 60.82 | 0.01 | 2.06 | 1.12 | 0.64 | 4.06 | 176 | 333 | 38 | 39 | 70 | 91 | 85 | 311 | 77 |

白瓷和白瓷胎体中 $Fe_2O_3$ 的含量水平较为接近且比较低，但 $TiO_2$ 的含量水平存在差异。白瓷胎体中 $TiO_2$ 的含量水平较高，而青白瓷中则较低，青瓷、黑釉瓷、酱釉瓷中 $Fe_2O_3$、$TiO_2$ 的含量则比较接近，且均较高。青白瓷胎体中 $K_2O$ 含量最高，其次是青瓷、黑釉瓷和酱釉瓷，白瓷胎体中 $K_2O$ 含量最低。青白瓷中 Rb 的含量高于其他瓷器样品。白瓷、青瓷、黑釉瓷、酱釉瓷胎体中 $K_2O$ 和 Rb 存在明显的正相关线性关系，说明胎体中 $K_2O$ 和 Rb 存在同源性，可能来自于同一种原料矿物。而青白瓷样品胎体中 $K_2O$ 和 Rb 则不具有此种关系，表明青白瓷与其他样品在原料配方上存在差异。黑釉瓷样

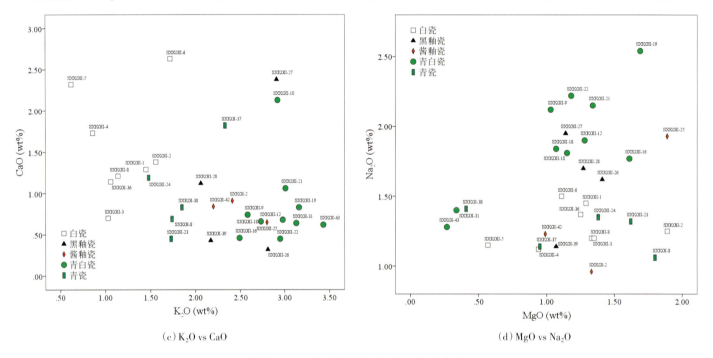

(c) $K_2O$ vs CaO　　　　　　　　　　　　(d) MgO vs $Na_2O$

图 7-3　选送瓷器胎体组分二维分布图

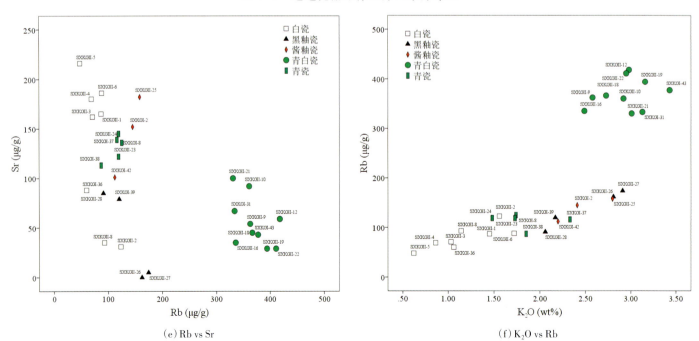

(e) Rb vs Sr　　　　　　　　　　　　(f) $K_2O$ vs Rb

图 7-4　选送瓷器胎体组分二维分布图

品 SXKGII-26、SXKGII-27 在 Sr
的含量上明显低于 SXKGII-28、
SXKGI-39。

从上述分析可知，青白瓷、
白瓷、青瓷、黑釉瓷、酱釉瓷
的胎体在 $SiO_2$、$Al_2O_3$、$Fe_2O_3$、
$TiO_2$、$K_2O$、Rb 组分含量上存
在差异，因此，利用上述组分
进行聚类分析，利用欧式距离
（Euclidean 距离）采用离差平方
和法（Ward 法）获得的结果如图
7-5 所示。由图 7-5 可知，系统
分析聚类将样品分为三大类，第
一类是青白瓷，第二类是白瓷，
第三类是青瓷、酱釉瓷、黑釉瓷。

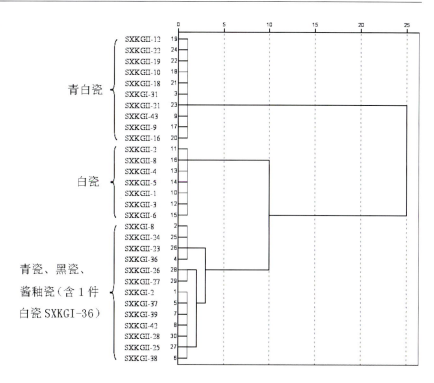

图 7-5　选送瓷器标本胎体组分聚类分析图

### 3. 釉层化学成分

表 7-3 为测试样品釉层化学
成分，图 7-6~8 为釉层组分二维分布图。由图 7-6~8 可知，从整体含量水平上来说，黑釉、酱釉
中含有较高含量的 $K_2O$ 和较低含量的 CaO，青瓷、白瓷含有中等含量的 $K_2O$、CaO，青白瓷则含有
最高含量的 CaO 和最低含量的 $K_2O$；Fe 离子是釉层致色的主要原因，因此，从黑釉、酱釉到青瓷，

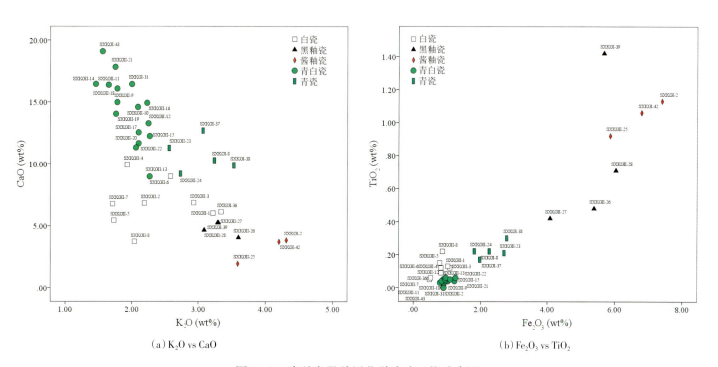

(a) $K_2O$ vs CaO　　　　　　　　　　(b) $Fe_2O_3$ vs $TiO_2$

图 7-6　选送瓷器釉层化学成分二维分布图

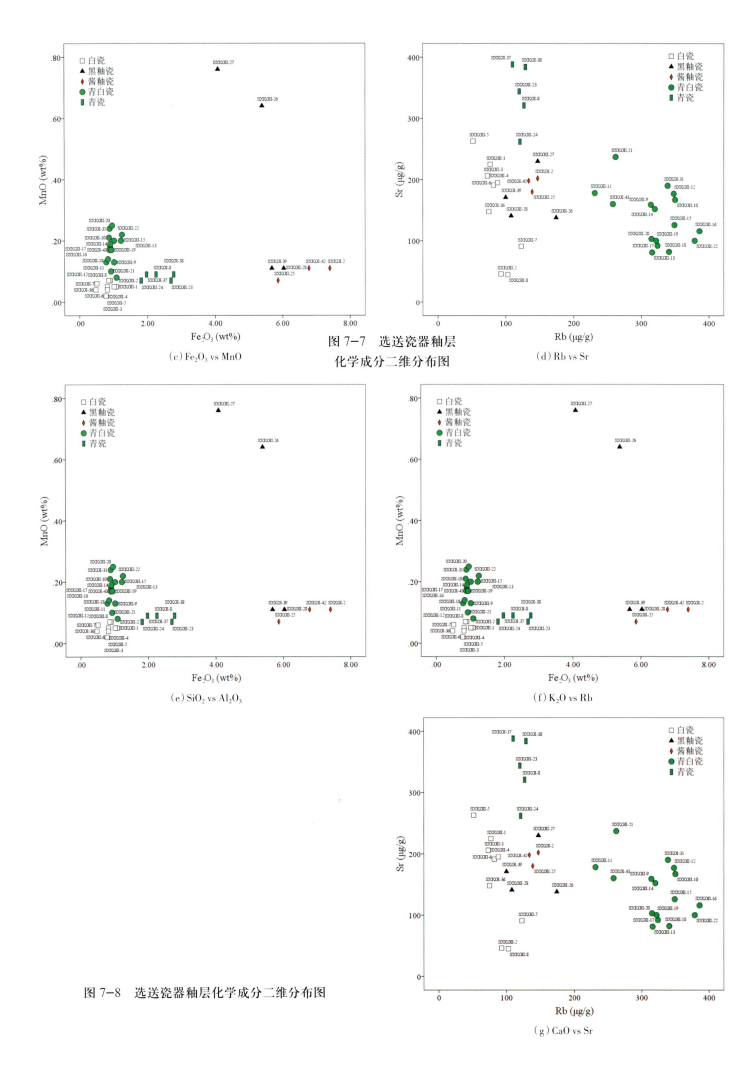

图 7-7 选送瓷器釉层化学成分二维分布图

（c）Fe₂O₃ vs MnO

（d）Rb vs Sr

（e）SiO₂ vs Al₂O₃

（f）K₂O vs Rb

图 7-8 选送瓷器釉层化学成分二维分布图

（g）CaO vs Sr

表7-3　选送瓷器标本釉层化学成分定量分析结果

| 实验编号 | 样品编号 | 类型 | Na₂O | MgO | Al₂O₃ | SiO₂ | P₂O₅ | K₂O | CaO | TiO₂ | MnO | Fe₂O₃ | Cr | Ni | Cu | Zn | Rb | Sr | Zr | Pb |
|---|---|---|---|---|---|---|---|---|---|---|---|---|---|---|---|---|---|---|---|---|
| | | | wt% | | | | | | | | | | μg/g | | | | | | | |
| SXKGI-31 | M2:48 | 青白瓷 | 0.80 | 1.38 | 14.56 | 63.02 | 0.66 | 2.00 | 16.45 | n.d. | 0.24 | 0.89 | 451 | 6 | 15 | 142 | 339 | 190 | / | 62 |
| SXKGI-43 | M22:36 | 青白瓷 | 0.66 | 1.24 | 14.25 | 62.07 | 0.05 | 1.56 | 19.09 | n.d. | 0.18 | 0.90 | 413 | 413 | 14 | 218 | 258 | 160 | / | 32 |
| SXKGII-9 | M1:30 | 青白瓷 | 0.33 | 1.39 | 14.64 | 65.63 | 0.07 | 1.78 | 14.98 | 0.04 | 0.13 | 1.02 | 36 | 9 | 11 | 109 | 314 | 159 | n.d. | 17 |
| SXKGII-10 | M2:48 | 青白瓷 | 0.51 | 1.45 | 15.22 | 64.95 | 0.07 | 2.09 | 14.59 | 0.04 | 0.21 | 0.87 | 31 | 6 | 10 | 72 | 350 | 167 | n.d. | 51 |
| SXKGII-11 | M2:62 | 青白瓷 | 0.31 | 1.43 | 13.07 | 66.13 | 0.07 | 1.65 | 16.39 | 0.03 | 0.13 | 0.79 | 32 | n.d. | n.d. | 168 | 231 | 178 | n.d. | 16 |
| SXKGII-12 | M6:19 | 青白瓷 | 0.47 | 1.29 | 14.87 | 66.70 | 0.06 | 2.25 | 13.27 | 0.05 | 0.10 | 0.93 | 31 | n.d. | 39 | 156 | 348 | 177 | n.d. | 115 |
| SXKGII-13 | M6:27 | 青白瓷 | 0.18 | 1.40 | 14.23 | 71.61 | 0.07 | 2.27 | 8.98 | 0.04 | 0.20 | 1.02 | 25 | n.d. | 20 | 109 | 316 | 81 | n.d. | n.d. |
| SXKGII-14 | M15:11 | 青白瓷 | 0.11 | 2.15 | 13.36 | 65.21 | 0.13 | 1.46 | 16.46 | 0.03 | 0.19 | 0.91 | 40 | n.d. | 66 | 172 | 320 | 152 | 12 | 52 |
| SXKGII-15 | M22:12 | 青白瓷 | 0.18 | 1.61 | 14.74 | 67.42 | 0.08 | 2.27 | 12.24 | 0.04 | 0.20 | 1.22 | 36 | n.d. | 53 | 60 | 349 | 126 | n.d. | 41 |
| SXKGII-16 | M22:36 | 青白瓷 | 0.15 | 1.46 | 15.03 | 64.98 | 0.08 | 2.23 | 14.92 | 0.04 | 0.17 | 0.94 | 40 | 7 | 55 | 158 | 386 | 116 | n.d. | 17 |
| SXKGII-17 | M22:56 | 青白瓷 | 0.09 | 1.52 | 13.10 | 69.48 | 0.07 | 2.10 | 12.54 | 0.05 | 0.17 | 0.89 | 32 | n.d. | n.d. | 115 | 324 | 92 | n.d. | n.d. |
| SXKGII-18 | M22:60 | 青白瓷 | 0.48 | 2.13 | 13.92 | 64.47 | 0.11 | 1.78 | 16.09 | 0.04 | 0.14 | 0.84 | 42 | 6 | 31 | 84 | 341 | 82 | n.d. | 10 |
| SXKGII-19 | M25:44 | 青白瓷 | 0.60 | 2.24 | 11.73 | 68.41 | 0.07 | 1.76 | 14.04 | 0.05 | 0.17 | 0.94 | 35 | n.d. | n.d. | 91 | 322 | 100 | n.d. | 22 |
| SXKGII-20 | M26:47 | 青白瓷 | 0.27 | 1.67 | 13.01 | 69.93 | 0.09 | 2.10 | 11.66 | 0.06 | 0.25 | 0.96 | 27 | n.d. | 36 | 112 | 315 | 103 | n.d. | 28 |
| SXKGII-21 | 2区K2:8 | 青白瓷 | 0.45 | 1.43 | 13.72 | 63.54 | 0.06 | 1.75 | 17.83 | 0.05 | 0.08 | 1.09 | 42 | 7 | 21 | 61 | 262 | 237 | 10 | 65 |
| SXKGII-22 | 2区K4:2 | 青白瓷 | 0.86 | 1.61 | 16.68 | 65.86 | 0.07 | 2.06 | 11.32 | 0.06 | 0.22 | 1.25 | 32 | n.d. | 32 | 126 | 379 | 100 | n.d. | 46 |
| SXKGI-36 | 2-T305⑦:7 | 白瓷 | 1.57 | 1.56 | 17.08 | 69.25 | 0.50 | 3.34 | 6.13 | 0.05 | 0.04 | 0.48 | 194 | 19 | 149 | 10 | 75 | 148 | / | 93 |
| SXKGII-1 | M26:69~72A | 白瓷 | 2.66 | 2.41 | 19.57 | 64.45 | 0.42 | 3.22 | 6.02 | 0.12 | 0.05 | 1.08 | 210 | 6 | 102 | 61 | 77 | 225 | 392 | 125 |
| SXKGII-2 | M26:69~72B | 白瓷 | 2.39 | 4.69 | 16.52 | 66.34 | 0.05 | 2.19 | 6.83 | 0.02 | 0.07 | 0.90 | 217 | n.d. | 19 | 67 | 93 | 46 | 323 | 64 |
| SXKGII-3 | M7:37 | 白瓷 | 2.44 | 2.30 | 19.23 | 64.47 | 0.56 | 2.93 | 6.87 | 0.13 | 0.05 | 1.02 | 216 | 10 | 84 | 76 | 73 | 206 | 428 | 77 |
| SXKGII-4 | M12:56-1 | 白瓷 | 0.79 | 1.66 | 15.41 | 69.22 | 0.10 | 1.93 | 9.93 | 0.09 | 0.05 | 0.82 | 35 | n.d. | 59 | 43 | 82 | 191 | 288 | 39 |
| SXKGII-5 | M12:66 | 白瓷 | 0.61 | 1.60 | 17.30 | 72.27 | 0.09 | 1.73 | 5.45 | 0.15 | 0.02 | 0.78 | 26 | n.d. | 70 | 41 | 52 | 263 | 391 | 68 |

续表7-3

| 实验编号 | 样品编号 | 类型 | wt% | | | | | | | | | | μg/g | | | | | | | |
|---|---|---|---|---|---|---|---|---|---|---|---|---|---|---|---|---|---|---|---|---|
| | | | $Na_2O$ | MgO | $Al_2O_3$ | $SiO_2$ | $P_2O_5$ | $K_2O$ | CaO | $TiO_2$ | MnO | $Fe_2O_3$ | Cr | Ni | Cu | Zn | Rb | Sr | Zr | Pb |
| SXKGII-6 | M14:4A | 白瓷 | 0.39 | 1.42 | 17.13 | 68.40 | 0.09 | 2.58 | 9.00 | 0.12 | 0.04 | 0.82 | 27 | n.d. | 47 | 23 | 88 | 195 | 259 | 50 |
| SXKGII-7 | M25:26 | 白瓷 | 0.27 | 3.48 | 17.51 | 69.54 | 0.08 | 1.71 | 6.78 | 0.06 | 0.06 | 0.51 | 25 | 8 | 63 | 153 | 123 | 91 | 339 | 53 |
| SXKGII-8 | M26:21 | 白瓷 | 0.20 | 2.52 | 21.23 | 69.05 | 0.08 | 2.04 | 3.73 | 0.22 | 0.07 | 0.86 | 19 | n.d. | 48 | 95 | 103 | 45 | 334 | 48 |
| SXKGI-8 | M26:7 | 青瓷 | 0.79 | 3.29 | 12.14 | 67.24 | 0.47 | 3.24 | 10.27 | 0.22 | 0.09 | 2.25 | n.d. | 17 | 126 | 78 | 127 | 321 | / | 36 |
| SXKGII-37 | 2-T305⑦:16 | 青瓷 | 1.02 | 2.40 | 14.28 | 63.53 | 0.79 | 3.07 | 12.68 | 0.17 | 0.09 | 1.97 | 328 | 5 | 109 | 74 | 110 | 388 | / | 24 |
| SXKGII-38 | 2-T305⑦:22 | 青瓷 | 0.68 | 2.65 | 13.97 | 65.15 | 0.97 | 3.53 | 9.87 | 0.30 | 0.09 | 2.77 | 297 | 11 | 182 | 16 | 129 | 384 | / | 63 |
| SXKGI-23 | M5:12 | 青瓷 | n.d. | 2.41 | 13.59 | 67.09 | 0.10 | 2.56 | 11.28 | 0.21 | 0.07 | 2.69 | 31 | 33 | 127 | 29 | 120 | 344 | 326 | n.d. |
| SXKGI-24 | M6:30 | 青瓷 | 0.09 | 1.90 | 11.92 | 71.96 | 0.10 | 2.73 | 9.21 | 0.22 | 0.07 | 1.81 | 27 | n.d. | 109 | 60 | 121 | 262 | 161 | n.d. |
| SXKGII-2 | M12:70 | 酱釉瓷 | 0.78 | 3.80 | 12.18 | 66.48 | n.d. | 4.31 | 3.82 | 1.13 | 0.11 | 7.40 | n.d. | 114 | 284 | 90 | 147 | 202 | / | 61 |
| SXKGII-42 | M12:70 | 酱釉瓷 | 1.09 | 3.23 | 14.90 | 64.84 | 0.08 | 4.20 | 3.70 | 1.06 | 0.11 | 6.79 | 116 | 103 | 252 | 33 | 134 | 198 | / | 55 |
| SXKGII-25 | M12:24 | 酱釉瓷 | 0.36 | 1.68 | 15.28 | 70.20 | 0.10 | 3.59 | 1.93 | 0.92 | 0.07 | 5.86 | 6 | 33 | 201 | 42 | 139 | 180 | 323 | 92 |
| SXKGII-39 | 2-T405⑦:23 | 黑釉瓷 | 1.32 | 2.65 | 15.00 | 64.89 | 0.40 | 3.29 | 5.25 | 1.42 | 0.11 | 5.67 | 107 | 81 | 257 | 101 | 100 | 171 | / | 70 |
| SXKGII-26 | M4:28 | 黑釉瓷 | n.d. | 1.66 | 17.38 | 66.74 | 0.09 | 3.60 | 4.04 | 0.48 | 0.64 | 5.38 | 10 | 51 | 249 | 178 | 174 | 138 | 153 | 85 |
| SXKGII-27 | M4:37 | 黑釉瓷 | n.d. | 1.70 | 15.21 | 69.20 | 0.09 | 3.30 | 5.25 | 0.42 | 0.76 | 4.08 | 13 | 16 | 99 | 102 | 147 | 230 | 177 | 60 |
| SXKGII-28 | M14:4B | 黑釉瓷 | n.d. | 2.37 | 15.83 | 67.14 | 0.07 | 3.09 | 4.66 | 0.71 | 0.11 | 6.03 | 16 | 37 | 395 | 117 | 108 | 141 | 253 | 42 |

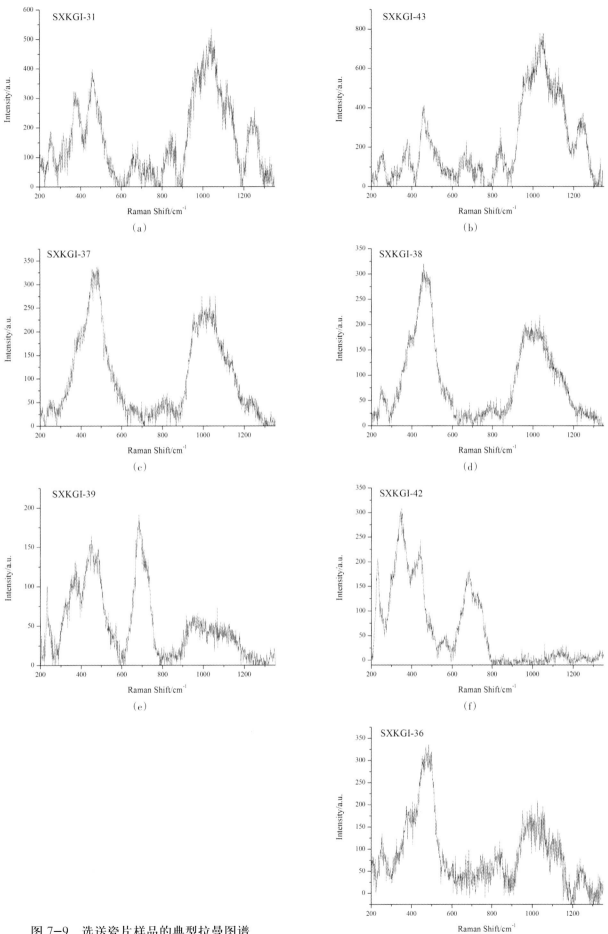

图 7-9　选送瓷片样品的典型拉曼图谱

最后为白瓷、青白瓷，釉层中 $Fe_2O_3$ 的含量逐渐减少，同时，$TiO_2$ 的含量也有逐渐降低的趋势。需要注意的是，黑釉瓷样品在 $Fe_2O_3$、$MnO$、$TiO_2$ 的含量上存在明显差异，其中 SXKGII-26、27 釉层中 $Fe_2O_3$、$MnO$ 的含量明显高于 SXKGII-28、39，但 $TiO_2$ 的含量则较低，说明二者采用了不同的釉料制作工艺。釉层微量元素 Rb 与胎体较为相似，青白瓷中 Rb 的含量水平远高于其他瓷釉。青白瓷，与其他样品在 $K_2O$ 和 Rb 线性关系上存在明显差异，说明釉层制作原料的不一致。

### 4. 拉曼光谱分析

图 7-9 为本次测试的瓷片样品的典型拉曼图谱（均为已扣除背底后的图谱），从该图中可以很容易发现，不同化学成分体系的瓷片样品其拉曼光谱明显不同，但具有相似成分的样品的拉曼信号却是非常相似的。从图 7-9 中首先可以根据 $500cm^{-1}$ 附近的包络强度远远低于 $1000cm^{-1}$ 附近的包络强度从而非常容易地将钙釉体系中的 2 件青白瓷釉样品识别出来，如图 7-9 中的样品 SXKGI-31 和 SXKGI-43，它们的硅氧键拉伸振动峰位置一般分布在 $1037\sim1041cm^{-1}$ 附近；另外 2 件钙釉体系的青瓷样品则显示为 $500cm^{-1}$ 附近的包络强度高于 $1000cm^{-1}$ 附近的包络强度，它们的硅氧键拉伸振动峰位置则分布在 $1011\sim1017cm^{-1}$ 附近。而碱钙釉体系样品 SXKGI-36 表面虽然也是白色釉层，但它的 $500cm^{-1}$ 附近的包络强度高于 $1000cm^{-1}$ 附近的包络强度，它们的硅氧键拉伸振动峰位置则分布在 $1042cm^{-1}$ 附近，与上述 4 件钙釉样品的拉曼光谱均不同。相比之下，2 件铁釉体系样品 SXKGI-39 和 SXKGI-42 不仅也是 $500cm^{-1}$ 附近的包络强度远高于 $1000cm^{-1}$ 附近的包络强度，它们的硅氧键拉伸振动峰位置则移至 $962\sim985cm^{-1}$ 附近。

拉曼谱峰聚合度指数 Ip，其定义为拉曼位移 $500cm^{-1}$ 处谱峰的面积与拉曼位移 $1000cm^{-1}$ 处谱峰面积之比。由于 Ip 值与瓷釉的组成以及釉烧温度相关，因此本研究根据对所测古代瓷片的拉曼光谱进行拟合计算后分析得到了这些样品的 Ip 值，见表 7-4。

从图 7-10 中可以看出，随着化学成分体系的演变，它们的 Ip 值也随之发生变化，也就意味着它们之间的釉烧温度是有所区别的。2 件钙釉体系的白瓷样品（SXKGI-31 和 SXKGI-43）的聚合指数 Ip 值范围最低，为 0.42~0.45，这意味着它们的釉烧温度在这批样品中也应该是最低的。碱钙釉体系的

表 7-4　选送瓷片样品拉曼参数

| 样品编号 | 釉色 | 体系 | Ip | Si-O 键拉伸振动 | 助熔剂含量* | 相似窑口 | 参考烧成温度（℃） |
|---|---|---|---|---|---|---|---|
| SXKGI-31 | 白釉 | 钙釉体系 | 0.42 | 1037 | 18.45 | 江西景德镇白瓷 | 1100~1150 |
| SXKGI-43 | 白釉 | 钙釉体系 | 0.45 | 1041 | 20.65 | | |
| SXKGI-36 | 白釉 | 钙碱釉体系 | 0.84 | 1042 | 12.60 | 河南临汝青瓷 | 1270±20 |
| SXKGI-37 | 青釉 | 钙釉体系 | 1 | 1017 | 18.15 | 宋代耀州窑青瓷 | 1300~1320 |
| SXKGI-38 | 青釉 | 钙釉体系 | 1.17 | 1011 | 16.05 | 五代北宋越窑青瓷 | 1160±20（上虞出土东汉越窑青瓷可达 1300） |
| SXKGI-39 | 黑釉 | 铁釉体系 | 1.93 | 985 | 11.19 | 宋代耀州窑兔毫盏黑釉 | 1250~1350 |
| SXKGI-42 | 黑釉 | 铁釉体系 | 4.65 | 962 | 11.13 | | |

＊表中助熔剂含量：SXKGI-31 和 SXKGI-43 为（$CaO+K_2O$）的含量，SXKGI-36 为（$Na_2O+MgO+CaO+K_2O$）的含量，其余样品的助熔剂为（$MgO+CaO+K_2O$）的含量。

白瓷样品SXKGI-36聚合指数Ip值为0.84。另外2件钙釉体系的青瓷样品（SXKGI-37和SXKGI-38）的聚合指数Ip值为1和1.17。最后2件铁釉体系的黑釉样品（SXKGI-39和SXKGI-42）的聚合指数Ip值为1.93和4.65。文献中记录了宋代不同窑系瓷器的烧制温度，如江西景德镇白瓷为1100~1150℃左右，河南临汝窑青瓷为1270±20℃左右，耀州窑青瓷1300~1320℃，五代北宋时期越窑青瓷1160±20℃左右（上虞出土东汉越窑青瓷可达1300℃），耀州窑兔毫盏黑釉1250~1350℃。[1]将该批样品的实验结果与文献中已知窑系典型瓷器的釉烧温度范围进行对比后发现，二者釉烧温度变化的整体趋势是一致的。

从图7-10中还可以发现，这批古代瓷片样品的聚合指数与它们所含的助熔剂的成分和含量相关。当Ip值在0.5以下时，2个钙釉体系的白瓷样品（SXKGI-31和SXKGI-43）中主要助熔剂（CaO+K$_2$O）的含量为18.45wt%和20.65wt%；当Ip逐渐升高达到1~1.2范围内时，2件钙釉体系的青瓷样品（SXKGI-37和SXKGI-38）中主要助熔剂（MgO+CaO+K$_2$O）的含量继续降低，分别为18.15wt%和16.05wt%；当Ip值继续升高超过1.9以后，2件铁釉体系的黑釉瓷样品（SXKGI-39和SXKGI-42）中主要助熔剂（MgO+CaO+K$_2$O）的含量均降低为11wt%左右。此外，碱钙釉体系的

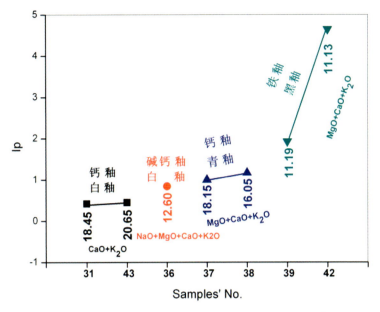

图7-10　不同成分体系选送瓷片样品的聚合指数分布图

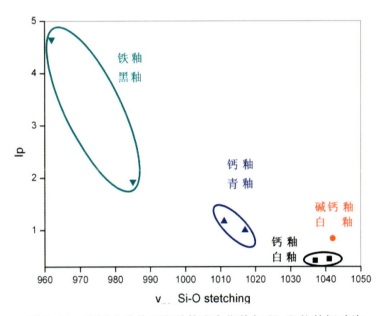

图7-11　不同成分体系瓷釉的聚合指数与Si-O拉伸振动峰

白瓷样品SXKGI-36较为特殊，它的聚合指数Ip值为0.84，但其主要助熔剂（Na$_2$O+MgO+CaO+K$_2$O）的含量仅有12.6wt%，推断可能是由于助熔剂中同时增加了Na$_2$O和MgO而导致Ip偏低。从上述讨论可知，随横坐标从左向右，且随Ip值逐渐升高，主要助熔剂的含量在总体上呈现出降低的趋势，这是由于在瓷釉的硅氧四面体网络结构中，助熔剂含量的增加会导致桥氧键数目相应减少，网络的连接性降低，从而导致熔融温度降低。

图7-11为样品的聚合指数Ip与硅氧键拉伸振动最大峰强处的峰位关系二维图。从图中可以看出，这批不同化学成分体系的古代瓷片样品分别具有不同的拉曼光谱特征。其中，2个钙釉体系的白瓷样

[1]李家治：《中国科学技术史（陶瓷卷）》，科学出版社，1998年，第349、274、264、129页。

品（SXKGI-31 和 SXKGI-43）、2 件钙釉体系的青瓷样品（SXKGI-37 和 SXKGI-38）以及 2 件铁釉体系的黑釉瓷样品（SXKGI-39 和 SXKGI-42）很容易地被区分为三类，而较为特殊的碱钙釉体系的白瓷样品 SXKGI-36 虽然颜色接近于 2 个钙釉体系的白瓷样品（SXKGI-31 和 SXKGI-43），但由于其 Ip 值相对较高而自成一类。

因此，在图 7-11 中可以非常容易地根据拉曼光谱参数间的差异将这些样品进行类群划分，与前文的化学成分分析结果相一致，甚至可以反映出不同窑口间样品的拉曼光谱参数的差异。但该方法仍需要更多不同年代、不同窑口以及不同成分体系的瓷片样品以开展更加深入的系统性对比研究工作。

### 5. 瓷釉断层结构特征

折射率突变会导致物体散射光变强，在 OCT 灰度图像上表现为具有不同灰度值的亮点。均一的玻璃态釉层不存在折射率突变，在 OCT 图像中为黑色；由于空气和釉分界处折射率的突变，会导致强的光散射，釉与空气界面表现为一条亮线；釉和胎体分界面情况有所不同，由于釉在烧制过程中会渗透到胎里，釉和胎体的折射率差异也很大，整个渗透区域里都会有强的光散射，分界面会呈亮带状延伸。釉质中气泡和晶体颗粒也普遍存在，在整个气泡表面有大的折射率差异，散射光强，会产生圆形亮区。但是，气泡侧向的强散射光超出了探测距离，只能探测到气泡上下表面的散射光，因此，在 OCT 图像上表现为两条平行的、高亮的短线；对于晶体颗粒，由于其折射率与釉层的差异，会产生强散射，表现为亮点或亮块。

利用光学相干成像技术（OCT）对 2015 年选送的 7 件瓷器样品和 2016 年选送的 3 件白瓷样品进行了测试，如图 7-12 所示。样品 SXKGI-31、43 为青白瓷，其瓷釉 OCT 断层图像也显示出了二者具有相似性。从二者的 OCT 图像中可以看出，釉层中含有气泡，但气泡体积较小，数量较少，并不包含其他的异质相，釉层透明度高。样品 SXKGI-38 瓷釉 OCT 断层图像显示，其釉层厚度较薄，厚度均匀，釉层中含有气泡，部分气泡体积较大，数量较多，分布不均匀。样品 SXKGI-37、39、42 瓷釉 OCT 图像中可以看出，样品 SXKGI-37 釉层较厚，玻璃态的釉层中含有大量的异质相，含有一定量的气泡，透明度不高。尽管样品 SXKGI-42 在釉色及厚度上均与 SXKGI-37 有所差别，但其釉层的结构特征比较相似，均为带有结晶相的玻璃态釉，同时含有一定量的气泡。由于黑色对于光的吸收程度较高，因此，黑釉样品 SXKGI-39 釉层内部结构并不清晰，几乎看不到胎釉结合界面。

样品 SXKGI-36、SXKGII-1、2、3 均为白瓷。通过釉层 OCT 图像可以看出，釉层均较薄，样品 SXKGI-36、SXKGII-1、3 釉层以玻璃相为主，同时含有小体积的气泡，而且数量也很少。样品 SXKGII-2 釉层 OCT 结构与上述样品存在差异，其釉层中含有较多的散射相，玻璃相较少。

## （二）可能窑口判定

### 1. 青白瓷

由表 7-2 可知，青白瓷胎体具有低铝高硅的特点，具有我国南方所产瓷器胎体特征。[1] 同时，不论胎体还是釉层，化学成分数据点分布较为集中，说明青白瓷器胎釉化学成分具有相似性。推测所测试青白瓷可能为同一窑口所生产。结合测试样品出土年代为宋代，选取了江西景德镇地区

---

[1] 李家治：《中国科学技术史（陶瓷卷）》，科学出版社，1998 年，第 114 页。

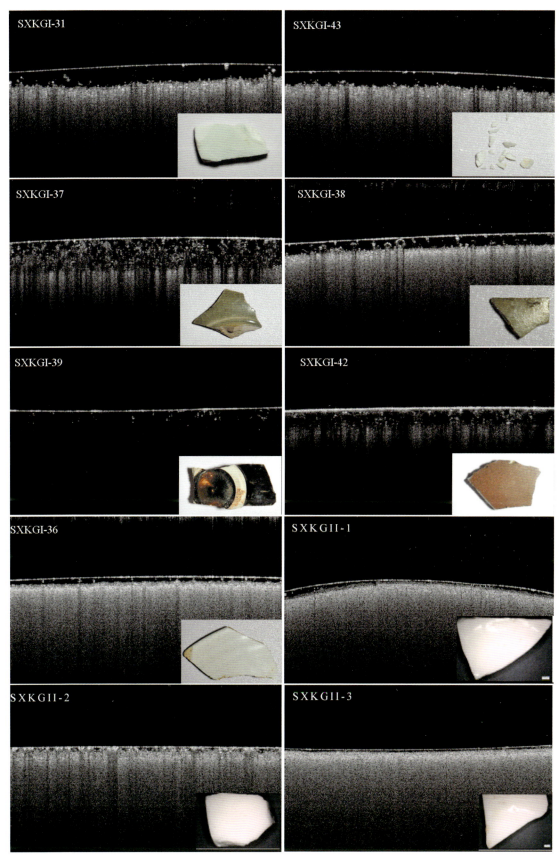

图 7-12　选送瓷器釉层 OCT 图像

湖田窑宋代出土青白瓷器残片进行化学成分对比。表 7-5、6 分别是江西景德镇湖田窑出土宋代青白瓷胎体和釉层化学成分分析结果。图 7-13 为蓝田吕氏家族墓园与江西景德镇湖田窑出土青白瓷胎体组分二维分布图。由图可以看出，蓝田吕氏家族墓园与江西景德镇出土青白瓷胎体在 $SiO_2$、$Al_2O_3$、$Fe_2O_3$、$TiO_2$、$K_2O$、$CaO$、$MgO$、Rb、Sr、Ni 等组分差异不明显，在 $Na_2O$、Mn 含量上存在较大差异。蓝田吕氏家族墓园出土青白瓷胎体中 $Na_2O$ 整体含量低于江西景德镇湖田窑出土青白瓷，而胎体中 Mn 的含量，蓝田吕氏家族墓园出土青白瓷则明显高于江西景德镇湖田窑青白瓷。图 7-14 为蓝田吕氏家族墓园与江西景德镇湖田窑出土青白瓷釉层组分二维分布图。由图可以看出，

表 7-5 景德镇湖田窑出土青白瓷

| 样品编号 | 年代 | $Na_2O$ | MgO | $Al_2O_3$ | $SiO_2$ | $P_2O_5$ | $K_2O$ | CaO | $TiO_2$ | $Fe_2O_3$ | Cr | Mn | Ni | Cu | Zn | Rb | Sr | Zr | Pb |
|---|---|---|---|---|---|---|---|---|---|---|---|---|---|---|---|---|---|---|---|
| | | wt% | | | | | | | | | μg/g | | | | | | | | |
| HT-01 | 宋 | 1.78 | 0.79 | 16.40 | 75.03 | 0.06 | 2.97 | 2.21 | 0.02 | 0.76 | 101 | 312 | n.d. | n.d. | 32 | 356 | 69 | 14 | 23 |
| HT-02 | 南宋 | 3.55 | 1.23 | 20.54 | 70.53 | 0.13 | 2.57 | 0.33 | 0.05 | 1.08 | 86 | 697 | 5 | n.d. | 79 | 430 | 38 | 45 | 45 |
| HT-03 | 宋 | 2.28 | 0.86 | 16.76 | 74.66 | 0.11 | 2.79 | 1.81 | 0.02 | 0.72 | 150 | 385 | n.d. | n.d. | 60 | 356 | 53 | 0 | 55 |
| HT-04 | 南宋 | 2.46 | 1.28 | 17.63 | 74.08 | 0.14 | 2.74 | 0.68 | 0.03 | 0.95 | 57 | 437 | n.d. | n.d. | 83 | 366 | 32 | 17 | 66 |
| HT-05 | 北宋 | 2.36 | 1.26 | 16.87 | 74.70 | 0.17 | 3.04 | 0.93 | 0.03 | 0.64 | 32 | 363 | 11 | n.d. | 58 | 373 | 55 | n.d. | 45 |
| HT-06 | 南宋 | 2.16 | 0.68 | 16.66 | 75.64 | 0.06 | 2.80 | 1.04 | 0.03 | 0.92 | 130 | 503 | 9 | n.d. | 21 | 319 | 36 | 18 | 22 |
| HT-07 | 北宋 | 3.00 | 1.20 | 17.42 | 74.20 | 0.11 | 2.66 | 0.31 | 0.04 | 1.06 | 73 | 448 | n.d. | n.d. | 17 | 388 | 42 | 15 | 34 |
| HT-08 | 北宋 | 2.72 | 0.74 | 19.29 | 72.82 | 0.04 | 2.57 | 0.59 | 0.02 | 1.22 | 75 | 579 | n.d. | n.d. | 103 | 357 | 45 | 6 | 43 |
| HT-09 | 北宋 | 2.34 | 1.51 | 17.86 | 73.56 | 0.20 | 3.11 | 0.62 | 0.04 | 0.78 | 74 | 414 | 11 | n.d. | 39 | 419 | 40 | 12 | 50 |
| HT-10 | 南宋 | 2.67 | 1.19 | 18.03 | 73.67 | 0.17 | 2.79 | 0.65 | 0.02 | 0.80 | 120 | 422 | 8 | n.d. | 62 | 406 | 40 | 11 | 55 |

表 7-6 景德镇湖田窑出土青白瓷釉层化学成分

| 样品编号 | $Na_2O$ | MgO | $Al_2O_3$ | $SiO_2$ | $P_2O_5$ | $K_2O$ | CaO | $TiO_2$ | MnO | $Fe_2O_3$ | Cr | Ni | Cu | Zn | Rb | Sr | Zr | Pb |
|---|---|---|---|---|---|---|---|---|---|---|---|---|---|---|---|---|---|---|
| | wt% | | | | | | | | | | μg/g | | | | | | | |
| HT-01 | 0.35 | 1.38 | 12.76 | 64.92 | 0.07 | 1.68 | 17.72 | 0.03 | 0.05 | 1.04 | 42 | 9 | 7 | 84 | 260 | 141 | n.d. | n.d. |
| HT-01 | 0.04 | 1.27 | 12.98 | 66.85 | 0.06 | 1.76 | 15.97 | 0.04 | 0.05 | 0.98 | 33 | n.d. | n.d. | 92 | 293 | 92 | n.d. | 26 |
| HT-02 | 2.67 | 1.26 | 14.76 | 70.45 | 0.08 | 2.68 | 6.71 | 0.06 | 0.10 | 1.22 | 27 | 25 | 59 | 55 | 429 | 96 | n.d. | 63 |
| HT-02 | 2.36 | 1.15 | 15.07 | 70.36 | 0.07 | 2.66 | 6.94 | 0.06 | 0.10 | 1.22 | 23 | n.d. | 22 | 78 | 437 | 98 | 8 | 55 |
| HT-03 | 0.18 | 1.17 | 14.35 | 64.28 | 0.06 | 1.59 | 17.17 | 0.03 | 0.07 | 1.09 | 39 | n.d. | n.d. | 115 | 271 | 192 | n.d. | 24 |
| HT-04 | 0.50 | 1.32 | 14.83 | 62.24 | 0.07 | 1.43 | 18.32 | 0.03 | 0.05 | 1.19 | 44 | n.d. | 11 | 103 | 285 | 207 | n.d. | 28 |
| HT-05 | 0.86 | 1.46 | 16.79 | 69.22 | 0.08 | 2.91 | 7.27 | 0.06 | 0.07 | 1.28 | 23 | n.d. | 24 | 22 | 377 | 60 | n.d. | 62 |
| HT-06 | 0.07 | 1.42 | 15.37 | 63.24 | 0.08 | 2.13 | 16.05 | 0.07 | 0.22 | 1.36 | 36 | n.d. | 63 | 56 | 343 | 151 | n.d. | n.d. |
| HT-06 | 0.14 | 1.46 | 15.62 | 63.04 | 0.07 | 2.13 | 15.90 | 0.08 | 0.22 | 1.34 | 38 | n.d. | 41 | 46 | 329 | 145 | n.d. | n.d. |
| HT-07 | 1.08 | 1.14 | 13.56 | 64.21 | 0.07 | 1.45 | 16.71 | 0.05 | 0.07 | 1.68 | 44 | n.d. | 63 | 84 | 261 | 168 | n.d. | 28 |
| HT-08 | 1.45 | 1.14 | 14.29 | 65.84 | 0.07 | 1.85 | 14.41 | 0.04 | 0.05 | 0.83 | 37 | n.d. | 12 | 104 | 319 | 209 | n.d. | 20 |
| HT-09 | 0.08 | 1.22 | 14.83 | 64.05 | 0.07 | 1.68 | 16.71 | 0.04 | 0.06 | 1.26 | 39 | 6 | 16 | 128 | 260 | 144 | n.d. | 21 |
| HT-10 | 0.56 | 1.18 | 14.03 | 63.06 | 0.07 | 1.48 | 18.36 | 0.05 | 0.06 | 1.15 | 38 | n.d. | 11 | 110 | 158 | 236 | n.d. | n.d. |
| HT-10 | 0.88 | 1.21 | 14.18 | 62.83 | 0.07 | 1.45 | 18.16 | 0.05 | 0.06 | 1.12 | 42 | 5 | 11 | 120 | 165 | 246 | n.d. | n.d. |

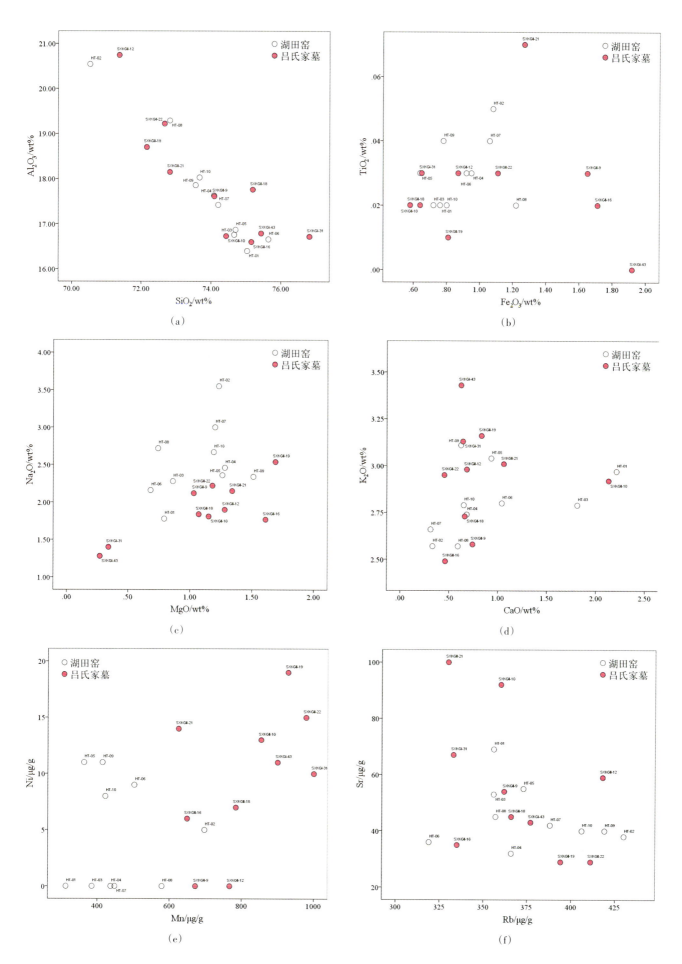

图 7-13　蓝田吕氏家族墓地与湖田窑出土青白瓷胎体化学成分二维分布图

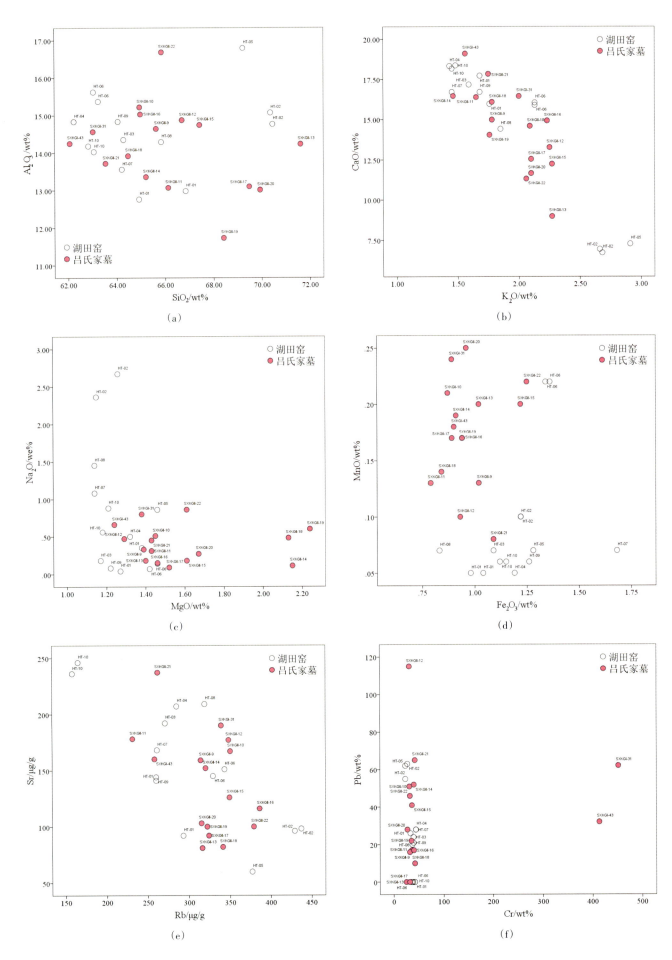

图 7-14 蓝田吕氏家族墓地与湖田窑出土青白瓷釉层化学成分二维分布图

从整体水平上来说，除了个别样品外，湖田窑样品釉层中 CaO 的含量较高，而吕氏家族墓园样品则较低。吕氏家族墓园青白瓷样品釉层中 MgO、MnO 的含量明显高于湖田窑青白瓷。

上述比较结果表明，蓝田吕氏家族墓园出土青白瓷样品与江西景德镇青白瓷样品在胎釉个别组分及微量元素存在一定差异。蓝田吕氏家族墓园出土青白瓷样品是否来自于江西景德镇地区还需进一步的研究。

### 2. 白瓷

聚类分析表明，样品 SXKGII-1、2、3、4、5、6、8 在胎体组分上特征是相似的，推测其可能为同一窑系所生产。由于未对样品 SXKGII-7 胎体进行检测，故无法了解其胎体组分，但釉层成分表明，SXKGII-7 与其他白瓷样品较为相似，应归为同一类。白瓷胎体具有高铝低硅的特征，应为我国北方窑口所生产。结合测试样品出土年代为宋代，故本文选取了定窑样品化学成分进行对比

表 7-7　白瓷胎体化学成分与文献数据对比 (wt%)

| 出处 | 编号 | 品种 | 朝代 | Na$_2$O | MgO | Al$_2$O$_3$ | SiO$_2$ | P$_2$O$_5$ | K$_2$O | CaO | TiO$_2$ | Fe$_2$O$_3$ |
|---|---|---|---|---|---|---|---|---|---|---|---|---|
| 文献数据 | DE-1 | 粗白瓷 | 早期 | 0.30 | 0.70 | 27.55 | 64.41 | 0.00 | 2.05 | 1.40 | 1.01 | 2.58 |
| | DT-1 | 白瓷 | 唐 | 0.71 | 0.91 | 34.53 | 59.82 | 0.00 | 1.25 | 1.09 | 0.39 | 0.69 |
| | DT-2 | | 唐 | 1.11 | 0.87 | 29.95 | 59.79 | 0.00 | 1.72 | 4.82 | 0.40 | 0.93 |
| | DW-1 | | 五代十国 | 0.13 | 0.92 | 32.90 | 61.23 | 0.00 | 1.25 | 3.36 | 0.58 | 0.59 |
| | DS-1 | | 宋 | 0.75 | 1.07 | 31.03 | 62.05 | 0.00 | 1.01 | 2.16 | 0.53 | 0.88 |
| | DS-2 | | 宋 | 0.55 | 0.70 | 28.22 | 65.63 | 0.07 | 1.77 | 1.00 | 0.86 | 1.04 |
| | DS-3 | | 宋 | 0.23 | 0.46 | 27.34 | 65.72 | 0.04 | 2.05 | 1.51 | 1.07 | 1.00 |
| | DJ-1 | | 金 | 0.29 | 1.13 | 32.73 | 59.25 | 0.00 | 1.67 | 0.83 | 0.75 | 0.66 |
| | D（83）III-1 | | 晚唐 | 0.53 | 0.09 | 34.18 | 61.39 | 0.10 | 1.73 | 0.84 | 0.52 | 0.83 |
| | D（82）I-8 | | 北宋 | 0.37 | 0.75 | 33.84 | 61.02 | 0.03 | 1.21 | 1.32 | 0.33 | 0.76 |
| | D（82）I-10 | | 北宋 | 1.82 | 0.99 | 33.04 | 59.31 | 0.08 | 1.21 | 2.11 | 0.94 | 0.68 |
| | D（82）I-17 | | 北宋 | 0.55 | 1.36 | 29.19 | 62.07 | 0.04 | 1.70 | 3.21 | 0.75 | 1.05 |
| | D（83）III-2 | | 北宋 | 0.79 | 0.85 | 36.33 | 59.32 | 0.00 | 0.88 | 1.08 | 0.87 | 0.41 |
| | D（83）III-3 | | 北宋 | 0.46 | 0.75 | 34.78 | 60.94 | 0.00 | 1.15 | 1.06 | 0.66 | 0.48 |
| | D（83）III-4 | | 北宋 | 0.78 | 0.94 | 33.95 | 61.92 | 0.00 | 1.77 | 0.00 | 0.56 | 0.39 |
| | D（82）I-7 | | 北宋晚期 | 0.39 | 1.33 | 29.58 | 62.28 | 0.04 | 2.17 | 2.28 | 0.43 | 1.18 |
| | D（83）II-8 | 粗白瓷 | 元 | 0.51 | 1.04 | 29.50 | 63.47 | 0.00 | 1.84 | 1.58 | 1.19 | 1.25 |
| 吕氏家族墓园 | SXKGII-1 | | | 1.45 | 1.29 | 40.57 | 52.35 | n.d. | 1.45 | 1.29 | 0.36 | 1.24 |
| | SXKGII-2 | | | 1.25 | 1.89 | 32.22 | 60.45 | 0.04 | 1.56 | 1.38 | 0.39 | 0.82 |
| | SXKGII-3 | | | 1.20 | 1.33 | 41.06 | 52.98 | n.d. | 1.03 | 0.70 | 0.37 | 1.32 |
| | SXKGII-4 | | | 1.12 | 0.94 | 38.62 | 54.99 | 0.29 | 0.86 | 1.73 | 0.36 | 1.09 |
| | SXKGII-5 | | | 1.15 | 0.57 | 38.39 | 55.68 | 0.12 | 0.62 | 2.32 | 0.38 | 0.76 |
| | SXKGII-6 | | | 1.50 | 1.11 | 43.99 | 47.69 | n.d. | 1.72 | 2.63 | 0.29 | 1.06 |
| | SXKGII-8 | | | 1.20 | 1.35 | 32.72 | 61.17 | 0.02 | 1.14 | 1.21 | 0.31 | 0.88 |

表 7-8 白瓷釉层化学成分与文献数据对比 (wt%)

| 来源 | 编号 | 品种 | 朝代 | Na$_2$O | MgO | Al$_2$O$_3$ | SiO$_2$ | P$_2$O$_5$ | K$_2$O | CaO | TiO$_2$ | MnO | Fe$_2$O$_3$ |
|---|---|---|---|---|---|---|---|---|---|---|---|---|---|
| 文献数据 | DE-1 | 粗白瓷 | 早期 | 0.29 | 2.57 | 16.25 | 67.68 | 0 | 2.38 | 6.94 | 0.64 | 0.07 | 1.52 |
| | DT-1 | 白瓷 | 唐 | 1.26 | 2.15 | 17.27 | 73.79 | 0 | 1.56 | 2.89 | 0.11 | 0.04 | 0.52 |
| | DT-2 | 白瓷 | 唐 | 1.22 | 1.74 | 16.18 | 71.57 | 0 | 2.29 | 5.72 | 0 | 0 | 0.77 |
| | DW-1 | 白瓷 | 五代十国 | 0.62 | 2.33 | 17.53 | 74.57 | 0.17 | 2.03 | 2.74 | 0.17 | 0.02 | 0.54 |
| | DS-1 | 白瓷 | 宋 | 0.48 | 2.32 | 17.52 | 72.14 | 0.32 | 1.97 | 3.92 | 0.19 | 0.03 | 0.75 |
| | DS-2 | 白瓷 | 宋 | 0.36 | 2.09 | 20.02 | 68.9 | 0 | 2.4 | 3.77 | 0 | 0 | 1.06 |
| | DS-3 | 白瓷 | 宋 | 0.28 | 2.06 | 18.5 | 70.6 | 0 | 2.43 | 3.79 | 0 | 0 | 0.97 |
| | D（82）I-8 | 白瓷 | 北宋 | 0.72 | 1.94 | 18.15 | 70.62 | 0 | 2.15 | 5.36 | 0 | 0 | 0.7 |
| | D（82）I-10 | 白瓷 | 北宋 | 0.28 | 2.34 | 17.75 | 71.74 | 0 | 2.1 | 4.22 | 0 | 0 | 0.78 |
| | D（82）I-17 | 白瓷 | 北宋 | 0.64 | 2.96 | 18.73 | 67.17 | 0 | 1.79 | 6.6 | 0 | 0 | 1.15 |
| | D（82）I-7 | 白瓷 | 北宋晚期 | 0.47 | 2.66 | 19.1 | 68.41 | 0 | 2.23 | 5.14 | 0 | 0 | 1.58 |
| | DJ-1 | 白瓷 | 金 | 0.27 | 1.62 | 19.66 | 71.18 | 0 | 1.63 | 4.45 | 0.45 | 0 | 0.61 |
| 吕氏家族墓园 | SXKGII-1 | | | 2.66 | 2.41 | 19.57 | 64.45 | 0.42 | 3.22 | 6.02 | 0.12 | 0.05 | 1.08 |
| | SXKGII-2 | | | 2.39 | 4.69 | 16.52 | 66.34 | 0.05 | 2.19 | 6.83 | 0.02 | 0.07 | 0.90 |
| | SXKGII-3 | | | 2.44 | 2.30 | 19.23 | 64.47 | 0.56 | 2.93 | 6.87 | 0.13 | 0.05 | 1.02 |
| | SXKGII-4 | | | 0.79 | 1.66 | 15.41 | 69.22 | 0.10 | 1.93 | 9.93 | 0.09 | 0.05 | 0.82 |
| | SXKGII-5 | | | 0.61 | 1.60 | 17.30 | 72.27 | 0.09 | 1.73 | 5.45 | 0.15 | 0.02 | 0.78 |
| | SXKGII-6 | | | 0.39 | 1.42 | 17.13 | 68.40 | 0.09 | 2.58 | 9.00 | 0.12 | 0.04 | 0.82 |
| | SXKGII-7 | | | 0.27 | 3.48 | 17.51 | 69.54 | 0.08 | 1.71 | 6.78 | 0.06 | 0.06 | 0.51 |
| | SXKGII-8 | | | 0.20 | 2.52 | 21.23 | 69.05 | 0.08 | 2.04 | 3.73 | 0.22 | 0.07 | 0.86 |

研究。表 7-7 和表 7-8 分别为所测试白瓷样品胎体和釉层化学成分与文献[1]中定窑白瓷样品对比。从两表中可以看出，本次所测试样品胎体中 Al$_2$O$_3$ 的含量整体偏高，釉层中 CaO 的含量亦整体性偏高，这可能是由于不同测试方法之间系统性误差造成。综合考虑，胎体中较高的 Al$_2$O$_3$ 的含量，以及釉层中高含量的 MgO 和较低含量的 CaO，此种胎釉组分特征与定窑白瓷样品较为相似，故推测上述样品可能为定窑所生产。但样品 SXKGI-36 白瓷样品胎体中含有较高含量的 Fe$_2$O$_3$、TiO$_2$，与其他白瓷胎体存在明显差异，具体窑系还需进一步研究。

### 3. 青瓷和酱釉瓷

由图 7-5 可知，青瓷（SXKGI-37、38）、酱釉瓷（SXKGI-2、42）以及黑釉瓷（SXKGI-39、SXKGII-28）在胎体组分上具有较高的相似性，尽管青瓷样品（SXKGI-8、SXKGII-23、24）胎体中 Al$_2$O$_3$、TiO$_2$ 含量较高，而 K$_2$O 含量较低，与上述青瓷存在一定差异，但差异较小。同时，青瓷样品在釉层化学成分上较为相似，故推测上述样品应为同一窑系所生产。耀州窑为宋代北方名窑，虽然以烧制青瓷为主，但也烧制酱釉瓷、黑釉瓷。

---

[1] 李家治：《中国科学技术史（陶瓷卷）》，科学出版社，1998 年，第 151~166 页。

由表 7-9 可知，文献[1]中宋代耀州窑青瓷胎体中 $SiO_2$、$Al_2O_3$、$K_2O$、$Na_2O$ 和 $TiO_2$ 数据分布较为集中，说明胎体中上述几种组分含量较为稳定。本文所测试样品胎体中 $Na_2O$、$MgO$ 的含量水平高于文献数据，而 $TiO_2$ 的含量水平则低于文献数据，除此之外，其余组分与文献数据基本一致。表 7-10 为文献数据中耀州窑青瓷釉层化学成分与本文所测试青瓷、酱釉瓷釉层化学成分数据对比。通过表 7-10 可知，本文所测试的样品釉层中除了个别样品的 $K_2O$ 含量偏高，$CaO$ 含量偏低外，其余组分与文献数据较为接近。

表 7-9 青瓷、酱釉瓷胎体化学成分与文献数据对比

| 来源 | 编号 | 类型 | $Na_2O$ | $MgO$ | $Al_2O_3$ | $SiO_2$ | $P_2O_5$ | $K_2O$ | $CaO$ | $TiO_2$ | $Fe_2O_3$ |
|---|---|---|---|---|---|---|---|---|---|---|---|
| 文献数据 | S7-1 | 青瓷 | 0.3 | 0.22 | 28.05 | 65.44 | | 2.48 | 0.93 | 1.27 | 1.54 |
| | 247 | | 0.2 | 0.81 | 19.01 | 73.91 | | 2.33 | 0.46 | 1.15 | 2.54 |
| | Y-1 | | 0.26 | 0.61 | 24.59 | 70.18 | 0.04 | 2.37 | 0.2 | 1.28 | 1.43 |
| | Y-2 | | 0.24 | 0.62 | 21.92 | 72.6 | 0.06 | 2.42 | 0.21 | 1.18 | 1.55 |
| | Y-3 | | 0.26 | 0.68 | 29.79 | 64.52 | 0.06 | 2.24 | 0.53 | 1.36 | 1.76 |
| | Y-4 | | 0.35 | 0.78 | 20.28 | 72.16 | 0.14 | 2.59 | 0.38 | 1.16 | 1.71 |
| | 宋瓷-1 | | 0.3 | 0.22 | 22.43 | 71.5 | | 2.48 | 0.93 | 1.17 | 1.34 |
| 吕氏家族墓园 | SXKGI-37 | 青瓷 | 1.14 | 0.95 | 23.83 | 65.79 | 0.04 | 2.33 | 1.82 | 0.62 | 3.43 |
| | SXKGI-38 | | 1.41 | 0.41 | 17.45 | 73.74 | n.d. | 1.85 | 0.83 | 0.58 | 3.70 |
| | SXKGI-8 | | 1.06 | 1.80 | 31.33 | 59.03 | n.d. | 1.74 | 0.69 | 0.76 | 3.55 |
| | SXKGII-24 | | 1.35 | 1.38 | 34.22 | 56.73 | n.d. | 1.48 | 1.19 | 0.87 | 2.77 |
| | SXKGII-23 | | 1.32 | 1.62 | 28.19 | 63.45 | 0.09 | 1.73 | 0.45 | 0.78 | 2.37 |
| | SXKGI-2 | 酱釉瓷 | 0.96 | 1.33 | 25.42 | 64.72 | 0.06 | 2.41 | 0.91 | 0.59 | 3.60 |
| | SXKGI-42 | | 1.23 | 0.99 | 23.45 | 66.88 | n.d. | 2.20 | 0.84 | 0.54 | 3.83 |
| | SXKGII-25 | | 1.93 | 1.89 | 29.51 | 59.40 | 0.12 | 2.80 | 0.65 | 0.61 | 3.10 |

通过胎釉化学成分数据对比，推测本文所测试的青瓷、酱釉瓷样品，除了个别样品存在较大差异外，其余样品可能产自耀州窑。

图 7-15 为酱釉瓷样品 SXKGI-42 断面和釉面的显微结构以及釉面析晶的拉曼图谱。由图可以看出，釉面的析晶主要集中在釉层表面，形成一薄层的析晶层，使得釉层呈现出酱色。利用拉曼光谱分析技术对釉层中的析晶进行物相结构分析，实验结果表明晶体主要为铁系晶体，主要物相为 $\varepsilon$-$Fe_2O_3$ 晶体。酱釉瓷烧制气氛为氧化气氛。

### 4. 黑釉瓷

从图 7-2~5 可以看出，SXKGII-26 和 SXKGII-27 在胎釉成分上比较接近，而 SXKGII-28 和 SXKGI-39 在胎釉成分上则较为相似，但 SXKGII-26、SXKGII-27 与 SXKGII-28、SXKGI-39 存在明显差异，尤其是在胎体的 $Fe_2O_3$、$TiO_2$ 以及釉层的 $MnO$ 的含量上存在不同。

---

[1] 李家治：《中国科学技术史（陶瓷卷）》，科学出版社，1998 年，第 265 页。

表 7-10　青瓷、酱釉瓷釉层化学成分与文献数据对比

| 来源 | 编号 | 类型 | Na$_2$O | MgO | Al$_2$O$_3$ | SiO$_2$ | P$_2$O$_5$ | K$_2$O | CaO | TiO$_2$ | MnO | Fe$_2$O$_3$ |
|---|---|---|---|---|---|---|---|---|---|---|---|---|
| 文献数据 | 89 | 青瓷 | 0.21 | 1.51 | 16.3 | 61.41 | 0 | 1.75 | 16 | 0.41 | 0.07 | 1.92 |
| | S7-1 | | 0.37 | 1.87 | 14.72 | 68.25 | 0 | 2.4 | 10.27 | 0.19 | 0.06 | 1.9 |
| | 247 | | 0.36 | 1.14 | 13.95 | 69.07 | 0 | 3.09 | 8.62 | 0.29 | 0.04 | 2.08 |
| | Y-1 | | 0.56 | 1.55 | 14.42 | 71.58 | 0.47 | 3.05 | 5.58 | 0.37 | 0.05 | 1.94 |
| | Y-2 | | 0.37 | 2.17 | 14.28 | 65.67 | 0.72 | 1.92 | 12.62 | 0.29 | 0.06 | 1.51 |
| | Y-3 | | 0.36 | 1.38 | 15.27 | 67.03 | 0.77 | 2.57 | 9.63 | 0.34 | 0.07 | 1.82 |
| | Y-4 | | 0.31 | 1.32 | 13.59 | 70 | 0.61 | 2.71 | 9.48 | 0.11 | 0.05 | 1.43 |
| | 宋瓷-1 | | 0.68 | 2.1 | 14.37 | 67.9 | 0 | 2.81 | 9.39 | 0.17 | 0 | 2.24 |
| 吕氏家族墓园 | SXKGII-23 | 青瓷 | n.d. | 2.41 | 13.59 | 67.09 | 0.10 | 2.56 | 11.28 | 0.21 | 0.07 | 2.69 |
| | SXKGII-24 | | 0.09 | 1.90 | 11.92 | 71.96 | 0.10 | 2.73 | 9.21 | 0.22 | 0.07 | 1.81 |
| | SXKGI-8 | | 0.79 | 3.29 | 12.14 | 67.24 | 0.47 | 3.24 | 10.27 | 0.22 | 0.09 | 2.25 |
| | SXKGI-37 | | 1.02 | 2.40 | 14.28 | 63.53 | 0.79 | 3.07 | 12.68 | 0.17 | 0.09 | 1.97 |
| | SXKGI-38 | | 0.68 | 2.65 | 13.97 | 65.15 | 0.97 | 3.53 | 9.87 | 0.30 | 0.09 | 2.77 |
| | SXKGII-25 | 酱釉瓷 | 0.36 | 1.68 | 15.28 | 70.20 | 0.10 | 3.59 | 1.93 | 0.92 | 0.07 | 5.86 |
| | SXKGI-2 | | 0.78 | 3.80 | 12.18 | 66.48 | n.d. | 4.31 | 3.82 | 1.13 | 0.11 | 7.40 |
| | SXKGI-42 | | 1.09 | 3.23 | 14.90 | 64.84 | 0.08 | 4.20 | 3.70 | 1.06 | 0.11 | 6.79 |

表 7-11　黑釉瓷胎体与文献建盏化学成分数据对比

| 来源 | 编号 | Na$_2$O | MgO | Al$_2$O$_3$ | SiO$_2$ | K$_2$O | CaO | TiO$_2$ | Fe$_2$O$_3$ |
|---|---|---|---|---|---|---|---|---|---|
| 文献数据 | TB4 | 0.07 | 0.46 | 22.25 | 64.77 | 2.17 | 0.04 | 1.61 | 8.8 |
| | TC9 | 0.05 | 0.41 | 21.27 | 67.59 | 2.23 | 0.03 | 1 | 7.02 |
| | TC20 | 0.05 | 0.44 | 22.78 | 64.29 | 2.3 | 0.02 | 1.12 | 8.27 |
| | TC22 | 0.05 | 0.47 | 22.75 | 63.96 | 2.49 | 0.03 | 1.16 | 8.2 |
| | TO2 | 0.06 | 0.44 | 23.1 | 63.3 | 2.51 | 0.16 | 1.1 | 9.65 |
| | TS1 | 0.06 | 0.52 | 23.18 | 63.11 | 2.69 | 0.14 | 1.56 | 8.19 |
| | TS4 | 0.06 | 0.52 | 24.81 | 61.96 | 2.65 | 0.16 | 1.4 | 8.26 |
| | TS12 | 0.05 | 0.44 | 23.24 | 63.75 | 2.29 | 0.05 | 1.54 | 8.14 |
| | TS20 | 0.06 | 0.46 | 23.57 | 63.45 | 2.35 | 0.02 | 1.43 | 8.69 |
| | TY3 | 0.11 | 0.45 | 24.1 | 63.2 | 2.17 | 0.16 | 1.23 | 8.91 |
| 吕氏家族墓园 | SXKGII-26 | 1.62 | 1.41 | 23.72 | 62.89 | 2.81 | 0.32 | 0.42 | 6.7 |
| | SXKGII-27 | 1.95 | 1.14 | 20.56 | 64.72 | 2.91 | 2.38 | 0.66 | 5.68 |

　　SXKGII-26 和 SXKGII-27 分别为黑釉金兔毫纹盏和黑釉银兔毫纹盏，二者在器型上也十分相似，同时与建窑同种类型的瓷器存在相似性，因此选取了宋代建窑黑釉金银兔毫盏[1]进行胎釉化学成

[1] 李家治：《中国科学技术史（陶瓷卷）》，科学出版社，1998 年，第 206~209 页。

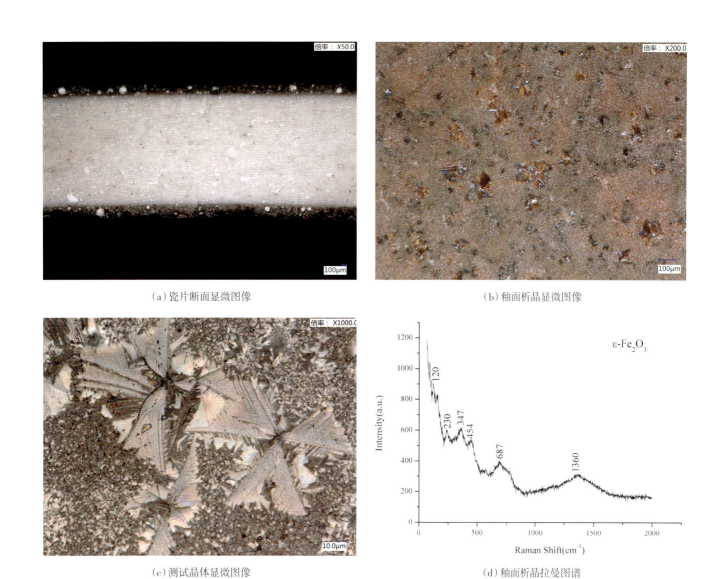

（a）瓷片断面显微图像　　　　　　　　　　　（b）釉面析晶显微图像

（c）测试晶体显微图像　　　　　　　　　　　（d）釉面析晶拉曼图谱

图 7-15　SXKGI-42 酱釉瓷显微结构图像及釉面析晶拉曼图谱

表 7-12　黑釉瓷釉层与文献建盏釉层化学成分数据对比

| 出处 | 编号 | Na₂O | MgO | Al₂O₃ | SiO₂ | P₂O₅ | K₂O | CaO | TiO₂ | MnO | Fe₂O₃ |
|---|---|---|---|---|---|---|---|---|---|---|---|
| 文献数据 | TB4 | 0.12 | 1.86 | 17.85 | 62.17 | 1.18 | 3.04 | 6.55 | 0.58 | 0.69 | 5.35 |
| | TC9 | 0.12 | 1.89 | 18.12 | 61.09 | 1.25 | 3.03 | 7.37 | 0.56 | 0.73 | 5.27 |
| | TC20 | 0.11 | 1.79 | 17.98 | 60.52 | 1.08 | 3.03 | 8.03 | 0.6 | 0.5 | 5.91 |
| | TC22 | 0.1 | 1.9 | 18.94 | 60.46 | 1.33 | 2.91 | 6.71 | 0.94 | 0.64 | 6.3 |
| | TO2 | 0.08 | 1.54 | 18.36 | 62.01 | 1.09 | 2.53 | 4.97 | 0.64 | 0.55 | 8.49 |
| | TS1 | 0.11 | 1.69 | 18.67 | 61.83 | 1.23 | 3.46 | 5.44 | 0.72 | 0.65 | 5.93 |
| | TS4 | 0.09 | 1.72 | 18.35 | 62.62 | 0.98 | 2.88 | 6.6 | 0.64 | 0.47 | 5.26 |
| | TS12 | 0.09 | 2.19 | 18.66 | 60.59 | 1.49 | 2.98 | 6.41 | 0.76 | 0.77 | 5.68 |
| | TS20 | 0.1 | 1.92 | 18.55 | 61.24 | 1.55 | 3.08 | 6.54 | 0.69 | 0.77 | 6.06 |
| | TY3 | 0.09 | 1.54 | 18.65 | 62.24 | 1.07 | 3 | 6.11 | 0.65 | 0.5 | 5.9 |
| 吕氏家族墓园 | SXKGII-26 | n.d. | 1.66 | 17.38 | 66.74 | 0.09 | 3.6 | 4.04 | 0.48 | 0.64 | 5.38 |
| | SXKGII-27 | n.d. | 1.7 | 15.21 | 69.2 | 0.09 | 3.3 | 5.25 | 0.42 | 0.76 | 4.08 |

分数据对比。表 7–11、–12 分别为 SXKGII–26、SXKGII–27 与建窑黑釉瓷胎釉组分对比表。从表 7–11、–12 可以看出，除了 SXKGII–27 胎体中 CaO 含量较高外，其余组分基本与文献数据相符合，说明此两件黑釉金银兔毫盏可能为建窑所产。

另外两件黑釉瓷样品 SXKGII–28、SXKGI–39 在胎体组分上具有典型的高铝低硅特征，考虑到耀州窑在宋代也烧制黑釉瓷，因此选取了耀州窑黑釉瓷样品进行对比，如表 7–13 和表 7–14 所示。从上述两表，可以看出 SXKGII–28、SXKGI–39 在胎釉组分上与耀州窑黑釉瓷存在相似性，推测此两件黑釉瓷样品可能为耀州窑所产。

图 7–16、17 为黑釉瓷样品 SXKGI–39 断面及釉面显微图像。由图可以看出，黑釉瓷，与酱釉瓷不同，釉面表面不存在析晶层，仅在釉面局部有限区域内存在少量析晶层，釉面析晶晶体物相主要为 $\alpha-Fe_2O_3$（图 7–17（d））以及 $Fe_2O_3$ 和 $Fe_3O_4$ 的混合体（burnt sienna）（图 7–17（f））。黑釉瓷烧制气氛为还原性气氛。

表 7–13　黑釉瓷胎体与文献耀州窑黑釉瓷化学成分数据对比

| 来源 | 编号 | 类型 | $Na_2O$ | $MgO$ | $Al_2O_3$ | $SiO_2$ | $P_2O_5$ | $K_2O$ | $CaO$ | $TiO_2$ | $Fe_2O_3$ |
|---|---|---|---|---|---|---|---|---|---|---|---|
| 文献数据 | 1 号 | 黑釉瓷 | 0.30 | 0.50 | 34.50 | 57.70 | 0.20 | 1.70 | 0.40 | 1.60 | 2.60 |
| | 2 号 | | 0.50 | 0.50 | 24.10 | 68.10 | 0.20 | 1.50 | 0.70 | 1.40 | 2.50 |
| | 3 号 | | 0.60 | 0.40 | 25.90 | 67.20 | 0.20 | 2.00 | 0.30 | 1.10 | 1.80 |
| | 4 号 | | 0.70 | 0.70 | 26.60 | 63.90 | 0.20 | 2.00 | 2.30 | 1.30 | 1.90 |
| | 5 号 | | 0.30 | 0.50 | 25.00 | 67.40 | 0.20 | 2.20 | 0.90 | 1.20 | 1.80 |
| 吕氏家族墓园 | SXKGI–39 | | 1.14 | 1.07 | 26.13 | 64.68 | 0.07 | 2.17 | 0.43 | 0.58 | 3.68 |
| | SXKGII–28 | | 1.70 | 1.27 | 28.31 | 60.82 | 0.01 | 2.06 | 1.12 | 0.64 | 4.06 |

表 7–14　黑釉瓷釉层与文献耀州窑青瓷化学成分与文献数据对比

| 来源 | 编号 | 类型 | $Na_2O$ | $MgO$ | $Al_2O_3$ | $SiO_2$ | $K_2O$ | $CaO$ | $TiO_2$ | $MnO$ | $Fe_2O_3$ |
|---|---|---|---|---|---|---|---|---|---|---|---|
| 文献数据 | 1 号 | 黑釉内釉 | 1.1 | 2.8 | 15.1 | 62.9 | 2.4 | 7.6 | 0.6 | 0.1 | 6.6 |
| | 1 号 | 黑釉外釉 | 1.2 | 2.2 | 17.1 | 66.2 | 2.6 | 2.8 | 0.9 | 0.1 | 5.8 |
| | 2 号 | 黑釉内釉 | 0.9 | 2.1 | 16.6 | 66.2 | 2.2 | 5.9 | 0.8 | 0.1 | 4.5 |
| | 2 号 | 黑釉外釉 | 1.1 | 1.8 | 18.4 | 67.3 | 2 | 3.6 | 1 | 0.1 | 3.9 |
| | 3 号 | 黑釉内釉 | 1.1 | 2.2 | 13.4 | 67.4 | 2.9 | 6.4 | 0.7 | 0.1 | 5 |
| | 3 号 | 黑釉外釉 | 1.3 | 2.3 | 14.8 | 65.9 | 2.7 | 5.8 | 0.7 | 0.1 | 5.6 |
| | 4 号 | 黑釉内釉 –1 | 1.1 | 2.1 | 15.5 | 67.6 | 2.1 | 5.3 | 0.8 | 0.1 | 4.5 |
| | 4 号 | 黑釉内釉 –2 | 0.9 | 2.1 | 15 | 67.8 | 2.3 | 5.8 | 0.8 | 0.1 | 4.4 |
| | 4 号 | 黑釉外釉 | 0.9 | 2.1 | 15 | 67.8 | 2.3 | 5.8 | 0.8 | 0.1 | 4.4 |
| | 5 号 | 黑釉 | 1.1 | 2 | 13.7 | 68.3 | 2.7 | 6.1 | 0.6 | 0.1 | 4.6 |
| 吕氏家族墓园 | SXKGI–39 | 黑釉瓷 | 1.32 | 2.65 | 15.00 | 64.89 | 3.29 | 5.25 | 1.42 | 0.11 | 5.67 |
| | SXKGII–28 | | n.d. | 2.37 | 15.83 | 67.14 | 3.09 | 4.66 | 0.71 | 0.11 | 6.03 |

（a）断面显微图像

（b）釉面显微图像

图 7-16 黑釉瓷样品 SXKGI-39 显微图像

（c）釉面析晶显微图像

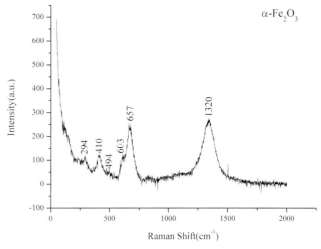

（d）釉面析晶拉曼图谱

（e）釉面析晶显微图像

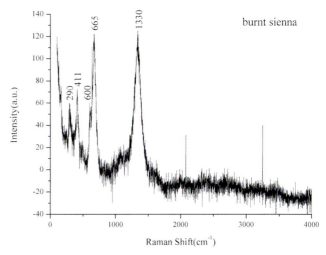

（f）釉面析晶拉曼图谱

图 7-17 黑釉瓷样品 SXKGI-39 釉面析晶拉曼图谱

# 四　结论

利用能量色散型 X 射线荧光光谱分析技术、分光测色仪等对北宋陕西蓝田吕氏家族墓园出土的部分典型瓷器进行了测试分析，获得了青白瓷、青瓷、黑釉瓷、酱釉瓷器物的胎釉化学成分和釉色反射光谱信息。综合考虑瓷器样品胎体及釉层化学成分数据、瓷釉拉曼光谱特征及与文献数据对比结果，结论如下：

（1）青白瓷样品胎釉化学成分数据分布较为集中，表明其胎釉配方较为相似。但与江西景德镇湖田窑出土青白瓷样品胎釉组分存在一定差异，是否为江西景德镇地区生产还需进一步研究。

（2）白瓷样品，除 SXKGI-36 胎体中 $Fe_2O_3$、$TiO_2$ 的含量明显与其他白瓷存在差异外，其余样品在胎釉组分上存在一致性，且与文献中定窑白瓷样品具有相似性，推测白瓷样品可能为定窑所产。SXKGI-36 窑系有待进一步研究。

（3）青瓷、酱釉瓷在胎釉成分上较为相似，且与文献中耀州窑相应瓷器胎釉组分数据接近，推测可能为耀州窑所生产。在酱釉瓷表面析晶层中检测到大量的 $\varepsilon$-$Fe_2O_3$ 晶体。

（4）黑釉瓷 SXKGII-26、SXKGII-27 与 SXKGII-28、SXKGI-39 在胎体及釉层上存在差异，分别文献建窑黑釉瓷和耀州窑黑釉瓷存在一定相似性，因此，推测 SXKGII-26、SXKGII-27 可能为建窑所生产，而 SXKGII-28、SXKGI-39 则可能为耀州窑所生产。黑釉瓷釉层中含有少量的 $\alpha$-$Fe_2O_3$ 以及 $Fe_2O_3$ 和 $Fe_3O_4$ 的混合体。

# 第二章　玉石器、玻璃器及陶器无损分析检测

利用能量色散型 X 射线荧光光谱分析技术（PXRF）、激光拉曼光谱技术（LRS）获取了北宋蓝田吕氏家族墓园出土玉石器、玻璃器、陶器等器物的化学成分和物相结构等物理化学信息。结合化学成分和物相分析结果，判定了玉器的材质和玻璃器的成分体系。实验结果表明，玉石器的材质主要有滑石、方解石、叶蜡石、贺兰石等，其中豹斑玉是以滑石和绿泥石为主要组成物相的滑石绿泥石岩，杂质矿物有锐钛矿、石膏等。玻璃器均为高铅硅酸盐玻璃，以铁、铜元素为着色剂。陶器样品中检测到石膏（$CaSO_4$），个别陶器样品表面白色为熟石灰（$Ca(OH)_2$）和少量碳酸钙（$CaCO_3$）。

# 一　实验方法

化学成分分析技术采用能量色散型 X 射线荧光光谱分析技术（XRF），物相结构分析则采用激光拉曼光谱分析技术。测试方法详细参数请参见第一章实验方法部分。

# 二　样品概况

样品来自陕西蓝田吕氏家族墓园，样品简要信息列于表 7-15，样品照片见图 7-18。由于部分样品未能拍照，故图 7-18 仅给出部分样品照片。

表 7-15　选送文物样品信息列表

| 实验编号 | 出土编号 | 名称 | 类型 | 送样时间 |
|---|---|---|---|---|
| SXKGI-32 | M2:87 | 黄绿色六曲葵瓣碗残片 | 玻璃 | |
| SXKGI-33 | M2:89 | 黄绿色六曲葵瓣碗残片 | 玻璃 | |
| SXKGI-34 | M2:122 | 孔雀蓝色深腹盘残片 | 玻璃 | |
| SXKGI-35 | M7:6 | 菊花形石盘残片 | 白石 | 2015 年 |
| SXKGI-40 | HK1:17 | 脊兽残片 | 陶 | |
| SXKGI-41 | HK1:19 | 龙纹滴水残片 | 陶 | |
| SXKGI-44 | M2:63 | 骊山石钵残片 | 石 | |
| SXKGI-45 | M2:112 | 骊山石六曲葵瓣碗残片 | 石 | |
| SXKGI-46 | M20:39-1 | 黑色围棋子残片 | 玻璃 | |
| SXKGI-47 | M7:14 | 半透明石蝶残片 | 玉石 | |
| SXKGI-48 | M20:41 | 骊山石蝶残片 | 石 | |
| SXKGI-49 | M6:20 | 俏色"风"字石砚 | 石 | 2014 年 |
| SXKGI-50 | M4:32 | 菊花形风纹盘 | 骨 | |
| SXKGI-51 | M20:51 | 骊山石钵口沿残片 | 石 | |
| SXKGI-52 | M2:51 | 骊山石钵残片 | 石 | |
| SXKGI-53 | M22:27 | 灰陶砚 | 陶 | |
| SXKGI-4 | M7:6 | 菊花形石盘残片 | 石 | |
| SXKGI-5 | M2:115 | 骊山石六曲葵瓣碗残片 | 石 | |
| SXKGI-7 | M2:73 | 骊山石钵残片 | 石 | 2012 年 |
| SXKGI-10 | M2:82 | 玻璃器 | 玻璃 | |
| SXKGI-29 | M26:46 | 镂孔石佩饰残块 | 石 | |

# 三　结果与讨论

## （一）玉石器

表 7-16 为选送石器样品定量分析结果。由表可知，样品 SXKGI-44、5、7、45、47、48、51、52 化学成分相似，组分主要含有 MgO、$Al_2O_3$、$SiO_2$、$Fe_2O_3$，其中 MgO 的含量范围为 23.89~37.46wt%，$Al_2O_3$ 的含量范围为 2.84~9.41wt%，$SiO_2$ 的含量范围为 43.68~53.45wt%，$Fe_2O_3$ 的含量范围在 3.98~14.83wt%，与滑石、绿泥石组分均比较接近。

利用拉曼光谱分析技术对样品 SXKGI-45、47、48 和 51 进行分析，典型拉曼图谱如图 7-19 所示。它们的主要特征振动峰位于 191、359、672 和 1049cm$^{-1}$附近，450cm$^{-1}$以下为 M-O 的振动模式，670~680cm$^{-1}$为 Si-Ob-Si 对称拉伸振动模式，900~1100cm$^{-1}$为 Si-Onb 的拉伸振动模式，与滑石的拉曼特征峰一致。[1]因此，确定该物相为滑石。

---

[1] J. J. Blaha, G. J. Rosasco. Raman Microprobe Spectra of Individual Microcrystals and Fibers of Talc, Tremolite, and Related Silicate Minerals, ANALYTICAL CHEMISTRY, 50(7), 1978:893-896.

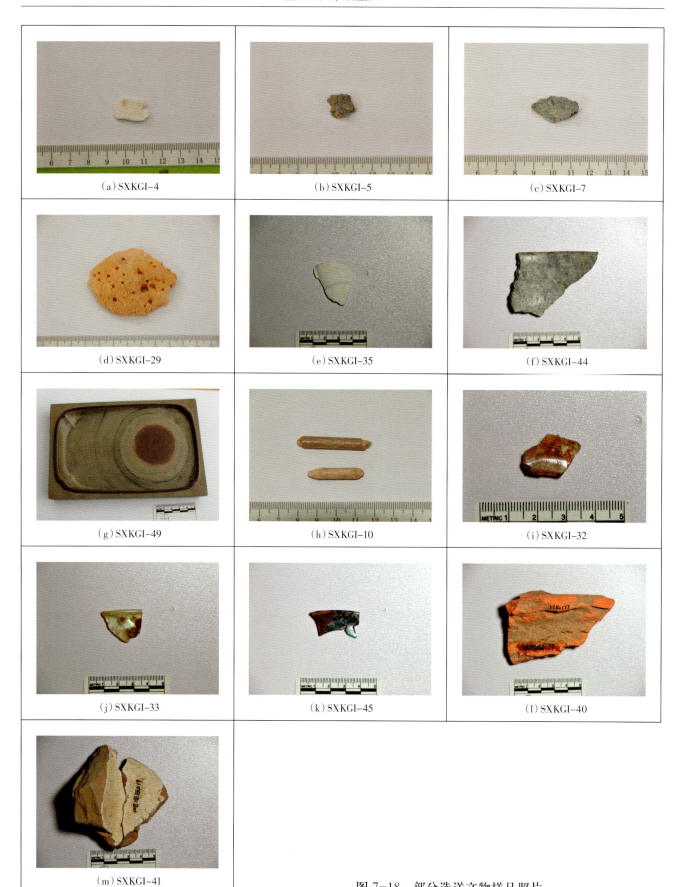

（a）SXKGI–4　　（b）SXKGI–5　　（c）SXKGI–7

（d）SXKGI–29　　（e）SXKGI–35　　（f）SXKGI–44

（g）SXKGI–49　　（h）SXKGI–10　　（i）SXKGI–32

（j）SXKGI–33　　（k）SXKGI–45　　（l）SXKGI–40

（m）SXKGI–41

图 7-18　部分选送文物样品照片

表 7-16　玉石器化学成分定量分析结果（wt%）

| 样品编号 | 矿物类型 | 测试点 | Na₂O | MgO | Al₂O₃ | SiO₂ | P₂O₅ | K₂O | CaO | TiO₂ | MnO | Fe₂O₃ |
|---|---|---|---|---|---|---|---|---|---|---|---|---|
| SXKGI-44 | 滑石 + 绿泥石 | 不透光 | 1.13 | 22.98 | 4.51 | 49.53 | n.d. | 0.37 | 1.54 | 0.10 | n.d. | 19.85 |
| | | 不透光 | n.d. | 28.80 | 3.80 | 53.45 | n.d. | 0.41 | 6.01 | 0.04 | n.d. | 7.50 |
| | | 透光 | 0.54 | 28.27 | 2.15 | 54.83 | n.d. | 0.20 | 9.12 | n.d. | n.d. | 4.88 |
| | | 透光 | 1.11 | 30.62 | 2.38 | 59.31 | n.d. | 0.25 | 0.72 | n.d. | n.d. | 5.62 |
| | | 透光 | 0.82 | 29.35 | 2.07 | 55.43 | n.d. | 0.16 | 5.76 | n.d. | n.d. | 6.41 |
| SXKGI-29 | 方解石 | | 0.73 | 1.30 | 0.12 | 5.72 | 0.48 | 1.61 | 90.02 | n.d. | n.d. | 0.02 |
| SXKGI-7 | 滑石 + 绿泥石 | | 1.11 | 31.01 | 7.82 | 43.68 | n.d. | 0.25 | 5.47 | 1.50 | 0.18 | 8.84 |
| SXKGI-5 | 滑石 + 绿泥石 | | 1.01 | 23.89 | 4.55 | 46.72 | 2.14 | 0.26 | 4.04 | 2.28 | 0.09 | 14.83 |
| SXKGI-45 | 滑石 + 绿泥石 | | 0.53 | 31.20 | 2.84 | 52.00 | 0.29 | 0.14 | 2.54 | n.d. | 0.12 | 10.34 |
| SXKGI-47 | 滑石 + 绿泥石 | | 1.25 | 37.46 | 9.41 | 46.68 | n.d. | 0.35 | 0.76 | 0.08 | 0.02 | 3.98 |
| SXKGI-48 | 滑石 + 绿泥石 | | 0.13 | 29.90 | 4.68 | 51.85 | n.d. | 0.24 | 1.68 | 0.19 | 0.19 | 11.13 |
| SXKGI-49 | 贺兰石 | | n.d. | 2.63 | 21.89 | 60.61 | 0.09 | 8.03 | 0.69 | 1.45 | 0.03 | 4.58 |
| SXKGI-50 | 叶蜡石 | | 1.21 | 1.55 | 47.39 | 48.28 | n.d. | n.d. | n.d. | 0.82 | 0.02 | 0.73 |
| SXKGI-51 | 滑石 + 绿泥石 | | 0.63 | 30.88 | 4.27 | 51.51 | n.d. | 0.17 | 3.90 | 0.07 | 0.20 | 8.38 |
| SXKGI-52 | 滑石 + 绿泥石 | | n.d. | 29.03 | 4.01 | 50.37 | n.d. | 0.31 | 5.06 | 0.14 | 0.32 | 10.76 |

样品 SXKGI-44 本次研究的重点样品，可能是文献中所记载的豹斑玉。为此，利用强光照射样品，标注出透光区域和非透光区域，并利用 PXRF 对透光区域和非透光区域选取多点进行测试，测试结果如表 7-16 所示。由表可知，不透光区域的化学成分差异较大，说明玉石本身不够均匀，包含多种类型的矿物，其 $Fe_2O_3$ 的含量较高，不透光区域的颜色较透光区域深。透光区域化学成分差异较小，MgO 的含量范围为 28.27~30.62wt%，$SiO_2$ 的含量范围为 54.83~59.31wt%，说明透光区域较为均匀，其所含矿物类型单一，与滑石理论成分比较接近，颜色较淡。

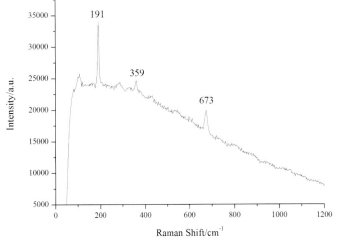

图 7-19　玉石器（SXKGI-45）的拉曼光谱

利用拉曼光谱仪对此件样品 SXKGI-44 不透光区域及透光区域进行分析。在该样品的不透光区域中除了发现有滑石的特征振动峰之外（图 7-20a），还同时发现有另一种物相的拉曼振动谱带出现在 197、352、543、680 和 1058cm⁻¹ 附近（见图 7-20b），其中 1058cm⁻¹ 处的特征峰归属为 Si-Onb 的非对称伸缩振动，而位于 678cm⁻¹ 的强峰则是由于 Si-Ob-Si 的对称伸缩模式引起的。低频区的拉曼峰中，位于 197 和 352cm⁻¹ 的振动

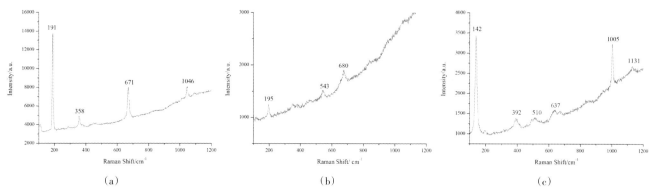

（a） （b） （c）

图 7-20 样品 SXKGI-44 不透光区域的拉曼光谱

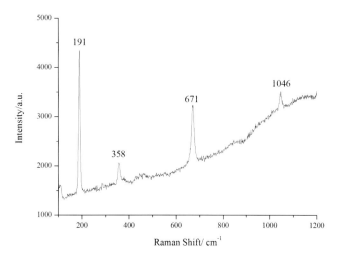

图 7-21 样品 SXKGI-44 三个透光区域的拉曼光谱

峰应该是由 Mg-O 振动引起的，而位于 544cm$^{-1}$ 的中强峰则是由于 $T_2O_5$ 的对称振动引起的。[1] 与文献中绿泥石的振动峰非常相符。此外，还在另一处不透光区域的拉曼光谱中发现了石膏（$CaSO_4 \cdot 2H_2O$，491、669、1003 和 1131cm$^{-1}$）和另外一种物相共存，如图 7-20c 所示，其特征振动峰为 142、393、512、637cm$^{-1}$，其中，142cm$^{-1}$ 处的强峰和 637cm$^{-1}$ 处的中强峰归属为 Eg 模式振动，393、512cm$^{-1}$ 附近的中强峰归属为 B1g 模式振动，应该属于锐钛矿。为了对比样品 SXKGI-44 中透光区和不透光区域物相的区别，选择了三处透光区域分别进行了拉曼光谱测试，发现透光区域物相较为一致，均为滑石，如图 7-21 所示。未发现有其他物相存在。

根据考古单位所提供的背景资料，由于以上该批器物上的斑点似豹子皮，因此称为豹斑玉。历史资料上记载的硬滑石带斑点的一般为豹斑玉，属单斜晶系矿物。它的产生属热液蚀变矿物，是由埋藏在海水中演化而来的富硅质高盐度的变质流体对镁质碳酸盐岩交代的产物。文献[2]中认为豹斑玉属叶绿泥石［（MgFe）$_5$Al（AlSi3010）（OH）$_8$］，含有镁、铝、硅等元素；单斜晶系，硬度 2~2.5，比重 260~278。综合本次测试中的化学成分和拉曼光谱结果，认为此件物品种变迁较为复杂，不透光区域以滑石和绿泥石为主要物相，并检测到锐钛矿、石膏等杂质，而透光区域则以滑石为主要物相。

样品 SXKGI-29 主要组分为 CaO，其含量为 90.02wt%，为方解石。SXKGI-49 主要组分为 $Al_2O_3$（21.89wt%）、$SiO_2$（60.61wt%）、$K_2O$（8.03wt%）和 $Fe_2O_3$（4.58wt%），其组分与贺兰石相近，SXKGI-50 主要组分为 $Al_2O_3$（47.39wt%）和 $SiO_2$（48.28wt%），组分与叶蜡石相近。样品 SXKGI-49 为一件砚台（照片见图 7-18（g）），其化学成分与贺兰石接近。尽管上述样品未用拉曼光谱仪对其进行检测，但根据化学成分基本可以肯定其物相。

［1］Prieto, A.C., Dubessy, J., Cathelineau, M. Structure-composition relationships in trioctahedral chlorites: a vibrational spectroscopy study. Clays and Clay Minerals, 1991. 39: 531-539.

［2］秦风文化研究所：《唐代豹斑玉初探》，《收藏界》2012 年第 7 期，第 35~38 页。

（二）玻璃器

表7-17为玻璃器化学成分分析结果。由表可知，样品SXKGI-32、33、34、46中PbO含量范围为38.78~51.53wt%，SiO₂的含量范围为35.04~55.66wt%，可以确定选送的玻璃器样品均属于铅硅酸盐玻璃（铅玻璃），着色元素主要为Fe和Cu。

表7-17 玻璃器化学成分定量分析结果

| 样品编号 | 玻璃体系 | Na₂O | MgO | Al₂O₃ | SiO₂ | P₂O₅ | K₂O | CaO | TiO₂ | MnO | Fe₂O₃ | CuO | PbO | Cr | Ni | Zn | Ba |
|---|---|---|---|---|---|---|---|---|---|---|---|---|---|---|---|---|---|
| | | wt% | | | | | | | | | | | | ppm | | | |
| SXKGI-32 | PbO–SiO₂ | 1.22 | 0.43 | 0.98 | 35.04 | 0.42 | 8.13 | 0.63 | n.d. | 0.42 | 0.29 | 1.53 | 50.91 | 55 | 17 | 124 | 25 |
| SXKGI-33 | PbO–SiO₂ | 1.05 | 0.35 | 0.86 | 50.39 | 1.11 | 1.41 | 0.78 | n.d. | 0.06 | 0.37 | 0.14 | 43.47 | n.d. | 59 | 18 | 25 |
| SXKGI-34 | PbO–SiO₂ | 0.93 | 0.23 | 1.78 | 55.66 | n.d. | 0.93 | 0.75 | 0.14 | 0.20 | 0.52 | 0.08 | 38.78 | 20 | 37 | 55 | 26 |
| SXKGI-10 | PbO–SiO₂? | 0.63 | 0.36 | n.d. | 45.90 | 0.10 | 0.60 | 0.14 | n.d. | 0.01 | 0.01 | n.d. | 51.53 | | 30 | 73 | |
| SXKGI-46 | PbO–SiO₂ | 1.09 | 0.47 | 2.01 | 49.18 | 0.18 | 1.94 | 0.45 | 0.14 | 0.10 | 0.12 | n.d. | 44.33 | | | | |

图7-22为3件玻璃器（SXKGI-32、SXKGI-33、SXKGI-34）的拉曼光谱，三者均在500cm⁻¹和1000cm⁻¹附近出现两个非晶态包络，且包络的位置一致，证明这三件样品均具有非常好的玻璃态结构。

样品SXKGI-46是1枚围棋子，化学成分分析结果表明其组分主要为PbO和SiO₂，其很可能为高铅玻璃。

样品SXKGI-10是一件比较特殊的样品，化学成分分析结果表明其组分也主要为PbO和SiO₂，但由于未对其进行拉曼光谱测试，无法确定其是否属于玻璃体系。宋代有种常用的妆粉，

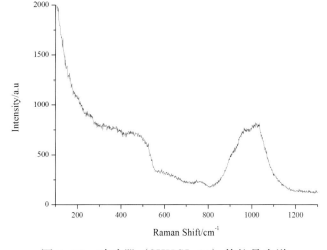

图7-22 玻璃器（SXKGI-34）的拉曼光谱

为铅粉[1]，因此，样品SXKGI-10亦有可能是铅粉，故样品SXKGI-10的材质还需作进一步研究。

（三）陶器

陶器胎体化学成分如表7-18所示。样品SXKGI-40、41和53中Al₂O₃的含量分别为15.30wt%、15.11wt%和13.61wt%，SiO₂的含量分别为63.12wt%、67.65wt%和63.99wt%，CaO的含量分别为4.85wt%、2.73wt%和6.77wt%。其中样品SXKGI-40和53中CaO含量较高。样品

---

[1]纪昌兰：《宋代女性装饰研究》，河南大学，2013年。

表 7-18　陶器胎体化学成分定量分析结果（wt%）

| 样品编号 | 测试点 | Na₂O | MgO | Al₂O₃ | SiO₂ | P₂O₅ | SO₃ | K₂O | CaO | TiO₂ | MnO | Fe₂O₃ | PbO |
|---|---|---|---|---|---|---|---|---|---|---|---|---|---|
| SXKGI-40 | 胎体 | 1.53 | 2.61 | 15.30 | 63.12 | 0.31 | n.d. | 3.09 | 4.85 | 0.45 | 0.09 | 6.94 | 1.70 |
| SXKGI-35 | 胎体 | 0.65 | 0.24 | n.d. | 0.50 | n.d. | 60.97 | n.d. | 37.63 | n.d. | n.d. | n.d. | n.d. |
| SXKGI-41 | 外表皮，白 | 2.36 | 0.59 | n.d. | 7.33 | n.d. | n.d. | n.d. | 89.06 | n.d. | 0.07 | 0.60 | n.d. |
| SXKGI-41 | 主体，灰黑 | 1.76 | 2.18 | 15.11 | 67.65 | 0.07 | n.d. | 2.68 | 2.73 | 0.49 | 0.09 | 7.24 | n.d. |
| SXKGI-53 | | 1.31 | 1.22 | 13.61 | 63.99 | n.d. | n.d. | 2.70 | 6.77 | 0.57 | 0.87 | 8.95 | n.d. |
| SXKGI-4 | 石膏 | 0.47 | 0.14 | n.d. | 0.37 | 0.76 | 65.48 | n.d. | 32.78 | n.d. | n.d. | n.d. | n.d. |

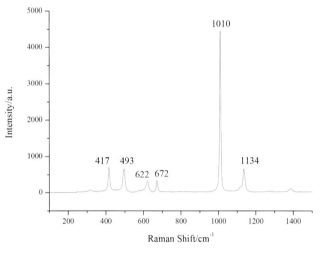

图 7-23　样品 SXKGI-35 的拉曼图谱

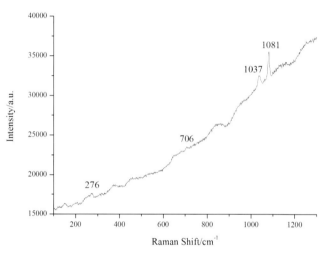

图 7-24　样品 SXKGI-41 的拉曼图谱

SXKGI-35、4 主要组分为 $SO_3$ 和 CaO，含量分别为 60.97wt%、65.48wt% 和 37.63wt%、32.78wt%，可能为硫酸钙（$CaSO_4$）。样品 SXKGI-41 表层白色化学成分主要组分为 CaO，并未检测到 $SO_3$ 的存在，可能为熟石灰（$Ca(OH)_2$）。值得注意的是，在 SXKGI-40 样品中检测到了少量的 PbO。

　　利用拉曼光谱分析技术对 2015 年选送的三件陶器样品（SXKGI-35、40、41）进行了分析。除了样品 SXKGI-40 未得到理想谱线之外，其余两个样品 SXKGI-35 和 SXKGI-41 的拉曼图谱分别见图 7-23、24。从图 7-23 中可以看出，样品 SXKGI-35 白色表面的特征振动峰主要分布在 411、490、616、667、1004 和 1134cm⁻¹ 附近，其中［$SO_4$］基团对称拉伸振动（1004cm⁻¹）有着较强的拉曼散射强度，411、490cm⁻¹ 属于对称弯曲振动，616、667cm⁻¹ 属于反对称弯曲振动，1134cm⁻¹ 属于反对称伸缩振动。由于半水石膏（$2CaSO_4 \cdot H_2O$）和无水石膏（$CaSO_4$）中硫酸根离子基团的特征峰分别在 1026cm⁻¹ 和 1016cm⁻¹ 附近，而样品 SXKGI-35 硫酸根离子基团的特征峰在 1004cm⁻¹ 附近，因此可以进一步判定该样品为石膏（$CaSO_4 \cdot 2H_2O$），而非半水石膏或无水石膏。

　　图 7-24 为样品 SXKGI-41 表面白色涂层的拉曼图谱，可以看出拉曼特征振动峰集中分布在 277、708、1081cm⁻¹，其中 1081cm⁻¹ 为（$CO_3$）₂– 的对称拉伸振动模式，708cm⁻¹ 为（$CO_3$）₂– 的面内弯曲振动，[1] 属于典型的碳酸钙，该物相可能为原料中的残余物相。

　　[1] Junmin Sun, Zeguang Wu, Hongfei Cheng, Zhanjun Zhang, Ray L. Frost, A Raman spectroscopic comparison of calcite and dolomite, Spectrochimica Acta Part A: Molecular and Biomolecular Spectroscopy, 2014, 117:158-162.

# 四　结论

利用能量色散型 X 射线荧光光谱分析技术和激光拉曼光谱技术等对北宋蓝田吕氏家族墓园出土玉石器、玻璃器、陶器等进行了测试分析，获得了器物的化学成分和物相结构信息，结论如下：

第一，综合化学成分和拉曼光谱测试分析结果，样品 SXKGI-44、5、7、45、47、48、51、52 是以滑石和绿泥为主要物相的滑石绿泥石岩，并检查到锐钛矿、石膏等杂质，该批器物矿物类型变迁较为复杂。同时还检测到了贺兰石（SXKGI-49）、方解石（SXKGI-29）、叶蜡石（SXKGI-50）等不同类型的玉石。

第二，玻璃器化学成分结果表明，测试样品均为高铅硅酸盐玻璃，着色元素为 Fe 和 Cu；而它们的拉曼结果也证明其中 3 件玻璃器（SXKGI-32、SXKGI-33、SXKGI-34）具有非常好的玻璃态结构。尽管未能确定样品 SXKGI-46、10 是否属于玻璃体系，但 SXKGI-46 是一件围棋子，为玻璃的可能性较大，而 SXKGI-10 属于玻璃还是妆粉，还需进一步研究。

第三，结合化学成分和拉曼光谱结果表明，样品 SXKGI-40、41、53 均为陶器。样品 SXKGI-35、4 为石膏（$CaSO_4 \cdot 2H_2O$），而非半水石膏或无水石膏。而样品 SXKGI-41 表层白色可能为熟石灰（$Ca(OH)_2$），并含有少量的原料残余物相碳酸钙（$CaCO_3$）。

# 第三章　包含物分析检测

# 一　样品背景

本次分析检测的样品来自蓝田北宋吕氏家族墓园。吕氏家族原为汲郡（即今河南卫辉市）人，后因其祖吕通赴长安为官，举家迁于现陕西蓝田县乔村定居。吕家世代官宦、书香门第，特别是"大"字辈成员在政界与文坛皆取得骄人成就。吕大忠，北宋金石学家、西安碑林创始人。吕大防志向高远，胆略过人，为哲宗时期宰相，颇有作为，《宋史》留传。吕大钧作《吕氏乡约》，成就中国第一部民间自发倡导乡里百姓遵循道德规范的行为准则。吕大临字与叔，才气过人，志趣高雅，一生追求学术研究，特别对古器物学情有独钟，不但自己收藏，而且将前人零散书籍图录收集汇总，加以整编标注，成就《考古图》一书，是我国历史上著名金石学家，也是中国考古学的先驱。

蓝田北宋吕氏家族墓园位于陕西省蓝田县五里头村村西北斜坡地面上，北依临潼山脉、南向灞水与白鹿原隔河相望、东靠终南山、西邻骊山，距吕氏家族世代居住点——乔村仅 3 千米之遥。家族墓葬，共 29 座，位于墓园的北部正中，均是竖穴墓道、土洞墓室，深 8.5~15.5 米不等，墓葬的结构分单室、双室、三室等五种形制。墓葬群按照纵横两个系列规律排列，纵向为长子长孙布局；横向以同辈人间年龄长幼依左为上的原则设置。墓葬出土的大量生活用具、墓志铭文，对研究北宋社会生活、文化氛围、吕氏家族源流等提供了珍贵资料。

## 二 样品介绍

2014 年 12 月采集样品 29 件，2015 年 6 月取样 8 件（M17：17 笏板样品为新采集样品，其余 7 件为补充样品），2015 年 9 月新增 1 件样品，2015 年 12 月新增 1 件样品，2016 年 4 月新增 3 件样品，样品简介如表 7-19 所示。

表 7-19　吕氏家族墓园出土器物标本检测结果一览表

| 实验编号 | 器物出土编号 | 器物名称 | 类别 | 检测结果 |
|---|---|---|---|---|
| SXKG1-32 | M2：87 | 浅黄绿色六曲葵瓣碗残片 | 玻璃 | 高铅硅酸盐玻璃（铅玻璃），着色主为 Fe、Cu |
| SXKG1-33 | M2：89 | 浅黄绿色六曲葵瓣碗残片 | 玻璃 | 高铅硅酸盐玻璃（铅玻璃），着色主为 Fe、Cu |
| SXKG1-34 | M2：122 | 孔雀蓝色深腹盘残片 | 玻璃 | 高铅硅酸盐玻璃（铅玻璃），着色主为 Fe、Cu |
| SXKG1-46 | M20：39-1 | 黑色围棋子残片 | 玻璃 | 高铅硅酸盐玻璃（铅玻璃），着色主为 Fe、Cu |
| SXKG1-4、SXKG1-35 | M7：6 | 菊花形盘残片 | 石膏 | 石膏，而非半水石膏或无水石膏 |
| SXKG1-44 | M2：63 | 骊山石钵残片 | 石 | 滑石绿泥石岩 |
| SXKG1-45 | M2：112 | 骊山石六曲葵瓣碗残片 | 石 | 滑石绿泥石岩 |
| SXKG1-47 | M7：14 | 半透明石碟残片 | 石 | 滑石绿泥石岩 |
| SXKG1-48 | M20：41 | 骊山石碟残片 | 石 | 滑石绿泥石岩 |
| SXKG1-49 | M6：20 | 俏色"风"字石砚 | 石 | 贺兰石 |
| SXKG1-50 | M4：32 | 菊花形凤纹盘 | 石 | 叶蜡石 |
| SXKG1-51 | M20：51 | 骊山石钵口沿残片 | 石 | 滑石绿泥石岩 |
| SXKG1-52 | M2：51 | 骊山石钵残片 | 石 | 滑石绿泥石岩 |
| SXKG1-5 | M2：115 | 骊山石六曲葵瓣碗残片 | 石 | 滑石绿泥石岩 |
| SXKG1-7 | M2：73 | 骊山石钵残片 | 石 | 滑石绿泥石岩 |
| SXKG1-29 | M28：46 | 镂孔石佩饰残渣 | 石 | 方解石 |
| SXKG1-40 | HK1：17 | 脊兽残片 | 陶 | 表面附着绿彩太少，不能检测到结果 |
| SXKG1-41 | HK1：19 | 龙纹滴水残片 | 陶 | 表面白色物质为熟石灰 |
| SXKG1-53 | M22：57 | 灰陶砚 | 陶 | 检测确定为陶质而非石质 |

## 三 分析方法及测试条件

本次检测主要采用超景深三维显微镜，扫描电镜能谱（SEM-EDS），X 射线荧光光谱（XRF），傅里叶变换红外光谱（FTIR）以及 X 射线衍射（XRD）等分析手段对样品的表面形貌，所含元素及物相组成进行了科学、系统地分析。

### 1. 超景深三维显微镜
采用基恩士 VHX-2000C 超景深三维显微镜（放大倍数 100~1000 倍）对样品进行表面形貌观察。

### 2．扫描电镜及能谱分析（SEM-EDS）

取少量样品粘贴于样品台导电胶带上，由于分析样品多为无机物，导电性能较差，将样品置于真空室蒸金 120s。扫描电镜及能谱分析（SEM-EDS）采用 FEI 公司 Sirion 200 型场发射扫描电子显微镜，测试条件为 SEM 加速电压 20kV，工作距离 5 毫米。

### 3．X 射线荧光光谱分析（XRF）

使用岛津 XRF-1800 型 X 射线荧光光谱仪对样品进行分析，测试条件为：X 射线管靶为铑靶（Rh）；微区直径 300μm；X 射线管压 40kV；X 射线管流 90mA。

### 4．傅里叶变换红外光谱分析（FTIR）

采用溴化钾压片法对样品进行分析。红外光谱分析采用 Nicolet-6700 型傅里叶变换红外光谱仪：样品和背景的扫描次数为 32 次；波数范围为 4000~400cm$^{-1}$；分辨率为 4cm$^{-1}$。

### 5．X 射线衍射分析（XRD）

将样品于玛瑙研钵中仔细研磨，研细后进行 X 射线衍射分析（XRD），参考扫描电镜能谱的分析结果，得出样品的物相组成。X 射线衍射分析（XRD）采用日本玛珂公司 MXPAHF 型 18kW 转靶 X 射线衍射仪：衍射角扫描范围为 10°~70°；工作电压和电流分别为 40kV 和 200mA；扫描速度 8°/min；扫描步长 0.02。

## 四　分析结果

### （一）M1：14 白釉圆瓷盒内包含物

（1）样品的显微分析

如图 7-25~27 所示，印泥样品呈红色，由小颗粒聚集成块状。通过样品的表面以及截面的显微观察，可以发现若干红色颗粒粘结于黄色基底层的表面，粘结较为紧密，且红色颗粒在表层的

图 7-25　采集样品　　　　　　　　　　　图 7-26　超景深三维显微镜分析

图7-27 超景深三维显微镜分析

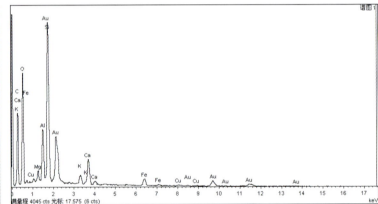

图7-28 扫描电镜能谱分析结果

表7-20 X射线荧光光谱分析结果

| 元素 | $SiO_2$ | $Al_2O_3$ | CaO | MgO | $Fe_2O_3$ | $K_2O$ | HgO | $SO_3$ | CuO | $CO_2$ |
|---|---|---|---|---|---|---|---|---|---|---|
| 含量（%） | 50.59 | 12.32 | 10.66 | 8.29 | 6.65 | 2.79 | 2.31 | 1.08 | 0.06 | 3.32 |

分布较不均匀。

（2）扫描电镜能谱检测（SEM-EDS）及X射线荧光光谱检测（XRF）

如图7-28所示，样品呈颗粒状，粒径大小不一，部分区域出现了粘结的状态。结合EDS与XRF（表7-20）两种元素分析手段得出，样品含有Si、Al、Ca、Mg、Fe、K等元素及少量的Cu元素，其中Si、Al、Ca、Mg等元素含量较高，可能来源于黏土矿物。其中样品所呈现的红色可能来源于硫化汞。

（3）X射线衍射检测（XRD）

X射线衍射显示（图7-29），样品中主要含有碳酸钙以及二氧化硅，并且含有长石类矿物，这些矿物可能来源于黏土矿物。

（4）红外光谱检测（FTIR）

根据红外光谱分析（图7-30），图谱中1432$cm^{-1}$及875$cm^{-1}$附近的吸收峰归属于碳酸钙的吸收振动，778$cm^{-1}$附近的双峰吸收为二氧化硅的吸收峰。1030$cm^{-1}$附近的双峰是长石的特征吸收峰。

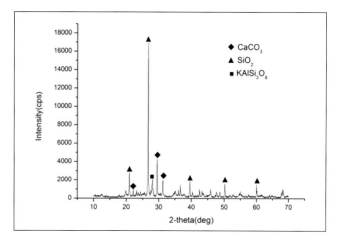

图 7-29　样品的 X 射线衍射分析结果

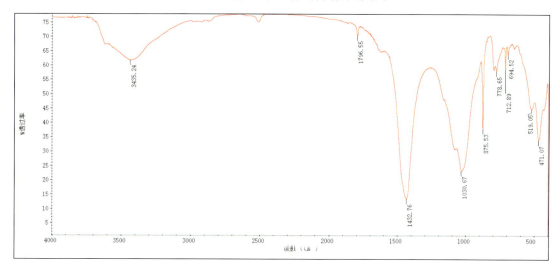

图 7-30　样品的红外光谱

（5）小结

天然朱砂是矿物质，其化学性质十分稳定，不易褪色和变色。据考古发现，我国先民早在新石器时代就开始使用朱砂作为颜料。根据文献记载朱色印泥早在南北朝时期已经开始通行。《魏书·卢同传》："总集吏部中兵二局勋薄对勾奏按……今本曹尚书以朱印印之。"《北齐书·陆法和传》："梁武帝以法和为都督郢州刺史，……其启文朱印名上自称司徒。"魏晋时期的政府文书已经使用朱色印泥，这一方法，一直沿用至今。唐宋时期的印泥制作方法是：将朱砂磨成粉末，以水调和；南宋之后将朱砂和蜂蜜调和。

本样品判断为印泥。印泥样品中红色物质的成分是硫化汞（朱砂），样品的黄色基底层主要含有二氧化硅（石英）、碳酸钙及长石等常见黏土矿物颗粒。

## （二）M2：39 青釉素面圆瓷盒内包含物

（1）样品的显微分析

样品为土黄色固体颗粒。显微分析发现样品为小颗粒聚集成块，在类似于黏土矿物的包裹下存在一些白色小颗粒（图 7-31、32）。

图 7-31　采集样品　　　　　　　　　　图 7-32　超景深三维显微镜分析

（2）扫描电镜能谱检测（SEM-EDS）

如图 7-33 所示，样品呈颗粒状，粒径大小不一，存在一些片状结构颗粒。EDS 结果显示样品主要含有 Si、Ca、C 等元素。根据形貌和元素组成推测含有碳酸钙和二氧化硅。

（3）X 射线衍射检测（XRD）

X 射线衍射显示（图 7-34），样品中含有二氧化硅，主要来源于土壤。而且含有两种形式的碳酸钙矿物，分别为文石和方解石。

（4）红外光谱检测（FTIR）

根据红外光谱分析（图 7-35），光谱中 1440、875、713cm$^{-1}$ 处吸收峰皆为 $CaCO_3$ 特征吸收峰，可判断样品成分为碳酸钙。

（5）小结

样品主要成分为二氧化硅和碳酸钙。二氧化硅来自土壤；碳酸钙来自文石和方解石，可能为珍珠或贝壳等磨成的粉。因为珍珠的主要成分为碳酸钙 $CaCO_3$（约占 82%~86%），矿物名称为文石（又称霰石），文石在自然界不稳定，常转变为方解石。故推测盒内为妆粉（珍珠或贝壳等磨成的粉，主要成分为碳酸钙）。

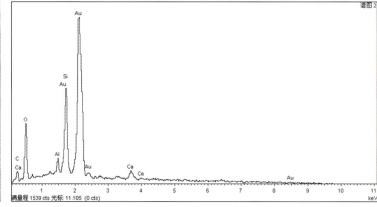

图 7-33　扫描电镜能谱分析结果

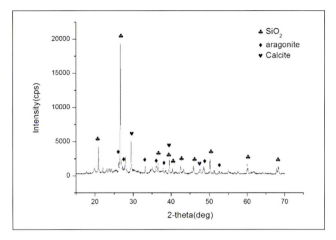

图 7-34 样品的 X 射线衍射分析结果

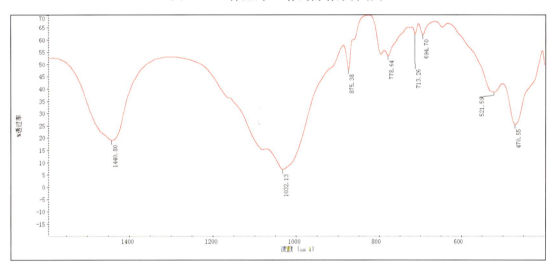

图 7-35 样品的红外光谱

### （三）M2：49 青釉素面圆瓷盒内包含物

（1）样品的显微分析

样品为黑色固体，还有一些类似黏土的小土块。由超景深显微镜观察可知（图 7-36、37），黑色固体结构较为致密，另外还有一些类似黏土的黄色土块表面也有些黑色的附着物。

（2）扫描电镜能谱检测（SEM-EDS）及X 射线荧光光谱检测（XRF）

样品呈颗粒状，粒径大小不一，部分区域出现了粘结的状态（图 7-38）。结合 EDS 与XRF（表 7-21）两种元素分析手段得出，样品含有 C、Si、Al、Ca、Mg、Fe、S 等元素，其中Si、Al、Ca、Mg 等元素可能来源于黏土矿物，

图 7-36 采集样品

图 7-37　超景深三维显微镜分析

 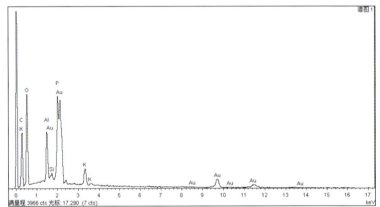

图 7-38　扫描电镜能谱分析结果

表 7-21　X 射线荧光光谱分析结果

| 元素 | $CO_2$ | CaO | MgO | $SiO_2$ | $Al_2O_3$ | $P_2O_5$ | $Fe_2O_3$ | $SO_3$ |
|---|---|---|---|---|---|---|---|---|
| 含量（%） | 50.78 | 17 | 7.61 | 7.05 | 5.45 | 5.44 | 2.91 | 2.84 |

样品的 C 含量较高，并且根据颜色判断可能为碳单质。而且 S 含量高于一般土壤。

（3）X 射线衍射检测（XRD）

X 射线衍射显示（图 7-39），样品中含有二氧化硅，主要来源于土壤。根据 XRD 图像分析，样品中存在非晶态成分，其中较高的峰可能为碳单质的峰。

（4）红外光谱检测（FTIR）

如图 7-40 所示，由红外光谱分析可知，古代样品在 3600~3200cm$^{-1}$ 范围内的吸收峰，处在胺基 N-H 键伸缩振动峰的典型区域，谱图在 1622cm$^{-1}$ 附近出现的强峰可能为蛋白质的酰胺 I 吸收峰。证明样品中可能存在蛋白质类有机物。

（5）小结

样品为黑色固体，含碳量很高。主要成分除了二氧化硅等土壤成分外，C 和 S 元素含量相对较

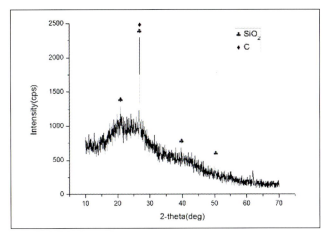

图 7-39　样品的 X 射线衍射分析结果

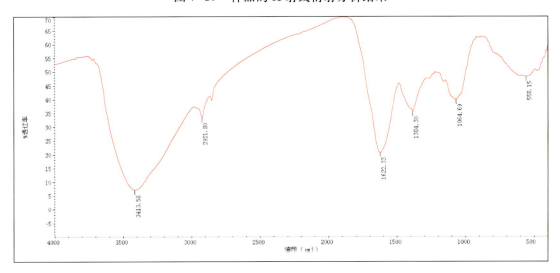

图 7-40　样品的红外光谱

高，根据红外光谱判断含有蛋白类有机物，根据 S 元素含量较高判断可能为动物蛋白，暂时无法确定具体物质。

## （四）M2 : 50 青釉素面圆瓷盒内包含物

### 1. 白色粉末

（1）样品的显微分析

样品为白色粉末（图 7-41）。由超景深显微镜观察可知（图 7-42），样品为一些颗粒比较细的白色粉末的小结块，分布较为分散。

（2）扫描电镜能谱检测（SEM-EDS）及 X 射线荧光光谱检测（XRF）

样品呈颗粒状，粒径大小不一，部分区域出现了粘结的状态（图 7-43）。结合 EDS 与 XRF（表7-22）两种元素分析手段得出，样品含有 P、Al、Si、K、Mg、Fe、Ca 等元素，P 元素含量较高，其中 Si、Al、Ca、Mg 等元素可能来源于黏土矿物。

（3）X 射线衍射检测（XRD）

X 射线衍射显示（图 7-44），样品中含有二氧化硅，主要来源于土壤；此处还含有磷钾铝石。

图 7-41　采集样品

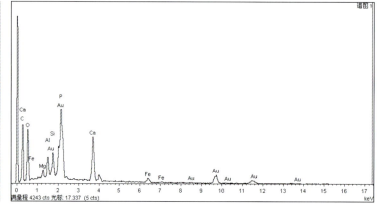

图 7-42　超景深三维显微镜分析

图 7-43　扫描电镜能谱分析结果

表 7-22　X 射线荧光光谱分析结果

| 元素 | CO₂ | CaO | MgO | SiO₂ | Al₂O₃ | P₂O₅ | Fe₂O₃ | K₂O |
|------|------|------|------|------|-------|------|-------|------|
| 含量（%） | 3.13 | 2.86 | 4.42 | 29.61 | 16.93 | 31.66 | 4.15 | 6.37 |

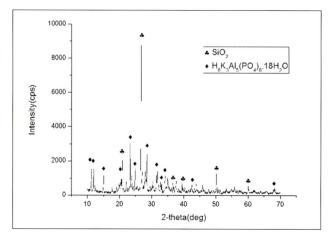

图 7-44　样品的 X 射线衍射分析结果

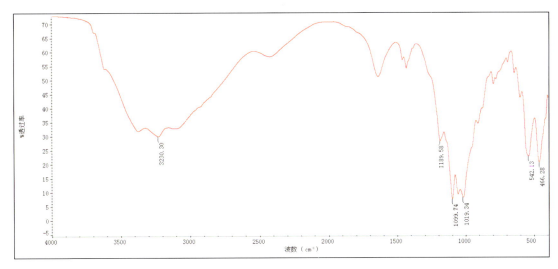

图 7-45　样品的红外光谱

（4）红外光谱检测（FTIR）

由红外光谱分析可知，如图 7-45 所示，$3230cm^{-1}$ 附近宽峰为结晶水的伸缩振动峰，$1189\sim1019cm^{-1}$ 的一系列峰为磷酸根伸缩振动峰。

（5）小结

样品主要为黏土成分和一些磷酸盐矿物成分，如磷钾铝石等。

### 2. 黑色粉末

（1）样品的显微分析

样品为黑灰色固体粉末（图 7-46）。通过显微照片可以发现样品由一些小颗粒的黑色固体组成，并且粘有大量泥土（图 7-47）。

（2）扫描电镜能谱检测（SEM-EDS）及 X 射线荧光光谱检测（XRF）

样品经过研磨后在电镜下观察为一些小颗粒物质（图 7-48）。扫描电镜能谱及 X 射线荧光光

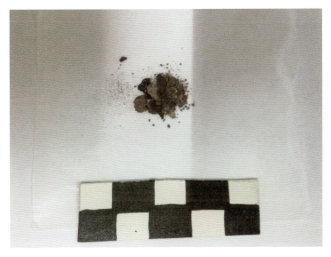

图 7-46　采集样品

图 7-47　超景深三维显微镜分析

谱分析（表7-23）可得样品中主要含有 C、Ca、Si、P、Al、Mg 等元素。样品 C 和 P 元素含量相对较高，P 元素可能来自磷酸盐。

（3）X 射线衍射检测（XRD）

结合元素分析的结果可以得出（图7-49），样品中无机物主要的物相构成为二氧化硅和硅酸钙，并且存在非晶态成分。

（4）红外光谱检测（FTIR）

由红外光谱分析可知，如图7-50所示，古代样品在 $3600 \sim 3200 cm^{-1}$ 范围内的吸收峰，处在胺基 N-H 键伸缩振动峰的典型区域，谱图在 $1619 cm^{-1}$ 附近出现的强峰为蛋白质的酰胺 I 吸收峰，推测样品中可能存在蛋白质类有机物。

（5）小结

样品主要成分为二氧化硅以及长石等黏土矿物，并且可能含有无机碳和蛋白类有机物成分。

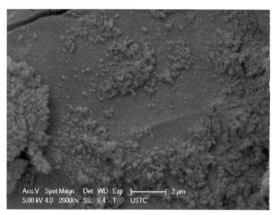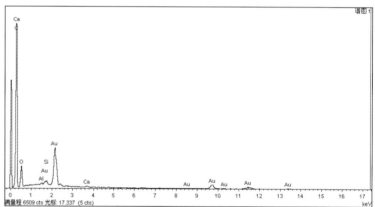

图 7-48　扫描电镜能谱分析结果

表 7-23　X 射线荧光光谱分析结果

| 元素 | $CO_2$ | CaO | MgO | $SiO_2$ | $Al_2O_3$ | $P_2O_5$ | $Fe_2O_3$ |
|---|---|---|---|---|---|---|---|
| 含量（%） | 27.51 | 25.7 | 4.42 | 12.12 | 8.23 | 16.71 | 2.65 |

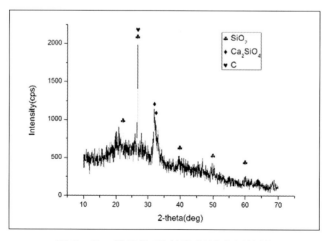

图 7-49　样品的 X 射线衍射分析结果

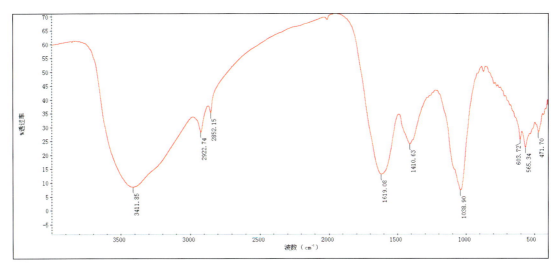

图 7-50　样品的红外光谱

### 3．总结

根据（1）（2）结果综合判断，M2：50 盒内所装物质含 C 和 P 元素相对较高，除了土壤成分之外，还存在一些磷酸盐和非晶态（如蛋白类有机物和炭化产物等）成分，推测可能为骨质成分。

### （五）M2：82 石条取样

（1）如图 7-51 所示，采集样品为白色粉末

（2）扫描电镜能谱检测（SEM-EDS）及 X 射线荧光光谱检测（XRF）

样品在电镜下观察为颗粒状固体，粒径大小不一（图 7-52）。扫描电镜能谱及 X 射线荧光光谱（表 7-24）分析可得样品中主要含有 Pb、Si、C 等元素，Pb 含量很高。

（3）X 射线衍射检测（XRD）

图 7-51　采集样品

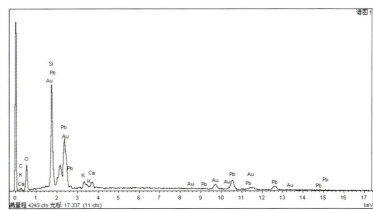

图 7-52　扫描电镜能谱分析结果

结合元素分析的结果可以得出，样品中无机物主要的物相构成为碳酸铅。而且根据谱图（图7-53）判断其中含有一些非晶态成分，可能为有机物成分。

（4）红外光谱检测（FTIR）

如图7-54所示，碳酸铅的特征峰被长石类物质的峰所掩盖。

（5）小结

样品主要成分为碳酸铅，即铅白。铅白在古代用途不外乎绘画和化妆。战国时期，女性已开始使用铅白作为保养皮肤、提高皮肤光泽度的化妆用品。通常将其化成糊状的面脂，俗称"胡粉"。样品推测为妆粉条。

表7-24　X射线荧光光谱分析结果

| 元素 | $CO_2$ | $SiO_2$ | PbO | $SnO_2$ | $K_2O$ |
|---|---|---|---|---|---|
| 含量（%） | 6.67 | 29.07 | 52.945 | 4.692 | 3.07 |

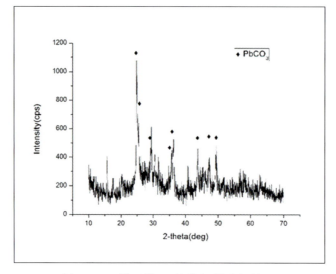

图7-53　样品的X射线衍射分析结果

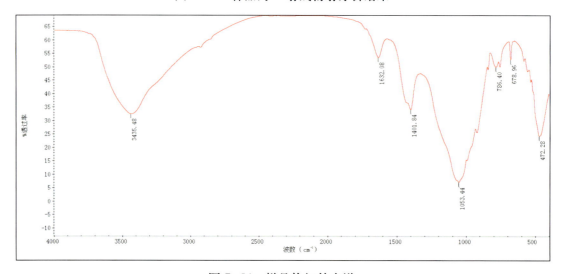

图7-54　样品的红外光谱

## （六）M2：121 松香提取

（1）样品的显微分析

样品为淡黄色固体，显微分析发现样品为淡黄色半透明固体（图 7-55、56）。

（2）扫描电镜能谱检测（SEM-EDS）

电镜下观察样品为颗粒状固体，粘结成块（图 7-57）。EDS 分析样品中含有 C、Ca、Si、Al、Fe 等元素，但部分来自于黏土矿物。

（3）X 射线衍射检测（XRD）

XRD 图像显示（图 7-58）样品中含有大量非晶态成分，干扰较强，只能得到二氧化硅的特征峰。

（4）红外光谱检测（FTIR）

根据红外光谱分析，如图 7-59 所示，光谱中 3431、2932、2869、1696、1458、1385、1244、1176、1036cm⁻¹ 处的吸收峰皆为松香酸特征吸收峰，可判断样品成分为松香。

（5）小结

样品的主要成分为松香，且含有部分土壤成分。墓葬使用松香来封棺，古人认为松香可以防腐；该样品以实物证实了我国在宋代时松香的生产技术已达到很高的水平。

图 7-55　采集样品

图 7-56　超景深三维显微镜分析

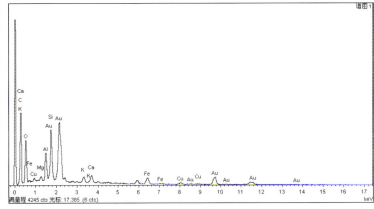

图 7-57　扫描电镜能谱分析结果

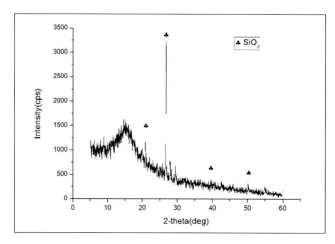

图 7-58　样品的 X 射线衍射分析结果

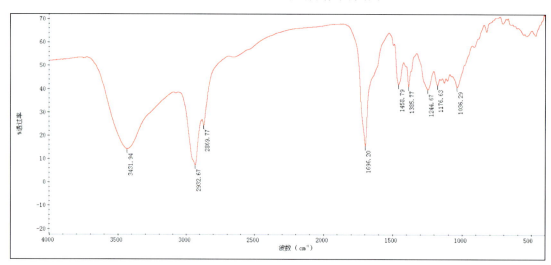

图 7-59　样品的红外光谱

（七）M4：20 墨块提取

（1）扫描电镜分析

由图 7-60 可得，样品由直径 50~110nm 的球形颗粒组成，颗粒粒径大小分布不一，该形状是碳燃烧后的特征形貌。颗粒之间胶结材料较少，结合不紧密。此处该样品表面附着有一些矿物类污染物。

通过比对样品，对徽墨——松烟墨的形貌观察可得（图 7-61），样品由粒径在 50~200nm 的球形颗粒组成，颗粒外包裹有大量粘结物质，使墨的颗粒粘结成一个整体。

通过比对样品，对徽墨——油烟墨的形貌观察可得（图 7-62），样品由粒径小于 100nm 的一些球形颗粒组成，粒径度差别很大，颗粒外包裹有大量粘结物质，使墨的颗粒粘结成一个整体。

（2）红外光谱分析

石墨的标准红外光谱如图 7-63 所示。

M4：20 墨块提取与标准石墨样品不同的是，样品在 1592.12cm⁻¹ 处出现了弱吸收峰，该峰可归属于酰胺 II 吸收带，然而并未出现其他蛋白质的特征谱带，所以无法判定样品中是否含有蛋白

图 7-60 样品的扫描电镜

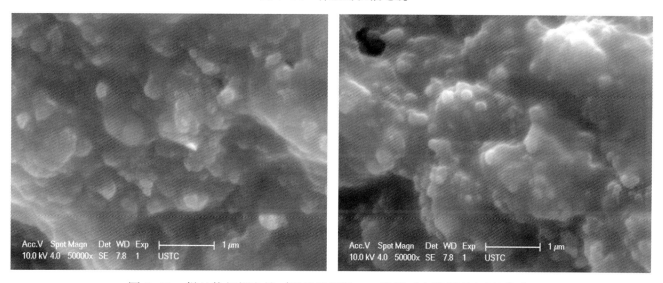

图 7-61 样品的扫描电镜（现代松烟墨——徽墨（安徽胡开文墨厂））

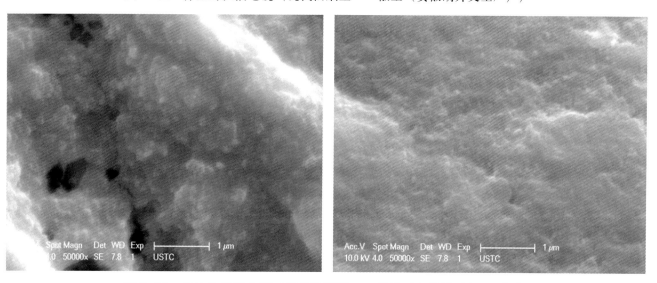

图 7-62 样品的扫描电镜（现代油烟墨——徽墨（安徽胡开文墨厂））

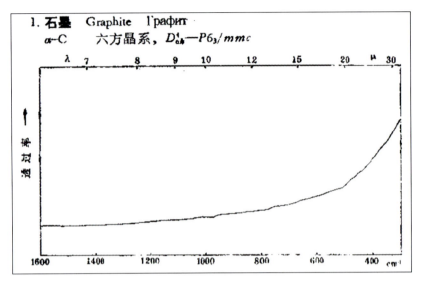

图 7-63　石墨的红外光谱

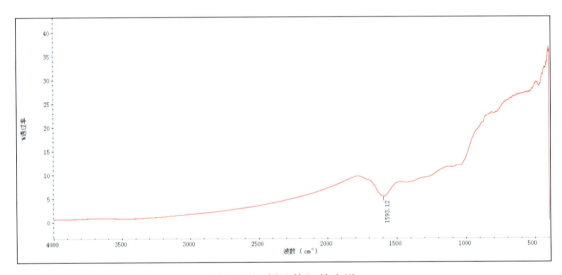

图 7-64　样品的红外光谱

质类胶黏剂。

（3）小结

中国的古墨按照原料主要分为油烟墨以及松烟墨两类。松烟墨工艺发展划分为萌芽于先秦、成型于东汉、完善于魏晋、鼎盛于唐宋这几大发展阶段，而油烟墨工艺发展则划分为渐成于南北朝、与松油墨并重于宋、鼎盛于明清这几个阶段。传统制墨在长期的发展过程中形成了界限鲜明的两大时段：宋代以前松烟墨占主流，宋代以后油烟墨占主流。

由分析结果可得，松烟颗粒的粒径度大于油烟颗粒，与待测的古代墨样品相吻合。样品颗粒呈球状，是碳燃烧后的特征形貌，符合古代制墨工艺，即采用松枝等燃烧后的产物（烟灰）作为原料制墨，因此推测样品为松烟制成的墨。M4∶20 号样品降解严重，无法判断其中是否有有机胶黏剂的添加。

### （八）M4：32 菊花形凤纹石盘提取

**（1）样品的显微分析**

样品呈白色粉末状（图7-65），通过显微照片可以发现样品是由颗粒状物质以及片状物质混合而成的。分布较为松散，未出现严重的粘结现象（图7-66）。

**（2）扫描电镜能谱检测（SEM-EDS）及 X 射线荧光光谱检测（XRF）**

如图7-67所示，样品为白色粉末颗粒，部分区域粘结成片状结构。扫描电镜能谱及 X 射线荧光光谱（表7-25）分析可得样品中主要含有 Si、Al 及 Fe 三种元素。其中，Si 以及 Al 的含量较高。

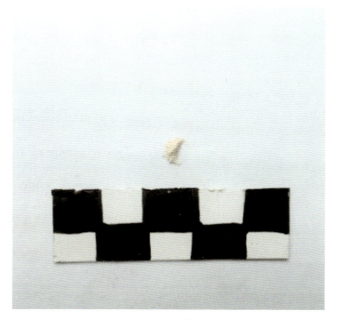

图 7-65　采集样品

图 7-66　超景深三维显微镜分析

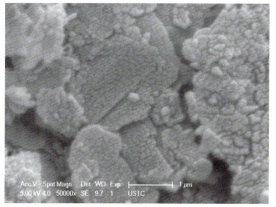

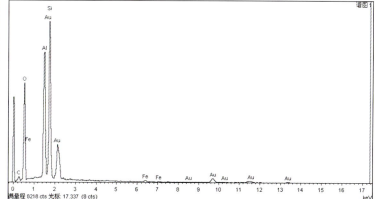

图 7-67　扫描电镜能谱分析结果

表 7-25　X 射线荧光光谱分析结果

| 元素 | $SiO_2$ | $Al_2O_3$ | $Fe_2O_3$ |
| --- | --- | --- | --- |
| 含量（%） | 61.89 | 35.20 | 0.91 |

（3）X 射线衍射检测（XRD）

结合元素分析结果，样品中无机物主要的物相组成为含水铝硅酸盐矿物以及水合氧化铝，其中铝硅酸盐矿物可能来源于叶蜡石的主要成分。

（4）红外光谱检测（FTIR）

如图 7-69 所示，$1051cm^{-1}$、$949cm^{-1}$ 以及 $737cm^{-1}$ 附近的吸收峰归属于水合氧化铝的特征吸收峰，而 $3674cm^{-1}$、$3619cm^{-1}$ 及 $3420cm^{-1}$ 附近的吸收峰归属于叶蜡石的特征吸收。

（5）小结

叶蜡石是一种玉石原料，叶蜡石类玉石为富铝岩石热液蚀变而成，化学成分为 $Al_2Si_4O_{10}(OH)_2$，多呈鳞片状或隐晶质致密块状体。颜色为白、黄、淡绿、淡蓝、灰绿和褐绿色，半透明至微透明，琢磨后具珍珠光泽。在中国古代，叶蜡石就被作为玉石类原料使用。叶蜡石在我国各地均有分布，但依产地不同，成分颜色、硬度有显著差异，形成各具特征的玉石品种。其中较为常见的有青田叶蜡石、寿山叶蜡石、昌化含辰砂叶蜡石，以及广绿、林西、昌化叶蜡石等。

M4：32 盘提取物中主要为含有铝和铁无机物之叶蜡石以及水合氧化铝。证明盘子是由叶蜡石制成。

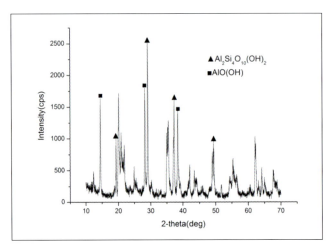

图 7-68　样品的 X 射线衍射分析结果

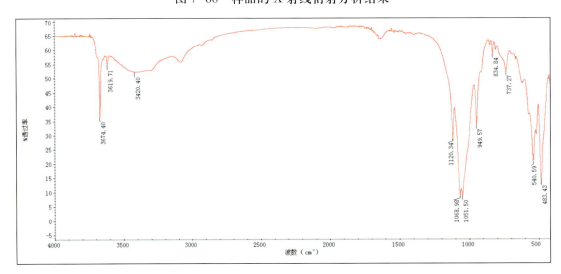

图 7-69　样品的红外光谱

## （九）M4∶41 球形铜器柄内插入物取样

（1）纤维分析

检测过程：

第一，选取木材少量样品，放入 0.5mol/L 的 NaOH 溶液中，置于 40℃的水浴锅中加热蒸煮两个半小时，使木材充分煮浆分散。

第二，蒸煮之后的样品颜色变浅，由棕黄色逐渐褪色成浅黄色。这是由于 NaOH 碱法蒸煮将会逐步脱去样品中的木质素，因此样品白度提升。蒸煮两个半小时后，木素基本脱去，剩下的主要成分是纤维素，再染色观察样品的纤维形态。

第三，取少量蒸煮后的纤维样品，用碘氯化锌溶液染色后制片，放在显微镜下观察，可以得出最后的结论。

第四，在显微镜下观察（图 7-70~73）：

图 7-70 样品碱煮纤维 ×100

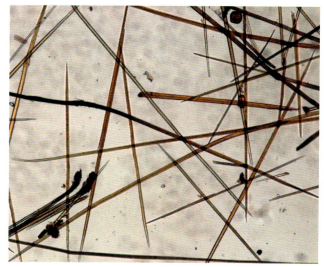

图 7-71 样品碱煮纤维 ×100

图 7-72 样品碱煮纤维 ×200

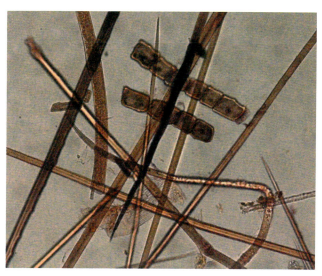

图 7-73 样品碱煮纤维 ×200

（2）小结

该样品的纤维比较直挺，纤维上横节纹明显且无纹孔，纤维下端尖细，染色后呈现棕黄色或深绿色，且杂细胞中含有网纹导管，这些都是竹纤维的显著特征。故而可以判断该样品为竹材。

## （一○）M6：2银素面圆盒内包含物

（1）样品的显微分析

样品为黑色块状固体，显微分析发现样品疏松多孔，表面还粘有一些淡黄色物质（图7-74、75）。

（2）扫描电镜能谱检测（SEM-EDS）及X射线荧光光谱检测（XRF）

由扫描电镜分析可得（图7-76），样品表面不平整，部分区域出现纤维状物质，分布不规则。元素分析显示（表7-26），样品主要含有C、Si、Al、Mg、Ca、Fe等元素，C元素含量相对较高。

（3）X射线衍射检测（XRD）

X射线衍射分析结果显示，如图7-77所示，样品含有二氧化硅和一些长石类物质。

（4）红外光谱检测（FTIR）

由红外光谱分析可知，如图7-78所示，古代样品在3600~3200cm$^{-1}$范围内的吸收峰，处在胺基N-H键伸缩振动峰的典型区域，谱图在1621cm$^{-1}$附近出现的强峰可能为蛋白质的酰胺I吸收峰。证明样品中可能存在蛋白质类有机物。

（5）小结

样品所含碳元素相对较高，除了含有二氧化硅、长石等黏土矿物成分外，根据红外分析可能还含有一些蛋白类有机成分。判断样品可能为蛋白类有机物或其炭化产物，具体物质暂时无法确定。

图7-74　采集样品

图7-75　超景深三维显微镜分析

表7-26　X射线荧光光谱分析结果

| 元素 | $CO_2$ | CaO | MgO | $SiO_2$ | $Al_2O_3$ | $P_2O_5$ | $Fe_2O_3$ | $K_2O$ | CuO |
|---|---|---|---|---|---|---|---|---|---|
| 含量（%） | 31.32 | 4.94 | 6.12 | 34.84 | 11.09 | 1.39 | 4.87 | 2.15 | 1.27 |

图 7-76　扫描电镜能谱分析结果

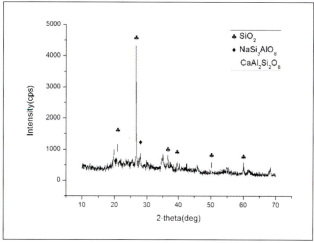

图 7-77　样品的 X 射线衍射分析结果

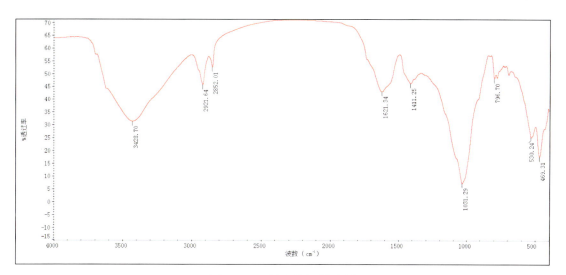

图 7-78　样品的红外光谱

## （一一）M6：3 酱釉素面小瓷盒内包含物

（1）样品的显微分析

样品为土黄色粉末结块，显微分析显示样品颗粒较细（图 7-79、80）。

（2）扫描电镜能谱检测（SEM-EDS）

电镜下观察（图 7-81）样品含有一些纺锤状颗粒，分析为矿物结晶，根据形貌判断可能为含铅矿物。

（3）X 射线衍射检测（XRD）

X 射线衍射分析结果显示样品主要成分为碳酸铅（图 7-82）。

（4）红外光谱检测（FTIR）

根据红外光谱分析（图 7-83），光谱中 1429、1394、1048、835、676cm$^{-1}$处吸收峰皆为白铅矿（PbCO$_3$）特征吸收峰，可判断样品成分为铅白。

图 7-79　采集样品

图 7-80　超景深三维显微镜分析

图 7-81　扫描电镜能谱分析结果

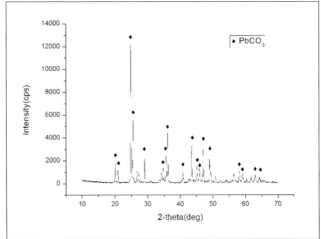

图 7-82　样品的 X 射线衍射分析结果

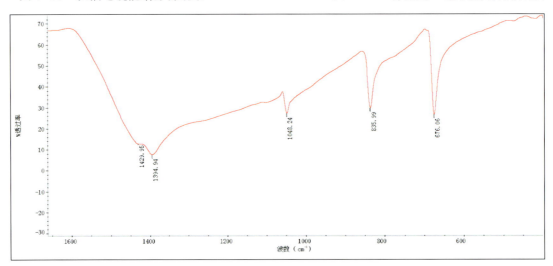

图 7-83　样品的红外光谱

（5）小结

样品主要成分为铅白（碳酸铅）。铅白在古代用途不外乎绘画和化妆，在此处推测为妆粉。战国时期，女性已开始使用铅白为保养皮肤、提高皮肤光泽度的化妆用品。

## （一二）M6：6 银牡丹纹小圆盒内包含物

### 1.M6：6-1 银牡丹纹圆盒内包含物

（1）样品的显微分析

显微分析显示样品为红色固体，表面被黏土包裹（图7-84、85）。

（2）扫描电镜能谱检测（SEM-EDS）

电镜结果显示样品呈颗粒状（图7-86），粒径大小不一，部分有粘结。

（3）X射线衍射检测（XRD）

X射线衍射分析结果（图7-87）显示样品主要成分为朱砂。

图7-84　采集样品

图7-85　超景深三维显微镜分析

图7-86　扫描电镜照片

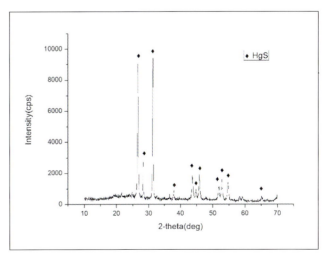

图7-87　样品的X射线衍射分析结果

### 2．M6∶6-2银牡丹纹小圆盒内包含物

（1）样品的显微分析

样品为黑色固体，显微分析显示样品表面还粘有一些黏土和红色物质（图7-88、89）。

（2）扫描电镜能谱检测（SEM-EDS）及X射线荧光光谱检测（XRF）

在电镜下观察发现(图7-90)，样品为小颗粒粉末，粒径大小不一，部分有粘结。元素分析显示( 表7-27 )，样品主要含有 Si、Al、Mg、Fe、Ca 等元素。

（3）X射线衍射检测（XRD）

X射线衍射分析结果主要成分为二氧化硅和钙钠长石类物质（图7-91）。

（4）红外光谱检测（FTIR）

红外光谱结果显示（图7-92），样品1029cm$^{-1}$附近的吸收以及796cm$^{-1}$附近的双峰吸收归属于二氧化硅的吸收峰。

图7-88　采集样品

图7-89　超景深三维显微镜分析

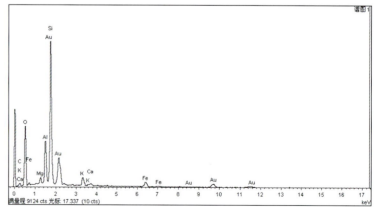

图7-90　扫描电镜能谱分析结果

表7-27　X射线荧光光谱分析结果

| 元素 | $CO_2$ | CaO | MgO | $SiO_2$ | $Al_2O_3$ | $Fe_2O_3$ | $K_2O$ |
|---|---|---|---|---|---|---|---|
| 含量（%） | 3.92 | 4.94 | 8.47 | 55.53 | 13.68 | 7.26 | 3.22 |

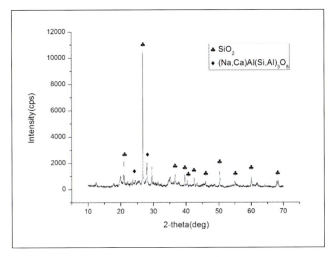

图 7-91 样品的 X 射线衍射分析结果

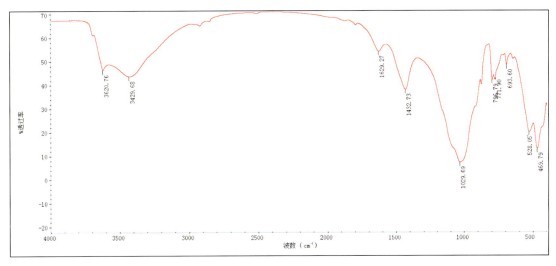

图 7-92 样品的红外光谱

### 3. 小结

结合两个样品结果，M6：6 样品主要成分为黏土矿物和朱砂，所以判断 M6：6 盒内为胭脂。朱砂在汉代就作为化妆品使用。例如连云港海州霍贺西汉墓中发掘的随葬物中有出自女棺的漆妆奁一套，大小共八件，其中的一个小圆盒中装有红色脂粉，经鉴定为硫化汞。唐宋以来女子胭脂皆以朱砂加牛髓、猪胰、鱼鳔等动物胶熬制成膏状使用，所以结合敛物银盒的材质、形制、做工推测该盒应为胭脂盒内敛之物为女子胭脂。

### （一三）M6：11 骊山石素面圆盒内包含物

（1）样品的显微分析

样品为黑灰色固体，显微镜下观察为一些黏土状物质夹杂一些黑色块状固体（图 7-93、94）。

（2）扫描电镜能谱检测（SEM-EDS）及 X 射线荧光光谱检测（XRF）

电镜下观察（图 7-95）为颗粒状固体，粒径大小不一。元素分析结果显示（表 7-28）样品主要含有 Si、Al、Mg、Fe、Ca 等元素，Mg 元素含量相对较高。

图 7-93　采集样品

图 7-94　超景深三维显微镜分析

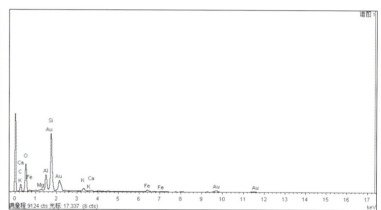

图 7-95　扫描电镜能谱分析结果

表 7-28　X 射线荧光光谱分析结果

| 元素 | CO$_2$ | CaO | MgO | SiO$_2$ | Al$_2$O$_3$ | Fe$_2$O$_3$ | MgO |
|---|---|---|---|---|---|---|---|
| 含量（％） | 5.97 | 6.47 | 10.44 | 56.07 | 12.35 | 7.66 | 5.29 |

（3）X 射线衍射检测（XRD）

X 射线衍射分析结果显示样品主要含有二氧化硅和斜绿泥石（图 7-96）。

（4）红外光谱检测（FTIR）

红外光谱结果显示（图 7-97），样品 1029cm$^{-1}$ 附近的吸收以及 796cm$^{-1}$ 附近的双峰吸收归属于二氧化硅的吸收峰。

（5）小结

样品主要为二氧化硅（来自土壤）和绿泥石。

绿泥石为层状结构硅酸盐矿物。通常所称的绿泥石，主要为 Mg 和 Fe 的矿物种，即斜绿泥石、鲕绿泥石等。它是一些变质岩的造岩矿物。火成岩中的镁铁矿物如黑云母、角闪石、辉石等在低温热水作用下易形成绿泥石。其颜色随含铁量的多少呈深浅不同的绿色。玻璃光泽至无光泽，解理面可呈珍珠光泽。

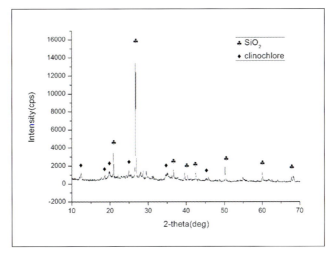

图 7-96　样品的 X 射线衍射分析结果

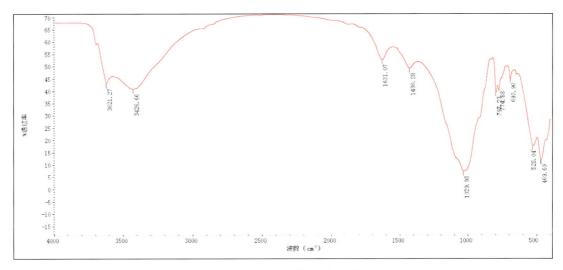

图 7-97　样品的红外光谱

青礞石（《圣惠方》）为绿泥石片岩的岩石，呈不规则扁斜块状或斜棱状的小块体，大小不一。全体灰色或灰绿色，微带珍珠样光泽。《纲目》："礞石，江北诸山往往有之，以盱山出者为佳。有青白两种，以青者为佳。坚细而青黑，打开中有白星点，煅后则星黄如麸金，其无星点者不入药用。"《医林纂要》："青礞石，坚细青黑，上有白屋点，无者不用，又曰金星礞石。以此石、硝石各半，打碎拌匀，入罐内，煅至硝尽而色如金为度，盖所以去某毒也。"《本草问答》："礞石，必用火硝煅过，性始能发，乃能坠痰，不煅则石质不化，药性不发，又毒不散，故必用煅。"根据古籍记载绿泥石可入药。因此推测样品为丹药。

## （一四）M6：16 青釉弧腹圆瓷盒内包含物

（1）样品的显微分析

样品为黑色固体粉末，颗粒较细。其中混合有一些类似黏土的物质（图 7-98、99）。

（2）扫描电镜能谱检测（SEM-EDS）及 X 射线荧光光谱检测（XRF）

电镜下观察（图 7-100）发现样品中存在一些类似矿物结晶的规则颗粒，还有一些颗粒细小的

图 7-98 采集样品

图 7-99 超景深三维显微镜分析

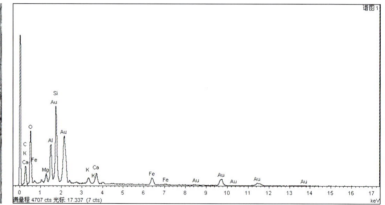

图 7-100 扫描电镜能谱分析结果

表 7-29 X 射线荧光光谱分析结果

| 元素 | $CO_2$ | CaO | MgO | $SiO_2$ | $Al_2O_3$ | $Fe_2O_3$ | $K_2O$ |
|------|--------|-----|-----|---------|-----------|-----------|--------|
| 含量（%） | 4.5 | 2.18 | 6.37 | 56.95 | 16.86 | 6.81 | 3.37 |

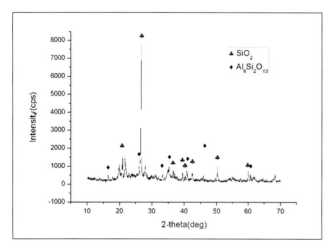

图 7-101 样品的 X 射线衍射分析结果

粉末。元素分析（表 7-29）显示样品中主要含有 Si、Al、Fe、Mg、Ca 等元素。

（3）X 射线衍射检测（XRD）

X 射线衍射分析结果显示样品主要成分为二氧化硅和富铝红柱石（图 7-101）。

（4）小结

样品主要成分为二氧化硅（来自土壤）和富铝红柱石。富铝红柱石为瓷器的主要成分，所以样品成分应该为瓷盒掉落的残渣。

### （一五）M6：18青釉弧腹小瓷盒内包含物

（1）样品的显微分析

样品为白色粉末，显微分析显示样品颗粒较细（图7-102、103）。

（2）扫描电镜能谱检测（SEM-EDS）及X射线荧光光谱检测（XRF）

电镜下观察样品为一些纺锤状颗粒，分析为矿物结晶，根据形貌判断可能为含铅矿物（图7-104）。元素分析显示样品含Pb较高。

（3）X射线衍射检测（XRD）

X射线衍射分析结果显示样品为碳酸铅（图7-105）。

（4）红外光谱检测（FTIR）

根据红外光谱分析（图7-106），光谱中1394、1049、836、676cm$^{-1}$处吸收峰皆为白铅矿（$PbCO_3$）特征吸收峰，可判断样品成分为铅白。

（5）小结

样品主要成分为铅白（碳酸铅）。铅白在古代用途不外乎绘画和化妆，在此处推测样品为妆粉。战国时期，女性已开始使用铅白为保养皮肤、提高皮肤光泽度的化妆用品。

图7-102　采集样品

图7-103　超景深三维显微镜分析

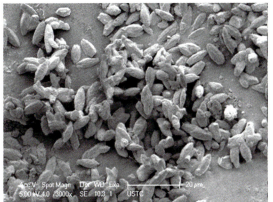

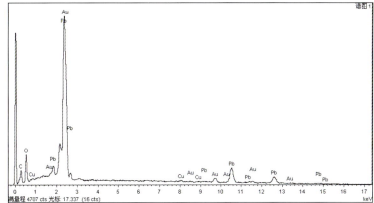

图7-104　扫描电镜能谱分析结果

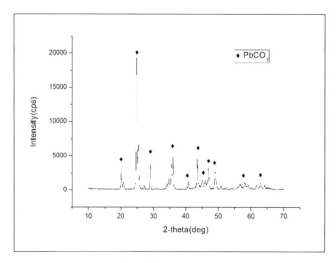

图 7-105　样品的 X 射线衍射分析结果

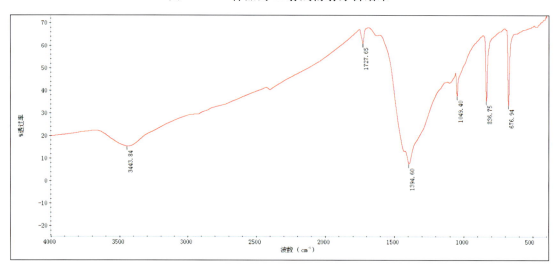

图 7-106　样品的红外光谱

## （一六）M7：2青釉小口瓷瓶内附着物

（1）样品的显微分析

样品呈块状，两面分别为白色和深褐色。显微分析发现样品粘结为一个整体，局部有微小空洞分布（图 7-107、108）。

（2）扫描电镜能谱检测（SEM-EDS）及 X 射线荧光光谱检测（XRF）

如图 7-109 所示，样品为白色颗粒状物质，粘结成层状。样品中主要含有 P、Ca、Si、Mg 等元素（表7-30），其中 P 元素以及 Ca 元素含量较高，并伴有少量的 Fe 元素以及 Al 元素。

（3）X 射线衍射检测（XRD）

如图 7-110 所示，样品无机物物相的组成主要为磷酸钙类物质，部分钙被铁和铝取代，推测该磷酸钙来源于骨灰或者磷灰石。

（4）红外光谱检测（FTIR）

红外光谱结果显示（图 7-111），样品中 1646cm$^{-1}$ 处以及 1520cm$^{-1}$ 附近的峰可以归属为蛋白

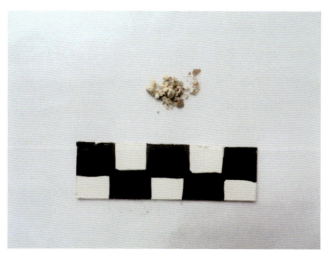

图 7-107　采集样品

图 7-108　超景深三维显微镜分析

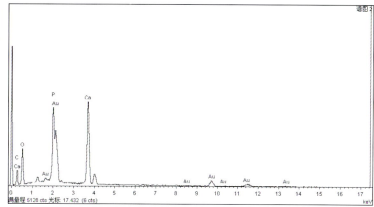

图 7-109　扫描电镜能谱分析结果

表 7-30　X 射线荧光光谱分析结果

| 元素 | SiO$_2$ | CaO | MgO | P$_2$O$_5$ | Al$_2$O$_3$ | Fe$_2$O$_3$ | CO$_2$ |
|---|---|---|---|---|---|---|---|
| 含量（%） | 1.75 | 36.28 | 10.33 | 44.41 | 0.77 | 0.46 | 4.39 |

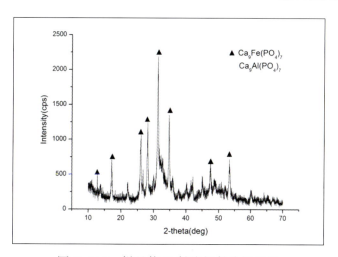

图 7-110　样品的 X 射线衍射分析结果

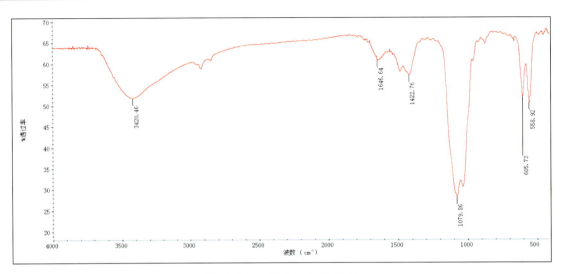

图 7-111　样品的红外光谱

质酰胺 I（C=O 伸缩振动）以及酰胺 II（N-H 变形振动以及 C-N 伸缩振动）的吸收，而样品在 2800~2900$cm^{-1}$ 出现的吸收峰可以归属为 C-H 的系列吸收峰，证明样品中可能含有蛋白质类有机物。

（5）小结

由以上分析可得，样品主要成分为磷酸钙类物质，可能来源于骨灰等物质。样品中还检测出蛋白质有机类物质。由于样品取自酒瓶内部，故推测瓶内可能为浸泡含骨类及蛋白质类药酒。

## （一七）M7：7 骊山石圆盒内包含物

（1）扫描电镜 - 能谱（SEM-EDS）分析

由分析可得，样品为颗粒状物质，主要含有 Si 等元素（图 7-112）。

（2）X 射线衍射（XRD）分析

物相分析可得（图 7-113），样品中主要含有的成分为二氧化硅以及碳酸钙，二氧化硅为黏土中主要矿物。

（3）小结

样品为不规则分散颗粒，结合实验结果可得样品主要为一些包括二氧化硅（石英）在内的黏

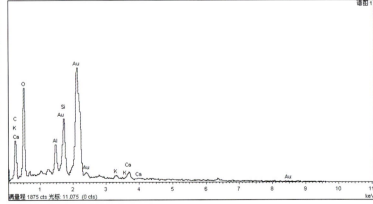

图 7-112　扫描电镜能谱分析结果

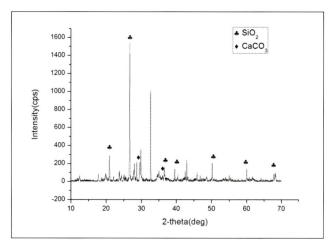

图 7-113　样品的 X 射线衍射分析结果

土矿物，来源于土壤。碳酸钙可能来源于研细的珍珠粉及贝壳等。推测样品为珍珠粉。

## （一八）M7∶16 白釉圆瓷盒内包含物

（1）样品的显微分析

该白色粉末为混合物，其中，最主要的成分为白色晶体，粉末有透明光泽，呈鳞片状或雪花状结晶；另有黄色颗粒混合于白色结晶中，数量较白色结晶少，呈不规则片状，不透明，质地较硬，当为矿物粉末（图 7-114、115）。

（2）扫描电镜（SEM）检测

如图 7-116 所示，样品晶体呈片状，粒径大小不一。

（3）X 射线衍射（XRD）分析

物相分析可得（图 7-117），样品的主要成分为氯化亚汞。根据傅里叶红外光谱（图 7-117），黄色矿物颗粒含有石英（$SiO_2$）、方解石（$CaCO_3$），其中 1160、798、779$cm^{-1}$ 均为二氧化硅的红外吸收峰，1432、874、714$cm^{-1}$ 均为方解石的特征吸收峰。综上，白色粉末为氯化亚汞，

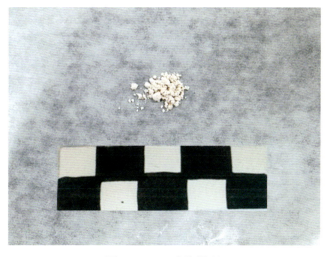

图 7-114　采集样品

图 7-115　超景深三维显微镜分析

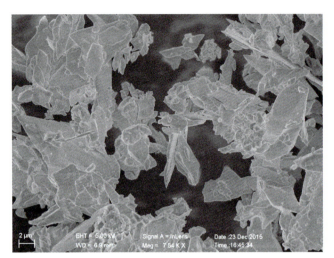

图 7-116  扫描电镜分析结果

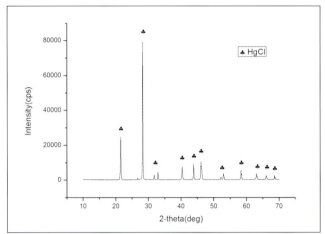

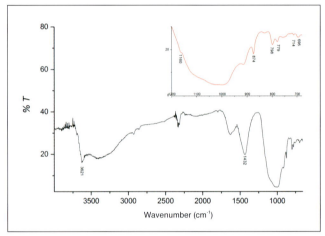

图 7-117  样品的 X 射线衍射分析结果及红外分析结果

黄色颗粒为方解石。

（4）小结

样品为白色粉末，主要成分为氯化亚汞，另含有少量方解石。氯化亚汞为中药轻粉的主要成分。所以判断盒内物质为中药轻粉和方解石组成的复合药物。

轻粉为水银、白矾（或胆矾）、食盐等用升华法制成的氯化亚汞结晶粉末。主产于湖北、湖南、山西、陕西、贵州等地。又名汞粉、水银粉、腻粉。外用具有杀虫，攻毒，敛疮之功效；内服具有祛痰消积，逐水通便之功效。外治用于疥疮，顽癣，臁疮，梅毒，疮疡，湿疹；内服用于痰涎积滞，水肿臌胀，二便不利。《本草纲目》中有相关记载："水银乃至阴毒物，因火煅丹砂而出，加以盐、矾炼而为轻粉，加以硫磺升而为银朱，轻飞灵变，化纯阴为燥烈，其性走而不守，善劫痰涎，消积滞，故水肿风痰湿热毒疮被劫，涎从齿龈而出，邪郁为之暂开，而疾因之亦愈。若服之过剂，或不得法，则毒气被蒸，窜入经络筋骨，莫之能出，痰涎既去，血液耗亡，筋失所养，营卫不从，变为筋挛骨痛，发为痈肿疳漏，或手足皲裂，虫癣顽痹，经年累月，遂成废痼，其害无穷。"墓主人患有脚弱之疾，该药物当作内服以逐水肿。

（一九）M7：18 酱釉敛口瓷钵内提取物

（1）样品的显微分析

样品为褐色块状，通过显微观察可得样品表面分布有颗粒，颗粒尺寸不一，部分区域出现裂隙（图 7-118、119）。

（2）扫描电镜能谱检测（SEM-EDS）及 X 射线荧光光谱检测（XRF）

如图 7-120 所示，样品呈片状，粒径大小不一，主要含有硅元素，同时含有 Al、Fe、Mg、Ca 等元素（表 7-31），Si 元素含量较高。

图 7-118 采集样品

图 7-119 超景深三维显微镜分析

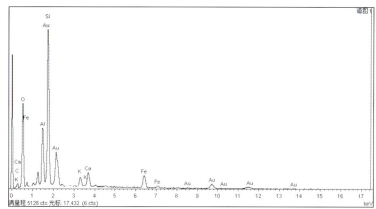

图 7-120 扫描电镜能谱分析结果

表 7-31 X 射线荧光光谱分析结果

| 元素 | SiO$_2$ | CaO | MgO | Fe$_2$O$_3$ | Al$_2$O$_3$ | K$_2$O | CO$_2$ |
|---|---|---|---|---|---|---|---|
| 含量（%） | 55.48 | 5.66 | 7.99 | 9.50 | 13.33 | 3.13 | 2.13 |

（3）X 射线衍射（XRD）分析

物相分析可得，样品中主要含有的成分为二氧化硅、碳酸钙以及硅酸镁（图 7-121）。

（4）小结

样品为不规则分散颗粒，结合实验结果可得样品主要为一些包括二氧化硅（石英）在内的黏土矿物。碳酸钙可能来源于研磨的珍珠粉以及贝壳等，而硅酸镁是蛇纹石以及透辉石的主要成分，产于辽宁省的蛇纹石是岫玉的主要玉料。结合敛器形制、出土地点、墓主性别推测样品可能属妆粉类。

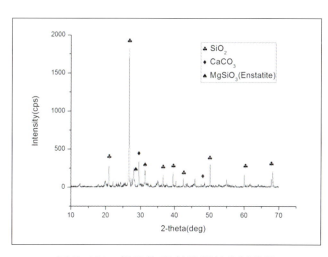

图 7-121 样品的 X 射线衍射分析结果

### （二〇）M7：21 墨提取物

（1）扫描电镜分析

M7：21 墨提取物

由图 7-122 可得，样品由直径约 80~120nm 的球形颗粒组成，颗粒粒径大小分布不一，该形状是碳燃烧后的特征形貌。颗粒之间胶结材料较少，结合不紧密。该样品表面附着有一些矿物类污染物。

（2）红外光谱分析

M7：2 墨提取物

样品在 1590cm$^{-1}$ 处出现了强吸收峰，该峰可归属于酰胺 II 吸收带，3419cm$^{-1}$ 处出现了 NH$_2$ 伸缩振动的弱吸收峰，样品中很可能含有蛋白质类胶黏剂（图 7-123）。

（3）小结

由分析结果可得，松烟颗粒的粒径度大于油烟颗粒，与待测的古代墨样品相吻合。样品颗粒

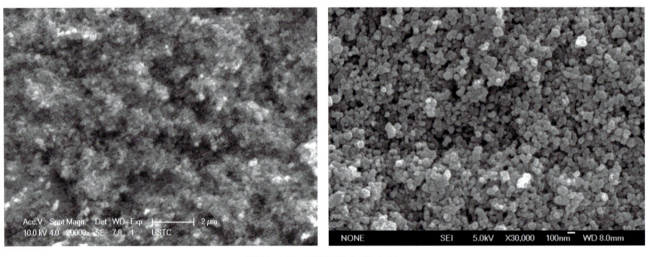

图 7-122 样品的扫描电镜

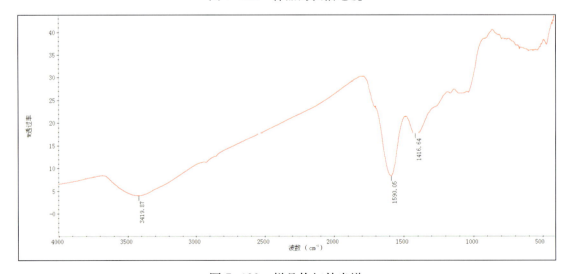

图 7-123 样品的红外光谱

呈球状，是碳燃烧后的特征形貌，符合古代制墨工艺，即采用松枝等燃烧后的产物（烟灰）作为原料制墨。因此推测样品为松烟制成的墨，M7：21 号样品中可能含有蛋白质类胶黏剂，由于长期埋藏老化使得蛋白质发生降解。

### （二一）M7：22 白色块状物提取样品

（1）样品的显微分析

样品为白色颗粒粉末，伴随少量黑色颗粒。显微分析可以得到，样品的颗粒粒径大小较为均匀，部分颗粒出现粘结（图 7-124、125）。

（2）扫描电镜能谱检测（SEM-EDS）及 X 射线荧光光谱检测（XRF）

如图 7-126 所示，样品为颗粒状物质且颗粒分布较为均匀，多为规则的四边形。样品中 Ca 含量较高（表 7-32），还含有少量的 Si、Fe、P、Al 等元素。

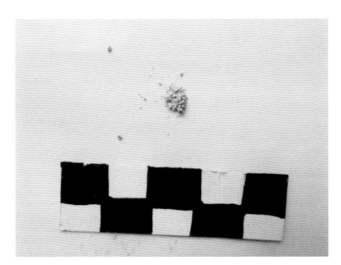

图 7-124　采集样品

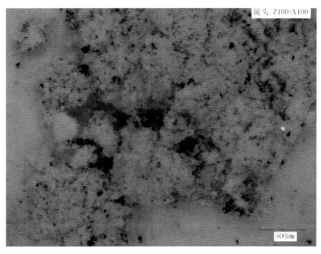

图 7-125　超景深三维显微镜分析

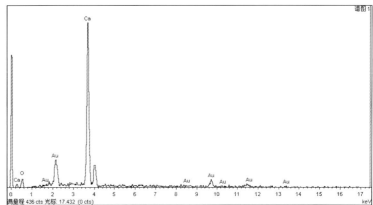

图 7-126　扫描电镜能谱分析结果

表 7-32　X 射线荧光光谱分析结果

| 元素 | $SiO_2$ | $Al_2O_3$ | $CaO$ | $Fe_2O_3$ | $P_2O_5$ | $CO_2$ |
|---|---|---|---|---|---|---|
| 含量（%） | 6.46 | 1.74 | 69.23 | 2.43 | 1.91 | 14.84 |

（3）X射线衍射检测（XRD）

X射线衍射分析结果显示，样品中主要含有的无机物物相组成为碳酸钙（图7-127）。

（4）红外光谱检测（FTIR）

红外光谱结果显示（图7-128），红外图谱中1470cm$^{-1}$、850cm$^{-1}$及699cm$^{-1}$附近的吸收峰为碳酸钙的吸收峰。

（5）小结

至少从唐代开始，珍珠粉就被加入到妆粉中。用珍珠粉制作妆粉的方法，在《千金翼方》中有记载："悦泽面方：雄黄（研），朱砂（研），白僵蚕（各一两），真珠（十枚研末），右四味并粉末之，以面脂和胡粉，内药和搅，涂面作妆，晓以醋浆水洗面讫，乃涂之，三十日后如凝脂，五十岁人涂之，面如弱冠，夜常涂之勿绝。"除此之外，常用的妆粉添加物还有蛤粉等，这些材料的成分皆为碳酸钙。

样品主要成分为碳酸钙（可能来源于珍珠粉或者贝壳等），颗粒分布均匀，样品中出现了少量黑色颗粒污染物，推测该样品为妆粉。

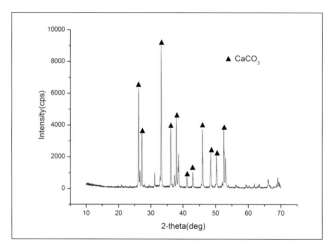

图7-127 样品的X射线衍射分析结果

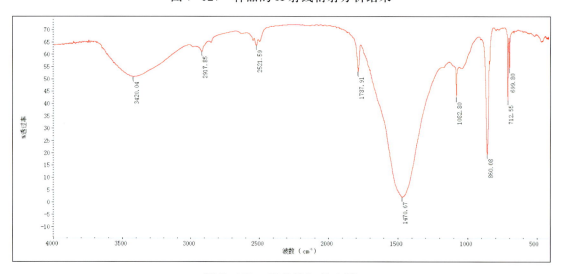

图7-128 样品的红外光谱

## （二二）M12：52 黑釉瓜棱腹带盖瓷罐内白黄色粉末状物取样

（1）样品的显微分析

样品分为两个部分，一部分为白色片状物质（图 7-129、130），一部分为黄色片状物质（图 7-131、132）。分别对两部分进行显微观察发现样品白色部分粘结成块状颗粒。

（2）扫描电镜能谱检测（SEM-EDS）及 X 射线荧光光谱检测（XRF）

如图 7-133 所示，样品颗粒粒径分布不一，主要含有 P 元素以及 Ca 元素（表 7-33）。

（3）X 射线衍射检测（XRD）

结合元素分析结果（图 7-134），样品成分的物相为磷酸氢钙，可能来源于人的牙齿或骨骼。

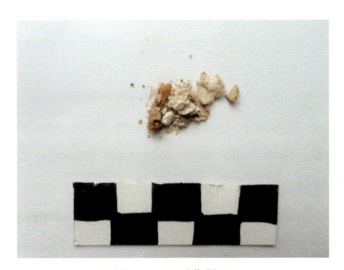

图 7-129　采集样品

图 7-130　超景深三维显微镜分析

图 7-131　超景深三维显微镜分析

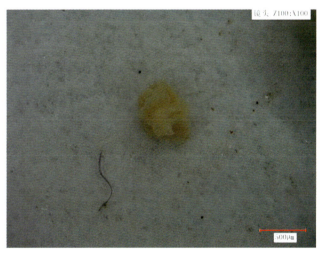

图 7-132　超景深三维显微镜分析

表 7-33　X 射线荧光光谱分析结果

| 元素 | SiO$_2$ | Al$_2$O$_3$ | CaO | Fe$_2$O$_3$ | P$_2$O$_5$ | CuO | CO$_2$ |
| --- | --- | --- | --- | --- | --- | --- | --- |
| 含量（%） | 0.84 | 0.25 | 43.42 | 0.21 | 50.72 | 0.146 | 3.32 |

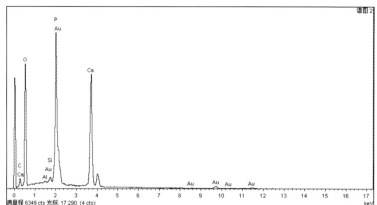

图 7-133　扫描电镜能谱分析结果

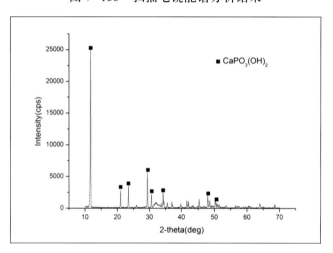

图 7-134　样品的 X 射线衍射分析结果

（4）小结

该样品主要由白色和黄色的颗粒组成，其主要成分为磷酸氢钙，可能来源于人的牙齿或骨骼。

（二三）M12：10 黑釉瓜棱腹瓷钵内残留物

图 7-135　采集样品

（1）样品的显微分析

样品为黑色片状物，大部分区域为黑色。部分区域为浅褐色物质，表面较为光滑，局部地区出现裂缝（图 7-135~137）。

（2）扫描电镜能谱检测（SEM-EDS）及 X 射线荧光光谱检测（XRF）

如图 7-138 所示，样品为颗粒状物质，主要含有 C、Ca、Si 等元素（表 7-34）。

（3）X 射线衍射检测（XRD）

结合元素分析的结果，样品中主要含有的物相成分为二氧化硅（图 7-139）。

图 7-136　超景深三维显微镜分析　　　　　　　图 7-137　超景深三维显微镜分析

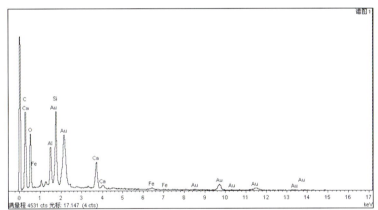

图 7-138　扫描电镜能谱分析结果

表 7-34　X 射线荧光光谱分析结果

| 元素 | $SiO_2$ | $Al_2O_3$ | CaO | MgO | $Fe_2O_3$ | $P_2O_5$ | $SO_3$ | $CO_2$ |
|---|---|---|---|---|---|---|---|---|
| 含量（％） | 15.35 | 3.78 | 18.32 | 9.08 | 3.54 | 13.91 | 4.26 | 29.91 |

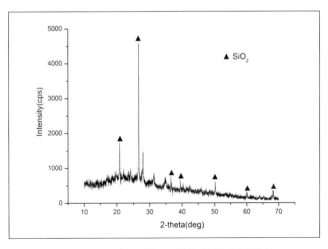

图 7-139　样品的 X 射线衍射分析结果

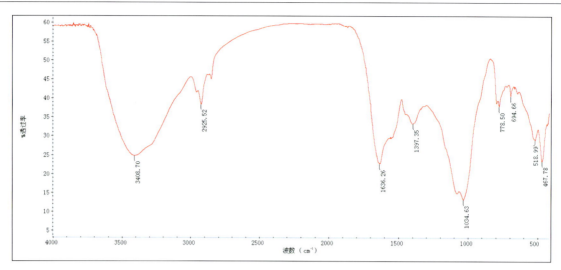

图 7-140　样品的红外光谱

（4）红外光谱检测（FTIR）

由红外图谱可得（图 7-140），1030cm⁻¹ 附近出现的强峰以及 797cm⁻¹ 附近出现的连续双峰可以归属为黏土矿物中 Si-O-Si 及 Si-O-C（链状）出峰位置。样品在 1636cm⁻¹ 附近出现的吸收峰可能是蛋白质酰胺 I 带吸收峰，表明样品中可能还含有蛋白质类有机物。

（5）小结

样品可能含有蛋白质类有机物，以及二氧化硅（石英）。根据敛器形制、用途、出土位置等因素综合考虑，推测该样品疑为动物肉类制品。

（二四）M12：20 墨块

（1）扫描电镜分析

M12：20 墨块

由图 7-141 可得，样品由直径 50~300nm 的球形颗粒组成，颗粒粒径大小差异较大，该形状是

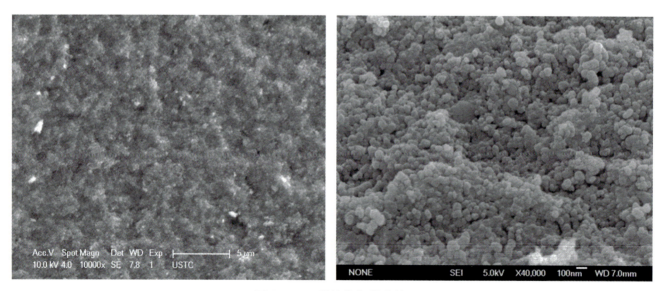

图 7-141　样品的扫描电镜

碳燃烧后的特征形貌。颗粒之间胶结材料较少，结合不紧密。且该样品表面附着有一些矿物类污染物。

（2）红外光谱分析

M12：20 墨提取

样品在 1589.74cm$^{-1}$ 处出现了强吸收峰（图 7-142），该峰可归属于酰胺 II 吸收带，3420cm$^{-1}$

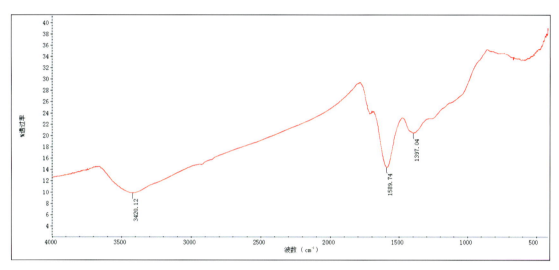

图 7-142　样品的红外光谱

处出现了 NH$_2$ 伸缩振动的弱吸收峰，样品中很可能含有蛋白质类胶黏剂。

（3）小结

由分析结果可得，松烟颗粒的粒径度大于油烟颗粒，与待测的古代墨样品相吻合。样品颗粒呈球状，是碳燃烧后的特征形貌，符合古代制墨工艺，即采用松枝等燃烧后的产物（烟灰）作为原料制墨。因此推测样品为松烟制成的墨，结合红外光谱分析结果可得，M12：20 号样品中可能含有蛋白质类胶黏剂，由于长期埋藏老化使得蛋白质发生降解。

（二五）M12：43 鎏金铜器柄内插入物取样

（1）扫描电镜-能谱（SEM-EDS）分析

（2）材质鉴定

样品外表呈棕黄色，质地略软，硬度小，徒手可以捏动。表面疏松多孔，腐蚀严重，放大观测可以明显看出纤维束排列（图 7-143~145）。

样品鉴定过程：

第一，取少量样品，用 0.83mol/L 的 NaOH 溶液浸泡样品，在 60° 的温度下蒸煮 5 小时后，取出样品，观察。

第二，蒸煮之后的样品颜色变浅，由棕黄色逐渐褪色成浅黄色。这是由于 NaOH 碱法蒸煮将会逐步脱去样品中的木质素，因此样品白度提升。蒸煮 5 小时后，木素基本脱去，剩下的主要成分是纤维素，再染色观察样品的纤维形态。

第三，取少量蒸煮过的样品，用碘氯化锌溶液染色后制片，放在 XWY 型纤维仪下观察，可以得出最后的结论。

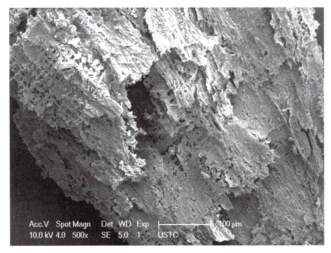

图 7-143　扫描电镜能谱分析结果

图 7-144　样品放大观测 ×40　　　　　　　　图 7-145　样品放大观测 ×100

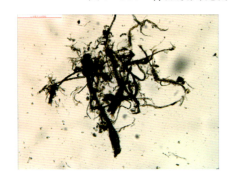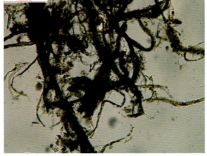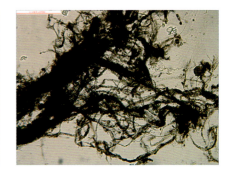

图 7-146　样品碱煮纤维 ×100　　　图 7-147　样品碱煮纤维 ×200　　　图 7-148　样品碱煮纤维 ×200

样品鉴定结论：

第一，由图 7-146~148 可以看出，纤维中没有观察到薄壁细胞、筛管和导管，纤维粗大硬挺，染色后呈棕黄色，这是针叶木浆的纤维特征，基本可以排除竹材的可能。

第二，纤维仪中可以发现纤维断裂现象严重，故而未测量纤维长度，不具有代表性，但是从断裂纤维中可以发现长纤维居多，纤维较长。

第三，再用 XWY 型纤维仪测量纤维宽度，得出以下数据（单位：微米）：

由检测数据可知，纤维较粗，平均宽度在 14.84 微米左右（表 7-35）。针叶木纤维宽度一般在 20 微米左右，但鉴于样品腐朽严重，所以宽度略有下降是正常现象。

综上，已经可以排除竹材的可能性，确定样品为木材纤维。

补充证明：

将木材浸泡在蒸馏水中 3 小时润湿，用刀片分别沿着样品的横纵面切割，制成显微切片，因为样品量太少且糟朽严重，所以无法准确选取径切面，因此放在显微镜下重点观察样品的横切面和弦切面（因样品量太少且糟朽严重，无法制成超薄切片鉴定其种属，图 7-149~152 仅作补充说明）：

由图片可知，可以看见图片中射线组织结构明显，可以看见膜状空隙结构，综上，这都是木材的特征；可以排除竹材。

表 7-35　纤维宽度统计表

| 编号 | 1 | 2 | 3 | 4 | 5 | 6 | 7 | 8 | 平均值 |
|---|---|---|---|---|---|---|---|---|---|
| 宽度 | 12.35 | 13.93 | 12.79 | 15.79 | 23.13 | 11.89 | 14.94 | 13.93 | 14.84 |

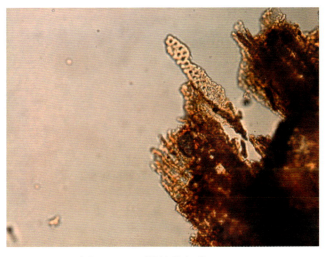

图 7-149　样品弦切片 ×400

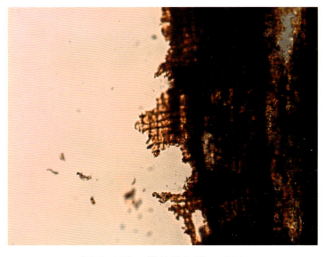

图 7-150　样品弦切片 ×200

图 7-151　样品弦切片 ×200

图 7-152　样品横切片 ×200

## （二六）M12：49 鎏金铜带首取样

（1）扫描电镜能谱检测（SEM-EDS）及 X 射线荧光光谱检测（XRF）

如表 7-36 所示，样品中主要含有 C、Cu、Mg、Ca 等元素，其中 C 元素含量较高（图 7-153）。

（2）小结

该铜铊尾由于样品量较少，无法做更全面的分析。在已获得的数据中可以看出铜铊尾被污染物包裹，主要含有 C、Cu、Mg、Ca 等元素。

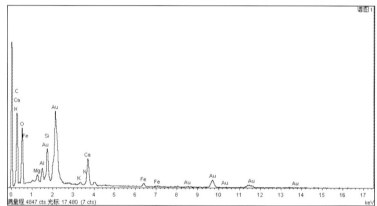

图 7-153　扫描电镜能谱分析结果

表 7-36　X 射线荧光光谱分析结果

| 元素 | SiO$_2$ | Al$_2$O$_3$ | CaO | MgO | P$_2$O$_5$ | SO$_3$ | CuO | CO$_2$ |
|---|---|---|---|---|---|---|---|---|
| 含量（%） | 3.49 | 1.18 | 9.16 | 10.25 | 1.65 | 1.34 | 5.872 | 66.60 |

## （二七）M12：49 铜带首内夹层取样

（1）扫描电镜-能谱（SEM-EDS）分析

由扫描电镜分析可得（图 7-154），样品表面不平整，部分区域出现纤维状物质，分布不规则。样品所含元素主要由 C、Ca、O 等，推测样品为有机物。从形貌观察与样品与皮革类的肉面相类似。而由于样品降解严重，无法观察到皮革特征的粒面。

（2）红外光谱（FTIR）分析

由红外光谱分析可知（图 7-155），谱图在 1640~1597cm$^{-1}$ 附近出现的强峰可能为蛋白质的酰胺 I 吸收峰，推测样品可能为蛋白质类有机物。

（3）小结

推测该样品为蛋白质类有机物。由于样品降解严重，无法观察到皮革的特征粒面，推测可能为皮革类物质。

## （二八）M17：14 铜带饰残片取样

（1）超景深三维光学显微分析

如图 7-156、157 所示，该铜样品腐蚀程度相当严重，其锈层呈层状堆积，表面有大量污染物。

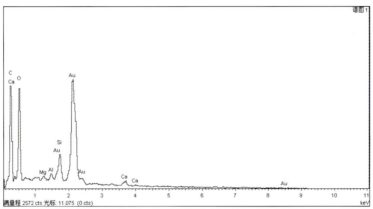

图 7-154　扫描电镜能谱分析结果

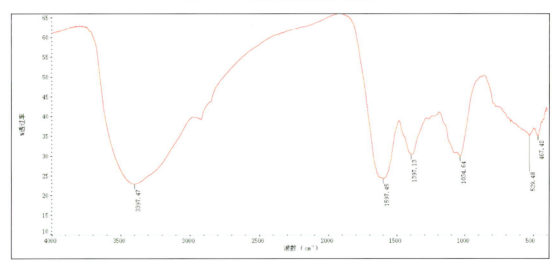

图 7-155　样品的红外光谱

此外，样品上可见裂隙、变形、表面硬结物等病害。

（2）X 射线荧光（XRF）分析

如表 7-37 所示，样品 Cu 含量约为 99.7%，另有少量 P、Fe、Cr。样品中不含 Cl 元素，说明锈蚀产物中没有粉状锈；少量 S 元素，说明样品中可能有硫化物夹杂。

图 7-156 铜样品视频显微照片（锈层）　　　　图 7-157 青铜样品视频显微照片（基体）

表 7-37 铜样品 XRF 分析结果

| 元素 | Cu | P | Fe | S | Cr |
|------|------|------|------|------|------|
| 含量 | 99.7391% | 0.1399% | 0.0582% | 0.0337% | 0.0291% |

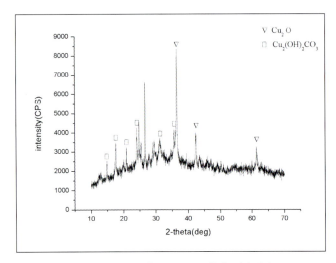

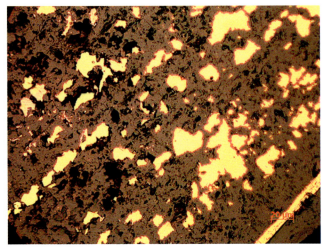

图 7-158 铜样品 XRD 物相分析图　　　　图 7-159 铜样品光学金相显微照片（500 倍）

（3）X 射线衍射（XRD）分析

如图 7-158 所示，铜样品发生了严重的腐蚀，生成了腐蚀产物 $Cu_2(OH)_2CO_3$ 和 $Cu_2O$。

（4）光学金相显微分析

如图 7-159 所示，样品腐蚀相当严重，已无明显金相组织。

（5）小结

通过以上分析可知，样品的主要成分为铜，腐蚀程度相当严重，有通体矿化现象，主要腐蚀产物为 $Cu_2(OH)_2CO_3$（碱式碳酸铜，铜绿）和 $Cu_2O$（氧化亚铜），并未出现氯铜矿及副氯铜矿等有害的粉状锈，应及时采取缓蚀、封护等保护措施对其进行保护。

## （二九）M17：14-2 铜带上附着物

（1）样品的显微分析

样品在显微镜下观察，表面为纤维无规则排列，并在样品右上角处发现墨迹（图 7-160、161）。初步判断样品为纸张而非皮革，并且上面存在字迹。

（2）扫描电镜能谱检测（SEM-EDS）

电镜下样品由一些 10~20 微米的纤维组成，判断为纸张。元素分析显示样品含 C 量较高（图 7-162）。

（3）纤维分析

如图 7-163~165 所示，纤维较长，平均宽度 18 微米，根据形态判断为树皮纤维。

（4）小结

样品不是皮革而是纸张，根据纤维形态判

图 7-160　采集样品

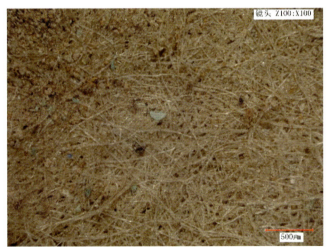

图 7-161　超景深三维显微镜分析

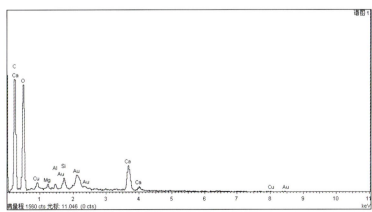

图 7-162　扫描电镜能谱分析结果

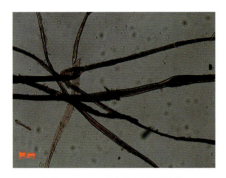

图 7-163　纤维显微照片　　　　图 7-164　纤维显微照片　　　　图 7-165　纤维显微照片

断为皮纸。而且纸上存在字迹。

皮纸是中国古代图书典籍的用纸之一，与白纸、竹纸、白棉纸等同为线装书的纸张种类之一。隋唐五代时的图书已有使用皮纸的，宋以后的图书典籍中，皮纸是使用最多的纸类之一。皮纸的种类很多，主要有棉纸、宣纸、桑皮纸等。

### （三○）M17：17 笏板取样

（1）样品的显微分析

样品为灰白色固体，显微分析显示样品表面较为平整，有裂隙且粘有黏土类物质（图 7-166、167）。

（2）扫描电镜能谱检测（SEM-EDS）

显微分析显示样品表面规则平整，存在密集的小孔。EDS 分析显示样品含 P、Ca、C 等元素（图 7-168）。

（3）X 射线衍射检测（XRD）

X 射线衍射分析结果显示（图 7-169），样品主要成分为羟基磷灰石，即象牙的主要成分。

（4）红外光谱检测（FTIR）

红外光谱结果显示（图 7-170），红外图谱中 $1030cm^{-1}$、$875cm^{-1}$、$530cm^{-1}$ 附近的吸收峰为羟基磷灰石的吸收峰。

图 7-166　采集样品　　　　　　　图 7-167　超景深三维显微镜分析

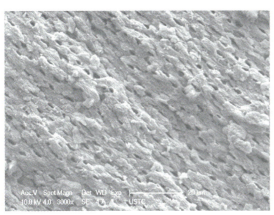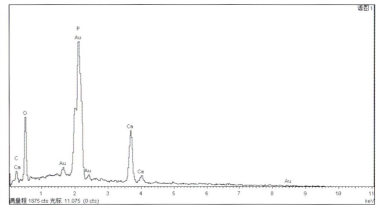

图 7-168　扫描电镜能谱分析结果

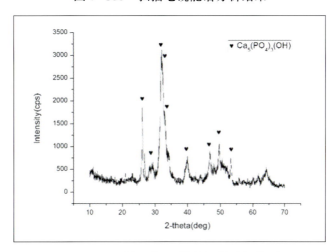

图 7-169　样品的 X 射线衍射分析结果

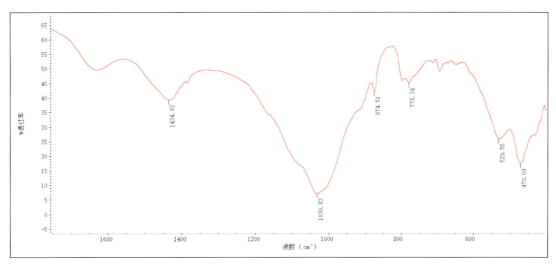

图 7-170　样品的红外光谱

（5）小结

样品主要成分为羟基磷灰石，即为象牙的主要成分，所以判断样品为象牙，故知笏板乃象牙材质。

笏板，又称手板、玉板或朝板。是古代臣下上殿面君时的工具。古时候文武大臣朝见君王时，双手执笏以记录君命或旨意，亦可以将要对君王上奏的话记在笏板上，以防止遗忘。

古人没有发明纸张之前，如果私用，则成为书籍的功能，也称"牍"。如果官员将其随身带着上朝用，则称为"笏"。后来纸张普及后，笏便成为礼节性用品，材料由竹木上升到玉或象牙。唐代武德四年以后，使用笏竟开始有了等级之分。五品官以上才能用象笏，六品以下用竹笏。对形状也有规定，三品以上的笏，前拙后直，五品以上，前拙后屈，后又改为上圆下方。明代则规定五品以上的官员用象笏，五品以下的官员就没有资格用它了。

### （三一）M19：1 白釉圆瓷盒内包含物

（1）样品的显微分析

样品为土黄色块状物质，显微观察显示样品表面存在一细小颗粒（图7-171、172）。

（2）扫描电镜能谱检测（SEM-EDS）及X射线荧光光谱检测（XRF）

电镜下观察样品颗粒状分布，粒径大小不一。元素分析显示样品含有C、Ca、Si、Al等元素（图7-173）。

（3）X射线衍射检测（XRD）

图7-171 采集样品

图7-172 超景深三维显微镜分析

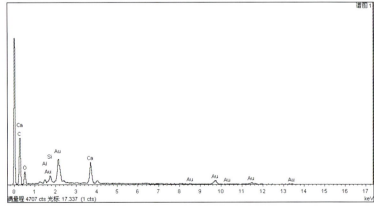

图7-173 扫描电镜能谱分析结果

X 射线衍射分析结果显示（图 7-174），样品主要成分为二氧化硅和碳酸钙。

（4）红外光谱检测（FTIR）

红外光谱结果显示（图 7-175），红外图谱中 1435cm$^{-1}$、875cm$^{-1}$ 及 693cm$^{-1}$ 附近的吸收峰为碳酸钙的吸收峰。

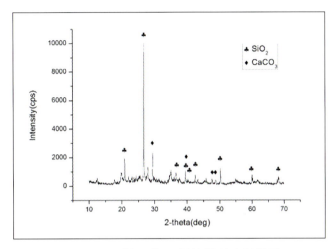

图 7-174　样品的 X 射线衍射分析结果

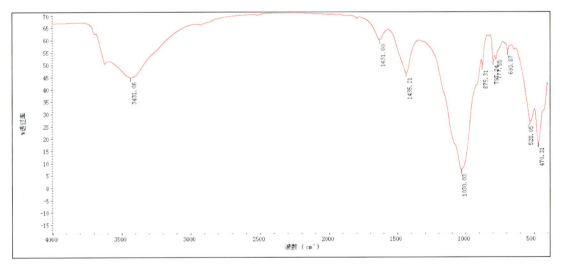

图 7-175　样品的红外光谱

（5）小结

样品主要成分为二氧化硅和碳酸钙。二氧化硅来自土壤，碳酸钙来自文石和方解石，可能为珍珠或贝壳等磨成的粉。因为珍珠的主要成分为碳酸钙 CaCO$_3$（约占 82%~86%），矿物名称为文石（又称霰石）。而在自然界文石不稳定，常转变为方解石。

用珍珠粉制作妆粉的方法，在《千金翼方》，中有记载："悦泽面方：雄黄（研），朱砂（研），白僵蚕（各一两），真珠（十枚研末），右四味并粉末之，以面脂和胡粉，内药和搅，涂面作妆，晓以醋浆水洗面讫，乃涂之，三十日后如凝脂，五十岁人涂之，面如弱冠，夜常涂之勿绝。"除此之外，常用的妆粉添加物还有蛤粉，主要成分也为碳酸钙。

综上所述，故推测盒内为妆粉（珍珠或贝壳等磨成的粉，主要成分为碳酸钙）。

## （三二）M20∶38 墨提取

（1）扫描电镜分析

M20∶38 墨提取

由图 7-176 可得，样品由直径约纳米级的球形颗粒组成，颗粒粒径大小分布不一，该形状是碳燃烧后的特征形貌。由于颗粒之间存在一些胶结材料，使颗粒结合较为紧密，影响了电镜效果。

（2）红外光谱分析

M20∶38 墨提取

样品在 1586.45cm$^{-1}$ 处出现了强吸收峰，该峰可归属于酰胺 II 吸收带，3408cm$^{-1}$ 处出现了 NH$_2$ 伸缩振动的弱吸收峰（图 7-177），样品中很可能含有蛋白质类胶黏剂。

（3）小结

由分析结果可得，松烟颗粒的粒径度大于油烟颗粒，与待测的古代墨样品相吻合。样品颗粒呈球状，是碳燃烧后的特征形貌，符合古代制墨工艺，即采用松枝等燃烧后的产物（烟灰）作为

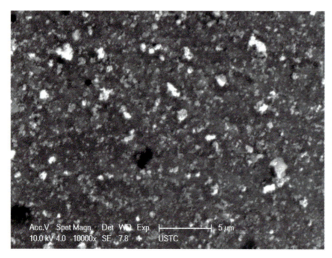 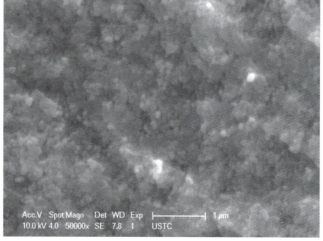

图 7-176　样品的扫描电镜

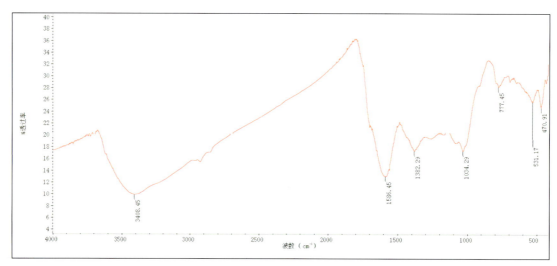

图 7-177　样品的红外光谱

原料制墨。因此推测该样品与上述4个古代墨样品皆为松烟制成的墨，且M20：38墨样品中可观察到疑似胶结材料。结合红外光谱分析结果可得，M20：38号样品中可能含有蛋白质类胶黏剂，由于长期埋藏老化使得蛋白质发生降解。

### （三三）M25：17白釉小圆瓷盒内包含物

（1）样品的显微分析

样品为纯黑色固体，显微分析显示样品表面有裂隙且粘有黏土类物质（图7-178、179）。

（2）扫描电镜能谱检测（SEM-EDS）及X射线荧光光谱检测（XRF）

显微分析显示样品研磨后有一些片状颗粒产生，形貌类似石墨。元素分析（表7-38）显示样品含C量较高（图7-180）。

图7-178　采集样品

图7-179　超景深三维显微镜分析

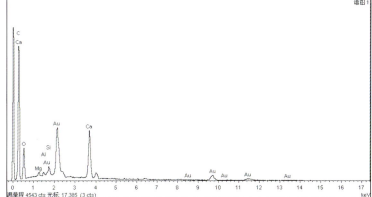

图7-180　扫描电镜能谱分析结果

表7-38　X射线荧光光谱分析结果

| 元素 | $CO_2$ | CaO | MgO | $SiO_2$ | $Al_2O_3$ | $P_2O_5$ | $Fe_2O_3$ | $SO_3$ | PbO |
|---|---|---|---|---|---|---|---|---|---|
| 含量（%） | 58.02 | 19.78 | 6.44 | 8.55 | 3.25 | 0.33 | 1.42 | 0.83 | 0.603 |

（3）X 射线衍射检测（XRD）

X 射线衍射分析结果显示（图 7-181），样品中除了二氧化硅之外存在大量非晶态物质，可能有无机碳的存在。

（4）红外光谱检测（FTIR）

石墨的红外图谱

石墨的标准红外光谱如图 7-182 所示。

红外光谱结果吸收峰很少，与石墨类似。样品在 $1577cm^{-1}$ 处出现了强吸收峰，该峰可归属于酰胺 II 带吸收峰，$3405cm^{-1}$ 处出现了 $NH_2$ 伸缩振动的弱吸收峰，样品中很可能含有蛋白质类胶黏剂（图 7-183）。

（5）小结

样品呈黑色，主要成分为石墨而且样品中很可能含有蛋白质类胶黏剂。推测盒内可能为画眉墨（黛）。

古代女性饰眉的主要材料是黛和烟墨。如同作胭脂者有各类不同质材一样，古人用以为黛的既有矿物，亦有植物。南朝徐陵《玉台新咏序》说："南都石黛最发双蛾，北地胭支遍开两靥"；

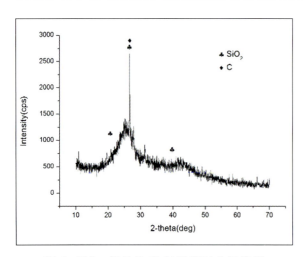

图 7-181 样品的 X 射线衍射分析结果

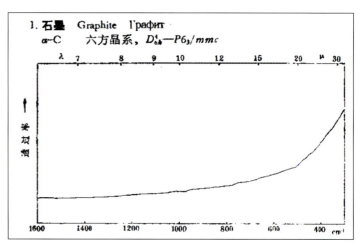

图 7-182 石墨的红外光谱

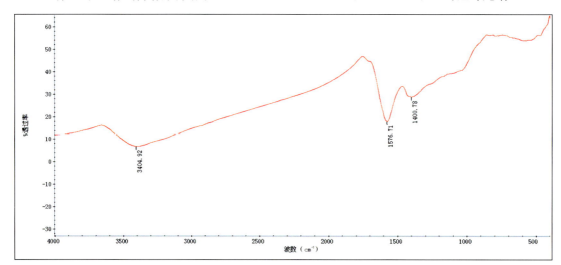

图 7-183 样品的红外光谱

唐代张谓《观妓诗》亦云："残妆添石黛，艳舞落金钿。"明人杨升庵《谭苑醍醐》注曰："石涅、墨丹，即今之石墨也，一名画眉石。"石黛即石墨，石墨在春秋时代称为"石涅"或"涅石"，"石墨"一名在南北朝时已有。石墨是由煤或碳质岩石（或沉积物）受区域变质作用或岩浆侵入作用形成的天然矿物质。

石墨色黑，画眉自然呈黑色。传说周穆王筑"中天之台"，征选许多美女，令其"粉白黛黑"，供己享乐。《战国策·楚策》云："郑周之女，粉白黛黑……。"《楚辞·大招》也有"粉白黛黑，施芳泽只"之句。又清代北京民俗，每逢春暖花开，人们去香山游玩或进香，常在正白旗村西侧的大河滩里拣些黑色石块回城送人，黑石呈片状或薄板状，妇女用它画眉，一擦就掉，既不染衣，也不脏手，使用方便。另据考古发现，广西贵县罗泊湾一号汉墓出土的妆奁中盛有一包粉化的黑色石黛。上述种种反映了古代妇女以石墨黛眉的情形。

## （三四）M25∶28银委角方形盒残片及内包含物

（1）样品的显微分析

银盘残片呈暗灰色，内包含物为黑色固体。显微分析显示银盘残片表面有金属光泽，内包含物表面存在一些白色污染物（图7-180~187）。

（2）扫描电镜能谱检测（SEM-EDS）及X射线荧光光谱检测（XRF）

电镜下观察银盘残片粉末呈片状结构（图7-188），元素分析（表7-39）显示含Ag量很高。内包含物为块状颗粒（图7-189），粒径大小不一，元素分析显示主要含有Si、C、Ca、Al、Mg等元素。

（3）X射线衍射检测（XRD）

X射线衍射分析结果显示，银盘含银较纯，没有发现银的氧化物，内包含物主要成分为二氧化硅和碳酸钙（图7-190、191）。

（4）红外光谱检测（FTIR）

红外光谱结果显示（图7-192），样品1031cm$^{-1}$附近的吸收以及797cm$^{-1}$附近的双峰吸收归属于二氧化硅的吸收峰。

图7-184　采集样品（银盘）

图7-185　采集样品（内包含物）

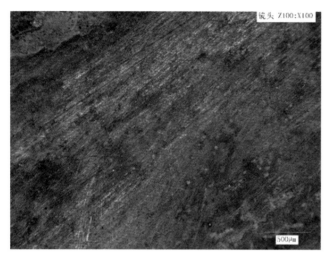

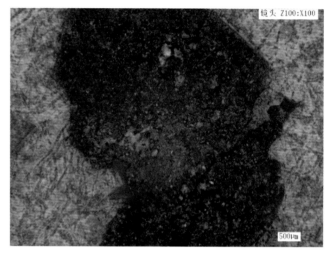

图 7-186　超景深三维显微镜分析（银盘）　　　图 7-187　超景深三维显微镜分析（内包含物）

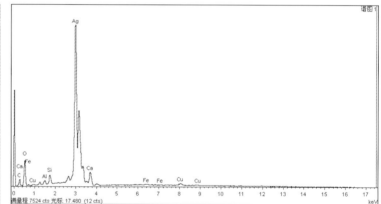

图 7-188　扫描电镜能谱分析结果（银盘）

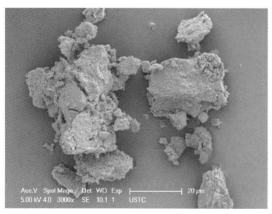

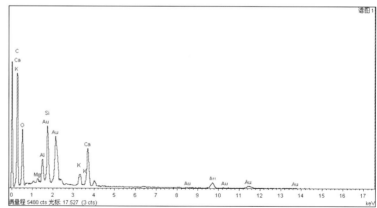

图 7-189　扫描电镜能谱分析结果

表 7-39　X 射线荧光光谱分析结果

| 元素 | $CO_2$ | CaO | MgO | $SiO_2$ | $Al_2O_3$ | $P_2O_5$ | CuO | $Fe_2O_3$ | $K_2O$ |
|---|---|---|---|---|---|---|---|---|---|
| 含量（%） | 29.47 | 10.35 | 7.39 | 32.55 | 9.31 | 1.35 | 4.07 | 2.22 | 1.55 |

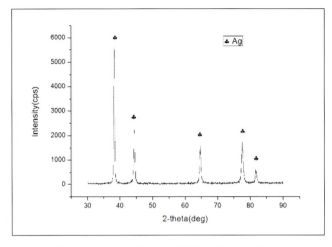

图 7-190　样品的 X 射线衍射分析结果　　　　图 7-191　样品的 X 射线衍射分析结果

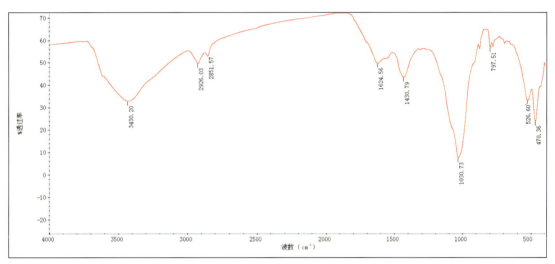

图 7-192　样品的红外光谱（内包含物）

（5）小结

银盘含银量很高，内包含物可能为漆胎残留物。

## （三五）样品 200628

（1）样品的显微分析

样品量很少，因而未在超景深显微镜下观察（图 7-193）。

（2）扫描电镜能谱检测（SEM-EDS）

样品呈粉末状，根据 EDS 分析手段得出，样品含有 C、O、Si、Al、Ca、Fe、Pb 等元素，其中 C、O、Fe、Pb 四种元素含量较高（图 7-194）。

（3）X 射线衍射检测（XRD）

X 射线衍射显示（图 7-195），样品中含有

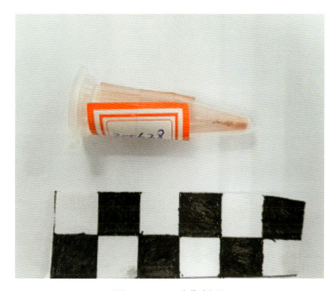

图 7-193　采集样品

PbCO₃（白铅）和 Pb₃O₄（铅丹）。

（4）红外光谱检测（FTIR）

如图 7-196 所示，由红外光谱分析可知，古代样品在 1730、1435、1405、1053、679cm⁻¹ 吸收峰为 $PbCO_3$ 的吸收峰，840cm⁻¹ 的吸收峰为 $Pb_3O_4$ 的吸收峰。

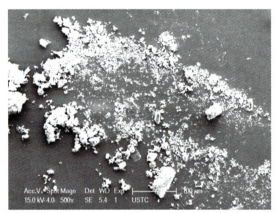 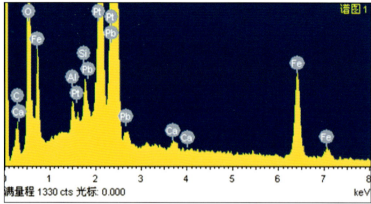

图 7-194　扫描电镜能谱分析结果

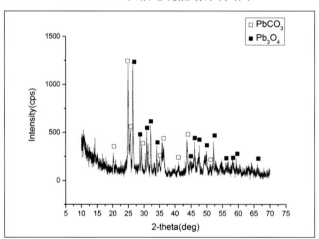

图 7-195　样品的 X 射线衍射分析结果

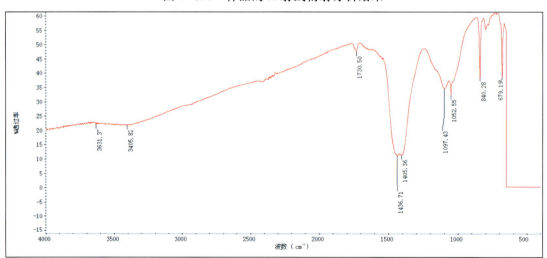

图 7-196　样品的红外光谱

（5）小结

综上，样品的成分为白铅矿（PbCO₃）和铅丹（Pb₃O₄）。白铅在古代主要用于绘画和化妆；铅丹在古代主要作药用、炼丹产品和绘画颜料。天然产的"铅丹"常伴有白铅矿等杂质且难以剔除，因而该样品中的白铅矿或为夹杂在铅丹中的杂质。但也可能是有意将两者混合而成共混颜料以调和颜色。

## （三六）样品 200659

（1）样品的显微分析

如图 7-197 所示，样品呈灰色块状或粉状。如图 7-198，显微分析发现块状样品为小颗粒聚集成块。样品有分层，表层呈灰色，底层呈白色，中间夹层呈黄褐色，各层均有一定的厚度。如图 7-199，灰色粉状样品在显微镜下为白色颗粒和黑色颗粒混合而成，颗粒较块状样品中

图 7-197　采集样品

图 7-199　超景深三维显微镜分析

图 7-198　超景深三维显微镜分析

夹杂的颗粒大。

（2）扫描电镜能谱检测（SEM-EDS）

如图7-200~202所示，块状样品颗粒较大，粉状样品由小颗粒组成，颗粒形状不规则。EDS结果显示样品主要含有 Si、Al、Ca、C、P 等元素（表7-40、41），其中粉状样品的碳元素含量要明显高于块状样品碳元素的含量。

（3）X 射线衍射检测（XRD）

X 射线衍射显示（图7-203），块状样品中含有二氧化硅，并含有一定量的长石。粉状样品（图

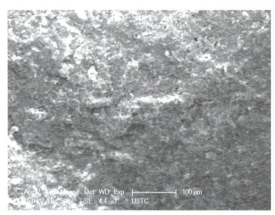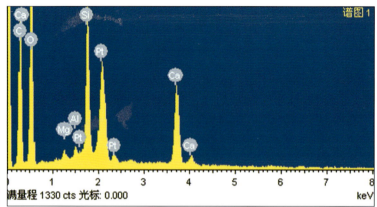

图 7-200　块状样品白色层扫描电镜能谱分析结果

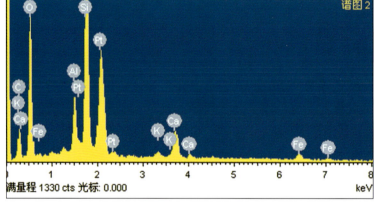

图 7-201　块状样品灰色层扫描电镜能谱分析结果

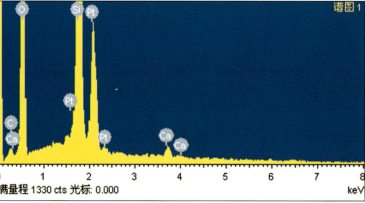

图 7-202　粉状样品灰色层扫描电镜能谱分析结果

表 7-40　块状样品 X 射线荧光光谱分析结果

| 元素 | $SiO_2$ | $Al_2O_3$ | $P_2O_5$ | $SnO_2$ | CaO | MgO | $K_2O$ | $Fe_2O_3$ | $Na_2O$ |
|---|---|---|---|---|---|---|---|---|---|
| 含量（％） | 65.26 | 12.33 | 4.91 | 4.23 | 3.79 | 2.64 | 2.32 | 2.12 | 1.17 |

表 7-41　粉状样品 X 射线荧光光谱分析结果

| 元素 | $SiO_2$ | $P_2O_5$ | CaO | $Al_2O_3$ | MgO | $Fe_2O_3$ | $SnO_2$ | $SO_3$ |
|---|---|---|---|---|---|---|---|---|
| 含量（％） | 59.26 | 15.12 | 12.83 | 4.47 | 1.94 | 1.51 | 1.48 | 0.62 |

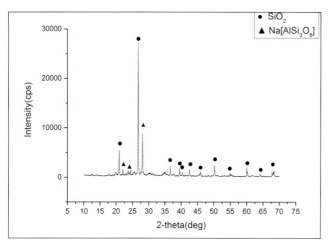

图 7-203　块状样品的 X 射线衍射分析结果　　　图 7-204　粉状样品的 X 射线衍射分析结果

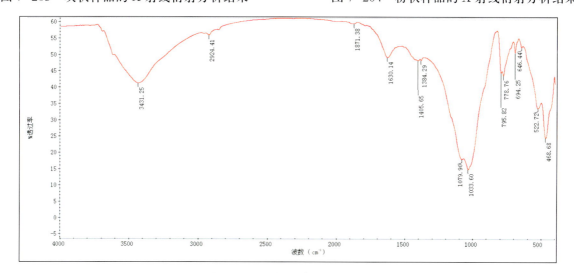

图 7-205　样品的红外光谱

7-204）中除了含有二氧化硅以外，还有一定量的碳单质。

（4）红外光谱检测（FTIR）

根据红外光谱分析（图 7-205），块状样品 796、779、694、522、468cm$^{-1}$ 处吸收峰皆为 $SiO_2$ 特征吸收峰，1033cm$^{-1}$ 附近的双峰为长石的吸收峰。根据红外光谱分析（图 7-206），粉状样品的光谱中 797、693、471cm$^{-1}$ 处吸收峰皆为 $SiO_2$ 特征吸收峰。

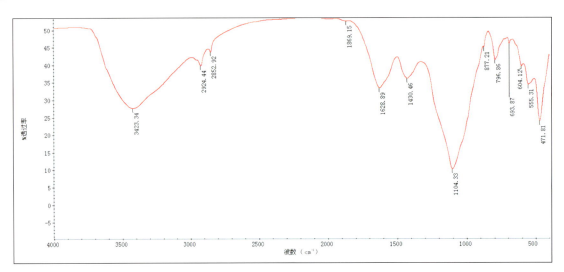

图 7-206　粉状样品的红外光谱

图 7-207　采集样品

（5）小结

样品主要成分为二氧化硅、长石和炭黑，具体成分和用途需进一步分析。

## （三七）样品 200680

（1）样品的显微分析

如图 7-207 所示，样品呈小片状。显微镜下观察样品有分层，一面呈红褐色或黄褐色，反面呈白色并略带透明（图 7-208）。

（2）扫描电镜能谱检测（SEM-EDS）及 X 射线荧光光谱检测（XRF）

如图 7-209 所示，样品呈片状。结合 EDS

图 7-208　超景深三维显微镜分析

与 XRF（表 7-42）两种元素分析手段得出，样品含有 Sn、Si、Ca、Al、Mg、Fe、P 等元素及少量的 Na、Cr、Pb、S 元素，其中 Sn 元素含量很高，结合显微镜下观察样品无金属光泽或金属后腐蚀的形貌，认为 Sn 元素可能来源于含锡矿物。

（3）X 射线衍射检测（XRD）

X 射线衍射显示（图 7-210），样品的主要成分为 $SnO_2$（锡石）。

（4）红外光谱检测（FTIR）

由红外光谱分析可得，如图 7-211 所示，621$cm^{-1}$ 处吸收峰皆为 $SnO_2$ 特征吸收峰，可判断样品成分为 $SnO_2$。

（5）小结

综上分析，样品为锡石（$SnO_2$）。XRF、XRD 结果中未发现铜元素及其化合物，因而排除是青铜器锈蚀产物的可能性（表 7-43）。关于锡石的使用，文献记载较少，基本未见锡石入药的记

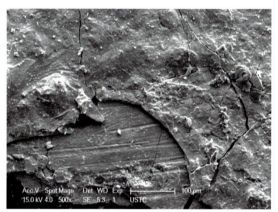 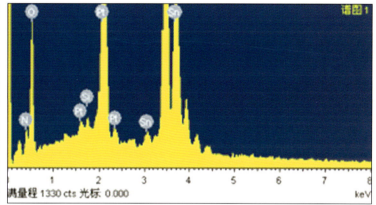

图 7-209　扫描电镜能谱分析结果

表 7-42　X 射线荧光光谱分析结果

| 元素 | $SnO_2$ | $SiO_2$ | CaO | $Al_2O_3$ | MgO | $Fe_2O_3$ | $P_2O_5$ | $Na_2O$ | $Cr_2O_3$ | PbO | $SO_3$ |
|---|---|---|---|---|---|---|---|---|---|---|---|
| 含量（%） | 74.87 | 13.49 | 3.13 | 2.90 | 1.88 | 1.14 | 1.03 | 0.59 | 0.45 | 0.37 | 0.17 |

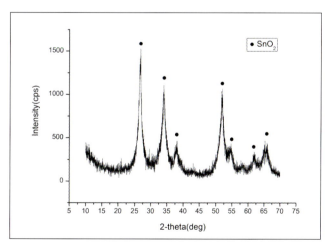

图 7-210　样品的 X 射线衍射分析结果

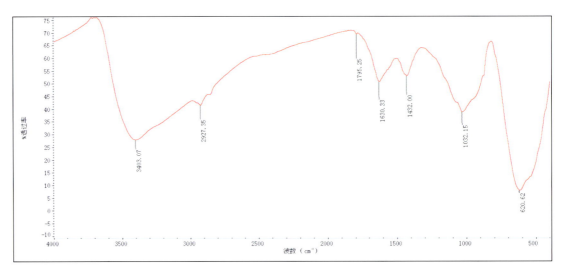

图 7-211　样品的红外光谱

表 7-43　样品分析检测结果汇总表

| 样品编号、名称 | 分析检测结果 |
|---|---|
| M1:14 白釉圆瓷盒内包含物 | 红色物质的成分是硫化汞（朱砂），样品的黄色基底层主要含有二氧化硅（石英），碳酸钙及长石等常见黏土矿物颗粒。推测为印泥。 |
| M2:39 青釉素面圆瓷盒内包含物 | 样品主要成分为二氧化硅和碳酸钙，推测其为珍珠粉。 |
| M2:49 青釉素面圆瓷盒内包含物 | 样品含有蛋白类有机物，根据硫元素含量较高判断为动物蛋白。暂时无法确定具体物质。 |
| M2:50 青釉素面圆瓷盒内包含物 | 样品中白色粉末主要为黏土成分和一些磷酸盐矿物成分，如磷钾铝石等；黑色物质主要成分为二氧化硅以及长石等黏土矿物，并且可能含有无机碳和蛋白类有机物成分。推测可能为骨质成分。 |
| M2:82 石条取样 | 样品主要成分为碳酸铅，即铅白。推测为妆粉条。 |
| M2:121 松香提取 | 样品的主要成分为松香，且含有部分土壤成分。 |
| M4:20 墨块提取 | 样品由直径 50~110nm 的球形颗粒组成，为松烟墨。 |
| M4:32 菊花形凤纹石盘提取 | 样品主要含有含铝和铁的无机物，主要为叶蜡石以及水合氧化铝。 |
| M4:41 球形铜器柄内插入物取样 | 判断该样品为竹材。 |
| M6:2 银素面圆盒内包含物 | 样品中除了二氧化硅、长石等黏土矿物成分外，还可能含有一些蛋白类有机成分。结合银盒用途推测为脂粉。 |
| M6:3 酱釉小瓷盒内包含物 | 样品主要成分为铅白（碳酸铅），推测为妆粉。 |
| M6:6 银牡丹纹小圆盒内包含物 | 样品主要成分为朱砂、二氧化硅和钙钠长石类物质，推测为妆粉。 |
| M6:11 骊山石圆盒内包含物 | 样品主要为二氧化硅（来自土壤）和绿泥石，推测为丹药。 |
| M6:16 青釉弧腹圆瓷盒内包含物 | 样品主要成分为二氧化硅（来自土壤）和富铝红柱石。主要成分为瓷器残渣。 |
| M6:18 青釉弧腹小瓷盒内包含物 | 样品主要成分为铅白（碳酸铅），推测为妆粉。 |
| M7:2 青釉小口瓷瓶内附着物 | 样品主要成分为磷酸钙类物质，推测为动物药酒。 |
| M7:7 骊山石圆盒内包含物 | 样品中主要含有成分为二氧化硅以及碳酸钙，疑为珍珠粉。 |
| M7:16 白釉圆瓷盒内包含物 | 样品主要成分为氯化亚汞和方解石，推测为中药轻粉和方解石组成的复方药物。 |

续表7-43

| 样品编号、名称 | 分析检测结果 |
|---|---|
| M7∶18 酱釉敛口瓷钵内提取物 | 样品中主要含有的成分为二氧化硅、碳酸钙以及硅酸镁，推测为妆粉。 |
| M7∶21 墨提取物 | 样品由直径 80~120nm 的球形颗粒组成，为松烟墨。 |
| M7∶22 白色块状物提取物 | 样品主要成分为碳酸钙，推测为妆粉。 |
| M12∶52 黑釉瓜棱腹带盖瓷罐内白黄色粉末提取物 | 样品主要成分为磷酸氢钙，推测为骨质品。 |
| M12∶10 黑釉瓜棱瓷钵内残留物 | 样品含有二氧化硅（石英），可能含有蛋白质类有机物，推测含有动物肉类成分。 |
| M12∶20 墨块 | 样品由直径 50~300nm 的球形颗粒组成，为松烟墨。 |
| M12∶43 鎏金铜器柄内插入物取样 | 样品属于木材纤维。 |
| M12∶49 鎏金铜带首取样 | 样品被污染物包裹，含有 C、Cu、Mg、Ca 等元素。 |
| M12∶49 铜带首内夹层取样 | 推测该样品为蛋白质类有机物，推测可能是皮革类物质。 |
| M17∶14 铜带饰残片取样 | 样品腐蚀程度相当严重，有通体矿化现象，主要腐蚀产物为碱式碳酸铜（铜绿）和氧化亚铜。 |
| M17∶14 铜带上附着物 | 样品为纸张纤维，根据纤维形态判断为皮纸。 |
| M17∶17 笏板取样 | 样品的主要成分为羟基磷灰石，判断其为象牙。 |
| M19∶1 白釉圆瓷盒内包含物 | 样品主要成分为二氧化硅和碳酸钙，推测为妆粉。 |
| M20∶38 墨提取 | 样品由直径约纳米级的球形颗粒组成，为松烟墨。 |
| M25∶17 白釉小圆瓷盒内包含物 | 样品主要成分为石墨，可能含有蛋白质类胶黏剂，推测为黛。 |
| M25∶28 银委角方形盒残片及内包含物 | 样品含银量很高，包含物主要成分为二氧化硅和碳酸钙，疑为漆胎残留物。 |
| 200628 | 样品的成分为白铅矿（$PbCO_3$）和铅丹（$Pb_3O_4$）。 |
| 200659 | 样品主要成分为二氧化硅、长石和炭黑。 |
| 200680 | 样品为锡石（$SnO_2$），为炼锡的矿料或锡的矿化产物。 |

载因而基本可以排除其药用的可能性；也未见利用锡石炼丹的文献或研究，因而用锡石炼丹的可能性也不大。商周时期人们已经可以利用锡石炼锡，此次发现的锡石或为炼锡的原料，也可能是锡的矿化产物。

# 第四章　纺织品分析检测

本测试基于考古发掘单位提供的 1 件蓝田五里头吕氏家族墓出土纺织品，纺织品文物保护国家文物局重点科研基地对其进行测试。

# 一　样品

样品 1，文物号 M24∶21，头巾布絮，头骨上包裹的纺织品（图 7-212）。

图 7-212　标本照片

# 二　分析方法与仪器

分析方法是形貌观察、材质测试和元素成分分析。

## 1. 形貌观察

采用德国蔡司 SteREO Discovery.V8 实体显微镜，对织物组织结构进行观察，采集放大倍数为 10 倍到 80 倍的图像。

## 2. 材质测试

采用美国热电 Nicolet 公司的 Continuμm 红外显微镜进行测试，主机为 Nexus-6700 傅里叶变换红外光谱仪。检测器为 MCT-A 中红外检测器（650~4000cm$^{-1}$）；最小扫描步进距离 1μm；分析控制软件为 Ominc-Atlμs。实验扫描次数为 64 次，分辨率为 8cm$^{-1}$。

## 3. 元素成分分析

采用德国 BRUKE Quantax70 能谱仪对样品进行元素成分分析。

# 三　测试结果

从形貌分析的结果来看（图 7-213），样品为平纹，稀疏硬挺，表面有涂层。

采用 ATR-FTIR 对表面涂层进行测试（图 7-214），可以看出在 3403cm$^{-1}$ 左右出现了一个宽且大的峰为漆酚中羟基的伸缩振动峰 υOH，红外吸收峰 2927cm$^{-1}$ 和 2854cm$^{-1}$ 分别属于亚甲基（CH-）的不对称伸缩振动峰 υas 和对称伸缩振动 υs 峰，而在 1071cm$^{-1}$ 处出现的强峰为碳氧键的伸缩振动 υC-O，表明样品是漆类物质。在 713cm$^{-1}$ 附近出现了一个小峰，表明了漆酚存在较长的烃基，在 1300~1100cm$^{-1}$ 范围内，OH 和 υC-O 吸收峰逐渐减弱，可能是老化后漆酚生成二聚体、多聚体后，使 OH 的面内变形振动 OH 和碳氧伸缩振动 υC-O 发生变化，判断为大漆。

采用 FTIR 对纤维进行材质鉴别（图 7-215），根据天然蛋白质纤维的特征峰是 1650cm$^{-1}$、1515cm$^{-1}$、1230cm$^{-1}$ 处的酰胺Ⅰ、Ⅱ、Ⅲ带，同时在 1165cm$^{-1}$、1070cm$^{-1}$ 附近有较强吸收，漆纱样品内部的材质显微红外结果符合蚕丝纤维的吸收特征，判断为丝。

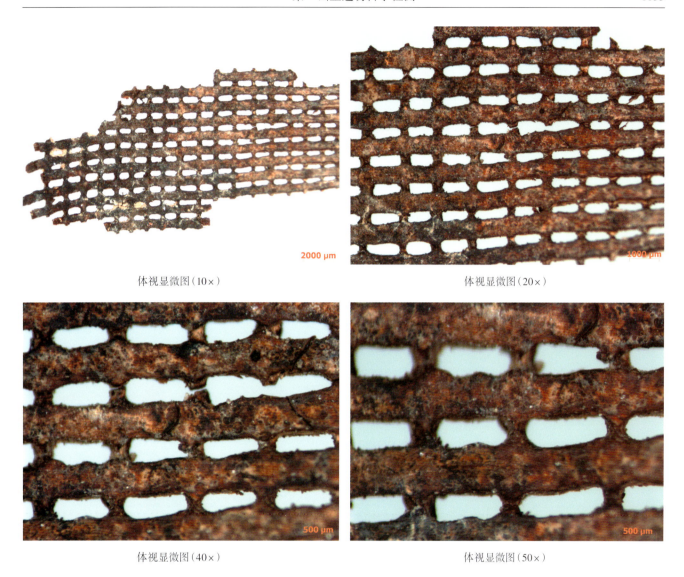

体视显微图（10×）　　　　　　　　　体视显微图（20×）

体视显微图（40×）　　　　　　　　　体视显微图（50×）

图 7-213　组织结构照片

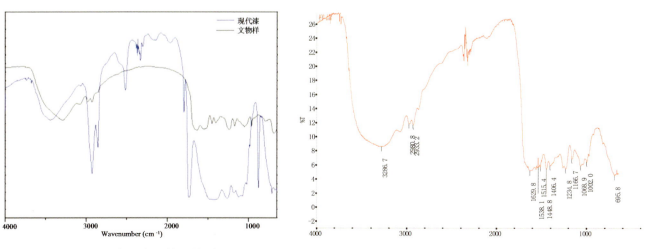

图 7-214　表面涂层的红外谱图　　　　　图 7-215　纤维的红外谱图

采用 SEM-EDS 对样品进行形貌观察和元素分析（图 7-216），样品表面附着物应为土壤，其中含有少量的 Au。

Spectrum: Point

| Element | AN | Series | unn. C [wt.%] | norm. C [wt.%] | Atom. [at.%] |
|---------|-----|----------|-----|-----|-----|
| Oxygen | 8 | K-series | 35.89 | 45.75 | 48.58 |
| Carbon | 6 | K-series | 23.80 | 30.34 | 42.93 |
| Calcium | 20 | K-series | 5.41 | 6.90 | 2.93 |
| Gold | 79 | M-series | 4.94 | 6.30 | 0.54 |
| Iron | 26 | K-series | 3.92 | 5.00 | 1.52 |
| Silicon | 14 | K-series | 2.91 | 3.71 | 2.25 |
| Aluminium | 13 | K-series | 1.56 | 1.99 | 1.25 |
| | | Total: | 78.44 | 100.00 | 100.00 |

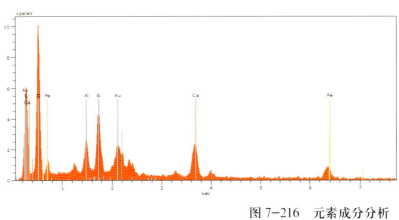

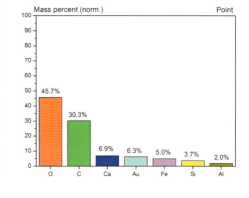

图 7-216　元素成分分析

# 四　结论

通过形貌观察、材质测试和元素成分分析，初步判断这个样品为漆纱。

# 捌  出土器物修复报告

## 一  前言

2006 年 12 月至 2009 年 12 月，陕西省考古研究院等单位对蓝田县五里头北宋吕氏家族墓园经过前期的调查、测绘、勘探等工作后，进行正式考古发掘。历时 3 年，共清理墓葬 29 座，出土了大量精美遗物，种类繁多、器形精美。其中包括：陶、瓷、铁、石、铜、金、银、锡、漆、骨、玉、珠贝类，其中以瓷器和石器居多，基本皆为实用器。

由于文物自身老化、埋藏环境、品类、年代、人为破坏等因素的不同，造成器物不同程度的锈蚀、破损等状况。尤其是占较大比重的瓷器和石器，其质地致密、坚硬、光滑、不易吸水，其化学性质稳定，但在环境因素以及盗掘情况影响下，使大量器物出现了破损、断裂；部分瓷器表面出现釉层脱落、表面污染等，部分石器表面污染物、硬结物，少量发现酥粉状况，其他材质也出现这样或那样的病害，所以这就要求我们在修复中使用传统修复工艺的基础上，结合现代科学的修复方法和修复材料给予最科学合理的保护修复。这批文物具有重要的历史、科学和艺术价值，是古代劳动人民伟大的创造和无穷智慧的体现。

在保护修复之前，文物档案的记录也是尤为重要，文物档案准确和完整对文物的修复及保护具有深远的意义。陕西省考古研究院文保部对该批文物进行了前期的详细调查后，编写文物的档案和保护修复方案。通过该方案的实施，有更完备的档案信息；可使该批器物表面污物去除，脆弱部位得到加固，断裂处得到粘接，破损处得以合理修补，均采用可逆材料并最终进行做旧处理，使与表面自然衔接。通过上述合理有效的处理使得该批文物可以达到安全稳定状态，并通过后期保存环境的控制达到最好的保护与展陈。

根据文物基本信息、环境与病害调查、相关检测分析情况，按照 WW/T0009-2007《馆藏陶瓷文物保护修复方案编写规范》的要求，编制了以下方案。方案的实施将会使得文物尽早得到保护修复处理，使之达到保管和展陈的要求。保护修复中所使用的各类材料都具有可逆性，可以还原和随时使用新材料、新技术重新修复，以尽量达到保护与长期完整收藏的最终目的。

## 二  保存现状调查

### 1. 主要病害调查

本方案根据《石质文物病害分类与图示》（WW/T-2007）、《馆藏铁质文物病害与图示》（WW/T0005-2007）、《陶质彩绘文物病害与图示》、《馆藏青铜器病害与图示》等文物病害标准要求，同时也依据每件文物的具体病害状况，编制病害标识。对各类材质的文物进行了详细的病害调查。

（1）瓷器的病害主要包括以下几种：断裂、裂隙、表面污染物、脱釉、残缺以及其他一些病害与人为损害等。

（2）石器的病害包括以下几种：断裂、裂隙、表面污染物、酥粉、缺失等。

（3）铁器的病害包括以下几种：锈蚀、残断、裂隙、残缺表层剥落、表面硬结物等。

（4）青铜器的病害包括以下几种：表面锈蚀、粉状锈、残断、变形、缺失、表面硬结物等。

（5）其他材质的文物也出现不同程度的病害状况。

各类材质文物保存现状见下图（图 8-1~4）。

## 2. 造成该批文物病害的原因

对该批文物的病害做了仔细的调查分析，并结合相应的环境、地理等资料，对其造成的病害做以合理的推测：

1. 石器 M2：41

2. 石器 M7：23

3. 石器 M7：7

4. 石器 M7：23

图 8-1　出土石器

1. 瓷器 M9:16

3. 瓷器 M3:36

4. 瓷器 M7:1

5. 瓷器 M7:12

6. 瓷器 M4:23

图 8-2　出土瓷器

1. 铁剪刀 M6∶32

2. 铁器 M7∶9

3. 铜镜 M6∶1

4. 铜器 M15∶12

5. 铜镜 M26∶55

6. 铜器 M4∶5

图 8-3　出土铁器与铜器

1. 陶砚 M5∶1

2. 银器 M4∶32

3. 银器 M25∶28

4. 锡梳 M2∶22

5. 玻璃器 M2∶89

6. 玻璃器 M2∶88

7. 珍珠 M6∶26

8. 锡器 M12∶2

图 8-4 出土遗物

（1）内因

文物经历了漫长的历史进程，受自身材质、埋藏环境、埋藏时间等因素的影响，往往使文物腐朽老化、支离破碎、变形残缺、甚至面目全非。如瓷器和石器强度较好，瓷器防水性较好，但由于自身的脆性比较大，受到外力的作用下很容易出现裂隙，甚至断裂。石器本身由多种矿物质，内部含有一定的粘合物质，但在夹杂着无机盐的地下水影响下，石器的强度就逐渐降低。青铜器、铁器由于年久和环境造成表面锈蚀、变形、腐坏等。其他材质基本都造成这样或那样病害。

（2）外因

除了文物本身的材质外，外部因素对文物的影响也是非常巨大的。最主要的影响包括地震、大雨、地下水。明代曾发生大地震，使得地层发生变化墓葬塌陷，器物在外力的作用下出现断裂、破碎、变形。宋代的大雨以及后期的连阴雨对文物造成了极大的危害，大雨不但使墓葬垮塌，还会使文物浸泡在水中，这对石质、青铜器、铁器等都是极为不利的。

（3）人为因素

除了自身因素、外界因素外，人为的破坏也是一大因素。据考古发掘可知，该批墓葬在历史上曾经遭受过盗掘，造成墓葬出现坍塌，一批文物受到损坏。

# 三 保护修复目标

## 1. 文物档案的建立

文物修复档案的基本内容（图8-5、6）：

（1）文物基本信息：名称、年代、尺寸、重量、形状、纹饰编号、等级、类别、保管单位、修复单位等。

（2）文物现状记录：对文物现状描述、现状照片记录、病害以及其他情况进行详细描述。

（3）修复工作记录：记录修复过程、发现的新问题、修复方法、工具、材料、应用的仪器设备等作为后期修复者保护修复的依据。

## 2. 保护目标及方案预定

（1）保护修复指标

此次修复是针对所有五里头出土文物，共计700余件。在文物修复过程中需达到以下要求：

第一，清理及清洗对该批文物表面、茬口进行细致的清理或清洗，完成后，器物表面附着物被完全去除（除表面含有信息区域予以保留。如纺织品痕迹）。

第二，加固器物加固后无明显颜色变化，表面无炫光现象出现，所使用的加固材料具有抗老化能力和可逆性。

第三，粘接部分无明显茬口不合，凹凸不平、胶粘剂残留、颜色改变。

第四，补全与表面的弧度完全融合但又有区别，补全材料具有良好的抗老化能力。

第五，在修复时遇到不同以往的问题，需查阅资料、探讨、实验等方式以达到使用最科学、最安全的修复方法。

第六，保护修复档案按照各类文物材质保护行业的标准严格编写。

第七，边修复边在该批文物修复上学习、积累修复经验，为以后的保护修复工作提供更科学、

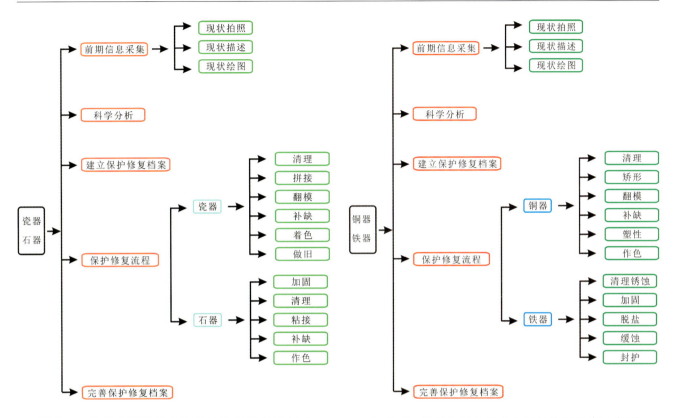

图 8-5　瓷器和石器类文物保护修复程序示意图　　　图 8-6　铜器和铁器类文物保护修复程序示意图

更安全的依据。例如：除盐、加固方面，选择一些适合小型石质文物的方法和技术，同时通过对比试验探讨小型石质文物在室内保存是否需脱盐处理。

（2）保护修复思路

本方案依照上述基本原则、法规及行业标准，遵循"最小干预原则"、"可逆原则"、"协调及可辨识原则"的思路，修复中所使用的材料、工艺等都是经过试验与研究的，对文物无损害。

（3）保护修复技术路线

由于本篇涉及到的文物种类较多，具体的操作流程只对数量偏多的瓷、石、铁、铜器制定修复流程表。经过前期的调查、分析结果，按照文物保护要求的需要，建立了文物保护修复整体的技术路线。

# 四　保护修复过程

## 1. 瓷器的保护修复

瓷器修复是此批文物中工作量最大的一项，针对瓷器本质密度大、耐高温、易碎的特性，引进了二台新型清理设备。一是高压喷雾清洗机，机器通过将自载水箱内的水加热至沸腾，但喷枪并不出水，而是高压高温水蒸气，清洗残片茬口上的污垢，效果极佳，当然清理老茬口效果就稍差了一点。另一个是数控超声波清洗器，开放式敞口的长方形清洗槽，便于操作和观察器物的清洗过程及情况，将残片放置清洗槽内，加入蒸馏水，通电源可调节超声波的频率，主要以超声波振动达到清洗效果。这台仪器针对器物上的钙化物、硬结物，清理效果甚好。

还值得一提的是在文物粘接过程中引入了具有可逆性的 Araldite 德国胶。经过多次试验，该胶具有流动性大、无色透明、粘接强度好、耐老化、抗水的特性，即使合缝严实的器物都可以自流到缝隙，而且实验结果显示粘接非常牢固，流动性强的特性也可以用作其他器物的加固材料。由于固化时间较长，在操作的过程中有足够的时间去清理器表残留的胶迹，减少了污染。

（1）清理

该批瓷器长期埋地下，出土时大部分器物表面、断面被土垢、水锈附着，给器物的美观及修复带来了极大的影响，必须予以去除。

由于瓷器本身强度比较稳定，具有较好的强度，孔隙率小。因此，对于瓷器表面泥土的清理，可将瓷器放于柔软的塑料盆内，先稍作浸泡，然后使用软刷刷除土垢，对于较硬区域用竹刀沿器物表面弧度平刮，但不能用尖锐的工具，以免伤及釉面。

较难以清除的是粘在断面胎体上的水锈，特别牢固，如果不清理将会给后面的粘接工作、修复效果带来极大的影响。使用牛角刀、竹签、手术刀轻轻刮除。操作时做到轻缓、细心、勤观察，以免对瓷器造成二次损伤。

部分器物由于研究需要，器物出土后会进行临时的粘接复原。这种粘结很粗糙，接口处错位情况很常见，对于残缺处往往使用石膏进行补缺，这种修复不利于长期保存，也达不到展览的目的，所以修复后续的工作就必须对其进行拆洗。拆洗的方法是将器物置于盛放丙酮的容器之中，时间约 10~20 分钟，粘接处会自动脱落，最后将残留在断面的胶质处理干净，最后拼合、粘接。

瓷器表面的难溶盐，选择使用螯合剂为 EDTA 进行清洗，效果较佳。具体操作为：将器物放入配置好的溶剂中心浸泡，同时加热，约半个小时后器物上难溶物变软后，用手术刀或竹刀将其慢慢剔除。

（2）拼对

粘接之前的预拼接是非常关键的一步，拼合之前应观察需修复器物残片的形状、颜色、纹饰，并进行拼对、调整，然后按照残块的拼接顺序编号。这样才能避免错位或最后有些残块无法粘接。最后做好粘接前的各项准备工作。

（3）粘接

经过前期工作的考察发现，该批瓷器质地密、强度高、胎体薄，在经过翻阅前期修复资料、总结以往修复经验，结合新材料，最终决定采用经过试验的 Araldite 德国胶进行粘接。其不但具有粘接强度好、防酸防碱耐低温等优点，而且无色透明、耐老化、抗水性好，便于操作。

粘接正式开始时，一定要按照所计划的步骤和编写的编号顺序进行，一定要先统顾全局，再局部调节，做到心中有数。粘接时应控制胶粘剂的用量，并非是越多越好，厚重的胶会影响粘接强度、粘接缝隙合缝、污染表面等，从而达不到预期的修复要求。涂抹粘接剂时应涂于断面中间位置，核对时稍微施压，中间部位多余的胶就会挤往面的两边，这样既不浪费，也不影响粘接效果。同时用透明胶带粘紧固定或用绷带绑紧固定放置于沙盘，流出的胶粘剂，用丙酮或无水乙醇擦除，固化的用手术刀剔除。

（4）补缺

该批瓷器补缺有两种情况：一是器物口沿或腹或底部有部分残缺，只需在原器物上采用打样膏翻模取样复原。二是口沿整体缺失，这种情况下需找出与该器型相同的器物，做模子，再翻模复原。如果没有或不确定两个器物器型是否统一，宁让其缺损，也不随意编造。

通过仔细挑选和对比，该批瓷器的补缺材料为：ＡＡＡ环氧树脂＋石粉＋矿物颜料。一般的做法是将颜色调成与釉色相近，为下一步做釉打下基础。具体做法是用环氧树脂加瓷粉或石英粉、滑石粉及颜料调成腻子，然后用小油灰刀，一层一层往缝隙和残缺部位涂刮，待干，再用细砂纸打磨成微薄的一层，遮盖粘接和残缺部位。

（5）打底

打底在此次修复过程中有着十分重要的地位，打底的好坏直接影响修复后的最终效果。打底主要是对缝隙、残缺部位进行打磨、填平，使之与器物的原表面弧度统一，平整光滑，无异处。

（6）彩绘

首先依据器表进行调色。用丙烯颜料和国画颜料，主要以矿物原料为主，掺与其他辅助材料，如硝基清漆、虫胶、ＡＡＡ胶。所选择的这些材料，具有耐老化、强度高、色彩鲜艳、光洁度高的特点。调出的色必须与釉色一致，才能上色，否则将会前功尽弃。用调配好的颜料，运用喷笔和手工相结合的工艺，喷涂出器物底色，要薄厚均匀，层次均匀，与原物融为一体。

（7）上光

上色彩绘后，缺少玻璃质感，需在表面上光。用喷枪将调制好的瓷漆均匀喷涂于器物作色部位之上，放置于阴凉干燥处自然干燥。

### 2. 石器修复

（1）表面预加固

该批石质文物主要是骊山石，质地较疏松，加之常年的地下埋藏，使得部分石器比较脆弱，因此在清理之前需对其进行预加固。可采用 Paraloid 1.5%B72 或 PrimaAC33 喷涂，使得石质文物有一定强度后，再做后续处理。

（2）表面清理

①泥土清理

该批石质文物，主要是一些因为地下埋藏造成的表面泥土附着。由于该批文物质地比较脆弱，故采取比较温和、轻缓的处理方法。表面松软的埋藏土直接使用竹签剔除，对于土质硬结的泥土，可以采用蒸馏水和酒精软化，然后再清理。

部分石质文物表面仅有少量的浮土，直接用皮吹或软毛刷或棉签蘸蒸馏水处理，对于质地非常脆弱的石质文物可采用雾化的方法慢慢去除。

②水痕清洗

由于该批文物长期埋于地下，长期受到地下水的侵扰，表面留下水痕，需要对其进行清洗。可采用蒸馏水进行去除，每隔一段时间喷一次蒸馏水，之后用软毛刷或棉签慢慢去除，直至全部清理干净。

③可溶盐的去除

该批文物长期埋于地下，地下水含的一些盐类物质随着水渗透到文物内部，水位发生变化，这样反复放入溶解于结晶造成石质文物质地变得疏松、脆弱，因此需对该批文物进行脱盐处理。质地较好的石器直接用蒸馏水浸洗，2~3 天更换一次水，直到清洗液中氯离子含量不在变化。对于质地比较脆弱的石质文物，可采用纸浆护敷法。具体做法是将干净的滤纸或棉纸用蒸馏水浸泡蒸煮，使其成为纸浆，将其涂敷于器物之上，利用纸浆的吸附作用将石质文物内的盐分吸取出来。纸浆护敷法需要多次更换纸浆。直至纸浆上的盐分测试不再发生变化。

（3）粘接

石质文物本身强度比较大，在查阅大量文献资料和实验室初步试验后，决定使用Araldite德国胶粘接剂进行粘接。Araldite德国胶无色透明、常温粘接、无需加热、粘接力强、完全固化24小时。

粘接前先进去预拼接，茬口完全吻合，切不可硬性粘接。为防止因粘接剂粘合力度强而造成新断面，所以在粘接之前需使用浓度低的溶液渗透加固，由于Araldite德国胶虽具有可逆性，但对于疏松的石质文物具有较强的渗透力，需在其断面以B72作为过渡层，待完全干燥。拼接，固定好之后，将调制均匀的Araldite德国胶滴于断面上，让其自行流入，修整粘结面。断面处的渗透加固、隔离图层、Araldite德国，使粘接具有了更好的可重复性，使用有机溶剂便可再次打开，有利于文物长期保护修复。

（4）补配

该批瓷器的补配也选择了强度较好的AAA环氧树脂，在其中加入石粉及合适的调色颜料来进行补配，待完全固化，打磨修整。

（5）表面封护

此批石质文物质地疏松，补配好之后需对表面进行封护，以增加石质文物的粘合性、抗水性、透气性、耐老化性。所使用的封护材料成膜性好，无色透明、致密、无炫光，能够起到防潮、防空气中的有害物侵入。目前对于石质文物表面封护主要使用的材料有有机硅、有机氟材料，它们具备以上性能，对石质文物起到非常好的保护作用。

### 3. 铜器修复

（1）表面清理

在对铜器清理前首先要观察该器物是否需要预加固，以免清理中出现断裂、脱落等状况。使用毛刷、竹签将表面疏松浮土进行处理，对于较硬的附着物用酒精浸泡软化，清理。

（2）矫形

根据需要矫形的铜器大小，选择合适变形部位与矫形夹，通过微调调整距离、力度，逐渐对变形处施压，操作时小心缓慢，施压一段时间后松开夹子，观察其效果，如有需要，再次给予压力。在矫形过程中，可使用热风枪对受力处加热，以增加韧性，更加的达到矫形的效果。

（3）粘接

矫形完成后对矫形过的铜器和残块再进行预拼接，无误后固定好残块在器物上的位置，再用Araldite德国胶渗灌，由于固化时间较长，一旦固定渗胶，就不能有任何轻微晃动，待固化。

（4）翻模

①首先找到与残缺处相应的翻模区域。

②在翻模区域均匀涂刷脱模剂。

③用橡皮泥圈定区域。

④倒入搅拌好的石膏，待凝固。

⑤石膏与器物分开，石膏上涂刷脱模剂。将环氧树脂＋颜料＋填料搅拌均匀，倒入石膏上，使用工具多次按压，待凝固。

⑥分开石膏与环氧树脂，翻模完成。

（5）补缺

将加工打磨好的模具经过与器物纹饰等对比后，使用环氧树脂进行粘接，对于小面积缺损部位直接用环氧树脂填补。

（6）塑形

主要对表面多余的环氧做修整，打磨时注意边缘纹饰、弧度。完成后需要对一些边缘纹饰做刻画，使其与器物自然衔接。

（7）作色

①对作色部分做基底色。

②选择合适的颜料色粉，调制均匀。

③反复以点、涂、拨等方式进行作色处理，使之与器身颜色相协调。

④置于通风处干燥。

### 4．铁器修复

（1）预加固

对裂隙部位，采用 Paraloid B72 乙酸乙酯溶液对铁剪裂隙部位进行预加固。

（2）表面清理、除锈

首先使用手术刀和微型打磨机对小面积进行试清理，发现锈蚀硬度大，所以选择用喷砂机进行清洗。使用喷砂机时，从压力最小逐步向大调整，直到合适于表面锈蚀硬度。对于喷砂完成后残留的锈蚀，用牙科钻、微型打磨机再次进行处理。

（3）缓蚀

采用 3% BTA 无水乙醇溶液进行浸泡缓蚀，浸泡时间为 48 小时，晾于通风橱内，完全干燥。

（4）表面封护

使用 Paraloid 3%B72 丙酮溶液作为封护剂进行封护处理，用软毛刷进行 2~3 遍涂刷，颜色变深；对于表面炫光处使用无水乙醇进行擦除，再次涂刷。

### 5．金银器修复

（1）表面清理

金银器表面的灰尘，可以软毛刷拂拭，需要时使用氨水清洗，再用蒸馏水洗净，然后干燥。对于金器表面沉积的钙化硬壳，选择使用 1% 的稀硝酸局部涂刷去除。银器表面扫除灰尘后可稍作处理或保持原状，表面的氧化银较稳定，暂时不做处理。

（2）表面封护

为了防止灰尘、潮气、氧气及有害气体的侵入，选择使用 Paraloid B72 丙酮溶液对表面进行防护。

### 6．玻璃器

（1）表面清洗

表面首先用蒸馏水刷洗，再用脱脂棉球蘸取酒精轻轻擦拭污渍，对于硬度较大的附着物使用牛角刀或手术刀轻轻刮除。难以清理的硬结物，则用脱脂棉蘸取无水乙醇或乙酸乙酯等化学溶剂敷于其上，直至松软去除。该批玻璃器断裂严重，所以清理时要特别注意断面的清理，否则会影响其后期缝隙粘接效果。

（2）预拼接

由于该批玻璃器断裂严重，所以预拼接也是最关键一步，将预拼接时的每个残块按顺序排序编号。

（3）粘接

主要的粘接材料为 Araldite 德国胶，粘接时按照预拼接时的编号顺序，逐步粘接，注意合缝的严密。粘接完成后需给予四周一定的力度，让其缝隙更严实。边固定边缘，边观察内部缝隙是否错位，再做调整。最后清理表面多余的残胶。

### 7. 玉器

（1）表面清洗

首先清洗表面的污物，清洗时可以用蒸馏水和酒精，清洗工具硬度较小的刷子、棉签。

（2）污垢清理

凹坑内的污垢用竹制的修器，慢慢地去除，难以清除的选择使用稀释的盐酸或超声波清洗机。

（3）预拼接

对于破损的玉器首先要进行预拼接，观察合缝、缺损状况，做以残块编号等记录，为后续的工作提供准确可靠地信息，便于后期操作。

（4）粘接

主要的粘接材料为 Araldite 德国胶，粘接时按照预拼接时的编号顺序，逐步粘接，注意合缝的严密。粘接完成后需给予四周一定的力度，让其缝隙更严实，边固定边缘，边观察内部缝隙是否错位，再做调整。最后清理表面多余的残胶。

### 8. 木器修复

木器的保护修复相对比较特殊，对于保存较好，本体未腐朽的木器残断处还原本来面目，一些糟朽的文物需要监控温湿度的变化状况，保持合适温度的恒温恒湿。

# 五　修复总结

中国是有着几千年悠久历史的文明古国，中华民族的祖先用勤劳与智慧创造了灿烂辉煌的古代文化，并留下了丰富多彩的古代遗存、艺术瑰宝。陕西蓝田五里头吕氏家族墓园出土此批器物具有极其重要的历史、文化、艺术价值，随葬器物中有部分墓主人生前的收藏品，因此年代要早于宋代，时代跨度大，包括周代、汉代、唐代，为文化研究方面提供了重要的考据。所以在保护修复过程中我们遵循以下文物修复原则：

第一，保持文物历史的真实性与艺术性。

第二，最小干预原则。

第三，修复的可辨识性。

第四，修复材料的可逆性。

第五，安全耐久性。

　　除标准原则外我们要根据每件器物的不同状况在具体实际操作中灵活采用不同的方法，这是不断增强修复技术与方法的探索。

　　文物修复技术与方法随着时代进步不断的更新与进步，我们还将继续努力探索科学的新修复方法、发掘更多合适的修复工具、培养更专业的修复技术人才，将承载着大量历史文化信息的文物完好地传承下去。

## 六　出土文物修复前后图像展示

　　文物修复前后对比照片见图 8-7~10。

1. 黑釉碗 M2：3

2. 青白釉碟 M2：4

图 8-7　瓷器修复前后照片

1. 青釉碗 M2：42

2. 酱釉盘 M12：25-9

3. 白釉台盏 M12：42

图 8-8　瓷器修复前后照片

1. 白、黑釉托盏 M14∶4

2. 黑釉钵 M12∶9

3. 陶盒 M20∶11

图 8-9 遗物修复前后照片

1. 铜镜 M17∶8

2. 锡器 M12∶14

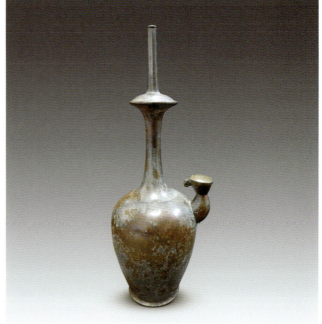

3. 铜净瓶 M4∶38

**图 8-10　遗物修复前后照片**

# 玖　相关调查报告

## 一　骊山西塬北宋吕氏墓地调查报告

关于骊山西塬北宋吕氏墓地之记载，源于蓝田北宋吕氏太尉塬墓园中出土墓志铭文。

首先，吕通墓志提到，嘉祐六年（1061 年）次子吕蕡有家书报："我上世皆葬扵新乡，今子孙宦学在秦，又得吉地於骊山之麓，将以九月癸酉举公及夫人之丧葬扵京兆府蓝田县玉山乡李村之原"此条记载既证实了吕氏骊山西塬墓地的存在；同时也确定了该墓地使用时间。

其次，吕蕡妻方氏墓志记："嘉祐六年岁次辛丑九月癸酉，举葬于县之西北卅里骊山之原。"此年正值吕氏骊山西塬墓地建成之初，故再次印证了该墓地的存在，亦指明骊山西塬墓地相对县城之方位距离。

第三，吕蕡墓志提到："吾葬兵部府君之墓，骊山西原道险非计，当迁于平易地，使世世不以葬劳人。"

由此确定。骊山西塬乃北宋蓝田吕氏迁徙至陕后第一葬地，上述骊山之麓、骊山之原均指骊山西塬，此称谓更显准确具体，故下文通称之。蓝田太尉塬墓园乃吕蕡子嗣遵其遗言后建的吕氏第二祖茔。

实际发掘中，数位家族成员皆属二次迁葬，为了解北宋士大夫家族墓地选址准则，也为追溯其家族延续脉络及北宋汲郡吕氏渭水堂一支如今分布状况，我队于 2010 年至 2016 年间先后四次进行了寻找、调查、走访、踏查，基本证实了该墓地的存在位置与选址地望条件以及目前当地吕氏后裔分布状况。现将数次调查详情综述撰写如下。

### （一）调查目的

第一，了解北宋蓝田吕氏在陕祖茔分布状况。

第二，了解和认知北宋士大夫家族墓园选址理念。

第三，了解北宋汲郡吕氏渭水堂后裔于陕西境内分布状况。

第四，为撰写发掘报告结语相关部分收集资料。

第五，完善发掘报告内容，尽力为学界提供可收集之相关完整、丰富资料以利领域研究。

### （二）调查线索与方位确定

从墓志记载可知：

（1）骊山西塬墓地在县城西北三十里。

（2）蓝田县地形图证实，县城西北 15 千米左右为南北走向之秦岭支脉——骊山（图 9-1）。

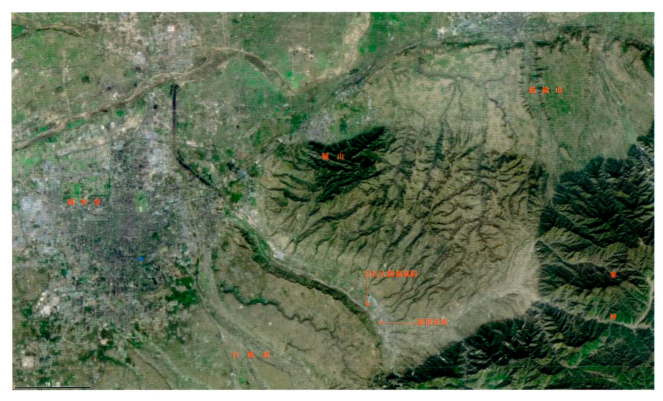

图 9-1　蓝田县地形地貌图

（3）即谓骊山西塬，位置当在骊山西侧南部山脉末势走低与山塬相混交处。

（4）按现今行政区划，骊山东麓属蓝田县辖，西麓则归临潼县域之内。故欲查找及确定北宋蓝田吕氏在陕第一祖茔地——骊山西塬墓地及自其居住点乔村通往墓地之途径须在两县交界处周边寻觅。

（5）在临潼区地方志吕峻民先生帮助下了解到坐落于县南斜口镇韩峪乡韩峪河中上游的四个自然村落中吕氏乡民定居密集，其中"相"字辈在乔村吕氏中也同样存在。韩峪河源于骊山，自东向西流经骊山南部西麓后由韩峪口出山进入平原地区，其途经地域自然条件与吕氏村民居住点的存在为本次调查提供了大致方位和基本线索，确定了调查区域、范围、路线。以后的四次调查均在此基础上各具重点分别进行。

## （三）调查时间与人员

调查时间：先后共计四次，分别是 2010 年 2 月 26 日；2010 年 3 月 16 日；2015 年 11 月 10 日；2016 年 9 月 13 日。每次早出晚归，耗时一天。

调查人员：张蕴、刘思哲、卫峰、王久刚、任强民、郑文彬。

## （四）调查内容

### 1．2010 年 2 月 16 日

上午 9 点左右自陕西省考古研究院出发，沿西临高速前往临潼县斜口镇，到达斜口镇后约上午 10 点 30 分左右。在县志办李峻民先生指点下，自县级公路向东南方行驶 30 分钟到达韩峪乡所

在地，并据其提供之线索由韩峪河中游向东而上首先到达高沟二组。高沟二组地处韩峪河南岸，驻足村口便了解到村中有韩峪河小学教师吕建章先生对吕氏一族历史知之甚多，在村民指引下顺利找到吕建章先生私邸，说明来意后吕先生热情地向我们介绍了韩峪河中、上游吕氏族人的分布及其祖上定居地（图9-2）。据说韩峪河流域吕姓人家均来自骊山西麓一个名曰龚吕村的自然山村，那里不但残留有祖上居住的土窑洞，而且村后山坡上还有吕氏祖茔，清末民国初因闹匪患，世代居住于此的吕氏一族全部搬迁至韩峪河中、上游平坦地区定居，并沿河流两岸繁衍扩大为四个自然村落。但祖茔仍在山上，吕老师从小便于清明、年关时节随祖父等长辈上山祭祀祖茔，"文化大革命"期间祖坟上石碑、封土皆被砸毁铲平，只留下大致方位。逐渐的长辈均已辞世，后世子孙便慢慢淡忘了那偏僻山野中已没有标志的墓地，如今知其存在的人已然不多。在吕建章带领下我们乘车往东向骊山南部西麓龚吕村进发，车子沿县道行驶穿过韩峪河河道平地后进入山区，沿盘山路北行一段便到达龚吕村村委会所在地。龚吕村位于韩峪河近源头处，地处骊山西麓山间台塬上，由高沟二组至龚吕村全车程约四十分钟。龚吕村现行政区域归属是：西安市临潼区韩峪乡，原村中居民为龚、吕两姓，现仅剩龚姓及后来定居之杂姓村民。在当地老人与吕老师共同带领下我们找到了后山上吕氏祖茔，此墓地建于后山坡上平缓之处，坐东向西，背依骊山西部山塬，后为高大新开山做屏，两侧有小山环抱，近望低矮起伏山梁，远眺韩峪河冲积小平原，韩峪河由其右侧自东向西而下并于不远处流出山口延伸向远方。墓地现有高大桐树为标志（图9-3）。该墓地与墓志记载中北宋蓝田吕氏骊山西塬墓地各方面条件皆极为相似，且有众多吕氏曾久居在此，故疑北宋蓝田吕氏第一祖茔——骊山西塬墓地应非其莫属。

踏查完毕后在吕建章先生带领下，我等离开龚吕村前往高沟四组寻仿现存"相"字辈吕氏族人线索。

该自然村落位于高沟四组之西北，村中定居不少吕氏人家，其中吕相臣先生便为现存"相"字辈老人，可惜因年龄老迈已迁至省城与儿同住，所幸通过村中走访找寻到族中长者吕明昌，此人时年七十有余，身体欠佳，却依然健谈，在逐一介绍了韩峪河中、上游吕氏乡民集中居住的自然村落现状后，表明所有高沟村吕氏早年间的确来于龚吕村，从而进一步证实了吕建章先生的叙述，但说到吕氏渊源，老人只晓得长辈言其始祖可能出于山西，并不能提供更多信息。

图9-2 吕建章先生正在讲述

图9-3 龚吕村后吕氏墓地远景

因无家谱记载,临潼龚吕吕氏后人对蓝田吕氏一无所知,然辈分中排行字号却与蓝田吕氏相同。故推测临潼吕氏与蓝田吕氏应属同宗同族,北宋熙宁七年(1074年)大临兄弟仅迁葬吕通等至亲,余者仍生活和埋葬于此,中华人民共和国成立后因耕种需求,特别是"文化大革命"期间破除四旧,已将墓上碑刻、封土等尽数毁坏铲平易为平地,现代子孙仅知其大概方位。

一天调查结束,收获颇丰,原路返回时已临黄昏。

**2．2010年3月16日**

本次调查目的有两个:一是寻找乔村通往骊山西塬墓地古道路。二对骊山西塬墓地及周边做进一步踏查并进行专业摄像。

上午9点左右,于省考古院门前汇同陕西奇点数字科技有限公司摄像师陈鹏飞先生与助手两人共同驱车首先前往现蓝田吕氏后裔定居点——乔村,乔村位于县城北约三千米太尉塬上,由县城西侧县级公路北上便可直达,村落置于灞水两条支流间台塬上,视野开阔、地形平坦、水流环抱,远远望去十分醒目(图9-4)。下车拍照记录完成后已是上午11点左右。按计划我们自乔村一路向北试图寻找乔村之北有无古道路通往骊山西塬。汽车沿乡间公路北行,行走路线为:乔村→朱家寨→曹湾村→金山乡→小金村→铁炉→斜韩村→马额镇→代王→埝王村→土桥乡→茨林村→郝吕小学(壕栗村小学)一路上在蓝田境内并未发现向西折入骊山方向途径,直到进入临潼县后方顺公路向西北方进入骊山,过马额镇等地后由骊山西麓出山,再沿公路往南行驶至斜口,复沿韩峪河河道入骊山西塬到达龚吕村。整个行车过程耗时近四个小时,路途达一百多千米,从时间与距离上均过于漫长,不合情理,故确定本次调查前往路线绝非北宋时期乔村通往骊山西塬墓地的最佳途径。

到达龚吕村是下午3点多,随行摄像师立即对龚吕村全貌、周边地形、远、近自然景况、墓地位置等做了仔细拍摄录制(图9-5)。稍后又对墓地周边进行初步踏查,发现墓地背依之小山顶上乃较为平坦耕地,居中曾有建筑存在,现已坍塌废弃,在对该遗迹进行摄像、拍照等资料采集后。就遗留建材形制、建筑遗迹位置、规模推测,应属清代所建寺庙遗址,是否与龚吕村吕氏墓地相关尚不能明确,但所处地域乃龚吕村范围内则不容置疑。下午4点30分左右,摄像与墓地周边遗迹踏查顺利结束。据村民指点,我等自乡间沙石道路由龚吕村向南翻山越岭一路沿近道途经:壕栗村→武家(壕栗村到武家一段路又称灞临路)→野鸡湖村→齐家村→华胥杏花村→刀旗寨→101

图9-4　乔村全貌

图9-5　正在摄像中

省道到达五里头村考古队驻地。

一天调查结束已是晚上 8 点多。

回味本此归途路线颇感欣慰，此路径虽为沙石便道，但所经地域相对平坦，沿途村落分布众多，一路查询得知此乃长久以来骊山西塬通往蓝田之山中主要通道，其西端始于临潼重镇斜口、东端终于蓝田县城，翻越骊山南部后由华胥杏花村出山并折向东沿灞水北岸古道（现为 101 省道）直行可抵太尉塬吕氏墓园南端入口附近，再东行约 1.5 千米左转上太尉塬 2 千米即达乔村。从道路途经地形地貌、路旁村落散布状况、沿途乡村调查资料、以及道路往往不受时代变迁影响而被

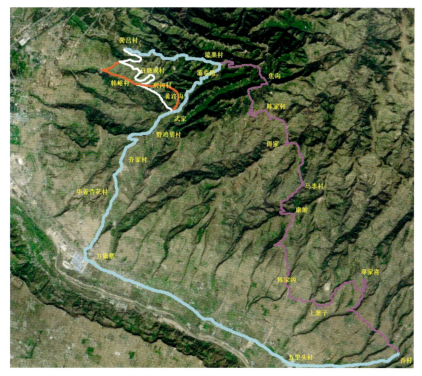

图 9-6　有价值的调查路线

长期使用之特点和路面质地规模与出山后同古道相连等迹象观察分析，该路应属使用良久之古道，具体可追溯上限尚未考证。由龚吕村吕氏墓地到达蓝田县城距离约 30 千米，而骊山东沿之华胥镇杏花村至蓝田县城距离约 15 千米，故笔者认为，吕氏出土墓志所载骊山西塬在县城西卅里之说应指骊山与县城间距离，而非骊山西塬墓地与县城间距离。

综上所述，该次调查回归路线很可能是我等寻觅中的乔村前往骊山西塬之古道路，现用浅蓝色较粗线条将其标注于图，谨为示意以供参考，详见（图 9-6）。

### 3. 2015 年 11 月 10 日

在《蓝田吕氏家族墓园》报告即将送审之前，本着谨慎、认真、负责的态度，笔者对书中内容再次检查核实。"骊山西塬调查报告"距今已时隔五年，其中涉及地名、村名、路名、人名等内容需要再认定与补充，故定于 2015 年 11 月 10 日再次沿韩峪河中上游流域复查并补拍相关照片。

中午 12 点 30 分从考古院门前出发，沿绕城高速转西蓝高速至蓝田县白鹿塬出口下高速进入新扩建之 101 省道，向西直行绕骊山南端山塬后再往北抵达斜口镇，由斜口向南经原县级公路穿越现临潼凤凰大道而进入韩峪乡所属高沟四组，在五年前曾为我等提供线索的吕明昌先生紧闭的大门前获悉，老人已于两年多前谢世，只能拍照为念。接下来在韩峪河南岸的高沟二组我们再次拜访了吕建章老师的家并同吕老师一起讨论了相关问题（图 9-7），在吕老师带领下重新到达龚吕村吕氏墓地，龚吕村变化较大，虽然基本格局未改，但当年的土路已修成了乡间水泥道，村南新开大路翻越骊山直达蓝田境内，村北亦有观光旅游林荫大道蜿蜒向西通抵凤凰大道，所幸吕氏墓地仍持原状，静卧于村东山麓老桐树下。

所有信息核实后，下午 4 点驱车离开龚吕村，送吕老师返回途中，距龚吕村南约 3 千米处有岔

图9-7　与吕建章合影

道向东进入骊山中，他指点说早年此乃一条古道，主要沿山中河谷地带而行，出口在蓝田县华胥镇，现因山中村落多已搬迁而基本废弃，或许此路与蓝田吕氏前往骊山西塬墓地途径相关。

下午5点许，顺来时路线返回考古院，半天调查结束，所需补充与核定信息均落实。

### 4．2016年9月13日

因2015年11月10日调查归途中得吕建章先生指点曾有山谷间古道路通往蓝田，故以此为线索，就乔村通往骊山西塬吕氏祖茔之古道线路做再次调查了解。

上午10点，乘坐陕西文保实业公司汽车由考古院门前出发上绕城高速→西蓝高速于白鹿塬出口下至101省道后行驶到斜口，仍自乡间公路向东到达龚吕村，稍做逗留便原路返回，按吕建章先生指点，至韩峪村南紫霞湖（原名韩峪水库）北沿岔道向东下行进入骊山南部区域，沿途在河流谷地中行驶，途经白观村→房河村→侯家河村，到此水泥铺设路段已尽，沙石小路仅容一车通行，勉强将到黄路沟时路面被河水冲泡而部分坍塌，车辆无法通行，因人烟稀少，路旁等待良久方见骑摩托者经过，询问得知前方尚有野鸡湖村等，但因道路难行、车辆不通只能顺原路返回韩峪村，随后走老路过高沟村、韩峪镇达斜口，再由此上西临高速回到西安。下午5点左右调查结束。

本次古道路调查虽未能全部完成，但道路两旁部分村落已亲历并记录在册，次日于地图上搜寻并根据图上路径大致标出线路轨迹，该路径过黄路沟后于武家村，与2010年3月16日骊山西塬调查归途所走路线相接，其下则完全吻合，现以红色较细线将未重合路线绘于图上（见图9-6），该示意图谨供参考。

此线路虽然又近许多，但仍有绕道。是否存在更为便捷途径？需做进一步了解研究。

### （五）小结

经过对骊山西塬吕氏墓地的四次调查后收获如下：

（1）基本确定了北宋蓝田吕氏在陕第一处祖茔——骊山西塬墓地所在具体位置，即：西安市临潼区斜口镇韩峪乡龚吕村村东。

（2）通过实地踏查得知该墓地居山峦缓坡之上，依山面水、坐东向西，呈东高西低之势。

（3）乔村吕氏府邸通往墓地道路虽不能完全确定，但通过对数次调查路线总体分析研究后笔者认为，其中由乔村向南进入东西向灞水北岸古道（现名101省道）往西在刀旗寨折向西北方沿山道经华胥镇杏花村、武家、壕栗村达龚吕村之线路是我等亲行过的距离较近、路况相对较好的路线，调查结果亦表明此段路属沟通骊山南部东、西麓间主要古道之一部分，从而推测为乔村前往骊山西塬墓地的可选途径。另有两条路线仅标注于图，尚未做实地考察，一是由龚吕村南直向东，经韩峪村到武家，武家之后则与上述已踏查过线路吻合，现以白色线将未重和部分标注示意于图，详见（图9-6）；二是自龚吕村向北经壕栗村至焦沟，再折向东一路过陈家村、周家、马李村、陈家沟、上堡子、邓家湾最终到达乔村，此路径以浅紫色标出壕栗村以东未调查线路示意图，详见（图9-6）。两条未调查线路皆乃长期使用之村间道路，路面显窄，可容一车通行。是否能列为乔村通往骊山西塬墓地可选择路线，应待调查研究后判定。

（4）定居在韩峪河中上游之吕氏村民应与蓝田乔村吕氏同宗，只是北宋中期以后吕贲因仕于蓝田县而迁其一脉至县城附近乔村定居，从此便有了骊山东、西簏两支吕姓族人不同的繁衍生息轨迹。

## 二　山西夏县司马氏家族墓园调查报告

因研究撰写蓝田北宋吕氏家族墓园考古报告需要，笔者在陕西文保实业有限公司协助下，于2015年7月31日至8月1日，对同时期现存状况相对较好的山西夏县北宋司马氏家族墓园做了简单调查，由于该墓园未做系统考古勘探及发掘，所见所闻与资料收集主要来源于现场观察、文献记载和相关通俗科普书籍。

### （一）调查目的

截至目前，能与蓝田北宋吕氏太尉塬墓园相当的古代家族墓园幸存或经系统考察者甚少，所以夏县北宋司马氏鸣条岗墓园则显得尤为重要。

本次调查意在了解北宋哲宗元祐元年（1086年）左仆射兼门下侍郎司马光及其家族墓园位置、选址条件、墓园规模兆域、形制布局、构成因素等基本状况，为撰写蓝田吕氏家族墓园考古报告结语部分提供相关可对比资料是本次调查的唯一目的。

### （二）调查地点

司马氏家族墓园位于山西省夏县小晁村东北方约五百米处，现建有司马光墓遗址博物馆，本次调查地点主要位于该博物馆范围内。

### （三）调查时间与人员

调查时间：2015年7月31日至8月1日，共计两天。

调查人员：陕西考古研究院张蕴、王占奎，山西考古研究所田建文，文保实业公司贺建宏。

### （四）调查内容

#### 1. 2015年7月31日

上午8点30分，乘陕西文保实业公司汽车自陕西省考古研究院出发，沿西安市绕城高速行进至西禹高速，过黄河大桥于中午1点左右到达山西省考古研究所侯马市工作站，全程500千米，耗时约四个钟点多。到达后与侯马工作站站长王金平、副站长杨及耘及田建文研究员、吉琨璋副研究员等相聚，并于下午3点多共赴工作站文物库房参观学习。晚上与王金平、田建文、吉琨璋及北京师范大学杜水生教授就有关课题座谈讨论。

#### 2. 2015年8月1日

上午8点，在侯马工作站田建文研究员陪同下，乘车上西禹高速，南行至夏县水头出口转入省级公路，前往运城市夏县城西北 12 千米处北宋司马氏家族墓园遗址博物馆，上午 9 点 30 分左右到达。

北宋司马氏家族墓园位于峨嵋岭南麓涑水南塬之鸣条岗上，北依山峦、南向青龙河，呈北高南低之势，墓园坐北朝南，占地面积十万平方米，1988 年被列为国家级重点文物保护单位，但未见其重点文物保护单位纪念碑。

司马氏祖籍乃山西夏县，与陕西蓝田吕氏家族皆属北宋中晚期名门望族，尤以温国公司马光为显赫。宋史司马光传记载：司马光字君实，陕州夏县人也。父池，天章阁待制。元祐元年……拜尚书左仆射兼门下侍郎，九月薨，年六十八。赠太师、温国公，诏户部侍郎赵瞻、内侍省押班冯宗道护其丧，归葬陕州。谥曰文正，赐碑曰忠清粹德。据司马光墓园遗址博物馆王在京馆长撰《司马光墓》一书介绍，司马光家族墓园的建立可追溯至先祖北魏大将军司马阳，时司马阳统兵镇守陕州夏县，卒后便葬在涑水南塬的鸣条岗，宋庆历二年（1042 年）司马光合葬父母于鸣条岗，从此置祖茔于斯。现墓园规范为保护与游览而修，并非原貌，形制呈南北向长方形，其中包含大小坟塚十三座，分属祖上司马阳、曾祖司马征、祖父司马炫、父亲司马池、及其叔父司马浩、司马沂与司马光本人和后世子孙等。正中居北为赠温公司马池墓，东南、西南下首分别是长子司马旦（图9-8）、次子温公司马光墓（图 9-9），其叔父司马浩、司马沂墓位于左下方处，而孙辈成员墓葬则在下方正南处。南北向神道分为北高南低二阶设置，道旁各对称排列内容相同石象生大、小两组（图9-10~12）。北阶上体量较大乃司马光墓所有，南阶上体量较小属司马池墓前石刻，石刻内容均为：翁仲、虎、羊（图 9-13）。

治平元年（1064 年）朝廷依律于司马氏祖茔东侧置禅院以守护墓。

元丰八年（1085 年）神宗赐其"余庆禅院"匾额，该建筑虽经维修，至今仍保存北宋建筑原貌（图

**图 9-8　司马旦墓**

图9-9　司马光墓

图9-10　清夏县志载司马氏墓园、温公祠、余庆禅院图

图9-11　早年司马氏墓园

图9-12　现代司马光墓游览图

图9-13　司马光神道石刻

9-14、15）。

北宋温公祠故址位于余庆禅院大殿之后，原形制早毁，明代移于墓园外东侧余庆禅院之西现位置上（图9-16~18）。

元祐三年（1088年）哲宗命翰林学士苏轼作司马光神道碑文，并将此碑立于神道南端左侧。绍圣初新政派当权，司马光以诬谤先帝罪

图9-14 余庆禅院北宋大殿近景

图9-15 余庆禅院北宋大殿内顶局部

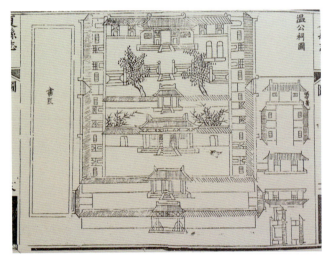

图9-16 清夏县志绘司马温公祠图

图9-17 现温公祠大门

图9-18 现温公祠大殿

图9-19 原神道碑

夺封号、贬官职、毁墓园、断神道碑，现碑座犹存原处，碑石断为四截安置于温公祠前杏花厅中（图9-19~21）。

因该墓园未做系统考古调查勘探，北宋年间墓园形制、范围、面积、内部格局、组成因素皆未明确，为保护与游览需要，现司马光墓博物馆范围涵盖部分墓园、温公祠、杏花厅及余庆禅院。司马氏后裔现仍定居于墓园西南方五百米处小晁村内，据云，仅墓园原占地面积便达四百余亩。

中午 12 点，一行人离开司马光墓博物馆驱车前往侯马曲村晋侯博物馆参观，下午 1 点左右到达曲村，午饭后约下午 2 点来到晋侯博物馆，在馆长孙永和与田建文研究员陪同下参观各文物展厅及遗址展厅。下午 4 点参观完毕返回侯马市。

下午 5 点，自侯马市出发沿西禹高速经 4 小时车程后回到西安，本次调查结束。

## （五）小结

第一，实地考察了北宋司马氏墓园并认识了解了墓园现存状况，包括已知墓主之封土排列规律、神道位置、石刻内容等。与蓝田吕氏太尉塬墓园相比：

（1）司马氏墓园原兆域、结构、形制均未经调查勘探，目前尚不明确，故在上述方面还不能与吕氏墓园对照讨论。

（2）司马氏现存墓塚分布规律是以司马光一脉为主线，按辈分纵向排列规律是：长者居中线之北高处、少者在中线两侧之南低处；同辈人横向排列制度是：以司马池墓道为中轴线。依"左"为尚原则，年长者居左、次首在右。因现存资料有限，仅可大致概括为以上两点。

与蓝田吕氏长者居南在低处，少者在北位高处，纵向排列是以长子长孙为中轴线；同辈人横向布局以中轴线上掌门人为准、依"左"为尚原则年长者在左、次者居右而定的丧葬制度多有差异，仅尚左一条二者相合。

第二，司马氏墓园外东侧的同时期配属禅院与祠堂，提供了认知北宋士大夫家族墓园配属建筑的新信息，是该研究领域的重要资料。蓝田吕氏墓园外未见禅院遗迹，祠堂设于村落中而非墓园周围。据说司马氏家庙可能在神道南端，但未做工作，不能确定，若此言成立，则与吕氏家庙位居墓园神道南端之设置相仿。

第三，通过调查、总结、概括、对比之后笔者认为，虽然陕西、山西仅一河之隔，北宋时期的豪绅士族家族墓园建制上仍有明确区别，尽管地望选择、墓园方向、神道石刻、墓园与居住地距离较近等方面有共性，但在墓葬群排列秩序方面存在较多不同之处，应与丧葬理念、地域乡俗皆有关系，了解和认识其差异的存在，亦是本次出行的最大收获。

图 9-20　原神道碑座

图 9-21　现重修神道碑楼

# 三 北宋皇陵与安徽歙县调查报告

北宋墓葬于陕西地区出土较少，家族墓园资料在国内基本不见，以家族为主体的埋葬制度、墓葬群分布准则、墓园建制、墓园选址主导思想等相关方面研究尚需要对其他地区现存较好的北宋家族墓葬、北宋帝王陵园进行实地考察，有的放矢的寻找其共同与差异，达到进一步认识了解吕氏家族墓园内涵及特点的最终目的。

《宋史》及蓝田出土吕氏家族成员墓志均记其祖籍为汲郡人并有太公庙碑刻为证，所以对河南汲郡（现河南省新乡市下属县级市卫辉）太公泉村、吕村的调查既可了解北宋蓝田吕氏家族一脉发祥地现状，也是对史书与出土墓志记载的印证。

墓葬出土器物多为实用具，内中时有包含物遗留，对包含物的检测是研究判断器物用途之重要依据，而器物用途的明确化又是了解认知北宋社会生活内容的凭证，所以本次调查还承担赴合肥科技大学有机物检测中心龚德才教授处核对、讨论、补充送检样品的责任。

墓中随葬较多文房用具，其中歙砚与徽墨皆是有唐以来文人雅士视之为宝的上等文房物品，尤其因唐后主李煜珍爱龙尾山歙砚与李廷圭墨而使歙砚与徽墨身价倍增，本次考古出土之歙砚名称、纹饰、级别的确定及徽墨种类与制作流程的认识也是调查任务之一。

鉴于上述理由，在申报本课题社科项目基金预算中已将此调查列入并获批准，现根据课题进展程度适时付于实施。并撰文对本次调查详加报告。

## （一）调查目的

首先，实地了解考察北宋皇陵选址条件、墓园布局、配属建筑、陵前石刻种类、规格等内容，为撰写报告结语相关部分收集资料。

其次，吕氏墓志记其故乡为汲郡，先祖乃西国重臣姜尚姜子牙，吕大防为父吕蕡亲撰墓志中阐明了家族延续脉络并指出，汲郡太公庙碑刻可为其家族渊源之证。所以根据墓志提供线索，本次调查意在寻找汲郡吕氏现存碑刻、庙宇、祠堂等遗迹及吕氏后裔，了解其家族发展延续脉络。

第三，中国科技大学有机物检测中心龚德才教授及其研究团队承担了吕氏家族出土器物包含物的检测工作，此行负有向项目工作人员介绍检测物历史背景并共同研究讨论检测报告撰写体例、检测物最大可能的归属种类等任务，同时补充提供尚需检测的样品。

第四，针对墓葬中出土歙砚与较多墨块实物的现状，专程前往安徽歙县了解歙砚选料、制作过程及不同纹路、色泽之歙砚名称，并对徽墨的全程制作进行考察记录。

第五，在调查回程中对所途经博物馆进行参观学习，开阔眼界、提高业务素质。

## （二）调查地点

（1）河南省巩义县境内北宋皇陵与河南巩义市考古研究所。

（2）河南省卫辉市吕公泉镇吕公泉村、吕村之太公庙、太公祠。

（3）安徽省合肥市中国科技大学有机物检测中心。

（4）安徽省歙县歙砚艺术博物馆、安徽省歙砚厂。

（5）湖北省博物馆。

## （三）调查时间与人员

调查时间：2015 年 9 月 22 日至 9 月 30 日，历时 9 天。

调查人员：张蕴、卫峰、宋俊荣、司机小冯共四人。

## （四）调查内容

### 1．2015 年 9 月 22 日

上午 10 点 30 分，从陕西省考古研究院乘租用汽车出发，一路沿绕城高速由方家村立交转连霍高速，经渭南、华阴、出潼关入河南境，过三门峡、义马、偃师，于下午 4 点 20 分左右到达巩义市，行程 412.8 千米。下午 6 点许，巩义市考古研究所刘富良所长及相关人员与我们共进晚餐，并制定了第二天调查方案。

### 2．2015 年 9 月 23 日

上午 8 点出发，在刘富良所长一行人带领下首先调查了宋真宗赵恒与皇后同茔异穴合葬陵园，宋真宗陵谓永定陵、又称定陵（图 9-22），目前帝陵之司马道、神道、石象生、内城南门阙台、陵冢皆保存较完整，司马道宽阔、道左右对称摆置柱、兽首异鸟（图 9-23）、獬豸、象与象僮、马、羊、翁仲、狮等石刻，配置齐全、体形高大、保存基本完好（图 9-24）。司马道北端正中为帝陵内城南门双阙台，因未经发掘原形制不明，现仅见左右两土丘（图 9-25）。进入南门便入其帝陵内城，此时司马道向内收缩变窄称谓神道，并继续向北延伸，道旁对设直立内侍石刻像，共计三对、手执兵器以侍卫陵寝（图 9-26）。陵冢位于神道尽头，现封土犹存，似为覆斗式，陵正前立"宋真宗赵恒之陵墓"此碑乃现代人所立，稍东侧有民国年间巩义县县长立"宋真宗永定陵"石碑，葬之初是否有碑刻现不明确。

真宗皇后陵位于帝陵后西北方，同样设有司马道、石刻（图 9-27）、内城南门双阙、神道，陵冢似为覆斗式，但因多年水土流失，外形已不甚明确，但有一点非常清楚，即所有配置规格均小于帝陵（图 9-28）。目前后陵保护工作

图 9-22　永定陵保护区门前

图 9-23　神道旁马首异鸟石刻

图 9-24　永定陵司马道与石刻

图 9-25　内宫城南门东阙台及门前走狮与侍卫

图 9-26　内宫城神道及内侍

图 9-27　真宗皇后陵石刻

正待进行，其陵墓周边保护围墙尤待建立。

在刘所长带领下我们绕帝陵踏查一周并向他请教了相关问题。随后参观了位于陵西侧的石刻暂存库房，库房中保存了内陵园周边出土的多件石刻，包括神道旁石象生、墓志等文物，均属陵区内收集品。

参观永定陵后，在刘所长带领下我们前往北宋开国皇帝赵匡胤永昌陵调查，该陵园内仍是帝、后同茔异穴而葬，目前虽为国保单位但进一步的调查保护工作尚未进行，所以只能看到贮立于田野中的帝陵封土和司马神道、神道两旁石刻（图 9-29），该陵石刻群保存尚好，有柱、兽首异鸟（图 9-30）、马（图 9-31）、翁仲、羊等，众石刻皆体量高大、面容和善。宋代帝陵为入口高而陵寝低，故石刻自高处向下排列，越接近陵冢地势越低，现因农田耕种多次修整后地势渐平，故部分石刻被半埋土中。据刘所长云，宋陵陵园布局基本遵循同一模式，外城内包含帝、后两内城及配属设置，所以永昌陵与永定陵结构相同，陵园布局设置规格亦相同。

接下来又参观了位于市区内、已经保护复原的北宋永昭陵，永昭陵为北宋仁宗赵祯陵墓，帝陵西北方有仁宗皇后陵，陵园属帝、后同茔异穴合葬地。因保存状况较好、又位居市中便于参观游览，故在其部分原址上做了建筑复原。该陵原设内、外双重陵园，现内陵园布局清晰，外陵园范围布局尚待进一步考察。永昭陵与其他北宋皇陵相同，属坐北向南而建，陵园入口为整个陵园最高点，现建有外陵园南门三出阙，两阙间为司马道，由此阙门进入陵园后司马道自南向北、由

图 9-28　皇后陵与石刻、神道

图 9-29　北宋永昌陵

图 9-30　永昌陵马首异鸟石刻

图 9-31　永昌陵石刻立马

图 9-32　永昭陵石刻及内城南门

高向低延伸，道旁对称排列石象生，象生内容同上述二陵。石刻排列尽头即为内陵园南门阙台所在（图 9-32），门前分设石狮与侍卫各一，进入内陵园后司马道内缩变窄为神道并继续向北延伸，此时神道两侧皆对立内侍石刻像，神道尽头有方形遗址，面积不大、约 30 平方米，现仅见遗址范围，未做修复，应是专为祭祀而建的上宫。上宫位于神道北端陵冢之前，内陵园中除上宫、陵丘外别无它物。内城共设南、北、东、西四门及围垣，现均于原址之上复原。后陵在帝陵西北方，拥有与帝陵相同之独立配置，但规格低于帝陵。帝、后之陵皆包含于外陵园内并推测有其他皇族陪葬、祔葬墓位居其中（因永昭陵内陵园外出有大量墓前石刻与墓志），但因大范围勘探调查工作尚未进行，目前外陵园范围、形制、布局不明确。

中午与刘所长一行共进午餐后驱车前往位于巩义市东北郊的巩义市文物考古研究所、巩义市古代文化研究中心、巩义市刘镇华庄园保护所，三块招牌实为一套人马，现均暂设于刘镇华庄园内办公，刘镇华为民国期间军伐之一，河南巩义县人，曾驻军陕西境内，并捐资扩修过吕氏家庙和芸阁学舍。刘氏庄园为上下两层，中有庭院，背依神都山、面向平原，青砖垒砌、碉楼耸立，属国家重点文物保护单位。我等在参观刘镇华山庄的同时也观看了文物库房中部分文物，其中出土的唐代妇女首饰特别是一组烹茶三彩明器鲜为人见、尤其珍贵。

下午 4 点许，我们告别刘所长及同事，乘车前往河南北部新乡市下属县级市卫辉，下午 6 点左右到达新乡市汉庭快捷宾馆住宿。

### 3. 2015 年 9 月 24 日

上午 8 点，由新乡汉庭宾馆出发前往卫辉市太公泉镇，新乡市至卫辉市距离近 40 千米，卫辉史称汲县、隋为汲郡，太公泉镇位于卫辉市之西北约 12 千米处，车行 1 小时 30 分左右到达该镇，太公泉镇包含太公泉村及吕村等，太公泉村即镇政府所在地，也是姜尚姜子牙之故乡，据清湖广总督毕沅考证，姜太公旧居在此（图 9-33）。姜尚为商代邦国重臣，得封地于故乡，国号吕，国人皆以吕为姓，所以姜尚又名吕尚、吕望。西周初年吕尚改封于齐，后人又称之为齐太公，与太公同赴齐者为姜姓或吕姓，留吕者仍皆为吕姓，经数千年变迁后，元末明初吕国后裔尚定居于太公泉村与吕村，至今两村落名称尤在并有姜太公庙、姜太公祠等遗迹保留。

现姜太公庙位于太公泉村正西阜地上，为 2002 年新建"人"字形、五开间、通面阔式建筑，原建筑在坡下太公泉西畔，现立有姜太公塑像（图 9-34），建筑遗址早已毁坏，范围、形制、规格、布局不清，现仅留太公泉积水池塘为证（图 9-35）。重建姜太公庙内塑太公像并有专人看守供奉，据守庙人崔氏介绍，每遇太公生辰及祭日还有乡民祭祀活动。

姜太公祠故址位于镇中部，坐北朝南、四合院式，太公故居相传亦在此院内，后因破败狭小于 1999 年迁至镇东北部重建，原遗址改设小学，近年小学合并他处，目前用做村落拆迁时人口暂住地。院内现有碑刻三通，一为清代乾隆年间湖广总督毕沅所考姜太公旧居及太公庙所在地碑；另

图 9-33　毕沅考姜太公旧居碑

图 9-34　现太公泉镇姜太公庙

一为 2014 年卫辉市委姜太公研究会根据原碑拓片重刻之《齐太公吕望表》碑（图 9-36）；第三通则是重刻《齐太公吕望表》碑记。院落旧门开于南垣正中，上书匾额"太公故居"（图 9-37）。由重刻齐太公吕望表碑记知，齐太公吕望表原碑刻于西晋太康十年（289 年），由时任汲县令之太公后人卢无忌撰文，书、镌之人皆失考，原碑立于汲郡太公泉村太公庙内，明万历二十年移至府署时中断，清嘉庆四年又移至学馆后失踪，现故宫博物院等处藏有不同时期拓片，清代《金石萃编·卷三十二》载有原碑文。碑文开头曰："齐太公吕望者此县人也。"由此表明，北宋蓝田吕氏墓志铭所云汲郡即是商代吕国所在、国人皆以国为姓，统奉封地主人吕望为先祖是有一定史料依据的。

太公祠新址在镇东北，为高台式、"人"字顶、三开间、通面阔建筑，两侧配房中居住祠院看护人孟运老先生及其他人，在此孟先生对太公祠始末做了详细讲解，说到吕氏后裔孟先生讲述了当地民间传说：原太公泉镇及吕村均是吕望后裔（此处也是北宋蓝田吕氏赴陕前）定居

图 9-35 太公泉、姜太公故居及庙所在地

图 9-36 重刻《齐太公吕望表》

图 9-37 姜太公故居

地，元末战乱期间朱元璋曾乞讨至山东一带随姜太公赴齐者后裔东来、东平吕氏定居地，当地吕氏讥其相貌丑陋不与施舍并以诬言秽语斥之，元璋心生忌恨，立誓若得出头必报此仇。后来成就明代开国皇帝，即派大将常遇春领兵屠杀东路吕氏，但因话语带有方音，常将军将东路误听为中路，故河南汲郡吕氏惨遭杀戮几尽灭绝，田园荒芜、道无行人，现居住于太公泉村、吕村乡民均属明中期山西洪洞县移民，原吕氏偶有幸存亦远逃他乡不知去向。而姜太公庙看守人崔氏则言：原吕氏后裔因不堪灾荒而逃难至郑州附近定居。两种说法均是民间流传，待查阅相关文献后也许可解疑，但目前事实是太公泉村与吕村村名尚在而吕氏后裔却无一人可寻。

下午 1 点左右，在卫辉市午餐后，于 1 点 30 分乘车一路沿京港澳→晋新→长济→大广→宁洛→洛广→滁新高速在蚌河下高速进入合肥市区，晚 10 点 30 分到达合肥中国科技大学附近汉庭宾馆休息，整个行程约 620 千米。

## 4．2015 年 9 月 25 日

上午 8 点 30 分从宾馆出发步行前往科技大学有机物检测中心，9 点左右到达龚德才教授办公室，在此与龚老师及学生刘峰等四人共同就检测报告所涉及样品逐条与电脑中资料核实并对每项检测报告结论结合出土位置、盛敛器皿、墓主身份、墓志记载等信息讨论确定其最大可能性之具体物质，同时移交补充检测样品。工作结束于上午 12 点 30 分许。

下午 2 点前后，由合肥出发前往歙县，沿京台高速直行，晚 8 点 20 分左右到达歙县并寻找快捷酒店住宿。因路途较远、连日奔波、司机无助手替换已很疲惫，为确保安全行车，决定出行第五天、9 月 26 日于歙县休整一日。

## 5．2015 年 9 月 27 日

上午 9 点 30 分全体人员参观了歙县歙砚艺术博物馆，在此与馆长凌红军先生就歙砚源流、产地、历史、色泽、纹饰、原石形制、制作方法、现代歙砚与古代歙砚区别与特点等问题进行了讨论交流，馆长向我等赠送了亲自撰写的《歙砚新考》一书，并就歙砚不同纹饰的原石做了介绍，在馆长允许下我们拍摄了各类不同纹饰的歙石标本，用以与出土古歙砚对比从而确定出土歙砚之名称种类。歙石天然纹饰大致可分为：眉子纹（因其纹路似眉毛而得名）（图 9-38）；水波纹（因其纹路似水波而得名）；罗纹（因其纹路似布纹而得名）；玉带纹（因其纹路直而齐整似玉带而得名）（图 9-39）；金星纹（因石上散点分布金色斑点而得名）（图 9-40）；银星纹（因石上散点分布银色斑点而得名）（图 9-41）等类型，色泽以黑灰为主，个别有土黄、暗红色，石质越黑亮、纹路越清晰品级越珍贵。上午的参观学习共计 2 小时左右，告别时与馆长合影留念（图 9-42）。

中午稍作休息，下午 2 点前往安徽省制砚厂参观学习（图 9-43），该厂位于歙县城东路 19 号，原为国营制砚厂，本想了解观看歙砚及徽墨制作过程，但适逢中秋放假，未能如愿，仅在其厂长周美洪先生陪同下参观了厂内歙砚

图 9-38　眉子纹歙石样本

图 9-39　玉带纹歙石标本

图 9-40　金星纹歙石标本

图 9-41　银星纹歙砚

图 9-42　与馆长合影留念

图 9-43　安徽歙县制砚厂

图 9-44　厂内珍藏的歙石种类标本

与徽墨展示厅，在这里我们进一步了解了歙砚的取材地点、发展延续过程中的停滞与再兴起、显微镜下所展示的歙石矿物质结构特点及其与之相配使用的徽墨发展史、种类划分等行业内知识，并仔细观看了歙石品相、纹饰分类标本（图 9-44），通过周厂长介绍，看到了歙砚取材中珍贵稀少的龟背纹石材。由于中秋节之故，值班人员欲提前下班，我等只能离开工厂，走前与厂长约定明天上午各车间开工后再来参观拍摄。

　　下午 5 点 35 分左右，我们乘车来到位于县城中部、依山傍水的古徽州城参观（图 9-45），歙县始建于秦、隋筑城垣、设立歙州、并置府衙，北宋改为徽州（1121 年），府、县同城近 1400 年，是我国保存最好的古城建筑遗址。其中南谯门始建于隋末（图 9-46），为府衙正门，北宋时期维修加固，门洞内使用 26 根木柱对称分布 13 排、自上而下内收 10° 左右贴门洞左、右壁而立，称之"排栅柱"，柱上架横梁呈倒梯形结构以支撑门洞与谯楼，此方式乃典型北宋建筑风格，俗称 24 根柱（是因城门双扉挡住了 2 根柱故有此说）。南谯楼上原有铜壶滴漏以报时，1997 年国家文物局拨专款

图 9-45　徽州古城门

图 9-47　南谯门内木柱支撑

图 9-46　南谯门及谯楼

图 9-48　徽州古城街道

图 9-49　徽州古城墙

重修，基本保持了清代木构建筑特点。古徽州城内尚保留北宋城门建式，实为罕见（图 9-47）。现存城门尚有南谯门东北侧之东谯门，又称阳合门、迎合门，门上楼宇谓东谯楼，又名鼓楼，始建于南宋绍兴二十年即公元 1150 年。现存徽州府衙位于南谯门内，为明代在旧日府衙遗址上复建而成，保存了明代建筑风格。南谯门外设有瓮城，现仅见西部城墙遗址。明代大学士许国牌楼立于阳和门之东，许国乃徽州人，明任太子太保、礼部尚书、武英殿大学士。此外，古城中还保留了部分明、清古代建筑、院落及古街道（图 9-48）、城墙（图 9-49）、民居等。参观完毕后返回住地已是晚 9 时许。

### 6. 2015 年 9 月 28 日

上午 8 点 30 分从宾馆出发如约前往安徽省制砚厂参观生产车间、了解徽墨与歙砚的制造流程和工艺技术，由于路线不熟稍有耽误，到达工厂时已 9 点 30 分，周厂长特派人员陪同参观，首先进入徽墨制作第一车间——配料车间，该车间由于常年与松烟、油烟等生产原料为伍，工作环境不够洁净。第二车间——模压车间（图 9-50），是将第一车间制成的圆形墨饼经加热烘烤、锤打砸实后模压成长方体墨锭并压印上纹饰、文字等装饰。第三车间——描金绘彩车间（图 9-51），这里将模压成型并晾干之墨锭经最后一道工序描金绘彩后便大功告成可上市出售了（图 9-52）。

接下来又参观了制砚车间（图 9-53），该车间别有特色，因歙砚既为文具又是可收藏的工艺作品，所以每一方歙砚的形制、花饰由专职设计师设计后交于制砚工人，各工人对自己要完成制作的砚台从头至尾负责到底，如此管理既可充分发挥不同制砚人的工艺技巧，又可责任到人有据可查。因时间紧迫，我们不能全程拍摄某一技工的制砚过程，只能分别介绍制砚的基本程序：首先是对已指定的歙砚雏形打磨后进行炭火加热，其次根据设计纹饰做雕刻（图 9-54），雕刻完成后再进行细致打磨，最后表面涂油后于炭火上再烘烤、油渗入石质后砚台便更显黑亮润泽。

参观完毕已是中午 12 点多，与厂长、中国文房四宝协会高级顾问、物质文化徽墨传承人周美洪先生合影留念后作别。

下午约 1 点 20 分，起程前往武汉。沿京台→杭瑞→德婺→福银高速至九江，过长江二号桥后仍沿福银高速到武汉绕城高速，晚 10 点 25 分到达武汉，就住于汉庭快捷宾馆内。

此行程约 700 千米，穿越江西婺源时饱览其原生态田园风光及粉墙黛瓦之徽派民居原貌（图

图 9-50　制墨第二车间

图 9-51　第三车间（描金绘彩车间）

图 9-52　制成后徽墨碇

图 9-53　制砚车间

图 9-54　雕刻纹饰

图 9-55　婺源风光

9-55）。穿过婺源便是著名瓷都——景德镇，这里有瓷器博物馆、瓷窑博物馆等，因受时间限制，不敢久留，只能驱车从街道缓行而过。

### 7. 2015 年 9 月 29 日

上午 9 点，从宾馆出发经武汉大学北门进入参观校址，武大有悠久的建校史，是我国著名高等学府，不但师资雄厚、人才辈出，而且校园环境优美，有碧波荡漾的东湖、苍翠秀丽的珞珈山（图 9-56），还有始建于民国二十三年现已成为国家重点文物保护单位的原武汉大学图书馆。我们参观了图书馆、学生会、学生宿舍群等武大早期建筑，并乘车游览了武大校园后由东门出校园前往湖北省博物馆参观学习。此过程开始于上午 9 点 11 分，结束于上午 10 点 30 分左右。

上午 10 点 40 分到达湖北省博物馆，首先参观了著名的曾侯乙墓，该墓葬位于湖北省随县（今随州市）城郊，发掘于 1978 年，是距今 2400 年前的诸侯国君墓葬，曾侯乙应是西周初年周天子分封同姓诸侯时得封于汉水之东的姬姓大国随之国君后裔。文献无曾国之载，就其地望而言与随国相符，故疑随即为曾。该墓未被盗掘，墓葬形制、随葬品均保存完好，墓室中出土曾侯乙漆绘棺椁、大量青铜器、漆木器、乐器、玉石器等，其数量之多、体量之大、工艺之精、种类之丰令人震撼不已。

此后又重点参观了瓷器展厅，湖北地区早在商周时期已出现原始瓷器，六朝至隋唐青瓷一统天下，宋代主要为青白瓷，元、明、清代彩瓷逐渐兴盛。该展厅之展品分为两部分，宋及宋之前以出土瓷器为重点，如：东汉青瓷四系罐、西晋青瓷狮形插座、唐代青瓷六系盘口瓶、南宋青白瓷斗笠碗。元、明、清代则以馆藏与传世瓷器为重点，如：元青花玉壶春瓶、明白瓷坛、清缠枝莲高足碗等。

参观至中午1点左右结束，回到住处已是下午3点，明天将行车一日返回西安，剩余时间稍作准备。

图9-56　珞珈山

### 8．2015年9月30日

上午9点钟准时出发离开武汉，车沿岱黄→汉孝→福银高速至麻池河立交互通后又上沪陕高速到达西安。一路上行车顺利，于晚8时许到达陕西省考古研究院，至此本调查完满结束。

### （五）小结

本次调查虽然只有九天时间，但收获颇丰，总结如下几点：

第一，巩义乃北宋开国皇帝赵匡胤故乡，也是北宋帝王陵墓聚集地，号称埋葬北宋皇帝七至八位，但所有陵园布局基本相同，调查参观的三座保存状况较好，堪称宋陵代表模式，就现有已确定资料与汉、唐帝陵相比，区别较大。

相同之处是：

（1）平地起塚、设内、外双重陵园、外陵园置司马道、内陵园有神道、帝后同茔异穴各置内城合葬、覆斗式封土等制度与汉陵相合。

（2）司马道两侧立石象生则承继了唐陵建制。

不同在于：

（1）宋陵陵园地望选址完全采用了当时盛行的道家"五音姓利"之说，陵园皆是入口地势最高、一路下坡至陵塚处地势最低，与汉、唐帝陵选址条件完全相反，此乃宋陵选址理念上的最大特点。

（2）司马道两侧石象生增添了兽首异鸟、象与象僮、羊等新内容，神道两旁加设内侍形象。

（3）帝、后陵塚外内城面积明显缩小。

（4）汉、唐帝陵神道南端皆设神道碑，而所有宋帝陵前未见碑刻。

第二，吕氏家族墓园属贵族墓园，与帝陵无可比性，形制亦差异明显，但吕氏墓园在选址方面应包含有"五音姓利"之说的某些因素，此条与宋陵有相近之处。

第三，根据出土墓志提供线索确实找到了汲郡吕氏起源地，并对该家族始末、兴衰有了系统认识。同时证实了吕氏墓志所说无虚。据《蓝田吕氏遗著集校》，中所云，北宋吕大防兄弟为恢复战乱中遗失的家谱曾多方奔走调查，笔者确信彼时可用资料应多于今日，所以墓志所言蓝田吕氏家族发展脉络是可信而有依据的。

第四，从科技大学龚德才教授的研究中深深体会到科学技术对考古工作的重要性，它可以帮助我们进入更深的认识层面。

第五，通过歙县之行收获颇丰，主要有以下几点：

（1）对歙砚的基本特点如：石质坚实细腻、叩之清越有金属之声，呵气可研、发墨丰沛、不损笔毫，贮墨冬不冰、夏不腐，特别是古砚，外形端庄凝重、大器简约等说法有了实地考察的新认识。

（2）歙砚之所以为名砚，主要原因是发墨快而丰沛，不损伤笔毫。该特性取决于歙石的矿物质结构，古之歙砚产地现谓老坑，此处石质在显微镜下呈"三角"形结构，所以研墨时易将墨粉切割下来，故发墨快而丰沛。现政府已将老坑封闭保护，如今开采之新坑歙石显微镜下呈"柱"状结构，研墨时墨粉不易切落，与古砚相比发墨较缓而不丰，这是目前老坑歙砚价格昂贵的主要缘故。吕氏家族墓所出歙砚皆为老坑料，所以除却其文物价值外经济价值亦颇为不菲。

（3）了解认识了歙石的各种纹路，特别是明确了古代歙砚纹路主为眉子、水波、龟背及罗纹，金星、银星纹均是现代新坑料，表面华丽可为上等工艺品，但使用效果不如老坑料且有损毫之说。

（4）通过对歙砚制作过程的了解，体会到歙砚在制作过程中需要强大的腕力从下刀处不间断均匀使力向前推进一气呵成，若有停歇则砚堂难以保持平滑，故制砚人不能年老力衰，必须有经验且年富力强方可。所谓老砚工制品更好更贵之说与实际不相符合。

（5）认识了歙石主产地，其位置就在歙县之东的山岗上，当地人称歙山，唐之前砚以陶制为主，唐代石砚方普遍使用，并出现了端砚、歙砚、洮砚、贺兰砚等一批著名石砚，因南唐后主李煜偏爱歙砚尤喜歙山延伸至江西婺源后被当地人称为龙尾山所产歙砚，而使其名震天下。歙砚的发展过程并不顺畅，历史上因战乱而数次停产荒废又数次兴起，北宋时期歙砚再兴并深得文人雅士钟爱。这是吕氏墓中石砚以歙石为主的重要原因。

第六，对徽墨的分类及历史发展过程有了初步了解。徽墨制造业兴起于南唐，李后主曾对龙尾山歙砚、徽州李廷圭墨、澄心堂纸情有独钟。在此后的历史时期一直为行业中佼佼者，北宋蓝田吕氏家族墓中出有不少残碎墨块，经检测均属松烟墨，通过本次调查认识到，我国用墨历史悠久，汉之前主要使用天然石墨，汉代起始人工制墨，以松木烧烟为主要原料，故名松烟墨，此墨色泽浓黑无光，易溶于水。宋代制墨所用松木因被过量砍伐导致原料缺失，油烟墨应运而生，油烟墨是以桐油、茶籽油、胡麻油等植物油烧烟为主要原料，因烟内含油脂高，制出墨锭油润有光泽，因此谓油烟墨。明代制墨业大幅发展，油烟墨得以广泛生产。所以说松烟墨历史悠久、油烟墨于明代广泛使用此前甚为少见。北宋吕氏家族出土墨均属松烟墨，表明北宋市场上松烟墨仍占主导地位，从而证实了油烟墨可能始于宋而光大于明的发展过程；同时也显示鉴别墨之品质种类是判断古人字画墨宝年代的凭据之一。目前市场上松烟、油烟墨并存，油烟墨价格更高一筹。

第七，对湖北省博物馆的参观学习令人在震撼之余更加体会到中华文明的博大精深，古人聪明才智的令人折服敬仰。

总之"行力里路，读万卷书"确为从古至今颠扑不破之真理，此一行虽辛苦颇多、亦收益丰硕。

## 四 吕大防流放路线及埋葬地点调查报告

在蓝田北宋吕氏家族太尉塬墓园中，吕大防墓葬位居自南向北第三排西数第三座，考古发掘田野编号 M3。该墓葬非比寻常，墓室形制简约，室内无葬具、人骨、随葬物品，仅于入口处见动物骨骼少许，此设置于墓葬群中尚属首例，其中必有鲜为人知的隐情。

蓝田吕氏家谱已毁于"文化大革命"时期，据现族内吕大防遗脉长者吕相波云，原家谱记载吕大防因贬官流放客死他乡，后经兄吕大忠恳请得返原籍安葬，但关山重重道路遥远艰辛，返回故里下葬祖茔的仅是衣冠而非骨骸，且因是戴罪之身丧事从简不便铭刻，所以墓内未见志铭。

此说法与考古发掘结果完全吻合，所以M3吕大防墓墓室空置全是政治原因。作为北宋蓝田"大"字辈成员中颇有影响、哲宗时官居宰相的吕大防究竟葬身何处？《宋史·吕大防传》只记载其流放途中病故于虔州信丰大庾岭下，据现蓝田吕氏后人居住地乔村村长吕晓义叙述：20世纪80年代忽有来自广东省澄海县东林村村民吕崇贤找到此地寻根，自称为吕大防长子吕景山后裔，现定居之东林村尚遗留宋代吕氏祠堂遗址，村东南石鼓山东麓有大片吕氏墓园，居首位者即吕大防墓葬，现存吕氏族人皆奉吕大防嫡长子吕景山为先祖，并持有家谱为证。正是家谱中"吕氏渭水堂"字样引导他千里迢迢、几经辗转找到陕西蓝田乔村吕大防故乡，从此时隔千年、地处南北的两群吕氏后人终于握手相认。而他们的相聚为了解寻觅吕大防实际葬所及蓝田吕氏嫡系发展延续脉络提供了重要线索。

为确定吕大防墓存在的真实性并以其贬官流放沿途线路为契机了解唐宋至明以来中原地区南下主要途径，2013年12月17日始，考古队成员做了相关考古调查，详情如下。

### （一）调查目的

第一，寻找和确定吕大防墓所在地点和真实性。补史料记载缺漏并建议相关部门进行保护。

第二，查阅现存于广东汕头地区的吕氏家谱，了解广东吕氏一脉的渊源。

第三，调查了解吕大防流放路线，关注沿途相关遗迹，最终绘制其流放线路图。

### （二）调查地点

（1）《宋史》记载吕大防卒于虔州信丰大庾岭下，故大庾岭古驿道、大梅关是本次调查的第一步。

（2）《宋史》云，大防卒于大庾岭下。广东信丰旧县志记载：大防卒于信丰南山寺，旧有墓在南山寺右。吕氏家谱亦有此同样说法，所以寻坊南山寺及寺右墓葬是本次调查的第二步。

（3）查找大庾岭南山寺至广东澄海古道，以了解吕大防卒后暂葬处及迁葬于澄海石鼓山的行走线路，此乃第三步。

（4）考察澄海石鼓山吕大防墓及东林村，确定吕大防墓所在地与其后人定居地是本次调查之第四步。

（5）赴广东汕头朝阳区吕瘩村查阅祖传吕氏家谱，收集相关资料是调查的第五步。

### （三）调查时间与人员

调查时间：2013年12月17日至12月24日，历时8天。

调查人员：考古队队长张蕴，财物与后勤主管卫峰，文字资料与摄像主管刘思哲，摄影师张明惠。

### （四）调查详情

#### 1．2013年12月17日

上午8点30分，一行4人于西安北客站乘坐西安至武汉高铁于中午12点许到达武汉火车站，出站后驱车抵汉口火车站稍事休息，再搭乘当天下午 3 点左右汉口至赣州火车于次日凌晨到达本次行程的第一站——赣州。

## 2．2013 年 12 月 18 日

上午 9 点，江西省考古研究所徐长青副所长委派文物科甄学勇科长配合我队乘租用汽车前往大庾县博物馆，在此与博物馆负责人及有关人员就梅关古道、大庾岭等问题做了短时间讨论后由博物馆负责人引导致大余县境内梅关驿道北端口考察，该山口乃翻越梅岭出大梅关进入岭南的唯一途径，自北端口一行人沿驿道过接岭桥蜿蜒向上途经梅岭驿馆直至大梅关关楼。

大庾岭又名梅岭，位于江西省大余县与广东省南雄市交界处，北距大余县城 10 千米。相传战国时期中原混战，大批越人迁往岭南，其中一支以梅绍为首的越人翻山越岭来到大庾岭上，被岭南风光吸引而定居于此，他们带来了先进生产力，为岭南开发做出了突出贡献，后人为纪念这位越人首领而将大庾岭命名梅岭。另一说法则因岭上多梅树故曰梅岭。汉武帝元鼎五年（公元前 112 年），庾胜将军随楼船将军杨朴平抚南越国后奉命与其弟统兵筑城岭北、戍边南疆。因其排行为大，故名大庾。庾胜卒后，当地百姓为念其功德，将所筑之城称大庾城，驻兵之地为大庾（即今大余县），戍边之处的梅岭亦谓大庾岭（图 9-57）。

梅关驿道：始修于秦，从梅岭之上向南北两端曲折而下，北接江西漳水，南连广东浈水，是沟通长江和珠江的陆路纽带。秦统一中国后，北方广筑长城防御外敌；南方则开关道、兴岭南、发展经济。公元前 213 年秦在五岭开山道筑三关，打开沟通南北的三条孔道，故云梅关驿道始通于秦汉。唐玄宗开元四年（716 年）宰相张九龄途经梅岭，见其山路险峻难以通行而向玄宗谏言开凿梅岭。此后在张九龄主持下历经艰辛终于扩展开通了梅岭驿道。当地百姓为纪念其功德与张夫人对夫君的大力支持，特于道旁建六祖庙与夫人庙，以示感谢。驿道筑就后成为沟通南北的重要通道，明代又在原基础上修缮加固，如今所见古驿道即为明代孝宗弘治年间修补后原貌。道宽约 6 米，由鹅卵石平整铺砌而成，道边灌木丛生、两侧山崖树林苍翠（图 9-58、59）。

梅岭驿馆：梅岭驿又称大庾驿，营造时间未见确且记载，应始于唐，故址在梅岭北，是来往官员息宿及政令军情传递、书信往来换乘换车处所。明大庾县志云："大庾岭下，旧有馆驿，庭院甚整，知府赵孟匾曰：'梅花国'，盖自此而上，岭曲皆梅，故名。"明、清之时驿馆挪于大庾县城内。1991 年大余县政府在接岭桥东、梅岭脚下古下马坪旧址重建梅岭驿馆，新建馆驿所在地并非唐宋原址。北宋吕大防贬官岭南必经此地，据吕氏族人传说，时因山路陡峭狭窄曾夜宿驿馆，天亮后弃车改马驮肩挑行李徒步过关。

大梅关关楼：秦统一天下后于五岭上开山道筑三关，名曰：横浦关、阳山关、湟鸡谷关。梅岭上所设即为横浦关，故梅关秦称横浦关或秦关。

**图 9-57　梅岭全貌**

后毁于战乱，现遗迹位于今雄余公路上，人称
小梅关。从汉至唐，梅岭有道而无关，北宋仁
宗嘉祐八年（1063 年），于山顶建关楼，从此
梅关正式得名，为别于秦关而被称作大梅关。
梅关关楼位于梅岭顶端两峭壁之间，南雄历代
州、县均有维修关楼记载，但因战争使梅关关
楼累损累修，现所见残缺关楼乃明万历二十九
年（1598 年）重筑，原分两层，上层木质结构
现已坍塌不存，下层乃拱形关门，敦实浑厚。
门洞深 5.50、内宽 3.50、门楼残高约 3.50 米，
民国大余县志绘有梅岭古道全图（图 9-60）。
梅关自古以来便是兵家必争之地，关隘南北皆
为古战场，现代史上陈毅、项英等共产党人曾
在此坚持游击战争，陈毅著名诗篇《梅岭三章》
即彼时作于此地（图 9-61）。

　接岭桥：接岭桥是古驿道上重要桥梁，始
建于唐开元四年古驿道开凿之时，坐落在地势
险峻、水流湍急的梅山南麓溪水之上。明代弘
治年间重新维修，现所见乃明代重建后形制，
为单孔石拱廊桥，麻条石铺砌而成，桥上覆盖
瓦棚，长 8.50、宽 3.65、拱高约 1.30 米。现
桥顶瓦棚已失，仅余两侧条石上柱洞遗迹（图
9-62）。

　上午的大庾岭调查至下午 1 点左右结束，
在大余县城午餐后我队决定沿江西大余县至广
东信丰县古道赶赴信丰寻找南山寺故址及吕大
防临时葬处。

　下午 2 点前后，4 人乘租用汽车沿现大余
县县道转 342 省道（大余县文管部门指出该路
线即为古道）自西向东行驶约 30 分钟后到达梅
岭古驿道南端山口处，该山口位于广东信丰县，
是古驿道跨越梅岭出大梅关进入岭南之出口，
一千年前吕大防即携家人随从由此出关进入当

图 9-58　古驿道

图 9-59　驿道西口

年山峦起伏、植被茂盛、人烟稀少、瘴气横生的岭南地域。因梅岭古驿道受当地政府保护并成为信
丰县内风景旅游区，进入景区须收取门票，我等上午从西端进入直至大梅关关楼，对驿道整体已
有所了解无需再入景区，仅于山口前拍照为据。拍照后我 4 人继续乘租用汽车从驿道南山口前 342
省道向东 2 小时后到达信丰县城圣塔广场信丰县博物馆所在地，并受到博物馆张副馆长热情接待，
因近年来博物馆人员变动较大，一些陈旧信息资料尚未整理就绪，张馆长几经辗转方联系到已退

图 9-60　梅关古驿道线图

图 9-61　考古队在大梅关合影

图 9-62　接岭桥

图 9-63　南山寺后旧址遗迹

休老职工，据她讲述，南山寺位于大庾岭之南麓，现在城东北南山公园内，因房舍破败，近年寺中僧人募资重修大殿而其余故址仍为废墟伫立于大殿周围。20 世纪 50 年代文管部门曾做调查，南山寺东侧距现大殿约百米处确有吕大防墓一座，并有墓上石碑为证。此处原属寺院所有，中华人民共和国成立后改为耕地。20 世纪 80 年代这片土地被县人民医院征用建成职工家属住宅楼群，吕大防墓在基建时被破坏，现已无迹可查。

　　了解情况后已是下午 5 点多，离开博物馆立即驱车赶到南山寺，南山古寺果然是旧貌换新颜，山门、大殿一片崭新，寺中僧人已浑然不知往事，只有大殿西侧尚依稀可见其昔日的残垣断壁（图 9-63）。吕大防暂葬处现已高楼林立、故址难觅，只留得一声叹息。

　　一天调查结束，虽然疲惫却收获颇多，返回赣州住处已是晚上 9 点多。


### 3．2013 年 12 月 19 日

　　本日行程安排是从赣州乘租用汽车至广东潮州，原定计划由梅关驿道东口沿古道至澄海考察，但因此线山峦较多，古道皆修筑于较平坦的川道河流沿岸，方便宜行，为适应现代交通需要，已在古道基础上改修为省道或高速路，其线路与古道大致吻合，所以经商定最终选择了 G105 大广高速→河源市北转 G25 长深高速→梅州市南转 G78 汕昆高速→揭阳市东下高速转 335 省道到达潮州

市。此行程由早 8 点 30 分自赣州出发，中午 12 点 30 分至 13 点 30 分在中途服务区午餐和小歇后，下午 6 点到达潮州市，共计用时 10 小时左右。在潮州 335 省道路口与广州吕氏宗亲会潮州分会副会长吕德荣汇合并在他带领下来到住处，此时已近晚上 7 点左右。

### 4．2013 年 12 月 20 日

上午 9 点，在潮州吕氏宗亲会副会长吕德荣一行带领下，乘车前往澄海县东林村附近石鼓山吕大防墓地，行进约 1 小时后到达。墓葬位于石鼓山（亦称水吼山）东麓近山顶处，面向南海，与屹立海水中之金钟山相互对应，原宋代墓葬形制不清，南宋高宗绍兴元年（1127 年）为吕大防彻底平反追封宜国公，赐谥号正愍，墓前设石牌楼及石阶梯神道，南宋末毁于元兵。明代中期河南按察、奉直大夫吕氏子孙吕文峰衣锦还乡时捐资重修大防墓，现保存形制及碑刻均为明代所留，墓葬依南方习俗为地上塚，坐西向东，周围及顶面皆由长方形砂石包砌，东面为正，设置祭台，台上正中立石刻双墓门，门楣上錾刻"二世祖"三字（大防父吕蕡被奉为一世祖），墓塚左右及后侧形如半圆，顶部微拱近平，墓前有平坦空地供人祭祀礼拜（图 9-64~66）。墓前原有石质台阶直通山下海边，道旁亦排列石刻，如今海水上涨，台阶、石刻均淹没，现只有后山小路可达墓地。

现吕氏家谱记载：每年 12 月 20 日为祭祖正日，本次调查凑巧赶上，祭祀非常隆重，众子孙纷纷从汕头、潮州、深圳、陆丰、海丰等地派代表前来祭拜，墓前人头攒动十分拥挤。祭祀结束已是午后。

午饭后，在广东省吕氏宗亲会副会长吕在希先生及原东林村党支书吕崇贤陪同下驱车前往东林村考察（图 9-67~70）。东林村位于石鼓山西北方，东临南海，现人口众多，新村建于旧村故址之北，旧村房舍犹在，主人已

图 9-64　吕大防墓

图 9-65　墓葬顶及后部形制

图 9-66　石鼓山

图 9-67　东林村村东大海

图 9-68　东林村村口大榕树

图 9-69　东林村吕氏祖祠

图 9-70　东林村旧居

图 9-71　海沙加土加动物胶筑成墙体

图 9-72　南宋吕氏祠堂遗址

基本迁入新居，只有少数老者念旧仍坚持住在老宅。这个宁静而祥和的古村落前留有清康熙、乾隆年间所修防海大坁各一道，村口两株大榕树有五人携手合抱般粗，根深叶茂，一片苍翠，榕树下的池塘中碧波荡漾恬静温婉。在吕崇贤老人带领下，我们穿行于狭窄的弄堂之间，这里的建筑很古老也很奇特，房屋墙体皆用海沙加灰土并将海螺、海贝等软体生物捣烂后添入其中，沙土被动物胶牢牢粘合，筑成墙体似砂石一般坚硬结实（图 9-71），所以村中心至今尚保存南宋吕氏祠堂遗迹,从规模看为三开间式建筑,如今荒草丛生,拨开繁茂的植被方见其残垣断壁（图9-72）。村中老屋已不知何时所建,但陈旧斑驳的墙面屋顶、遗弃在地的柱础筒瓦都显示着它们久历岁月的沧桑（图9-73）。

图9-73　古砂石柱础

据吕崇贤介绍,景山后裔自北宋末年居住在此后直到明代末年战乱之际,为保全吕氏一脉不在战火中消亡,经商定长房一族仍留居东林村守护祖宗基业,二、三、四房举家迁途于汕头、福建、海陆丰地区,并各自繁衍生息。从此蓝田吕氏遗脉分支遍布于广东、福建甚至东南亚一带。

下午4点许,我等由东林村前往澄海县城,并同吕崇贤老人一齐拜访了澄海县博物馆馆长蔡绍喜及相关工作人员,蔡馆长对调查工作给予大力支持,并在馆内资料部门配合帮助下拍摄复印了吕崇贤于20世纪80年代远赴陕西蓝田、河南汲县、江西信丰走访调查吕氏先祖及其遗脉时县级政府出示的相关材料和文字答复。座谈后返回潮州。

全天调查结束于下午6点左右,四天来这是收工最早的一天,晚饭后大家将几天来收集的文字、影像资料稍做梳理保存并预定了返程机票。

### 5．2013年12月21日

上午9点,我队4人乘坐广东汕头吕氏宗亲会车辆在吕在稀副会长等陪同下一起前往汕头市朝阳区吕厝村,中午途经汕头朝阳区海门县时稍做停留,参观了位于海门县的忠贤祠。海门县忠贤祠居南海边陲之连花峰风景区内,该祠初建于明万历二十三年（1594年）,时镇守海门之将军江应龙因十分敬仰南宋宰相文天祥与隐士张鲁庵的忠烈气节而与邑人吴从周共同捐资修筑了忠贤祠和古炮台。文天祥众所周知,张鲁庵乃海阳人即现潮州澄海人,名宾,南宋著名理学家,宋亡后拒不仕元,至文天祥曾登高望帝的莲花峰下隐居,耕读讲学,至死其志不渝。现峰下有塚,碑刻为:宋祖处士理学儒宗鲁庵张公墓。清道光四年（1824年）扩建忠贤祠并更名为莲峰书院,成为讲学育才之所。光绪四年（1878年）再次重修,始成如今建筑规模。现书院后堂立塑像三尊,居中为文天祥、左乃张鲁庵、右是江应龙。

参观过后一行人抵达汕头市朝阳区吕厝村,该村村民均为东林吕氏第三房后人,这时天色已晚,当天便住宿于广东吕氏宗亲会会长吕南明先生公司招待所中。当晚在吕在希副会长安排下,我们看到了保存于宗族祠堂内的吕氏族谱。

### 6．2013年12月22日

清晨7点30分,在公司职工食堂用完早餐后,由摄影师张明惠拍摄了族谱内相关内容,该族谱为明代版本,"文化大革命"期间为保全藏匿而将封面、封底撕毁。书中记"赵鼎解州人,宋绍兴贤相,为秦桧所嫉安置潮州杜门,谢时事不挂齿,有问者但有咎而已。初鼎子汾力请侍行不许,乃手书于之曰:吕微仲贤相謫岭,惟一子曰景山,爱之不令同行,而景山坚欲前去,将过岭吕顾其

图9-74　吕村吕氏祠堂门前

子曰：汝何罪？但死瘴乡耶，我不若先死，尤有后也。吕遂纵饮而死。吾不欲令汝侍，仲意也。"同时书中还附有吕景山妻阮氏（应是继妻或侧妻）手书与子孙的财产分配信函一封。

拍摄完毕即由吕在希副会长陪同前往吕厝村吕氏宗祠及村内古民居参观（图9-74）。

中饭后，4人乘汕头至广州长途汽车经6小时路途后到达广州时已近黄昏。这是本次调查的最后一站。

**7．2013年12月23日**

因一路行程安排紧张、车途劳顿，决定在此休整一天，大家自由活动。

**8．2013年12月24日**

一行人搭乘广州至西安航班于午后返回西安咸阳国际机场，并乘坐机场大巴车各自回家。整个调查结束。

**（五）结语**

经过辗转8天行程数千千米的考古调查，现总结收获如下：

（1）广东信丰县旧县志中收录黄文谢作吕汲公论一篇，开头云："吕汲公相母后垂蒉，成元祐之治竟以窜逐，旅死于信丰之南山寺，旧有墓在南山寺右，固其渴葬之地，今犹在也。"。1989年澄海县东林村吕氏后裔吕崇贤曾写信给时属江西省现归广东省所辖之信丰县县志编纂委员会，询问南山寺及吕大防是否没于该处并暂葬寺侧之事，信丰县县志编纂委员会办公室明确回："金文寺（古曰南山寺）位于我县县城西南山，今寺仍存，但右侧已建县人民医院职工宿舍，吕汲公之墓早已无任何遗迹，无从查考。从文字记载看，吕大防系在我县病故，并葬于南山金文寺右，后又迁走，至于何时迁走、迁往何处，未见记载。"

从上述旧县志及20世纪80年代末县志办回复信函皆可证实，大防确卒于南山寺，该寺后更名金文寺，近年重修后复古名仍为南山寺。经调查，南山寺位置与县志记载附，寺右所建职工宿舍乃80年代常见之砖混结构家属楼，原墓葬已毁，确且位置不明。通过本次调查澄清两个问题：第一，吕大防确卒于南山寺，与《宋史》记载吻合，而南山寺具体位于大庾岭南麓山脚下，乃翻越梅岭出大梅关后东行约74千米古驿道左侧，从而弥原文献记载较为粗略不详之疏。第二，吕大防死后确曾暂葬寺右侧，后又迁葬它处，故迁葬之说得以证实，并补史料之缺漏。大防墓葬虽迁移而葬地仍保留良久，最终于中华人民共和国成立后彻底损毁。

（2）广东省澄海县（原名海阳县，明嘉靖四十二年始称澄海）东林村东南石鼓山亦名水吼山上吕大防墓虽未经考古发掘验证，但据广东吕氏宗亲会提供的明代版本胪岗吕氏族谱记载，东林吕氏乃蓝田渭水堂吕氏后裔分支，其先祖吕尚、一世祖吕蕡、二世祖吕大防及妻李氏、东林开基祖进士、大尹公吕景山均与考古发掘出土墓志中记载吕通第二子吕蕡、吕蕡第二子吕大防、大防嫡长子吕景山之家族延续脉络一致且名讳完全相同。明与北宋晚期时差三百余年，蓝田至东林间距数千里地，以当时信息、交通条件，家谱能有如此准确记载绝非空穴来风捕风捉影，定有确凿翔实文字为依据。20世纪90年代，吕氏族人捐资由东林村党支书吕崇贤主持重修大防之墓，距说揭去墓冢顶端明代加固石条后发现石圹内有砖券墓室，所用青砖规格宽大，与村内遗留宋代建筑残砖极为相似，故疑砖圹乃宋所筑墓圹；且东林吕氏子孙自北宋末至如今延续传承一千年，大防与景山无疑是其公认的祖先。综上所述，族谱记载、修墓所见皆是证明石鼓山上墓塚为北宋末年吕大防实际葬所的重要依据。若此说法成立，则可推测大防卒于南山寺后暂葬寺右，后被景山迁至澄海东林村旁石鼓山上，景山身为嗣子隐居于东林村丁忧守孝，从而成为东林吕氏之开基祖。

（3）《宋史·吕大防传》曰："绍圣四年，遂贬舒州团练副使，安置循州。至虔州信丰而病，语其子景山曰：'吾不复南矣！吾死汝归，吕氏尚有遗种。'遂薨，年七十一。"明代吕氏族谱抄录南宋赵鼎至其子赵汾的书信一段，原文是"吕微仲贤相谪岭，惟一子曰景山，爱之不令同行，而景山坚欲前去，将过岭吕顾其子曰：汝何罪？但死瘴乡耶，我不若先死，尤有后也。吕遂纵饮而死。吾不欲令汝侍，仲意也。"赵鼎曾任南宋高宗绍兴年间宰相，流放岭南时手书于子，以北宋宰相吕微仲（讳大防）流放循州途过梅岭后因不忍见爱子景山客死瘴乡而自尽的旧事说教儿子赵汾免于同行，以保赵氏血脉。南宋绍兴年间与北宋绍圣年间相差四五十年左右，该手书记载应真实可信，由此知，大防乃纵饮而亡，死因是爱子心切，不忍其葬身瘴气横生的岭南荒蛮之地。与《宋史》所记病故有出入，其死亡真相应以赵鼎书云为准。

（4）吕大防任宰相期间定居开封，《宋史》载，宣仁太后崩，封山陵使，复命后使便其乡社，入辞，哲宗曰"卿暂归故乡，行即召矣。"自此始"夺学士，知随州，贬秘书监，分司南京，居郢州。言者又以修神宗实录直书其事为诬诋，徙安州。……绍圣四年，遂贬舒州团练副使，安置循州。至虔州信丰而病，遂薨，年七十一。"所以吕大防被构贬官的第一步是从故乡蓝田开始至随州，第二步自随州往郢州居住，第三步由郢州迁安州，第四步从安州途循州。整个贬官途径迁程始于元祐九年终于绍圣四年，历时约五载。蓝田今属陕西省关中东部，随州在今湖北省东北部陕豫鄂交界处，郢州仍在今湖北省境内现名武昌，安州今辖于湖北省现名安陆市，循州位于今广东省南部面临南海现名惠州。该行程起于关

图9-75　吕大防流放路线示意图

中腹地向南直达南海之滨，但大庾岭下变故使景山深陷困境，扶灵柩归故里自是父亲心意，但未得诏准却不敢成行，南下循州前途艰难亦非所愿，无奈暂寄埋父亲遗体于南山寺，孤身赴循州报丧，也许林密草荒路途难辨，在三叉口上走错路径；也许心灰意冷看破红尘，欲寻那南海之滨吕氏先祖洞宾修炼之地"仙门楼"所在（吕氏家谱如此记述），总之阴差阳错使吕景山来到潮州澄海东林村，面对茫茫大海已东去无路，又见此处碧水蓝天美丽宁静，远离人世喧嚣尔虞我诈，便决意将父亲迁至村旁石鼓山安葬并丁忧隐居于此，成为广东东林吕氏开基始祖。根据史书记载吕大防流放路线及本次调查与沿途古道走访，现绘制吕大防流放路线图，该图应是唐、宋时期南下主要路线，其中赣州至南雄古驿道属海上丝绸之路陆路部分（图9-75）。

（5）吕大忠夫妇合葬墓中出土大忠继妻樊氏夫人墓志铭，内中提及"绍圣二年夏，闻其娣秦国李夫人之讣，夫人与之年相若且少同苦甘，悲涕不自胜，因邑邑成疾，以八月辛未卒，年五十九。"故知樊氏弟媳秦国夫人为李姓，国夫人乃一品诰命，以吕氏兄弟时任职官而论，唯大防正妻有资格独享殊荣。M7号墓主是大防子景山之爱女，名嫣字倩容。因其"孝友婉娩尽得家人之欢心，而汲公秦国尤钟爱焉。"汲公为大防封号，秦国即指汲公正妻。所以秦国夫人李氏是吕大防正妻，南行随侍周氏等皆属从姜身份。依宋朝惯例，景山陪父南行必也携带侧室夫人同往，广东庐岗吕氏族谱所记景山夫人阮氏，身份为继妻还是侧妻无据可查，但景山卒后遵祖训归于蓝田并与正妻合葬则是不争之实，M4即其与妻合葬墓，棺具骨骸一应俱全，族谱云景山与阮氏合葬于澄海凤凰山之说有误。

（6）上文言及之河南按察、奉直大夫吕文峰是明代中期吕氏子孙的佼佼者，此时东林吕氏声誉财富均达顶点，据说曾垄断南海对外贸易，或许南海中沉没商船亦与此家族有关。

（7）有学者认为，明东林学舍与吕景山隐居东林村讲学授教有关，换言之，吕景山可能就是明代东林学舍的奠基人。此说法并无实据，仅为一家之说。

# 拾　结　语

## 一　从吕氏家族墓园看北宋北方地区士大夫家族墓园的布局与特点

蓝田北宋吕氏家族墓园堪称目前考古发掘中保存最完整的古代士大夫家族墓园，其选址理念、平面形制、构成因素、内部格局应充分体现了熙宁年间作为颇有建树的理学研究专家吕氏大忠、大防、大钧、大临四兄弟对周礼葬制研究的感悟及其在此基础上汲取佛、道两家葬地选址理论之长而付诸实践的最终结果。迄今为止，有关古代士大夫家族墓园发掘或调查资料发表甚少，唯山西夏县北宋司马光家族墓园与陕西蓝田吕氏家族墓园时代相同、家族背景相当、族中皆出有宰相且属前后任关系，因此两者完全具可比性。此外河南巩义县的8座北宋皇陵是目前保存较为完整的北宋帝陵群，其陵园形制、布局设置均统一规范，代表了北宋帝陵之营造理念，与士大夫阶层丧葬礼制区别显著。

所以，本文仅就吕氏与司马氏现有资料略加概述，综其要点、析其差异、通过对比研究试图寻求与了解吕氏家族墓园的设计理念和关中士大夫丧葬习俗乃至其对后世的深远影响。

### （一）蓝田吕氏太尉塬墓园结构布局

历经四年之久的考古勘探及发掘，北宋中晚期蓝田吕氏家族太尉塬墓园的基本轮廓与内部结构已被揭示的较为完整与清晰。该家族墓园落成于灞水之北河流冲积台塬坡地上，坐东北向西南，方向210°，在墓园兆沟围绕下与周边环境界限分明而自成北宽南窄东、西两边逐渐内收似倒置"酒瓶"状独立墓园平面形制，占地面积约95853平方米，约合150亩（图10-1）。墓园内部虚置贯穿南北中轴线一道，园北以轴线为准有规律地分布29座家族成员墓葬，其中20座成人墓、9座未成年人墓，均为竖穴土洞式，墓上封土现已皆失（见图10-1）。吕氏家庙位于墓园入口内、中轴线南端，由于明、清两代多有维修、翻新、扩建，故自上向下可明确分辨者共有八层叠压，最下第⑧层乃熙宁七年（1074年）与墓园同建，后为火焚；第⑦层叠压于⑧层上，规格较高，应是元祐年间适吕大防身份而造，原名无考（图10-2）。神道南端始于家庙，向东北斜直而上延伸至墓葬群南端正中M8吕通墓道上，呈南低北高斜坡式，位居中轴线中段，全长约400、宽6米左右，道旁置翁仲、羊、虎等石象生（图10-3）。

总结吕氏太尉塬墓园形制布局可为下述要点：

（1）大环境之东、北、西三面在终南、临潼、骊山山脉环抱之内，南临灞水与白鹿塬隔河相望；小环境则东、西两侧各有自然溪流由北向南而下将墓园居中托捧。园内又引西侧河水入兆沟，形成山环水复的优良地望条件。

（2）坐北朝南稍向西南方有所倾斜，与所占地势相附相合。

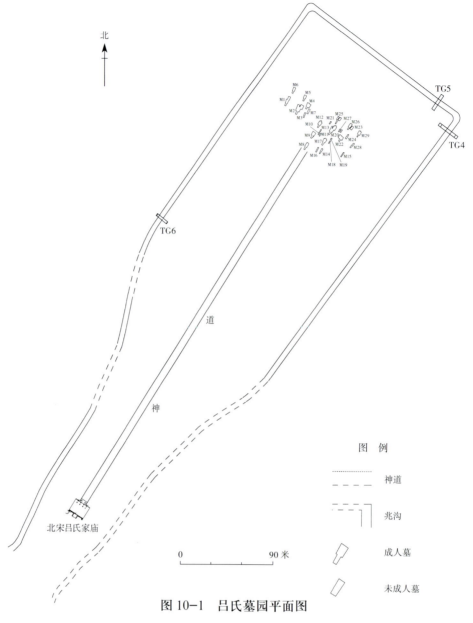

北

TG5

TG4

M6
M5
M1
M4
M7
M2
M3
M25
M10
M12　M21　M27
M13　　M26
M20　　M23
M9　　M19　M29
M17　　M24
M8　M22　M28
M16　M14　M15
M18　M19

TG6

道

神

北宋吕氏家庙

图　例

·············　神道

- - - - 　神道

⌐- - -⌐　兆沟

成人墓

未成人墓

0　　　　　90 米

图 10-1　吕氏墓园平面图

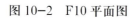

图 10-2　F10 平面图

图 10-3　神道旁石刻

（3）形制规范，设置明确，内部各区域划分清楚。

（4）南低北高形成自入口向上步步升高之势。

（5）墓园南北中轴线北部上端置墓葬群、南部下端设祭祀家庙，两者共处轴线首尾并以神道相连。

（6）墓葬群纵向排列为长辈在前、晚辈居后，顺应南低北高坡势则成长辈在低晚辈居高布置；各排横向间以中轴线为准、遵"左"为上原则按年龄长幼排列。

（7）神道直而冗长，道旁石刻使用翁仲、虎、羊造形，符合礼制中人臣身份。

（8）吕氏府邸在墓园东北 3 千米处，其后人定居至今。

## （二）夏县司马氏家族墓园结构布局

司马氏祖籍山西夏县，与陕西蓝田吕氏家族皆属北宋中晚期名门望族，尤以温国公司马光为显赫。"司马光字君实，陕州夏县人也。父池，天章阁待制。元祐元年……拜尚书左仆射兼门下侍郎，……是年九月薨，年六十八。赠太师、温国公，诏户部侍郎赵瞻、内侍省押班冯宗道护其丧，归葬陕州。谥曰文正，赐碑曰忠清粹德。"[1]①据司马光墓园遗址博物馆王在京馆长撰《司马光墓》一书介绍，司马光家族墓园的建立可追溯至先祖北魏大将军司马阳，时司马阳统兵镇守陕州夏县，卒后便葬在涑水南塬的鸣条岗上，宋庆历二年（1042 年）司马光合葬父母于鸣条岗，从此置祖茔于斯（图 10-4）。治平元年（1064 年）朝廷依律于司马氏祖茔东侧置禅院以守护墓园，元丰八年（1085 年）神宗赐其"余庆禅院"匾额（图 10-5），该建筑历经维修至今仍保存北宋建筑原貌。北宋温公祠故址位于余庆禅院大殿之后，原形制早毁，明代移于墓园外东侧余庆禅院之西现位置上。元祐三年（1088 年）哲宗命翰林学士苏轼作司马光神道碑文（图 10-6）。

因该墓园未做系统考古调查勘探，北宋年

图 10-4　清夏县志载司马氏墓园、温公祠、余庆禅院

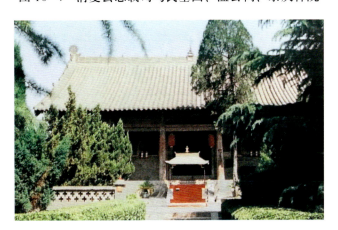

图 10-5　余庆禅院北宋大殿

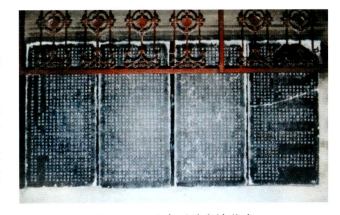

图 10-6　北宋司马光神道碑

间墓园形制、范围、面积、内部格局未详，据其后人云，原占地面积达四百余亩。墓园神道尚存，神道碑虽残尤在、碑座仍处原位。神道两侧石刻排列分种类相同、体量有别之两组分别摆置，大者属宰相、温国公司马光；小者为司马光父天章阁待制、追封温国公司马池。园内墓冢历"文化大革命"破坏后残留大小不等 13 座，分属其祖上司马阳、曾祖司马征、祖父司马炫、父亲司马池、叔父司马浩、司马沂及其司马光本人与后世子孙。司马氏家庙确存于墓园中，然遗迹至今未见，所以其位置、与墓葬及神道间关系、规格级别等相关内容盖不能言及。

经现场调查可概括其如下特点：

（1）位于涑水南塬坡地上，背依峨嵋岭南麓鸣条岗，南面居高俯视青龙河川道，形成依山面水地望条件。

（2）坐北朝南，具体方位未测。

（3）北宋墓园形制布局不明，但周边耕地中曾出土錾刻"东北角界石"一方，显示原墓园界线清楚、形制分明（现规范为 20 世纪 80 年代为保全墓冢所圈划，非原貌）。

（4）南低北高形成自南端入口向上步步升高之势。

（5）现存神道北端连接园内主位墓葬司马池墓墓道南端，故推断神道位于墓园南北向中轴线上，北连墓葬群尤疑，南端是否与家庙相接尚未知。

（6）已知资料显示，墓葬群纵向排列为长辈居北部后方，嫡系子、孙位南部前方，顺应南低北高坡势则呈长辈在高晚辈居低布局；同排中关系以中轴线神道为准遵"左"为上原则设置。

（7）现留神道较短，神道碑位居左侧，道旁石刻使用翁仲、虎、羊造形，符合人臣身份。

（8）墓园外有同时期配置禅院及司马氏祠堂各一，个别建筑现犹存，原范围、规模已不清。

（9）司马氏后裔至今仍居住在墓园西南方 500 米处小晁村内，与墓园主人亲情关系明确。

## （三）吕氏与司马氏墓园的对比研究

在概述并总结两墓园基本状况及主要特点后，对比之下其共性是：

（1）坐南朝北，北依山峦台塬，南向河流川道，占据依山面水地望优势。

（2）南低北高形成自入口向上步步升高之势。

（3）墓园南北中轴线北部上端连接墓葬群主位墓葬墓道南端。

（4）同排墓葬间关系以南北中轴线为准遵"左"为上原则排列布置。

（5）神道旁石刻使用翁仲、虎、羊造形，依礼制符合人臣身份。

（6）吕氏及司马氏后裔均定居于墓园附近，与墓园主人亲情关系明确。

两墓园差异表现为：

（1）选址上吕氏墓园除具备依山面水优势外，两侧尚有群山簇拥、溪水环流，与《葬书》所载："山来水回，贵寿丰财。"[1] 之地望特征相合。

（2）吕氏墓园形制、面积、组成因素、内部格局清晰明了；司马氏墓园因未做系统调查勘探，上述内容暂不明确。

（3）墓葬群纵向排列上两者截然相反，吕氏为长辈居南、晚辈在北，司马氏则长辈居北、晚辈在南，此乃两墓园内重要区别之一。

---

[1]（东晋）郭璞：《葬书》。

（4）墓园神道长度有较大差距，吕氏墓园神道长近四百米，司马氏墓园神道约长百米，从神道碑碑座在神道南端位置分析，原神道确实较短。

（5）吕氏墓园外无配属禅院设置，或因神宗赐重臣祖茔配属禅院之时，吕氏族人官爵尚未及准则之故。

（6）北宋吕氏祠堂位于吕府及其后裔所在乔村内，世代相传位置不改。北宋司马氏祠堂则在墓园外东北方余庆禅院之后，距司马氏居住地六百米左右。

### （四）北宋北方士大夫墓园的基本特点与布局

综上所述而获悉以下特性：

（1）北宋时期北方士大夫家族墓园择地以依山面水、坐北向南、北高南低、日照充足、土层深厚致密为上佳。

（2）墓园周边应有兆沟或墙体为界，墓葬群居园内北部，神道在园中南北向中轴线上，北端与主位墓葬墓道相接，道旁摆置石象生种类亦谨遵士大夫礼制。

（3）各排墓葬横向间以南北中轴线为准、遵"左"为上原则布置；纵向尚无定规，应以各家族所在地域乡俗及对古礼研究领会而实施。

（4）家庙是墓园组成要素之一，司马氏家庙至今虽未寻到，但其存在是确定无疑的，王在京先生于《司马光墓》一书中亦坚信如此[1]。

（5）墓园与家族居住点距离近、亲缘关系明确，千年来后裔祭祀香火不绝。

尽管上述墓园设计理念是否可代表宋代北方名门祖茔建造的基本布局要求和丧葬礼仪制度，尚需要大量新资料的注入与认真的研究探讨，但目前所具备的研究条件与可用资料只能得出这些基本观点和认知。

## 二 蓝田吕氏骊山西塬墓地与太尉塬墓园的选址与比较

根据太尉塬吕氏家族墓葬出土墓志记载，吕氏迁居蓝田后首先于骊山西塬择吉地为祖茔，后因其山路艰难、葬事耗费较大而再迁于太尉塬墓园。骊山西塬虽未进行考古勘探与发掘，但经多次调查走访，对其位置、方位、范围及地望条件、周边环境已基本认知，两处墓园间隔 15 千米，上述客观条件与主观设置均有区别，其详情如下。

### （一）骊山西塬墓地

出土吕通、吕蕡、吕大受、吕大圭等人墓志均提到吕氏骊山西塬茔地，此乃蓝田吕氏入陕后第一片祖茔，由通之次子吕蕡选定，蕡墓志有如下釪文："嘉祐六年，殿中（吕蕡）以状来告曰，我上世皆葬拎（于）新乡，今子孙宦学在秦，又得吉地於（于）骊山之麓，将以九月癸酉举公及夫人之丧葬拎（于）京兆府蓝田县玉山乡李村之原。"文中所指公及夫人即吕蕡父母吕通与张氏。从此骊山西塬便成为吕通一脉祖茔，正如吕大观墓志所云："尚书比部郎中蕡，始去汲家关中，又葬其考赠尚书兵部侍郎讳通于京兆蓝田骊山之原。故君之葬也，不得之汲而从其祖兵部府君之

---

[1] 王在京：《司马光墓》，山西经济出版社，2005 年，第 4、5 页。

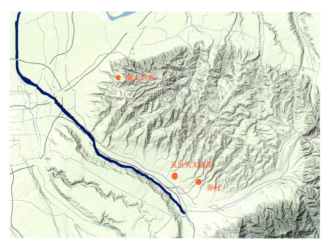

图 10-7 骊山西源与太尉塬墓园地貌图

图 10-8 骊山西塬

兆。"关于骊山西塬墓地位置以賁妻方氏墓志所言较详："得嘉祐六年岁次辛丑九月癸酉，举葬于县之西北卅里骊山之原。"于是距县城西北三十里的骊山西麓是目前掌握的骊山西塬墓地相对具体之地域记载。骊山确处在县城西北约15千米处与墓志所述一致，山向自北向南延绵至灞水北岸已为末端、并由峻峭山体衍变成陡斜台塬地貌，被灞水自东向西截断后水南大片区域称白鹿塬，水北谓骊山南麓，沿灞水北岸古道自东向西绕其脚下便至骊山西塬。此处虽曰台塬，但地势仍重重起伏、道路亦陡斜难行（图10-7）。

为寻找骊山西塬墓地位置，考古队自2010年起曾四次专程前往骊山西塬所在地及韩峪河流域调查（详见骊山西塬调查报告），骊山西塬实乃山间小台塬，位于韩峪河近源头处，此地有自甃村落名曰巩吕村，现行政区域划分是：西安市临潼区巩吕村。原村民主要为巩、吕两姓，其吕姓家族墓地就位于村东坡地上，墓地坐东向西，背依骊山西部山塬，后有新开山，前有韩峪河，两侧山峦簇拥起伏，北望可远眺韩峪河冲积平原，风光秀丽、山塬陡峭、路途难行（图10-8）。新中国成立前为避山匪，世代定居巩吕村之吕氏举族迁居韩峪河上游平原地区，并繁衍为四个自然村落，高沟村三组即为其一，协助我们等调查的吕烽、吕建章皆巩吕村吕氏后人。因无家谱记载，现确知家族祖茔所在者已为数不多。临潼巩吕吕氏后人对蓝田吕氏一无所知，然辈分排列中却有与蓝田吕氏相同字号。故推测临潼吕氏与蓝田吕氏应属同宗同族，北宋熙宁七年大临兄弟仅迁葬吕通等至亲，余者仍生活和埋葬于此，新中国成立后因耕种需求，已将墓上碑刻、封土等尽数毁坏铲平易为白地，现代子孙仅知其大概方位，族中老人偶有前往祭祀，但为数甚少。该墓地东距太尉塬墓园25千米，由此地沿古道绕过骊山南脚顺灞河古道而上便抵蓝田五里头村，详见（图10-7）。

骊山西塬墓地使用时间较短，仅限吕賁一代，终止理由取决于吕賁临终遗言，墓志载："其治命曰：吾葬兵部府君之茔，骊山西原道险非计，当迁于平易地，使世世不以葬劳人。且慎毋诔术家五姓语及浮图（屠）氏之斋荐者，……。"所以大忠、大防、大钧、大临等仅遵遗命，于熙宁七年择新茔于太尉之阳，"故今并以兵部之丧改窆于新兆云。"

## （二）太尉塬墓园

太尉塬墓园位于灞水北岸河流阶地上，顺应东北高西南低之自然倾斜地势而建，坐东北向西南，方向210°，由墓葬群、神道、家庙、兆沟四大因素组合而成，整体形制为：东北部宽阔、中部渐收、西南部窄缩似倒置酒瓶状，墓葬群居园内东北地势较高处；家庙在西南坡下墓园入口位置；神道北连墓葬群、南接家庙北门，在墓园中轴线上；兆沟环绕周边框定墓园兆域又兼护卫功能，所以太尉塬吕氏家族墓园是目前经考古发掘最完整的古代家族墓园。其周边地貌条件是：北依临潼山脉、南向灞水与白鹿塬隔河相应、东靠终南山、西望骊山，东、西两侧各有河流自高向低汇入灞水，形成山环水绕中平原缓坡的自然地形。该墓园现行政归属于陕西省西安市蓝田区五里头村四组责任田中，距吕氏家族世代居住点——乔村仅 3 千米之遥（图 10-9）。

图 10-9 太尉塬吕氏墓园大环境

## （三）两座墓园地望条件的对比与研究

骊山西塬墓地乃骊山西麓小面积山塬，坐东向西，大环境仍属山地，背依高大挺拔的新开山，两侧各有起伏小山抱拥，面向峪口远眺韩峪河冲积平原。据东晋郭璞所著《葬书》云："地势原脉，山势以原骨。委蛇东西，或为南北，宛委自复，回环重复，若踞而侯也，若揽而有也。"[1] 骊山南北走向势如委蛇，西塬两侧苑委回环、若踞若揽，地望上颇具封侯而揽富之优势，故吕蕡至兄吕英家书方有"我上世皆葬拎（于）新乡，今子孙宦学在秦，又得吉地於（于）骊山之麓，将以九月癸酉举公及夫人之丧葬拎（于）京兆府蓝田县玉山乡李村之原。"[2] 之说。

太尉塬墓园的宏观大背景实与骊山西塬墓地一脉相承，背依临潼山，东、西两侧乃终南山与骊山，面向灞水，坐落于台塬之上，北高南低、地域开阔、土层深厚。与骊山西塬相比：两座墓园均依山面水、视野豁达通透，左右被山脉环抱，此乃相同之处。区别为：太尉塬墓园有三条著名山脉环抱外围，绝非区区骊山中之山峦可比；面向浩浩灞水亦不是其支流韩峪河能及，势与形均显大气凛然；墓园坐北向南居平坦河流台地之上，视野倍加开阔，可用空间大，营造亦更为规范；温暖向阳、土层深厚、土质细密；墓园东、西两侧各有小河自上而下绕流；距离吕府较近、道路易行，丧葬祭祀皆便利。而骊山西塬墓地位处骊山西麓小台地，较阴寒面凹闭，坐东向西，视野不够开阔，发展开拓不易；海拔较高，道路难行，距吕府尚远，丧葬活动耗费大。故两者虽皆为吉地，然太尉墓园于自然条件上更胜一筹。

郭璞《葬书》载："土厚水深，郁草茂林，贵若千乘，富为万金。经曰：行止气蓄，化生万物，为上地也。""地贵平夷，土贵有支。支之所起，气随而始，支之所终，气随而终。""经曰：地有吉气，土随而起，支有止气，水随而比。势顺行动，回复始终，法葬其中，永吉无凶。""夫土欲细而坚，润而不泽，裁肪切玉，备具五色。"[3] 太尉塬墓园选址条件确实具备地贵平夷、土厚水深，郁草茂林等标准，故可谓"上地"之选。

---

［1］（晋）郭璞：《葬书》。

［2］出于吕蕡墓志第 33 行至 35 行。

［3］（晋）郭璞：《葬书》。

两座墓园所处环境差异显示出北宋士大夫家族墓园的选址理念及地望差异所决定的墓地优劣等级差别，为认识研究北宋茔地选址理念、地望自然条件优劣划分等级之准则提供了真实可靠的资料。

## 三　吕氏家族墓葬群排列规律的研究

墓葬群位于家族墓园北部正中处，昔日地貌为北高南低缓坡式，现已平整为阶梯形，为实现各阶台面的平坦，原坡上表面 1.50~2.00 米的土层被削去填补于坡下，故所有墓上遗迹、墓道开口上端皆损毁，所以研究墓葬群排列规律，主要资料来源于考古发掘，而各墓葬主人名讳、身份的确定是研究工作之重要基础。因盗掘或其他原因，虽部分墓主名讳不详，但大部分出有墓志或铭文器物，以此为凭并结合相关文献记载及墓葬分布规律的总结概括即可确定或基本确定各墓葬归属之主。以下详细逐一论述。

### （一）墓主名讳的研究与确定

考古发掘显示，29 座墓葬规划统一、设计有秩、排列清晰，自南向北共分四排，每排由东向西置数量不等、间距相当之墓葬若干，其中 20 座成人墓葬，使用深度与规格皆有定数；9 座未成年人墓葬，较浅且形制简略（图 10-10）。

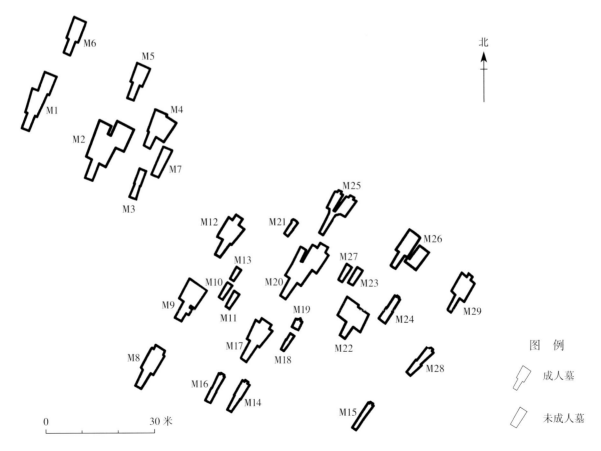

图 10-10　北宋蓝田吕氏墓葬分布图

第一排：位居墓葬群最南端，共有墓葬 3 座，其中 M8 处于领先地位，身份特殊。乃墓葬群之首，M14、M16 虽与之同排但位置稍退一步，居其左侧略后方。M8 出土墓志两合，分别为"宋故赠祠部郎中吕公墓志铭""宋故仙居县太君张氏墓志铭"。祠部郎中吕公讳通、字推之，妻张氏封仙居县太君，志文记载吕通夫妇是入葬蓝田吕氏太尉塬家族墓园中辈分最高之人。M14、16 为吕通之孙吕大受、吕大章葬所，皆有墓志为证（见图 10-10）。

第二排：位在第一排之北，自东向西置墓葬 8 座，成人墓葬 3 座，编号分别是：M15、M17、M9。据出土墓志载，M9 墓主讳英字德华，乃吕通长子；M17 墓主名蕡字秀实为吕通次子；M15 墓主是吕蕡如夫人马氏。未成年人墓葬 5 座，M9 左侧稍后处分布 M10、M11、M13，其中 M10、M11 出土墓志云其均为吕英孙吕郑、吕兴伯，M13 虽无墓志，但从吕英子大雅夫人贾氏墓志铭文知，此夫妇共有子五人，兴伯、郑等三位早夭，故推测 M13 亦为吕大雅早亡之子、吕英之孙。M18、M19 居 M17 左侧稍后处，M18 出土吕大防殇子吕岷老墓志、M19 出土吕大忠殇子吕汴墓志，故 M18、M19 皆为吕蕡亡孙无疑（见图 10-10）。

第三排：设置于第二排之北，规划整齐，自东向西共有墓葬 12 座（见图 10-10）。成人墓 8 座，编号为：M28、M22、M20、M12、M7、M3、M2、M1。其中 M28、M22、M20、M12、M1 均有墓志出土，由此确定：M28 墓主为吕大观字求思；M22 属吕大钧字和叔夫妇合葬墓；M20 乃吕大忠字进伯夫妇合葬墓；M12 是吕大圭字玉夫妇合葬墓；M1 归吕大雅字正之夫妇所有，他们皆属吕英、吕蕡嫡子，唯 M3、M2 没有明确文字记述。在仔细研究分析其所处位置及同一排列线上纪年墓主名讳与出土随葬物品后，即可寻得三条重要线索：（1）M2、M3 位居家族中"大"字辈成员墓葬排列线上，其墓主必为"大"字辈成员无疑。（2）吕通墓志明确记载共有"大"字辈孙儿九人，其中七人墓葬与主人一一对应皆有墓志为凭，唯吕大防、吕大临两人葬所不详。（3）M2 墓室中出土吕大临从兄吕大圭赠予大临的仿古礼器石敦一双，腹部楷书铭文鏨刻大临职官"宋秘书省正字"及大临字号"与叔"（图 10-11），既属大临之物，理应葬于大临墓中，故推断 M2 主人为吕大临。M3 墓葬形制简单，室内无骨骸、随葬品，葬具遗迹亦不清晰，在第三排墓葬中尤显独特。据现存吕氏家谱记，大防因遭人构陷被贬岭南，流放途中病故于虔州信丰大庾岭下（今广东省信丰县），卒后因无回归诏令，子景山将父遗体厝葬于信丰南山寺东侧后，独自沿古道仍往流放地循州（今广东惠州一带）而去，但因山路崎岖、林密人稀，行至前往循州与潮州之三岔路口不幸迷途，最终误达现广东潮州澄海东林村附近海边，东去无路，见此地远离红尘、风光秀丽、民风淳朴，且是传说中先祖吕洞宾修炼成仙之处，遂决定将父亲遗体迁葬于海边石鼓山上，现澄海石鼓山吕大防墓犹存。后虽哲宗准其回归，但遭此劫难景山万念俱灰，不欲再入是非之地，况岭南湿热，父亲遗骨实不宜一迁再迁，唯以衣冠带之而归。所以蓝田吕氏墓园故兆中吕大防墓仅为衣冠冢。《宋史·吕大防传》曰"绍圣四年，遂贬舒州团练副使，安置循州。至虔州信丰而病，语其子景山曰：'吾不复南矣！吾死汝归，吕氏尚有遗种。'遂薨，年七十一。大忠请归

图 10-11　M2 石墩上铭文拓片

葬，许之。"[1]可见文献与吕氏家谱在大防贬官并卒于南行途中、死后诏准归葬一事上说法相同。M3既为空室、符合衣冠冢之说，又因M2已证实乃吕大临墓，M3别无它选唯吕大防莫属。M7位于M3吕大防墓左侧稍后处，出土墓志表明墓主为吕大防孙女、吕景山嫡生第四女名嫣、字倩容，享年二十二岁。虽成年而未出阁即亡，故与其他同辈未成年人一并葬于祖父坟茔之侧。

未成年人墓4座，编号M24、M23、M27、M21。M22吕大钧墓左侧稍后处为M24所在，墓中出土吕麟墓志，吕麟为吕义山子，吕大钧孙，年十二早夭；右侧稍后处有M23、M27，虽无墓志出土，但所在位置表明，应是吕义山早夭女儿、吕大钧嫡孙女。M21在M20吕大忠墓右侧稍后处，地位基本与M23、M27平行，出有吕锡山前妻侯夫人之女吕文娘墓志一方，故其主人为吕锡山女、吕大忠孙女。详见（见图10-10）。

第四排：处第三排北，共分布墓葬6座，编号为：M29、M26、M25、M4、M5、M6，皆属成人墓葬。M25为合葬墓，双墓室并列，东室葬吕大忠嫡长子吕锡山前妻侯氏；西室葬其继妻齐氏，二人墓志铭均由吕锡山亲自撰写，东、西两室前有较小空间，显然为吕锡山预留，只是其人尤在，墓室未经营造而已。故M25乃吕锡山阴宅。M26出土铭文石磬清晰记载该墓主人为吕义山、字子居，义山，乳名徽，为吕大钧前妻马氏所生，马氏墓志有记可为证。M29被现代人盗掘，出土大量珍贵文物，由此引发对蓝田北宋吕氏家族墓园的抢救性考古发掘，墓中随葬歙砚底面铭文鉴其主人为承议郎吕子功。就其所葬位置、辈分排列规律（后文有详述）推断，M29属吕大观嫡长子墓。大观墓志言其早亡，唯有一子曰至山，所以确定M29应是吕至山字子功墓。M4乃夫妻合葬墓，随葬品中有歙砚一方，外底铭记"吕子，故大丞相汲公之子，死宣义郎，……"出土铭文石磬亦表明墓主乃宣义郎，吕大雅妻贾氏墓志、吕景山女倩容墓志中皆有吕大防子景山官居宣义郎之说。所以M4可认定为吕大防嫡长子吕景山葬所。2005年冬M4与M29等墓一同被盗，出土文物收藏于陕西历史博物馆，其中一批青铜古器上有宋人篆铭，由内容推测应出自吕景山墓，其中乳钉纹簋、鱼虎纹小鼎、朱雀熏炉上均刻"自牧""牧"字样，应是收藏者名讳标记。吕景山属"山"字辈成员，三位堂弟义山、至山、省山字号分别称子居、子功、子茂，那"自牧""牧"是否子牧之别称亦或简称？若猜想成立，景山乃其名、子牧则为其字也。M5、M6均属单人女性墓主，未见墓志铭或纪年文物出土，因位于"山"字辈成员墓葬排列线上，再结合墓葬群纵向贯属规律推之，可得M5应为吕大临子省山字子茂、M6为吕大雅子仲山葬所，时二位男主尚存，然国运已至宋末战乱、金人将至之即，家人去意已定，夫人棺椁只能先行下葬入土为安，所以室内仅有女主遗骸，无金石铭记可能与此有关（见图10-10）。

至此，北宋蓝田太尉塬吕氏家族墓园中29座墓葬主人名讳均已确知（图10-12）。从墓志纪年判断，该墓园使用期限为宋神宗熙宁七年（1074年）至宋徽宗政和七年（1117年），共葬北宋中、晚期吕氏族人五代，历四十三载而衰，终止原因与北宋末年政局动乱、金人入侵、贵族南迁有直接关系。

## （二）墓葬群横向排列关系

在考证确定各墓主名讳基础上，横向排列就包含着"辈"与"位"两种意义。显而易见，吕通墓处于第一排最前列，其墓志云："公三十六年卒，子男二人，英终著作佐郎，賁今为殿中丞，

[1]《宋史·卷三百四十·列传第九十九》，中华书局，1975年，第10844页。

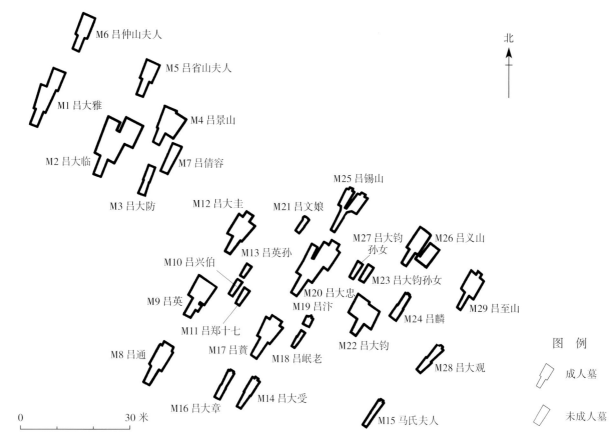

图 10-12　加墓主名讳后的墓葬分布图

……孙九人，大忠泽州晋城县令，大防著作佐郎，大钧秦州右司理／参军，大圭、大章未仕，大受同进士出身，大临、大观、大年（大雅）未仕，……。"墓志全文由吕大防亲笔撰写，具有可信任权威性。所以吕通乃墓园中辈分最高的第一代人，左侧稍后 2 座小墓分属其祔葬亡孙所有，故第一排墓葬由祖孙两代组成，布局上突出主位、后置次位，以明确主次之别。

　　第二排 8 座墓葬中吕英、吕簠、马夫人墓处主位，排列整齐，三人均为吕通子辈，故第二排墓葬主位与前排墓葬主位间辈分乃父子关系。3 座主墓在位置设计上亦有亲疏长幼之别，长子吕英墓居吕通墓端后方，吕簠墓则处于英左侧、通之左后方，可见长幼之别，马氏为簠侧夫人，地位较低，论礼不能进祖茔，但身负簠妻托孤重任并尽心竭力抚育大忠兄弟，又为大钧乳母，母以子贵，且侍奉吕家五十余年劳苦功高，才得破格入葬，却不可与簠合葬，所以墓穴在较远处。其余 5 座未成年人墓皆属英、簠祔葬亡孙，居祖辈左侧稍后之次位，布局规律同前排。

　　第三排共计 12 座墓，7 座成人墓葬均按照严格定制精心布局，不但排列均匀、整齐，而且各墓主定位颇有讲究，正中为吕英长子吕大圭墓，其左分别是大忠、大钧、大观墓；右侧则置大防、大临、大雅墓。上文引用的吕通墓志铭文已详细记述了吕通诸子及孙儿名讳与排行秩序，由此知，大忠排行最长，大圭虽排行第四身份却为长房长孙，故居于正中，大忠年最长，排于大圭左侧近旁；大防次之，位在大圭右侧近旁；大钧排行第三，墓葬设于大忠之左；大章、大受排名第五、第六，因早亡葬在祖父身侧而未进入"大"字辈排列线上；大临排行第七，居大防之右；大观名列第八，其墓设于大钧之左；大雅（幼年曾用名大年）排行第九，故位在大临右侧。所以，第三排"大"

字辈成员，其位置排列是以长房长孙为中心，按年龄顺序遵循"左"为尚基本原则定位，该原则于第二排墓葬排序中已然执行，而在第三排墓葬排列中更显明确突出。

居次位的 5 座未成年人墓葬皆属主位墓主之孙辈，各自袝葬于祖父左侧稍后处，唯大忠孙女文娘独居其右稍后侧。

第四排所有的 6 座墓葬均属"山"字辈成员，故为第四代"山"字辈人墓葬排列线无疑。但排列顺序与二、三排有明显区别，依年龄次序按"左"为尚布置葬所的横向排列原则不再显示，纵向间承继关系成为唯一的明确规律，而"大"字辈人子嗣均为单传是造成该局面的直接原因。

总结上述墓葬群横向排列规律为：

（1）自南向北，辈分由高至低依次横排设置。

（2）前二、三排中主位以长房嫡长子为核心遵"左"为上原则按年龄次序确定葬所，体现和强调了长房为大、长房为家族主脉络的主导思想；次位均属袝葬嫡孙辈，孙男居祖左侧稍后处，孙女置于右侧稍后处。

（3）第四排仅表现出明确的纵向关系，横向间不遵守"左"为尚的长幼次序排列原则。

据《礼记·祭统》载："夫祭有昭穆。昭穆者。所以别父子。远近。长幼。亲疏之序。而无乱也。是故有事于大庙。则群昭群穆咸在。"《庄子集释·卷五中》【疏】："宗庙事重，必据昭穆，以嫡相承，故尚亲也。"两条文献均记载了宗庙祭祀中昭穆制度的重要性，何谓昭穆？《左传·僖公二十四年》云"昔周公吊二叔之不咸，故封建亲戚以蕃屏周。管、蔡、郕、霍、鲁、卫、毛、聃、郜、雍、曹、滕、毕、原、酆、郇，文之昭也。"杜预注："十六国，皆文王子也。""邢、晋、应、韩，武之穆也。"杜预注："四国，皆武王子。"[1] 依杜预之注，文王子为昭，武王子为穆。换言之，昭指文王诸子，穆指文王诸孙。但文献中的昭穆制度截至目前在西周墓葬群考古发掘中未能证实。北宋蓝田吕氏墓群之横向排列原则：祖与袝葬孙同居一排，父、子必须异排安置。此规律中渗透着昭同排，穆同排，昭、穆不同排之昭穆古制的主导思想。《宋史》云"关中言礼学者推吕氏"[2]，是以，墓葬群排列次序是蓝田北宋吕氏兄弟对《周礼》深入研究推敲的结果，体现了北宋理学家对《周礼》的理解和在此基础上实施与完善所形成的埋葬制度（见图 10-12）。

## （三）墓葬群纵向排列规律

墓园中轴线自南端入口起向北直线延伸，贯穿家庙、神道与墓葬群，位于中轴线上的 3 座墓葬分别是：M8、M9、M12。M8 为吕通墓，M9 为吕通长子吕英墓，M12 属吕英长子、吕通长孙吕大圭墓，3 座墓葬明确的亲缘关系表现了中轴线上墓葬纵向设置之规律。以此标准衡量其他墓葬可见：第二排紧靠中轴线左侧的吕通次子吕蕡墓（M17）身后为长子吕大忠墓（M20），吕大忠身后为长子、吕蕡长孙吕锡山墓（M25）；第三排吕大钧墓（M22）身后为长子吕义山墓（M26）；吕大观墓（M28）身后为长子吕至山墓（M29）；吕大防墓（M3）身后为长子吕景山墓（M4）；吕大临墓（M2）身后为长子吕省山墓（M5）；吕大雅墓（M1）身后为长子吕仲山墓（M6）。由此可知，家族墓葬的纵向分布原则乃长子长孙序列（见图 10-12）。

长子长孙的纵列原则不仅代表着墓葬间的辈分、血缘、亲疏、嫡长关系，同时也体现出不同

---

[1]《左传·僖公二十四年》，上海古籍出版社，1997 年，第 345~347 页。
[2]《宋史·卷三百四十·列传第九十九》，中华书局，1975 年，第 10844 页。

时间段墓葬营造之特点。对比中轴线上 3 座不同时期墓葬纵剖图可归纳如下特点：

（1）从早到晚墓葬深度递增。

（2）从早到晚墓葬形制趋向复杂。

所以北宋吕氏家族墓园的使用时间虽然不长，其墓葬形制的发展演变规律却是考古类型学理论在考古发掘中的再印证和清晰范例。

# 四　吕氏墓葬的形制及特点

北宋太尉塬吕氏家族墓园内共置墓葬 29 座，由未成年人墓葬与成人墓葬组成。

## （一）未成人墓葬形制与特点

未成年人墓葬共计 9 座，形制分两种。

### 1.A 型　竖穴墓道、土洞墓室

包括 M10、M11、M13、M18、M21、M23、M24、M27，其特点概括为：

（1）长方形墓道浅而狭窄。

（2）墓葬深度均在地表向下 3 米左右。

（3）小面积方形或长方形单室墓穴营造低矮简略。以 M10 为例（图 10-13）。

### 2.B 型　竖穴土圹墓室

仅有 M19 吕汴墓 1 座（图 10-14），特点是：

（1）竖穴土圹墓室窄小，四壁垂直，口底同大。

（2）墓葬深度在 3 米左右与 A 型墓基本相同。

（3）墓室为南北向长方形。

（4）无墓道，圹壁上开设踏窝以供出入。

所以浅而简约的竖穴墓道、土洞墓室是未成人墓葬的主要形制特点。

## （二）成人墓葬的形制与特点

20 座成人墓葬之墓道形制相同，皆为竖井土圹式，平面呈长方形，东、西两壁南部各设纵向踏窝以供出入。而墓室形制则规格有异、变化多样，经整理归纳后可分 A、B、C、D、E 五种形制，以下分别概括其主要特点。

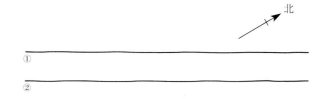

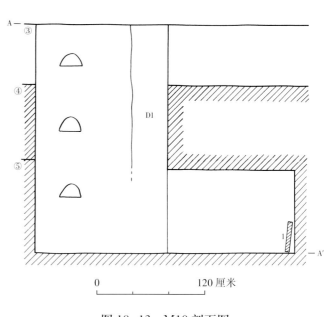

图 10-13　M10 剖面图

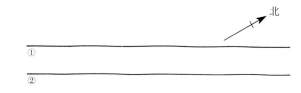

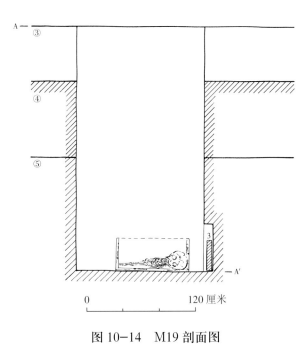

图 10-14　M19 剖面图

## 1. A 型　单墓室

该形制使用最多，共计 14 座，编号是：M3、M4、M5、M6、M7、M8、M9、M12、M14、M15、M16、M17、M28、M29。形制特点是：

（1）墓室平面为北宽南窄近圆角长方形，墓室底面或低于墓道底面形成下凹式墓穴；又或高于墓道底面造成台式墓穴。

（2）个别墓道与墓室间设短小甬道相连，但大部分无甬道，自墓道北壁下部开设入口并向左右及顶上拓展至适当空间即可。

（3）入口之外有土坯垒砌封门。

（4）该形制主要用于单身墓主或夫妻一方属二次迁葬者。

（5）室内平面布局为：棺椁葬具居中放置，随葬用品环绕周边，珍贵细软藏纳棺椁内，墓志多立或平放于墓室北壁下部龛中。

此规律基本成为单墓室内相对稳定的规划原则。现以 M5 平面图为例（图 10-15），余者可参见成人墓葬一览表（见表 5-1）。

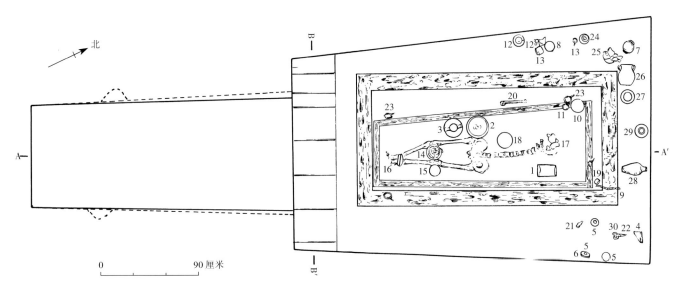

图 10-15　M5 平面图

## 2. B 型　前后双墓室

此形制仅见于 M1 吕大雅墓（图 10-16）。特点为：

（1）墓道底明显高于墓室底，形成下凹式墓室。

（2）双墓室按前后顺序排列，平面皆为南北向长方形，前室居正位较高大宽敞，后室置于前

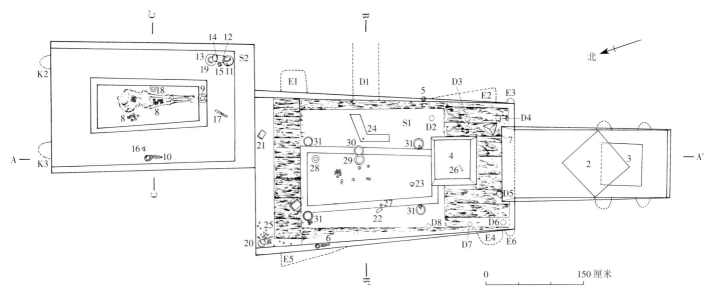

图 10-16 M1 平面图

室左后方，空间稍小且显低矮。

（3）两室间以半截生土隔墙划分前后，各自具备独立拱形顶，底面亦不在同一水平线上。

（4）较宽大前室为男主人居所，后室则归结发正妻占有。

（5）室内布局仍是葬具居中、随葬品放置周边及棺椁内。

### 3.C 型　并列双墓室

并列双室墓共计 2 座，分别为 M22、M25。其结构特征是：

（1）入口内设平面呈北宽南窄喇叭形通道，面积狭小，仅为便利营造双室而为，通道北壁东北与西北部并列开设双墓室入口。

（2）M25 双室入口内、外砌土坯封门。

（3）东、西两室面积基本相同，平面为北宽南窄长方形，双室间有高不及顶之生土隔墙为界。

（4）通道、双墓室同覆一顶，底面则有高低之差。

（5）棺椁葬具居室中（个别因地下水上涨而漂移原位），随葬用品摆周边。

（6）墓志平放于北壁下部龛内。

并列双室的存在表明两墓室主人身份相同而地位略有区别，如 M22 葬吕大钧两位正妻，发妻住东室以示原配地位，继妻居西室表次序之先后有别（图 10-17）。

### 4.D 型　主室带侧室

该形制仅见于 M26 吕义山墓葬。特点如下：

（1）主室入口开于墓道北壁下方，墓室底低于墓道底面，故形成下凹式墓室。

（2）墓室形制规整，平面呈长方形。

（3）侧室紧贴主室左侧下方，平面亦为长方形，面积窄小，无入口，与主室间以半截生土隔墙为界，进出皆由隔墙顶翻越而过。

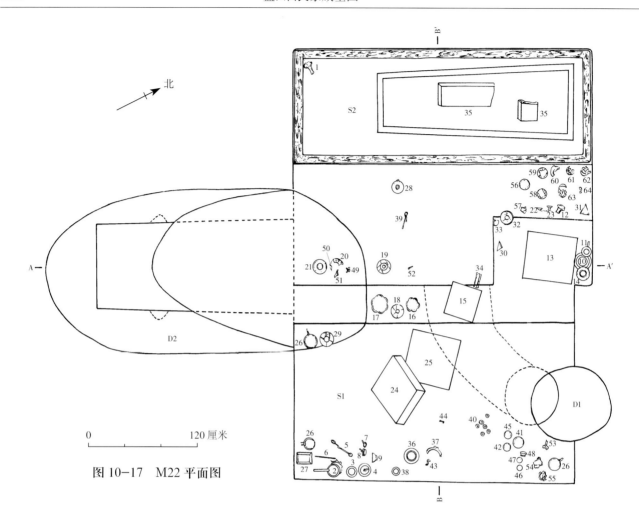

图 10-17　M22 平面图

（4）拱形大顶覆盖主室中、南部及侧室中、北部，两室南、北端皆设自属小拱顶。

（5）因盗掘严重葬具及随葬物品均被劫掠一空，据礼俗推测，棺椁摆放位置与从葬器具应与其他家族成员墓葬相同。

（6）面积宽绰的主室居正位，属男主人吕义山葬所，左下方侧室显然规格较低，乃其正妻寝室（图 10-18）。

### 5.E 型　一前室双后室

前室加双后室的复杂形制，共出土 2 例，分别是：M2 吕大临与 M20 吕大忠墓。主要特点：

（1）实用墓室之上设置空穴，以隐蔽实用墓室，起保护防盗作用。此现象仅见于"大"字辈成员墓葬中，也许出于时尚流行，也许是这一代人经过深思熟虑方有此别出心裁之创意。

（2）前室入口仍开于墓道北壁下方。

（3）前室宽大，平面呈北宽南窄长方形，北壁东北与西北部各开有东、西后室入口。

（4）后室平面均显长方形，东室面积大于西室，二者皆小于前室。

（5）两后室间隔较厚生土隔梁，其高度与前室二层台一致。

（6）双后室与前室间以较薄半截生土隔墙或土坯墙体为屏。

（7）墓室顶或高而宽大，覆盖前、后整个大墓室；或各自独立分室单设。

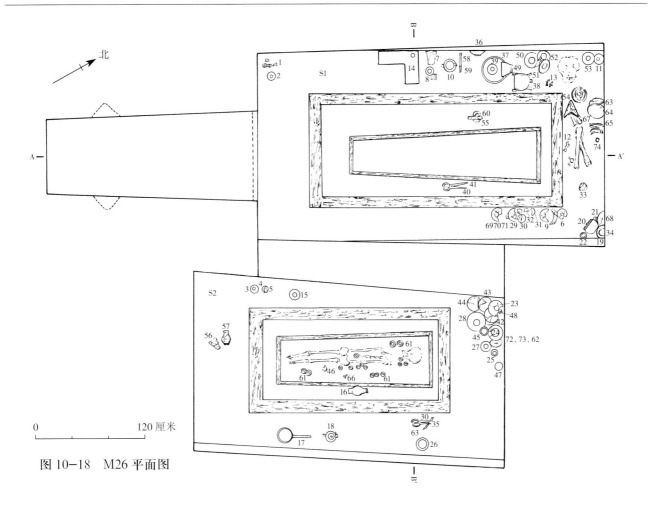

图 10-18　M26 平面图

（8）前室居正位，宽阔高大乃男主人葬所无疑；东后室规格高于西后室，应属男主人发妻所有，西后室唯继妻居所。

（9）室内葬具、随葬物品摆放位置基本类同于其他墓葬（图 10-19）。

### （三）吕氏墓葬形制的比较与研究

综上所述，与国内不同区域北宋墓葬相比，吕氏家族墓葬形制独具以下特殊之处。

（1）原墓道开口已毁，现开口见于第②层扰土层下，均为东北—西南走向，平面呈长方形之竖井土圹墓道，较深者东、西两壁各开挖三角形踏窝以供上下。

（2）土洞墓室无论大小皆为平顶或近平拱顶，入口设于墓道北壁适当位置，入口前砌土坯封门，整个墓葬营造过程不用条砖砌券，仅个别墓室底面有铺地方砖，有别于其他地区出土北宋墓葬多用砖砌的建筑方式。

（3）成人墓葬深而墓室形制多样，此特征与以往已

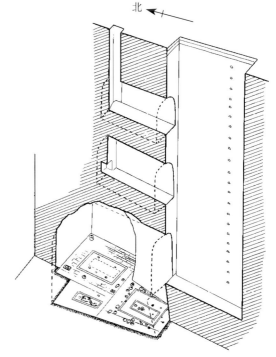

图 10-19　M2 三维透视图

发掘宋墓具有明显差异。成人墓以夫妻合葬为原则，但有别于汉代的同茔异穴和唐代的同茔同穴，而采用同茔同穴不同室的葬制，在同一大墓穴中根据用途、墓主身份等因素留出生土隔墙，上部相通、下部形成相对独立空间，与阳宅建筑中划分开间异曲同工。

（4）单墓室主要用于单身墓主或夫妻一方属二次迁葬者，因亡人已故多年，骨骸收敛后往往焚化入容器内迁移下葬，墓室空间占有以初葬者为主，故单室面积已可满足需要。

（5）结合全墓地发掘资料分析，非单一墓室之布局规律为：前室安葬男主人，女主人遵前后婚嫁顺序、依"左"为尚原则分别祔葬于前室后方左、右。所以一前室两后室之布局与各室主人明确的身份地位是印证该丧葬礼俗的重要依据。此时若有未亡人亦按地位预留墓室，如 M1 的前后双室即可释为男主人有前、后两任正妻，结发妻子地位较高卒后葬男主人左后方即东北角，而男主人右后方之西北角则留待未亡继妻使用。并列双室的存在与男主人未入葬、无前室，墓内仅埋两位夫人有关，因其两位正妻身份一致所以并列；婚嫁分先后，所以前者为尚居东室，后者稍逊则葬西室。

（6）墓葬营造一般于男主人卒后开始，若女主人先亡，棺椁则存于寺院、家庙或厝葬它处，待丈夫故后一同遵礼进入墓穴祔葬，若未亡则预留空间以备后用。此古制被身为北宋关中士族之首的蓝田吕氏格外重视，所以两个及两个以上墓室往往非同时间一次性开挖建成，而是根据不同身份墓主死亡时间分别营造。因此各墓室相对独立，底面亦有高低错落之差，而顶部或统一拓展以共用，或依具体情形单设，所以表现出随意性强的外在特征。

（7）发掘资料显示，双室、三室墓的前室二层台上遗留横架木板插痕及板灰朽迹，表明前室使用一段时间后某个后室亦或两座后室才开始修筑，为施工便利且不打扰逝者，于前室二层台上铺架木板形成工作平台则是最佳选择方案。

# 五　墓葬出土器物的分类与用途

蓝田北宋吕氏家族墓葬共出土随葬器物一千余件，其中大部分完整或经修复后形制较完整，该批器物不但品相好、种类丰富而且具备以下特点：

（1）主要为墓主生前实用器皿，做工细致、造形美观实用。

（2）器物用途、功能明确或较明确，是了解墓主生前生活内容的重要依据。

（3）通过对器物的分类及实用价值研究可进一步认识北宋士大夫阶层的生活品质及文化品位。

（4）墓地虽然使用时间仅有四十四年（熙宁七年 1074 年～政和六年 1116 年），但随葬器物组合从早至晚有明显差别。

以下从两个主要方面分别论述。

## （一）随葬器物的分类研究

所有完整、较完整随葬器物，按其显示的功能与用途大致可划分为九个类型。

### 1. 餐具、食具

该类物品所占比例最大、数量最多，主要器形包括碗、盘、碟、箸、大口罐、带盖罐等，质地有瓷、陶、铜、石四种。

（1）碗

以瓷质占主流，尤以白釉素面器居多，体量大小不等，做工细致规范。如 M22：41 六曲葵口碗（图 10-20，1），M26：21B 型六曲葵瓣碗（图 10-20，2）（六曲葵口仅指口沿呈六曲葵花瓣状，腹部平滑无曲；而六曲葵瓣指口沿与腹部皆显六曲葵花瓣状），其主要形制特征反映为六曲、大敞口、斜直腹、小底、圈足，器壁较薄。青釉素面或刻花碗数量位居第二，如 M2：94 青釉刻花折扇纹碗（图 10-20，3），M4：12 青釉刻花牡丹纹碗（图 10-20，4），200643 青釉素面五曲葵口金釦碗（图 10-20，5），主要特点是敞口、斜直腹、小底、圈足，器壁较厚。酱釉素面碗亦是餐具重要组成之一，以 M12：41 为代表（图 10-20，6），其特征为六曲、敞口、斜直腹、小底、圈足，器壁显厚。青白釉碗数量甚少，现仅见 M4：8 印花六曲葵口碗 1 件，且破碎严重，修复后形制明确，为敞口、斜直腹、小底、圈足、薄壁（图 10-20，7）。瓷碗之外尚出土石碗若干，以灰黑色骊山石为料，六曲、敞口、斜弧腹、小底、圈足，器壁较薄。详见 M2：111 六曲葵瓣石碗（图 10-20，8）。

（2）盘

仍以瓷质为主，以白釉素面者居多，如 M22：17 白釉六曲葵瓣盘（图 10-20，9），六曲、敞口、斜浅腹、大平底、圈足、厚壁、体量大。另有黑釉粗瓷盘 2 件出于不同墓葬中，形制基本相同，其中 M12：1 保存完整，敞口、浅斜腹、大平底、厚圈足，内底外围刮釉一周形成涩圈（图 10-20，10）。随葬陶盘并不多见，器形较大、体量厚重，皆灰胎，表面施光滑细腻黑色外皮，因使用长久表皮磨损斑驳并部分脱落露胎。形制为敞口、斜浅腹、大平底、厚圈足，以 M25：52B 型浅腹陶盘为例（图 10-20，11）。

（3）碟

在出土餐具中最为多见，或因形体小巧所受损伤较少而保存状况相对良好。瓷碟按釉色分为青、白、酱、青白四色，以白釉最多见，器形精致、釉色润泽，敞口、浅斜腹、平底，如 M25：41B 型白釉六曲葵瓣碟（图 10-20，12）。青白釉碟工艺、品相俱佳，形制特点同上，器壁薄而胎质洁白细腻是其突出特点，如 M1：30 青白釉葵口碟（图 10-20，13）。酱釉碟应分别产自两个不同窑口，形制同上述，一种产品釉色稍浅、白胎细密、器壁较薄，见 M6：4（图 10-20，14）；另一种产品则外形略厚重、釉色稍重、灰胎坚硬，以 M12：24 为例（图 10-20，15）。随葬品中青釉碟极少见，仅 M26 出土 2 件，特征基本同上，只是形体显笨拙、工艺较粗糙、釉色青中泛黄，如 M26：3（图 10-20，16）。

（4）箸

能保存至今者均为铜质，与现代食箸形制无二，上粗下细，通体素面，打磨光滑，横截面呈圆形，见 M12：16（图 10-20，17）。

（5）罐

是每座成人墓葬必备随葬品，虽数量有限却形制繁多，质地包括瓷、陶两类，形制有带系广口罐、素面广口罐、瓜棱腹带盖或无盖广口罐、花口罐等。瓷罐釉色见黑、白、茶叶末与酱色，陶罐均为灰色。如 M2：45 乳白色素烧广口罐，大口、束颈、鼓腹、平底，瓷胎素烧（图 10-20，18）。M8：4 为茶叶末釉双耳罐，广口、直颈、弧腹、平底、颈肩部置双耳（图 10-20，19）。黑釉瓷罐所占比例最大，种类亦丰富多样，瓜棱腹带盖罐中 M12：51 制作精良，微敛口、深圆瓜棱腹、平底，上带花沿、隆顶、水滴纽盖（图 10-20，20）；M12：12 属黑釉瓜棱腹大口罐，仅见于 M12，广口、极矮束颈、耸肩、瓜棱圆腹、平底（图 10-20，21）；M25：11 乃素面黑釉罐，厚圆唇、微敛口、深圆腹、平底，釉色均匀光亮格外醒目（图 10-20，22）。灰陶罐以 M28：4 为例，厚唇、溜肩、鼓腹、平底，

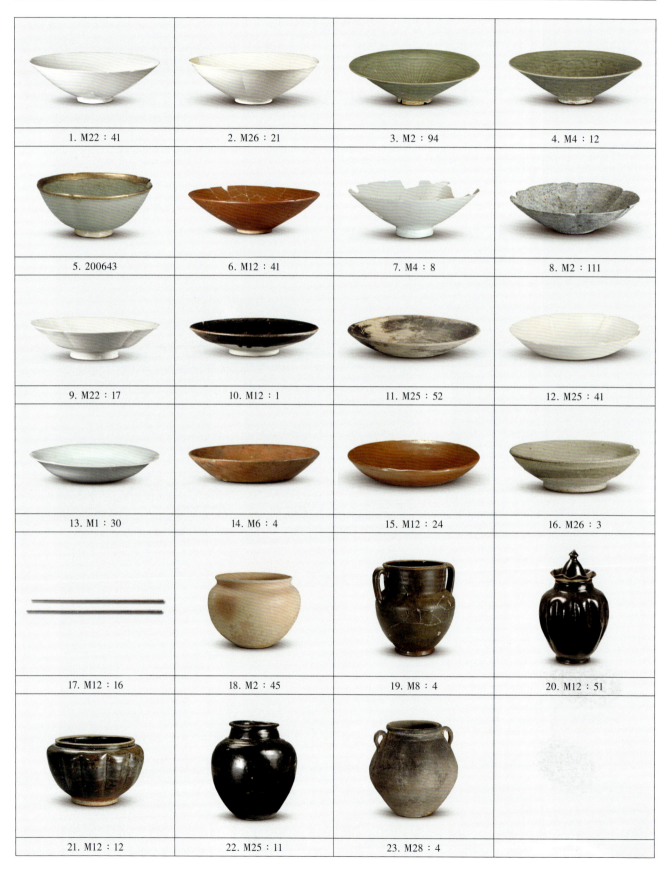

| | | | |
|---|---|---|---|
| 1. M22：41 | 2. M26：21 | 3. M2：94 | 4. M4：12 |
| 5. 200643 | 6. M12：41 | 7. M4：8 | 8. M2：111 |
| 9. M22：17 | 10. M12：1 | 11. M25：52 | 12. M25：41 |
| 13. M1：30 | 14. M6：4 | 15. M12：24 | 16. M26：3 |
| 17. M12：16 | 18. M2：45 | 19. M8：4 | 20. M12：51 |
| 21. M12：12 | 22. M25：11 | 23. M28：4 | |

图 10-20　蓝田吕氏家族墓出土餐具、食具举例

肩颈处设双系（图10-20，23）。

上述器具中，碗、盘、碟、箸均是餐具，其中素面小碗无论质地为何，体量与当代饭碗接近、做工细致规范、形制简约、便于使用及清洁，应属实用饭碗。部分带有华丽金银釦边装饰者，形制、釉色皆表现出较早时代特征，可能为墓主收藏之前代产品。敞口、腹较浅、壁稍厚、内壁刻花碗可能以盛敛菜肴为主。而口径在24.8、高7.6、圈足径7.1厘米左右之大碗，口大腹浅，实用功能推测为汤碗，与现代汤盆名有异而功能相同。盘的形制厚重，体量较大，放置菜肴不够精致，推测摆放果品或主食更合情理。碟之用途与现代小碟相同，首先作为进餐时辅助餐具与碗配套，所以出土时成摞叠置于碗、箸旁；其次亦可用来放置各种小菜供食用；第三种功能应与饮茶相关，是品茶中贮放茶点干果器皿，作用同唐代茶具中百子盒类似。箸俗称筷子，功能不言而喻。从字体构成分析，此物初始必以竹、木为原料制成，相信原随葬食器中竹、木筷一定较多，但有机物在北方难以保存至今，故现场发掘仅见铜箸，数量上与碗、碟等餐具悬殊较大。

罐非餐具而属食具，因罐内出有粟米类碳化物及小块动物骨骼朽片，故断定其用途是盛贮各种饭食与肉类而祭于圹内，所以无论墓葬规模大小、墓主身份高低皆乃圹内必备器物。就其形制做工观察，不是特制明器而属实用器，为葬礼专购或家中原有用具。

敞口、腹斜直内收、小底、圈足是北宋碗的独特造形，倒置后形似斗笠故又名斗笠碗。而六曲葵口或六曲葵瓣形亦是北宋碗、盘、碟形制的又一突出特点。

关于餐、食具种类、数量可详见表10-1。

表10-1 墓葬出土餐、食具一览表

| 序号 | 名称 | 编号 | 出土地点 | 尺寸（厘米） | 现状 | 备注 |
|---|---|---|---|---|---|---|
| 1 | 白釉浅腹碗 | M1：16 | M1 | 通高3.1、口径11.2、底径5.6 | 残 | |
| 2 | 白釉双耳罐 | M1：29 | M1 | 通高9.8、口径9.3、腹径11.4、圈足径6.1 | 修复完整 | |
| 3 | 青白釉葵口碟 | M1：30 | M1 | 通高2.2、口径11.4、底径4.1 | 完整 | 举例 |
| 4 | 青白釉六曲葵口碟 | M2：4 | M2 | 通高2.3、口径11.1、底径4.1 | 口沿略残 | |
| 5 | 青黄釉印花双鱼纹盘 | M2：8 | M2 | 通高2.9、口径15.7、圈足径5.7 | 腹壁有残缺 | |
| 6 | 酱釉双耳罐 | M2：10 | M2 | 通高13.3、口沿径8.6、腹径1.9、圈足径6.4 | 完整 | |
| 7 | 黑釉鼓腹双耳罐 | M2：11 | M2 | 通高11.8、口沿径8.2、腹径11.0、圈足径6.7 | 残破 | |
| 8 | 黑釉素面盘 | M2：12 | M2 | 通高3.7、口径16.2、圈足径6.6 | 口、腹有残缺 | |
| 9 | 黑釉双耳罐 | M2：17 | M2 | 通高16.5、口沿径14.1、腹径18.0、圈足10.0 | 修复基本完整 | |
| 10 | 青釉印花莲纹盘 | M2：34 | M2 | 高3.3、口径16.5、足径6.0 | 残 | |
| 11 | 素烧广口罐 | M2：45 | M2 | 通高9.8、口沿径11.5、腹径13.7、底径5.6 | 完整 | 举例 |
| 12 | 黑釉双耳罐 | M2：67 | M2 | 通高12.0、口沿径8.2、腹径10.6、圈足径6.3 | 完整 | |
| 13 | 青釉刻花碗 | M2：94 | M2 | 通高5.3、口径19.3、足径5.3 | 修复基本完整 | 举例 |
| 14 | 青釉刻花碗 | M2：95 | M2 | 通高5.3、口径19.3、足径5.3 | 修复基本完整 | |
| 15 | 青釉刻花碗 | M2：96 | M2 | 通高5.3、口径19.3、足径5.3 | 修复基本完整 | |
| 16 | 青釉刻花碗 | M2：97 | M2 | 通高5.3、口径19.3、足径5.3 | 修复基本完整 | |
| 17 | 青釉刻花碗 | M2：98 | M2 | 通高5.3、口径19.3、足径5.3 | 修复基本完整 | |

续表 10-1

| 序号 | 名称 | 编号 | 出土地点 | 尺寸（厘米） | 现状 | 备注 |
|---|---|---|---|---|---|---|
| 18 | 青釉刻花碗 | M2：99 | M2 | 通高 5.3、口径 19.3、足径 5.3 | 修复基本完整 | |
| 19 | 青釉刻花碗 | M2：100 | M2 | 通高 5.3、口径 19.3、足径 5.3 | 修复基本完整 | |
| 20 | 青釉刻花碗 | M2：101 | M2 | 通高 5.3、口径 19.3、足径 5.3 | 修复基本完整 | |
| 21 | 青釉刻花碗 | M2：102 | M2 | 通高 5.3、口径 19.3、足径 5.3 | 修复基本完整 | |
| 22 | 带盖陶罐 | M2：9 | M2 | 通高 18.9、盖径 10.7、口沿径 11.1、底径 12.0 | 盖沿、腹略残 | |
| 23 | 陶罐 | M2：18 | M2 | 通高 17.5、口沿径 10.5、腹径 19.9、底径 10.8 | 修复基本完整 | |
| 24 | 陶罐 | M2：44 | M2 | 通高 19.4、口沿径 10.3、腹径 19.3、底径 9.0 | 完整 | |
| 25 | 陶罐 | M2：46 | M2 | 通高 19.4、口沿径 10.4、腹径 19.1、底径 9.5 | 完整 | |
| 26 | 六曲葵瓣石碗 | M2：111 | M2 | 高 3.9、口径 15.0、圈足径 4.6 | 修复成形 | 举例 |
| 27 | 六曲葵瓣石碗 | M2：112 | M2 | 高 3.9、口径 15.0、圈足径 4.6 | 修复成形 | |
| 28 | 六曲葵瓣石碗 | M2：113 | M2 | 高 3.9、口径 15.0、圈足径 4.6 | 修复成形 | |
| 29 | 六曲葵瓣石碗 | M2：114 | M2 | 高 3.9、口径 15.0、圈足径 4.6 | 修复成形 | |
| 30 | 黑釉双系罐 | M4：7 | M4 | 通高 14.4、口沿径 7.6、腹径 9.2、圈足径 5.7 | 修复完整 | |
| 31 | 青白釉印花六曲葵口碗 | M4：8 | M4 | 通高 7.8、口沿径 21.4、圈足径 6.2 | 修复基本成形 | 举例 |
| 32 | 青釉刻花牡丹纹碗 | M4：12 | M4 | 通高 5.4、口径 17.9、圈足径 4.8 | 修复基本完整 | |
| 33 | 青釉刻花双耳罐 | M4：13 | M4 | 通高 17.3、口沿径 10.9、腹径 13.8、圈足径 7.7 | 修复完整 | |
| 34 | 青釉刻花双耳罐 | M4：15 | M4 | 通高 17.4、口沿径 11.6、腹径 14.0、圈足径 7.0 | 修复完整 | |
| 35 | 白釉圈足盘 | M4：23 | M4 | 高 3.9、口沿径 15.5、圈足径 5.7 | 完整 | |
| 36 | 白釉圈足盘 | M4：27 | M4 | 高 4.1、口沿径 15.3、圈足径 5.5 | 修复完整 | |
| 37 | 青釉刻花牡丹纹碗 | M4：12 | M4 | 通高 5.4、口径 17.9、圈足径 4.8 | 修复基本完整 | |
| 38 | 青釉刻花双耳罐 | M4：13 | M4 | 通高 17.3、口沿径 10.9、腹径 13.8、圈足径 7.7 | 修复完整 | |
| 39 | 青釉刻花双耳罐 | M4：15 | M4 | 通高 17.4、口沿径 11.6、腹径 14.0、圈足径 7.0 | 修复完整 | |
| 40 | 白釉圈足盘 | M4：23 | M4 | 高 3.9、口沿径 15.5、圈足径 5.7 | 完整 | |
| 41 | 白釉圈足盘 | M4：27 | M4 | 高 4.1、口沿径 15.3、圈足径 5.5 | 修复完整 | |
| 42 | 黑釉双系罐 | M4：29 | M4 | 通高 13.8、口沿径 7.6、腹 9.2、圈足径 5.6 | 修复完整 | |
| 43 | 黑釉双系罐 | M4：30 | M4 | 通高 14.4、口沿径 7.6、腹径 9.2、圈足径 5.7 | 基本完整 | |
| 44 | 青白釉六曲葵口碟 | M4：34 | M4 | 高 2.4、口沿径 11.3、底径 4.0 | 修复完整 | |
| 45 | 黑釉盘口双系罐 | M4：36 | M4 | 通高 12.1、口沿径 9.6、腹径 11.0、圈足径 5.4 | 修复完整 | |
| 46 | 鼓腹陶罐 | M4：19 | M4 | 通高 14.2、口沿径 13.5、腹径 16.9、底径 7.6 | 修复完整 | |
| 47 | 青釉刻花团菊纹碗 | M5：4 | M5 | 通高 4.5、碗口沿径 15.0、圈足径 3.8 | 完整 | |
| 48 | 黑釉双系罐 | M5：25 | M5 | 通高 18.3、口沿径 11.2、腹径 15.5、圈足径 7.5 | 修复完整 | |
| 49 | 黑釉双系罐 | M5：26 | M5 | 通高 17.9、口沿径 11.7、腹径 15.2、圈足径 7.6 | 完整 | |
| 50 | 黑釉双系罐 | M5：27 | M5 | 通高 18.7、口沿径 11.7、腹径 15.8、圈足径 8.1 | 完整 | |
| 51 | 花口沿陶罐 | M5：7 | M5 | 通高 10.0、口沿径 9.4、腹径 12.4、底径 4.0 | 完整 | |
| 52 | 酱釉小碟 | M6：4 | M6 | 高 1.8、口沿径 9.6、足径 6.1 | 修复完整 | 举例 |
| 53 | 青釉刻花牡丹纹碗 | M6：7 | M6 | 通高 4.7、口沿径 19.0、圈足径 6.0 | 基本完整 | |

续表 10-1

| 序号 | 名称 | 编号 | 出土地点 | 尺寸（厘米） | 现状 | 备注 |
|---|---|---|---|---|---|---|
| 54 | 青釉刻花牡丹纹碗 | M6：9 | M6 | 通高 5.1、口沿径 18.8、圈足径 6.0 | 残破 | |
| 55 | 青釉印花团菊纹小碗 | M6：10 | M6 | 通高 4.5、口沿径 14.9、圈足径 3.8 | 修复基本完整 | |
| 56 | 青釉葵口碗 | M6：14 | M6 | 通高 5.7、口沿径 18.5、圈足径 5.5 | 修复基本完整 | |
| 57 | 青釉葵口碗 | M6：15 | M6 | 通高 5.7、口沿径 18.5、圈足径 5.5 | 修复完整 | |
| 58 | 青釉刻花团菊纹碗 | M6：28 | M6 | 通高 5.5、口沿径 19.0、圈足径 5.4 | 残破 | |
| 59 | 青釉刻花牡丹纹碗 | M6：31 | M6 | 通高 4.8、口沿径 18.8、圈足径 5.9 | 修复基本完整 | |
| 60 | 黑釉双耳罐 | M6：33 | M6 | 通高 18.2、口沿径 11.3、腹径 15.5、圈足径 8.2 | 修复基本完整 | |
| 61 | 黑釉双耳罐 | M6：34 | M6 | 通高 18.2、口沿径 11.3、腹径 15.5、圈足径 7.9 | 修复基本完整 | |
| 62 | 黑釉双耳罐 | M6：37 | M6 | 通高 18.8、口沿径 11.9、腹径 16.1、圈足径 8.1 | 修复完整 | |
| 63 | 青釉葵口碗 | M6：40 | M6 | 通高 5.5、口沿径 18.9、圈足径 5.6 | 修复完整 | |
| 64 | 青釉葵口碗 | M6：41 | M6 | 通高 5.8、口沿径 18.9、圈足径 5.7 | 完整 | |
| 65 | 黑釉瓜棱腹双系罐 | M7：3 | M7 | 通高 16.7、口沿径 14.1、腹径 18.8、圈足 9.2 | 修复基本完整 | |
| 66 | 黑釉瓜棱腹双系罐 | M7：4 | M7 | 通高 16.4、口沿径 15.3、腹径 19.5、圈足径 10.0 | 修复完整 | |
| 67 | 黑釉瓜棱腹双系罐 | M7：5 | M7 | 通高 15.8、口沿径 15.6、腹径 18.9、圈足径 10.1 | 修复成形 | |
| 68 | 白釉六曲葵瓣碗 | M7：11 | M7 | 通高 3.4、口沿径 12.6、圈足径 3.6 | 修复完整 | |
| 69 | 白釉葵口碟 | M7：32 | M7 | 高 1.6、口径 8.3、足径 3.8 | 修复成形 | |
| 70 | 白釉葵口碟 | M7：33 | M7 | 高 1.7、口径 8.2、足径 3.8 | 修复成形 | |
| 71 | 白釉葵口碟 | M7：34 | M7 | 高 1.6、口径 8.4、足径 3.7 | 修复成形 | |
| 72 | 白釉葵口碟 | M7：35 | M7 | 高 1.5、口径 8.3、足径 3.8 | 修复成形 | |
| 73 | 白釉葵口碟 | M7：36 | M7 | 高 1.5、口径 8.2、足径 3.7 | 修复成形 | |
| 74 | 白釉葵口碟 | M7：37 | M7 | 高 1.5、口径 8.3、足径 3.8 | 修复成形 | |
| 75 | 白釉葵口碟 | M7：38 | M7 | 高 1.5、口径 8.3、足径 3.7 | 修复成形 | |
| 76 | 白釉葵口碟 | M7：39 | M7 | 高 1.8、口径 8.7、足径 3.7 | 修复成形 | |
| 77 | 白釉葵口碟 | M7：40 | M7 | 高 1.7、口沿径 8.6、卧足径 2.7 | 修复完整 | |
| 78 | 白釉葵口碟 | M7：41 | M7 | 高 1.7、口径 8.6、足径 2.7 | 修复完整 | |
| 79 | 半透明黄褐色石碟 | M7：14 | M7 | 高 1.9、口沿径 9.6、底径 5.5 | 修复基本完整 | |
| 80 | 半透明黄褐色石碟 | M7：15 | M7 | 高 2.0、口沿径 9.6、底径 5.2 | 修复基本完整 | |
| 81 | 茶叶末釉双耳罐 | M8：4 | M8 | 通高 14.1、口沿径 10.3、腹径 13.0、圈足径 6.6 | 修复基本完整 | 举例 |
| 82 | 黑釉双耳罐 | M9：11 | M9 | 通高 21.4、口沿径 12.4、颈高 5.6、腹径 15.9、足径 8.2 | 完整 | |
| 83 | 黑釉双耳罐 | M9：12 | M9 | 通高 20.3、口沿径 11.9、颈高 4.2、腹径 14.9、足径 7.9 | 完整 | |
| 84 | 酱黄釉双系罐 | M9：15 | M9 | 通高 14.0、口沿径 10.0、腹径 13.9、足径 6.5 | 修复完整 | |
| 85 | 青釉刻花碗 | M9：21 | M9 | 通高 7.1、残口沿径 21.0、足径 6.2 | 残 | |
| 86 | 陶罐 | M9：17 | M9 | 通高 18.3、口沿径 10.3、腹径 18.6、底径 9.6 | 完整 | |
| 87 | 陶罐 | M9：18 | M9 | 通高 18.1、口沿径 10.1、腹径 19.0、底径 10.0 | 修复基本完整 | |
| 88 | 陶罐 | M9：20 | M9 | 通高 18.0、口沿径 10.0、腹径 18.4、底径 9.4 | 修复基本完整 | |

续表 10-1

| 序号 | 名称 | 编号 | 出土地点 | 尺寸（厘米） | 现状 | 备注 |
|---|---|---|---|---|---|---|
| 89 | 黑釉盘 | M12：1 | M12 | 通高 3.3、口沿径 17.7、足径 6.8 | 修复完整 | 举例 |
| 90 | 黑釉瓜棱钵 | M12：9 | M12 | 罐高 8.8、口沿径 11.5、腹径 13.9、足径 6.7 | 修复基本完整 | |
| 91 | 黑釉瓜棱钵 | M12：10 | M12 | 罐高 8.2、口沿径 11.8、腹径 14.4、足径 6.7 | 完整 | |
| 92 | 黑釉瓜棱大口罐 | M12：12 | M12 | 高 7.5、口沿径 11.2、腹径 13.8、足径 6.7 | 基本完整 | 举例 |
| 93 | 酱釉葵瓣碟 | M12：23 | M12 | 高 2.2、口沿径 11.5、底径 2.2 | 修复完整 | |
| 94 | 酱釉葵瓣碟 | M12：24 | M12 | 高 2.3、口沿径 12.0、底径 2.7 | 完整 | 举例 |
| 95 | 酱釉葵瓣碟 | M12：25 | M12 | 高 2.5、口沿径 11.9、底径 2.8 | 完整 | |
| 96 | 酱釉葵瓣碟 | M12：26 | M12 | 高 2.2、口沿径 11.6、底径 2.2 | 完整 | |
| 97 | 酱釉葵瓣碟 | M12：27 | M12 | 高 2.0、口沿径 11.7、底径 2.5 | 完整 | |
| 98 | 酱釉葵瓣碟 | M12：28 | M12 | 高 2.3、口沿径 11.8、底径 3.0 | 完整 | |
| 99 | 酱釉葵瓣碟 | M12：29 | M12 | 高 2.1、口沿径 11.6、底径 2.5 | 完整 | |
| 100 | 酱釉葵瓣碟 | M12：30 | M12 | 高 2.1、口沿径 11.5、底径 2.3 | 修复基本完整 | |
| 101 | 酱釉葵口盘 | M12：31 | M12 | 通高 4.2、口沿径 18.3、足径 5.5 | 完整 | |
| 102 | 酱釉葵口盘 | M12：32 | M12 | 通高 4.2、口沿径 18.5、足径 5.6 | 完整 | |
| 103 | 酱釉葵口盘 | M12：33 | M12 | 通高 4.2、口沿径 18.5、足径 5.6 | 完整 | |
| 104 | 酱釉葵口盘 | M12：34 | M12 | 通高 4.3、口沿径 18.5、足径 5.6 | 完整 | |
| 105 | 酱釉葵口盘 | M12：35 | M12 | 通高 4.4、口沿径 18.5、足径 5.7 | 完整 | |
| 106 | 酱釉葵口盘 | M12：36 | M12 | 通高 4.2、口沿径 18.6、足径 5.9 | 完整 | |
| 107 | 酱釉葵口盘 | M12：37 | M12 | 通高 4.3、口沿径 18.5、足径 5.5 | 完整 | |
| 108 | 酱釉葵口盘 | M12：38 | M12 | 通高 4.2、口沿径 18.8、足径 5.8 | 基本完整 | |
| 109 | 酱釉葵口碗 | M12：39 | M12 | 通高 5.3、口沿径 19.5、足径 5.3 | 残破 | |
| 110 | 酱釉葵口碗 | M12：40 | M12 | 通高 5.4、口沿径 19.3、足径 5.5 | 修复基本完整 | |
| 111 | 酱釉葵口碗 | M12：41 | M12 | 通高 5.3、口沿径 19.5、足径 5.4 | 修复基本完整 | 举例 |
| 112 | 酱釉葵口碗 | M12：42 | M12 | 通高 5.3、口沿径 19.5、足径 5.5 | 修复基本完整 | |
| 113 | 白釉双耳瓜棱罐 | M12：46 | M12 | 通高 10.2、口沿径 10.1、腹径 12.8、足径 7.2 | 完整 | |
| 114 | 黑釉瓜棱带盖罐 | M12：51 | M12 | 通高 26.2、盖高 8.5、子口径 5.6、罐高 19.6、母口沿径 8.9、腹径 16.9、足径 8.8 | 完整 | 举例 |
| 115 | 黑釉瓜棱带盖罐 | M12：52 | M12 | 通高 26.5、盖高 8.9、子口径 5.5、罐高 19.4、口沿径 8.9、腹径 16.8、足径 8.7 | 修复完整 | |
| 116 | 铜食筯 | M12：15-1、-2 | M12 | 长 23.3、径 0.2~0.4 | 完整 | |
| 117 | 铜食筯 | M12：16-1、-2 | M12 | 长 23.4、径 0.2~0.4 | 完整 | 举例 |
| 118 | 青釉盘 | M14：5 | M14 | 通高 5.1、口沿径 16.9、足径 6.0 | 完整 | |
| 119 | 青釉盘 | M14：6 | M14 | 通高 4.6、口沿径 16.4、足径 5.7 | 基本完整 | |
| 120 | 青釉盘 | M14：7 | M14 | 通高 5.2、口沿径 17.1、足径 5.9 | 修复完整 | |
| 121 | 青釉盘 | M14：8 | M14 | 通高 4.8、口沿径 16.6、足径 5.7 | 修复完整 | |

续表 10-1

| 序号 | 名称 | 编号 | 出土地点 | 尺寸（厘米） | 现状 | 备注 |
|---|---|---|---|---|---|---|
| 122 | 漆碗 | M14：12 | M14 | 高 7.5、口径 16.0、足高 1.6、足径 8.0 | 残 | |
| 123 | 漆碗 | M14：13 | M14 | 高 7.5、口径 16.0、足高 1.5、足径 8.0 | 残 | |
| 124 | 茶叶末釉双耳罐 | M15：4 | M15 | 通高 10.8、口沿径 7.4、腹径 8.9、足径 4.7 | 完整 | |
| 125 | 白釉小罐 | M15：5 | M15 | 通高 6.3、口沿径 5.8、腹径 7.5、足径 3.9 | 完整 | |
| 126 | 白釉小碟 | M15：10 | M15 | 通高 2.1、口沿径 8.0、足径 3.1 | 完整 | |
| 127 | 青釉碗 | M16：3 | M16 | 通高 4.7、口沿径 17.0、足径 4.5 | 修复基本完整 | |
| 128 | 青釉碗 | M16：4 | M16 | 通高 4.3、口沿径 16.9、足径 4.4 | 修复基本完整 | |
| 129 | 青釉碗 | M16：6 | M16 | 通高 4.3、口沿径 16.6、足径 4.4 | 修复基本完整 | |
| 130 | 青釉碗 | M16：7 | M16 | 通高 4.3、口沿径 16.5、足径 5.3 | 修复完整 | |
| 131 | 青釉六曲葵瓣浅腹碗 | M20：14 | M20 | 通高 5.1、口沿径 18.2、足径 6.1 | 残 | |
| 132 | 青釉六曲葵瓣浅腹碗 | M20：15 | M20 | 通高 5.2、口沿径 18.9、足径 5.9 | 修复基本完整 | |
| 133 | 青釉六曲葵瓣浅腹碗 | M20：19 | M20 | 通高 5.1、口沿径 18.5、足外径 6.0 | 修复基本完整 | |
| 134 | 青釉六曲葵瓣浅腹碗 | M20：20 | M20 | 通高 4.8、口沿径 18.8、足外径 6.3 | 修复基本完整 | |
| 135 | 青釉六曲葵口深腹碗 | M20：21 | M20 | 残高 7.2、口沿径 19.8、残底径约 5.3 | 残 | |
| 136 | 茶叶末釉双耳罐 | M20：36 | M20 | 通高 21.0、口沿径 12.3、腹径 15.0、足外径 8.1 | 修复基本完整 | |
| 137 | 双耳陶罐 | M20：25 | M20 | 通高 10.7、口沿径 8.5、腹径 11.2、足外径 6.0 | 修复完整 | |
| 138 | 双耳陶罐 | M20：33 | M20 | 通高 11.7、口沿径 8.6、腹径 11.7、足外径 6.2 | 修复完整 | |
| 139 | 双耳陶罐 | M20：34 | M20 | 通高 11.2、口沿径 8.4、腹径 11.6、足外径 5.5 | 修复完整 | |
| 140 | 孔雀童子纹圆银盘 | M20：37 | M20 | 高 3.1、口沿径 18.2、底径约 15.2 | 残 | |
| 141 | 石碟 | M20：41 | M20 | 残高 2.0、口沿径 12.5 | 残 | |
| 142 | 白釉五曲葵瓣小碟 | M22：9 | M22 | 高 1.7、口沿径 7.6、底径 2.9 | 完整 | |
| 143 | 酱釉罐 | M22：14 | M22 | 通高 16.7、口沿径 8.6、腹径 13.2、足径 8.9 | 修复基本完整 | |
| 144 | 白釉六曲葵瓣碟 | M22：16 | M22 | 高 1.8、口沿径 12.6、底径 8.5 | 修复基本完整 | |
| 145 | 白釉六曲葵瓣盘 | M22：17 | M22 | 通高 4.6、口沿径 19.0、足外径 7.0 | 修复基本完整 | 举例 |
| 146 | 白釉六曲葵瓣盘 | M22：29 | M22 | 通高 4.2、口沿径 19.3、足外径 6.4 | 修复基本完整 | |
| 147 | 白釉六曲葵口碗 | M22：41 | M22 | 通高 5.7、口沿径 19.4、足外径 5.3 | 修复基本完整 | 举例 |
| 148 | 白釉六曲葵瓣盘 | M22：42 | M22 | 通高 4.6、口沿径 18.8、足外径 6.9 | 残 | |
| 149 | 白釉六曲葵口碗 | M22：45 | M22 | 通高 5.8、口沿径 19.2、足径 5.8 | 修复基本完整 | |
| 150 | 白釉六曲葵瓣盘 | M22：46 | M22 | 通高 4.4、口沿径 19.3、足外径 6.6 | 修复基本完整 | |
| 151 | 青白釉六曲葵瓣碟 | M22：47 | M22 | 高 2.6、口沿径 10.5、足径 2.4 | 修复基本完整 | |
| 152 | 青白釉六曲葵瓣碟 | M22：48 | M22 | 高 2.3、口沿径 10.7、足径 2.4 | 修复基本完整 | |
| 153 | 青白釉碗 | M22：56 | M22 | 通高 5.2、口沿径 11.5、足高 1.2、足外径 3.4 | 修复基本完整 | |
| 154 | 青白釉碟 | M22：58 | M22 | 通高 2.5、口沿径 10.5、足外径 3.5 | 修复基本完整 | |
| 155 | 青白釉碟 | M22：59 | M22 | 通高 2.5、口沿径 10.5、足外径 3.3 | 修复基本完整 | |
| 156 | 青白釉碟 | M22：60 | M22 | 通高 2.5、口沿径 10.5、足外径 3.3 | 残 | |

续表 10-1

| 序号 | 名称 | 编号 | 出土地点 | 尺寸（厘米） | 现状 | 备注 |
|---|---|---|---|---|---|---|
| 157 | 陶罐 | M22：10 | M22 | 高 17.0、口沿径 12.9、腹径 21.5、底径 11.2 | 修复基本完整 | |
| 158 | 双耳陶罐 | M22：21 | M22 | 通高 9.7、口沿径 8.6、腹径 10.8、底径 5.5 | 修复完整 | |
| 159 | 黑釉瓜棱腹罐 | M25：8 | M25 | 通高 16.9、口沿径 9.7、腹径 15.7、足外径 6.2 | 基本完整 | |
| 160 | 黑釉瓜棱腹罐 | M25：9 | M25 | 通高 15.2、口沿径 8.3、腹径 15.2、足外径 6.6 | 完整 | |
| 161 | 黑釉瓜棱腹罐 | M25：10 | M25 | 通高 16.4、口沿径 7.7、腹径 15.0、足外径 7.5 | 完整 | |
| 162 | 黑釉素面罐 | M25：11 | M25 | 通高 18.6、口沿径 10.4、腹径 17.5、足外径 8.7 | 基本完整 | 举例 |
| 163 | 黑釉素面罐 | M25：12 | M25 | 通高 16.4、口沿径 10.9、腹径 16.5、足外径 8.2 | 基本完整 | |
| 164 | 白釉六曲葵瓣碗 | M25：23 | M25 | 通高 6.1、口沿径 19.2、足外径 5.2 | 基本完整 | |
| 165 | 白釉六曲葵瓣碗 | M25：24 | M25 | 通高 6.2、口沿径 19.0、足外径 5.5 | 修复完整 | |
| 166 | 白釉六曲葵瓣碗 | M25：25 | M25 | 通高 5.9、口沿径 19.4、足外径 5.4 | 修复完整 | |
| 167 | 青釉刻花牡丹纹双耳罐 | M25：29 | M25 | 通高 17.1、口沿径 10.5、腹径 13.4、足外径 6.8 | 修复完整 | |
| 168 | 青釉刻花牡丹纹双耳罐 | M25：30 | M25 | 通高 17.0、口沿径 10.4、腹径 13.5、足外径 6.5 | 修复完整 | |
| 169 | 白釉六曲葵瓣碟 | M25：35 | M25 | 高 2.0、口沿径 13.1、底径 8.5 | 修复完整 | |
| 170 | 白釉六曲葵瓣碟 | M25：36 | M25 | 高 2.1、口沿径 13.4、底径 8.8 | 修复基本完整 | |
| 171 | 白釉六曲葵瓣碟 | M25：37 | M25 | 高 2.3、口沿径 12.8、底径 8.2 | 修复基本完整 | |
| 172 | 白釉六曲葵瓣盘 | M25：38 | M25 | 通高 4.7、口沿径 19.0、足外径 6.5 | 修复基本完整 | |
| 173 | 白釉六曲葵瓣碟 | M25：39 | M25 | 高 2.0、口沿径 12.8、底径 8.5 | 修复完整 | |
| 174 | 白釉六曲葵瓣碟 | M25：40 | M25 | 高 2.4、口沿径 14.3、底径 8.5 | 修复基本完整 | |
| 175 | 白釉六曲葵瓣碟 | M25：41 | M25 | 高 2.3、口沿径 14.4、底径 8.5 | 修复完整 | 举例 |
| 176 | 白釉六曲葵瓣碟 | M25：42 | M25 | 高 2.5、口沿径 14.2、底径 8.7 | 修复基本完整 | |
| 177 | 陶盘 | M25：5 | M25 | 通高 5.5、口沿径 22.5、足外径 7.6 | 修复基本完整 | |
| 178 | 圆托陶盘 | M25：6 | M25 | 高 5.2、口沿径 36.8、底径 31.8 | 修复基本完整 | |
| 179 | 灰陶盘 | M25：43 | M25 | 通高 5.3、口沿径 22.7、足外径 8.2 | 修复基本完整 | |
| 180 | 灰陶盘 | M25：52 | M25 | 通高 3.6、口沿径 19.1、足外径 7.6 | 完整 | 举例 |
| 181 | 灰陶盘 | M25：53 | M25 | 通高 3.7、口沿径 18.9、足外径 7.9 | 修复完整 | |
| 182 | 灰陶盘 | M25：54 | M25 | 通高 3.4、口沿径 18.9、足外径 7.1 | 完整 | |
| 183 | 灰陶盘 | M25：55 | M25 | 通高 3.6、口沿径 19.4、足外径 8.1 | 修复完整 | |
| 184 | 灰陶盘 | M25：58 | M25 | 通高 5.5、口沿径 22.1、足外径 8.0 | 修复基本完整 | |
| 185 | 灰陶盘 | M25：59 | M25 | 通高 5.6、口沿径 22.0、足外径 7.2 | 修复基本完整 | |
| 186 | 青釉碟 | M26：2 | M26 | 通高 3.7、口沿径 11.1、足外径 5.0 | 修复完整 | |
| 187 | 青釉碟 | M26：3 | M26 | 通高 3.2、口沿径 11.0、足外径 5.2 | 基本完整 | 举例 |
| 188 | 白釉六曲葵瓣碗 | M26：4 | M26 | 通高 6.1、口沿径 19.2、圈足外径 5.6 | 修复完整 | |
| 189 | 白釉六曲葵瓣盘 | M26：5 | M26 | 通高 6.0、口沿径 24.2、圈足外径 7.0 | 修复完整 | |
| 190 | 白釉带盖深腹碗 | M26：6 | M26 | 通高 10.0、盖口沿径 12.0、碗高 7.1、口沿径 11.3、圈足外径 5.9 | 修复基本完整 | |
| 191 | 白釉六曲葵瓣盘 | M26：9 | M26 | 通高 6.2、口沿径 24.1、圈足外径 7.0 | 修复完整 | |

续表 10-1

| 序号 | 名称 | 编号 | 出土地点 | 尺寸（厘米） | 现状 | 备注 |
|---|---|---|---|---|---|---|
| 192 | 黑釉盘 | M26：11 | M26 | 通高 3.3、口沿复原径 15.8、足外径 7.3 | 残 | |
| 193 | 白釉六曲葵瓣碗 | M26：21 | M26 | 通高 7.6、口沿径 24.8、圈足外径 7.1 | 修复完整 | 举例 |
| 194 | 白釉六曲葵瓣碗 | M26：23 | M26 | 通高 6.2、口沿径 19.3、圈足外径 5.8 | 修复完整 | |
| 195 | 白釉六曲葵瓣盘 | M26：24 | M26 | 通高 5.1、口沿径 20.8、圈足外径 6.1 | 修复完整 | |
| 196 | 白釉六曲葵瓣盘 | M26：28 | M26 | 通高 5.1、口沿径 20.6、圈足外径 6.0 | 修复完整 | |
| 197 | 黑釉素面双耳罐 | M26：29 | M26 | 通高 15.9、口沿径 15.6、腹径 18.7、圈足外径 10.3 | 修复基本完整 | |
| 198 | 黑釉素面双耳罐 | M26：31 | M26 | 通高 15.6、口沿径 14.3、腹径 19.2、圈足外径 9.3 | 修复基本完整 | |
| 199 | 黑釉素面双耳罐 | M26：32 | M26 | 通高 16.2、口沿径 15.1、腹径 19.4、圈足外径 9.3 | 修复基本完整 | |
| 200 | 白釉六曲葵瓣碗 | M26：36 | M26 | 通高 6.3、口沿径 19.5、圈足外径 5.4 | 完整 | |
| 201 | 白釉六曲葵瓣盘 | M26：42 | M26 | 通高 4.5、口沿径 18.1、圈足径 5.5 | 修复完整 | |
| 202 | 白釉六曲葵瓣盘 | M26：43 | M26 | 通高 5.2、口沿径 21.0、圈足外径 6.3 | 修复完整 | |
| 203 | 白釉六曲葵瓣盘 | M26：44 | M26 | 通高 5.1、口沿径 20.4、圈足外径 6.2 | 修复完整 | |
| 204 | 白釉六曲葵瓣盘 | M26：48 | M26 | 通高 4.3、口沿径 18.3、圈足外径 5.3 | 修复完整 | |
| 205 | 白釉六曲葵瓣盘 | M26：50 | M26 | 通高 4.8、口沿径 18.3、圈足外径 5.3 | 修复完整 | |
| 206 | 白釉六曲葵瓣碗 | M26：51 | M26 | 通高 6.1、口沿径 19.3、圈足外径 5.9 | 修复完整 | |
| 207 | 白釉六曲葵瓣碗 | M26：52 | M26 | 通高 6.0、口沿径 19.6、圈足外径 5.4 | 修复完整 | |
| 208 | 白釉六曲葵瓣碗 | M26：53 | M26 | 通高 6.0、口沿径 19.3、圈足外径 5.7 | 残 | |
| 209 | 黑釉双耳筒形腹罐 | M26：56 | M26 | 通高 13.7、口沿径 7.3、腹径 9.4、圈足外径 5.5 | 修复完整 | |
| 210 | 黑釉窄盘口双耳罐 | M26：57 | M26 | 通高 11.4、口沿径 8.4、腹径 10.8、圈足外径 5.8 | 完整 | |
| 211 | 白釉六曲葵瓣碗 | M26：62 | M26 | 通高 6.0、口沿径 19.3、圈足外径 5.7 | 修复完整 | |
| 212 | 白釉六曲葵瓣小碟 | M26：69 | M26 | 高 1.6、口沿径 11.2、底径 8.0 | 修复基本完整 | |
| 213 | 白釉六曲葵瓣小碟 | M26：70 | M26 | 高 1.6、口沿径 11.1、底径 7.1 | 修复基本完整 | |
| 214 | 白釉六曲葵瓣小碟 | M26：71 | M26 | 高 1.6、口沿径 11.2、底径 7.5 | 修复基本完整 | |
| 215 | 白釉六曲葵瓣小碟 | M26：72 | M26 | 通高 1.6、口沿径 10.8、底径 7.3、卧足径 2.2 | 修复基本完整 | |
| 216 | 白釉六曲葵瓣盘 | M26：73 | M26 | 通高 4.5、口沿径 18.1、圈足外径 5.1 | 修复完整 | |
| 217 | 陶罐 | M26：26 | M26 | 高 12.6、口沿径 11.2、腹径 14.8、底径 6.5 | 修复完整 | |
| 218 | 素面小石碗 | M26：39 | M26 | 高 5.0、口沿径 10.0、圈足径 4.0 | 修复完整 | |
| 219 | 青釉圈足盘 | M28：9 | M28 | 通高 4.8、口沿径 16.7、足外径 5.7 | 修复完整 | |
| 220 | 青釉圈足盘 | M28：10 | M28 | 通高 5.0、口沿径 16.8、足外径 5.7 | 基本完整 | |
| 221 | 青釉圈足盘 | M28：11 | M28 | 通高 4.9、口沿径 16.7、足外径 5.8 | 口沿稍磕 | |
| 222 | 青釉圈足盘 | M28：12 | M28 | 通高 5.2、口沿径 16.6、足外径 6.3 | 基本完整 | |
| 223 | 双系灰陶罐 | M28：4 | M28 | 通高 18.7、口沿径 11.6、腹径 19.0、足外径 9.3 | 完整 | 举例 |
| 224 | 素面五曲葵口金釦青釉碗 | 200643 | 不明 | 通高 6.2、口径 14.6、圈足径 4.9、足高 0.8、金釦外沿宽 0.4、内沿宽 0.8、厚 0.05 | 基本完整 | 举例 |
| 225 | 素面五曲葵口金釦碗 | 200667 | 不明 | 通高 6.2、口径 14.3、圈足径 4.7、足高 0.9、金釦外沿宽 0.5、内沿宽 0.95 | 完整 | |

续表 10-1

| 序号 | 名称 | 编号 | 出土地点 | 尺寸（厘米） | 现状 | 备注 |
|---|---|---|---|---|---|---|
| 226 | 六曲葵瓣银釦碗 | 200645 | 不明 | 通高 7.3、口沿径 16.3、足径 5.9、足高 1.0、银釦外沿宽 0.4、内沿宽 0.85 | 完整 | |
| 227 | 六曲葵瓣银釦碗 | 2006068 | 不明 | 通高 7.1、口径 16.0、足径 6.3、足高 1.1、银釦外沿宽 0.6、内沿宽 0.95 | 完整 | |
| 228 | 十曲葵瓣碗 | 200654 | 不明 | 通高 7.1、口径 17.5、圈足沿径 6.2、圈足高 1.0 | 完整 | |
| 229 | 十曲葵瓣碗 | 2006073 | 不明 | 通高 6.5、口径 17.7、圈足沿径 6.2、圈足高 0.7 | 完整 | |
| 230 | 银釦敞口碗 | 200640 | 不明 | 通高 7.8、口径 18.6、足径 5.4、圈足高 0.85、银釦外沿宽 0.5、内沿宽 1.0 | 完整 | |
| 231 | 银釦敞口碗 | 2006066 | 不明 | 通高 8.15、口径 18.3、足径 6.5、圈足高 0.7、银釦外沿宽 0.4、内沿宽 1.0 | 完整 | |
| 232 | 银釦深腹圈足盘 | 200639 | 不明 | 通高 5.8、口径 18.5、圈足径 8.0、足高 1.0、银釦外沿宽 0.6、内沿宽 1.0 | 完整 | |
| 233 | 银釦深腹圈足盘 | 2006065 | 不明 | 通高 5.8、口径 18.5、圈足径 8.0、足高 1.0、银釦外沿宽 0.6、内沿宽 1.0 | 完整 | |
| 234 | 白釉素面六曲葵瓣碟 | 200671 | 不明 | 通高 2.1、口沿径 11.3、底径 4.9 | 完整 | |
| 235 | 白釉素面六曲葵瓣碟 | 200672 | 不明 | 通高 1.8、口沿径 11.3、底径 5.3 | 完整 | |
| 236 | 白釉素面六曲葵瓣碟 | 200673 | 不明 | 通高 2.0、口沿径 11.4、底径 5.1 | 完整 | |
| 237 | 白釉素面六曲葵瓣碟 | 200674 | 不明 | 通高 2.1、口沿径 11.2、底径 5.8 | 完整 | |
| 238 | 白釉素面六曲葵瓣碟 | 200675 | 不明 | 通高 2.0、口沿径 11.5、底径 4.8 | 完整 | |
| 239 | 白釉素面六曲葵瓣碟 | 200676 | 不明 | 通高 1.8、口沿径 11.5、底径 5.6 | 完整 | |
| 240 | 白釉素面六曲葵瓣碟 | 200677 | 不明 | 通高 2.1、口沿径 11.5、底径 4.7 | 完整 | |
| 241 | 白釉素面六曲葵瓣碟 | 200678 | 不明 | 通高 1.7、口沿径 11.2、底径 5.1 | 完整 | |
| 242 | 白釉素面六曲葵瓣碟 | 200679 | 不明 | 通高 1.9、口沿径 11.3、底径 4.7 | 完整 | |
| 243 | 白釉素面六曲葵瓣碟 | 200680 | 不明 | 通高 2.0、口沿径 11.3、底径 4.7 | 修复基本完整 | |
| 244 | 白釉素面六曲葵瓣碟 | 200661 | 不明 | 通高 2.0、口沿径 13.0、底径 7.6 | 完整 | |
| 245 | 白釉素面六曲葵瓣碟 | 200662 | 不明 | 通高 2.3、口沿径 12.7、底径 7.5 | 完整 | |
| 246 | 白釉素面六曲葵瓣碟 | 200663 | 不明 | 通高 2.0、口沿径 12.5、底径 7.1 | 完整 | |
| 247 | 白釉素面六曲葵瓣碟 | 200664 | 不明 | 通高 2.0、口沿径 12.6、底径 7.6 | 完整 | |
| 248 | 白釉素面六曲葵瓣碟 | 200665 | 不明 | 通高 2.3、口沿径 12.8、底径 7.5 | 完整 | |
| 249 | 白釉素面六曲葵瓣碟 | 200666 | 不明 | 通高 2.0、口沿径 12.6、底径 7.3 | 完整 | |
| 250 | 白釉素面六曲葵瓣碟 | 200667 | 不明 | 通高 2.0、口沿径 12.8、底径 7.5 | 完整 | |
| 251 | 白釉素面六曲葵瓣碟 | 200668 | 不明 | 通高 2.0、口沿径 12.8、底径 7.3 | 完整 | |
| 252 | 白釉素面六曲葵瓣碟 | 200669 | 不明 | 通高 2.1、口沿径 12.6、底径 7.1 | 完整 | |
| 253 | 白釉素面六曲葵瓣碟 | 200670 | 不明 | 通高 1.8、口沿径 12.6、底径 7.5 | 完整 | |
| 254 | 十二曲葵瓣素面圆石盘 | 200634 | 不明 | 高 3.6、口沿径 22.6、折沿宽 1.7、底径 17.1 | 修复完整 | |
| 255 | 鎏金铜食箸 | 20069 | 不明 | 长 24.8、中部截面直径 0.35 | 完整 | |
| 256 | 鎏金铜食箸 | 200610 | 不明 | 长 24.8、中部截面直径 0.35 | 完整 | |
| 257 | 鎏金素面铜盘 | 200614 | 不明 | 通高 2.1、口沿径 15.2、底径 12.0 | 完整 | |

## 2. 茶具

墓葬出土茶具众多，有盏、托盏、盖碗、匙、碾、茶刷、铫、釜、鼎、火锥、炭铲、汤瓶、壶、套盒、渣斗等系列用途各异、功能配套器皿。说明饮茶在北宋贵族日常生活中占有重要地位。

（1）茶盏

均为托盏，以瓷质为多，石质其次。如 M14：4-1、-2 黑、白釉配搭托盏（图 10-21，1），M22：32 酱釉托盏（图 10-21，2），M25：3 陶托盏（图 10-21，3），均由盏及盏托组合构成一套，盏为斗笠式、敞口、斜腹、小底、圈足，托中空、盘式宽沿、高圈足。唯 M25：4-1、-2 青白釉托杯形制有异，杯为直腹、圜底、圈足，托呈碟式（图 10-21，4）。黑釉托盏最为昂贵，皆配漆托，但北方干燥，墓葬中漆具极难保存，所以发掘品仅见盏而不见托，如 M2：20 黑釉金兔毫纹盏（图 10-21，5），M12：17 黑釉鹧鸪斑盏（图 10-21，6）。

（2）贮茶具

存放茶末、茶饼、茶叶器具，有瓷盖碗与陶盒两类，盖碗为数不多，仅见青釉、白釉，其中 M7：24 青釉刻花牡丹纹盖碗（图 10-21，7）堪称佼佼者，盖顶中设简化瓜蒂纽，碗为直口、垂弧腹、圈足。M20：4~8 为陶茶事贮具一组 5 件，4 枚黑皮筒形小盒含于黑皮圆形大套盒内，表面磨损痕迹明显，乃墓主生前实用品（图 10-21，8）。

（3）茶碾

仅见 1 例。即 M2：83 茶碾，乃骊山石制成，损坏严重，修复完整。形体细长、腹下凹、底设两足（图 10-21，9）。

（4）茶刷柄

可确定为茶刷器柄者唯 M12：43 一例，形制小巧，做工精致，整体似蘑菇状，上部为圆球状握手，表面制成涡旋状波纹并通体鎏金，下设上细下粗管状套筒，筒内原套插竹篾状物质，现前部均朽毁，插入管内的根部尚有残留，经取样检测确定为竹纤维，所以用途当定为茶事中茶刷之柄更为妥帖（图 10-21，10）。

（5）烹茶具

种类各异，有铫、釜、鼎等。

茶铫：共出土 2 件，均属骊山石制品，以 M26：20 为例，形体厚重端庄，方唇、弧腹、圜底、圈足，沿一侧设破式管状流（图 10-21，11）。

茶釜：M25：1 骊山石釜最具特色，带盖、直口、球腹、圜底、肩部对置方形双折耳，通体有使用痕迹（图 10-21，12）。

茶鼎：M2：66 素面带盖铁鼎，侈口、立耳、束颈、圆腹、圜底、扁条形直立三高足，鼎盖居中有环形纽（图 10-21，13）。

茶匙：出土数件，皆为铜质，做工精致、匙柄曲度较大，其中 M12：18 形制保存完整，具有代表性（图 10-21，14）。

汤瓶：用以煮水沏茶，实则乃带盖铁执壶，形体瘦高，盖可开合、束腰、高颈、深圆腹、平底、肩颈一侧出长曲流、另侧有扁条状弧形执手，详见 M12：22（图 10-21，15）。

炉具：主要指炭铲、火锥、铁叉。

炭铲：素面圆头铲有铜、铁材质，铲头平圆、直角折柄扁长，如 M26：45（图 10-21，16）。

火锥：仅 1 件，编号 M22：6，上粗下渐细、头尖圆、通体素面（图 10-21，17）。

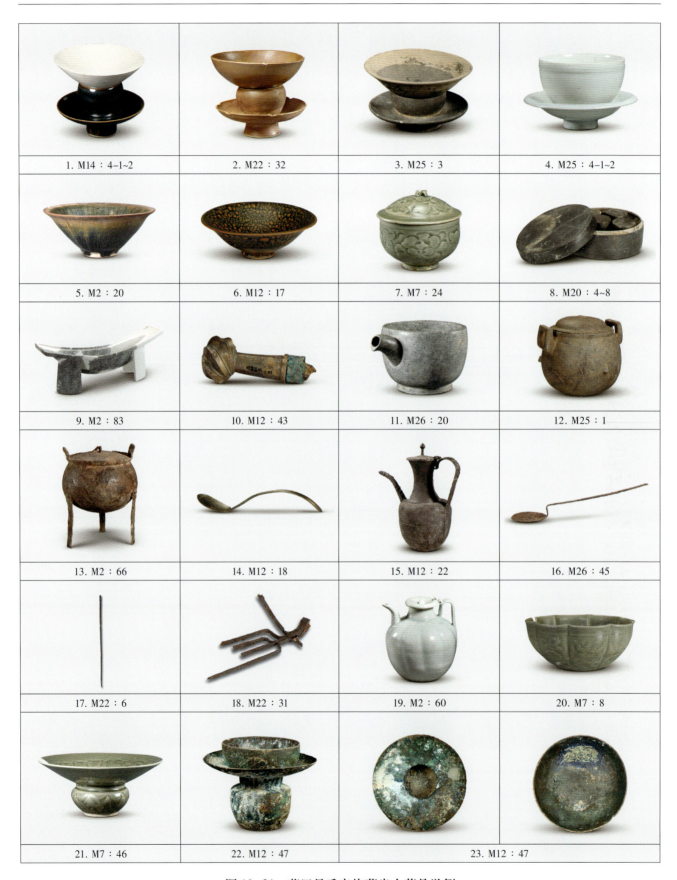

1. M14：4-1~2

2. M22：32

3. M25：3

4. M25：4-1~2

5. M2：20

6. M12：17

7. M7：24

8. M20：4~8

9. M2：83

10. M12：43

11. M26：20

12. M25：1

13. M2：66

14. M12：18

15. M12：22

16. M26：45

17. M22：6

18. M22：31

19. M2：60

20. M7：8

21. M7：46

22. M12：47

23. M12：47

图 10-21　蓝田吕氏家族墓出土茶具举例

铁叉：呈六齿长方形叉头、直柄与叉头下折相连，墓葬中共出土 2 件，均有残缺变形，其中 M22：31 铁叉保存略好（图 10-21，18）。

茶壶：青白釉瓜棱腹带盖执壶共出 2 件，M2：60 保存较好，直口带盖、圆鼓腹、平底、肩颈部分别对置短曲流与条形执手（图 10-21，19）。

渣斗：有瓷、铜、陶、石四种质地，皆为敛口、喇叭状宽沿、束颈、鼓腹、平底，出土时口沿上往往扣置相同质地平底钵而组成一套。M7：46 青釉刻花渣斗与 M7：8 青釉刻花八曲葵瓣钵（图 10-21，20），M12：47 铜渣斗即为其典型（图 10-21，21）。

根据以上不同形制茶具之用途特征可将北宋士大夫阶层饮茶方式大致划分为烹茶、斗茶、散茶三种类型。

烹茶应兴起于魏晋，魏张揖《广雅》记载，时人将采摘之新鲜茶叶煮青制成饼，晒干或烘干收藏，饮用则碾末加生姜、中药沸煮成羹。唐代煮青制茶饼及烹茶技艺均趋成熟，贵族与文人雅士尤钟爱之。北宋时期传统烹茶依然流行，吕氏家族墓内随葬茶铫、茶釜、高足铁鼎、茶碾、托盏等应均为烹茶所用器具。若以石为料，茶具则透气性好、不变质、不串味，与现代石茶具功效相同，属上乘佳器。高足铁鼎无疑是实用具，上部容器似釜、下设三高足可于底下足间架柴火烹煮，以铁器为茶具历史悠久，至今尚沿用。

斗茶盛行于宋代上流社会，其茶饼制作工艺繁复、价格昂贵、饮茶过程考究，先取茶饼碾磨成粉并以茶罗过滤，再用茶匙舀茶末三钱加少许凉水和开，并用茶刷反复搅打直至彻底搅匀，然后注沸水沏成羹糊品。沏茶时涌现大量白色茶沫，使用黑色盏更能显著衬托雪白沫色，故建窑黑盏成为当时最珍贵奢华的茶具之一。为适应市场需求，耀州窑亦仿制生产兔毫、鹧鸪斑、油滴斑等黑釉茶盏。吕氏墓葬中出土的建窑金、银兔毫盏及耀州窑鹧鸪斑、油滴斑盏，不但品相好、价格亦非等闲，与铜茶匙、贮存茶饼之带盖深腹碗、生铁注壶等共为斗茶系列用具。

无论烹茶、斗茶均需特制茶炉，茶炉以泥制成，遇湿潮日久则化，墓葬中难以保存至今，而金属火锥、炭铲、炭叉的出现，则意味着随葬茶具中整套茶炉用具曾经的存在。

饮用散茶唐代便有之，陆羽《茶经·六之饮》记："饮有觕茶、散茶、末茶、饼茶者。"[1] 其中觕茶即粗茶，说明当时除饼茶外尚有粗茶与散茶。《宋史·食货志》云："茶有两类，曰片茶，曰散茶。片茶蒸造……有龙、凤、石乳、白乳之类十二等，……。散茶出淮南、归州、江南、荆湖，有龙溪、雨前、雨后之类十一等，……。"[2] 由此知，宋人饮散茶已然成风且纳入史书记载。散茶制法是将茶叶蒸青后不捣不拍烘干即可，故叶片形貌犹存。吕氏墓随葬青白釉鼓腹短流执壶推测乃沏泡散茶所用；黑皮茶事大套盒中四枚筒形小圆盒内壁尚遗留褐色遗迹，因其过少而无法检测成分，但从器物形制、做工、套装组合及陶器避潮透气特性分析，疑似为存放不同品种散茶敛具；渣斗虽用途广泛却也是饮用散茶程序中必备之物，数量颇丰、材质多样，以装盛废弃残茶为主要功能并搭配平底钵同用。

出土物内能基本确定为茶具者均可纳入上述三类不同饮茶方式所用器皿中，详见表 10-2。

[1] 陆羽：《茶经·六之饮》。
[2] 《宋史·卷一百八十三·志第一百三十六·食货下五》，中华书局，1985 年，第 4477、4478 页。

表 10-2　墓葬出土茶具一览表

| 序号 | 名称 | 编号 | 出土地点 | 尺寸（厘米） | 现状 | 备注 |
|---|---|---|---|---|---|---|
| 1 | 黑釉金兔毫纹盏 | M1：28 | M1 | 通高 5.0、口径 12.5、圈足径 3.6 | 修复完整 | |
| 2 | 黑釉银兔毫纹盏 | M2：3 | M2 | 通高 5.7、口径 13.7、足径 4.1 | 残 | |
| 3 | 黑釉金兔毫纹盏 | M2：20 | M2 | 通高 5.3、口径 12.4、足径 3.7 | 修复基本完整 | 举例 |
| 4 | 姜黄釉印花盏 | M2：42 | M2 | 高 4.3、口径 10.7、足径 4.0 | 修复完整 | |
| 5 | 青白釉瓜棱腹带盖执壶 | M2：48 | M2 | 通高 16.3、盖径 6.5、口沿径 6.0、腹径 14.7、底径 8.7 | 残 | |
| 6 | 青白釉瓜棱腹带盖执壶 | M2：60 | M2 | 通高 16.3、盖径 6.5、口沿径 6.0、腹径 14.7、底径 8.7 | 修复完整 | 举例 |
| 7 | 素面筒形陶盒 | M2：106 | M2 | 通高 5.8、盖高 1.6、子口径 6.2、腹径 7.0、底径 6.5 | 基本完整 | |
| 8 | 素面筒形陶盒 | M2：107 | M2 | 通高 6.1、盖高 1.7、子口径 6.3、腹径 7.0、底径 6.5 | 修复完整 | |
| 9 | 素面筒形陶盒 | M2：108 | M2 | 通高 6.5、盖高 1.7、子口径 6.6、腹径 7.3、底径 6.6 | 基本完整 | |
| 10 | 素面筒形陶盒 | M2：109 | M2 | 通高 6.0、盖高 1.4、子口径 6.1、腹径 6.9、底径 6.4 | 修复完整 | |
| 11 | 带盖铁鼎 | M2：66 | M2 | 通高 28.3、盖径 19.0、盖残高 4.0、鼎口径 20.5、腹径 23.1、腹深 16.5、足高 18.5、足面宽 2.2~3.0 | 修复基本完整 | 举例 |
| 12 | 石茶碾 | M2：83 | M2 | 通高 9.8、体长 27.2、宽 6.0、腹深 3.4、长 21.8、最宽处 4.0、足高 7.3、足径 6.1 | 修复完整 | 举例 |
| 13 | 青釉刻花团菊纹渣斗 | M4：9 | M4 | 通高 8.9、口沿径 21.0、腹径 8.6、底径 6.7 | 修复基本完整 | |
| 14 | 黑釉金兔毫纹盏 | M4：28 | M4 | 高 4.4、口沿径 12.6、圈足径 3.8 | 修复完整 | |
| 15 | 黑釉银兔毫纹盏 | M4：37 | M4 | 高 5.2、口沿径 12.7、圈足径 3.8 | 修复完整 | |
| 16 | 黑釉金兔毫纹盏 | M5：8 | M5 | 通高 5.5、口沿径 12.5、圈足径 3.8 | 完整 | |
| 17 | 青釉盖碗 | M5：16 | M5 | 通高 9.5、盖高 3.2、口沿径 11.3、碗高 6.7、口沿径 10.5、圈足径 4.9 | 修复完整 | |
| 18 | 黑釉油滴斑纹盏 | M6：13 | M6 | 通高 5.2、口沿径 13.4、圈足径 4.1 | 完整 | |
| 19 | 青白釉印花盏 | M6：27 | M6 | 通高 5.0、口沿径 14.3、圈足径 3.7 | 修复基本完整 | |
| 20 | 青釉刻花渣斗 | M6：29 | M6 | 通高 8.5、口沿径 21.0、腹径 9.9、圈足径 5.7 | 修复完整 | |
| 21 | 黑釉银兔毫纹盏 | M7：12 | M7 | 通高 5.1、口沿径 13.0、圈足径 3.8 | 修复基本完整 | |
| 22 | 青釉刻花牡丹纹盖碗 | M7：24 | M7 | 通高 10.4、盖高 3.4、盖口沿径 11.5、碗口径 10.7、腹径 10.9、圈足径 5.0 | 完整 | 举例 |
| 23 | 青釉刻花牡丹纹盖碗 | M7：25 | M7 | 通高 9.9、盖高 3.2、盖口沿径 11.5、碗口径 10.9、腹径 11.0、圈足径 5.2 | 修复基本完整 | |
| 24 | 青釉刻花八曲葵瓣钵 | M7：8 | M7 | 通高 5.9、口沿径 14.8、底径 6.2 | 修复基本完整 | 举例 |
| 25 | 青釉刻花渣斗 | M7：46 | M7 | 通高 9.0、口沿径 20.9、口径 6.5、腹径 9.8、圈足径 5.8 | 修复基本完整 | M7：8 与 46 号为一套 |
| 26 | 黑釉银兔毫纹托盏 | M9：6 | M9 | 通高 7.6、盏高 4.1、口沿径 9.7、足径 4.0、托高 4.5、盘径 11.0、足径 4.3、足高 1.5 | 修复基本完整 | |
| 27 | 青釉盏 | M9：23 | M9 | 通高 4.6、口沿径 14.5、足径 3.8 | 修复基本完整 | |

续表 10-2

| 序号 | 名称 | 编号 | 出土地点 | 尺寸（厘米） | 现状 | 备注 |
|---|---|---|---|---|---|---|
| 28 | 黑釉鹧鸪斑纹盏 | M12：17 | M12 | 通高 3.6、口沿径 13.6、足径 4.1 | 完整 | 举例 |
| 29 | 白釉盏 | M12：66 | M12 | 通高 3.6、口沿径 12.3、足径 3.6 | 修复完整 | |
| 30 | 铜渣斗 | M12：5-1、-2 | M12 | 残通高 12.0、钵高 4.7、口沿径 13.9、底径 8.0、斗残高 11.1、盘沿径 20.6、口径 8.3、腹径 14.8、底径 8.4 | 斗受压变形、钵完整 | |
| 31 | 铜匙 | M12：18 | M12 | 通长 22.1、勺长 6.2、宽 2.9、柄长 16.4 | 完整 | 举例 |
| 32 | 鎏金铜器柄（茶刷柄） | M12：43 | M12 | 器柄通长 6.7、扁球状端头直径 3.6、柄长 4.0、柄口径 2.0、短筒形箍高 1.4、直径 1.9 | 基本完整 | 举例 |
| 33 | 铜渣斗 | M12：47-1、-2 | M12 | 通高 13.9、钵高 4.2、口沿径 13.3、底径 8.0、斗高 11.3、盘沿径 19.4、口径 7.4、腹径 10.5、底径 7.5 | 基本完整 | 举例 |
| 34 | 铜匙 | M12：69 | M12 | 残长 9.5、勺长 3.5、宽 1.7 | 残 | |
| 35 | 带盖铁执壶（汤瓶） | M12：22 | M12 | 通高 26.8、盖高 4.0、母口径 8.5、壶口径 7.8、腹径 13.8、底径 7.0、流长 11.0、执手高 12.0 | 修复完整 | 举例 |
| 36 | 锡托盏 | M12：3-1、-2 | M12 | 残通高 6.5、盏高 3.0、口沿径 7.8、足径 3.3、盏托残高 3.2、口沿径 12.6、下托台径 6.0 | 托残损，盏完好 | |
| 37 | 锡托盏 | M12：4-1、-2 | M12 | 残通高 3.6、盏高 3.1、口径 7.8、足径 3.3、下托台径 6.0、下托台高 0.5 | 残 | |
| 38 | 黑、白釉配搭托盏 | M14：4-1、-2 | M14 | 通高 10.2、盏高 4.0、口沿径 11.7、圈足径 3.4、托高 7.0、托口沿径 5.2、托盘口沿径 11.7、圈足径 4.3 | 盏修复完整，托完整 | 举例 |
| 39 | 青、黑釉配搭托盏 | M16：5-1、-2 | M16 | 通高 10.6、盏高 5.0、口沿径 11.0、圈足径 3.2、托高 7.0、托口沿径 5.5、托盘口沿径 11.8、圈足径 4.0 | 基本完整 | |
| 40 | 白釉六曲葵瓣盏 | M16：8 | M16 | 通高 4.5、口沿径 9.0、足径 3.3 | 完整 | |
| 41 | 青釉托盏 | M20：16-1、-2 | M20 | 通高 9.0、盏高 3.7、口沿径 12.5、圈足外径 2.9、托高 6.6、口沿径 7.1、盘沿径 14.4、圈足外径 6.0、足高 1.7 | 盏残，托完整 | |
| 42 | 锡托盏 | M20：17-1、-2 | M20 | 盏口径约 11.5、腹深 2.7、盏托残高 3.0、托盘沿径约 15.0、托台沿内直径 5.1 | 残 | |
| 43 | 黑衣大圆陶盒与小筒盒一套 5 件 | M20：4~8 | M20 | 大盒：通高 12.5、子口沿径 26.3；小盒：通高 7.8、子口径 6.9 | 修复完整 | 举例 |
| 44 | 黑衣筒形陶盒 | M20：5 | M20 | 通高 9.0、盖口沿径 8.0、盒身高 7.8、子口径 6.9、底径 7.4 | 基本完整 | |
| 45 | 黑衣筒形陶盒 | M20：6 | M20 | 通高 9.3、盖口沿径 8.2、盒身高 7.9、子口径 7.2、底径 7.6 | 基本完整 | |
| 46 | 黑衣筒形陶盒 | M20：7 | M20 | 通高 9.3、盖口沿径 8.1、盒身高 7.6、子口径 7.0、底径 7.4 | 基本完整 | |
| 47 | 黑衣筒形陶盒 | M20：8 | M20 | 通高 9.3、盖口沿径 7.9、盒身高 7.8、子口径 6.9、底径 7.5 | 修复基本完整 | |
| 48 | 青釉印花托盏 | M22：18、19 | M22 | 通高 6.8、盏高 4.2、口沿径 14.2、圈足外径 4.0、盏托高 3.9、口沿径 7.8、盘沿径 14.5、圈足外径 6.4 | 修复基本完整 | |

续表 10-2

| 序号 | 名称 | 编号 | 出土地点 | 尺寸（厘米） | 现状 | 备注 |
|---|---|---|---|---|---|---|
| 49 | 酱釉托盏 | M22：32-1、-2 | M22 | 通高 9.6、盏高 4.5、口沿径 11.7、圈足外径 3.9、盏托高 6.2、口沿径 5.6、盘沿径 11.7、圈足外径 4.7 | 盏修复基本完整，托完整 | 举例 |
| 50 | 青白釉模印牡丹纹银釦盏 | M22：36 | M22 | 通高 4.7、口沿径 13.8、圈足外径 3.5、银釦宽 1.5 | 修复基本完整 | |
| 51 | 素面铜碳铲 | M22：5 | M22 | 通长 29.0、柄长 22.6、铲径 6.3 | 完整 | |
| 52 | 铜火锥 | M22：6 | M22 | 长 43.5、顶面直径 0.7 | 完整 | 举例 |
| 53 | 铁叉 | M22：31 | M22 | 叉残长 25.0、残宽 9.0、残柄长 4.0、宽 2.4 | 残 | 举例 |
| 54 | 黑釉油滴斑盏 | M25：33 | M25 | 通高 5.2、口沿径 13.4、足外径 4.0 | 完整 | |
| 55 | 青釉刻花六曲葵口盏 | M25：34 | M25 | 通高 4.7、口沿径 14.6、足外径 3.9 | 修复基本完整 | |
| 56 | 青白釉托杯 | M25：4-1、-2 | M25 | 通高 6.4、杯高 4.7、口沿径 7.6、底径 2.4、杯托高 2.8、口沿径 10.4、足外径 3.1 | 修复基本完整 | |
| 57 | 陶托盏 | M25：3-1、-2 | M25 | 通高 8.0、盏高 4.1、口沿径 13.9、足外径 4.2、盏托高 4.6、口沿径 7.0、盘沿径 12.9、足外径 6.0 | 基本完整 | 举例 |
| 58 | 陶渣斗 | M25：7-1、-2 | M25 | 通高 14.5、钵高 6.2、口沿径 13.2、腹径 14.2、底径 8.3、渣斗高 9.6、口径 7.8、盘沿径 18.4、腹径 11.3、足径 8.7 | 修复基本完整 | |
| 59 | 陶渣斗 | M25：32-1、-2 | M25 | 通高 13.2、钵高 5.8、口沿径 13.2、腹径 14.1、底径 8.8、渣斗高 9.5、口径 8.0、盘沿径 19.9、腹径 10.8、足径 8.3 | 钵完整，渣斗修复基本完整 | |
| 60 | 石釜 | M25：1 | M25 | 残通高 23.5、盖残高 4.6、子口沿径 16.1、釜高 21.4、母口沿径 19.2、腹径 24.2 | 修复完整 | 举例 |
| 61 | 黑釉油滴斑盏 | M26：27 | M26 | 通高 5.3、口沿径 13.1、足外径 4.2 | 完整 | |
| 62 | 青白釉印花盏 | M26：47 | M26 | 通高 4.9、口沿径 15.8、足外径 4.8 | 修复完整 | |
| 63 | 带盖铁执壶 | M26：18 | M26 | 通高 19.5、盖高 3.7、母口沿径 6.9、壶高 17.0、口沿径 6.5、腹径 10.6、饼足径 5.9 | 已除锈，基本完整 | |
| 64 | 长柄圆铁铲 | M26：45 | M26 | 通长 38.5、柄长 28.6、铲头直径 9.9 | 修复完整 | 举例 |
| 65 | 石茶铫 | M26：20 | M26 | 通高 11.8、口沿径 15.8、腹径 16.4、圈足外径 10.5、流长 5.3 | 完整 | 举例 |
| 66 | 白釉素面盏 | M28：13 | M28 | 通高 3.8、口沿径 11.9、足外径 3.5 | 修复完整 | |
| 67 | 牡丹纹渣斗 | 200652 | 不明 | 通高 9.8、口径 21.0、腹径 10.2、足径 5.8、足高 0.8 | 完整 | |
| 68 | 牡丹纹渣斗 | 2006072 | 不明 | 通高 9.8、口径 20.5、腹径 9.7、足径 6.0、足高 0.6 | 完整 | |
| 69 | 素面盏托 | 200647 | 不明 | 通高 4.4、口沿径 8.1、宽斜沿径 14.4、圈足径 6.6、足高 1.2 | 完整 | |
| 70 | 素面盏托 | 2006069 | 不明 | 通高 4.2、口沿径 8.0、宽斜沿径 14.4、圈足径 6.6、足高 1.1 | 完整 | |
| 71 | 银兔毫盏 | 200655 | 不明 | 通高 5.4、口沿径 13.4、圈足径 4.3 | 完整 | |
| 72 | 银兔毫盏 | 200656 | 不明 | 通高 4.8、口沿径 12.8、圈足径 4.4 | 完整 | |
| 73 | 素面铜茶匙 | 200612 | 不明 | 通长 23.35、匙首长径 6.6、短颈 3.0、匙柄长 19.0、末端宽 1.2、拱弧高 3.7 | 完整 | |
| 74 | 素面铜茶匙 | 200613 | 不明 | 通长 23.7、匙首长径 6.6、短颈 3.0、匙柄长 19.0、末端宽 1.2、拱弧高 3.3 | 完整 | |

续表 10-2

| 序号 | 名称 | 编号 | 出土地点 | 尺寸（厘米） | 现状 | 备注 |
|---|---|---|---|---|---|---|
| 75 | 素面石托盏 | 200632 | 不明 | 通高 7.7、盏高 3.5、口径 12.8、底径 3.1、托高 5.3、托孔径 5.0、高 2.5、托盘径 13.6、圈足高 2.0、圈足径 5.2 | 完整 | |
| 76 | 素面石托盏 | 200633 | 不明 | 通高 7.8、盏高 3.7、盏口径 13.0、底径 3.3、托高 5.2、托孔径 6.2、高 2.3、托盘径 13.7、圈足高 1.8、圈足径 5.1 | 残 | |
| 77 | 素面带流圜底石铫 | 200629 | 不明 | 通高 9.5、口沿径 17.4、腹径 16.7、流长 6.0、前端宽 4.4、口部宽 1.3、手扳宽 2.0、最长处 4.7、小孔径 0.5 | 完整 | |

## 3. 香具

随葬香具以香炉、香盒、套盖盒、香匙等为主，有瓷、锡、石、陶、铜五种材质。

（1）香炉

可大致分为四个不同形制，青白釉瓷炉形制精巧玲珑、釉色胎质温润如玉，深腹、喇叭形高圈足炉体上覆镂空炉盖，外形特征见 M2：62（图 10-22，1）。锡炉体量较小、造形美观、表面明净，但损毁严重，多数难辨其形，保存略好者唯 M12：14，盘式炉体上罩宝莲纽镂空炉盖，足部虽已缺失，然高圈足应是其原貌（图 10-22，2）。"卍"字顶盖骊山石香炉共出土 2 件，折沿、深腹、平底、三足、上扣"卍"字符顶盖，现以 M5：14 为例（图 10-22，3）。博山炉式石香炉为仿古造形，盘式炉座中心起柱状高柄、其上承托鼓腹直口炉体、炉体上覆博山形盖，形制尚存者仅有 M26：22（图 10-22，4）。

（2）香盒

"卍"字符香盒具备石、陶两种，皆为圆形，形制简约，方唇、直腹、平底、三矮足，炉盖居中镂"卍"字符，如 M6：8（图 10-22，5）、M4：11（图 10-22，6）。

（3）香匙

均为铜质，所见不多，匙柄曲度不大，柄末端为圆形镂空花状，并有小环若干穿系为饰，见 M12：64 鎏金香匙（图 10-22，7）、M5：20 铜香匙（图 10-22，8）。

（4）贮香具

青釉刻花套盖筒形盒因有三重套盖，所以具备良好封闭功能，形制为直口、深筒腹、平底、上设平顶立沿盖，外盖内依次包含中、小两内盖，故曰套盖盒，如 M5：12（图 10-22，9）。

馨香古亦有之，最迟于战国已出现，起源可追溯至春秋或更早时期，最初用料主为香草类，称之茅香，作用乃熏衣和净化空气，汉代树脂类香料方传入中土并自南向北漫延，被制成块状、末状或丸状使用。因其味香醇幽深、沁人肺腑且有提神、醒脑、静心等药用功能而流行于上流社会，在汉、唐贵族家居生活中占有一席之地。北宋士族生活尤为精致考究，馨香的尚与雅为士人所追求，而佛教的广为流传令馨香更显脱俗。吕氏家族被誉为关中士族之首，墓葬出土香具占有相当比例，因不同使用环境的需求，决定其造形、用料、工艺之不同和功能的明确划分。香炉主要放置于庭堂、书案、祭祀场所，如青白釉瓷香炉、镂空花盖锡香炉，做工精美，可能摆放于书案一角；仿古博山

| | | |
|---|---|---|
| 1. M2:62 | 2. M12:14 | 3. M5:14 |
| 4. M26:22 | 5. M6:8 | 6. M4:11 |
| 7. M12:64 | 8. M5:20 | 9. M5:12 |

图10-22 蓝田吕氏家族墓出土香具举例

炉古朴端庄，用于祭祀更为适宜；带有"卍"字符香炉、香盒应是礼佛所用，当置于佛堂、佛龛中。青釉套盖瓷盒不但外形华丽精美且有较好封闭功能，藏贮香料更尽其用。香匙功在舀取香料制品，因炉、盒皆体量较小，所需香料不多，故匙首扁平、匙柄末端呈镂空圆片状并系挂小环，意在按压炉中炭火与香料，使其虚实相间以延长焚烧时间并充分尽燃，据说现福建一带沿海地区馨香仍使用类似器具。

有学者认为圆头铲乃香铲，但吕氏墓中随葬此铲全长均达40厘米左右，铲头直径约10厘米，用来舀取香料实为"大材小用"了，不仅形体过于笨重宽大，质地亦非铜即铁与香具的小巧雅致、香料的量少贵重极不相配，而平圆头、细长柄用以铲炭添炉则更利落合手，故云其为炭铲，可归入茶炉用具而非香具。

随葬香具概况可见表10-3。

表 10-3　墓葬出土香具一览表

| 序号 | 名称 | 编号 | 出土地点 | 尺寸（厘米） | 现状 | 备注 |
|---|---|---|---|---|---|---|
| 1 | "卍"字纹圆陶盒 | M1：20 | M1 | 高 5.6、子口径 10.0、底径 11.0 | 修复基本完整 | |
| 2 | 青白釉熏炉 | M2：62 | M2 | 通高 13.0、盖高 5.0、盖径 10.1、口径 8.2、腹径 10.1、座径 8.7 | 修复完整 | 举例 |
| 3 | 博山炉石底座 | M2：91 | M2 | 底盘口沿径 21.8、底径 16.9、盘心柱状柄残高 7.6 | 修复基本完整 | |
| 4 | 博山炉石盖 | M2：92 | M2 | 高 5.9、口沿径 9.1 | 完整 | |
| 5 | "卍"字纹三足圆陶盒 | M4：11 | M4 | 通高 10.2、盖高 3.2、子口径 19.2、盒高 7.4、口沿径 21.0 | 修复完整 | 举例 |
| 6 | 青釉刻花牡丹纹套盖盒 | M5：5-1~-4 | M5 | 通高 7.5、外盖高 2.0、口径 8.1、中盖高 1.6、直径 7.2、内盖高 2.1、直径 4.0、盒身高 5.9、子口径 7.2、腹径 8.1 | 修复完整 | |
| 7 | 青釉刻花牡丹纹套盖盒 | M5：12-1~-4 | M5 | 通高 7.5、外盖高 2.0、口径 8.2、中盖高 1.6、直径 7.2、内盖高 2.2、直径 4.4、盒身高 5.8、子口径 7.2、腹径 8.2、底径 8.2 | 完整 | 举例 |
| 8 | 青釉刻花牡丹纹套盖盒 | M5：13-1~-4 | M5 | 通高 7.5、外盖高 2.0、口径 8.2、中盖高 1.6、直径 7.3、内盖高 2.2、直径 4.0、盒身高 6.0、子口径 7.4、腹径 8.2、底径 8.2 | 修复完整 | |
| 9 | 青釉刻花牡丹纹套盖盒 | M5：24 | M5 | 通高 7.5、外盖高 2.0、口径 8.2、中盖高 1.7、直径 7.1、内盖高 2.2、直径 4.4、盒身高 5.6、子口径 7.2、腹径 8.2、底径 8.2 | 完整 | |
| 10 | 铜匙 | M5：20 | M5 | 通长 20.7、匙径 3.6×2.3、柄长 14.8、柄端花径 3.2 | 完整 | 举例 |
| 11 | "卍"字顶盖石熏炉 | M5：14 | M5 | 通高 7.8、盖高 2.7、盖口径 8.0、炉高 5.6、口沿径 12.0、底（腹）径 9.1、足高 2.4、宽 4.5 | 完整 | 举例 |
| 12 | "卍"字纹石熏炉 | M6：8 | M6 | 通高 8.1、盖高 2.1、母口径 12.5、炉子口径 11.6、底径 12.3、足高 1.0 | 修复完整 | 举例 |
| 13 | 石熏炉 | M7：31 | M7 | 通高 7.5、盖高 2.1、子口径 7.2、炉口沿径 10.7、底径 8.4、足高 1.3 | 修复基本完整 | |
| 14 | 铜匙 | M12：64 | M12 | 通长 16.5、勺长 4.0、宽 1.8、小环直径 0.7 | 完整 | 举例 |
| 15 | 锡熏炉 | M12：14-1~-3 | M12 | 通高约 11.2、盖高 8.3、盖母口径 10.0、炉口径 8.5、底座高 2.0、口沿径 14.7、底径 7.1 | 残 | 举例 |
| 16 | 铜匙 | M15：17 | M15 | 通长 19.3、匙径 3.1×2.2、柄长 13.3、阔叶花蕾径 2.9×2.5 | 完整 | |
| 17 | 石香熏 | M20：45 | M20 | 盘高 2.7、口沿径约 17.8 | 残 | |
| 18 | 石香熏 | M20：46 | M20 | 底盘残高约 1.5、盘沿径 20.0 | 残 | |
| 19 | 博山炉式石香熏 | M26：22 | M26 | 通高 20.6、盖高 7.7、母口沿径 8.9、炉高 6.0、子口沿径 7.3、圈足外径 3.4、底盘高 2.9、口沿径 20.5、支撑柱高 5.4 | 修复完整 | 举例 |

**4．酒具**

　　酒具数量、形制皆丰，虽然墓主贫富各异，酒之品质、包装不同，却是每座墓中必备之物。说明饮酒不但在现实生活中很普及，而且是祭奠亡灵的必备品，其重要性甚至高于饭、肉等食品。酒具主要器形有：瓶、尊、酒台、注子、注碗、盅、耳杯、托盘、壶等，质地分为瓷、陶、铜、锡、石、玉、玻璃等。

（1）贮酒器

以贮酒瓷瓶最为多见，小口、厚唇、短束颈、深圆腹、圈足是 A 型酒瓶主要形制特征，釉色分青、黑、茶叶末色，如 M2∶33 青釉刻花瓶（图 10-23，1），M12∶11 黑釉素面小口瓶（图 10-23，2），B 型酒瓶较少见，小口、宽沿、束颈、球腹、平底、外表刻饰华丽图案，做工细致规范，以 M2∶69 青釉刻花牡丹纹鼓腹瓶为例（图 10-23，3）。酱釉素面瓷酒尊为数不多，特征是小口、束颈、深直腹、大平底，见 M2∶71（图 10-23，4）。

（2）注子与注碗

可单用亦可配套使用，有瓷、石、锡、铜不同质地，注子带盖、细高颈、长圆腹、平底、长曲流与执手对设，注碗则体量较大而腹深，如 M7∶26、45 青釉注子与注碗（图 10-23，5），M12∶2 锡注子与注碗（图 10-23，6），M2∶37 瓜棱腹带盖铜注子（图 10-23，7），M25∶26 白釉六曲葵瓣注碗（图 10-23，8）。

（3）酒壶

可见瓷、石、铁、锡制品，带盖、长直颈、宽肩、鼓腹、平底、肩颈部对置细长曲流与执手，其中 2006070 青釉素面银釦带盖执壶做工极为考究华丽，盖、流、足皆包银（图 10-23，9）。而 M25∶16 八棱石执壶乃半成品，可能为葬事定制，因时间仓促尚未完工（图 10-23，10）。M1∶18 素面铁酒壶乃实用器，通体有触摸痕迹（图 10-23，11）。

（4）饮酒具

分别为酒台、高足杯、盅、耳杯、圜底玻璃杯等。

酒台：形似托盏，但有区别，盏下配托而成一套，盏为敞口、弧腹、圈足，托呈平顶、粗高颈下出盘式宽沿、高圈足。质地可见瓷、锡两种，如 M12∶56 白釉素面酒台（图 10-23，12）、200620 素面锡酒台（图 10-23，13）。

高足杯：并不多见，敞口、弧腹、高圈足，形制详见 M22∶12 青白釉六曲葵瓣高足杯（图 10-23，14）。

盅：仅出 1 件，为 M15∶11，青白釉色，个体小，敞口、窄沿、弧腹、圈足（图 10-23，15）。

耳杯：为仿古器，椭圆形、浅腹、平底、沿一侧出鋬，200636 素面汉白玉耳杯（图 10-23，16）。M2∶84 骊山石耳杯（图 10-23，17）堪称该类器具的代表。

圜底刻花玻璃杯：M4∶21 乃绿色，虽破碎严重，经清理修复已完整，是玻璃酒具中保存最好者，直口、深弧腹、圜底（图 10-23，18）。

（5）托盘

出土数量有限，质地分陶、铜两类。体量较大，均呈直口、浅弧腹、大平底，器表磨损迹象明显，乃墓主生前日常用具。陶盘内面及外腹壁有加碳黑皮，如 M25∶31（图 10-23，19）。铜盘表面则多绿色锈，20066 盘内底面留锡酒台圈足印痕（图 10-23，20）。由此确定，盘的功能之一是承托酒具。

总之，从贮酒、温酒、盛酒、饮酒至敛具一系列酒具墓葬中均有出土，刻花酒瓶、酱釉酒尊瓷胎质地细致、釉色均匀、釉面温润明亮，自外包装即知晓内贮酒品较好，由此类推，茶叶末釉、青釉、黑釉素面粗瓷瓶中酒质绝非上等。原瓶口皆以绸布包裹木塞封堵，现木塞已朽，故瓶口均敞而无盖。

| 1. M2：33 | 2. M12：11 | 3. M2：69 | 4. M2：71 |
| 5. M7：26、45 | 6. M12：2 | 7. M2：37 | 8. M25：26 |
| 9. 2006070 | 10. M25：16 | 11. M1：18 | 12. M12：56 |
| 13. 200620 | 14. M22：12 | 15. M15：11 | 16. 200636 |
| 17. M2：84 | 18. M4：21 | 19. M25：31 | 20. 20066 |

图 10-23 蓝田吕氏家族墓出土酒具举例

　　注子与注碗为一套，往往套置而出，表明注子盛酒后放入注碗内烫热饮用，所以注子器体高、腹部较细而深。酒壶则相反，肩宽、腹圆、造形敦实。

　　酒台与托盏形制极为相近，只是酒盏稍小于茶盏，酒盏托顶心封闭，因此盏之下腹及足外围釉色釉面仍光亮匀称与上部一致，而茶盏托中心上下贯通，盏腹下部嵌入其中隐不能见，故有失釉、垂釉等现象。

　　高足杯、盅显而易见属饮酒容器，至今仍在使用，只是形制略有变化。耳杯作为饮酒用具主要使用于唐代之前，吕氏墓中玉、石耳杯为仿古器，是否实用尚不明确，但作为祭祀酒具的意义是不容置疑的。玻璃制品于北宋时期珍稀少见、价格昂贵，绿色刻花圜底玻璃杯据有关专家认定，属西亚外来制品，其形制风格、纹饰格局与中土大相径庭。铜托盘中锡酒台的圈足印迹不言而喻地再现了托盘作为承托酒具、收敛酒具的实用功能。

　　吕氏墓葬中出土酒具可见表 10-4。

表 10-4　墓葬出土器物酒具一览表

| 序号 | 名称 | 编号 | 出土地点 | 尺寸（厘米） | 现状 | 备注 |
|---|---|---|---|---|---|---|
| 1 | 茶叶末釉深腹瓶 | M1：12 | M1 | 通高 29.3、口径 5.0、腹径 12.2、底径 8.9 | 完整 | |
| 2 | 茶叶末釉深腹瓶 | M1：15 | M1 | 通高 33.4、口径 4.9、腹径 12.5、底径 9.2 | 基本完整 | |
| 3 | 铁执壶 | M1：18 | M1 | 通高 13.4、盖高 2.9、母口径 5.6、壶高 11.2、子口径 4.9、腹径 11.0、底径 8.9、流高 3.6、流口最大径 1.5、执手高 7.0、宽 1.5 | 修复基本完整 | 举例 |
| 4 | 青釉刻花瓶 | M2：6 | M2 | 通高 28.5、口沿径 6.3、腹径 14.0、圈足径 8.4 | 腹部有残缺 | |
| 5 | 青釉刻花瓶 | M2：7 | M2 | 通高 28.4、口沿径 6.2、腹径 14.0、圈足径 8.3 | 腹底有残缺 | |
| 6 | 青釉刻花瓶 | M2：33 | M2 | 高 28.1、口沿径 6.4、腹径 14.5、圈足径 8.7 | 完整 | 举例 |
| 7 | 青釉素面瓶 | M2：53 | M2 | 高 31.7、口沿径 4.9、腹径 12.7、足径 9.1 | 修复基本完整 | |
| 8 | 青釉素面瓶 | M2：54 | M2 | 高 31.4、口沿径 5.1、腹径 12.6、足径 8.9 | 修复基本完整 | |
| 9 | 青釉刻花鼓腹瓶 | M2：69 | M2 | 高 21.6、口沿径 5.4、腹径 17.6、底径 7.6 | 腹部有缺片 | 举例 |
| 10 | 酱釉素面樽 | M2：70 | M2 | 高 14.2、口沿径 6.2、腹径 16.5、底径 14.7 | 腹有残缺 | |
| 11 | 酱釉素面樽 | M2：71 | M2 | 高 15.0、口沿径 6.1、腹径 17.2、底径 15.2 | 完整 | 举例 |
| 12 | 瓜棱腹带盖铜执壶 | M2：37 | M2 | 通高 22.9、盖高 6.9、口径 6.6、腹径 12.1、底径 6.6 | 修复基本完整 | 举例 |
| 13 | 石耳杯 | M2：84 | M2 | 高 1.5、长 8.0、宽 4.7、扳残长 1.0、宽 2.5 | 修复基本完整 | 举例 |
| 14 | 石酒台 | M2：86-1、-2 | M2 | 通高 8.3、盏高 4.0、口沿径 9.4、足径 3.9、托高 4.6、托盘沿径 15.4、足高 2.7、足径 10.4 | 修复基本完整 | |
| 15 | 黑釉深腹瓶 | M4：17 | M4 | 通高 21.2、口沿径 4.5、腹径 10.7、圈足径 7.5 | 完整 | |
| 16 | 黑釉深腹瓶 | M4：31 | M4 | 通高 20.7、口沿径 4.5、腹径 11.3、圈足径 7.6 | 完整 | 举例 |
| 17 | 圜底刻花玻璃杯 | M4：21 | M4 | 高 7.7、口沿径 10.4、壁厚 0.35 | 修复完整 | |
| 18 | 青釉小口瓶 | M5：28 | M5 | 通高 22.4、口沿径 5.1、腹径 11.6、圈足径 7.0 | 腹部残破 | |
| 19 | 青釉小口瓶 | M5：29 | M5 | 通高 22.3、口沿径 5.3、腹径 11.5、圈足径 7.1 | 完整 | |
| 20 | 青釉小口瓶 | M6：35 | M6 | 通高 21.8、口沿径 5.8、腹径 11.3、圈足径 6.8 | 完整 | |

续表 10-4

| 序号 | 名称 | 编号 | 出土地点 | 尺寸（厘米） | 现状 | 备注 |
|---|---|---|---|---|---|---|
| 21 | 青釉小口瓶 | M6：36 | M6 | 通高 23.0、口沿径 5.6、腹径 11.6、圈足径 7.1 | 修复完整 | |
| 22 | 青釉小口瓶 | M7：1 | M7 | 通高 22.8、口沿径 4.2、腹径 12.0、圈足径 7.5 | 修复完整 | |
| 23 | 青釉小口瓶 | M7：2 | M7 | 通高 22.5、口沿径 4.3、腹径 11.8、圈足径 7.3 | 完整 | |
| 24 | 青釉瓜棱腹注子 | M7：26 | M7 | 通高 24.5、注盖高 7.8、盖口径 4.5、注身口径 3.1、腹径 12.4、圈足径 6.4 | 修复完整 | 举例 |
| 25 | 青釉花口注碗 | M7：45 | M7 | 通高 15.8、口径 14.2、圈足高 3.0、圈足径 8.0 | 修复完整 | 举例 |
| 26 | 茶叶末釉盘口瓶 | M8：6 | M8 | 通高 28.1、口沿径 5.7、腹径 12.2、底径 8.4 | 残 | |
| 27 | 青釉小口瓶 | M9：7 | M9 | 通高 30.7、口沿径 4.8、腹径 12.2、足径 9.0 | 残破 | |
| 28 | 青釉小口瓶 | M9：8 | M9 | 通高 31.2、口沿径 4.9、腹径 13.0、足径 9.3 | 完整 | |
| 29 | 茶叶末釉盘口瓶 | M9：9 | M9 | 通高 28.2、口沿径 5.7、腹径 12.0、足径 8.6 | 修复基本完整 | |
| 30 | 茶叶末釉盘口瓶 | M9：10 | M9 | 通高 29.1、口沿径 5.6、腹径 11.6、足径 8.3 | 修复完整 | |
| 31 | 黑釉小口瓶 | M12：11 | M12 | 通高 22.3、口沿径 5.10、腹径 12.0、足径 7.7 | 完整 | 举例 |
| 32 | 黑釉盘口瓶 | M12：55 | M12 | 通高 26.8、口沿径 5.0、腹径 13.7、足径 10.0 | 完整 | |
| 33 | 白釉酒台 | M12：56-1、-2 | M12 | 通高 10.8、盏高 4.3、口沿径 9.2、足径 3.6、托高 6.9、盘沿径 12.9、足高 2.8、足底径 8.6 | 盏修复完整，托完整 | 举例 |
| 34 | 带盖锡执壶与锡温碗 | M12：2-1、-2 | M12 | 通高 18.5、壶通高 18.2、盖高 4.1、盖母口沿径 5.8、壶颈高 5.4、口沿径 3.9、腹径 10.7、底径 7.1、壶颈套管高 6.3、管径 5.0、温碗高 8.1、腹径 13.7、底径 12.5 | 残 | 举例 |
| 35 | 茶叶末釉盘口瓶 | M14：2 | M14 | 高 26.5、口沿径 5.7、腹径 12.0、足径 9.2 | 基本完整 | |
| 36 | 茶叶末釉盘口瓶 | M15：3 | M15 | 通高 26.0、口沿径 5.7、腹径 12.2、足径 8.5 | 基本完整 | |
| 37 | 青白釉小盅 | M15：11 | M15 | 高 2.0、口径 4.5、足径 2.6 | 完整 | 举例 |
| 38 | 茶叶末釉盘口瓶 | M16：2 | M16 | 通高 34.3、口沿径 6.1、腹径 17.7、足径 12.9 | 修复完整 | |
| 39 | 茶叶末釉盘口瓶 | M17：5 | M17 | 通高 28.7、口沿径 5.7、腹径 12.6、足径 8.5 | 修复基本完整 | |
| 40 | 茶叶末釉盘口瓶 | M17：6 | M17 | 通高 29.0、口沿径 5.9、腹径 12.3、足径 8.7 | 修复基本完整 | |
| 41 | 白釉托盏 | M17：9-1、-2 | M17 | 通高 10.8、盏高 4.4、口沿径 9.2、足径 3.4、托高 6.8、托台沿径 4.6、盘沿径 12.9、足高 2.8、足底沿径 8.3 | 盏修复完整，托完整 | |
| 42 | 青釉刻花牡丹纹广口瓶 | M20：2 | M20 | 通高 19.7、口沿径 13.5、颈高 5.6、腹颈 19.0、足径 12.4 | 完整 | |
| 43 | 青釉刻花牡丹纹广口瓶 | M20：10 | M20 | 通高 20.2、口沿径 11.8、颈高 5.3、腹颈 18.3、足外径 11.9 | 基本完整 | |
| 44 | 茶叶末釉瓶 | M22：11 | M22 | 残高 27.2、腹径 12.0、足外径 8.7 | 残 | |
| 45 | 青白釉六曲葵瓣高足杯 | M22：12 | M22 | 通高 6.9、口沿径 11.2、足高 2.3、足外径 4.5 | 修复完整 | 举例 |
| 46 | 青白釉六曲葵瓣高足杯 | M22：22 | M22 | 通高 7.0、口沿径 11.2、足高 2.7、足外径 4.6 | 修复基本完整 | |
| 47 | 青白釉六曲葵瓣高足杯 | M22：23 | M22 | 通高 6.9、口沿径 11.0、足高 2.4、足外径 4.4 | 修复完整 | |
| 48 | 青白釉六曲葵瓣高足杯 | M22：57 | M22 | 残高 4.4、足高 2.3、足径 4.5 | 残 | |
| 49 | 细颈扁腹玻璃瓶 | M22：1 | M22 | 残高 13.3、颈高 6.5、腹径 8.8、足底径 4.6 | 修复基本完整 | |

续表10-4

| 序号 | 名称 | 编号 | 出土地点 | 尺寸（厘米） | 现状 | 备注 |
|---|---|---|---|---|---|---|
| 50 | 茶叶末釉盘口瓶 | M24:2 | M24 | 通高33.8、口沿径6.3、腹径18.0、足径12.6 | 基本完整 | |
| 51 | 白釉六曲葵瓣温碗 | M25:26 | M25 | 通高8.2、口沿径13.5、足外径7.2 | 完整 | 举例 |
| 52 | 白釉六曲葵瓣温碗 | M25:27 | M25 | 通高8.3、口沿径13.5、足外径7.3 | 完整 | |
| 53 | 圆托陶盘 | M25:31 | M25 | 高5.0、口沿径36.3、底径31.0 | 修复基本完整 | 举例 |
| 54 | 八棱石执壶 | M25:16 | M25 | 盖高1.8、直径5.0、壶高12.7、口沿径5.5、腹径11.4、足外径7.0 | 修复完整 | 举例 |
| 55 | 青釉刻花小口瓶 | M26:7 | M26 | 通高20.4、口沿径6.9、腹径17.7、足外径8.2 | 修复完整 | |
| 56 | 青釉刻花小口瓶 | M26:8 | M26 | 通高19.6、口沿径6.8、腹径17.3、足外径7.9 | 修复完整 | |
| 57 | 黑釉纺锤腹素面瓶 | M26:15 | M26 | 通高20.1、口沿径4.9、腹径11.3、圈足外径7.5 | 基本完整 | |
| 58 | 黑釉纺锤腹素面瓶 | M26:16 | M26 | 通高19.9、口沿径4.7、腹径11.0、圈足外径7.1 | 基本完整 | |
| 59 | 八棱石执壶 | M26:65 | M26 | 通高17.1、口沿径5.3、腹径10.6、圈足外径5.9 | 修复完整 | |
| 60 | 茶叶末釉小口深腹瓶 | M28:3 | M28 | 通高33.0、口沿径5.9、腹径19.3、足外径12.0 | 基本完整 | |
| 61 | 刻花花口瓶 | 200659 | 不明 | 通高21.7、口沿径9.5、腹11.5、圈足径7.5、足高1.1 | 修复基本完整 | |
| 62 | 刻花牡丹纹小口鼓腹瓶 | 200650 | 不明 | 通高19.5、口沿径6.7、口径3.8、腹径17.0、隐圈足径7.5、足内径5.8、足高0.6 | 完整 | |
| 63 | 刻花牡丹纹小口鼓腹瓶 | 2006071 | 不明 | 通高19.6、口沿径6.6、口径3.8、腹径16.0、隐圈足沿径7.2、足内径5.3、足高1.0 | 完整 | |
| 64 | 刻花花口瓶 | 200658 | 不明 | 通高22.2、口沿径10.1、腹径12.6、圈足沿径7.7、足高1.1 | 完整 | |
| 65 | 刻花花口瓶 | 2006075 | 不明 | 通高22.2、口沿径9.8、腹径12.6、圈足沿径7.5、足高1.1 | 完整 | |
| 66 | 素面葵瓣锡酒台 | 200620 | 不明 | 通高9.0、盏高4.0、口径10.0、圈足径4.2、托台高5.0、盘心圆台径7.0、盘沿径15.0、圈足径11.0、足高2.7 | 完整 | 举例 |
| 67 | 素面葵瓣锡酒台 | 200621 | 不明 | 通高8.7、盏高约4.4、口径10.0、托台高5.0、盘心圆台径7.0、盘沿径15.0、圈足径10.7、足高2.7 | 残 | |
| 68 | 素面小耳玉杯 | 200636 | 不明 | 高1.3、长口径7.6、短口径4.1、长底径4.2、短底径1.9、手扳最宽处2.0、最长处6.1 | 完整 | 举例 |
| 69 | 螺贝杯 | 200625 | 不明 | 通高10.0、杯体长径16.9、短径11.2、高6.8、杯座长底径13.0、短径8.0、顶孔长径7.2、短径5.2、高3.5 | 完整 | |
| 70 | 螺贝杯 | 200626 | 不明 | 通高10.6、杯体长径16.8、短径11.3、高7.3、杯座长底径12.6、短径7.4、顶孔长径7.5、短径4.70、高3.70 | 完整 | |
| 71 | 素面石耳杯 | 200635 | 不明 | 高1.8、长口径11.4、短口径6.6、长底径3.5、短底径2.0、手扳最宽处2.2、最长处8.0 | 完整 | |
| 72 | 青釉银盖执壶 | 2006070 | 不明 | 通高18.0、盖高0.4、盖口径4.3、壶高17.0、口径4.2、腹径14.4、圈足径7.7、足高1.2 | 完整 | 举例 |
| 73 | 素面大圆铜盘 | 20066 | 不明 | 通高6.8、口沿径32.7、底径26.5 | 完整 | 举例 |

### 5. 文具

出土文房用具主要有砚、墨、镇纸、水盂、印章、印泥等，质地分陶、铜、铁、石、玉。

（1）砚

属文具之首，出身书香门第的吕氏家族成员对砚的喜好、鉴赏、收藏是其文化生活之一，诸多墓葬中皆出土各类品质砚台，皆实用品或墓主生前钟爱藏品。质地分为陶、石两种，形制有风字形、圆形、椭圆形，以风字造形最为多见，其特点是：前宽后窄、前高后低、形如"风"字。如M12：21风字形澄泥砚（图10-24，1），M1：22风字形陶砚（图10-24，2），椭圆形澄泥砚仅见M2：59一件，厚沿、平底、砚堂仍前高后低（图10-24，3）。石砚主要有歙石砚、贺兰石砚、灰色石砚等，歙砚出土有限，呈风字形与圆形，以M4：16圆形三足歙砚为例，厚沿、平底下设三足（图10-24，4）；M5：1风字形灰色石砚形制同上述，产自何方待考（图10-24，5）；M6：20俏色风字形贺兰石砚具有唯一性，以红绿相间贺兰石料制成，通体豆绿色、立沿之暗红色边框与墨堂圆形红晕斑均属天然俏色（图10-24，6）。

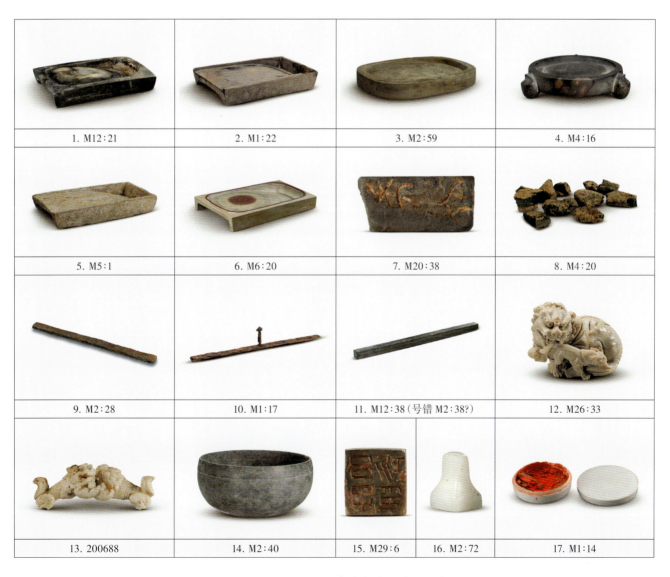

|  |  |  |  |
|---|---|---|---|
| 1. M12：21 | 2. M1：22 | 3. M2：59 | 4. M4：16 |
| 5. M5：1 | 6. M6：20 | 7. M20：38 | 8. M4：20 |
| 9. M2：28 | 10. M1：17 | 11. M12：38（号错 M2：38？） | 12. M26：33 |
| 13. 200688 | 14. M2：40 | 15. M29：6 | 16. M2：72 | 17. M1：14 |

图 10-24　蓝田吕氏家族墓出土文具举例

（2）墨

出土墨量虽大却保存状况不佳，质地疏软，绝大部分破碎极为严重，多呈渣、块状，但基本形制尚可辨。保存稍好者属 M20：38，形制为长条式、横截面乃长方形，宽面上残留字迹（图10-24，7）；M4：20 为出土残墨块之一，断裂破碎、原长条状形制依稀可见（图10-24，8）。

（3）镇纸

主要为铁制，取其质密而沉重之特性，另有陶、石两种，为数较少。形制均大同小异，皆扁长条状，横剖面呈扁长方形，光面无纹，个别上面居中置提纽，如 M2：28 尺形铁镇纸（图10-24，9）。M1：17 铁镇纸（图10-24，10），顶面居中置蘑菇顶柱形高提纽，M2：38 为陶镇纸，通体光滑外裹黑色加碳陶皮（图10-24，11），石镇纸以 M26：33 子母狮镇为例，造形生动、做工精美（图10-24，12）。

（4）笔架

白石双狮笔架共有 1 双，属被盗掘文物。双狮相对匍匐于地、前肢交互环抱、昂首、翘尾，以 200688 为例（图10-24，13）。

（5）水盂

微敛口、圆弧腹、平底钵在随葬器皿中屡见不鲜，用途并不十分明确，或许洗笔水盂也是其用途之一，如 M2：40 骊山石钵（图10-24，14）。

（6）印章

仅见 3 枚，M29：6，铜质方形兽纽"吕子功印"（图10-24，15）。M2：72 和阗白玉章料坯，方形、素颜、上设乳状纽（图10-24，16）。M24 出土铜印戳，编号 M24：20，其上刻"鼎"字，似属闲章。

（7）印泥盒

可明确为印泥盒者，唯 M1：14 白釉瓷扁盒（图10-24，17），扁圆形、平顶盖、直浅腹、大平底，盒中尚存红色印泥，出土时色泽鲜亮、令人惊讶。

经考古出土的文房用具，砚的数量最大，这体现了书香门第青睐笔砚的传统特点。歙砚原石产于古歙州（今安徽歙县、江西婺源等地），石质坚韧润密，敲击有清越金属之声，呵气可研，发墨益毫，磨墨无声，储墨不涸，历寒不冰，是与端砚齐名的文房珍品。据文献记载，歙砚始于唐开元年间，五代时名声大振，深得南唐后主李煜喜爱，与澄心堂纸、李廷珪墨并称为天下之冠。后因战乱而凋零。北宋期间歙砚制造业重新崛起，蓬勃发展。以其浑朴的造形，素净无华的外表引人瞩目。关于贺兰石砚，《乾隆宁夏府志》记载，贺兰山小滚钟口，有三峰矗立，宛如笔架，下出紫石，可为砚。其石质细腻，坚实嫩滑，且天然紫绿双色，紫中嵌绿，绿中镶紫，交相掩映，别具特色。制作成砚，叩之有声，呵之见水。贮水不耗，发墨光润，不拔笔毫。加盖后，盛夏时节砚内余墨数日不干不臭，堪与中外驰名的广东端砚、安徽歙砚相媲美，深受文人墨客的珍视和推崇，素享有一端、二歙、三贺兰之美誉。贺兰砚讲究"相石"与"俏色"。相石，即因石之质料、纹理特点制砚；俏色，是因石料紫、绿两色的分布位置，设计图案与层次。M6：20 石砚较现代贺兰石砚绿色略浅而红色更艳，乃笔架山前山老坑之料。其端庄皓素的外表、横平竖直的形制均充分显示了工匠择料之精纯、工艺之高超。澄泥砚与端砚、歙砚、洮砚合称中国四大名砚，而澄泥砚是其中唯一泥质陶砚，它始于汉，盛于唐宋，迄今已有近两千年历史。著名产地为山西省新绛县，古称绛州。由于使用经反复澄洗之细泥加工烧制成器而故名。其特性可与石质佳砚相比。因原料来源不一，烧制时间不同，具有鱼肚白、鳝鱼黄、绿豆沙、蟹壳青、玫瑰紫等不同色彩，M12：21 即为鱼肚白澄泥砚。唐、宋之时，端、歙尚在创新发展中，历史悠久的澄泥砚被推崇为第一砚。特别是宋代澄泥砚，修泥简约大气，自内而外蕴含儒雅气韵。

墨的质量对书画品质具有重要影响，文人讲究其产地与作坊字号，上文提及南唐后主李煜尤爱歙砚、澄心堂纸与徽州李廷珪墨，故徽墨在该领域中独占鳌头，M20：38 号墨锭表面残留字迹依稀可辨为："……年立"两字，推测原刻文字是作坊字号及生产年号，可惜残失而不能确知。

镇分席镇、纸镇等不同用途，顾名思义，纸镇功在镇压纸张使书者运笔自如，因此形制多随纸幅而呈尺状，表面质朴无华，若上置提纽则使用更为方便；白石子母狮镇，与白石双狮笔架取材相同、风格一致、雕工精良、栩栩如生，应出自同一工匠之手，寓意取"太师少师"吉语，与其实用勿如说乃书房摆件更显妥帖。

印章、印泥缺一不可为用，印章主要是铜、玉材质做成，方座上置狮、雀、蛙等各种兽纽是其常见形制。玉章功能同上，但因质地高雅往往做工简约脱俗、以尽显玉之本色，如 M2：72；或雕刻繁缛精美、华丽富贵。现出土印泥敛于扁瓷盒内，然相同形制陶盒、石盒皆有，盒内却无印泥遗迹，故推测因时间长久，水浸土淹使盒内物品尽失，但其用途功能恐与相同形制瓷盒一致，仍为印泥盒之属。

水盂是书案必备之物，用以清洗毛笔，至今尚不能确定平底钵是否有此作用，钵的敛口鼓腹平底使其易平置、能贮水、善敛水而少溢出，正合洗笔所用，故笔者以为部分尺寸较大、石质为材的平底钵可能属文案洗笔。

墓葬出土文房用具详见表 10-5。

表 10-5　墓葬出土器物文具一览表

| 序号 | 名称 | 编号 | 出土地点 | 尺寸（厘米） | 现状 | 备注 |
|---|---|---|---|---|---|---|
| 1 | 风字形陶砚 | M1：22 | M1 | 高 2.7、面长 15.9、前宽 10.0、后宽 11.0、底长 15.5、前宽 9.5、后宽 10.3 | 完整 | 举例 |
| 2 | 铁镇纸 | M1：17 | M1 | 器长 31.2、宽 1.7、厚 0.7、提纽高 4.3、帽径 1.7 | 基本完整 | 举例 |
| 3 | 石砚 | M1：21 | M1 | 长 13.9、前宽 8.5、后宽 9.0、高 2.6 | 基本完整 | |
| 4 | 白釉圆盒 | M1：14 | M1 | 通高 3.3、盖径 8.0、口径 7.0、腹径 7.8、底径 3.6 | 基本完整 | 举例 |
| 5 | 风字形陶砚 | M2：29 | M2 | 厚 3.3、顶面长 15.0、前宽 10.3、后宽 9.5、底面长 13.6、前宽 9.7、后宽 8.7 | 修复完整 | |
| 6 | 陶镇纸 | M2：38 | M2 | 长 33.5、宽 1.8、厚 1.6 | 完整 | 举例 |
| 7 | 风字形陶砚 | M2：52 | M2 | 厚 3.0、顶面长 16.0、前宽 9.8、后宽 9.3、底面长 15.0、前宽 9.0、后宽 8.2 | 修复完整 | |
| 8 | 风字形陶砚 | M2：57 | M2 | 厚 3.4、顶面长 18.8、前宽 12.9、后宽 12.3、底面长 17.8、前宽 12.3、后宽 11.4 | 修复完整 | |
| 9 | 椭圆形澄泥陶砚 | M2：59 | M2 | 厚 2.5、长 19.9、最宽处 16.3 | 完整 | 举例 |
| 10 | 尺形铁镇 | M2：28 | M2 | 全长 28.7、宽 2.0、厚 1.0 | 完整 | 举例 |
| 11 | 白玉印坯 | M2：72 | M2 | 通高 2.6、印面长 2.1、宽 1.8、厚 0.7、柄高 1.5、柄顶面长 1.2、宽 0.8 | 完整 | 举例 |
| 12 | 石钵 | M2：40 | M2 | 高 7.5、口沿径 15.6、底径 8.2 | 修复完整 | 举例 |

续表 10-5

| 序号 | 名称 | 编号 | 出土地点 | 尺寸（厘米） | 现状 | 备注 |
|---|---|---|---|---|---|---|
| 13 | 石钵 | M2：58 | M2 | 高 7.5、口沿径 15.6、底径 8.2 | 修复完整 | |
| 14 | 石钵 | M2：73 | M2 | 高 6.5、口沿径 16.8、底径 8.2 | 修复完整 | |
| 15 | 风字形陶砚 | M4：26 | M4 | 厚 2.2、顶面长 12.1、前宽 8.2、后宽 7.9、底面长 11.6、前宽 8.1、后宽 7.6 | 完整 | |
| 16 | 三足石歙砚 | M4：16 | M4 | 通高 6.3、砚堂直径 22.4、沿厚 1.5、足高 5.5 | 完整 | 举例 |
| 17 | 松烟墨块 | M4：20 | M4 | 无法测量 | 残块 | 举例 |
| 18 | 风字形石砚 | M5：1 | M5 | 厚 2.5、顶面长 16.1、前宽 9.6、后宽 8.7、底面长 15.2、前宽 9.0、后宽 8.0 | 完整 | 举例 |
| 19 | 俏色风字形石砚 | M6：20 | M6 | 高 2.1~2.4、面长 18.5、前宽 12.2、后宽 11.1、底长 18.3、前宽 12.2、后宽 11.1 | 完整 | 举例 |
| 20 | 石墨残块 | M7：21 | M7 | 无法测量 | 残块 | |
| 21 | 风字形陶砚 | M9：19 | M9 | 顶面长 15.1、前宽 1.3、后宽 9.1、底面长 13.2、前宽 9.0、后宽 7.4、厚 3.5 | 完整 | |
| 22 | 风字形澄泥陶砚 | M12：21 | M12 | 高 3.0~3.3、面长 23.6、前宽 16.2、后宽 15.3、底长 22.9、前宽 15.3、后宽 14.5 | 基本完整 | 举例 |
| 23 | 石墨 | M12：20 | M12 | 无法测量 | 残 | |
| 24 | 风字形石砚 | M12：44 | M12 | 厚 2.9、面长 16.1、前宽 9.8、后宽 9.4、底长 14.6、前宽 9.0、后宽 8.6 | 完整 | |
| 25 | 风字形陶砚 | M17：10 | M17 | 高 3.3、面长 17.4、前宽 11.2、后宽 9.8、底长 14.6、前宽 8.7、后宽 8.1 | 完整 | |
| 26 | 松烟墨 | M20：38 | M20 | 残长 3.8、截面长 1.5、宽 1.7 | 残 | 举例 |
| 27 | 陶砚 | M22：27 | M22 | 砚厚 3.3、顶面长 17.2、前宽 11.7、后宽 11.5、底面长 15.4、前宽 11.2、后宽 10.7 | 修复完整 | |
| 28 | 铜印戳 | M24：20 | M24 | 长 2.7、宽 1.7、高 0.85 | 完整 | |
| 29 | 子母石狮镇 | M26：33 | M26 | 长 7.8、高 4.7、宽 6.5 | 残 | 举例 |
| 30 | 风字形石砚 | M28：2 | M28 | 高 3.0、面长 15.8、前宽 9.6、后宽 10.2、底长 14.2、前宽 8.5、后宽 9.1 | 完整 | |
| 31 | 铜印章 | M29：6 | M29 | 通高 1.5、纽高 0.9、章体长 2.0、宽 1.9、厚 2.0 | 完整 | 举例 |
| 32 | 嬉戏双狮形石笔架 | 200688 | 不明 | 通长 10.5、高 2.5、最宽处 4.0、狮个体长 6.3 | 残 | 举例 |
| 33 | 嬉戏双狮形石笔架 | 200689 | 不明 | 通长 10.6、高 2.9、最宽处 2.6、狮个体长 5.7 | 完整 | |
| 34 | 素面钵 | 200630 | 不明 | 高 6.0、口沿径 16.7、腹径 17.2、底径 10.0、壁厚 0.3 | 修复基本完整 | |
| 35 | 三足素面石歙砚 | 2006020 | 不明 | 通高 7.2、口沿径 23.0、沿宽 1.3、足高 7.2 | 完整 | |
| 36 | 圆形石歙砚 | 200628 | 不明 | 通高 2.3、直径 9.1、底径 8.5 | 完整 | |

## 6. 闺阁用具与发饰

20 座成人墓葬中女性墓主占多数，闺阁用具主要为她们生前用品或饰物。在众多随葬品中，属女性专用物具备两个重要特点：一无贵重奢侈品，二追求雅致素静、回避华丽繁缛。所以闺阁用具仅限于发簪、妆盒、耳饰、佩饰、妆镜及剪刀、衣尺、熨斗等女子平常使用物件。

（1）妆盒

数量较多，皆为圆形，形制小巧而做工精致，可随身携带使用，质地分为瓷、锡、银三种。青釉、白釉、青白釉瓷盒构成了妆盒的主要成品质地来源，如 M6∶19 青白釉八曲花瓣形印纹盒，形若花朵、平顶、直腹、平底、釉色光润白中泛青（图 10-25，1），又如 M7∶27 青釉圆盒，乃典型耀州窑产品、平顶、鼓腹、圜底、素面无华（图 10-25，2）。锡盒较少且难保存完整，200622 号瓜棱形素面锡圆盒系佼佼者，仿金银器造形，圆形瓜棱体上带简化瓜蒂式小纽（图 10-25，3）。银盒体量更小而尤为精巧，或外表装饰细致、或形制独出心裁、或素洁简约端庄，以 M6∶6 簪花牡丹纹圆盒为例，隆顶、直腹、圈足、通体錾刻鱼子纹及缠枝牡丹纹，经检测盒内敛红粉乃女子胭脂（图 10-25，4）。M25∶13 鱼篓形小圆盒属异形胭脂盒，平顶盖、小直口、宽折肩、斜弧腹、平底，盒旁置银挑勺 1 枚，编号 M25∶57，显然此盒口小、腹深、需用挑勺取物（图 10-25，5）。

（2）发簪

簪是男、女束发必备用具，兼备实用与装饰双重功能，故在少见发饰制品中为数最多，虽质地有银、象牙等，但形制基本相同，均呈细长柱状、横截面为圆形、末端浑圆、顶端或有簪头装饰，见 M15∶7 金头银体发簪，顶端插套中空提花球形金簪头（图 10-25，6），M12∶63 象牙发簪以朴素简洁为特点，通体光滑无饰、顶端置圆形帽状簪头（图 10-25，7）。

（3）发钗

为女性所专用发饰，质地有铜、银、象牙三种，但保存状况欠佳，残断严重。钗之双股较簪更为细长，横截面呈圆形或扁长方形，顶部显曲折半圆状、长条状等形制，通体素面，如 M17∶22-1 铜钗（图 10-25，8）。象牙发钗保存至今尚形制可辨者仅有 M22∶34，置于漆盒内随葬，显然倍受墓主喜爱，虽出土状残缺粉化严重，已不能独立提取，但钗体双股清晰，钗头缀连小环数串行走间摇曳摆动、十分优美（图 10-25，9）。

（4）珍珠头饰

原形制不明，现珠粒皆散乱分布于头颅附近，颗粒若绿豆大小，居中穿圆孔，虽历千年之久，部分表面珠光犹存。其中 M6 女主头部所裹珠网发饰编号 M6∶25，似以黑色硬纱为衬将珍珠缝缀其上，佩戴发上有典雅脱俗之美（图 10-25，10）。

（5）发梳

各种梳形饰物是女子常见发饰之一，出土木、锡两种质地，体量小、半圆形、弓背密齿、木质梳背两面往往附镶嵌图案，可见 M6∶24 木梳（图 10-25，11）、M2∶22 锡梳（图 10-25，12）。

（6）耳饰

所见不多，以铜铸为主，制成花蕾形、菱形等，其中 M17∶13 花蕾形铜耳坠，上端有环孔可穿系、下为花蕾式（图 10-25，13），M15∶16 菱形铜耳坠，正、反两面均饰折枝花（图 10-25，14）。水晶耳坠唯有 M15∶15 一双，形似水滴状、顶上对穿小孔、通体晶莹剔透（图 10-25，15）。

（7）佩坠

分水晶、玻璃、玉石三类不同质地。水晶有浑圆拙朴素 M25∶51 圆球状（图 10-25，16），又有灵动逼真的 M5∶17 鲤鱼状（图 10-25，17）。玻璃饰坠只见 M7∶29，长方形佩件，居中有孔、蓝色半透明状、表面似有花饰但因浸蚀严重而不清，从目前形制推测当为项坠（图 10-25，18）。玉佩饰出土 2 枚，其中 M29∶7 青玉饰品保存完好，圆饼形、正中置小圆孔、通体素面、表面光滑润泽（图 10-25，19）。

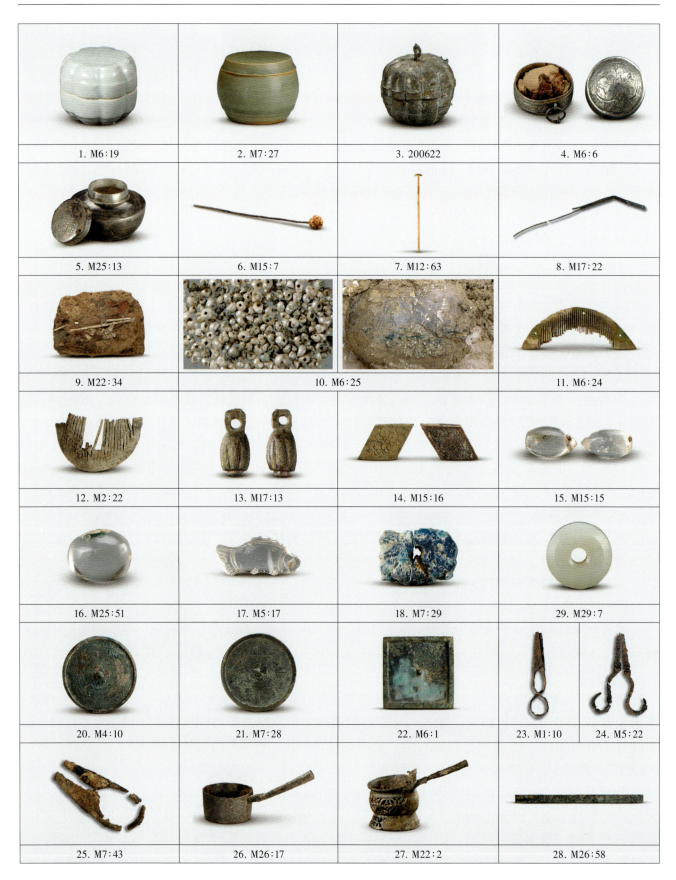

图 10-25　蓝田吕氏家族墓出土闺阁用具与发饰举例

（8）铜镜

普遍出土于各墓葬中，主流为圆形，亦有方形、菱花形等，镜面多已锈蚀，镜背铸各式纹样，有典型北宋流行图案，也有宋仿前代作品。如 M4：10 凤鸟纹镜（图 10-25，20）、M7：28 蝴蝶纹镜（图 10-25，21）、M6：1 素面方镜（图 10-25，22）。

（9）剪刀

剪刀是各墓必备随葬品，均为铁制品，形制多样，主要差异在剪刀之宽窄长短及剪柄的曲折变化上。如 M1：10 为 "8" 字形柄（图 10-25，23），M5：22 属末端外卷形柄（图 10-25，24），M7：43 是环形柄（图 10-25，25）。

（10）熨斗

生铁浇铸而成，形制厚重，直口、深腹、平底、上腹外壁设中空管状长柄，形制见 M26：17（图 10-25，26）。个别熨斗出土时搁置于圆形、深腹、喇叭足、镂空熨斗座上，如 M22：2 熨斗与熨斗座（图 10-25，27）。

（11）衣尺

皆铜质地，正面錾刻度、背面光素或饰花卉等图案，如 M26：58 铜衣尺（图 10-25，28）。

上述闺阁用具与发饰中，瓷妆盒因体量稍大一般用以存放妆粉，从残留物成分分析报告知，妆粉主要为铅粉，因受潮出土时多以凝成块状。胭脂盒形制玲珑精巧、携带方便，应是女子随身之物，多用纯银锤鍱而成，盒中胭脂呈膏状，用时翘小指尖挑取或使挑勺舀出少许于掌心和水拍匀使用。由此可见，妆粉、胭脂是北宋女子妆容必备之物，使用普遍。

簪既可用于女子发髻亦可用于男子束发，使用广泛而历史悠久，女用簪有实用与装点双重功效，故而簪头时有装饰；男用簪朴素简约、又谓之笄。钗为双股、形制有异于簪，用途在别束散发，与当代发卡相似，依所用之处择其尺寸长短，同时亦有装饰美化功能，若钗头有串饰坠挂，则随步态摇曳颤动更为美妙。吕氏墓中随葬簪、钗即便品质优良、价格不菲亦尽量保持素颜，从而显示了该家族低调内敛的行为准则与了无装饰方显物之纯美的鉴赏修养。

珍珠饰品可确定其位置的仅有 M6 女主人头部裹发珠网，该墓位居吕大雅墓葬之后，就位置判断应是大雅嫡长子仲山夫妇合葬处，然圹内只见女主遗骸表明男主尚在人间，从随葬物多脂粉、饰品分析，此女当属年轻早亡，故多置闺阁用具、精美饰品以慰年轻爱美之心。

装饰发梳是女子发髻上多见饰物，唐及五代盛之，发掘出土甚多，有金、银、锡、木、漆、角等不同质地，形制小巧、做工细致、梳背两面多镶钿錾刻华丽纹饰，主要用于装饰而非梳理，北宋吕氏出土梳饰用途同上。

耳坠、佩饰皆有明确装饰效果，水晶制品于通透晶莹中更显其洁净纯粹质地；温润含蓄的玉件则在儒雅谦恭中蕴含着不屈的性格，二者皆充分体现了中国传统士族崇尚的精神与品质，这就是吕氏所有饰品中没有黄金的灿烂、宝石的贵重、繁缛工艺的华丽之根本所在，因为他们赏识的是超凡脱俗的、天地所赋之与物的本质美。

铜镜与剪刀均是闺阁常用器具，但在实用价值之外可能暗喻着某种乡俗礼制。铜镜用以辟邪由来已久，唐代墓室穹隆顶上多高悬明镜以镇摄，吕氏墓中铜镜也常覆置于椁盖上，推测原仍悬挂墓室顶部正中，后日久坠落椁上方形成背上面下状况。因此铜镜可镇摄辟邪之说应承前而继续沿用。墓葬入口处放置剪刀是随葬品布局特点之一，此举绝非突出剪刀本身实用功能，与其同置者尚有犁头，二者配合皆被引申为 "剪断尘缘" "离别人世" 之意，乃告诫亡灵尘缘已尽、阴阳相隔之理，以约束其行为。长条状衣尺至今仍在使用中，虽刻度长短略有出入，但形制用途依旧。

熨斗形制与公认出土熨斗不同，据孙机先生考证，此熨斗体量大、腹中贮炭多、热量高，专用于熨烫麻布衣裳；彼熨斗体小、工细、腹浅、柄长，主要熨烫丝织衣物。

出土此类器物详情可见表10-6。

表10-6 墓葬出土器物闺阁用具与发饰一览表

| 序号 | 名称 | 编号 | 出土地点 | 尺寸（厘米） | 现状 | 备注 |
|---|---|---|---|---|---|---|
| 1 | 花形铜饰件 | M1：32 | M1 | 残长3.0、残宽2.0、小铜环直径0.7 | 残 | |
| 2 | 铁剪刀 | M1：6 | M1 | 柄长20.1、刃长11.2、刃宽0.6~1.8、柄长8.9 | 残 | |
| 3 | 铁剪刀 | M1：10 | M1 | 残长19.4、最宽处4.5 | 残 | 举例 |
| 4 | 漆背铜镜 | M2：27 | M2 | 镜厚0.35、直径18.4、沿面宽1.6、纽高0.9、镜背漆层厚0.05 | 修复完整 | |
| 5 | 铁剪刀 | M2：31 | M2 | 残全长21.0、刀长16.0、刀下端最宽3.0 | 残 | |
| 6 | 铁剪刀 | M2：47 | M2 | 残全长25.0、刀下端最宽2.8、刀尖宽1.1 | 残 | |
| 7 | 铁剪刀 | M2：74 | M2 | 全长20.5、刀长8.5、刀下端最宽1.2 | 残 | |
| 8 | 铁剪刀 | M2：85 | M2 | 残全长17.4、残宽5.5、刀长7.8、刀最宽2.1 | 残 | |
| 9 | 锡梳 | M2：22 | M2 | 通高3.5、宽6.0、厚0.2 | 残 | 举例 |
| 10 | 团菊纹铜镜 | M4：2 | M4 | 直径11.3、沿厚0.1 | 基本完整 | |
| 11 | 凤鸟纹铜镜 | M4：10 | M4 | 直径16.9、沿厚0.5 | 完整 | 举例 |
| 12 | 铜衣尺 | M4：42 | M4 | 长30.9、宽2.2、厚0.2 | 残断 | |
| 13 | 铜衣尺 | M4：43 | M4 | 长30.9、宽2.2、厚0.2 | 完整 | |
| 14 | 铁剪刀 | M4：1 | M4 | 残通长约20.8、刀残长7.5、下端最宽处2.5 | 残 | |
| 15 | 铁剪刀 | M4：4 | M4 | 全长24.2、刀长11.0、最宽处2.7 | 残 | |
| 16 | 铁熨斗 | M4：6 | M4 | 通高10.5、斗身高7.5、口沿径15.6、底径12.8、挡火高4.8、柄长18.0、末端粗1.8×2.3 | 修复基本完整 | |
| 17 | 素面铜镜 | M5：2 | M5 | 直径16.5、沿厚0.25 | 完整 | |
| 18 | 海兽葡萄纹铜镜 | M5：10 | M5 | 直径9.2、沿厚0.8 | 完整 | |
| 19 | 四乳四兽纹铜镜 | M5：18 | M5 | 直径14.0、沿厚0.5 | 完整 | |
| 20 | 铁剪刀 | M5：22 | M5 | 刀长8.0、刀下端最宽处2.6 | 残断 | 举例 |
| 21 | 鱼形水晶饰件 | M5：17 | M5 | 长4.0、最宽处1.7、厚0.8 | 完整 | 举例 |
| 22 | 青釉弧腹圆盒 | M6：16 | M6 | 通高5.3、盖高1.8、盖子口径6.1、盒口沿径6.6、腹径6.9、底径5.3 | 修复基本完整 | |
| 23 | 青釉弧腹小圆盒 | M6：18 | M6 | 通高4.1、盖高1.5、盖子口径4.4、盒口沿径5.0、腹径5.6、底径4.1 | 完整 | |
| 24 | 青白釉八曲花瓣形印纹盒 | M6：19 | M6 | 通高4.3、盖高2.1、母口沿径5.4、盒子口径4.5、腹径5.6、底径4.2 | 完整 | 举例 |
| 25 | 素面方铜镜 | M6：1 | M6 | 边长13.3、沿厚0.6 | 完整 | |
| 26 | 仙人乘马、驾鹤菱花铜镜 | M6：22 | M6 | 直径11.9、沿厚0.4 | 完整 | |

续表 10-6

| 序号 | 名称 | 编号 | 出土地点 | 尺寸（厘米） | 现状 | 备注 |
|---|---|---|---|---|---|---|
| 27 | 花草纹铜镜 | M6：39 | M6 | 直径 14.1、沿厚 0.2 | 完整 | |
| 28 | 铁剪刀 | M6：32 | M6 | 通长 29.2、刀长 14.7、最宽处 2.8、柄长 14.5 | 基本完整 | |
| 29 | 铁剪刀 | M6：38 | M6 | 通长 13.5、刀长 6.0 | 基本完整 | |
| 30 | 牡丹纹圆银盒 | M6：6 | M6 | 通高 2.2、盖高 1.1、母口径 2.4、盒子口径 2.3、底径 1.1、重 6.7 克 | 基本完整 | 举例 |
| 31 | 银发簪 | M6：23 | M6 | 残长 13.0、现重 5.0 克 | 残 | |
| 32 | 珍珠首饰 | M6：25 | M6 | 珠体分大、小两种，大者如米粒，小者如菜籽。珠上均有穿孔 | 残 | 举例 |
| 33 | 珍珠首饰 | M6：26 | M6 | 珠体分大、小两种，大者如米粒，小者如菜籽。珠上均有穿孔 | 残 | |
| 34 | 木梳 | M6：24 | M6 | 长 7.3、宽 2.6、厚 0.2 | 残 | 举例 |
| 35 | 青釉圆盒 | M7：17 | M7 | 通高 5.2、盖高 1.2、盖子口径 5.8、盒母口沿径 6.5、腹径 7.2、底径 5.8 | 完整 | |
| 36 | 青釉圆盒 | M7：27 | M7 | 通高 5.3、盖高 1.1、盖子口径 5.8、盒母口沿径 6.5、腹径 7.2、底径 5.3 | 修复完整 | 举例 |
| 37 | 菱花铜镜 | M7：19 | M7 | 直径 14.5、沿厚 0.5 | 残 | |
| 38 | 蝴蝶纹铜镜 | M7：28 | M7 | 直径 11.6、沿厚 0.2 | 完整 | 举例 |
| 39 | 铁熨斗 | M7：9 | M7 | 通高 7.8、口沿径 10.3、高 4.6、底径 7.5、柄残长 3.8、宽 2.3、厚 1.1 | 残 | |
| 40 | 铁剪刀 | M7：42 | M7 | 通长约 16.5、刀长 7.0 | 残 | |
| 41 | 铁剪刀 | M7：43 | M7 | 通长约 14.0、刀长 7.0、最宽处 2.2 | 残 | 举例 |
| 42 | 铁剪刀 | M7：44 | M7 | 刀长 6.0、最宽处 1.6 | 残 | |
| 43 | 长方形玻璃饰品 | M7：29 | M7 | 长 1.8、宽 1.2、厚 0.2 | 断裂为二片 | 举例 |
| 44 | 珍珠颗粒 | M7：20 | M7 | 珠径 0.3~0.4 | 残 | |
| 45 | 白色块状物 | M7：22 | M7 | 无法测量 | 残块 | |
| 46 | 瑞兽纹铜镜 | M12：45 | M12 | 直径 11.5、厚 0.5 | 完整 | |
| 47 | 铜残饰件 | M12：61 | M12 | 残为数段 | 残 | |
| 48 | 牡丹纹铜镜 | M12：62 | M12 | 直径 12.1、厚 0.15 | 完整 | |
| 49 | 铁剪刀 | M12：50 | M12 | 剪残长 19.0、刀身长 12.3、最宽处 2.3 | 残 | |
| 50 | 象牙发簪 | M12：63 | M12 | 残长 16.0、帽径 1.9、簪径 0.5 | 残 | 举例 |
| 51 | 龙虎纹铜镜 | M15：8 | M15 | 直径 11.3、沿厚 0.6、纽径 1.9 | 完整 | |
| 52 | 菱形铜耳坠 | M15：16-1、-2 | M15 | 长 2.5、宽 1.5、厚 0.4 | 完整 | 举例 |
| 53 | 铁剪刀 | M15：13 | M15 | 通长 18.3、刀长 8.0、最宽处 1.8 | 完整 | |
| 54 | 铁剪刀 | M15：14 | M15 | 通长 25.7、刀长 8.5、最宽处 2.8 | 残 | |
| 55 | 银发簪 | M15：7 | M15 | 通长 15.3、帽径 1.7×1.4 | 基本完整 | 举例 |
| 56 | 水晶饰坠 | M15：15-1、-2 | M15 | 长 1.3、最大径 0.7、穿 0.1 | 完整 | 举例 |

续表 10-6

| 序号 | 名称 | 编号 | 出土地点 | 尺寸（厘米） | 现状 | 备注 |
|---|---|---|---|---|---|---|
| 57 | 素面铜镜 | M17：7 | M17 | 直径 18.5、沿厚 0.2、纽径 1.7 | 完整 | |
| 58 | 龙虎纹铜镜 | M17：8 | M17 | 直径 11.2、沿厚 0.5、纽径 1.9 | 完整 | |
| 59 | 花蕾形铜耳坠 | M17：13-1、-2 | M17 | 长 1.6、最大径 0.8 | 完整 | 举例 |
| 60 | 铜簪 | M17：20 | M17 | 残通长 17.0、帽径 1.1 | 修复基本完整 | |
| 61 | 铜簪 | M17：21 | M17 | 残长约 21.0 | 残 | |
| 62 | 铜钗 | M17：22-1~3 | M17 | 22-1 残通长 12.5、钗头宽 0.5；22-2 残通长约 13.3、钗头宽 0.4；22-3 钗股残长 10.8 | 22-1、3 残，22-2 修复完整 | 举例 |
| 63 | 铁剪刀 | M17：16 | M17 | 通长 19.7、刀长 8.0、最宽处 2.2 | 残 | |
| 64 | 铜簪 | M20：23 | M20 | 长 22.0、厚 0.1、最宽处 0.3 | 残 | |
| 65 | 铜簪 | M20：40 | M20 | 残长 12.8、最宽处 0.3 | 残 | |
| 66 | 铁剪刀 | M20：28 | M20 | 通长 25.0、刀长 17.5、最宽处 2.2 | 残 | |
| 67 | 铁剪刀 | M20：29 | M20 | 残通长 18.6、刀长 5.0、最宽处 1.5 | 残 | |
| 68 | 铁剪刀 | M20：30 | M20 | 通长 21.5、刀长 9.0、最宽处 2.5 | 残 | |
| 69 | 铁剪刀 | M20：31 | M20 | 残通长 19.8、最宽处 2.3 | 残 | |
| 70 | 铁剪刀 | M20：32 | M20 | 通长 14.0、刀长 5.4、最宽处 1.2 | 残 | |
| 71 | 石饰物 | M20：54 | M20 | 器残长 9.5、宽 2.0、穿孔直径 0.5、深入器身约 0.5 | 残 | |
| 72 | 牡丹纹铜镜 | M22：4 | M22 | 直径 11.9、沿厚 0.15 | 完整 | |
| 73 | 铁熨斗与熨斗座 | M22：2-1、-2 | M22 | 2-1 通高 12.5、挡火高 4.0、口沿径 16.8、内腹径 14.6、内底径 13.0；2-2 通高 11.5、口沿径 15.2、外底径 13.0、足高 4.0、足外径 17.2 | 修复基本完整 | 举例 |
| 74 | 银簪 | M22：39 | M22 | 长 15.0 | 残 | |
| 75 | 象牙钗 | M22：34 | M22 | 残长 14.5、宽 1.4、横截径 0.5 | 残 | 举例 |
| 76 | 素面小铜镜 | M24：8 | M24 | 直径 2.6、沿厚 0.2 | 完整 | |
| 77 | 铭文铜镜 | M24：14 | M24 | 直径 8.5、沿厚 0.4 | 完整 | |
| 78 | 铁剪刀 | M24：7 | M24 | 通长 10.7、刀长 4.0、柄长 6.7 | 完整 | |
| 79 | 铁剪刀 | M24：10 | M24 | 通长 20.7、刀长 7.7、最宽处 2.0、柄长 13.0 | 残 | |
| 80 | 圆饼形玉佩饰 | M24：13 | M24 | 直径 2.6、孔径 0.4、厚 0.8 | 完整 | |
| 81 | 残佩玉饰 | M24：15 | M24 | 残通高 4.0、厚 0.35 | 残 | |
| 82 | 双鱼戏莲玉佩饰 | M24：19 | M24 | 高 4.9、最宽 3.2、厚 0.6 | 基本完整 | |
| 83 | 双凤纹铜镜 | M25：56 | M25 | 直径 21.5、厚 0.2 | 完整 | |
| 84 | 渔篓形小圆银盒 | M25：13 | M25 | 通高 2.7、盖高 0.6、母口沿径 2.3、盒高 2.5、子口沿径 2.1、腹径 4.1、底径 2.5，重 16.38 克 | 残 | 举例 |
| 85 | 银钗 | M25：20 | M25 | 钗股长 13.1 | 残 | |
| 86 | 委角方形银盒 | M25：28 | M25 | 盒通高 5.0、边长 19.5、盒内铜镜边长 15.3、沿厚 0.22 | 残 | |
| 87 | 银挑勺 | M25：57 | M25 | 残长 4.1、柄截面直径 0.2 | 残 | |

续表10-6

| 序号 | 名称 | 编号 | 出土地点 | 尺寸（厘米） | 现状 | 备注 |
|---|---|---|---|---|---|---|
| 88 | 水晶珠 | M25：51 | M25 | 直径1.6×1.2 | 完整 | 举例 |
| 89 | 贝质镂空花饰 | M25：47 | M25 | 阔叶长3.0、宽2.1、花朵直径1.9 | 残 | |
| 90 | 星云纹铜镜 | M26：55 | M26 | 直径11.4、沿厚0.4 | 残 | |
| 91 | 铜衣尺 | M26：58 | M26 | 长31.8、宽2.0、厚0.3 | 修复完整 | 举例 |
| 92 | 铜衣尺 | M26：59 | M26 | 长31.6、宽2.0、厚0.3 | 修复完整 | |
| 93 | 铁熨斗 | M26：17 | M26 | 高9.5、口沿径16.5、柄全长21.7 | 修复基本完整 | 举例 |
| 94 | 铁剪刀 | M26：30 | M26 | 残通长17.8、刀残长10.1、最宽处1.5 | 残 | |
| 95 | 铁剪刀 | M26：35 | M26 | 残通长12.0、刀长5.2、最宽处1.1 | 残 | |
| 96 | 铁剪刀 | M26：40 | M26 | 通长20.0、刀长10.2、最宽处2.0 | 残 | |
| 97 | 铁剪刀 | M26：41 | M26 | 通长33.9、刀长20.5、最宽处2.8 | 残 | |
| 98 | 铁剪刀 | M26：63 | M26 | 通长25.1、刀长9.7、最宽处2.4 | 残 | |
| 99 | 镂孔石佩饰 | M26：46 | M26 | 残高6.7、宽5.7 | 残 | |
| 100 | 白釉八瓣瓜棱形圆盒 | M28：14 | M28 | 高3.5、子口沿径4.8、腹径6.2、底径4.0 | 盖缺失，盒身完整 | |
| 101 | 玉坠饰 | M29：7 | M29 | 厚0.85、直径2.95、孔径0.7 | 完整 | 举例 |
| 102 | 栉齿内向连弧纹圆铜镜 | 200616 | 不明 | 直径20.7、沿厚1.0、纽高2.1、纽孔径0.8 | 完整 | |
| 103 | 乳钉规矩纹圆铜镜 | 200615 | 不明 | 直径14.0、沿厚0.5、纽高1.0、纽孔径0.4 | 修复基本完整 | |
| 104 | 款铭菱花铜镜 | 200618 | 不明 | 直径19.6、沿厚0.45、纽高0.6、印款长4.4、宽2.4 | 完整 | |
| 105 | 款铭菱花铜镜 | 200619 | 不明 | 直径19.7、沿厚0.45、纽高0.6、印款长4.5、宽2.5 | 完整 | |
| 106 | 仙人神兽圆铜镜 | 200617 | 不明 | 直径18.3、厚0.8、纽径2.9、纽高1.4 | 完整 | |
| 107 | 瓜棱形素面圆锡盒 | 200622 | 不明 | 通高5.2、盖高3.0、母口径4.9、盒身高2.9、子口径4.4、最大腹径4.7、底径3.2 | 残 | 举例 |
| 108 | 瓜棱形素面圆锡盒 | 200623 | 不明 | 残高54.5、盖残高2.4、母口径约4.7、盒身高2.8、子口径4.2、最大腹径4.8、底径3.0 | 残 | |

### 7. 药具

能确定或推测为药具者有贮药瓷盒、铜量勺、铁坩埚等。

（1）贮药盒

M7：16-1、-2白釉圆盒与青白釉葵口碟合成一组，扁圆白釉素面盒盒盖呈平顶微弧状，盒身乃折腹圈足，内含之青白釉素面小碟中贮极细腻、松散、绵软白色粉末，经检测确定为消肿、防溃内用中药粉末，故该盒是唯一被证实的药盒（图10-26，1）。

（2）铜量勺

仅见1例。编号M29：4，勺体呈敞口、斜腹、平底状，口沿一侧连接扁长条形直柄、柄端为圆环式，通体素面（图10-26，2）。

（3）铁坩埚

体量较小而器壁厚重是其突出特点，共有两种不同形制，一类为敞口、浅腹、平底下设较矮

图 10-26　蓝田吕氏家族墓出土药具举例

三撇足，可以 M24：5 素面三足盘为例（图 10-26，3）。另一类器形较常见，乃浅斜腹、大平底、一侧出短柄。M24：4 平底器应为代表（图 10-26，4）。

（4）铁撑锅

体量小，厚平顶、下折沿、沿边置外撇三条形足。出土物中仅见于吕麟墓中三足器，编号 M24：6（图 10-26，5）。

M7 墓主为吕景山嫡出第四女吕倩容，深得祖父母及父母疼爱，墓志记其患足弱之疾而亡，此病乃身受热毒而发，足、胫红肿溃烂，终至血液感染死亡。随葬白瓷盒内药粉具有散毒、消肿、生肌作用，正好疗其病症，故确定药是墓主生前所用无疑，盒属贮药器具。量勺做工规整，应为实用具，是把握"量"的标准器，就其形制推测，可能用于配药定量。坩埚乃制作丹药必备物，无论平底或三足均须器壁厚重方能承受高温火炼。铁撑锅尺寸与坩埚相仿，亦器小壁厚，故疑仍为制药所用，功能当在烘烤、焙干药物。

出土此类器物详情可见表 10-7。

表 10-7　墓葬出土器物药具一览表

| 序号 | 名称 | 编号 | 出土地点 | 尺寸（厘米） | 现状 | 备注 |
|---|---|---|---|---|---|---|
| 1 | 三足铁盘 | M2：13 | M2 | 通高 3.4、口径 15.8、底径 13.0、足高 1.4、足径 1.1 | 完整 | |
| 2 | 白釉素面圆盒 | M7：16-1 | M7 | 通高 4.5、盖高 2.0、盖口沿径 10.6、盒身子口径 9.8、腹径 10.8、足径 4.5 | 完整 | 举例 |
| 3 | 青白釉葵口碟 | M7：16-2 | M7 | 高 1.5、口沿径 8.1、底径 3.2 | 完整 | 举例 |
| 4 | 平底铁器 | M24：4 | M24 | 通高 2.7、口沿径 7.0、底径 5.5、柄长 2.0 | 修复基本完整 | 举例 |
| 5 | 三足铁盘 | M24：5 | M24 | 通高 3.0、口沿径 7.4、足高 1.6 | 残 | 举例 |
| 6 | 三足铁撑锅 | M24：6 | M24 | 通高 2.0、面径 7.2、底径 7.7、足高 1.4 | 完整 | 举例 |
| 7 | 铜量勺 | M29：4 | M29 | 通长 7.7、勺直径 2.5、柄长 5.2、末端圆环直径 1.4×1.6 | 修复完整 | 举例 |

### 8．礼器

礼器包括两类，第一类是指随葬于墓室中、专为丧葬而定制的非日常实用器。该类文物外表多錾刻仿古篆文概述墓主名号、生平、职官、卒年等，是墓主故后子嗣、亲人、挚友为寄托哀思而制，以模仿古代青铜礼器形制为基本原则，质地主要使用青石或骊山石兼有瓷、陶、泥不同材料。第二类则是墓主生前及家人子嗣收藏的古代青铜器。皆为周、汉、唐实物，器形有：鼎、簋、盘、匜、熏炉等，主丧人多以仿古篆文在器身隐蔽处刻划亡者职官、卒年及亲属关系等内容。

第一类：仿古石礼器主要有磬、簋、敦、鼎等。

（1）磬

以青石制作，折角处置圆穿、通体磨光、正反两面刻文字，文字内容为墓主简介、挽词等。以 M1∶24 石磬为例，该磬名曰"林锺"，其立面上有此刻铭，正、反两面均錾文字（图 10-27，1），另一例乃 M22∶35，为空白石磬，表面虽经打磨却无文字（图 10-27，2）。

（2）祭奠礼器

此类以骊山石制品占绝大多数，均为仿古器并刻铭文，只求意到形似而已。

鼎：如 M26∶38 三足铭文鼎，直口、微弧深腹、三兽足、沿上对立双折耳，外腹壁錾铭文言明该鼎为安喜人王安中赠已故安喜县令吕义山所有（图 10-27，3）。绿釉红陶折耳鼎 M25∶2 是汉代仿铜礼器，属该家族收藏品，直口、折腹、圜底、三兽足、曲折耳，盖上饰卷云、四神、山水、瑞兽等纹样（图 10-27，9）。

簋：是礼器组合之重要因素，出土骊山石仿古簋形制多样，M4∶18 铭文石簋属模仿较好作品，敛口、扁鼓腹、圈足、上腹部对置双耳，外腹壁铭文内容是宣义郎吕景山嫡子吕为修为父作簋并铭（图 10-27，4）；M26∶10 铭文石簋乃吕义山子吕德修、吕铺修为父丧而制，形制与古物相似、簋盖与器搭配后却显怪异，见（图 10-27，5），腹上铭文是友人孙求所作，文中称该物为敦。石敦的代表作品是 M2∶55 楷书铭文石敦与 M12∶13 篆书铭文石敦，M2∶55 石敦设直口、圆腹、三兽足、上腹对置双耳，外腹壁楷书铭文显示此敦属吕大临字与叔之堂兄吕大圭专赠（图 10-27，6）；M12∶13 石敦形制为敞口、卷沿、弧腹、三兽足，外沿下錾篆文一周，内容大致是：吕德修为族祖父大圭祭奠而作（图 10-27，7）。瓷质仿古器皿唯 M9∶14 青釉瓦棱簋一件，所仿器形乃西周晚期青铜簋形制，无论模仿效果或是制作工艺在该家族所有仿古器中堪称佳品，弧腹、圈足、盖上有提纽、腹部对置双耳、通体饰瓦棱纹（图 10-27，8）。

双耳彩绘陶罐：M14∶3 出土于吕大受墓中，直口、圆肩、鼓腹、平底、环耳，表面绘白色云气图案（图 10-27，10）。

卧蝉：M5∶21 为手工捏制，灰陶表面染墨色，写实性强（图 10-27，11）。

泥制车马模型：M12∶58，搁置于吕大圭墓室入口内，手工捏制，做工简陋、随意性强，马为立姿、车已坍塌形制不明（图 10-27，12）。

第二类：古代青铜礼器，主要放置于墓园第四代葬者圹内。

乳钉纹簋：编号 20061，折沿、弧腹、高圈足、腹壁饰尖锐乳钉纹，足外沿有宋人刻铭"自牧"两字，时代当在西周初年（图 10-27，13）。

鱼虎纹鼎：编号 2006083，体量小、带盖、折耳、圆腹、三兽足、腹壁饰虎、鱼图案各一周，盖内居中宋人铭刻单字"牧"，属战国铜器（图 10-27，14）。

素面折耳鼎：编号 20062，乃带盖、折耳、折腹、兽足，器底有宋人刻铭，主要内容是：子吕

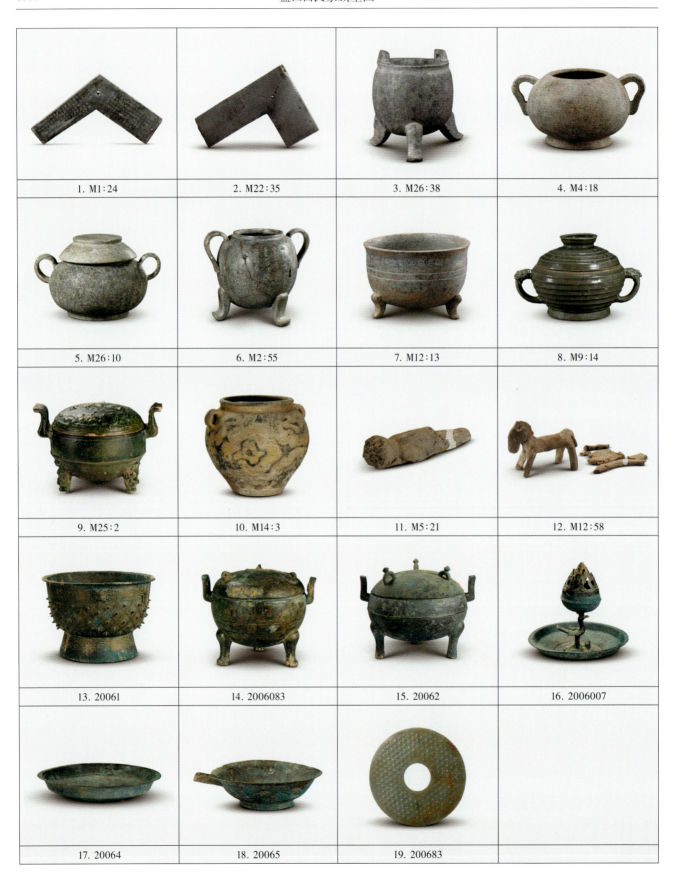

| | | | |
|---|---|---|---|
| 1. M1：24 | 2. M22：35 | 3. M26：38 | 4. M4：18 |
| 5. M26：10 | 6. M2：55 | 7. M12：13 | 8. M9：14 |
| 9. M25：2 | 10. M14：3 | 11. M5：21 | 12. M12：58 |
| 13. 20061 | 14. 2006083 | 15. 20062 | 16. 2006007 |
| 17. 20064 | 18. 20065 | 19. 200683 | |

图 10-27　蓝田吕氏家族墓出土礼器举例

世修为父承议郎作敦并铭以纳于圹等，与仿铜石器刻铭内容类似，成器于汉代（图 10-27，15）。

朱雀熏炉：编号 2006007，汉代，做工精致，托盘正中立龟雀形炉柄、上置博山炉体、炉体上有宋人刻铭"自牧"两字（图 10-27，16）。

汉素面盘：编号 20064，形制为折沿、浅折腹、平底，外底有宋人刻铭，内容与 20062 素面折耳鼎基本相同（图 10-27，17）。

錾花铜匜：编号 20065，敛口、出流、浅腹、圈足，内、外壁錾阔叶牡丹纹，外底有宋人刻铭，内容与 20062 素面折耳鼎基本相同，为宋藏唐器（图 10-27，18）。

谷纹青玉璧：编号 200683，直径 13.8 厘米，正、背两面均匀錾刻"谷"纹，时代为至汉代（图 10-27，19）。

总结上述两类出土礼器，第一类石礼器专为葬事制作，形制以仿效古青铜礼器为主，但大部分因受时间仓促、认知局限、技艺水平、模本来源等多重因素影响，所仿之物与三代青铜礼器并不十分相像，此类作品但求意到，重在器上铭刻，形似与否并不十分要求。其中磬之形制模仿相对标准，表面刻铭字数较多，以此礼乐器从葬往往暗含深意，如 M1∶24 随葬石磬名曰林钟，《史记·律书》云："六月也，律中林锺。林锺者，言万物就死气林林然。"[1]"林者，众也。言万物成熟，种类多也。"[2] 故"林钟"乃古礼乐器编钟之第八位，为夏之声，同时也代表死亡之声。林钟主人吕大雅在"大"字辈成员中排行第八，卒后于六月盛夏行葬事，以其随葬既暗喻死者葬时及其身份，同时又与古士大夫之礼相合。鼎、簋、敦等物形制不规范、命名有偏差、与现代认知存在差异，说明北宋在古器物研究方面正当初期阶段，从葬所用仿器只需形制、名称属礼器范畴即可。青釉瓷簋的较标准外形显示了作者的用心良苦，此物出土于 M9 吕英墓葬，吕英乃吕大忠、大防、大钧、大临等从父，早亡葬于它处，妻王氏主持家务多年、德高望重，卒后葬于太尉塬墓园并迁丈夫吕英遗骸合葬，因时隔多年吕英残骨只能焚化敛于瓷簋中与王氏棺并列墓室内，簋是三代祭祀重器，仅限于皇亲贵胄，以簋为葬具与吕英士大夫身份及其尊崇古礼之家风堪称吻合，所以特赴耀州窑精心定制瓦棱簋为用，故该簋既是礼器又是实用葬具。绿釉红陶折耳汉鼎出于吕大忠嫡子吕锡山前妻侯氏墓中，侯氏出身书香门第，知书达理深得丈夫及族人爱惜，于古物喜好且有了解，卒后从葬汉陶鼎一为投其所好、二为显示亡者身份不菲。M14 是吕大忠三弟吕大受墓葬，此人进士出身、年轻有为，新婚之即却染疾而亡，墓中随葬彩绘陶罐很是特殊，吕氏墓葬中陶器为数不多，有彩绘者仅此例，灰陶罐表施白衣，以墨笔勾出朵朵飘飞云气，颇具神秘，罐内满注淤土原置何物无考，推测因罐旁立酒瓶而罐中应盛肉类与酒共祭亡灵，所以彩陶罐乃食用敛具无疑，是否属礼器尚可讨论。蝉在丧葬中常见，尤以汉代为盛，取其冬眠夏生之意，代表生死轮回。陶蝉少见，但寓意不变，有祈盼亡灵尽快轮回复生之念。车马是古代出行重要交通工具，早在商代已使用并于贵族墓葬中有随葬及标志身份富贵双重作用，在视死如生之传统观念指导下，吕大圭墓内泥制车马模型亦是载其远赴黄泉的车骑。显然简陋拙朴的做工可能意味该物出自族中某少儿孝敬之手。

第二类随葬青铜礼器完全是家族所藏古代真品，然细查之下其中规律却耐人寻味，葬于吕氏太尉塬墓园中的第三代"大"字辈成员及其上两代人墓葬中未见任何所谓三代重器或前朝遗珍出土，所有礼器均为宋人仿铜石制品，真正青铜礼器皆见于第四代"山"字辈成员墓室内，如此令人困惑

[1]《宋史·卷一百八十三·志第一百三十六·食货下五》，中华书局，1985 年，第 4477、4478 页。
[2]《史记·卷二五·书第三·律》，中华书局，1999 年，第 247、248 页。

的结果应取决于该家族对传统文化的认识研究和修养境界。吕大临编纂《考古图》并亲撰《考古图记》云："数千百年后，尊、彝、鼎、敦之器犹出于山岩、屋壁、陇亩、墟墓之间，形制、文字且非世所能知，况能知所用乎……非敢以器为玩也，观其器、诵其言、形容仿佛以追三代之遗风，如见其人矣。以意逆志，成将其制作之原，以补经传之阙，纠正诸儒之谬误，天下后世君子有意于古者，亦将有考焉。"[1]正是这一信念，使生活于北宋中晚期的吕大临众兄弟与父辈长者严以自律，卒后均未带走生前珍藏古物，仅用石或瓷仿古器以效三代之礼。但如此随葬理念仅持续至北宋末年，由于金人强悍，时局不稳，北方岌岌可危，蓝田吕氏第五代人以为，若世代珍藏古物流入商贾或外夷之手，莫如追随先祖长眠地下更加妥帖，所以"大"字辈兄弟的孙儿们争相把家藏古物纳入父辈墓圹之中以保平安，从而形成上述规律。"山"字辈人墓内共出土青铜礼器6件，其中3件属吕大观孙吕世修为父承议郎吕至山字子功墓随葬品，器体上有宋人刻铭为证，它们分别是：汉折耳带盖铜鼎、汉素面铜盘、唐鎏金錾花铜匜；另3件是：西周乳钉纹铜簋、战国鱼虎纹折耳带盖铜鼎、汉朱雀铜熏炉，器体上刻铭"自牧"或"牧"字，想必与铜器收藏者名讳、字号有关。"山"字辈成员葬于祖茔者仅三人，即景山、义山、至山，义山字子居，墓中出铭文石簋可为证，至山字子功，墓中出铜印章可为证，唯景山字号不明，自牧、牧也许是子牧的别称或简称，若推测成立，景山可能字子牧，此3件铜器则归北宋哲宗时著名宰相吕大防嫡子吕景山所有。景山生前职官宣义郎，卒后葬事由嫡子吕为修操办，其生前收藏古器亦被纳于圹中封存。总之，上述青铜礼器均属蓝田吕氏第五代人为第四代人随葬所用。青玉谷纹璧是被盗文物，出自何墓不清，但从几座被盗墓葬位置分析，皆属"山"字辈人氏。玉璧形制、纹饰、工艺俱是典型汉代制品，《周礼·春官·大宗伯》载"以玉作六器，以礼天、地、四方。"[2]所以，璧是目前考古发掘出土玉器中数量仅次于琮的祭祀礼器。

出土此类器物详情可见表10-8。

### 表10-8　墓葬出土器物礼器一览表

| 序号 | 名称 | 编号 | 出土地点 | 尺寸（厘米） | 现状 | 备注 |
|---|---|---|---|---|---|---|
| 1 | 石磬 | M1：24 | M1 | 鼓长44.5、宽10.0~12.0、股长39.5、宽15.2、磬厚5.6、穿径1.9 | 完整 | 举例 |
| 2 | 石敦 | M2：55 | M2 | 敦身高19.3、口径11.2、腹径18.8、耳宽2.5、足高7.0、足宽3.1 | 修复基本完整，器盖缺佚 | 举例 |
| 3 | 石敦 | M2：56 | M2 | 通高23.5、盖子口径12.2、提手高2.2、长4.5、厚1.3、敦身高19.3、口径11.2、腹径18.8、耳宽2.5、足高7.0、足宽3.1 | 修复完整 | |
| 4 | 铭文石簋 | M4：18 | M4 | 通高15.7、口沿径14.2、腹径23.3、圈足径15.4 | 完整 | 举例 |
| 5 | 铭文石磬 | M4：24 | M4 | 鼓长29.5、鼓博宽9.6~9.8、股长21.8、股博宽6.7~9.7、磬厚4.7、穿径2.2 | 基本完整 | |
| 6 | 陶卧蝉 | M5：21 | M5 | 长6.5、宽2.5、厚1.5 | 完整 | 举例 |

---

[1]《考古图》乾隆壬申年秋月，亦政堂藏版。
[2]吕友仁：《周礼译注·春官·大宗伯》，中州古籍出版社，第241~251页。

续表 10-8

| 序号 | 名称 | 编号 | 出土地点 | 尺寸（厘米） | 现状 | 备注 |
|---|---|---|---|---|---|---|
| 7 | 青釉瓦棱簋 | M9∶14 | M9 | 通高 17.4、盖高 6.3、提手径 8.3、盖口沿径 18.8、簋身高 12.0、口沿径 16.6、腹径 21.4、足径 14.5 | 修复基本完整 | 举例 |
| 8 | 泥制车马模型 | M12∶58-1、-2 | M12 | 58-2 马通高 9.2、体长 13.2 | -1 残、-2 修复完整 | 举例 |
| 9 | 石敦 | M12∶13 | M12 | 磬厚 6.0、穿径 2.8、鼓长边长 58.5、短边长 42.5、鼓博宽 18.5、股长边长 41.8、短边长 27.0、股博宽 21.0 | 完整 | 举例 |
| 10 | 石磬 | M12∶57 | M12 | 磬厚 6.0、穿径 2.8、鼓长边长 58.5、短边长 42.5、鼓博宽 18.5、股长边长 41.8、短边长 27.0、股博宽 21.0 | 完整 | |
| 11 | 双耳彩绘陶罐 | M14∶3 | M14 | 通高 19.7、口沿径 16.7、腹径 23.0、底径 11.3 | 完整 | 举例 |
| 12 | 石敦 | M20∶9 | M20 | 残高 13.0、口沿径 13.2、腹径 15.5 | 残 | |
| 13 | 石磬 | M20∶11 | M20 | 鼓长 18.0~24.0、宽 5.5~9.4、股长 9.0~15.5、宽 8.0~9.0、磬厚 1.5、穿直径 1.3 | 残 | |
| 14 | 石鼎 | M20∶42 | M20 | 残高 9.5、口沿径 18.5、足高 4.0 | 残 | |
| 15 | 石磬 | M22∶35 | M22 | 鼓长边长 63.0、短边长 41.2、鼓博宽 19.5、股长边长 43.0、短边长 23.0、股博宽 21.5、磬厚 6.3、穿径 1.5 | 修复完整 | 举例 |
| 16 | 绿釉陶鼎 | M25∶2 | M25 | 通高 16.7、盖高 4.4、母口沿径 18.8、鼎高 13.5、子口沿径 15.4、腹径 19.5 | 修复基本完整 | 举例 |
| 17 | 铭文石簋 | M26∶10 | M26 | 通高 13.0、盖高 3.5、母口沿径 13.0、簋身口沿径 10.8、腹径 16.6、圈足外径 10.6 | 修复完整 | 举例 |
| 18 | 铭文石磬 | M26∶14 | M26 | 磬厚 5.5、穿径 2.5、鼓长边长 42.0、短边长 27.4、鼓博宽 14.0、股长边长 35.5、股短边长 21.0、股博宽 14.4 | 完整 | |
| 19 | 铭文石簋 | M26∶19 | M26 | 通高 13.7、盖高 3.0、母口沿径 12.7、簋身口沿径 11.2、腹径 17.5、圈足径 10.3 | 修复完整 | |
| 20 | 三足铭文石鼎 | M26∶38 | M26 | 通高 20.6、耳高 2.1、口沿径 14.8、腹径 16.8、足高 7.9 | 完整 | 举例 |
| 21 | 素面折耳带盖铜鼎 | 20062 | 不明 | 通高 17.0、盖高 5.5、母口沿径 17.5、纽高 2.5、鼎身高 12.5、子口径 15.3、腹径 18.7、足高 6.8、耳高 4.8、耳宽 2.9、耳厚 1.0 | 完整 | 举例 |
| 22 | 錾花鎏金铜匜 | 20065 | 不明 | 通高 7.8、口沿径宽 26.0、圈足径 13.2、足高 1.1 | 完整 | 举例 |
| 23 | 乳钉纹铜簋 | 20061 | 不明 | 通高 16.5、口沿径 24.8、口沿宽 1.2、腹高 11.5、圈足底径 17.5、足高 3.8 | 完整 | 举例 |
| 24 | 素面折腹圆铜盘 | 20064 | 不明 | 通高 5.4、口沿径 29.4、折沿宽 1.2、折腹径 24.6、底径 11.8 | 完整 | 举例 |
| 25 | 鱼虎纹带盖小铜鼎 | 2006083 | 不明 | 通高 6.6、盖高 1.7、母口径 6.8、鼎身高 6.1、子口径 6.0、腹径 7.2、足高 2.65 | 完整 | 举例 |
| 26 | 朱雀铜熏炉 | 2006007 | 不明 | 通高 22.8、炉体高 13.0、炳高 9.0、盘高 4.4、口沿径 24.6、底径 12.4 | 完整 | 举例 |
| 27 | 青玉"谷"纹璧 | 200683 | 不明 | 直径 13.8、好径 4.0、厚 0.3~0.4 | 完整 | 举例 |
| 28 | 青玉"谷"纹璧 | 200684 | 不明 | 直径 14.0、好径 4.0、厚 0.35 | 完整 | |

### 9. 杂器

所谓杂器即用途多样或用途尚不明确或者具有某种特殊意义但并未广泛使用者，此类器物较多，有陶、石、玉、铜、铁等质地，以铜、铁类居多，体量不大、器形繁杂不成系统。主要是盒、钵、灯、手杖柄、刀、剑、剃刀、箫、带饰、犁、铁牛、铁猪、饰品、围棋子等。

（1）盒

墓葬中出土以圆盒为主，并占据一定数量，其形制简约，有高矮之分，外表素净无华，直径在 10 厘米左右，质地有瓷、陶、石三种。盒的贮物功能是明确的，应用空间相对广泛，分别有脂粉盒、香盒、茶盒、茶事盒、药盒等，识其所长择而用之，当更为合理。如 M1∶9 平顶加碳陶圆盒，体高、盖深、腹直、通体久经触摸使外表黑皮多有脱落并光滑发亮，内壁附着棕色渍斑，乃原贮物残留，因数量太少不能检测其性质（图 10-28，1）；M6∶11 素面骊山石圆盒，则与前者相反，腹浅、底平、制作规范（图 10-28，2）。

（2）钵

应有两种不同功能，一种常与渣斗配套使用，出土时见其覆扣于渣斗口上属茶事用具，形制多见为六曲葵瓣式、瓷质口沿可镶金属釦、铜质表面有鎏金，第二种为素面圆钵，体量较大、敛口、鼓腹、平底、使用痕迹明显，形制、外在装饰皆与第一种钵有区别，以 M15∶2 豹斑石钵（图 10-28，3）为例；M15∶12 铜钵与铜勺是本次发掘中唯一勺、钵相搭同出之器，素面六曲葵瓣式小钵内置曲柄素面小勺，该配置应与其用途相关（图 10-28，4）。

（3）直口罐

直口素面鼓腹骊山石罐，体量不大，仅见于 M2，编号 M2∶93。小口、立领、圆肩、鼓腹、平底是其主要特征（图 10-28，5）。

（4）灯盏

出土较多，瓷、陶、铜质地均有，陶、瓷灯盏形制基本相同，厚唇、斜直腹、平底，做工较粗糙，其中 M1∶5 陶灯盏稍显亚腰（图 10-28，6）；M2∶19 黑釉粗瓷灯盏釉仅施于内壁（图 10-28，7）；200611 号素面铜灯盏做工规整，浅直腹、平底、腹一侧出手柄（图 10-28，8）。

（5）铜器柄

数量不菲，形制基本为圆球状顶下设上细下粗管状套筒，筒内原插套木棍，现皆朽、个别略有残余。如 M2∶23 素面铜器柄，状似蘑菇（图 10-28，9），M4∶41 铜器柄上部呈六棱形球状、下置套筒内尚留朽木棍少许（图 10-28，10）。

（6）腰带

均出于墓室内男主人腰部，以皮革制成，革带上分别配装扣环、扣针、带首、带銙、铊尾金属构件，构件质地为铜则称铜带，为玉则级别较高曰玉带。铜带数量多，有素面、素面鎏金、錾花鎏金、浮雕鎏金不同工艺，如 200687-1 素面鎏金铜釦针、200687-5 牡丹纹鎏金铜带銙、200687-19 莲荷鸳鸯图鎏金铜铊尾（图 10-28，11）。玉带仅见一副，出于被盗墓葬中，编号 200624，白玉制作，方銙 9 枚、长方銙 2 枚，通体素面无纹（图 10-28，12）。

（7）剑与刀

剑形制细长、尖呈锐利三角形、双面开刃，如 M4∶39 铁剑（图 10-28，13）；刀虽身窄修长，但末端平齐无尖、背厚刃薄、柄部略向下弯垂，如 M12∶54 铁佩刀（图 10-28，14）。

（8）犁头

| | | | |
|---|---|---|---|
| 1. M1:9 | 2. M6:11 | 3. M15:2 | 4. M15:12 |
| 5. M2:93 | 6. M1:5 | 7. M2:19 | 8. 200611 |
| 9. M2:23 | 10. M4:41 | 11. 200687-1 | 11. 200687-5 | 11. 200687-19 |
| 12. 200624 | 13. M4:39 | 14. M12:54 | 15. M26:54 |
| 16. M15:21 | 17. M2:76 | 18. M2:78 | 19. M29:5 |
| 20. M4:32 | 21. 2006026 | 22. M20:3 | 23. 200690、200691 |

图 10-28　蓝田吕氏家族墓出土杂器举例

墓内随葬铁犁头似为当地习俗，基本可见于每座墓中，形制同当今铁犁头完全一致，如M26：54（图10-28，15）。

（9）剃刀

极为少见，出于M15马氏墓中，编号M15：21。锈蚀严重，形制可辨为折叠式，剃刀横插于铁鞘中（图10-28，16）。

（10）铁牛、铁猪

各为一对，皆出于M2东后室女主椁盖四角上，铸造而成、俯卧式、形象逼真，分别以M2：76铁牛（图10-28，17）、M2：78铁猪（图10-28，18）为例。

（11）饰品

M29：5剑形银饰品表面光滑、柄上触磨痕迹清晰，应是长期使用之物（图10-28，19）。菊花形凤纹盘与菊花形龙纹盘均由白石雕凿刻饰而成，内底各浅浮雕嬉戏双凤、双龙图案，尤以M4：32凤纹盘做工精良、图案刻画生动鲜活（图10-28，20），然一半残缺终成憾事；2006026号龙纹盘保存完整（图10-28，21）。

（12）玉箫

仅1件，编号M20：3，乳白色玉质光润细腻（图10-28，22）。

（13）围棋子

较为多见，有陶、石、玻璃、煤精、贝类不同质地，200690、200691号围棋子，白子乃贝壳磨制而成，黑子则由煤精制作（图10-28，23）。

经整理笔者认为，上述表面皓素无华的陶盒或石盒应属茶盒或丹药盒，存放茶饼、茶末与丹药均需透气性较好的敛具以确保质量，陶及骊山石制品质地相对疏松完全符合以上要求，而器形则无论深浅、皆以装盛物需求为准选择，因此类盒体略大、质地易碎，故不宜携带而以静置家用为主。

石钵、铜钵可有多种功能，较大体量与明显触摸痕迹显示其为实用物，文具一节中推测：体量较大石钵可用于文案洗笔水盂，此乃其用途之一，亦可为餐具、食具等，其中M15：12小铜钵内置铜勺就明确表现出餐具性质。

直领鼓腹小罐形制大于鸟食罐，用途难解，因出于M2围棋子附近，是否棋子盒尚待研究。

墓室内灯盏多置于灯龛及二层台上，乃特意为亡人所留长明灯，故盏小腹浅注少许灯油聊表心意。

铜器柄不但做工规范且有装饰花纹，柄内原套插木棍并常放置于墓主棺内，现木棍虽朽但仍有少量遗留。目前，辽宁省博物馆内陈列有考古出土被辽人称谓"骨朵"之器柄，形制与吕氏墓内相同，内蒙古巴伦右旗博物馆藏多幅辽代墓葬壁画，其中不少人物手执骨朵（权杖，形如手杖），器柄形制亦与此基本一致，从而为定其名称、功能提供了有力证据，推断诸较大器柄当属受辽文化影响而产生之手杖扙柄。辽人执骨朵主要象征权力与身份并不实用，此处手扙既有身份标致又更具实用功能。宋代男子常服承袭唐人款式多为团领袍服，腰间以丝带、布带、革带扣束，带饰件表面鎏金、錾刻、浮雕使其华丽辉煌，既为装饰，也体现着身份与出身。

剑与刀应是身负武职之墓主佩器，作为随葬品其历史悠久，具有标致身份、地位作用。吕氏男性族人在军中为官、身兼武职者甚多，出土墓志中屡有记载，但携兵器入葬则并不常见，应与墓主生前喜好相关。

剃刀、玉箫作为随葬品应与墓主个人技艺、爱好有关，剃刀出于M15马氏圹中，墓主乃吕蕡小妾，出身奴婢，身份介于主、仆之间，剃刀可能是常年侍奉所备工具之一；玉箫、围棋均属文人琴、棋、书、画之雅好器具，随葬墓中显示了主人生前的情趣、风韵。

剑形银饰品主人为吕至山，从器物形制、器表光滑明亮等特点分析，可能是主人生前使用的束发簪具。

随葬铁质犁头与猪、牛反映了当时民间丧葬习俗，犁取其谐音"离"喻离别人世之意。铁猪、铁牛分别镇压于木椁四角，据《地理新书》记载，铁猪、铁牛可震慑地下土龙与水龙，故置之以保阴宅平安。

出土此类器物详情可见表10-9。

表10-9　墓葬出土器物杂器一览表

| 序号 | 名称 | 编号 | 出土地点 | 尺寸（厘米） | 现状 | 备注 |
|---|---|---|---|---|---|---|
| 1 | 陶灯盏 | M1：5 | M1 | 通高 2.5、口径 7.2、底径 4.0 | 完整 | 举例 |
| 2 | 平顶圆陶盒 | M1：9 | M1 | 通高 8.4、盒盖口径 11.1、盒身子口径 9.5、腹径 11.1、底径 7.6 | 完整 | 举例 |
| 3 | 陶围棋子 | M1：25 | M1 | 白色子：直径 1.6、厚 0.5 | 基本完整 | |
| 4 | 铜带饰 | M1：27-1~-3 | M1 | 27-1、-2 带銙尺寸相同，长 5.4、宽 1.8；27-3 铊尾长 9.0、宽 4.4、厚 0.4 | 残 | |
| 5 | 铁铧 | M1：7 | M1 | 通长 14.0、宽 14.8、厚 7.0 | 完整 | |
| 6 | 柄形铁器 | M1：26 | M1 | 通长 11.0、口径 1.8 | 基本完整 | |
| 7 | 锥状铁器 | M1：33 | M1 | 长 19.5、帽径 1.4 | 完整有锈 | |
| 8 | 黑釉灯盏 | M2：19 | M2 | 通高 2.6、口径 8.4、底径 3.3 | 完整 | 举例 |
| 9 | 黑釉灯盏 | M2：61 | M2 | 高 2.4、口径 7.1、足径 3.5 | 完整 | |
| 10 | 酱釉素面钵 | M2：68 | M2 | 高 6.4、口径 18.9、底径 5.7 | 修复基本完整 | |
| 11 | 球形器 | M2：1 | M2 | 直径 4.2 | 表面略残 | |
| 12 | 灯盏 | M2：5 | M2 | 高 2.8、口沿径 8.3、足径 5.6 | 口沿略残 | |
| 13 | 灯盏 | M2：35 | M2 | 高 2.3、口沿径 7.4、足径 3.8 | 完整 | |
| 14 | 灯盏 | M2：43 | M2 | 高 3.4、口沿径 8.5、足径 4.9 | 完整 | |
| 15 | 扁球形铜把手 | M2：23 | M2 | 通高 7.9、球径 3.6~4.5、柄高 4.3、柄径 1.6~1.9、口沿径 2.3 | 完整 | 举例 |
| 16 | 铁剑 | M2：36 | M2 | 残全长 59.0、柄残长 6.5、格长 9.2、宽 2.8、厚 0.6、身长 52.3、宽 3.6、厚 0.9 | 修复基本完整 | |
| 17 | 铁铧 | M2：65 | M2 | 长 17.0、残宽 16.0、厚 7.7 | 修复基本完整 | |
| 18 | 铁牛 | M2：76 | M2 | 通高 15.8、牛体全长 25.0、底板长 24.0、宽 14.0、厚 2.0、重 11700 克 | 已除锈，完整 | 举例 |
| 19 | 铁牛 | M2：77 | M2 | 通高 15.6、牛体全长 25.0、底板长 23.7、宽 14.1、厚 1.8、重 11700 克 | 已除锈，完整 | |
| 20 | 铁猪 | M2：78 | M2 | 通高 10.7、猪体全长 23.8、底板长 23.7、宽 15.0、厚 2.2、重 10700 克 | 已除锈，完整 | 举例 |
| 21 | 铁猪 | M2：79 | M2 | 通高 10.8、猪体全长 23.0、底板长 25.0、宽 15.5、厚 2.3、重 10700 克 | 已除锈，完整 | |

续表 10-9

| 序号 | 名称 | 编号 | 出土地点 | 尺寸（厘米） | 现状 | 备注 |
|---|---|---|---|---|---|---|
| 22 | 小直口鼓腹石罐 | M2：93 | M2 | 高 7.3、口沿径 5.0、腹径 10.8、底径 6.2 | 修复基本完整 | 举例 |
| 23 | 鎏金铜带具 | M4：40-1~-3 | M4 | 40-1 长 10.6、宽 6.0、厚 0.7；40-2 长 6.8、宽 1.0 | 残 | |
| 24 | 球形铜器柄 | M4：41 | M4 | 通长 5.6、帽径 1.9、柄口径 1.5 | 完整 | 举例 |
| 25 | 铁铧 | M4：22 | M4 | 长 16.0、尾部厚 7.3、两翼间宽 15.7 | 完整 | |
| 26 | 铁剑 | M4：39 | M4 | 全长 70.3、柄残长 8.5、柄径 3.2×2.2、镡宽 7.2、剑身长 61.2、宽 4.0 | 基本完整 | 举例 |
| 27 | 菊花形凤纹石盘 | M4：32 | M4 | 高 2.4、口沿径 15.2、底径 11.4 | 残 | 举例 |
| 28 | 素面圆石盒 | M6：11 | M6 | 通高 4.5、盖高 2.0、母口径 9.0、盒子口径 8.9、底径 9.8 | 修复完整 | 举例 |
| 29 | 陶灯盏 | M9：13 | M9 | 高 3.0、口沿径 8.6、底径 4.5 | 完整 | |
| 30 | 铜带具 | M9：16-1~-3 | M9 | 16-1 带銙长 3.8、宽 2.1；16-2 带銙残长 3.7、宽 2.0；16-3 扣针长 1.8 | 16-1 完整，16-2 残，16-3 基本完整 | |
| 31 | 鎏金铜器柄 | M12：43 | M12 | 器柄通长 6.7、扁球状端头直径 3.6、柄长 4.0、柄口径 2.0、短筒形箍高 1.4、直径 1.9 | 基本完整 | |
| 32 | 铜带首 | M12：49 | M12 | 长 10.8、宽 5.0、厚 1.1 | 残 | |
| 33 | 鎏金铜带饰 | M12：60-1~-6 | M12 | 60-1 长 11.5、宽 6.2、原厚 0.8；60-2 长 6.4、宽 1.0、高 1.9、壁厚 0.3；60-3 长 6.4、宽 1.2、高 1.9、壁厚 0.2；60-4 长 6.8、宽 0.9、高 1.8、厚 0.2；60-5 长 3.0、最宽处 1.5；60-6 残长 2.0、残宽 3.0、扣针高 1.3 | 残 | |
| 34 | 漆器银釦边 | M12：65 | M12 | 无法测量 | 残 | |
| 35 | 铁铧 | M12：53 | M12 | 长 17.0、宽 14.0、厚 8.0 | 残 | |
| 36 | 铁佩刀 | M12：54 | M12 | 通长 64.5、刀身长 52.5、最宽处 3.5、柄长 11.4、最宽处 2.0、格长 7.0、最宽处 2.7 | 残 | 举例 |
| 37 | 铜带饰 | M14：10-1、-2 | M14 | 10-1 长 10.3、宽 4.9；10-2 长 4.95、宽 2.0、舌长 2.05 | 残 | |
| 38 | 铜钵与铜勺 | M15：12-1、-2 | M15 | 12-1 高 3.9、口沿径 8.3、底径 4.3；12-2 通长 9.7、勺径 1.8×2.5、柄长 7.5 | 基本完整 | 举例 |
| 39 | 弓形铁器 | M15：18 | M15 | 通长 31.0 | 残 | |
| 40 | 铁剃刀 | M15：21 | M15 | 长 8.7、最宽处 2.7、厚 0.4 | 基本完整 | 举例 |
| 41 | 豹斑石钵 | M15：2 | M15 | 高 7.5、口沿径 16.3、腹径 16.7、底径 8.8 | 基本完整 | 举例 |
| 42 | 铜带饰 | M17：14-1~-3 | M17 | 14-1 长 5.1；14-2 残长 5.9、宽 1.2；14-3 长 6.0、宽 1.4 | 残 | |
| 43 | 蘑菇形铜器柄 | M17：18 | M17 | 通长 5.4、球径 3.4×2.4、柄长 3.0、柄口径 1.6 | 完整 | |
| 44 | 铜带扣 | M17：24 | M17 | 长 5.4 | 残 | |
| 45 | 铁剑 | M17：15 | M17 | 残通长 67.5、剑残长 62.0、宽 3.7~4.5、格长 7.3、最宽处 2.7、厚 0.7、柄残长 4.8、直径 2.7×3.0 | 残 | |
| 46 | 铜带扣 | M20：55 | M20 | 长 7.1、宽 2.0 | 修复完整 | |
| 47 | 铁铧 | M20：1 | M20 | 长 15.5、宽 14.2、高 7.8 | 完整 | |

续表10-9

| 序号 | 名称 | 编号 | 出土地点 | 尺寸（厘米） | 现状 | 备注 |
|---|---|---|---|---|---|---|
| 48 | 玉箫 | M20：3 | M20 | 长 26.3、直径 2.2~2.6、壁厚 0.3 | 完整 | 举例 |
| 49 | 玻璃围棋子 | M20：39-1~-21 | M20 | 39-1 黑子直径 1.7、厚 0.5；39-18 白子直径 1.9、厚 0.5 | 10 枚好 11 枚残 | |
| 50 | 玻璃黑色围棋子 | M20：57-1、-2 | M20 | 57-1 直径 1.8、厚 0.7 | 1 枚完整，1 枚残 | |
| 51 | 素面圆铜盒 | M22：3 | M22 | 通高 3.1、盖高 1.2、子口沿径 8.7、腹径 9.1 | 完整 | |
| 52 | 残铜带鋬 | M22：44 | M22 | 残长 4.2、宽 1.1 | 残 | |
| 53 | 铁铧 | M22：30 | M22 | 高 16.8、宽 15.0、厚 7.8 | 修复完整 | |
| 54 | 铜带具 | M24：12 | M24 | 12-2 扣针长 1.6、带扣长 5.0、宽 2.1、扣面宽 0.8；12-3 残长 5.9、宽 4.0；12-4 长 5.0、宽 1.8 | 残 | |
| 55 | 白釉带盖鼓腹小罐 | M25：46 | M25 | 通高 6.1、盖高 2.7、子口沿径 1.2、罐母口沿径 3.1、腹径 5.7、底径 2.2 | 基本完整 | |
| 56 | 陶围棋子 | M26：13-1~-10 | M26 | 直径 1.6、厚 0.45 | 完整 | |
| 57 | 铁铧 | M26：54 | M26 | 高 17.4、宽 15.6、厚 7.8 | 已除锈，完整 | 举例 |
| 58 | 素面圆石盒 | M26：34 | M26 | 通高 4.8、盖高 1.9、母口沿径 9.2、盒身高 3.5、子口沿径 8.4、底径 8.8 | 修复完整 | |
| 59 | 铁剑 | M29：2 | M29 | 通长 71.5、刀身长 62.0、宽 3.3 | 修复基本完整 | |
| 60 | 剑形银饰件 | M29：5 | M29 | 通长 11.6、剑格宽 1.3、剑体长 9.0、宽 0.5 | 修复完整 | 举例 |
| 61 | 素面圆盘式铜灯 | 200611 | 不明 | 高 2.1、通长 15.5、灯盘沿直径 8.8、沿内径 8.2、柄长 6.4、最宽处 1.2 | 完整 | 举例 |
| 62 | 银带饰 | 200687-1~-21 | 不明 | 扣针长 1.6；-5 带鋬残长 5.1、正面宽 1.3；-6 带鋬长 5.7、宽 4.7、厚 0.7；-7 带鋬长 5.2、宽 5.2、厚 0.7；-8 带鋬长 5.3、宽 1.8；-17 铊尾长 4.2、宽 3.5、厚 0.6；-18 铊尾长 4.3、宽 3.5、厚 0.6；-19 铊尾残长 4.3、宽 4.6、厚 0.6；-20 铊尾残长 11.4、宽 6.2、残厚 0.5；-21 带首残长 11.4、宽 6.2、残厚 0.5 | 完整 -1、-17、-18，余者皆残 | 举例：-1、-5、-19 |
| 63 | 玉带 | 200624-1~-12 | 不明 | -2 "心"形叶片状，高 3.4、宽 4.3、厚 0.5、小孔径 0.6；-4 铊尾，长 7.8、宽 5.0、厚 0.6；-7 铊尾，残长 5.8、宽 5.0、厚 0.6；-1 方鋬，长 5.0、宽 4.5、厚 0.6；-3 方鋬，长 5.0、残宽 4.0、厚 0.6；-5 方鋬，长 5.0、宽 4.4、厚 0.6；-6 方鋬，长 5.0、宽 4.5、厚 0.6；-8 方鋬，长 5.0、宽 4.5、厚 0.6；-9 方鋬，长 5.0、宽 4.5、厚 0.6；-10 方鋬，长 5.0、宽 4.5、厚 0.6；-11 方鋬，残长 3.1、残宽 3.9、厚 0.6；-12 方鋬，长 5.0、宽 4.5、厚 0.6 | 完整 -1、-2、-5，余者皆残 | 举例 |
| 64 | 贝质白围棋子 | 200690 | 不明 | 直径 2.1、厚 0.5 | 145 枚完整，30 枚残 | 举例 |
| 65 | 煤精黑围棋子 | 200691 | 不明 | 直径 2.15、厚 0.5 | 128 枚完整，11 枚残 | 举例 |
| 66 | 菊瓣龙纹石盘 | 2006026 | 不明 | 高 2.9、口沿径 19.6、底径 1.6 | 完整 | 举例 |

#### 10．佛事器具

可认定为礼佛或供奉造像的出土物并不多见，有佛造像、负重力士像、狮、净瓶、洗、香具等，除香具外质地皆为铜，乃铸造焊接而成。香具上饰有镂空"卐"字符者均可用以佛事供奉，但并不绝对仅用于礼佛，上节香具中已有详述，此处再不言及。

（1）佛造像

唯出于M26吕大钧子吕义山夫妇合葬墓内，编号M26:1，面容丰满安详、半结伽趺坐于莲花须弥座上，通体鎏金（图10-29，1）。

（2）鎏金力士

1对，出于被盗墓葬中，编号2009030-1、-2。束发、颔上有须、颈戴璎珞、着贴身鱼尾短裙、腰系软带、屈腿坐姿、分别弯左、右臂与肩平、掌心向上为撑托状（图10-29，2）。

（3）铜狮

1件，仍出土于被盗墓葬中，编号2009031，前肢撑立、后肢蹲坐、尾部分残断，通体光滑、有锈斑（图10-29，3）。

（4）铜净瓶

共出土3件，形制类同。以M4:38为例，长嘴、细颈、深腹、平底、圈足、肩腹部有带盖管状曲流，通体光滑、遗留使用磨痕（图10-29，4）。

（5）洗或鑑

形制明确者仅见1件，出于M26，编号M26:37。质地为骊山石。圆形、直口、宽平折沿、浅弧腹、大平底、圈足（图10-29，5）。

上述器物做工讲究、多数鎏金、外表堂皇、性质、用途较为明确。

鎏金佛像容颜丰逸、璎珞垂胸、禅衣轻薄乃典型唐代风范，背后出榫插饰背光（现已缺失）、

| 1. M26:1 | 2. 2009030-1 | 2. 2009030-2 |
| 3. 2009031 | 4. M4:38 | 5. M26:37 |

图10-29　蓝田吕氏家族墓出土佛事器具举例

座下出榫套插于底座上，因其体量较小，推测为室内龛中供奉造像。

2 尊力士形制特点亦属唐代，姿态均是支撑状，应系某物件底下左右支足，就其身份而言，所支之物当尊贵而与佛家关系密切。其工艺分析，抬撑物必凝重端庄、通体鎏金，故推测力士所扛极可能为佛造像底座或供奉之器。

铜狮造形简捷、身躯矫健、下无底座，属隋代作品，置佛像两侧以护法，原物应1对，因盗掘其一流失。以上均非北宋遗物，俱属吕氏家族收藏或家传品。

净瓶与洗搭配使用，乃佛事前净手用具。所以佛事活动在吕氏家族成员日常生活中确实占有一席之地，有关文字方面记载主要见于墓志铭文，如吕大雅墓志言其："丁母夫人忧，……庐拎（于）墓侧不忍去，……居则爇香诵佛书，语未尝及他事也。"吕蕡墓志记其临终前遗言，曰骊山西塬墓地路途艰难，应迁于平宜之地，不使葬事劳人，并叮嘱子嗣："且慎毋詙术家五姓语及浮图（屠）氏之斋荐者，……。"毋诛浮图（屠）氏之斋荐者，即不要批评谴责佛家葬事、选兆之说，其深意在佛家之说不必排斥，亦可借用。而实物资料则进一步证实在佛教盛行的北宋社会即使坚定的儒家弟子也很难独善其身不受任何影响，若能适可而止方是最高境界。故有《宋史·吕大防传》中所附吕大临修书规劝富弼不可忘其职责使命而热衷佛学之举[1]。

出土此类器物详情可见表10-10。

### 表10-10　墓葬出土器物佛事器具一览表

| 序号 | 名称 | 编号 | 出土地点 | 尺寸（厘米） | 现状 | 备注 |
|---|---|---|---|---|---|---|
| 1 | 铜净瓶 | M4：5 | M4 | 通高25.1、颈高14.0、口径0.9、腹径9.5、圈足径6.0、流口径1.7 | 修复完整 | |
| 2 | 铜净瓶 | M4：38 | M4 | 通高26.8、颈高15.5、口沿径0.9、腹径9.1、圈足径5.8、流口径2.0 | 完整 | 举例 |
| 3 | 鎏金铜佛像 | M26：1 | M26 | 通高12.5、身宽3.7 | 残 | 举例 |
| 4 | 石鑑 | M26：37 | M26 | 通高8.6、口沿径25.0、沿宽3.2、圈足外径16.2 | 修复完整 | 举例 |
| 5 | 鎏金铜力士像 | 2009030-1 | 不明 | 高9.4 | 完整 | 举例 |
| 6 | 鎏金铜力士像 | 2009030-2 | 不明 | 高9.5 | 完整 | 举例 |
| 7 | 铜狮子 | 2009031 | 不明 | 高7.0 | 完整 | 举例 |

## （二）随葬品组合发展规律的研究

吕氏家族墓园基本方向为坐北朝南，自南端入口正中直向北延伸贯穿墓葬群设中轴线一道，墓园布局凭此轴线对称分布，北部29座墓葬自南向北依辈分差异东西向横排为四行，各行居中处与轴线相交被定为诸辈掌门人葬地，而掌门人身份非嫡长子长孙莫属。考古发掘证实，太尉塬葬区内以吕通为首，其墓葬在墓葬群中轴线最南端、编号M8；吕通身后是嫡长子吕英墓葬，编号M9；吕英身后为嫡长子吕大圭墓葬，编号M12；大圭身后本应属嫡长子仲山，但北宋末年墓园终止使用前仲山尚在人世，故其位虚置。上述中轴线上3座墓葬是墓葬群核心部位，分别体现出蓝田

---

[1]《宋史·卷三百四十·列传第九十九》，中华书局，1985年，第10848、10849页。"富弼致政于家，为佛氏之学。大临与之书曰：今大道未明，人趋异学，不入于庄，则入于释。疑圣人为未尽善，轻礼义为不足学，人伦不明，万物憔悴，此老成大人恻隐存心之时。以道自任，振起坏俗，在公之力，宜无难矣。若夫移精变气，务求长年，此山谷避世之士独善其身者之所好，岂世之所望于公者哉？"

北宋吕氏家族不同时期、不同辈分墓葬的形制特点与随葬品组合规律及其差异所反映的生活品质。

现将分布于中轴线上 M8、M9、M12 这 3 座墓葬形制纵向解剖，可得出各辈人墓葬形制演变规律为：

（1）从早至晚墓葬深度逐步递增。

（2）从早至晚墓葬形制渐趋复杂，第三代"大"字辈成员实用墓室之上出现空穴现象。

在随葬品组合方面，仍以此 3 墓为例，其突出特点是从早至晚器物组合涉及范围愈见周全，其比较分析概括如下：

（1）随葬品以墓主生前实用器物或喜爱物件为主，与同时期其他地区墓葬多随明器、俑类形成显著区别。

（2）从早期由酒瓶、肉罐、饭碗组成的随葬物主题一直被沿用至末期，此规律可见于各墓葬出土器物登记表。

（3）在坚持主题之下，从早至晚随葬品数量、种类、涉及之生活内容越加丰富多样，第二代墓葬增加了粮罐、文具、古玩器具，而第三代墓葬又增加了茶具、妆具、礼佛用具，并将餐具细化、加入碟、箸、勺、果盘等。

（4）从早至晚随葬器皿质地、做工明显提高，早期黑釉、青釉、酱釉器皿居多，晚期白釉瓷器为主，尤以第四代"山"字辈成员墓中出土器表现最为明显，反映了北宋晚期经济状况良好，百姓生活富足，在此基础上的贵族生活希望追求更多的生活品位与更加细腻的感官享受。

（5）第四代之前墓室内仅见仿古铭文石礼器出土，第四代成员墓中陆续有家族收藏的古代青铜器随葬，并附宋人铭刻，该现象也许隐匿着家族部分丧葬理念的转变或某种即将到来的社会变革（如金人对北方地区的入侵）。

（6）从早到晚随葬品组合不仅反映了蓝田北宋吕氏对三代古礼的研究体会及实施，而且在第三代之后融入了更多的佛、道两教思想及乡土民俗气息，如悬于墓室顶部的铜镜、置于入口内的铁犁、铁剪、镇压在椁角的铁猪、铁牛等都与宗教、民俗相关。

总之通过对吕氏家族墓随葬品的研究可洞悉这个距今千年之久的关中著名士族之家，生活精致而不奢华，讲究却不张扬，行为举止严谨自律，力求诸事皆合乎古礼而顺应民意，堪称为名副其实的北宋关中士家大族。

# 六　从出土墓志看蓝田吕氏家族渊源与变迁

墓志铭是本次发掘中极为重要的收获，29 座墓葬共出土砖、石墓志 32 方（合）。经研究，首先，确定了其家族渊源与发展延续脉络。其次，明确了大部分墓葬主人名讳、身份及血缘关系。第三，提供了研究墓葬群分布规律的确凿依据。第四，为了解家族成员生平历史提供了准确文字记载。第五，是认识北宋士大夫阶层的道德理念、行为规范、精神追求之重要资料。第六，墓志记录的丰富职官及地域名称对研究北宋官制和行政区域划分具有重要作用。

本文仅以墓志铭文为据，就其家族源流、延续脉络、发展变迁略做研究阐述。

## （一）渊源与延续

关于蓝田吕氏起源与先祖及延续脉络以吕通墓志记载最为详细，铭文由朝散大夫、知陕州军府事、天水县开国子、赐紫金鱼袋赵良规撰，孙承奉郎、守祕书省著作佐郎大防书。赵良规应为吕蕡或大防挚友，曾阅其家谱而撰文，并由大防亲书于石上，所记内容应真实可靠。志文曰："吕氏先祖出扵（于）炎帝，其先齐太公之后，太公既封营丘，其子孙入齐者为姜氏；留汲者为吕氏，今故汲城有太公庙碑书。""自周以来，或大或微，多有显人，其可异者当五代之际，更后唐、晋、周为侍郎者凡三人，俱有名於（于）时。经乱谱亡莫知其绪，然参求传记，考其本末，盖兄弟行也。其一曰琦，晋天福中以兵部卒；其一曰梦奇，后唐长兴中以户部卒，皆著国史，其一即公祖户部府君也，周显德初终于位，吏部尚书张昭叙其神道甚详。故国初衣冠间谓之三院吕氏，盖三人之兴同出扵（于）燕卫之间，而操行名位又同也。然，天福之后至其子，一为吏部尚书，一为宰相、赠侍中、俆庆正惠公是也。长兴之后，至其孙且曾孙而为宰相者二人，文穆公、文靖公夷简是也。"吕通之"曾祖讳珣，唐睦州长史，赠太子少傅，曾祖妣李氏，追封陇西郡太夫人。祖讳咸休，周尚书户部侍郎，赠右仆射，祖妣刘氏，彭城郡夫人。考讳鹄，太子中允，赠尚书司封员外郎，妣杨氏，追封虢略县太君。"吕大观墓志除以上相同内容描写外，另云："汲之吕与东平、河东、东莱、范阳之吕皆以族显於（于）汉唐五代之间。"所以北宋蓝田吕氏先祖乃姜尚，殷商时身居邦国重臣而得封于吕地，即诸吕墓志中所称之汲郡，现河南省卫辉、新乡一带，国人皆以国为姓，因此姜尚又称吕尚。武王伐纣平定天下，姜尚有大功于周而改封至齐，随之入齐者为姜氏，留汲者仍为吕氏。故蓝田、东平、河东、东莱、范阳之吕氏皆汲郡吕氏之后。蓝田吕氏于唐末五代时同为一祖名曰珣，其后派而为三，号三院吕氏，其中后周广顺中名臣户部侍郎吕咸休号广顺侍郎院，乃吕通祖父。通有"子男二人，英终著作佐郎，蕡今为殿中丞，……。孙九人，大忠，泽州晋城县令；大防，著作佐郎；大钧，秦州右司理参军；大圭、大章未仕，大受同进士出身，大临、大观、大年（大雅）未仕。"至此吕氏先祖及渊源、旁系均已表述清楚。

自吕通始祖茔迁于太尉塬，家族成员墓内多随葬墓志铭，其亲缘关系、承袭脉络更为清晰详尽。通生二子，长子吕英，定居汝州郏城（现河南省郏县），卒后与妻王氏合葬于蓝田太尉塬祖茔。墓志言其："生男三人，大圭、大章、大年……。"英妻王氏墓志亦载："男三人，大圭，右宣德郎；大章早夭；大雅陈州南顿县主簿。子孙男四人，仲山、信山方从学，俆幼。"吕大圭为英之长子，以长房长孙身份入葬祖茔地中轴线上，墓志记：有"男信山，迪功郎。孙简修。"吕大章乃英次子，墓志云："治平四年六月十九日卒，享年三十有一。娶随氏生三女，长未嫁，次皆蚤卒。"吕大雅幼名大年，为英之季子，墓志曰："子十一人，长仲山，文林郎，华州蒲城县丞；次省山，文林郎，行定边军判官，以省山为从兄大临之后，余皆早亡。孙男三人，允修、简修、礼修皆幼。"

次子吕蕡墓志撰文出自朝奉郎、轻车都尉、借紫赵瞻之手，赵瞻云："诸孤皆予之友，以行状来取铭，予知公为详，故当为铭。"[1]撰文中蕡之血脉传承为："子男六人，长大忠，秘书丞；次大防，尚书度支员外郎；次大钧，光禄寺丞；次大受，同进士出身；次大临，颍州团练推官；次大观，不仕。大受、大观皆早卒。孙男四人，景山、义山、道山、至山。曾孙三人。"吕大忠墓志记："元符三年四月十二日寝疾而没，享年七十有六。是年七月八日，嗣子锡山奉公之丧，归葬于蓝田白鹿乡太尉原（塬）之先茔。"大忠继妻樊氏墓志有："子三人，道山、汴奴皆夭，锡山承务郎。"吕锡山前妻侯氏墓志载："生子二人，男曰清孙，始生五阅月矣；女曰文娘，早夭。"照理"山"字辈下应为"修"字辈，清孙当属乳名。由此知，大忠膝下有子三人，道山、汴奴皆夭，

---

[1] 吕蕡墓志铭文第二十九行起。

成年入仕者唯锡山，锡山虽有前、后两妻，子嗣却只有清孙一人。吕大防《宋史》有传，元祐末大防贬官南行景山随侍左右，至信丰大庾岭下"语其子景山曰：……。"[1] 故吕景山确乃大防嫡生长子，另有小子乳名岷老，幼年夭折，其墓内出大防亲书墓志一方。所以景山是大防唯一成年子嗣。茔地中 M4 出土铭文歙砚、铭文青石磬各一件，歙砚铭文是"吕子，故大丞相汲公之子，死宣义（议）郎，……。"石磬铭文作："隹（唯）政和元年十弍（一）月壬申，孤子吕为攸（修）叚考宣义郎乍（作）硁（磬），以内诸圹。"大丞相汲公乃吕大防职官与封号，大丞相子即指景山，职官为宣义郎。由此判定 M4 是吕景山与妻李氏合葬墓，景山嫡子吕为修主其丧葬。景山曾有子郑翼、小四皆早夭，仅为修成年立业。大钧一脉据其前妻马氏墓志记："皇祐五年将见于夫庙而有疾，至十二月生一子徽，又明年当至和二年二月十日以疾卒，归其骨拎（于）吕氏。"继妻种氏墓志载："其子承意，遵教不敢怠，以至从学、仕官莫不举先人为帅，以成就其贤。不幸先夫人而没……。子义山，前夫人马氏出也，夫人育之，道无不尽，过拎（于）所自生，终身不见其间焉。孙德修，将仕郎。辅修，从事郎，卒。曾孙安仁、求仁、居仁。今其没也，德修实主其丧。"综上所述，大钧有嫡子二人，义山、承意，承意无子早亡，义山字子居有麟、德修、辅修三子，麟夭折，德修、辅修成人入仕后辅修亦早亡，德修有子三人分别名：安仁、永仁、居仁，可见"修"字辈下为"仁"字辈。吕大受墓志表明其二十五岁便英年早逝，并无子嗣。吕大临虽无墓志但从弟吕大雅与妻贾氏墓志均提及次子"省山，文林郎、行定边军判官，以省山为从兄大临之后，……"[2] "先是叔父祕书省正字讳大临之嗣未立，主簿君以其子孝山为正字君后，正字君易孝山曰省山。元祐八年正月癸未，正字君以省山……字之曰子茂，抑欲省其躬而茂其德也。……四月庚午，不幸正字君捐馆，而省山实主后事焉。"[3] 故大临嗣子为吕省山，大临病故，主其葬事者实省山矣。吕大观乃吕蕡季子，二十九岁亡，墓志言："生二子，男曰至山，女曰尽奴。"吕至山墓葬曾被盗掘，出土 3 件青铜古器上皆有宋人刻铭，除器名有别外其余内容相同，现以素面折腹铜盆外底铭文为例："唯政和元年十一月壬申孤子吕世修为考承议郎作盘以纳圹"。由此知吕至山职官为承议郎，嫡子吕世修为其主丧并葬器。

　　综上文考证为主，取相关文献资料为辅，可排列其家族谱系如下图（图 10-30）：

　　北宋灭亡后，政治中心转移，中原地区大批贵族随之南下，蓝田吕氏中的精英亦南迁而去。家族墓地停止使用，交由远房宗亲看守照管。留下的吕姓成员大多数至今仍居住在太尉塬墓园东北 3 千米之乔村，据其后裔讲述，乔村原名侨府，而侨府即北宋蓝田吕氏庄园名称，取由汲入陕侨居之意也。至今春节、清明尚有吕氏族人于墓园祭祀，这种居住点与墓地距离近、关系明确、亲情延续千年不断的家族，在国内尚属首例。"文化大革命"期间乔村吕氏族谱与祠堂均毁，现存后人所承血脉唯以口口相传为是。

## （二）变迁与发展

　　蓝田吕氏源于汲郡乃族人共知。现出土吕通墓志书："嘉祐六年，殿中（吕蕡）以状来告曰，我上世皆葬拎（于）新乡，今子孙宦学在秦，又得吉地於（于）骊山之麓，将以九月癸酉举公及夫人之丧葬拎（于）京兆府蓝田县玉山乡李村之原，……。"吕蕡墓志记："自公始徙于京兆之蓝田，

---

[1]《宋史·卷三百四十·列传第九十九》，中华书局，1985 年，第 10844 页。
[2] 吕大雅墓志铭文第 39 行起。
[3] 贾夫人墓志铭文第 23 行起。

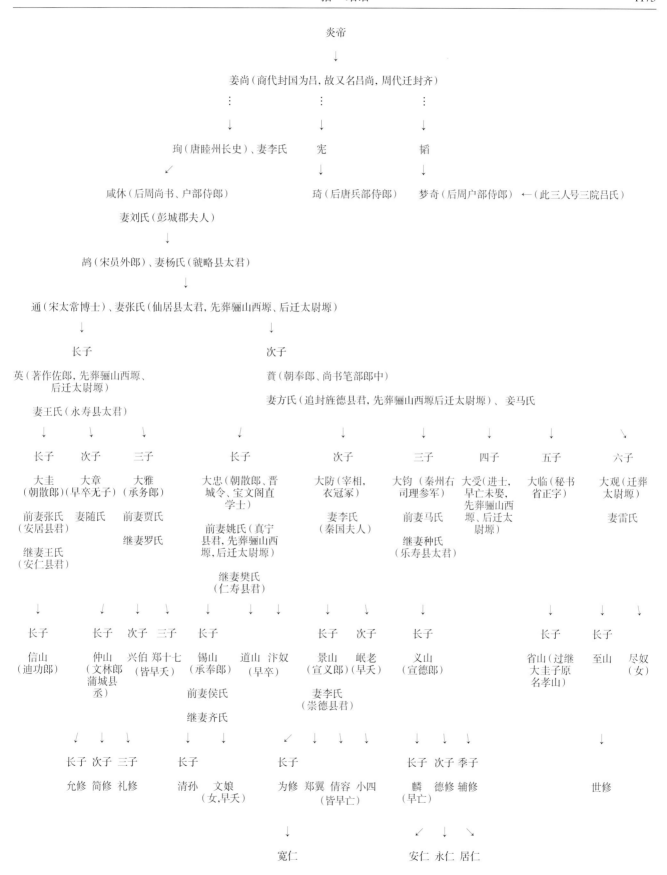

图 10-30 蓝田吕氏家族谱系

……。"吕大圭墓志云："自太师（指吕蕡）始葬于京兆之蓝田，子孙因为长安蓝田人。"吕大受墓志曰："父蕡，今为尚书虞部郎中、知果州。果州既仕，徙居京兆蓝田，……。"吕大观墓志言："尚书比部郎中蕡，始去汲家关中，又葬其考赠尚书兵部侍郎讳通于京兆蓝田骊山之原。"吕大雅墓志载：尚书比部郎中蕡"赠太师，追封莘国公，莘公羁旅入关，以笃行称长者，居京兆府蓝田县，为其县人。"上述所摘录诸吕墓志铭文俱表明：汲郡吕氏中户部侍郎院后生子吕蕡自汲郡始迁家于京兆蓝田，即今陕西省蓝田县，子孙均以长安蓝田人自居，并择吉地于骊山西塬葬其父母吕通和张氏夫人。此后，吕英、吕蕡妻方氏、吕大忠前妻姚氏、吕大受、吕大观先后祔于祖茔。时至吕蕡将逝，特留遗言曰："吾葬兵部府君之墓，骊山西原道险非计，当迁于平易地，使世世不以葬劳人。且慎毋誅术家五姓语及浮图（屠）氏之斋荐者，……。"故蕡之子嗣"大"字辈成员另选新兆于太尉之南、灞水以北即今五里夫村村北台地之上。

据现广东澄海东林吕氏族谱载，宋哲宗元祐八年后吕大防被逐级贬官最终南迁循州，景山陪侍，绍圣四年行至虔州信丰大庾岭下病逝。时无诏令不敢返乡，景山暂寄父亲遗体于南山寺，欲先下循州办理安置事宜，然人疏林密道路艰险误行至广东澄海东林村一带，面临南海已无去路，便葬父于村南石鼓山（又名水吼山）东麓，自己简居墓侧，丁忧期间于东林村开课授业教化乡里子弟。至今吕大防墓犹存，并有后世子孙数万人分布于广东、福建等沿海地区。为考实情，特于2013年底沿古道前往调查（详见"玖　相关调查报告"之四），证实吕大防确亡于广东大庾县大庾岭南麓之南山寺并暂葬于寺东空处，后迁往东林村石鼓山，山上吕大防墓葬应属实。调查结果对蓝田太尉塬祖茔中吕大防墓室空置做出了合理解释。故此蓝田吕氏中大防一脉于北宋晚期自吕景山起部分后裔留居在广东澄海东林村并繁衍至今。

# 七　吕大临生卒年考

吕大临字与叔，出身于北宋关中士族之家，祖籍汲郡，父吕蕡共有六子，大临排名第五，自幼聪颖好学，《宋史·卷三百四十·列传第九十九》吕大防传后附吕大临传，言其初学于宋代理学关中学派创始人张载门下，后追随大儒程颢、程颐游学，与谢良佐、游酢、杨时并称为程门四先生。学有大成而志在教化百姓，承继绝学。曾"杜门十年，以讲学自乐"[1]，号芸阁先生。在理学、金石学、古器物学领域颇有建树，曾撰有多篇理学研究文章，所编纂《考古图》一书奠定了中国古器物学之基础。元祐中，年近五旬方出仕太学博士，又迁秘书省正字。范祖禹[2]荐其好学修身行如古人，可备劝学。未及用而卒。逝后葬蓝田太尉塬家族墓园中。

一直以来，史学界关于吕大临享年、卒年有不同说法，认为其五十左右便英年早逝。本次考古发掘，虽然吕大临夫妇合葬墓未见墓志出土，但众多随葬品中从兄吕大圭赠吕大临的一双仿古石敦腹上楷书铭文将大临职官、字号及葬期錾刻的清晰明白（图10-31）。敦最早见于春秋战国时期，乃青铜礼器之一。宋代文人倡导复古，关中吕氏首当其冲，以言谈举止尊崇古礼而著称，葬事中

---

　　[2]范祖禹：《宋》志与列传中提及名讳、职官者三十余处，但无其传。《宋史卷三百三十六·列传第九十五》记："终公著丧，始为兵部员外郎。范祖禹，其妹婿也，……。"《宋史卷三百四十五·列传第一百四》载"大防退，召给事中范祖禹使达旨。"《宋史卷三百五十六·列传第一百一十五》刘拯传云："绍圣初，复为御史，言：'元祐修先帝实录，以司马光、苏轼之门人范祖禹、黄庭坚、秦观为之，窜易增减，诬毁先烈，愿明正国典。'"由此知范祖禹乃苏轼门人，哲宗时宰相吕公著之妹婿，时任给事中。

亲朋睦友多赠仿古石器既表哀悼又全古礼，器壁上往往錾刻铭文简述亡人职官、阅历、与赠物者关系等内容。吕大圭乃"大"字辈成员掌门人，送铭文石敦仅为大临葬事所用，因此敦上所刻元祐八年即吕大临行葬事之际，故大临卒年应定于元祐八年（1093年）无疑。享年虽无明确答案，但吕大防亲笔为母亲方氏撰写的墓志铭文（图10-32）记载，蕡之六子中大临排行第五，居大受与大观之间。吕大受、吕大观皆英年早逝，圹中均有墓志出土，生卒年月十分清楚，现将志文及文献中吕蕡六子生卒年与享年记载见表10-11。

图10-31　M2出土铭文石敦

通过列表可知，大临生年当在1038~1042年间，《蓝田吕氏遗著辑校》收录范育[1]为大临撰写之墓表铭文后缀无署名祭文一篇，开头一句"呜呼！吾十有四年而子始生。其幼也，吾抚之；其长也，吾诲之，以至宦学之成，莫不见其始，终于其亡也。……嗣子省山实为丧祭之主，……。"[2]主丧嗣子省山乃大临从弟吕大雅次子，原名孝山，因大临终生无子，元祐八年初由大临亲主仪式过继为嗣子，并将其更名省山字子茂，意为"省其躬而茂其德也"[3]，该节吕大雅与夫人贾氏墓志中均有记述。故省山主操必为其父吕大临葬礼，而祭文所悼亡人亦必为吕大临。大临之上有长兄大忠、次兄大防、三兄大钧、四兄大受，元祐八年大临卒时大钧、大受已离世，大防自幼从伯父吕英而学[4]，英早年出仕于陕，后则长期为官在

图10-32　吕蕡妻方氏墓志 M17：3

河南并定居郏城，大防当跟随，成人后又多于外乡就职，能够说"其幼也，吾抚之；其长也，吾诲之，

表10-11　吕蕡六子生卒与享年表

| 名讳 | 卒年 | 享年 | 生年 | 记载来源 |
|---|---|---|---|---|
| 吕大忠 | 元符三年（1100年） | 七十六岁 | 天圣二年（1024年） | 吕大忠墓志 |
| 吕大防 | 绍圣四年（1097年） | 七十一岁 | 天圣四年（1026年） | 《宋史·吕大防传》 |
| 吕大钧 | 元丰五年（1082年） | 五十二岁 | 天圣七年（1029年） | 《宋史·吕大防传》、《蓝田吕氏遗著辑校》 |
| 吕大受 | 嘉祐七年（1062年） | 二十五岁 | 景祐四年（1037年） | 吕大受墓志 |
| 吕大观 | 熙宁五年（1072年） | 二十九岁 | 庆历四年（1044年） | 吕大观墓志 |

[1]范育：《宋史》无传，仅于《宋史卷三百四十·列传第九十九》言及："熙宁中，王安石议遣使诸道，立缘边封沟，大忠与范育被命，俱辞行。"吕氏家族出土墓志中吕大受、吕大观志文皆为范育所撰。可见范育为吕氏"大"字辈成员之密友至交，对其知之甚多。

[2]陈俊民辑校：《蓝田吕氏遗著辑校·二》，中华书局，1993年，第617页。

[3]见报告中成人墓葬部分M1吕大雅妻贾夫人墓志铭录文。

[4]著作佐郎吕英妻王氏太君乃吕大防伯母，卒后大防亲撰并书其墓志，其中提及"大防幼，学於（于）著作君，太君视之犹子也。"故知大防幼年离家从学于吕英。

以至宦学之成，莫不见其始，终于其亡也"之人唯有与大临始终共居的长兄大忠。而祭文中所表现的作者与亡者间极为亲密、明显属长幼关系的语气，也进一步证明大忠应是作者。由"大"字辈兄弟生卒年表看出，吕大忠之四弟大受与其相差十三岁，六弟大观较之相差十九岁，均与十四之年龄差不符，只五弟大临可备此条件，所以从年龄差距上再一次印证祭文乃大忠专为大临而作。吕大忠为黉长子，卒于元符三年（1100 年），享年七十六岁，生年则在天圣二年（1024 年）；如此推算，小大忠十四岁之大临，应生于宝元元年（1038 年），卒于元祐八年（1093 年），享年五十五岁。吕大临生、卒年的证实，补校了文献记载之缺误。

# 八　《考古图》与墓葬出土古器及仿古器

《考古图》是吕大临流传于世的重要著作，成书于元祐七年（1092 年），全书分作十卷，较为系统地著录了彼时宫廷与私家收藏之古代青铜器和玉器。十卷中卷一至卷六乃鼎、簋、鬲、爵等商周礼器，实收 143 件。卷七为钟、磬等礼乐器。实收 15 件。卷八属玉器，实收 9 件。卷九、卷十均是秦汉器，实收 67 件。全书共计实收 234 件器物，每件器物皆有精细摹绘线图、名称、尺寸、容量、重量等记录，并尽力注明其出土地点或收藏之处，部分器物附有铭文考释，且依其形制特征、铭文内容分析推断成器年代。因当时所见古物有限，一些名称与现代认知存异，但其学术价值仍不容置疑，是我国最早的、系统的古器物图录，于古器物著录体例上具有开创性功绩，在现代考古学、器物分类学中也占有一席之地。

作为北宋著名金石学家、古器物学家，世俗认定其墓中必有大量生前收集珍藏之古物随于圹中。考古发掘表明，其随葬品虽种类繁多、数量不菲，但皆以士大夫阶层实用生活器具为主，唯有仿古骊山石敦一对亦乃从兄大圭千里奔丧绝别所赠。观其形制与《考古图》收录鼎、敦均有不同，敛口、球腹、兽足同书中摹绘细文鬲[1] 相似，盖与耳则完全不符（图 10-33），想必造物者仅求与古物形似意同而已。除此之外，不见任何所谓三代重器、前朝遗珍问世，从而造成现实与世俗间的天壤之别。《考古图》首页附作者亲撰《考古图》记一篇，赫然言明："数千百年后，尊、彝、鼎、敦之器犹出于山岩、屋壁、陇亩、墟墓之间，形制、文字且非世所能知，况能知所用乎？……非敢以器为玩也，观其器、诵其言、形容仿佛以追三代之遗风，如见其人矣。以意逆志，成将其制作之原，以补经传之阙，纠正诸儒之谬误，天下后世君子有意于古者，亦将有考焉。"正因此愿，大临将毕生收藏古器尽留人间，令后世君子有意于古者得见三代之遗风。

在这一思想主导下，生活于北

图 10-33　《考古图》细文鬲、石敦 M2：56

---

[1] 细文鬲：《考古图》卷第一，乾隆壬申年秋月，亦政堂藏版。

宋中晚期的吕大临众兄弟及父辈长者严以自律，卒后不随古物，仅用石、瓷仿古器以效三代之礼。如大临从兄、蓝田吕氏掌门嫡孙吕大圭墓中出有仿古骊山石鼎 1 件：直口、卷沿、圜底、兽足，外口沿下篆刻铭文。其形制特点与《考古图》所收娭氏鼎[1]较为相似（图 10-34）。又如大临从父母吕英及王氏合葬墓内随葬特为丧事订制的耀州窑仿古青瓷簋，做工精细，外腹壁

图 10-34 《考古图》娭氏鼎、石敦 M12:13

遍布瓦棱纹饰（图 10-35），与《考古图》中巳丁敦[2]之盖和底座相仿而形制纹饰则同去足后的伯庶父敦[3]接近。M26 号墓主是吕大钧嫡长子义山，随葬直口、立耳、深弧腹、撇足仿古骊山石鼎一件，外腹壁篆刻铭文，《考古图》卷第一有器曰云鼎[4]，立耳、直口，腹下设外撇三足；卷第九绘方耳鼎[5]，立耳、圜腹、外撇三足皆与此物有相近之处（图 10-36）。但上述仿品仅做丧祭之用，时间仓促、受材质、技艺等诸多因素影响，只求意到，形似与否并不深究。

如此随葬理念持续至北宋末年，金人强悍，时局不稳，北宋政权动荡，蓝田吕氏家族的第五代人以为，若世代珍藏古物流入商贾或外夷之手，莫如追随先祖长眠地下更加安全，所以"大"字辈兄弟的孙儿们争相把家藏古物纳入父辈坟墓之中。如被盗掘的"山"字辈成员墓中出土的一批宋人刻铭青铜器，现藏于陕西历史博物馆内，就铭文内容判断，其中 3 件属吕大观孙吕世修为父承议郎吕至山字子功墓随葬礼器，它们分别是：汉折耳带盖铜鼎、汉素面铜盘、唐鎏金錾花铜匜。折耳带盖铜鼎[6]，盖、身合为扁球体，顶有环纽三枚，腹对置双折耳，下设三兽足，顶面留宋人

图 10-35 《考古图》伯庶父敦、《考古图》巳丁敦、青釉瓦棱簋 M9:14

---

[1]娭氏鼎：《考古图》卷第一，乾隆壬申年秋月，亦政堂藏版。

[2]巳丁敦：《考古图》卷第三，乾隆壬申年秋月，亦政堂藏版。

[3]伯庶父敦：《考古图》卷第三，乾隆壬申年秋月，亦政堂藏版。

[4]云鼎：《考古图》卷第一，乾隆壬申年秋月，亦政堂藏版。

[5]方耳鼎：《考古图》卷第九，乾隆壬申年秋月，亦政堂藏版。

[6]铜盖鼎：《金锡琤琳》，陕西历史博物馆，三秦出版社，2013 年，第 47 页。

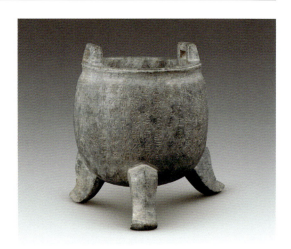

图 10-36　《考古图》方耳鼎、《考古图》雲鼎、三足铭文鼎 M26：38

图 10-37　《金锡璆琳》汉代铜盖鼎

图 10-38　绿釉陶鼎 M25：2

墨书"敦□□"，外底篆刻"唯政和元年十一月壬申孤子吕世修为考承议郎作敦以纳于圹"二十六字（图 10-37）。该器于《考古图》中未见收录，卷第九内分别描绘曲耳、侈耳带盖铜鼎图形，观其形制应略早于景山墓中所存。而另一件出自吕大忠嫡子吕锡山墓葬之汉代绿釉红陶仿铜折耳带盖鼎却与此物形制相像，时代相同（图 10-38）。汉素面铜盘[1]为：折沿、直口、斜腹折向内收成平底，外底宋人篆刻"唯政和元年十一月壬申孤子吕世修为考承议郎作盘以纳于圹"二十六字铭。《考古图》内未收录铜盘，而吕义山墓内所出仿古骊山石洗，端庄厚重，形制与《考古图》所绘"吕荣"铜洗[2]更为接近（图 10-39）。唐鎏金錾花铜匜[3]外形华美，内底錾飞凤纹、余处饰牡丹飞蛾图案，器底有墨书"吕□"及宋人篆刻"唯政和元年十一月壬申孤子吕世修为考承议郎作匜以纳于圹"二十六字铭。就其形制纹饰推断当制于唐代晚期（图 10-40）。该器虽美，却非三代、秦汉旧物，故《考古图》中未曾收录。由此可见，吕氏所藏古物范围宽泛，下限已至隋唐时期。

　　另组西周、战国、汉代铜礼器分别是：西周乳钉纹铜簋、战国鱼虎纹折耳带盖铜鼎、汉朱雀铜熏炉。

　　乳钉纹铜簋[4]腹壁上满饰长而尖锐的乳钉，该特点与 2014 年宝鸡石鼓山商周墓葬出土乳钉

---

［1］汉铜盘：《金锡璆琳》，陕西历史博物馆，三秦出版社，2013 年，第 62 页。
［2］吕荣洗：《考古图》卷第九，乾隆壬申年秋月，亦政堂藏版。
［3］唐鎏金錾花铜匜：《金锡璆琳》，陕西历史博物馆，三秦出版社，2013 年，第 61 页。
［4］西周乳钉纹铜簋：《金锡璆琳》，陕西历史博物馆，三秦出版社，2013 年，第 41 页。

图 10-39　《金锡璆琳》汉铜盘、《考古图》吕荣铜洗、石洗 M26：37

图 10-40　《金锡璆琳》鎏金錾花铜匜　　　图 10-41　《金锡璆琳》西周乳钉纹铜簋、《考古图》圜乳方文尊

纹青铜簋极为相似，故年代当断于商末周初之际。圈足下部有宋人篆刻"自牧"两字。《考古图》所收圜乳方文尊[1]，若除去上腹部对置双錾手后外形则与之颇为相似（图 10-41）。春秋鱼虎纹折耳带盖小铜鼎[2]实属弄器，乃典型春秋晚期之物，纹饰罕见，器盖内壁正中有宋人篆刻单字"牧"。此鼎与 2001 年陕西凤翔上郭店出土的鱼虎纹折耳带盖小铜鼎[3]极为相像，不但形制纹饰一致，高度也完全吻合，当出自同一工匠之手。一件于千年前被吕氏收藏，另一件则深埋地下至今。《考古图》中未见收录，书中卷第九所画曲耳、侈耳鼎时代应稍晚于该器（图 10-42）。汉朱雀铜熏炉[4]设计精巧、做工独特，以立姿朱雀下踏昂首灵龟为博山炉身支柄，此乃汉代器物支座常见造形，汉景帝阳陵出土磬架支座亦有该设计。炉盘外底汉人等距离錾刻"丹内者盘"四字，炉盖外沿有宋人篆刻"自牧"两字。《考古图》秦汉香炉卷内虽无同器，但博山香炉[5]则与其外形相近而时代相同。吕义山墓随葬仿古骊山石熏炉，制作相对简约，然汉之时代特征把握准确，主要形制特点与"自牧"熏炉一致，属众多骊山石仿古器中佼佼者（图 10-43）。3 件礼器上宋人刻铭"自牧""牧"可能

[1] 圜乳方文尊：《考古图》卷第四，乾隆壬申年秋月，亦政堂藏版。

[2] 战国鱼虎纹铜盖鼎：《金锡璆琳》，陕西历史博物馆，三秦出版社，2013 年，第 45 页。

[3] 《陕西凤翔县上郭店出土的春秋时期文物》，《考古与文物》2005 年第 1 期，第 4、5 页。

[4] 汉朱雀铜熏炉：《金锡璆琳》，陕西历史博物馆，三秦出版社，2013 年，第 50 页。

[5] 博山香炉：《考古图》卷第十，乾隆壬申年秋月，亦政堂藏版。

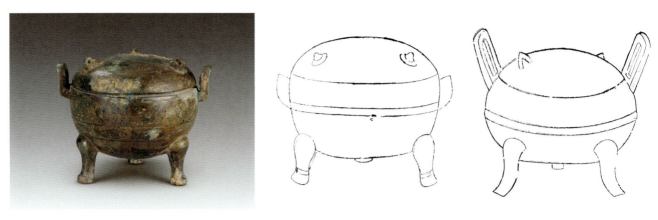

图 10-42　《金锡璆琳》战国鱼虎纹铜盖鼎、《考古图》曲耳鼎、《考古图》侈耳鼎

图 10-43　《金锡璆琳》汉朱雀铜熏炉、《考古图》博山香炉、博山炉式香熏 M26：22

与铜器收藏者名讳、字号有关。"山"字辈成员葬于祖茔者仅 3 人，即景山、义山、至山，义山字子居（墓中出铭文石簋可为证），至山字子功（墓中出铜印章可为证），唯景山字号不明，自牧、牧也许是子牧的别称或简称，若推测成立，景山可能字子牧，如此 3 件铜器则归北宋哲宗时著名宰相吕大防嫡子吕景山所有。景山生前职官宣义郎，卒后葬事由嫡子吕为修操办，其生前收藏古器亦被纳于圹中封存。

　　总之，上述青铜礼器均属蓝田吕氏第五代人为第四代人随葬所用。吕景山、吕至山皆葬于政和元年十一月壬申即（1111 年），较《考古图》成书的元祐七年晚十九载，《考古图》所录京兆吕氏藏品内未见该批器皿，表明它们应收于《考古图》成书之后，即其主人乃蓝田吕氏第四代或第五代人氏。

　　吕氏家族墓葬中出土古物可能仅是其数代人收藏累计之冰山一角，《考古图》著录的京兆吕氏藏品共计 7 件，至今尚未现世，这些珍贵遗物也许在北宋灭亡之际跟随主人远走他乡，也许被深埋于家乡的某块黄土地中。吕氏一族定居蓝田久矣，造福乡里、教化百姓，深得人心，据清嘉庆年蓝田县志记载，当地乡民知其废墟中有吕氏故物，但惧商贾而秘不言，明成化十九年蓝田知府刘震于县城西五里吕氏家庙旧址重建吕氏庵祠。本次考古发掘的吕氏家庙明代早期遗址建于北宋晚期夯土台上，其正堂地面居中有明显大型扰坑回填痕迹，或许是金末战乱之时有人寻觅吕氏故物所挖。

# 九　墓葬中的防盗掘因素

中国历史上关于盗墓行为最早的文献记载见于《吕氏春秋·节丧》："上虽以严威重罪禁之，犹不可止。"说明当时律法中已将盗墓纳入严惩重罪之列，仍不能有效禁止，可见彼时盗墓已成风气。《孔子家语·曲孔子复问》记录了孔子谴责厚葬的一段文字："李平子卒，将以君之玙璠敛，赠以珠玉。孔子初为中都宰，闻之，历级而救焉。曰：'送而以宝玉，是犹曝尸于中原也。其示民以奸利之端，而有害于死者，安用之？且孝子不顺情以危亲，忠臣不兆奸以陷君。'乃止。"[1]孔子将厚葬视为诱导盗墓事件发生，造成令死者将曝尸于原野的严重后果，可见盗墓在春秋战国之际已频频发生，同时亦阐明厚葬就是盗墓行为发生之根源。

自商代以来，厚葬成风，时人以为财富的占有并不以生死为界而发生根本变化，所以在"事死如事生""事亡如事存"的观念指导下，生前值得炫耀和为之荣光的财产也要带进幽冥世界中继续占有和使用，成为死者在另一个世界中生存的经济保障。如此实例在考古发掘中不断得以印证，如商王陵墓区中的妇好墓，墓主乃商王武丁之妻�'s辛，这是殷墟发掘中唯一未被盗掘的商代王室贵族墓葬。出土随葬品数量之丰、品相之好、铭文铜器之多堪称前所未见。故推测，王室贵族已厚葬如此，商王陵墓的豪华奢侈可能已远远超出世人想象。秦汉之时，虽有明器使用，然厚葬依然于贵族王侯中盛行。隋唐时期，陪葬用品主流为明器，但个例中依然有墓主喜爱之贵重金银器为伴。虽然厚葬中的器具材质、用途随时代推崇而有所变化，但均以时尚、贵重、珍稀之墓主生前占有和使用器具为主。因此，岂今所见传世商周青铜器、汉代玉器、唐代金银器等主要来源应取自于古代墓葬中。对此喜爱收藏的蓝田北宋吕氏一族认识十分明确，吕大临在编纂《考古图》一书时曾亲撰考古图记，其中云"数千百年后，尊、彝、鼎、敦之器犹出于山岩、屋壁、陇亩、墟墓之间，形制、文字且非世所能知，况能知所用乎？"[2]分析此段文字内容，不难领悟，宋人对流传于世的古代器具来源早就了然于胸。

为了保全自己阴宅的宁静平安，为了预防随葬用品的流失，蓝田北宋吕氏家族在墓葬防盗掘方面采取了一系列举措。通过对田野考古发掘资料的研究，笔者认为其防盗措施主要有以下四点。

第一，墓园中所有随葬品丰富之成人墓葬皆有一共性，即：深埋。

在大揭顶式的墓葬发掘过程中，该葬区地层叠压关系被清晰完整地表现于探方壁面上，现以最深墓葬 M2 自上而下地层叠压剖面为例：

第①层：耕土层，厚 0.25 米，色灰黄，质松散，含大量植物根系、碎石块及现代垃圾等。

第②层：扰土层，厚 0.35 米左右，浅灰褐色，质较硬，内夹杂少量腐朽植物根茎、大量料礓石结核颗粒、蜗牛壳等。

第③层：古代堆积层，厚 0.55 米，浅灰黄色，质地坚硬，呈颗粒状，夹杂少量残陶、瓷碎片等。

第④层：黑褐色土层，厚 0.75 米，质地坚硬，夹有大量白色植物根系。

第⑤层：黄土层，厚 3.78 米，质地松软，色泽纯黄，包含少量料礓石块。

第⑥层：红褐色土层，厚 0.50~0.55 米，土质坚硬，内杂大量料礓石块。

---

[1]《孔子家语》，辽宁教育出版社，1997 年，第 1、2 页。
[2]《考古图》卷第一，乾隆壬申年秋月，亦政堂藏版。

第⑦层：淡黄色土层，厚 1.35 米，质地松软纯净，无包含物。

第⑧层：胶泥层，厚 1.05 米，红棕色，质地坚硬细密有韧性，夹杂少量料礓石块。

第⑨层：黄褐色土层，厚 1.40 米，质地松软，含有大量料礓石块。

第⑩层：密集料礓石层，厚 0.20 米左右，灰白色料礓石块排列密集，质地极坚硬。

第⑪层：浅褐色土层，非常深厚，具体尺寸不详，质地细密，无包含物。

由地层结构可知，从地表向下至第④层即属未经扰动之原生土层，再继续向下至第⑩层、自地表下深约 10 米左右，则是一自然形成的密集料礓石层，厚约 0.20 米。该层构造十分坚硬，被当地村民称谓"石板层"，打井穿过此层时须使用钢钎方可凿透。M2 实际墓室就营造于该层之下的第⑪层浅褐色厚土中。第⑪层土质极为细密纯净，属十分深厚的原生土层。由于质地紧密单纯，凝聚力强，具备良好的抗压能力和可塑性，因此整座墓室设置其中既能保证施工安全，又不易坍塌、可长时间维持墓室的建造形制和布局。更重要的是，墓室上方密集坚固的料礓石层不但抗压，还是防止墓葬被盗掘的重要屏障（图 10-44）。所以大部分吕氏家族成员墓葬巧妙地选择了这种得天独厚的自然条件作为防盗掘的天然保障。

可见在墓园选址中，地层的自然结构是非常重要的先决条件，与此同时，防盗因素也被周密细致考虑其中，从而形成蓝田吕氏墓葬打破常规，在深度上远远超过已发表的其他宋代墓葬（其他宋代墓葬深度一般不超过 5 米）的独有特征。

第二，除上述共性外，所有吕氏家族成员墓葬还存在另一共性，那就是完全采用土洞墓室、土坯封门、墓道填土不经夯筑的营造方式。

这一点同流行于时的砖券墓室、砖砌封门及传统的墓道填土夯筑法区别很大。从现有已发表之考古资料获悉，北宋砖券墓室比较流行，往往仿地面建筑造成砖券仿木构形式，但凡世俗殷实之家，多采用之。而砖砌封门即便小型土洞墓中也可见到，非常普遍。以吕氏家族在关中士族中的地位与财力，营造砖券墓室、配属砖砌封门本当顺情合理。相反，一律使用质朴的、壁面稍加修整还显粗糙的土洞墓室，甚至封门材料也选择受潮易坍塌、遇水易软化成泥的土坯垒砌，的确令人疑惑费解。笔者认为，这种逆反常态的做法，应包含着某种鲜为人知的深意，而唯一合乎情理的解释只有两种：一是谨遵家规，葬事从简；二是便于墓室位置的隐匿。换言之，在简约葬事的名目下，可能更重要的意图仍是吕氏家族墓葬特有的警惕防盗之心。土洞墓室、土坯封门更利于墓室在深层下与土的结合而不易被明确区分，针对时人对墓葬的盗掘手段而言，或许能最大限度的保护

图 10-44　M2 地层剖面

阴宅不被发现。因此，不用砖券、砖砌、夯筑一系列世俗与传统方法去营造墓穴，仍应解释为该家族的一种深层次的防盗措施（图10-45）。

从上述一、二两种防盗设计上分析，深埋于石层下和尽量隐蔽墓室位置，是否意味着北宋中晚期的盗墓行为中已出现了某种或就是洛阳铲的勘探工具，为提防盗者勘探，才着意利用密集料礓石层为掩护来阻隔探铲的深入？宋人的这番深意是否确定尚在讨论中，但本次考古发掘中，正是由于探铲不能穿过石层，所以许多墓室深度与规格不能预先了解，从而影响到探方尺度的不易把握却是不争之实。正因如此，笔者才产生了当时已有勘探工具之联想。当然，彼时勘探技术尚未成熟，对于土层的识别还在摸索中，所以没有明确的墓砖被发现，也许是隐藏和保护阴宅的有效方法。

第三，在实用墓室之上设立纵向叠压之空穴。虽然设置空穴的墓葬仅有3座，分别是M2吕大临墓、M12吕大圭墓、M20吕大忠墓，但它明确的防盗用途则是不容置疑的。特别是M2，实用墓室上纵向叠压两重空穴，最上层空穴上距地面仅3米有余，下距实用墓室却有12米之遥，该空室顶部有盗洞、室内淤土有翻动、人为进入迹象明显，但因室内空空，盗者扫兴而归，未向下深究，从而一时间保全了实用墓室，起到了预期的防盗作用（图10-46）。M12吕大圭墓未被盗掘，M20吕大忠墓在一千年后为现代人所盗，盗洞避开上置空穴自实用墓室后部进入行窃，导致损失惨重。由此可见，布置空穴设疑之法，在古代防盗上行之有效，但应对现代各种盗墓手段却显得苍白无力、形同虚设。

图10-45　M16封门形制图

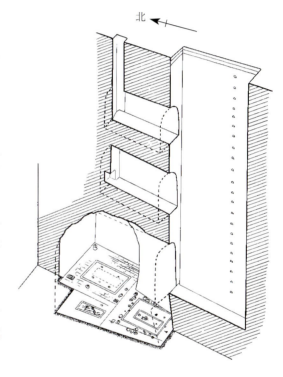

图10-46　M2吕大临墓三维透视图

其实，使用类似防盗技法试图抵御盗墓的设计理念，虽甚稀少却并非蓝田吕家独创。比如营建于北宋徽宗宣和六年的宋京墓葬[1]，深5米，长方形砖券墓室分上下两层布置，上层底部架设石板，其上涂抹灰层后再铺青砖，南端直接与斜坡墓道相连，形成貌似完整的砖券墓葬形式。而青石板下的长方形封闭空间才属实用墓室，宋京葬具及重要随葬品皆存于该密室内。考古发掘证明，上室已被盗掘而下室则幸免于难、得以完整保存。所以宋京墓葬的上下两层分布，就是设计上采取的"上虚下实"之防盗技法。与蓝田吕氏的防盗举措理念一致而方案大同小异（图10-47，1、2）。

第四，祖茔位置与居住地点间距离近，照应方便，同时派驻族人专职看守维护，以无偿耕作墓园中闲置土地为酬劳，长期稳定的留居守墓人并世代相传此职责与待遇，也是保障墓葬安全的重要措施之一。现蓝田北宋吕氏家族后人仍定居于墓园东北方3千米处之乔村，据村人反映，自北宋

---

［1］成都市文物考古研究所：《四川成都北宋宋京夫妇墓》，《文物》2006年第12期，第52~67页。

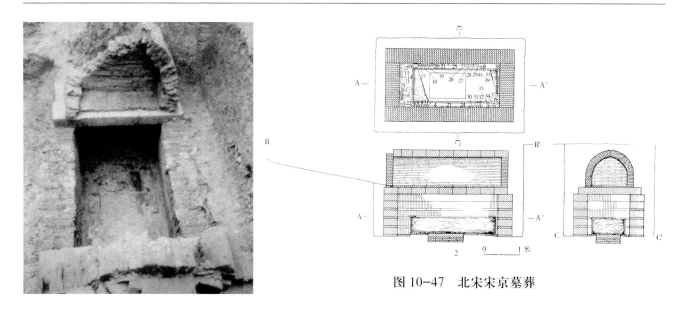

图 10-47　北宋宋京墓葬

中晚期至新中国成立前，近一千年间，族人始终恪守这一原则，使墓园有人经营，未遭荒芜废弃之灾。

综上，由于蓝田北宋吕氏家族墓葬设计上一整套用心良苦的防盗方案之制定与实施，以及地面上安保制度的贯彻始终，在相当长的历史阶段里，基本保全了祖茔的安全，个别盗案仅发生于朝代更迭的战乱时期，而大规模、大危害、大破坏的墓葬盗掘主要开始于 2005 年冬吕某盗墓案之后的近一年间，其破坏范围殃及 10 座墓葬，破坏程度十分惨烈，不但墓葬形制受损，随葬器物亦毁坏严重或几近一空，至今仍有部分器皿流失民间或海外。

# 一〇　茶具与茶文化

蓝田北宋吕氏家族墓随葬品中出土茶具不但品相好、数量多，而且种类丰富，基本涵盖了从古至今烹茶、点茶、散茶三种不同饮茶方式所用各种器具。就茶事而言，堪称综中国饮茶方式与器具之全。

## （一）烹茶

吕大临墓出土的 M2：66 三足铁鼎（图 10-48），三条细高足表明足间可架柴点火加热；出自吕氏被盗墓中编号 200629 的青灰色骊山石（属滑石类）圜底铫（图 10-49），乃吊于火堆上之烹煮器，口沿对置半圆形多棱状銴手及横剖面呈上宽下窄状短流，因为圜底，也可架于风炉上烧煮；此外，M25：1 为骊山石釜（图 10-50），该器敛口、带盖、鼓腹、圜底，肩部对置方折立耳，通体磨损使用痕迹明显，无疑属墓主生前实用器具。釜亦是烹之主器，这些饮茶中烹煮器具的出土表明，在北宋吕氏日常饮茶方式中，依然保留着传统烹茶法的一席之地。

关于茶的最早文献记载，是成书于战国的《尔雅·释木》，其中有"槚，苦荼"[1]之说。近年来，在西汉景帝阳陵从葬坑的考古发掘中，出土了一些植物叶片，经专家鉴定确认为茶叶，这是迄今所见世上最早的茶叶原形。据孙机先生考证，中国人饮茶起于汉代，此时的饮茶方式称为——

---

［1］（清）郝懿行：《尔雅义疏·下·二·释木》（上海图书馆藏同治四年郝氏家刻本影印），上海古籍出版社，1982 年，第 1106 页。

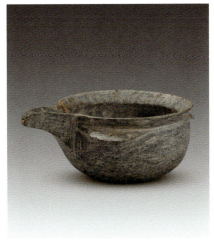

图 10-48　带盖铁茶鼎 M2：66　　图 10-49　素面带流圜底骊山石铫 200629　　图 10-50　骊山石茶釜 M25：1

烹茶法。烹茶，即将茶叶烹煮后饮用，最初以干茶叶为原料，后又经蒸青制成茶团或茶饼使用。烹茶时将其投入釜中，加水之际再放入葱、姜、茱萸、大枣、桔皮、薄荷等佐料一同烹煮，最终掷入适量食盐调味。此法烹出的茶如同菜汤一般，故名粥茶，又叫茗粥[1]。据调查，现广东客家人仍传承了这一古老的煮茶方式。烹茶法自西汉开始直至六朝颇为盛行，期间虽在原料制作、备茶方式、水温把控方面有创新改进，然基本原则方法未变。

## （二）点茶

兴起于唐代晚期，盛行于宋、元两代的点茶法，是一种完全不同于烹茶法的全新饮茶方式。首先，它摆脱了传统的烹煮法而改为沸水冲沏法；同时，在原料配制、备茶过程、沏茶技艺乃至于整个制作程序与使用器具上都展示了全新的改革，使之成为中国饮用末茶史上的一个辉煌阶段。北宋吕氏墓内随葬茶具更多而细致的彰显了点茶法的盛行和此时饮茶的优雅与精致。在茶饼贮具上使用了素面或带有花纹装饰的深腹带盖碗，该器做工精良，高约 10.5、口径 11.5 厘米左右，详况见 M7：24 青釉刻花牡丹纹瓷盖碗（图 10-51）。由此知，北宋茶饼当体量小巧精致。饮茶前对茶饼须经一系列处理后方能使用，第一步云炙茶，是将锤碎茶饼炙干，所用器具应既可撑放于风炉上烘烤、又有较厚器底以便炙干茶叶而不焦糊，具备上述特点之器，文献与出土物中皆无明确记载，就吕氏随葬文物而言，当首推 M24：5 三足盘式铁器更符合要求（图 10-52）。此器形制不大、浅腹厚底，下设略外撇矮足 3 枚，完全符合炙茶器具要求。而炙干后茶叶再经茶碾研磨成粉状，M2：83 骊山石茶碾则是整座墓园中唯一幸存的碾茶器具（图 10-53）。粉状茶末制成后往往存放于密闭条件较好的容器内，从众多出土物观察，圆形深筒腹小瓷盒或加碳陶盒是收敛茶叶末的最适宜选择，其形制特点可参见 M15：6 青釉素面圆盒与 M20：6 加碳圆陶盒（图 10-54）。备茶完成后，饮茶前需预热茶盏以保证点茶对水温的要求。预热器具应为一组外表装饰华丽的瓷或铜渣斗与扣置于渣斗口上的相同质地平底钵，使用方法是将茶盏置于钵内浇沸水预热，用毕残热水归入渣斗暂存至茶事结束后倒掉。所以点茶中渣斗作用等同于现代茶道中茶海之功能。渣斗与平底钵的组合状

---

[1] 参见孙机：《中国古代物质文化》，中华书局，2014 年，第 55 页。

图10-51　青釉刻花牡丹纹盖碗 M7:24

图10-52　平底器 M24:5

图10-53　茶碾 M2:83

图10-54　青釉圆盒 M15:6、黑衣筒形盒 M20:6、现日本茶道中的茶末罐

图10-55　青釉刻花八曲葵瓣钵 M7:8、青釉刻花渣斗 M7:46

况见 M7:8、46青釉刻花钵与渣斗（图10-55，1、2）。盏热之后再将茶末自贮盒内以铜则舀出适量置于茶盏中，茶则形制为则首扁平、曲柄细长，一则容量为1.70钱上下。茶则出土数件，仅以 M12:18素面铜茶则为例（图10-56）。茶盏制作精美并有一定艺术观赏性，因盏下设托，故名托盏。

其中以 M14:4 黑白釉配搭托盏最为醒目，不但造形规整而且色泽搭配别出心裁（图10-57）。茶末入盏点水润膏后即用汤瓶煮成沸水沏点，汤瓶有铜、铁两种，点茶时要求注入盏中水流顺畅通达、大小适中、收发自如，因此汤瓶水流曲度、流口切削角度皆需着意讲究，其形制特点以 M12:22 铁汤瓶为例（图10-58）。

　　当沸水注入盏中冲茶时须以筅或匙不停击拂，令其生出丰满泡沫，击拂中最得力器具为筅，筅乃竹所制，字面上"竹"字头即表其材质。M12吕大圭墓出土编号 M12:43 蘑菇状鎏金铜器柄（图10-59），柄下圆筒中嵌入物前端朽毁，根部尚有遗留，放大镜下观察似为13撮竹篾类物质，经标本采集检测后，认定为竹纤维遗留物[1]。由此推测，所谓筅应是圆形竹刷，貌似今之打蛋器，其具体形制可参见日本茶道中击拂器——筅（图10-60）。

因点茶所用茶饼在制作过程中加入了适量香料与淀粉，所以一盏香茶若要冲好，必须茶末极细、调膏极匀、水温适当、水流紧凑、茶末与水比例匹配、茶盏预热好、击拂到位才可使盏中茶呈悬浮胶体状态。所以，点茶与烹茶在成茶状态上最大区别是：烹茶为汤状而点茶则呈胶着乳状。

在饮茶过程中为添情趣，又有斗茶一说。顾名思义，斗茶即茶技之博弈，若将茶一口喝干而在盏壁上不留水痕，则称赢家，表明点出的茶与水融为一体，有较强的内聚力。因白色茶沫于黑盏上留下之水痕最为明显，因此北宋时期福建黑釉盏最为有名且价格很贵，同时由于市场需求，其他窑口亦多有仿制，如M2：20黑釉金兔毫盏（图10-61）、M12：17黑釉鹧鸪斑盏（图10-62）。由于黑盏下常配漆托，漆器于北方较难保存，故吕氏墓随葬黑釉盏出土时已不见盏托踪迹。

（三）散茶

散茶是本文中最值得讨论的问题。据《万历野获编补遗》记："国初四方供茶，以建宁、阳

图10-56　铜茶匙 M12：18

图10-57　黑、白釉配搭托盏 M14：4-1、-2

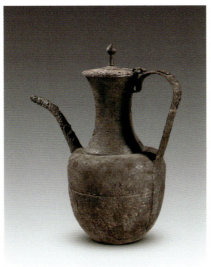

图10-58　带盖执壶 M12：22

图10-59　鎏金茶筅器柄 M12：43

图10-60　现日本茶道中的筅

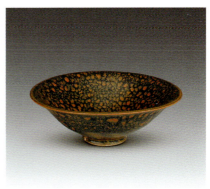

图10-61　黑釉金兔毫纹盏 M2：20

图10-62　黑釉鹧鸪斑盏 M12：17

---

 [1] 详见"柒　出土遗物科学检测"的第三章，M12：43 鎏金铜器柄内插入物取样。

羡茶品为上，时犹仍宋制，所进者俱碾而揉之，为大小龙团。至洪武二十四年九月，上以重劳民力，罢造龙团，惟采茶芽以进，……。"[1]故有说法认为饮用散茶自明初而始，实则明初的废团茶只是结束了唐末兴起盛于宋元的点茶法，而饮用散茶的历史可追溯至唐代中期，陆羽《茶经·六之饮》记："饮有觕茶、散茶、末茶、饼茶者。"[2]其中觕茶即粗茶，说明当时除饼茶外尚有粗茶与散茶。《宋史·食货志》云："茶有两类，曰片茶，曰散茶。片茶蒸造……。有龙、凤、石乳、白乳之类十二等，……。散茶出淮南、归州、江南、荆湖，有龙溪、雨前、雨后之类十一等，……。"[3]由此知，宋人饮散茶已然成风且纳入史书记载。散茶制法相对简便，不捣不拍烘干即可，所以叶片形貌犹存，最大限度的保留了茶叶的天然香味与自然属性。蓝田北宋吕氏墓内出土的散茶饮用器具以 M2∶60 青白釉瓜棱腹执壶最为明确（图 10-63），其形制粗矮、流短腹圆，盖与执手间可穿绳连接；而将小杯置于浅碟中配套为饮茶器具使用推测亦与饮用散茶相关，详情见 M25∶4（图 10-64）。这些器具，至今在民间尚可觅其踪影，而作为北宋兴饮散茶的力证，则以 M12 吕大圭墓出土的 M12∶47 铜渣斗与平底钵最为直接（图 10-65）。该渣斗内底所留残茶痕迹及平底钵内壁上附着的一片茶芽皆充分表明，北宋晚期饮用散茶在士族日常生活中已很普遍。只是明代初年，由于统治者的干涉，点茶法衰落消失，取而代之的是走向鼎盛的散茶法。

该套器具不仅将散茶兴起的时间提至北宋晚期，同时证明，在饮用散茶的程序中，渣斗与平底钵仍是不可或缺的用

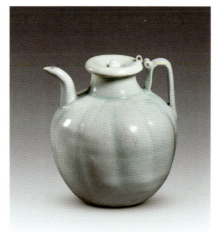

图 10-63 青白釉瓜棱腹带盖茶壶 M2∶60

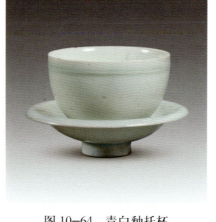

图 10-64 青白釉托杯 M25∶4-1、-2

图 10-65 铜渣斗 M12∶47

[1]（明）沈德符：《万历野获编补遗·卷一·列朝【供御茶】》（以姚氏刻本为底本出版的铅印标点本），中华书局，1959 年。
[2]《丛书集成初编 1479 册·茶经·卷下·六之饮》，中华书局，1991 年，第 12、13 页。
[3]《宋史·卷一百八十三·志第一百三十六·食货下五》，中华书局，1985 年，第 4477、4478 页。

具，从钵与渣斗上遗存的不同状态茶叶分析，渣斗用以存贮茶事中产生的残茶功能确定无疑，而平底钵依然用于预热茶盏。与点茶法不同是，点茶是以汤瓶中沸水浇热茶盏，散茶中盏的预热可能是第一道沏入茶壶中的洗茶水，该做法实与现茶道中预热茶盏方法相同。只有此说法方可合理解释同属一套器物，为何钵内壁上所附乃未经泡开之茶芽，而渣斗中却是残茶遗迹。

通过对出土茶具的研究，基本再现了从古至今三种不同饮茶方式的制法、程序、用具以及兴起、盛行、衰落的历史过程。

# 一　蓝田吕氏家庙沿革

吕氏家庙遗址自上至下共有9层叠压，主要建筑遗址11座，跨北宋、明、清、民国、现代五个不同朝代，历时近一千年。地层关系复杂，遗址、遗物被反复利用造成了考古发掘过程中的重重困难，同时由于发掘区域与时间的限制，各时代家庙遗址只能对主殿进行清理而不能完整、全面的揭示其建筑群原貌，但因此也可留给后人更多的珍贵文化遗产。经室内整理后笔者有以下体会。

第一，为保留Ⅱ区第⑧层F10的夯土台基及遗迹，对叠压其下的第⑨层内F11仅做了探沟解剖，F11属吕氏家庙最早建筑，修建时间应与墓园相同，乃北宋熙宁七年（1074年）。该房屋与后期家庙主殿比较，形制、规格均相对简约拙朴。熙宁七年对蓝田北宋吕氏家族而言，是一个重要纪年，这年在吕大忠、大防、大钧、大临四兄弟主持下于县城之西的太尉塬建成了全新的、完整的、体现着他们对《周礼》研究感悟的、融合了道、佛两家择茔理念的家族墓园，并将祖父、父亲以及其他亲人遗骸从距离遥远、道路艰辛、群山环绕的骊山西塬家族墓地迁移至此。从此蓝田北宋吕氏家族的历史翻开了兴衰荣辱、风云变幻的新篇章。

第二，《宋史》吕大防传记载，元祐三年（1088年）宰相吕公著告老，大防正式出任宰相直至元祐八年（1093年），在任期间，权倾朝野，身份地位极高。此时恰逢熙宁七年所建吕氏家庙遭火焚毁（因F11屋内地面有大片红烧土层，故有此推测），因此在原位上重新修建的F10使用了高台五开间殿堂式规格，建筑构件与装饰物中亦使用了龙图案，这些特殊待遇应是其倍受皇宠、拥有显赫身份和地位的体现（图10-66）。

F10出土遗迹与建筑构件表明，它坐落于高台之上，前、后出廊台，设南、北两门，气魄与规格为历代吕氏家庙之首，是该家族鼎盛时期地位与身份的体现。

第三，Ⅱ区第⑦层中明代早期F9遗址是最值得探究的一期房址，该建筑坐落于高台之上，发掘清理时出土了大量建筑构件，屋脊装饰陶塑表面皆施彩釉，表明原殿堂高大醒目、装饰华丽，但最终的发掘结果仅见残墙断壁一间，与F9最初之气势、

图10-66　F10平面形制布局

规模反差较大。推测 F9 始建于明代早期时的确高大华美，然在明代中期嘉靖三十四（1555 年）年关中华阴大地震时受其影响并遭洪水浸泡而面目全非，灾难之后族人将仅余之殿堂中间加以修补并继续使用至明代晚期才拆除重建家庙殿堂，故 F9 是一座使用百年之上、历经磨难的建筑遗址。

　　Ⅱ区第⑦层中包含物丰富，属北宋晚期 F10 之遗留物较多，如筒瓦、瓦当、滴水、眉子、瓷器残片、钱币等。主要原因是：（1）F9 是在 F10 原基础上建成，部分建材及构件与夯土台基一同被二次再利用。（2）F10 废墟中不能利用的残破物品被丢弃于夯土台基下。（3）F9 倒塌后部分不能再利用的废料继续在此堆积。由此造成第⑦层中包含了⑦、⑧两层内 F9、F10 建筑和用器的诸多混合垃圾。

　　第四，位于Ⅱ区第⑥层的明代晚期家庙主殿 F8 建筑形式不同以往。首先在正殿两侧设立跨院，虽未经考古印证，但东西向 L2 鹅卵石路径就是有力证据。其次，该建筑群以 F8 为中心周遭有围墙建筑，自成一体（图 10–67），这与北宋中晚期、北宋晚期、明代早期吕氏家庙建筑包含于家族墓园兆沟之内、同墓葬区及其他相关设施相辅相连统一并存的初衷不同。这一改变可能有三种原因：（1）墓葬区早已停用，家庙的停丧功能不存。（2）兆沟年久失修不能起到围护作用，为保证家庙安全需要围墙屏障。（3）吕氏四贤已成为政府宣儒重教的精神榜样受到重视与宣传，而乡里百姓对其功德愈加崇拜，他们不再仅属吕氏家族所有，于官于民皆需从家族层面上独立提升，所以吕氏家庙的自成一体是在延续家族祭祀、聚会等单一家庙功能的基础上承担了更为重要的使命，升华为敬儒倡教的官方学府，从而令其初衷发生变革并使之持续于后世。经田野发掘、调查证实，该期之后，北宋吕氏家族墓园的整体结构消亡，兆沟被废弃，家庙成为独立建筑，部分神道可能被沿用。据吕氏后人讲述，墓葬区域之南曾有历代官家所立石牌楼与碑刻，新中国成立后均破坏殆尽，又经土地平整后原牌楼基础亦尽失矣。

　　本层堆积较厚，包含物丰富，出土的大量前期建筑构件说明，每次重修都在充分利用前期尚完整的各类建材基础上补充新料筑成，同时不可利用的残件也会就近丢弃，所以地层时代越晚，出土的建材形制就愈见复杂多样。

　　发掘Ⅰ区第③层 F5 之下叠压第④层与第⑤层堆积，二者均为早期路面，第⑤层路面堆积就地层关系而言与 F7 所在Ⅱ区第⑤层相同，堆积中较多的瓷片、瓦砾、三彩脊兽残块等，风格却与 F8 一致。由此推断，以 F8 为主殿的吕氏家庙建筑规模较大，前部已延伸至小学教学楼南、发掘Ⅰ区范围之内，若干年后该建筑群破败，重新修建的、以 F7 为主殿的家庙建筑，北部位于 F8 废墟之南，南部缩至 F8 大门之北，并将原位于此的 F8 配属建筑废墟平整铺垫成门前路面。所以Ⅰ区第⑤层的存在，首先使 F8 建筑群南端分布范围明确化，其次也确定了 F7 建筑群南端的大概位置。清光绪年间《蓝田县志·卷八·祠祀志》第 430 页记载，明弘治中，提学副使王云风于吕氏家庙故址内始建芸阁书院，日久而荒废。万历十三年知县王邦才故地而鼎新之，大规模整修并扩大书院范围，重修后的芸阁书院应是以 F8 为北部主体、以书院学堂为南部主体的较大规模建筑群，而南部学堂主体位置应就在现小学教学楼下。

　　第五，Ⅰ、Ⅱ区第⑤层中 F7 建筑属清代早期康熙年间所建，虽然依贯例借用和使用了前期墙基及大量砖、瓦建筑材料，造成遗址中出土建材规格复杂多样之现状，但该期新补充建材仍占主体。建成之 F7 在用料和风格模式上显得古朴庄重、素雅大方，与明代建筑的华丽多彩形成鲜明对比，展现了明、清两个不同时代建筑格调的明显差异。

　　主殿 F7 之南应有其他配属建筑，但因小学教学楼基坑破坏已无法确知，北部 F8 废墟堆积与南端大门前路面遗迹将该期家庙建筑规模与面积基本框定于两者之间的规范内。

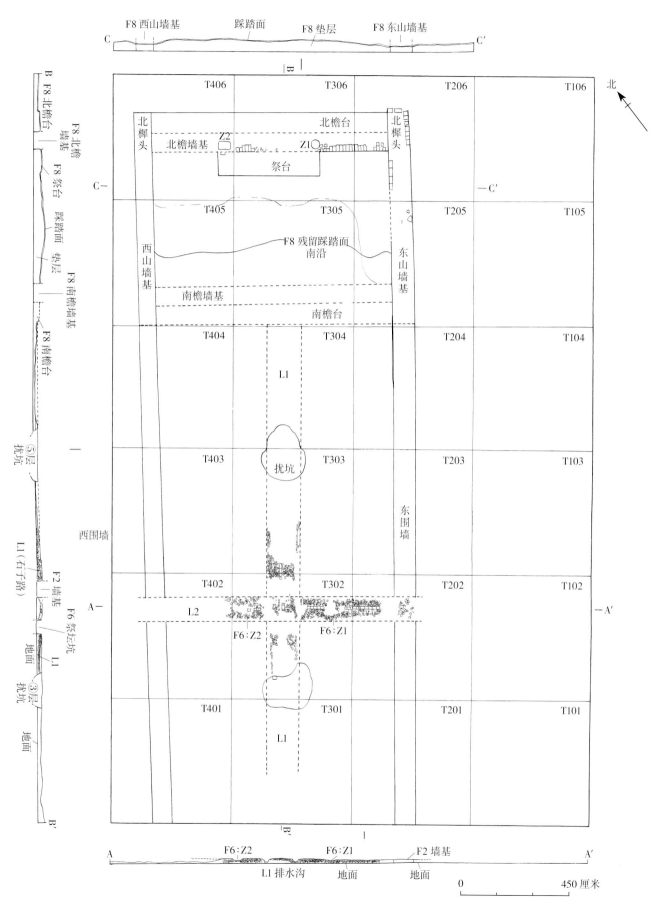

图 10-67　F8 及配属遗迹平、剖面形制布局图

第六，因后期严重破坏，Ⅱ区第④层中吕氏家庙主殿 F6 之南的家庙附属建筑已荡然无存。考古发掘证实，Ⅰ区第④层属 F6 建筑群南门外路面堆积。由此可推测，清代中期吕氏家庙南边沿应在发掘Ⅰ区内踩踏路面之北；北边沿可能在早期 F7 遗址北围墙之内。就其范围而言，时吕氏家庙可能为前有门房、后有正殿、正殿之北拥有废墟空地的一进院式建筑布局，与前代规模较大、华丽光鲜相比更为紧凑和凝重。

第七，Ⅱ区第③层中 F5、F4 属清末民初吕氏家庙遗址，总体布局为四合院式，F3 乃主殿，内供奉吕氏先祖及吕氏四贤牌位；F4 是前殿，三开间有隔墙，中堂为过庭。F3 两侧有配套偏殿，从而形成相对独立之四合院建筑格局（图 10-68）。前院芸阁学舍与后院吕氏家庙经 F4 中堂通道而相连、又以 F4 为界而相隔。

F3、F4 间、天井东南角所遗留石碑碑座据清末居住于此的牛先生后人提供，乃清中期乾隆年间"重修四献祠纪念碑"碑座，石碑原位置不明确，后于清末重建家庙时移置于此。20 世纪 70 年代因重修小学教室，嫌其碍事而将碑体打碎弃之，后被村民将大块捡回置于家门前，仅有底座因埋于地下而幸存原地。

第八，地窑虽建于Ⅱ区第③层吕氏家庙建筑群之东北隅，但非属家庙构制，乃清末大儒、关学最后一位传承人牛兆廉先生故居。牛先生倡议并主持重修吕氏家庙，后又再次集资主持新建芸阁学舍，以先贤四吕为榜样、开课授业、教化百姓。因牛先生人品出众、才华横溢、治学严谨而深得乡里爱戴敬仰。鼎盛时期，芸阁学舍中汇集四邻八乡众多学子，对民国时期乡村教育具有突出贡献。

牛兆廉先生自重修吕氏家庙起便居住于该地窑中，其子、孙三代亦生活居住于斯，成为吕氏家庙的守护者，直到 20 世纪 70 年代因五里头小学拆除旧房重建教室时才搬出定居于五里头村中。所以对 F3、F4、F5 的位置布局、建筑规格、营造方式知之甚详并有图纸保存，为本次清末民国初期吕氏家庙遗址的顺利发掘给予了一定帮助。

第九，Ⅱ区第②层中 F1、F2 现代小学教室对区域内古遗址破坏严重，芸阁学舍教室 F5 及其他建筑，新中国成立后被五里头小学作为危房陆续拆除，留下颇多遗憾。但它们是时代的产物，所造成的破坏虽然无可弥补，但已既成事实。幸运的是，在废墟中、荒野上还残留着我们渴望寻觅的先贤踪迹。

# 一二　吕氏家庙遗址部分建材的讨论研究

位于墓园入口处的吕氏家庙遗址，是族人祭祀先祖亡灵与举行葬礼的重要场所，始建于北宋熙宁七年（1074 年），1127 年北宋亡国后，墓园中作为嫡系祖茔的墓葬区即已停止使用，但作为家族祭祀场所的家庙仍被留居于乔村的吕氏后人继续使用并延续至明、清、民国时期。期间，诸朝历代在原址上皆有维修、翻建、扩建，据县志记大小不等工程约达七十余次之多，故而形成家庙主建筑的反复利用、多重叠压现象。本次考古发掘仅揭示了家庙主殿及部分配属建筑的七次较大规模重建与扩建遗存。由地层叠压关系及出土包含物形制特征判断，自下而上各建筑遗址时间顺序分别是：北宋中晚期、北宋晚期、明代早期、明代晚期、清代早期、清代中期、清代末期～民国初期。各时间段废墟内均出土众多不同种类建筑材料，其中以瓦当、滴水、眉子、长方形青砖最具时代特征，下文将在分期描述的基础上，概括归纳出上述建材在不同时期的主要特征和演变规律。

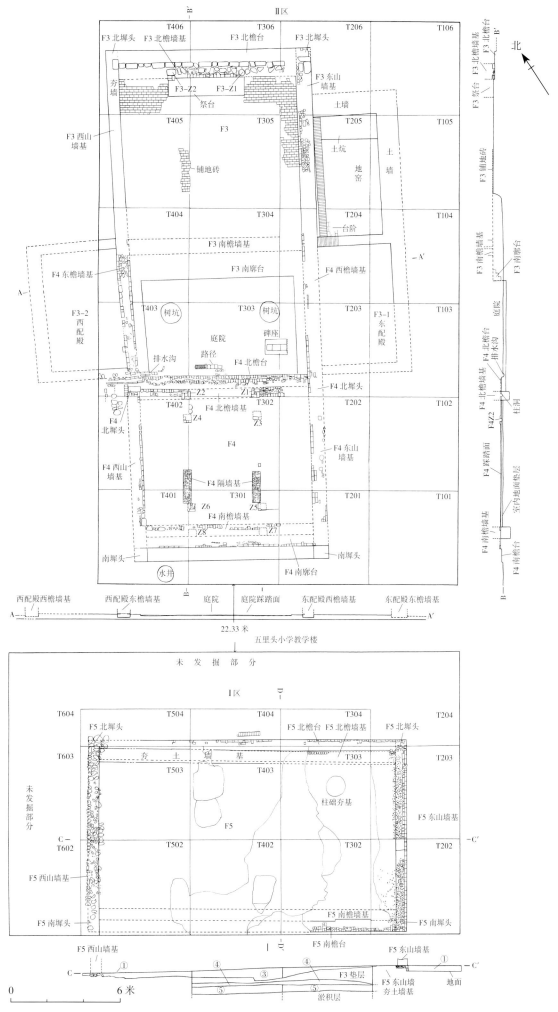

图 10-68  F3、F4、F5 形制平、剖面图

### （一）各期举例建材的形制概述

#### 1．北宋中晚期

该期之家庙遗址叠压于最下层，地层编号：Ⅱ区⑨层，其中 F11 乃吕氏家庙最早建筑遗址，营造时间当在熙宁七年（1074 年）墓园初建之际的北宋中晚期。为保全叠压其上的 F10 遗址，对 F11 仅做了探沟解剖，出土建材种类仅限眉子与青砖两类。但叠压其上的 F10 遗址地层中所出 B 型龙纹滴水，形制特征更接近于本文化层内涵，与 F10 及地层中出土其他建材有区别。故笔者认为该 B 型滴水应属 F11 所有，而被 F10 在修建过程中二次利用。如此，属北宋中晚期家庙遗址残存建材便可计为：滴水、眉子、长方形青砖三种（表 10-12）。

（1）滴水

泥质红陶。体量厚重，滴水后部板瓦为平底凹槽式，所以滴水上沿平直，下沿为六曲半圆形，居中出垂尖。面上周边设宽沿，沿内有双重凸起廓线，廓内龙纹图案不清新，头部上昂，身体纤长，盘绕复杂，前肢做曲肘张爪蹬跃式，通体饰鳞片。原滴水面上施白衣。标本Ⅱ–HK1：4，高 9.5、残宽 13.3、壁厚 1.7 厘米。

（2）眉子

泥质红陶，模制烧造而成。形体厚重，正面为下斜式横向瓦棱状，面涂白衣、再施绿釉，现仍可见少许粉化严重之绿釉残留，背面光素无纹。以Ⅱ–TG1⑥：35-2 为例，上、下、左、右俱残，外貌基本呈长方形，正面绿色彩釉存留较多。残长 21.5、残宽 24.7、厚 3.2 厘米。

【注释】眉子，乃建筑构件名称，套扣于房脊上，起保护房脊、防止缝隙漏水且有美化装饰作用。完整眉子应制成相等条段状，截面呈"∏"形直折角覆槽式，以便套扣屋脊上。详见《中国古建筑瓦石营法》图 3~41、42，第 99、100 页。

（3）长方形青砖

长方形青砖最具时代特征。泥质灰陶，模制烧造而成。体大厚重，外表规矩，通体素面。其中Ⅱ–TG1⑥：37，表面微泛红色，长 35.4、宽 18.5、厚 6.6 厘米。

#### 2．北宋晚期

该期地层编号：Ⅱ区⑧层，其中的 F10 建筑遗址规格、规模皆高大于 F11，又叠压其上，乃北宋晚期吕氏家族昌盛期所建。也是历代吕氏家庙中等级最高的建筑。出土建材种类多样，其中部分应属前期尚完好建材的再利用，现仅就举例建材中的本期新增形制简为概述（表 10-12）。

（1）瓦当

瓦当均饰龙纹，泥质灰陶，模制烧造而成。均残。当面宽沿内有双重凸起廓线，廓中浅浮雕龙纹图案为：昂首、瞠目、张口、吐舌，梗颈、挺胸，身体上曲蜿蜒呈弧状，四肢张扬、三爪叉开，通体饰鳞片。原当面施白衣，现已基本脱落，仅有少许斑驳残留。其中Ⅱ–HK1：4 保存较好，当面边沿部分残缺，修复完整，后部筒瓦已失。直径 14.0~14.7、壁厚 1.2、后部筒瓦残长 3.5 厘米。

（2）滴水

A 型龙纹滴水属本期新形制，泥质灰陶，模制烧造而成。残缺不全。形制为上弦月状，上沿两头翘起，中间下凹，说明与之相连的板瓦有较大弧度，下沿为六曲半圆形，居中出垂尖。面上周边设宽沿，沿内有双重凸起廓线，廓内龙纹图案清晰，头部上昂，身体纤长，盘绕复杂，前肢做曲肘张爪蹬跃式，通体饰鳞片。原滴水及后部板瓦表面均涂白衣。标本Ⅱ-HK1：9，边沿有缺失，修复完整，板瓦前部尚存。滴水高11.3、宽21.0、壁厚1.3、板瓦残长12.5厘米。

（3）眉子

泥质红陶。模制烧造而成。残缺严重。覆槽式，表面涂白衣。标本Ⅱ-HK1：13，下部残失，原形制不够明确。应套于脊头处，立面显上窄下宽梯形，面上刻饰花朵纹样，表面通施白衣。残高20.0、顶面残长22.5、下部最宽处23.0、壁厚1.5厘米。

（4）长方形青砖

出土量大，皆为泥质灰陶，模制烧造而成。形制基本规整，其中A型砖应属F10专用。其特征为：形制规矩，砖体较前期略长而宽度、厚度减少，表面素净。标本F10：9，完整。长36.0、宽18.0、厚6.3厘米。

### 3．明代早期

明代早期吕氏家庙所属地层编号为：Ⅱ区⑦层，其中包含F9建筑基址。F9是吕氏家庙主殿中因客观原因而发生形制改变最多、最明显的建筑遗址，所以出土建材残件最多、同类建材中形制亦最为杂乱（表10-12）。

（1）瓦当

本期中出土龙纹与兽面两种类型，故分为A、B两型。其中B型龙纹瓦当，数量少、残缺甚，从形制、尺寸、纹饰特征等方面均与上期相同，应属上期完整建材的再利用（此做法自北宋晚期建筑开始，一直被沿用，应属传统建筑业中节省工本开支的有效措施）。A型兽面瓦当则是本期补充的新形式，最具有时代特征。

A型：均为兽面瓦当，泥质灰陶，模制烧造而成。皆有残损，薄圆饼状，立沿切削整齐清楚，当面设宽平沿，沿内有凸起单重窄廓，廓中兽面顶生分叉双角，环眼阔口，眼周、腮边有鬃毛。当面施白衣。标本Ⅱ-T405⑦：5，正面图案凸起部分白衣已失。直径13.8、厚1.2厘米。

（2）滴水

皆为泥质灰陶，模制烧造而成。均残。正面图案有龙纹、兽面两种。龙纹滴水形制特征同上期，应属再利用建材。兽面滴水乃本期新形制，面上无沿无廓，因形制、尺寸稍有差别而分为两型。

A型：整体似菱角形，上沿两头翘、中间凹，沿面平滑，表明配套板瓦瓦体弧度较大。居中兽面顶生双叉角，两耳乍起，环目张口，伸舌露齿，顶、腮、颌下须毛飞扬。表面施白衣，现大部分已脱落。标本Ⅱ-T303⑦：62，后带板瓦已失，滴水上立沿两端及中间局部残缺，修复完整。高10.7、宽20.2、厚1.5厘米。

B型：整体若三角形，上沿两端略翘起，中部稍下弧，沿面自外向里成45°斜面，表明配套板瓦瓦体弧度不大，滴水与瓦衔接面呈45°倾斜。兽面形制基本同A型，兽头顶上另加饰卷云纹一道。标本Ⅱ-T303⑦：61，后带板瓦已失，滴水上沿一端及滴水垂尖残缺，修复完整。高12.5、宽22.5、厚1.4厘米。

（3）眉子

均为泥质红陶，模制烧造而成。残缺严重。其中Ⅱ-T405⑦：6断裂成多片，粘接修补后仍为残件，但形制基本可辨。原位于屋脊端头处，截面呈"∏"形。顶面平坦，两侧出锯齿形飞沿，左、右立面垂直、平整规矩，前端堵头立面已失，痕迹犹存，经修补而完整。顶面端刻饰莲花纹，其后有长方形双线框栏，因残缺框栏中图案不清。表面施绿、白色彩釉，现已脱落模糊。残高 21.4、残长 28.6、宽 13.0、壁厚 1.6 厘米。

（4）长方形青砖

均为泥质灰陶，模制烧造而成。通体素面。就其形制、尺寸差异可分为五型，其中 A、B 两型为前期建材的再利用，C、D、E 三型乃本期新增类型。

C 型：残缺。形体稍小，制作规矩。标本 Ⅱ–T306：47，中部一侧有缺。长 29.8、宽 15.5、厚 6.0 厘米。

D 型：有残损。形体较小而轻薄。标本 F9：17，断裂为两截，可粘接基本完整。一面有红褐色土渍斑。长 30.8、宽 14.8、厚 5.2 厘米。

E 型：均残缺，形体较前述两型小而薄，制造规范，表面干净。标本 F9：15，残长 20.9、宽 14.0、厚 4.8 厘米。

### 4. 明代晚期

明代晚期地层编号为：Ⅱ区⑥层，其中包含吕氏家庙主殿 F8 遗址与配属建筑。该层堆积最厚，内含丰富。由于前期建材的再利用及新中国成立后改为小学教室的翻修加固，虽导致出土建材的杂乱与多样化，但经整理后本期增补建材仍特征分明地占据多数（表 10–12）。

（1）瓦当

皆为泥质灰陶，模制烧造而成。可分为龙纹与兽面两种类型，A 型龙纹瓦当特征均属前期。兽面瓦当中 B、C 两型则为本期新增形制。

B 型：宽平沿内无廓，兽面居于正中，无角、环眼、阔口、露齿，鼻头缩小简化，大口内有獠牙一双，面部周围须毛纹理刻画相对简单。标本 Ⅱ–T205⑥：9，边沿大部分缺失，修补基本完整，后带筒瓦缺失。直径 13.2、沿厚 1.1 厘米。

C 型：此形制残缺甚重，可见居中兽面为：圆眼、双目间距缩小，鼻简化为三角形，阔口有双唇线，獠牙凸出。标本 Ⅱ–T406⑥：21，当面只余兽头中部，不能修复成形。残径 9.4、厚 1.5 厘米。

（2）滴水

皆为泥质灰陶，模制烧造而成。大多数残缺较甚。由于形制、尺寸不同，可分为四型。其中 A 型滴水乃前期建材再利用，C、D 两型疑为较晚 F7 遗存被后期扰动所至。而只有 B 型属本期新增补形制。

B 型：为兽面滴水，顶上立沿自外向内倾斜，下立沿为六曲半圆形，居中出垂尖。滴水面上有较宽平沿，沿内单重廓棱宽而凸出，居中兽面为：立耳圆眼，双眼间距较小，三角鼻形，阔口张开，双重唇线内獠牙龇出，顶、腮边鬃毛乍起，纹理简化。标本 Ⅱ–T306⑥：36，面上部分残缺，后部板瓦已失。残高 8.3、残宽 13.5、沿厚 1.8 厘米。

（3）眉子

皆为泥质红陶，模制烧造而成。残缺严重，依形制差异分为三型，B 型眉子属早期遗存，C 型为卷棚式脊上眉子，在级别上卷棚式建筑规格较低，可能是 F8 附属跨院中房屋所用建材。唯 A 型乃本期正殿 F8 上所用眉子。

A 型：器壁较薄，器表施黄、绿、白、褐色彩釉，釉色较淡雅，釉层稀薄，粉化严重，因此现表面所见如施粉彩，细察之下纹饰凹处方见闪亮釉面。标本 Ⅱ–T406⑥：46，应为房脊端头眉子残件，侧立面与堵头立面成 90° 相交连接，背面平坦光滑。侧立沿正面浅浮雕似云尾上部纹饰，上施黄釉；堵头立沿正面沿边浮雕水波纹样，上施白釉，其他处有黄、褐、绿釉，图案已不能知。残高 11.7、最宽处 13.0、壁厚 1.0~1.2 厘米。

（4）长方形青砖

泥质灰陶，模制烧造而成。通体素面。因形制、尺寸有差，分为两型。就其特征而言皆属该时段制品。

A 型：均残，基本形制尚明确。标本 F8：13，一侧有损伤，四角基本完整。长 29.2、宽 13.5、厚 5.0 厘米。

B 型：砖体稍小于 A 型。造形规整、轻薄。标本 L1：1，由中间断开，可拼接复原。长 27.5、宽 11.5、厚 5.0 厘米。

### 5. 清代早期

该层编号：Ⅱ区⑤层，其中包含吕氏家庙 F7 建筑遗存。F7 位于明代晚期遗址 F8 废墟南部，由于建材的反复利用，时代愈晚、其混乱复杂之状愈盛。经仔细排查后，上述举例建材瓦当、滴水、眉子、长方形青砖仍表现出明确的时代风格（表 10-12）。

（1）瓦当

仅见兽面瓦当，均残缺。泥质灰陶模制烧造而成。形体较前期明显缩小，中间厚、周边稍薄。当面设平沿，单重廓线宽而凸起，廓内兽面轮廓不清，阔口内居中 1 上齿大而突出。标本 Ⅱ-T204⑤：30，上半部与后部筒瓦皆缺失。当面残径 9.0、中间厚 1.5 厘米。

（2）滴水

共出土龙纹滴水、兽纹滴水两种类型，皆泥质灰陶，模制烧造而成。有残缺。龙纹滴水应属明代建材的再利用，只有兽纹乃本期新增形制。另：上期 T8 废墟中所出 C、D 两型花草纹滴水，就形制、纹饰特点并结合出土位置分析，似属本期滴水而与 F8 出土建材风格差异较大。原因是：F8 废弃后 F7 建于其南部庭院中，2 座房址是南北并列存在关系，当 F7 坍塌废弃后，屋顶北檐所用建材有可能抛落至 F8 废墟内，而 C、D 两型滴水出土位置恰在 F7 北檐墙外西北处、F8 南檐墙下西南处，故疑此两型滴水实为 F7 北屋檐所用而混入 F8 废墟中，并非 F8 之物。

B 型：天马纹滴水，顶沿为下凹弧形，与后部板瓦成钝角连接，下沿立面成六出曲状三角形，面上设窄平沿，其内无廓，居中凸起浅浮雕天马图案，昂首挺颈，肩生软翼，四蹄奔腾，长尾平伸。后衬山岳纹。标本 Ⅱ-T203⑤：9，滴水右上角有小残损，后部所带板瓦大部分缺失。高 8.6、残宽 15.2、后带板瓦残长 6.3 厘米。

出于前期而疑为本期所有的 C、D 两型滴水形制特点为：

C 型：草叶纹滴水，残缺。体量小巧而轻薄，与板瓦成钝角相交。滴水面为三角形，边沿窄而凸起，沿内无廓，居中图案因残缺而不清，疑为叶片纹。标本 Ⅱ-T404⑥：58，残高 4.6、残宽 9.8、沿厚 0.9 厘米。

D 型：菊花纹滴水，残甚。从残片形制推测，其体量小巧，器壁稍厚于 C 型。窄平沿内有双重廓线，廓中饰菊花纹样。标本 Ⅱ-T404⑥：59，仅剩下部残片。残高 6.4、残宽 9.8、沿厚 1.1 厘米。

（3）眉子

泥质灰陶，模制烧造而成。均残缺。标本 Ⅱ-T204⑤：39，为房脊端头所套扣的一段眉子中的侧立面之一，长方形，一端有损伤、边沿仍部分保存，另端断裂缺失。正面上、下沿窄而凸起，底边内饰联珠纹带，居中浅浮雕两方连续水涡纹图案。背面平坦，一端留有与堵头立面90°折角粘接痕迹。高12.5、残长17.0、壁厚1.5厘米。

（4）长方形青砖

泥质灰陶，模制烧造而成。素面。依规格差异分为四型，其中A、B两型属前期建材的再利用，C、D两型则属本期新增形制。

C型：形体厚而窄长，制作规矩，纯灰色。标本F7：18，长27.5、宽10.7、厚6.5厘米。

D型：形体较小巧而做工细致规整。标本F7-g：1，表面有均匀黄色土锈层。长24.4、宽10.8、厚5.4厘米。

### 6. 清代中期

清代中期吕氏家庙所在地层编号为：Ⅰ、Ⅱ区④层，其中包含F6遗址。F6位于F7南部，其上叠压Ⅱ区④层中的F4基址。清理中未见瓦当、滴水出土，但F4遗址发掘时于北檐墙外排水沟内发现之B型兽面瓦当，形制与图案即区别于清代早期又不同于清末民国初期，经比对其特征正处于清早至民初之过渡时期，故笔者认为该编号为Ⅱ-T403③：6兽面瓦当乃F6建材遗留物。所以本期阐述内容包括瓦当、眉子与长方形青砖三类（表10-12）。

（1）瓦当

瓦当上部成钝角与筒瓦连接，现筒瓦绝大部分已断裂遗失。当面设窄平沿，沿内置双重廓线，廓内兽面顶生枝叉形双角，圆眼大鼻，阔口紧抿，周边须毛乍开。标本Ⅱ-T403③：6，直径7.5、沿厚1.2、后部筒瓦残长3.0厘米。

（2）眉子

泥质灰陶、模制烧造而成。陶质较粗，色泽深灰。残碎严重。标本Ⅱ-T404④：3，残缺。位于正脊端头，原粘接于两侧的立面，现均脱落。顶面两端俱残，堵头立面下部亦失。顶面两边有凸起平沿，其内浅浮雕牡丹花、叶图案。一端与堵头立面成90°相粘接。残高12.0、残长19.5、宽16.2、壁厚2.1厘米。

（3）长方形青砖

泥质灰陶，模制烧造而成。素面。因较多利用前期建材，故规格复杂多样。今依其形制、尺寸不同分为五型，其中A、C两型应属前期，B、D、E型乃本期建筑营造和使用中增添补入新形制。

B型：形制不够规整，较小而薄。标本F6：2，完整。一面略显下凹，表面有土渍。长29.2、宽12.9、厚4.6厘米。

D型：外貌规整，稍薄而短，一面有隐约纵向粗绳纹。标本F6：4，完整。表面有土渍一层。长26.5、宽13.3、厚4.5厘米。

E型：形制较D型宽大，做工规整，表面有划痕。标本F6：7，完整。一面显光平，另面有较多划纹。长30.2、宽14.7、厚4.8厘米。

### 7. 清代末期~民国初年

该期地层编号：Ⅰ、Ⅱ区③层，包含吕氏家族遗址F3、F4及芸阁学舍教室F5遗址。出土遗物中以长方形青砖数量最大，其他建材为数不多且掺有前期遗留，但本期时代特征仍清晰（表10-12）。

（1）瓦当

均为兽面瓦当，泥质灰陶，模制烧造而成。因形制不同分为两型。其中 B 型显然为前期特征，仅 A 型属本期新增形制。

A 型：当面设宽平沿，内有高凸廓线，廓中浅浮雕简化兽头纹样，兽面双眼成"八"字形细眯，吻部凸出而宽大，双唇张开，露出正中獠牙，周围须毛模糊简化，纹理不清。标本 Ⅱ–T401 ③：10，完整。上部带有筒瓦残片，与筒瓦体成钝角连接。直径 8.5、沿厚 0.8、后带筒瓦残长 2.5 厘米。

（2）滴水

皆为兽面，泥质灰陶，模制烧造而成。形制小巧，呈上宽下尖三角形，两侧立沿为多楣状，面上设宽平沿，其内有高凸单重廓线，廓中浅浮雕之兽面双耳斜立，瞠目咧嘴，面廓外不见须毛。顶面成钝角与板瓦相连。标本 Ⅱ–T401 ③：11，右上角缺，修复完整。顶部所连板瓦大部分断失，现仅保存少许残片。高 6.8、顶宽 11.0、沿厚 0.5 厘米。

（3）眉子

泥质灰陶，模制烧造而成。残缺破损严重。标本 Ⅱ–T303 ③：3，属 1 件完整眉了的侧立面之一，断裂，粘接完整。四周立沿窄而平坦，正面上端有凸棱边沿一道，其下置横向圆点纹 2 排，点纹间插饰如意云头图案；下方浅浮雕横向水波纹。灰陶本色，无彩饰。长 39.0、宽 20.0、厚 1.2 厘米。

（4）长方形青砖

均为泥质灰陶，模制烧造而成。素面。出土量大，多为残缺。由于反复利用前期、前代遗留砖材，而且在建筑使用期间多次修补，从而造成种类繁多现象。现依其形制、尺寸不同分为八型，其中 B、D 两型为前期所有，A、C、E、F、G、H 型均本期新增补用砖。

A 型：砖体规整，宽窄、长短、厚薄适中，与现代砖相似。标本 F3：1，保存基本完整。长 27.0、宽 13.5、厚 4.3 厘米。

C 型：形制显窄长，做工略粗糙。标本 F3：5，自中部断裂，可粘接完整。长 27.5、宽 12.0、厚 4.8 厘米。

E 型：形制较小，砖体显厚。标本 F4：5，断裂，可粘接复原，一面有残损。长 15.0、宽 10.5、厚 6.5 厘米。

F 型：形制窄长，制作规矩。标本 F5：4，一端有部分残缺。长 28.0、宽 10.5、厚 5.5 厘米。

G 型：形制窄长厚重，制作不够规矩。标本 F5：3，基本完整。长 31.4、宽 11.0、厚 7.2 厘米。

H 型：制造规整，形制甚窄长。标本 F5：1，完整。长 33.5、宽 11.5、厚 6.5 厘米。

## （二）各期中举例建材的共性

通过对各期较典型建筑材料形制的分别描述，不难看出，各期不同类别建材虽有着名称、外形、用途、功能等诸多差异，但同一期中也存在着似曾相识的共性，这种超越了器形本身的名称、外形和用途而蕴含于本质内的共性，就是所谓的时代风格。下文将对各期内举例建材的共性加以讨论与概括。

### 1. 北宋中晚期

该期家庙建筑 F11 营造于熙宁七年（1074 年），是蓝田吕氏家庙遗址年代上限，也是时间最具体准确、人为扰动最少的文化堆积。此层出土建材仅有眉子与长方形青砖两类，原属本期的滴水板瓦因被 F10 再利用而出于 F10 地层中，故出土之北宋中晚期家庙遗址残存建材便有滴水、眉子、长方形青砖三种（表 10-12）。其主要共性如下。

（1）质地：滴水与眉子均为泥质红陶，长方形青砖属泥质灰陶。

（2）体量：厚重拙朴、体量较大是本期建材的统一风格。

（3）形制：滴水上沿平直，说明后部板瓦为传统平底凹槽式，面上设宽平沿，沿内基本无廓，中心图案仅为龙纹，细部不够清晰；眉子厚重结实，面上制成横向排列下斜瓦棱式，更突出其实用性而淡化装饰性；长方形青砖形制规范沉重。

（4）外装潢：滴水正反两面、眉子正面均施白衣，现眉子白衣上仍有单纯绿釉遗迹，推测原滴水白衣上亦有彩釉；条砖皆为素面。

总之，北宋中晚期上述建材主要时代风格是：体量大，厚重拙朴，房上构件为泥质红陶，装饰纹样单一，图案虽为浮雕式有立体感，但具体线条不明朗，显的一团模糊。从眉子表面施绿釉、滴水面涂白衣分析，原 F11 屋顶所用当为釉面建材。


**2. 北宋晚期**

F10 及其地层中出土瓦当、滴水、眉子、长方形青砖（表 10-12）四类建材的统一特点是：

（1）质地：眉子仍为泥质红陶，瓦当、滴水、长方形青砖则均转为泥质灰陶。

（2）体量：所用建材体量普遍小于北宋中晚期，表明建材制造技术有改进，更利于施工。

（3）形制：瓦当、滴水面上均设略窄于上期的较宽平沿，沿内有凸起双重廓线，中心图案仍通用龙纹，线条清晰，纹理刻画细致；滴水上沿下凹呈弧形，表明此期所用板瓦底面为下凹弧形，该技术处理更利于屋顶排水的集中和顺畅，在工艺上进步于前期；眉子形制显轻巧，较前期的拙朴敦厚有长足进步，面上一改往昔单一的瓦棱纹而具有了明显的装饰意图和艺术化趋势；条砖形制规矩、尺寸小于前期用砖。

（4）外装潢：瓦当、滴水面上原涂白衣，现仍见少量遗存，白衣的存在应表明其上可能施彩釉；条砖仍为素面。

综上，北宋晚期举例建材的共性是：除眉子仍保留前期泥质红陶外，余者皆改为泥质灰陶质地，体量趋于轻便，形制工艺上关注到科学性和人性化。图案较前期更为美化。


**3. 明代早期**

本期出土物丰富而杂乱，原因有二：第一，包括不少前期再利用建材，如龙纹瓦当、长方形青砖等，将其排除后即为本期家庙修建时新添加建材。第二，此期家庙曾修缮数次，故建材多样。现仍将举例建材特征归纳总结于下（表 10-12）。

（1）质地：如前期，眉子仍为泥质红陶；瓦当、滴水、长方形砖均为泥质灰陶。

（2）体量：整体仍趋于缩小，特别是条砖表现突出，由于形体的轻巧使捉拿更为方便，从而促进了营造过程的缩短。但瓦当、滴水、眉子厚度略有增加，此举或出于建筑质量的需求。

（3）形制：本期龙纹瓦当已不见，新增瓦当皆兽面。瓦当设较宽平沿面，沿内有凸起单重窄廓；滴水为菱形或三角形，面上无沿无廓，顶生双叉角的兽面成为本期图案新宠。滴水上立沿出现自外向内斜削工艺，表明与之对接板瓦前端亦斜削后两者成钝角粘接，该工艺使滴水与所护椽头拉开距离，起到更佳保护效果，并开启后继此类工艺之先河；眉子在该阶段特征鲜明，形制更为生动；条砖形体虽小而制作依旧规范。

（4）外装潢：眉子的装饰上出现了雕塑手法，增加了立体感，集实用与装饰为一体；瓦当、滴水、眉子三类建材均在表面涂白衣或保留彩色釉层，说明建材施釉技术进步显著；条砖仍保持素面。

概括之，本期建材体量继续缩小，纹饰上以兽面替代了龙纹，而兽面刻画的威猛细致形成了该时期突出特点。与此同时，彩釉技术的提高使建筑更为华丽。

### 4. 明代晚期

明代晚期仍是出土文物最为丰富的文化层之一，上述举例建材的时代风格如下（表 10–12）。

（1）质地：眉子为泥质红陶、余者皆属泥质灰陶。

（2）体量：整体仍趋向于缩小，厚薄与前期差异不大，体重的减轻更便于运输和施工。此方面条砖的改变相对明显。

（3）形制：瓦当沿内无廓，兽顶无角，目距缩小，鼻近三角，阔口双线，獠牙外呲，面周须毛刻画从简；滴水沿面宽平，内有单重宽棱廓，兽面特征同瓦当；眉子形体厚重浑实；条砖造形规范。

（4）外装潢：瓦当、滴水表面未见白衣或彩釉；眉子表面主施翠绿色釉，色泽浓艳；条砖素面。

综言之，举例建材质地与前期基本相同，体量上继续缩小但并不突出，纹饰上兽面口唇与牙齿的刻意表现和其他器官的相对简化成为重要特点，眉子表面彩釉保存的良好程度说明建材施釉工艺的提高与成熟。

### 5. 清代早期

该时期所出遗物相对前期明显减少（表 10–12），举例建材特点可归纳为下述几点。

（1）质地：该期所有建材均为泥质灰陶，从此改变了眉子一直使用泥质红陶的传统习俗。

（2）体量：明显小化变薄，形体轻巧、方便操作捉拿是其主要特点。

（3）形制：瓦当中间厚、周边较薄，当面设平沿，内有单重宽而凸起廓线，廓内兽面轮廓不清，阔口内居中 1 枚上齿大而突出；滴水面为三角形，窄平沿，沿内无廓，仅菊花纹滴水见单重或双重窄廓线，图案内容丰富，更加生活化；眉子正面上、下沿窄而凸起，面上图案有较大变革，似流云飞羽般动感纹饰被规范的浅浮雕两方连续水涡纹取代；条砖形体厚而窄长，制作规矩。窄长的造形令砌筑者更便于单手掐拿而方便施工、加快速度。

（4）外装潢：所有建材未见白衣、彩釉，皆为灰陶本色。条砖仍为素面。

总之，本期建材质地的统一化、体量的明显缩减与实用性能的更加重视、传统装饰图案的进一步简化及新兴装饰图案的世俗化以及彩釉的消失，使清代早期建筑材料具备了显著区别于明代的独创到特征，并导致明、清两代民间高等级建筑由华丽转为朴素的迥异风格。

### 6. 清代中期

因该期地层及 F6 遗址中遗物较少且破损严重，故举例建材中的滴水未见出土。由于眉子上居高位、况轻薄亦碎、不利于二次再利用，所以最具时代特征。相反，长方形青砖结实耐用、又砌于下层不易损坏，被再利用的可行性最大，所以诸期家庙建筑中条砖均表现出多样化和不一致性。故此期举例建材之特点可总结于下（表 10–12）。

（1）质地：均为泥质灰陶，陶质较粗。

（2）体量：体量稍轻，因厚度缩减。

（3）形制：瓦当上部成钝角与筒瓦连接，当面窄平沿内置双重廓线，兽面造形较前期简化，但双角犹存；眉子表面上、下双边有凸起平沿，沿内浮雕花卉图案；条砖造形基本规矩，砖体变薄，宽度略有增加。

（4）外装潢：瓦当、眉子表面无彩釉彩绘等装潢；条砖素面。

总而言之，本期举例建材在形制和装饰图案上趋于简化，表现在瓦当上兽面刻画减单、眉子图案模糊、浮雕凸出感不强，条砖造形不甚规范。

### 7. 清代末 ~ 民国初

该期地层与家庙基址中出土建材以长方形青砖最多，其他构件虽数量有限，但时代特征清晰。现仍以上述举例建材为例概括阐述（表 10-12）。

（1）质地：所有建材质地均为泥质灰陶。

（2）体量：瓦当、滴水、眉子整个形体显小巧轻薄；条砖宽度有减少，厚度增加。

（3）形制：滴水形制呈上宽下尖三角形，瓦当、滴水面上皆设宽平沿，沿内有高凸廓线，其内浅浮雕极简化兽头图案；眉子面上以上云、下水为主要装饰图案；条砖制作较规范，宽度较前稍窄而厚度递增。

（4）外装潢：瓦当、滴水、眉子表面皆乃灰陶本色，无彩绘、彩釉；条砖仍为素面。

概述本期建材，质地上均为泥质灰陶，体量上趋于轻巧，瓦当、滴水一律采用极简化兽面纹为装饰，条砖稍窄而略厚。

## （三）举例建材的纵向演变规律

上文分别对举例建材在不同时期的形制特性及同一期内的共性做了阐述与横向比对研究；下文将就举例建材自北宋中晚期至清末民国初这一纵向时间链条上之材质、形制、纹样图案、表面装饰等方面的发展演变规律加以总结从而彰显其使用过程中的不断改良与发展，而这种变化规律则是判断其年代的主要依据（表 10-12）。

### 1. 瓦当

北宋中晚期因发掘面积有限，地层中未见瓦当出土，其余各期则均有发现。

（1）质地的变化：自北宋晚期至清末民国初年，瓦当在制作原料上均采用泥质灰陶。表明该漫长时期内，筒瓦材质亦为泥质灰陶。

（2）体量的变化：体量的趋于缩小轻薄、是其主要演变规律，这一变化意味着与其配套筒瓦体量的缩减。由此表明，建筑技术工艺的不断进步、并向着更利于操作和缩短工期、减轻屋顶与墙壁压力的方向发展。

（3）形制的变化：此变化从以下方面阐述：①北宋晚期瓦当面上设宽沿，沿内有双重凸起廓线。明代早期瓦当呈薄圆饼状，当面仍设宽平沿，沿内仅有凸起单重窄廓。明代晚期当面有宽平沿，沿内无廓。清代早期瓦当中间厚、周边较薄，当面设平沿，沿内有单重宽而凸起之廓线。清代中期当面有窄平沿，沿内置双重廓线，疑似有复古倾向。清代末至民国初年瓦当面上设宽平沿，内有单重高凸廓线。②北宋晚期瓦当顶上后部与筒瓦前端以垂直近90°相衔接。明代瓦当与筒瓦衔接处或破损或缺失，故衔接角度不明。但明代早期滴水与板瓦衔接角度已大于90°，由此推测，明代早期瓦当与筒瓦衔接角度亦应成钝角而同滴水与板瓦风格保持一致。清代中期瓦当背面顶部成钝角与筒瓦连接乃不争之实。所以笔者判断，这种钝角衔接方式起于明代早期并沿用传袭至清末民初。③北宋晚期当面廓线中皆浅浮雕身体上曲蜿蜒呈弧状之龙纹图案。明代早期瓦当图案已由龙纹改为顶生分叉双角，刻画细致威猛的兽面形象。明代晚期当面上兽头图案不见双角，鼻头缩小，口阔牙大，须毛刻画相对简单。清代早期当面上兽头轮廓不清，阔口内居中 1 上齿大而突出，面周须毛短而简化。清代中期，兽面有复古倾向，主要表现在兽顶又生双叉角。清末民国初年，当面的兽头纹样已简化的非常潦草写意，双眼呈"八"字形细眯，大张口中露出正中獠牙，面周须毛几乎不见。

（4）外表装潢的变化：北宋晚期、明代早期瓦当面上皆涂白衣，表明原当面可能施有彩釉。自明代晚期始，瓦当表面均为灰陶本色。

**2.滴水**

（1）材质的变化：北宋中晚期为泥质红陶，说明此时板瓦亦为泥质红陶。自北宋晚期始，滴水均统一使用泥质灰陶，而与之相连的板瓦质地自然也统一为泥质灰陶。

（2）体量的变化：北宋中晚期滴水体量大而厚重，越往后期发展面积与厚度皆递减，形成体量越来越小巧轻薄的总趋势。滴水的变化反映了板瓦体量的减小，这一改变更利于施工的进行和速度的提高。

（3）形制的变化：形制变化可归纳为：①北宋中晚期滴水上沿平直，表明后带板瓦为平底凹槽式。自北宋晚期始，滴水上沿均两头翘起，中间下凹，反映与之相连的板瓦底面成下凹弧形。这一变化显示了板瓦工艺的进步，更便于水流的集中与排水的顺畅。②北宋中晚期至北宋晚期，滴水上沿沿面平坦，表明滴水与板瓦垂直相接。自明代早期始，滴水上沿面自外向里成斜削面，与其配套板瓦前端亦呈斜削面与滴水衔接，结果是滴水与后配板瓦间成钝角连接，此技术革新令滴水与所护椽头间拉开一定距离，使挡雨与通风两功能兼顾。③北宋中晚期至北宋晚期滴水面上设宽沿，沿内有双重凸起廓线。明代早期滴水面上无沿无廓。明代晚期滴水面上沿较宽而平，沿内有单重宽而凸出廓线。清代早期滴水面上设窄平沿，沿内多无廓，少数有不完整双重廓线。清代中期未出土滴水。清代晚至民国初滴水面上设宽平沿，其内有高凸单重廓线。④北宋中晚期至北宋晚期滴水面上图案均为身体纤长，盘绕复杂之龙纹。不同是，北宋中晚期龙图案外轮廓明确、细部线条不清新；北宋晚期龙纹无论轮廓与细部皆刻画清晰。自明代早期始，龙纹图案消失，此后主要图案为兽面，兼有神兽、花草纹等。明代早期兽面顶生双叉角，刻画细致威猛，特点同于瓦当兽面形象。明代晚期兽面双眼间距较小，三角鼻形，阔口双唇线内獠牙龇出，不见舌头，面周鬃毛简化。清代早期未见兽面纹，此时图案风格更显世俗化，如天马、草叶、菊花纹样等。清中期不见滴水出土。清末至民国初，滴水纹饰复以兽面为主，双耳斜立，瞠目咧嘴，线条极为简化，面廓外不见须毛。

（4）外表装潢的变化：北宋中晚期、北宋晚期、明代早期部分滴水面上皆涂白衣，表明原白衣上应施有彩釉。明代早期吕氏家庙曾几经修缮，其中面若三角形之滴水表面未见白衣，从形制特征分析，使用该类滴水时间当稍晚。自此始，滴水面上再不见白衣彩釉装饰，而一直使用灰陶本色至民国初年。

### 3．眉子

（1）材质的变化：北宋中晚期、北宋晚期、明代早期、明代晚期眉子皆为泥质红陶制成。清代始，眉子质地转变为泥质灰陶并一直沿用到民国初年。综言之，宋、明两代眉子均以泥质红陶为材质，清代一改前规，全部使用泥质灰陶烧造而成。

（2）体量的变化：北宋中晚期眉子厚重而结实，自北宋晚期始，眉子形体开始变的轻薄精致，除却实用功能外，有了一定装饰美化房屋之作用。明、清两代眉子体量进一步轻薄，更利于施工和房屋减重。

（3）形制的变化：由于眉子的再利用价值小，所以是从早到晚形制变化最为显著的建材，但残破亦极为严重，故原形制不能明确。从出土眉子残件分析，可基本认定其形制为：①自北宋中晚期至民国初年，眉子形制应是分段对接的覆槽式，扣盖于屋脊上，功能是防止屋脊两坡相交处漏水、开裂。北宋晚期后具有一定装饰作用。②北宋中晚期至明代晚期，眉子表面无上、下沿限制，装饰图案显得不受拘束。清代早、中、晚期眉子正面有凸起之窄沿，沿的出现使装饰图案更为规范，但同时也显得拘谨，失去了前期的灵动自如。③北宋中晚期眉子表面模制成横排下斜瓦棱状。北宋晚期眉子完全改变前貌，表面平坦规矩、并有模制减地花卉图案装饰。明代早期眉子表面显的更加规范，装饰图案内容较前期丰富，浅浮雕花卉表现细致。明代晚期眉子在形体更加轻薄、平整的基础上，不见了前期的花卉图案，流行飘逸灵动的流云飞羽式装饰纹样。清代早期眉子居中浅浮雕两方连续水涡纹，底饰联珠纹带。清代中期眉子做工上稍显粗糙，表面居中浅浮雕花卉图案。清代末至民国初年眉子表面居中浅浮雕云纹与水波纹。

（4）外表装潢的变化：北宋中晚期、北宋晚期眉子表面涂白衣，上施绿釉。明代早期眉子面涂白衣，上施绿、白色彩釉。明代晚期眉子面涂白衣，上施白、黄、褐、绿色釉。可见宋、明两代眉子表面以白衣为底（或称化妆土），上施彩釉，且釉色从北宋中晚期的单一绿色逐渐发展为依纹饰内容而定的多种釉色，由此可想象当时建筑的华丽外表。清代早期完全改变了建材上涂施彩釉的作法，一律使用建材的青灰本色，此风格一直沿用到民国初年。这种实然的变化，可能意味着清代对使用彩釉建材（或称为琉璃建材）的严格等级制度。

### 4．长方形青砖

（1）材质的变化：均为泥质灰陶烧造而成，仅清末至民国初期质地较前显粗糙。

（2）体量的变化：从北宋中晚期至民国初年，条砖体量总体变化规律为：由大向小、由厚至薄。

（3）形制的变化：长方形青砖在上述不同时期内形制变化是明显的，同时与其他举例建材相比、也显得较为杂乱。主要原因是条砖的再利用机率高，几乎每期家庙遗址文化堆积层中都包含大量前朝、前代遗址遗留用砖，且同一期内也存在多次小范围修补、维护用砖，所以本文只能就各期遗址主流用砖的形制特征加以概括：①北宋中晚期至民国初年，条砖形制一直保持规整外表不变是其特征之一。②在尺度上，北宋中晚期条砖规格基本是：长35.4、宽18.5、厚6.6厘米。北宋晚期条砖在长度、宽度、厚度上较前期都有缩减，特别是宽度改变明显。明代早期条砖较前期形体稍小而轻薄，长、宽皆减缩明显，厚度有增加。明代晚期条砖较前期长、宽、厚度都有减缩，特别是宽度改变明显。清代早期条砖较前期长、宽皆减缩明显，厚度有增加。清代中期条砖较前期长有增加，宽度增加明显，厚度则缩减明显。清代末至民国初期条砖长度在28~30厘米间，但有特殊者很短或较长；宽度在10.5~13.5厘米，没有太大悬殊；厚度在4.3~7.2厘米，悬殊大。所以本期长方形青砖特点是：体量减小为总趋势，而减小的渠道不统一，来源不同，则长、宽、厚度亦不同。总体表现出随意性强，规格繁多。由此推测，该时期正处于条砖形制规范化之前夜。

（4）外表装潢的变化：由北宋中晚期至民国初，条砖表面皆为青灰色素面。

通过上文对举例建材纵、横两方面之比对研究，可初步认识与了解北宋中晚期至清末民国初年不同建筑材料同期中的共性与不同时间链上同一建材的发展演变规律。为研究北宋及明、清时期关中地区民间高等级建筑的用材标准、规格、种类、形制、工艺、图案、外表装潢等方面既提供了第一手田野资料；同时也阐述了笔者的研究体会，尽管研究粗略，却希望能抛砖引玉。

表 10-12　举例建材图文对照表

| 分类<br>年代 | 瓦当 | 滴水 | 眉子 | 长方形青砖 | 总结 |
|---|---|---|---|---|---|
| 北宋中晚期 | | <br>Ⅱ-HK1：8 | <br>Ⅱ-TG1⑥：35-2 | <br>Ⅱ-TG1⑥：37 | 滴水与眉子均泥质红陶，体量较大。滴水上沿平直，面上设宽平沿，沿内基本无廓，龙纹图案细部不清。眉子面上制成下斜瓦棱式。滴水、眉子正面施白衣，眉子白衣上有绿釉遗迹。条砖素面。 |
| 北宋晚期 | <br>Ⅱ-HK1：4 | <br>Ⅱ-HK1：9 | <br>Ⅱ-HK1：13 | <br>F10：9 | 眉子为泥质红陶，余者瓦均转为泥质灰陶。体量普遍小于前期。瓦当、滴水面上平沿略窄于上期，双重凸廓线，龙纹图案线条清晰。眉子形制显轻巧，装饰意图明显。瓦当、滴水面上涂白衣，条砖素面。 |

续表 10-12

| 分类 年代 | 瓦当 | 滴水 | 眉子 | 长方形青砖 | 总结 |
|---|---|---|---|---|---|
| 明代早期 | Ⅱ-T405 ⑦：5 | Ⅱ-T303 ⑦：62 Ⅱ-T303 ⑦：61 | Ⅱ-T405 ⑦：6 | Ⅱ-T306：47、 F9：17、F9：15 | 质地如前期。体量仍渐缩小，条砖表现突出。龙纹瓦当不见，皆成顶生双叉角之兽面。较宽平沿内凸起单重窄廓。滴水面近三角形，无沿无廓。眉子形制更生动。瓦当、滴水、眉子均在表面涂白衣或保留彩色釉层，条砖素面。 |
| 明代晚期 | Ⅱ-T205 ⑥：9 Ⅱ-T406 ⑥：21 | Ⅱ-T306 ⑥：36 | Ⅱ-T406 ⑥：46 | F8：13 L1：1 | 眉子为泥质红陶、余者皆泥质灰陶。整体仍趋向于缩小。瓦当沿内无廓，刻画从简；滴水宽平沿内有单重宽棱廓，兽面顶上无角。眉子形体浑实。瓦当、滴水面未见白衣或彩釉，眉子面施翠绿釉。条砖素面。 |

续表 10-12

| 分类<br>年代 | 瓦当 | 滴水 | 眉子 | 长方形青砖 | 总结 |
|---|---|---|---|---|---|
| 清代早期 | <br>Ⅱ-T204⑤:30 | <br>Ⅱ-T203⑤:9<br><br>Ⅱ-T404⑥:58<br><br>Ⅱ-T404⑥:59 | <br>Ⅱ-T204⑤:39 | <br>F7:18<br><br>F7-g:1 | 该期所有建材均为泥质灰陶。体量明显小化变薄。瓦当中厚周薄，平沿内有单重宽凸廓线，兽面轮廓不清，阔口内居中1枚上齿大而突出；滴水面为三角形，窄平沿内无廓，图案内容丰富。眉子面有上、下窄沿，图案为两方连续水涡纹。条砖厚而窄长。所有建材皆为灰陶本色，条砖素面。 |
| 清代中期 | <br>Ⅱ-T403③:6 | | <br>Ⅱ-T404④:3 | <br>F6:2、F6:4、F6:7 | 泥质灰陶，陶质较粗。体量稍轻。瓦当面上窄平沿内置双重廓线，兽面较前期减化，双角犹存。眉子面上、下有凸起平沿，内浮雕花卉图案。条砖变薄而宽度略加。建材表面无彩釉。条砖素面。 |

续表 10-12

| 年代＼分类 | 瓦当 | 滴水 | 眉子 | 长方形青砖 | 总结 |
|---|---|---|---|---|---|
| 清末至民国初年 | <br>Ⅱ-T401 ③：10 | <br>Ⅱ-T401 ③：11 | <br>Ⅱ-T303 ③：3 | <br>A型 C型 E型 F型 G型 H型<br>F3：1、F3：5、<br>F4：5、F5：4、<br>F5：3、F5：1 | 均为泥质灰陶。形体显小巧轻薄，条砖宽度有减，厚度增加。滴水面呈三角形，瓦当、滴水面上皆设宽平沿，内有高凸廓线，居中为极减化兽头图案。眉子面上以上云、下水为主要装饰图案。所有建材表面皆乃灰陶本色，条砖仍为素面。 |
| 总结 | 泥质灰陶。体量趋于缩小轻薄。从早到晚均设宽平沿，廓线由双重到单重再到无廓，自清代始设宽而高凸单廓线；北宋晚期当面浮雕龙纹。明早期为顶生分叉双角兽面纹；明晚期兽面不见双角，鼻小、口阔、牙大，须毛刻画从简；清早期兽面轮廓不清，阔口内居中1上齿大而突出，面周须毛简化；清中期兽面又顶生双叉角。清末民国初兽面简化潦草，大口内露居中獠牙，面周须毛不见。北宋晚、明早期当面皆涂白衣，恐施彩釉，明代晚期始均为灰陶本色。 | 北宋中晚期为泥质红陶，北宋晚始皆用泥质灰陶。体量在发展中递减。形制上：北宋中晚期上沿平直，北宋晚期始，呈下凹弧形。北宋两期面上设宽沿，沿内双重廓线；明早期面上无沿无廓；明晚期面上设宽沿，单重廓线；清早期仅设窄平沿，沿内多无廓；清中期未出滴水；清末至民初，面上设宽平沿，高凸单廓线。北宋两期滴水面上均为龙纹，北宋中晚龙外轮廓明确、细部不清，北宋晚龙纹内、外刻画皆清晰；自明早期始，图案改为兽面，特征同瓦当；清早期图案更显世俗化，如：天马、草叶、菊花等；清中期不见滴水出土；清末至民初，纹饰复以兽面为主，特征如同期瓦当。北宋两期明早期滴水面涂白衣，明早期稍晚则无白衣、彩釉而显灰陶本色直至民初。 | 北宋两期、明代眉子皆为泥质红陶。清代始为泥质灰陶并延用至民初。自北宋中晚期到民初眉子形制乃分段对接覆槽式，且形体逐渐轻薄精致。北宋两期、明代眉子表面无上、下沿，装饰图案不受拘束；清代早、中、晚期正面有凸起窄沿，图案更为规范的同时显得拘谨。北宋中晚期眉子表面模制成瓦棱状；北宋晚期后改为装饰花卉、云朵纹样；清早期至民初，浅浮雕水波纹、如意云纹等。北宋两期、明代眉子面涂白衣，上施彩釉；清代至民国初，一律使用其青灰本色。 | 均为泥质灰陶。从北宋中晚期至民国初，形制一直保持规整外表不变，由大向小、由厚至薄的总趋势亦保持不变。清代条砖不同于上述两代的主要特点是：砖体明显窄长，而厚度改变不大。由北宋中晚期至民国初，外表皆为青灰色素面。 | |

# 后 记

蓝田吕氏家族墓园的田野考古工作自 2007 年初开始至 2011 年初结束，历时 4 年。整个过程中得到了陕西省文物局及原局长赵荣先生、副局长周魁英先生、时任文物处副处长李岗先生的鼎力支持。同时，陕西省考古研究院各级领导、各部门同仁亦通力协助、悉心关照，特别是前院长焦南峰、王炜林对此项目极为重视，多次赴现场调研指导工作，令我等收获颇多。现任院长孙周勇先生在报告整理和出版方面也给予了大力支持。

西安市文物保护考古研究院、陕西历史博物馆是本项目田野发掘中的合作伙伴，两单位领导及相关同志为此做出了诸多努力，并给予财力和人力的支援帮助。陕西省蓝田县政府、蓝田县文物旅游局、蓝田县公安局等部门对本次工作也给予了支持和配合。

在多个部门、多位领导、众多同事、朋友与项目组成员的共同努力下，历经 11 年田野发掘、资料整理、文字撰写后，《蓝田吕氏家族墓园》一书终成书刊印。该项目能得以顺利进行、圆满结束，是大家共同奋斗、精诚合作的结果。

蓝田吕氏家族墓园考古队由张蕴任队长，队员：刘思哲、卫峰、王久刚、张小丽、张明惠、宋俊荣、韩建武、刘鹏。参与工作的技师、技工分别是：刘永利、杨锐、史伍平、腾军平、郭强、吴俊强、史伍善、吕建平、任强民、汤润历、郑文斌、汤润竹等。

考古勘探由陕西文保实业公司、西安仁强建筑工程有限公司承担。

全站仪测量绘图由藏中秋完成。

田野遗址绘图由赵赋康、史伍平完成。

文物修复由宋俊荣、张梦石、汤润历、张勇剑等完成。

出土器物线图由党小平、张蕊侠完成。

家庙遗址复原示意图由胡春勃完成。

蓝田吕氏家族墓园资料整理与报告编写工作主要在陕西省考古研究院泾渭基地进行，参与者有：张蕴、卫峰、刘思哲、史伍平、王昌西、屈麟霞、王江涛、晁辽科、汤润历、王旭、李亚娥。

报告中所涉及的宋人仿金文释读由北京大学考古文博学院董珊教授完成，部分铜镜铭文由西南大学历史学院鹏宇副教授释读。

无机物文物标本成分检测由中国科学院上海光学精密机械研究所科技考古中心李青会研究员及其团队完成并撰写检测报告。文物内包含有机质标本检测由中国科学技术大学科技史与科技考古系龚德才教授及其团队完成并撰写检测报告。出土纺织品成分检测由纺织品文物保护国家文物局重点科研基地（中国丝绸博物馆）周杨研究馆员及其团队完成并撰写检测报告。

考古报告前言、墓园布局、家庙遗址、家族墓葬、陕西历史博物馆收藏吕氏文物、结语等章节由张蕴撰写，相关调查报告等由刘思哲撰写，文物修复报告由宋俊荣撰写。最终统稿由张蕴完成。

英文提要由中央民族大学黄义军教授翻译。

在整理、拍摄、文字描述陕西历史博物馆所藏之部分被盗吕氏文物过程中，得到博物馆各级领导与保管部工作人员的配合、协作，保障了报告资料的完整性。

文物出版社责任编辑秦彧、唐海源在报告编辑过程中不惧繁琐与辛苦，工作认真负责，使其更具专业与规范化。

综上所述，《蓝田吕氏家族墓园》从考古发掘到资料整理、报告撰写、报告编辑与出版，每一个环节都凝聚着参与该项工作的各个单位、各个部门、各个具体工作人员的辛勤劳动与智慧。作为本书作者，对所有人的付出万分感激，并在此一并鸣谢致意！

编　者

2018 年 6 月 29 日